Sciences économiques et sociales — page 196

Sciences de la vie et de la Terre — page 216

Sciences physiques — page 258

Anglais — page 296

Mode d'emploi

Ce livre comprend

l'essentiel des connaissances abordées en 2^de^

dans toutes les matières

Quand utiliser *Tout savoir en 2de*

- Un problème au cours d'un exercice…
- Un contrôle à réviser…
- Un doute sur une notion dans une matière…

… c'est le moment d'ouvrir *Tout savoir*!

Comment utiliser *Tout savoir en 2de*

➤ Notre conseil

Pour profiter au mieux de chaque leçon :

- commencez par lire très attentivement **le résumé** ;

À RETENIR

- puis observez **la méthode** qui vous est proposée pour bien comprendre et savoir aborder les problèmes les plus courants ;

COMMENT FAIRE

- enfin, faites **les exercices** pour vous entraîner.

S'EXERCER

➤ Et surtout n'oubliez pas

- Pendant les vacances, **révisez les cours et refaites les exercices** les plus difficiles. Vous préparerez ainsi votre entrée en 1re.
- Les **corrigés** expliqués de tous les exercices se trouvent à la fin du livre.
- Un **index** regroupe les mots importants du programme de toutes les matières.

Tout Savoir en

2de

Français
Louise Taquechel

Mathématiques
Raja Siblini

Histoire, Géographie
Françoise Sutour

Sciences économiques et sociales
Yves Manhès

Sciences de la vie et de la Terre
Jacques Bergeron – Jean-Claude Hervé

Sciences physiques
Joël Carrasco

Anglais
Jane-France Ratier – Didier Hourquin

HATIER

À RETENIR

La situation d'énonciation

● Tout énoncé (écrit ou oral) répond à une intention du locuteur. Il est nécessaire d'identifier l'émetteur (qui parle ?), le récepteur (à qui ?) et le contexte de production de l'énoncé (où et quand le message a-t-il été produit ?) pour comprendre le but de toute communication.

● L'analyse de la situation d'énonciation est en étroite relation avec le type de discours utilisé.

Énoncés ancrés/Énoncés coupés de la situation d'énonciation

● Le récit est **ancré dans la situation d'énonciation** quand l'émetteur ou le récepteur apparaît par des marques de première ou de deuxième personne. C'est le cas du dialogue : on sait précisément qui parle, à qui, et à quel moment de l'histoire cela se produit.

● Quand il n'y a aucune de ces marques, on dit que le récit est **coupé de la situation d'énonciation**. C'est le cas des maximes ou des proverbes.
La raison du plus fort est toujours la meilleure.

● Ces deux types d'énoncés ne sont pas étanches : les passages de l'un à l'autre sont extrêmement fréquents.

Les différents types de discours

● **Le discours narratif** raconte un événement ou une histoire ; il fait intervenir des personnages, et les actions se succèdent dans le temps.
Pendant un demi-siècle, les bourgeoises de Pont-l'Évêque envièrent à Madame Aubain sa servante Félicité.
(Gustave FLAUBERT, *Un cœur simple*)

● **Le discours descriptif** permet au lecteur de se représenter une scène, un être ou une chose. Les adjectifs qualificatifs, les expansions du nom, les comparaisons et les métaphores le caractérisent.
Elle portait un mouchoir d'indienne fixé dans le dos par une épingle, un bonnet lui cachant les cheveux, des bas gris, un jupon rouge, et par-dessus sa camisole un tablier à bavette, comme les infirmières d'hôpital.
(Gustave FLAUBERT, *Un cœur simple*)

● **Le discours explicatif** fait comprendre le fonctionnement de quelque chose. Il relie différentes informations, à l'aide de connecteurs (ou liens) logiques : *donc, mais, car*, etc.
*Cet athlète a toutes les chances de remporter la course, **puisqu'**il s'est entraîné depuis deux ans. **De plus**, son adversaire le plus redoutable a déclaré forfait.*

● **Le discours argumentatif** cherche à convaincre l'interlocuteur de quelque chose. L'émetteur défend une idée (thèse) à l'aide d'arguments, illustrés par des exemples.
Et qu'aurais-je à faire, messieurs, de vous démontrer l'utilité de l'agriculture ? Qui donc pourvoit à nos besoins ? [...] N'est-ce pas l'agriculteur encore qui engraisse, pour nos vêtements, ses abondants troupeaux dans nos pâturages ? Car comment nous vêtirions-nous, comment nous nourririons-nous sans l'agriculteur ?
(Gustave FLAUBERT, *Madame Bovary*)

COMMENT FAIRE

► Pour analyser la situation d'énonciation

Je forme une entreprise qui n'eut jamais d'exemple et dont l'exécution n'aura point d'imitateur. Je veux montrer à mes semblables un homme dans toute la vérité de la nature ; et cet homme ce sera moi.
Moi seul. Je sens mon cœur et je connais les hommes. Je ne suis fait comme aucun de ceux que j'ai vus ; j'ose croire n'être fait comme aucun de ceux qui existent. Si je ne vaux pas mieux, au moins je suis autre. Si la nature a bien ou mal fait de briser le moule dans lequel elle m'a jeté, c'est ce dont on ne peut juger qu'après m'avoir lu.
Que la trompette du Jugement dernier sonne quand elle voudra, je viendrai, ce livre à la main, me présenter devant le souverain juge. [...] Être éternel, rassemble autour de moi l'innombrable foule de mes semblables ; qu'ils écoutent mes confessions, qu'ils gémissent de mes indignités, qu'ils rougissent de mes misères. Que chacun d'eux découvre à son tour son cœur aux pieds de ton trône avec la même sincérité ; et puis qu'un seul te dise, s'il l'ose : Je fus meilleur que cet homme-là.
▷ Jean-Jacques ROUSSEAU, *Les Confessions.*

● **Étudier le système d'énonciation.** L'émetteur est-il très présent ? Le récepteur apparaît-il dans le texte ?

Il s'agit de l'incipit (début) d'un texte autobiographique. L'émetteur s'implique dans son discours ►

(énoncé ancré) : le « moi » se manifeste par les marques multiples de la première personne. Il s'adresse dans un premier temps à Dieu (*Être éternel*, *« ton » trône*, *« te » dise*). Mais le réel destinataire de ses confessions est *l'innombrable foule de [ses] semblables* qui n'apparaît qu'à la troisième personne.

● **Comprendre le but de l'émetteur.** Que veut-il obtenir du destinataire ?

Par cet écrit Rousseau veut se montrer dans toute la vérité de sa nature. Ce projet nécessite des explications : il est neuf (*n'eut jamais d'exemple*), et prétend être sincère. Le discours explicatif cache une justification (intention argumentative) : si Rousseau n'est pas meilleur que les autres hommes, au moins il est honnête. Il veut pousser ses lecteurs à le reconnaître, comme le marque le recours à l'injonction (*qu'ils écoutent/qu'ils gémissent/qu'ils rougissent).*

S'EXERCER

1 Pour chaque extrait, dites ce que vous savez de la situation d'énonciation : qui parle ? à qui ? où ? quand ? Quelles sont les intentions des différents émetteurs ? Quels types de discours utilisent-ils ?

DOCUMENT 1

Le nouveau maire de New York va devoir relever toutes sortes de défis, au premier rang desquels l'épineux problème du chômage et des sans-abri. Les soupes populaires sont au bord de la saturation et les foyers pour sans-abri accueillent un nombre record de personnes. Dans cette ville où tant de gens sont dans le besoin, ce problème a constitué un casse-tête pour tous les maires qui se sont succédé depuis vingt ans.

▷ Éditorial du *New York Times*, *Courrier international*, n° 584, 10 janvier 2002.

DOCUMENT 2

La peine de mort n'est donc pas un droit, je viens de démontrer qu'elle ne peut pas l'être, mais une guerre de la nation contre un citoyen qu'elle juge nécessaire ou utile de supprimer. Mais si je prouve que cette peine n'est ni utile ni nécessaire, j'aurai fait triompher la cause de l'humanité.

▷ Cesare BECCARIA, *Des délits et des peines.*

2 Pour chaque extrait, identifiez le type de discours utilisé et donnez les indices qui vous ont permis de répondre.

DOCUMENT 1

La pluie, poussée par le vent qu'on entendait hululer, tambourinait contre les carreaux de la fenêtre sans rideaux. À travers les vitres brouillées je découvrais un paysage de toits mouillés sur lequel le ciel plombé répandait une déprimante teinte vénéneuse. Un linge douteux flottait tristement, comme l'emblème d'une lamentable reddition, à la mansarde d'un immeuble voisin. Sur la gauche, devait s'élever l'hôtel Clisson ou Soubise, où sont conservées les Archives nationales. Droit devant, une haute cheminée émergeait du chaos des toits, signalant un pétrin de boulanger ou un atelier de fondeur. La fumée qui s'en échappait rejoignait les nuages noirs et s'y incorporait.

▷ Léo MALET, *Fièvre au Marais.*

DOCUMENT 2

Le portefeuille contenait une bonne centaine de billets, en coupures crasseuses à souhait. Je m'en appropriai la moitié pour mes frais de déplacement et l'émotion causée par la découverte du cadavre. Une fois le fric bien au chaud dans ma poche de falzar, je me sentis un autre homme. Je remis le portefeuille en place et entrepris le tour du propriétaire par curiosité professionnelle.

▷ Léo MALET, *Fièvre au Marais.*

DOCUMENT 3

Dans ses productions exemplaires, [le roman policier] n'est plus depuis longtemps une mixture où se fondent les eaux usées des romans d'aventures, des livres de chevalerie, des légendes, des contes de fées, mais un genre stylistique bien défini qui présente résolument un monde à lui, avec des moyens esthétiques qui lui sont propres.

▷ Siegfried KRACAUCER, *Le Roman policier.*

3 Soulignez en vert ce qui relève d'un énoncé coupé de la situation d'énonciation, en rouge ce qui relève d'un énoncé ancré. Quel est l'effet produit par ce mélange ? Identifiez les types de discours utilisés, et relevez leurs principales caractéristiques.

Jacques commença l'histoire de ses amours. C'était l'après-dînée : il faisait un temps lourd ; son maître s'endormit. La nuit les surprit au milieu des champs ; les voilà fourvoyés. Voilà le maître dans une colère terrible et tombant à grands coups de fouet sur son valet, et le pauvre diable disant à chaque coup : « Celui-là était apparemment encore écrit là-haut… »
Vous voyez, lecteur, que je suis en beau chemin, et qu'il ne tiendrait qu'à moi de vous faire attendre un an, deux ans, trois ans, le récit des amours de Jacques, en le séparant de son maître et en leur faisant courir à chacun tous les hasards qu'il me plairait. Qu'est-ce qui m'empêcherait de marier le maître et de le faire cocu ? d'embarquer Jacques pour les îles ? d'y conduire son maître ? de les ramener tous deux en France sur le même vaisseau ? Qu'il est facile de faire des contes ! Mais ils en seront quittes l'un et l'autre pour une mauvaise nuit, et vous pour ce délai.

▷ Denis DIDEROT, *Jacques le Fataliste.*

À RETENIR

La narration

● Un récit peut être raconté à la **troisième personne** : le narrateur est extérieur à l'histoire, et semble complètement absent. *La procession se déroulait dans le chemin creux ombragé par les grands arbres poussés sur les talus des fermes.* (Guy de MAUPASSANT, « Farce normande »)

● Quand le narrateur est aussi un personnage, qu'il soit simple témoin ou personnage principal, on parle de **récit à la première personne**.

Nous venions de sortir de Rouen et nous suivions au grand trot la route de Jumièges. (Guy de MAUPASSANT, « Un Normand »)

● Le narrateur, même s'il n'est pas personnage, peut intervenir directement dans le récit, pour prendre le lecteur à témoin ou commenter un événement. Ces interventions créent une complicité avec le lecteur, ainsi associé à l'histoire. *Devinant à la minceur symptomatique des dernières pages qui leur restent à lire qu'ensemble nous allons connaître bientôt le bonheur parfait* […]. (Jane AUSTEN, *L'Abbaye de Northanger*)

Le point de vue narratif

● La présence du narrateur, même extérieur au récit, se traduit par le point de vue qu'il adopte pour raconter l'histoire. Le point de vue utilisé n'est pas forcément le même du début à la fin.

● *Frank écarte la serviette du mur et, avec son pied, achève d'écraser quelque chose sur le carrelage, contre la plinthe.* (Alain ROBBE-GRILLET, *La Jalousie*)

Le narrateur extérieur à l'histoire se contente de raconter ce qu'il voit ou ce qu'il entend : c'est le **point de vue** (ou la focalisation) **externe**. Cela donne l'impression que le narrateur est objectif et impartial.

● *Était-ce bien LUI l'époux promis par mille voix secrètes, qu'une Providence souverainement bonne avait ainsi jeté sur sa route ? […] Elle n'avait point encore ces élans tumultueux de tout son être, ces ravissements fous, ces soulèvements profonds qu'elle croyait être la passion.* (Guy de MAUPASSANT, *Une vie*)

L'histoire est racontée à travers les yeux ou les pensées d'un personnage : on parle de **point de vue** (ou focalisation) **interne**. Ce point de vue n'est pas seulement utilisé lorsque le narrateur est un personnage de l'histoire.

● *Elle avait eu, comme une autre, son histoire d'amour. Son père, un maçon, s'était tué en tombant d'un échafaudage. Puis sa mère mourut, ses sœurs se dispersèrent, un fermier la recueillit, et l'employa toute petite à garder les vaches dans la campagne.* (Gustave FLAUBERT, *Un cœur simple*)

Le narrateur sait tout des personnages (leur passé, leurs pensées, etc.) et peut raconter ce qui se passe au même moment dans différents lieux : on parle de **point de vue omniscient** (ou focalisation zéro).

COMMENT FAIRE

► Pour réécrire un texte en changeant de point de vue

Dans les *Exercices de style*, Raymond Queneau s'amuse à écrire quatre-vingt-dix-neuf versions de la même histoire.

● **Voici un texte écrit selon un point de vue externe.**
Dans l'S, à une heure d'affluence. Un type dans les vingt-six ans, chapeau mou avec cordon remplaçant le ruban, cou trop long comme si on lui avait tiré dessus. Les gens descendent. Le type en question s'irrite contre un voisin. Il lui reproche de le bousculer chaque fois qu'il passe quelqu'un.
Les notations se veulent neutres et objectives ; le narrateur n'intervient pas directement et semble un simple témoin de la scène.

● **Pour réécrire cette scène en adoptant un point de vue omniscient,** il va falloir ajouter des notations indiquant que le narrateur est dans le rôle d'un dieu face à ses personnages, qu'il connaît tout d'eux. On peut mentionner les sentiments des personnages et des détails de leur histoire (passée ou future).
C'était l'heure d'affluence dans l'autobus S, et rares étaient les passagers, fatigués pour la plupart, à conserver un visage serein. Un jeune homme penchait mélancoliquement son long cou, accablé sous le poids des soucis. Sa pauvreté n'avait fait que s'accentuer ces derniers mois, et le beau ruban de son chapeau, faute d'argent, avait été remplacé par une vulgaire ficelle.

● **Pour réécrire cette scène selon un point de vue interne,** on peut faire intervenir un narrateur personnage, dont on va montrer l'état d'esprit, à l'aide principalement des pensées rapportées et du style indirect libre. Plusieurs réécritures sont possibles, selon les sentiments que l'on prête au narrateur.

►

• *Ce que nous étions serrés sur cette plate-forme d'autobus ! Et ce que ce garçon pouvait avoir l'air bête et ridicule ! Et que fait-il ? Ne le voilà-t-il pas qui se met à vouloir se quereller avec un bonhomme qui – prétendait-il ! ce damoiseau ! – le bousculait !*

• *Après une attente infecte sous un soleil ignoble, je finis par monter dans un autobus immonde où se serrait une bande de cons. Le plus con d'entre ces cons était un boutonneux au sifflet démesuré qui exhibait un galurin grotesque avec un cordonnet au lieu d'un ruban.*

S'EXERCER

1 Identifiez le point de vue utilisé dans les extraits suivants.

a. Un homme s'arrête devant la boutique. Grand et blond, il porte un pardessus foncé. Il baisse la tête, entre dans le magasin, et adresse la parole à la vendeuse qui n'a pas l'air de saisir ce qu'il lui raconte.

b. Miguel ne comprenait pas ce qu'on attendait de lui. Il hésitait : devait-il se taire et tourner les talons ? Fallait-il au contraire qu'il garde son calme et reprenne son exposé ? Le doute le paralysait.

c. Debout devant la fenêtre, l'homme regardait sans les voir les voitures qui défilaient. Cela faisait trois ans qu'il avait emménagé, et le spectacle ne lui inspirait plus la moindre curiosité. Enfant, il avait pourtant rêvé d'habiter la ville. Derrière son dos, le chat s'étirait et plantait ses griffes dans le cuir blanc du canapé.

2 Le narrateur indique-t-il les sentiments ou les pensées d'un personnage ? de plusieurs ? Identifiez le point de vue adopté dans chaque extrait, et donnez un indice qui vous a permis de répondre.

DOCUMENT 1

Les lèvres plissées en un sourire ironique qui lui était familier, il s'avançait à sa rencontre et la regardait fixement de ses grands yeux fatigués. Sous ce regard à brûle-pourpoint, Anna sentit son cœur se serrer. S'était-elle donc attendue à trouver son mari autre qu'il n'était ? Et pourquoi sa conscience lui reprochait-elle soudain l'hypocrisie de leurs rapports ? À vrai dire ce sentiment sommeillait depuis longtemps au plus profond de son être, mais c'était la première fois qu'il se faisait jour avec cette acuité douloureuse.

▷ Léon TOLSTOÏ, *Anna Karénine.*

DOCUMENT 2

Sur le mur nu, la trace du mille-pattes écrasé est encore parfaitement visible. Rien n'a dû être tenté pour éclaircir la tache, de peur d'abîmer la belle peinture mate, non lavable, probablement.

▷ Alain ROBBE-GRILLET, *La Jalousie.*

3 L'extrait suivant a pour thème la bataille de Waterloo. Quel est le point de vue utilisé ? Quel est l'effet produit ? Comment se manifeste la connivence entre le narrateur et le lecteur ?

Nous avouerons que notre héros était fort peu héros en ce moment. Toutefois, la peur ne venait chez lui qu'en seconde ligne ; il était surtout scandalisé de ce bruit qui lui faisait mal aux oreilles. L'escorte prit le galop ; on traversait une grande pièce de terre labourée, située au-delà du canal, et ce champ était jonché de cadavres.

– Les habits rouges ! les habits rouges ! criaient avec joie les hussards de l'escorte, et d'abord Fabrice ne comprenait pas ; enfin il remarqua qu'en effet presque tous les cadavres étaient vêtus de rouge. Une circonstance lui donna un frisson d'horreur ; il remarqua que beaucoup de ces malheureux habits rouges vivaient encore ; ils criaient évidemment pour demander du secours, et personne ne s'arrêtait pour leur en donner. Notre héros, fort humain, se donnait toutes les peines du monde pour que son cheval ne mît les pieds sur aucun habit rouge. L'escorte s'arrêta ; Fabrice, qui ne faisait pas assez attention à son devoir de soldat, galopait toujours en regardant un malheureux blessé.

▷ STENDHAL, *La Chartreuse de Parme.*

4 Quel est le point de vue choisi dans le texte suivant ? Racontez la même scène à la troisième personne en adoptant le point de vue de l'homme. Racontez-la ensuite en adoptant un point de vue externe.

En tournant à l'angle de la rue, Sarah l'aperçut. Enfin, elle l'avait retrouvé ! Elle reconnaissait sa démarche mal assurée. C'était bien lui ! Il fit semblant de ne pas la reconnaître, mais elle était décidée à ne pas le laisser s'échapper. Vraiment, elle n'était pas dupe de son air innocent ! Elle le tenait et il allait enfin lui apporter des réponses. Un doute pourtant la saisit. Ne risquait-elle pas, en lui posant des questions, de révéler à ses ennemis tout ce qu'elle ignorait ? Mais elle agrippa fermement le veston de l'homme qui faisait mine de s'enfuir, et décida de se jeter à l'eau.

À RETENIR

Pour assurer la cohérence d'un texte, il faut que la progression d'une phrase à l'autre soit claire.

Thème et propos

● Une phrase est en général composée d'un **thème** et d'un **propos**. Le thème est le point de départ dans la phrase. Le propos est ce que l'on dit au sujet du thème, l'information nouvelle qui est donnée.

Exemple

Aujourd'hui (Thème), *mon frère part en vacances* (Propos).

Mon frère (Thème) *part en vacances aujourd'hui* (Propos).

• Dans la première phrase, l'information de départ est une indication temporelle, *Aujourd'hui*. Le propos apporte alors des informations au sujet du thème, sur ce qui se passe *aujourd'hui*.

• Dans la deuxième phrase, le thème est *mon frère*, dont on nous dit qu'il part aujourd'hui en vacances (propos).

● Pour que le sens se construise, il est nécessaire que chaque phrase apporte une nouvelle information par rapport à la précédente. Le texte progresse en équilibrant informations connues et informations neuves.

Les progressions thématiques

Les informations données dans chaque phrase doivent s'enchaîner selon une progression claire. Il existe plusieurs manières de rendre cohérent cet enchaînement.

● La **progression linéaire** : le propos de la première phrase devient le thème de la suivante. On met ainsi en valeur les mots repris d'une phrase à l'autre, ou on souligne clairement les étapes d'un raisonnement.

Exemple

Maman est morte (Propos : *est morte*). *L'enterrement* (Thème) *a lieu après-demain.*

● La **progression à thème constant** : un seul thème, sur lequel on insiste, apparaît dans chacune des phrases, mais les propos sont différents.

Exemple

Patrick (Thème) *n'est pas content. Il* (Thème) *parle d'une voix sèche et désagréable.*

● La **progression à thème dérivé** : le thème général semble éclaté dans la suite du texte en plusieurs sous-thèmes.

Exemple

La maison (Thème général) *a un petit air pimpant. La porte* (Sous-thème 1) *est peinte en jaune vif. À chaque fenêtre* (Sous-thème 2) *fleurissent des géraniums.*

● La **rupture thématique** : une ou plusieurs phrases apparaissent, sans lien avec le thème initial. Cela sert souvent à marquer un tournant dans le récit.

Exemple

Je savais parfaitement ce qui allait arriver. Fatigué d'avance, je me préparai à l'inévitable discussion. Un cri d'oiseau déchira le ciel. Je me lançai.

● Le plus souvent deux ou même trois types de progressions se mêlent dans un même texte.

COMMENT FAIRE

► Pour analyser une progression thématique

a. Ayant aperçu un petit bois, plus loin, à droite, ils y allèrent.
b. Encaissée entre deux talus, une allée étroite s'avançait sous de grands arbres impénétrables au soleil.
c. Une espèce de fraîcheur moisie les saisit en entrant, cette humidité qui fait frissonner la peau et pénètre dans les poumons.
d. L'herbe avait disparu, faute de jour et d'air libre ;
e. mais une mousse cachait le sol.
f. Ils avançaient.

▷ Guy de MAUPASSANT, *Une vie*.

● **Identifier les types de progressions.**

• Une progression à thème dérivé : *deux talus, allée étroite*, dans la phrase **b**, sont les sous-thèmes du thème principal de la phrase **a** : *un petit bois*.

• Une progression à thème linéaire : le propos de la phrase **b**, *de grands arbres impénétrables au soleil*, devient, légèrement modifié, le thème de la phrase **c** : *une espèce de fraîcheur moisie*.

• Une progression à thème constant : ce que les personnages ont sous les pieds est le thème dans les phrases **d** (*l'herbe*) et **e** (*une mousse*).

• Une reprise du propos de la phrase **a**, *ils*. ►

● **Analyser l'effet produit.**
La description du petit bois est encadrée par le cheminement des personnages (le *ils* des phrases **a** et **f**). Les différentes progressions miment l'avancée dans le bois : une impression générale d'abord (thème dérivé), puis un glissement vers ce qui retient plus l'attention (thème linéaire), et un bref arrêt enfin sur ce que les personnages ont sous leurs pieds (thème constant).

S'EXERCER

1 Soulignez en rouge le thème de chaque phrase et en vert le propos, afin d'identifier la progression thématique utilisée dans l'extrait.

Jeanne, sortie la veille du couvent, libre enfin pour toujours, prête à saisir tous les bonheurs de la vie dont elle rêvait depuis si longtemps, craignait que son père hésitât à partir si le temps ne s'éclaircissait pas, et pour la centième fois depuis le matin elle interrogeait l'horizon.
Puis elle s'aperçut qu'elle avait oublié de mettre son calendrier dans son sac de voyage. Elle cueillit sur le mur le petit carton divisé par mois, et portant au milieu d'un dessin la date de l'année courante, 1819, en chiffres d'or. Puis elle biffa à coups de crayon les quatre premières colonnes, rayant chaque nom de saint jusqu'au 2 mai, jour de sa sortie du couvent.

▷ Guy de Maupassant, *Une vie.*

2 Identifiez le type de progression thématique (dans le doc. 1, à partir du troisième vers).

Document 1

Des draps blancs dans une armoire
Des draps rouges dans un lit
Un enfant dans sa mère
Sa mère dans les douleurs
Le père dans le couloir
Le couloir dans la maison
La maison dans la ville
La ville dans la nuit
La mort dans un cri
Et l'enfant dans la vie.

▷ Jacques Prévert, *Paroles*, « Premier jour ».

Document 2

La baraque abritait cinq bourgerons[1] rouges.
Le colonel, le pharmacien et le voyageur de commerce, assis à la turque près de la porte, jouaient aux dominos avec des morceaux de carton, sur le dos d'une gamelle.
Les deux autres prisonniers conversaient dans le fond à mi-voix.
Armel était allongé sur sa paillasse et enveloppé de la seule couverture qui était accordée aux internés. Legrain avait étendu la sienne par-dessus.

1. Hommes vêtus de blouses en toile.

▷ Joseph Kessel, *L'Armée des ombres.*

3 Quelles sont les différentes progressions thématiques utilisées ? Expliquez leur emploi.

Elle ralentit encore le pas, regarda autour d'elle… Sous les arbres, traînait une ombre épaisse. Il passait peu de monde, des gens pressés, traversant vivement le boulevard. Et sur ce large trottoir sombre et désert, des femmes, debout, attendaient. Elles restaient de longs moments, immobiles, patientes, raidies comme les petits platanes maigres ; puis, lentement, elles se mouvaient, traînaient leurs savates sur le sol glacé.

▷ Émile Zola, *L'Assommoir.*

4 À partir d'une analyse rigoureuse des thèmes, identifiez les différents types de progressions utilisés.

Fantine était restée seule. Le père de son enfant parti, – hélas, ces ruptures-là sont irrévocables, – elle se trouva absolument isolée, avec l'habitude du travail de moins et le goût du plaisir de plus. Entraînée par sa liaison avec Tholomyès à dédaigner le petit métier qu'elle savait, elle avait négligé ses débouchés ; ils s'étaient fermés. Nulle ressource. Fantine savait à peine lire et ne savait pas écrire ; on lui avait seulement appris dans son enfance à signer son nom ; elle avait fait écrire par un écrivain public une lettre à Tholomyès, puis une seconde, puis une troisième. Tholomyès n'avait répondu à aucune. […] Alors elle songea à Tholomyès qui haussait les épaules de son enfant et qui ne prenait pas cet être innocent au sérieux ; et son cœur devint sombre à l'endroit de cet homme.

▷ Victor Hugo, *Les Misérables.*

5 Relevez les mots employés pour désigner (totalement ou en partie) le jeune homme. Identifiez la progression thématique utilisée, et dites en quoi les différentes reprises permettent d'assurer cette progression.

Avec la vivacité et la grâce qui lui étaient naturelles quand elle était loin du regard des hommes, Mme de Rênal sortait par la porte-fenêtre du salon qui donnait sur le jardin, quand elle aperçut près de la porte d'entrée la figure du jeune paysan presque encore enfant extrêmement pâle, et qui venait de pleurer. Il était en chemise bien blanche, et avait sous le bras une veste fort propre de ratine violette.
Le teint de ce petit paysan était si blanc, ses yeux si doux, que l'esprit un peu romanesque de Mme de Rênal eut d'abord l'idée que ce pouvait être une jeune fille déguisée, qui venait demander quelque grâce à M. le Maire. Elle eut pitié de cette pauvre créature, arrêtée à la porte d'entrée, et qui évidemment n'osait pas lever la main jusqu'à la sonnette.

▷ Stendhal, *Le Rouge et le Noir.*

À RETENIR

La **durée du récit** (le temps du récit) ne correspond presque jamais à la **durée réelle de l'histoire** racontée (le temps de l'histoire). Le narrateur choisit de développer certains épisodes, ou au contraire d'en condenser, d'en résumer d'autres. Cette alternance de **passages développés** et de **passages condensés** donne au récit son **rythme**.

L'ellipse

- L'ellipse consiste à **passer sous silence** certains épisodes, de manière à **accélérer le récit**.
- Certains moments ne présentant pas d'intérêt particulier, le narrateur peut choisir de ne pas les mentionner.
- Parfois, les épisodes ne doivent pas être révélés, parce que le narrateur veut les tenir secrets pour entretenir un suspense ou parce qu'il veut les oublier.
- Il arrive aussi qu'il soit dans l'impossibilité de raconter un événement, parce qu'il était absent ou qu'il ne s'en souvient pas. Souvent l'ellipse est introduite par un indice temporel (*le lendemain, trois ans plus tard…*).

Exemple

Enfin, il annonça qu'il irait lui-même à la Préfecture prendre des informations, et les apporterait dimanche prochain entre onze heures et minuit. (Ellipse) *Le moment arrivé, elle courut vers l'amoureux.* (Gustave FLAUBERT, *Un cœur simple*)

Le sommaire

- Le sommaire consiste à **condenser en quelques lignes** un épisode, parce qu'il présente moins d'intérêt que d'autres : on raconte rapidement des événements qui ont pris plus de temps à se dérouler.
- Ce procédé permet **d'accélérer le récit** pour maintenir l'intérêt du lecteur. Le plus souvent, le sommaire ne comporte pas de dialogue et présente une succession de passés simples juxtaposés. On peut aussi employer l'imparfait de répétition.

Exemple

Bien des années se passèrent. Et la maison ne se louait pas, ne se vendait pas. (Gustave FLAUBERT, *Un cœur simple*)

La scène

- Elle tente de **restituer la durée des événements** : le narrateur donne au lecteur l'illusion que la durée des événements racontés est égale au temps nécessaire pour lire la scène, que le temps du récit est identique au temps de l'histoire. L'événement est alors **étiré** au maximum. Le plus souvent, la scène est introduite par une indication temporelle (*Or, un dimanche…*) et comporte des dialogues. Elle marque un **moment fort de l'action**.

Exemple

Une d'elles, un jour, aborda Félicité, qui peu de temps après entra dans la chambre toute joyeuse. Elle avait retrouvé une sœur. (Gustave FLAUBERT, *Un cœur simple*)

COMMENT FAIRE

► Pour analyser le rythme de la narration

Puis des années s'écoulèrent, toutes pareilles et sans autres épisodes que le retour des grandes fêtes : Pâques, l'Assomption, la Toussaint. Des événements intérieurs faisaient une date, où l'on se reportait plus tard. Ainsi, en 1825, deux vitriers badigeonnèrent le vestibule ; en 1827, une portion du toit, tombant dans la cour, faillit tuer un homme. L'été de 1828, ce fut à madame d'offrir le pain bénit ; Bourais, vers cette époque, s'absenta mystérieusement ; et les anciennes connaissances peu à peu s'en allèrent : Guyot, Liébard, Mme Lechaptois, Robelin, l'oncle Gremanville, paralysé depuis longtemps. Une nuit, le conducteur de la malle-poste annonça dans Pont-l'Évêque la révolution de Juillet. Un sous-préfet nouveau, peu de jours après, fut nommé : le baron de Larsonnière.

▷ Gustave FLAUBERT, *Un cœur simple.*

- **Repérer les indicateurs temporels.**
Il faut relever tous les adverbes, propositions ou dates qui renseignent sur l'époque à laquelle se déroulent les événements. Ils sont nombreux dans le passage, et englobent généralement toute une période, qu'elle soit vague (*des années, vers cette époque*) ou précise (*en 1825, l'été de 1828*).

- **Analyser l'écoulement du temps.** Combien d'années ont passé ?
Il s'agit ici d'un sommaire, puisque plusieurs années (au minimum cinq, de 1825 à 1830, date de la révolution de Juillet) sont condensées en quelques lignes. Le récit s'accélère, on ne s'étend pas sur ces années *toutes pareilles.*

►

Ce sommaire sert à dire la monotonie d'années toutes semblables les unes aux autres.

● **Étudier les variations de rythme.** Le temps passe-t-il très vite ou très lentement ? À quel moment cela change-t-il ? Une seule indication précise semble échapper au sommaire : les deux dernières phrases (introduites par l'indicateur spécifique *une nuit*) traitent d'un événement particulier (scène) que l'on va développer : la monarchie de Juillet. Mais l'événement historique est ramené à sa dimension intime, villageoise. Le temps historique n'intervient que par les petites conséquences qu'il entraîne sur la vie quotidienne. Si l'intérêt de l'arrivée du sous-préfet n'est pas immédiatement évident, on apprendra par la suite que c'est lui qui fournira à Félicité, personnage principal de la nouvelle, son grand amour.

S'EXERCER

1 Soulignez les indications temporelles dans les extraits suivants. Mettent-elles en évidence un sommaire ou une ellipse ?

a. Pendant quinze jours, il vécut d'une vie économe, réglée et chaste, l'esprit plein de résolutions énergiques.
(Guy de MAUPASSANT, *Bel-Ami*)

b. Ils descendirent dans un hôtel dont les fenêtres donnaient sur le quai, et ils se mirent au lit après avoir un peu soupé, très peu. La femme de chambre les réveilla, le lendemain, lorsque huit heures venaient de sonner.
(Guy de MAUPASSANT, *Bel-Ami*)

c. Les Duroy avaient passé à Paris tout l'été, menant une campagne énergique dans *La Vie française* en faveur du nouveau cabinet pendant les courtes vacances des députés.
(Guy de MAUPASSANT, *Bel-Ami*)

2 Distinguez les différents procédés utilisés dans les extraits suivants. Soulignez les indications temporelles exprimées et commentez l'emploi des temps.

a. Il connut les coulisses des théâtres et celles de la politique, les corridors et les vestibules des hommes d'État de la Chambre des députés, les figures importantes des attachés de cabinet et les mines renfrognées des huissiers endormis.
(Guy de MAUPASSANT, *Bel-Ami*)

b. Deux mois s'étaient écoulés ; on touchait à septembre, et la fortune rapide que Duroy avait espérée lui semblait bien lente à venir.
(Guy de MAUPASSANT, *Bel-Ami*)

c. Alors, il retourna, un soir, aux Folies-Bergère, avec l'esprit d'y trouver Rachel. Il l'aperçut en effet, dès l'entrée, car elle ne quittait guère cet établissement. Il alla vers elle en souriant, la main tendue. Mais elle le toisa de la tête aux pieds : – Qu'est-ce que vous me voulez ?
(Guy de MAUPASSANT, *Bel-Ami*)

d. Il l'avait prise dans ses bras, et il baisait ses cheveux avec emportement, entre le front et le chapeau, à travers le voile.
Une heure et demie plus tard, il la reconduisit à la station de fiacres de la rue de Rome.
(Guy de MAUPASSANT, *Bel-Ami*)

3 Repérez une ellipse narrative dans ce passage, et écrivez un court paragraphe qui prendra la forme d'un sommaire, pour la combler.

Pendant de longues minutes il multiplia, autour du front de l'endormie, les magnétiques passes du réveil – vainement. Edison s'aperçut, au bout d'une heure d'anxiété et d'efforts de volition devenus stériles, que celle qui semblait dormir avait définitivement quitté le monde des humains.
Environ trois semaines après ces événements, M. Edison, n'ayant reçu ni lettre ni dépêche de Lord Ewald, commençait à s'inquiéter de ce silence.

▷ VILLIERS DE L'ISLE-ADAM, *L'Ève future*.

4 Rythme et temps.

Mathilde Loisel a perdu une parure de diamants prêtée par son amie, Mme Forestier. Le ménage Loisel remplace le collier, mais s'endette terriblement pour le payer.
Mme Loisel connut la vie horrible des nécessiteux. Elle prit son parti, d'ailleurs, tout d'un coup, héroïquement. Il fallait payer cette dette effroyable. Elle payerait. On renvoya la bonne ; on changea de logement ; on loua sous les toits une mansarde.
Elle connut les gros travaux du ménage, les odieuses besognes de la cuisine. Elle lava la vaisselle, usant ses ongles roses sur les poteries grasses et le fond des casseroles. Elle savonna le linge sale, les chemises et les torchons, qu'elle faisait sécher sur une corde ; elle descendit à la rue, chaque matin, les ordures, et monta l'eau, s'arrêtant à chaque étage pour souffler. Et, vêtue comme une femme du peuple, elle alla chez le fruitier, chez l'épicier, chez le boucher, le panier au bras, marchandant, injuriée, défendant sou à sou son misérable argent. […]
Et cette vie dura dix ans.
Au bout de dix ans, ils avaient tout restitué, tout, avec le taux de l'usure, et l'accumulation des intérêts superposés.

▷ MAUPASSANT, *La Parure et autres contes parisiens*, « La parure ».

a. Quels sont les temps employés ? Combien de temps s'est écoulé dans ce passage ?

b. Comment appelle-t-on ce procédé ? Pourquoi est-il utilisé ?

c. Écrivez la fin de la nouvelle : Mme Loisel rencontre par hasard son ancienne amie, et lui avoue la vérité. Votre texte prendra la forme d'une scène, dont vous exploiterez toutes les caractéristiques (indication temporelle, dialogue, etc.).

À RETENIR

Formation d'un mot

- Les mots peuvent être formés par **dérivation** : à partir d'un mot existant (qui sera le radical), l'ajout de préfixe ou de suffixe permet d'en créer un nouveau. Le dérivé obtenu appartient souvent à une autre classe grammaticale que le radical : *fenêtre, défenestrer.*

- La **composition** est un autre procédé utilisé pour former des mots : on relie deux mots qui ont par ailleurs une existence autonome dans la langue. La composition peut se faire à l'aide d'un trait d'union entre les deux mots ; ceux-ci peuvent également complètement fusionner et ne former qu'un seul terme : *pomme de terre, porte-monnaie, portefeuille.*

Sens d'un mot

- Un mot est un **signifiant** (forme sonore et visuelle), qui peut revêtir différents **signifiés** (différents sens). Le signifiant « cœur » par exemple peut avoir plusieurs signifiés : un **sens propre** (organe vital), et un **sens figuré** (le centre de quelque chose).

- On dit qu'un mot est **polysémique** lorsqu'il possède plusieurs significations. La polysémie d'un mot permet souvent de jouer sur le langage, et d'enrichir la signification d'un texte.

Exemple

Un impôt qui doit rentrer facilement, c'est celui sur les portes et fenêtres. (Alphonse ALLAIS)
Le jeu de mots sur « rentrer » instaure un double sens comique.

- On appelle **champ sémantique** l'ensemble des sens d'un mot.

Connotation et dénotation

- La plupart des mots possèdent un sens **dénoté** (sens premier du mot, qui correspond à la définition du dictionnaire) et un sens **connoté** : c'est-à-dire l'ensemble des images ou des pensées qui peuvent être associées au mot.

Exemple

L'automne est une saison (sens dénoté), mais sert souvent à évoquer la mélancolie et les regrets (sens connoté).

- La connotation dépend non seulement du contexte d'utilisation, mais aussi de la subjectivité de l'émetteur et du récepteur, de leur histoire, de leur culture.

On parle de **connotation méliorative** lorsqu'un terme est associé à une image positive, valorisante, et de **connotation péjorative** lorsqu'au contraire le mot renvoie à un jugement dévalorisant. Ainsi, le mot *mince* peut avoir une connotation méliorative (*élancé, svelte*) mais aussi une connotation péjorative (*maigre, médiocre*). Sa dénotation (*qui a peu d'épaisseur*) par contre ne change pas.

Champ lexical

On appelle **champ lexical** l'ensemble des mots qui, par leur sens dénoté ou connoté, se rattachent à un même domaine, à une même idée. *Mer, soleil, sable, vacances* sont des mots appartenant au champ lexical de la *plage*. L'étude des champs lexicaux aide à construire le sens d'un texte. Dans une description, par exemple, l'analyse des mots renvoyant au champ lexical de l'ouïe, de la vue ou du toucher permet de mieux appréhender la perception du narrateur. Le champ lexical du mouvement peut aussi permettre d'accélérer le rythme dans un récit.

COMMENT FAIRE

► Pour interpréter des réseaux lexicaux

La présence de champs lexicaux renseigne sur la progression thématique du texte. Il est également utile d'étudier les associations ou oppositions entre les différents champs lexicaux, pour comprendre comment le sens se construit.

> Les crépuscules dans cet enfer africain se révélaient **fameux**. On n'y coupait pas. **Tragiques** chaque fois comme d'**énormes** assassinats du soleil. Un **immense** **chiqué**. Seulement c'était **beaucoup** d'admiration pour un seul homme. Le ciel pendant une heure **paradait** tout giclé d'un bout à l'autre d'**écarlate** **en délire**, et puis le vert **éclatait** au milieu des arbres et **montait** du sol en traînées tremblantes jusqu'aux premières étoiles. Après ça le gris **reprenait** tout l'horizon et puis le rouge encore, mais alors fatigué le rouge et pas pour longtemps. Ça se terminait ainsi. Toutes les couleurs **retombaient** en lambeaux, **avachies** sur la forêt comme des **oripeaux** après la **centième**.
>
> ▷ Louis-Ferdinand CÉLINE, *Voyage au bout de la nuit.*

►

Avec le **champ lexical de la démesure**, la description des crépuscules africains devient une vision grandiose. S'y ajoute le **champ lexical du spectacle ou du théâtre** : le spectacle éminemment naturel qu'est le coucher de soleil devient sous la plume de Céline le comble de l'artifice. L'explosion pourtant ne dure qu'une heure, comme le montre l'évolution des termes appartenant au **champ lexical du mouvement**. Les trois champs lexicaux fonctionnent de manière complémentaire pour rendre compte des caractéristiques du spectacle.

S'EXERCER

1 Relevez les mots appartenant au champ lexical de la maladie. Expliquez-en l'utilisation : quelle réalité sert-il à dénoncer ?

Le peuple a faim, le peuple a froid. La misère le pousse au crime ou au vice, selon le sexe. Ayez pitié du peuple, à qui le bagne prend ses fils, et le lupanar ses filles. Vous avez trop de forçats, vous avez trop de prostituées. Que prouvent ces deux ulcères ? Que le corps social a un vice dans le sang. Vous voilà réunis en consultation au chevet du malade : occupez-vous de la maladie.

▷ Victor Hugo, *Claude Gueux*.

2 Nommez le champ lexical auquel appartiennent tous les mots en italique. Quel est le rapprochement créé par ce réseau lexical ? Comment appelle-t-on cette figure de style ?

Quand je prenais un livre, j'avais beau l'ouvrir et le fermer vingt fois, je voyais bien qu'il ne s'altérait pas. Glissant sur cette substance incorruptible : le texte, mon regard n'était qu'un minuscule accident de surface, il ne dérangeait rien, n'usait pas. Moi, par contre, passif, éphémère, j'étais un moustique *ébloui*, traversé par les *feux* d'un *phare* ; je quittais le bureau, j'éteignais : invisible dans les ténèbres, le livre *étincelait* toujours ; pour lui seul. Je donnerais à mes ouvrages la violence de ces jets de *lumière* corrosifs, et plus tard, dans les bibliothèques en ruines, ils survivraient à l'homme.

▷ Jean-Paul Sartre, *Les Mots*.

3 Identifiez le champ lexical dominant du passage. Commentez son utilisation.

L'avarice commence où la pauvreté cesse. Le jour où l'imprimeur entrevit la possibilité de se faire une fortune, l'intérêt développa chez lui une intelligence matérielle de son état, mais avide, soupçonneuse et pénétrante. Sa pratique narguait la théorie. Il avait fini par toiser d'un coup d'œil le prix d'une page et d'une feuille selon chaque espèce de caractère.

▷ Honoré de Balzac, *Illusions perdues*.

4 Repérez le champ lexical dominant. Quelle est sa connotation habituelle ? Est-ce le cas dans ce poème ?

C'est un large buffet sculpté ; le chêne sombre,
Très vieux, a pris cet air si bon des vieilles gens ;
Le buffet est ouvert, et verse dans son ombre
Comme un flot de vin vieux, des parfums engageants ;

Tout plein, c'est un fouillis de vieilles vieilleries,
De linges odorants et jaunes, de chiffons
De femmes ou d'enfants, de dentelles flétries,
De fichus de grand-mère où sont peints des griffons ;

▷ Arthur Rimbaud, *Cahier de Douai*, « Le buffet ».

5 Quelles sont les saisons évoquées dans ce poème ? Quelles sont les connotations qui y sont associées ? Relevez les champs lexicaux qui les développent.

Souvenir, souvenir, que me veux-tu ? L'automne
Faisait voler la grive à travers l'air atone,
Et le soleil dardait un rayon monotone
Sur le bois jaunissant où la bise détone.

Nous étions seul à seule et marchions en rêvant,
Elle et moi, les cheveux et la pensée au vent.
Soudain, tournant vers moi son regard émouvant :
« Quel fut ton plus beau jour ? » fit sa voix d'or vivant,

Sa voix douce et sonore, au frais timbre angélique.
Un sourire discret lui donna la réplique,
Et je baisai sa main blanche, dévotement.

– Ah ! les premières fleurs, qu'elles sont parfumées !
Et qu'il bruit avec un murmure charmant
Le premier oui qui sort des lèvres bien-aimées !

▷ Paul Verlaine, *Poèmes saturniens*, « Nevermore ».

À RETENIR

Une figure de style sert à rendre plus expressif un énoncé, grâce à une utilisation particulière du lexique ou de la syntaxe.

Les figures d'analogie ou de ressemblance

- **La comparaison** rapproche deux éléments, nommés comparé et comparant, à l'aide d'un outil comparatif : *comme, pareil à, ressembler...* Le comparé et le comparant doivent posséder au moins une caractéristique commune. *Et **le vers** rongera ta peau comme **un remords**.* (BAUDELAIRE)

- **La métaphore** rapproche deux réalités, mais sans outil comparatif. Parfois, le comparé est passé sous silence. *L'or du soir qui tombe.* (HUGO) *L'or du soir* est le comparant. Le comparé, la lumière du soleil couchant, est absent.

- **La personnification** prête des caractéristiques humaines à quelque chose qui ne l'est pas. *Rome à ne vous plus voir m'a-t-elle condamnée ?* (RACINE)

Les figures de substitution

- **La périphrase** remplace un mot par une expression plus développée. Elle permet d'éviter une répétition, et attire l'attention sur une qualité. *Le roi des animaux* pour *le lion*.

- **La métonymie** désigne une chose par un terme qui lui est proche. Elle peut désigner le contenant pour le contenu (*finis ton assiette* pour *finis ce qui est dans ton assiette*), le lieu pour la personne (*les déclarations de l'Élysée* pour *les déclarations du Président*), etc.

- **L'antiphrase** remplace une idée par son contraire, sans laisser le moindre doute sur le sens réel de la phrase. Figure de l'ironie, elle introduit une certaine complicité entre l'émetteur et le récepteur. *Ah, c'est du propre !*

Les figures d'opposition

- **L'antithèse** met en relation deux mots de sens opposés, de manière à souligner le contraste. *Ton bras est invaincu mais non pas invincible.* (CORNEILLE)

- **L'oxymore** oppose deux termes qui sont dépendants grammaticalement dans la phrase. *Un affreux soleil noir d'où rayonne la nuit* (HUGO) : l'adjectif « noir » dépend grammaticalement du nom « soleil ».

- **Le chiasme** fait se suivre deux expressions contenant les mêmes éléments, mais dans la deuxième expression l'ordre est inversé (A-B/B-A). La symétrie sert souvent à renforcer l'opposition entre les réalités A et B. ***J**'ai voulu **mourir** à la guerre :/La **mort** n'a pas voulu de **moi**.* (VERLAINE)

Les figures d'insistance

- **Le parallélisme** répète la même construction plusieurs fois, afin de souligner une ressemblance ou une opposition. **Ce cœur qui** *haïssait la guerre* **voilà qu'il** *bat pour le combat et la bataille !*/**Ce cœur qui** *ne battait qu'au rythme des marées* [...] **voilà qu'il** *se gonfle* [...]. (DESNOS)

- **L'anaphore** reprend le même mot ou la même expression en tête de phrase, de vers ou de paragraphe. **C'est qu'***un souffle, tordant ta grande chevelure,* [...]/**C'est que** *la voix des mers folles, immense râle,* [...]. (RIMBAUD)

- **L'énumération** présente une succession de termes, qui vont souvent en s'intensifiant. Le rythme s'accélère, et peut produire un effet de grossissement. *Va, cours, vole et nous venge !* (CORNEILLE)

Les figures d'atténuation ou d'exagération

- **L'euphémisme** sert à atténuer une réalité, jugée souvent trop brutale ou trop désagréable. *Elle nous a quittés* pour *Elle est morte.*

- **La litote** est utilisée pour dire moins, mais de manière à suggérer plus. *Ce film n'est pas mal* pour *C'est un assez bon film.*

- **L'hyperbole** permet d'exagérer une situation, en employant des termes trop forts. *Il est mort de rire.*

COMMENT FAIRE

► Pour analyser une métaphore

Exemple 1

Je pense à toi mon Lou ton cœur est ma caserne. (APOLLINAIRE)

La métaphore ici est explicite. *Ton cœur* est le comparé, *ma caserne* est le comparant. Le point commun entre les deux est l'idée du lieu : soldat au front, le poète a le cœur de sa bien-aimée comme résidence métaphorique.

►

Exemple 2

Votre âme est un paysage choisi. (Verlaine)

Le verbe « être » pose ici une équivalence stricte entre le comparé et le comparant. Cette métaphore picturale qui travestit l'âme en paysage fait entrer dans l'ordre de la représentation ce qui auparavant était de l'ordre de l'invisible. Ce qui était situé hors du regard devient objet de contemplation : on passe ainsi de l'abstrait au concret. Cette métaphore est néanmoins énigmatique : on ne connaît pas la caractéristique commune qui permet le rapprochement.

Exemple 3

Ô âme, console-toi. Si ce divin architecte qui a entrepris de te réparer laisse tomber pièce à pièce ce vieux bâtiment de ton corps, c'est qu'il veut te le rendre en meilleur état, c'est qu'il veut le rebâtir dans un meilleur ordre [...] (Bossuet, *Sermon sur la mort*)

La métaphore du bâtiment est utilisée ici. Elle est **filée** (elle se développe sur plusieurs phrases) puisque plusieurs termes la reprennent : *l'architecte* pour Dieu, *vieux bâtiment* pour le corps, *réparer* et *rebâtir* pour la nouvelle maison qui accueillera l'homme au ciel. Cette figure s'accompagne d'une personnification de l'âme, et d'un parallélisme de construction (*c'est qu'il veut/c'est qu'il veut*). La **métaphore filée** sert à dire de manière concrète ce qui est abstrait et difficile à concevoir.

S'EXERCER

1 Identifiez les figures de substitution et d'analogie utilisées.

a. Lire Proust est éprouvant. **b.** Il a pris la route tôt ce matin. **c.** Dans l'océan de ta chevelure, j'entrevois un port fourmillant de chants mélancoliques, d'hommes vigoureux de toutes nations et de navires de toutes formes. **d.** L'astre parfait qui éclaire nos jours. **e.** Cette fille est une véritable fouine. **f.** Il ment comme un arracheur de dents. **g.** L'onde calme et noire où dorment les étoiles.

2 Identifiez les figures d'opposition utilisées. Quels champs lexicaux développent-elles ?

a. *Père, maîtresse, honneur, amour,*
Noble et dure contrainte, aimable tyrannie,
Tous mes plaisirs sont morts, ou ma gloire ternie.
(Corneille)

b. *Cette obscure clarté qui tombe des étoiles.* (Corneille)

c. *Je suis plein du silence assourdissant d'aimer.* (Louis Aragon)

d. *Je vis, je meurs : je me brûle et me noie.* (Louise Labé)

3 Identifiez dans ce poème une anaphore, une personnification, un parallélisme, une périphrase, une métaphore filée, une antithèse. Expliquez ces figures, et dites en quoi elles contribuent à construire le sens du poème.

Où vont tous ces enfants dont pas un seul ne rit ?
Ces doux êtres pensifs, que la fièvre maigrit ?
Ces filles de huit ans qu'on voit cheminer seules ?
Ils s'en vont travailler quinze heures sous des meules ;
Ils vont, de l'aube au soir, faire éternellement
Dans la même prison le même mouvement.
Accroupis sous les dents d'une machine sombre,
Monstre hideux qui mâche on ne sait quoi dans l'ombre,
Innocents dans un bagne, anges dans un enfer,
Ils travaillent. Tout est d'airain, tout est de fer.
Jamais on ne s'arrête et jamais on ne joue. [...]

▷ Victor Hugo, *Les Contemplations*, « Melancholia ».

4 Faites l'analyse des images utilisées dans ce poème de Verlaine intitulé « Colloque sentimental ».

Dans le vieux parc solitaire et glacé,
Deux formes ont tout à l'heure passé.

Leurs yeux sont morts et leurs lèvres sont molles,
Et l'on entend à peine leurs paroles.

Dans le vieux parc solitaire et glacé,
Deux spectres ont évoqué le passé.

– Te souvient-il de notre extase ancienne ?
– Pourquoi voulez-vous donc qu'il m'en souvienne ?

– Ton cœur bat-il toujours à mon seul nom ?
Toujours vois-tu mon âme en rêve ? – Non.

– Ah ! les beaux jours de bonheur indicible
Où nous joignions nos bouches ! – C'est possible.

– Qu'il était bleu, le ciel, et grand, l'espoir !
– L'espoir a fui, vaincu, vers le ciel noir.

Tels ils marchaient dans les avoines folles,
Et la nuit seule entendit leurs paroles.

À RETENIR

Les genres

● Il existe quatre genres d'écrits : le récit, la poésie, le théâtre, l'écrit argumentatif, qui se décomposent en sous-genres (comme le conte, la nouvelle, la chanson, la fable, la farce, la tragédie, l'essai ou le discours).

● Un énoncé littéraire s'inscrit également dans un ou plusieurs **registres**. Le terme « registre » renvoie à l'impression particulière que produit un texte sur le lecteur (tristesse, amusement, etc.). Un même registre peut intervenir dans des genres bien différents : le registre épique par exemple est utilisé dans l'épopée, le roman, mais aussi dans la presse sportive.

Les principaux registres

Registres	Effets	Exemples
Le registre comique : une situation, un personnage, un discours sont drôles.	Il provoque l'amusement et le rire.	*Il sauta sur l'occasion, et lui tordit le cou.* (Boris Vian)
Le registre tragique : les personnages prennent conscience de l'existence de forces qui les dépassent.	L'infortune du héros doit provoquer la terreur et la pitié.	*Grands dieux, si votre haine/Persévère à vouloir l'arracher de mes mains,/ Que peuvent devant vous tous les faibles humains ?* (RACINE)
Le registre pathétique : des situations douloureuses et poignantes sont évoquées, comme la mort ou la maladie.	Il cherche à attendrir, à émouvoir fortement le lecteur.	*Et Virginie, voyant la mort inévitable, posa une main sur ses habits, l'autre sur son cœur, et levant en haut des yeux sereins, parut un ange qui prend son vol vers les cieux.* (Bernardin DE SAINT-PIERRE)
Le registre épique : les événements sont amplifiés, voire démesurés, et le personnage héroïque est confronté à des obstacles colossaux.	L'amplification ainsi créée doit provoquer l'étonnement, la crainte, mais aussi l'admiration et l'exaltation.	*Hippolyte lui seul digne fils d'un héros,* *Arrête ses coursiers, saisit ses javelots,* *Pousse au monstre, et d'un dard lancé d'une main sûre* *Il lui fait au flanc une large blessure.* (RACINE)
Le registre fantastique : le monde normal est bouleversé par l'irruption de phénomènes étranges.	Il déstabilise le lecteur, provoque le doute et l'effroi.	*Alors je fus pris d'une colère furieuse contre moi-même ; car il n'est pas permis à un homme raisonnable et sérieux d'avoir de pareilles hallucinations. Mais était-ce bien une hallucination ?* (MAUPASSANT)
Le registre lyrique : il naît de l'évocation des états d'âme.	Il cherche à faire naître chez le lecteur une émotion analogue à celle exprimée.	*Il pleure dans mon cœur/Comme il pleut sur la ville ;/ Quelle est cette langueur/Qui pénètre mon cœur ?* (VERLAINE)
Le registre didactique : il s'agit de développer une thèse dans le but d'enseigner, de prouver quelque chose.	Il vise à obtenir l'adhésion du récepteur.	*Je me suis donc résolu de leur faire considérer dans ce discours comme, par une chute insensible, on tombe d'une vie licencieuse à une mort désespérée.* (BOSSUET)

COMMENT FAIRE

► Pour réécrire un texte en changeant de genre

Un jour vers midi du côté du parc Monceau, sur la plate-forme arrière d'un autobus à peu près complet de la ligne S (aujourd'hui 84), j'aperçus un personnage au cou fort long qui portait un feutre mou entouré d'un galon tressé au lieu d'un ruban. Cet individu interpella tout à coup son voisin en prétendant que celui-ci faisait exprès de lui marcher sur les pieds chaque fois qu'il montait ou descendait des voyageurs.

▷ Raymond QUENEAU, *Exercices de style.*

Acte premier, Scène 1

(Sur la plate-forme arrière d'un autobus S, un jour, vers midi.)

LE RECEVEUR. – La monnaie, s'iou plaît.

(Des voyageurs lui passent la monnaie.)

Scène 2

(L'autobus s'arrête.)

LE RECEVEUR. – Laissons descendre. Priorités ? Une priorité ! C'est complet. Drelin, drelin, drelin.

►

Acte second, Scène 1
(Même décor)
PREMIER VOYAGEUR *(jeune, long cou, une tresse autour du chapeau)*. – On dirait, monsieur, que vous le faites exprès de me marcher sur les pieds chaque fois qu'il passe des gens.
SECOND VOYAGEUR *(hausse les épaules)*.

● **Analyser les conséquences de la transposition.**

Le premier acte permet de planter le décor, en introduisant des éléments passés sous silence dans le texte originel : le receveur est un personnage à part entière qui, au lieu de se contenter d'agiter la cloche du départ, en imite le son.

Les didascalies sont là pour décrire les personnages et leur comportement : ils sont présentés de manière schématique, voire caricaturale, et n'ont pas de nom. Le récit plutôt neutre s'est mué en scène comique. Le changement de genre s'accompagne donc d'un changement de registre.

S'EXERCER

1 Identifiez le genre et le registre auxquels appartiennent les différents extraits.

a.

Je fais souvent ce rêve étrange et pénétrant
D'une femme inconnue et que j'aime et qui m'aime
Et qui n'est chaque fois ni tout à fait la même
Ni tout à fait une autre, et m'aime et me comprend.

▷ Paul VERLAINE, « Mon rêve familier », extrait des *Poèmes saturniens.*

b.

AGAMEMNON : – Ma fille, il est trop vrai. J'ignore pour quel crime
La colère des dieux demande une victime :
Mais ils vous ont nommée. Un oracle cruel
Veut qu'ici votre sang coule sur un autel.

▷ RACINE, *Iphigénie.*

c.

Ainsi mon dessein n'est pas d'enseigner ici la méthode que chacun doit suivre pour bien conduire sa raison, mais seulement de faire voir en quelle sorte j'ai tâché de conduire la mienne.

▷ DESCARTES, *Discours de la méthode.*

2 Réécrivez ce passage dans un registre pathétique, en respectant le genre et la situation d'énonciation du texte initial.

Aujourd'hui, maman est morte. Ou peut-être hier, je ne sais pas. J'ai reçu un télégramme de l'asile : « Mère décédée. Enterrement demain. Sentiments distingués. » Cela ne veut rien dire. C'était peut-être hier.

L'asile de vieillards est à Marengo, à quatre-vingts kilomètres d'Alger. Je prendrai l'autobus à deux heures et j'arriverai dans l'après-midi. Ainsi, je pourrai veiller et je rentrerai demain soir. J'ai demandé deux jours de congé à mon patron et il ne pouvait pas me les refuser, avec une excuse pareille.

▷ Albert CAMUS, *L'Étranger.*

3 Lisez le texte ci-dessous. À quel moment de la journée se situe la scène ? Quels sont les sentiments du narrateur ? Peut-on donner une explication claire à ces événements ? Dans quel registre s'inscrit donc cet extrait ?

La pendule sonna onze heures. Le vibrement du dernier coup retentit longtemps, et, lorsqu'il fut éteint tout à fait… Oh ! non, je n'ose pas dire ce qui arriva, personne ne me croirait, et l'on me prendrait pour un fou.

Les bougies s'allumèrent toutes seules ; le soufflet, sans qu'aucun être visible lui imprimât le mouvement, se prit à souffler le feu, en râlant comme un vieillard asthmatique, pendant que les pincettes fourgonnaient dans les tisons et que la pelle relevait les cendres.

Ensuite une cafetière se jeta en bas d'une table où elle était posée, et se dirigea, clopin-clopant, vers le foyer, où elle se plaça entre les tisons.

Quelques instants après, les fauteuils commencèrent à s'ébranler, et, agitant leurs pieds tortillés d'une manière surprenante, vinrent se ranger autour de la cheminée.

▷ Théophile GAUTIER, *La Cafetière et autres contes fantastiques*, « La cafetière ».

4 À quel genre appartient l'extrait ci-dessous ? Quel effet cherche-t-il à provoquer chez le lecteur ? Dans quel registre s'inscrit-il ? Quels sont les procédés utilisés ?

*Une famille d'*Homo erectus *s'échine à grimper l'échelle de l'évolution.*

Dès le moment que vous prenez pour but de devenir omnivore, il faut, comme le mot l'indique, apprendre à manger de *tout*. De plus, quand ce que vous avez – ce qui est de règle –, c'est de la vache enragée, vous ne pourrez vous permettre d'en rien laisser dans votre assiette. Comme petit enfant, on m'a encore élevé strictement selon ces principes. Oser dire à maman qu'on ne voulait pas de ceci ou de cela, de la fourmi pilée, du crapaud mariné, c'était vouloir s'attirer une bonne baffe. « Finis-le, c'est bon pour ta santé », voilà la rengaine de toute mon enfance. Et c'était vrai, bien entendu : car la nature, en merveilleuse adaptatrice, finissait par durcir nos petits intestins et par leur faire digérer l'indigeste.

▷ Roy LEWIS, *Pourquoi j'ai mangé mon père.*

À RETENIR

L'image est un discours. C'est un message visuel, qu'il s'agit de décoder. Il est donc nécessaire d'analyser les signes qui la composent. Visant souvent à représenter le réel, elle est parfois utilisée à des fins manipulatrices. La plupart des images sont **polysémiques**, car elles peuvent donner naissance à de multiples interprétations.

La dénotation de l'image

Il faut d'abord étudier le sujet de l'image pour comprendre son message littéral : quelle est la situation d'énonciation de l'image ? que représente-t-elle ? est-elle accompagnée d'une légende ou d'un texte écrit, qui définit les informations de l'image, ou qui en propose un sens, une interprétation ?

La construction de l'image

- L'image est toujours une mise en scène, puisqu'elle choisit de représenter quelque chose selon un certain angle. Pour appréhender cette mise en scène, il faut d'abord identifier les lignes de force (c'est-à-dire les grandes lignes verticales, horizontales, ou courbes que l'œil repère d'emblée).
- Il faut ensuite s'intéresser au choix de la prise de vue : on parle de plongée lorsque la scène est vue du haut, et que le sujet semble écrasé ; de contre-plongée quand la scène est vue du bas et que le sujet apparaît comme grandi. Enfin, le choix de la perspective et du cadrage (le découpage, la « mise en cadre » du sujet représenté) donne des indications sur l'interprétation qu'il faut en faire. La dernière question importante à se poser concerne bien entendu les couleurs et les formes utilisées.

La connotation de l'image

Il s'agit de comprendre l'intention (souvent argumentative) de l'image.

- La disposition des éléments et les éléments mêmes renvoient souvent à des archétypes, des émotions ou des associations communes à tous (le feu renvoie généralement à la passion, à l'énergie vitale).
- La composition aussi joue un rôle essentiel. S'ajoutent à cela les sentiments personnels de chacun, fruits de son histoire. Il faut comprendre ce que l'image suggère, et essayer de l'interpréter.

Les fonctions de l'image

Elle peut avoir différentes fonctions, qui sont parfois complémentaires : informative ou explicative lorsqu'elle renseigne sur quelque chose, expressive lorsqu'elle exprime une émotion, injonctive quand elle veut faire réagir, ou tout simplement esthétique.

COMMENT FAIRE

▶ Pour écrire un commentaire d'image

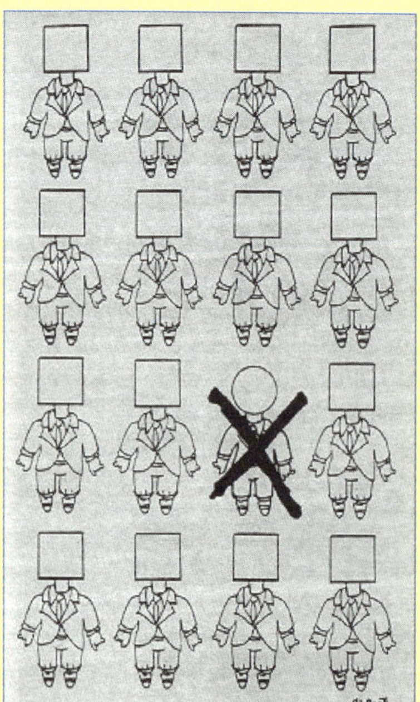

Les Droits de l'homme, dessin de PLANTU.

- **Procéder à une description précise** (dénotation).
L'affiche n'utilise que deux couleurs, le gris et le noir. Elle présente quatre rangées de quatre personnages. L'impression géométrique est renforcée par l'utilisation d'une forme carrée pour représenter la tête des personnages. Seul un personnage a la tête ronde, et celle-ci est barrée d'une croix.

- **Proposer une interprétation** en s'appuyant sur la construction et les thèmes (connotation).
Au sein d'une foule, un individu se distingue, celui à la tête ronde. Il semble être nié uniquement pour cette différence, qui ne paraît renvoyer à rien de précis : seule certitude, la différence est clairement identifiable (opposition forte du carré et du cercle).

- **Comprendre la portée de l'image** en s'interrogeant sur les intentions possibles de l'auteur, en confrontant l'image à d'autres documents sur le même thème.
Il s'agit d'une représentation symbolique du racisme : un individu est désigné et exclu du groupe pour une différence de forme

▶

(qu'on imagine pouvoir être la couleur, la religion, etc.) Tout le reste de sa personne est semblable aux autres. Le fait que la différence se manifeste par le visage est important : la mise à l'écart ici prend uniquement appui sur l'apparence. La schématisation veut souligner l'absurdité du racisme, et le trait noir sa violence. En montrant l'aberration et la cruauté, le dessin répond à une intention argumentative : dénoncer toutes les formes de discrimination.

S'EXERCER

1 **Quel est le thème de cette image ? Quelles sont les couleurs utilisées ? Pourquoi ? Commentez les lignes de force et le cadrage. Quelle est la fonction de cette image ? Dans quel contexte historique s'inscrit-elle ?**

I want you for US Army, J. Montgomery Flagg, 1917, musée d'Art moderne, New York.

2 **Observez ces trois documents. Expliquez comment le tableau de Millet et le poème de Rimbaud offrent chacun une interprétation particulière du personnage de Shakespeare.**
Quel genre de discours vous semble le plus apte à rendre compte de la mort d'Ophélie ? Pourquoi ?
Identifiez les procédés propres à la peinture utilisés pour traiter le sujet.
Quelle est la fonction de cette image ?

DOCUMENT 1

LA REINE

Tout auprès d'un ruisseau où un saule se penche
Qui mire dans les eaux son feuillage gris,
C'est là qu'elle est allée tresser des guirlandes
Capricieuses, d'ortie et de boutons d'or,
De marguerites et des longues fleurs pourpres [...].
Et voulut-elle alors, aux branches inclinées,
Grimper pour accrocher sa couronne florale ?
Un des rameaux, perfide, se rompit
Et Ophélie et ses trophées agrestes
Sont tombés où l'eau pleure. Sa robe s'étendit
Et d'abord la porta, telle une sirène,
Tandis qu'elle chantait des bribes de vieux airs,
Inconsciente peut-être de sa détresse
Ou faite de naissance pour vivre ainsi.
Mais que pouvait durer cet instant ? Alourdis
Par tout ce qu'ils buvaient, ses vêtements
Prirent l'infortunée à sa musique,
Et l'ont vouée à une mort fangeuse.

▷ William SHAKESPEARE, *Hamlet*, IV, 7.

DOCUMENT 2

Sur l'onde calme et noire où dorment les étoiles
La blanche Ophélie flotte comme un grand lys,
Flotte très lentement, couchée en ses longs voiles...
– On entend dans les bois lointains des hallalis.

Voici plus de mille ans que la triste Ophélie
Passe, fantôme blanc, sur le long fleuve noir ;
Voici plus de mille ans que sa douce folie
Murmure sa romance à la brise du soir.

Le vent baise ses seins et déploie en corolle
Ses grands voiles bercés mollement par les eaux ;
Les saules frissonnants pleurent sur son épaule,
Sur son grand front rêveur s'inclinent les roseaux.

Les nénuphars froissés soupirent autour d'elle ;
Elle éveille parfois, dans un aulne qui dort,
Quelque nid, d'où s'échappe un petit frisson d'aile :
– Un chant mystérieux tombe des astres d'or.

▷ Arthur RIMBAUD, *Ophélie*.

DOCUMENT 3

John Everett MILLAIS, *Ophélia*, 1852, Tate Gallery, Londres.

À RETENIR

L'intrigue

● Par l'intermédiaire du narrateur, le récit présente une succession d'événements. Une intrigue simple suit les étapes du **schéma narratif** :

- situation initiale qui présente le cadre et les personnages,
- élément perturbateur qui bouleverse l'équilibre initial,
- péripéties qui font rebondir l'action,
- élément de résolution qui met un terme aux péripéties,
- et enfin situation finale qui rétablit un équilibre.

● Le récit est complexe lorsque l'on suit différentes intrigues qui se déroulent en même temps, ou lorsqu'à l'intérieur d'un récit cadre on trouve une autre intrigue racontée par un personnage (**récit enchâssé**).

Le déroulement des événements

Les faits sont souvent racontés dans leur succession linéaire, chronologique. Mais l'histoire peut également présenter une **prolepse** (anticipation : on annonce des événements qui se produiront plus tard dans l'histoire) ou une **analepse** (retour en arrière : on mentionne des événements qui ont déjà eu lieu). La prolepse est en général moins fréquente que l'analepse.

Exemples

Le jeune Icare se tenait à ses côtés, sans se douter qu'il maniait ce qui devait le mettre en mortel péril (OVIDE) : prolepse.

Un peu plus tôt, le nègre Ange Soleil avait tué sa maîtresse (Jean GENET) : analepse.

Les personnages

● Le personnage remplit un rôle, qui dépend de la position qu'il occupe par rapport aux autres personnages. Le **schéma actantiel** définit ces rôles.

- Le **sujet** est le héros qui fait évoluer l'action en fonction de ce qu'il recherche : une personne, un idéal ou autre, qu'on appelle l'**objet** de la quête.
- Les **adjuvants** sont les auxiliaires (personnages, qualités…) qui vont aider le personnage dans sa quête, face aux **opposants** qui lui font obstacle.

● Le personnage se construit non seulement tout au long de l'intrigue, mais également grâce à des portraits qui indiquent ses caractéristiques physiques et morales.

Roman et nouvelle

● Le genre narratif peut prendre différentes formes, notamment celles du roman et de la nouvelle.

● Récit bref, la nouvelle se distingue du roman en plusieurs points : les personnages sont moins nombreux, l'intrigue est en général simple, l'étendue dans le temps est plus resserrée. L'action se déroule dans un lieu unique, et la fin présente souvent une chute, un effet de surprise. Quand les nouvelles sont publiées en recueil, elles s'inscrivent dans la même veine (fantastique, merveilleuse, réaliste, etc.).

COMMENT FAIRE

▶ Pour étudier un récit enchâssé

« Mon père, repris-je, il est aisé de juger à votre air et à votre discours que vous avez acquis une grande expérience. Si vous en avez le temps, racontez-moi, je vous prie, ce que vous savez des anciens habitants de ce désert […] ». Alors, comme quelqu'un qui cherche à se rappeler diverses circonstances, après avoir appuyé quelque temps les mains sur son front, voici ce que le vieillard me raconta.

En 1726, un jeune homme de Normandie, appelé M. de La Tour, après avoir sollicité en vain du service en France et des secours dans sa famille, se détermina à venir dans cette île pour y chercher fortune. Il avait avec lui une jeune femme qu'il aimait beaucoup et dont il était aimé.

▷ Bernardin DE SAINT-PIERRE, *Paul et Virginie*.

● **Repérer** les différents narrateurs, l'endroit où se situe le changement de l'instance narrative, les éventuelles indications temporelles.

Le récit enchâssé commence avec le deuxième paragraphe. Le premier paragraphe, récit cadre, est le fait d'un narrateur personnage (récit à la première personne) ; le récit enchâssé n'est pas exactement la réponse du père, puisque ce n'est pas un récit à la première personne mais à la troisième. Le changement de narrateur entraîne alors un changement de focalisation (on passe d'un point de vue interne à un point de vue omniscient).

▶

● **Analyser** l'intérêt de l'enchâssement.
Ce procédé est un artifice utilisé pour rendre plus vraisemblable le récit qui va suivre. L'histoire racontée par le vieil homme a pour récepteur le premier narrateur, qui est comme un double du lecteur. Ce dernier sera dispensé d'éprouver des doutes, si le premier récepteur lui-même n'en a pas. L'histoire en devient plus crédible, plus facilement acceptable par le lecteur. Le récit cadre apporte donc une caution au récit enchâssé.

S'EXERCER

1 Le passage répond-il aux attentes d'un début de roman ? À quelle étape du schéma narratif correspond cet extrait ? Qui est le personnage principal ? Dresse-t-on son portrait ? Quelles sont les informations que le lecteur possède d'emblée sur lui ?

Ça a débuté comme ça. Moi, j'avais jamais rien dit. Rien. C'est Arthur Ganate qui m'a fait parler. Arthur, un étudiant, un carabin lui aussi, un camarade. On se rencontre donc place Clichy. C'était après le déjeuner. Il veut me parler. Je l'écoute. « Restons pas dehors ! qu'il me dit. Rentrons ! » Je rentre avec lui. Voilà.

▷ Louis-Ferdinand Céline, *Voyage au bout de la nuit.*

2 Voici les dernières lignes du récit cadre d'un roman. Commentez l'usage d'une narration à la première personne, et expliquez le rôle de ce passage pour le récit enchâssé qui va suivre. À quelle personne sera-t-il raconté ?

« Monsieur, me dit-il, vous en usez si noblement avec moi, que je me reprocherais, comme une basse ingratitude, d'avoir quelque chose de réservé pour vous. Je veux vous apprendre non seulement mes malheurs et mes peines, mais encore mes désordres et mes plus honteuses faiblesses. Je suis sûr qu'en me condamnant, vous ne pourrez pas vous empêcher de me plaindre. »
Je dois avertir ici le lecteur que j'écrivis son histoire presque aussitôt après l'avoir entendue, et qu'on peut s'assurer, par conséquent, que rien n'est plus exact et plus fidèle que cette narration. [...] Voici donc son récit, auquel je ne mêlerai, jusqu'à la fin, rien qui ne soit de lui.

▷ L'abbé Prévost, *Histoire du chevalier Des Grieux et de Manon Lescaut.*

3 Que sait-on du narrateur ? S'adresse-t-il explicitement à quelqu'un ? Qui sont les personnages et que font-ils ? Combien y a-t-il de récits enchâssés dans ces quelques lignes ? Quel est l'effet produit ?

Comment s'étaient-ils rencontrés ? Par hasard, comme tout le monde. Comment s'appelaient-ils ? Que vous importe ? D'où venaient-ils ? Du lieu le plus prochain. Où allaient-ils ? Est-ce que l'on sait où l'on va ? Que disaient-ils ? Le maître ne disait rien ; et Jacques disait que son capitaine disait que tout ce qui nous arrive de bien et de mal ici-bas était écrit là-haut.

▷ Denis Diderot, *Jacques le Fataliste.*

4 Quel est le point de vue utilisé pour faire le portrait du personnage ? S'agit-il d'un portrait physique ou moral ? Quelle image le lecteur a-t-il de Duroy ? Faites des hypothèses sur la suite de l'intrigue : quel sera le parcours du personnage ? Quelle pourrait être sa quête ?

Il était un peu gêné, intimidé, mal à l'aise. Il portait un habit pour la première fois de sa vie, et l'ensemble de sa toilette l'inquiétait. Il la sentait défectueuse en tout, par les bottines non vernies, mais assez fines cependant, car il avait la coquetterie du pied, par la chemise de quatre francs cinquante achetée le matin même au Louvre, et dont le plastron trop mince cassait déjà. Ses autres chemises, celles de tous les jours, ayant des avaries plus ou moins graves, il n'avait pas pu utiliser même la moins abîmée. [...]
Il montait lentement les marches, le cœur battant, l'esprit anxieux, harcelé surtout par la crainte d'être ridicule ; et, soudain, il aperçut en face de lui un monsieur en grande toilette qui le regardait. Ils se trouvaient si près l'un de l'autre que Duroy fit un mouvement en arrière, puis il demeura stupéfait : c'était lui-même, reflété par une haute glace en pied qui formait sur le palier du premier une longue perspective de galerie. Un élan de joie le fit tressaillir tant il se jugea mieux qu'il n'aurait cru.

▷ Guy de Maupassant, *Bel-Ami*

5 Quel est le personnage présenté dans cet incipit ? Que peut-on en déduire sur son rôle dans le roman ? Comment son portrait est-il construit ? Quel est le point de vue utilisé ?

Nous étions à l'étude, quand le proviseur entra, suivi d'un nouveau habillé en bourgeois et d'un garçon de classe qui portait un grand pupitre. Ceux qui dormaient se réveillèrent, et chacun se leva comme surpris dans son travail. [...]
Resté dans l'angle, derrière la porte, si bien qu'on l'apercevait à peine, le nouveau était un gars de la campagne, d'une quinzaine d'années environ, et plus haut de taille qu'aucun de nous tous. Il avait des cheveux coupés droit sur le front, comme un chantre de village, l'air raisonnable et fort embarrassé. Quoiqu'il ne fût pas large des épaules, son habit-veste de drap vert à boutons noirs devait le gêner aux entournures et laissait voir, par la fente des parements, des poignets rouges habitués à être nus. Ses jambes, en bas bleus, sortaient d'un pantalon jaunâtre très tiré par les bretelles. Il était chaussé de souliers forts, mal cirés, garnis de clous.

▷ Gustave Flaubert, *Madame Bovary.*

À RETENIR

L'adjectif « réaliste » qualifie la plupart des grands romans du XIXe siècle, qui visent à **l'imitation de la réalité**. Le roman est « comme un miroir que l'on promène sur une grande route », selon les termes de Stendhal dans *Le Rouge et le Noir*.

Le mouvement réaliste

● **Les thèmes.** Le roman réaliste s'attache à **peindre la société** : les personnages incarnent la diversité des classes sociales, et une attention particulière est accordée aux milieux défavorisés. Le monde moderne (sous l'angle de la ville, ou celui des machines industrielles qui ont révolutionné le siècle) sert souvent de cadre à l'action. L'ambition de Balzac, dans les quatre-vingt-quinze romans qui forment l'ensemble de *La Comédie humaine*, était de dresser un tableau complet de la société de son époque, et plus généralement de la société humaine.

● **Les personnages.** Ils s'inscrivent dans un **espace réaliste** : lieux de travail (la fabrique, les champs), lieux domestiques (l'espace où l'on vit et où l'on mange), ou lieux de rencontres (le café, le bal). Le rapport du personnage au monde se construit par le biais du **corps** : on s'intéresse à ses appétits et à sa déchéance (la maladie, la misère). Le héros réaliste est souvent porté par un **désir de réussite sociale**, laquelle n'est pas forcément au rendez-vous. Dans le roman de Balzac *Illusions perdues*, Lucien veut s'illustrer en tant que poète mais sa vanité en fera un journaliste, avant que le besoin d'argent ne précipite sa perte : il conclura, par faiblesse, un pacte avec un « démon » et deviendra sa créature.

● **Les procédés.** Le recours au **lexique spécialisé** propre à l'univers représenté est fréquent. Les personnages s'expriment dans un langage conforme à leur milieu. La **description** occupe un rôle prépondérant. Les romanciers ont le souci du **détail vrai**, particulièrement apte à ancrer le récit dans le réel. Le narrateur se veut omniscient pour transmettre une **vision objective et complète** de la réalité.

Les limites du réalisme

● Les romanciers réalistes désirent rompre avec l'idéalisation romantique : ils veulent faire connaître le réel et refusent le sublime.

● Ce n'est pourtant pas une pure reproduction de la réalité qu'offre le roman, puisque sa forme même suppose une reconstruction : la nécessité romanesque préside aux destinées des personnages, seuls les événements nécessaires sont mentionnés, et le temps réel est déformé pour les besoins de l'œuvre. Il s'agit bien plus de créer **l'illusion du vrai**. C'est dans cette optique que le narrateur adopte parfois un point de vue interne : la perception de la réalité se fait par le filtre de la conscience d'un individu.

COMMENT FAIRE

► Pour étudier le registre réaliste

C'était bal à la Boule-Noire, un jeudi. On dansait.
La salle avait le caractère moderne des lieux de plaisir du peuple. Elle était éclatante d'une richesse fausse et d'un luxe pauvre. On y voyait [...] du velours et des bancs en bois, les misères et la rusticité d'une guinguette dans le décor d'un palais de carton. [...]
Une vieille en cheveux, la raie sur le côté de la tête, passait, devant les tables, une corbeille remplie de morceaux de gâteau de Savoie et de pommes rouges. De temps en temps la danse, dans son branle et son tournoiement, montrait un bas sale, [...] des doigts rouges au bout de mitaines noires, une figure bise à moustache, une sous-jupe tachée de la crotte de l'avant-veille, une crinoline d'occasion forcée et toute bossue, de l'indienne de village à fleurs, un morceau de défroque de femme entretenue. [...]
Tout sautait et s'agitait. Les danseuses se démenaient, tortillaient, cabriolaient, animées, pataudes et déchaînées sous le coup de fouet d'une joie bestiale.

▷ Jules et Edmond de Goncourt, *Germinie Lacerteux*.

● **Étudier la représentation du réel.** Où se situe la scène ? Quel est le milieu social évoqué ?
Le lieu est marqué socialement : la salle de bal du « peuple » est caractérisée d'emblée par un oxymore : *luxe pauvre*, et cette alliance commande toute la description, où le sordide est prépondérant. Différents milieux, qui n'ont en commun que la pauvreté, sont évoqués à travers les mentions de *l'indienne* (tissu de coton) *de village* (univers campagnard) et de *défroque de femme entretenue* (univers citadin).

►

● **Analyser les personnages réalistes.** Comment le narrateur dresse-t-il leur portrait ? S'agit-il de personnages individualisés ou de types ?
Les personnages appartiennent au peuple, voire aux bas-fonds. Leur portrait se fait par mention de leurs membres ou de leurs vêtements, révélateurs de leur milieu social. Ce sont d'abord des corps, présentés sous l'angle de la déchéance (*bas sale, doigts rouges, jupe tachée, pataudes*), à tel point que le réalisme frise la caricature : malgré leur diversité, les femmes du bal populaire se ressemblent toutes.

● **Repérer les effets de réel.** Quels sont les « détails vrais » ? Comment sont-ils utilisés ?
L'alliance des contraires dans le premier paragraphe, le contraste des couleurs dans le second, ainsi que les énumérations, témoignent du souci de refléter la complexité de la réalité. Les objets quotidiens (*pommes, mitaines*) contribuent à créer l'illusion du réel. Cette représentation est néanmoins fortement orientée, et la « sauterie » populaire est à l'image de l'enfer suggéré dans le dernier paragraphe.

S'EXERCER

1 Quel est le lieu décrit ? Comment est-il ancré dans le réel ? Sait-on quel est le milieu social évoqué ? Expliquez le rôle de cette description.

L'extérieur de la maison Séchard était en harmonie avec la crasse avarice qui régnait à l'intérieur, où le vieil Ours n'avait jamais rien réparé. La pluie, le soleil, les intempéries de chaque saison avaient donné l'aspect d'un énorme tronc d'arbre à la porte de l'allée, tant elle était sillonnée de fentes inégales. La façade, mal bâtie en pierres et en briques mêlées sans symétrie, semblait plier sous le poids d'un toit vermoulu surchargé de ces tuiles creuses qui composent toutes les toitures dans le midi de la France. Le vitrage vermoulu était garni de ces énormes volets maintenus par les épaisses traverses qu'exige la chaleur du climat.

▷ Honoré de BALZAC, *Illusions perdues*.

2 Étudiez l'ancrage historique et géographique du passage, et le milieu social dont il est question. Cet extrait relève-t-il du mouvement réaliste ? Comment se manifeste la présence du narrateur ? Quel jugement porte-t-il ?

Lors d'une foire agricole, une femme nommée Catherine Leroux reçoit une médaille pour « cinquante-quatre ans de service dans une même ferme ».

Quelque chose d'une rigidité monacale relevait l'expression de sa figure. Rien de triste ou d'attendri n'amollissait ce regard pâle. Dans la fréquentation des animaux, elle avait pris leur mutisme et leur placidité. C'était la première fois qu'elle se voyait au milieu d'une compagnie si nombreuse ; et intérieurement effarouchée par les drapeaux, par les tambours, par les messieurs en habit noir et par la croix d'honneur du Conseiller, elle demeurait tout immobile, ne sachant s'il fallait s'avancer ou s'enfuir, ni pourquoi la foule la poussait et pourquoi les examinateurs lui souriaient. Ainsi se tenait, devant ces bourgeois épanouis, ce demi-siècle de servitude.

▷ Gustave FLAUBERT, *Madame Bovary*.

3 Après avoir analysé l'implication du narrateur, le point de vue utilisé, les personnages et le milieu évoqué, dites si cet extrait présente les caractéristiques du mouvement réaliste.

Il arriva un jour vers trois heures ; tout le monde était aux champs ; il entra dans la cuisine, mais n'aperçut point d'abord Emma ; les auvents étaient fermés. Par les fentes du bois, le soleil allongeait sur les pavés de grandes raies minces, qui se brisaient à l'angle des meubles et tremblaient au plafond. Des mouches, sur la table, montaient le long des verres qui avaient servi, et bourdonnaient en se noyant au fond, dans le cidre resté. Le jour qui descendait par la cheminée, veloutant la suie de la plaque, bleuissait un peu les cendres froides. Entre la fenêtre et le foyer, Emma cousait ; elle n'avait point de fichu, on voyait sur ses épaules nues de petites gouttes de sueur.

▷ Gustave FLAUBERT, *Madame Bovary*.

4 Sur quelle opposition repose la conception du réalisme de Maupassant ? Expliquez quelle doit être, selon lui, la démarche du romancier. Commentez le procédé utilisé dans la première et dans la dernière phrase.

Le vrai peut quelquefois n'être pas vraisemblable.
Le réaliste, s'il est un artiste, cherchera, non pas à nous montrer la photographie banale de la vie, mais à nous en donner la vision plus complète, plus saisissante, plus probante que la réalité même.
Raconter tout serait impossible, car il faudrait alors un volume au moins par journée, pour énumérer les multitudes d'éléments insignifiants qui emplissent notre existence.
Un choix s'impose donc – ce qui est une première atteinte à la théorie de toute la vérité. [...]
Faire vrai consiste donc à donner l'illusion complète du vrai, suivant la logique ordinaire des faits, et non à les transcrire servilement dans le pêle-mêle de leur succession.
J'en conclus que les Réalistes de talent devraient s'appeler plutôt des Illusionnistes.

▷ Guy de MAUPASSANT, *Le Roman*.

À RETENIR

Le mot « naturaliste » désigne au XVIe siècle un savant qui étudie la nature. Dans le dernier tiers du XIXe siècle, des écrivains empruntent ce terme pour l'appliquer au roman. Dans la continuité du réalisme, le naturalisme tente aussi de dire la réalité ; mais il s'en distingue par la **perspective scientifique** qu'il adopte.

Principes et enjeux

- Le romancier doit adopter une **méthode expérimentale**. Il ne se contente plus d'observer, il analyse l'action du milieu social moderne (la naissance du monde ouvrier, par exemple) sur l'individu.
- L'influence du milieu intérieur, c'est-à-dire de **l'hérédité**, est importante. Les vingt romans écrits par Zola et consacrés aux Rougon-Macquart étudient une même famille à travers cinq générations successives, toutes marquées par les ravages d'une aïeule névrosée.
- **La réalité tout entière** est prise en compte, aucun domaine n'est exclu ; pour Zola il faut « tout voir et tout peindre ». Les Rougon-Macquart évoquent tous les milieux : les artistes dans *L'Œuvre*, le monde paysan dans *La Terre*, l'univers des travailleurs du rail dans *La Bête humaine*.
- Le roman naturaliste a une visée didactique et pédagogique. La représentation que le romancier donne du monde doit conduire le lecteur à une **prise de conscience**. Dans *Germinal*, Zola traite des conséquences sanglantes d'une révolte ouvrière, mais le roman se clôt sur l'espoir que tous les hommes auront droit un jour à une vie libre.

Procédés

- Le romancier mène une **enquête préalable** : Zola constitue pour chaque œuvre un dossier préparatoire rassemblant notes et documents.
- La **description** a un rôle primordial.
- Le roman est d'un réalisme cru et fort **pessimiste**. Nana, personnage de Zola dans le roman du même nom, est une courtisane avide, qui, après s'être acharnée à ruiner ses protecteurs, meurt seule, abandonnée et misérable.
- Le récit, pour être impartial, est raconté par un **narrateur omniscient**. Mais l'objectivité n'est jamais totale. Dans *La Bête humaine*, l'écriture de Zola relève parfois du lyrisme épique ; la locomotive devient un monstre humain.

COMMENT FAIRE

► Pour analyser une description

Le train est chargé de soldats en partance pour le front.

La chaudière était pourvue d'eau, le charbon dont le foyer venait d'être rempli, s'embrasait ; et pendant la première demi-heure, la pression monta follement, la vitesse devint effrayante. Sans doute, le conducteur-chef, cédant à la fatigue, s'était endormi. Les soldats, dont l'ivresse augmentait, à être ainsi entassés, subitement s'égayèrent de cette course violente, chantèrent plus fort. On traversa Maromme, en coup de foudre. Il n'y avait plus de sifflet, à l'approche des signaux, au passage des gares. C'était le galop tout droit, la bête qui fonçait tête basse et muette, parmi les obstacles. Elle roulait, roulait sans fin, comme affolée de plus en plus par le bruit strident de son haleine.

À Rouen, on devait prendre de l'eau ; et l'épouvante glaça la gare, lorsqu'elle vit passer, dans un vertige de fumée et de flammes, ce train fou, cette machine sans mécanicien ni chauffeur, ces wagons à bestiaux emplis de troupiers qui hurlaient des refrains patriotiques.

▷ Émile ZOLA, *La Bête humaine*.

- **Repérer les outils de la description.** Quels sont les verbes, les adjectifs, les images utilisés ?

La description est dynamique : les verbes de mouvement abondent (*augmentait, fonçait, roulait*). Les notations sont principalement visuelles (*vit passer*) et auditives (*chantèrent, bruit strident*). La figure majeure est la métaphore de la locomotive en bête (*galop, bête, affolée, haleine*). En réponse à l'animalisation du train apparaît la personnification de la gare dans le dernier paragraphe. Les notations renvoient à un univers parfaitement réaliste (*chaudière, charbon, Rouen, wagons à bestiaux*).

- **Étudier l'organisation de la description.** Suit-elle un ordre, du général au particulier, de haut en bas, de gauche à droite ?

Narration et description sont mêlées. À la première ivresse qui s'empare du train livré à lui-même s'ajoute ensuite celle des soldats (caractérisés au sein de la « bête » comme des animaux eux-mêmes : *entassés, wagons à bestiaux*). La vitesse (*subitement, en coup de foudre, galop*) et la ►

folie (*follement, effrayante, affolée, fou*) deviennent les champs lexicaux dominants. La description part du cœur de la machine (le foyer), passe par ses entrailles (les soldats), avant d'en sortir et de s'attacher à son aspect extérieur pour en donner une vision globale (la gare voit passer le train fou).

● **Comprendre le rôle de la description.** Aide-t-elle le lecteur à se représenter la scène ?
A-t-elle une fonction symbolique ?

Il s'agit ici de faire de la locomotive un personnage à part entière qui, comme les hommes, apparaît dans sa dimension animale. En créant une correspondance entre les personnages et l'objet décrit, c'est toute une atmosphère qui s'installe et qui va commander la suite du roman. L'animalisation mise en place par le romancier contredit son idéal d'objectivité : il créé ici un mythe du monde moderne.

S'EXERCER

1 Quel est le point de vue adopté dans cette description ? Que ressentent les deux femmes à la fenêtre ? Montrez comment les détails objectifs et les impressions subjectives alternent dans le passage. Le narrateur est-il totalement absent, caché derrière ce spectacle ?

Assises près de la fenêtre, elles coupaient, tailladaient, cousaient ; de temps à autre, elles levaient le nez et regardaient au travers des vitres. Un bout de soleil tachait la voie par places et trempait ses rayons pâles dans le ventre des flaques. Les Parisiens abusaient de cette éclaircie pour aller encore à la campagne. Les trains de Versailles se succédaient de dix en dix minutes. […] Cette manie des boutiquiers de vouloir s'ébattre, en plein air, dans un Clamart quelconque, cette satisfaction imbécile de porter, à cheval sur une canne, le panier aux provisions ; ces dînettes avec du papier gras sur l'herbe ; ces retours avec des bottelettes de fleurs ; ces cabrioles, ces cris, ces hurlées stupides sur les routes, ces débraillés de costumes, ces habits bas, ces chemises bouffant de la culotte, ces corsets débridés, ces ceintures lâchant la taille de plusieurs crans ; ces parties de cache-cache et de visa dans les buissons empuantis par toutes les ordures des repas terminés et rendus, leur firent envie.

▷ Joris Karl Huysmans, *Les Sœurs Vatard*.

2 Voici deux extraits tirés du début et de la fin du roman de Zola *Germinal*.
En quoi le deuxième texte fonctionne-t-il comme l'antithèse du premier ? Expliquez la métaphore finale du roman, et mettez-la en rapport avec le titre.
Dans quel registre s'inscrit la fin du roman ? Peut-on parler d'« élan visionnaire » de la part de Zola ?

Document 1

Étienne Lantier arrive un soir à la fosse de Vosse, site minier.

Une seule idée occupait sa tête vide d'ouvrier sans travail et sans gîte, l'espoir que le froid serait moins vif après le lever du jour […]
Mais, au ras du sol, un autre spectacle venait de l'arrêter. C'était une masse lourde, un tas écrasé de constructions, d'où se dressait la silhouette d'une cheminée d'usine ; de rares lueurs sortaient des fenêtres encrassées, cinq ou six lanternes tristes étaient pendues dehors, à des charpentes dont les bois noircis alignaient vaguement des profils de tréteaux gigantesques ; et, de cette apparition fantastique, noyée de nuit et de fumée, une seule voix montait, la respiration grosse et longue d'un échappement de vapeur, qu'on ne voyait point.

▷ Émile Zola, *Germinal*. (début)

Document 2

Étienne quitte la région pour aller à Paris, après avoir vu mourir la plupart des ouvriers, lors d'une grève sévèrement réprimée.

Et, sous ses pieds, les coups profonds, les coups obstinés des rivelaines continuaient. Les camarades étaient tous là, il les entendait le suivre à chaque enjambée. N'était-ce pas la Maheude, sous cette pièce de betteraves […] ? À gauche, à droite, plus loin, il croyait en reconnaître d'autres, sous les blés, les haies vives, les jeunes arbres. Maintenant, en plein ciel, le soleil d'avril rayonnait dans sa gloire, échauffant la terre qui enfantait. Du flanc nourricier jaillissait la vie, les bourgeons crevaient en feuilles vertes, les champs tressaillaient de la poussée des herbes. De toutes parts, des graines se gonflaient, s'allongeaient, gerçaient la plaine, travaillées d'un besoin de chaleur et de lumière. Un débordement de sève coulait avec des voix chuchotantes, le bruit des germes s'épandait en un grand baiser. Encore, encore, de plus en plus distinctement, comme s'ils se fussent rapprochés du sol, les camarades tapaient. Aux rayons enflammés de l'astre, par cette matinée de jeunesse, c'était de cette rumeur que la campagne était grosse. Des hommes poussaient, une armée noire, vengeresse, qui germait lentement dans les sillons, grandissant pour les récoltes du siècle futur, et dont la germinaison allait faire bientôt éclater la terre.

▷ Émile Zola, *Germinal*. (fin)

3 Le roman se doit, selon Zola, de faire naître une prise de conscience chez le lecteur. Pensez-vous, comme lui, que la littérature doit se mettre au service d'une ambition sociale ?
Développez votre point de vue dans un paragraphe argumenté, accompagné d'exemples précis pour appuyer vos propos.

À RETENIR

Le registre fantastique

Dans le nouvelle fantastique, des événements étranges surviennent que le lecteur et parfois aussi le personnage essayent de comprendre : s'agit-il d'événements totalement irrationnels ? Le personnage a-t-il simplement sombré dans la folie ? Le doute est maintenu jusqu'à la fin : on ne tranche pas entre explication rationnelle ou surnaturelle. Le personnage, comme le lecteur, est en proie à l'incertitude. À la différence du merveilleux (où l'on accepte que des citrouilles deviennent carrosses), l'univers de référence de la nouvelle fantastique reste le monde réel.

Procédés

- Le récit est souvent écrit à la **première personne** : l'ambiguïté est ainsi maintenue, et le lecteur peut croire que l'inexplicable n'est que la manifestation du délire personnel du narrateur.
- Les outils de la **modalisation** sont beaucoup utilisés : le narrateur n'affirme pas avec certitude, il donne ses impressions, émet des hypothèses, exprime son opinion et ses doutes ; d'où le recours fréquent au conditionnel, aux expressions telles que *sans doute, peut-être, apparemment, il semble que*, et aux verbes d'opinion ou de jugement (*je pense, je crois*, etc.).
- Pour parler d'un phénomène inexplicable, le témoin fait des rapprochements à l'aide de comparaisons et de métaphores.
- Le personnage éprouve essentiellement de l'angoisse et de la peur : ces sentiments sont rendus par l'usage de **phrases exclamatives** et par l'utilisation du **lexique de la peur**.
- Pour créer une ambiance trouble, le monde est décrit à l'aide de connotations péjoratives.

La forme de la nouvelle

- **La nouvelle** est la forme d'expression privilégiée du fantastique. Le récit court, l'action recentrée sur le personnage, l'accélération inhérente à la forme même permettent de mieux exprimer l'angoisse du personnage. Le récit fantastique peut suivre différentes progressions.
- Les événements énigmatiques s'enchaînent et conduisent à la mort ou à la folie de celui qui en est témoin. C'est le cas dans la nouvelle de Maupassant, *Le Horla*.
- Des indices sont disposés au fur et à mesure de la lecture ; la nouvelle se termine sur un point culminant : l'événement étrange survient et reste inexplicable.
- La première partie s'intensifie jusqu'à l'arrivée de l'événement surnaturel ; la seconde raconte les conséquences ou propose différentes explications à l'événement. C'est la construction que suit la nouvelle de Théophile Gautier, *Deux acteurs pour un rôle*.

COMMENT FAIRE

► Pour étudier un texte fantastique

> 25 mai – Aucun changement ! Mon état, vraiment, est bizarre. À mesure qu'approche le soir, une inquiétude incompréhensible m'envahit, comme si la nuit cachait pour moi une menace terrible. Je dîne vite, puis j'essaye de lire ; mais je ne comprends pas les mots ; je distingue à peine les lettres. Je marche alors dans mon salon de long en large, sous l'oppression d'une crainte confuse et irrésistible, la crainte du sommeil et la crainte du lit.
> Vers dix heures, je monte donc dans ma chambre. À peine entré, je donne deux tours de clef, et je pousse les verrous ; j'ai peur... de quoi ?... Je ne redoutais rien jusqu'ici... j'ouvre mes armoires, je regarde sous mon lit ; j'écoute... j'écoute... quoi ?... Est-ce étrange qu'un simple malaise, un trouble de la circulation peut-être, l'irritation d'un filet nerveux, un peu de congestion, une toute petite perturbation dans le fonctionnement si imparfait et si délicat de notre machine vivante, puisse faire un mélancolique du plus joyeux des hommes, et un poltron du plus brave ? Puis je me couche, et j'attends le sommeil comme on attendrait un bourreau.
>
> ▷ Guy de MAUPASSANT, *Le Horla* (deuxième version).

- **Étudier les caractéristiques du récit.** À quelle personne se fait la narration ? Quel est le genre narratif choisi ?
La nouvelle prend la forme du journal intime, récit à la première personne normalement non destiné à être lu par un tiers, ce qui suppose la sincérité et l'honnêteté du locuteur.
- **Repérer les procédés du doute.** Quels sont les outils de modalisation employés ?
L'utilisation des termes *bizarre, incompréhensible, étrange*, le vocabulaire des sens (*j'écoute, je regarde*), l'expression de la possibilité (*peut-être, puisse*) traduisent l'angoisse du personnage, en même temps qu'un désir de la rationaliser, et d'y trouver une explication ►

vraisemblable (les explications physiologiques dans le deuxième paragraphe).

● **Analyser l'expression de l'angoisse** : le lexique, la ponctuation, les images.
Le doute plane, mais l'angoisse est réelle : le premier paragraphe est marqué par une impuissance (*j'essaye, je ne comprends pas, je distingue à peine*).
La ponctuation (points de suspension et d'interrogation) reprend cette idée dans le second paragraphe, de même que le lexique de la peur, et la comparaison finale qui a trait à la mort.

S'EXERCER

1 Ces extraits relèvent-ils du registre fantastique ? Quels indices vous ont permis de répondre ?

DOCUMENT 1

Moi aussi, je sais une chose étrange, tellement étrange, qu'elle a été l'obsession de ma vie. Voici maintenant cinquante-six ans que cette aventure m'est arrivée, et il ne se passe pas un mois sans que je la revoie en rêve. Il m'est demeuré de ce jour-là une marque, une empreinte de peur, me comprenez-vous ? Oui, j'ai subi l'horrible épouvante, pendant dix minutes, d'une telle façon que depuis cette heure une sorte de terreur constante m'est restée dans l'âme. Les bruits inattendus me font tressaillir jusqu'au cœur ; les objets que je distingue mal dans l'ombre du soir me donnent une envie folle de me sauver. J'ai peur la nuit, enfin.

▷ Guy de MAUPASSANT, *Clair de lune*, « Apparition ».

DOCUMENT 2

En se réveillant, un matin, après des rêves agités, Gregor Samsa se retrouva, dans son lit, métamorphosé en un monstrueux insecte. Il était sur le dos, un dos aussi dur qu'une carapace, et, en relevant un peu la tête, il vit, bombé, brun, cloisonné par des arceaux plus rigides, son abdomen sur le haut duquel la couverture, prête à glisser tout à fait, ne tenait plus qu'à peine. [...]
« Qu'est-ce qui m'est arrivé ? » pensa-t-il. Ce n'était pas un rêve. Sa chambre, une vraie chambre humaine, juste un peu trop petite, était là tranquille entre les quatre murs qu'il connaissait bien.

▷ Franz KAFKA, *La Métamorphose*.

2 Relevez les termes apportant des précisions sur le cadre spatio-temporel. Ce cadre vous semble-t-il adapté au registre de la nouvelle ? Pourquoi ? Relevez les outils utilisés pour exprimer l'angoisse et expliquez le choix du mode de narration.

Pas de lune ! Quelle nuit ! J'avais peur, une peur affreuse dans ces étroits sentiers, entre deux lignes de tombes ! Des tombes ! des tombes ! des tombes. Toujours des tombes ! À droite, à gauche, devant moi, autour de moi, partout, des tombes ! Je m'assis sur l'une d'elles, car je ne pouvais plus marcher tant mes genoux fléchissaient. J'entendais battre mon cœur ! Et j'entendais autre chose aussi ! Quoi ? un bruit confus innommable ! Était-ce dans ma tête affolée, dans la nuit impénétrable, ou sous la terre mystérieuse, sous la terre ensemencée de cadavres humains, ce bruit ?

▷ Guy de MAUPASSANT, *La Main gauche*, « La morte ».

3 Relevez les termes et les procédés employés pour faire planer l'ambiguïté. Sont-ils le fait d'un narrateur personnage ou d'un narrateur extérieur à l'histoire ? Que permet le choix de ce mode de narration ?

Après la mort de sa femme, le comte d'Athol s'est créé un univers où son épouse semble être toujours présente dans la pièce d'à côté.

Grâce à la profonde et toute-puissante volonté de M. d'Athol, qui, à force d'amour, forgeait la vie et la présence de sa femme dans l'hôtel solitaire, cette existence avait fini par devenir d'un charme sombre et persuadeur. Raymond, lui-même, n'éprouvait plus aucune épouvante, s'étant graduellement habitué à ces impressions.
Une robe de velours noir aperçue au détour d'une allée ; une voix rieuse qui l'appelait dans le salon ; un coup de sonnette le matin, à son réveil, comme autrefois ; tout cela lui était devenu familier : on eût dit que la morte jouait à l'invisible, comme une enfant. Elle se sentait aimée tellement ! C'était bien *naturel*.

▷ VILLIERS DE L'ISLE-ADAM, *Les Contes cruels*, « Véra ».

4 Écrivez la fin de l'épisode de manière que l'ambiguïté fantastique soit respectée.

Dans un château abandonné, le narrateur est témoin de l'apparition d'une femme.

Alors, pendant une heure, je me demandai anxieusement si je n'avais pas été le jouet d'une hallucination. Certes, j'avais eu un de ces incompréhensibles ébranlements nerveux, un de ces affolements du cerveau qui enfantent les miracles, à qui le Surnaturel doit sa puissance.
Et j'allais croire à une vision, à une erreur de mes sens, quand je m'approchai de ma fenêtre. Mes yeux, par hasard, descendirent sur ma poitrine. Mon dolman était plein de longs cheveux de femme qui s'étaient enroulés aux boutons ! Je les saisis un à un et je les jetai dehors avec des tremblements dans les doigts.

▷ Guy de MAUPASSANT, « Apparition », *Ibid.*

À RETENIR

Ce registre prend sa source dans le genre de l'épopée antique, qui exaltait la valeur du héros dans un récit guerrier, et qui permettait de chanter la gloire d'un groupe ou d'une communauté. Le registre épique, qui n'est pas lié à un genre précis, en a gardé des traces. Il qualifie tout récit d'actions ayant une dimension hors du commun. Les scènes de combat, très présentes, sont souvent symboliques : à travers les hommes qui s'affrontent, ce sont les camps du bien et du mal qui s'opposent.

Caractéristiques

- Le registre épique se caractérise généralement par la présence d'un **narrateur à la première personne**, qui cherche à donner une dimension orale à son texte.
- Le thème privilégié est l'affrontement, qu'il s'agisse de celui qui oppose les hommes entre eux, ou de celui qui oppose les hommes à des forces qui les dépassent (comme une tempête déchaînée ou la colère des dieux).
- Le héros épique possède **toutes les qualités**, tant physiques que morales, qui le placent au-dessus des autres.

Procédés

- Les champs lexicaux de la violence et du combat sont surreprésentés.
Les cuirassiers se ruèrent sur les carrés anglais, ventre à terre, brides lâchées, sabre aux dents, pistolets au poing, telle fut l'attaque. (HUGO)
- Les phrases longues permettent l'énumération d'actions.
Pêle-mêle de casques, de cris, de sabres, bondissement orageux des croupes des chevaux dans le canon et la fanfare, tumulte discipliné et terrible ; là-dessus les cuirasses, comme les écailles sur l'hydre. (HUGO)
- Les hyperboles et les superlatifs magnifient les qualités extraordinaires du héros, ou le caractère spectaculaire du combat.
C'étaient des hommes géants sur des chevaux colosses. (HUGO)
- Les antithèses et les parallélismes de construction soulignent l'opposition entre les deux camps qui s'affrontent.
Elle ne voyait pas les cuirassiers et les cuirassiers ne la voyaient pas. (HUGO)
- Les phrases exclamatives donnent de l'oralité au récit.
Cette grande bataille, encore sans nom, dont j'écoutais les échos au pied d'un peuplier, et dont une horloge de village venait de sonner les funérailles inconnues, était la bataille de Waterloo ! (CHATEAUBRIAND)

COMMENT FAIRE

▶ Pour analyser le registre épique

On se rencontre, ô choc hideux ! les deux armées
Se heurtent, de la même épouvante enflammées,
Car la rage guerrière est un gouffre d'effroi.
Ô vaste effarement ! chaque bande a son roi.
Perce, épée ! ô cognée, abats ! massue, assomme !
Cheval, foule aux pieds l'homme, et l'homme et l'homme et l'homme
Hommes, tuez, traînez les chars, roulez les tours ;
Maintenant, pourrissez, et voici les vautours !

▷ Victor HUGO, *La Légende des siècles.*

- **Étudier la syntaxe** : la construction, les types et les formes de phrase.
La modalité exclamative est très présente. Phrases nominales (*Ô vaste effarement*) et injonctives abondent. Dans ce dernier cas, elles s'adressent directement à un objet (*épée, cognée, massue*) ou à un animal (*cheval*) pour lui ordonner de frapper. Le rythme est rapide et marqué par des répétitions de mots (*hommes*) ou de construction (verbes à l'impératif).
- **Repérer les figures de style** : les figures d'insistance, d'opposition ou d'exagération principalement.
Les parallélismes sont nombreux, de même que les répétitions de mots ou de construction. L'exagération est rendue par la répétition du *ô* qui exprime l'effroi ; les deux camps se confondent ici, enflammés de la même épouvante : la bataille est racontée d'un point de vue général, l'énonciateur ne prend pas parti, voire ▶

réunit les deux armées dans leur ressemblance (*on, la même épouvante, chaque bande a son roi*).

● **Analyser les procédés du style oratoire** : les manifestations de la présence de l'énonciateur et du récepteur.
Très clairement l'émetteur est présent à travers l'utilisation du mode impératif, qui n'a de sens que dans l'affirmation d'une volonté personnelle. Les adresses aux objets cherchent à donner une dimension orale au texte, en même temps qu'elles préparent l'adresse finale aux hommes, véritables destinataires du discours.

● **Commenter l'utilisation des temps** : quelle est la valeur des temps, comment l'auteur s'en sert-il ?
Le passage précédant l'extrait cité était au passé. On passe ici au présent de narration dans les premiers vers, afin de rendre la scène plus vivante aux yeux du lecteur. L'arrivée de l'impératif plonge définitivement l'énonciateur dans le présent des événements qu'il raconte.

S'EXERCER

1 Relevez les caractéristiques du registre épique dans cet extrait. Quel point de vue le narrateur adopte-t-il ? Quel est l'effet produit ? Relevez les procédés d'amplification et d'exagération dans le passage.

Alors on vit un spectacle formidable.
Toute cette cavalerie, sabres levés, étendards et trompettes au vent, formée en colonnes par division, descendit, d'un même mouvement et comme un seul homme, avec la précision d'un bélier de bronze qui ouvre une brèche, la colline de la Belle-Alliance, s'enfonça dans le fond redoutable où tant d'hommes déjà étaient tombés, y disparut dans la fumée, puis sortant de cette ombre, reparut de l'autre côté du vallon, toujours compacte et serrée, montant au grand trot, à travers un nuage de mitraille crevant sur elle, l'épouvantable pente de boue du plateau de Mont-Saint-Jean. Ils montaient, graves, menaçants, imperturbables ; dans les intervalles de la mousqueterie et de l'artillerie, on entendait ce piétinement colossal. Étant deux divisions, ils étaient deux colonnes ; la division Wathier avait la droite, la division Delord avait la gauche. On croyait voir de loin s'allonger vers la crête du plateau deux immenses couleuvres d'acier. Cela traversa la bataille comme un prodige.

▷ Victor Hugo, *Les Misérables*.

2 Repérez les effets de masse et de grossissement utilisés. Peut-on dire qu'il s'agit d'une scène épique ? Pourquoi ? Que symbolise la mort de la « bête » ? Pour qui peut-on parler de victoire ?

Et l'on vit alors une effrayante chose, on vit la machine, disloquée sur son massif, les membres écartelés, lutter contre la mort : elle marcha, elle détendit sa bielle, son genou de géante, comme pour se lever ; mais elle expirait, broyée, engloutie. Seule, la haute cheminée de trente mètres restait debout, secouée, pareille à un mât dans l'ouragan. On croyait qu'elle allait s'émietter et voler en poudre, lorsque tout d'un coup, elle s'enfonça d'un bloc, bue par la terre, fondue ainsi qu'un cierge colossal ; et rien ne dépassait, pas même la pointe d'un paratonnerre. C'était fini, la bête mauvaise, accroupie dans ce creux, gorgée de chair humaine, ne soufflait plus de son haleine grosse et longue.

▷ Émile Zola, *Germinal*.

3 Quelle est la scène décrite ? Dans quel univers peut-on la situer ? Quel sont les aspects mis en avant ? Quels sont les principaux procédés du registre épique dans ce poème ?

De même qu'au soleil l'horrible essaim des mouches
Des taureaux égorgés couvrent les cuirs velus,
Un tourbillon guerrier de peuples chevelus,
Hors des nefs, s'épaissit, plein de clameurs farouches.

Tout roule et se confond, souffle rauque des bouches,
Bruit des coups, les vivants et ceux qui ne sont plus,
Chars vides, étalons cabrés, flux et reflux
Des boucliers d'airain hérissés d'éclairs louches.

Les reptiles tordus au front, les yeux ardents,
L'aboyeuse Gorgo[1] *vole et grince des dents*
Par la plaine où le sang exhale ses buées.

Zeus, sur le Pavé d'or, se lève, furieux,
Et voici que la troupe héroïque des Dieux
Bondit dans le combat du faîte des nuées.

1. La Gorgone Méduse.

▷ Leconte de Lisle, *Poèmes barbares*, « Le combat homérique ».

4 Réécrivez le texte ci-dessous de manière à en faire une scène épique, en utilisant toutes les ressources propres à ce registre.

Le narrateur est en compagnie de deux amis, Raymond et Masson. Deux hommes, dont un qui en veut terriblement à Raymond, se dirigent vers leur groupe.

Masson et moi nous avons ralenti notre pas. Raymond est allé tout droit vers son type. J'ai mal entendu ce qu'il lui a dit, mais l'autre a fait mine de lui donner un coup de tête. Raymond a frappé alors une première fois et il a tout de suite appelé Masson. Masson est allé à celui qu'on lui avait désigné et il a frappé deux fois avec tout son poids.

▷ Albert Camus, *L'Étranger*.

À RETENIR

Ce type d'exercice demande de dégager les principales caractéristiques d'un texte, et d'en faire un commentaire pertinent.

● Comme pour toute analyse littéraire, il est recommandé de toujours mettre en rapport **le fond** (ce qui est dit) et **la forme** (la manière dont c'est dit).

● Les différentes remarques sont organisées autour d'une question (**problématique**) qui vous est donnée et qui doit guider votre analyse. Il ne s'agit pas de tout dire du texte, mais toutes vos remarques doivent être rattachées à la question. Une préparation écrite rigoureuse est nécessaire avant la présentation de votre travail. À l'oral, une lecture du passage intervient juste après l'introduction : il est donc nécessaire de s'y entraîner pour la rendre la plus expressive possible, et ne pas faire de fautes de prononciation (en poésie par exemple, attention au *e* muet, aux diérèses, etc.).

Le travail préalable

● **Lire le texte.** Cette lecture doit être attentive et s'accompagner d'une recherche sur le **paratexte** : nom de l'ouvrage, nom de l'auteur, date de parution.

● **Situer le texte.** Vous devez mobiliser tout ce que vous savez sur l'auteur, la période historique, le mouvement littéraire et rassembler ces informations dans une ou des phrases rédigées.

● **Dégager le sens du texte.** Il faut bien entendu comprendre le thème général de l'extrait.

● **Analyser la question posée.** Elle peut porter sur le sens du texte, sur le genre et la composition, ou sur le registre et les intentions. À vous de la reformuler pour être sûr de l'avoir bien comprise, en repérant les mots-clés.

● **Repérez** dans le texte tous les éléments qui vont vous permettre d'y répondre.

Le plan à suivre

● **L'introduction** présente le texte (auteur, titre, date), le situe éventuellement dans un mouvement littéraire ou un registre particulier. Elle reformule la question initiale et annonce le plan de l'exposé. Il faut la rédiger entièrement.

● **L'analyse** peut choisir de suivre la progression du texte : on étudie de manière linéaire (une phrase ou un ensemble de phrases après l'autre) les éléments du texte utiles pour répondre à la question posée. Elle peut aussi être thématique : en deux ou trois parties.

● **La conclusion** fait le bilan de ce qui a été dit ; elle s'ouvre sur une interprétation personnelle ou met en rapport l'extrait étudié avec la suite du texte.
Elle aussi est rédigée.

COMMENT FAIRE

► Pour rédiger l'introduction

Le spectacle était épouvantable et charmant. Gavroche, fusillé, taquinait la fusillade. Il avait l'air de s'amuser beaucoup. C'était le moineau becquetant les chasseurs. Il répondait à chaque décharge par un couplet. On le visait sans cesse, on le manquait toujours. Les gardes nationaux et les soldats riaient en l'ajustant. Il se couchait, puis se redressait, s'effaçait dans un coin de porte, puis bondissait, disparaissait, reparaissait, se sauvait, revenait, ripostait à la mitraille par des pieds de nez, et cependant pillait les cartouches, vidait les gibernes et remplissait son panier. Les insurgés, haletants d'anxiété, le suivaient des yeux. La barricade tremblait ; lui, il chantait. Ce n'était pas un enfant, c'était un étrange gamin fée. On eût dit le nain invulnérable de la mêlée. Les balles couraient après lui, il était plus leste qu'elles. Il jouait on ne sait quel effrayant jeu de cache-cache avec la mort ; à chaque fois que la face camarde du spectre s'approchait, le gamin lui donnait une pichenette.

▷ Victor Hugo, *Les Misérables*.

Question : Expliquez l'utilisation du registre épique.

● **Situer le texte.** Il s'agit de l'extrait d'une œuvre mondialement connue, parue en 1862, du fait d'un auteur qui croyait à l'engagement politique.

● **Dégager son sens.** Le texte présente le célèbre personnage de Gavroche, juste avant sa mort, alors que des combats furieux se déroulent dans Paris, au lendemain de l'enterrement du général Lamarck, et qui opposent les insurgés aux soldats.

● **Rédiger.** *Les Misérables*, ouvrage écrit par Victor Hugo et paru en 1862, est l'œuvre littéraire française la plus traduite dans le monde. Dans ce passage, le narrateur décrit l'étrange spectacle qui a lieu près ►

d'une barricade : le jeune Gavroche, gamin parisien, ramasse des balles sur les soldats morts pour les apporter aux insurgés. Les balles pleuvent autour de lui sans l'atteindre.

● **Comprendre la question.** Le mot *expliquez* a deux sens ici : *montrez comment* le registre apparaît dans le texte, et *montrez pourquoi* il est utilisé. La question invite à mettre en relation des procédés, un registre et une intention.

● **Annoncer le plan.** PREMIÈRE PARTIE : l'ampleur de la scène qui présente Gavroche comme un être hors du commun (on commentera : l'énumération, la répétition, la gradation, l'exagération). DEUXIÈME PARTIE : une intention argumentative derrière le contraste frappant entre deux camps (on s'intéressera aux métaphores, aux antithèses, à l'opposition entre le jeu et la mort).

● **Rédiger.** Le narrateur a recours au registre épique pour raconter cette scène. Nous analyserons d'abord les procédés utilisés pour faire de Gavroche un être hors du commun, puis nous étudierons les conséquences de ce choix, apte à souligner les valeurs défendues par l'auteur.

S'EXERCER

1 Situez le texte : identifiez l'auteur et le genre du texte. Replacez l'œuvre dans son mouvement et/ou registre littéraire.

19 août. [...] Je me dressai, les mains tendues, en me tournant si vite que je faillis tomber. Eh ! bien ?... on y voyait comme en plein jour, et je ne me vis pas dans la glace !... Elle était vide, claire, profonde, pleine de lumière ! Mon image n'était pas dedans... et j'étais en face, moi ! Je voyais le grand verre limpide du haut en bas. Et je regardais cela avec des yeux affolés ; et je n'osais plus avancer, je n'osais plus faire un mouvement, sentant bien pourtant qu'il était là, mais qu'il m'échapperait encore, lui dont le corps imperceptible avait dévoré mon reflet.
Comme j'eus peur ! Puis voilà que tout à coup je commençai à m'apercevoir dans une brume, au fond du miroir, dans une brume comme à travers une nappe d'eau ; et il me semblait que cette eau glissait de gauche à droite, lentement, rendant plus précise mon image, de seconde en seconde. C'était comme la fin d'une éclipse. Ce qui me cachait ne paraissait point posséder de contours nettement arrêtés, mais une sorte de transparence opaque, s'éclaircissant peu à peu.
Je pus enfin me distinguer complètement, ainsi que je le fais chaque jour en me regardant. Je l'avais vu ! L'épouvante m'en est restée, qui me fait encore frissonner.

▷ Guy de MAUPASSANT, *Le Horla*.

2 Voici la question commandant l'analyse du texte de l'exercice précédent et le plan proposé pour y répondre. Rédigez l'introduction qui reprendra toutes les informations nécessaires.

QUESTION : Dans quelle mesure la forme d'écriture choisie permet-elle l'expression du registre fantastique ?
Première partie : le narrateur
Deuxième partie : la dramatisation du récit
Troisième partie : la tonalité fantastique

3 Faites tous les relevés nécessaires et placez-les dans chacune des parties dont les titres vous ont été donnés dans l'exercice précédent.

4 Imaginez un plan pour répondre à la question :
Quels aspects de l'écriture des *Essais* le texte met-il en évidence ?

C'est ici un livre de bonne foi, lecteur. Il t'avertit dès l'entrée que je ne m'y suis proposé aucun autre but, que domestique et privé. [...] Je veux qu'on m'y voie en ma façon simple, naturelle et ordinaire, sans contention ni artifice : car c'est moi que je peins. Mes défauts s'y liront au vif, et ma forme sera naïve, autant que la révérence publique me l'a permis. Si j'avais vécu parmi ces nations que l'on dit vivre encore sous la douce liberté des premières lois de la nature, je t'assure que je m'y serai très volontiers peint tout entier, et tout nu.

▷ MONTAIGNE, *Essais*.

5 Analysez complètement cet extrait. Rédigez l'introduction, donnez le titre et le contenu de vos parties.

QUESTION : Montrez la double dimension, comique et effrayante, de ce portrait.

Les lecteurs ont peut-être, dès sa première apparition, conservé quelque souvenir de cette Thénardier, grande, blonde, rouge, grasse, charnue, carrée, énorme et agile ; elle tenait, nous l'avons dit, de la race de ces sauvagesses colosses qui se cambrent dans les foires avec des pavés pendus à leur chevelure. Elle faisait tout dans le logis, les lits, les chambres, la lessive, la cuisine, la pluie, le beau temps, le diable. Elle avait pour tout domestique Cosette ; une souris au service d'un éléphant. Tout tremblait au son de sa voix, les vitres, les meubles et les gens. Son large visage, criblé de taches de rousseur, avait l'aspect d'une écumoire. Elle avait de la barbe. C'était l'idéal d'un fort de la halle habillé en fille. Elle jurait splendidement ; elle se vantait de casser une noix d'un coup de poing. Sans les romans qu'elle avait lus, et qui, par moments, faisaient bizarrement reparaître la mijaurée sous l'ogresse, jamais l'idée ne fût venue à personne de dire d'elle : c'est une femme. Cette Thénardier était comme le produit de la greffe d'une donzelle sur une poissarde. Quand on l'entendait parler, on disait : C'est un gendarme ; quand on la regardait boire, on disait : C'est un charretier ; quand on la voyait manier Cosette, on disait : C'est le bourreau. Au repos, il lui sortait de la bouche une dent.

▷ Victor HUGO, *Les Misérables*.

À RETENIR

Le texte poétique utilise toutes les ressources du langage : il joue avec les mots, les images, la mise en pages du texte. La dimension musicale de la poésie s'est d'abord appuyée sur des règles strictes de versification ; l'invention du vers libre et du poème en prose a néanmoins réussi à la préserver. À côté du travail sur la composition, les sonorités et le rythme, il faut également être attentif aux réseaux lexicaux et aux connotations.

La poésie versifiée

● Elle se caractérise par le nombre de syllabes par vers (on ne compte le *e* muet comme une syllabe que lorsqu'il est suivi d'une consonne). Lorsqu'on prononce en deux syllabes ce qui habituellement n'en fait qu'une, on parle de **diérèse** (ci/el) ; le contraire est appelé synérèse (duel).

● Les vers les plus fréquents de la langue française comptent un nombre pair de syllabes : l'octosyllabe (8), le décasyllabe (10) et l'alexandrin (12). Les vers sont regroupés en strophes (3 vers : tercet ; 4 vers : quatrain ; 5 vers : quintil ; 6 vers : sizain…).

Les jeux sur les sonorités

● La poésie versifiée se particularise souvent par les rimes (croisées : *abab* ; plates : *aabb* ; embrassées : *abba*), dites pauvres (un seul son commun : **nue**/**rue**), suffisantes (deux sons semblables : che**nu**/te**nu**), ou riches (trois sons identiques : é**noncé**/an**noncé**).

● D'autres outils sont utilisés dans la poésie, qu'elle soit versifiée ou non.

• **L'allitération** est le retour d'un son consonantique (*Pour qui sont ces serpents qui sifflent sur nos têtes*, RACINE).

• **L'assonance** est la répétition d'un son vocalique (*Je le vis, je rougis, je palis à sa vue*, RACINE). Ces répétitions ont différentes fonctions : imiter des bruits, souligner un terme fort par le retour des sons qui le composent, ou créer un effet mélodique.

Le rythme

● Certaines syllabes, dans une phrase ou dans un vers, sont accentuées. Un **accent** apparaît presque toujours sur la dernière syllabe (sauf *e* muet) d'un groupe de mots (*Le grand* **brun**, *qui…*). On peut également accentuer le premier son d'un groupe (**Moi**, *je…* ; **ô**…).

● Chaque syllabe accentuée est suivie d'une pause, appelée **coupe**. Dans la poésie classique, la **césure** est le nom donné à la coupe qui partage le décasyllabe ou l'alexandrin en deux parties, appelées hémistiches. *Sentiments trop jaloux,// c'est à vous de vous taire* (RACINE) : 6 syllabes//6 syllabes. On peut multiplier les accents sur un seul vers, afin d'accélérer le rythme.

● Quand la proposition ou la phrase ne s'arrête pas à la fin du vers, mais déborde d'un ou deux mots sur le vers suivant, on parle de **rejet**. Si, au contraire, une phrase ou une proposition commence avec les derniers mots du vers précédent, on parle de **contre-rejet**. Les mots rejetés sont ainsi mis en relief.

Il dort dans le soleil, la main sur sa poitrine
Tranquille. *Il a deux trous rouges au côté droit.*
(RIMBAUD, « Le dormeur du val »)

COMMENT FAIRE

► Pour étudier le rythme d'un poème

Je m'en allais, les poings dans mes poches crevées ;
Mon paletot aussi devenait idéal ;
J'allais sous le ciel, Muse ! et j'étais ton féal ;
Oh ! là là ! que d'amours splendides j'ai rêvées !

▷ Arthur RIMBAUD, *Cahier de Douai*, « Ma bohême ».

● **Placer les accents et les coupes.** Il s'agit d'alexandrins : la césure à l'hémistiche ne se situe pas systématiquement au milieu du vers. Les accents vont se placer sur les dernières syllabes de groupes, et chaque syllabe accentuée sera suivie d'une coupe (/). On peut également placer des accents d'attaque sur le premier son d'un groupe.

Je m'en al**lais**,/les **poings**/dans mes poches cre**vées** ;	le rythme est 4/2/6
Mon pale**tot**/aus**si**/deve**nait** idé**al** ;	4/2/3/3
J'al**lais**/sous le **ciel**,/**Mus**e !/et j'**étais** ton fé**al** ;	2/3/1/3/3
Oh !/là **là** !/que d'a**mours**/splen**di**/des j'ai **rêvées** !	1/2/3/2/4

►

● **Analyser l'effet produit**. Dans les deux premiers vers, le rythme est presque identique. Dans le troisième, les accents se multiplient : le rythme est plus rapide, plus saccadé, jusqu'au dernier vers qui exprime la déception. Le contraste entre le terme vieilli *féal* et l'expression familière *oh là là* est souligné dans ce dernier vers par l'irrégularité des accents, qui donnent un rythme tout à fait inédit à l'alexandrin.

S'EXERCER

1 Pour chaque extrait, faites le décompte des syllabes, et nommez quand vous le pouvez le type de vers et de strophes. Les règles de versification de la poésie classique sont-elles respectées ?

a.

La courbe de tes yeux fait le tour de mon cœur,
Un rond de danse et de douceur,
Auréole du temps, berceau nocturne et sûr,
Et si je ne sais plus tout ce que j'ai vécu
C'est que tes yeux ne m'ont pas toujours vu.

▷ Paul ÉLUARD, *Capitale de la douleur*, « La courbe de tes yeux ».

b.

Les sanglots longs
Des violons
De l'automne
Blessent mon cœur
D'une langueur
Monotone.

▷ Paul VERLAINE, *Poèmes Saturniens*, « Chanson d'automne ».

c.

J'ai longtemps habité sous de vastes portiques
Que les soleils marins teignaient de mille feux,
Et que leurs grands piliers, droits et majestueux,
Rendaient pareils, le soir, aux grottes basaltiques.

▷ Charles BAUDELAIRE, *Les Fleurs du mal*, « La vie antérieure ».

2 Repérez les allitérations et les assonances dans les citations suivantes, et indiquez leur rôle : imitation d'un bruit, insistance ou effet mélodique.

a. Je fais souvent ce rêve étrange et pénétrant. (VERLAINE)
b. Tout m'afflige et me nuit et conspire à me nuire. (RACINE)
c. Jadis, si je me souviens bien, ma vie était un festin où s'ouvraient tous les cœurs, où tous les vins coulaient. (RIMBAUD)

3 Identifiez la figure de style utilisée dans les extraits suivants. À chaque fois, expliquez-en le sens. Pourquoi selon vous cette figure est-elle privilégiée en poésie ?

a. La terre est bleue comme une orange
Jamais une erreur les mots ne mentent pas. (ÉLUARD)
b. Ma jeunesse ne fut qu'un ténébreux orage,
Traversé çà et là par de brillants soleils. (BAUDELAIRE)

4 Identifiez le vers utilisé et nommez ce type de strophe. Placez les accents et les coupes, et expliquez pourquoi le rythme choisi est en accord avec le thème de la strophe.

Tout en chantant sur le mode mineur
L'amour vainqueur et la vie opportune,
Ils n'ont pas l'air de croire à leur bonheur
Et leur chanson se mêle au clair de lune.

▷ Paul VERLAINE, *Fêtes galantes*, « Clair de lune ».

5 Identifiez le type de strophes et de rimes. Relevez et analysez deux figures de style importantes pour le sens et la musicalité. Repérez l'allitération dominante et indiquez sa fonction.

Il pleure dans mon cœur
Comme il pleut sur la ville ;
Quelle est cette langueur
Qui pénètre mon cœur ?

Ô bruit doux de la pluie
Par terre et sur les toits !
Pour un cœur qui s'ennuie
Ô le chant de la pluie !

Il pleure sans raison
Dans ce cœur qui s'écœure.
Quoi ? nulle trahison ?...
Ce deuil est sans raison.

C'est bien la pire peine
De ne savoir pourquoi
Sans amour et sans haine
Mon cœur a tant de peine !

▷ Paul VERLAINE, *Romances sans paroles*, « Il pleure dans mon cœur ».

À RETENIR

Le terme désigne un groupe de poètes du XVIe siècle, qui se reconnaissent dans les propos tenus par du Bellay dans *Défense et Illustration de la langue française* : ils veulent défendre la langue française contre ses détracteurs, qui lui préfèrent le latin ou le grec.

Les principes

- Le poète doit se nourrir des **lettres antiques**. L'imitation des Anciens et l'usage d'une écriture savante doivent faire de la poésie le moyen clé pour lutter contre l'ignorance.

- L'imitation, qui consiste à s'approprier le texte d'un autre pour le recréer, ne doit pas se limiter à un seul auteur, à un seul genre, ou à un style. **La variété** est essentielle.

- L'inspiration et l'imaginaire doivent permettre d'arracher la langue à son usage quotidien, pour créer de **nouveaux mots** (souvent par dérivation). Mais l'inspiration n'est pas suffisante, et la poésie est un vrai **travail**, une conquête de l'art, et non un don accordé par la Nature.

- Il faut également illustrer la langue française en lui donnant une grande littérature nationale, sur le modèle des poètes italiens comme Dante et Pétrarque.

Les formes

Les formes poétiques privilégiées sont empruntées à l'Antiquité. À côté du sonnet, de l'épître, de l'hymne, de la tragédie et du poème épique, les formes les plus utilisées sont l'élégie et l'ode.

- **L'élégie** : poème lyrique et mélancolique à rimes plates, de longueur variable, utilisé pour chanter les peines de l'amour. L'adjectif « élégiaque » qualifie un registre mélancolique et plaintif.

Il me plaît de nouveau mon deuil te découvrir,
Bien que d'un si beau mal je ne veuille guérir.

▷ RONSARD, *Discours amoureux de Genèvre.*

- **L'ode** : poème versifié à vocation musicale, avec une stricte alternance de rimes féminines et masculines, qui s'adresse à un interlocuteur précis, qu'il s'agisse de grands personnages ou de la Nature. C'est ainsi que Ronsard s'adresse à Calliope, muse de la poésie épique et de l'éloquence :

Descends du ciel, Calliope, et repousse
Tous ennemis de moi, ton nourrisson,
Soit de ton luth, ou soit de ta voix douce,
Et mes soucis charme de ta chanson.

▷ RONSARD, *Ode à Calliope.*

COMMENT FAIRE

► Pour analyser un poème à forme fixe

Comme on voit sur la branche au mois de mai la rose,
En sa belle jeunesse, en sa première fleur,
Rendre le ciel jaloux de sa vive couleur,
Quand l'Aube de ses pleurs au point du jour l'arrose ;

La grâce dans sa feuille, et l'amour se repose,
Embaumant les jardins et les arbres d'odeur ;
Mais battue ou de pluie, ou d'excessive ardeur,
Languissante elle meurt, feuille à feuille déclose.

Ainsi en ta première et jeune nouveauté,
Quand la Terre et le Ciel honoraient ta beauté,
La Parque t'a tuée, et cendre tu reposes.

Pour obsèques reçois mes larmes et mes pleurs,
Ce vase plein de lait, ce panier plein de fleurs,
Afin que vif et mort ton corps ne soit que roses.

▷ RONSARD, *Les Amours*, « Sur la mort de Marie ».

- **Identifier la forme** : le type de vers, de rimes, de strophes. Le poème se compose de deux quatrains suivis de deux tercets, dont le schéma de rimes est le suivant : *abba – abba – ccd – eed*. L'alternance des rimes féminines et masculines est respectée : comme *a* est féminine, *b* et *c* seront masculines, *d* féminine et *e* masculine. C'est donc un sonnet parfaitement classique en alexandrins. (Le sonnet, venu d'Italie, est parfois écrit en décasyllabes, et présente une variante possible pour le dernier tercet : *ede*.)

- **Analyser la composition** : les thèmes des strophes. Le sonnet développe une comparaison. Les deux quatrains sont consacrés au comparant (la rose), les tercets au comparé (la jeune fille). Ce déséquilibre (8 vers contre 6) rend plus brutale la mention de la mort à partir du huitième vers (lexique très fourni : *tuée, cendre, reposes, obsèques, larmes, pleurs, mort*). Le sonnet se caractérise donc par une tension, une opposition entre les quatrains et les tercets. ►

● **Comprendre le choix de cette forme.** Les rimes de la première strophe sont reprises dans la dernière, les sonorités du premier vers dans le dernier. Fragment court, frappant et complet, le sonnet permet alors de développer toute une argumentation dans un cadre resserré. Genre bref par excellence à l'époque de la Pléiade, le sonnet connaîtra un long règne, interrompu au XVIIIe siècle, mais qui renaîtra à l'époque romantique.

S'EXERCER

1 **De quels types de strophes et de vers ce poème est-il composé ? Comment appelle-t-on cette forme poétique ? Relevez tous les mots qui s'opposent. Comment appelle-t-on cette figure de style ? Quels sont les réseaux lexicaux ainsi créés ? Quel est le thème du poème ? Quelle différence constatez-vous entre les deux premières strophes et les deux dernières ?**

Je vis, je meurs ; je me brûle et me noie ;
J'ai chaud extrême en endurant froidure ;
La vie m'est et trop molle et trop dure ;
J'ai grands ennuis entremêlés de joie.

Tout à un coup je ris et je larmoie,
Et en plaisir maint grief tourment j'endure ;
Mon bien s'en va, et à jamais il dure ;
Tout en un coup je sèche et je verdoie.

Ainsi Amour inconstamment me mène ;
Et quand je pense avoir plus de douleur,
Sans y penser je me trouve hors de peine.

Puis quand je crois ma joie être certaine
Et être au haut de mon désiré heur[1]*,*
Il me remet en mon premier malheur.

1. Bonheur.

▷ Louise LABÉ, *Sonnets.*

2 **Lisez cette ode : quelles en sont les caractéristiques formelles (strophe, vers, rimes) ? Quel est le thème du poème ? Quelle figure de style en commande toute l'écriture ? Expliquez la formation du mot « fleuronne ».**

Mignonne, allon voir si la rose
Qui ce matin avait déclose
Sa robe de pourpre au soleil,
A point perdu, cette vesprée,
Les plis de sa robe pourprée,
Et son teint au vôtre pareil.

Las, voiés comme en peu d'espace,
Mignonne, elle a dessus la place
Las, las, ses beautés laissé cheoir !
Ô vraiment maratre Nature,
Puis qu'une telle fleur ne dure
Que du matin jusqu'au soir.

Donc, si vous me croiés, mignonne :
Tandis que votre âge fleuronne
En sa plus verte nouveauté,
Cueillés, cueillés votre jeunesse
Comme à cette fleur, la vieillesse
Fera ternir votre beauté.

▷ RONSARD, *Les Amours,* « Ode à Cassandre ».

3 **Quelle est la leçon à tirer de ce sonnet ? À quel moment peut-on constater une rupture dans le propos ? Expliquez, en vous basant sur le rythme et les sonorités, pourquoi le dernier vers est particulièrement frappant. Comparez ce sonnet à l'ode de l'exercice précédent : quel texte préférez-vous ? Pourquoi ?**

Quand vous serez bien vieille, au soir à la chandelle,
Assise auprès du feu, dévidant et filant,
Direz, chantant mes vers, en vous émerveillant :
« Ronsard me célébrait du temps que j'étais belle ».

Lors vous n'aurez servante oyant telle nouvelle,
Déjà sous le labeur à demi sommeillant,
Qui au bruit de Ronsard ne s'aille réveillant,
Bénissant votre nom de louange immortelle.

Je serai sous la terre, et fantôme sans os
Par les ombres myrteux je prendrai mon repos :
Vous serez au foyer une vieille accroupie,

Regrettant mon amour et votre fier dédain.
Vivez, si m'en croyez, n'attendez à demain :
Cueillez dès aujourd'hui les roses de la vie.

▷ RONSARD, *Sonnets pour Hélène.*

4 **Lisez l'extrait ci-dessous. Expliquez à qui l'auteur s'attaque, et pour quelles raisons. Êtes-vous d'accord avec cette conception de la poésie ?**

Ô traîtres vers, trop traîtres contre moi
Qui souffle en vous une immortelle vie,
Vous m'appâtez et croissez mon envie,
Me déguisant tout ce que j'aperçois.

▷ Étienne JODELLE, *Contr-amours.*

À RETENIR

Le romantisme est un mouvement culturel venu d'Allemagne et introduit en France vers 1820, dont Victor Hugo est le chef de file. Il se caractérise par la naissance d'une sensibilité nouvelle. Il naît de la prise de conscience des **rapports qui unissent l'art et l'histoire**.

● Le poète a désormais un rôle à remplir : il doit parler aux hommes de son temps, et dévoiler le vrai visage de la société. Pour certains, le poète est un prophète qui guide l'humanité. Il doit montrer la voie de l'avenir. Mais une tension subsiste entre cet espoir et la tentation de la mélancolie.

● Accordant une grande place à l'imagination, les romantiques veulent relativiser les règles et décloisonner les genres. Ils vont exploiter des formes d'écriture inédites, comme le poème en prose. On parlera de « romantisme noir » pour certains écrivains ayant le goût des mystères, de l'ombre, des atmosphères médiévales et gothiques, voire surnaturelles.

Le registre lyrique

● Le registre privilégié du romantisme est **le lyrisme**, ou l'expression personnelle d'une émotion : le moi est à la fois sujet et objet du poème, à la fois énonciateur et destinataire de son écriture. Il peut s'agir de dire l'exaltation du sentiment amoureux, la mélancolie, la sensation de communion avec la nature, ou les rapports de l'homme au sacré.

● Le lecteur est amené à partager les sentiments exprimés par le poète, d'où les nombreuses marques de première et de deuxième personne dans les textes.

– *Ô douleur ! ô douleur ! le Temps mange la vie,*
Et l'obscur Ennemi qui nous ronge le cœur
Du sang que nous perdons croît et se fortifie !
(BAUDELAIRE)

Les procédés

● La force des sentiments est rendue par l'emploi de phrases interrogatives et exclamatives, et d'interjections.

● Tous les procédés de l'insistance, comme l'hyperbole, la gradation ou l'anaphore, sont utilisés.

● L'apostrophe sert souvent à prendre Dieu ou le lecteur à témoin.

● Les figures d'analogie comme la comparaison, la métaphore et l'allégorie disent la complexité des émotions.

Salut, bois couronnés d'un reste de verdure !
Feuillages jaunissants sur les gazons épars !
Salut, derniers beaux jours ! le deuil de la nature
Convient à ma douleur et plaît à mes regards.
(LAMARTINE)

COMMENT FAIRE

► Pour analyser un poème en prose

Il était nuit. Ce furent d'abord – ainsi j'ai vu, ainsi je raconte – une abbaye aux murailles lézardées par la lune, une forêt percée de sentiers tortueux, et le Morimont[1] grouillant de capes et de chapeaux.

Ce furent ensuite – ainsi j'ai entendu, ainsi je raconte – le glas funèbre d'une cloche auquel répondaient les sanglots funèbres d'une cellule, des cris plaintifs et des rires féroces dont frissonnait chaque feuille le long d'une ramée, et les prières bourdonnantes des pénitents noirs qui accompagnaient un criminel au supplice.

Ce furent enfin – ainsi s'acheva le rêve, ainsi je raconte – un moine qui expirait, couché dans la cendre des agonisants, une jeune fille qui se débattait pendue aux branches d'un chêne, et moi que le bourreau liait échevelé sur les rayons de la roue.

1. Place des exécutions à Dijon.

▷ Aloysius BERTRAND, *Gaspard de la nuit*.

Il faut essayer de repérer les caractéristiques poétiques de ce texte en prose, qui relève du romantisme noir.

● **Les traces de la versification** : y a-t-il des souvenirs de la strophe, du vers et de la rime ?
Les paragraphes miment une structure strophique. Le rythme de la première strophe est encore proche d'un modèle versifié : les segments sont progressivement de plus en plus longs. Le choix de cette forme particulière peut correspondre au désir du poète d'organiser le monde obscur qui est en lui.

● **Les effets descriptifs et allégoriques**.
Toute une atmosphère moyenâgeuse est mise en place dans la première strophe (mention de la forêt, de l'abbaye), continuée par des motifs clairement fantas- ►

tiques dans la suite du poème, inspirés de scènes sataniques. Le tableau évoqué, effrayant et lugubre, augmente au fur et à mesure en intensité : *glas, sanglots, funèbres,* puis *pénitents, criminel, supplice,* et enfin *expirait, cendre, agonisants, pendue, bourreau.*

● **L'unité du poème** : la progression narrative est claire (*d'abord, ensuite, enfin*). La première strophe repose sur une évocation visuelle, la deuxième sur une évocation sonore, la troisième fait passer du récit au rêve. Cette continuité est renforcée par l'inscription, dans la scène, du narrateur, qui devient dans la dernière partie le personnage central d'un spectacle qu'il ne faisait jusque-là que décrire.

S'EXERCER

1 Quelle est la fonction du poète ? Que représente l'opposition symbolique entre l'ombre et la lumière ? À qui s'adresse le poète ? Quel rapport entretient-il avec le sacré ?

Peuples ! écoutez le poète !
Écoutez le rêveur sacré !
Dans votre nuit, sans lui complète,
Lui seul a le front éclairé !
Des temps futurs perçant les ombres
Lui seul distingue en leurs flancs sombres
Le germe qui n'est pas éclos.
Homme, il est doux comme une femme.
Dieu parle à voix basse à son âme
Comme aux forêts et comme aux flots !

▷ Victor Hugo, *Les Rayons et les Ombres*, « Fonction du poète ».

2 Quelle saison est évoquée ? À quel sentiment est-elle associée ? Quel est le lien entre la nature et l'homme ? Expliquez la figure de style utilisée dans la troisième strophe.

Salut, bois couronnés d'un reste de verdure !
Feuillages jaunissants sur les gazons épars !
Salut, derniers beaux jours ! le deuil de la nature
Convient à la douleur et plaît à mes regards.

Je suis d'un pas rêveur le sentier solitaire ;
J'aime à revoir encor, pour la dernière fois,
Ce soleil pâlissant, dont la faible lumière
Perce à peine à mes pieds l'obscurité des bois.

Oui, dans ces jours d'automne où la nature expire,
À ses regards voilés je trouve plus d'attraits ;
C'est l'adieu d'un ami, c'est le dernier sourire
Des lèvres que la mort va fermer pour jamais.

Ainsi, prêt à quitter l'horizon de la vie,
Pleurant de mes longs jours l'espoir évanoui,
Je me retourne encore, et d'un regard d'envie
Je contemple ces biens dont je n'ai pas joui.

▷ Alphonse de Lamartine, *Méditations poétiques*, « L'automne ».

3 À qui s'adresse l'énonciateur ? Quel est le thème du poème ? Expliquez l'expression « Dieu caché » : quels thèmes chers au romantisme recouvre-t-elle ? Quelle forme fixe le poète a-t-il utilisée ? Quel signe de ponctuation est fortement utilisé ? Dans quel but ?

Homme ! libre penseur – te crois-tu seul pensant
Dans ce monde où la vie éclate en toute chose :
Des forces que tu tiens ta liberté dispose,
Mais de tous tes conseils l'Univers est absent.

Respecte dans la bête un esprit agissant…
Chaque fleur est une âme à la Nature éclose ;
Un mystère d'amour dans le métal repose :
Tout est sensible ; – et tout sur ton être est puissant !

Crains dans le mur aveugle un regard qui t'épie :
À la matière même un verbe est attaché…
Ne la fais point servir à quelque usage impie.

Souvent dans l'être obscur habite un Dieu caché ;
Et, comme un œil naissant couvert par ses paupières
Un pur esprit s'accroît sous l'écorce des pierres.

▷ Gérard de Nerval, *Les Chimères*, « Vers dorés ».

4 Combien de plans composent ce tableau ? D'où provient la lumière ? Quelle est l'impression ainsi donnée ? Que s'est-il passé en France en 1830 ? En quoi cette œuvre est-elle « romantique » ?

Eugène Delacroix, *La Liberté guidant le peuple*, 1830, musée du Louvre.

À RETENIR

Dans les années 1860, la revue *Le Parnasse contemporain* groupe autour d'elle des poètes qui affirment que l'art n'a d'autre fin que lui-même : « Nous croyons à l'autonomie de l'art ; l'art pour nous n'est pas le moyen mais le but » (Théophile GAUTIER). Ce mouvement de « l'art pour l'art », qui souhaite rompre avec le romantisme, va mettre en pratique un certain nombre de convictions.

Les principes

- Il faut recourir à l'**impersonnalité** contre les excès et les épanchements obscènes du moi.
- Le poète n'a pas à s'impliquer dans la société : l'échec de la révolution de 1848 et des grands espoirs qu'elle portait, doit désormais **détourner l'artiste de la vanité de l'engagement**. Les membres de ce mouvement iront jusqu'à affirmer la primauté de la forme sur toute idée de confidence ou de message à délivrer.
- Le **culte du langage** est essentiel : il faut renoncer aux facilités et aux licences poétiques. Par son travail, l'artiste a une mission à remplir : atteindre une réalité spirituelle et dépasser les apparences du monde sensible. « Une belle forme est une belle idée, car que serait-ce qu'une forme qui n'exprimerait rien ? » (GAUTIER)
- L'exigence retenue est celle de **la beauté absolue**, s'élevant contre toute idée d'intérêt : la beauté se doit d'être inutile, car « tout ce qui est utile est laid » (GAUTIER). On reprochera parfois aux parnassiens d'avoir élaboré une poésie technique, insensible, voire hermétique.

Les conséquences formelles

- Le locuteur n'apparaît plus dans son discours, il s'efface totalement.
- Les poètes sont fidèles aux formes poétiques traditionnelles, voire archaïques : le rondeau, le dizain, la ballade, et surtout le sonnet.
- Dans sa recherche de perfection, le poète veut explorer l'inconnu. Les images poétiques, comme l'analogie et la métaphore, sont très présentes.
- La versification est très recherchée, le lexique est rare et raffiné. Gautier définit ainsi le travail du poète dans « L'art », poème à vers courts et très travaillé :

Sculpte, lime, cisèle ;
Que ton rêve flottant
Se scelle
Dans le bloc résistant !

COMMENT FAIRE

► Pour analyser un manifeste

> Ce livre est un recueil d'études, un retour réfléchi à des formes négligées ou peu connues. Les émotions personnelles n'y ont laissé que peu de traces ; les passions et les faits contemporains n'y apparaissent point. Bien que l'art puisse donner, dans une certaine mesure, un caractère de généralité à tout ce qu'il touche, il y a dans l'aveu public des angoisses du cœur et de ses voluptés non moins amères, une vanité et une profanation gratuites. D'autre part, quelque vivantes que soient les passions politiques de ce temps, elles appartiennent au monde de l'action ; le travail spéculatif leur est étranger. Ceci explique l'impersonnalité et la neutralité de ces études. Il est du reste un fonds commun à l'homme et au poète, une somme de vérités morales et d'idées dont nul ne peut s'abstraire ; l'expression seule en est multiple et diverse.
>
> ▷ LECONTE DE LISLE, préface des *Poèmes antiques*.

- **Comprendre la visée du texte** : descriptif, explicatif ou argumentatif ? La préface d'un recueil poétique se doit de présenter les poèmes. Elle répond ici à une visée argumentative plus qu'explicative, puisque l'auteur y justifie sa pratique de la poésie. Il s'agit bien d'un **manifeste**, c'est-à-dire d'une déclaration écrite et solennelle par laquelle un groupe expose sa position : toute une génération de poètes va s'engager pour défendre les mêmes idées.
- **Identifier la thèse défendue**. Le locuteur développe des idées qui vont à l'encontre des recherches de la génération précédente. Les *Études* (poèmes) rompent avec un certain nombre de pratiques poétiques du romantisme : les *émotions personnelles* et les *faits contemporains* n'apparaîtront pas, parce que sacrilèges (*profanation gratuite*) et bien trop concrets (étrangers au *travail spéculatif*).

►

● **Expliquer le programme du manifeste.**
L'auteur de la préface va expliquer dans la pratique le travail à mettre en œuvre. Le poète doit revenir aux contraintes formelles abandonnées (*formes négligées ou peu connues*); le « je » ne doit plus apparaître dans l'écriture (*l'impersonnalité et la neutralité*); le travail de l'expression (*multiple et diverse*) enfin est essentiel pour dire des vérités unanimes (*vérités morales et idées dont nul ne peut s'abstraire*).

S'EXERCER

1 À quel art est comparée la tâche du poète ? Comment se caractérise le travail de l'artiste ? Qui sont les destinataires de ce poème ? Ce texte pourrait-il être un manifeste ?

Statuaire, repousse
L'argile que pétrit
Le pouce
Quand flotte ailleurs l'esprit;

Lutte avec le Carrare[1]*,*
Avec le Paros[2] *dur*
Et rare,
Gardiens du contour pur;

Emprunte à Syracuse
Son bronze où fermement
S'accuse
Le trait fier et charmant;

1 et 2 · Types de marbre.

▷ Théophile GAUTIER, *Émaux et Camées*, « L'art ».

2 Relevez un contre-rejet; quel champ lexical introduit-il ? Quel effet produit ce champ lexical ? Quels sont les sens mentionnés dans le premier quatrain ? Comment l'auteur parvient-il à exploiter la forme restreinte du sonnet ?

Le choc avait été très rude. Les tribuns
Et les centurions, ralliant les cohortes,
Humaient encor, dans l'air où vibraient les voix fortes,
La chaleur du carnage et ses acres parfums.

D'un œil morne, comptant leurs compagnons défunts,
Les soldats regardaient, comme des feuilles mortes,
Tourbillonner au loin les archers de Phraortes[1]*;*
Et la sueur coulait de leurs visages bruns.

C'est alors qu'apparut, tout hérissé de flèches,
Rouge du flux vermeil de ses blessures fraîches,
Sous la pourpre flottante et l'airain rutilant,

Au fracas des buccins qui sonnaient leur fanfare,
Superbe, maîtrisant son cheval qui s'effare,
Sur le ciel enflammé, l'Imperator sanglant !

1. Nom de deux rois mèdes.

▷ José Maria DE HEREDIA, *Les Trophées*, « Rome et les barbares ».

3 Étudiez les sonorités à la rime et à l'intérieur des vers; pourquoi ce poète est-il considéré comme très habile aux jeux et effets de sonorités ? La réussite n'est-elle que technique ? Quel rapport peut-on établir entre le funambule et le poète ?

Il s'élevait à des hauteurs
Telles, que les autres sauteurs
Se consumaient en luttes vaines.
Ils le trouvaient décourageant,
Et murmuraient: « Quel vif-argent
Ce démon a-t-il dans les veines? »

▷ Théodore DE BANVILLE, *Odes funambulesques*, « Le saut du tremplin ».

4 Pensez-vous que la poésie parnassienne manque totalement d'émotion et de sensibilité ? Rédigez votre réponse sous la forme d'un paragraphe argumenté, appuyé par des exemples précis tirés des textes présentés dans cette page.

5 Quelle est la visée de ce texte ? Reformulez la thèse défendue par l'auteur, et identifiez clairement les différentes étapes de l'argumentation.

Rien de ce qui est beau n'est indispensable à la vie. – On supprimerait les fleurs, le monde n'en souffrirait pas matériellement; qui voudrait cependant qu'il n'y eût plus de fleurs ? Je renoncerais plutôt aux pommes de terre qu'aux roses, et je crois qu'il n'y a qu'un utilitaire au monde capable d'arracher une plate-bande de tulipes pour y planter des choux. À quoi bon la musique ? à quoi bon la peinture ? Qui aurait la folie de préférer Mozart à M. Carrel, et Michel-Ange à l'inventeur de la moutarde blanche ?
Il n'y a de vraiment beau que ce qui ne peut servir à rien; tout ce qui est utile est laid, car c'est l'expression de quelque besoin, et ceux de l'homme sont ignobles et dégoûtants, comme sa pauvre et infirme nature. – L'endroit le plus utile d'une maison, ce sont les latrines.

▷ Théophile GAUTIER, Préface de *Mademoiselle de Maupin*.

À RETENIR

La poésie a souvent servi à rendre hommage. Le poète tend à s'effacer pour célébrer l'autre, qu'il s'agisse de la femme ou de la nature. La poésie de l'éloge se situe essentiellement dans le registre lyrique (expression des sentiments), mais aussi épique, de par son goût de l'amplification et de l'exagération.

Les formes

● **L'éloge** s'inscrit souvent dans des formes précises, comme le sonnet, mais aussi l'ode, à l'origine forme ample, souple, associée au chant, l'hymne, le cantique, ou le blason. Certaines de ces formes sont très contraignantes, d'autres laissent une plus grande souplesse.

● **L'hymne.** Ce poème à rimes plates en décasyllabes ou en alexandrins qui chantent les louanges d'une personne ou d'un objet, est souvent très long, et sans structure strophique fixe. Il mêle invocation, description et récit.

Que saurais-je mieux faire en ces temps de vendanges,
Après avoir chanté d'un verre les louanges,
Sinon chanter Bacchus et ses fêtes, à fin
De célébrer le Dieu des verres et du vin ?
(RONSARD, « Hymne de Bacchus »)

● Le **cantique.** Cette forme a un sens plus religieux, et un caractère plus intime. Dans la Bible, le cantique sert à répondre à la parole de Dieu, qu'on invoque ou dont on chante la gloire.

● Le **blason.** Ce poème bref et descriptif sert à évoquer un objet, une partie du corps, un détail, dont on fait l'éloge (et parfois la critique). Les sujets humbles et familiers sont privilégiés. Ils sont parfois assez sensuels.

Front large et haut, front patent et ouvert,
Plat et uni, des beaux cheveux couvert [...]
(Maurice SCÈVE, « Le Front »)

Les procédés

● Pour rendre hommage, le poète emploie fréquemment la deuxième personne, et recourt à l'apostrophe pour interpeller directement son interlocuteur.

● La célébration utilise des figures propres à insister sur les qualités de la chose dont on parle, comme l'énumération, l'amplification, et l'usage de superlatifs. Ces figures d'insistance peuvent aller jusqu'à l'exagération manifeste et l'hyperbole.

● Parfois, une logique argumentative aide à construire le poème, pour expliquer et justifier l'admiration qu'on porte à l'objet.

COMMENT FAIRE

► Pour lire un poème d'éloge

Tétin refait, plus blanc qu'un œuf,
Tétin de satin blanc tout neuf,
Toi qui fais honte à la rose,
Tétin plus beau que nulle chose,
Tétin dur, non pas tétin, voire
Mais petite boule d'ivoire
Au milieu duquel est assise
Une fraise ou une cerise
Que nul ne voit, ne touche aussi,
Mais je gage qu'il en est ainsi :
Tétin donc au petit bout rouge
Tétin qui jamais ne se bouge,
Soit pour venir, soit pour aller,
Soit pour courir, soit pour baller,
Tétin gauche, tétin mignon,
Toujours loin de son compagnon,
Tétin qui porte témoignage
Du demeurant du personnage [...]
▷ Clément MAROT, « Blason du beau tétin ».

● **Identifier l'objet de la célébration.**
Il s'agit du *tétin* ; le dernier vers (témoignage du *demeurant*, c'est-à-dire le reste du personnage) de l'extrait laisse peut-être penser qu'il s'agit d'une synecdoque : à travers son sein c'est la femme entière qui est célébrée. Le sujet, assez sensuel et intime, est traité par le biais d'une longue description : le texte s'inscrit donc dans le genre du **blason**.

● **Étudier la situation d'énonciation** : qui parle ? à qui ? quelles en sont les marques ?
C'est au tétin que le poète s'adresse par des apostrophes. Le mot est répété près de dix fois dans cet extrait, et souvent de manière anaphorique (en début de vers), donc à une place importante. L'objet décrit est ainsi surreprésenté dans le poème. L'apostrophe personnifie le tétin, de même que les verbes (*bouge, aller, venir*).

● **Analyser les procédés poétiques** : les vers, les rimes, les images utilisées.
Le blason est construit en rimes plates (suffisantes ou riches), avec une alternance presque parfaite de rimes féminines et masculines (*aabb* : *a* est masculine, *b* est féminine). Les figures de l'analogie sont très présentes dans les neuf premiers vers. Comparaison et métaphore s'inscrivent parfois dans un registre trivial (*œuf*), mais elles insistent surtout sur le contraste des couleurs : le blanc (*satin, ivoire*) et le rouge (*fraise, cerise*). Cette célébration audacieuse du corps féminin puise logiquement ses comparaisons dans l'univers des sens.

1 **De quel genre poétique relève cet extrait ? Quel est le thème de cet éloge ? Pourquoi ? Commentez la composition formelle du poème (et notamment la valeur des rimes). Relevez une allitération importante dans la première strophe : quel thème est ainsi mis en valeur ?**

Ô Déesse Bellerie[1],
Belle Déesse chérie
De nos Nymphes dont la voix
Sonne ta gloire hautaine
Accordante au son des bois,
Voire au bruit de la fontaine,
Et de mes vers que tu ois. [...]

Sus ton bord je me repose,
Et là oisif je compose
Caché sous tes saules verts
Je ne sais quoi, qui ta gloire
Envoira par l'univers,
Commandant à la mémoire
Que tu vives par mes vers.

1. Bellerie est le nom donné à une source du pays natal de Ronsard.

▷ RONSARD, *Odes à la « fontaine Bellerie ».*

2 **Quels procédés du blason apparaissent dans cet extrait ? Sont-ils mis au service de l'éloge de la femme ? Quels traits de l'objet s'opposent à ceux mentionnés dans le texte de la page ci-contre ? Que pensez-vous de l'image de la femme donnée dans ces deux textes ?**

Tétin qui n'a rien que la peau,
Tétin flac, tétin de drapeau,
Grand'tétine, longue tétasse,
Tétin, que dois-je dire : besace ?
Tétin au vilain grand bout noir
Comme celui d'un entonnoir,
Tétin qui brimballe à tous coups,
Sans être ébranlé ne secous.
Bien se peut vanter qui te tâte
D'avoir mis la main à la pâte.
Tétin grillé, tétin pendant,
Tétin flétri, tétin rendant,
Vilaine bourbe au lieu de lait,
Le Diable te fit bien si laid !

▷ Clément MAROT, « Le tétin ».

3 **Choisissez une partie du corps, féminin ou masculin, que vous décrirez dans un blason (ou dans un contre-blason, comme dans l'exercice précédent). Attention à l'emploi de l'octosyllabe et des rimes.**

4 **À qui s'adresse le sonnet ? Commentez l'évolution des pronoms employés pour désigner le destinataire. De quoi traite le deuxième quatrain ? Quel procédé est employé pour souligner cette idée ? Quelles parties du corps d'Hélène sont évoquées ? Quelle est la métamorphose finale ? Montrez que cette dimension était déjà annoncée plus tôt.**

Le soir qu'Amour vous fit en sa salle descendre
Pour danser d'artifice un beau ballet d'Amour,
Vos yeux, bien qu'il fût nuit, ramenèrent le jour,
Tant ils surent d'éclairs par la place répandre.

Le ballet fut divin, qui se soulait reprendre,
Se rompre, se refaire, et tour dessus retour
Se mêler, s'écarter, se tourner alentour,
Contre-imitant le cours du fleuve de Méandre :

Ores il était rond, ores long, or' étroit,
Or' en pointe, en triangle, en la façon qu'on voit
L'escadron de la Grue évitant la froidure.

Je faux, tu ne dansais, mais ton pied voletait
Sur le haut de la terre ; aussi ton corps s'était
Transformé pour ce soir en divine nature.

▷ RONSARD, *Sonnets pour Hélène,* « Le soir qu'Amour ».

5 **Analysez la situation d'énonciation. Relevez tous les substituts nominaux employés pour désigner l'objet de la célébration, identifiez les métaphores, et expliquez sur quelle association elles reposent. Quels sont les différents sens sollicités par la chevelure ?**

Ô Toison, moutonnant jusque sur l'encolure !
Ô boucles ! Ô parfum chargé de nonchaloir !
Extase ! Pour peupler ce soir l'alcôve obscure
Des souvenirs dormant dans cette chevelure,
Je la veux agiter dans l'air comme un mouchoir !

La langoureuse Asie et la brûlante Afrique,
Tout un monde lointain, absent, presque défunt,
Vit dans tes profondeurs, forêt aromatique !
Comme d'autres esprits voguent sur la musique,
Le mien, ô mon amour ! nage sur ton parfum.

J'irai là-bas où l'arbre et l'homme, pleins de sève,
Se pâment longuement sous l'ardeur des climats ;
Fortes tresses, soyez la houle qui m'enlève !
Tu contiens, mer d'ébène, un éblouissant rêve
De voiles, de rameurs, de flammes et de mâts :

Un port retentissant où mon âme peut boire
À grands flots le parfum, le son et la couleur ;
Où les vaisseaux, glissant dans l'or et dans la moire,
Ouvrent leurs vastes bras pour embrasser la gloire
D'un ciel où frémit l'éternelle chaleur.

▷ BAUDELAIRE, « La chevelure », *Spleen et idéal* dans *Les Fleurs du mal.*

À RETENIR

Le commentaire est un exercice qui doit **montrer la spécificité** d'un texte. Il faut commencer par **repérer les caractéristiques** générales du passage : le genre, le registre, le mouvement ou courant littéraire, le thème central. Cela permet ensuite **d'identifier l'originalité** du texte (en le confrontant à d'autres textes du même registre étudiés auparavant) : au niveau du thème et au niveau du style. On peut alors **construire une analyse** autour d'une problématique générale, c'est-à-dire une orientation qui guide l'étude. La problématique est parfois donnée.

Construire le plan

Les différentes parties ont un lien entre elles, et sont toutes au service d'une démonstration : la lecture particulière que vous faites du texte.

- **Les grandes parties.** Vous devez aller du plus évident au plus caché : de l'impression la plus générale au symbole. Pour une description, par exemple, le premier temps peut étudier la caractérisation d'un personnage ; le deuxième l'expression des sentiments du narrateur ; le dernier la fonction de la description. Il s'agit de toujours relier ce qui est dit et la manière dont c'est dit. Formulez soigneusement le titre de chaque partie. Votre commentaire peut compter de deux à quatre parties.

- **L'organisation d'une partie.** Chacune comporte plusieurs sous-parties, présentant un argument pour appuyer la problématique générale : des citations ou des renvois au texte, quand ils sont analysés, doivent apparaître comme des arguments soutenant la thèse (la problématique) initiale.

- **L'enchaînement des parties.** Des liens ou connecteurs logiques servent à relier sous-parties et grandes parties du commentaire. S'ils apparaissent clairement au brouillon, ils soulignent la logique du plan.

Rédiger le commentaire

- **L'introduction** : elle doit être soignée puisque c'est le premier contact qu'aura le correcteur avec votre devoir. Elle commence par situer le passage étudié dans son contexte, avant d'exposer la problématique. Elle se termine par l'annonce du plan : il s'agit d'indiquer très clairement (sous forme de questions ou d'affirmations) le contenu des grandes parties du développement.

- **Les grandes parties** : seul un plan détaillé suffit au brouillon. Chaque grande partie se termine par une transition pour annoncer la suivante. Chaque paragraphe s'organise autour de l'analyse précise d'un passage du texte, appuyée par des citations.

- **La conclusion** : elle résume l'analyse menée lors du développement, avant d'élargir la réflexion, soit sur l'intérêt historique que le texte suscite, soit par un jugement personnel.

COMMENT FAIRE

► Pour rédiger le paragraphe d'un commentaire

> Laisse-moi respirer longtemps, longtemps, l'odeur de tes cheveux, y plonger tout mon visage, comme un homme altéré dans l'eau d'une source, et les agiter avec ma main comme un mouchoir odorant, pour secouer des souvenirs dans l'air.
> Si tu pouvais savoir tout ce que je vois ! tout ce que je sens ! tout ce que j'entends dans tes cheveux ! Mon âme voyage sur le parfum comme l'âme des autres hommes sur la musique.
> ▷ Charles BAUDELAIRE, *Le Spleen de Paris*, « Un hémisphère dans une chevelure ».

- **Voici le plan proposé pour un paragraphe du commentaire de ce poème en prose.**

a. **Argument :** une chevelure de femme qui sollicite tous les sens.

b. **Relevé :** notations nombreuses pour l'odorat (*respirer, odeur, odorant, sens* – 1er sens –, *parfum*) ; la vue (*je vois*) ; le toucher (*je sens* – 2e sens) ; l'ouïe (*j'entends*) ; les deux comparaisons introduites par *comme.*

c. **Élargissement :** le rapport des deux paragraphes avec le titre du poème : la chevelure offre tout un monde au poète.

d. **Transition :** une thématique déjà présente dans des poèmes en vers de Baudelaire (dont un extrait se trouve à la page 41), pour introduire l'argument du paragraphe suivant : un poème en prose très proche d'un modèle versifié.

- **Relier idée directrice, exemples, et interprétation.** Chaque sous-partie est un paragraphe qui développe un argument. Après avoir annoncé l'idée directrice, l'argument, il faut l'illustrer par des citations du texte, qu'on introduit à l'aide de mots comme *par exemple, ainsi, c'est le cas avec des mots tels que, comme on le voit à la ligne*, etc.

►

● **Rédiger.**

Dans les premiers paragraphes du poème, l'auteur s'attache à mentionner les différents sens que la chevelure de la femme sollicite. On **note d'abord** des renvois à la vue, au toucher et à l'ouïe, **comme l'indique** la répétition syntaxique du deuxième paragraphe : *tout ce que je vois/tout ce que je sens/tout ce que j'entends.* **Mais c'est surtout** l'odorat qui est souligné, par les termes suivants : *respirer, odeur, odorant, sens, parfum.* L'utilisation de comparaisons témoigne de l'importance que l'odeur des cheveux a pour le poète. En plus de correspondre à un besoin vital, **comme le montre** la première comparaison, la senteur des cheveux fait voyager l'âme du poète. Par sa simple odeur, la chevelure offre tout un monde au poète, ou tout au moins un hémisphère, **ainsi que le laisse entendre** le titre du poème. De par sa thématique, le texte n'est pas sans évoquer le poème en vers intitulé « La chevelure ». Rythme, images et structure strophique semblent également confirmer ce rapprochement.

S'EXERCER

1 Repérez les caractéristiques générales de ce texte (en le replaçant dans son contexte, mouvement, courant littéraire, etc.).

[…]
Un soir, t'en souvient-il ? nous voguions en silence ;
On n'entendait au loin, sur l'onde et sous les cieux,
Que le bruit des rameurs qui frappaient en cadence
Tes flots harmonieux.

Tout à coup des accents inconnus à la terre
Du rivage charmé frappèrent les échos ;
Le flot fut attentif, et la voix qui m'est chère
Laissa tomber ces mots :

« Ô temps, suspends ton vol ! et vous, heures propices,
Suspendez votre cours !
Laissez-nous savourer les rapides délices
Des plus beaux de nos jours ! […] »

▷ Alphonse de LAMARTINE, *Méditations poétiques*, « Le lac ».

2 Lisez cet extrait et le plan du commentaire qui l'accompagne. Dégagez la problématique et rédigez une introduction.

Emma Bovary, jeune mariée, est invitée à un bal chez le marquis d'Andervilliers.

L'air du bal était lourd ; les lampes pâlissaient. On refluait dans la salle de billard. Un domestique monta sur une chaise et cassa deux vitres ; au bruit des éclats de verre, Madame Bovary tourna la tête et aperçut dans le jardin, contre les carreaux, des faces de paysans qui regardaient. Alors le souvenir des Bertaux lui arriva. Elle revit la ferme, la mare bourbeuse, son père en blouse sous les pommiers, et elle se revit elle-même, comme autrefois, écrémant avec son doigt les terrines de lait dans la laiterie. Mais aux fulgurations de l'heure précédente, sa vie passée, si nette jusqu'alors, s'évanouissait tout entière, et elle doutait presque d'y avoir vécue. Elle était là ; puis autour du bal, il n'y avait presque plus que de l'ombre, étalée sur tout le reste. Elle mangeait alors une glace au marasquin, qu'elle tenait de la main gauche dans une coquille de vermeil, et fermait à demi les yeux, la cuiller entre les dents.

▷ Gustave FLAUBERT, *Madame Bovary*.

Voici les pistes de lecture proposées :
Première partie : un bonheur intense.
Deuxième partie : un passé qui ressurgit.

3 Lisez cet extrait, dont on vous donne la problématique et les pistes de lecture. Rédigez soigneusement introduction et conclusion, faites un plan détaillé, et rédigez un paragraphe du commentaire.

Comme d'un cercueil vert en fer-blanc, une tête
De femme à cheveux bruns fortement pommadés
D'une vieille baignoire émerge, lente et bête,
Avec des déficits assez mal ravaudés ;

Puis le col gras et gris, les larges omoplates
Qui saillent ; le dos court qui rentre et qui ressort ;
Puis les rondeurs des reins semblent prendre l'essor ;
La graisse sous la peau paraît en feuilles plates ;

L'échine est un peu rouge, et le tout sent un goût
Horrible étrangement ; on remarque surtout
Des singularités qu'il faut voir à la loupe…

Les reins portent deux mots gravés : Clara Venus ;
– Et tout ce corps remue et tend sa large croupe
Belle hideusement d'un ulcère à l'anus.

▷ Arthur RIMBAUD, *Cahier de Douai*, « Vénus Anadyomène ».

Vous ferez le commentaire de cette page en vous demandant pourquoi ce poème peut être lu comme une parodie.
Première partie : la description de la femme.
Deuxième partie : l'exploitation des contraintes formelles du poème.

À RETENIR

Composition

À la différence des autres genres littéraires, le texte de théâtre, en prose ou en vers, est fait pour être dit et représenté. Il se compose de deux ensembles distincts : **le dialogue** et **les didascalies**.

● La ou les premières scènes (ou parfois le premier acte dans son intégralité) correspondent à **l'exposition** : il s'agit de présenter, d'exposer au public les principaux ressorts qui vont permettre à l'intrigue de se mettre en place.

● **L'intrigue** est l'ensemble des événements qui forment le « nœud » de la pièce. Dans les pièces en cinq actes, l'action culmine souvent au troisième acte : les conflits y sont exacerbés, et leur résolution paraît difficile. Dans *Le Cid* de Corneille, Rodrigue pourra-t-il épouser Chimène, alors que pour venger son père il a dû tuer le propre père de Chimène ?

● La ou les dernières scènes correspondent au **dénouement** : le conflit est résolu, l'obstacle supprimé, et le spectateur est renseigné sur le sort de chacun des personnages.

Espace et temps

● Dans le théâtre classique, la pièce se déroule dans un seul lieu, suffisamment vraisemblable pour que toutes les actions s'y passent. Si l'action se déroule dans plusieurs endroits, chaque partie marquée par un changement de décor est appelée « tableau ». La scène peut ne rien représenter de précis : c'est souvent le cas dans le théâtre contemporain. La pièce d'Anouilh *Antigone* s'ouvre sur cette didascalie : *Un décor neutre* ; il s'agit de concentrer l'attention du public sur les personnages et leurs paroles.

● La durée de la représentation ne coïncide que rarement avec la durée de l'action. Des années peuvent s'écouler entre les actes. La durée de l'action peut être incertaine : les repères temporels sont brouillés et la fin de la pièce peut ressembler à son début, comme dans *La Cantatrice chauve* de Ionesco. Dans le théâtre classique, la durée de l'action ne dépasse pas une journée.

Genres

Les principaux genres théâtraux sont la **farce** (pièce très simple à tonalité comique qui met en scène des personnages populaires), la **comédie** (pièce à tonalité légère où les personnages rencontrent des obstacles, mais dont le dénouement est heureux), et la **tragédie** (pièce à tonalité grave où des personnages nobles sont soumis à la fatalité et dont le dénouement est malheureux). À partir du XXe siècle, la distinction des genres a tendance à s'effacer, le découpage en actes et scènes disparaît, et les lieux comme les personnages se multiplient.

COMMENT FAIRE

▶ Pour analyser un extrait de théâtre

La scène se déroule à Paris, dans la maison de Célimène. Alceste, personnage principal, se caractérise par son dégoût des hommes, sa « misanthropie » ;

PHILINTE. – Qu'est-ce donc ? Qu'avez-vous ?
ALCESTE. – Laissez-moi, je vous prie.
PHILINTE. – Mais encor, dites-moi, quelle bizarrerie…
ALCESTE. – Laissez-moi là, vous dis-je, et courez vous cacher.
PHILINTE. – Mais on entend les gens, au moins, sans se fâcher.
ALCESTE. – Moi, je veux me fâcher, et ne veux point entendre.
PHILINTE. – Dans vos brusques chagrins je ne puis vous comprendre,
Et, quoique amis, enfin, je suis tout des premiers…
ALCESTE, *se levant brusquement.* – Moi, votre ami ? Rayez cela de vos papiers.
J'ai fait jusques ici profession de l'être.
Mais après ce que je viens de voir paraître,
Je vous déclare net que je ne le suis plus,
Et ne veux nulle place en des cœurs corrompus.

▷ MOLIÈRE, *Le Misanthrope*, acte I, scène première.

● **Situer l'extrait** : à quel moment de la pièce intervient la scène ?
Il s'agit de l'exposition de la pièce, sans doute une comédie à en juger par l'auteur. Alceste, personnage principal qui donne son titre à la pièce, apparaît pour la première fois ; dans cette scène de conflit, il est particulièrement furieux contre son ami Philinte, lequel ne comprend pas où résident ses torts.

● **Étudier le discours des personnages** : qui parle le plus et pourquoi ?
Bien qu'Alceste ne souhaite pas converser avec Philinte, son temps de parole est beaucoup plus important : cette contradiction semble indiquer que le plaisir d'invectiver son ami dépasse le désir de le voir partir. Son discours est catégorique et autoritaire ▶

(verbes à l'impératif et didascalie). Philinte, lui, s'ingénie à comprendre l'humeur de son ami, dont la logique pourtant lui échappe (*bizarrerie, brusques chagrins*).

● **Ouvrir sur la suite du texte.** Cette première apparition d'Alceste témoigne d'emblée de son caractère tranché, et de son désir de se distinguer du commun des mortels (à la généralisation du *on* employé par Philinte, Alceste oppose son *moi*). L'emportement d'Alceste et son attitude intransigeante seront-ils justifiés ? Alceste pourra-t-il concilier ses exigences morales et son amour pour la grande coquette Célimène, chez qui se déroule la pièce ?

S'EXERCER

1 Voici des titres de pièces de théâtre. Indiquez pour chaque pièce à quel genre elle appartient.

Le Jeu de l'amour et du hasard – Alexandre le Grand – Ubu cocu – Cléopâtre captive – Le Dindon – La Farce du cuvier – Le Malade imaginaire – On ne badine pas avec l'amour – César – Le Mariage de Figaro.

2 Identifiez le genre auquel appartient chacun des extraits suivants, et donnez un indice qui vous a permis de répondre.

DOCUMENT 1

BÉRÉNICE. – Seigneur, je n'ai pas cru que dans une journée
Qui doit avec César unir ma destinée,
Il fût quelque mortel qui pût impunément
Se venir à mes yeux déclarer mon amant.

▷ RACINE, *Bérénice*, acte I, scène 4.

DOCUMENT 2

MAGDELON. – Mon père, voilà ma cousine qui vous dira aussi bien que moi que le mariage ne doit jamais arriver qu'après les autres aventures. Il faut qu'un amant, pour être agréable, sache débiter les beaux sentiments, pousser le doux, le tendre et le passionné, et que sa recherche soit dans les formes.

▷ MOLIÈRE, *Les Précieuses ridicules*, acte I, scène 4.

DOCUMENT 3

PÈRE UBU. – Merdre !
MÈRE UBU. – Oh ! voilà du joli, Père Ubu, vous estes un fort grand voyou.
PÈRE UBU. – Que ne vous assom'je, Mère Ubu !
MÈRE UBU. – Ce n'est pas moi, Père Ubu, c'est un autre qu'il faudrait assassiner.
PÈRE UBU. – De par ma chandelle verte, je ne comprends pas.
MÈRE UBU. – Comment, Père Ubu, vous estes content de votre sort ?
PÈRE UBU. – De par ma chandelle verte, merdre, madame, certes oui, je suis content. On le serait à moins : capitaine des dragons, officier de confiance du roi Venceslas, décoré de l'ordre de l'Aigle Rouge de Pologne et ancien roi d'Aragon, que voulez-vous de mieux ?

▷ Alfred JARRY, *Ubu roi*, acte I, scène 1.

3 Où se situe ce passage dans l'œuvre ? À quoi sert-il ? Qui sera le personnage principal de la pièce ? Qui dresse son portrait ? Pourquoi a-t-on choisi ce personnage pour en parler ? Qu'apprend-on sur le personnage principal ? Quel sera le sujet de l'intrigue ?

Sganarelle, valet de Don Juan, parle de son maître à Gusman.

SGANARELLE. – […] Tu me dis qu'il a épousé ta maîtresse : crois qu'il aurait plus fait pour sa passion, et qu'avec elle il aurait encore épousé toi, son chien et son chat. Un mariage ne lui coûte rien à contracter ; il ne se sert point d'autres pièges pour attraper les belles, et c'est un épouseur à toutes mains. Dame, damoiselle, bourgeoise, paysanne, il ne trouve rien de trop chaud ni de trop froid pour lui ; et si je te disais le nom de toutes celles qu'il a épousées en divers lieux, ce serait un chapitre à durer jusqu'au soir. Tu demeures surpris et changes de couleur à ce discours ; ce n'est là qu'une ébauche du personnage, et pour en achever le portrait, il faudrait bien d'autres coups de pinceau.

▷ MOLIÈRE, *Dom Juan*, acte I, scène 1.

4 Où se situe ce passage dans la pièce ? Qu'arrive-t-il à Don Juan ? Pourquoi ? Comment peut-on qualifier ce dénouement ? Sganarelle est le dernier à prendre la parole : à quoi sert son intervention ?

LA STATUE. – Don Juan, l'endurcissement au péché traîne une mort funeste, et les grâces du Ciel que l'on renvoie ouvrent un chemin à sa foudre.
DON JUAN. – Ô Ciel ! que sens-je ? Un feu invisible me brûle, je n'en puis plus et tout mon corps devient un brasier ardent. Ah !
(Le tonnerre tombe avec un grand bruit et de grands éclairs sur Don Juan ; la terre s'ouvre et l'abîme ; et il sort de grands feux de l'endroit où il est tombé.)
SGANARELLE. – Ah ! mes gages, mes gages ! Voilà par sa mort un chacun satisfait : Ciel offensé, lois violées, filles séduites, familles déshonorées, parents outragés, femmes mises à mal, maris poussés à bout, tout le monde est content. Il n'y a que moi seul de malheureux. Mes gages, mes gages, mes gages !

▷ MOLIÈRE, *Dom Juan*, acte V, scène 6.

À RETENIR

Le théâtre crée une situation d'énonciation complexe appelée « **double énonciation** ». En effet, la communication qui s'établit entre un personnage A et un personnage B s'inscrit dans une communication plus large entre l'auteur et le spectateur. Même si un personnage est seul en scène, on peut toujours parler de dialogue puisque le destinataire final du texte est le public. Dans un quiproquo (malentendu entre deux personnages qui croient parler de la même chose), cette double énonciation se révèle puisque seul le spectateur sait de quoi il retourne réellement.

Les types d'échanges

● Au théâtre, ce sont les paroles prononcées par les personnages qui constituent l'action. L'intrigue repose généralement sur un conflit, et le dialogue prend la forme d'un échange argumentatif.

● On peut distinguer plusieurs types d'échanges :
- le dialogue conflictuel (les répliques s'enchaînent selon le monde assertion/contre-assertion, comme dans les situations de dispute) ;
- le dialogue didactique (les répliques s'enchaînent selon le mode question/réponse, comme dans les situations d'interrogatoire) ;
- le dialogue de confidence (un personnage se confie à un autre, qui écoute et intervient pour relancer son discours).

Les répliques

Étudier la répartition de la parole dans la pièce permet de définir l'importance des rôles. Les répliques peuvent être organisées de différentes façons.

● La **stichomythie** : dialogue où les personnages se répondent vers à vers ou ligne à ligne. Elle donne de la vivacité à l'échange, et suppose une situation extrêmement tendue. Dans *Le Cid* de Corneille, le désespoir de la prochaine séparation entre les deux amants est ainsi rendu par une série de parallélismes de construction et d'antithèses.

DON RODRIGUE. – Ô miracle d'amour !
CHIMÈNE. – Ô comble de misères !

● La **tirade** : longue réplique d'un personnage qui développe une thèse ou contient le récit d'un événement impossible à montrer sur scène.

● L'**aparté** : réplique que le personnage est censé dire pour lui-même, sans qu'aucun autre personnage sur scène ne l'entende, même s'il la crie. Elle sert à communiquer au spectateur les sentiments du personnage.

● Le **monologue** : discours que tient un personnage seul sur scène. Il peut traduire un conflit intérieur ou être l'expression d'une plainte. Le monologue peut être adressé à un absent ou à une instance supérieure (dieux, destin, etc.), ou même être un discours que le personnage se tient à lui-même.

COMMENT FAIRE

► Pour analyser une scène de conflit

Don Diègue, père de Rodrigue, a obtenu du Roi un honneur que le Comte, père de Chimène, convoitait.

LE COMTE. – Ce que je méritais, vous l'avez emporté.
DON DIÈGUE. – Qui l'a gagné sur vous l'avait bien mérité.
LE COMTE. – Qui peut mieux l'exercer en est bien le plus digne.
DON DIÈGUE. – En être refusé n'en est pas un bon signe. [...]
LE COMTE. – Parlons-en mieux, le Roi fait honneur à votre âge.
DON DIÈGUE. – Le Roi, quand il en fait, le mesure au courage.
LE COMTE. – Et par là cet honneur n'était dû qu'à mon bras.
DON DIÈGUE. – Qui n'a pu l'obtenir ne le méritait pas.
LE COMTE. – Ne le méritait pas ! Moi ?
DON DIÈGUE. – Vous.
LE COMTE. – Ton impudence,
Téméraire vieillard, aura sa récompense.
(Il lui donne un soufflet)

▷ CORNEILLE, *Le Cid*, acte I, scène 3.

● **Identifier le type de répliques.**
Le temps de parole est également partagé entre les personnages. Il s'agit d'une stichomythie puisque l'échange se fait vers à vers. Elle fonctionne dans un premier temps sur le modèle assertion/contre-assertion. On suppose la situation très tendue : le langage même exprime le thème du duel.

● **Étudier le système d'opposition.**
Le Comte espérait être choisi par le Roi comme gouverneur de son fils ; c'est finalement Don Diègue qui a obtenu cet honneur. L'échange est construit autour de la notion de mérite. Don Diègue met en avant sa valeur (ce qui le conduit à nier celle de son interlocuteur), tandis que le Comte affirme qu'il ne s'agit que d'un privilège dû à l'âge. Cette opposition vieux/jeune se tra- ►

duit aussi dans le discours par une opposition entre maximes généralisantes chez Don Diègue (*Qui l'a gagné/Qui n'a pu l'obtenir*), et attaques personnelles du côté du Comte (*je méritais/vous l'avez emporté, votre âge/mon bras*).

● **Analyser la progression de l'échange.**
Les sentences générales qui jalonnent la discussion n'atténuent pas la gravité des attaques que se lancent les deux personnages. La stichomythie s'interrompt brutalement : les phrases sont plus courtes et d'un autre type (exclamative et interrogative), le vouvoiement cède la place au tutoiement. L'argumentation laisse place à l'émotion, l'échange verbal cesse brusquement par des coups. La rupture entre les deux pères est consommée. Mais Don Diègue, trop âgé, ne pourra se venger de l'offense faite. L'intrigue est nouée, le dilemme de Rodrigue exposé : venger son père, Don Diègue, signifie aussi perdre l'amour de Chimène, fille du Comte.

S'EXERCER

1 Comment appelle-t-on les répliques prononcées par les personnages ? À qui s'adressent-elles ? Quel est l'effet produit ? Quels sont les sentiments exprimés dans les répliques de George Dandin ?

George Dandin a épousé une jeune fille noble, sans se soucier des sentiments de celle-ci. Mari jaloux et égoïste, il se trouve ici en face d'un inconnu qui sort de chez lui.

GEORGE DANDIN, *voyant sortir Lubin de chez lui.* – Que diantre ce drôle-là vient-il faire chez moi ?
LUBIN, *à part, apercevant George Dandin.* – Voilà un homme qui me regarde.
GEORGE DANDIN, *à part.* – Il ne me connaît pas.

▷ MOLIÈRE, *George Dandin*, acte I, scène 2.

2 Comment appelle-t-on ce type de scène ? À qui Harpagon s'adresse-t-il successivement ? À quel endroit le spectateur apparaît-il comme destinataire réel du discours du personnage ? Quel est le but de cette scène ? Quelle image donne-t-elle du personnage ?

Harpagon est seul sur scène.

(Il crie au voleur dès le jardin, et vient sans chapeau.)
– Au voleur ! au voleur ! à l'assassin ! au meurtrier ! Justice, juste Ciel ! je suis perdu, je suis assassiné, on m'a coupé la gorge, on m'a dérobé mon argent. Qui peut-ce être ? Qu'est-il devenu ? Où est-il ? Où se cache-t-il ? Que ferai-je pour le trouver ? Où courir ? Où ne pas courir ? N'est-il point là ? N'est-il point ici ? Qui est-ce ? Arrête. Rends-moi mon argent, coquin… *(Il se prend lui-même le bras.)* Ah ! c'est moi. Mon esprit est troublé, et j'ignore où je suis, qui je suis, et ce que je fais. Hélas ! mon pauvre argent, mon pauvre argent, mon cher ami ! on m'a privé de toi […]. De grâce, si l'on sait des nouvelles de mon voleur, je supplie que l'on m'en dise. N'est-il point caché là parmi vous ? Ils me regardent tous et se mettent à rire. Vous verrez qu'ils ont part sans doute au vol que l'on m'a fait.

▷ MOLIÈRE, *L'Avare*, acte IV, scène 7.

3 Une scène argumentative

ARLEQUIN. – Hélas ! Monsieur, mon très honoré maître, je vous en conjure…
DORANTE. – Encore ?
ARLEQUIN. – Ayez compassion de ma bonne aventure : ne portez point guignon à mon bonheur qui va son train si rondement ; ne lui fermez point le passage.
DORANTE. – Allons donc, misérable ; je crois que tu te moques de moi ; tu mériterais cent coups de bâton.
ARLEQUIN. – Je ne les refuse point, si je les mérite ; mais quand je les aurai reçus, permettez-moi d'en mériter d'autres. Voulez-vous que j'aille chercher le bâton ?
DORANTE. – Maraud !
ARLEQUIN. – Maraud, soit ; mais cela n'est point contraire à faire fortune.
DORANTE. – Ce coquin ! quelle imagination lui prend !
ARLEQUIN. – Coquin est encore bon, il me convient aussi ; un maraud n'est point déshonoré d'être appelé coquin ; mais un coquin peut faire un bon mariage.
DORANTE. – Comment, insolent ! tu veux que je laisse un honnête homme dans l'erreur, et que je souffre que tu épouses sa fille sous mon nom ? Écoute : si tu me parles encore de cette impertinence-là, dès que j'aurai averti Monsieur Orgon de ce que tu es, je te chasse ; entends-tu ?
ARLEQUIN. – Accommodons-nous ; cette demoiselle m'adore, elle m'idolâtre. Si je lui dis mon état de valet, et que, nonobstant, son tendre cœur soit toujours friand de la noce avec moi, ne laisserez-vous pas jouer les violons ?
DORANTE. – Dès qu'on te connaîtra, je ne m'en embarrasse plus.

▷ MARIVAUX, *Le Jeu de l'amour et du hasard*, acte III, scène 1.

a. Quels sont les rapports qui unissent les deux personnages ?
b. Comment se manifeste la domination sociale de l'un sur l'autre ?
c. L'infériorité sociale de l'un apparaît-elle dans les types de phrases et le niveau de langue utilisé ?
d. Qui conduit le dialogue ? Qui l'interrompt ?
e. Qui parle le plus ? Qui domine dans cet échange ? Qu'obtient-il à la fin ?

À RETENIR

Au XVIIe siècle Racine et Corneille s'inspirent de la tragédie grecque pour écrire des pièces obéissant à des règles strictes. Le personnage, partagé entre raison et passion, doit faire face à un dilemme.

Comment définir la tragédie ?

- Elle met en scène des héros ou des personnages de **rang social élevé**.
- Ses sujets lui viennent de **l'histoire ou de la légende**. Racine emprunte l'intrigue d'*Athalie* au livre des Rois de l'Ancien Testament, et celle de *Phèdre* à la mythologie grecque.
- Les personnages s'expriment sur un **ton élevé** et en vers (forme d'expression noble).
- Les dénouements sont **funestes**. *Phèdre* se termine par les morts d'Hippolyte et de Phèdre, et par les remords de Thésée.
- La tragédie suscite chez le spectateur une puissante identification aux souffrances du héros, fondée sur la **crainte** de tomber dans une pareille infortune et la **pitié** devant ses malheurs. Le spectateur prend plaisir à éprouver ces sensations pendant la tragédie, et cela le dispense de les ressentir réellement et sur un mode douloureux. Cet effet est appelé **« la catharsis »**.

Les règles de la tragédie classique

- La règle des **trois unités**. L'action ne doit pas durer plus de vingt-quatre heures (unité de temps), elle doit se dérouler en un lieu unique (unité de lieu), la pièce est unifiée autour d'un sujet principal et l'intrigue doit être menée jusqu'à son terme (unité d'action).
- La règle des **bienséances**. Il ne faut pas montrer des spectacles qui peuvent choquer, comme la mort ou la violence physique.
- La règle de la **vraisemblance**. Le personnage, son discours et ses actes doivent être en accord avec l'époque qui sert de cadre à la pièce.
- La règle de l'**unité de ton**. Le comique n'a pas sa place dans une tragédie.

Les registres

La tragédie ne se limite pas au registre tragique. Les registres pathétique, lyrique et épique sont particulièrement exploités.

COMMENT FAIRE

► Pour analyser une tirade tragique

Andromaque est en face d'un choix impossible : pour sauver son fils d'une mort certaine, elle doit épouser Pyrrhus. Andromaque expose à sa confidente pourquoi ce mariage lui fait horreur.

Figure-toi Pyrrhus, les yeux étincelants,
Entrant à la lueur de nos palais brûlants,
Sur tous mes frères morts se faisant un passage,
Et de sang tout couvert échauffant le carnage.
Songe aux cris des vainqueurs, songe aux cris des [mourants,
Dans la flamme étouffés, sous le fer expirants.
Peins-toi dans ces horreurs Andromaque éperdue :
Voilà comment Pyrrhus vint s'offrir à ma vue ;
Voilà par quels exploits il sut se couronner ;
Enfin voilà l'époux que tu me veux donner.
Non, je ne serai point complice de ses crimes ;
Qu'il nous prenne, s'il veut, pour dernières [victimes.
[…]

▷ RACINE, *Andromaque*, acte III, scène 8.

- **Identifier la nature de la tirade.**

Il s'agit ici du **récit** de la nuit d'horreur qui vit mourir Hector, époux d'Andromaque, et tomber Troie aux mains des Grecs. Ce récit obéit à une double nécessité : il est impossible de représenter ces événements sur scène (règle des bienséances), et il nous renseigne sur la psychologie d'Andromaque.

- **Étudier le registre.**

Pour rendre vivante la description, le personnage dresse un véritable tableau de la scène, comme en témoignent le lexique de la vue et les injonctions (*Figure-toi, Peins-toi*). Le récit se transforme alors en hallucination. Andromaque insiste sur le caractère spectaculaire des *exploits* de Pyrrhus (registre épique). Les constructions de phrases (propositions de plus en plus courtes), l'effet d'intensité créé par les présentatifs (répétition de *voilà*, allitérations en [v]), le vocabulaire (champ lexical de l'horreur, et mots importants à la rime tels que *mourants/expirants, crimes/victimes*) soulignent le côté terrifiant de ces scènes. La tirade s'inscrit également dans le registre tragique dans la mesure où Andromaque se place dans le camp des *victimes* (on cherche à provo- ►

quer la pitié chez le spectateur), et fait de Pyrrhus un bourreau (pour éveiller un sentiment de crainte devant l'atrocité des crimes).

● **Comprendre le rôle de la tirade.** Cette scène entre Andromaque et sa confidente a pour but de rendre plus poignant encore le dilemme du personnage. Il s'agit ici du nœud de l'intrigue, qui progresse par revirements successifs : au deuxième acte, Pyrrhus, déçu dans sa passion, renonçait à Andromaque ; au quatrième, Andromaque décidera d'épouser Pyrrhus et de se suicider après la cérémonie. Le suspens est bien ménagé : il est impossible, à partir de cette tirade, d'imaginer la décision que prendra Andromaque. Après cette scène, elle décide de se rendre sur la tombe d'Hector pour le consulter. Le passé pèse donc lourdement sur le personnage, pour qui la fidélité à l'époux signifie également la mort du fils.

S'EXERCER

1 Lisez ces textes qui résument l'intrigue de différentes pièces, et identifiez les tragédies.

a. Le bruit court que Titus, l'empereur, va épouser Bérénice, la reine de Palestine. Antiochus déclare sa flamme à Bérénice. Elle le repousse. Mais Titus charge son ami Antiochus d'apprendre à Bérénice qu'il ne l'épousera finalement pas, et qu'elle doit repartir en Palestine. Elle menace de se tuer.

b. Pontagnac, grand séducteur, force la porte d'une inconnue qu'il a suivie dans la rue. Celle-ci appelle son mari, Vatelin, lequel reconnaît en Pontagnac une vague relation. Elle déclare, pendant une brève absence de son mari, qu'elle ne lui cédera qu'au cas où son propre mari la tromperait. Surviennent alors Mme Pontagnac en parfaite santé malgré les dires de son mari, et Maggy Soldignac, ancienne maîtresse de Vatelin.

c. Émilie veut tuer l'empereur Auguste qui a jadis tué son père. Elle demande à Cinna, qui l'aime et qui est favori de l'empereur, de le tuer. Mais Auguste, lassé de son pouvoir, abdique et fait de Cinna son successeur. Touché par la générosité d'Auguste, Cinna demande à Émilie de renoncer à son projet. Auguste est alors informé du complot.

2 À quelles règles de la tragédie obéit l'extrait suivant ?

Théramène raconte à Thésée la mort de son fils Hippolyte.

J'ai vu, Seigneur, j'ai vu votre malheureux fils,
Traîné par les chevaux que sa main a nourris
Il veut les rappeler, et sa voix les effraie.
Ils courent. Tout son corps n'est bientôt qu'une plaie.
De nos cris douloureux la plaine retentit.
Leur fougue impétueuse enfin se ralentit.

▷ RACINE, *Phèdre*, acte V, scène 6.

3 Reformulez le dilemme de Rodrigue, et dites quelle figure de style le traduit le mieux. Étudiez et commentez les vers et les rimes utilisés. Montrez que cette scène a une nécessité dramatique (elle est importante à l'intérieur de la pièce) et une nécessité psychologique.

Père, maîtresse, honneur, amour,
Noble et dure contrainte, aimable tyrannie,
Tous mes plaisirs sont morts, ou ma gloire ternie.
L'un me rend malheureux, l'autre indigne du jour.
Cher et cruel espoir d'une âme généreuse
Mais ensemble amoureuse,
Digne ennemi de mon plus grand bonheur,
Fer qui causes ma peine,
M'es-tu donné pour venger mon honneur ?
M'es-tu donné pour perdre ma Chimène ?

▷ CORNEILLE, *Le Cid*, acte I, scène 6.

4 Après une lecture attentive du résumé de l'intrigue et de l'extrait, répondez aux questions ci-dessous.

Pyrame aperçoit des traces de sang et les empreintes d'un lion et de Thisbé, son amante. De désespoir il se suicide. Thisbé, qui s'était cachée pour échapper au lion, découvre alors le corps de Pyrame.

Ne t'en va point sans moi, ne me fais point ce tort.
Tu ne me réponds rien, mon cœur ! tu n'es pas mort,
Les Dieux ne meurent point, la nature est trop sage
Pour laisser ruiner son plus aimable ouvrage.
Mais, ô faible discours ! ô faux soulagement !
La perte que je fais m'ôte le jugement.
Pyrame ne vit plus, ha ! ce soupir l'emporte.
Comment ! il ne vit plus et je ne suis pas morte ?
Pyrame, s'il te reste encore un peu de jour,
Si ton esprit me garde encore un peu d'amour,
Et si le vieux Charon touché de ma misère
Retarde tant soit peu sa barque à ma prière,
Attends-moi, je te prie, et qu'un même trépas
Achève nos destins ; je m'en vais de ce pas.

▷ Théophile de VIAU, *Les Amours tragiques de Pyrame et Thisbé*, acte V, scène 2.

a. Étudiez les types de phrases et le jeu des pronoms personnels. Que révèlent-ils sur l'état d'esprit de Thisbé ?

b. Quel est le registre de la tirade ? Relevez-en les indices.

c. Peut-on parler d'ironie tragique pour cet extrait ?

d. Connaissez-vous un autre exemple, au théâtre, d'un malentendu débouchant sur un double suicide ?

À RETENIR

Les caractéristiques de la comédie classique

- Les thèmes sont surtout **l'amour** et **l'argent**. L'intrigue type est celle du mariage contrarié, que la complicité de serviteurs rendra finalement possible. L'analyse des relations sociales permet d'aborder les questions économiques.

- Les personnages appartiennent souvent à **la bourgeoisie**, mais toutes les classes sociales sont parfois représentées. Dans *Dom Juan*, Molière fait ainsi intervenir nobles (Don Juan), domestiques (Sganarelle), paysans (Marceline) et bourgeois (Monsieur Dimanche).

- La comédie stigmatise et ridiculise les vices. Le personnage est souvent caricaturé en **type** : l'avare, le vieillard amoureux, l'hypocrite…

Les enjeux de la comédie

- La comédie renvoie à la société une certaine image d'elle-même afin de l'amener à se corriger. Elle a donc une visée pédagogique : **faire rire en instruisant**. Cette **vocation morale** se radicalise au XVIIIe siècle, avant d'évoluer vers les formes du vaudeville et du théâtre de boulevard (avec les pièces de Labiche, Courteline, Feydeau), et qui n'ont d'autre but que le rire et le divertissement.

- Après la Seconde Guerre mondiale, le théâtre de l'absurde se sert du rire de façon tragique. Dans *En attendant Godot*, de Beckett, deux clochards attendent l'arrivée de Godot, sans savoir pourquoi et sans être sûrs qu'il viendra : les dialogues bouffons de cette pièce où « il ne se passe rien » soulignent alors le désir d'un changement porteur de promesses.

Les ressorts comiques

- **Le comique de gestes** : comique visuel qui naît du jeu des acteurs (grimaces, coups…).

- **Le comique de mots** : jeu sur les niveaux de langue, sur les mots, sur les sonorités. Harpagon se moque de sa fille qui refuse de lui obéir en imitant ses bonnes manières :

> ÉLISE. – Je suis très humble servante au seigneur Anselme ; mais, avec votre permission, je ne l'épouserai point.
> HARPAGON. – Je suis votre très humble valet ; mais, avec votre permission, vous l'épouserez dès ce soir. (MOLIÈRE, *L'Avare*)

- **Le comique de situation** : quiproquo, sous-entendu complice, rupture dans l'ordre logique, coup de théâtre. Cléante, amant de Marianne, acquiesce à l'éloge que fait son père Harpagon de la jeune fille, sans comprendre que c'est Harpagon lui-même qui compte l'épouser.

- **Le comique de caractère** : grossissement des traits de caractère d'un personnage, ou d'un milieu social. L'avarice d'Harpagon donne ainsi naissance à une forme de paranoïa après le vol de son trésor.

COMMENT FAIRE

► Pour analyser une scène de comédie

Cathos et Magdelon ont repoussé deux soupirants choisis par le père de Magdelon, Gorgibus. Ce dernier, furieux, vient de leur promettre le couvent si elles ne se marient pas promptement et selon ses vœux.

CATHOS. – Mon Dieu ! ma chère, que ton père a la forme enfoncée dans la matière ! que son intelligence est épaisse, et qu'il fait sombre dans son âme !

MAGDELON. – Que veux-tu, ma chère ? j'en suis en confusion pour lui. J'ai peine à me persuader que je puisse être véritablement sa fille, et je crois que quelque aventure, un jour, me viendra développer une naissance plus illustre.

CATHOS. – Je le croirais bien. Oui, il y a toutes les apparences du monde ; et pour moi, quand je me regarde aussi…

▷ MOLIÈRE, *Les Précieuses ridicules*, scène 5.

- **Situer les personnages** : analyser les relations qui les unissent et leur classe sociale. Il est question ici du classique conflit père-filles, poussé à l'extrême puisque Magdelon ira jusqu'à renier son père, et son monde (la bourgeoisie). Le thème du mariage forcé s'accompagne de celui de l'argent, au sens où les deux demoiselles aspirent à un niveau social plus élevé.

- **Identifier les procédés comiques utilisés.** La ridiculisation des précieuses passe par une caricature de leur langage (comique de mots) : elles abusent des termes à la mode (répétition de *ma chère*). Le fait de dédoubler la préciosité en deux personnages permet de grossir le trait : à la première supposition hautement invraisemblable d'une naissance illustre s'en ajoute

►

ainsi une deuxième (comique de situation). L'idéalisme et le goût des aventures romanesques s'opposent au réalisme de la vision marchande de Gorgibus. Cette opposition est source de comique : les trois personnages sont victimes du même aveuglement (comique de caractère).

● **Comprendre la portée de la satire.** Les aspirations des demoiselles en matière d'amour et de mariage peuvent sembler légitimes. Mais Molière ridiculise Cathos et Magdelon : il se moque ici de la prétention des gens de peu à se faire passer pour des aristocrates (thème qui réapparaît dans l'œuvre sous les traits des deux valets déguisés en marquis). Si la sottise et la fausse sentimentalité sont stigmatisées chez Cathos et Magdelon, les préjugés et le respect aveugle des conventions le sont tout autant chez Gorgibus dans le reste de la pièce.

S'EXERCER

1 Lisez la présentation de l'intrigue de différentes pièces. Dites pour chaque extrait si le début laisse entendre une comédie à visée morale ou un vaudeville. La critique sociale vous semble-t-elle totalement absente du théâtre de boulevard ?

a. Monsieur Jourdain, « bourgeois ignorant », s'est mis en tête des idées de noblesse et de galanterie. Pour ressembler aux gens qu'il admire, il s'assure les services d'un maître de musique et d'un maître à danser, sans pour autant être réellement sensible aux délicatesses de leur art.

b. Dans un intérieur de bon goût, un mari s'impatiente et sa femme essaie en vain de l'apaiser. L'homme qui les a invités est en retard, et il risque de manquer un rendez-vous, que le public imagine galant. Invoquant une histoire invraisemblable, il laisse sa femme attendre leur hôte. Quand celui-ci paraît, il déclare qu'il a tout prémédité pour se retrouver seul avec elle. La jeune femme est sensible à son charme.

c. Le Commissaire, personnage toujours à cran, et qui ne cesse de tisonner son poêle, reçoit plusieurs personnes qu'il congédie avec hargne et mauvaise foi, sans prendre en compte leurs préoccupations respectives. Un certain Breloc, rapportant une montre qu'il a trouvée, finit par se faire arrêter par le Commissaire tout à coup soupçonneux.

2 Quel projet Arnolphe expose-t-il dans cette tirade ? Quel temps emploie-t-il pour donner des informations sur sa future femme, Agnès ? Pourquoi ? Quel portrait de la femme idéale Arnolphe dresse-t-il ? Déterminez l'âge d'Arnolphe : à quel personnage-type s'apparente-t-il ? Comment ce côté caricatural se traduit-il dans son discours ?

ARNOLPHE. – Chacun a sa méthode.
En femme, comme en tout, je veux suivre ma mode.
Je me vois riche assez pour pouvoir, que je crois,
Choisir une moitié qui tienne tout de moi,
Et de qui la soumise et pleine dépendance
N'ait à me reprocher aucun bien ni naissance.
Un air doux et posé, parmi d'autres enfants,
M'inspira de l'amour pour elle dès quatre ans ;
Sa mère se trouvant de pauvreté pressée,
De la lui demander il me vint la pensée ;
Et la bonne paysanne, apprenant mon désir,
À s'ôter cette charge eut beaucoup de plaisir.
Dans un petit couvent, loin de toute pratique,
Je la fis élever selon ma politique,
C'est-à-dire ordonnant quels soins on emploierait
Pour la rendre idiote autant qu'il se pourrait.

▷ MOLIÈRE, *L'École des femmes*, acte I, scène 1.

3 Voici un extrait de *Tartuffe* de Molière.

Orgon a recueilli chez lui un certain Tartuffe, dévot hypocrite qu'il admire, à la désolation des autres membres de sa famille. Absent depuis deux jours, il interroge la servante sur les faits survenus en son absence.

DORINE. – Madame eut avant-hier la fièvre jusqu'au soir,
Avec un mal de tête étrange à concevoir.
ORGON. – Et Tartuffe ?
DORINE. – Tartuffe ? Il se porte à merveille,
Gros et gras, le teint frais et la bouche vermeille.
ORGON. – Le pauvre homme !
DORINE. – Le soir elle eut grand dégoût
Et ne put au souper toucher à rien du tout,
Tant sa douleur de tête était encor cruelle.
ORGON. – Et Tartuffe ?
DORINE. – Il soupa, lui tout seul, devant elle,
Et fort dévotement il mangea deux perdrix
Avec une moitié de gigot en hachis.
ORGON. – Le pauvre homme !

▷ MOLIÈRE, *Tartuffe ou l'imposteur*, acte I, scène 4.

a. Étudiez les réactions d'Orgon aux informations données par Dorine, et expliquez pourquoi elles prêtent à rire. Quel procédé de langage est utilisé pour produire un effet comique ?

b. Étudiez le comique de caractère, concernant d'abord le personnage de Tartuffe, puis le personnage d'Orgon.

c. Comment se manifeste l'ironie de Dorine ? Orgon y est-il sensible ? Qui la comprend sans peine ?

À RETENIR

● Les acteurs jouent et interprètent les personnages avec leur corps. Ils s'inspirent des didascalies pour savoir comment jouer les scènes, car elles apportent des précisions sur l'attitude et les gestes des personnages, et sur la manière dont doivent être prononcées certaines répliques. À côté de ce discours de l'auteur se trouvent les indications données par le metteur en scène. Ces deux discours ne sont pas entendus, mais vus par les spectateurs.

● Le théâtre n'est donc pas seulement un lieu où l'on entend, mais aussi un lieu où l'on voit, et l'**espace** théâtral joue un rôle essentiel.

L'espace visible

● On distingue la salle (où se trouve le public) et l'espace scénique (où se trouvent les comédiens). Pendant longtemps, néanmoins, l'espace scénique était encombré par les chaises ou fauteuils des spectateurs privilégiés.

● Le décor a une importance primordiale. Dès le XIXe siècle il est de plus en plus présent par le texte même, grâce aux didascalies. Les objets ainsi présents dans le texte et sur scène ont un rôle non négligeable : les lettres, par exemple, manifestent la présence d'un absent sur scène.

L'espace invisible

● Les moments hors-scène sont capitaux : des événements ont eu lieu sans que le spectateur les voie ou les entende ; l'action a progressé grâce à ces événements, qui sont loin d'être secondaires, comme par exemple la mort de Phèdre dans la pièce de Racine.

● Disparaître de la scène, c'est disparaître de la pièce. Très clairement, chez Racine, ne plus être sur scène, c'est mourir. Dans *Phèdre*, Thésée ne reverra pas son fils vivant après l'avoir congédié : dès qu'Hippolyte quitte l'espace du palais, il meurt.

Un texte caméléon

La pièce de théâtre n'est jamais figée, puisqu'elle est modifiée entièrement par le jeu des comédiens et les différentes possibilités de mise en scène, qui sont comme les différentes lectures, les différentes interprétations que l'on peut faire du texte.

COMMENT FAIRE

► Pour analyser une mise en scène

La pièce d'Anouilh *Antigone* débute par une scène où le Prologue, véritable personnage, explique au public la tragédie qui va se jouer et le rôle de chacun. L'étude de la mise en scène donne des indications sur la manière dont le texte a été lu et compris.

Mise en scène d'André Barsacq, création au théâtre de l'Atelier en 1944. Scène d'exposition.

►

● **Le décor et les costumes.** Ici le décor est simple et sobre, répondant à la didascalie de l'auteur : *Un décor neutre.* Le noir et le blanc peuvent être associées au registre tragique.

● **La répartition dans l'espace.** Au centre et sous la lumière, on aperçoit Créon et son petit page. À droite, un groupe assez homogène. À gauche, trois personnages isolés : au premier plan, le Prologue qui désigne les personnages ; derrière lui, le messager ; au fond et assise, Antigone, la plus isolée de tous. Ces trois espaces marquent bien les frontières entre les positions défendues par les personnages.

● **L'attitude.** Le Prologue désigne le groupe de Créon. Le doigt tendu peut symboliser une accusation contre celui qui prononcera la mort des personnages. Mais Créon, tête basse et épaules voûtées, ressemble plus à une victime, comme il se présentera lui-même au cours de la pièce. À gauche, petite et noire, Antigone correspond à ce que le texte dit d'elle, et s'oppose à l'éclatante Ismène, en blanc, digne et élégante, de l'autre côté de la scène.

● **Conclusion** : tous les comportements sont extrêmement théâtralisés, comme il convient pour cette pièce où la différence entre les comédiens et les rôles qu'ils doivent tenir est bien marquée. Un élément, non donné dans le texte de la pièce, témoigne d'une interprétation particulière : le fait de centrer la scène sur Créon ne ferait-il pas de lui le vrai héros, à la place d'Antigone qui pourtant donne son nom à la pièce ?

S'EXERCER

1 Observez les didascalies. Quelles sont les indications ainsi données ? Que révèlent-elles sur le comportement des personnages ? Et sur les relations qui les unissent ?

CYRANO. – Hé là, Lise ? *(Lise, en conversation tendre avec le mousquetaire, tressaille et descend vers Cyrano.)* Ce capitaine…
Vous assiège ?
LISE, *offensée.* – Oh ! mes yeux, d'une œillade hautaine
Savent vaincre quiconque attaque mes vertus.
CYRANO. – Euh ! pour des yeux vainqueurs, je les trouve battus.
LISE, *suffoquée.* – Mais…
CYRANO, *nettement.* – Ragueneau me plaît. C'est pourquoi, dame Lise,
Je défends que quelqu'un le ridicoculise.

▷ Edmond ROSTAND, *Cyrano de Bergerac*, acte II, scène 4.

2 Quelles précisions apportent les didascalies ? Quelle didascalie repose sur une impression toute subjective ? Pensez-vous qu'elle sera facile à mettre en pratique ? Le passage laisse-t-il une grande liberté au metteur en scène ?

SAÏD. – Vous avez bien fait, mère. Mettez vos souliers à talons hauts.
LA MÈRE, *elle traîne sur le « mais » et le prononce doucement.* – Mais, mon petit, j'ai encore trois kilomètres. J'aurai mal et je risque de casser mes talons.
SAÏD, *très dur : il prononce « enf-filez ».* – Enfilez vos souliers. *(Il lui tend les souliers, l'un blanc, l'autre rouge. La Mère, sans un mot, les chausse.)*
SAÏD, *cependant que sa mère se relève, il la regarde.* – Vous êtes belle, là-dessus. Gardez-les. Et dansez ! Dansez ! *(Elle fait deux ou trois pas comme un mannequin et montre en effet beaucoup d'élégance.)* Dansez encore, madame. Et vous, palmiers, relevez vos cheveux, baissez vos têtes – ou fronts, comme on dit – pour regarder ma vieille.

▷ Jean GENET, *Les Paravents*, Premier tableau.

3 Voici les commentaires que fait Jean Genet sur la mise en scène du passage présenté dans l'exercice précédent. Vous semblent-ils clairs et précis ? Pourquoi ? Quelle conception Genet a-t-il de la mise en scène ?

La scène doit être jouée très allegro, un peu, si j'en crois ce que j'ai lu, comme une arlequinade. Mais ici déjà, les costumes, indiquant la misère de Saïd et de sa mère, seront somptueux. Le paravent, qui vient de la droite vers la gauche, sera très léger, très maniable, de façon que le machiniste puisse jouer avec lui comme avec un accordéon : c'est-à-dire soit en l'étirant comme en largeur, soit par saccades, soit autrement, selon l'humeur du machiniste. En effet, celui-ci doit se savoir un véritable acteur, s'il veut animer le décor.

▷ Jean GENET, *Les Paravents*, Commentaires du premier tableau.

4 Jean Genet écrit à Roger Blin, metteur en scène d'une de ses pièces. Le texte de la pièce est-il figé pour le dramaturge ? Comment qualifie-t-il son travail ? Comment perçoit-il la tâche du metteur en scène ?

Cher Roger Blin,
Le spectacle que vous avez mis au point, je vous l'ai dit, a donné à ma pièce une force extraordinaire, qui par moments me faisait un peu peur. Il faut que vous montiez *Les Paravents.* J'essaie de l'arranger, de serrer, tasser – et élaguer, découdre, repriser. En tout cas c'est en pensant au travail que vous avez fait à partir des *Nègres*[1] et à celui que vous avez accepté de faire sur *Les Paravents*, que j'ai repris la pièce. Vous me donnez du courage. […]
Cher Blin, je vous redis encore toute ma gratitude et mon admiration.
Je vous aime bien, vous savez. Et je vous serre la main.
Jean Genet.

1. Titre d'une pièce de Genet.

▷ Jean GENET, *Lettres à Roger Blin.*

À RETENIR

La dissertation demande de rédiger un développement argumenté. Analyser précisément le sujet permet d'en dégager la problématique. Il faut ensuite élaborer un plan : chaque partie est construite autour d'une idée directrice, appuyée par deux ou trois paragraphes qui développent les arguments choisis. Des transitions sont nécessaires pour marquer la logique du raisonnement. La conclusion répond à la problématique du sujet.

Analyser le sujet et formuler une problématique

Le sujet peut demander de discuter une citation, de prouver la validité d'un point de vue, ou de confronter deux points de vue.

Exemple

Vous direz si la représentation est indispensable pour apprécier et comprendre une pièce de théâtre.
Il s'agit ici de confronter deux points de vue : l'un qui prétendrait que la lecture est suffisante, l'autre que l'on ne saurait se passer de la représentation pour apprécier une pièce.

Formulation de la problématique

On peut se demander s'il est nécessaire d'assister à une représentation pour apprécier pleinement une œuvre théâtrale.

Rechercher des idées

On peut s'appuyer sur les textes qui accompagnent le sujet, ou plus généralement sur ses connaissances et les textes étudiés en classe. L'idéal est bien entendu de mobiliser ses connaissances et d'exploiter au maximum les textes fournis, choisis en fonction de la problématique posée, et donc adaptés au raisonnement qu'on vous demande de mener.

Construire un plan

● **Le plan dialectique** : la première partie (thèse) explique le point de vue exprimé par le sujet ; la deuxième (antithèse) conteste ce point de vue en en montrant les limites ; la troisième (synthèse) s'efforce de réunir les points de vue opposés, en dépassant leurs contradictions.

1. La lecture est suffisante pour apprécier une pièce.
2. La pièce est écrite avant tout pour la scène.
3. Lecture et représentation : deux notions rivales ou complémentaires ?

● **Le plan critique** : plus simple que le plan dialectique, il en reprend les deux premières parties, qui développent chacune un point de vue différent.

● **Le plan analytique** : chaque partie développe un aspect différent du sujet, en confrontant à l'intérieur même de la partie les arguments opposés.

1. Lecture et représentation : deux manières de découvrir l'intrigue.
2. Lecture et représentation : deux plaisirs différents.
3. Multiples visions de la mise en scène.

Introduction et conclusion

Elles ont la même importance que pour les exercices du commentaire et de la lecture analytique. Il s'agit, pour l'introduction, de replacer le sujet dans son contexte, de reformuler la problématique, et d'annoncer le plan. La conclusion présente le bilan de l'argumentation et élargit la problématique initiale.

COMMENT FAIRE

► Pour dégager la problématique d'une citation

Il n'y a pas d'« intérêt au théâtre, sans un secret rapport du sujet dramatique à nous ». Vous discuterez cette affirmation de Beaumarchais en vous appuyant sur les textes étudiés et sur vos connaissances personnelles.

● **Reformuler l'opinion citée pour s'assurer de sa bonne compréhension.**
Il faut que le spectateur découvre dans la pièce des éléments qui le renvoient à lui-même pour y trouver de l'intérêt.

● **Analyser le contexte de formulation.**
Auteur dramatique du XVIIIe siècle, Beaumarchais est resté célèbre pour ses pièces qui témoignent des préoccupations contemporaines de la société. Son personnage le plus fameux, Figaro, révèle la révolte de la bourgeoisie éclairée face aux abus de la noblesse.

● **Si la citation est sans nuance,** il faut lui opposer un jugement contraire afin de voir si on doit l'accepter ou la nuancer.
Ici l'affirmation n'est pas nuancée. Le point de vue opposé auquel il faut la confronter pourrait être : l'inté- ►

rêt que l'on éprouve pour une pièce n'est pas subordonné ni limité à ce qu'on retrouve de nous à l'intérieur.

● **Formuler la problématique** : elle naît de la confrontation des points de vue, qu'il va falloir examiner avant d'exprimer un jugement personnel.

Peut-on apprécier une pièce de théâtre sans se sentir concerné par le sujet représenté, ou est-il nécessaire d'y trouver une correspondance avec notre vie et nos préoccupations ?

S'EXERCER

1 Analysez les sujets de dissertation suivants : s'agit-il d'une affirmation à prouver, d'une citation à discuter, de deux points de vue à confronter ?

a. Par quels moyens les textes littéraires peuvent-ils se révéler particulièrement puissants pour défendre une cause ?

b. Un écrivain peut-il, par ses œuvres, contribuer à l'amélioration de la société ?

c. Pensez-vous que le théâtre est « le lieu de la plus grande liberté, de l'imagination la plus folle » ?

2 Formulez la problématique de chacun des sujets suivants.

a. Les aspects comiques d'une pièce de théâtre ne servent-ils qu'à faire rire ?

b. À partir du corpus, de vos lectures et de votre expérience de spectateur, vous vous demanderez en quoi la mise en scène d'une œuvre théâtrale en constitue, à sa manière, une interprétation.

c. Vous vous demanderez si le théâtre exprime le réel.

3 Voici un exemple d'introduction : identifiez clairement les différentes parties qui la composent.

Sujet. « Je ne fais pas de littérature. Je fais une chose tout à fait différente ; je fais du théâtre », écrit Ionesco dans *Notes et contre-notes*. Dans quelle mesure le théâtre vous semble-t-il « une chose tout à fait différente » de la littérature ?

Introduction

Dans le monde des lettres, le théâtre a toujours été considéré comme une forme littéraire. Le dramaturge Ionesco nous surprend donc quelque peu quand il oppose littérature et théâtre, en tenant les propos suivants, dans *Notes et contre-notes* : « Je ne fais pas de littérature. Je fais une chose tout à fait différente ; je fais du théâtre. » Quelles sont donc les caractéristiques spécifiques du théâtre par rapport aux autres genres littéraires ? Nous étudierons d'abord en quoi le théâtre est une forme de littérature, avant de nous arrêter sur les spécificités du texte théâtral. Ce qui nous amènera à répondre à la question suivante : le théâtre se borne-t-il au texte ?

4 Voici un sujet de dissertation et un plan proposé pour y répondre. Rédigez l'introduction et la conclusion.

« Au théâtre tout est langage. » Vous discuterez cette affirmation de Pierre Larthomas en vous basant sur les textes étudiés lors des précédents chapitres et sur vos connaissances personnelles.

1. Le théâtre est une action verbale.

2. Le théâtre est une représentation visuelle.

3. Le théâtre : un lieu où l'on voit et où l'on entend.

5 Identifiez le type de sujet, dégagez la problématique, et faites le plan de la dissertation (titres des grandes parties et des sous-parties, éventuellement avec renvois à des exemples situés dans les pages de ce livre et consacrées – ou non – au théâtre).

Le registre tragique trouve-t-il son unique expression dans la tragédie ? Vous répondrez à cette question en vous appuyant sur les textes que vous avez étudiés et sur vos connaissances personnelles.

6 Analysez les sujets ci-dessous, et dégagez leur problématique. Pour chaque sujet, dites quel type de plan vous semble le mieux adapté. Donnez le titre des parties qui développeront votre argumentation.

Sujet 1. Dans la préface de *Bérénice*, Racine parle de « cette tristesse majestueuse qui fait tout le plaisir de la tragédie ». Expliquez comment cette remarque peut aider à comprendre les enjeux de la tragédie classique.

Sujet 2. « Le théâtre, les règles du théâtre, les spectateurs du théâtre sont au service d'une réflexion sur le pouvoir et l'homme au pouvoir ». Discutez cette affirmation de Michel Prigent.

Sujet 3. « Un auteur comique suit le courant général du public pour lequel il écrit ; il prolonge et incarne dans les actions qu'il met à la scène les pensées de tout le monde ; il cherche pour sa raillerie l'auditoire le plus vaste, pour sa pensée les voies où ses contemporains ont coutume de se rencontrer. » Vous discuterez cette affirmation de Paul Bénichou en vous basant sur vos lectures et sur votre expérience de spectateur.

À RETENIR

Le discours argumentatif veut agir directement sur le destinataire, de manière à lui faire adopter l'opinion annoncée. Il peut s'agir de la défense d'un point de vue, du développement d'une idée, ou de la critique d'une idée. L'argumentation est généralement associée au genre dit « de la littérature d'idées » ; mais elle est aussi présente dans des pièces de théâtre (nombreuses sont les tirades à avoir une visée argumentative), dans des poèmes, des romans, etc.

Composition

● Pour que l'argumentation soit claire, elle doit distinguer clairement le thème (le sujet dont il est question), les arguments (les idées avancées pour appuyer la thèse) développés par des explications et les exemples qui les illustrent.

Exemple

L'argent ne fait pas le bonheur (thèse). *Il fait naître des sentiments malveillants vis-à-vis des autres hommes* (argument), *envieux de ce qu'ils n'ont pas, ou pingres de ce qu'ils ont* (explication). *Bossuet reprochait ainsi aux nobles de laisser mourir les pauvres aux portes de leurs palais* (exemple).

● Ces différents moments du paragraphe argumentatif sont reliés par des connecteurs, qui peuvent exprimer différents rapports : de cause, d'opposition, de conséquence, etc.

Je puis bien concevoir un homme sans mains, pieds, tête, ***car*** (cause) *ce n'est que l'expérience qui nous apprend que la tête est plus nécessaire que les pieds.* ***Mais*** (opposition) *je ne puis concevoir l'homme sans pensée. Ce serait une pierre ou une brute.* (PASCAL, *Pensées*)

La littérature engagée

● Un texte argumentatif, et notamment littéraire, ne suit pas de manière systématique cette structure. Le XXe siècle, marqué par l'émergence d'une littérature de plus en plus engagée (socialement et politiquement), face aux traumatismes et tragédies du siècle, exploitera l'argumentation au travers de formes d'écritures variées : par ses œuvres, l'écrivain doit prendre directement position dans les débats de son temps.

● Les choix esthétiques de l'artiste dépendent aussi d'une intention idéologique. Mais l'engagement en littérature est une pratique ancienne. En 1616 dans *Les Tragiques*, Agrippa d'Aubigné choisit la forme du long poème épique pour retracer l'ampleur du drame que vivent les protestants dans les guerres de religion qui les opposent aux catholiques.

COMMENT FAIRE

► Pour analyser un texte engagé

> Sans doute l'écrivain engagé peut être médiocre, il peut même avoir conscience de l'être, mais comme on ne saurait écrire sans le projet de réussir parfaitement, la modestie avec laquelle il envisage son œuvre ne doit pas le détourner de la construire comme si elle devait avoir le plus grand retentissement. Il ne doit jamais se dire : « Bah, c'est à peine si j'aurai trois mille lecteurs » ; mais « Qu'arriverait-il si tout le monde lisait ce que j'écris ? » Il se rappelle la phrase de Mosca devant la berline qui emporte Fabrice et la Sanseverina : « Si le mot d'amour vient à surgir entre eux, je suis perdu. » Il sait qu'il est l'homme qui nomme ce qui n'a pas encore été nommé ou ce qui n'ose dire son nom [...]. Il sait que les mots, comme dit Brice Parain, sont « des pistolets chargés ». S'il parle, il tire. Il peut se taire, mais puisqu'il a choisi de tirer, il faut que ce soit comme un homme, en visant des cibles, et non comme un enfant, au hasard, en fermant les yeux et pour le seul plaisir d'entendre les détonations. [...] La fonction de l'écrivain est de faire en sorte que nul ne puisse ignorer le monde et que nul ne s'en puisse dire innocent.
>
> ▷ Jean-Paul SARTRE, *Qu'est-ce que la littérature ?*

● **Repérer la thèse défendue.** Est-elle énoncée clairement ? Est-elle implicite ? Faut-il la déduire de l'argumentation ?
La thèse est présente de manière explicite dans la dernière phrase : le rôle de l'écrivain est de responsabiliser les hommes, en décrivant la réalité du monde qui l'entoure.

● **Distinguer les étapes de l'argumentation.** Chaque argument est-il illustré par un exemple ? L'exemple vient-il toujours en second ?

►

1. Premier argument : l'écrivain écrit pour l'humanité ; illustration : les interrogations de l'écrivain.
2. Exemple : les personnages tirés de *La Chartreuse de Parme* de Stendhal ; deuxième argument sous-entendu : l'écrivain nomme ce qui n'est pas encore révélé.
3. Citation de Brice Parain ; troisième argument : les mots sont des armes, qu'il faut correctement diriger.

● **Les procédés de l'argumentation.** L'émetteur parle-t-il au nom de tous ? Veut-il convaincre par une argumentation rigoureuse, ou fait-il appel à l'émotion, au pathétique ? Ici, l'énoncé a une valeur généralisante, il s'agit d'un « il » indéterminé. Les verbes employés au présent de vérité générale disent l'obligation ou la certitude (*il ne doit pas, il sait, il faut*). La métaphore qui assimile le mot à une arme à feu est filée : cette image forte souligne le pouvoir extrême (de vie et de mort) de l'écriture.

S'EXERCER

1 **Quel est le thème de la discussion ? Quelles sont les thèses défendues par les deux sexes opposés ? Quel connecteur logique les sépare ? Le narrateur prend-il parti pour l'une ou l'autre des thèses ? Les exemples sont-ils détaillés ?**

On en vint à parler d'amour, et une grande discussion s'éleva, l'éternelle discussion, pour savoir si on pouvait aimer une fois ou plusieurs fois. On cita des exemples de gens n'ayant jamais eu qu'un amour sérieux ; on cita d'autres exemples de gens ayant aimé souvent, avec violence. Les hommes, en général, prétendaient que la passion, comme les maladies, peut frapper plusieurs fois le même être, et le frapper à le tuer si quelque obstacle se dresse devant lui. Bien que cette manière de voir ne fût pas contestable, les femmes, dont l'opinion s'appuyait sur la poésie bien plus que sur l'observation, affirmaient que l'amour, l'amour vrai, le grand amour, ne pouvait tomber qu'une fois sur un mortel, qu'il était semblable à la foudre, cet amour, et qu'un cœur touché par lui demeurait ensuite tellement vidé, ravagé, incendié, qu'aucun autre sentiment puissant, même aucun rêve, n'y pouvait germer de nouveau.

▷ Guy de Maupassant, *Contes de la Bécasse*, « La rempailleuse ».

2 **Identifiez le thème de l'argumentation, la thèse défendue et la thèse réfutée. Quels sont les procédés de généralisation utilisés ? Étudiez la construction des phrases : comment le locuteur s'y prend-il pour donner de l'ampleur à son discours ?**

Quoi ! Tu veux qu'on se lie à demeurer au premier objet qui nous prend, qu'on renonce au monde pour lui, et qu'on n'ait plus d'yeux pour personne ? La belle chose de vouloir se piquer d'un faux honneur d'être fidèle, de s'ensevelir pour toujours dans une passion, et d'être mort dès sa jeunesse à toutes les autres beautés qui nous peuvent frapper les yeux ! Non, non, la constance n'est bonne que pour les ridicules, toutes les belles ont droit de nous charmer, et l'avantage d'être rencontrée la première ne doit pas dérober aux autres les justes prétentions qu'elles ont toutes sur nos cœurs.

▷ Molière, *Dom Juan*, acte II, scène 1.

3 **Repérez le thème des extraits suivants. Quelle est la thèse défendue dans chacun d'eux ? L'un des discours est plus autoritaire que l'autre : identifiez le procédé utilisé.**

DOCUMENT 1

Je suis partisan du maintien de la peine de mort, du maintien et de l'application. Je n'apporterai pas à la tribune la masse des arguments que soulève cette grande question ; je voudrais me tenir sur un point particulier, bien déterminé et contredire, réfuter, si je puis, l'opinion de ceux qui croient que la suppression de la peine de mort serait un progrès moral pour la société française.

Discours de Maurice Barrès à la Chambre des députés, le 3 juillet 1908.

DOCUMENT 2

Dans une civilisation, dans une société dont les institutions sont imprégnées par la foi religieuse, on comprend aisément que le représentant de Dieu ait pu disposer du droit de vie ou de mort. Mais dans une république, dans une démocratie, quels que soient ses mérites, quelle que soit sa conscience, aucun homme, aucun pouvoir ne saurait disposer d'un tel droit sur quiconque en temps de paix.

Discours de Robert Badinter à l'Assemblée nationale, le 17 septembre 1981.

4 **Quelle est la thèse défendue ? Le roman a été publié en 1932 ; à quel événement historique renvoie-t-il ? Comment se mêlent impressions personnelles et discours à portée générale ? Quel est l'effet produit ? Relevez et commentez l'usage d'un niveau de langue familier. Expliquez la dernière phrase.**

Je venais de découvrir d'un coup la guerre tout entière. J'étais dépucelé. Faut être à peu près seul devant elle comme je l'étais à ce moment-là pour bien la voir, la vache, en face et de profil. […] Il y a bien des façons d'être condamné à mort. Ah ! combien n'aurais-je pas donné à ce moment-là pour être en prison au lieu d'être ici, moi crétin ! Pour avoir, par exemple, quand c'était si facile, prévoyant, volé quelque chose, quelque part, quand il était temps encore. On ne pense à rien ! De la prison, on en sort vivant, pas de la guerre. Tout le reste, c'est des mots.

▷ Louis-Ferdinand Céline, *Voyage au bout de la nuit*.

À RETENIR

Dans l'argumentation, la posture la plus généralement adoptée consiste à **démontrer** la vérité d'une hypothèse en présentant des preuves indiscutables. Deux démarches bien différentes peuvent être utilisées pour emporter l'adhésion de l'interlocuteur :

- La première consiste à **convaincre**. L'énonciateur fait appel à la raison du destinataire. Il lui présente un raisonnement rigoureux qui imite la démarche de la démonstration scientifique : le discours, très structuré, progresse logiquement pour prouver le bien-fondé de la thèse ; il privilégie les tournures impersonnelles et les généralisations.

Exemple

Chaque animal a son instinct ; et l'instinct de l'homme, fortifié par la raison, le porte à la société comme au manger et au boire. Loin que le besoin de la société ait dégradé l'homme, c'est l'éloignement de la société qui le dégrade. (VOLTAIRE)

- La deuxième consiste à **persuader**. L'émetteur fait appel aux sentiments du récepteur, il veut susciter son émotion pour emporter son adhésion. Pour persuader efficacement, il est nécessaire d'adapter son discours (niveau de langue, ton, valeurs) à son destinataire ; il faut également jouer sur sa capacité à s'émouvoir, en utilisant tous les procédés d'intensité.

Exemple

Je le dis avec horreur, mais avec vérité : c'est nous, chrétiens, c'est nous qui avons été persécuteurs, bourreaux, assassins ! Et de qui ? de nos frères. (VOLTAIRE)

L'écrit argumentatif

Il peut prendre plusieurs formes, ne serait-ce que parce qu'une intention argumentative est souvent à l'œuvre dans des genres littéraires autres que celui appelé « littérature d'idées ». Mais certains écrits sont vus comme particulièrement aptes à transmettre un raisonnement et à emporter l'adhésion.

- **L'essai** : cet écrit à la première personne est un instrument privilégié pour le développement d'un point de vue personnel.
- **Le dialogue** : cette forme qui remonte à l'Antiquité grecque se caractérise par une alternance de prises de parole ; le dialogue favorise alors la confrontation des points de vue.
- **L'apologue** : ce récit bref et fictif comporte une leçon derrière l'anecdote de l'histoire.

Les liens logiques implicites

La relation logique qui unit deux phrases ou deux parties de texte n'est pas forcément explicite. Elle peut être sous-entendue par la ponctuation ou par les temps utilisés. Les deux-points peuvent ainsi introduire une explication ou un résultat.

Exemple

Ainsi certaines gens, faisant les empressés,
S'introduisent dans les affaires :
Ils font partout les nécessaires,
Et, partout importuns, devraient être chassés.
(LA FONTAINE)

COMMENT FAIRE

► Pour analyser les relations logiques

Si cette poésie provoque en nous un tel abandon, un tel ravissement, c'est qu'elle célèbre des sentiments que nous avons l'habitude d'éprouver (que nous éprouvions peut-être aux grands déjeuners d'avant-guerre), de sorte que nous répondons aisément, familièrement, à ces sentiments, sans nous donner la peine de les contrôler ou de les comparer à ceux que nous éprouvons à présent. Mais les poètes vivants expriment un sentiment né et comme arraché de nos entrailles. Nous ne le reconnaissons pas tout d'abord ; souvent, pour une cause ou pour une autre, ce sentiment nous fait peur, nous le surveillons attentivement et le comparons avec jalousie et méfiance au vieux sentiment déjà éprouvé. C'est pourquoi la poésie moderne nous semble difficile et en raison de cette difficulté même nous ne pouvons nous souvenir de plus de deux vers de l'un quelconque des bons poètes modernes. Et c'est pourquoi, ma mémoire me faisant défaut, mon raisonnement tourna court faute de matière.

▷ Virginia WOOLF, *Une chambre à soi*.

- **Rechercher les relations logiques explicites et donner leur valeur.**

Dans ce texte, véritable démonstration, les connecteurs sont nombreux. *Si… c'est que* introduit les résultats d'un fait. *De sorte que* exprime également une conséquence.

Mais indique une opposition par rapport à ce qui vient d'être dit. Suivent alors deux expressions indiquant la conséquence : *C'est pourquoi, Et c'est pourquoi.* ►

- **Rechercher les relations logiques implicites et les expliquer.**

Seules deux phrases ne sont pas commencées à l'aide d'un connecteur. Le point entre la phrase *les poètes vivants expriment un sentiment* et la phrase *nous ne le reconnaissons pas* amène en fait une explication nouvelle. La relation peut être explicitée par le connecteur qui indique une idée d'addition : *tout d'abord*. Mais le deuxième terme attendu, *ensuite*, n'apparaît pas : il est remplacé par le point-virgule, qui sert à hiérarchiser les deux explications. Le passage au passé simple dans la dernière phrase marque la fin du raisonnement.

S'EXERCER

1 **Quelle est la thèse défendue par l'énonciateur ? Quelle objection anticipe-t-il ? Quel est le lien logique qui souligne cette objection ? Comment le locuteur arrive-t-il à donner de la force à ses arguments ? Cherche-t-il à convaincre ou à persuader ?**

Venons-en maintenant au détail des choses dont une femme est instruite. Quels sont ses emplois ? elle est chargée de l'éducation de ses enfants ; des garçons jusqu'à un certain âge, des filles jusqu'à ce qu'elles se marient ou se fassent religieuses ; de la conduite des domestiques, de leurs mœurs, de leur service ; du détail de la dépense, des moyens de tout faire avec économie et honorablement, d'ordinaire même de faire les fermes, et de recevoir les revenus.
La science des femmes, comme celle des hommes, doit se borner à s'instruire par rapport à leurs fonctions : la différence de leurs emplois doit faire celle de leurs études. Il faut donc borner l'instruction des femmes aux choses que nous venons de dire. Mais une femme curieuse trouvera que c'est donner des bornes bien étroites à sa curiosité : elle se trompe ; c'est qu'elle ne connaît pas l'importance et l'étendue des choses dont je lui propose de s'instruire.

▷ Fénelon, *De l'éducation des filles.*

2 **Quelle thèse défend l'énonciateur ? À quels sentiments fait-il appel chez son interlocuteur ? Quelles sont les relations logiques introduites par le point-virgule ? Quel type d'argumentation est utilisé ici ? Commentez les procédés utilisés (champ lexical, type de phrase, etc.).**

Par quelle fatalité le plus doux des sentiments ne peut-il vous inspirer que l'effroi ? Quelle est donc cette crainte ? Ah ! ce n'est pas celle de le partager : votre cœur que j'ai mal connu, n'est pas fait pour l'amour ; le mien, que vous calomniez sans cesse, est le seul qui soit sensible ; le vôtre est même sans pitié. S'il n'en était pas ainsi, vous n'auriez pas refusé un mot de consolation au malheureux qui vous racontait ses souffrances ; vous ne vous seriez pas soustraite à ses regards, quand il n'a d'autre plaisir que de vous voir ; vous ne vous seriez pas fait un jeu cruel de son inquiétude, en lui faisant annoncer que vous étiez malade sans lui permettre d'aller s'informer de votre état ; vous auriez senti que cette même nuit, qui n'était pour vous que douze heures de repos, allait être pour lui un siècle de douleurs.

▷ Choderlos de Laclos, *Les Liaisons dangereuses.*

3 **Quel type d'argumentation le locuteur utilise-t-il ? Qu'énonce-t-il ? Quels sont les procédés utilisés pour donner de la force aux arguments ? Une évolution du statut de la femme est-elle possible pour l'énonciateur ?**

On ne peut dire (comme Proudhon) que la femme *n'est que réceptive*. Elle est *productive* aussi par son influence sur l'homme, et dans la sphère de l'idée, et dans le réel. Mais son idée n'arrive guère à la forte réalité. C'est pourquoi elle crée peu.
La politique lui est généralement peu accessible. Il y faut un esprit générateur et très mâle. Mais elle a le sens de l'ordre, et elle est très propre à l'administration.
Les grandes créations de l'art semblent jusqu'ici lui être impossibles. Toute œuvre forte de civilisation est un fruit du génie de l'homme.
On a fait sottement de tout cela une question d'amour-propre. *L'homme et la femme sont deux êtres incomplets et relatifs, n'étant que deux moitiés d'un tout.* Ils doivent s'aimer, se respecter.
Elle est relative. Elle doit respecter l'homme, qui crée tout pour elle. Elle n'a pas un aliment, pas un bonheur, une richesse, qui ne lui vienne de lui.
Il est relatif. Il doit adorer, respecter la femme, qui fait l'homme, le plaisir de l'homme, qui par l'aiguillon de l'éternel désir a tiré de lui, d'âge en âge, ces jets de flammes qu'on appelle des arts, des civilisations. Elle le refait chaque soir, en lui donnant tour à tour les deux puissances de vie : en l'apaisant, l'harmonie ; en l'ajourant, l'étincelle.
Elle crée ainsi le créateur. Et il n'est rien de plus grand.

▷ Jules Michelet, *La Femme.*

4 **Repérez les liens logiques et analysez la construction du texte. À qui renvoie le « on » des dernières lignes ? À qui, selon vous, ce texte est-il destiné ?**

[…] la passivité qui caractérisera essentiellement la femme « féminine » est un trait qui se développe en elle dès ses premières années. Mais il est faux de prétendre que c'est là une donnée logique ; en vérité, c'est un destin qui lui est imposé par ses éducateurs et par la société. L'immense chance du garçon, c'est que sa manière d'exister pour autrui l'encourage à se poser pour soi. […] Au contraire, chez la femme il y a, au départ, un conflit entre son existence autonome et son « être-autre » ; on lui apprend que pour plaire il faut chercher à plaire, il faut se faire objet donc renoncer à son autonomie. On la traite comme une poupée vivante et on lui refuse sa liberté.

▷ Simone de Beauvoir, *Le Deuxième Sexe.*

À RETENIR

Faire un éloge oblige à utiliser les ressources de l'argumentation, puisqu'il s'agit de faire partager au destinataire le jugement que l'on porte.
En général l'éloge ne fait pas preuve d'audace puisqu'il veut l'adhésion du plus grand nombre. On parle néanmoins d'éloge paradoxal lorsque le locuteur, en prenant le risque de déplaire, va à l'encontre de l'opinion commune.

Les sujets

- L'objet de l'éloge est souvent une personne : la femme aimée, ou une célébrité qui vient de mourir. Dans ce dernier cas, l'éloge prend la forme de l'oraison funèbre : il s'agit d'un discours prononcé à l'occasion du décès d'une personnalité, destiné à souligner l'union de ceux qui restent, autour de valeurs ou de convictions partagées.

Beau et consolant spectacle en effet ! cette foule qui encombrait les rues, aussi nombreuse qu'un jour de fête, aussi désolée qu'un jour de calamité publique ; l'affliction royale manifestée en même temps que l'attendrissement populaire ; toutes les têtes nues sur le passage du poète, malgré le ciel pluvieux, malgré la froide journée d'hiver ; la douleur partout, le respect partout ; le nom d'un seul homme dans toutes les bouches ; le deuil d'une seule famille dans tous les cœurs ! (Victor HUGO)

- Au XXe siècle, le discours de l'éloge se retrouve particulièrement dans le domaine de la critique, notamment cinématographique. Il s'agit toujours de susciter l'admiration.

Les procédés

- Les **connotations mélioratives** : il ne s'agit pas pour l'auteur de laisser le destinataire se forger sa propre opinion, mais au contraire de lui imposer la sienne. Le discours n'est pas neutre, et n'hésite pas à employer, parfois même avec exagération, un lexique valorisant.
Ce n'est pas le lieu ici de dire tout ce qu'était cette splendide et souveraine intelligence. (Victor HUGO)

- Les **formulations laudatives** : on insiste sur l'excellence ou la rareté ; il s'agit de singulariser pour mieux louer, mieux rendre hommage.
M. de Balzac était un des premiers parmi les plus grands, un des plus hauts parmi les meilleurs. (Victor HUGO)

- L'**amplification** : on met en valeur, on allonge ce qu'on dit pour emporter l'adhésion de l'auditoire.
Tous ses livres ne forment qu'un seul livre, livre vivant, lumineux, profond, où l'on voit aller et venir et marcher et se mouvoir, avec je ne sais quoi d'effaré et de terrible mêlé au réel, toute notre civilisation contemporaine. (Victor HUGO)

COMMENT FAIRE

► Pour écrire un éloge

- **Voici un synopsis neutre du film d'Alfred Hitchcock, *Psychose*.**

Une jeune femme habituellement honnête, Marion Crane, dérobe les 40 000 dollars d'un client de son patron. Elle quitte Phoenix pour rejoindre son amant. Épuisée par sa longue fuite, elle s'arrête à l'hôtel isolé de Norman Bates *(Anthony Perkins)*. Elle y est poignardée sous la douche. Le détective *(Martin Balsam)* lancé à ses trousses subira le même sort. L'amant de Marion et sa sœur Lila *(Vera Miles)* continueront l'enquête et découvriront l'indicible vérité.

- **Voici un texte destiné à promouvoir la vente du film.**

Dans ce chef-d'œuvre du maître de l'angoisse, Anthony Perkins, acteur hors du commun, interprète le rôle de Norman Bates, un personnage fortement perturbé et tenancier d'un motel qui n'a rien d'accueillant. Mais qui le saurait mieux que Marion Crane ? Pour cette jeune femme, les aventures s'arrêteront dans la célèbre scène de la douche. Alors qu'un détective privé disparaît, la sœur de Marion reprend les recherches. Dans ce film exceptionnel, suspense et terreur s'intensifient jusqu'à la découverte de l'étrange meurtrier.

- Des éléments du résumé sont repris, mais rendus dynamiques par l'usage de connecteurs (*mais, alors*). Les formules laudatives sont nombreuses : *chef-d'œuvre, hors du commun, célèbre scène, exceptionnel*. Pour susciter l'intérêt du spectateur, on insiste sur les caractéristiques du genre : *angoisse, suspense, terreur, étrange meurtrier*.

►

Voici la critique d'un anonyme.

Je n'ai qu'une chose à dire : EXCELLENT ! Un des meilleurs films de Hitchcock, et sûrement le meilleur film à suspense des cinquante dernières années ! Avec les moyens techniques des années 60, Hitchcock fait bien mieux que beaucoup de réalisateurs actuels… Le monologue de fin de Norman Bates est effrayant.

• Les procédés utilisés sont encore une fois les caractéristiques mélioratives : *excellent, meilleur, bien mieux.* La particularité consiste à utiliser les majuscules pour souligner la force du mot, ainsi que de recourir aux phrases exclamatives, propres à exprimer l'émotion, et à la faire partager.

S'EXERCER

1 De qui fait-on l'éloge ? Comment l'énonciateur fait-il pour paraître impartial ? Étudiez la structure et le rythme : quels sont les procédés employés ? dans quel but ? S'agit-il plus de convaincre ou de persuader ?

Bonaparte n'est point grand par ses paroles, ses discours, ses écrits, par l'amour des libertés qu'il n'a jamais eu et n'a jamais prétendu établir ; il est grand pour avoir créé un gouvernement régulier et puissant, un code de lois adopté en divers pays, des cours de justice, des écoles, une administration forte, active, intelligente, et sur laquelle nous vivons encore ; […] il est grand pour avoir fait renaître en France l'ordre au sein du chaos, pour avoir relevé les autels, pour avoir réduit de furieux démagogues, d'orgueilleux savants, des littérateurs anarchiques, des athées voltairiens, des orateurs de carrefours, des égorgeurs de prisons et de rues, des claque-dents de tribune, de clubs et d'échafauds, pour les avoir réduits à servir sous lui ; il est grand pour avoir enchaîné une tourbe anarchique ; il est grand pour avoir fait cesser les familiarités d'une commune fortune, pour avoir forcé des soldats ses égaux, des capitaines ses chefs ou ses rivaux, à fléchir sous sa volonté ; il est grand surtout pour être né de lui seul, pour avoir su, sans autre autorité que celle de son génie, pour avoir su, lui, se faire obéir par trente-six millions de sujets à l'époque où aucune illusion n'environne les trônes.

▷ François René de Chateaubriand, *Mémoires d'outre-tombe.*

2 À quelle occasion a été prononcé cet éloge ? Sur quoi l'orateur insiste-t-il ? Relevez les procédés propres à susciter l'adhésion du destinataire. Quel est le rôle du changement de temps dans la dernière partie de l'extrait ?

Ô nuit désastreuse ! ô nuit effroyable, où retentit tout à coup, comme un éclat de tonnerre, cette étonnante nouvelle : Madame se meurt, Madame est morte ! Qui de nous ne se sentit frappé à ce coup, comme si quelque tragique accident avait désolé sa famille ? Au premier bruit d'un mal si étrange, on accourut à Saint-Cloud de toutes parts ; on trouve tout consterné, excepté le cœur de cette princesse. Partout on entend des cris, partout on voit la douleur et le désespoir, et l'image de la mort. Le roi, la reine, Monsieur, toute la cour, tout le peuple, tout est abattu, tout est désespéré […].

▷ Bossuet, *Oraison funèbre d'Henriette d'Angleterre.*

3 De quoi Panurge fait-il l'éloge ? Quel est l'argument avancé pour justifier sa position ? Comment appelle-t-on ce type d'éloge ?

« Mais, demanda Pantagruel, quand en aurez-vous fini avec les dettes ?
– Aux calendes grecques, répondit Panurge, lorsque tout le monde sera content, et que vous serez votre propre héritier. Dieu me garde d'en avoir fini avec elles, sinon je ne trouverais plus lors personne pour me prêter un denier. Qui le soir ne laisse levain, jamais le matin ne fera lever pâte. Vous devez toujours de l'argent à quelqu'un ? celui-ci priera continuellement Dieu de vous donner une bonne, longue et heureuse vie, dans la crainte de ne pas récupérer son dû ; il dira toujours du bien de vous en toutes sociétés, il vous cherchera toujours de nouveaux créanciers afin de vous permettre de creuser ici pour combler là et de remplir son fossé avec la terre d'un autre. »

▷ Rabelais, *Le Tiers Livre.*

4 À partir du résumé ci-dessous, écrivez en quelques lignes un éloge du film, en utilisant tous les procédés propres à ce type d'écrit : formulations laudatives, figures de l'exagération, etc.

Les Diaboliques, film de Henri-Georges Clouzot, avec Simone Signoret, Paul Meurisse et Véra Clouzot.

Dans un pensionnat tenu par le cruel et autoritaire Paul Meurisse, sa femme (Véra Clouzot) et sa maîtresse (Simone Signoret) décident conjointement de l'assassiner. Mais l'apparition du « fantôme » de l'époux conduira sa femme à la mort. Un commissaire (Charles Vanel) est chargé de l'enquête.

À RETENIR

À l'inverse de l'éloge, le blâme consiste à présenter aux yeux du public ce qui est susceptible de déplaire, en mettant en évidence les défauts d'un être ou d'un objet. Mais, comme l'éloge, il suppose l'accord préalable de celui auquel il s'adresse.

● Le blâme peut intervenir dans de multiples types d'écrits : les fictions romanesques, les essais, le texte théâtral. Dans la littérature d'idées, un genre se distingue particulièrement : le **pamphlet**, œuvre brève et souvent satirique qui vise à critiquer violemment.

Formes

● Pour blâmer un individu ou un vice, on utilise souvent le **portrait**, apte à souligner les défauts d'une personne ou d'un type. Le portrait physique trouve alors des correspondances dans le portrait moral.
Sa face vieillotte, grassouillette, du milieu de laquelle sort un nez à bec de perroquet ; ses petites mains potelées, sa personne dodue comme un rat d'église, son corsage trop plein et qui flotte, sont en harmonie avec cette salle où suinte le malheur, où s'est blottie la spéculation et dont Madame Vauquer respire l'air chaudement fétide sans en être écœurée. (BALZAC)

● Le blâme prend la forme de la **satire** lorsqu'il vise à critiquer les travers et les ridicules des mœurs et des institutions. L'attitude critique est au service d'une ambition morale : il faut réformer les hommes, quitte à prendre le contre-pied des idées reçues. Le portrait tend alors vers la **caricature** : pour ridiculiser, on simplifie et on exagère ; les comportements sont réduits à des types, et prêtent à rire.

Procédés

● Tous les procédés de **la dépréciation** sont employés, tels que les connotations péjoratives, les comparaisons négatives, ou l'exagération. La Bruyère dresse ainsi le portrait de l'amateur d'oiseaux : *Il retrouve ses oiseaux dans son sommeil : lui-même il est oiseau, il est huppé, il gazouille, il perche ; il rêve la nuit qu'il mue ou qu'il couve.*

● **L'ironie** est un outil largement utilisé par la satire. Le locuteur avance un énoncé tout en annonçant qu'il ne l'assume pas. L'ironie se confond souvent avec la figure de l'antiphrase.
Les femmes d'ailleurs qui fleurissent et qui prospèrent à l'ombre de la dévotion lui conviennent, seulement avec cette petite différence qu'il néglige celles qui ont vieilli, et qu'il cultive les jeunes, et entre celles-ci les plus belles et les mieux faites [...] *: qui pourrait n'en être pas édifié ? Elles sont dévotes et il est dévot...* (LA BRUYÈRE)

COMMENT FAIRE

► Pour analyser un portrait

M. du Châtelet possédait toutes les incapacités exigées par sa place. Bien fait, joli homme, bon danseur, savant joueur de billard, adroit à tous les exercices, médiocre acteur de société, chanteur de romances, applaudisseur de bons mots, prêt à tout, souple, envieux, il savait et ignorait tout. Ignorant en musique, il accompagnait au piano tant bien que mal une femme qui voulait chanter par complaisance une romance apprise avec mille peines pendant un mois. Incapable de sentir la poésie, il demandait hardiment la permission de se promener pendant dix minutes pour faire un impromptu, quelque quatrain plat comme un soufflet, et où la rime remplaçait l'idée. [...] Ignorant en peinture, il savait copier un paysage, crayonner un profil, croquer un costume et le colorier. Enfin il avait tous ces petits talents qui étaient de si grands véhicules de fortune dans un temps où les femmes ont eu plus d'influence qu'on ne le croit sur les affaires. Il se prétendait fort en diplomatie, la science de ceux qui n'en ont aucune et qui sont profonds par leur vide.

▷ Honoré de BALZAC, *Illusions perdues*.

● **La construction du portrait.** Y a-t-il un ordre ? Passe-t-on du portrait physique au portrait moral ? Les deux sont-ils en accord ? Se contredisent-ils ?
On commence par évoquer rapidement sa carrière, avant de s'arrêter sur les talents qui lui sont nécessaires pour sa place : la musique, la poésie, la peinture, ce qui ne laisse pas d'étonner puisqu'il s'agit d'un diplomate.

● **Les termes laudatifs et les termes dépréciatifs.** Les deux lexiques sont-ils également représentés ? Comment s'organisent-ils ?
Les deux réseaux sont présents dans le texte, mais subordonnés au terme générique d'« incapacités » : *il savait et ignorait tout.* Les moindres petits talents ne font que souligner son vide.

►

● **L'image donnée du personnage.** Est-ce un portrait dévalorisant ? Le personnage est-il ridiculisé ?
L'image donnée est très critique ; c'est celle d'un personnage mesquin et opportuniste, arrivant non par des idées ou des actes, mais par des talents annexes. Le narrateur recourt au discours généralisant pour faire partager au lecteur son opinion sur le personnage, comme le montre la maxime de la dernière phrase : la diplomatie, c'est *la science de ceux qui sont profonds par leur vide.*

S'EXERCER

1 De qui Célimène dresse-t-elle le portrait ? Quelle raison a-t-elle de le blâmer ? Cette présentation prête-t-elle à rire ? Pourquoi ? Quel est le portrait en creux qui se dessine derrière ?

CLITANDRE. – Timante encor, Madame, est un bon caractère.
CÉLIMÈNE. – C'est de la tête aux pieds un homme tout mystère,
Qui vous jette en passant un coup d'œil égaré,
Et, sans aucune affaire, est toujours affairé.
Tout ce qu'il débite en grimaces abonde ;
À force de façons il assomme le monde ;
Sans cesse il a, tout bas, pour rompre l'entretien,
Un secret à vous dire, et ce secret n'est rien ;
De la moindre vétille il fait une merveille,
Et, jusques au bonjour, il dit tout à l'oreille.

▷ MOLIÈRE, *Le Misanthrope*, acte II, scène 4.

2 La Bruyère dresse-t-il le portrait d'un personnage, d'un individu, ou d'un type ? Qu'est-ce qui vous le prouve ? Quel est le procédé syntaxique employé ? Quelle est la portée de ce portrait ?

Phédon a les yeux creux, le teint échauffé, le corps sec et le visage maigre ; il dort peu, et d'un sommeil fort léger ; il est abstrait, rêveur, et il a avec de l'esprit l'air d'un stupide : il oublie de dire ce qu'il sait, ou de parler d'événements qui lui sont connus ; et s'il le fait quelquefois, il s'en tire mal, il croit peser à ceux à qui il parle, il conte brièvement, mais froidement ; il ne se fait pas écouter, il ne fait point rire. Il applaudit, il sourit à ce que les autres lui disent, il est de leur avis ; il court, il vole pour leur rendre de petits services. Il est complaisant, flatteur, empressé ; il est mystérieux sur ses affaires, quelquefois menteur ; il est superstitieux, scrupuleux, timide. [...] Il n'ouvre la bouche que pour répondre ; il tousse, il se mouche sous son chapeau, il crache presque sur soi, et il attend qu'il soit seul pour éternuer, ou, si cela lui arrive, c'est à l'insu de la compagnie : il n'en coûte à personne ni salut ni compliment. Il est pauvre.

▷ LA BRUYÈRE, *Les Caractères*.

3 Sur qui porte le blâme ? Est-ce un individu ou un type dont il est question ? Que lui reproche-t-on ? À qui est adressé ce discours ? Que veut-on obtenir de ces personnes ? Quelles remarques pouvez-vous faire sur l'emploi du mot « pauvres » dans le passage ? Peut-on parler de satire pour ce texte ?

Donc, dans l'âme de ce mauvais riche et de ses cruels imitateurs, où la raison a perdu l'empire, où les lois n'ont plus de vigueur, l'ambition, l'avarice, la délicatesse, toutes les autres passions, troupe mutine et emportée, font retentir de toutes parts un cri séditieux, où l'on n'entend que ces mots : « *Apporte, apporte ; Dicentes : affer, affer*[1] » ; apporte toujours de l'aliment à l'avarice, apporte une somptuosité plus raffinée à ce luxe curieux et délicat ; apporte des plaisirs plus exquis à cet appétit dégoûté par son abondance. Parmi les cris furieux de ces pauvres impudents et insatiables, se peut-il que vous entendiez la voix languissante des pauvres qui tremblent devant vous, qui, accoutumés à surmonter leur pauvreté par leur travail et par leurs sueurs, se laissent mourir de faim plutôt que de découvrir leur misère ? C'est pourquoi ils meurent de faim, oui, Messieurs, ils meurent de faim dans les villes, dans les campagnes, à la porte et aux environs de vos hôtels ; nul ne court à leur aide ; hélas ! ils ne vous demandent que le superflu, quelques miettes de votre table, quelques restes de votre grande chère.

1. Citation de la Bible. « La sangsue a deux filles, qui disent toujours : "Apporte ! Apporte !" »

▷ BOSSUET, *Sermon du mauvais riche*.

4 Quelles sont les critiques adressées à Jaurès ? Quel mot revient de manière récurrente dans le passage ? Comment est-il connoté ? Quels commentaires pouvez-vous faire sur la construction des phrases ? Peut-on parler de caricature pour ce texte ? Justifiez votre réponse.

Je demande pardon au lecteur de prononcer ici le nom de M. Jaurès. C'est un nom qui est devenu si bassement ordurier que quand on l'écrit pour l'envoyer aux imprimeurs on a l'impression que l'on a peur de tomber sous le coup d'on ne sait quelles lois pénales. [...] L'homme qui a toujours capitulé devant toutes les démagogies. [...] Et non seulement qui a toujours capitulé lui-même et pour lui-même, mais qui a toujours eu la manie, maladive, la monomanie, de capituler non seulement pour toutes les causes qu'il représentait, plus ou moins utilement, mais pour un tas de causes que jamais personne n'avait pensé à lui confier, et dont il avait la manie de se charger lui-même. Il a tellement le vice et le goût abject de la capitulation que non seulement il capitule chez lui et dans ses propres causes, mais il s'empare partout de n'importe quelles causes, uniquement pour les faire capituler.

▷ Charles PÉGUY, *L'Argent*.

À RETENIR

L'image est un support privilégié de l'argumentation. Particulièrement apte à frapper fortement les esprits, elle vise à faire prendre conscience, à faire réfléchir, à adopter une position. Tout comme un texte argumentatif, l'image peut faire l'éloge d'une position, ou au contraire blâmer une idée ou un individu, par le biais du portrait ou de la caricature.

Les modalités de l'image argumentative

- Comme tout discours, l'image a un thème, elle défend une thèse, elle avance des arguments.
- L'image peut choisir la forme de la démonstration, chercher à emporter la conviction, ou reposer sur des procédés de persuasion.
- Le rôle du texte qui accompagne l'image est primordial, puisqu'il oriente l'interprétation qu'il faut lui donner.
- L'image est mimétique : elle représente la réalité. Mais le cadrage (la position du sujet représenté à l'intérieur du cadre), en découpant le réel, n'en donne qu'une vision choisie. Le choix du cadrage révèle donc les intentions argumentatives de l'image.
- Il faut également identifier les lignes de force, c'est-à-dire les grandes lignes verticales, horizontales ou courbes qui forment la charpente de l'image. Si un axe vertical découpe l'image en deux parties, c'est souvent pour montrer une opposition entre deux espaces. Un axe horizontal partageant l'image peut également montrer une séparation entre une zone concrète (en bas, le terrestre) et une zone abstraite (en haut, l'immatériel).
- La perspective choisie et l'angle de prise de vue enfin orientent le regard que l'on porte sur le sujet, et l'opinion que l'on est censé adopter sur ce thème.

COMMENT FAIRE

► Pour analyser une caricature

Caricature de Victor Hugo par Daumier, publiée dans le n° 13 de la série *Les Représentants représentés*, Bibliothèque nationale de France.

- **Analyser la déformation des traits et des proportions.** Le tout petit corps sous la grosse tête souligne la particularité du personnage : c'est un intellectuel. Le front est énorme par rapport au reste de la personne. La caricature dénonce en Victor Hugo la forte tête aux ambitions démesurées.
- **Analyser le cadrage.** L'absence de décor souligne la position centrale du personnage, juché sur ses livres. L'écriture a permis à Hugo de se hisser à une place prestigieuse au sein de la vie française.
- **Analyser l'angle de vue.** Le regard du spectateur vers le personnage se fait du bas vers le haut : c'est une légère contre-plongée, qui souligne la position autoritaire de l'écrivain, qui veut par ses écrits et ses discours changer et réformer la société française.
- **Type d'argumentation** : la caricature est-elle avant tout l'expression d'un blâme ? Y a-t-il des éléments de glorification ? Hugo a représenté en son temps une sommité littéraire ainsi qu'un engagement politique (lors de la Seconde République par exemple) fort au service d'idées importantes : la défense des faibles et des miséreux, l'abolition de la peine de mort. L'hommage (la reconnaissance de la grandeur du personnage) et la satire (le caractère démesuré de ses ambitions) peuvent se lire dans cette caricature, qui invite à désacraliser les grands auteurs, à les faire tomber de leur piédestal.

1 **Décrivez cette affiche placardée dans les rues en 1943. Quels sont les mots mis en valeur ? Quels rapports entretiennent-ils avec l'image ? À qui s'adresse cette affiche ? Sur quoi repose principalement l'argumentation ?**

Affiche du Commissariat général à la famille, *Donne-lui d'abord des enfants*, 1943.

2 **Qu'est-ce que l'organisme appelé « Amnesty international » ? Que montre cette affiche ? Résumez l'argumentation que contient cette image.**

Affiche signée Roland Topor pour Amnesty international, 1977.

3 **Le personnage de dos représente le général de Gaulle, alors président de la République, et les personnages penchés sont les ministres.**

a. Décrivez soigneusement l'image.

b. Qui la critique vise-t-elle : des hommes ou des institutions ?

c. Que signifie-t-elle ?

d. Sur quel procédé d'exagération repose la caricature ?

Le dernier conseil du roi. Caricature de De Gaulle par Moisan parue dans *Le Canard enchaîné*, 1960.

4 **Où, quand, par qui et dans quel but l'image a-t-elle été produite ? Décrivez-la soigneusement (cadrage, couleurs, formes, lumière). Par quelles lignes de force le regard du spectateur est-il dirigé vers l'image ? Quel est l'effet produit ?**

Derrière les puissances ennemies « le Juif ». Affiche de O. Caniche, 1943.

À RETENIR

Ce travail d'écriture s'appuie toujours sur des textes (corpus) : on peut vous demander d'y répondre, de les imiter, de les contredire ou de les transposer. En aucun cas il ne s'agit d'écrire des textes de pure imagination. Il est donc nécessaire de comprendre quelles sont les contraintes d'écriture exigées, avant de chercher et d'organiser les idées, les arguments et les exemples.

Formes

Ce type d'exercice peut prendre des formes variées, toujours indiquées par le sujet. Parmi les plus fréquentes on peut vous demander d'écrire :

- Un **article critique** : il s'agira d'apporter un jugement, de défendre un point de vue sur un sujet donné, tout en respectant les exigences formelles du genre.
- Un **essai** : il peut s'agir de la préface ou de la présentation d'un thème, d'un ouvrage, d'une position.
- Une **lettre** : elle sera adressée à un destinataire réel ou fictif, à un individu ou à un public, et respectera les contraintes de ce type d'écrit : date, en-tête, signature, etc.
- Un **dialogue** : l'échange peut être romanesque ou théâtral, ou clairement argumentatif.

La position à adopter

- Pour défendre une thèse : elle doit d'abord être explicitée, avant que les arguments ne soient amenés, à chaque fois illustrés par des exemples, tirés du corpus, de vos connaissances personnelles, ou des textes étudiés en classe.
- Pour réfuter une thèse : il est nécessaire de la reformuler très précisément, avant de critiquer la démarche adoptée par son auteur. Des contre-arguments et des contre-exemples appuient la dénonciation.
- Pour discuter un point de vue : les deux thèses opposées doivent être reformulées et confrontées, afin d'en dégager une problématique. Arguments et contre-arguments alterneront, toujours illustrés. L'écrit pourra alors se clore par l'affirmation de la validité d'une des deux thèses.

S'inscrire dans un registre

L'écrit d'invention demande toujours d'inscrire son texte dans un registre. Cette exigence peut être :

- imposée : *Vous écrirez* ***dans un registre pathétique*** *le discours du législateur contre la peine de mort* ;
- simplement suggérée : *Racontez dans une lettre la mort d'un soldat tombé au champ d'honneur, en insistant particulièrement sur* ***la valeur des combattants***. Implicitement, le registre épique est indiqué ;
- laissée à la liberté du candidat : il s'agit alors de choisir le ton adapté à la situation donnée.

COMMENT FAIRE

► Pour comprendre le rôle de l'exemple dans une argumentation

Dans la préface du *Dernier Jour d'un condamné*, Victor Hugo réfute les arguments favorables à la peine capitale. Le passage ci-dessous vise à démontrer l'invalidité de l'argument suivant : *Il faut épouvanter par le spectacle du sort réservé aux criminels ceux qui seraient tentés de les imiter.*

- Voici **l'argument** que Victor Hugo oppose : *Loin d'édifier le peuple, il le démoralise, et ruine en lui toute sensibilité, partant toute vertu.*
- On attend ensuite **l'exemple** ; or le texte continue par la phrase suivante : *Les preuves abondent, et encombreraient notre raisonnement si nous voulions en citer.* Il s'agit en fait d'un procédé qui consiste à feindre de ne pas dire, avant de dévoiler. L'exemple choisi et expliqué arrive enfin : *Nous signalerons pourtant un fait entre mille, parce qu'il est le plus récent. Au moment où nous écrivons, il n'a que dix jours de date. Il est du 5 mars, dernier jour du carnaval. À Saint-Pol, immédiatement après l'exécution d'un incendiaire nommé Louis Camus, une troupe de masques est venue danser autour de l'échafaud encore fumant.*
- L'exemple est **mis en valeur** par la proximité dans le temps que lui prête l'énonciateur. Longuement amené, il illustre de manière concrète l'argument défendu, et se conclut par une formule frappante : *Faites donc des exemples ! le Mardi gras vous rit au nez.* L'exemple joue donc un rôle déterminant : il confirme et renforce l'argument, quand il n'en tient pas lieu.

S'EXERCER

1 Analysez les exemples de sujets suivants : dans quel genre doit s'inscrire la réponse ? Quelles sont les contraintes formelles à adopter ? Le registre est-il indiqué ? Quelle est la stratégie argumentative suggérée pour répondre au sujet ?

a. Après avoir lu un de ces textes, un lecteur indigné écrit à une revue littéraire pour dénoncer de façon véhémente le scandale que constitue à ses yeux le fait de les publier comme de la poésie. Vous rédigerez cette lettre.

b. Vous désirez présenter au public dans un prologue l'intrigue d'une pièce que vous avez lue, vue ou étudiée. Conscient de l'artifice du procédé, vous prenez soin de le justifier. Composez cette présentation sous la forme d'un monologue argumentatif.

2 Identifiez la forme, la démarche argumentative et le registre dans lesquels doit s'inscrire l'écriture. Rédigez un paragraphe argumenté pour ce sujet, en vous appuyant sur le texte proposé.

En 1853, malgré les interdits et la censure, *Les Châtiments* sont diffusés clandestinement en France. Un journaliste du *Moniteur* écrit et publie un article dans lequel il attaque, critique et condamne le poème « Souvenir de la nuit du 4 ». Rédigez cet article.

L'enfant avait reçu deux balles dans la tête.
Le logis était propre, humble, paisible, honnête ;
On voyait un rameau bénit sur un portrait.
Une vieille grand-mère était là qui pleurait.
Nous le déshabillions en silence. Sa bouche,
Pâle, s'ouvrait ; la mort noyait son œil farouche ;
Ses bras pendants semblaient demander des appuis.
Il avait dans sa poche une toupie en buis.
On pouvait mettre un doigt dans les trous de ses plaies.
Avez-vous vu saigner la mûre dans les haies ?
Son crâne était ouvert comme un bois qui se fend.
L'aïeule regarda déshabiller l'enfant,
Disant : « Comme il est blanc ! approchez donc la lampe !
Dieu ! ses pauvres cheveux sont collés sur sa tempe ! »
Et quand ce fut fini, le prit sur ses genoux.
La nuit était lugubre ; on entendait des coups
De fusil dans la rue où l'on en tuait d'autres. [...]
« Est-ce que ce n'est pas une chose qui navre !
Cria-t-elle ! monsieur, il n'avait pas huit ans !
Ses maîtres, il allait en classe, étaient contents.
Monsieur, quand il fallait que je fisse une lettre,
C'est lui qui l'écrivait. Est-ce qu'on va se mettre
À tuer les enfants maintenant ? Ah ! mon Dieu !
On est donc des brigands ? Je vous demande un peu,
Il jouait ce matin, là, devant la fenêtre !
Dire qu'ils m'ont tué ce pauvre petit être !
Il passait dans la rue, ils ont tiré dessus.
Monsieur, il était bon et doux comme un Jésus.
Moi je suis vieille, il est tout simple que je parte ;
Cela n'aurait rien fait à monsieur Bonaparte
De me tuer au lieu de tuer mon enfant ! » [...]

▷ Victor HUGO, *Les Châtiments*, « Souvenir de la nuit du 4 », Jersey, 2 décembre 1852.

3 Voici un sujet d'écriture. Analysez-le (forme, démarche, registre) et rédigez votre devoir entièrement, sans oublier d'employer des connecteurs logiques, pour relier les paragraphes et les idées.

CORPUS : Victor Hugo, « Melancholia », *Les Contemplations*, 1856, dont un extrait est présenté dans cet ouvrage au chapitre 6 p. 15.

SUJET :

En réponse à des critiques qui lui reprocheraient d'avoir engagé la littérature dans le combat politique, Victor Hugo écrit un article où il défend le choix de tout écrivain de mettre la littérature au service de grandes causes. Vous rédigerez cet article.

4 Après avoir pris connaissance du fait divers raconté dans le texte ci-dessous, vous décidez d'écrire la préface d'un ouvrage qui prend parti pour l'abolition de la peine de mort. Votre texte s'appuiera sur l'exemple expliqué par Voltaire, et reviendra sur la notion de culpabilité. Vous n'hésiterez pas à employer toutes les ressources propres à susciter l'émotion.

[...] on m'apprit qu'on venait de pendre, dans une province, une fille de dix-huit ans, belle et bien faite, qui avait des talents utiles, et qui était d'une très honnête famille. Elle était coupable de s'être laissé faire un enfant ; elle l'était encore davantage d'avoir abandonné son fruit. Cette fille infortunée, fuyant la maison paternelle, est surprise des douleurs de l'enfantement ; elle est délivrée seule et sans secours auprès d'une fontaine. La honte, qui est dans le sexe une passion violente, lui donna assez de force pour revenir à la maison de son père, et pour y cacher son état. Elle laisse son enfant exposé, on le trouve mort le lendemain ; la mère est découverte, condamnée à la potence, et exécutée.

La première faute de cette fille, ou doit être renfermée dans le secret de sa famille, ou ne mérite que la protection des lois, parce que c'est au séducteur à réparer le mal qu'il a fait, parce que la faiblesse a droit à l'indulgence, parce que tout parle en faveur d'une fille dont la grossesse connue flétrit sa réputation, et que la difficulté d'élever son enfant est encore un grand malheur de plus.

La seconde faute est plus criminelle : elle abandonne le fruit de sa faiblesse, et l'expose à périr.

▷ VOLTAIRE, *Commentaire sur l'ouvrage* Des délits et des peines.

À RETENIR

Qu'est-ce qu'écrire ? Quelles sont les étapes qui conduisent le texte à sa version définitive ?

● Différents documents sont à la disposition du lecteur pour répondre à ces questions.
• Les correspondances d'écrivains apportent des révélations sur leur rapport quotidien à l'écriture ;
• les biographies donnent des indications importantes sur le temps écoulé entre l'idée, le brouillon, et l'écriture aboutie ;
• la comparaison entre les différentes œuvres d'un même auteur (œuvres de jeunesse/de maturité) peut témoigner de son évolution.

● Certains auteurs considèrent l'écriture comme une source de joie ou de souffrance, d'autres encore comme un besoin vital.
« *Je suis un homme-plume. Je sens par elle, à cause d'elle, par rapport à elle et beaucoup plus avec elle.* » (FLAUBERT, Lettre à Louise Colet du 1er février 1852)

Les sources

● Avant même la rédaction au brouillon, l'écriture nécessite tout un travail préalable de questionnement individuel concernant le projet : quel sujet, quel registre choisir, et pour quels lecteurs ?

● Mais l'écrivain a aussi un passé, une connaissance littéraire qui l'oriente dans ses choix : qu'il s'agisse d'imiter ou de s'inscrire en réaction contre une tradition littéraire, l'écrivain crée. S'inspirant d'Ésope, poète grec du VIe siècle avant Jésus-Christ, pour écrire ses fables, La Fontaine peut néanmoins déclarer : « Mon imitation n'est point un esclavage. »

La méthode

● Puis vient le travail de l'écriture en elle-même : elle peut être programmée. Zola amasse ainsi une somme d'observations impressionnante (notes, dessins) avant d'entreprendre le plan du livre (scénario de l'intrigue, fiche sur les personnages) et, enfin, la rédaction, très méthodique (chaque matin).

● Elle peut aussi être improvisée : le principe du cadavre exquis, inventé par les surréalistes, consiste à composer des vers à partir de mots que chacun écrit tour à tour en ignorant les termes donnés par les autres participants. La première phrase obtenue fut : « *Le cadavre exquis boira le vin nouveau* ».

Le manuscrit

Les textes sont travaillés et retravaillés, même après leur première publication. L'étude des brouillons révèle les ratures, commentaires et ajouts qui montrent que l'inspiration n'est pas tout. L'incipit (début du texte) et l'excipit (fin du texte) ont une importance toute particulière : premier et dernier contact que le lecteur a avec le livre, ils doivent retenir son attention, parfois en créant un effet de surprise.

COMMENT FAIRE

► Pour comprendre le rôle de l'incipit

> Le docteur Marrande, le plus illustre et le plus éminent des aliénistes, avait prié trois de ses confrères et quatre savants, s'occupant de sciences naturelles, de venir passer une heure chez lui, dans la maison de santé qu'il dirigeait, pour leur montrer un de ses malades.
> Aussitôt que ses amis furent réunis, il leur dit : « Je vais vous soumettre le cas le plus bizarre et le plus inquiétant que j'aie jamais rencontré. D'ailleurs, je n'ai rien à vous dire de mon client. Il parlera lui-même. » Le docteur alors sonna. Un domestique fit entrer un homme. Il était fort maigre, d'une maigreur de cadavre, comme sont maigres certains fous que ronge une pensée, car la pensée malade dévore la chair du corps plus que la fièvre ou la phtisie.
>
> ▷ Guy de MAUPASSANT, *Le Horla*, première version.

● **L'incipit cherche à informer.** Les premières lignes du texte doivent définir un cadre (le lieu, l'époque, le milieu social), un thème (le sujet traité), des personnages (le héros, les adjuvants, etc.).
• Le cadre : des docteurs spécialistes de la folie (*aliénistes*) réunis autour d'un cas désarmant.
• Le thème : la folie.
• Le personnage principal : présenté comme un malade très intéressant, caractérisé par sa maigreur, signe extérieur de dérèglement mental.

● **L'incipit cherche à éveiller l'intérêt.** L'auteur doit faire entrer le lecteur dans l'œuvre le plus rapidement possible, il doit dynamiser les informations données.

►

• Il crée un effet de réel : le cadre inscrit l'histoire dans un espace scientifique (*savants, sciences naturelles*). Le présent de vérité générale de la dernière phrase apporte la caution d'une opinion présentée comme unanime.

• Il crée un effet de rupture : certaines indications montrent une faille dans cet univers scientifique (*bizarre, inquiétant*). L'incompréhension des scientifiques introduit l'intérêt : on va soumettre l'inexplicable au lecteur ; le récit se situe donc dans le registre fantastique.

● **L'incipit obéit donc à une double nécessité** : donner rapidement des informations nécessaires pour comprendre l'intrigue ; rendre vivantes ces informations, ne pas se contenter d'un exposé plat, d'une simple description.

S'EXERCER

1 Voici différentes versions de vers de Rimbaud. Pourquoi le poète a-t-il jugé nécessaire de réécrire ces vers ? Quelle version préférez-vous ? Pourquoi ?

Par les beaux soirs d'été → *Par les soirs bleus d'été* (« Sensation »)

Et mes désirs brutaux s'accrochent à leurs lèvres. → *Et je sens les baisers qui me viennent aux lèvres.* (« À la musique »)

2 Dans le manuscrit d'*Illusions perdues*, sur la page de titre, on trouve, de la main de Balzac, quelques réflexions concernant des corrections à effectuer sur ce qu'il a déjà écrit.

Lucien est présenté pour la première fois à toute la société dans la grande soirée où jusque-là il n'a fait qu'y être aperçu. – Ève et David doivent être deux belles figures. David par rapport à Lucien comme Eugénie Grandet et son cousin. – refaire le caractère de David – David et Ève perdent leurs illusions sur Lucien, Madame de Bargeton idem – Lucien sur Madame de Bargeton. Désespoir du Vieux Séchard quand on vend ses ustensiles. – visite de Lucien chez le Président de la société d'agriculture pour David.

▷ Honoré de BALZAC, *Illusions perdues*, manuscrit édité par S. Jean-Bérard, *La Genèse d'un roman de Balzac*.

a. Les corrections à faire concernent-elles le style ?

b. L'écrivain a-t-il déjà une idée arrêtée du scénario de l'intrigue avant d'en entreprendre la rédaction ?

c. S'agit-il de corrections à effectuer sur un épisode ou plus globalement sur l'intégralité de l'œuvre ?

3 Étudiez cet incipit, et rappelez à quelles nécessités il répond. Comment l'auteur s'y prend-il pour dynamiser la présentation ? Il s'agit de la deuxième version du « Horla » ; comparez-la à la première (présentée sur la page précédente). Quelle différence majeure constatez-vous ? Pourquoi Maupassant a-t-il jugé bon de réécrire son texte sous cette forme ?

8 mai

Quelle journée admirable ! J'ai passé toute la matinée étendu sur l'herbe, devant ma maison, sous l'énorme platane qui la couvre, l'abrite et l'ombrage tout entière. J'aime ce pays, et j'aime y vivre parce que j'y ai mes racines, ces profondes et délicates racines, qui attachent un homme à la terre où sont nés et morts ses aïeux, qui l'attachent à ce qu'on pense et à ce qu'on mange, aux usages et aux nourritures, aux locutions locales, aux intonations des paysans, aux odeurs du sol, des villages, et de l'air lui-même.

J'aime ma maison où j'ai grandi. De mes fenêtres, je vois la Seine qui coule, le long de mon jardin, derrière la route, presque chez moi, la grande et large Seine, qui va de Rouen au Havre, couverte de bateaux qui passent.

▷ Guy de MAUPASSANT, *Le Horla*, deuxième version.

4 Comparez ces extraits adressés par deux écrivains reconnus à de jeunes poètes. Comment ces auteurs conçoivent-ils la poésie ? Quelle conception vous semble la plus juste, au regard de votre propre pratique de la littérature ?

DOCUMENT 1

Il n'est qu'un seul chemin. Entrez en vous-même, cherchez le besoin qui vous fait écrire : examinez s'il pousse ses racines au plus profond de votre cœur. Confessez-vous à vous-même : mourriez-vous s'il vous était défendu d'écrire ? Ceci surtout : demandez-vous à l'heure la plus silencieuse de votre nuit : « Suis-je vraiment contraint d'écrire ? » Creusez en vous-même vers la plus profonde réponse. Si cette réponse est affirmative, si vous pouvez faire front à une aussi grave question par un fort et simple : « Je dois », alors construisez votre vie selon cette nécessité.

▷ Rainer Maria RILKE, *Lettres à un jeune poète*.

DOCUMENT 2

Laisse [...] ton sens du rythme serpenter parmi les hommes et les femmes, les omnibus et les moineaux – parmi tout ce qui se présente dans la rue – jusqu'à ce qu'il les ait reliés en un tout harmonieux. Tel est peut-être ton devoir – trouver la relation entre des choses qui paraissent incompatibles et ont pourtant une affinité mystérieuse, absorber sans peur chaque expérience abordée [...] – voilà ce que nous attendons à présent.

▷ Virginia WOOLF, *Lettre à un jeune poète*.

À RETENIR

Le statut de l'auteur

Au XVIIe siècle, les gens de lettres n'ont pas de propriété littéraire. Ils vivent des dons des mécènes et des pensions royales, et ne doivent des comptes qu'à leur protecteur : les problèmes sociaux ne sont pas souvent abordés.
Au XVIIIe siècle, s'il n'y a toujours pas de propriété littéraire, l'émergence d'une bourgeoisie riche va financer la grande entreprise éditoriale de l'*Encyclopédie* : les auteurs attaquent désormais les instances politiques.
Le XIXe siècle confirmera ce changement : l'écrivain doit rendre compte au peuple. Il est désormais propriétaire de ses productions : le droit d'auteur est né.

Les conditions de publication

- **L'établissement du texte.** La famille joue un grand rôle, surtout après la mort de l'auteur : la sœur de Rimbaud s'est ainsi opposée à la publication de certains poèmes qu'elle jugeait trop choquants. La publication se fait parfois à compte d'auteur : Proust paya lui-même l'impression de son premier livre, *Du côté de chez Swann*, refusé partout.

- **L'éditeur** a par ailleurs un rôle essentiel, puisque sans lui les œuvres ne seraient jamais publiées, donc jamais connues : il participe à l'élaboration du texte, et organise sa diffusion. Il a une responsabilité pénale : lors du procès de Baudelaire pour *Les Fleurs du mal*, l'éditeur, Poulet-Malassis, fut condamné avec l'auteur.

Les conditions de réception

- **La censure.** Depuis la fin du XIXe, la liberté d'imprimer permet à l'auteur de ne plus être soumis à la censure. Des restrictions apparaissent néanmoins lorsqu'on considère que le texte peut porter atteinte aux bonnes mœurs ou qu'il est porteur de discriminations. Les conditions de réception sont différentes selon le contexte historique : la chanson de Boris Vian inspirée par la guerre d'Indochine *Le Déserteur*, interdite à l'époque, est désormais reproduite dans les manuels scolaires.

- **La critique littéraire.** Les prix littéraires consacrent la réussite d'une œuvre. Le prix Goncourt fait généralement vendre 400 000 exemplaires. C'est l'obtention de ce prix pour son roman *À l'ombre des jeunes filles en fleurs* qui permettra à Proust de faire éditer son œuvre.

- **Le public.** Les lecteurs réagissent différemment en fonction de leurs goûts, et de leur environnement social ou familial. Les effets provoqués par la lecture sont divers : plaisir, exaltation, identification au héros, ou prise de conscience. Le public est sensible à la polémique, et le scandale qui peut entourer la publication d'un ouvrage est utilisé comme argument de vente.

COMMENT FAIRE

► Pour étudier une critique

En 1955, Vladimir Nabokov publie un roman intitulé Lolita *qui retrace l'obsession d'un homme pour la fille de sa logeuse qui a douze ans.*

Quarante-deux ans après sa publication, *Lolita* demeure un objet de scandale. Ce roman refusé en son temps par la totalité des éditeurs américains est aujourd'hui considéré par certains comme un encouragement à la pédophilie. À ce compte-là, *Crime et Châtiment* est un appel au meurtre, et *Guerre et Paix* une incitation à déclencher des conflits européens. Bien entendu, Nabokov savait parfaitement ce qu'il faisait. En racontant la liaison d'un quadragénaire et d'une gamine de douze ans, il pouvait peindre la société américaine sous un jour très cru et dévoiler ses idéaux de carton-pâte et son hypocrisie. D'un point de vue plus universel, les rapports outranciers de Humbert Humbert et Dolorès Haze devenaient une caricature de l'amour ordinaire, « entre adultes consentants », qui lui non plus n'est pas dépourvu d'une dose de chantage et de perversité partagée. Il suffit d'ailleurs de relire ce chef-d'œuvre comique pour constater que la chair y est bien triste. [...] Alors que Henry Miller, Anaïs Nin ou William Burroughs sont ramenés au rang d'auteurs gentillets, Vladimir le provocateur continue de faire frémir.

▷ Didier SÉNÉCAL, *Lire*, novembre 1997.

- Une critique défend **un point de vue.** La thèse est souvent implicite : elle doit se deviner.
Ici il s'agit de dénoncer la lecture simpliste et restrictive du roman de Nabokov.

- Une critique présente **des arguments qui se veulent objectifs.** Même si le point de vue est personnel, le critique ne dira jamais *pour moi*, *à mon sens*, etc.

►

Didier Sénécal réfute tout au long du texte la lecture de *Lolita* comme une incitation à la pédophilie.

● Une critique établit **des comparaisons**, pour appuyer ses affirmations.
Le journaliste s'adresse à des lecteurs ayant les mêmes références culturelles, en citant les ouvrages de deux autres russes, Dostoïevski et Tolstoï. Il met en avant la force de *Lolita*, en réduisant le caractère subversif d'autres auteurs américains ayant eux aussi fait scandale en leur temps.

● Une critique utilise **des procédés stylistiques**. Il faut frapper l'esprit du lecteur par certaines tournures.
L'auteur applique ironiquement le raisonnement tenu par les censeurs, lorsqu'il fait de *Guerre et Paix une incitation à déclencher des conflits européens*. Il généralise (*d'un point de vue plus universel*), et emploie des termes laudatifs (*chef-d'œuvre comique*).

S'EXERCER

1 Figaro retrace ses malheurs en tant qu'auteur. Quel est l'établissement dont il dit avoir été pensionnaire ? Qu'est-ce qui l'a poussé à écrire ? Qu'a-t-on le droit de publier après la nouvelle loi ? Quelle figure de style est utilisée pour dénoncer le ridicule des censeurs ? De qui le personnage semble-t-il être le porte-parole ?

Il s'élève une question sur la nature des richesses ; et comme il n'est pas nécessaire de tenir les choses pour en raisonner, n'ayant pas un sou, j'écris sur la valeur de l'argent et sur son produit net ; sitôt je vois, du fond d'un fiacre, baisser pour moi le pont d'un château fort, à l'entrée duquel je laissai l'espérance et la liberté. *(Il se lève.)* Que je voudrais bien tenir un de ces puissants de quatre jours, si légers sur le mal qu'ils ordonnent, quand une bonne disgrâce a cuvé leur orgueil ! Je lui dirais… que les sottises imprimées n'ont d'importance qu'aux lieux où l'on en gêne le cours ; que sans la liberté de blâmer, il n'est point d'éloge flatteur ; et qu'il n'y a que les petits hommes qui redoutent les petits écrits. *(Il se rassied.)* Las de nourrir un obscur pensionnaire, on me met un jour dans la rue ; et comme il faut dîner, quoiqu'on ne soit plus en prison, je taille encore ma plume, et demande à chacun de quoi il est question : on me dit que pendant ma retraite économique, il s'est établi dans Madrid un système de liberté sur la vente des productions, qui s'étend même à celles de la presse ; et que, pourvu que je ne parle en mes écrits ni de l'autorité, ni du culte, ni de la politique, ni de la morale, ni des gens en place, ni des corps en crédit, ni de l'Opéra, ni des autres spectacles, ni de personne qui tienne à quelque chose, je puis tout imprimer librement, sous l'inspection de deux ou trois censeurs.

▷ Beaumarchais, *Le Mariage de Figaro*, acte V, scène 3.

2 À quoi le narrateur oppose-t-il la littérature ? Comment se comporte-t-il vis-à-vis des livres ? Comprend-il tout ? Cela le décourage-t-il ? Que représente la littérature pour lui ?

Nos visiteurs prenaient congé, je restais seul, je m'évadais de ce banal cimetière, j'allais rejoindre la vie, la folie dans les livres. Il me suffisait d'en ouvrir un pour y redécouvrir cette pensée inhumaine, inquiète dont les pompes et les ténèbres passaient mon entendement, qui sautait d'une idée à l'autre, si vite que je lâchais prise, cent fois par page, et la laissais filer, étourdi, perdu. J'assistais à des événements que mon grand-père eût certainement jugés invraisemblables et qui, pourtant, avaient l'éclatante vérité des choses écrites. Les personnages surgissaient sans crier gare, s'aimaient, se brouillaient, s'entr'égorgeaient ; le survivant se consumait de chagrin, rejoignait dans la tombe l'ami, la tendre maîtresse qu'il venait d'assassiner. Que fallait-il faire ? Étais-je appelé, comme les grandes personnes, à blâmer, féliciter, absoudre ? Mais ces originaux n'avaient pas du tout l'air de se guider sur nos principes et leurs motifs, même lorsqu'on les donnait, m'échappaient. Brutus tue son fils et c'est ce que fait aussi Mateo Falcone. Cette pratique paraissait donc assez commune. Autour de moi, pourtant, personne n'y avait recouru. À Meudon, mon grand-père s'était brouillé avec mon oncle Émile et je les avais entendus crier dans le jardin : il ne semblait pas, cependant, qu'il eût songé à l'abattre. Comment jugeait-il les pères infanticides ? Moi, je m'abstenais : mes jours n'étaient pas en danger puisque j'étais orphelin et ces meurtres d'apparat m'amusaient un peu, mais, dans les récits qu'on en faisait, je sentais une approbation qui me déroutait.

▷ Jean-Paul Sartre, *Les Mots*.

3 Quelle est la thèse défendue par le critique ? Quels arguments avance-t-il ? Le contexte de réception s'est-il modifié entre la date de parution du livre et l'article ?

Nabokov n'appartient à personne

En moins de dix ans, Nabokov est devenu un « classique » international – au même titre que Joyce, Kafka ou Beckett. Dès 1964, *L'Arc* lui consacre un numéro spécial ; en 1967, trois études paraissent aux États-Unis où l'exploitation critique est menée, comme d'habitude, par des universitaires. C'est *Lolita*, d'abord publié à Paris par Olympia Press en 1955, puis à New York en 1958, qui déchaîne les passions : roman pornographique, satire de l'Amérique, étude d'un cas clinique, construction symbolique, jeu verbal, étude des doubles, art et artifice ; on a tout trouvé dans cet ouvrage. Toujours est-il que le livre paraît aux États-Unis à une époque où l'enfant est roi, c'est lui qui impose un mode de vie à ses parents […].

▷ Pierre Dommergues, *Le Magazine littéraire*, n° 12, novembre 1967.

À RETENIR

Cet exercice d'écriture peut vous demander d'amplifier un texte (c'est-à-dire d'en écrire le début ou la fin, ou de combler des ellipses temporelles), ou de l'imiter : d'en faire un pastiche (imitation simple) ou une parodie (imitation pour tourner en dérision).

Dans tous les cas, il faut préalablement **identifier les caractéristiques du genre** (poésie en vers libres, théâtre versifié, etc.), pour pouvoir les respecter ou les détourner.

L'amplification

● Il faut **conserver le même cadre** que celui du texte de départ : il ne faut pas changer les relations entre les personnages, ni l'époque, ni le ton, ni, bien entendu, la situation d'énonciation.

Exemple

Tout arrive et ce fut bientôt mon tour de devenir brigadier vers la fin de ce même mois d'août. On m'envoyait souvent avec cinq hommes, en liaison, aux ordres du général des Entrayes. Ce chef était de petite taille, silencieux, et ne paraissait à première vue ni cruel, ni héroïque. Mais il fallait se méfier…

(Louis-Ferdinand Céline, *Voyage au bout de la nuit*)

Ici il faudra conserver le récit à la première personne, le contexte de la guerre, la méfiance du narrateur vis-à-vis des gradés et de l'héroïsme.

● Il faut ensuite **repérer les caractéristiques formelles** de l'écriture : identifier le style de l'écrivain, pour essayer de le reproduire. Il ne faut pas qu'on sente une rupture entre le texte support et le vôtre.

Le pastiche

● Après avoir recensé certains traits particuliers dans l'écriture, il faut **choisir les plus marquants**, et les utiliser de manière systématique.

Exemple

[Les chevaux] avaient peur de bouger à cause des plaies d'abord et puis ils avaient peur de nous et de la nuit aussi, ils avaient peur de tout, quoi ! Nous aussi ! Dix fois on s'en retournait pour lui redemander la route au commandant. Dix fois qu'il nous traitait de fainéants et de tire-au-cul dégueulasses.

(Louis-Ferdinand Céline, *Voyage au bout de la nuit*)

Les traits frappants sont le recours à une syntaxe orale (*quoi ! qu'il nous traitait* ; phrases exclamatives), et un niveau de langue familier ou argotique (*tire-au-cul dégueulasses*).

La parodie

● Cet exercice, difficile, doit être conçu dans le but **d'amuser le lecteur**.

● La parodie repose généralement sur les procédés suivants : le changement du cadre historique et géographique, l'utilisation de l'anachronisme, l'inversion des valeurs, la caricature.

Exemple

Charme des prunelles, tourment des cœurs, lumière de l'esprit, je ne baise point la poussière de vos pieds, parce que vous ne marchez guère, ou que vous marchez sur des tapis d'Iran ou sur des roses.

(Voltaire, *Zadig*)

Dans cette dédicace, Voltaire imite les flatteries habituelles sur lesquelles s'ouvrent nombre d'ouvrages dédiés à de grands personnages. Il parodie la couleur orientale en utilisant des formules toutes faites, supposées liées à l'univers décrit.

COMMENT FAIRE

▶ Pour imiter un texte

Ma tête est plutôt grosse pour mon corps ; j'ai les jambes un peu courtes par rapport à mon torse, les épaules trop étroites relativement aux hanches. Je marche le haut du corps incliné en avant ; j'ai tendance, lorsque je suis assis, à me tenir le dos voûté ; ma poitrine n'est pas très large et je n'ai guère de muscles. J'aime à me vêtir avec le maximum d'élégance ; pourtant à cause des défauts que je viens de relever dans ma structure et de mes moyens qui, sans que je puisse me dire pauvre, sont plutôt limités, je me juge d'ordinaire profondément inélégant ; j'ai horreur de me voir à l'improviste dans une glace car, faute de m'y être préparé, je me trouve à chaque fois d'une laideur humiliante.

▷ Michel Leiris, *L'Âge d'homme*.

● **Repérer les caractéristiques qui font l'originalité du texte.** Il s'agit d'un autoportrait, dont l'originalité réside dans un parti pris évident : la dévalorisation.

● **Repérer la construction du texte.** L'autoportrait débute par des caractéristiques physiques : les proportions, la posture du corps debout ou assis, les vête- ▶

ments ; il se poursuit par les considérations psychologiques qui en découlent. Le texte procède par énumération de propositions reliées par des points-virgules.

- **Écrire un pastiche.**

Mon corps présente des proportions curieuses ; les grands pieds qui continuent mes jambes arquées ne sont guère en accord avec ma taille, plutôt petite par rapport à la moyenne nationale : je chausse du 40, mais je ne dépasse pas le mètre 54, ce qui, pour une femme, présente une intéressante disproportion. Je n'ai guère de goût, et les vêtements que je choisis pourtant avec un soin méticuleux ne font que souligner le manque d'harmonie du support…

S'EXERCER

1 Voici des exemples de sujets d'imitation. Identifiez les caractéristiques du genre et la situation d'énonciation à respecter.

a. Vous imaginerez la rencontre entre le narrateur de *Voyage au bout de la nuit* et un soldat allemand qui désire se rendre.

b. Vous continuerez le texte de Michel Leiris, en racontant ce qui chez lui a motivé l'écriture de cette autobiographie.

c. Écrivez en prose une parodie de la fable de La Fontaine « La cigale et la fourmi » : ce sont finalement les valeurs que représente la cigale qui sont valorisées.

2 À quel genre appartient l'extrait suivant ? Quelles en sont les caractéristiques ? Définissez le cadre, le statut et les relations entre les personnages, le niveau de langue utilisé. Écrivez la suite du dialogue, en développant le thème des *Fables* de La Fontaine.

HENRIETTE, *naïvement*. – Qui est-ce qui les a faites, les *Fables de La Fontaine* ?…

RENÉ, *très carré*. – Je ne sais pas !… il n'a pas de talent. […]

HENRIETTE. – Eh bien ! moi j'aurais appelé ça *Fables des animaux*… plutôt que *Fables de La Fontaine*… parce qu'il y a tout le temps des animaux… et qu'il n'y a presque pas de fontaines. Voilà !

RENÉ. – C'est évident… et on devrait le dire à l'auteur.

HENRIETTE. – Ah ! l'auteur, ce qu'il aurait fait de mieux c'est de ne pas les écrire, ses fables ! car enfin c'est à cause de lui qu'il faut les savoir, s'il ne les avait pas faites, on n'aurait pas à les apprendre… Et puis, à quoi ça sert-il les fables ?

RENÉ. – Ah bien ! ça vous apprend quelque chose.

HENRIETTE. – Ah ! par exemple, je voudrais bien savoir ce que nous apprend « Le corbeau et le renard » ?

RENÉ. – Mais cela t'apprend qu'il ne faut pas parler aux gens quand on a du fromage dans la bouche.

▷ Georges FEYDEAU, *Fiancés en herbe*.

3 Identifiez le genre et les caractéristiques de l'extrait suivant. Repérez ce qui fait l'originalité du style. Écrivez un pastiche évoquant la rencontre qui a eu lieu deux jours plus tôt entre le narrateur et la jeune femme.

Je rabâchai tout cela une bonne heure, en fumant pipe sur pipe, et cogitations et tabac me flanquèrent la pépie. Je n'avais que de l'armagnac, au bureau. Mon gosier réclamait un liquide moins noble et moins raide. Je descendis au tabac d'en face où le choix était grand.

N'en déplaise à certains, ça sert parfois à quelque chose d'avoir soif et de boire un coup.

En sortant du débit, mon demi avalé, le paquet de gris que je venais d'acheter m'échappa des doigts. Il roula sur le trottoir, en direction dangereuse de la bouche d'égout. Heureusement, il ne s'y engloutit pas. Je me baissai pour le ramasser et un passant décrivit un brusque crochet, autant pour ne pas shooter dans mon emplette que pour éviter de m'écraser la main. Puis, dans la seconde qui suivit, un autre soulier, de femme celui-là, s'immobilisa, à quelques centimètres de moi.

Je me crus reporté deux jours en arrière.

Il n'y a pas qu'une paire de chaussures féminines en peau de serpent au monde. Ce serait trop beau pour les serpents. Et un tel hasard, dont je venais de rejeter la possibilité, serait également trop beau pour un détective…

Le cœur battant, je me redressai et regardai la femme.

Je ne rêvais pas.

C'était elle.

▷ Léo MALET, *Fièvre au Marais*.

4 Voici le résumé d'un conte très célèbre. Écrivez la parodie du texte, en utilisant tous les procédés possibles pour amuser le lecteur.

Réduite à l'état de domestique par sa marâtre et ses demi-sœurs, Cendrillon ne pourrait aller au bal que donne le Prince sans le secours de la Fée, sa marraine. Celle-ci métamorphose citrouille en carrosse, souris en rat, et même ses haillons. Au bal le Prince est séduit. Mais à minuit, Cendrillon doit s'enfuir car le charme n'opère pas au-delà ; dans sa fuite, elle perd l'une de ses pantoufles de vair, ce qui permettra au Prince de la retrouver et de l'épouser.

À RETENIR

● Ensembles de nombres

Les nombres 5 ; −2 ; + 1 ; 1,75 ; $-\frac{10}{3}$; $-\sqrt{2}$; π ; appartiennent à des ensembles. Les mathématiciens ont défini ces ensembles et leur ont donné un nom et un symbole.

Exemples

- 5 appartient à l'ensemble des entiers naturels de symbole $\mathbb{N}$.
- −2 et + 1 appartiennent à l'ensemble des entiers relatifs de symbole $\mathbb{Z}$.
- −4,8 et 1,75 appartiennent à l'ensemble des décimaux de symbole $\mathbb{D}$.
- $\frac{1}{4}$ et $\frac{-10}{3}$ sont les quotients de deux entiers, ils appartiennent à l'ensemble des « rationnels » de symbole $\mathbb{Q}$.
- À l'aide d'une calculatrice, on a $-\sqrt{2} = -1{,}414213562\ldots$ et $\pi = 3{,}141592654\ldots$ $-\sqrt{2}$ et π ont, après la virgule, des parties **illimitées** ; ils ne sont donc pas des décimaux. Ils ne sont pas non plus des rationnels, car ils ne sont pas le quotient de deux entiers. $-\sqrt{2}$ et π sont des non-rationnels ou des « **irrationnels** ».

● Un nombre peut-il appartenir à plusieurs ensembles ?

Oui. Exemple : 5 est un entier naturel, mais aussi un entier relatif car il s'écrit + 5, un décimal car il s'écrit 5,0 et un rationnel car il s'écrit $\frac{5}{1}$.

● Y a-t-il un ensemble qui inclurait tous les ensembles $\mathbb{N}$, $\mathbb{Z}$, $\mathbb{D}$, $\mathbb{Q}$ et celui des « irrationnels » ?

Oui. Et on désigne cet ensemble par l'ensemble $\mathbb{R}$ des réels. C'est ainsi que tous les nombres que nous utiliserons en classe de 2de sont des réels.

● Qu'en est-il de zéro ?

Le nombre 0 appartient à $\mathbb{N}$, il appartient donc à tous les autres ensembles.

● Le diagramme de Venn

Il montre (ci-contre) :

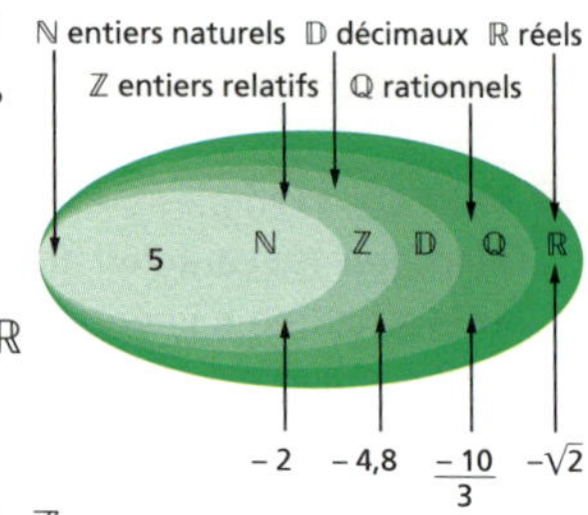

- les ensembles $\mathbb{N}$, $\mathbb{Z}$, $\mathbb{D}$, $\mathbb{Q}$, $\mathbb{R}$ et leurs inclusions.

On écrit :
$\mathbb{N} \subset \mathbb{Z} \subset \mathbb{D} \subset \mathbb{Q} \subset \mathbb{R}$
et on lit :
l'ensemble $\mathbb{N}$ est **inclus** dans l'ensemble $\mathbb{Z}$, $\mathbb{Z}$ est inclus dans $\mathbb{D}$, $\mathbb{D}$ est inclus dans $\mathbb{Q}$, et $\mathbb{Q}$ est inclus dans $\mathbb{R}$ » ;

- des exemples de nombres appartenant à un ensemble.

5 est un entier naturel. On écrit : $5 \in \mathbb{N}$ et on lit : « 5 appartient à $\mathbb{N}$. »
4,8 n'est pas un entier naturel. On écrit : $4{,}8 \notin \mathbb{N}$ et on lit : « 4,8 n'appartient pas à $\mathbb{N}$. »

COMMENT FAIRE

► Pour trouver la nature d'un nombre

● Cela revient d'abord à trouver sa valeur exacte.

Exemple 1 : Montrer que $A = -1 + \frac{5}{8}$ est un décimal.

À la main :

$A = -1 + \frac{5}{8} = -\frac{8}{8} + \frac{5}{8} = \frac{-3}{8}$. Le nombre A est un rationnel car il est le quotient des deux entiers −3 et 8.

À la machine :	[(−)] 1 [+] 5 [÷] 8 [EXE]	[−0.375]
ou bien :	[(−)] 1 [+] 5 [÷] 8 [ENTER]	[−0.375]

● La partie après virgule « 375 » est limitée, $A = -\frac{375}{1\,000}$, donc A est bien un décimal.

Exemple 2 : Le nombre $B = -3^{-2}$ est-il un décimal ?

● $B = -\left(\frac{1}{3^2}\right) = -\frac{1}{9}$. Le nombre B est un rationnel, car il est le quotient des deux entiers − 1 et 9.

● La calculatrice affiche [−0.1111111111], donc le nombre B est un rationnel mais non décimal, car sa partie après virgule « 1111111111… » est illimitée.

Exemple 3 : Quelle est la mesure exacte du périmètre de ce cercle ?

❑ 3 × π ❑ 3 × 3,14 ❑ 3 × 3,15

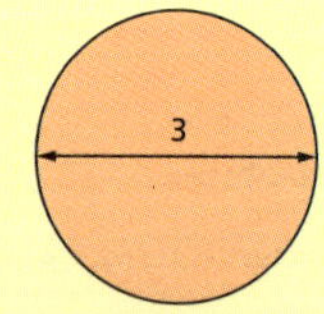

● Réponse : **3 × π**, car π est un irrationnel dont l'écriture décimale a une partie illimitée après la virgule.

● 3 × 3,14 en est une valeur **approchée par défaut**

● et 3 × 3,15 en est une valeur **approchée par excès**.

1 **Relier chaque nombre aux ensembles auxquels il appartient.**

-2	2π	10^{-3}	$\sqrt{5}$	$\sqrt{9}$
•	•	•	•	•
•	•	•	•	•
$\mathbb{N}$	$\mathbb{Z}$	$\mathbb{D}$	$\mathbb{Q}$	$\mathbb{R}$

2 **Compléter le tableau en suivant les exemples.**

Nombre	Écriture décimale	Nature du nombre
$\frac{12}{7}$	1,7142857…	Rationnel non décimal
$\frac{21}{4}$		
10^{-2}		
5^{-1}		
$\frac{19}{6}$		
2π	6,2831853…	Irrationnel, car 2π n'est pas le quotient de deux entiers.
$100\,\pi$		
$\frac{19\pi}{8\pi}$		

3 **Cocher la bonne case :**

	rationnel	irrationnel
a. $\sqrt{32}$	❑	❑
b. $\sqrt{144}$	❑	❑
c. $-\sqrt{10{,}24}$	❑	❑
d. $5+\sqrt{2}$	❑	❑
e. $\frac{\sqrt{3}}{2}$	❑	❑

4 **Voici deux rationnels.**

a. Compléter les pointillés avec leurs écritures décimales.

$\frac{85}{23} = \dots\dots\dots$ $\qquad\frac{1}{11} = \dots\dots\dots$

b. Pourquoi ces rationnels ne sont-ils pas des décimaux ? Quelle remarque peut-on faire ?

5 **Compléter le tableau en suivant l'exemple.**

Expression	Valeur exacte	Valeur arrondie à 0,001 près
$16:3+5$	$\frac{16}{3}+5=\frac{16}{3}+\frac{15}{3}=\frac{31}{3}$	10,333
Aire d'un cercle de diamètre 10 cm		
Hypoténuse du triangle 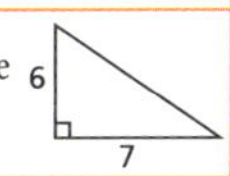		
Hauteur du triangle équilatéral 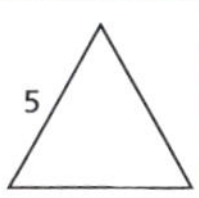		

6 **Calculer puis associer à chaque expression sa valeur.**

$(-4)^{-2}$	-4^{-2}	$4^2\times4^{-3}$	$4^3\times4^5\times4^{-8}$	$-4^{-1}\times4$
•	•	•	•	•
•	•	•	•	•
1	-1	$\frac{1}{16}$	$-\frac{1}{16}$	$\frac{1}{4}$

7 **Vrai ou faux ?**

	Vrai	Faux
a. $\frac{2}{\sqrt{5}}$ est égal à 0,89	❑	❑
b. $\frac{2}{\sqrt{5}}$ est égal à $\frac{2\sqrt{5}}{5}$	❑	❑
c. $\sqrt{3^2+4^2}$ est égal à 7	❑	❑
d. $\frac{1}{\sqrt{2}}$ est à peu près égal à 0,7	❑	❑

8 **Associer à chacune des expressions sa valeur.**

$\dfrac{\frac{3}{2}}{\frac{9}{10}}$	$\dfrac{\frac{14}{35}}{\frac{}{45}}$	$\dfrac{2+\frac{1}{5}}{2-\frac{1}{5}}$	$5-\dfrac{8+4}{16}$
•	•	•	•
•	•	•	•
18	$\frac{5}{3}$	$\frac{11}{9}$	$\frac{17}{4}$

9 **Applications à la notation scientifique.**

1. Lequel de ces nombres est écrit en notation scientifique ?

a. ❑ $12{,}854\times10^3$

b. ❑ $5{,}02\times10^{-4}$

c. ❑ $0{,}234\times10^4$

2. Compléter les pointillés avec une puissance de 10.

$0{,}00093 = 9{,}3\times10^{\cdots}$;

$45\,897{,}62 = 4{,}589762\times10^{\cdots}$;

$2{,}5\times10^{\cdots} = 25\,000\,000$.

3. Le corps d'un adulte contient environ 100 000 000 000 000 cellules.
Exprimer ce nombre en notation scientifique.

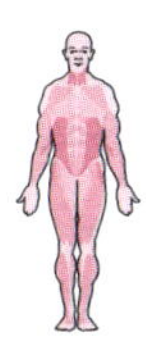

4. Un noyau cellulaire a environ 5 µm de diamètre.
($1\ \mu\text{m} = 10^{-6}$ m)
Exprimer ce diamètre en mm et en notation scientifique.

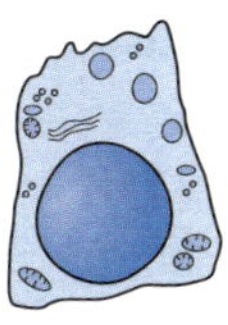

À RETENIR

Ce chapitre est une leçon d'arithmétique, tous les nombres considérés sont des entiers naturels.

Décomposer un nombre en un produit de facteurs

Exemple

- $6 = 1 \times 6$, donc 6 est le produit des deux facteurs 1 et 6. Mais
$6 = 2 \times 3$, donc 6 est également le produit des deux facteurs 2 et 3.

- $6 = 1 \times 6$ **et** $6 = 2 \times 3$. On dit que 1 ; 2 ; 3 ; 6 sont des **facteurs** de 6, ou que 1 ; 2 ; 3 ; 6 sont des **diviseurs** de 6, ou que 6 est divisible par 1 ; 2 ; 3 et 6 ou que 6 est un **multiple** de 1 ; 2 ; 3 ; 6.

Définition d'un nombre premier

- Un nombre différent de zéro est dit **premier** s'il a exactement **deux facteurs différents** (ou deux diviseurs différents) : 1 et lui-même.

Exemple : l'entier naturel 2 est premier car il a exactement deux facteurs : 1 et lui-même. Il s'écrit uniquement sous la forme 1×2. Il en est de même de 3 ; 5 ; 7 et 11.

- **Qu'en est-il de 1 ?**
Le nombre 1 n'est pas premier, car $1 = 1 \times 1$. **1 n'a pas deux facteurs différents.**

- **13 = 2 × 6,5. Peut-on en déduire que 13 n'est pas premier ?**
Non, car 6,5 n'est pas entier.
Le nombre 13 s'écrit uniquement 1×13, il est donc premier.

COMMENT FAIRE

► Pour décomposer un nombre en un produit de facteurs premiers

Voici, à l'aide d'un diagramme, une façon de décomposer les nombres 30 et 50 en un produit de facteurs premiers. Souvenez-vous de toujours placer le plus petit facteur à gauche.

2 ; 3 et 5 sont premiers donc $\mathbf{30 = 2 \times 3 \times 5}$ et $\mathbf{50 = 2 \times 5 \times 5}$

► Pour trouver le PPCM (le plus petit commun multiple) et le PGCD (le plus grand commun diviseur) de deux ou plusieurs nombres

Cela revient d'abord à les décomposer en nombres premiers.

Exemple **Trouver le PPCM et le PGCD de 30 ; 50 et 90.**

$30 = 2 \times 3 \times 5$; $50 = 2 \times 5 \times 5$, $90 = 2 \times 3 \times 3 \times 5$, donc

$30 = 2^1 \times 3^1 \times 5^1$; $50 = 2^1 \times 5^2$ et $90 = 2^1 \times 3^2 \times 5^1$

D'où :

- PPCM (30 ; 50 ; 90) $= 2^1 \times 3^2 \times 5^2 = \boxed{450}$ (produit des facteurs communs et des facteurs non communs avec leurs plus grandes puissances).
- PGCD (30 ; 50 ; 90) $= 2^1 \times 5^1 = \boxed{10}$ (produit des facteurs communs avec leurs plus petites puissances).

► Pour savoir si un nombre *b* est facteur d'un nombre *a*

Cela revient à s'assurer d'abord que *b* est différent de zéro, ensuite à diviser le nombre *a* par le nombre *b* et à examiner le reste.

Exemple

11 est-il un facteur de 198 ? (autrement dit 198 est-il divisible par 11, ou bien 11 est-il un diviseur de 198 ?)
$198 = 11 \times 18 + \mathbf{0}$. Ici le reste est 0, donc $198 = 11 \times 18$, et 11 est facteur de 198.
Remarque : $199 = 11 \times 18 + \mathbf{1}$. Ici le reste est 1, donc 11 n'est pas facteur de 199.

►

► Pour écrire une liste finie de nombres premiers

Revenons au crible d'Ératosthène (Alexandrie, 250 ans avant J.-C.) et trouvons par exemple tous les nombres premiers inférieurs à 30.

Étape 1. Lister les nombres de 2 à 30.
2 3 4 5 6 7 8 9 10 11 12 13 14 15 16 17 18 19 20 21 22 23 24 25 26 27 28 29 30.

Étape 2. Supprimer de la liste successivement :
a. les multiples de 2, sauf 2 qui est premier (barrer en rouge)
b. dans la sous-liste, les multiples de 3, sauf 3 qui est premier (barrer en bleu)
c. dans la sous-liste, les multiples de 5, sauf 5 qui est premier (barrer en vert)
2 3 ~~4~~ 5 ~~6~~ 7 ~~8~~ ~~9~~ ~~10~~ 11 ~~12~~ 13 ~~14~~ ~~15~~ ~~16~~ 17 ~~18~~ 19 ~~20~~ ~~21~~ ~~22~~ 23 ~~24~~ ~~25~~ ~~26~~ ~~27~~ ~~28~~ 29 ~~30~~.
C'était la dernière suppression car $\sqrt{30} = \mathbf{5},47\ldots$ (avec les multiples de 6 ; de 7 ; … on retombe sur des nombres déjà supprimés).
Les dix nombres non barrés : **2 ; 3 ; 5 ; 7 ; 11 ; 13 ; 17 ; 19 ; 23 et 29** sont les nombres premiers inférieurs à 30.

S'EXERCER

1 Recherher des nombres premiers.

a. Compléter les pointillés avec les multiples de 2 inférieurs à 20.
2 ; … ; … ; … ; … ; … ; … ; … ; … ; 20.
b. Préciser tous les nombres premiers de cette liste.

2 Est-il possible de trouver deux entiers consécutifs premiers ? Pourquoi ?

(Exemple de deux entiers consécutifs : 18 et 19.)

3 Dans la liste des nombres de 100 à 120, barrer successivement les multiples de 2, de 3, de 5 et de 7.

100 ; 101 ; 102 ; 103 ; 104 ; 105 ; 106 ; 107 ; 108 ; 109 ;
110 ; 111 ; 112 ; 113 ; 114 ; 115 ; 116 ; 117 ; 118 ; 119 ; 120.
Vérifier que les nombres non barrés sont premiers.

4 Écrire la liste des nombres de 200 à 220 et trouver les nombres premiers de cette liste.

5 Vérifier la propriété de Goldbach énoncée ci-dessous, avec les nombres pairs qui suivent.

Propriété de Goldbach (mathématicien allemand 1690-1764) : « Un nombre pair, supérieur ou égal à 4, est la somme de deux nombres premiers. »
$4 = 2 + 2$; $6 = \ldots + \ldots$; $8 = \ldots + \ldots$; $10 = \ldots + \ldots$;
$12 = \ldots + \ldots$; $14 = \ldots + \ldots$; $16 = \ldots + \ldots$;
$18 = \ldots + \ldots$; $20 = \ldots + \ldots$; $30 = \ldots + \ldots$.

6 Comment placer les trois chiffres 5, 4 et 9, pour qu'ils forment un nombre à trois chiffres divisible par :

a. 2 **b.** 3 **c.** 5 **d.** 7 ?

7 Compléter les pointillés avec les diviseurs des nombres 12 ; 64 et 80.

12 : 1 ; … ; … ; … ; … ; 12.
64 : … ; … ; … ; … ; … ; … ; …..
80 : … ; … ; … ; … ; … ; … ; … ; … ; ….; … .

8 Calculs autour de deux nombres.

a. À l'aide d'un diagramme, décomposer 36 et 60 en facteurs premiers ; puis écrire 36 et 60 sous la forme d'un produit de puissances.
b. Déterminer le PGCD et le PPCM de 36 et 60.
c. Vérifier que le produit de 36 et 60 est égal au produit de leur PGCD et PPCM.
d. Écrire sous la forme d'un produit : $36a + 60$.
e. Calculer : $\frac{5}{36} + \frac{1}{60}$.

9 Vrai ou faux ?

	Vrai	Faux
a. $50 = 2 \times 5^2$	❑	❑
b. $\sqrt{50} = \sqrt{2 \times 5^2} = 5\sqrt{2}$	❑	❑
c. $\sqrt{405} = \sqrt{3 \times 3 \times 3 \times 3 \times 5} = 9\sqrt{5}$	❑	❑
d. $\sqrt{4^2 \times 5^3 \times 7^2} = 4 \times 5 \times 7\sqrt{5} = 140\sqrt{5}$	❑	❑

10 Effectuer les calculs ci-dessous.

1. a. Décomposer en un produit de facteurs premiers :
150 ; 504 ; 585
b. Écrire ces produits à l'aide de puissances.
2. Simplifier et préciser à quel ensemble appartient chacun des nombres :
$A = \frac{150}{504}$ $B = \frac{1}{A}$ $C = \frac{585}{150}$
3. Vrai ou faux ?

	Vrai	Faux
a. Le PGCD de (150 ; 504 ; 585) est 6.	❑	❑
b. Le PPCM de (10 ; 25 ; 84) est 2 100.	❑	❑

4. a. Calculer la valeur exacte de $A + B + C$.
b. En donner une valeur arrondie au millième près.

À RETENIR

Des expressions

- $5 - (3 + 2 \times 7)$ est une expression numérique. Elle contient des nombres, des signes d'opérations, des parenthèses. Sa valeur est -12.
- $4x^2 - (5x - 1)$ est une expression algébrique. Une expression algébrique contient des nombres, des lettres, des signes d'opérations, des parenthèses. La valeur de $4x^2 - (5x - 1)$ dépend de celle de x. On dit que x est une **variable** et que l'expression $3x^2 - (5x - 1)$ est une **fonction de x**.

Cas d'un produit

- L'expression $-5x^2$ est le produit de -5 de x et de x. En mathématiques, $-5x^2$ constitue un seul **terme** dans lequel -5 est le **coefficient**, x la **variable** et 2 le **degré** de $-5x^2$.
- $-5x^2$ et $6x^2$ sont deux termes « **semblables** », car ils ont la même puissance x^2.
Leur somme : $-5x^2 + 6x^2 = (-5 + 6)\,x^2 = 1x^2 = x^2$.

Attention !

- Les termes $2x^3$ et $4x$ ne sont pas semblables, car ils n'ont pas la même puissance. La somme $2x^3 + 4x$ est formée de deux termes différents, elle ne peut plus être réduite.
- $x^0 = 1$ et $x^1 = x$.

Identités remarquables utiles pour développer ou factoriser

- Le carré d'une somme : $(a + b)^2 = a^2 + 2ab + b^2$
- Le carré d'une différence : $(a - b)^2 = a^2 - 2ab + b^2$
- Le produit de la somme de deux termes par leur différence : $(a + b)(a - b) = a^2 - b^2$

COMMENT FAIRE

► Pour calculer une expression numérique

Cela revient à effectuer les opérations selon les règles de priorité et de calculs.

Exemple

Calculer l'expression $A = 1 - 3(2^3 - 5 + 2 \times 3)$

- À la main : $A = 1 - 3(2^3 - 5 + 2 \times 3)$

Effectuer à l'intérieur des parenthèses la puissance et le produit → $A = 1 - 3(8 - 5 + 6)$
Effectuer l'intérieur des parenthèses → $A = 1 - 3 \times 9$
Effectuer la multiplication → $A = 1 - 27$
Calculer A en additionnant 1 et -27 → $A = -26$

À l'aide d'une calculatrice scientifique, il suffit de rentrer les données de gauche à droite et d'appuyer sur la touche [=] ou [EXE] ou [ENTER] (utiliser les touches [^] ou [y^x] pour la puissance).

► Pour supprimer un radical du dénominateur

Cela revient à multiplier le numérateur et le dénominateur par une même quantité.

Exemple

$$\frac{2}{\sqrt{3}} = \frac{2 \times \sqrt{3}}{\sqrt{3} \times \sqrt{3}} = \frac{2\sqrt{3}}{3}$$

$$\frac{2}{4 + \sqrt{3}} = \frac{2 \times (4 - \sqrt{3})}{(4 + \sqrt{3})(4 - \sqrt{3})} = \frac{8 - 2\sqrt{3}}{16 - 3} = \frac{8 - 2\sqrt{3}}{13}$$

$4 - \sqrt{3}$ est l'expression conjuguée de $4 + \sqrt{3}$.

► Pour développer une expression.

Cela revient à supprimer les parenthèses en appliquant les règles de distributivité et de calcul.

Exemple

Soit $E = -\frac{3}{4}\,a\,(16a^2 - 1)$. Sous forme développée, $E = -12a^3 + \frac{3}{4}\,a$.

► Pour réduire et ordonner une expression

Cela revient à réduire les termes semblables et à écrire l'expression selon les puissances décroissantes (ou croissantes) de la variable.

►

Exemple **Réduire et ordonner :** $\mathbf{E = 3x^2 + 5x - 3x - 9x^2}$

Sont semblables $3x^2$ et $-9x^2$ d'une part, ⟶ $E = 3x^2 + 5x - 3x - 9x^2$

$+5x$ et $-3x$ d'autre part ⟶ $E = x^2(3 - 9) + x(5 - 3)$

Selon les puissances décroissantes de x ⟶ $E = -6x^2 + 2x$

Selon les puissances croissantes de x ⟶ $E = 2x - 6x^2$

► Pour factoriser une expression

Cela revient à la mettre sous la forme d'un produit de facteurs.

Exemple $E = 20x + 4 - (5x + 1)^2$

$E = 4(5x + 1) - (5x + 1)^2 = 4(5x + 1) - (5x + 1)(5x + 1)$

$E = (5x + 1)\,[4 - (5x + 1)]$

$E = (5x + 1)\,(4 - 5x - 1) = (5x + 1)(-5x + 3)$

S'EXERCER

1 Calculer mentalement.

a. $54 : 9 - 2 \times 2 = \ldots$

b. $(5 + 3 \times 2) \times \dfrac{1}{11} - (3 - 2 \times 2) = \ldots$

c. $\dfrac{15 - 24}{6 - 12} = \ldots$ **d.** $\dfrac{48 - 8 \times 3}{8 + 2 \times 3} = \ldots$

2 Vrai ou faux ?

	Vrai	Faux
a. $3^2 \times 5 + 5 : 2$ est égal à 25	❑	❑
b. $80 - 30 : 5 \times 10$ est égal à 20	❑	❑
c. $4^2\,(-10 + 10 \times 2)$ est égal à 0	❑	❑
d. $\dfrac{3}{4} - \dfrac{3}{4} : \left(-\dfrac{2}{3} + \dfrac{1}{3}\right)$ est égal à 0	❑	❑
e. Le produit de quinze et de la somme du carré de trois et de 35 est égal à 660	❑	❑

3 Remplacer les lettres par leurs valeurs.

Vos réponses sont exactes si vous trouvez un carré magique de somme 63.

a	b	c
d	e	f
g	h	i

a $= \text{PGCD}\,(216 ; 264)$ **b** $= \dfrac{3^{-4}}{3^{-6}}$

c $= \sqrt{3^2 \times 10^2}$ **d** $= \text{PPCM}\,(9 ; 27)$

e $= \dfrac{3^2 \times 7 \times (10^2)^{-3}}{3 \times 10^{-6}}$ **f** $= 2^2 \times 3 \times 5^3 \times 10^{-2}$ **g** $= \dfrac{\sqrt{288}}{\sqrt{2}}$

h = la somme du carré de 5 et du cube de 2

i = la moitié de l'inverse de 6^{-2}

4 Réduire chacune des expressions suivantes.

$A = 7 - 3x - x^2 + 2 + 4x - 2x^2$

$B = 3x^2 - 11 - 6x + 18 - x + x^2$

$C = \dfrac{5}{4}x^2 - \dfrac{3}{8} - 4x + \dfrac{5}{6} - x^2 + \dfrac{1}{2}x$

5 Développer et réduire.

$E = (2x + \dfrac{1}{2})^2$ $F = -(5x - 1)^2$

$G = (4 - y)\,(y + 4)$ $H = (-a - \sqrt{2})^2$

$I = (3x - 2)^2 - (5x - 1)(2x - 3)$

6 $n - 1$, n et $n + 1$ sont trois entiers consécutifs.

a. Trouvez ces trois entiers dans le cas où $n = 9$.

b. Calculer $n^2 - (n - 1)\,(n + 1)$.

c. Calculer à la main puis à la machine :
$917\,850\,236^2 - (917\,850\,235) \times (917\,850\,237)$.

7 Exprimer chacun des nombres sans radical au dénominateur.

$A = \dfrac{5}{\sqrt{3}}$ $B = \dfrac{\sqrt{2}}{\sqrt{14}}$ $C = \dfrac{\sqrt{5} - 1}{\sqrt{5}}$

$D = \dfrac{1}{1 - \sqrt{2}}$ $E = \dfrac{\sqrt{3} - 1}{\sqrt{3} + 1}$ $F = \dfrac{5 - \sqrt{2}}{1 - \sqrt{6}}$

8 Compléter le tableau en suivant l'exemple. Choisir la forme la plus adaptée pour trouver la valeur de l'expression.

Forme développée et réduite	Forme factorisée	Valeur de la variable	Valeur de l'expression
$5x^2 - 30x$	$5x\,(x - 6)$	-1	35
…	$\left(\dfrac{2}{3} + x\right)(15 - x)$	$-\dfrac{2}{3}$	…
$3x^4 + 12x^3 + 12x^2$	…	-2	…
$1 - 9y^2$	…	$\dfrac{5}{3}$	…
…	$-(2x - \sqrt{3})(x + \sqrt{3})$	$\dfrac{\sqrt{3}}{2}$	…
$4z^2 - \dfrac{9}{16}$	…	$\dfrac{\sqrt{2}}{2}$	…
$\dfrac{9}{4}t^2 - 3t + 1$	…	$\dfrac{2}{3}$	…
$-4x^2 + 8$	…	$-\dfrac{3}{4}$	…

9 Compléter avec les signes +, –, × ou :

a. $20 \ldots 30 \ldots 10 = 17$ **b.** $50 \ldots 50 \ldots 250 \ldots 0 = 1$

c. $5 \ldots 6 \ldots 9 \ldots 9 = 0$ **d.** $12 \ldots 3 \ldots 8 \ldots 4 = -28$

MATHÉMATIQUES

À RETENIR

ÉQUATIONS

Vocabulaire

- L'égalité $2 + 3 = 5$ est toujours vraie.
- L'égalité $x + 3 = 10$ n'est vraie que si $x = 7$.

$x + 3 = 10$ est une équation d'inconnue x.
$x + 3$ est son premier membre, 10 est son second membre et 7 est sa solution.

Deux propriétés pour résoudre une équation

● Propriété d'addition

Les solutions d'une équation ne changent pas si on ajoute un même nombre (positif ou négatif) aux deux membres de l'équation.
Autrement dit, pour tous les nombres a, b et c :
si $a = b$ **alors** $a + c = b + c$

● Propriété de multiplication

Les solutions d'une équation ne changent pas si on multiplie (ou si on divise) ses deux membres par un même nombre différent de 0. Autrement dit, pour tous les nombres a, b et c ($c \neq 0$) :
si $a = b$ **alors** $a \times c = b \times c$

Remarque

Diviser par un nombre (différent de zéro) revient à multiplier par son inverse.

$5 : 2 = \frac{5}{2} = 5 \times \frac{1}{2}$

● Cas de l'équation produit nul

Une équation dont l'un des membres est un produit de facteurs et dont l'autre est égal à 0 est dite « équation produit nul ». Les solutions d'une telle équation sont les valeurs de l'inconnue qui annulent chacun des facteurs.

Exemple

Résoudre $(2x - 3)(-x + 4) = 0$

$(2x - 3)(-x + 4) = 0$ pour

$2x - 3 = 0$	ou	$-x + 4 = 0$
$2x - 3 + 3 = 0 + 3$	ou	$-x + 4 - 4 = 0 - 4$
$2x = 3$	ou	$-x = -4.$
$\frac{1}{2} \times 2x = \frac{1}{2} \times 3$	ou	$(-1)(-x) = (-1) \times (-4)$
$x = \frac{3}{2}$	ou	$x = 4$

Les solutions de l'équation sont $\frac{3}{2}$ et 4.

INÉQUATIONS

Vocabulaire

- L'inégalité $2 + 3 < 7$ est toujours vraie.
- L'inégalité $x + 3 < 7$ n'est vraie que si $x < 4$.

$x + 3 < 7$ est une inéquation d'inconnue x.
$x + 3$ est son premier membre, 7 son second membre, et tous les nombres inférieurs à 4 constituent l'ensemble de ses solutions.

- Signes d'inégalité :

$\neq$ (différent) ;
$<$ (inférieur) ;
$\leq$ (inférieur ou égal) ;
$>$ (supérieur) ;
$\geq$ (supérieur ou égal).

Trois propriétés pour résoudre une inéquation

● Propriété d'addition

Les solutions d'une inéquation ne changent pas si on ajoute un même nombre (positif ou négatif) aux deux membres de l'inéquation.

Si $a < b$ alors $a + c < b + c$

● Propriété de multiplication par un nombre positif

Les solutions d'une inéquation ne changent pas si on multiplie les deux membres de l'inéquation par un nombre positif (différent de zéro) **sans changer** le sens de l'inéquation.

Si $a < b$ et $c > 0$, alors $a \times c < b \times c$

● Propriété de multiplication par un nombre négatif

Les solutions d'une inéquation ne changent pas si on multiplie les deux membres de l'inéquation par un nombre négatif (différent de zéro) **en changeant** le sens de l'inéquation.

Si $a < b$ et $c < 0$, alors $a \times c > b \times c$

● Représentation des solutions sur une droite graduée

$x'x$ est une droite graduée d'origine O. Les nombres x inférieurs à 4 sont représentés en bleu.

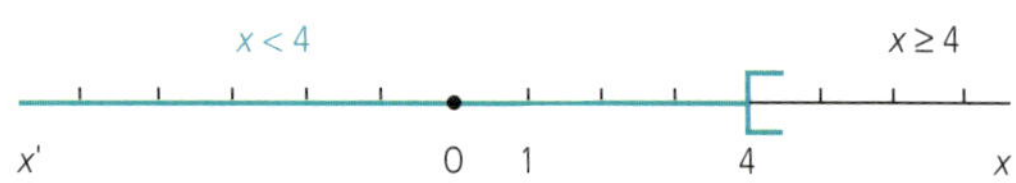

COMMENT FAIRE

► Pour résoudre une équation ou une inéquation

Cela revient à réduire chacun des membres, à isoler l'inconnue en appliquant les propriétés ci-dessus, puis à vérifier que la solution obtenue répond aux conditions de la question posée.

Exemples

x est un **entier naturel**, résoudre mentalement l'équation et l'inéquation :

a. $3x - 2 = 1{,}6$
$3x = 3{,}6$
$x = 1{,}2$. 1,2 n'est pas un entier,
donc l'équation n'a pas de solution.

b. $5x - 10 < 5$
$5x < 15$
$x < 3$.
Les solutions de cette inéquation sont 0, 1 et 2.

S'EXERCER

1 **x est un entier relatif. Résoudre mentalement puis relier chaque équation à sa solution.**

$4x - 3 = 6$ • $-3x + 2 = -10$ • $5(z + 3) = 0$ • $\frac{t}{6} = \frac{2}{3}$

• $\frac{9}{4}$ • pas de solution • 4 • -3

2 **Résoudre dans ℝ, puis entourer la lettre de l'équation intruse.**

a. $2x - 7 = -9$ **b.** $x^2 - 5x = x(x + 2) + 7$
c. $3(x + 1)^2 = 0$ **d.** $\frac{3}{4} - \frac{x}{2} = -\frac{1}{4}$

3 **Résoudre dans ℝ, puis entourer la lettre de l'inéquation intruse.**

a. $-x > 3$ **b.** $x + \frac{1}{2} < -\frac{5}{2}$
c. $-2x + 1 < x - 8$ **d.** $-x - 3 > 0$

4 **Calculer x et y.** Unité : m

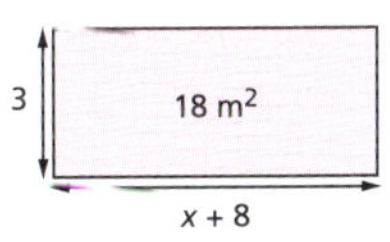

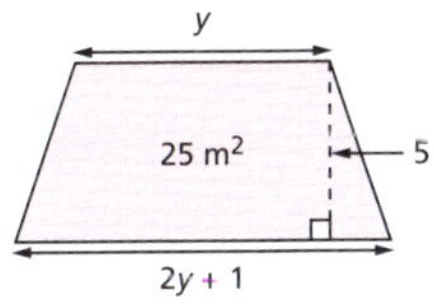

5 **x est un entier qui prend les valeurs des faces d'un dé.**

Résoudre :

a. $5(3 - 2x) = 28 + 3x$
b. $2x^2 - x - 3 = 2x^2 - 5x - 3$
c. $2(3x - 4) < 10x - 24$
d. $2(3x - 4) \leq 10x - 24$
e. $2{,}4 - 6(x - 5) = 0{,}4(3 - 2x)$
f. $2{,}4 - 6(x - 5) > 0{,}4(3 - 2x)$

6 Laura a 20 ans et sa grand-mère 65. Il y a x années la grand-mère avait six fois l'âge de Laura.
Compléter le tableau et trouver x.

	Âge actuel	Âge il y a x années
Laura	20	
Grand-mère	65	

7 **Résoudre dans ℝ chacune des inéquations. Représenter ses solutions sur une droite graduée**

a. $\frac{x}{2} - 1 < 3 - 2x$

b. $x(x + 5{,}3) + 1{,}5 \leq 0{,}8x - 7{,}5 + x^2$

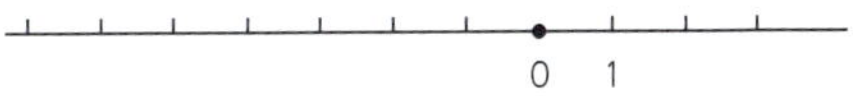

c. $-z \leq -6 + \frac{z}{2}$

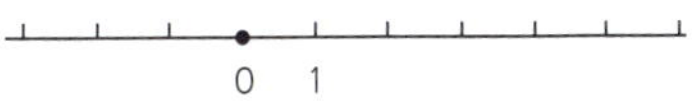

8 **Compléter le tableau en suivant l'exemple.**

Équations	Équations produit nul	Solutions de l'équation
$4x^2 = 1$	$4x^2 - 1 = 0$; $(2x - 1)(2x + 1) = 0$	$x = \frac{1}{2}$ ou $x = -\frac{1}{2}$
$5(x + 3) = (4x + 3)(x + 3)$		
$4x^3 = x$		
$t^2 - 2t = 1$		
$6x^2 + 9x - 2(2x + 3) = 0$		
$\left(\frac{x}{2} + 1\right)^2 = (x - 3)^2$		
$4x^2 + 4x + 1 = (x - 5)^2$		

9 **x et y sont des réels, entourer les lettres des bonnes réponses.**

1. Si ($y = x - 2$ **et** $3x - y = 11$) alors :
a. $(x = 3 ; y = 1)$
b. $(x = -1 ; y = -3)$
c. $(x = 4{,}5 ; y = 2{,}5)$

2. Si ($y = -(x - 1)$ **et** $-2x + 3y - 4 = 0$) alors :
a. $(x = -1 ; y = 2)$
b. $(x = -0{,}2 ; y = 1{,}2)$
c. $(x = -\frac{1}{5} ; y = \frac{6}{5})$

10 **Résoudre dans ℝ chacun des systèmes.**

1. $\begin{cases} y = \frac{1}{2}x + 4 \\ y - 2x - 4 = 0 \end{cases}$ **2.** $\begin{cases} 2y = 6x - 4 \\ 3x - 5y = 2 \end{cases}$

À RETENIR

Opération interdite

Diviser par zéro est une opération interdite, car cette opération n'a pas été définie par les mathématiciens. La calculatrice affiche ERROR en divisant 3 par 0.

Expressions fractionnaires

- $\dfrac{\frac{1}{2}+\frac{1}{3}}{\frac{1}{2}-\frac{1}{3}}$ est le quotient de deux expressions numériques, de numérateur $\frac{1}{2}+\frac{1}{3}$ et de dénominateur $\frac{1}{2}-\frac{1}{3}$.

Ce quotient est bien défini, car son dénominateur $\frac{1}{2}-\frac{1}{3}$, ou $\frac{1}{6}$, est différent de zéro.

- $\dfrac{x^2-16}{x-4}$ est le quotient de deux expressions algébriques. Ce quotient est défini si le dénominateur $x-4$ est différent de zéro, soit $x \neq 4$.

- Simplifier, multiplier, diviser, additionner et soustraire sont des opérations que l'on peut effectuer avec des expressions fractionnaires.

Exemple : Simplifier $A = \dfrac{105x^2}{65x}$

Le quotient A est défini si le dénominateur est différent de zéro, donc si $65x \neq 0$ ou $x \neq 0$. Dans ce cas,

$$A = \frac{105x^2}{65x} = \frac{5 \times 21 \times x \times x}{5 \times 13 \times x} = \frac{21x}{13}.$$

COMMENT FAIRE

▶ Pour trouver l'inverse d'un nombre

- **À la main**, cela revient à intervertir le numérateur et le dénominateur sans changer de signe.

L'inverse de -2 (ou $-\frac{2}{1}$) est $-\frac{1}{2}$. On a : $-\frac{2}{1} \times -\frac{1}{2} = 1$.

- **À l'aide d'une calculatrice**, cela revient à introduire le nombre puis à utiliser la touche [1/x] ou [x^{-1}] selon le modèle de la calculatrice. [(–)] 2 [x^{-1}] [EXE] [–0.5]

▶ Pour calculer $\dfrac{\frac{1}{2}+\frac{1}{3}}{\frac{1}{2}-\frac{1}{3}}$

- **À la main**, cela revient à simplifier l'écriture du numérateur, N, celle du dénominateur, D, et à diviser N par D.

$N = \frac{1}{2}+\frac{1}{3} = \frac{3+2}{6} = \frac{5}{6}$ $\qquad D = \frac{1}{2}-\frac{1}{3} = \frac{3-2}{6} = \frac{1}{6}$ $\qquad \frac{N}{D} = \frac{5}{6} : \frac{1}{6} = \frac{5}{6} \times \frac{6}{1} = \frac{5}{1} = 5$

- **À l'aide d'une calculatrice**, cela revient entre autres à considérer le trait de fraction comme un symbole de groupement. Voici un exemple de calcul à la machine :

[(] 1 [÷] 2 [+] 1 [÷] 3 [)] [÷] [(] 1 [÷] 2 [–] 1 [÷] 3 [)] [=] [5]

▶ Pour simplifier une expression

Cela revient d'abord à mettre le numérateur et le dénominateur sous la forme d'un produit de facteurs, ensuite à simplifier par les facteurs communs différents de zéro.

Exemple $\quad A = \dfrac{3(x-2)}{x^2-4}$ $\qquad A = \dfrac{3(x-2)}{(x-2)(x+2)}$ ◀— x^2-4 est la différence de deux carrés

- Pour $x-2 \neq 0$, $A = \dfrac{3\cancel{(x-2)}}{\cancel{(x-2)}(x+2)}$
- Pour $x \neq 2$, $A = \dfrac{3}{x+2}$

▶ Pour effectuer une opération

Cela revient à appliquer les mêmes règles de calcul que pour les expressions numériques.

Exemple $\quad E = \dfrac{1}{x-2} - \dfrac{5}{x+3}$. Dénominateur commun : $(x-2)(x+3)$

$$E = \frac{1(x+3)-5(x-2)}{(x-2)(x+3)} = \frac{-4x+13}{(x-2)(x+3)}$$

▶

▶ Pour résoudre une équation,

Cela revient à appliquer les deux propriétés d'addition et de multiplication (voir chapitre 4) et à vérifier que les solutions sont convenables.

Exemple

Résoudre l'équation $\frac{1}{3x}+\frac{1}{8}=\frac{4}{3x}$

$24x\left(\frac{1}{3x}+\frac{1}{8}\right)=24x\left(\frac{4}{3x}\right)$ ⟵ multiplier chaque membre par $24x$, le PPCM.

$8+3x=32$ ⟵ supprimer les parenthèses et simplifier

$3x=24$

$x=8$

- Pour $x=8$ les dénominateurs de l'équation donnée ne sont pas nuls et l'égalité est bien vérifiée. Donc **8** est solution de l'équation.

S'EXERCER

1 Compléter en simplifiant l'écriture.

a. $-\frac{-5}{-3}=\ldots$ c. $\frac{2}{3}\times\left(-\frac{3}{2}\right)=\ldots$

b. $-\frac{-12-9}{-14}=\ldots$ d. $\frac{4x}{7}\times\ldots=-1$ avec $x\neq\ldots$

2 Vrai ou faux ?

		Vrai	Faux
a. $\frac{a+b+c}{a+b}$	est égal à c	❏	❏
b. $\frac{x^2+y^2}{x+y}$	est égal à $x+y$	❏	❏
c. $\frac{5-x}{x-5}$	est égal à -1	❏	❏
d. $\frac{2-x}{x+9}\times\frac{x+9}{2-x}$	est égal à 0	❏	❏

3 Calculer mentalement puis entourer la lettre de la bonne réponse.

$$\frac{36\left(\frac{2}{3}-\frac{1}{6}\right)-24\left(\frac{2}{3}-\frac{1}{6}\right)}{2}$$

a. $\frac{1}{3}$ b. $\frac{2}{3}$ c. 3 d. 6

4 Simplifier (tous les dénominateurs sont différents de 0).

a. $\frac{2-\frac{1}{6}}{3+\frac{1}{4}}$ b. $\frac{1+\frac{a}{b}}{1-\frac{a}{b}}$ c. $\frac{1+\frac{1}{x+1}}{1+\frac{3}{x-1}}$ d. $\frac{a+\frac{a}{b}}{a-\frac{a}{b}}$

5 Résoudre chacune des équations.

a. $3x-\frac{6x+8}{4}=9$ b. $\frac{x}{x-5}-\frac{1}{x+5}=\frac{1}{x^2-25}$

6 Cocher la bonne réponse.

Le numérateur d'une fraction est égal à son dénominateur moins 4. Si on ajoute 20 au numérateur et si on retranche 8 au dénominateur, alors le résultat est égal à 9.

La fraction est égale à :

❏ $\frac{29}{33}$ ❏ $\frac{3}{7}$ ❏ $\frac{7}{11}$ ❏ $\frac{15}{19}$

7 Trouver le nombre décrit ci-dessous.

La somme de ce nombre et de son inverse est égale à 2.

8 Vrai ou faux ?

	Vrai	Faux
1. a. Pour calculer $4+\frac{1}{5}$, il faut exécuter 5 [x^{-1}] [+] 4 [EXE]	❏	❏
b. Pour calculer $\frac{1}{4+\frac{1}{5}}$, il faut exécuter 5 [x^{-1}] [+] 4 [EXE] [x^{-1}] [EXE]	❏	❏

2. Effectuer à l'aide d'une calculatrice $2+\frac{1}{1+\frac{1}{3}}$.

9 Écarter les valeurs interdites, résoudre dans ℝ, puis relier chaque équation à sa solution.

a. $\frac{x}{x-1}=\frac{9}{x+3}$ • • -1

b. $\frac{x+3}{x-3}-\frac{2}{x-1}=\frac{4}{(x-1)(x-3)}$ • • pas de solution

c. $\frac{x-2}{x+2}+\frac{2x+3}{x-2}=3+\frac{16}{x^2-4}$ • • 3

10 Résoudre le système.

1. $\begin{cases} y=95-x \\ \frac{x}{y}=\frac{5}{14} \end{cases}$

2. La somme du numérateur et du dénominateur d'une fraction est 95. Sous forme irréductible, cette fraction est égale à $\frac{5}{14}$. Trouver cette fraction.

À RETENIR

Dans ce chapitre, la calculatrice est une calculatrice de lycée. Dans la suite, [EXE] *ou* [ENTER] *signifie « exécuter », « calculer » ou « = ».*

Les signes moins (–)

À la main :

5 – (–3) = 8. **Interdit d'écrire** : 5 ~~–~~ – 3 (deux signes d'opérations consécutifs)

Signe d'un nombre négatif : [(–)] est la touche correspondante.

Signe de soustraction : [–] est la touche correspondante.

Avec une calculatrice : 5 [–] [(–)] 3 [EXE] ou [ENTER] affiche 8.

***Remarque** : certaines calculatrices affichent le bon résultat avec deux signes d'opérations consécutifs !*

Les symboles de groupement

● Les parenthèses : utilisation identique à la main ou à la machine.

Exemple

- À la main : $3(2^3 - 10) = 3(8 - 10) = $ **–6**
- À la machine : 3 [(] 2 [^] 3 [–] 10 [)] [EXE] affiche **–6**.

● Le trait de fraction groupe tout le numérateur d'une part et tout le dénominateur d'autre part.

Exemple Calculer, $\dfrac{3+7}{5+3}$.

- À la main : $\dfrac{3+7}{5+3} = \dfrac{10}{8} = \dfrac{5}{4} = $ **1,25**
- Avec une calculatrice, il faut utiliser les parenthèses :
[(] 3 [+] 7 [)] [÷] [(] 5 [+] 3 [)] [EXE] et on lit **1,25**.
Ou bien : 3 [+] 7 [EXE] [÷] [(] 5 [+] 3 [)] [EXE]
et on lit **1,25**.

● Le radical

Exemple Calculer $\sqrt{2+7}$.

- À la main $\sqrt{2+7} = \sqrt{9} = 3$.
- Avec une calculatrice [√] [(] 2 [+] 7 [)] [EXE] et on lit **3**.

Ou bien : 2 [+] 7 [EXE] [√] [ANS] [EXE] et on lit **3**.
([ANS] signifie « réponse ».)

Notation scientifique

● En notation scientifique le nombre 450 s'écrit $4{,}5 \times 10^2$.

Pour introduire cette notation scientifique, il suffit d'exécuter selon le modèle de la calculatrice.

4.5 [×10ˣ] 2 et lire « 4.5 E 2 » ou bien 4.5 [EE] 2 et lire **450**.

Attention ! Ne pas confondre les affichages 2 ^ 3 et 2 E 3. Le premier, 2 ^ 3, correspond à $2^3 = 8$ et le second, 2 E 3, correspond à $2 \times 10^3 = 2\,000$.

Simplifier une fraction et effectuer des calculs

Exemple Simplifier $\dfrac{6}{8}$, puis calculer $\left(\dfrac{6}{8}\right)^2$.

Étape	Séquence	Affichage
1	6 [a+b/c] 8 (ou bien 6 [b/c] 8)	6 ⌋ 8 (ou bien 6/8)
2	[EXE] (ou bien [ENTER])	3 ⌋ 4 (ou bien 3/4) résultat simplifié
3	[x²] [EXE] ou [x²] [ENTER]	9 ⌋ 16 (ou bien 9/16) carré de 6/8 simplifié

Remarques

- $\dfrac{24}{15}$ est une fraction supérieure à 1. La séquence 24 [a+b/c] 15 [EXE] affiche 1 ⌋ 3 ⌋ 5. Elle signifie $1 + \dfrac{3}{5}$. Pour afficher ce dernier résultat sous forme de fraction, appuyer sur [d/c] et lire 8 ⌋ 5.
8 ⌋ 5 signifie $\dfrac{8}{5}$, fraction simplifiée de $\dfrac{24}{15}$.
- Pour transformer 8 ⌋ 5 en écriture décimale, appuyer sur la touche [F ↔ D] et lire 1.6 ou 1,6.

COMMENT FAIRE

► Pour calculer la valeur numérique d'une expression.

Cela revient à remplacer la lettre par sa valeur. Toutefois il est intéressant dans certains cas d'utiliser la touche mémoire.

Exemple

On donne $E = 5a^3 - a^2 + a$. Trouver la valeur approchée de E au millième près quand $a = -1{,}345$.

● **1ʳᵉ étape** : stocker la valeur – 1,345 dans une mémoire, soit A cette mémoire. Pour cela exécuter la séquence :
[(–)] 1 [.] 3 4 5 [→] [A] [EXE] **ou bien** [(–)] 1 [.] 3 4 5 [STO] [A] [ENTER]

● **2ᵉ étape** : calculer E en exécutant :
5 [A] [^] 3 [–] [A] [x²] [+] [A] [EXE] **ou bien** 5 [A] [^] 3 [–] [A] [x²] [+] [A] [ENTER]

Lire l'affichage – 15,31971813 et en conclure que **E ≈ – 15,320**.

1 **Compléter les pointillés**

avec $\frac{2}{23}$; $\frac{4}{41}$ et $\frac{6}{71}$

……… < ……… < ……..

2 **Compléter les pointillés avec = ou ≈.**

a. $\frac{537\,625}{1{,}7 \times 10^4}$ …. 31,625 **b.** $\frac{14\,925}{198}$ ….75,378

3 **Simplifier les fractions.**

a. $\frac{168}{312}$ = ………. **b.** $\frac{5145}{1\,890}$ = ……….

4 **On désigne par *p* le périmètre de la figure ci-dessous.**
Compléter les pointillés par :

a. un ordre de grandeur de p : …..
b. la valeur exacte de p : …..
c. une valeur de p arrondie à l'unité : …..

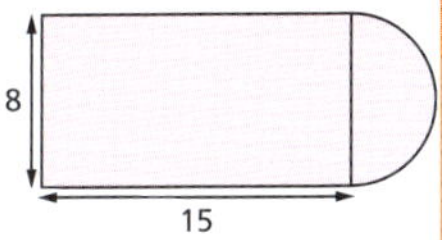

5 **Pour chacune des séquences, le résultat encadré est-il vrai ou faux ?**

	Séquence	Résultat	Vrai	Faux
a.	[(−)] 3 [×] 5 [x²] [EXE]	[−225]	❑	❑
b.	4 [÷] 3 [x⁻¹] [EXE]	[0.75]	❑	❑
c.	[(] 4 [÷] 3 [)] [x⁻¹] [EXE]	[0,75]	❑	❑
d.	[√] [(] 3 [+] [√] 5 [)] [EXE]	[2.288245611]	❑	❑

6 **Compléter le tableau.**

Nombre à calculer	Séquence calculatrice	Valeur exacte
$\sqrt{(-10)^2}$	[√] [(] [(−)] 10 [)] [x²] [EXE]	10
$\sqrt{(-3)^4}$	…	…
$-\sqrt{10^2}$	…	…
…	[(−)] 10 [^] [(−)] 4 [EXE]	…
$\frac{4}{7} : \left(2 - \frac{3}{5}\right)$	4 [a+b/c] 7 [÷] [(] 2 [−] 3 [a+b/c] 5 [)] [EXE]	…
$\frac{2}{3} - \frac{1}{3} \times \frac{2}{13}$	…	…

7 **Vrai ou faux ?**

	Vrai	Faux
1.a. $16t^4 - 81$ est la différence de deux carrés	❑	❑
b. $16t^4 - 81$ s'écrit sous la forme d'un produit de trois facteurs.	❑	❑

2. Résoudre l'équation $16t^4 - 81 = 0$.
Vérifier les solutions à l'aide d'une calculatrice.

8 **Soit l'expression E = $6x^6 - 1014x^4$.**

1. Écrire E sous la forme d'un produit de trois facteurs.
2. Résoudre E = 0.
Vérifier les solutions à l'aide d'une calculatrice.

9 **Compléter les pointillés avec des notations scientifiques.**

1. 45 000 000 = …………. 132 000 = ………….
Le produit 45 000 000 × 132 000 = ……………………

2. Une calorie est la quantité de chaleur nécessaire pour élever la température d'un gramme d'eau d'un degré Celsius.
La fission d'un gramme d'uranium U-235 produit environ 18 600 000 000 calories. 25 g d'uranium U-235 produisent : …………………… calories.

10 **Répondre successivement aux trois questions de cet exercice.**

1. Compléter le tableau.

Étape	Expression	Expression algébrique	Valeur numérique
1	Soit un premier nombre	a	1,85
2	Un deuxième nombre	b	0,15
3	La différence du cube du premier et du cube du second	……	……
4	La différence du premier et du second	……	……
5	Le carré du premier plus le produit du premier par le second plus le carré du second	……	……
6	Le produit des résultats des étapes 4 et 5	……	……
7	Vos calculs sont bons si les résultats des étapes 3 et 6 sont égaux		

2. Vérifier les identités :
$a^3 - b^3 = (a - b)(a^2 + ab + b^2)$
et $a^3 + b^3 = (a + b)(a^2 - ab + b^2)$

3. Écrire sous la forme d'un produit de facteurs :
a. $8 - b^3$ **b.** $8 + b^3$
c. $27 + x^3$ **d.** $2a^3 - 16b^3$

11 **Soit l'expression A = $2x^2 - 3x$.**

1. Calculer A pour $x = \frac{3 + \sqrt{65}}{4}$
a. à la main.
b. à l'aide d'une calculatrice.

2. Vérifier que $\frac{3 - \sqrt{65}}{4}$ est une solution de l'équation
$2x^2 - 3x - 7 = 0$
c. à la main.
d. à l'aide d'une calculatrice.

À RETENIR

Droite numérique. Intervalles

● Voici une droite graduée avec des entiers. Mais tous les nombres ne sont pas des entiers.

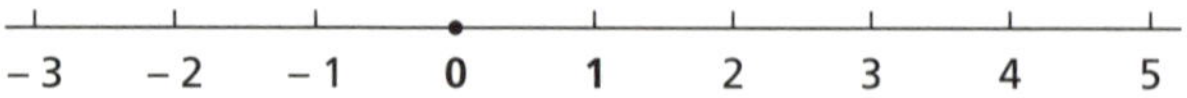

● Voici donc ci-contre une droite graduée, en rouge avec des décimaux, en bleu avec des rationnels et en vert avec des irrationnels.

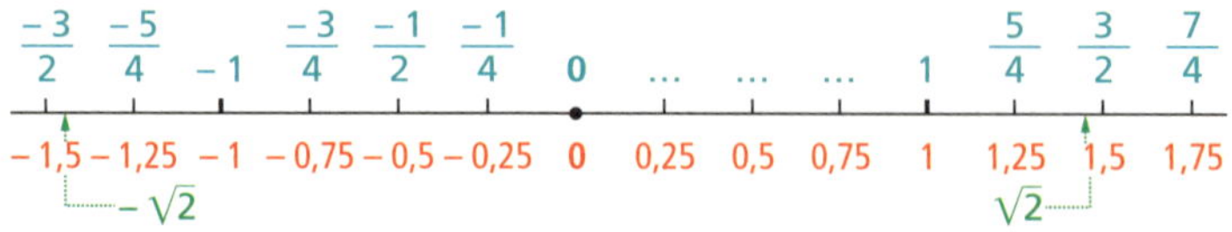

● Mais sur cette droite tous les nombres ne sont pas représentés. Il faut donc introduire la notion d'intervalle. Elle est présentée sous forme d'exemples rassemblés dans le tableau ci-contre.

Intervalle …	Nombres réels x tels que …	Représentation sur une droite graduée (en bleu)
fermé $[-2, 3]$	$-2 \leq x \leq 3$	
ouvert $]-2, 3[$	$-2 < x < 3$	
semi-fermé $[-2, 3[$	$-2 \leq x < 3$	
$]-\infty, -2[$	$x < -2$	
$[3, +\infty[$	$x \geq 3$	
$]-\infty, +\infty[$	Tous les réels sans contraintes	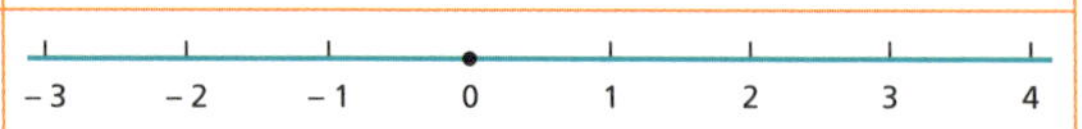

● On a défini quatre opérations sur les nombres : l'addition, la soustraction, la multiplication et la division.

Les intervalles sont eux des **ensembles de nombres**. Donc, comme pour tous les ensembles, les mathématiciens ont défini la « réunion » et « l'intersection ». (Voir exercice 9.)

Distance et valeur absolue

Ci-contre on voit que **+ 4 est à quatre unités de zéro**. On dit **que la distance** de + 4 à 0 est de 4. On note : $d(+4, 0) = 4$, ou bien $|+4-0| = 4$ ou tout simplement $|+4| = 4$.
$|+4|$ se lit **valeur absolue** de 4. (Voir exercices n° 4 et 5.)

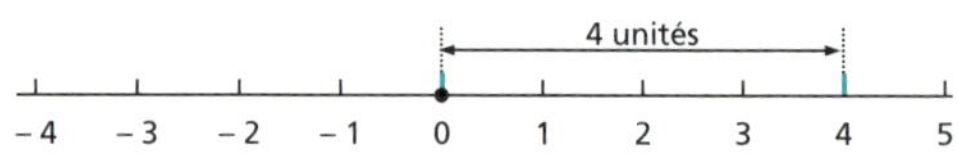

Remarque : – 4 est également à 4 unités de zéro, donc $d(-4; 0) = 4$, ou bien $|-4-0| = 4$ ou tout simplement $|-4| = 4$.

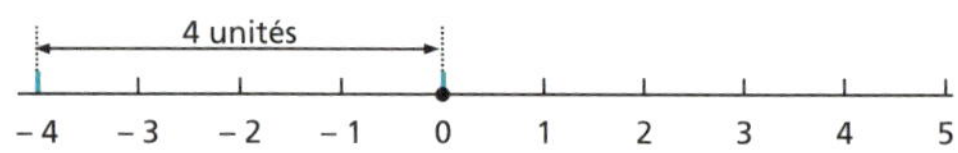

● **Doit-on toujours définir une distance rapport à 0 ?**

Non. C'est ainsi que la distance de – 4 à + 2 est $d(-4; 2)$,
ou bien $|-4-2| = |-6| = \mathbf{6}$;
ou bien $|2-(-4)| = |2+4| = \mathbf{6}$.
Autrement dit 6 unités séparent les nombres – 4 et 2.

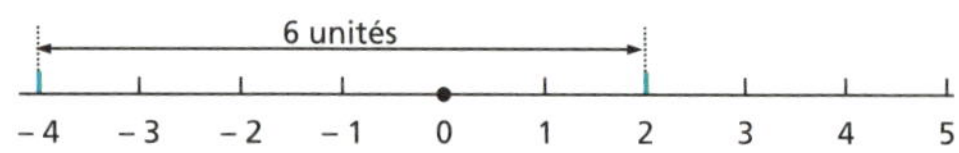

● **Qu'en est-il des opérations avec des valeurs absolues ?**

La valeur absolue d'un nombre est une distance, donc un nombre positif.
Les quatre opérations sont donc possibles avec des valeurs absolues.
Exemple : $|-3| - |-5| = 3 - (+5) = -2$.

COMMENT FAIRE

► Pour définir le centre d'un intervalle

Cela revient à trouver l'abscisse du milieu d'un segment.
Exemple : Le centre de l'intervalle $[-1; 5]$ est défini par l'abscisse du milieu, I, de [AB].

$x_I = \frac{1}{2}(x_A + x_B) = \frac{1}{2}(-1+5) = \frac{4}{2} = 2.$

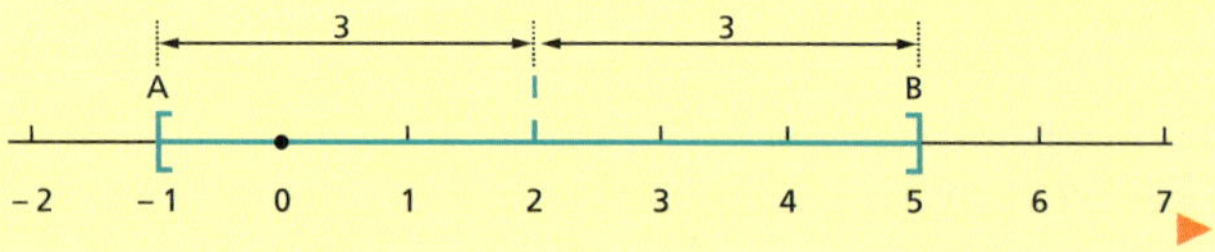

▶ Pour calculer la distance des deux bornes d'un intervalle

Cela revient à faire une soustraction et à prendre la valeur absolue du résultat.

Exemple

Ci-dessus la distance des deux bornes -1 et 5 de l'intervalle $[-1\,;5]$ est $d(-1\,;5) = d(5\,;-1) = |5-(-1)| = |+6| = 6$.

▶ Pour résoudre $|x| = a$

Cela dépend de la valeur de a. Graphiquement, cela revient à placer 0 point, 1 point ou 2 points sur une droite graduée.

Exemples

Résoudre $|x| = -3$

$|x|$ est un nombre toujours supérieur ou égal à 0. -3 est un nombre négatif, donc l'équation n'a pas de solution.

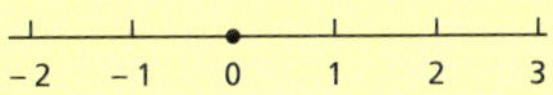

Résoudre $|x| = 0$

$|x| = 0$ signifie $|x-0| = 0$. Résoudre $|x| = 0$ revient donc à trouver les nombres dont la distance à 0 est égale à 0.
$x = 0$ est solution unique.

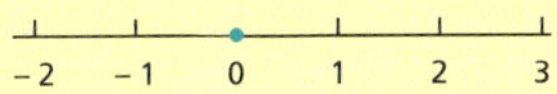

Résoudre $|x| = 2$

$|x| = 2$ signifie $|x-0| = 2$. Résoudre $|x| = 2$ revient donc à trouver les nombres dont la distance à 0 est égale à 2.
$x = -2$ ou $x = 2$ sont les solutions de l'équation.

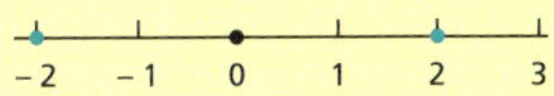

S'EXERCER

1 Calculer mentalement.
(Remarque : $3\,|-1|$ signifie $3 \times |-1|$)

a. $|-5{,}2| = \dots$ b. $-|-5{,}2| = \dots$
c. $|-4| + |2| - |0| = \dots$ d. $3\,|5-6| = \dots$
e. $|-5+1| - |-3| = \dots$ f. $|-2| \times |7| \times |3| = \dots$

2 Compléter convenablement.

a. $|-\dots| = 8$ b. $|5-\dots| = 0$
c. $|-\dots| = |+\dots| = 9$ d. $|-4| + (\dots) = 0$
e. $\sqrt{(-5)^2} + (\dots) = 0$ f. $\sqrt{(-2-4)^2} = \dots\dots$

3 Effectuer et relier à la bonne réponse.

a. $-|10| + 12\,|7-8| - (-15)$ • • 17
b. $-|10| - 9 + 3\,(-2) + |-42|$ • • 29
c. $|25-12| - 4\,|7-23|$ • • -51

4 Vrai ou faux ?

	Vrai	faux
a. $\|-4\|$ est égale à $\|+4\|$	❑	❑
b. Deux nombres opposés ont même valeur absolue	❑	❑
c. $\|(-7)(-2)\|$ est égale à $\|-7\| \times \|-2\|$	❑	❑
d. $\|(-4)(+3)\|$ est égale à $\|-4\| \times \|+3\|$	❑	❑
e. La valeur absolue d'un produit est toujours égale au produit des valeurs absolues	❑	❑

5 Vrai ou faux ?

	Vrai	faux
a. $\|4+6\|$ est égale à $\|4\| + \|6\|$	❑	❑
b. $\|-4+(-6)\|$ est égale $\|-4\| + \|-6\|$	❑	❑
c. $\|(-4)+6\|$ est égale à $\|-4\| + \|6\|$	❑	❑
d. $\|4+(-6)\|$ est inférieure à $\|4\| + \|-6\|$	❑	❑
e. La valeur absolue d'une somme est inférieure ou égale à la somme des valeurs absolues.	❑	❑

6 Résoudre graphiquement.

a. $|x| = -4$

b. $|x| = 1{,}5$

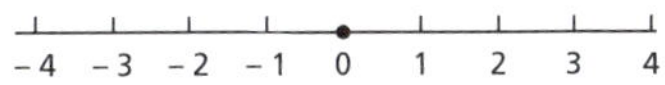

c. $2\,|x| = 6$

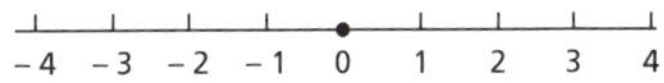

7 Répondre successivement aux deux questions.

1. Trouver les nombres a dont la distance à 2 est égale à 3,5.

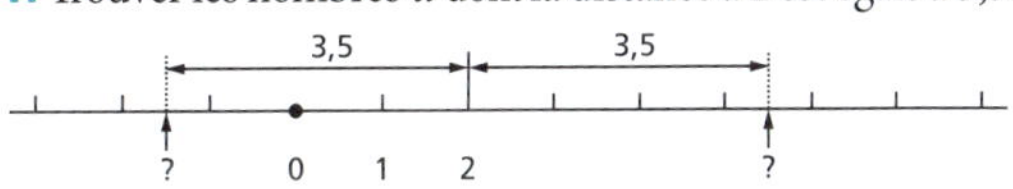

2. Vrai ou faux ?

	Vrai	Faux
a. $d(a,2) = 3{,}5$	❑	❑
b. $d(2\,,a) = 3{,}5$	❑	❑
c. $\|a-2\| = 3{,}5$	❑	❑

8 Compléter le tableau.

Intervalle fermé	Centre de l'intervalle	Distance des bornes
$[5\,;9]$	…	…
$[-4,3]$	…	…
$[-6\,;-1]$	…	…

9 Soit les intervalles A, B, C, et D.

1. Compléter le tableau définissant la réunion et l'intersection de deux intervalles. (Suivre les exemples.)

Données	Ensemble	Lecture	Les nombres x tels que …
$A = [-3\,;4]$ et $B = [1\,;6]$	$A \cup B$	A union B	$-3 \le x \le 4$ **ou** $1 \le x \le 6$
	$A \cap B$	A inter B	$-3 \le x \le 4$ **et** $1 \le x \le 6$
$C = [1\,;7]$ et $D = [-2\,;5]$	$C \cup D$	…	…
	$C \cap D$	…	…

2. Utiliser le signe $\le$ pour caractériser les nombres x des intervalles $A \cup B$, $A \cap B$, $C \cup D$ et $C \cap D$.

À RETENIR

Comparer

Comparer deux nombres a et b c'est préciser si $a < b$, $a = b$ ou $a > b$.

Exemples : $-3 < |-3|$,

$\sqrt{(-3)^2} = |-3|$

et $|\pi - 4| > \pi - 4$.

Encadrer

- Encadrer un nombre, ou une variable, c'est l'exprimer à l'aide d'une double inégalité.

L'encadrement de $\sqrt{2}$ à 10^{-2} près, s'écrit :

$$1{,}41 < \sqrt{2} < 1{,}42.$$

- Une barre métallique d'un mètre de longueur est fabriquée avec une précision de ± 1 mm signifie que, en mètre, la vraie longueur l de la barre est entre 1 – 0,001 et 1 + 0,001. On dit que l est encadrée par 0,999 et 1,001 et on écrit $0{,}999 \leq l \leq 1{,}001$.

0,999 est sa valeur approchée par défaut, 1,001 l'est par excès.

Résoudre

- Résoudre dans $\mathbb{R}$ une équation ou une inéquation, c'est trouver l'ensemble des solutions qui vérifient l'égalité ou l'inégalité.

Exemples : l'équation $|x| = 5$ a pour solutions $x = -5$ ou $x = 5$; l'inéquation $|x - 1| \leq 5$ a un ensemble de solutions formé de tous les nombres x, dont la distance à 1 est inférieure ou égale à 5.

Graphiquement : en bleu, l'ensemble des solutions de $|x - 1| \leq 5$.

Intervalle de centre 1, de rayon 5 et d'amplitude 10.

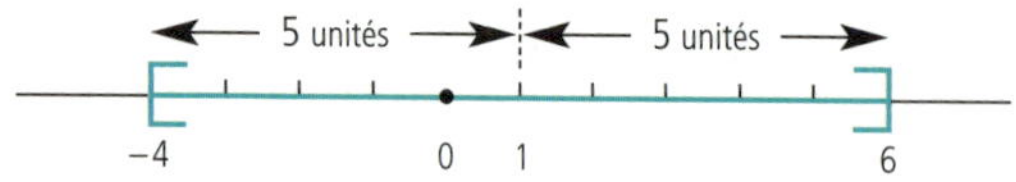

Voici à l'aide d'un tableau comment caractériser ces nombres x :

Avec une valeur absolue	Avec une distance	Avec un encadrement	Avec un intervalle
$\lvert x - 1 \rvert \leq 5$	$d(x, 1) \leq 5$	$-4 \leq x \leq 6$	$x \in [-4 ; 6]$

COMMENT FAIRE

► Pour résoudre une équation ou une inéquation avec valeur absolue

Il faut simplifier l'équation ou l'inéquation, puis la résoudre graphiquement ou par calcul.

Exemples

- **Résoudre l'équation** $|-3x - 12| = 6$

	Résoudre graphiquement	Résoudre par le calcul
$\lvert -3x - 12 \rvert = 6$ $\lvert -3(x+4) \rvert = 6$ $\lvert -3 \rvert \times \lvert (x+4) \rvert = 6$ $3 \lvert x + 4 \rvert = 6.$ Diviser les deux membres par 3 : $\lvert x + 4 \rvert = 2$ ou $\lvert x - (-4) \rvert = 2$	La distance de x à –4 est de 2. 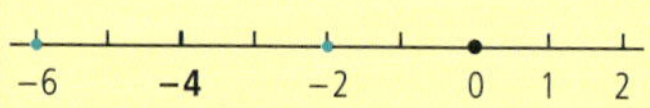 Deux solutions : $x = -6$ ou $x = -2$.	$\lvert x + 4 \rvert = 2$ équivaut à : $x + 4 = -2$ ou $x + 4 = +2$ $x = -2 - 4$ ou $x = 2 - 4$ $x = -6$ ou $x = -2$

- **Résoudre l'inéquation** $|x + 4| \leq 2$

Graphiquement	Par calcul
La distance de x à –4 est inférieure ou égale à 2. 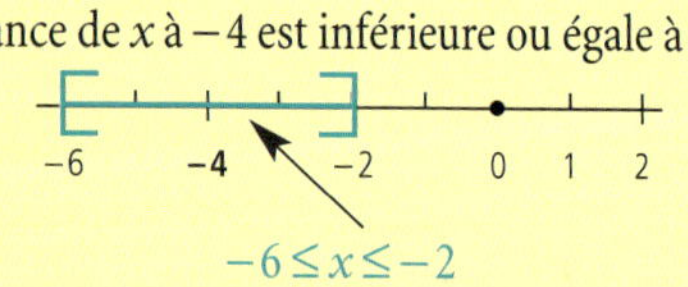 	$\lvert x + 4 \rvert \leq 2$ équivaut à $-2 \leq x + 4 \leq 2$. Ajouter – 4 aux trois membres $-2 - 4 \leq x + 4 - 4 \leq 2 - 4$ Simplifier chacun des membres $-6 \leq x \leq -2$.

►

● **Résoudre l'inéquation $|x+4| > 2$**

Graphiquement	Par calcul
La distance de x à -4 est supérieure à 2. 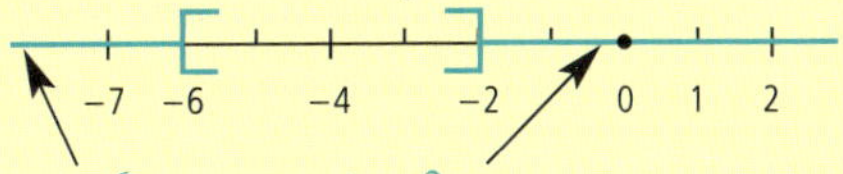	$|x+4| > 2$ équivaut à : $x+4 < -2$ **ou** $x+4 > 2$ $x < -6$ **ou** $x > -2$

► **Pour trouver par calcul le centre, l'amplitude et le rayon d'un intervalle [*a*, *b*].**

Centre de l'intervalle [*a*, *b*]	Amplitude de l'intervalle [*a*, *b*]	Rayon de l'intervalle [*a*, *b*]
$\dfrac{a+b}{2}$	$b-a$	$\dfrac{b-a}{2}$

S'EXERCER

1 Compléter les pointillés avec <, = ou >.

a. $|1-4| \ldots 4-1$ **b.** $-|5-9| \ldots 4$

c. $\pi^2-10 \ldots |\pi^2-10|$ **d.** $|3\sqrt{(-5)^2}-7| \ldots 8$

2 Vrai ou faux ?

	Vrai	Faux
a. $|-4x|$ est égale à $|-4| \times |x|$	❑	❑
b. $|-3x+1|$ est égale à $|3x-1|$	❑	❑
c. $|-x+1|$ est égale à $|x+1|$	❑	❑
d. $|-2x-1|$ est égale à $|2x+1|$	❑	❑

3 Compléter chacun des encadrements.

a. si $-2 \leq x \leq 3$, alors $\ldots \leq 2x \leq \ldots$

b. si $12 < l < 25$, alors $\ldots < \dfrac{1}{2} l <$

c. si $2 < x < 4$, alors $\ldots < 1/x < \ldots$

d. si $-4 \leq y \leq 1$, alors $\ldots \leq -y \leq \ldots$

e. si $14 < -2a < 30$, alors $\ldots < a < \ldots$

f. si $1{,}73 < x < 1{,}74$, alors $\ldots < 1-x < \ldots$

4 Compléter avec un encadrement de *r* d'amplitude 1.

si $78 < \pi r^2 < 114$, alors $\ldots < r < \ldots$

5 Répondre en fonction des données suivantes.

La longueur L d'une piscine est le double de sa largeur l plus 2. Sa largeur l est de 20 avec une précision de $\pm 2 \times 10^{-1}$.

1. Compléter chacun des encadrements (unité : m).

a. $\ldots \leq l \leq \ldots$ **b.** $\ldots \leq \mathrm{L} \leq \ldots$

c. $\ldots \leq p \leq \ldots$ (p étant le périmètre de la piscine).

2. Donner une valeur approchée de p à l'unité près :

d. par défaut **e.** par excès

6 Vrai ou faux ?

Le volume d'une tumeur est donné par $\mathrm{V} = \dfrac{4}{3}\pi r^3$ (unité : cm).

	Vrai	Faux
Si $3{,}14 < \pi < 3{,}15$ et $0{,}99 < r < 1{,}01$ alors $4{,}062 < \mathrm{V} < 4{,}327$	❑	❑

7 Résoudre graphiquement.

a. $|2x| = 5$ 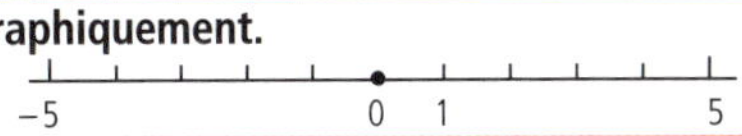

b. $|x| < 3$ 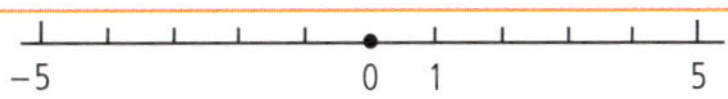

c. $|y| > 3$ 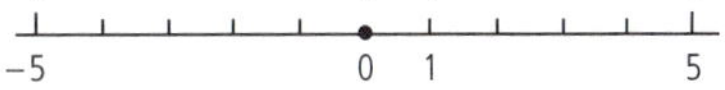

8 Résoudre dans ℝ puis relier aux solutions.

a. $|4-(x-1)| = 7$ • • $x=-16$ ou $x=0$

b. $\left|\dfrac{3x-9}{2}\right| = 6$ • • $x=-2$ ou $x=12$

c. $\left|\dfrac{x+8}{4}\right| = 2$ • • $x=-1$ ou $x=7$

9 Résoudre dans ℝ puis relier à l'ensemble des solutions.

a. $|-2x+1| < 3$ • • $]-\infty, -1[\cup]4, \infty[$

b. $\left|\dfrac{2}{5}x-1\right| < -1/2$ • • ∅ (ensemble vide), pas de solution

c. $|-4x+1| > -1$ • • ℝ, infinité de solutions

d. $2|3-2y| > 10$ • • $]-1\,;2[$

10 Compléter les tableaux suivants.

a. Tableau concernant un intervalle.

Intervalle	Centre de l'intervalle	Amplitude de l'intervalle	Rayon de l'intervalle
[5 ; 12]	…	…	…
[–12 ; –4]	…	…	…

b. Tableau caractérisant la variable x

À l'aide d'un intervalle	À l'aide d'une valeur absolue	À l'aide d'une distance	À l'aide d'un encadrement
$x \in [5\,;12]$	…	…	…
$x \in [-12\,;-4]$	…	…	…
	…	…	$-3 \leq x \leq 9$

11 Résoudre chacun des systèmes.

a. $\begin{cases} |x| < 4 \\ |x| > 1 \end{cases}$ **b.** $\begin{cases} |x-2| \leq 5 \\ |-2x+1| \geq 3 \end{cases}$

À RETENIR

Signe de $ax + b$ ($a \neq 0$)

● $ax+b=0$ pour $x=-\frac{b}{a}$. Les valeurs de x pour lesquelles $ax + b > 0$ ou $ax + b < 0$ dépendent du signe de a.

Exemple

● $2x - 6 > 0$ (du signe de $a = 2$) pour $x > 3$ et $2x - 6 < 0$ (du signe contraire à a) pour $x < 3$.
Plus généralement, dans un tableau :

Valeurs de la variable x	valeurs inférieures à $-\frac{b}{a}$	$-\frac{b}{a}$	valeurs supérieures à $-\frac{b}{a}$
Signe de $ax + b$	signe contraire à celui de a	0	même signe que a

COMMENT FAIRE

► Pour trouver le signe d'un produit (ou d'un quotient)

Cela revient à trouver le signe de chacun des facteurs (ou celui du numérateur et du dénominateur) puis à appliquer la règle des signes pour un produit (ou pour un quotient).

Exemple

Résoudre : $(x + 4)(-x + 1)(2x - 5) \geq 0$ (inéquation produit) (1)

$\frac{-x(x-2)}{x+5} \leq 0$ (inéquation quotient) (2)

(1) Signe des facteurs du produit $x + 4 \geq 0$ pour $x \geq -4$; $-x + 1 \geq 0$ pour $x \leq 1$ et $2x - 5 \geq 0$ pour $x \geq \frac{5}{2}$.
D'où le tableau :

Valeurs de x	$-\infty$		-4		1		$\frac{5}{2}$		$+\infty$
Signe de $(x + 4)$		$-$	0	$+$		$+$		$+$	
Signe de $(-x + 1)$		$+$		$+$	0	$-$		$-$	
Signe de $(2x - 5)$		$-$		$-$		$-$	0	$+$	
Signe du produit		$+$	**0**	$-$	**0**	$+$	**0**	$-$	

Le produit $(x + 4)(-x + 1)(2x - 5)$ est positif ou nul (intervalles grisés) pour $x \leq -4$ ou $1 \leq x \leq \frac{5}{2}$ (intervalles bleus). Ou bien, l'ensemble des solutions de $(x + 4)(-x + 1)(2x - 5) \geq 0$ est $]-\infty, -4] \cup [1 ; \frac{5}{2}]$.

(2) Valeur interdite du quotient : $x - 5 = 0$ donc $x = 5$. (|| dans le tableau) :

Valeurs de x	$-\infty$		-5		0		2		$+\infty$
Signe de $-x$		$+$		$+$	0	$-$		$-$	
Signe de $(x - 2)$		$-$		$-$		$-$	0	$+$	
Signe de $(x + 5)$		$-$	0	$+$		$+$	0	$+$	
Signe du quotient		$+$	||	$-$	**0**	$+$	**0**	$-$	

Par conséquent, le quotient $\frac{-x(x-2)}{x+5}$ est négatif ou nul (intervalles grisés) pour $-5 < x \leq 0$ ou $x \geq 2$ (intervalles bleus). Ou bien, l'ensemble des solutions de $\frac{-x(x-2)}{x+5} \leq 0$ est $]-5, 0] \cup [2 ; +\infty[$.

► Pour comparer deux expressions A et B

Cela revient généralement à étudier le signe de A − B. Si $A - B \geq 0$ alors $A \geq B$ et si $A - B < 0$, alors $A < B$).

Exemple

Donnée : $a \geq 0$.
Comparer a^2 et a, puis a^3 et a^2.
Étudions le signe de $a^2 - a$.
$a^2 - a = a(a - 1)$. À l'aide d'un tableau :

Valeurs de a	0		1		$+\infty$
Signe de a	0	$+$		$+$	
Signe de $(a - 1)$		$-$	0	$+$	
Signe de $a(a - 1)$	0	$-$	0	$+$	

Deux cas :

- si $0 \leq a \leq 1$, alors $a^2 - a \leq 0$ et $a^2 \leq a$.

En multipliant les deux membres par a, $(a > 0)$, on obtient $a^3 \leq a^2$.

Par conséquent, **si $0 \leq a \leq 1$, alors $a^3 \leq a^2 \leq a$**.

Vérifions ce résultat pour $a = \dfrac{1}{2}$.

On a bien $\left(\dfrac{1}{2}\right)^3 < \left(\dfrac{1}{2}\right)^2 < \dfrac{1}{2}$.

- si $a > 1$, alors $a^2 - a > 0$ et $a^2 > a$.

En multipliant les deux membres par a, $(a > 0)$, on obtient $a^3 > a^2$.

Par conséquent, **si $a > 1$, alors $a^3 > a^2 > a$**.

Vérifions ce résultat pour $a = 2$.

On a bien $2^3 > 2^2 > 2$.

S'EXERCER

1 Compléter les pointillés avec <, >, ≤ ou ≥.

Expression verbale	Expression mathématique
Les dépenses, d, de Sylvain sont **au moins de** 500 €.	$d \ldots 500$
La vitesse, v, autorisée sur l'autoroute est **au plus de** 130 km/h.	$v \ldots 130$
Le dépôt de garantie g est **au moins de** 20 € et **au plus de** 40 €.	$20 \ldots g \ldots 40$
a est positif ou nul et a est inférieur à b.	$0 \ldots a \ldots b$

2 Écrire dans l'ordre croissant.

$-\dfrac{1}{2}$; $\sqrt{19}$; 4,3 ; $-\dfrac{3}{4}$; $\dfrac{9}{2}$; $\dfrac{-5}{4}$; $\sqrt{2} - \sqrt{7}$.

$\ldots < \ldots < \ldots < \ldots < \ldots < \ldots < \ldots$.

3 Compléter les pointillés avec < ou bien >.

a. $0 < \dfrac{3}{4} < 1$ donc $\dfrac{3}{4} \ldots \left(\dfrac{3}{4}\right)^2 \ldots \left(\dfrac{3}{4}\right)^3$

b. $5 > 1$ donc $5 \ldots 5^2 \ldots 5^3$

c. $0 < 0{,}2 < 1$ donc $0{,}2 \ldots 0{,}2^2 \ldots 0{,}2^3$

d. $0 < 10^{-1} < 1$ donc $10^{-1} \ldots (10^{-1})^2 \ldots (10^{-1})^3$

4 Observer puis compléter avec < ; ≤ ; > ; ≥.

a. si $-\dfrac{x}{3} \geq 0$ alors $x \ldots 0$

b. si $x(x^2+1) \geq 0$ alors $x \ldots 0$

c. si $\dfrac{1}{x-2} \geq 0$ alors $x \ldots 2$

d. si $\dfrac{-2}{x-4} \leq 0$ alors $x \ldots 4$

5 Résoudre puis relier aux valeurs convenables de x.

a. $\lvert x \rvert - 10 < 0$ •	• $x < -10$ ou $x > 10$
b. $\lvert x \rvert + 10 > 0$ •	• $x \in \mathbb{R}$
c. $4\lvert 2x \rvert - 80 > 0$ •	• $-10 < x < 10$
d. $-4\lvert -2x \rvert \leq 0$ •	• pas de solution
e. $-4\lvert -2x \rvert < 0$ •	• $x \neq 0$

6 Résoudre les inéquations produits.

a. $(x-2)(x+3) < 0$

b. $-x(x+1) \geq 0$

c. $4(3x+2)(x-1) > 0$

d. $(x+2)(x-4)(-2x+1) \leq 0$

7 Résoudre puis relier aux solutions.

a. $\dfrac{x+4}{x+1} < 0$ •	• $x \leq -4$ ou $x > -1$
b. $\dfrac{x+4}{x+1} \leq 0$ •	• $-4 \leq x < -1$
c. $\dfrac{x+4}{x+1} \geq 0$ •	• $-4 < x < -1$
d. $\dfrac{x^2(x+4)}{x+1} > 0$ •	• $x \leq -4$ ou $(x > -1$ et $x \neq 0)$

8 Mettre sous la forme d'une « inéquation produit » puis résoudre.

a. $(2x-3)^2 \leq (x+4)^2$

b. $(-2x+1)(3x-4) > (x+1)(6x-8)$

c. $(3x+1)^2 > 3x^2 + x$

9 Mettre sous la forme d'une « inéquation quotient » puis résoudre.

a. $\dfrac{x}{3-x} \leq \dfrac{-1}{x+1}$

b. $\dfrac{x-7}{2-x} \geq \dfrac{-x+4}{x-1}$

10 Hexagone et polygones réguliers.

1. Vrai ou faux ? Vrai Faux

a. La somme des angles du triangle jaune est 180°. ❑ ❑

b. La somme des angles intérieurs de l'hexagone régulier est $6 \times 180° - 360°$. ❑ ❑

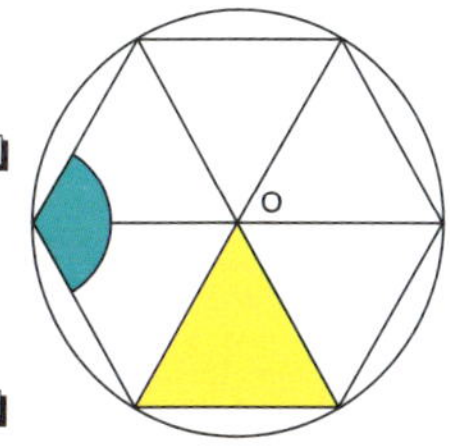

2. Trouver n, le nombre minimum de côtés d'un polygone régulier dont l'angle intérieur mesure au moins 162°.

À RETENIR

Définition

Une fonction, f, définie sur un domaine, $\mathbb{D}$, est un procédé qui, à chaque nombre x du domaine, associe **un nombre *y* et un seul**, noté $f(x)$ (voir exercice n° 1). On dit que $f(x)$ est l'image de x par f, et que x est l'antécédent de $f(x)$. Voici trois exemples de fonctions.

• Fonctions définies à l'aide d'un procédé de calcul

$\boldsymbol{f} : x \mapsto f(x) = x^2 - 1$

- La fonction f est définie pour tout $x \in \mathbb{R}$. Le domaine $\mathbb{D}$ de f, ou son ensemble de définition, est $\mathbb{D}_f = \mathbb{R}$.
- L'image de 5 est $f(5) = 5^2 - 1 = 24$.
- 24 a pour antécédent 5.

$\boldsymbol{g} : x \mapsto g(x) = \dfrac{1}{x-1}$

- La fonction g est définie pour $x \neq 1$. D'où : $\mathbb{D}_g =]-\infty ; -1[\cup]-1 ; +\infty[$
- L'image de 3 est $g(3) = \dfrac{1}{2}$.
- $\dfrac{1}{2}$ a pour antécédent 3.

• Fonction définie par une représentation graphique

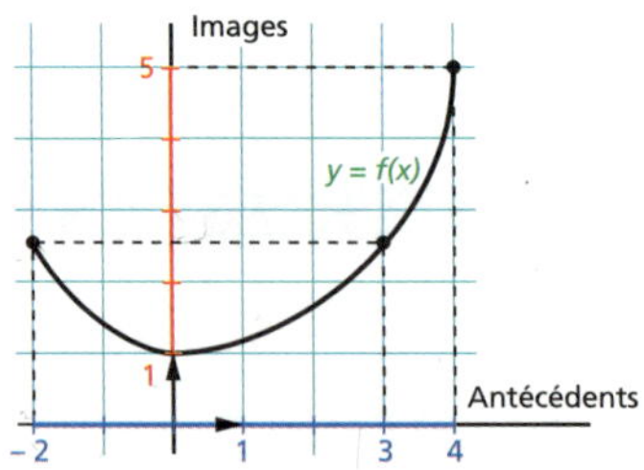

- Le domaine $\mathbb{D}$ de f, ou son ensemble de définition, est $\mathbb{D}_f = [-2 ; 4]$.
- L'image de -2 est $y = f(-2) = 2{,}5$.
- 2,5 a deux antécédents -2 et 3.
- L'ensemble des images de f est $[1 ; 5]$.
- $y = f(x)$ est l'équation de la courbe représentative de f.

• Fonction définie par un tableau

La fonction, f, associe à une année x, le nombre d'élèves, y, du lycée « Atouts Jeunesse ».

x	2001	2002	2003	2004	2005
y	605	642	650	650	680

- Le domaine $\mathbb{D}$ de f est l'ensemble des années $D_f = \{2001 ; 2002 ; 2003 ; 2004 ; 2005\}$.
- L'ensemble des images est $\{605 ; 642 ; 650 ; 680\}$.
- L'image de 2004 est 650.
- 650 a deux antécédents : 2003 et 2004.

COMMENT FAIRE

► Pour calculer l'image d'un nombre par une fonction *f*

Cela revient à remplacer x par ce nombre dans l'expression $f(x)$.

Exemple

f est définie sur $\mathbb{R}$ par $f(x) = 5x^2 - 3$. Calculer les images de -1 et 2.

- À la main : $f(-1) = 5(-1)^2 - 3 = \boxed{2}$; et $f(2) = 5 \times 2^2 - 3 = \boxed{17}$
- À l'aide d'une calculatrice (cela dépend du modèle) :

	Casio…	Texas…
1re étape : entrer la fonction $x \to 5x^2 - 3$	[MENU] [TABLE] [EXE] Ligne Y1 : 5 [X,θ,T] [x²] [–] [3] [EXE]	[MODE] [FUNC] [Y=] Ligne Y1 : 5 [X,T] [x²] [–] [3] [ENTER]
2e étape : calculer les images de -1 et 2.	Taper la touche F relative à [TABLE] Colonne X : [(–)] [1] [EXE] affiche dans la colonne de Y le résultat 2. [▼] 2 [EXE] affiche 17.	[QUIT] revient à l'écran initial [Y-VARS] 1 [(] [(–)] 1 [)] [ENTER] affiche 2. [Y-VARS] 1 [(] 2 [)] [ENTER] affiche 17.

► Pour calculer les antécédents d'un nombre *k* par une fonction *f*

Cela revient à résoudre l'équation $f(x) = k$ et à vérifier que les solutions obtenues appartiennent au domaine de f.

Exemple

f est définie sur $\mathbb{R}^*$ ($\mathbb{R}$ privé de 0) par $f(x) = \dfrac{x-1}{x}$. **Quel est l'antécédent de 4 ?**

$f(x) = 4$, donc $\dfrac{x-1}{x} = 4$; $x - 1 = 4x$ et $x = -\dfrac{1}{3}$. $-\dfrac{1}{3} \neq 0$, donc $-\dfrac{1}{3}$ est l'antécédent de 4.

1 Répondre par oui ou non (justifier la réponse).

1. Chacune des courbes représente-t-elle une fonction ?

a.

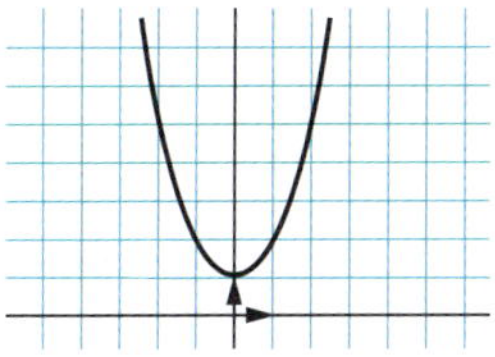

❑ Oui ❑ Non

b.

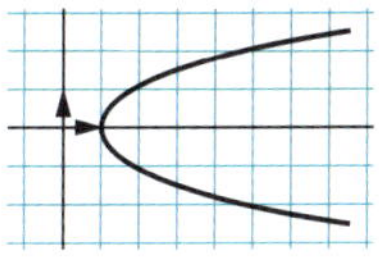

❑ Oui ❑ Non

2. Chacun des tableaux définit-il une fonction ?

c.

x	2	2	8
y	−4	1	5

❑ Oui ❑ Non

d.

x	−3	−1	2	4
y	−2	1	1	4

❑ Oui ❑ Non

2 Traduire les instructions suivantes en langage mathématique.

- Considérer un nombre x ⟶ ……
- Prendre son double et ajouter 1 ⟶ ……
- Prendre le carré du dernier et lui retrancher 5 ⟶ ……

(Cette suite d'instructions constitue un algorithme de calcul.)

3 Vrai ou faux ?

L'algorithme suivant définit la fonction $x \mapsto \dfrac{1}{3x-4}$

- considérer un nombre x
- le multiplier par 3 et soustraire 4
- prendre l'inverse du résultat

❑ Vrai ❑ Faux

4 Écrire sous forme d'intervalle l'ensemble des nombres *x* tels que :

a. $-5 < x \leq 3$ **b.** $x \leq 0$

c. $x < -1$ ou $x > 4$ **d.** $x \geq 2$ et $x < 7$

5 Trouver l'ensemble de définition de chacune des fonctions.

a. $f(x) = \sqrt{9-4x}$ **b.** $g(x) = \dfrac{1}{x^2-1}$

c. $h(x) = \dfrac{x^2-1}{x+3}$ **d.** $t(x) = \dfrac{x^2+5}{(x-2)(x+1)}$

e. $z(x) = \sqrt{x^2+3}$ **f.** $r(x) = \dfrac{1}{\sqrt{x+3}}$

6 Compléter à l'aide d'une calculatrice le tableau de valeurs.

x	−5	−3,5	0,5	2
$y = x^3 + x^2 - 4x + 1$	…	…	…	…

7 Compléter à 0,01 près le tableau de valeurs.

x	−1	0	2,5	100
$y = \dfrac{3-x}{x^2+4}$	…	…	…	…

8 Vrai ou faux ? Vrai Faux

a. Le point $A(\sqrt{2}\ ;\ 1+\sqrt{2})$ appartient à la courbe représentative de la fonction $x \mapsto \dfrac{x}{2-x}$ ❑ ❑

b. Le point $B\left(-1 ; \dfrac{2}{9}\right)$ appartient à la droite d'équation $y = \dfrac{2}{3}x - \dfrac{4}{9}$ ❑ ❑

c. Le point $C(4 ; -4)$ appartient à la courbe d'équation $y = -x^2 + 3x$ ❑ ❑

9 Soit une fonction *f* définie sur ℝ par :

$f(x) = 25x^2 - 9 + (5x-3)(2x+7) + 2(3-5x)(x-3)$

et $\mathscr{C}$ sa courbe représentative dans un repère $(O, \vec{i}, \vec{j})$.

1. Développer et réduire $f(x)$.

2. Factoriser $f(x)$.

3. A, B et D sont trois points de $\mathscr{C}$. Compléter leurs coordonnées.

$A(0 ; \dots)$; $B(\dots ; 0)$; $D\left(\dfrac{3}{5} ; \dots\right)$.

10 Le but de l'exercice est de compléter les tableaux de valeurs. Pour cela :

1. relier chacune des fonctions à son tableau ;

2. compléter avec l'image ou l'antécédent.

$f(x) = -\dfrac{1}{3}x + 2$ •

$f(x) = \sqrt{10-x^2}$ •

$f(x) = -x^2 + 2x + 1$ •

$f(x) = \left|1 - \dfrac{2}{3}x\right|$ •

•

x	−3		6
f(x)		0	3

•

x	−1	$\dfrac{1}{2}$	
f(x)	−2		2

•

x	−6	−3	…
f(x)	4	…	$-\dfrac{2}{3}$

•

x	−3	3	4
f(x)	1		

À RETENIR

Interpréter la courbe d'une fonction

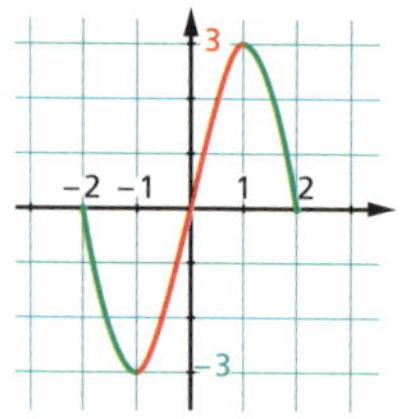

● Ci-contre la courbe représentative d'une fonction f tracée en deux couleurs. On lit :

- Sur l'axe horizontal **l'ensemble de définition** $[-2; 2]$.
- Sur l'axe vertical **l'ensemble des images** $[-3; 3]$ et **les extremums** : -3, *minimum* de la fonction obtenu pour $x = -1$ et, 3, *maximum* de la fonction obtenu pour $x = 1$.

● On voit, de gauche à droite, que la fonction est :

- **décroissante** sur $[-2; -1]$, ou pour $-2 \leq x \leq -1$.
- **croissante** sur $[-1; 1]$, ou pour $-1 \leq x \leq 1$.
- **décroissante** sur $[1; 2]$, ou pour $1 \leq x \leq 2$.

On voit que l'origine O est centre de symétrie de la courbe, donc que la fonction est impaire (voir Comment faire).

● Résumé à l'aide d'un tableau de variation :

x	-2		-1		1		2
$f(x)$	0	↘	-3	↗	3	↘	0

Maximum et minimum relatifs d'une fonction

Voir l'exercice n° 2 questions **e** et **f**.

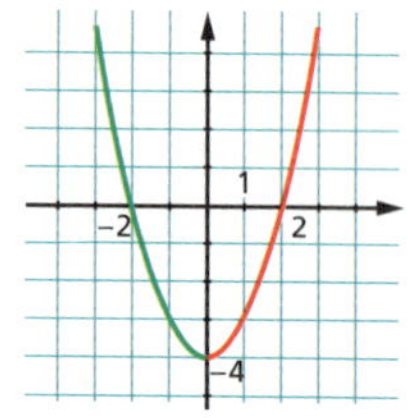

● Ci-contre la courbe représentative de la fonction g définie sur $\mathbb{R}$ par : $g(x) = x^2 - 4$.
On lit :

- sur l'axe horizontal **l'ensemble de définition** $]-\infty, \infty[$.
- sur l'axe vertical **l'ensemble des images** $[-4; +\infty[$ et -4, *minimum* de la fonction obtenu pour $x = 0$.

● On voit que l'axe vertical $y'y$ est axe de symétrie de la courbe ; en effet, la fonction g est paire (voir « Comment faire »).

● Résumé à l'aide d'un tableau de variation :

x	$-\infty$		0		$+\infty$
$g(x) = x^2$		↘	-4	↗	

Variations d'une fonction

Ci-contre la fonction f est définie sur $[a, b]$.

- f **croissante** sur $[a; m]$: si $x_1 \leq x_2$, alors $f(x_1) \leq f(x_2)$.
- f **constante** sur $[m; n]$: si $x_1 \neq x_2$ alors $f(x_1) = f(x_2) = k$.
- f **décroissante** sur $[n; b]$: si $x_1 \leq x_2$ alors $f(x_1) \geq f(x_2)$.

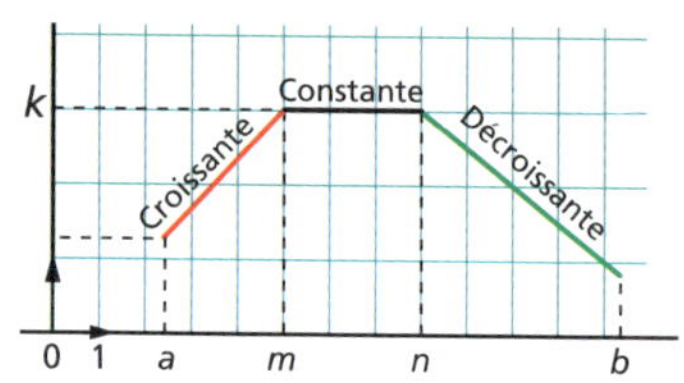

COMMENT FAIRE

► Pour savoir si une fonction est quelconque, paire ou impaire

D'abord observer le domaine de définition. Puis calculer $f(-x)$.
Si $f(-x) = f(x)$, alors la fonction est paire, et si $f(-x) = -f(x)$, alors la fonction est impaire.

Exemple 1

- **f est définie sur $[-1; 3]$ par $x \to f(x) = x^2$.**

$f(3) = 3^2 = 9$.
Mais d'après le domaine $f(-3)$ n'existe pas, donc la fonction n'est pas paire.

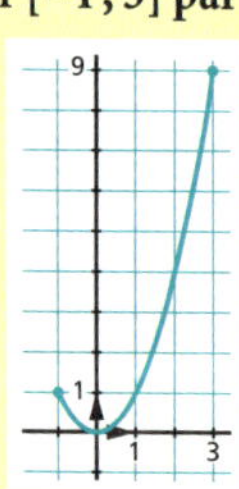

Exemple 2

- **f est définie sur $[-2; 2]$ par $x \to f(x) = x^2$.**

$f(-x) = (-x)^2 = x^2$,
$f(-x) = f(x)$,
donc la fonction est paire. La courbe admet l'axe vertical comme axe de symétrie.

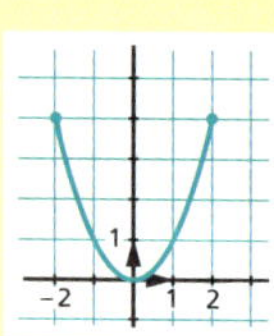

Exemple 3

- **f est définie sur $\mathbb{R}$ par $x \to f(x) = x^3$.**

$f(-x) = (-x)^3 = -x^3$.
$f(-x) = -f(x)$,
donc la fonction est impaire. La courbe admet l'origine O du repère comme centre de symétrie.

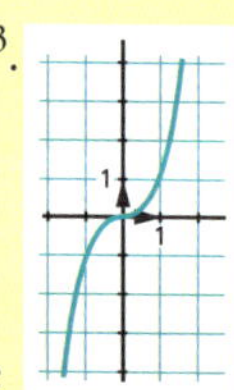

1 **Compléter les pointillés avec ≤, = ou ≥.**

a. Si la fonction f est croissante sur $[2\,;3]$, alors $f(2{,}1)$ … $f(2)$

b. Si la fonction f est décroissante sur $[7\,;10]$, alors $f(8{,}5)$ …. $f(8)$.

c. Si la fonction f est constante sur $[-2\,;4]$, alors $f(-1)$ … $f(3)$.

2 **La courbe ci-dessous représente une fonction *f*. Compléter les pointillés.**

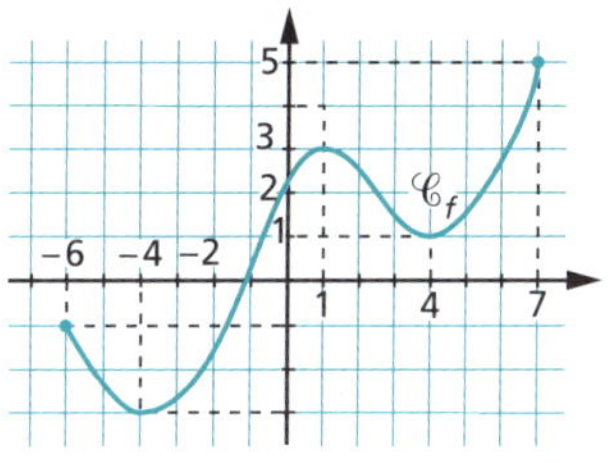

a. … ≤ x ≤ …, donc $\mathbb{D}_f = [\ldots\,;\,\ldots]$.

b. … ≤ $f(x)$ ≤ …, donc $f(x) \in [\ldots\,;\,\ldots]$.

c. Pour tout $x \in \mathbb{D}_f$, $f(x) \geq$ ……, donc … est un minimum de la fonction.

d. Pour tout $x \in \mathbb{D}_f$, $f(x) \leq$ ……, donc … est un maximum de la fonction.

e. Sur $[-2\,;4]$ f admet un maximum relatif égal à … obtenu pour $x =$ …….

f. Sur $[1\,;7]$ f admet un minimum relatif égal à … obtenu pour $x =$ …….

g. $f(-1) =$ … et $f(0) =$ …….

h.

x	− 6		4		1		4		7
$f(x)$	−1	↘	−3		…		…		…

3 **Tracer sur papier quadrillé, une courbe représentative d'une fonction *f* telle que $f(2) = 0$, $f(9) = 4$ et compatible avec le tableau de variation :**

x	0		4		7		$+\infty$
$f(x)$	− 4	↗	5	↘	2	↗	

4 **Vrai ou faux ? Justifier la réponse.** Vrai Faux

a. La fonction f définie sur $[-5\,;5]$ par $f(x) = 3x^4 - 5x^2 + 1$ est paire ❑ ❑

b. La fonction f définie sur $[0\,;+\infty[$ par $f(x) = x^3 - x$ est impaire ❑ ❑

c. La courbe $\mathscr{C}_f$ de la fonction f définie sur $\mathbb{R}$ par $f(x) = x^3 - x$ admet l'origine du repère comme centre de symétrie. ❑ ❑

5 **Vrai ou faux ? Justifier la réponse.** Vrai Faux

a. La fonction f définie sur $]0\,;\infty[$ par $f(x) = \dfrac{1}{x}$ est impaire ❑ ❑

b. La fonction f définie sur $[-4\,;0[$ par $f(x) = \dfrac{1}{x^2}$ est paire ❑ ❑

c. La fonction f définie sur $\mathbb{R}$ par $f(x) = \dfrac{1}{x^2+1}$ est paire ❑ ❑

d. La fonction f définie sur $\mathbb{R}$ par $f(x) = \dfrac{x}{x^2+1}$ est impaire ❑ ❑

6 **Étude d'une fonction : variations et courbe.**

On considère la fonction f définie sur $[0\,;\infty[$ par $f(x) = \sqrt{x}$.

1. Compléter les pointillés avec < ou >.

a. On a : $0{,}04 < 0{,}09$ et $\sqrt{0{,}04}$ … $\sqrt{0{,}09}$.

b. $2 < 3$ et $\sqrt{2}$ … $\sqrt{3}$.

2. a. Montrer que si $x_1 < x_2$ alors $\sqrt{x_1} < \sqrt{x_2}$.

(Pour cela montrer que $\sqrt{x_2} - \sqrt{x_1} > 0$)

b. En déduire le sens de variation de la fonction f sur $[0\,;\infty[$.

c. Compléter le tableau de variation de f

x	0	$+\infty$
$f(x) = \sqrt{x}$	…	…

3. Compléter le tableau des points particuliers de f et tracer sa courbe.

x	0	1	2	3	4	5	9
$f(x) = \sqrt{x}$	…	…	…	…	…	…	…

7 **Images, antécédents, parité.**

Soit f la fonction définie sur $\mathbb{R}$ par $f(x) = 2 - |4x|$.

1. Calculer les images par f de -2 ; 0 et 5/2.

2. Calculer les antécédents de 0 ; -8 et 4 s'ils existent.

3. Pourquoi la fonction f est-elle paire ?

4. **Vrai ou faux ? Justifier la réponse.** Vrai Faux

La courbe ci-dessous est celle de f ❑ ❑

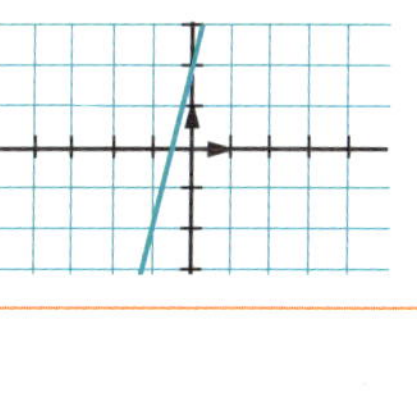

À RETENIR

De la 3ᵉ à la Seconde, voici un aperçu simplifié des fonctions de références et de leurs représentations graphiques.

Fonction constante

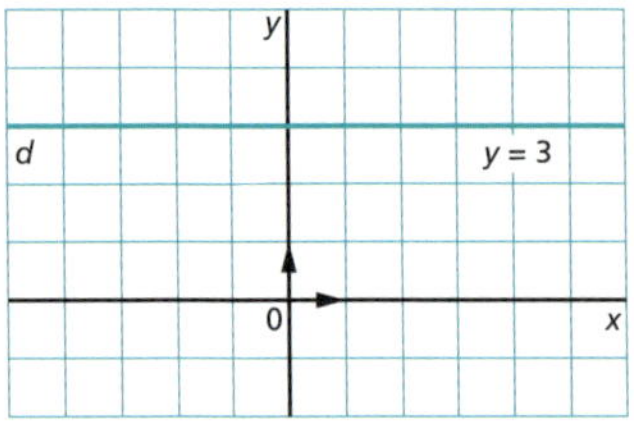

- Une fonction constante sur ℝ est de la forme $f(x) = k$.
- Tous les nombres x ont pour image le nombre k.
- La droite d est le graphe de la fonction $f(x) = 3$.

Fonction linéaire

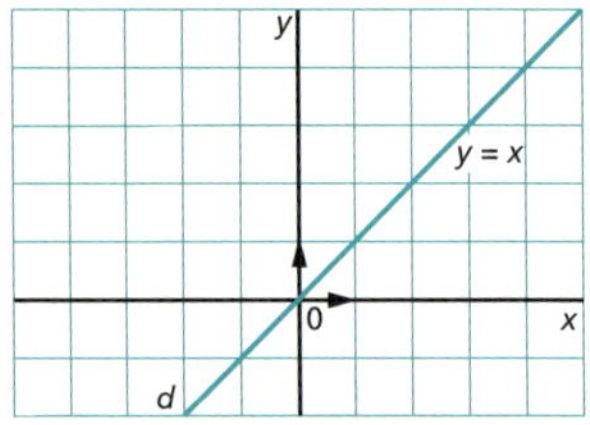

- Une fonction linéaire f est de la forme $f(x) = ax$.
- Elle est définie sur ℝ.
- x et son image $f(x)$ sont proportionnelles.
- d est le graphe de $f(x) = x$.

Fonction valeur absolue

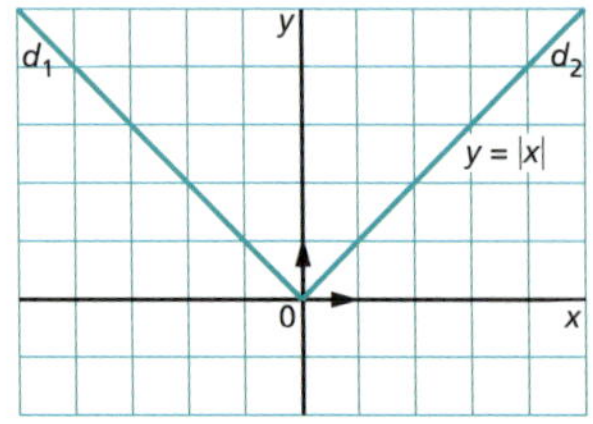

- Une fonction valeur absolue est de la forme $f(x) = |\ldots|$.
- L'image $f(x)$ est toujours positive ou nulle.
- Les demi-droites d_1 et d_2 sont le graphe de $f(x) = |x|$.

Fonction affine

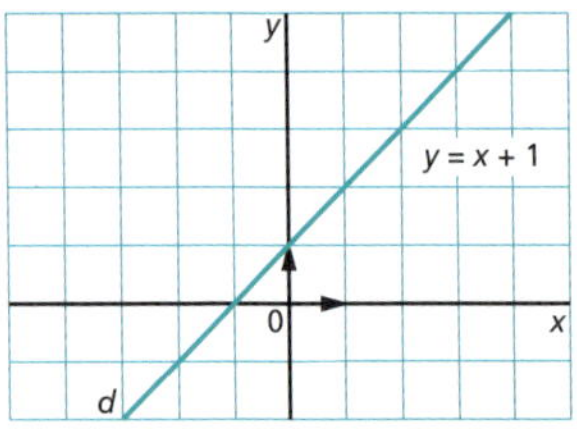

- Une fonction affine est de la forme $f(x) = ax + b$.
- Elle est définie sur ℝ.
- $a = \dfrac{f(x_2) - f(x_1)}{x_2 - x_1}$.
- f est croissante si $a > 0$ et décroissante si $a < 0$.
- d est le graphe de $f(x) = x + 1$.

Fonction carrée

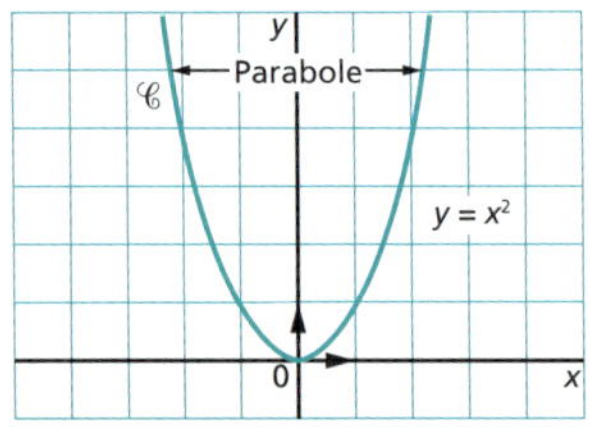

- Une fonction carrée est de la forme $f(x) = ax^2$.
- Elle est définie sur ℝ.
- Elle admet un minimum si $a > 0$ et un maximum si $a < 0$.
- (Oy) est son axe de symétrie.
- $\mathscr{C}$ est le graphe de $f(x) = x^2$.

Fonction inverse

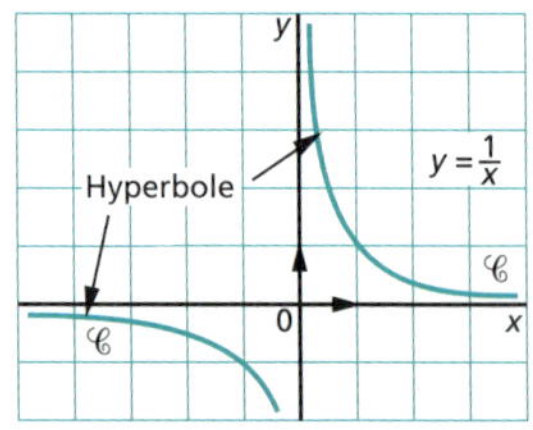

- Une fonction inverse est de la forme $f(x) = \dfrac{k}{x}$.
- Elle est définie sur ℝ*.
- Si $k > 0$, alors x et $f(x)$ sont de même signe. Si $k < 0$, ils sont de signes contraires.
- $\mathscr{C}$ est le graphe de $f(x) = \dfrac{1}{x}$.

COMMENT FAIRE

▶ Pour tracer une courbe à l'aide d'une calculatrice

- Saisir la fonction et régler la fenêtre **graphique** à l'aide de la touche [V-Window] (ou [Window]), puis la tracer à l'aide de [DRAW] (ou [GRAPH]).

Exemple **Tracer la courbe de la fonction *f* définie par *f*(*x*) = 2*x* + 5.**

	Casio…	Texas…
Étape 1 : • entrer la fonction $x \to 2x + 5$	[MENU] [GRAPH] [EXE] Ligne Y1 : 2 [X,θ,T] [+] [5] [EXE]	[MODE] [FUNC] [Y=] Ligne Y1 : 2 [X,T] [+] [5] [ENTER]
Étape 2 : • régler les bornes de la fenêtre et l'affichage des graduations sur les axes	[V-Window] Xmin : –10 [EXE] Ymin : –10 [EXE] Xmax : 10 [EXE] Ymax : 10 [EXE] Scale : 1 [▼] Scale : 1 [EXE]	[WINDOW] Xmin = –10 [▼] Ymin = –10 [▼] Xmax = 10 [▼] Ymax = 10 [▼] Xscl = 1 [▼] Yscl = 1
Étape 3 : • tracer la courbe	[EXE]. Taper la **touche F** correspondante à [DRAW] de la fenêtre.	Appuyer sur la touche [GRAPH]

1 Laquelle de ces deux droites *d* et *d'* ne représente pas une fonction constante ? Pourquoi ?

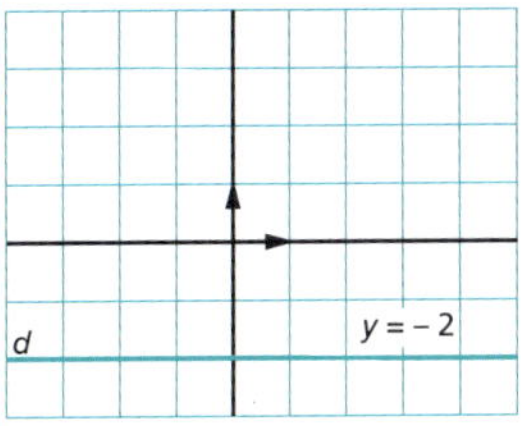

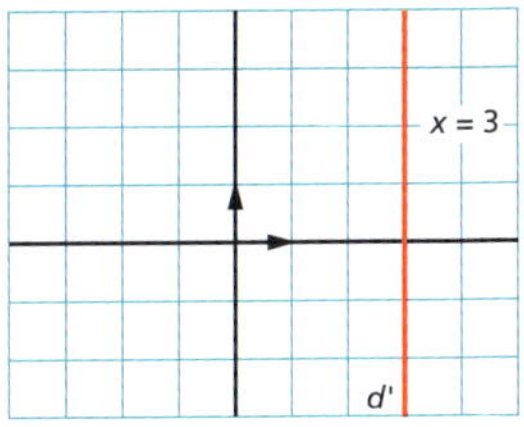

2 *f* est une fonction affine définie par $f(x) = 2x + 5$.

1. Compléter le tableau des valeurs de f.

x	f(x)	x	f(x)
1	7	3	…
2	…	4	…

2. Vrai ou faux ? — Vrai / Faux

a. 2 est le coefficient directeur de f. ❑ ❑

D'après le tableau,

b. quand x croît de 1, $f(x)$ croît de 2×1 ❑ ❑

c. quand x croît de 2, $f(x)$ croît de 2×2 ❑ ❑

d. quand x croît de 3, $f(x)$ croît de 2×3 ❑ ❑

On dit que l'accroissement $f(x_2) - f(x_1)$ de la fonction affine f est proportionnel à l'accroissement $x_2 - x_1$ de la variable x.

3 Exercice à faire après l'exercice 2.

On donne $f(x) = 3x + \frac{5}{7}$, calculer mentalement :

a. $f(3\,001) - f(3\,000) = \ldots$

b. $f(4\,999) - f(5\,000) = \ldots$

c. $f(10^3) - f(10^3 - 5) = \ldots$

4 Soit $f(x) = -2x + 3$.

1. Trouver $f(b)$, $f(a)$ et $\frac{f(b) - f(a)}{b - a}$.

2. Quel est le coefficient directeur de la droite qui passe par les points A(– 1 ; 4) et B(2 ; 3) ?

❑ -1 ❑ $-\frac{1}{3}$ ❑ $\frac{1}{3}$ ❑ 3

3. Trouver la fonction affine g dont (AB) est la droite représentative.

5 La formule $d = v \times t$ donne la distance *d* parcourue, en un temps *t*, à une vitesse constante *v*.

(Unités : km, heure et km/h.)

1. Sachant que la distance parcourue est de 400 km, exprimer t en fonction de v.

2. Compléter le tableau des valeurs de t en fonction de v.

V (km/h)	60	80	100	120
t (h et min)				

6 Fonctions et calculatrice.

La fonction f est définie sur $\mathbb{R}$ par $f(x) = (x - 1)^4$.

1. Vrai ou faux ? — Vrai / Faux

a. La fonction f est paire ❑ ❑

b. Pour toute valeur de x, $f(x) \geq 0$. ❑ ❑

c. 0 est un minimum de la fonction ❑ ❑

2. Visualiser à l'aide de votre calculatrice la courbe $\mathscr{C}_f$ de f.

3. Tracer dans la même fenêtre la fonction g définie sur $\mathbb{R}$ par $g(x) = -(x - 1)^4$.

Que peut-on dire des courbes $\mathscr{C}_f$ et $\mathscr{C}_g$?

7 Tracer les graphes des fonctions.

a. $f(x) = 2x$ et $g(x) = |2x|$.

b. $h(x) = -x$ et $t(x) = |-x|$

8 **1. a.** Exprimer à l'aide d'une fonction f le périmètre d'un cercle de diamètre x.

b. f est-elle une fonction linéaire ? Pourquoi ?

2. Exprimer son aire à l'aide d'une fonction g.

3. Tracer à l'aide d'une calculatrice les représentations graphiques de f et g.

Prendre $\pi = 3{,}14$.

9 La fonction *f* est définie sur $\mathbb{R}$ par $f(x) = x^2 - 2x - 3$.

1. Voici, à l'aide d'une calculatrice, un graphe de f.

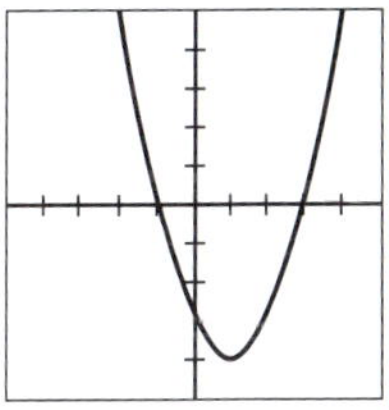

Compléter les pointillés donnant les bornes de la fenêtre ci-contre :

Xmin = – 5 Ymin = ….

Xmax = … Ymax = ….

Xscl = 1 Yscl = ….

2. Reproduire à l'aide de votre calculatrice la représentation ci-dessus.

3. Vrai ou faux ? (Justifier votre choix) — Vrai / Faux

a. $f(x) - (-4)$ est toujours positif ou nul ❑ ❑

b. $f(x)$ est toujours supérieure ou égale à -4 ❑ ❑

c. -4 est un minimum de la fonction ❑ ❑

10 Extremums d'une fonction.

1. Vrai ou faux ? Justifier par un calcul. — Vrai / Faux

a. $\frac{(x-2)^2}{x^2+2}$ est toujours positive ou nulle ❑ ❑

b. $\frac{(x-2)^2}{x^2+2}$ est toujours inférieure ou égale à 3. ❑ ❑

2. Visualiser à l'aide de votre calculatrice la courbe de la fonction f définie sur $\mathbb{R}$ par $f(x) = \frac{(x-2)^2}{x^2+2}$

En déduire les extremums de f et les valeurs correspondantes de x.

À RETENIR

Fonction carrée

- De la forme $f(x) = ax^2$.
- Ensemble de définition $\mathbb{R}$.
- Fonction paire, car $f(-x) = a(-x)^2 = ax^2 = f(x)$.
- Tableaux de variations :

Si $a > 0$, alors

x	$-\infty$		0		$+\infty$
ax^2	$+\infty$	↘	0	↗	$+\infty$

Si $a < 0$, alors

x	$-\infty$		0		$+\infty$
ax^2	$-\infty$	↗	0	↘	$-\infty$

- Courbe d'équation $y = ax^2$.
- Symétrie par rapport à l'axe vertical du repère.
- Si $a > 0$, parabole dans les quadrants I et II.
Le sommet est un minimum.

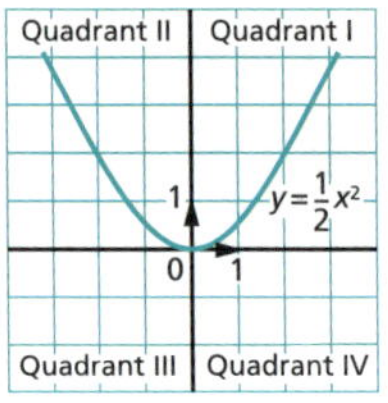

- Si $a < 0$, parabole dans les quadrants III et IV.
Le sommet est un maximum.

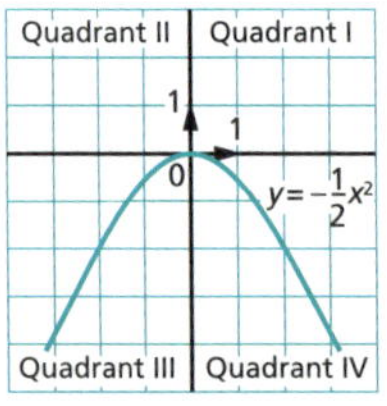

Fonction inverse

- De la forme $f(x) = \frac{k}{x}$.
- Ensemble de définition $\mathbb{R}^* = \mathbb{R} - \{0\}$.
- Fonction impaire, car $f(-x) = \frac{k}{-x} = -\frac{k}{x} = -f(x)$.
- Tableaux de variations :

Si $k > 0$, alors

x	$-\infty$	0	$+\infty$
$\frac{k}{x}$	↘	‖	↘

Si $k < 0$, alors

x	$-\infty$	0	$+\infty$
$\frac{k}{x}$	↗	‖	↗

- Courbe d'équation $y = \frac{k}{x}$ (donc $xy = k = \text{cte}$).
- Symétrie par rapport à l'origine du repère.
- Si $k > 0$, x et y sont de même signe, alors hyperbole dans les quadrants I et III.

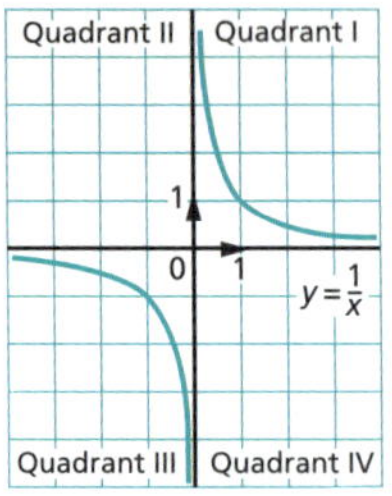

- Si $k < 0$, x et y sont de signes contraires, alors hyperbole dans les quadrants II et IV.

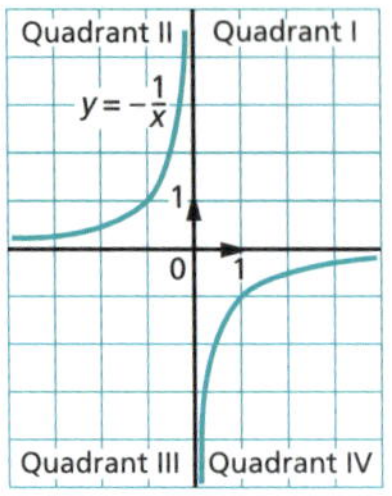

COMMENT FAIRE

► Pour représenter une fonction de la forme $f(x) = |ax + b|$

- Cela revient à tracer deux demi-droites en forme de V dans les quadrants I et II.

Exemple 1 : représenter la fonction f définie par $f(x) = |x - 2|$. Deux cas :

- Si $x - 2 \leq 0$, donc $x \leq 2$, alors $f(x) = -(x - 2) = -x + 2$.
Deux points : A(2 ; 0) et B(0 ; 2).
- Si $x - 2 \geq 0$, donc $x \geq 2$, alors $f(x) = x - 2$.
Deux points : A(2 ; 0) et C(4 ; 2).

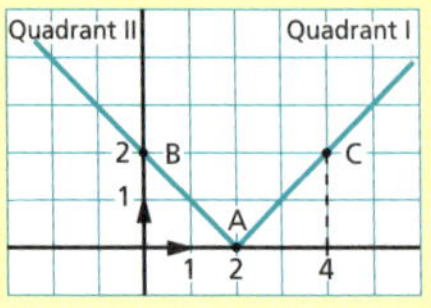

Exemple 2

Si $f(x) = |x|$ alors

$$f(x) = \begin{cases} -x \text{ si } x \leq 0 \\ x \quad \text{si } x > 0 \end{cases}.$$

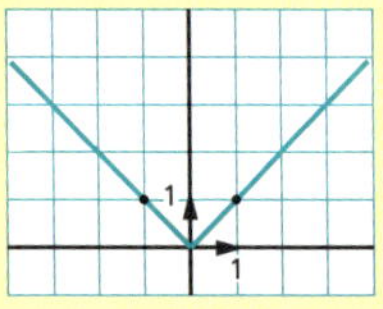

► Pour représenter une fonction de la forme $f(x) = (x - a)^2$

- Cela revient à faire une transformation et à préciser les caractéristiques de la parabole.

Exemple : représenter la fonction définie sur $\mathbb{R}$ par $f(x) = (x - 3)^2$.

- $(x - 3)^2$ est de la forme X^2, donc f est une fonction carrée.
- $(x - 3)^2 \geq 0$, donc la courbe est une parabole qui passe par un minimum pour $x = 3$.
- Pour $x = 3$, $y = 0$, donc S(3 ; 0) est son sommet.
- $x = 3$ est son axe de symétrie

Tableau de variation :

x	$-\infty$		3		$+\infty$
$(x-3)^2$	$+\infty$	↘	0	↗	$+\infty$

- Points particuliers : A(4 ; 1), B(5 ; 4) et leurs symétriques par rapport à la droite $x = 3$.

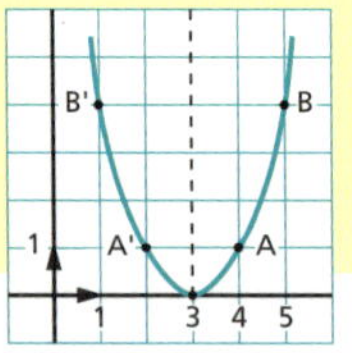

1 **Soit les fonctions f et g définies sur $\mathbb{R}$ par :**
$f(x) = |-x + 4|$ et $g(x) = |-2x - 8|$.

1. Compléter les pointillés :

$f(0) = \ldots$ $\quad f(4) = \ldots$ $\quad f(8) = \ldots$

$g(-8) = \ldots$ $\quad g(-4) = \ldots$ $\quad g(0) = \ldots$

2. Relier les fonctions f et g à leurs représentations.

• f $\quad$ • g

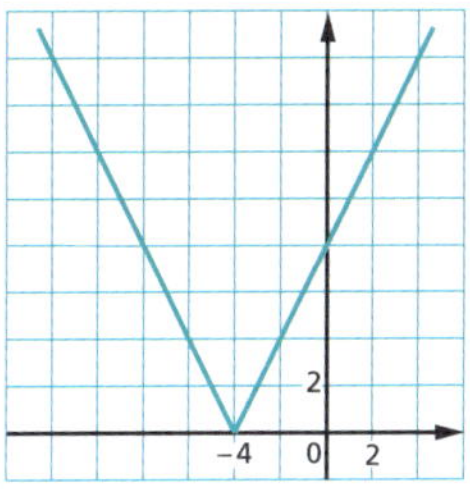

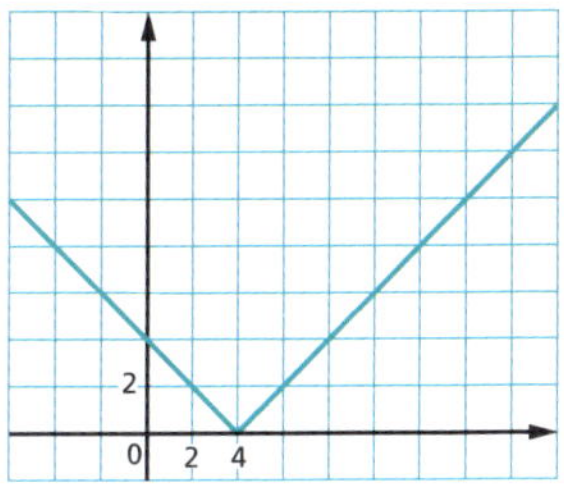

2 **La fonction f est définie sur $\mathbb{R}$ par $f(x) = |x - 5|$.**

a. Quelle est cette fonction ?

❑ $f(x) = -x + 5$ $\quad$ ❑ $f(x) = x + 5$

❑ $f(x) = \begin{cases} -(x-5), & \text{si } x < 5 \\ x - 5, & \text{si } x \geq 5 \end{cases}$

b. Représenter graphiquement la fonction f.

3 **A($x = 3$; $y = 2$) est un point d'une hyperbole d'équation $y = \dfrac{k}{x}$.**

1. Compléter les coordonnées d'autres points de cette hyperbole.

Point	Abscisse	Ordonnée
B	1	…
C	2	…
D	…	4
E	…	1,5
F	0,5	…
G	…	0,5

2. Préciser la valeur de k, puis étudier et représenter graphiquement la fonction f : $x \rightarrow \dfrac{k}{x}$.

4 **Vrai ou faux ?**

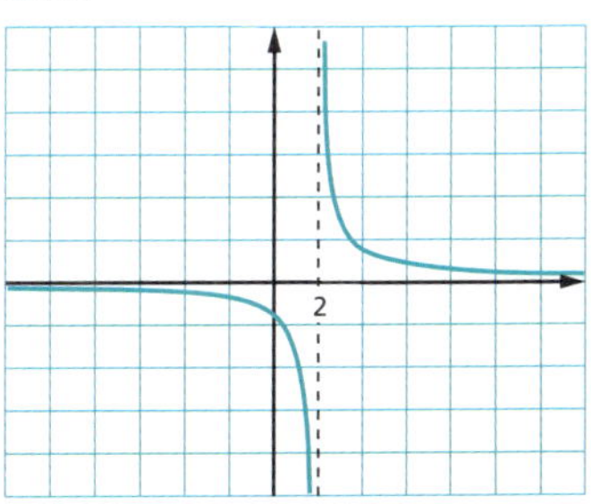

	Vrai	Faux
1. La courbe rouge représente la fonction f définie par $f(x) = \dfrac{3}{x-2}$. (Vérifier à l'aide d'une calculatrice)	❑	❑
2. La droite pointillée d'équation $x = 2$ fait partie du graphe.	❑	❑
3. La droite d'équation $x = 4$ est une asymptote à la courbe d'équation $y = \dfrac{x-4}{x}$.	❑	❑

5 **La fonction f est définie sur $\mathbb{R}$ par $f(x) = -2/x$.**
La fonction g est définie sur $\mathbb{R}$ par $g(x) = (x + 1)^2$.

1. Tracer dans un même repère les courbes $\mathscr{C}_f$ et $\mathscr{C}_g$.

2. Utiliser $\mathscr{C}_f$ et $\mathscr{C}_g$ pour tracer en rouge la représentation de la fonction h définie sur $\mathbb{R}$ par :

$$h(x) = \begin{cases} -\dfrac{2}{x} & \text{si } x \leq -2 \\ (x+1)^2 & \text{si } x > -2 \end{cases}$$

6 **La fonction f est définie par :**

$$f(x) = \begin{cases} -2x & \text{si } x \leq 0 \\ -x^2 & \text{si } x > 0 \end{cases}$$

1. Relier chaque image à sa valeur

$f(-1)$	$f(0)$	$f(1)$	$f(3)$
•	•	•	•
•	•	•	•
2	–1	–9	0

2. Représenter graphiquement la fonction f.

7 **Voici la représentation graphique d'une fonction f, et des équations incomplètes qui la définissent.**

A : $y = -\dfrac{1}{4}x^2 + mx$

B : $y = ax - 16$

C : $y = -2x + b$

D : $y = -\dfrac{1}{4}x^2 + 10x + c$

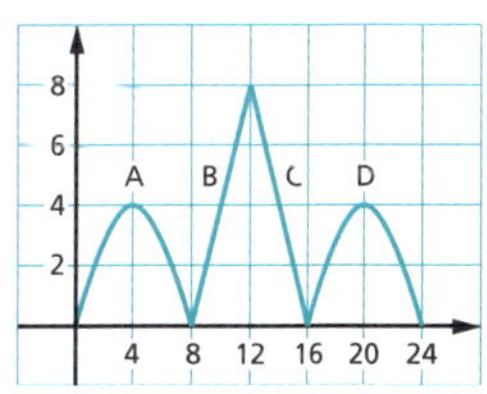

1. Vrai ou faux ?	Vrai	Faux
a. m est égal à 2	❑	❑
b. a est égal –2	❑	❑

2. Calculer b et c.

3. Compléter les pointillés afin de définir entièrement la fonction f.

$$f(x) = \begin{cases} \ldots\ldots\ldots\ldots\ldots, & \text{si } \ldots\ldots\ldots\ldots\ldots \\ \ldots\ldots\ldots\ldots\ldots, & \text{si } \ldots\ldots\ldots\ldots\ldots \\ \ldots\ldots\ldots\ldots\ldots, & \text{si } \ldots\ldots\ldots\ldots\ldots \\ \ldots\ldots\ldots\ldots\ldots, & \text{si } \ldots\ldots\ldots\ldots\ldots \end{cases}$$

À RETENIR

Observer et conclure

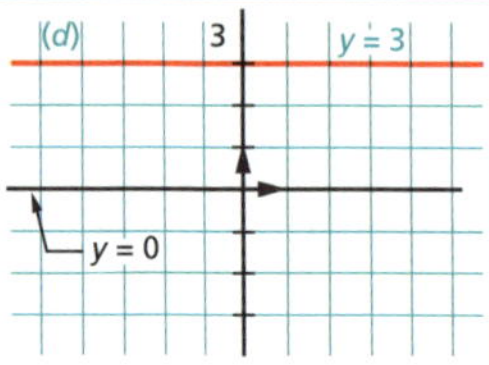

Tous les points de (d) ont pour ordonnée 3. Ils appartiennent à la droite d'équation $y = 3$.

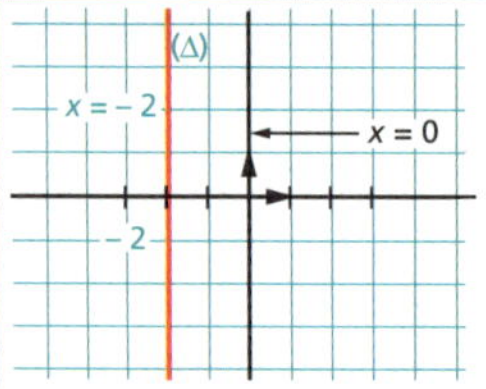

Tous les points de (Δ) ont pour abscisse -2. Ils appartiennent à la droite d'équation $x = -2$.

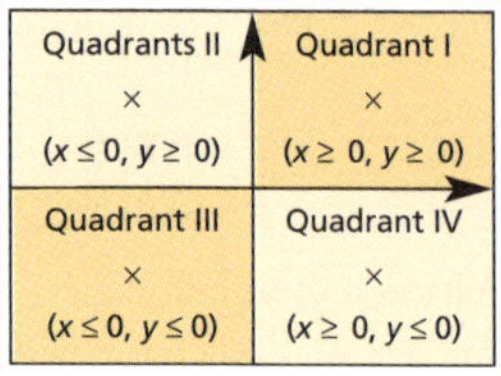

Les signes des coordonnées d'un point dépendent de sa position dans le repère.

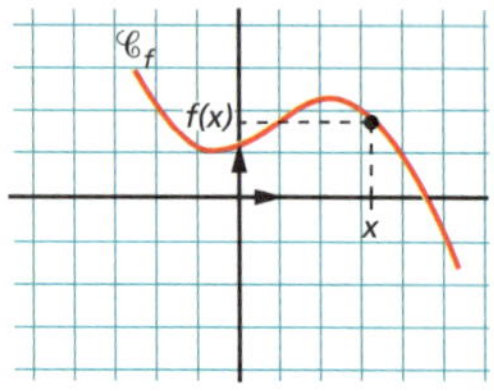

$\mathscr{C}_f$ est la courbe de la fonction f. Tous les points de la courbe ont pour coordonnées $(x\,;f(x))$

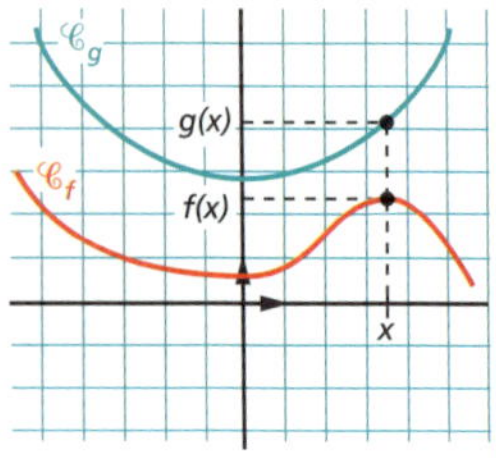

Tous les points de la courbe $\mathscr{C}_f$ sont en dessous de la courbe $\mathscr{C}_g$. Donc, pour une même valeur de x, $f(x)$ est inférieure à $g(x)$. Soit $f(x) < g(x)$.

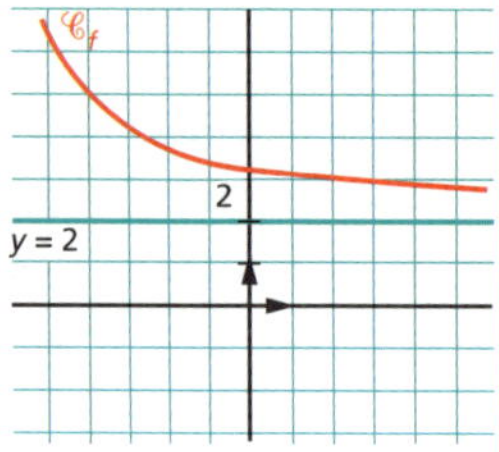

Tous les points de la courbe $\mathscr{C}_f$ sont au-dessus de la droite d'équation $y = 2$, donc $f(x) > 2$.

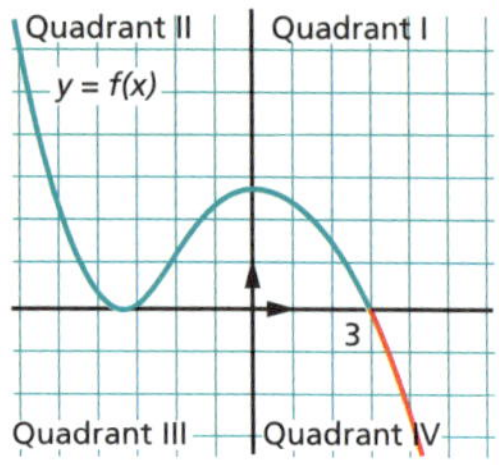

Pour x inférieur à 3, les points de la courbe sont au-dessus de l'axe des abscisses, dans les quadrants I et II, donc pour $x < 3$, $f(x) \geq 0$ et pour $x \geq 3$, $f(x) \leq 0$.

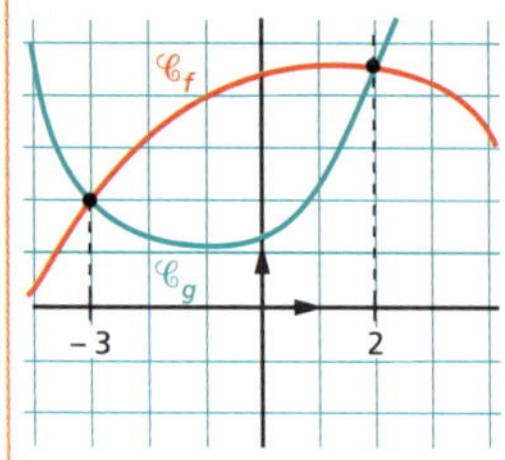

Graphiquement :
- Les solutions de l'équation $f(x) = g(x)$ sont $x = -3$ ou $x = 2$.
- $g(x) < f(x)$ pour $-3 < x < 2$.
- $g(x) > f(x)$ pour $x < -3$ ou $x > 2$.

COMMENT FAIRE

▶ Pour résoudre graphiquement une équation ou une inéquation

Il faut tracer des courbes, les observer, repérer les points d'intersections, … puis lire les solutions sur l'axe horizontal des abscisses.

Exemple simplifié : résoudre l'équation $x + 2 = 3$.

- À la main

Étape 1 : tracer la droite d'équation $y = x + 2$
Étape 2 : tracer la droite d'équation $y = 3$
Étape 3 : lire l'abscisse du point d'intersection

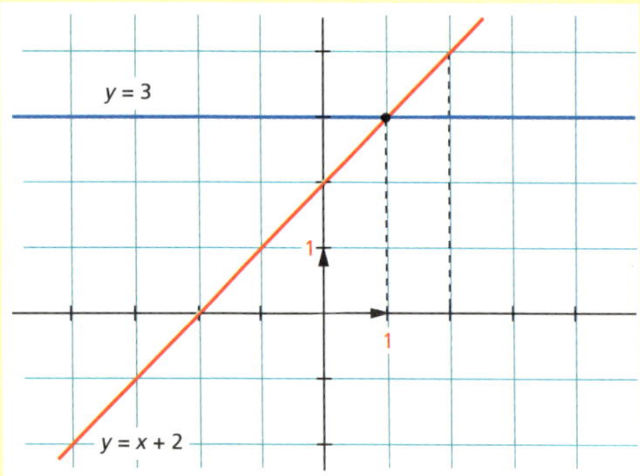

Ainsi, la solution de l'équation $x + 2 = 3$ est **1**.
Remarque : l'inéquation $x + 2 > 3$ est vérifiée pour $x > 1$.

- À l'aide d'une calculatrice

Étape 1 : tracer les droites d'équations $Y_1 = X + 2$ et $Y_2 = 3$.
Étape 2 : appuyer sur la touche TRACE et sélectionner le point d'intersection à l'aide du curseur en utilisant les touches ▶ et ◀ (les touches ▲ et ▼ font passer d'une courbe à l'autre).
Étape 3 : lire l'abscisse du point d'intersection et arrondir si nécessaire.

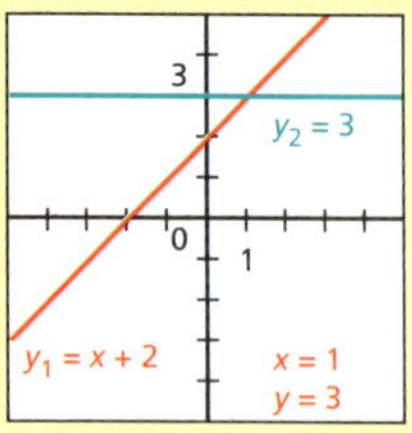

1 **Résoudre graphiquement.**

a. $-2x+1=-1$ **b.** $\frac{1}{2}x+4=-x+1$

2 **Résoudre graphiquement $3x+4>-2$.**

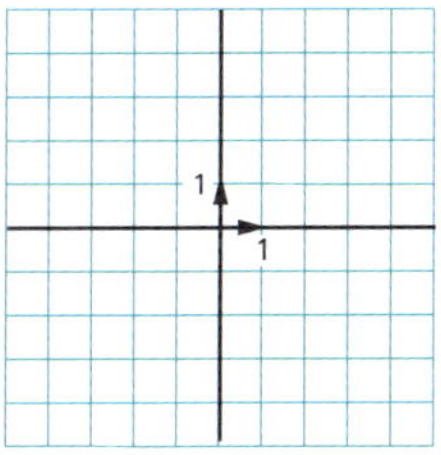

3 **Définir une région.**

1. Écrire les équations des droites qui délimitent le rectangle vert.

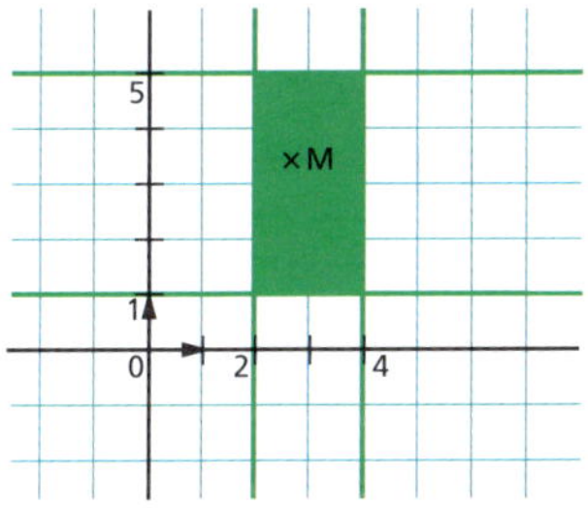

2. M(x, y) est un point du rectangle bleu. Compléter le système qui définit ses coordonnées.

$$\begin{cases} 2 \leq x \leq \ldots \\ \ldots \leq y \leq \ldots \end{cases}$$

4 **Vrai ou faux ?** Vrai Faux

Les coordonnées des sommets du triangle formé par les droites d'équations :

$y=x+3$; $y=-\frac{3}{4}x+\frac{5}{4}$ et $y=-6x+17$

sont : $(-1;2)$; $(2;5)$; $(3;1)$ ❑ ❑

Justifier votre réponse à l'aide d'une représentation graphique.

5 **Observer les représentations graphiques puis répondre.**

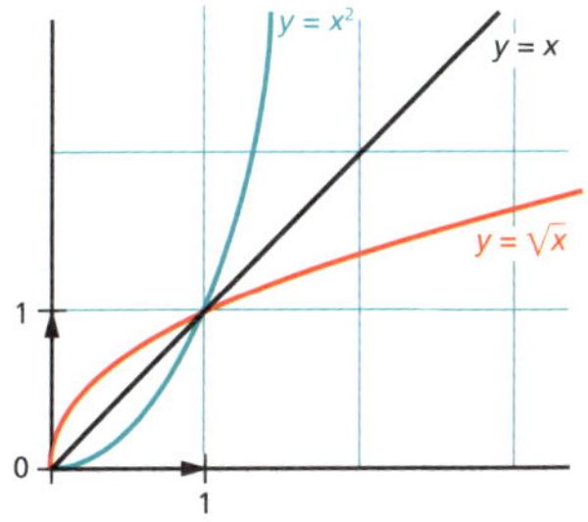

1. Dans les expressions ci-dessous, comparer x, x^2 et $\sqrt{x}$ à l'aide du signe ≤.

a. si $0 \leq x \leq 1$ alors : $x^2 \ldots x \ldots \sqrt{x}$

b. si $x>1$ alors ....

2. Sans aucun calcul, compléter avec les signes < ou >.

a. $\sqrt{0{,}1} \ldots 0{,}1^2$

b. $\sqrt{1{,}1} \ldots 1{,}1 \ldots 1{,}1^2$

6 **Résoudre graphiquement, à la main ou à l'aide d'une calculatrice, puis vérifier par calcul (voir chapitre 9).**

a. $-x+4 \leq \frac{3}{4}x+\frac{9}{4}$

b. $x^2 \leq 4$

c. $(x^2-1)(x-3) \geq 0$

7 **Voici la courbe de la fonction f définie par :**

$$f(x)=\frac{1}{x-1}.$$

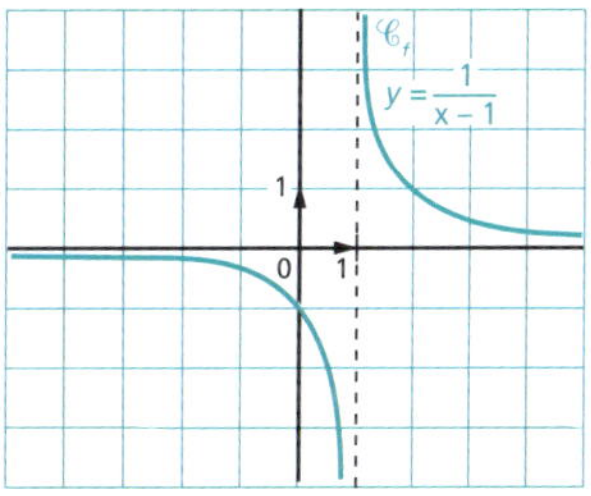

1. Pourquoi la droite pointillée ne fait elle pas partie de la courbe $\mathscr{C}_f$?

2. Représenter dans ce même repère la courbe $\mathscr{C}_g$ d'équation $y=\frac{3}{x}$.

3. Résoudre graphiquement $\frac{1}{x-1}<\frac{3}{x}$.

Vérifier à l'aide d'un calcul.

8 **f est la fonction qui à x associe le volume V(x) de la boîte.**

1. Calculer V(x). Préciser l'ensemble de définition de f.

2. Représenter sur calculatrice la fonction f.

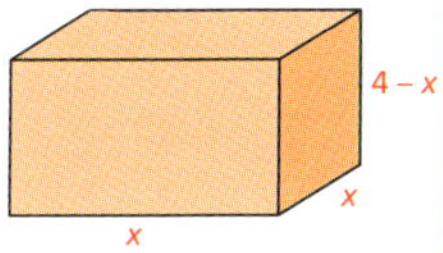

Définir la fenêtre WINDOW comme suit :

XMIN = 0 YMIN = 0
XMAX = 5 YMAX = 10
XSCL = 1 YSCL = 1

3. En déduire, arrondie au centième près, la valeur de x pour laquelle le volume est maximum.

Préciser alors le volume de la boîte ainsi que ses dimensions.

À RETENIR

Définitions

- « Statistique » est une science qui signifie à la fois :
  - un recueil de données ;
  - le traitement et l'analyse de ces données afin de renseigner et de planifier.

- **Moyenne, médiane, mode**

La moyenne, la médiane et le mode sont des mesures qui permettent de décrire la tendance centrale d'une série statistique.

- **La moyenne** est une moyenne arithmétique.
- **La médiane** est la valeur « milieu » de la série (ou la moyenne des deux « milieux ») quand elle est écrite dans l'ordre croissant, ou décroissant, des valeurs.

- **Le mode** est la valeur qui apparaît le plus.
  - La moyenne et la médiane d'une série statistique ne sont pas nécessairement une valeur de la série.
  - Certaines séries statistiques ont 0, 1 ou plusieurs modes.

Exemple 1

Voici les notes d'Elsa en sept épreuves de mathématiques :
5 8 12 9 15 12 11.

- $(5 + 8 + 12 + 9 + 15 + 12 + 11) : 7 \approx 10{,}29$.
Sa **moyenne** est de 10,29.

- Liste des notes dans l'ordre croissant :
5 8 9 11 12 12 15.
La **médiane**, valeur « milieu », est donc 11. (3 notes inférieures à 11, et 3 notes supérieures à 11.)

- Le **mode** est 12. (Note qui apparaît le plus dans la série.)

Exemple 2

Voici les notes de Patrice en six épreuves :
15 10 9 14 12 13.

- Sa **moyenne** est de : $73 : 6 \approx 12{,}17$.

- Liste des notes dans l'ordre croissant :
9 10 12 13 14 15
La **médiane** est donc $(12 + 13) : 2 = 12{,}5$ donc 3 notes, ou 50 % des notes, sont inférieures à 12,5 et 3 notes, ou 50 % des notes, sont supérieures à 12,5.

- Cette série n'a **pas de mode**.

COMMENT FAIRE

▶ Pour organiser des données et conclure la tendance centrale d'une série

Cela revient à utiliser, par exemple, un tableau et à calculer la moyenne, la médiane et le mode de la série.

Exemple

On a interrogé 30 lycéens sur leur nombre d'heures de lecture pendant le week-end en dehors du travail scolaire à faire. Voici la série des réponses et leur analyse :

A. Recueillir des données

Nombre d'heures de lecture le week-end en dehors du travail scolaire obligatoire :

1 0 3 2 2 5 0 1 1 2
4 3 4 4 1 0 4 3 1 2
5 0 7 3 2 6 0 2 3 1

B. Organiser les données

1. Écrire la liste des valeurs dans l'ordre croissant

0 0 0 0 0 1 1 1 1 1
1 2 2 2 2 2 2 3 3 3
3 3 4 4 4 4 5 5 6 7

2. Présenter les données dans un tableau :

Heures de lecture	0	1	2	3	4	5	6	7
Effectif de lycéens	5	6	6	5	4	2	1	1
Effectif cumulé	5	11	17	22	26	28	29	30

C. Trouver

a. Le nombre moyen d'heures de lecture :

$(0 \times 5 + 1 \times 6 + 2 \times 6 + 3 \times 5 + 4 \times 4 + 5 \times 2 + 6 \times 1 + 7 \times 1) : 30 = 72 : 30 = \boxed{2{,}4}$

▶

b. La médiane

C'est la moyenne de la 15e et 16e valeur de la liste **ordonnée**, donc $(2 + 2) : 2 = \boxed{2}$. Ou bien, dans la 1re ligne du tableau, c'est le nombre d'heures relatif aux effectifs cumulés 15 et 16 (troisième colonne des valeurs).

c. Le (ou les) mode(s)

La série a deux modes : 1 et 2. Ce sont les nombres d'heures qui correspondent au plus grand effectif, 6.

D. Conclure

La tendance centrale de la série est donnée par la moyenne 2,4 h ou 2 h 24 min, la médiane 2 h, et les modes 1 h et 2 h. Il n'y a pas de grand écart entre ces mesures, on peut donc conclure que la tendance centrale de la série est d'environ 2 h de lecture pendant le week-end, valeur correspondant à un mode et à la médiane.
(Voir exercices n° 5 à 7.)

S'EXERCER

1 Soit la série 44, 33, 17, 12, 44.

a. Quelle est la moyenne de la série ?
❑ 25 ❑ 30 ❑ 26,5 ❑ 37,5

b. Quelle est sa médiane ?
❑ 12 ❑ 17 ❑ 33 ❑ 44

c. Quel est son mode ?
❑ 2 ❑ 44 ❑ 12 ❑ 17

2 Trouver la moyenne, la médiane et le mode de la série.

10, 11, 10, 6, 5, 11, 12, 11

3 Donner l'exemple d'une série de trois nombres dont la moyenne est 46 et dont la médiane est 45.

4 Quelle est, en kg, la série de 4 masses dont la moyenne est 37,5, la médiane 35 et le mode 30 ?

a. ❑ 30, 30, 30, 60 **b.** ❑ 30, 34, 36, 50
c. ❑ 30, 40, 30, 30 **d.** ❑ 50, 40, 30, 30

5 Données : série statistique « heures de lecture » de la page précédente.

(Dans cet exercice on ne tient pas compte des valeurs d'effectif 1.)

a. Préciser le nouvel effectif de lycéens.

b. Calculer la moyenne, la médiane et le mode de cette nouvelle série.

c. Quelle en est la tendance centrale ?

6 Données : série statistique « heures de lecture » de la page précédente.

1. Compléter le tableau donnant les fréquences en pourcentage

Heures de lecture	0	1	2	3	4	5	6	7
Effectif lycéens	5	6	6	5	4	2	1	1
Fréquence	$\frac{5}{30} \approx 0{,}167$							
Fréquence en %	$0{,}167 \times 100 = 16{,}7$							

2. Vérifier que la somme des fréquences en % est bien égale à 100.

3. Compléter le diagramme circulaire représentant cette série. En déduire le mode et la médiane.

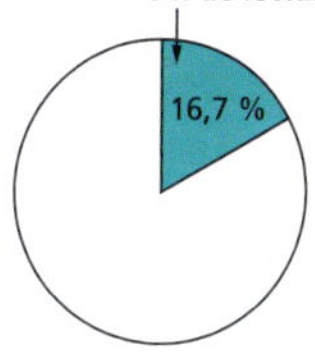

7 Données : série statistique « heures de lecture » de la page précédente.
Compléter les représentations de la série à l'aide :

a. d'un diagramme en bâtons. En déduire le mode.

b. d'un polygone des effectifs cumulés. En déduire la médiane de la série.

a.

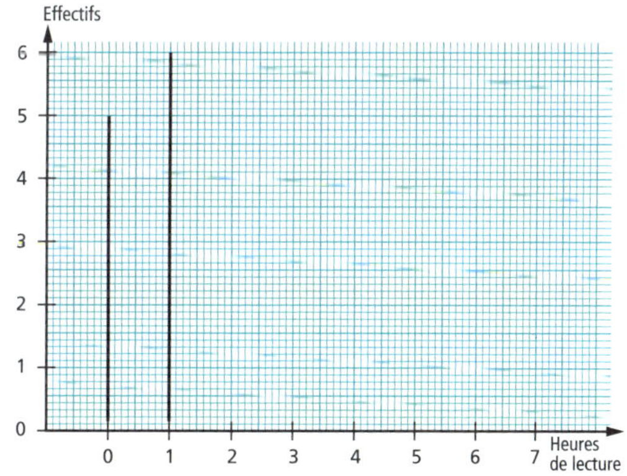

b.

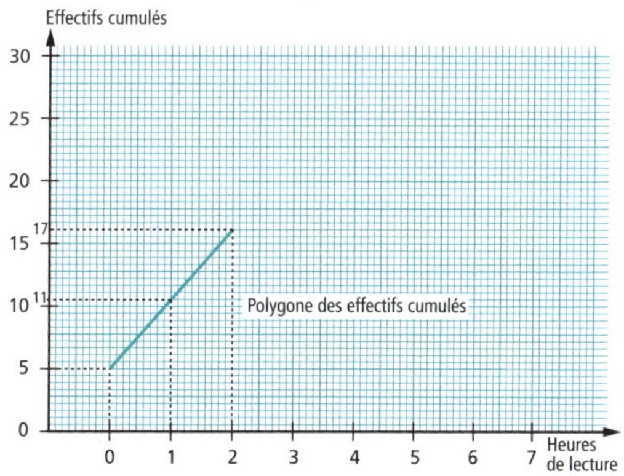

À RETENIR

Une série statistique peut être analysée de plusieurs manières. En voici un exemple.

Étendue, mode, moyenne, médiane, quartiles

Voici, en kg, une série de 20 masses d'ours polaires mâles pesés par des scientifiques norvégiens.
464 ; 433 ; 489 ; 482 ; 396 ; 406 ; 467 ; 455 ; 456 ; 444 ; 450 ; 445 ; 465 ; 420 ; 423 ; 421 ; 432 ; 437 ; 420 ; 425.

- **Dans l'ordre croissant :**
396 ; 406 ; **420** ; **420** ; 421 ; 423 ; 425 ; 432 ; 433 ; 437 ; 444 ; 445 ; 450 ; 455 ; 456 ; 464 ; 465 ; 467 ; 482 ; 489.

- **L'étendue de la série est de 93.** C'est la différence 489 – 396, ou l'écart, entre la plus grande et la plus petite des masses.
L'étendue est une mesure de **dispersion**.

- **Le mode** est 420, masse la plus fréquente.

- **La moyenne** est égale à la somme des masses divisée par l'effectif total 20, soit 8 830 : 20 = **441,5**.

- Le nombre des valeurs étant pair, la **médiane** est égale à (437 + 444) : 2 = **440,5**. Autrement dit, 10 ours pèsent moins de 440,5 kg et les 10 autres pèsent plus de 440,5 kg.

- **Quartiles. Médiane**
Écrire la série dans l'ordre croissant et la partager en quatre groupes de même effectif :
396 ; 406 ; 420 ; 420 ; **421** ← 421 est le **1er quartile**
423 ; 425 ; 432 ; 433 ; **437** ← 2e quartile ou **médiane**
444 ; 445 ; 450 ; 455 ; **456** ← 456 est le **3e quartile**
464 ; 465 ; 467 ; 482 ; 489.

Voici un tableau qui montre les masses des ours dans des **classes d'amplitude** 20, autrement dit par intervalles de 20 kg.

Pour effectuer des calculs on réduit généralement chaque classe à son centre.

Masses (en kg)	Centre de l'intervalle	Effectif (nombre d'ours)	Effectifs cumulés
[**390** ; 410[	400	2	2
[410 ; 430[	420	5	7
[430 ; 450[	440	5	**12**
[450 ; 470[	460	**6**	18
[470 ; **490**]	480	2	20

- **L'étendue** est 100, c'est la différence 490 – 390 entre les valeurs extrêmes de la série.

- **La classe modale** est [450 ; 470[, elle correspond au plus grand effectif, 6.

- **La moyenne** est (400 × 2 + 420 × 5 + 440 × 5 + 460 × 6 + 480 × 2) : 20 = 8820 : 20 = **441**.

- **La médiane** est dans la classe [430 ; 450[relative à l'effectif cumulé 12. Soit **440** en prenant le centre de l'intervalle.

- Les études précédentes montrent que la moyenne et la médiane sont d'environ 440 kg. Le mode 420 kg leur est inférieur, et la classe modale de centre 460 kg leur est supérieure. La tendance centrale de la série « masses des ours mâles » est donc de 440 kg.

COMMENT FAIRE

► Pour trouver la moyenne d'une série connaissant des moyennes partielles

Cela revient en premier lieu à calculer des sommes partielles puis à en faire la moyenne.

Exemple

Une classe compte 30 élèves, 17 filles et 13 garçons.
À une épreuve de mathématiques, la moyenne des filles est 12 et celle des garçons 14.
Quelle est la moyenne de la classe ?

- 12 × 17 = 204. 204 est le total des notes des filles.
- 14 × 13 = 182. 182 est le total des notes des garçons.
- 204 + 182 = 386.

386 est le total des notes de la classe.

- 386 : 30 ≈ 12,87.

12,87 est la moyenne de la classe.

► Pour trouver la moyenne d'une série connaissant les fréquences

Cela revient à multiplier et à additionner uniquement.

Exemple : Voici un tableau qui montre les notes de 10 élèves et leurs fréquences.

Notes	10	12	13	15
Nombre d'élèves	3	4	2	1
Fréquence de la note	$\frac{3}{10}=0,3$	$\frac{4}{10}=0,4$	$\frac{2}{10}=0,2$	$\frac{1}{10}=0,1$

- $\frac{(10\times3+12\times4+13\times2+15\times1)}{10}=11,9.$ 11,9 est la note moyenne des 10 élèves.
- Ou bien, **à l'aide des fréquences, cette moyenne est de :**
$10\times0,3+12\times0,4+13\times0,2+15\times0,1=\mathbf{11,9}$.

S'EXERCER

1 Voici une série de cinq prix de poulets au kg.

3,20 € ; 4,50 € ; 3,60 € ; 5,10 € ; 3,99 €.

Trouver :

a. l'étendue de la série **b.** le prix moyen d'un kg

c. la médiane **d.** le mode

2 La taille moyenne de trois hommes est 1,76 m.
La taille moyenne de cinq femmes est 1,62 m.

1. Au cm près, la taille moyenne du groupe est :

❑ 1,67 m ❑ 1,68 m ❑ 1,69 m ❑ 1,70 m

2. La taille médiane du groupe est :

❑ 1,60 m ❑ 1,62 m ❑ 1,68 m ❑ 1,70 m

3 Données : « masses des ours polaires mâles » de la page précédente.

1. Compléter le tableau, puis calculer la masse moyenne d'un ours mâle à l'aide de la colonne « Fréquence ».

Masses (kg)	Effectif	Fréquence	Fréquence en %
[390 ; 410[	2	$\frac{2}{20}=0,10$	…
[410 ; 430[	5	…	…
[430 ; 450[	5	…	…
[450 ; 470[	6	…	…
[470 ; 490]	2	…	…

2. a. Compléter l'histogramme.

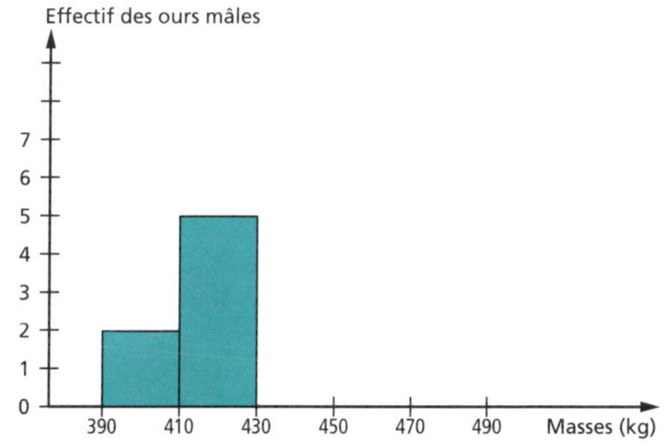

b. Vrai ou faux Vrai Faux

90 % des ours polaires pèsent plus de 410 kg ❑ ❑

4 Données : « masses des ours mâles » réparties en classes (page précédente).

Voici le polygone des effectifs cumulés.

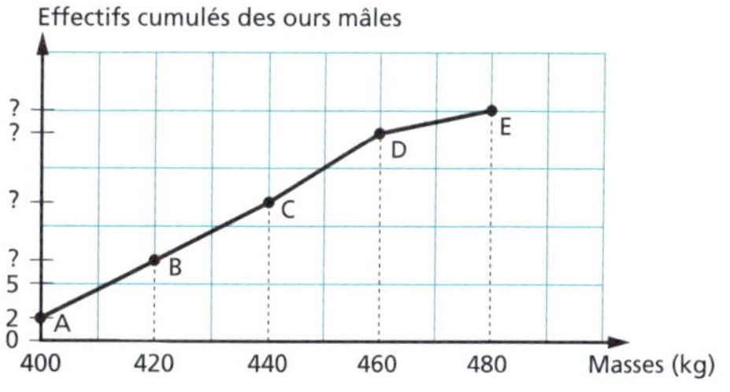

a. Que lit-on sur l'axe des abscisses ?

b. Sur l'axe des ordonnées ?

c. Compléter les (?) avec les effectifs convenables.

d. En déduire la médiane de la série et chacun de ses quartiles.

5 Soit la série des huit nombres :
5 ; 7 ; 8 ; 4 ; 9 ; 4 ; 2 ; 7

1. Calculer la moyenne $\overline{x}$ de cette série.

2. On supprime le plus petit et le plus grand des nombres. Calculer la nouvelle moyenne $\overline{x}_1$.

3. a. On ajoute 5 à chacun des nombres de la série donnée. Calculer la nouvelle moyenne $\overline{x}_2$.

b. Vrai ou faux ? Vrai Faux

$\overline{x}_2$ est égale à $\overline{x}+5$. ❑ ❑

4. c. On multiplie par 2 et on ajoute 1 à chacun des nombres de la série donnée. Calculer la nouvelle moyenne $\overline{x}_3$.

d. Vrai ou faux ? Vrai Faux

$\overline{x}_3$ est égale à $2\overline{x}+1$ ❑ ❑

5. Sans aucun calcul, trouver la moyenne $\overline{x}'$ de la série :
49 ; 69 ; 79 ; 39 ; 89 ; 39 ; 19 ; 69.

6 Trouver les inconnues *x*, *y*, *t* et *z* et compléter le tableau.

Série de valeurs	Étendue	Mode	Moyenne	Médiane
9 ; 7 ; 8 ; *x* ; 5	…	7	…	…
8 ; 11 ; 5 ; *y* ; 9 ; 1	…	…	6,75	…
2 ; *t* ; *z* ; 7 ; 4	10	…	1,6	2

À RETENIR

Calculer une moyenne, une médiane et un mode à l'aide d'une calculatrice

Voici une série de six valeurs (ou modalités) : 94 ; 192 ; 106 ; 140 ; 132 ; 140.

● **À la main :**

- dans l'ordre croissant, la série s'écrit : **94 ; 106 ; 132 ; 140 ; 140 ; 192.**
- La moyenne $\overline{x} = 134$ • La médiane Me $= \frac{1}{2}(132 + 140) = 136$ • Le mode Mod $= 140$.

● **À l'aide d'une calculatrice :** cela dépend de la marque et du modèle de la calculatrice ; mais généralement voici l'essentiel des étapes à suivre.

Casio

1. • Sélectionner dans MENU le mode STAT puis valider avec [EXE]. L'écran présente alors des listes : List 1, List 2…

• Si List 1 n'est pas vide, sélectionner List 1, appuyer sur la touche relative à DEL-A et confirmer en appuyant sur la touche relative à YES. Faire de même pour vider List 2 de son ancien contenu.

2. • Dans List 1, entrer chacune des valeurs en validant avec [EXE], et dans List 2 chacun des effectifs correspondant à la valeur en validant avec [EXE].

• Appuyer sur la touche relative à CALC, puis sur celle de SET.

• Sélectionner la ligne incluant List 1 et appuyer sur la touche (F1) relative à List 1. Sélectionner la ligne incluant List 2 et appuyer sur la touche (F3) relative à List 2.

3. Appuyer sur [EXE], puis appuyer sur la touche (F1) relative à 1VAR. Lire alors les informations concernant la série, les faire défiler à l'aide du curseur [▼].

En Seconde, on retiendra :

- la moyenne $\overline{x} = 134$
- la somme de toutes les valeurs $\sum x = 804$
- l'effectif total $n = 6$
- la plus petite valeur **min X** = **94**
- la médiane **Med** = **136**
- la plus grande valeur **max X** = **192**
- le mode **Mod** = **140**.

Texas Instrument

1. • Appuyer sur la touche [STAT], puis sur la touche [ENTER] pour valider.

L'écran présente alors des listes : L1 ; L2…

• Si L1 n'est pas vide, sélectionner L1 et appuyer sur la touche [CLEAR] puis sur la touche [ENTER].

Faire de même pour vider la liste L2 de son ancien contenu.

2. • Dans L1, entrer chacune des valeurs en validant avec [ENTER], et dans L2 chacun des effectifs correspondant à la valeur en validant avec [ENTER].

• Appuyer sur la touche [STAT], sélectionner à la première ligne [CALC], puis appuyer sur [ENTER].

• Appuyer sur L1 ([2nd] [1]), puis sur la touche [,], puis sur L2 ([2nd] [2]).

3. Terminer en appuyant sur la touche [ENTER]. Lire alors les informations concernant la série. Les faire défiler à l'aide du curseur [▼].

En Seconde, on retiendra :

- la moyenne : $\overline{x} = 134$
- la somme de toutes les valeurs $\sum x = 804$
- l'effectif total $n = 6$
- la plus petite valeur **min X** = **94**
- la médiane **Med** = **136**
- la plus grande valeur **max X** = **192**.

COMMENT FAIRE

► Pour calculer la moyenne et la médiane d'une série de valeurs regroupées en classes

Cela revient à rentrer dans List1, ou L1, les centres de chacune des classes.

Exemple

Reprendre les données de la série « masses d'ours », regroupées en classes de la page 104.

Effectuer les différentes étapes citées ci-dessus en introduisant dans List1, ou L1, les masses 400 ; 420 ; 440 ; 460 ; 480, et dans List2, ou L2, les effectifs 2 ; 5 ; 5 ; 6 ; 2 correspondants.

Lire :

- la moyenne $\overline{x} = 441$,
- l'effectif total des ours $n = 20$
- et la médiane Med = 440.

S'EXERCER

Ces exercices sont à faire avec une calculatrice quand nécessaire.

1 **Soit la série : 0,52 ; 0,5 ; 0,502 ; 0,522 ; 0,522 ; 0,551 ; 0,502.**

1. Quelle est la moyenne $\overline{x}$ de cette série ?

a. ❑ 0,502 **b.** ❑ 0,513

c. ❑ 0,517 **d.** ❑ 0,522

2. Sans aucun calcul, quelle est la moyenne $\overline{x}'$ de la série 520 ; 500 ; 502 ; 522 ; 522 ; 551 ; 551 ; 502 ?

e. ❑ 502 **f.** ❑ 513

g. ❑ 517 **h.** ❑ 522

2 **Le tableau montre le prix d'un paquet de 250 g de beurre dans 15 supermarchés.**

Prix (en €)	1,15	1,22	1,45	1,62
Nombre de supermarchés	3	6	2	4

Trouver :

a. l'étendue de la série,

b. sa médiane Med,

c. son mode Mod,

d. le prix moyen $\overline{x}$ d'un paquet de beurre.

3 **Voici les quatre derniers vers de « La mort et le bûcheron », fable de La Fontaine (1621-1695).**

« Le trépas vient tout guérir ;
Mais ne bougeons d'où nous sommes :
Plutôt souffrir que mourir,
C'est la devise des hommes. »

1. Compléter le tableau concernant le nombre de lettres d'un mot.

Nombre de lettres d'un mot	2	3	4	5	6	7	8
Effectif	3						

2. Trouver à la main ou à l'aide d'une calculatrice :

a. l'effectif total n des mots,

b. la médiane Med de la série,

c. le nombre de lettres moyen $\overline{x}$ d'un mot,

d. le mode Mod de la série.

4 **Vrai ou faux ?**

Le tableau concerne l'âge des élèves d'une classe de Seconde.

Âge	14	15	16	17	18
Fréquence	0,1	0,3	x	0,15	0,1

	Vrai	Faux
a. x est égal à 0,4.	❑	❑
b. 35 % des élèves ont 16 ans.	❑	❑
c. L'âge moyen est de 15,85.	❑	❑
d. En Terminale, l'âge moyen de ces mêmes élèves est de 17,85.	❑	❑

e. L'étendue de la série est 4.	❑	❑
f. Le mode de la série est 18.	❑	❑

5 **Le tableau montre les salaires des 20 employés d'une entreprise.**

Salaires (€)	1 490	1 560	1 800	1 950	2 800	3 500
Effectif des salariés	1	3	5	7	3	1

1. Trouver à l'aide d'une calculatrice :

a. la somme $\sum x$ des salaires de l'entreprise,

b. le salaire moyen $\overline{x}$ d'un employé.

2. Un employé a été licencié. Le salaire moyen a diminué d'environ 40 €.

a. Quel était le salaire du licencié ?

b. Exprimer cette diminution en pourcentage à l'unité près.

6 **L'histogramme concerne les poids des élèves d'une classe de Seconde.**

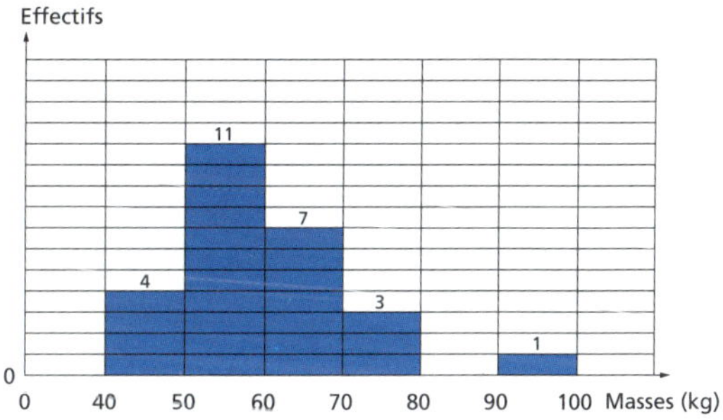

1. Que représente la largeur d'une barre de l'histogramme ?

2. Trouver à l'aide d'une calculatrice :

a. la masse totale $\sum x$ des élèves,

b. le poids moyen $\overline{x}$ d'un élève,

c. la médiane Med de la série des masses.

3. Vrai ou faux ?	Vrai	Faux
d. 20 % des élèves pèsent plus de 70 kg.	❑	❑
e. On supprime de la série la masse supérieure ou égale à 90 kg. La nouvelle moyenne $\overline{x}'$ est alors de 58,6 kg	❑	❑

7 **Le tableau montre les tailles de 25 lycéens. Deux effectifs y ont été effacés et remplacés par *x* et *y*. À l'aide des informations fournies, calculer *x* et *y*.**

Taille (en m)	[1,56 ; 1,60[	[1,60 ; 1,64[	[1,64 ; 1,68[	[1,68 ; 1,72[	[1,72 ; 1,76]
Effectif	x?	y?	6	8	3

La taille moyenne de la série est $\overline{x} = 1{,}6648$.

À RETENIR

Tirer une boule d'une urne, lancer une pièce de monnaie, un dé bien équilibré cubique, ou à 12 faces (dodécaèdre) sont des expériences dont l'issue relève du **hasard** : couleur de la boule tirée ? Pile ou face pour la pièce de monnaie ? La face 1 ; 2 ; 3 ; 4 ; 5 ou 6 pour le dé cubique ? La face 1 ; 2 ; … ou 12 pour le dodécaèdre ?
Ces expériences sont dites **aléatoires**.

Des questions qui se posent, une solution

- Lancer deux fois une pièce de monnaie nous permet-il d'obtenir les deux faces pile (P) et face (F) ?

Non, car les résultats des deux lancers peuvent être PP, PF, FP ou FF.
Jean-Pierre effectue 100 lancers, combien de piles a-t-il obtenus ? Françoise a-t-elle obtenu le même nombre de piles avec 100 lancers ? Qu'en est-il des 500 lancers de Paul ?

Pour certaines expériences au résultat aléatoire, le recueil des données reste long à réaliser et parfois très coûteux. Les statisticiens procèdent alors par simulation.

- **Que signifie « simulation » ?**

En statistiques, « simuler » signifie **imiter** une expérience réelle qui relève de la chance ou du hasard. On réalise une simulation grâce à l'outil informatique, calculatrice ou ordinateur.

- **Que signifie *Random* ?**

Random signifie « hasard ». La plupart des calculatrices et ordinateurs ont la possibilité de générer un nombre au hasard. Ce nombre est généralement compris entre 0 et 1 avec dix chiffres après la virgule.

COMMENT FAIRE

► Pour générer une liste de 10 chiffres aléatoires à l'aide d'une calculatrice

- Il faut utiliser la fonction *Random* et prendre les chiffres de la partie décimale du nombre généré.

Casio	Texas Instrument
Étape 1 : Sélectionner le menu RUN Étape 2 : • Appuyer sur la touche [OPTN] • Appuyer sur la touche relative à PROB • Appuyer sur la touche relative à Ran # Étape 3 : Appuyer sur [EXE] La calculatrice affiche alors un nombre compris entre 0 et 1 dont la partie décimale est formée des 10 chiffres aléatoires demandés. Exemple : 0•8578294915. Pour obtenir d'autres nombres, appuyer à nouveau sur [EXE]. Remarque : le nombre 0•133654784 a 9 chiffres après la virgule, il signifie0,133654784**0**.	Étape 1 : Appuyer sur la touche [MATH] Étape 2 : • Sélectionner le menu PRB (probabilité) • Sélectionner le menu RAND ou rand • Appuyer sur [ENTER] Étape 3 : Appuyer sur [ENTER] La calculatrice affiche alors un nombre compris entre 0 et 1 dont la partie décimale est formée des 10 chiffres aléatoires demandés. Exemple : •2403933544. Pour obtenir d'autres nombres, appuyer à nouveau sur [ENTER]. Remarque : si le dernier chiffre de droite est 0, alors la machine ne l'affiche pas.

► Pour créer une liste d'entiers aléatoires, x, tels que $a \leq x \leq b$

- Pour cela, utiliser la fonction *Random*, et la fonction *Int* (partie entière).

Casio	Texas Instrument
Étape 1 : Sélectionner le menu RUN Étape 2 : • Appuyer sur [OPTN] • Appuyer sur la touche relative à NUM • Appuyer sur la touche relative à Int. • Afficher : **Int ((b – a + 1) × Ran # + a)** Étape 3 : Appuyer sur [EXE], [EXE], [EXE], … Remarque : pour afficher Ran #, suivre l'étape 2 du paragraphe ci-dessus.	Étape 1 : Appuyer sur [MATH] Étape 2 : • Sélectionner le menu NUM • Sélectionner le menu Int • Appuyer sur [ENTER] • Afficher : **Int ((b – a + 1) × Ran + a)** • Étape 3 : • Appuyer sur [ENTER], [ENTER], … Remarque : pour afficher Ran, suivre l'étape 2 du paragraphe ci-dessus.

1 **E(x) désigne la partie entière du nombre x.**

Les affirmations suivantes sont-elles vraies ou fausses.

	Vrai	Faux
a. E(5,25) est égale à 5	❑	❑
b. Un nombre est toujours supérieur ou égal à sa partie entière	❑	❑
c. $E(x) \leq x < E(x) + 1$	❑	❑
d. E(– 5,25) est égale à – 5	❑	❑

2 **Afficher à l'aide d'une calculatrice :**

Casio : **Int (6 × Ran # + 1)** ou TI : **Int (6 × Ran + 1)** ; puis appuyer 10 fois sur EXE ou ENTER.

Copier la liste des entiers obtenus.

… ; … ; … ; … ; … ; … ; … ; … ; … ; …

3 **On a simulé les lancers d'un dé à six faces.**

La représentation montre l'effectif des faces apparues.

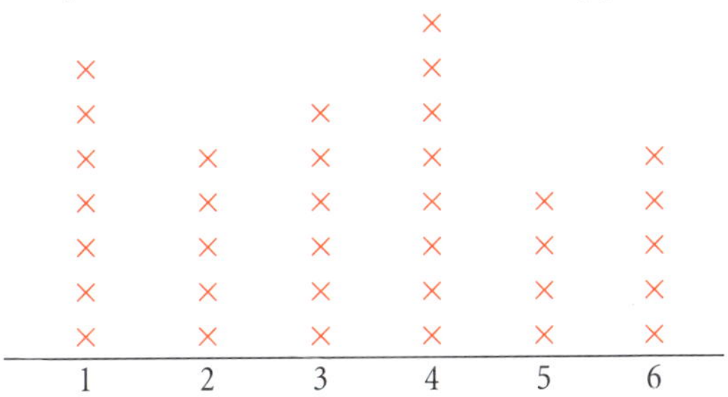

1. Associer convenablement face et fréquence.

1	2	3	4	5	6
•	•	•	•	•	•
•	•	•	•	•	•
$\frac{4}{35}$	$\frac{5}{35}$	$\frac{5}{35}$	$\frac{7}{35}$	$\frac{6}{35}$	$\frac{8}{35}$

2. Quelle est la moyenne des fréquences ?

❑ 35 ❑ 1 ❑ $\frac{1}{6}$ ❑ incalculable

4 **À l'aide de la fonction *Random* d'une calculatrice, on a obtenu la liste de dix nombres compris entre 0 et 1.**

Ci-dessous on a recopié les chiffres *random* de leurs parties décimales.

5	1	9	9	4	5	5	2	5	6
0	7	7	6	9	6	8	3	8	9
4	5	8	8	5	9	4	5	8	0
3	9	2	6	9	4	6	7	5	5
4	4	6	2	2	9	1	5	7	8
4	8	9	2	1	4	9	3	0	8
2	0	2	2	3	4	1	4	2	0
8	9	3	8	9	7	2	0	4	1
4	4	7	1	6	6	9	2	4	8
2	8	4	9	2	1	6	4	7	3

1. Ci-dessous la représentation de l'effectif des chiffres du premier nombre de la liste. Compléter la représentation de toute la liste.

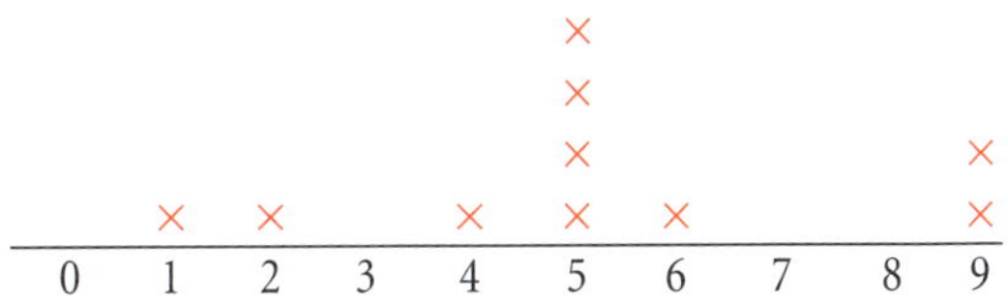

2. Compléter le tableau de la distribution des fréquences.

Chiffres	0	1	2	3	4	5	6	7	8	9
Effectif	6									
Fréquence	0,06								0,12	

5 **On suppose que le tableau des chiffres *random* de l'exercice 4 correspond à la simulation de 100 lancers d'une pièce de monnaie.**

1. a. « Pile » correspond aux chiffres pairs : 0 ; 2 ; 4 ; 6 ou 8, et « face » aux chiffres impairs. Compléter le tableau montrant la distribution des fréquences.

Face de la pièce de monnaie	P	F
Effectif	…	…
Fréquence	…	…

b. Compléter le tableau montrant la distribution des fréquences sachant qu'aux cinq chiffres 0 à 4 on associe « pile » et qu'aux cinq chiffres 5 à 9 on associe « face ».

Face de la pièce de monnaie	P	F
Fréquence	…	…

2. Compléter le tableau. Il correspond à la simulation de 500 lancers d'une pièce de monnaie :

Face de la pièce de monnaie	P	F
Effectif	248	…
Fréquence	…	…

6 **On suppose que le tableau des chiffres *random* de l'exercice 4 correspond à la simulation de 100 tours d'une roue de loterie (ci-contre).**

1. Après combien de tours a-t-on obtenu tous les chiffres de 0 à 9 ?

2. Combien de tours a-t-on faits pour obtenir 2 fois le chiffre 3 ?

3. Cette question concerne le chiffre 5.
Dans les 40 premiers tours,

a. quelle a été sa fréquence ?

b. indiquer cette fréquence en pourcentage. Comparer avec sa fréquence en % après 100 tours. Interpréter le résultat.

À RETENIR

Trouver un côté ou un angle à l'aide de :

- **Propriété de Pythagore**

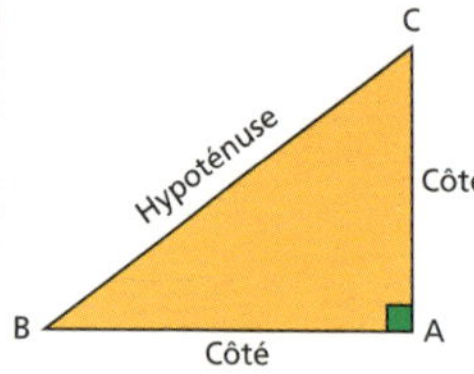

$AB^2 + AC^2 = BC^2$

- **Cosinus de l'angle $\widehat{M}$**

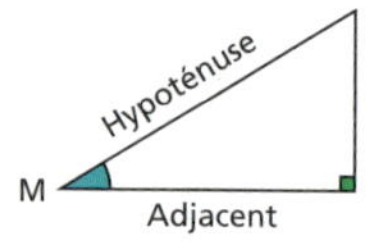

$\cos \widehat{M} = \dfrac{\text{côté adjacent}}{\text{hypoténuse}}$

- **Sinus de l'angle $\widehat{M}$**

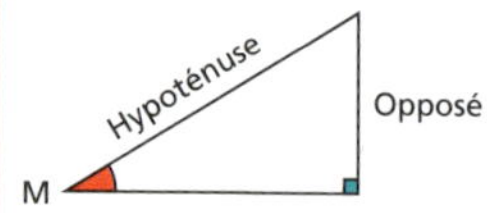

$\sin \widehat{M} = \dfrac{\text{côté opposé}}{\text{hypoténuse}}$

- **Tangente de l'angle $\widehat{M}$**

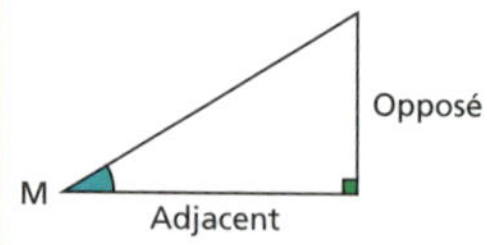

$\tan \widehat{M} = \dfrac{\text{côté opposé}}{\text{côté adjacent}}$

Cas particuliers

- **Triangle rectangle (30°-60°).**

Il est semi-équilatéral.

$\sin 60° = \dfrac{\frac{a\sqrt{3}}{2}}{a} = \dfrac{\sqrt{3}}{2}$

$\cos 30° = \dfrac{\frac{a\sqrt{3}}{2}}{a} = \dfrac{\sqrt{3}}{2}$

$\sin 30° = \cos 60° = \dfrac{\frac{a}{2}}{a} = \dfrac{1}{2}$

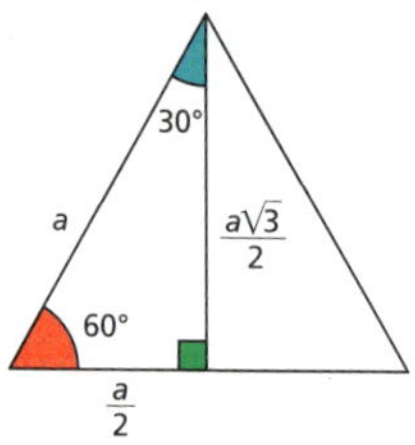

$\tan 60° = \dfrac{\sin 60°}{\cos 60°} = \sqrt{3}.$

$\tan 30° = \dfrac{\sin 30°}{\cos 30°} = \dfrac{1}{\sqrt{3}} = \dfrac{\sqrt{3}}{3}.$

- **Triangle rectangle 45°.**

Il est rectangle isocèle.

$\sin 45° = \cos 45° = \dfrac{a}{a\sqrt{2}} = \dfrac{1}{\sqrt{2}} = \dfrac{\sqrt{2}}{2}$

$\tan 45° = \dfrac{\sin 45°}{\cos 45°} = 1.$

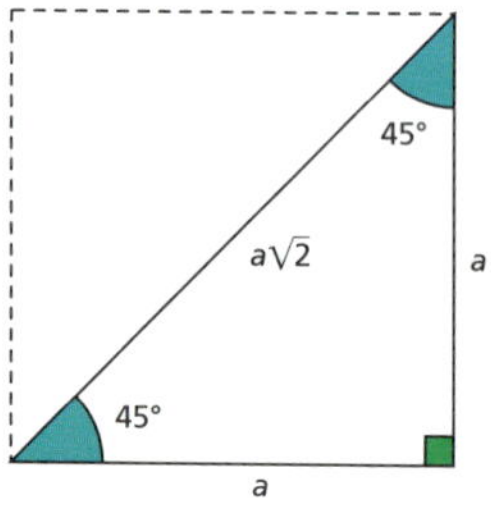

COMMENT FAIRE

► Pour trouver un angle à l'aide d'une calculatrice

Cela revient à sélectionner le mode degré et à utiliser $\sin^{-1}$, $\cos^{-1}$ ou bien $\tan^{-1}$.

Exemples

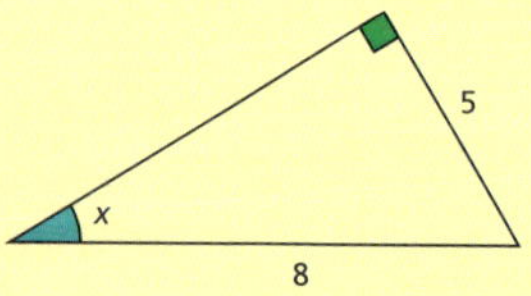

$\sin x = \dfrac{5}{8}$. Par conséquent,

[$\sin^{-1}$] [(] 5 [÷] 8 [)] [ENTER]
ou [EXE] [38.68218745]

D'où : $x \approx 39°$.

Remarque : [$\sin^{-1}$] [(] 5 [÷] 8 [)]
signifie : l'angle dont le sinus est $\dfrac{5}{8}$.

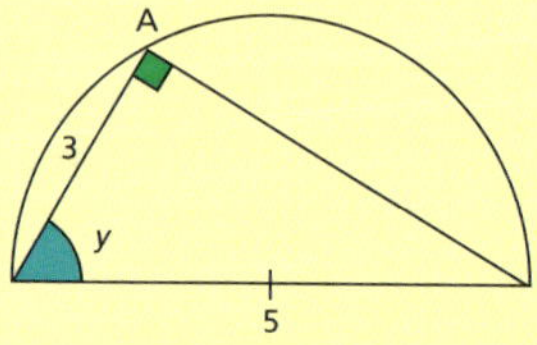

Inscrit dans un demi-cercle, le triangle est rectangle en A.

$\cos y = \dfrac{3}{5}$. Par conséquent,

[$\cos^{-1}$] [(] 3 [÷] 5 [)] [ENTER] ou
[EXE] [53.13010235]

D'où : $y \approx 53°$.

Donnée : (AT) tangente au cercle.

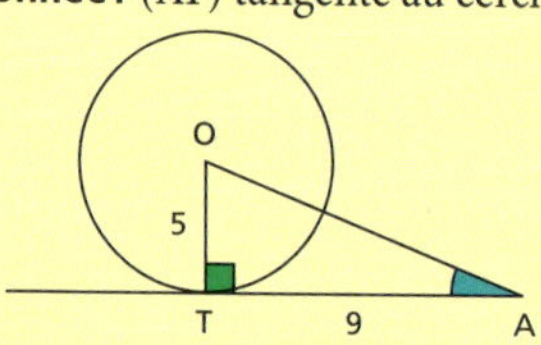

Le triangle est rectangle en T, car le rayon est perpendiculaire à la tangente au point de tangence.

$\tan \hat{A} = \dfrac{5}{9}$. Par conséquent,

[$\tan^{-1}$] [(] 5 [÷] 9 [)] [ENTER] ou
[EXE] [29.0546041]

D'où : $\hat{A} \approx 29°$.

► Pour trouver un angle ou un côté d'un triangle quelconque

Cela revient le plus souvent à tracer une hauteur dans le triangle.

Exemple

Données :

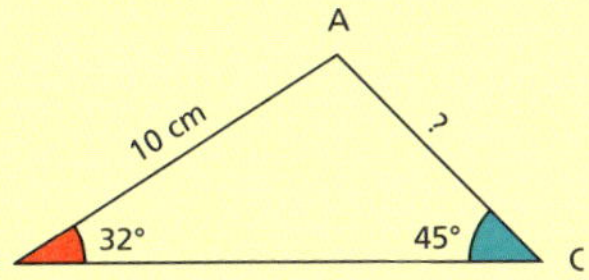

Calculer AC.

Étape 1 : tracer la hauteur AH.

Étape 2 : calculer AH.

Dans le triangle ABH rectangle en H :

$\sin 32° = \dfrac{AH}{10}$. D'où : AH = 10 × sin 32°.

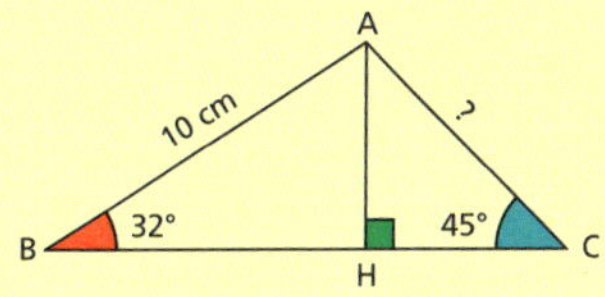

Arrondie au dixième près, AH = 5,3 cm.

Étape 3 : dans le triangle AHC rectangle en H :

$\sin 45° = \dfrac{AH}{AC}$. D'où : AC × sin 45° = AH ; $AC = \dfrac{AH}{\sin 45°} = \dfrac{5{,}3}{\sin 45°}$.

Arrondi au dixième près, AC = 7,5 cm.

S'EXERCER

Trouver les valeurs exactes, ou à 0,1 près, des mesures marquées avec des lettres. Les mesures de longueur d'une même figure sont exprimées avec la même unité. Unité d'angle : le degré. Justifier vos calculs.

1

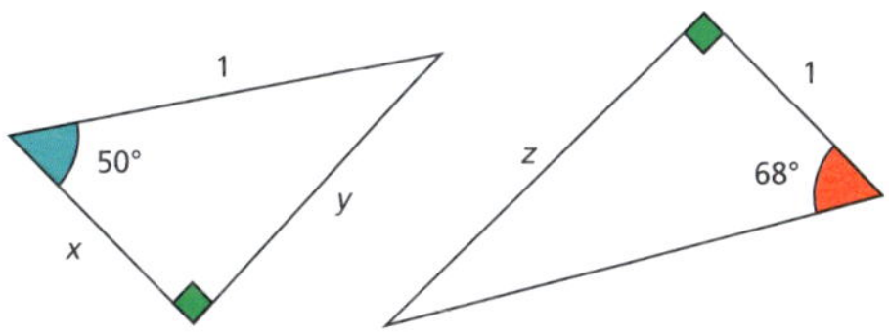

2

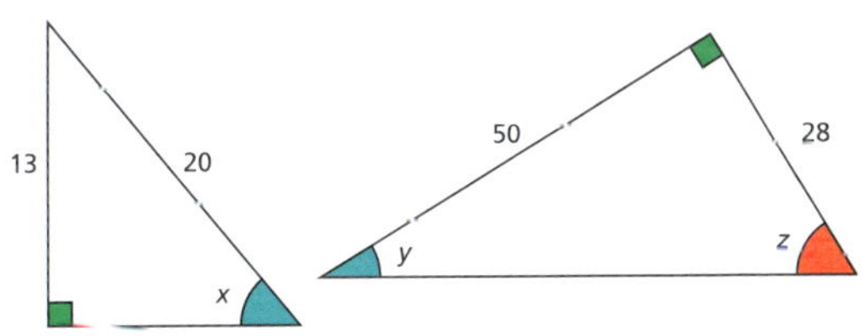

3

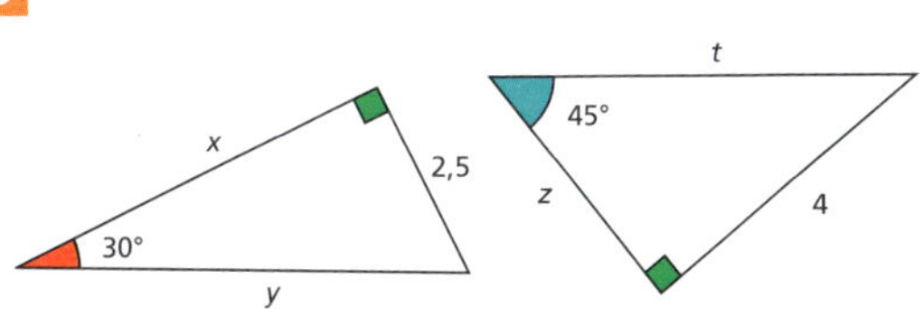

4

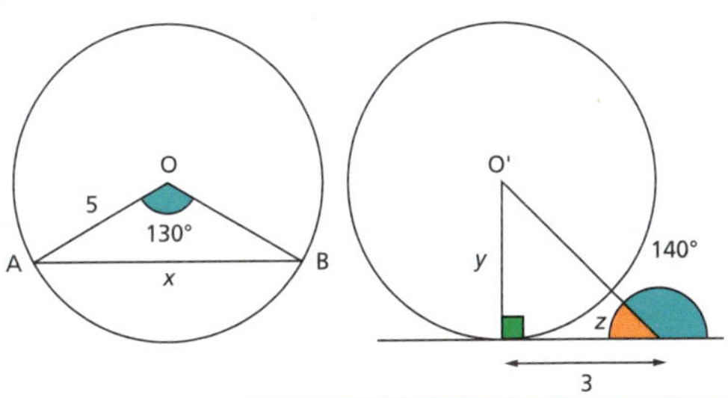

5 Unité : m.

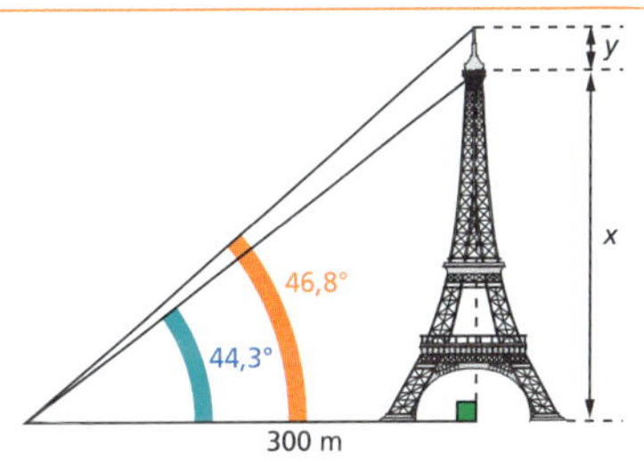

6 **Données :**

(TA) et (TB) sont tangentes au cercle.

TA = 8 et TO = x.

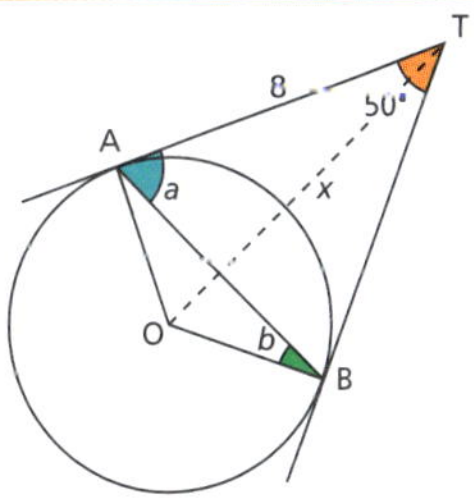

7

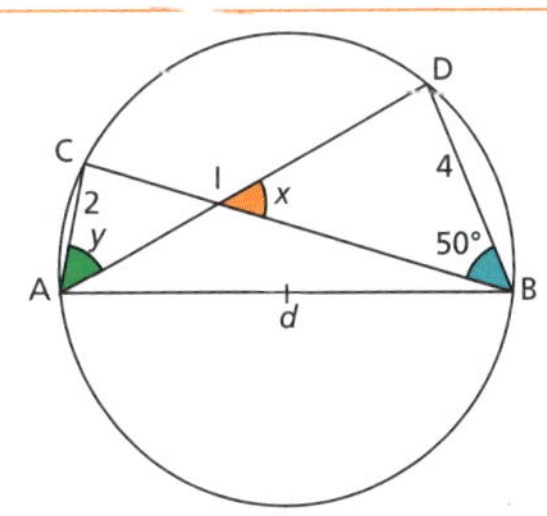

Données :

AC = 2 et BD = 4.

8

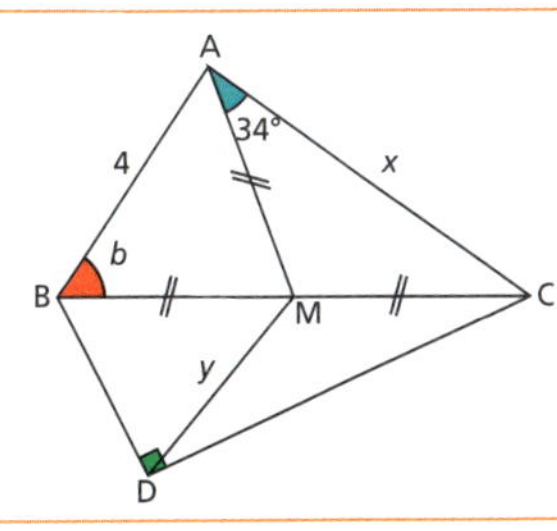

À RETENIR

Angles et rotations. Mesures. Unités : degré, radian

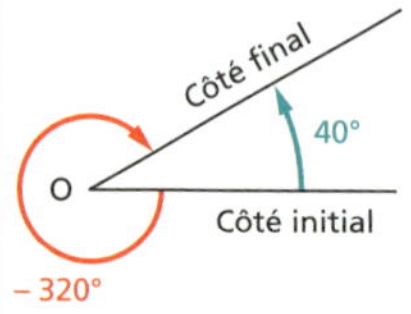

Sens direct positif : contraire à celui des aiguilles d'une montre.
Sens indirect négatif : semblable à celui des aiguilles d'une montre.

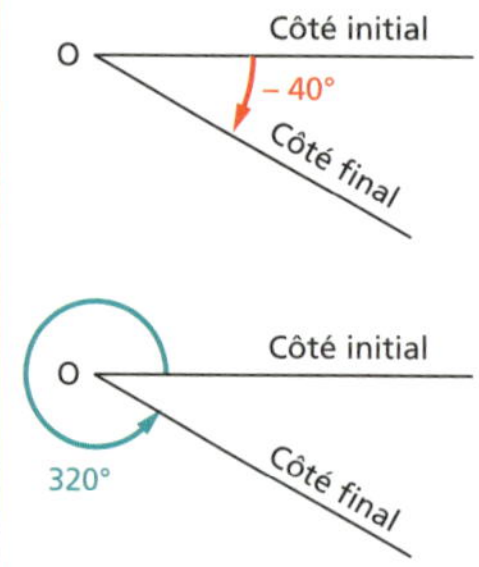

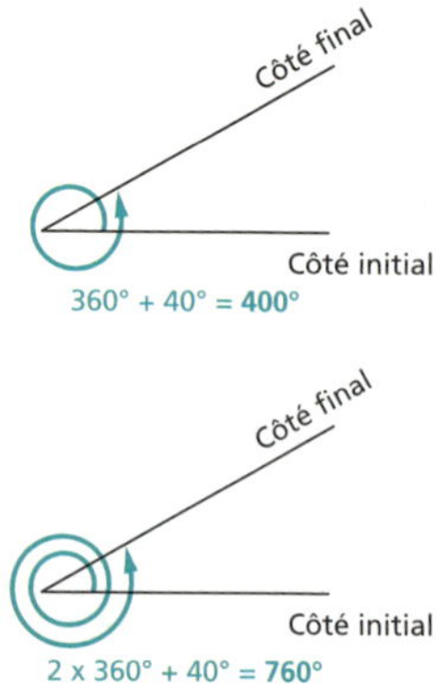

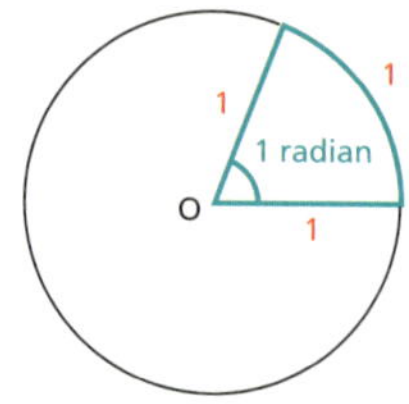

Soit un cercle de centre O et de rayon 1. **Un radian** est la mesure d'un angle au centre qui intercepte un arc de longueur 1.
Conséquence : l'angle au centre et l'arc intercepté s'expriment par le même nombre.
Voir exercice n° 2.

Cercle trigonométrique. Cosinus. Sinus. Coordonnées

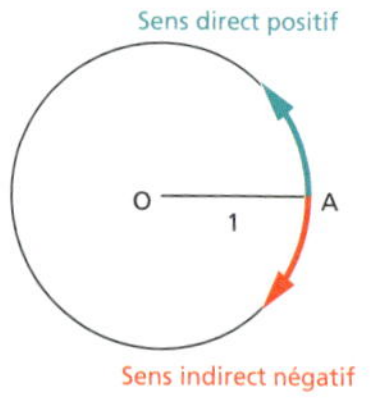

Définition : un cercle est dit trigonométrique si son *rayon est égal à 1* et s'il est muni d'un *sens direct de rotation* : contraire à celui des aiguilles d'une montre.

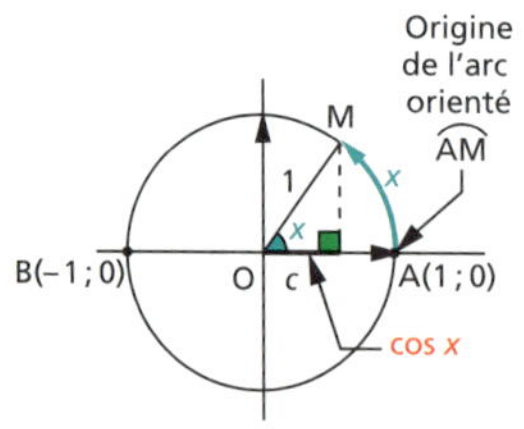

Ci-dessus un cercle trigonométrique muni d'un repère. L'abscisse d'un point M du cercle est égale à cos x.
Remarque : x est la mesure de l'arc orienté $\overset{\frown}{AM}$, et x est la mesure en **radian** de l'angle au centre qui l'intercepte.

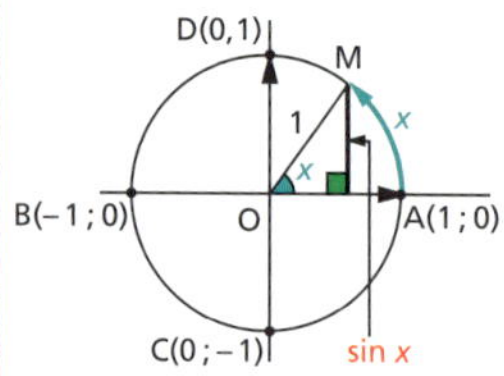

L'ordonnée d'un point M du cercle trigonométrique est égale à sin x.
x est la mesure de l'arc orienté $\overset{\frown}{AM}$ d'origine A, et x est la mesure en **radian** de l'angle au centre qui l'intercepte.

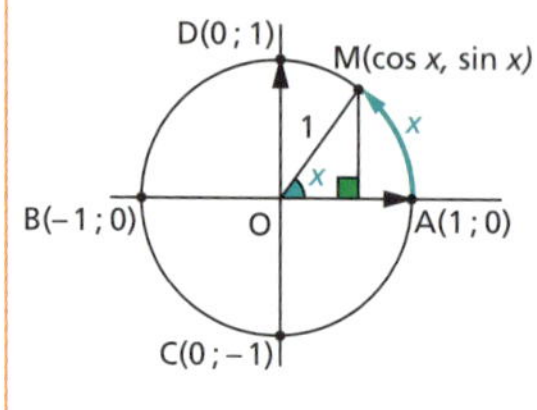

Les coordonnées d'un point M du cercle trigonométrique sont :
$\cos x =$ abscisse de M,
$\sin x =$ ordonnée de M.
On a : $-1 \leq \cos x \leq 1$
$-1 \leq \sin x \leq 1$,
et d'après le théorème de Pythagore :
$\cos^2 x + \sin^2 x = 1$.

COMMENT FAIRE

► Pour convertir la mesure d'un angle de degrés en radians

Cela revient à utiliser un tableau de proportionnalité.
Voici dans un tableau les valeurs remarquables :

si mesure en degrés =	0	30	45	60	90	**180**	270	**360**
alors mesure en radians =	0	$\frac{\pi}{6}$	$\frac{\pi}{4}$	$\frac{\pi}{3}$	$\frac{\pi}{2}$	$\boldsymbol{\pi}$	$\frac{3\pi}{2}$	$\boldsymbol{2\pi}$

►

► Pour trouver à l'aide d'une calculatrice les lignes trigonométriques d'un angle

Cela revient à utiliser la calculatrice en mode Degré ou en mode Radian.

Exemple : vérifier à l'aide d'une calculatrice que $\sin 60° = \sin \frac{\pi}{3}$.

Sur TI :
- [MODE] Degre [sin] 60 [ENTER] et on lit : [0.8660254038]
- [MODE] Radian [sin] [(] π [÷] 3 [)] [ENTER] et on lit : [.8660254038]

Sur Casio :
- [MENU] **RUN** [EXE] [SET UP] **Angle :** Deg [EXE] [sin] 60 [EXE] et on lit : [.8660254038]
- [MENU] **RUN** [EXE] [SET UP] **Angle :** Rad [EXE] [sin] [(] π [÷] 3 [)] [EXE] et on lit : [.8660254038]

S'EXERCER

1 Tracer le côté final de chacun des angles :

Données : côté initial.

a. ________ 0°

b. ________ 35°

c. ________ 270°

d. ________ – 130°

2 Vrai ou faux ?

Données : demi-cercle de diamètre [AB] et de rayon 1.

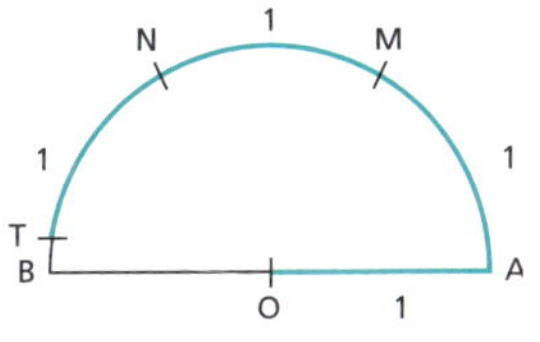

	Vrai	Faux
a. En radian, la mesure de $\widehat{AOM}$ est 1.	❑	❑
b. En degré, la mesure de $\widehat{AOM}$ est 60.	❑	❑
c. En radian, la mesure de $\widehat{AON}$ est 2.	❑	❑
d. En radian, la mesure de $\widehat{AOT}$ est 3.	❑	❑
e. En radian, la mesure de $\widehat{AOB}$ est π.	❑	❑
f. En radian, la mesure de $\widehat{AOB}$ est d'environ 3,14.	❑	❑

3 Convertir.

1. Convertir en radian. Laisser la réponse en fonction de π.

degré	180°	15°	75°	120°	150°
radian	π				

2. 1 radian ≈ 57°. Vrai ❑ Faux ❑

4 Donnée : cercle trigonométrique.

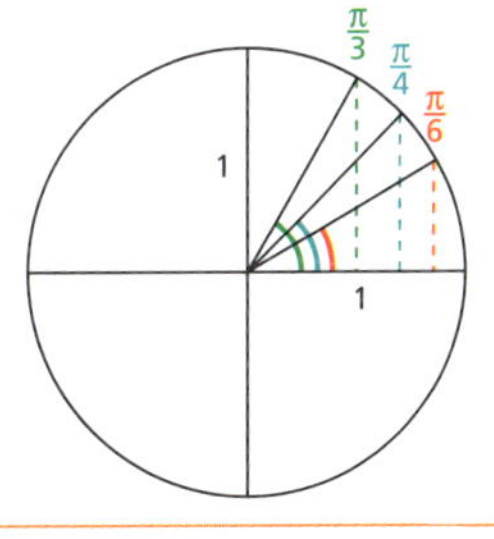

1. Compléter le tableau donnant les valeurs remarquables.

x en degrés	0	30		60	
x en radian	0		$\frac{\pi}{4}$		$\frac{\pi}{2}$
sin x					
cos x					

2. En déduire les valeurs de

a. $\sin(2\pi + \frac{\pi}{6}) = \ldots\ldots$ b. $\cos(2\pi + \frac{\pi}{4}) = \ldots\ldots$

c. $\sin(360° + 60°) = \ldots\ldots$ d. $\cos(720° + 30°) = \ldots\ldots$

e. $\tan \frac{\pi}{4} = \ldots\ldots$ f. $\tan(2\pi + \frac{\pi}{6}) = \ldots\ldots$

5 Deux erreurs se sont glissées dans la figure. Lesquelles ? Corriger.

Donnée : cercle trigonométrique

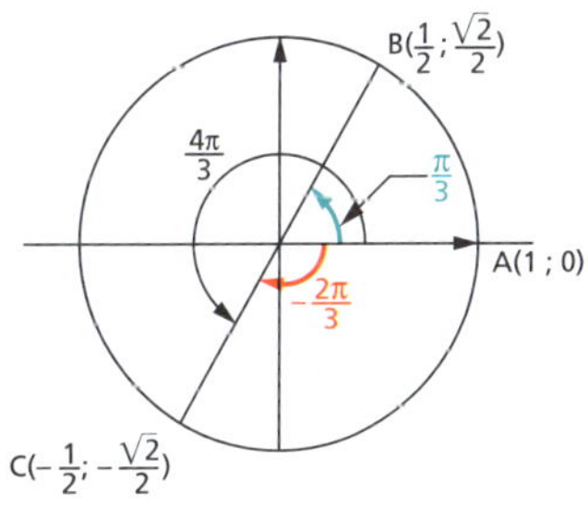

6 Compléter.

1. Compléter les pointillés avec les mesures des angles en radian. Laisser les réponses en fonction de π.

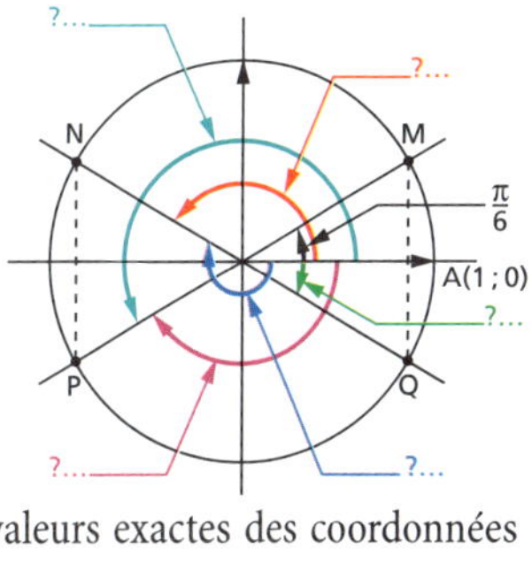

2. Compléter avec les valeurs exactes des coordonnées des points :
M(....;....) ; N(....;....) ; P(....;....) ; Q(....;....).

À RETENIR

D'une droite à un cercle

● **Voici deux droites numériques.** La première est horizontale, la seconde est verticale.

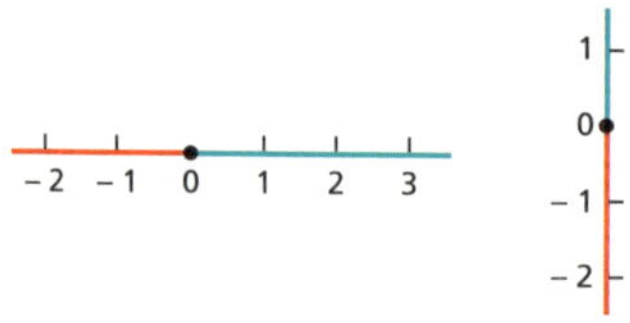

● **Voici un cercle trigonométrique** et une droite numérique verticale, tangente au cercle en A.

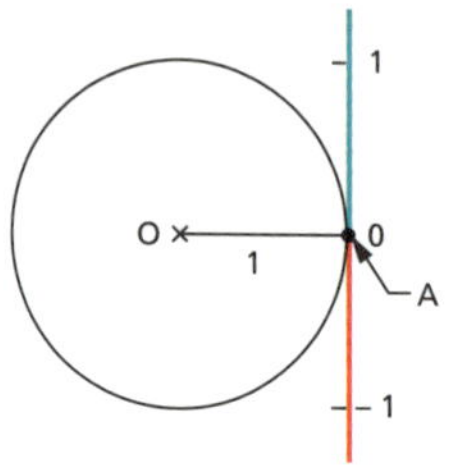

● **À chaque nombre** positif ou négatif de la droite, on associe un point sur le cercle trigonométrique par enroulement de la droite sur le cercle :

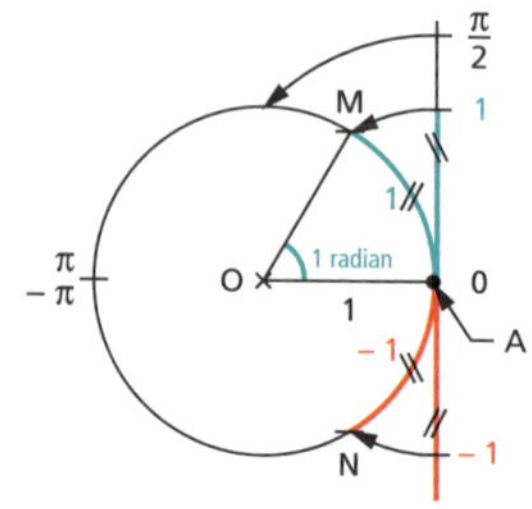

Remarque

L'angle au centre associé à l'arc $\widehat{AM}$ est de 1 radian.
1 radian ≈ 57,3°.

Les fonctions cosinus et sinus

● **Coordonnées et signes**
Voici des exemples de points et de leurs coordonnées sur un cercle trigonométrique.

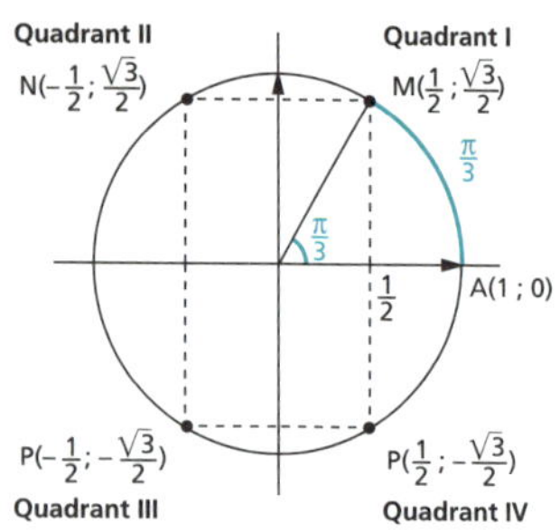

Attention ! Les **signes** de l'abscisse et de l'ordonnée d'un point, M, du cercle dépendent du quadrant dans lequel le point M se trouve.

● **Fonction cosinus**

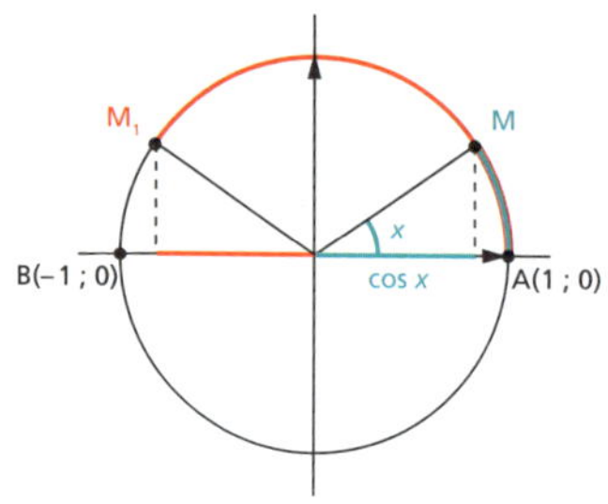

• Soit $f : x \longrightarrow \cos x$. On dit que f est la fonction cosinus. Son domaine de définition est $\mathbb{R}$.
• Le nombre x définit l'arc $\widehat{AM}$ et la mesure en radian de l'angle au centre associé.
• L'image de x, $\cos x$, est l'abscisse du point M.
• $-1 \leq \cos x \leq 1$.

● **Fonction sinus**

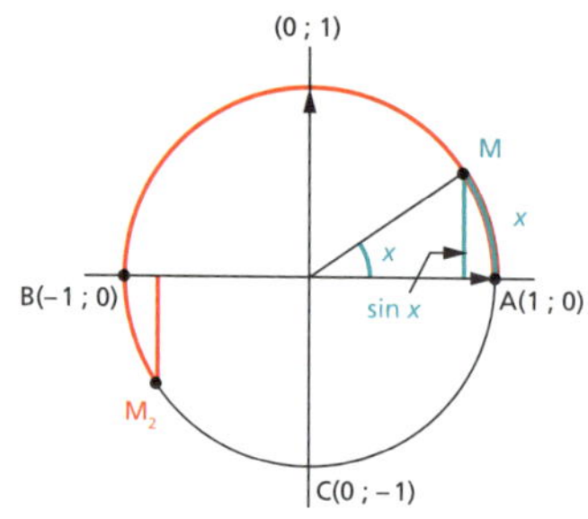

• Soit $f : x \longrightarrow \sin x$. On dit que f est la fonction sinus. Son domaine de définition est $\mathbb{R}$.
• Le nombre x définit l'arc $\widehat{AM}$ et la mesure en radian de l'angle au centre associé à cet arc.
• L'image de x, $\sin x$, est l'ordonnée du point M.
• $-1 \leq \sin x \leq 1$.

COMMENT FAIRE

► Pour représenter graphiquement les fonctions cosinus et sinus

Il faut connaître certaines propriétés et utiliser la calculatrice en mode radian.

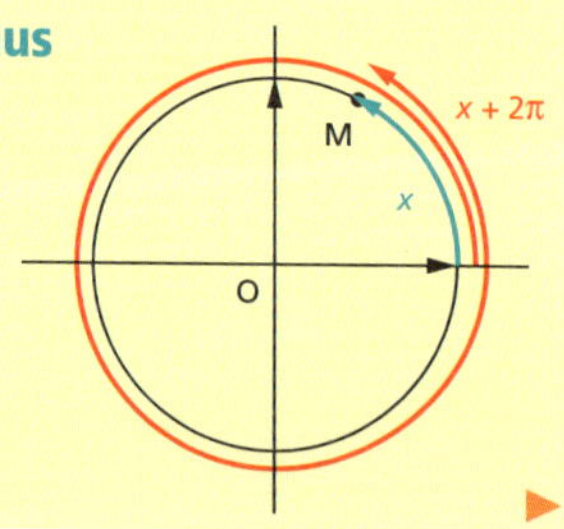

● **Périodicité :** les nombres de la forme x, $x + 2\pi$, ou $x + k \times 2\pi$, $k \in \mathbb{Z}$, définissent des arcs de même origine, A, et de même extrémité, M.
Par conséquent : $\sin(x + 2\pi) = \sin x$ et $\cos(x + 2\pi) = \cos x$.
On dit que les fonctions sinus et cosinus sont périodiques de **période 2π**.

● **Parité :** $\sin(-x) = -\sin x$, donc la fonction sinus est impaire. L'origine du repère est centre de symétrie de la courbe. $\cos(-x) = \cos x$, donc la fonction cosinus est paire. L'axe vertical du repère est axe de symétrie de la courbe.

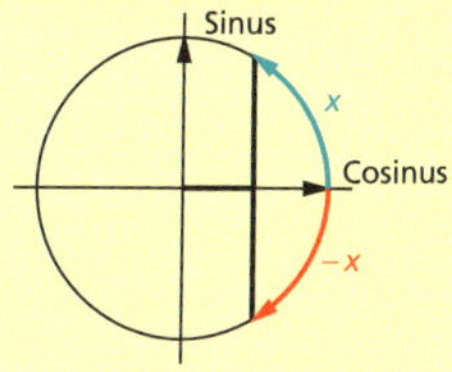

● **Tableaux de valeurs et courbes représentatives sur $[0 ; 2\pi]$.**
voir exercices n° 7 et 8.

S'EXERCER

1 Vrai ou faux ? Vrai faux

a. $\sin -\frac{\pi}{2}$ est égal à 0 ❏ ❏

b. si $0 \leq x \leq \pi$, alors $\sin x \geq 0$ ❏ ❏

c. si $\frac{\pi}{2} \leq x \leq \frac{3\pi}{2}$, alors $\cos x \leq 0$ ❏ ❏

d. $\cos \frac{5\pi}{4}$ est égal à $-\frac{\sqrt{2}}{2}$ ❏ ❏

e. $\sin \frac{9\pi}{4}$ est égal à $\frac{\sqrt{2}}{2}$ ❏ ❏

2 $x \in [-\pi ; \pi]$, cocher les deux bonnes cases à l'aide d'un cercle trigonométrique.

a. si $\cos x = \frac{1}{2}$, alors $x = ...$ ou $x = ...$

❏ $\frac{\pi}{6}$ ❏ $-\frac{\pi}{6}$ ❏ $\frac{\pi}{3}$ ❏ $-\frac{\pi}{3}$

b. si $\sin x = \frac{\sqrt{2}}{2}$, alors $x = ...$ ou $x = ...$

❏ $\frac{\pi}{4}$ ❏ $-\frac{\pi}{4}$ ❏ $\frac{3\pi}{4}$ ❏ $-\frac{3\pi}{4}$

c. si $\sin x = -\frac{\sqrt{3}}{2}$, alors $x = ...$ ou $x = ...$

❏ $\frac{\pi}{3}$ ❏ $-\frac{\pi}{3}$ ❏ $\frac{2\pi}{3}$ ❏ $-\frac{2\pi}{3}$

d. si $\cos x = -1$, alors $x = ...$ ou $x = ...$

❏ $\frac{\pi}{2}$ ❏ π ❏ $-\frac{\pi}{2}$ ❏ $-\pi$

3 Résoudre dans $[0 ; 2\pi]$.

a. $\sin x = \frac{1}{2}$

b. $\sin x > \frac{1}{2}$

c. $\sin x < \frac{1}{2}$

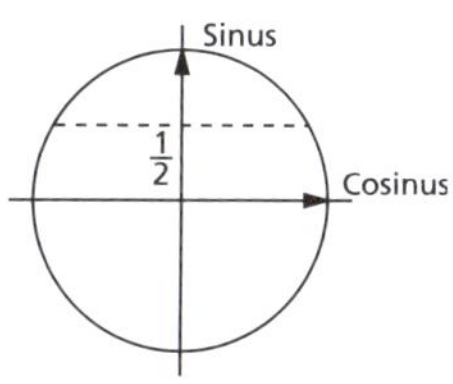

4 Montrer à l'aide d'un cercle trigonométrique que :

a. $\sin \frac{\pi}{4}$ et $\sin (\pi + \frac{\pi}{4})$ sont opposés.

b. $\sin \frac{\pi}{4} = \sin \frac{3\pi}{4}$

c. $\cos \frac{\pi}{3} = -\cos \frac{2\pi}{3}$

d. $\cos \frac{2\pi}{5} + \cos \frac{7\pi}{5} = 0$

5 Vrai ou faux ? (Justifier la réponse) Vrai Faux

a. $\sin 2 \times \frac{\pi}{4}$ est égal à $2 \times \sin \frac{\pi}{4}$ ❏ ❏

b. $\cos 3 \times \frac{\pi}{6}$ est égal à $3 \times \cos \frac{\pi}{6}$ ❏ ❏

c. $\sin x + \cos x$ est toujours inférieure ou égale à 2 ❏ ❏

d. Le produit $\cos \frac{2\pi}{3} \times \sin \frac{2\pi}{3}$ est positif ❏ ❏

6 Données : $0 \leq x \leq \pi$ et $\sin x = \frac{3}{5}$. Calculer :

1. $\cos x$.

2. x à 0,1 près par excès.

a. en degré b. en radian

7 Fonction sinus.

1. Compléter chacun des tableaux de valeurs en arrondissant à 0,01 près.

2. Tracer la courbe de $y = \sin x$, quand $0 \leq x \leq 2\pi$.

x	0	$\frac{\pi}{6}$	$\frac{\pi}{4}$	1	$\frac{\pi}{3}$	$\frac{\pi}{2}$
$y = \sin x$	0	0,50	0,71			

x	2	$\frac{2\pi}{3}$	$\frac{3\pi}{4}$	$\frac{5\pi}{6}$	3	π
$y = \sin x$						

x	$\frac{7\pi}{6}$	$\frac{5\pi}{4}$	4	$\frac{4\pi}{3}$	$\frac{3\pi}{2}$
$y = \sin x$					

x	$\frac{5\pi}{3}$	$\frac{7\pi}{4}$	$\frac{11\pi}{6}$	6	2π
$y = \sin x$					

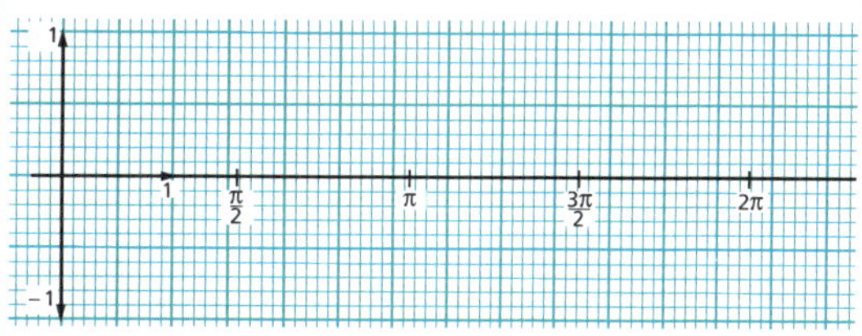

8 Fonction cosinus.
Mêmes questions que le n° 7 mais avec $y = \cos x$.

1. Compléter les mêmes tableaux de valeurs.

2. Tracer la courbe $y = \cos x$, quand $0 \leq x \leq 2\pi$.

3. $x \in [0 ; 2\pi]$. Résoudre graphiquement $\cos x = \sin x$.

À RETENIR

Cette page est une révision de certaines notions de base.
Compléter convenablement les pointillés en justifiant les réponses.

Points alignés

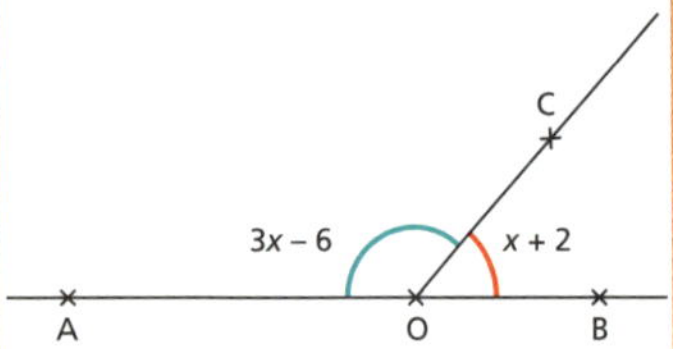

Si les points A, O et B sont alignés, alors $x =$ …………

Droites parallèles

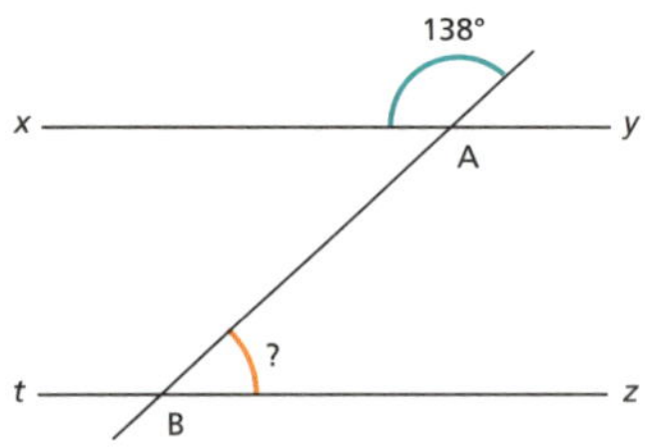

Donnée : $(xy) \parallel (tz)$
$\widehat{ABz} =$ …………

Parallélogramme

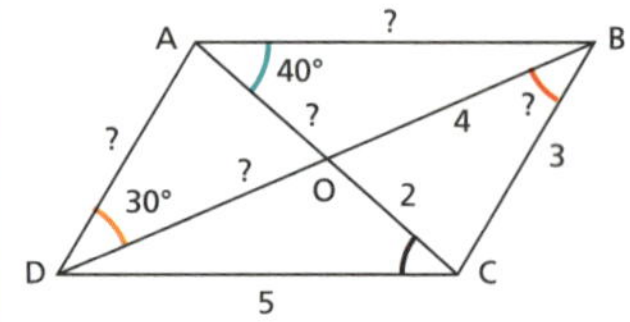

ABCD est un parallélogramme.
OA = ……… ; OD = ………
$\widehat{DBC} =$ ……… ; $\widehat{ACD} =$ ………
AD = ……… ; AB = ………

Angles d'un triangle

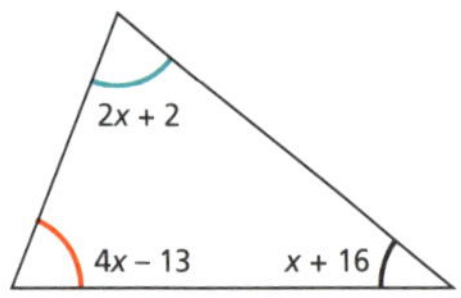

$x =$ …………

Réciproque de Pythagore

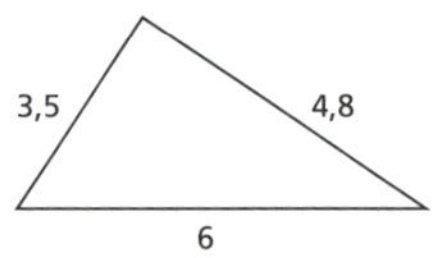

Le triangle est-il rectangle ?
❏ Oui ❏ Non

Calcul d'aire

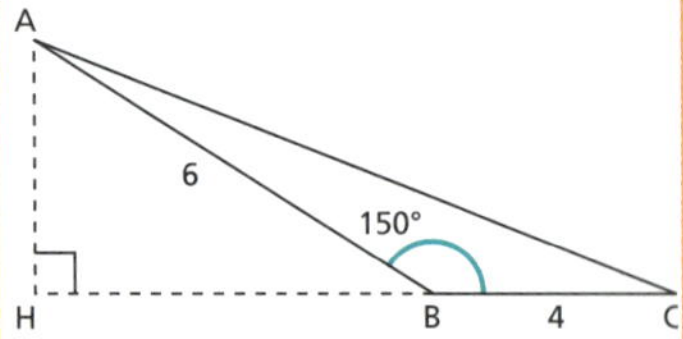

$\mathscr{A}_{ABC} =$ …………

Théorème de Thalès

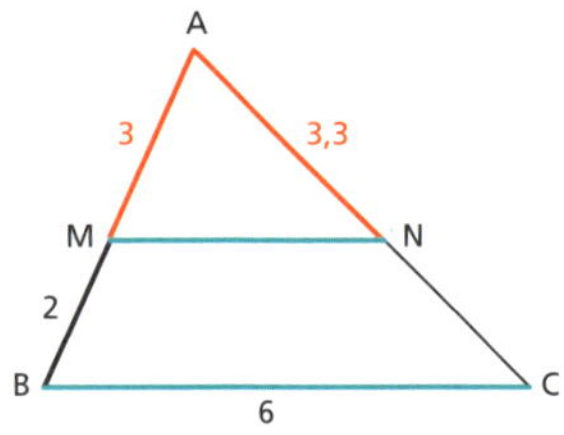

Si $(MN) \parallel (BC)$,
alors MN = …………
et AC = …………

Théorème de Thalès

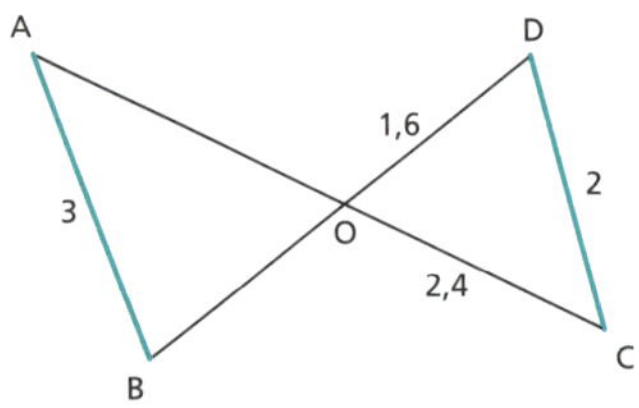

Si $(AB) \parallel (CD)$,
alors OA = …………
et OB = …………

Réciproque de Thalès

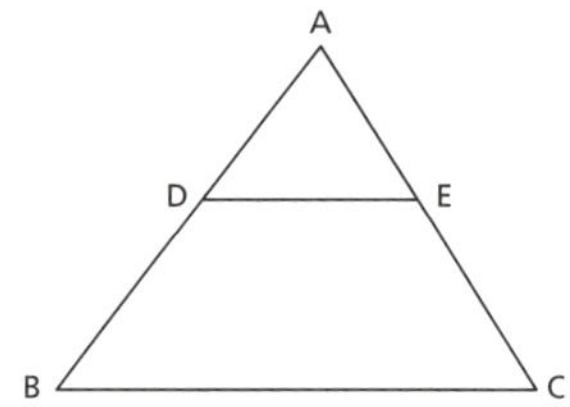

Si AD = 5, AB = 12, AE = 4 et EC = 5,6, les droites (DE) et (BC) sont-elles parallèles ?
❏ Oui ❏ Non

Droites remarquables

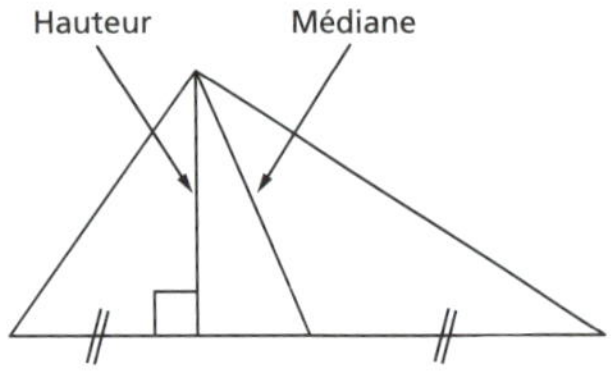

L'orthocentre est le point de rencontre des ……………… d'un triangle.
Le centre de gravité est celui de ses ……………

Cercle inscrit. Cercle circonscrit

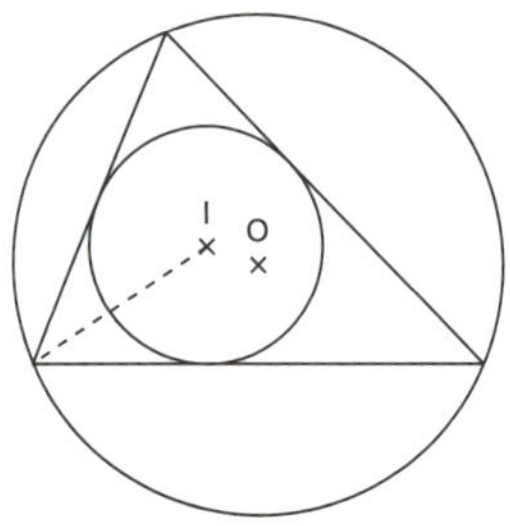

I est le point de rencontre des …… …………… du triangle. O est le point de rencontre de ses ……… ……………

Angles inscrits. Angle au centre

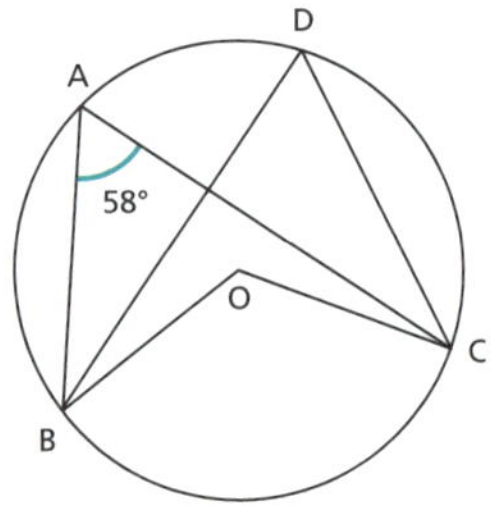

Si $\widehat{BAC} = 58°$,
alors $\widehat{BDC} =$ ……………
et $\widehat{BOC} =$ ……………

1

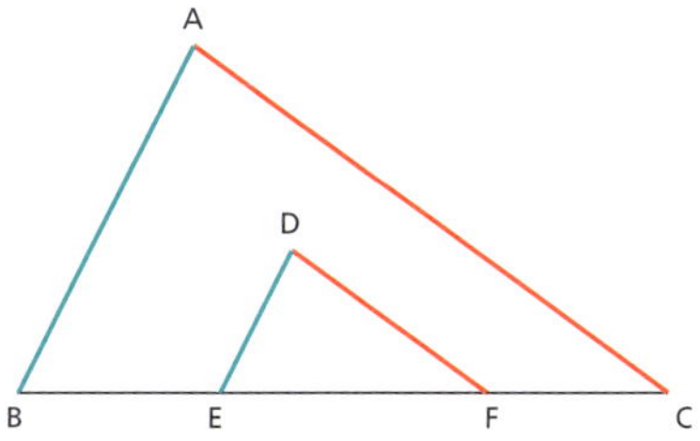

Données : (DE) // (AB) et (DF) // (AC).

Pourquoi les angles $\widehat{ABC}$ et $\widehat{DEF}$ sont-ils égaux ? $\widehat{BAC}$ et $\widehat{EDF}$?

2 Données : d // d' ; $\widehat{A}$ = 38° et $\widehat{AOB}$ = 90°.

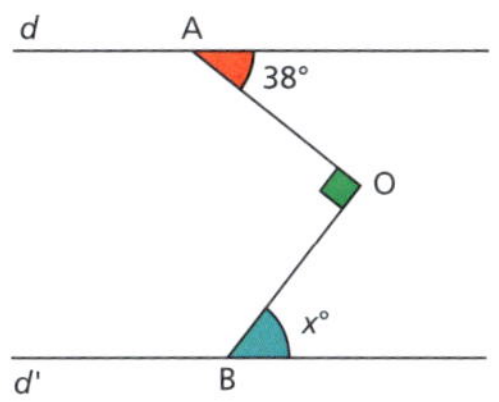

Trouver x.

3 Soit le triangle ABC.

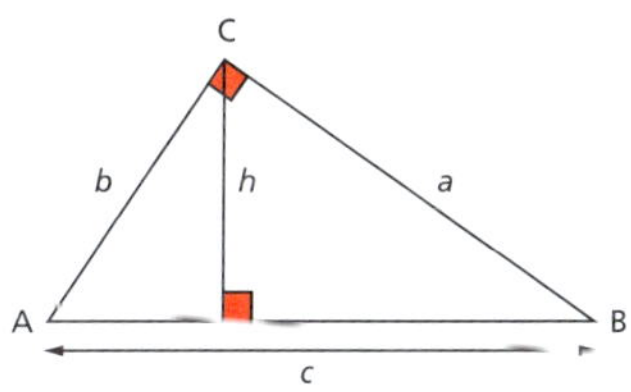

1. Exprimer de deux manières différentes l'aire du triangle ABC.

2. En déduire que $a \times b = c \times h$.

3. $b = 30$ et $c = 50$. Calculer a et h.

4 Donnée :
(DE) // (BC)

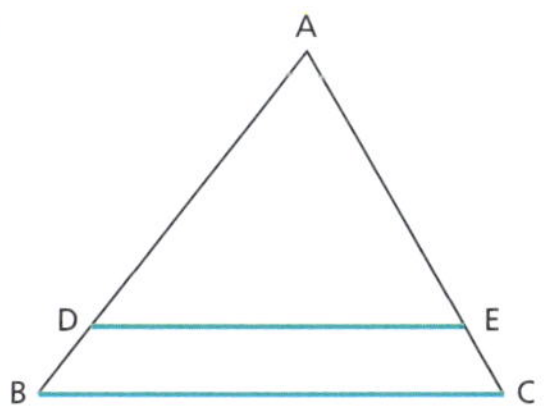

1. Si AD = 5 ; AB = 6 ; AE = 3,75, alors AC est :
❑ incalculable ❑ 4,5 ❑ 4,75 ❑ 5

2. Vrai ou faux ?

	Vrai	Faux
a. $\frac{DE}{BC}$ est égal à $\frac{5}{6}$.	❑	❑
b. Si le périmètre du triangle ABC est 18, alors le périmètre de ADE est 15.	❑	❑

5 Triangles en situation de Thalès.

1. Calculer $\frac{OA}{OD}$.

2. Vrai ou faux ?

a. OD est égale à 3OA.

b. $\frac{AO}{AD}$ est égal à $\frac{1}{4}$.

c. OH est égale à 3.

(Justifier les réponses.)

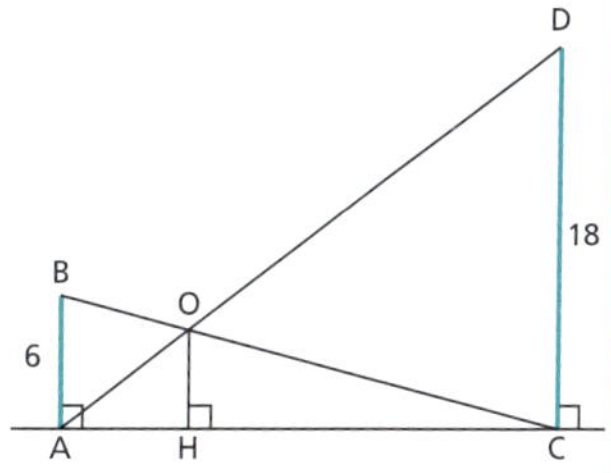

6 Soit le triangle MTS.

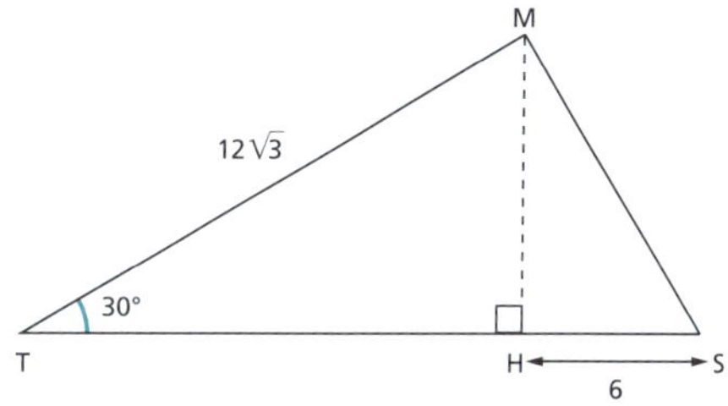

1. Calculer son aire.

2. L'angle $\widehat{TMS}$ est-il droit ?

7 Données : (AB) et (CD) sont tangentes aux cercles de centres O et O'. OA = 3, O'B = 5 et $\widehat{BID}$ = 60°.

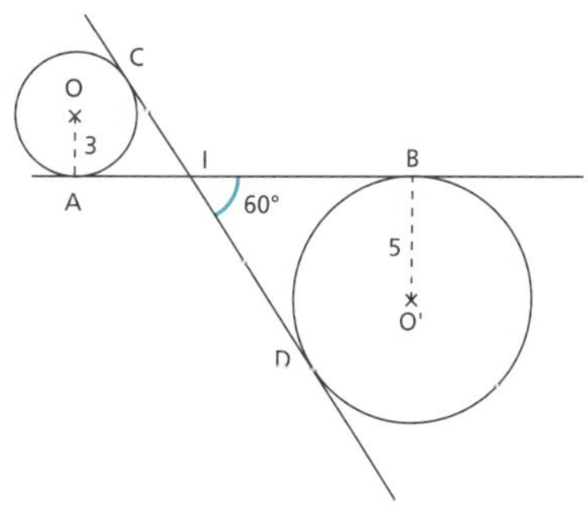

1. Quelle est la mesure de chacun des angles $\widehat{AOC}$ et $\widehat{BO'D}$?

2. Pourquoi les points O, I et O' sont-ils alignés ? Calculer OO'.

3. Pourquoi AB = CD ? Calculer AB.

4. Pourquoi les droites (AC) et (BD) sont-elles parallèles ?

8 Calculer l'aire de cet octogone régulier. Exprimer la réponse en m² à 0,01 près.

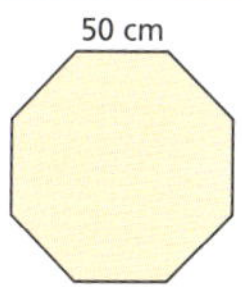

À RETENIR

Triangles isométriques

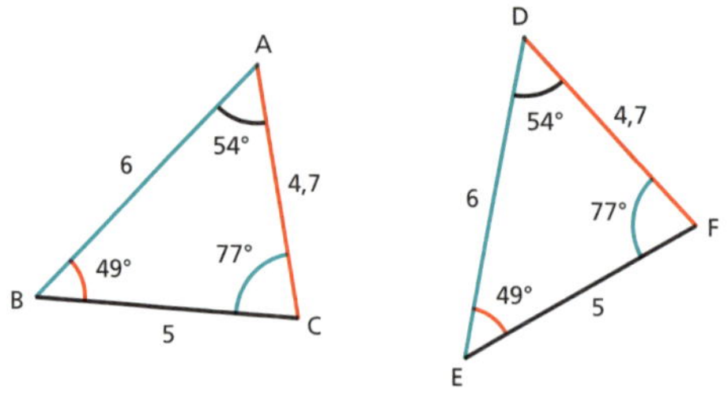

● **Isométriques** signifie de « même grandeur ». Deux segments isométriques sont deux segments de même longueur.

● **Définition :** en supposant que l'on puisse déplacer un triangle, **deux triangles sont isométriques si** leurs sommets peuvent coïncider. Dans ce cas : **leurs côtés ont respectivement même longueur et leurs angles ont respectivement même mesure.**

« Respectivement » signifie : « chacun à chacun » ou « chacun à son homologue ». Exemple : ci-dessus, les triangles ABC et DEF sont isométriques :

$\widehat{A} = \widehat{D} = 54°$; $\widehat{B} = \widehat{E} = 49°$; $\widehat{C} = \widehat{F} = 77°$.

AB = DE = 6 ; AC = DF = 4,7 ; BC = EF = 5.

● **Trois cas d'isométrie**

• **Un côté et deux angles** (voir exercice n° 1) :
deux triangles sont isométriques s'ils ont un côté égal adjacent à deux angles respectivement égaux.

• **Deux côtés et un angle** (voir exercice n° 2) :
deux triangles sont isométriques s'ils ont un angle égal compris entre deux côtés respectivement égaux.

• **Trois côtés** (voir exercice n° 3) :
deux triangles sont isométriques s'ils ont trois côtés respectivement égaux.

Remarques : étant superposables, deux triangles isométriques ont les hauteurs, les médianes et les bissectrices (respectivement) égales. Ils ont même périmètre et même aire.

Triangles semblables

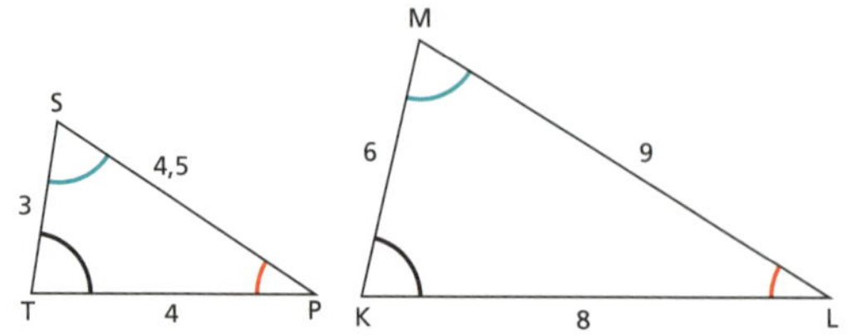

En mathématiques, **semblables** signifie de « même forme ». Dans la vie courante et parfois en mathématiques, on utilise les termes « agrandir ou réduire » à l'échelle de ….

● **Définition : deux triangles sont semblables si leurs angles sont (respectivement) égaux et si leurs côtés sont (respectivement) proportionnels.** Ci-dessus, le triangle TPS est semblable au triangle KLM. En effet :

$\widehat{T} = \widehat{K}$, $\widehat{P} = \widehat{L}$ et $\widehat{S} = \widehat{M}$ et

$$\left.\begin{matrix} TPS \\ KLM \end{matrix}\right\} \frac{TP}{KL} = \frac{TS}{KM} = \frac{PS}{LM} = \frac{1}{2}.$$

$\frac{1}{2}$ est le **rapport de similitude.**

Remarque : le triangle KLM est semblable au triangle TPS et le rapport de similitude est 2.

● **Trois cas de similitude**

• **Deux angles** (voir exercice n° 1) :
deux triangles sont semblables s'ils ont deux angles (respectivement) égaux.

• **Deux côtés et un angle** (voir exercice n° 2) :
deux triangles sont semblables s'ils ont un angle égal compris entre deux côtés (respectivement) proportionnels.

• **Trois côtés** (voir exercice n° 3) :
deux triangles sont semblables s'ils ont les trois côtés (respectivement) proportionnels.

Remarques : si deux triangles sont semblables, alors les hauteurs, les médianes, les bissectrices homologues ainsi que les périmètres sont dans le même rapport de similitude k, $(k > 0)$. Les aires sont dans le rapport k^2.

COMMENT FAIRE

► Pour ne pas se tromper en écrivant les égalités ou le rapport des côtés homologues

Il faut bien lister les trois lettres du nom de chacun des triangles ; puis en déduire les égalités et les rapports. Exemples et contre-exemple d'après les figures en haut de page :

Exemple : triangles isométriques	Exemple : triangles semblables	Contre-exemple
$\left.\begin{matrix} ABC \\ DEF \end{matrix}\right\} \begin{matrix} \widehat{A} = \widehat{D},\ \widehat{B} = \widehat{E},\ \widehat{C} = \widehat{F} \\ AB = DE,\ AC = DF,\ BC = EF \end{matrix}$	$\left.\begin{matrix} TPS \\ KLM \end{matrix}\right\} \begin{matrix} \widehat{T} = \widehat{K},\ \widehat{P} = \widehat{L},\ \widehat{S} = \widehat{M} \\ \frac{TP}{KL} = \frac{TS}{KM} = \frac{PS}{LM} \end{matrix}$	~~TPS~~ ~~MKL~~

1 **Données : les éléments marqués d'une même couleur sont égaux.**

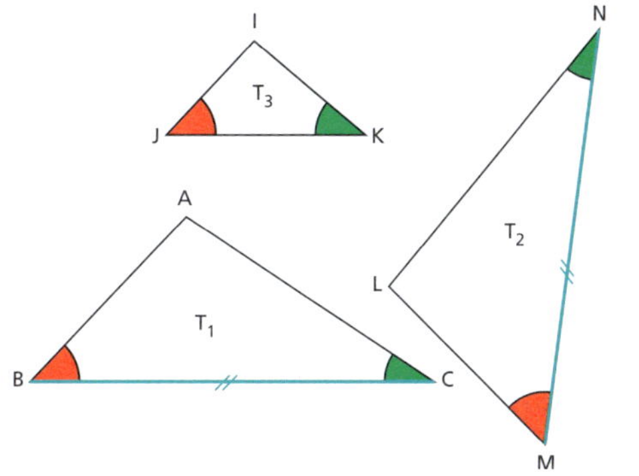

1. Pourquoi les triangles T_1 et T_2 sont-ils isométriques ?

2. Pourquoi les triangles T_1 et T_3 sont-ils semblables ? Qu'en est-il de T_2 et T_3 ?

3. Vrai ou faux ?

	Vrai	Faux
a. AC est égal à LN.	❑	❑
b. $\frac{IJ}{AB}$ est égal à $\frac{IK}{BC}$.	❑	❑

2 **Soit les triangles ci-dessous.**

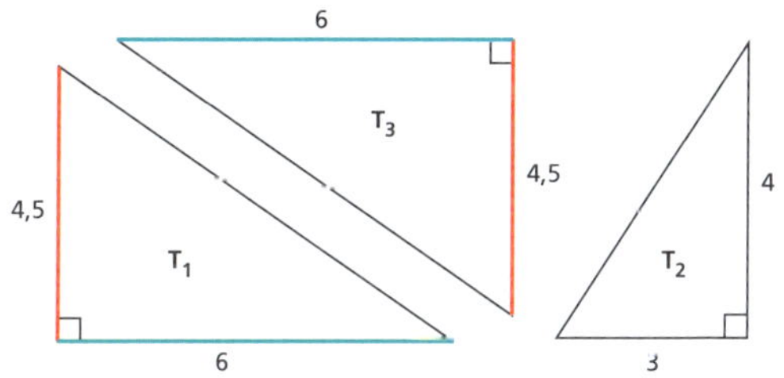

1. Pourquoi les triangles T_1 et T_3 sont-ils isométriques ?

2. Pourquoi les triangles T_2 et T_1 sont-ils semblables ? Qu'en est-il de T_2 et T_3 ?

3. Préciser les rapports de similitude de T_2 et T_1, puis de T_1 et T_2.

4. Vrai ou faux ?

	Vrai	Faux
a. Le périmètre de T_2 est égal aux $\frac{2}{3}$ du périmètre de T_1	❑	❑
b. L'aire de T_2 est égale aux $\frac{4}{9}$ de l'aire de T_1	❑	❑

3 **Vrai ou faux ? Justifier la réponse.**

	Vrai	Faux
a. Deux triangles équilatéraux sont toujours semblables.	❑	❑
b. Deux triangles isocèles sont toujours semblables.	❑	❑
c. Les triangles T_1 et T_2 dont les côtés ont pour mesure T_1 : 5,4 ; 7,2 ; 8,5 et T_2 : 8,1 ; 10,8 ; 12,75 sont semblables.	❑	❑

4 **Vrai ou faux ? Justifier la réponse.**

Unité : cm

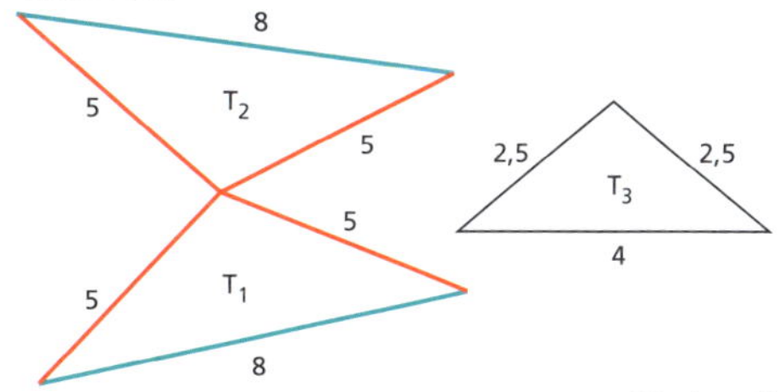

	Vrai	Faux
a. T_1 et T_2 sont isométriques.	❑	❑
b. T_2 et T_3 sont semblables.	❑	❑
c. L'aire de T_1 est égale à 12.	❑	❑
d. La hauteur relative à la base de T_3 est égale à 1,5.	❑	❑
e. L'aire de T_3 est égale à $\frac{1}{2}$ aire de T_1.	❑	❑

5 **Trouver le périmètre de chacun des triangles.**

Unité : cm

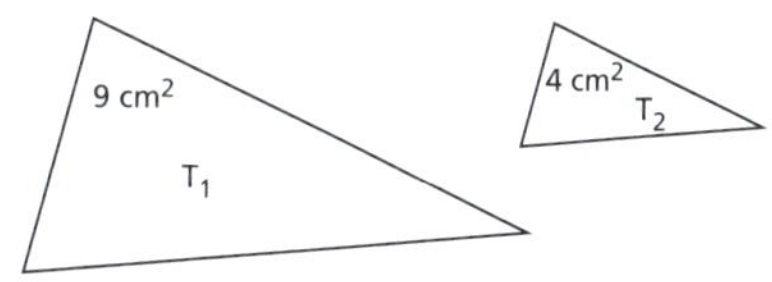

Données : T_1 et T_2 sont deux triangles semblables.
Aire de $T_1 = 9$ et aire de $T_2 = 4$.
Périmètre de $T_1 = 5x - 6$ et périmètre de $T_2 = 2x + 4$.

6 **Soit les triangles IAD et IBC.**

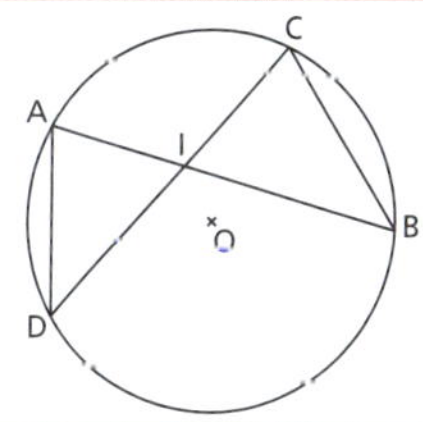

1. Pourquoi sont-ils semblables ?

2. En déduire que :
$IA \times IB = IC \times ID$.

7 **Soit les triangles TAD et TBC.**

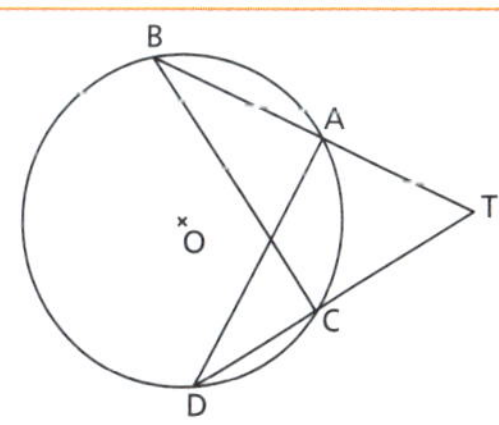

1. Pourquoi sont-ils semblables ?

2. Montrer que :
$TA \times TB = TC \times TD$.

8 **(TA) est tangente au cercle.**

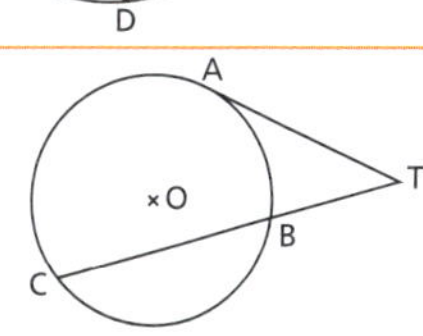

1. Montrer que : $TA^2 = TB \times TC$

2. Calculer TA dans le cas où :
TB = 4,5 et BC = 13,5.

9 **Observer la figure.**

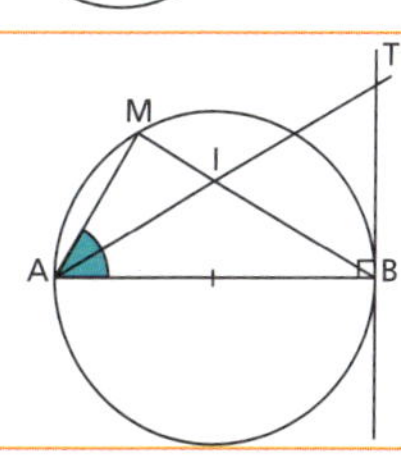

1. Montrer que les triangles ABT et AMI sont semblables.

2. En déduire que :
$AB \times AI = AM \times AT$.

MATHÉMATIQUES

À RETENIR

Cette page est une révision de l'essentiel des transformations étudiées en collège.
Ci-dessous, les dessins de poissons sont des figures planes.

Symétrie axiale ou réflexion

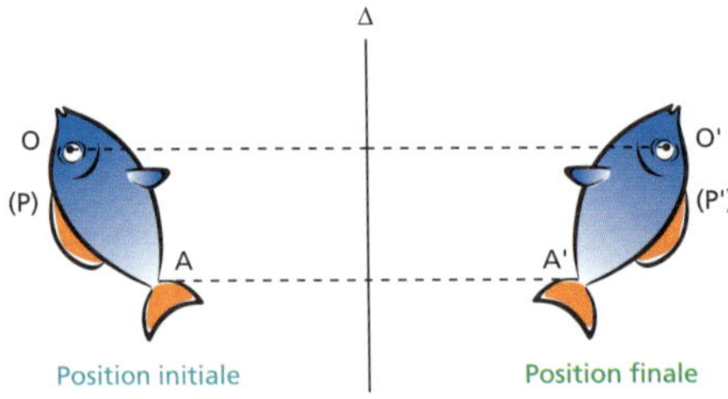

- Le poisson (P') est l'image du poisson (P) dans la symétrie par rapport à la droite Δ.
- O' est l'image de O : Δ est médiatrice du segment [OO'].
- Δ est médiatrice de [AA'].

Translation

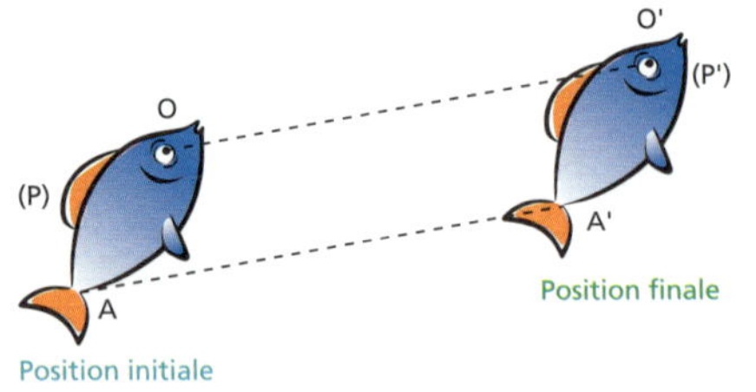

- Le poisson (P') est l'image du poisson (P) dans la translation qui transforme O en O'.
- L'image de A est A'.
- AA' = OO' et OO'A'A est un parallélogramme

Rotation

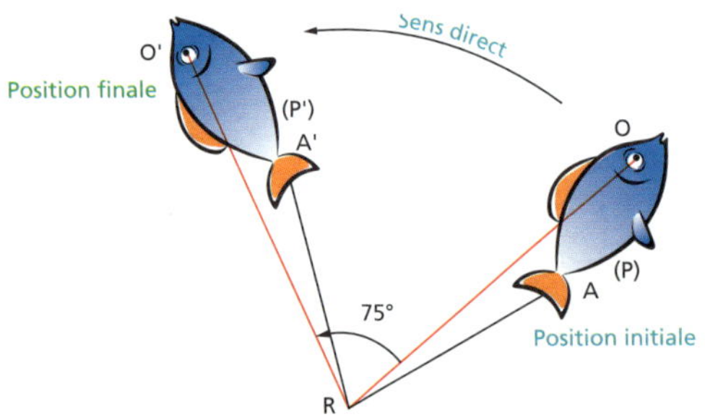

- Le poisson (P') est l'image du poisson (P) dans la rotation de sens direct, de centre R et d'angle 75° :
$RO = RO'$ et $\widehat{ORO'} = 75°$.
- De même $RA = RA'$ et $\widehat{ARA'} = 75°$.
- Les triangles ROO' et RAA' sont isocèles en R.

Symétrie centrale

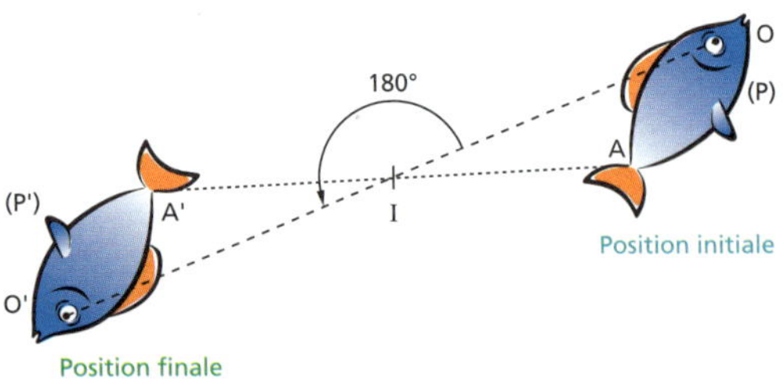

- Le poisson (P') est l'image du poisson (P) dans la symétrie par rapport au point I.
- I est le milieu des segments [OO'] et [AA'].
- AOA'O' est un parallélogramme.
- Ou bien (P') est également l'image de (P) dans la rotation de centre I et d'angle 180°.

Propriétés

Appliquer une symétrie, une translation ou une rotation à une figure revient à « déplacer » cette figure ; par conséquent, ces transformations conservent :
- les distances (l'image d'un segment est un segment de même longueur),
- les angles (l'image d'un angle est un angle de même mesure),
- l'alignement (les images de trois points alignés sont trois points alignés),
- le parallélisme (les images de deux droites parallèles sont deux droites parallèles),
- les périmètres et les aires (une figure et son image ont même périmètre, même aire).

COMMENT FAIRE

► Pour trouver les coordonnées des images dans un repère

Il suffit de bien tracer les images, faire un calcul ou tout simplement lire les coordonnées.

Exemple : on a $M(4 ; 2)$ et la droite d'équation $y = x$.

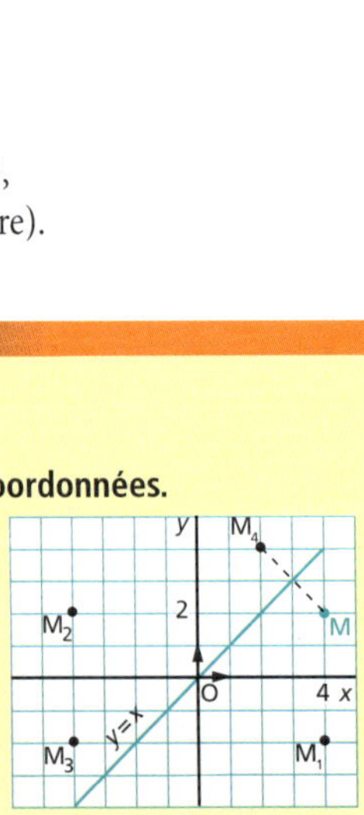

- $M_1(4 ; -2)$ est le symétrique de M par rapport à $x'x$.
- $M_2(-4 ; 2)$ est le symétrique de M par rapport à $y'y$.
- $M_3(-4 ; -2)$ est le symétrique de M par rapport à O.
- $M_4(2 ; 4)$ est le symétrique de M par rapport à la première bissectrice d'équation $y = x$.

1 **Tracer A' et B', images des points A et B dans la symétrie centrale de centre I.**

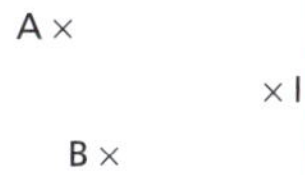

	Vrai	Faux
a. A'B' est égale à AB	❑	❑
b. (A'B') est parallèle à (AB)	❑	❑

2 **Le triangle DEF est l'image du triangle ABC dans une rotation.**

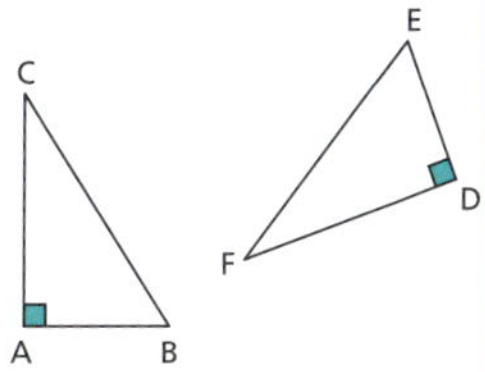

1. Préciser dans cette rotation l'image de A, de B et de C.

2. Pourquoi les médiatrices de [AD], [BE] et [CF] sont-elles concourantes ?

3 **Le triangle OAB est équilatéral et A(4 ; 0).**

1. Préciser les coordonnées de B : B(… ; …).

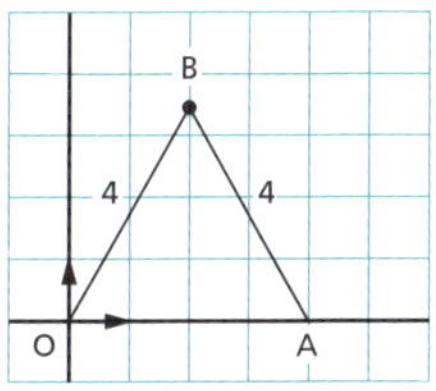

2. C est l'image de B par la translation qui transforme O en B.

a. Pourquoi le triangle OAC est-il rectangle en A ?

b. Préciser les coordonnées de C(… ; …).

4 **Tracer M_1, image de M dans la symétrie par rapport à la droite d_1, puis M', image de M_1, dans la symétrie par rapport à d_2.**

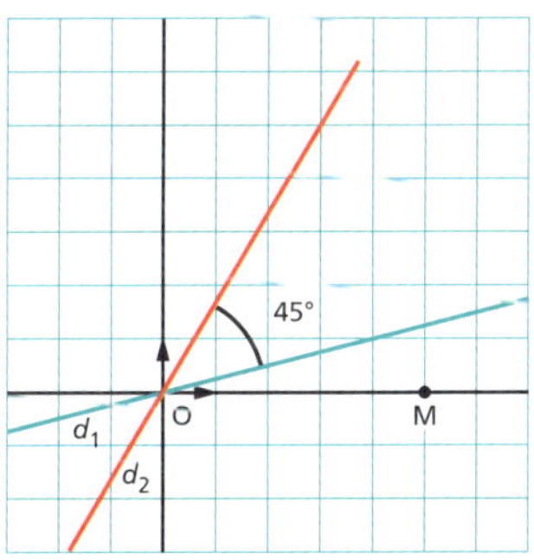

1. Pourquoi $\widehat{MOM'} = 90°$?

2. Préciser les coordonnées de M'.

5 **Reprendre l'exercice précédent avec :**

a. M(0 ; 5) **b.** M(– 5 ; 0)

c. M(0 ; – 5) **d.** M(5 ; – 5)

6 **ABCD est un parallélogramme de centre O. Les points E, O et F sont alignés.**

1. Pourquoi le point F est-il le symétrique du point E par rapport à O ?

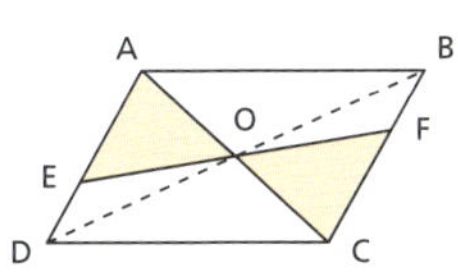

2. Pourquoi les aires des quadrilatères ABFO et CDEO sont-elles égales ?

7

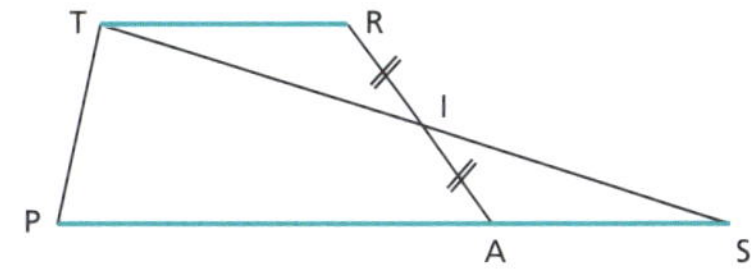

Données :
TRAP est un trapèze.
I est le milieu de [AR].
(TI) coupe (AP) en S.

1. Pourquoi les triangles IRT et IAS sont-ils symétriques par rapport à I ?

2. Pourquoi l'aire du triangle STP est-elle égale à celle du trapèze TRAP ?

8 **Rotation et repère**

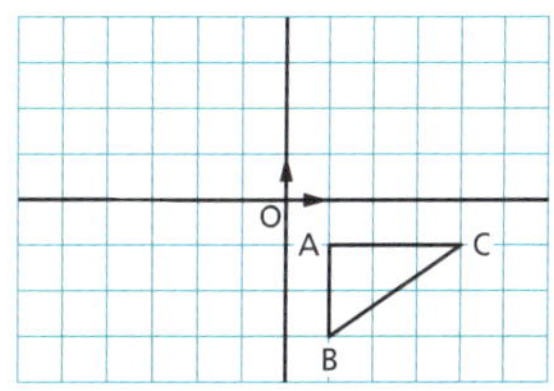

1. Préciser les coordonnées des sommets du triangle ABC.

2. Tracer l'image A'B'C' du triangle ABC dans la rotation de centre O et d'angle 90°, dans le sens direct. Préciser les coordonnées de ses sommets.

3. Tracer l'image A"B"C" du triangle ABC dans la rotation de centre O et d'angle 90°, dans le sens indirect. Préciser les coordonnées de ses sommets

4. Que peut-on dire des triangles A'B'C' et A"B"C" ?

9 **Données : OA = 5 cm.**

r **est la rotation de centre O et d'angle 72°, dans le sens direct.**

1. Vrai ou faux ?

	Vrai	Faux
72° correspond à $\frac{2\pi}{5}$ radians	❑	❑

2. Tracer dans cette rotation les images $B = r(A)$, $C = r(B)$, $D = r(C)$, $E = r(D)$ et $F = r(E)$. Pourquoi les points F et A sont-ils confondus ?

3. Calculer l'aire du polygone ABCDE arrondie à 0,01 près.

10 **Données : J et K sont les symétriques de I par rapport à (AB) et (AC). (JK) coupe [AB] en M et [AC] en N.**

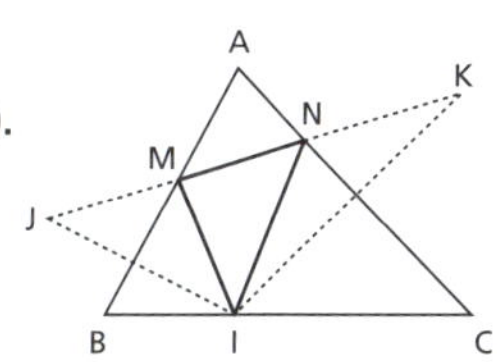

1. Pourquoi le périmètre $\mathcal{P}_{IMN}$ du triangle IMN est-il égal à JK ?

2. D et E sont deux points de [AB] et [AC] distincts de M et N.
Pourquoi $\mathcal{P}_{IMN} < \mathcal{P}_{IDE}$?

À RETENIR

Définition d'un vecteur

- Un vecteur est défini par :
  - **une direction**
  - **un sens**
  - **une mesure ou « norme »**.

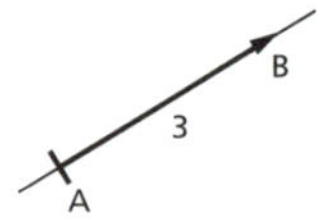

- En mathématiques, un vecteur est représenté par une **flèche**, car la flèche a une direction, un sens et une longueur.

Exemple : ci-dessus, la **direction** du vecteur $\overrightarrow{AB}$ est définie par la droite (AB) ou par toute droite qui lui est parallèle. Le **sens** de $\overrightarrow{AB}$ est de A vers B et la **norme** de $\overrightarrow{AB}$ est 3 ; on écrit $||\overrightarrow{AB}|| = 3$.
A est l'origine du vecteur $\overrightarrow{AB}$, B est son extrémité.

Autres définitions

- **Vecteur nul :** vecteur dont l'origine et l'extrémité sont confondues. On le note $\vec{0}$. On a $||\vec{0}|| = 0$.

- **Vecteurs égaux :** vecteurs qui ont même direction, même sens et même norme.
Exemple : $\overrightarrow{AB} = \overrightarrow{CD}$.
ABDC est un parallélogramme.

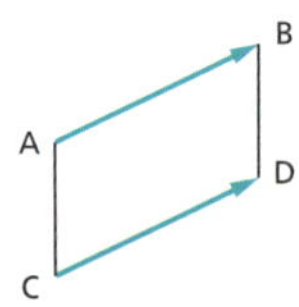

- **Vecteurs opposés :** deux vecteurs qui ont même direction, même norme mais des sens contraires.
Exemple *:* $\overrightarrow{KL}$ et $\overrightarrow{EF}$ sont opposés.
On écrit : $\overrightarrow{EF} = -\overrightarrow{KL}$.
EFKL est un parallélogramme.

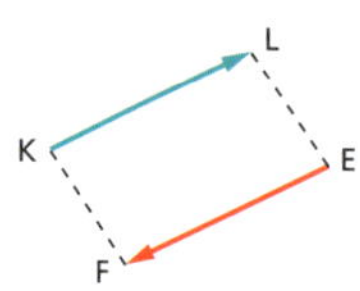

- **Vecteurs colinéaires :** vecteurs non nuls qui ont même direction (voir exercices n° 1-2 et chap 27).

Sciences physiques

- Tout « objet » qui a une **origine**, une **direction**, un **sens** et une **mesure** peut être représenté par un vecteur.

Exemple

La force exercée par un enfant pour tirer un jouet avec une tige AT est représentée par le vecteur $\vec{F}$.

- L'**origine** de $\vec{F}$ est le point d'application A de la tige ; sa **direction** est celle de la tige, ici elle fait un angle de 30° avec l'horizontale ; son **sens** est de A vers T ; et sa **norme** correspond à l'intensité de la force.

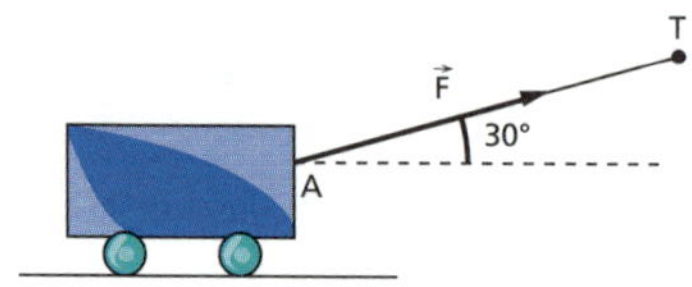

Somme de deux vecteurs

- **Règle du parallélogramme :**

Remarque : les vecteurs $\overrightarrow{OA}$ et $\overrightarrow{OB}$ ont même origine, O.

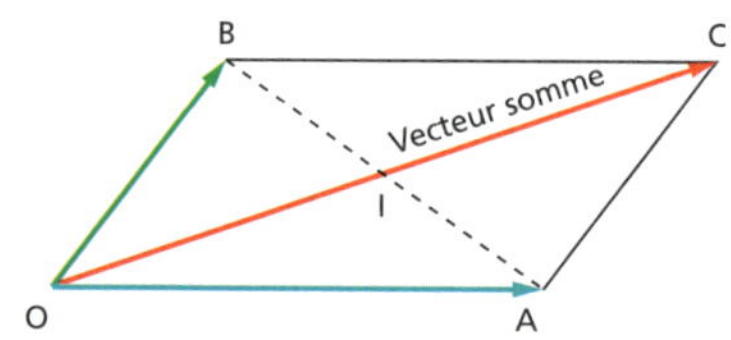

$$\overrightarrow{OA} + \overrightarrow{OB} = \overrightarrow{OC} \text{ ou bien } \overrightarrow{OA} + \overrightarrow{OB} = 2\overrightarrow{OI}$$

- **Relation de Chasles :**

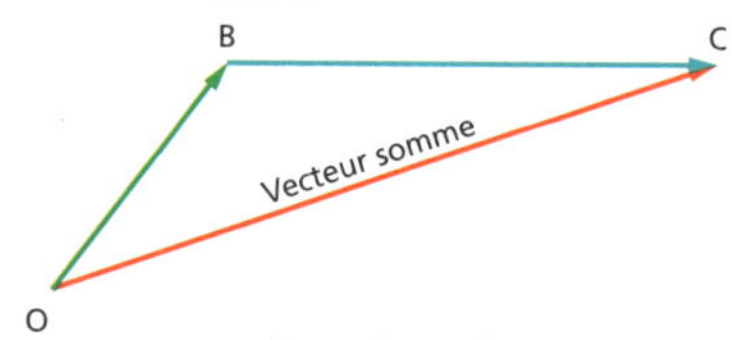

$$\overrightarrow{OB} + \overrightarrow{BC} = \overrightarrow{OC}$$

Remarque : les vecteurs $\overrightarrow{OB}$ et $\overrightarrow{BC}$ sont dits vecteurs consécutifs.

COMMENT FAIRE

► Pour représenter le vecteur $\vec{u} - \vec{v}$

Cela revient à représenter la somme $\vec{u} + (-\vec{v})$.

Données : Étape 1 Étape 2

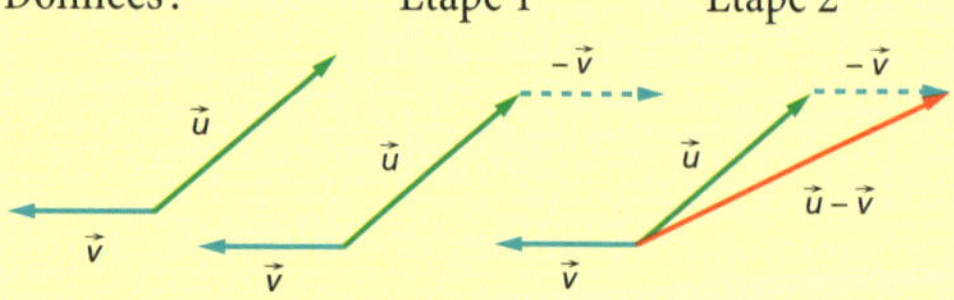

► Pour représenter le vecteur $2\vec{u}$ et le vecteur $-2\vec{u}$

Cela revient en premier à tracer un vecteur de même direction que $\vec{u}$.

Données : $\vec{u}$ et $||\vec{u}|| = 3$.

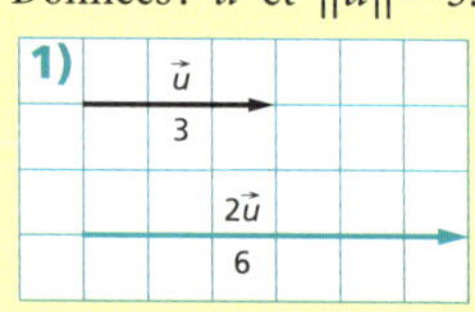

$||2\vec{u}|| = 2 \times ||\vec{u}|| = 6$
$\vec{u}$ et $2\vec{u}$ sont colinéaires.

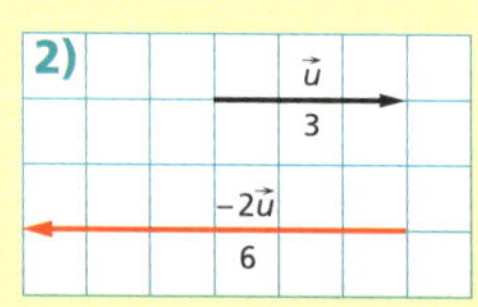

$||-2\vec{u}|| = \mathbf{2} \times ||\vec{u}|| = 6$
$\vec{u}$ et $-2\vec{u}$ sont colinéaires.

1 **Entourer le vecteur intrus. Pourquoi ?**

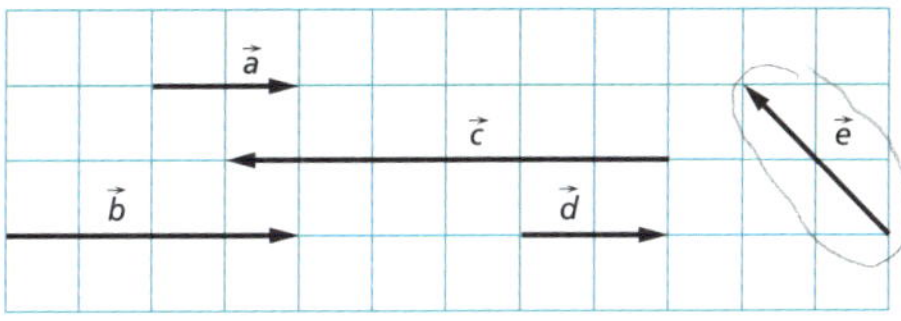

2 **Les vecteurs ci-dessous sont-ils tous :**

a. **colinéaires ?** ❑ Oui ❑ Non
b. **de même norme ?** ❑ Oui ❑ Non
c. **égaux ?** ❑ Oui ❑ Non

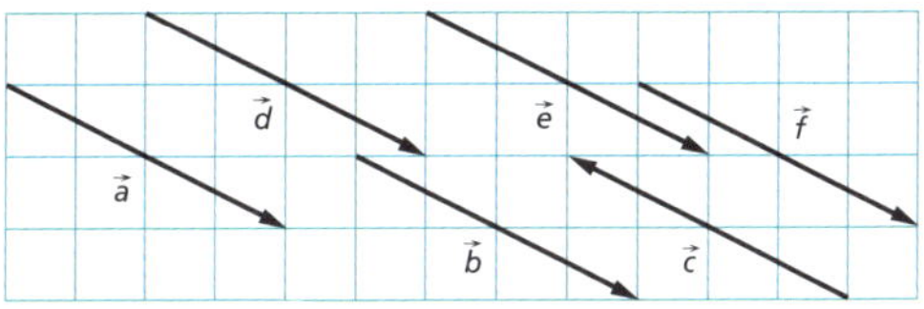

3 **Entourer le vecteur intrus. Pourquoi ?**

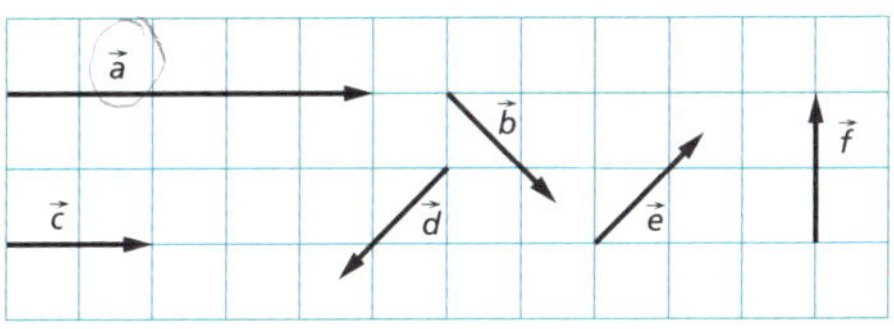

4 **Vrai ou faux ?**

	Vrai	Faux
a. Si $\overrightarrow{AB} = \frac{2}{3}\overrightarrow{CD}$, alors (AB) // (CD).	❑	❑
b. $-\overrightarrow{AB}$ est égal à $\overrightarrow{BA}$.	❑	❑
c. Si IA = IB, alors I est le milieu de [AB].	❑	❑
d. Si $\overrightarrow{IA} = -\overrightarrow{IB}$, alors I est le milieu de [AB].	❑	❑
e. Si $\overrightarrow{AI} = \frac{1}{2}\overrightarrow{AB}$, alors I est le milieu de [AB].	❑	❑

5 **Vrai ou faux ?**

	Vrai	Faux
a. Si $\|\vec{u}\| = 5$, alors $\|2\vec{u}\|$ est égale à 10.	❑	❑
b. Si $\|\vec{u}\| = 5$, alors $\|-\vec{u}\|$ est égale à -5.	❑	❑
c. Si $\|\overrightarrow{OA}\| = 5$ et $\|\overrightarrow{OB}\| = 5$, alors OA = OB	❑	❑
d. Si $\|\vec{u}\| = 3$ et $\|\vec{v}\| = 3$, alors $\vec{u}$ est toujours égal à $\vec{v}$.	❑	❑
e. Si $\vec{u} = 3\vec{v}$, alors $\vec{u}$ et $\vec{v}$ sont colinéaires.	❑	❑

6 **Tracer les points M et N définis par $\overrightarrow{AM} = \vec{u} + \vec{v}$ et $\overrightarrow{AN} = \vec{u} - \vec{v}$.**

a.

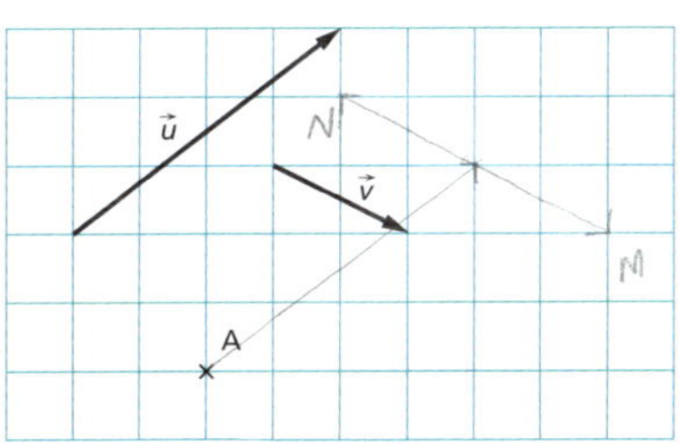

b.

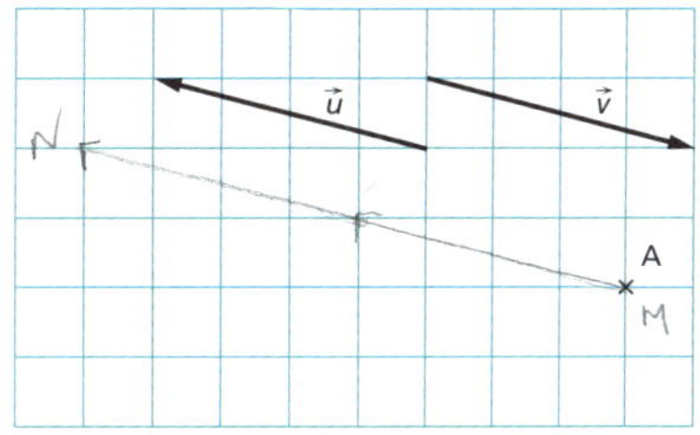

7 **Soit deux tracteurs tirant sur un arbre dans les conditions du schéma ci-dessous.**

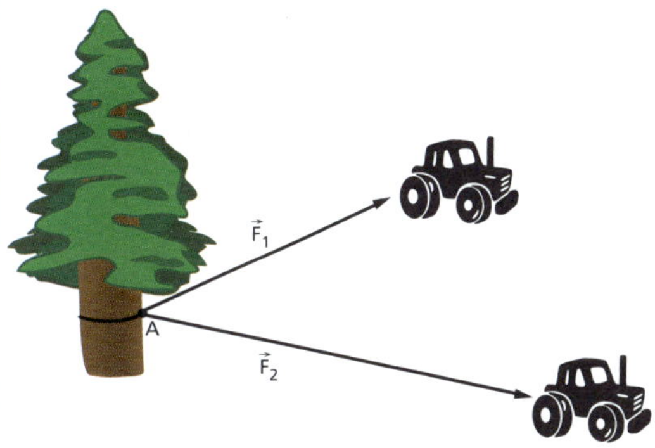

1. Représenter la force $\vec{F}$ résultante des forces de traction $\vec{F}_1$ et $\vec{F}_2$.

2. Exprimer $\|\vec{F}\|$ en fonction de $\|\vec{F}_1\|$ dans le cas où $\widehat{A} = 60°$ et $\|\vec{F}_1\| = \|\vec{F}_2\|$.

8

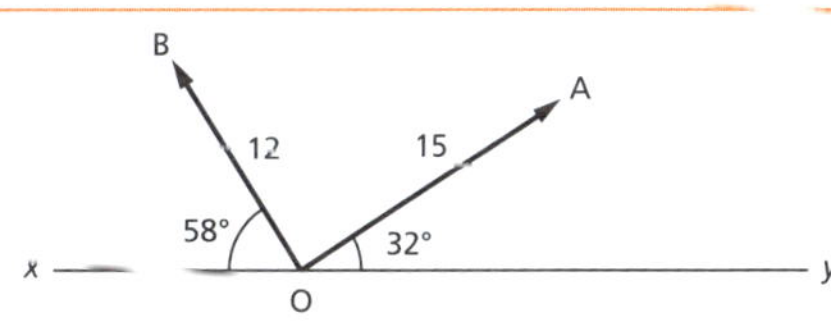

Tracer $\overrightarrow{OC} = \overrightarrow{OA} + \overrightarrow{OB}$.

Calculer $\|\overrightarrow{OC}\|$ et $\widehat{COy}$ à 0,1 près.

9 **Le but de cet exercice est de démontrer la propriété de la droite des milieux dans un triangle.**

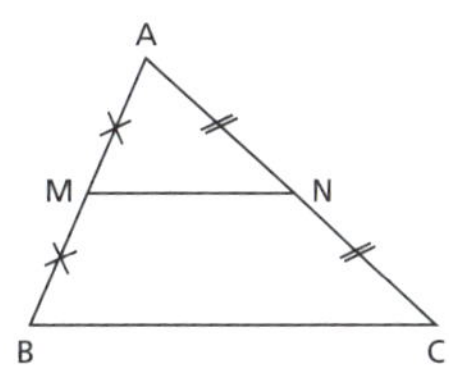

Données :
M milieu de [AB] et
N milieu de [AC].

1. Démontrer que $\overrightarrow{MN} = \frac{1}{2}\overrightarrow{BC}$ et que (MN) // (BC).

2. Tracer le point I tel que $\overrightarrow{MI} = \frac{1}{2}\overrightarrow{AC}$.
Démontrer que I est le milieu de [BC].

À RETENIR

Coordonnées et norme d'un vecteur dans un repère orthonormé

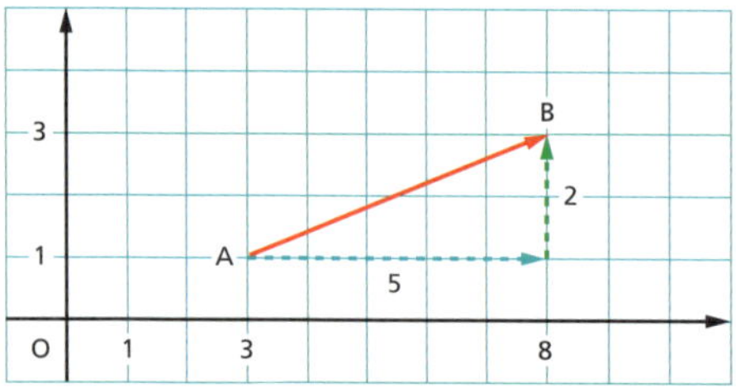

● Le couple de coordonnées (5; 2) définit le vecteur $\overrightarrow{AB}$. On écrit $\overrightarrow{AB}(5\,;2)$ ou $\overrightarrow{AB}\begin{pmatrix}5\\2\end{pmatrix}$.

● L'origine A du vecteur $\overrightarrow{AB}$ est défini par le couple de coordonnées (3; 1) et son extrémité B est défini par le couple (8; 3).

On a : $\overrightarrow{AB}(5\,;2) = \overrightarrow{AB}(8-3\,;3-1)$.

Soit $\overrightarrow{\mathbf{AB}}(x_B - x_A\,; y_B - y_A)$ **ou** $\overrightarrow{\mathbf{AB}}\begin{pmatrix}x_B - x_A\\y_B - y_A\end{pmatrix}$.

● D'après le théorème de Pythagore :
$AB^2 = 5^2 + 2^2 = 29$.
Soit : $\|\overrightarrow{AB}\|^2 = AB^2 = (x_B - x_A)^2 + (y_B - y_A)^2$.

Coordonnées d'un vecteur dans un repère quelconque

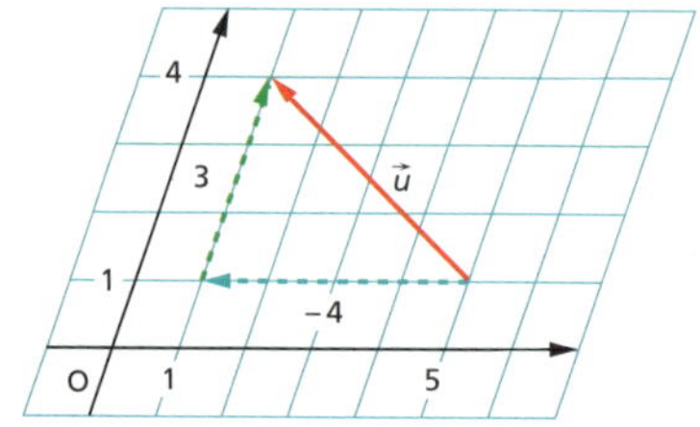

● Le couple de coordonnées (−4; 3) définit le vecteur $\vec{u}$. On écrit $\vec{u}(-4\,;3)$.
−4 est son abscisse et 3 est son ordonnée.

● Ici, les données sont insuffisantes pour calculer la norme de $\vec{u}$.

Remarque : dans le repère $(O, \vec{i}, \vec{j})$, le vecteur $\vec{v}$ est défini par le couple (4; 2) ou bien par la somme $4\vec{i} + 2\vec{j}$.
On écrit $\vec{v}(4\,;2)$ ou bien $\vec{v} = 4\vec{i} + 2\vec{j}$.

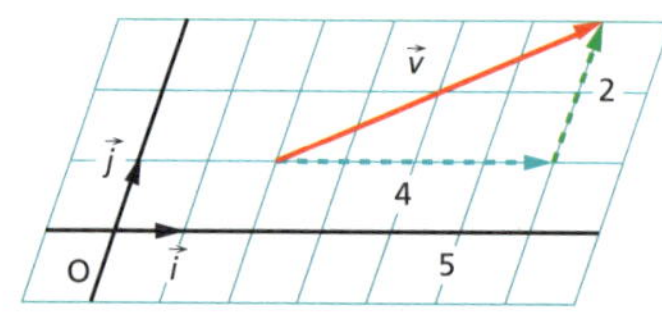

Additionner deux vecteurs

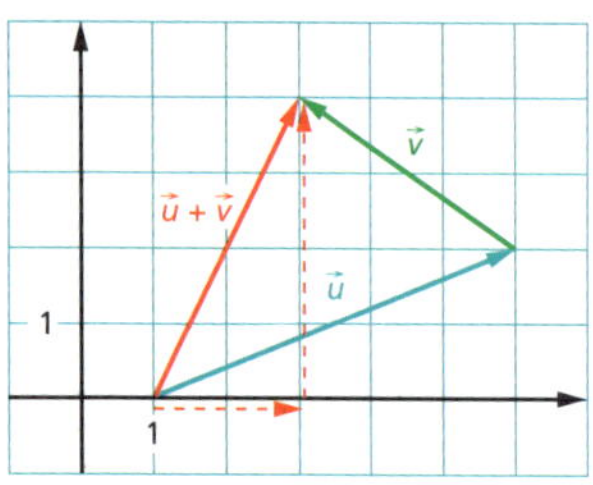

Les vecteurs $\vec{u}(5\,;2)$ et $\vec{v}(-3\,;2)$ sont consécutifs.
Leur somme est le vecteur $\vec{u} + \vec{v}$.
Les coordonnées de $\vec{u} + \vec{v}$ sont :

- Par lecture : (2; 4).
- Par calcul :
  $\vec{u} + \vec{v}(5 + (-3)\,; 2 + 2)$ ou $\vec{u} + \vec{v}(2\,;4)$.

Soit $\vec{u} + \vec{v}(x_{\vec{u}} + x_{\vec{v}}\,; y_{\vec{u}} + y_{\vec{v}})$ **ou** $\vec{u} + \vec{v}\begin{pmatrix}x_{\vec{u}} + x_{\vec{v}}\\y_{\vec{u}} + y_{\vec{v}}\end{pmatrix}$.

Soustraire deux vecteurs

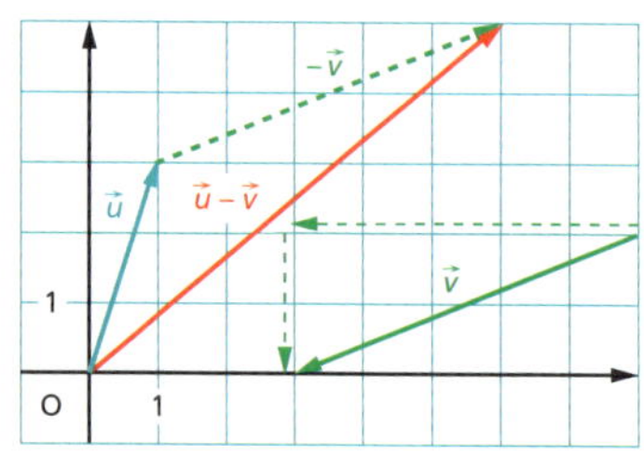

Le vecteur $\vec{u}$ est défini par le couple (1 ; 3).
Le vecteur $\vec{v}$ est défini par le couple (−5 ; −2).
Le vecteur $-\vec{v}$ est l'opposé de $\vec{v}$, il est défini par le couple (5; 2).
Le vecteur $\vec{u} - \vec{v}$ n'est autre que $\vec{u} + (-\vec{v})$, il est donc défini par le couple (1 + 5; 3 + 2).
Soit $\vec{u} - \vec{v}(6\,;5)$. D'une manière générale :

$\vec{u} - \vec{v}(x_{\vec{u}} - x_{\vec{v}}\,; y_{\vec{u}} - y_{\vec{v}})$ **ou** $\vec{u} - \vec{v}\begin{pmatrix}x_{\vec{u}} - x_{\vec{v}}\\y_{\vec{u}} - y_{\vec{v}}\end{pmatrix}$.

COMMENT FAIRE

► Pour trouver les coordonnées de $2\vec{u}$ ou de $-2\vec{u}$

Cela revient à multiplier les coordonnées de $\vec{u}$ par 2 ou par −2.

Exemple : si $\vec{u}$ est défini par le couple (2; 5) alors $2\vec{u}$ est défini par le couple (4; 10) et $-2\vec{u}$ est défini par le couple (−4; −10). (Voir chapitre suivant.)

1 **Dans le repère ci-dessous, définir le vecteur $\overrightarrow{AB}$ de deux manières différentes.**

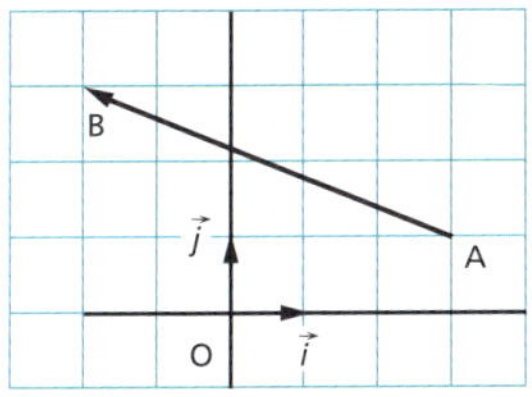

2 **Compléter le tableau concernant les coordonnées d'un vecteur.**

Vecteur	Origine du vecteur	Extrémité du vecteur	Abscisse du vecteur	Ordonnée du vecteur
$\overrightarrow{AB}$	A(5 ; 2)	B(0 ; 6)	−5	4
$\overrightarrow{CD}$	C(−4 ; 0)	D(−3 ; 2)	1	2
$\overrightarrow{EF}$	E(−1 ; −2)	F(3 ; −5)	4	−3
$\overrightarrow{GH}$	G(2 ; 7)	H(−7 ; 8)	−9	1

3 **Compléter sans aucun calcul avec les coordonnées des vecteurs.**

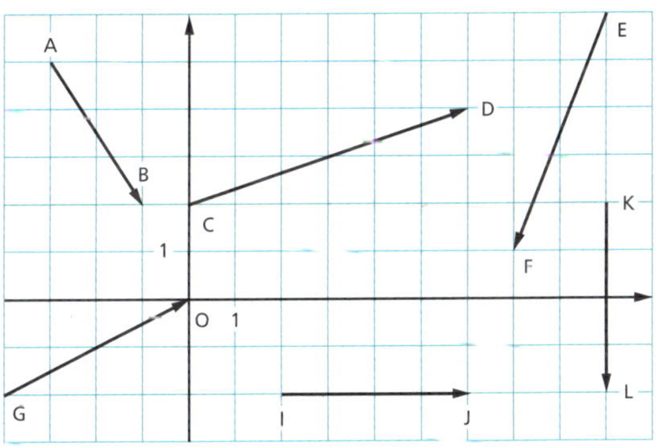

a. $\overrightarrow{AB}$(…2…;…−3…)
b. $\overrightarrow{CD}$(…6…;…2…)
c. $\overrightarrow{EF}$(…−2…;…−5…)
d. $\overrightarrow{GO}$(…4…;…2…)
e. $\overrightarrow{IJ}$(…4…;…0…)
f. $\overrightarrow{KL}$(…0…;…−4…)

4 **Vrai ou faux ?**

Dans un repère orthonormé	Vrai	Faux
a. Le vecteur $\vec{u}(1 ; 2)$ est égal au vecteur $\vec{v}(2 ; 1)$	❏	❏
b. Si $\vec{u}(1 ; 2)$ et $\vec{v}(2 ; 1)$ alors $\|\|\vec{u}\|\|$ est égale à $\|\|\vec{v}\|\|$	❏	❏
c. Si $\vec{u}$ est défini par le couple $(4 ; -3)$ alors $\|\|\vec{u}\|\|$ est égale à 1.	❏	❏
d. Si $\overrightarrow{AB}(-4 ; 5)$ alors $\overrightarrow{BA}(4 ; -5)$	❏	❏

5 **Soit le repère orthonormé ci-dessous.**

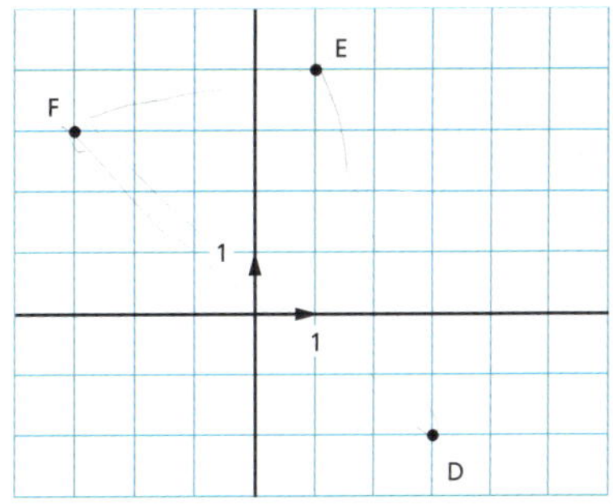

1. Pourquoi $\overrightarrow{DF} - \overrightarrow{DE} = \overrightarrow{EF}$?

2. Vérifier cette égalité dans le cas où $D(3 ; -2)$; $E(1 ; 4)$ et $F(-3 ; 3)$.

6 **Dans un repère orthonormé, un triangle ABC a pour sommet A(− 2 ; 0), B(5 ; 2) et C(2 ; 6).**

1. Trouver de deux manières différentes $(\overrightarrow{AB} + \overrightarrow{BC}) + \overrightarrow{CA}$.

2. Montrer que $(\overrightarrow{AB} + \overrightarrow{BC}) + \overrightarrow{CA} = \overrightarrow{AB} + (\overrightarrow{BC} + \overrightarrow{CA})$.

3. Calculer AB + BC + CA.

7 **1. Sans regarder la figure, compléter avec le vecteur convenable.**

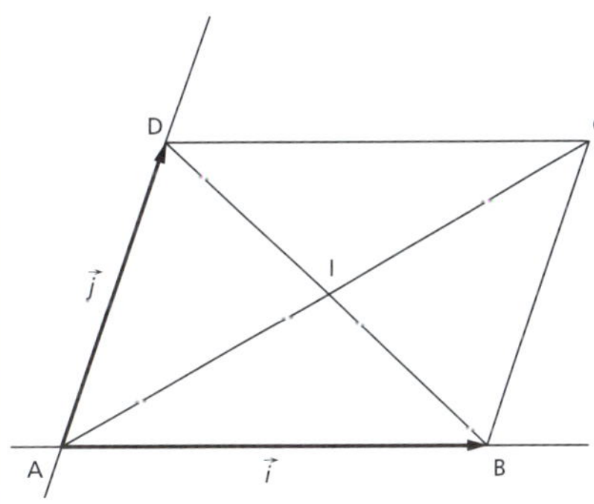

Données :
ABCD est un parallélogramme

a. …$\overrightarrow{DA}$… + $\overrightarrow{AB} = \overrightarrow{DB}$
b. $\overrightarrow{BD}$ + …$\overrightarrow{DC}$… = $\overrightarrow{BC}$
c. $\overrightarrow{AD}$ − …$\overrightarrow{CD}$… = $\overrightarrow{AC}$

2. Compléter avec les coordonnées de chacun des points A(…0…;…0…) ; B(…1…;…0…) ; C(…1…;…1…) ; D(…0…;…1…)

3. Compléter à l'aide de $\vec{i}$ et $\vec{j}$ chacune des égalités :

$\overrightarrow{AB}$ = (1 ; 0) $\overrightarrow{AD}$ = (0 ; 1) $\overrightarrow{BC}$ = (0 ; 1)
$\overrightarrow{DC}$ = (1 ; 0) $\overrightarrow{CD}$ = (−1 ; 0) $\overrightarrow{AC}$ = (1 ; 1)

4. Pourquoi $\overrightarrow{AB} + \overrightarrow{AD} = 2\overrightarrow{AI}$?
En déduire les coordonnées de I.

8 **$(O, \vec{i}, \vec{j})$ est un repère orthonormé, $\overrightarrow{OA}(-3 ; 4)$ et $\overrightarrow{OB}(8 ; k)$.**

1. Trouver k dans le cas où (OA) ⊥ (OB).

2. Trouver les coordonnées de $\overrightarrow{AB}$ et en déduire $\|\|\overrightarrow{AB}\|\|$.

À RETENIR

Multiplier un vecteur par un réel

● **Définition :** dans un repère $(O, \vec{i}, \vec{j})$, si $\vec{u}$ est défini par le couple $(x ; y)$ et si k est un réel, alors $k\vec{u}$ est un vecteur défini par le couple $(kx ; ky)$.

Exemples :

Si $\vec{u}(4 ; 3)$, alors

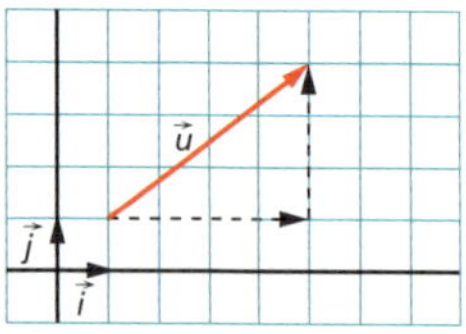

- $2\vec{u}\,(8 ; 6)$.
- $\frac{1}{2}\vec{u}\,(2 ; \frac{3}{2})$.
- $0\vec{u}\,(0 ; 0)$.
- $-\vec{u} = (-4 ; -3)$.

Remarques :
- si $k > 1$, multiplier $\vec{u}$ par k revient à « agrandir » $\vec{u}$, et
- si $0 \leq k < 1$, multiplier $\vec{u}$ par k revient à « réduire » $\vec{u}$.

● **Propriétés :**
- $\vec{u}$ et $k\vec{u}$ ont même direction.
- $\|k\vec{u}\| = |k| \times \|\vec{u}\|$.

Exemple : Données $\vec{u}(4 ; 3)$. Calculer $\|-3\vec{u}\|$.

Si $\vec{u}(4 ; 3)$ alors $-3\vec{u}(-12 ; -9)$. On a :

$\|\vec{u}\|^2 = 4^2 + 3^2 = 25$ et $\|\vec{u}\| = \sqrt{25} = \mathbf{5}$.

$\|-3\vec{u}\|^2 = (-12)^2 + (-9)^2 = 225$ et

$\|-3\vec{u}\| = \sqrt{225} = \mathbf{15}$.

Donc on a bien :

$\|-3\vec{u}\| = |-3| \times \|\vec{u}\| = 3 \times 5 = 15$.

Vecteurs colinéaires

● **Définition :** deux vecteurs non nuls $\overrightarrow{AB}$ et $\overrightarrow{CD}$ sont colinéaires s'il existe un réel k tel que $\overrightarrow{CD} = k\overrightarrow{AB}$.

● **Propriétés :**
- $\overrightarrow{AB}$ et $\overrightarrow{CD}$ ont même direction ; (AB) // (CD).
- $\|\overrightarrow{CD}\| = |k| \times \|\overrightarrow{AB}\|$.
- si $\overrightarrow{AB}$ et $\overrightarrow{CD}$ sont de même sens, alors $k > 0$
  si $\overrightarrow{AB}$ et $\overrightarrow{CD}$ sont de sens contraires, alors $k < 0$.

Remarques :
- si $\overrightarrow{AB} \neq \vec{0}$ et $\overrightarrow{CD} = \vec{0}$, alors $k = 0$
- si $\overrightarrow{CD} = \overrightarrow{AB}$, alors $k = 1$
- si $\overrightarrow{CD} = -\overrightarrow{AB}$, alors $k = -1$.

Exemples

1.

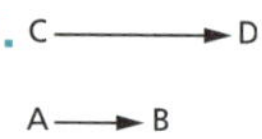

- $\overrightarrow{CD} = 2 \times \overrightarrow{AB}$, ou $\overrightarrow{AB} = \frac{1}{2}\overrightarrow{CD}$
- $\|\overrightarrow{CD}\| = 2 \times \|\overrightarrow{AB}\|$
- $\overrightarrow{CD}$ est un agrandissement de $\overrightarrow{AB}$, ou $\overrightarrow{AB}$ est une réduction de $\overrightarrow{CD}$.

2.

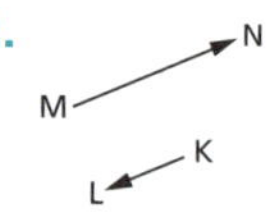

- $\overrightarrow{MN} = -2 \times \overrightarrow{KL}$ ou $\overrightarrow{KL} = -\frac{1}{2}\overrightarrow{MN}$
- $\|\overrightarrow{MN}\| = 2 \times \|\overrightarrow{KL}\|$, ou
  $\|\overrightarrow{KL}\| = \frac{1}{2} \times \|\overrightarrow{MN}\|$.

COMMENT FAIRE

► Pour démontrer que deux droites (AB) et (CD) sont parallèles

Cela revient parfois à démontrer que $\overrightarrow{AB}$ et $\overrightarrow{CD}$ sont colinéaires.

1. Données : $(O, \vec{i}, \vec{j})$, $\overrightarrow{AB}(-2 ; 3)$ et $\overrightarrow{CD}(-10 ; 15)$.
Montrer que (AB) // (CD).

Solution : $\frac{-10}{-2} = 5$ et $\frac{15}{3} = 5$, donc $\overrightarrow{CD} = 5\overrightarrow{AB}$;

d'où $\overrightarrow{AB}$ et $\overrightarrow{CD}$ sont colinéaires et les droites (AB) et (CD) sont parallèles.

Remarque : $\begin{pmatrix}-2\\3\end{pmatrix}$ $\begin{pmatrix}-10\\15\end{pmatrix}$ les produits en croix des coordonnées, -2×15 et $3 \times (-10)$, sont égaux.

2. Donnée : $\overrightarrow{MN} = \frac{2}{3}\overrightarrow{KJ}$.

Question : Quelle est la nature du quadrilatère MNJK ?

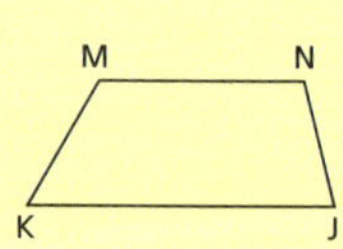

Solution : $\overrightarrow{MN} = \frac{2}{3}\overrightarrow{KJ}$, donc $\overrightarrow{MN}$ et $\overrightarrow{KJ}$ sont colinéaires, par conséquent (MN) // (KJ). Ayant deux côtés parallèles, le quadrilatère MNJK est un trapèze.

► Pour démontrer que trois points A, B et C sont alignés

Cela revient parfois à démontrer que les vecteurs $\overrightarrow{AB}$ et $\overrightarrow{AC}$ sont colinéaires.

Exemple :

Données : A(4 ; −8), B(7 ; −6) et C(10 ; −4)
Montrer que les points A, B et C sont alignés.
Solution : $\overrightarrow{AB}(7 - 4 ; -6 + 8)$ et $\overrightarrow{AC}(10 - 4 ; -4 + 8)$

ou $\overrightarrow{AB}\begin{pmatrix}3\\2\end{pmatrix}$ et $\overrightarrow{AC}\begin{pmatrix}6\\4\end{pmatrix}$.

Les produits en croix 3×4 et 2×6 sont égaux, par conséquent les vecteurs $\overrightarrow{AB}$ et $\overrightarrow{AC}$ sont colinéaires. (AB) // (AC), donc les points A, B et C sont alignés.

Remarque : dans cet exemple, $\overrightarrow{AC} = 2 \times \overrightarrow{AB}$, par conséquent les points A, B et C sont alignés et B est le milieu de [AC].

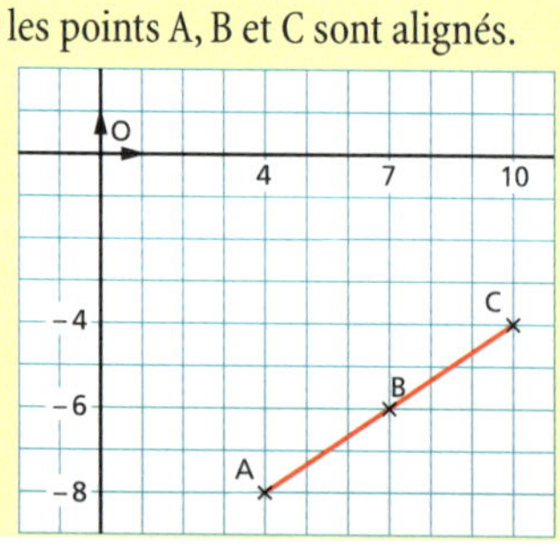

1 **Vrai ou faux ?**

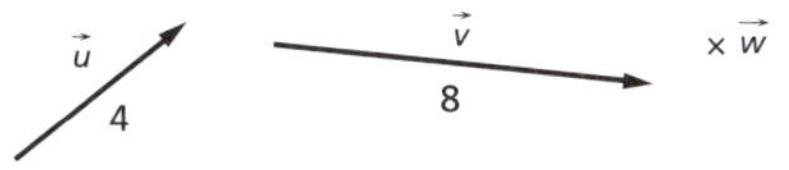

	Vrai	Faux
a. $\vec{u}$ et $\vec{v}$ sont consécutifs	❑	❑
b. $\vec{u}$ et $\vec{v}$ sont colinéaires	❑	❑
c. $\vec{v}$ est égal à $2\vec{u}$	❑	❑
d. $\vec{w}$ est un vecteur nul	❑	❑
e. $\vec{u}$ et $\vec{w}$ sont colinéaires	❑	❑

2 **Les vecteurs $\vec{u}(-4 ; 3)$ et $\vec{v}(8 ; ?)$ sont colinéaires. ? est égal à :**

a. ❑ -6 **b.** ❑ $-4{,}5$
c. ❑ -2 **d.** ❑ incalculable

3 **Soit $\vec{u}(-3 ; 2)$ et $\vec{v}(1 ; 5)$ dans un repère $(O, \vec{i}, \vec{j})$. Compléter avec les coordonnées de chacun des vecteurs.**

Vecteur	Coordonnées	Vecteur	Coordonnées
$1\vec{u}$		$-1\vec{u}$	
$0\vec{u}$		$0\vec{v}$	
$2\vec{u}+3\vec{u}$		$5\vec{u}$	
$2(3\times\vec{u})$		$(2\times 3)\vec{u}$	
$2(\vec{u}+\vec{v})$		$2\vec{u}+2\vec{v}$	
$-(\vec{u}+\vec{v})$		$-\vec{u}-\vec{v}$	

4 **Données : (AD) // (BC) et $\overrightarrow{DC} = 3\overrightarrow{AM}$**

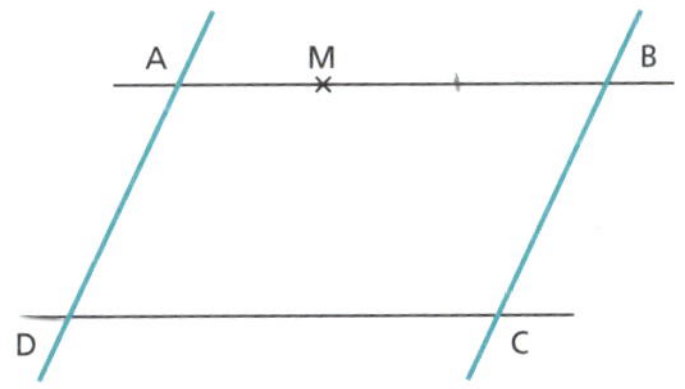

1. ABCD est-il un parallélogramme ? $\overrightarrow{AB} = \overrightarrow{DC}$

2. I est le milieu de [BD].
Pourquoi $\overrightarrow{AC} = 2\overrightarrow{AI}$?

5 **Dans le triangle ABC, le point D est tel que $\overrightarrow{AD} = 3\,\overrightarrow{DC}$ et le point E est tel que $\overrightarrow{EB} = 3\,\overrightarrow{CE}$.**

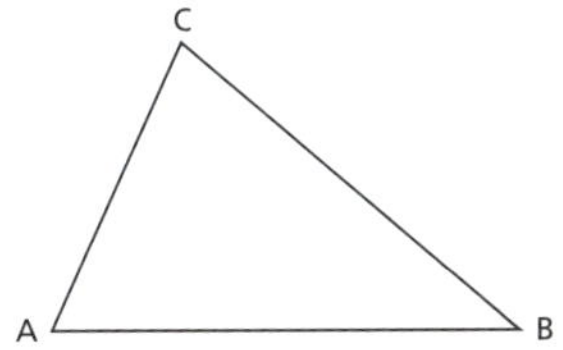

1. Placer les points D et E.

2. Montrer que (AB) // (DE) et que AB = 4 DE.

6 **Dans un repère orthonormé $(O, \vec{i}, \vec{j})$, $\overrightarrow{AB} = -6\vec{i} + 4\vec{j}$.**

1. Compléter avec les coordonnées de $\overrightarrow{AB}$.
$\overrightarrow{AB}(\ldots\ldots ; \ldots\ldots)$.

2. M est le milieu de [AB], compléter avec les coordonnées de $\overrightarrow{AM}$.
$\overrightarrow{AM}(\ldots\ldots ; \ldots\ldots)$

3. Par lecture, compléter les coordonnées de B et M dans le cas où A est défini par le couple $(-1 ; 2)$.
B(.... ; ....), M(.... ; ....).

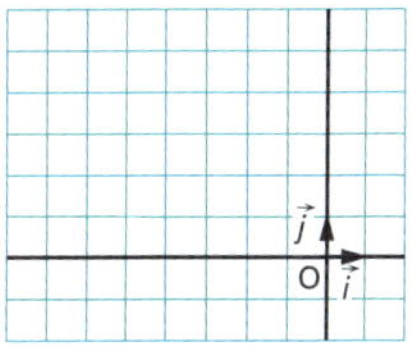

7 **Observer la figure puis exprimer :**

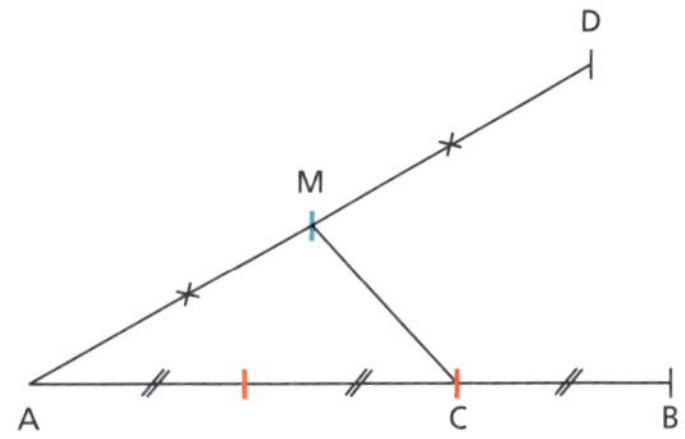

1. $\overrightarrow{CA}$ en fonction de $\overrightarrow{AB}$.

2. $\overrightarrow{AM}$ en fonction de $\overrightarrow{AD}$.

3. $\overrightarrow{CM}$ en fonction de $\overrightarrow{AB}$ et $\overrightarrow{AD}$.

8 **Utiliser la figure de l'exercice 7 pour exprimer $\overrightarrow{MC}$ en fonction de $\overrightarrow{DM}$ et $\overrightarrow{BC}$.**

9 **Dans un repère $(O, \vec{i}, \vec{j})$, placer les points A(3 ; 4) ; B(−6 ; 2) et C(4 ; −6).**

1. Les coordonnées du milieu, M, de [BC] sont :
a. ❑ $(-1 ; 2)$ **b.** ❑ $(1 ; -2)$ **c.** ❑ $(-1 ; -2)$

2. Les coordonnées du vecteur $\overrightarrow{AM}$ sont :
d. ❑ $(2 ; 6)$ **e.** ❑ $(-4 ; -6)$ **f.** ❑ $(4 ; 6)$

3. Les coordonnées du vecteur $\overrightarrow{AG} = \dfrac{2}{3}\overrightarrow{AM}$ sont :
g. ❑ $(3 ; 2)$ **h.** ❑ $(\dfrac{8}{3} ; -4)$ **i.** ❑ $(-\dfrac{8}{3} ; -4)$

4. Les coordonnées du centre de gravité du triangle ABC sont :
j. ❑ $(\dfrac{1}{3} ; 0)$ **k.** ❑ $(0 ; \dfrac{1}{3})$ **l.** ❑ incalculables

10 **Données : dans le repère $(O, \vec{i}, \vec{j})$, on définit A(−6 ; 0), B(6 ; 3), C(−3 ; 9) et D(−4 ; 6).**

1. Montrer que $\overrightarrow{AD} = 2\overrightarrow{DC}$. En déduire que les points A, C et D sont alignés.

2. Calculer les coordonnées du point E sachant que $\overrightarrow{EB} = 2\overrightarrow{CE}$. Placer E.

3. Montrer que $\overrightarrow{AB} = 3\overrightarrow{DE}$. Qu'en est-il des droites (AB) et (DE) ?

À RETENIR

Ci-dessous un repère $(O, \vec{i}, \vec{j})$ et une droite d d'équation $3x - 4y = 2$.

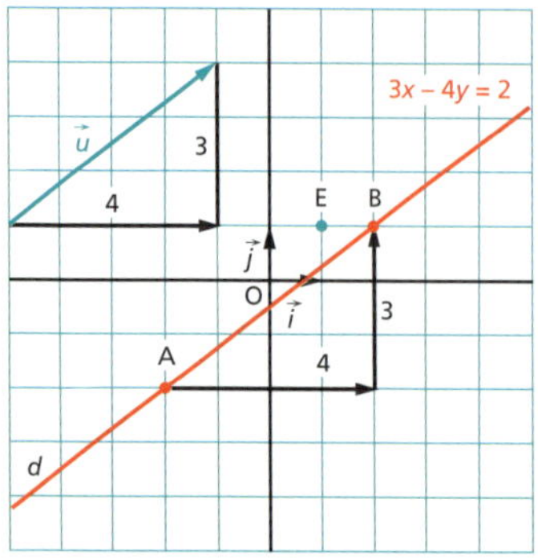

Pourquoi le terme « équation » pour une droite ?

- $3x - 4y = 2$ est une équation qui a deux inconnues, x et y. Les solutions de cette équation sont tous les couples (x, y) qui vérifient cette équation.

Exemples :

- $x = 2$ et $y = 1$ est un couple solution de $3x - 4y = 2$, car $3 \times 2 - 4 \times 1$ est bien égale à 2.
- Mais $x = 1$ et $y = 1$ n'est pas un couple solution, car $3 - 4$ est différent de 2.

Graphiquement, le point $B(x = 2, y = 1)$ est un point de la droite d, mais $E(x = 1, y = 1)$ ne l'est pas.

Ainsi la droite d a pour équation $3x - 4y = 2$ signifie que la droite d est l'ensemble de tous les points M dont les coordonnées (x, y) vérifient l'équation.

Équation réduite

$3x - 4y = 2$ s'écrit $3x - 2 = 4y$ ou $4y = 3x - 2$,

soit $y = \frac{3}{4}x - \frac{1}{2}$.

$y = \frac{3}{4}x - \frac{1}{2}$ est l'équation réduite de la droite d.

$\frac{3}{4}$ est son coefficient directeur.

- $A(-2\,;-2)$ et $B(2\,;1)$ sont deux points de la droite d.
- Le vecteur $\overrightarrow{AB}$ est un vecteur directeur de la droite d. $\overrightarrow{AB}$ est défini par le couple $(4\,;3)$.
- Le vecteur $\vec{u}(4\,;3)$ est également un vecteur directeur de la droite d.
- Dans l'équation réduite $y = \frac{3}{4}x - 2$, $\frac{3}{4}$ est le coefficient directeur, ou pente, de la droite d.

$\frac{3}{4}$ est également égal à $\frac{y_B - y_A}{x_B - x_A}$, ou $\frac{y_{\vec{u}}}{x_{\vec{u}}}$.

COMMENT FAIRE

► Pour trouver un vecteur directeur d'une droite définie par une équation

Le plus simple serait d'utiliser les coefficients de x et y de l'équation.

Exemple : ci-dessus la droite (AB) a pour équation $3x - 4y = 2$. Elle est de la forme $ax + by = c$.
Le vecteur défini par le couple $(-b\,; a)$ est un vecteur directeur de la droite.
Ainsi le vecteur $\vec{u}(-(-4)\,; 3)$, soit $\vec{u}(4\,;3)$, est un vecteur directeur de la droite (AB).

► Pour trouver l'équation d'une droite

Le plus simple serait d'exprimer que deux vecteurs sont colinéaires.

Exemple : soit $P(3\,;2)$ et $S(-1\,;5)$. Trouver l'équation de la droite (PS).

Solution : soit $M(x\,;y)$ un point quelconque du plan. $M \in (PS)$, si et seulement si, $\overrightarrow{PM}$ et $\overrightarrow{PS}$ sont colinéaires.

$\overrightarrow{PM}\begin{pmatrix} x-3 \\ y-2 \end{pmatrix}$, $\overrightarrow{PS}\begin{pmatrix} -4 \\ 3 \end{pmatrix}$, donc $3 \times (x - 3) = -4(y - 2)$. Soit $3x + 4y = 17$.

► Pour reconnaître deux droites parallèles

Cela revient à comparer leurs coefficients directeurs ou leurs vecteurs directeurs.

Exemples

1. Les droites d'équations $y = 2x + 9$ et $y = 2x - 1$ sont parallèles, car elles ont même coefficient directeur, 2.
2. Les droites d'équations $x - 2y = 1$ et $-3x + 6y = 5$ sont parallèles, car leurs vecteurs directeurs $\vec{u}(2\,;1)$ et $\vec{v}(-6\,;-3)$ sont colinéaires ($\vec{v} = -3\vec{u}$).

► Pour définir des droites parallèles aux axes

Il faut considérer deux cas :

1. $d_1 \,//\, y'y$. Son équation est $x = 3$, ou $x + 0y = 3$. $\vec{j}$ est un vecteur directeur de d_1 ;

2. $d_2 \,//\, x'x$. Son équation est $y = 4$, ou $0x + y = 4$. $\vec{i}$ est un vecteur directeur de d_2 (voir exercice n° 3).

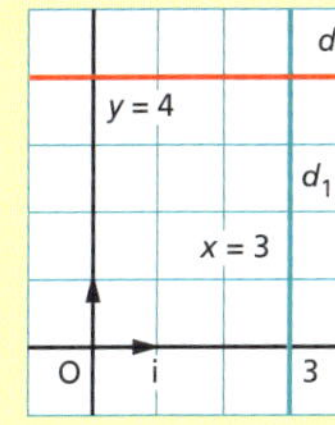

S'EXERCER

1 Le point A appartient-il à la droite *d* ?

		Oui	Non
a. A(1 ; 2)	$d: 2x = 8 - 5y$	❑	❑
b. A(1 ; −2)	$d: x = 1$	❑	❑
c. A(5 ; 2)	$d: y = -2$	❑	❑

2 Associer convenablement points A et B et équation de la droite (AB).

a. A(2 ; 2) ; B(5 ; 5)	•	• $x = -4$
b. A(−4 ; 3) ; B(−4 ; 7)	•	• $y = x$
c. A(−4 ; 4) ; B(1 ; −1)	•	• $y = 0$
d. A(5 ; 0) ; B(−2 ; 0)	•	• $y = -x$
e. A(0 ; 3) ; B(0 ; 6)	•	• $x = 0$

3 Dans chacun des cas, trouver la pente de la droite Δ définie par son équation.

a. $\Delta: x + 3y = -1$

b. $\Delta: 3x + 5y = 15$

c. $\Delta: x - 3$

d. $\Delta: y = 4$

4 $\vec{u}$ est-il un vecteur directeur de la droite *d* ?

		Oui	Non
a. $\vec{u}(-2 ; 3)$;	$d: 3x + 2y = 1$	❑	❑
b. $\vec{u}(3 ; 2)$;	$d: 2x - 1 = 3y + 4$	❑	❑
c. $\vec{u}(-2 ; 5)$;	$d: 5y + 2x = -3$	❑	❑
d. $\vec{u}(0 ; 2)$;	$d: x + 4 = 0$	❑	❑

**5 La droite d_1 contient les points T(1 ; 7) et R(−3 ; −5).
La droite d_2 contient les points H(−6 ; −20) et I(0 ; −2).
Les droites d_1 et d_2 sont-elles parallèles ?**

**6 La droite *d* passe par les points A(4 ; 3) et B(*x* ; 6).
Sa pente est −4. Dire si *x* est égale à :**

a. ❑ $\dfrac{4}{13}$

b. ❑ $\dfrac{13}{4}$

c. ❑ −8

7 Tracer la droite définie par deux points ; puis associer convenablement droite et pente.

a. A(2 ; −3), B(3 ; 4)	•	• $-\dfrac{4}{5}$
b. C(4 ; 5), D(−1 ; 9)	•	• $-\dfrac{5}{4}$
c. E(−2 ; 6), F(10 ; 0)	•	• 7
d. G(−15 ; 8), H$\left(-9 ; \dfrac{1}{2}\right)$	•	• $-\dfrac{1}{2}$

8 Les points A(−3 ; −4), B(1 ; −2) et M(*x* ; *y*) sont alignés.

1. Exprimer y en fonction de x.

2. $C(x ; 3) \in (AB)$. Trouver x.

3. $D(-2 ; y) \in (AB)$. Trouver y.

9 Soit E l'équation $-3x + 2y = 7$.

1. Le couple (1 ; −2) est il solution de l'équation E ?

2. Dans un repère $(O, \vec{i}, \vec{j})$, tracer la droite d d'équation $-3x + 2y = 7$.

3. Trouver l'équation de la droite Δ passant par A(1 ; −2) et parallèle à d.

4. Préciser les coordonnées des intersections C et D de Δ avec les axes du repère.

10 Données : cercle de centre O et de rayon 5.

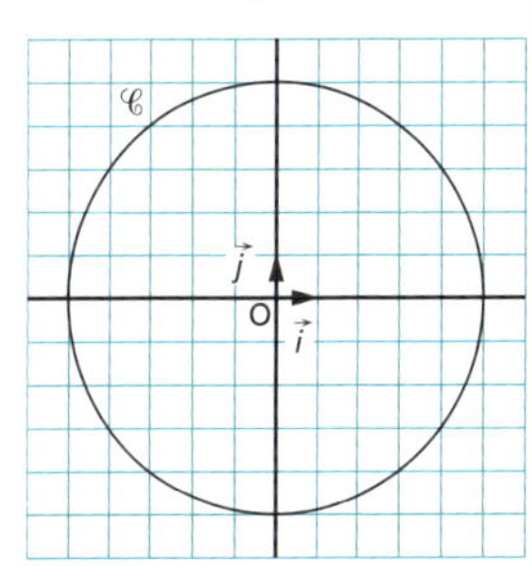

1. Placer les points T(4 ; 3) et H(4 ; 0).
Pourquoi le point T appartient-il au cercle 𝒞 ?

2. La tangente en T au cercle 𝒞 coupe l'axe $(O, \vec{i})$ en A et $(O, \vec{j})$ en B.
Montrer que $OT^2 = OH \times OA$. En déduire les coordonnées de A.

3. Trouver l'équation de la tangente (TA) et en déduire les coordonnées de B.
Vérifier ce résultat à l'aide de la propriété de Thalès appliquée au triangle OAB.

À RETENIR

Système de deux équations

● Définition

Voici un système de deux équations $\begin{cases} 2x + y = 8 \\ x - y = 1 \end{cases}$

Le couple $(x = 3;\ y = 2)$ est solution du système signifie que le couple $(x = 3;\ y = 2)$ est solution de chacune des équations du système.

Graphiquement :

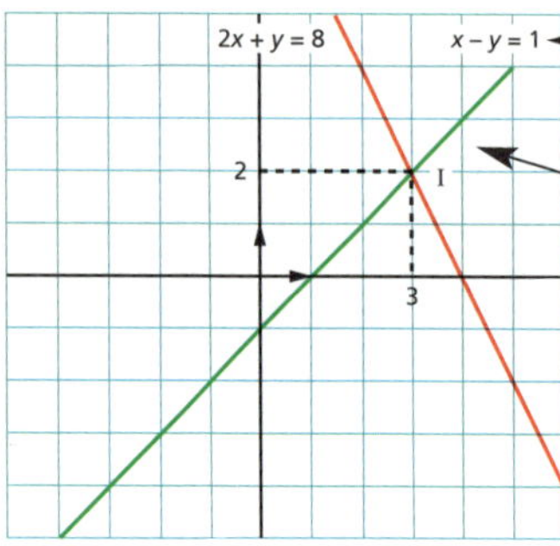

Représenter les solutions de chacune des équations.

I(3 ; 2) est le point d'intersection.

Pour $x = 3$ et $y = 2$ le système est vérifié.

Résoudre un système

Méthode d'addition (application exercice n° 4)

Cette méthode consiste à :

- multiplier les deux membres de la première équation par un nombre, et les deux membres de la seconde équation par un autre nombre de manière à…
- éliminer l'une des inconnues en additionnant les deux équations ;
- résoudre…

Méthode de substitution (application ex. n° 5)

Cette méthode consiste à :

- trouver la valeur d'une inconnue en fonction de l'autre dans l'une des équations.
- substituer cette valeur trouvée dans l'autre équation ;
- résoudre…

Vérifier les solutions dans le système donné.

COMMENT FAIRE

► Pour trouver le nombre de solutions du système

$\begin{cases} ax + by = c \\ a'x + b'y = c' \end{cases}$

Cela revient à calculer le déterminant $ab' - a'b$.

Exemple 1 $\begin{cases} 2x + 3y = -8 \\ 5x - 9y = 13 \end{cases}$

dét $= 2(-9) - 5(3) = -33 \neq \mathbf{0}$, donc **solution unique**.
Les droites se rencontrent en un seul point, I(− 1 ; − 2).

Exemple 2 $\begin{cases} 2x - y = 3 \\ 4x - 2y = 6 \end{cases}$

dét $= 2(-2) - 4(-1) = \mathbf{0}$.
Les deux droites sont confondues, donc **infinité de solutions**.

Exemple 3 $\begin{cases} 2x + y = 3 \\ 2x + y = 7 \end{cases}$

dét $= 2(1) - 2(1) = \mathbf{0}$.
Les deux droites sont parallèles, donc **aucune solution**.

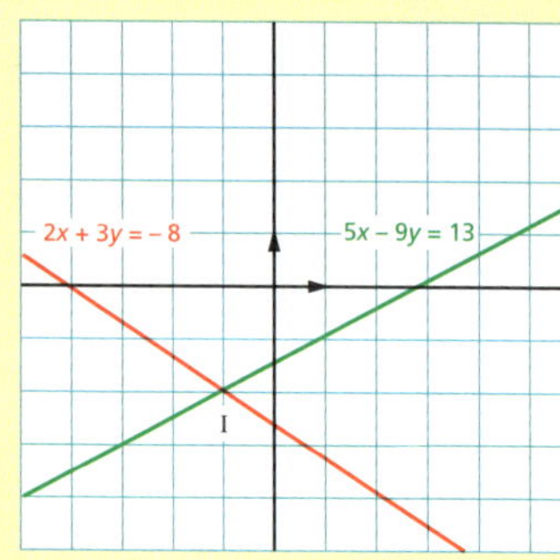

ex. 1

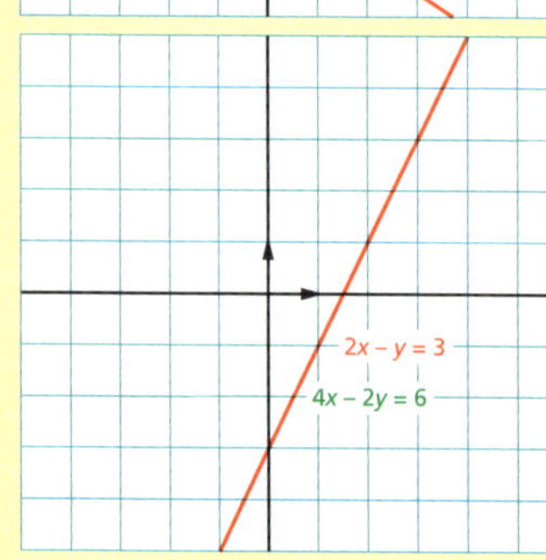

ex. 2

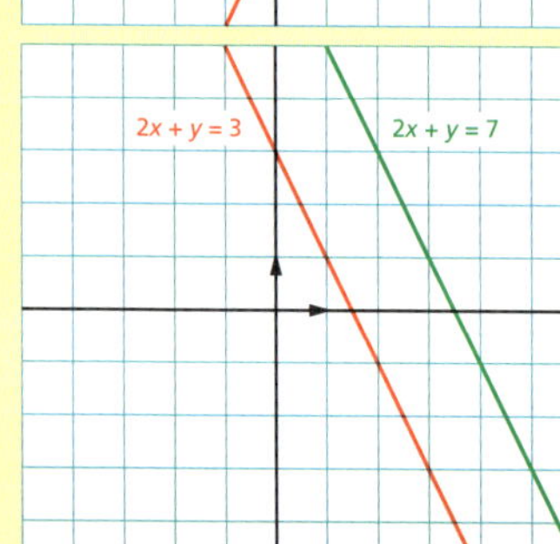

ex. 3

► Pour résoudre un problème

Suivre quatre étapes.

Exemple : la somme des deux chiffres d'un nombre est 14. En renversant les deux chiffres, le nouveau nombre obtenu est égal au double du premier moins 23. Quel est le nombre initial ?

1. Choisir les inconnues

Le nombre initial est formé de deux chiffres. Soit ***d*** le chiffre des dizaines et ***u*** le chiffre des unités. Le nombre s'écrit « *du* » et sa valeur est $10d + u$. (Exemple : $34 = 3 \times 10 + 4$).

►

2. Mettre en équations le problème

a. La somme des deux chiffres est 14, donc $d + u = 14$.

b. En renversant les deux chiffres, le nouveau nombre s'écrit « ud ». $10u + d$ est alors sa valeur.

D'après les données : $10u + d = 2(10d + u) - 23$. Soit, après simplification, $19d - 8u = 23$.

3. Résoudre le système

$$\begin{cases} d + u = 14 \\ 19d - 8u = 23 \end{cases}$$

On trouvera $d = 5$ et $u = 9$.

4. Vérifier si les solutions trouvées sont convenables et répondre à la question posée

$d = 5$ et $u = 9$, donc le nombre est 59. On a bien : $5 + 9 = 14$ et $95 = 2 \times 59 - 23$, donc **le nombre demandé est 59**.

S'EXERCER

1 Écrire chacun des systèmes sous la forme :

$$\begin{cases} ax + by = c \\ a'x + b'y = c' \end{cases}$$

puis calculer son déterminant.

a. $\begin{cases} x + 2y - 5 = 0 \\ x = 2y - 3 \end{cases}$ **b.** $\begin{cases} x - 3y = -14 \\ y + x = -2 \end{cases}$

2 Préciser le nombre de solutions de chacun des systèmes :

a. $\begin{cases} x + y = 3 \\ -x = y + 5 \end{cases}$ **b.** $\begin{cases} 3x + y = 2 \\ 2y = 4 - 6x \end{cases}$

3 Résoudre graphiquement :

a. $\begin{cases} x = -3 \\ 2x + y = -4 \end{cases}$ **b.** $\begin{cases} y + 2x - 2 = 0 \\ 3x - y = 8 \end{cases}$

4 Résoudre par la méthode d'addition :

a. $\begin{cases} 3x + y = -1 \\ 4x + 5y = 6 \end{cases}$ **b.** $\begin{cases} 2x + 5y = 13 \\ 3x - 2y = 4 \end{cases}$

5 Résoudre par la méthode de substitution :

a. $\begin{cases} y = -x + 6 \\ 2x - 3y = 2 \end{cases}$ **b.** $\begin{cases} 5x + y = 7 \\ 3x + 2y = 0 \end{cases}$

6 Un peu d'histoire.

1. Résoudre le système $\begin{cases} 2x - 3y = -1925 \\ -3x + 4y = 1977 \end{cases}$

Si votre réponse est exacte, vous trouverez l'année de naissance de Napoléon et celle de sa mort.

2. Proclamé empereur en 1804, Napoléon avait :

a. ❑ 28 ans
b. ❑ 32 ans
c. ❑ 35 ans

7 Problème.

Paul a placé une somme d'argent à un taux d'intérêt annuel de 5 % et une autre somme à 4 %. Au total il a placé 18 900 €. Au bout d'un an, les deux sommes lui ont rapporté le même intérêt. Quelles sont ces deux sommes ?

8 Pour quelle valeur de *m* le système :

$$\begin{cases} x - 2y = 6 & (1) \\ -2x + 4y = m & (2) \end{cases}$$

1. a-t-il une infinité de solutions ? (Justifier votre réponse)

a. ❑ $m = -12$
b. ❑ $m = 6$
c. ❑ $m = 12$

2. n'a aucune solution ?

d. ❑ $m \neq -12$
e. ❑ $m \neq 6$
f. ❑ $m \neq 12$

9 Résoudre.

1. Résoudre graphiquement :

a. $(2x + y - 1)(\frac{x}{2} - y - 4) = 0$

b. $\begin{cases} 2x + y = 1 \\ \frac{x}{2} - y = 4 \end{cases}$

2. Pour quelle valeur de m les droites d'équations

$2x + y = 1$; $\frac{x}{2} - y = 4$ et $mx + \frac{y}{3} = 1$

sont-elles concourantes ?

10 Observer les données ; puis, sachant que les automobilistes se sont croisés en I, trouver :

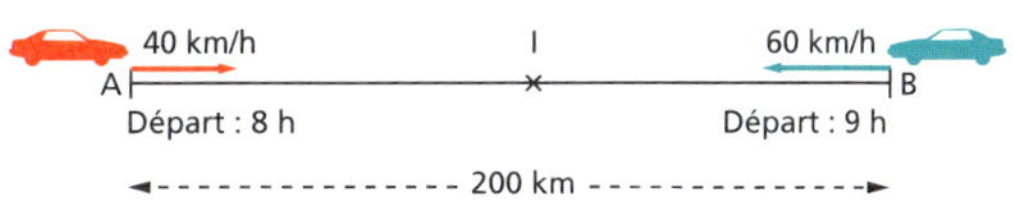

a. les distances AI et BI parcourues.
b. l'heure à laquelle ils se sont croisés.

À RETENIR

Voici des exemples de solides usuels dont les faces sont des polygones.
Ce sont des *polyèdres.* Dans le dessin d'un solide, le trait en pointillés désigne une arête invisible ou une hauteur et, dans celui d'un patron, il désigne un trait de pliage.

• Pyramide régulière
à base carrée

Patron

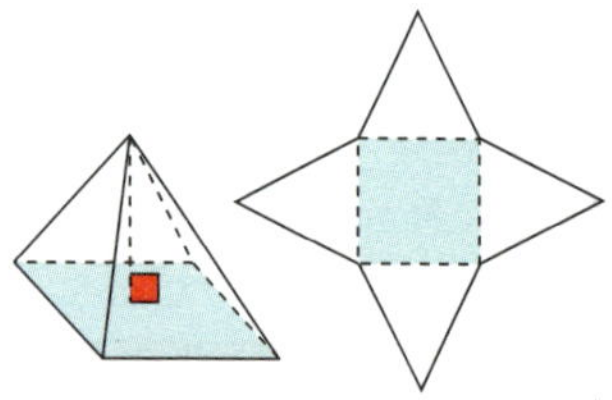

- $V = \frac{1}{3} \times B \times h$, où B est l'aire de la base et h est la hauteur.
- Aire latérale : dans cet exemple 4 × aire d'une face triangulaire.
- Aire totale = aire latérale + aire de la base.

• Prisme droit
à base rectangulaire, ou pavé droit.

Patron

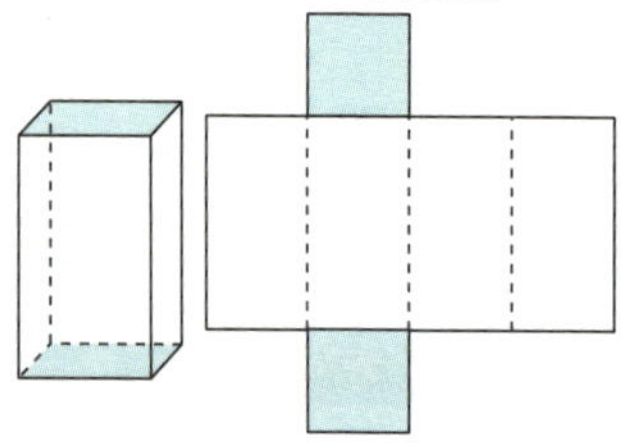

- V = aire de la base × hauteur.
- Aire latérale = périmètre de la base × hauteur.
- Aire totale = aire latérale + aire des deux bases.

• Prisme droit
dont la base est un hexagone régulier.
Patron (voir exercice 1).

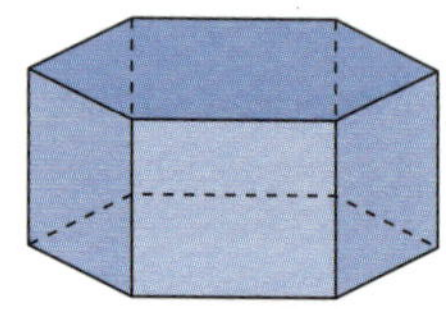

- V = aire de la base × hauteur.
- Aire latérale = périmètre de la base × hauteur.
- Aire totale = aire latérale + aire des deux bases.

Voici des solides dont les arêtes ont même longueur et dont les faces ont même forme.
Ce sont des *polyèdres réguliers*, dits « solides de Platon » (428-348 av. J.-C.). Ils sont au nombre de cinq, dont trois sont ci-dessous et les deux autres font l'objet de l'exercice 8.

• Tétraèdre régulier

Patron

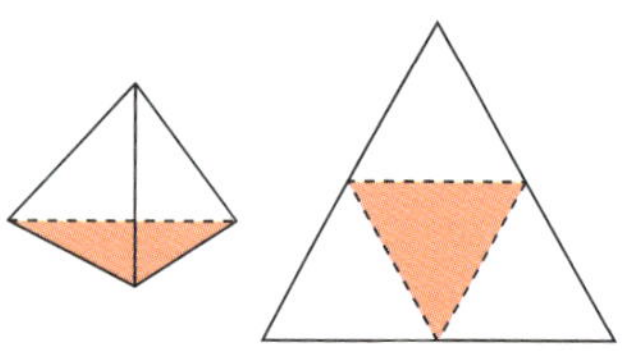

- Les **quatre** faces sont des triangles équilatéraux. Ce tétraèdre est également une pyramide régulière.
- $V = \frac{1}{3} \times B \times h.$

• Cube

Patron

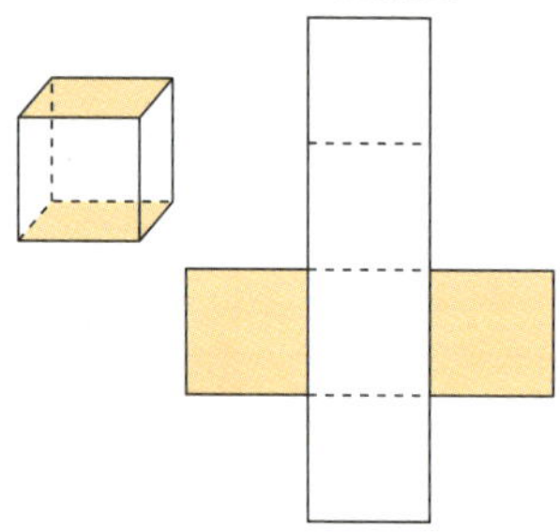

- Les **six** faces sont des carrés.
- $V = a^3$ où a est l'arête du cube.

• Octaèdre régulier

Patron

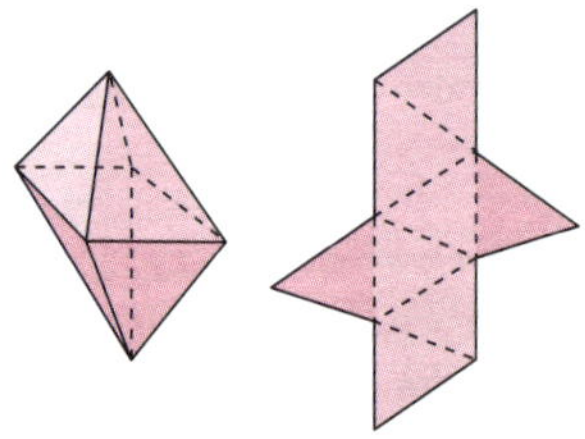

- Les **huit** faces sont des triangles équilatéraux. Pour le volume V (voir exercice 7).

Voici des solides usuels et qui ne sont pas des polyèdres.

• Cône

Patron

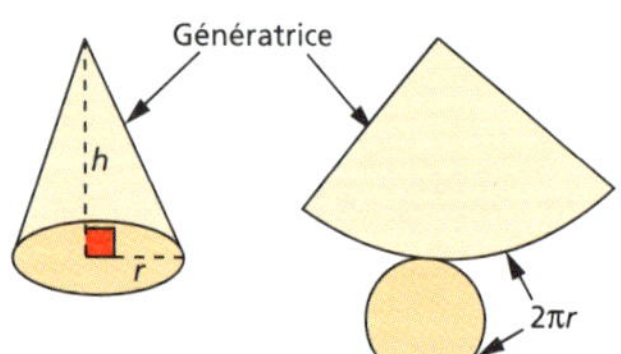

$V = 1/3 \times B \times h$ avec
$B = \pi r^2$

• Cylindre

Patron

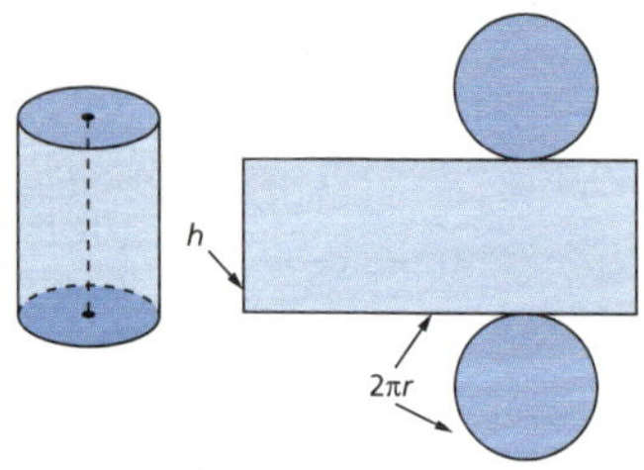

$V = B \times h = \pi r^2 \times h$
Aire latérale $= 2\pi r \times h$
Aire totale $= 2\pi r h + 2\pi r^2$

• Sphère

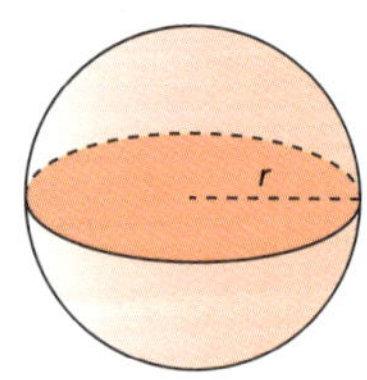

$V = \frac{4}{3} \pi r^3$

Aire $= 4\pi r^2$

1 **Compléter les pointillés avec le nom du solide relatif au patron.**

a.

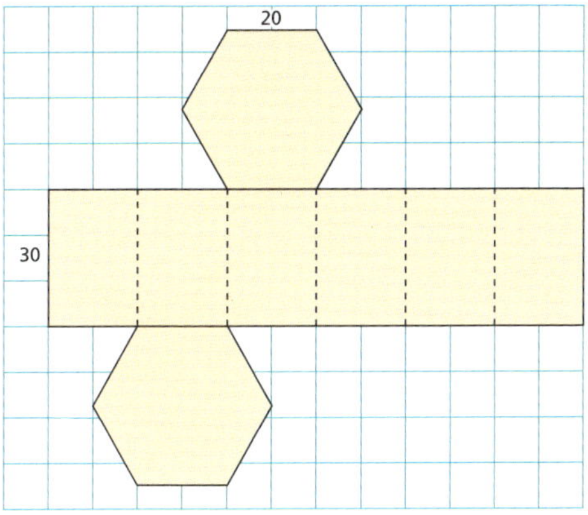

....

b.

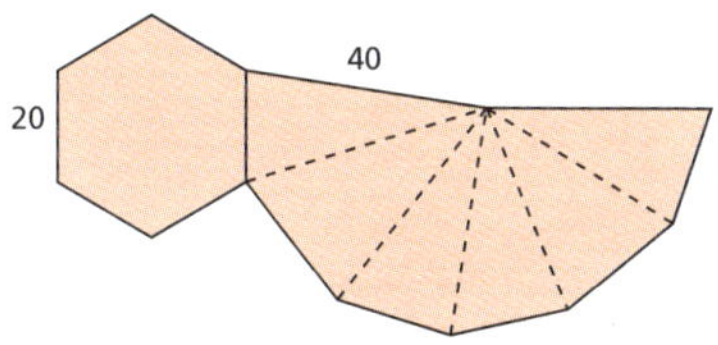

....

2 **Voici des dessins de patrons de cube. Un seul est intrus. Reproduire, couper et plier ; puis en déduire lequel.**

3 **Soit le cube ci-dessous.**

1. Combien de petits cubes a-t-on utilisés pour former ce grand cube ?

a. ❑ 81
b. ❑ 54
c. ❑ 27

2. Combien de faces a-t-on collées ?

d. ❑ 81
e. ❑ 108
f. ❑ 162

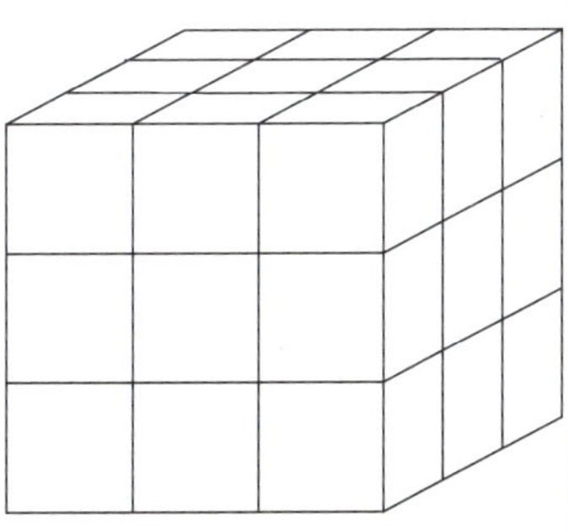

4 **Exprimer en pourcentage le volume, *v*, de la Lune par rapport à celui de la Terre, V.**

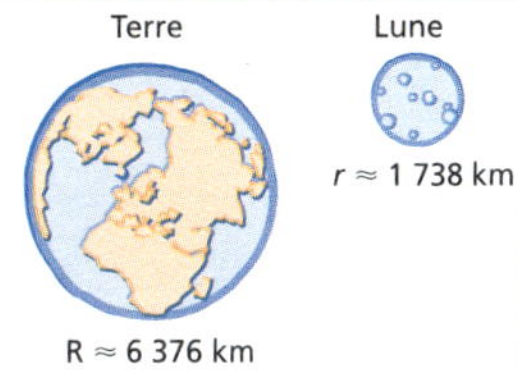

5 **Données :** solide objet de l'exercice n° 1.a.
Calculer (unité : cm) :
a. l'aire latérale de ce solide,
b. son aire totale,
c. son volume.

6 **Préciser la forme de cette tente puis calculer :**
a. son aire totale, par terre compris
b. son volume (unité : m).

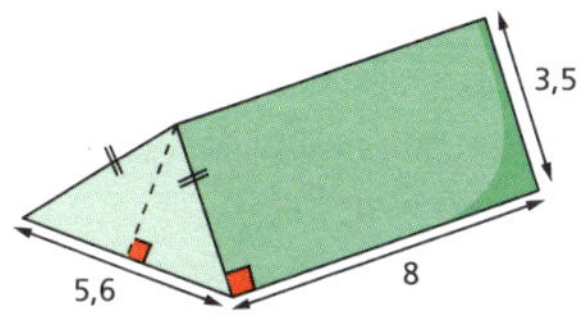

7 **Les arêtes d'une pyramide à base carrée sont toutes de même longueur.**

Sa hauteur est $h = 5\sqrt{2}$ cm

et son volume est $V = \dfrac{500\sqrt{2}}{3}$ cm^3.

1. Calculer son aire de base, B, et en déduire son arête, *a*.
2. On considère l'octaèdre régulier de même arête *a*.
Quelle est :
a. son volume V' ? **b.** son aire totale A ?

8 **Voici : a. un dodécaèdre et son patron ; b. un icosaèdre et son patron. Dans chacun des cas l'arête est de 1 cm.**

a.

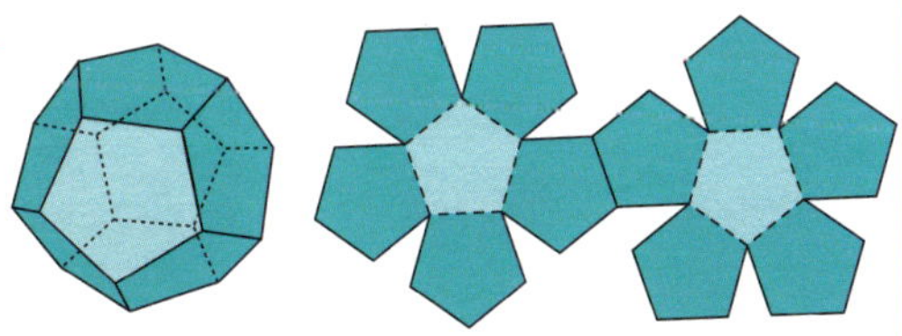

b.

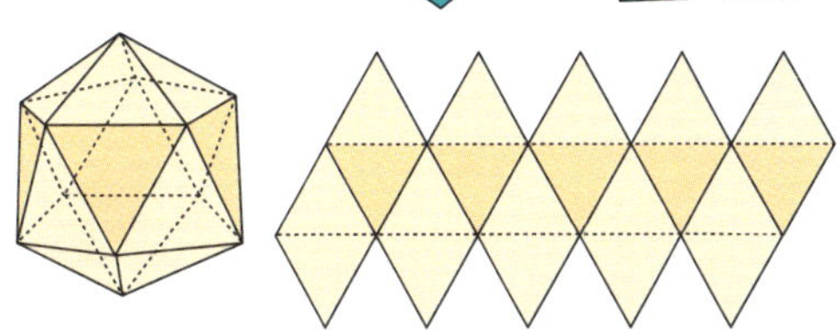

1. Le périmètre du patron du dodécaèdre est :
a. ❑ 38 cm **b.** ❑ 50 cm **c.** ❑ 59 cm

2. L'aire de l'icosaèdre est :
d. ❑ $20\sqrt{3}$ cm^2 **e.** ❑ $5\sqrt{3}$ cm^2 **f.** ❑ incalculable

À RETENIR

À propos de droites

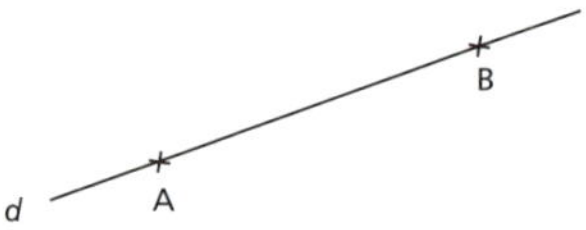

- Une droite est définie par deux points distincts.
- Ci-dessus la droite est nommée (AB) ou *d*.
- Une droite est illimitée.

- L'intersection de deux droites est un point.

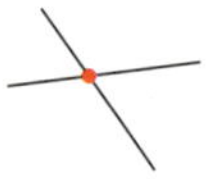

- Une infinité de droites passent par un point.

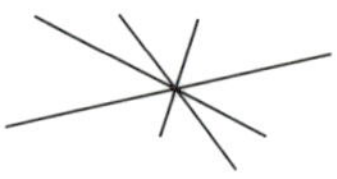

- Dans un plan, si deux droites sont parallèles, alors toute droite qui coupe l'une coupe l'autre.

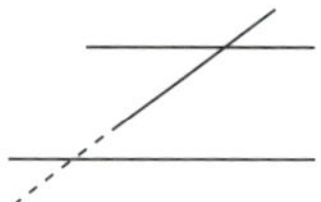

Vocabulaire

- « Points **colinéaires** » signifie points situés sur une même droite, ou points alignés.
- « Points ou droites **coplanaires** » signifie points ou droites situés dans un même plan.

À propos de plans

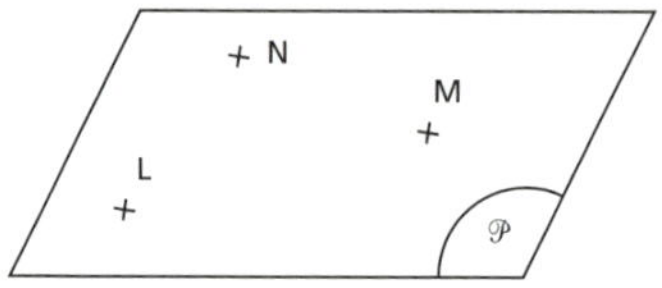

- Un plan est défini par trois points non alignés.
- Ci-dessus le plan est nommé (LMN) ou 𝒫.
- Un plan est illimité.

- L'intersection de deux plans est une droite.

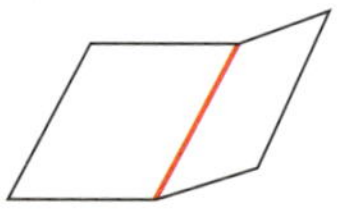

- Une infinité de plans passent par une droite.

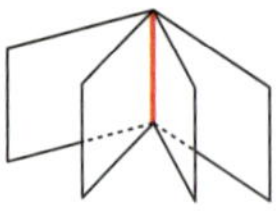

- Si deux plans sont parallèles, alors toute droite, ou tout plan, qui coupe l'un coupe l'autre.

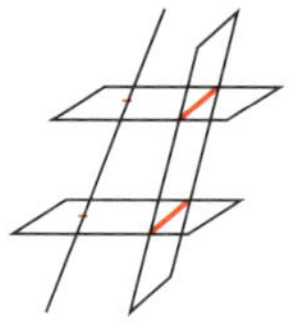

Propriété

- **Si deux points appartiennent à un plan, alors la droite passant par ces deux points est entièrement dans le plan.**

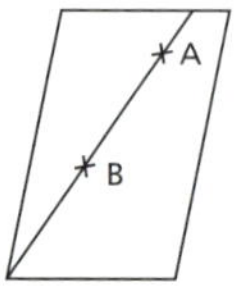

COMMENT FAIRE

► Pour connaître les positions de droites et plans dans l'espace.

Cela revient à appliquer certaines définitions et propriétés présentées dans ce chapitre et le suivant.

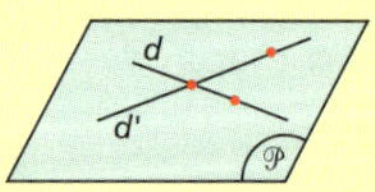

- *d* et *d'* sont deux droites concourantes. Elles définissent le plan 𝒫.

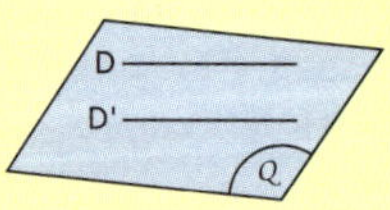

- D et D' sont deux droites parallèles. Elles définissent le plan *Q*.

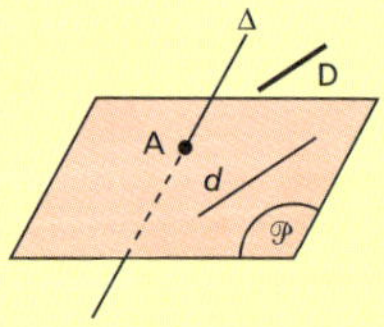

- *d* est contenue dans le plan 𝒫.
- D est parallèle au plan 𝒫.
- Δ perce le plan 𝒫 en un point A.

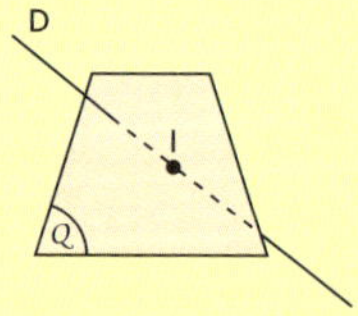

- La droite D n'est pas parallèle au plan *Q*, car son prolongement coupe le plan *Q* en I. D et *Q* sont sécants.

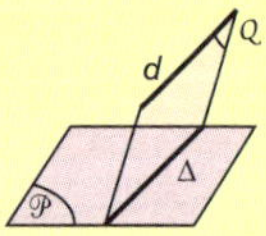

- La droite *d* est parallèle au plan 𝒫. Le plan *Q* qui passe par *d* coupe le plan 𝒫 en une droite Δ parallèle à *d*.

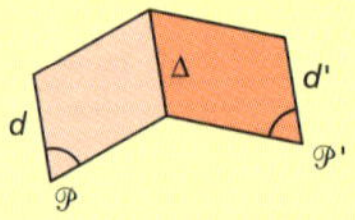

- *d* // *d'*. Les plans 𝒫 et 𝒫' qui passent par *d* et *d'* ont pour intersection une droite Δ parallèle à *d* et *d'*.

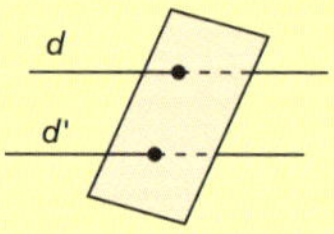

- *d* et *d'* sont deux droites parallèles. Tout plan, 𝒫, qui coupe l'une coupe l'autre.

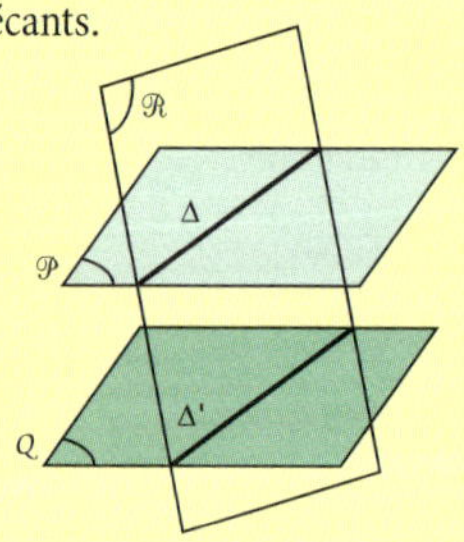

- 𝒫 et *Q* sont deux plans parallèles. Tout plan, ℛ, qui coupe l'un coupe l'autre, et les droites d'intersection Δ et Δ' sont parallèles.

1 Vrai ou faux ?

	Vrai	Faux
a. Un plan a des côtés.	❑	❑
b. Deux droites concourantes sont toujours dans un même plan.	❑	❑
c. Deux droites parallèles sont toujours dans un même plan.	❑	❑

2 Pourquoi la surface S n'est-elle pas un plan ?

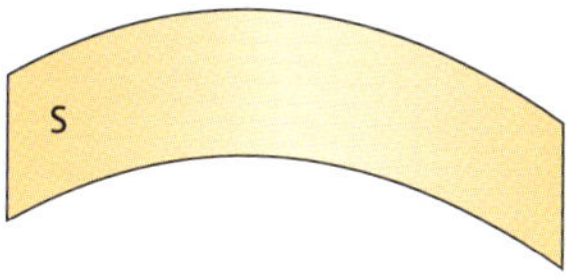

3 Nommer

1. Trois points colinéaires.

2. Quatre points coplanaires.

3. Trois points non colinéaires.

4. Deux droites non sécantes.

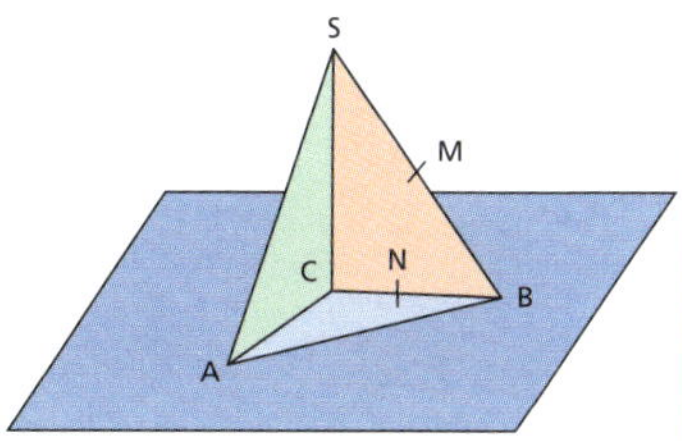

4 Vrai ou faux ? Justifier votre réponse par une figure.

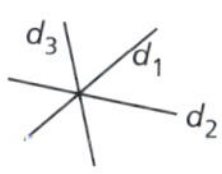

	Vrai	Faux
a. d_1, d_2 et d_3 sont trois droites concourantes.	❑	❑
b. Trois droites concourantes sont toujours dans un même plan.	❑	❑
c. Trois plans peuvent se rencontrer en une droite.	❑	❑
b. Trois plans peuvent se rencontrer en un seul point	❑	❑

5 Vrai ou faux ?

	Vrai	Faux
a. Trois points quelconques sont toujours coplanaires.	❑	❑
b. Quatre points quelconques sont toujours coplanaires.	❑	❑
c. Si M et N sont deux points d'un plan, alors la droite (MN) est contenue dans ce plan.	❑	❑
d. Dans l'espace, deux droites qui ne se rencontrent pas sont toujours parallèles.	❑	❑

6 Si trois droites sont coplanaires, alors on peut avoir 0, 1, 2 ou 3 points d'intersection.
Illustrer chacun de ces cas par une figure.

7 À la consigne « Représenter la section IPQR du plan (IPQ) avec le cube », voici deux figures d'élèves.

1. Une seule est exacte. Laquelle et pourquoi ?

2. Préciser la nature du quadrilatère IPQR.

Données : le cube ABCDEFGH et les points I, P et Q.

a.

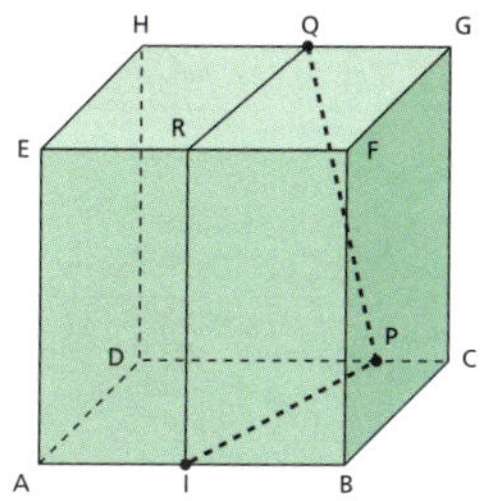

b.

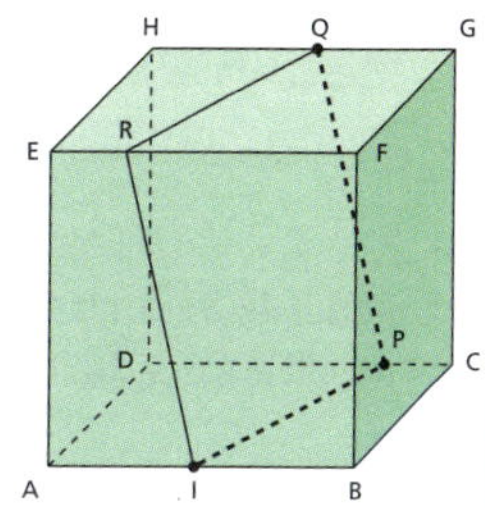

8 Les droites Δ et Δ' sont parallèles.
C_1 est un cylindre droit et C_2 est un cylindre oblique. *d* est le diamètre de leurs bases.
Pourquoi C_1 et C_2 ont-ils le même volume ?

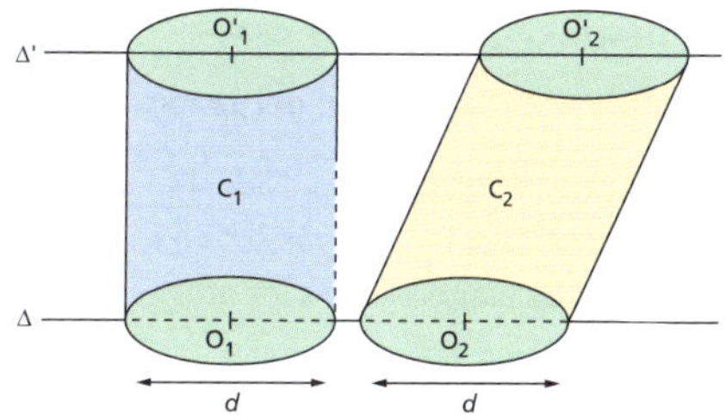

9 SABCD est une pyramide dont la base est un parallélogramme.

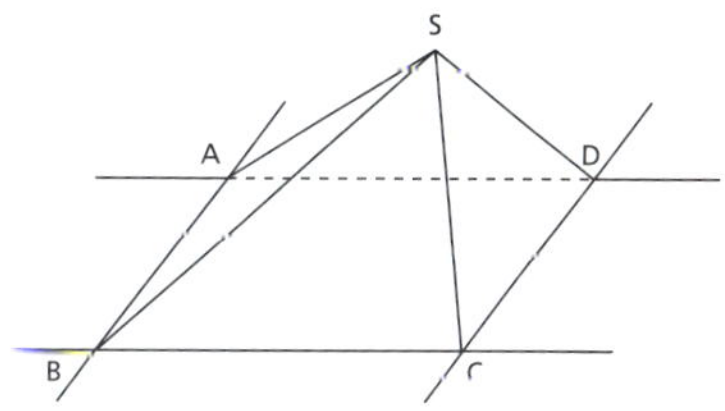

1. Préciser l'intersection des plans.

a. SAB, SBC, SCD et SDA.

b. SAB et SCD.

c. SBC et SDA.

d. SAC et SBD.

2. Calculer la hauteur de la pyramide SABCD sachant que son volume est de 36 cm^3 et que son aire de base est de 15 cm^2.

10 ABCDEFGH est un parallélépipède rectangle.

1. Les droites (AB) et (DH) ne se rencontrent pas. Pourquoi ces droites ne sont-elles pas parallèles ?

2. I est un point de l'arête EF. Tracer les intersections du plan (IBC) avec chacune des faces ABFE, EFGH et DCGH.

3. Préciser l'intersection des plans diagonaux ACGE et BDHF.

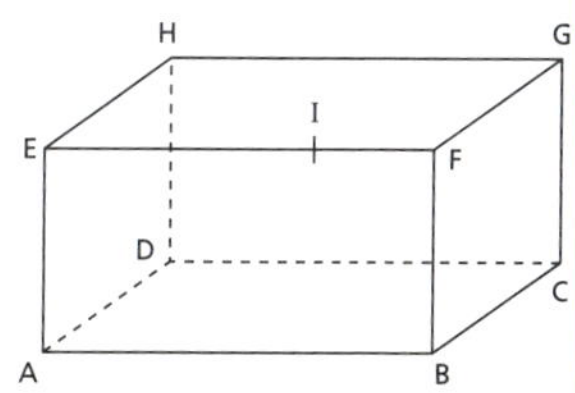

À RETENIR

Retour aux parallèles à un plan

● Droite parallèle à un plan.

• **Définition.**
Une droite d extérieure à un plan $\mathcal{P}$ est **parallèle** à $\mathcal{P}$, si d et $\mathcal{P}$ n'ont aucun point d'intersection.

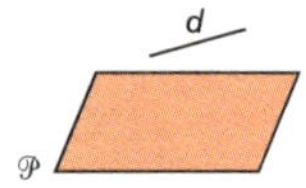

• **Propriété 1 :** une droite d est parallèle à un plan $\mathcal{P}$ si elle est parallèle à une droite D de ce plan.

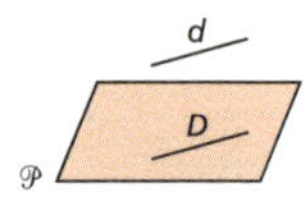

• **Propriété 2 :** d est parallèle au plan $\mathcal{P}$.
Tout plan, Q, qui passe par d coupe $\mathcal{P}$ en une droite Δ parallèle à d.

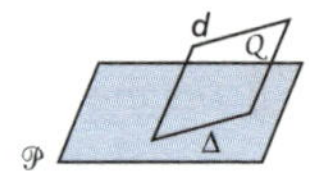

● Plan parallèle à un plan.

• **Définition.**
Deux plans $\mathcal{P}$ et Q non confondus sont **parallèles** s'ils n'ont aucune intersection.

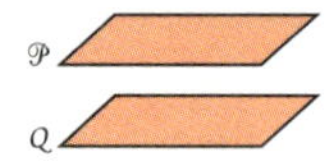

• **Propriété 1 :** si d // d' et D // D', alors les plans $\mathcal{P}$ et Q sont parallèles.

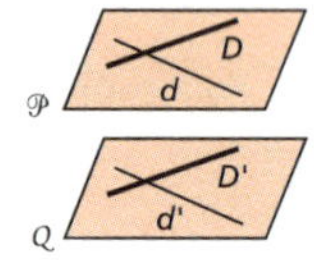

• **Propriété 2 :** si $\mathcal{P}$ // Q, alors tout plan $\mathcal{R}$ qui coupe $\mathcal{P}$ coupe Q et les intersections Δ et Δ' sont parallèles.

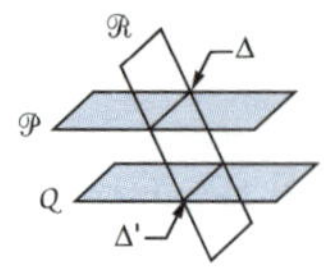

Perpendiculaires à un plan

● Droite orthogonale, ou perpendiculaire, à un plan.

• **Définition** (figure 1)
Une droite d sécante à un plan $\mathcal{P}$, en I, est **perpendiculaire** au plan $\mathcal{P}$, si d est perpendiculaire à toutes les droites du plan $\mathcal{P}$ passant par I.

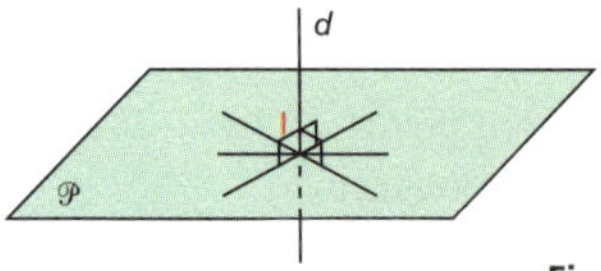

Fig. 1

• **Propriété 1** (figure 2) **:** si une droite d est perpendiculaire à deux droites sécantes d_1 et d_2 d'un plan $\mathcal{P}$, alors la droite d est perpendiculaire au plan $\mathcal{P}$ et à toutes les droites de ce plan.

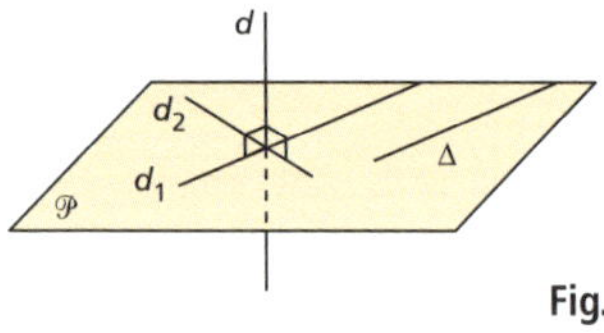

Fig. 2

• **Vocabulaire** (figure 2) **:** d est perpendiculaire au plan $\mathcal{P}$, donc $d \perp d_1$, $d \perp d_2$ et $d \perp \Delta$. On dit que d et d_1, ou que d et d_2, sont perpendiculaires, mais que **d et Δ sont orthogonales**.

Attention ! (figure 2) $d_1 \perp d$ et $d_2 \perp d$, mais d_1 et d_2 ne sont pas parallèles, car d, d_1 et d_2 ne sont pas dans un même plan.

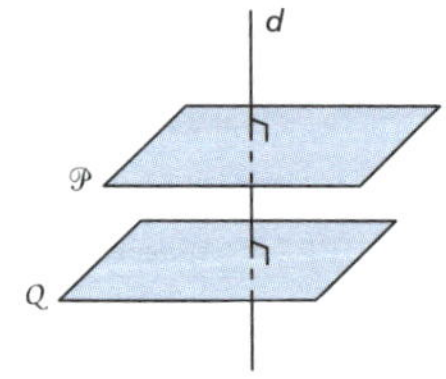

Fig. 3

• **Propriété 2** (figure 3) **:** si deux plans $\mathcal{P}$ et Q sont perpendiculaires à une même droite d, alors ils sont parallèles.

• **Propriété 3** (figure 4) **:** si deux droites d et d' sont perpendiculaires à un plan $\mathcal{P}$, alors elles sont parallèles.

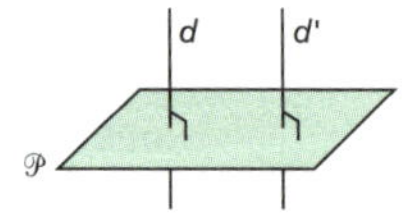

Fig. 4

COMMENT FAIRE

► Dans la vie courante

Cela revient assez souvent à assembler des pièces selon des parallèles et des perpendiculaires à un plan.

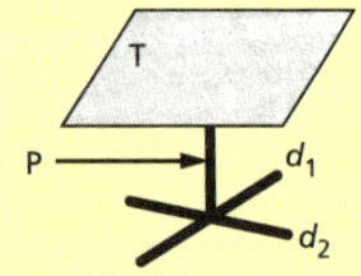

Ci-contre le montage d'une table.

Le pied P est perpendiculaire au plan T de la table, perpendiculaire à d_1 et d_2, donc perpendiculaire au sol.

Le plan T et le sol sont parallèles.

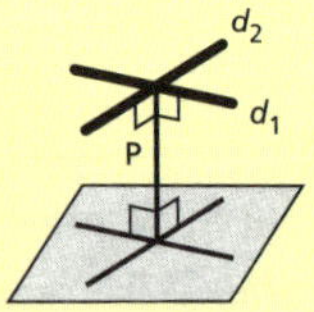

1 Vrai (V) ou faux (F) ?

a. Si le bord, *b*, d'une équerre est dans le plan $\mathcal{P}$, alors le bord, B, est toujours perpendiculaire au plan $\mathcal{P}$.
V. ❑ F. ❑

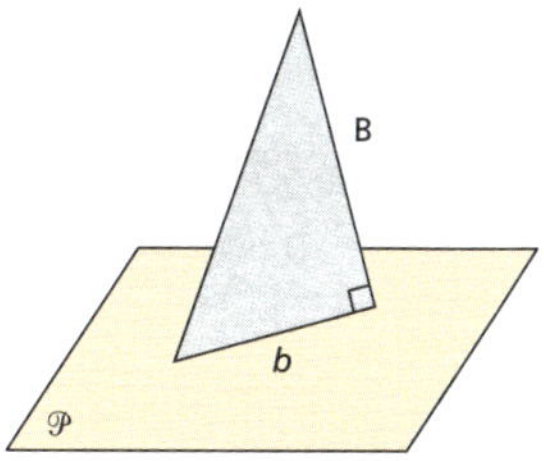

b. Si $\mathcal{P} // Q$, alors la droite *d* de $\mathcal{P}$ est parallèle à toute droite, Δ, de *Q*.
V. ❑ F. ❑

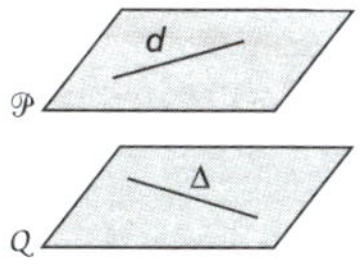

c. Dans l'espace, si deux droites *d* et *d'* sont parallèles, alors toute droite Δ qui coupe l'une coupe l'autre.
V. ❑ F. ❑

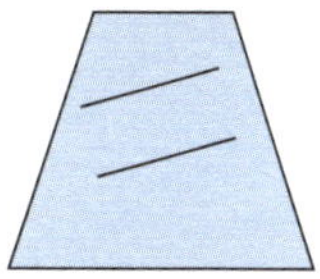

d. Dans l'espace, si deux droites d_1 et d_2 sont perpendiculaires à une même troisième D, alors elles sont toujours parallèles.
V. ❑ F. ❑

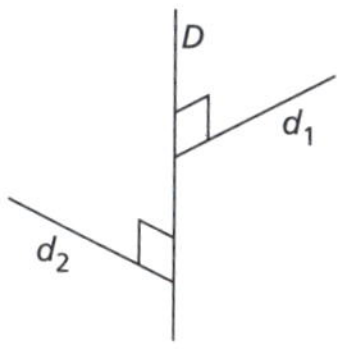

2 Le plan $\mathcal{P}$ est orthogonal à la droite (AB) au milieu I du segment [AB]. M est un point quelconque du plan $\mathcal{P}$ distinct de I.

1. Pourquoi les droites (AB) et (MI) sont-elles coplanaires ?

2. Pourquoi les droites (AB) et (MI) sont-elles perpendiculaires ?

3. Montrer que M est équidistant des points A et B.

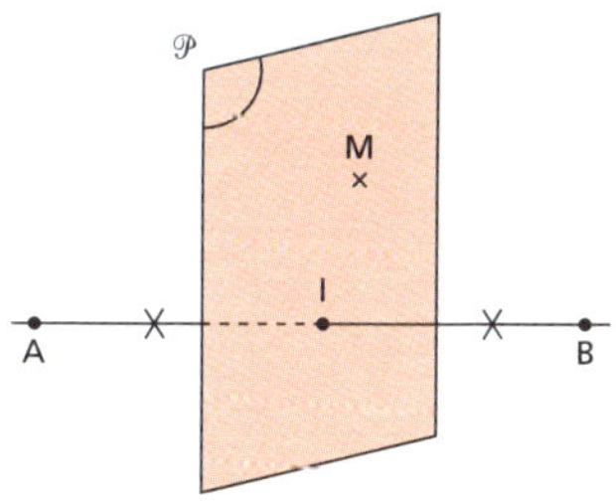

Remarque : le plan $\mathcal{P}$ est l'ensemble de tous les points M équidistants des points A et B. On dit que $\mathcal{P}$ est le plan médiateur du segment [AB].

3 A, B et C sont trois points donnés à l'extérieur du plan $\mathcal{P}$. I, J et K sont les intersections de (AB), (AC) et (BC) avec le plan $\mathcal{P}$.

1. Compléter la figure avec l'intersection, K, de (BC) et du plan $\mathcal{P}$.

2. On suppose que (BC) est parallèle au plan $\mathcal{P}$. Refaire une figure en traçant convenablement I et J.

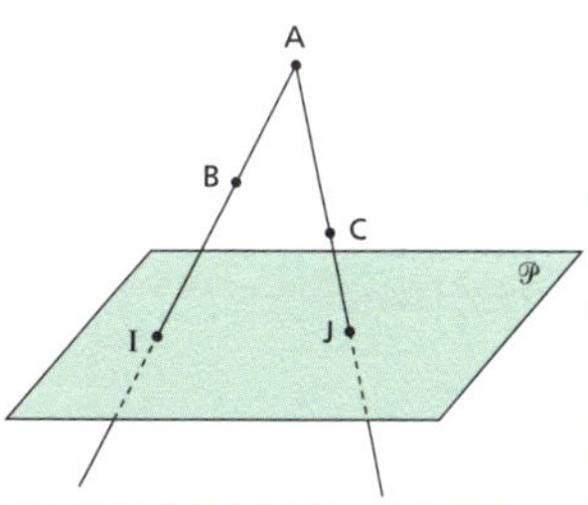

4 Vrai ou faux ? Justifier votre réponse.

Données : cube ABCDEFGH

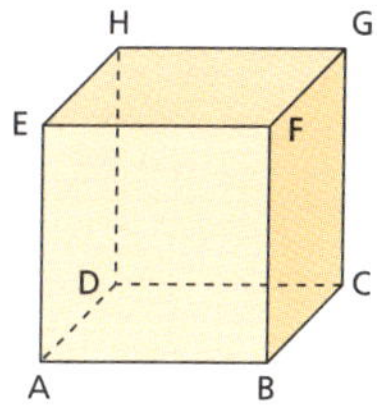

a. (BD) et (AE) sont orthogonales.
V. ❑ F. ❑

b. (BD) et (AC) sont perpendiculaires.
V. ❑ F. ❑

c. (BD) est orthogonale au plan (AEC).
V. ❑ F. ❑

d. (BD) et (EC) sont orthogonales.
V. ❑ F. ❑

5 Voici le patron d'une pyramide régulière.

1. Que signifie-t-on par « pyramide régulière » ?

2. Calculer à 0,01 près son aire latérale $\mathcal{A}$.

3. Représenter cette pyramide en perspective, puis calculer son volume V.

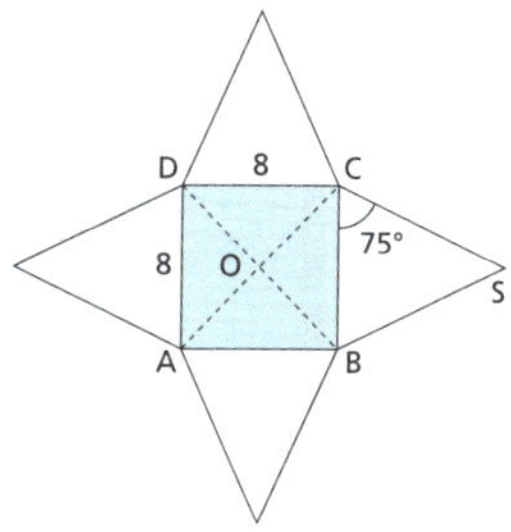

6 ABCDEFGH est un cube d'arête *a*.

1. Montrer que le triangle HAC est équilatéral.

2. Calculer, en fonction de *a*, l'aire totale A_1 et le volume V_1 du tétraèdre HDAC.

3. Montrer que le triangle HAB est rectangle en A.

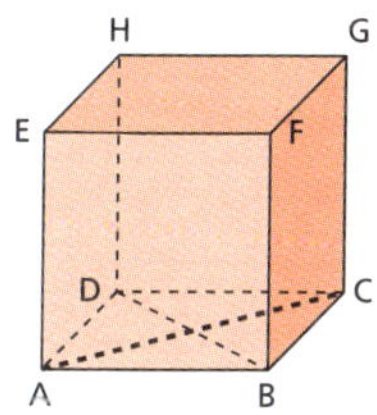

4. Calculer l'aire totale A_2 et le volume V_2 de la pyramide HDABC.

7 Voici le patron d'un cône de révolution.

1. Observer la figure puis calculer :

a. l'aire latérale $\mathcal{A}$ du cône,

b. son volume V.

(Prendre $\pi = 3{,}14$ et unité : cm.)

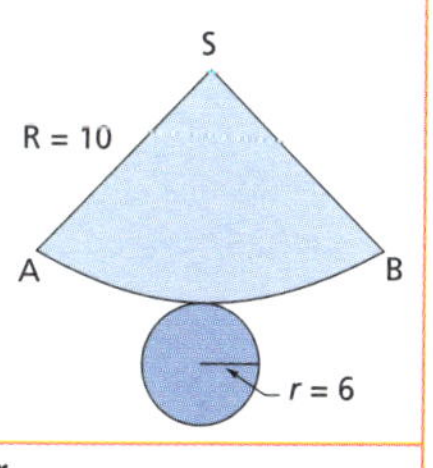

8 SABC est un tétraèdre régulier.

1. Que signifie-t-on par « tétraèdre régulier » ?

2. Soit I et J les milieux des arêtes SA et BC. Monter que l'arête SA est orthogonale au plan IBC. En déduire que les arêtes SA et BC sont orthogonales.

3. Montrer que (IJ) est une perpendiculaire commune à (SA) et (BC).

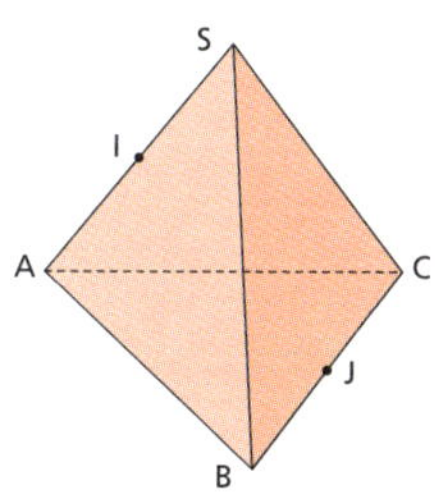

La Grèce : points de repère indispensables

XIIe s. av. J.-C.	XIe s. av. J.-C.	Xe s. av. J.-C.	IXe s. av. J.-C.	VIIIe s. av. J.-C.	VIIe s. av. J.-C.	VIe s. av. J.-C.	Ve s. av. J.-C.
Grèce mycénienne				*Grèce archaïque* Naissance des cités		–507	*Grèce classi* Athènes domine
				Aristocratie		*(Tyran)*	
				Les Grecs colonisent la Méditerranée et la mer Moire			Guerres Médiques –490,–480
				Premiers Jeux olympiques –776			Derniers JO –392

Le Ve siècle avant Jésus-Christ, « siècle de Périclès », siècle des philosophes, mis

	VIe siècle avant Jésus-Christ	
Principaux Événements	Réformes de Solon –594 Réformes de Clisthène –507	Guerres Médiques Perses vaincus à Marathon : -490 Perses vaincus à Salamine : –480 Ligue de Delos : –478
Hommes Politiques	Solon Clisthène	
Vie Intellectuelle	–525 ←	Eschyle –496 ← –495 ← Périclès – –486 ← –485 ← –470 ←
Bâtiments		

Les étapes du christianisme

	–1700	–1200	–1000	–587 –538	–336	–16
Palestine	Juifs en Égypte Exode : –1330		David : –1010,–970 Salomon : –970,–930 Royaume d'Israël : –930,–721 Royaume de Juda : –930,–587 Premier temple de Jérusalem	Juifs déportés à Babylone Édit du retour d'exil, retour des Hébreux à Jérusalem, fondation du royaume de Judée Jérusalem détruite, début de la diaspora Construction du 2e temple		
Événements				Victoire de Nabuchodonosor	Alexandre le Grand conquiert la Perse	
Domination	Égyptienne ⟶ polythéisme			Babylone | Perse		
Souverains						
Dynasties						
Textes Fondateurs				Entre le Xe siècle avant J.-C. et le IIe siècle après J.-C. rédaction des Écritures. Traduites en grec à partir du IIIe siècle après J.-C., elles deviennent **la Bible**.		Bib
	–1700	–1200	–1000	–587 –538	–336	–16

…e s. av. J.-C.	IIIe s. av. J.-C.	IIe s. av. J.-C.	Ier s. av. J.-C.	Ier s.	IIe s.	IIIe s.	IVe s.
…e –334 ***Grèce hellénistique*** Royaume des Ptolémée Royaume de Pergame			***Rome domine la Grèce***				
Démocratie							
…éloponnèse –431,–404	Conquêtes d'Alexandre –334,–323		La culture hellénique rayonne sur l'Empire romain				
…de l'Antiquité							

…n place de la démocratie

… siècle avant Jésus-Christ

–431 ← Guerre du Péloponnèse → –404 défaite d'Athènes

Définition de la citoyenneté : –451

Création du Misthos –403

Périclès stratège –444,–429

→ –456

Sophocle → –404

→ –429

Hérodote → –420

Euripide → –406

–450 ← Aristophane → –386

Socrate → –399

Construction du Parthénon, sous la direction de Phidias –447, –438

–63	30	100	200	300
Insurrection des Maccabées Hérode roi de Judée	Ponce Pilate gouverneur de Judée 26-36			
	1er voyage de Paul : 45-48 Rome incendiée : 64 Titus prend Jérusalem : 69			
Grecque → polythéisme	Romaine → polythéisme			
Auguste :	–27 à +14 Tibère : 14-37 Titus : 79-81 Néron : 54-68 Trajan : 98-117 Vespasien : 69-79		Dioclétien : 284-305 Constantin : 306-337	
Julio-Claudiens : –27 à + 69	Flaviens : 69-96	Antonins : 96-193 Sévères : 193-235	Anarchie militaire : 235-305	Constantiniens : 305-363 Valentiniens : 363-390
Naissance de Jésus, juif : –5	Mort de Jésus : 30 ou 33 30 ← **Christianisme persécuté** → 313 Martyres de Pierre et Paul à Rome : vers 65 Destruction du temple de Jérusalem : 70	La Judée devient la Palestine		**Édit de Milan : 313, christianisme reconnu** **Édit de Théodose : 392 christianisme religion officielle**
…des Septante	Lettres de Paul aux Églises : 37 Évangile de Marc Évangile de Matthieu et Luc : 70-80 Rédaction du Nouveau Testament : 70-95 Évangile selon Jean : 100			*Confessions* de saint Augustin : 400
–63	30	100	200	300

À RETENIR

● Dès le VIIe siècle avant Jésus-Christ, **les cités** s'organisent en Grèce. Les paysans défendent leur cité comme **hoplites** (fantassins) ou comme **rameurs** sur les trières. Peu à peu ils obtiennent que les **citoyens** aient tous les mêmes droits.

● Mais, si être citoyen veut dire être libre, avoir des droits et des devoirs, être soumis à la loi commune, participer à la vie politique, seule une minorité bénéficie de ce statut, et certaines charges sont réservées aux plus fortunés.

● Athènes fut la première démocratie, ce fut aussi la première à se doter d'un véritable empire colonial. Les fêtes regroupent toute la société. Mais la démocratie est incomplète, comme l'indique l'organigramme.

Dix stratèges (premiers magistrats)
commandent l'armée et sont rééligibles.
Appartiennent aux grandes familles.

↑ *Élit pour un an*

L'assemblée des citoyens, l'Ecclesia,
réunit tous les citoyens de plus de 18 ans (inscrits au dème familial, parents athéniens) 4 fois par an, vote les lois, signe paix et guerre.

← *Tire au sort* — **Le tribunal, l'Héliée,** (6 000 citoyens) rend la justice.

→ *Tire au sort* — **Le Conseil, la Boulé,** (500 membres) prépare les lois, contrôle les magistrats.

Les non-citoyens ne participent pas à la vie politique.

Les femmes et enfants de citoyens
sont libres mais n'ont aucun droit politique.
Environ 150 000.

Les métèques
étrangers libres résidants, paient des impôts, participent à la défense, participent aux fêtes, n'ont aucun droit politique, peuvent obtenir la citoyenneté.

Les esclaves
appartiennent à un propriétaire, peuvent être vendus, n'ont aucun droit.
Entre 100 000 et 200 000.

COMMENT FAIRE

► Pour rédiger l'introduction d'une étude de document

Un extrait de discours

Périclès prend la parole lors des funérailles des soldats morts au cours de la première année de la guerre du Péloponnèse.
« Notre Constitution politique n'a rien à envier aux lois qui régissent nos voisins ; loin d'imiter les autres, nous donnons l'exemple. [...] chez nous, l'État est administré dans l'intérêt de la masse [...] notre régime a pris le nom de démocratie. [...] l'égalité est assurée à tous par les lois, [...] en ce qui concerne la participation à la vie publique, chacun obtient la considération en raison de son mérite [...] nul n'est gêné par la pauvreté et l'obscurité de sa condition sociale s'il peut rendre des services à la cité. La liberté est notre règle dans le gouvernement de la République [...] c'est par nous-mêmes que nous décidons des affaires [...] pour nous la parole n'est pas nuisible à l'action, ce qui l'est, c'est de ne pas se renseigner par la parole avant de se lancer dans l'action [...] en un mot, je l'affirme, notre cité dans son ensemble est l'école de la Grèce. »

▷ THUCYDIDE, *Histoire de la guerre du Péloponnèse*, Les Belles Lettres.

● Mon analyse pense-bête

Périclès : stratège de 443 à 429. Il s'agit d'un discours lors de funérailles de soldats. Donc, Périclès vise un large public et doit le persuader de l'utilité de ces morts.

Péloponnèse : guerre de 431 à 404. Opposa Athènes à Sparte.

Athènes fut la première démocratie.
Démocratie : pouvoir par le peuple, mise en place progressivement à partir du VIIe siècle.

Hoplites et rameurs sur les trières sont à l'origine de la démocratie.

Être citoyen : respecter la loi commune.

►

Tous les citoyens de plus de 18 ans participent à l'Ecclesia, votent la guerre, la paix et les lois. Ils peuvent tous siéger à la Boulé ou à l'Héliée.

Athènes fut la première démocratie et, à ce titre, elle s'est lancée dans une politique impériale très active, cause de guerres.

Thucydide : vécut de 460 à 395. Donc contemporain de Périclès. Fut stratège et participa à la guerre du Péloponnèse. Il ne juge pas. Il rapporte un événement.

● **Je procède à deux lectures du texte.** La première me donne une idée du (ou des) thème(s) abordé(s). La seconde se fait crayon en main. Je surligne et j'annote car, dans l'introduction, doivent figurer : la nature et la date du document, le nom de l'auteur et ce qui, de sa vie, peut éclairer la compréhension du document, le contexte, le public visé et les idées abordées. Ces annotations me seront utiles pour ensuite dégager le plan.

● **Une introduction possible**

Il s'agit ici d'un extrait de *Histoire de la guerre du Péloponnèse* écrite par Thucydide. L'auteur vécut de 460 à 395 av. J.-C., occupa un poste de stratège et participa à cette guerre qui opposa Athènes à Sparte. Dans cet extrait, Thucydide fait œuvre d'historien en rapportant les propos tenus par Périclès, stratège mort en 429, lors des funérailles des premières victimes de la guerre. Périclès défend l'idée de démocratie instituée par Athènes et vante la supériorité athénienne. Athènes doit montrer l'exemple, fût-ce au prix de la guerre.

S'EXERCER

1 Les liturgies

Tout d'abord, je te vois obligé à de nombreux et grands sacrifices ; autrement, ni les Dieux ni les hommes n'auraient pour toi la moindre indulgence ; ensuite ton rang t'impose la nécessité de recevoir beaucoup d'hôtes et de les traiter magnifiquement ; puis, tu dois donner à dîner à tes concitoyens. Ce n'est pas tout. Je sais que la cité te charge d'élever des chevaux, d'être chorège, gymnasiarque, prostate, mais si la guerre éclate, je sais qu'on te chargera de plus de l'équipement d'une trière et qu'on te demandera des contributions si fortes, que tu auras de la peine à y suffire.

▷ XÉNOPHON, *Économique*, Les Belles Lettres.

Le vocabulaire à connaître impérativement

Liturgie :

Chorège :

Gymnasiarque :

Prostate :

Trière :

Être un riche citoyen, c'est :

2 Un Athénien parle de sa femme

Que pouvait-elle bien savoir quand je l'ai prise chez moi ? Elle n'avait pas encore quinze ans quand elle est venue dans ma maison, elle vivait sous une stricte surveillance, elle devait voir le moins de choses possible, en entendre le moins possible, poser le moins de questions possible. Il s'adresse à elle… C'est après avoir réfléchi, moi pour mon propre compte, et tes parents pour le tien, au meilleur des associés que nous pourrions nous adjoindre pour s'occuper de notre maison et de nos enfants que je t'ai choisie, toi, comme tes parents m'ont choisi, moi.

▷ XÉNOPHON, *Économique*, Les Belles Lettres.

a. Rédiger un paragraphe retraçant le statut de la femme dans la Grèce antique.

b. Comment s'appelait la pièce réservée aux femmes ?

3 Pour chaque personnage, indiquer ses dates et la discipline liée à son nom.

	Dates	Discipline
Pythagore		
Strabon		
Hérodote		
Thalès		
Archimède		
Hippocrate		

4 Quelques philosophes ont marqué la pensée jusqu'à nos jours. À l'aide d'un dictionnaire ou d'une encyclopédie, rechercher ce qui les caractérise.

Nom	Dates	Principales œuvres	Idées ou thèmes
Socrate	470-399		
Platon	428-348		
Épicure	341-270		
Xénophon	430-355		

À RETENIR

Quatre étapes sont à retenir dans la mise en place du christianisme.

- Le **judaïsme** est la première religion **monothéiste** de l'Histoire. Les juifs, dispersés dans l'Empire romain, peuvent pratiquer leur culte librement. Soixante-dix savants réunissent des textes religieux, littéraires et politiques dans la Bible hébraïque (Bible des Septante) qui codifie la vie des juifs.

- La **Judée** est un carrefour commercial et culturel qui favorise le christianisme (au début sorte de « secte » juive). Jésus, juif né en 5 avant notre ère, se considère comme le fils de Dieu, reste fidèle à la tradition juive tout en prônant une attitude nouvelle : Dieu est amour et non plus Dieu de châtiment. Les **Évangiles**, écrits des décennies après sa mort, retracent sa vie. C'est Paul de Tarse qui fait du christianisme une religion universelle.

- La rupture avec le judaïsme est consommée en 70 (révolte des Zélotes). Le christianisme est alors indépendant des régimes politiques. Mais les interprétations des textes sont multiples. Le concile de Nicée (325) distingue les Évangiles canoniques (conformes), qui font partie du Nouveau Testament, et les textes apocryphes (non authentiques).

Au IVe siècle, Jérôme traduit la Bible hébraïque du grec en latin (Ancien Testament), ajoute le Nouveau Testament et constitue la Bible chrétienne.

- Peu à peu le christianisme se répand. D'abord toléré, puis persécuté, il devient religion officielle sous Théodose.

COMMENT FAIRE

► Pour lire une frise (Se reporter à la frise **Les étapes du christianisme** p. 140-141.)

● Remarques

La frise est un élément précieux en histoire. Elle aide considérablement le travail de mémorisation dans la mesure où elle permet de visualiser le déroulement d'une période ou d'un événement, de situer les éléments les uns par rapport aux autres, d'établir un parallèle entre pays et rubriques (France-Angleterre, vie politique et vie artistique par exemple) et donc de comprendre la logique d'un épisode de l'histoire nationale ou internationale. Elle est particulièrement utile lorsqu'il s'agit de replacer les événements qui se sont déroulés dans l'Antiquité car nous sommes avant Jésus-Christ, les dates sont « négatives » et les sources d'erreurs réelles. Ce doit être le point de départ de toute réflexion, qu'il s'agisse de réaliser un dossier ou de faire un exposé. Mais, comme pour la chronologie proposée avec certains sujets de devoir, il faut être vigilant.Il faut bien regarder les dates de début et de fin, et être critique. On ne peut pas tout noter sur une frise. Il y a nécessairement des vides qu'il faut éventuellement combler par ses annotations.

● Comment faire une frise

Lorsque l'on réalise soi-même « sa » frise dans un but bien précis, on se limite dans le temps. Une frise permettant de décomposer la persécution de christianisme, donc de 30 à 313, partirait de l'an 0 et s'arrêterait en 400, ce qui lui permettrait d'être plus complète que celle que nous proposons et qui considère, elle, les étapes de la mise en place du christianisme.
Ne pas perdre de vue qu'une frise permet de saisir d'un seul coup d'œil la concomitance d'événements et de comprendre leur évolution.

● Analyse de la frise

Cette frise montre que plusieurs éléments se conjuguent. Le christianisme est une nouvelle religion qui associe les pratiques juives (Pierre) à l'universalisme du message de Jésus (Paul). Au départ, Jésus était juif. La religion juive fut la première religion monothéiste de l'Histoire. Ses adeptes, les Hébreux, ont été pourchassés à plusieurs reprises avant de revenir en –538 à Jérusalem, capitale du royaume d'Israël détruite en –587. Le temple est à nouveau incendié en 70 après Jésus-Christ.

- La Bible (« livre » en grec) est bien antérieure au catholicisme puisque les premiers textes ont été rédigés par les juifs dès le Xe siècle avant Jésus-Christ. Ils ont ensuite été traduits et reliés (codex) par les Grecs au IIIe siècle avant notre ère. Les Évangiles, qui constituent une partie du Nouveau Testament, ont été rédigés après la mort de Jésus. Ce dernier, qui inquiétait autant les juifs que les Romains, a été arrêté et jugé par Ponce Pilate alors gouverneur de Judée.

- Le christianisme a eu beaucoup de mal à être accepté et les chrétiens ont été longuement persécutés, tout particulièrement sous le règne de Néron (martyres de Pierre et de Paul, entre autres), avant d'être reconnus par Constantin qui signe l'édit de Milan en 313. Le christianisme devient religion officielle à partir de l'édit de Théodose en 392.

- Sa reconnaissance et son extension s'expliquent par les échanges importants de cette époque, par les voyages d'évangélisation engagés par Paul et la diffusion des lettres, Évangiles. Cette religion se développe alors que l'Empire romain est encore polythéiste.

1 Mettre deux documents en relation.

DOCUMENT 1

Épisodes de la vie de Paul

Ivoire du IVe siècle, musée national du Bargello, Florence.

DOCUMENT 2

D'après un extrait des Actes des Apôtres (XIX, 8-27)

Paul à Éphèse

Paul se rendit à la synagogue et, pendant trois mois, il parla avec assurance, discourant et s'efforçant de persuader sur le royaume de Dieu. Mais, comme certains se raidissaient, refusaient de croire et décriaient la Voie devant l'assemblée, il rompit avec eux, prit à part les disciples et chaque jour il les entretenait dans l'école de Tyrannos. Cela dura deux années, si bien que tous les habitants de l'Asie, Juifs et Grecs, entendirent la parole du Seigneur. Dieu faisait par les mains de Paul des miracles peu ordinaires, à tel point qu'on appliquait sur les malades des linges ou des mouchoirs qui avaient touché sa peau ; alors les maladies les quittaient et les esprits mauvais s'en allaient.

a. Rédigez une introduction présentant les deux documents.

b. Qu'est-ce que la Voie ?

c. Relevez les points communs aux deux documents.

d. Paul a-t-il eu de l'influence sur les populations ?

2 Retracer l'évolution du christianisme.

a. Que constatez-vous ?

b. Quelles explications pouvez-vous avancer ?

c. Rédigez vos réponses.

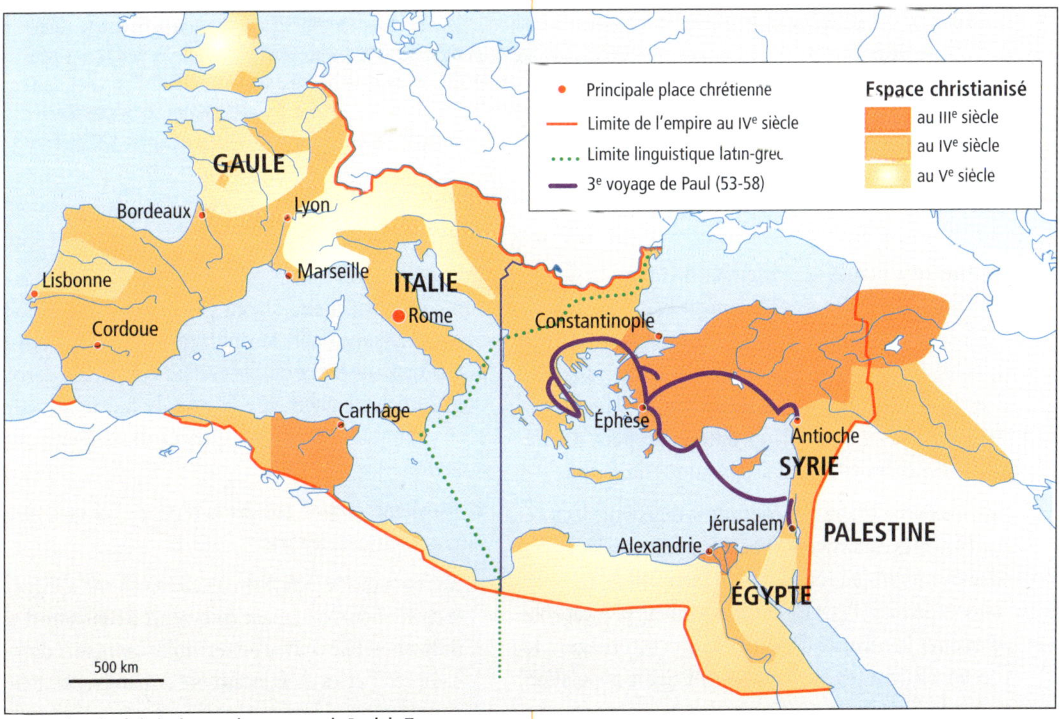

L'expansion du christianisme et les voyages de Paul de Tarse.

À RETENIR

● Trois civilisations monothéistes marquent les rivages méditerranéens :

- la civilisation arabo-musulmane ;
- la civilisation byzantine orthodoxe à l'est ;
- la civilisation catholique.

● La civilisation musulmane s'est imposée à partir du VIIe siècle de l'Atlantique à la Perse et repose sur le Coran. Mais, derrière l'unité religieuse, les dissensions politiques sont très fortes. Trois entités dominent : les sunnites à l'est ont pour capitale Bagdad, s'appuient sur le Coran et la Sunna ; en Égypte les Fatimides ont adopté le chiisme et n'admettent plus l'autorité de Bagdad, ce qui multiplie les principautés indépendantes ; à l'ouest, l'Espagne est un carrefour où se mêlent les influences du Maghreb et celles de l'Occident.

● Le monde byzantin héritier de l'Empire romain perpétue la tradition antique. C'est un État unitaire, centralisé, dirigé par un roi (le basileus), dans lequel l'orthodoxie est toute-puissante et l'art particulièrement riche et apprécié même si, déjà, il stagne.

● Quant à l'Occident, dominé par deux puissances (le royaume de France et le Saint Empire romain germanique) auxquelles il faut ajouter deux espaces méditerranéens d'importance (l'Italie, politiquement morcelée, et la péninsule Ibérique, qui oscille entre influences chrétiennes et influences musulmanes), il poursuit l'essor engagé vers l'an 1000 et connaît un important développement qui contribue à accroître le rôle de l'Église. L'unité se fait autour de la religion.

● L'Occident finit par dominer.

COMMENT FAIRE

► Pour dégager les idées contenues dans un texte

Le déclin de l'islam vu par Mas'oudi, un voyageur qui vivait au Xe siècle

Aujourd'hui la puissance de l'islam faiblit et décline, les Grecs (les Byzantins) l'emportent sur les musulmans, la coutume du pèlerinage tombe en désuétude, l'on n'entend plus parler de la guerre sainte, les routes sont peu sûres, les différents chefs des contrées musulmanes s'isolent et se rendent indépendants dans leurs gouvernements. La plupart des institutions sur lesquelles reposaient le califat et le vizirat sont tombées, autant que je puisse le savoir [...]. Les pays éloignés de la capitale sont tombés au pouvoir de quiconque a pu s'en emparer ; les chefs des provinces s'appuient sur le nombre de leurs hommes et l'immensité de leurs richesses, se contentent d'appeler dans leurs lettres les califes émirs des croyants et de citer leurs noms dans les prônes [...]. L'empire se dépeuple, les chemins sont sans sécurité, des contrées sont dévastées, la domination des Grecs et autres peuples s'étend sur les confins et sur les villes des territoires musulmans.

▲ MAS'OUDI, *Livre de l'avertissement.*

● **Première étape :** faire attention au titre, « Le déclin de l'islam ». Déclin signifie « perte d'importance ». L'islam était un système politique autant que religieux, la civilisation musulmane fut très brillante. Nous utilisons encore les chiffres arabes. Compte tenu de ces rappels, utiliser des couleurs différentes pour mettre en évidence les différentes expressions du déclin.

● **Deuxième étape :** au cours de la deuxième lecture surligner les éléments indiquant le déclin. Le déclin est d'abord politique (en vert), les institutions ne sont plus respectées ; l'État n'est manifestement plus capable d'assurer la sécurité de la population (en rouge) ; le déclin religieux (en bleu) est réel puisque la population a perdu l'habitude d'effectuer les pèlerinages à La Mecque, or le pèlerinage est un des cinq piliers de l'islam. Les conséquences sont graves : déclin économique (en jaune) suite aux pillages ; diminution de la population, soit parce qu'elle préfère s'exiler, soit parce que l'insécurité augmente le taux de mortalité, soit plus probablement parce que les deux éléments influent.

● **Troisième étape :** rédiger la réponse à la question sans paraphraser le texte.

> Au cours du Xe siècle, bien qu'elle soit à son apogée, la civilisation musulmane commence à connaître des difficultés. Elle couvre un territoire immense, difficile à gérer, et les chefs locaux ont de plus en plus tendance à se considérer autonomes du pouvoir central.

Les divisions entre sunnites et chiites ne favorisent pas la paix sociale et ne contribuent pas à renforcer la religion, bien au contraire. L'insécurité se développe, les attaques et les pillages ruinent l'économie et lassent la population. Le pouvoir central, affaibli, ne peut plus résister aux assauts venus des Byzantins à l'est et des chrétiens à l'ouest, tout particulièrement en Ibérie où les influences musulmanes sont en butte aux influences chrétiennes.

S'EXERCER

1 Comparer deux conceptions du pouvoir.

DOCUMENT 1

Le pape Innocent III définit la théocratie

Dieu, créateur du monde, a mis au firmament deux grands astres pour l'éclairer: le soleil préside au jour, la lune préside aux nuits. [...] dans le firmament de l'Église universelle, il a institué deux hautes dignités: la papauté [...] règne sur les âmes et la royauté domine le corps. Mais la première est très supérieure à la seconde. Comme la lune reçoit sa lumière du soleil [...] le pouvoir royal tire tout son éclat et tout son prestige du pouvoir pontifical.

DOCUMENT 2

Frédéric Ier définit le pouvoir impérial

[...] le royaume et l'Empire nous viennent de Dieu seul. [...] Et parce que nous nous sommes efforcés d'arracher l'honneur et la liberté des Églises et que nous avons entrepris de sauver tous leurs droits, nous nous plaignons d'ignominie si grande qui fut faite à nous-même et à l'Empire avec l'espoir que la sincérité absolue de Votre foi ne souffrira que l'Empire pâtisse d'une nouveauté si inouïe et d'un progrès aussi présomptueux.

1. Dans un dictionnaire ou une encyclopédie, cherchez les dates et l'œuvre du pontificat d'Innocent III et du règne de Frédéric Ier.
2. Que veut dire « ignominie » ?
3. Quelles comparaisons établit Innocent III ? Que signifient-elles ?
4. Surlignez en vert la revendication commune au pape et à l'empereur.

2 La Méditerranée, espace de contacts ?

En basant votre analyse sur l'étude de la carte ci-dessous, vous rédigerez un paragraphe répondant à la problématique indiquée.

Espaces de conflits
- Berceau des Almoravides
- Conquête almoravide
- Conquête turque
- Poussée chrétienne

Espaces politiques
- États francs d'Orient
- Empire byzantin
- Chrétienté latine
- Grands centres religieux
- Limite des empires islamiques

Espaces d'échanges
- Grandes routes maritimes
- Port très actif
- HUILE Produits, échanges

Le bassin méditerranéen aux XIIe et XIIIe siècles

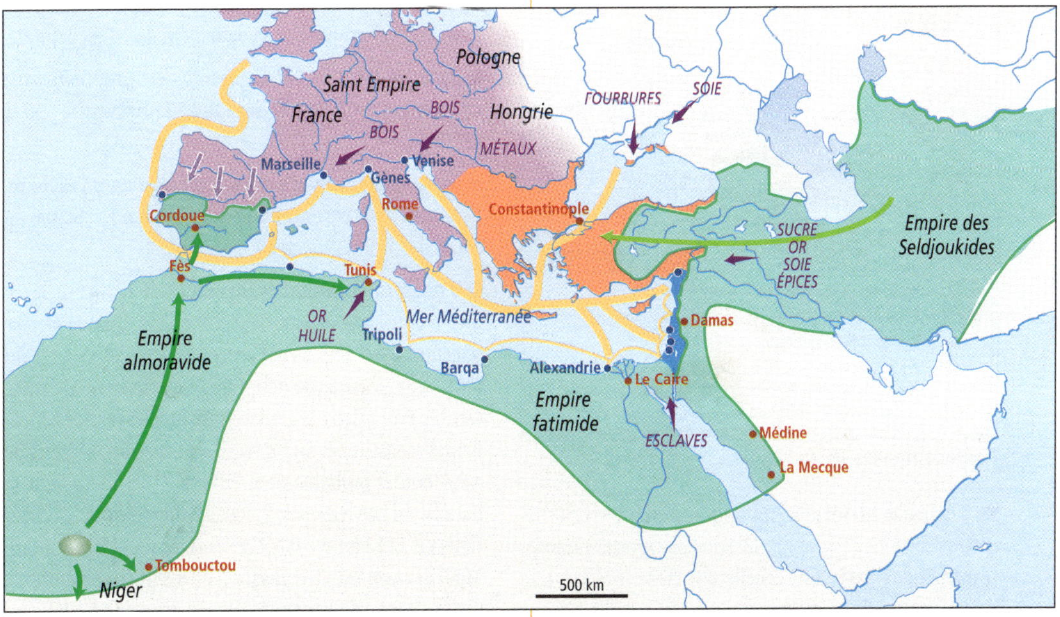

À RETENIR

Les échanges entre les trois civilisations monothéistes sont intenses.

● **Les guerres**

Les **chrétiens** partent à la reconquête des lieux saints (les Croisades), assiègent Alep en 1124, reprennent la péninsule Ibérique aux **musulmans** (*Reconquista*) qui lancent une contre-attaque vers 1150 (le *djihad*). Des États latins sont créés en **Orient** (Antioche, Tripoli, Jérusalem, Constantinople...) mais ils sont mal reliés à l'Empire byzantin, coupés de l'Occident et menacés par les Turcs malgré une ligne de forteresses (le krack des Chevaliers est la plus connue).

● **Les croisades**

La papauté veut sauver l'Empire chrétien d'Orient menacé par les Turcs, les Italiens souhaitent briser la domination arabo-musulmane en Méditerranée, les chevaliers sont des militaires inoccupés prêts à partir. Tout cela conduit le pape Urbain II à prêcher la croisade. La première (1095-1099) permet la reconquête de Jérusalem et la création des États latins d'Orient. Louis VI et l'empereur Conrad III engagent la deuxième croisade (1147-1149) mais ne peuvent empêcher la reprise de Jérusalem par Saladin quelques années plus tard en 1187, ce qui détermine la troisième croisade dite aussi croisade des souverains (Frédéric Barberousse, Philippe Auguste et Richard Cœur de Lion) de 1189 à 1192, au terme de laquelle Jérusalem reste aux mains des musulmans. Au total huit croisades seront menées. Au cours de la dernière croisade, Louis IX, plus connu sous le nom de Saint-Louis, meurt en 1271 à Tunis, victime de l'épidémie de peste. C'est aussi la chute du crak des Chevaliers.

● La Méditerranée est aussi un lieu de **contacts pacifiques**, commerciaux, culturels. Les villes (Gênes, Milan, Venise), la Sicile s'enrichissent. Mais alors que la civilisation occidentale redécouvre l'Antiquité grecque, s'enrichit des apports des autres cultures, Byzance refuse tout apport culturel latin. Médecine, sciences, agriculture font des progrès considérables. Dans l'ensemble du bassin méditerranéen, trois régions sont plus dynamiques que les autres : l'Espagne, la Sicile et la Palestine.

COMMENT FAIRE

► Lire une carte historique

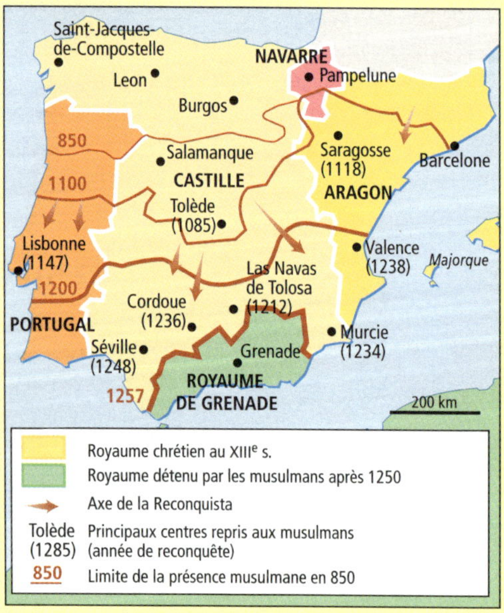

La Reconquista (850-1250)

● Une carte historique répond aux mêmes critères qu'une carte en géographie. Elle doit comporter un titre, une légende classée, une échelle, être claire, précise. Elle doit surtout être parlante, démonstrative. Elle a pour but de faire comprendre un événement (le front d'une guerre, par exemple) ou une évolution (recul d'une armée), une situation politique (carte des résultats aux élections)... Pour une carte historique, plus que pour une carte géographique, la date d'émission est capitale.

● **Je lis le titre.** La carte qui nous est proposée nous invite à suivre les étapes de la Reconquista entre 850 et 1250.

● **Je replace l'événement cartographié dans l'Histoire.** L'espagne avait été envahie et dominée par les Arabes au cours des Ve et VIe siècles.

● **J'analyse la carte.** Les royaumes du Nord engagent une reconquête à partir du VIIe siècle. Quatre siècles plus tard, les chrétiens ont repris un peu plus du tiers du pays. Selon la carte, au début du XIe siècle, la Reconquête semble être mieux organisée puisque les armées chrétiennes constituent un front qui repousse les Arabes. Elle a été lente et probablement difficile. Il semberait que la bataille de Las Navas de Tolosa remportée par les chrétiens en 1212 ait été décisive dans le recul musulman. Mais la carte montre aussi qu'en 1250, le royaume de Grenade est encore sous la domination des Arabes.

S'EXERCER

1 **Après analyse de ces deux cartes, rédiger un paragraphe montrant l'évolution politique des États latins d'Orient.**

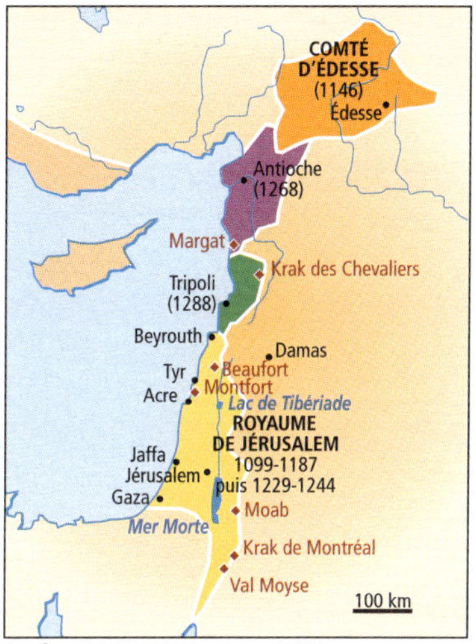

Les États latins d'Orient vers 1140

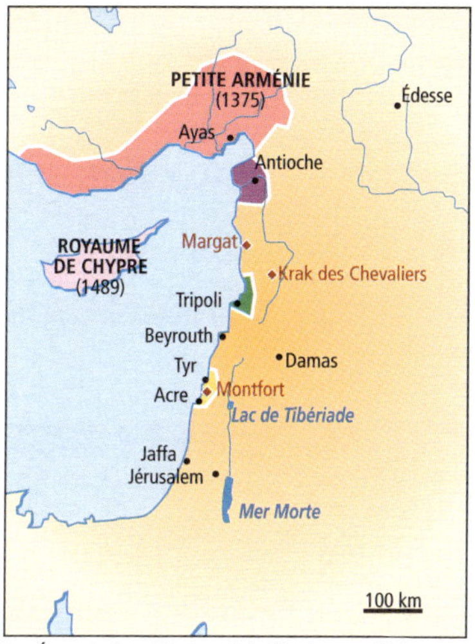

Les États latins d'Orient à la fin du XIIIe siècle

- Comté d'Édesse
- Comté de Tripoli
- Royaume de Jérusalem
- Empire byzantin
- Royaume de Chypre
- Petite Arménie
- Principauté d'Antioche
- Espace musulman
- ◆ Forteresse des Croisés
- Tripoli (1288) Date de disparition politique de l'espace

2 **Trier des informations. Relever et classer les éléments qui traduisent la pluralité des contacts dans le bassin méditerranéen. Y a-t-il vraiment échange ?**

DOCUMENT 1

La cohabitation

Du moment qu'il y a deux souverainetés, celle des Sarrasins et celle des Romains qui dominent et inondent de leur lumière l'ensemble de la souveraineté terrestre [...] il faut, par cette seule raison, vivre en communauté et en fraternité, et ce n'est pas parce qu'ils sont séparés par les modes de vie, les mœurs et la religion qu'il faut qu'ils soient absolument hostiles l'un à l'autre...

▷ Nicolas le MYSTIQUE, *Première lettre à l'émir de Crète.*

DOCUMENT 2

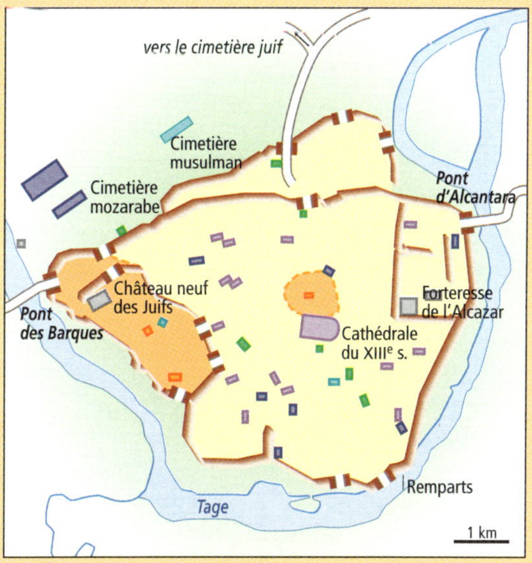

Plan de Tolède à la fin du XIIe siècle.

DOCUMENT 3

Les Croisés s'intègrent

Occidentaux nous fûmes et nous voilà transformés en Orientaux. [...] Ici l'un possède déjà maison et domesticité [...]. L'autre a déjà pris pour femme, non pas une compatriote, mais une Syrienne, une Arménienne, parfois même une Sarrasine baptisée. [...] Cet autre boit déjà le vin de sa vigne et cet autre encore se nourrit sur ses champs. [...] L'indigène comme le colon est devenu polyglotte et la confiance rapproche les races les plus éloignées. Le colon est devenu presque un indigène, l'immigré s'assimile à l'habitant.

▷ Foucher de CHARTRES, *Histoire de Jérusalem*, (traduction J. Calmette).

DOCUMENT 4

La Bibliothèque publique, illustration des *Séances* de Al Hariri, 1237.

- Mosquées
- Synagogues
- Églises ou cathédrale
- Juderia, quartier juif
- Bâtiments mozarabes (chrétien en territoires arabes)

HISTOIRE/GÉO

Repères pour comprendre la Renaissance : *principaux souverains et faits mar*

	1450	1500
Souverains		
France		1515←
Angleterre		1509←
Espagne		1516 15
Guerres		
	1453 : fin de la guerre de Cent Ans, entrée des Turcs à Constantinople 1494←	→1512 1515← Le
Voyages		
	1492 Colomb en Amérique	1519-1522 Magellan fait le tour du monde
Lettres		
	1450 : imprimerie de Gutenberg, 1re Bible imprimée	1511 : Érasme 1516 :
Religion		
Protestante		1517 :
Catholique		
Conflits		
Peinture		
Italienne	1485 : Botticelli : *La Naissance de Vénus*	1501 : Michel Ange : *David* 1502 : Léonard de Vinci : *La Jocon*
Française		
Allemande		1504 : Dürer : *Adam et Ève*
Flamande		
	1450	1500

quants

1550 — 1600

François Ier → 1547 ← Henri II → 1559 — 1574 ← Henri III → 1589 ← Henri IV

Henri VIII → 1549 — 1558 ← Élisabeth Ire

Charles Quint → 1556 ← Philippe II → 1598

19 : Charles Quint élu empereur du Saint Empire romain germanique

→ 1525 — 1551 ← → 1559

roi de France mène la guerre en Italie

1529 : les Turcs assiègent Vienne

1571 : bataille de Lépante

1534-1542
Cartier au Canada

Éloge de la folie

Thomas More : *Utopie*

Machiavel : *Le Prince*

1532 : Rabelais : *Pantagruel*

Luther publie ses 95 thèses

1527 : le luthéranisme devient religion d'État en Suède

1534 : Henri VIII chef de l'Église anglicane

1536 : Calvin à Genève

1534 : Ignace de Loyola fonde la Compagnie de Jésus

1545 ← Concile de Trente → 1563

1546 ← → 1555
Guerres catholiques-luthériens en Allemagne

1562 ← Guerres de religion en France → 1594

1598
Henri IV signe l'édit de Nantes

1536 : Michel-Ange : rénovation de la place du Capitole à Rome

1558 : Palladio villa La Malcontent

1520 : Clouet : *François Ier en costume d'apparat*

1530 ← Rosso et le Primatice à Fontainebleau → 1570

1533 : Holbein : *Les Ambassadeurs*

1555 : Bruegel : *Paysage et chute d'Icare*

1550 — 1600

À RETENIR

● L'humanisme, apparu en Italie à la fin du XIVe siècle, s'est répandu en Europe et tout particulièrement en France pour trois raisons essentielles. Premièrement, la prise de Constantinople par les Turcs en 1453 ferme la route des épices et oblige les Occidentaux à chercher d'autres routes. Deuxièmement, les remarquables progrès techniques (boussole, astrolabe, imprimerie) favorisent la diffusion des connaissances et facilitent les voyages lointains. Troisièmement, les mécènes protègent et encouragent les artistes et les savants.

L'humanisme repose d'abord sur la connaissance des œuvres des écrivains de l'Antiquité, les humanités. L'humaniste est donc un savant qui parle grec, latin et hébreu.

L'ordonnance de Villers-Cotterêts, édictée par François Ier en 1539, impose à la même époque le français pour tous les actes officiels du royaume.

● Les humanistes insistent sur la réflexion, le raisonnement, l'observation, la curiosité, l'expérimentation, l'esprit critique. Les collèges de jésuites se multiplient et sont organisés selon le système des classes, comme nos collèges et lycées aujourd'hui. La théorie humaniste repose sur la liberté, la puissance de l'homme qui est remis au centre des préoccupations (au Moyen Âge la religion était au centre de tout). Ils réfléchissent aux Évangiles et reviennent au texte originel de la Bible. C'est une véritable réforme intellectuelle que l'Église romaine n'accepte pas et le XVIe siècle sera marqué par des guerres de religion particulièrement meurtrières.

COMMENT FAIRE

► Pour lire une peinture

Les Ambassadeurs, **Hans Holbein, National Gallery, Londres.**

Il faut dégager les thèmes traités et rédiger une introduction qui les reprend et en annonce le développement.

● **La démarche analytique** est la même que pour un texte : je note le nom de l'auteur, la date, la nature du document. J'inventorie les thèmes représentés en les encadrant ou en annotant la reproduction.

Quels éléments repère-t-on ? Beaucoup se rapportent au voyage : le tapis persan qui recouvre le meuble, la mappemonde, l'astrolabe, le sextant, le cadran solaire, le polyèdre.

On remarque des indices évoquant la culture, la connaissance : un livre, une partition, un luth, mais aussi une tête de mort, symbole que reprendra le baroque pour signifier la vanité de toute chose.

On note encore la richesse des costumes, preuve de l'enrichissement qui a lieu à cette époque grâce au développement du commerce.

●**Je rédige l'introduction**

Nous devons étudier un tableau réalisé par le peintre allemand Hans Holbein installé à Londres à partir de 1532. Holbein fut le peintre officiel du roi d'Angleterre Henri VIII. Ce tableau, peint en 1533, se trouve actuellement à la National Gallery de Londres et représente la rencontre, le 11 avril 1533, entre deux ambassadeurs français en poste, l'un à Londres, l'autre à Venise. Il rompt avec les représentations du Moyen Âge à plusieurs égards. Il s'agira donc de déterminer les éléments qui font que ce tableau réaliste s'éloigne de la tradition picturale. Il faudra aussi montrer comment il traduit le bouillonnement intellectuel et économique du XVIe siècle.

1 Dégager les informations contenues dans cette carte.

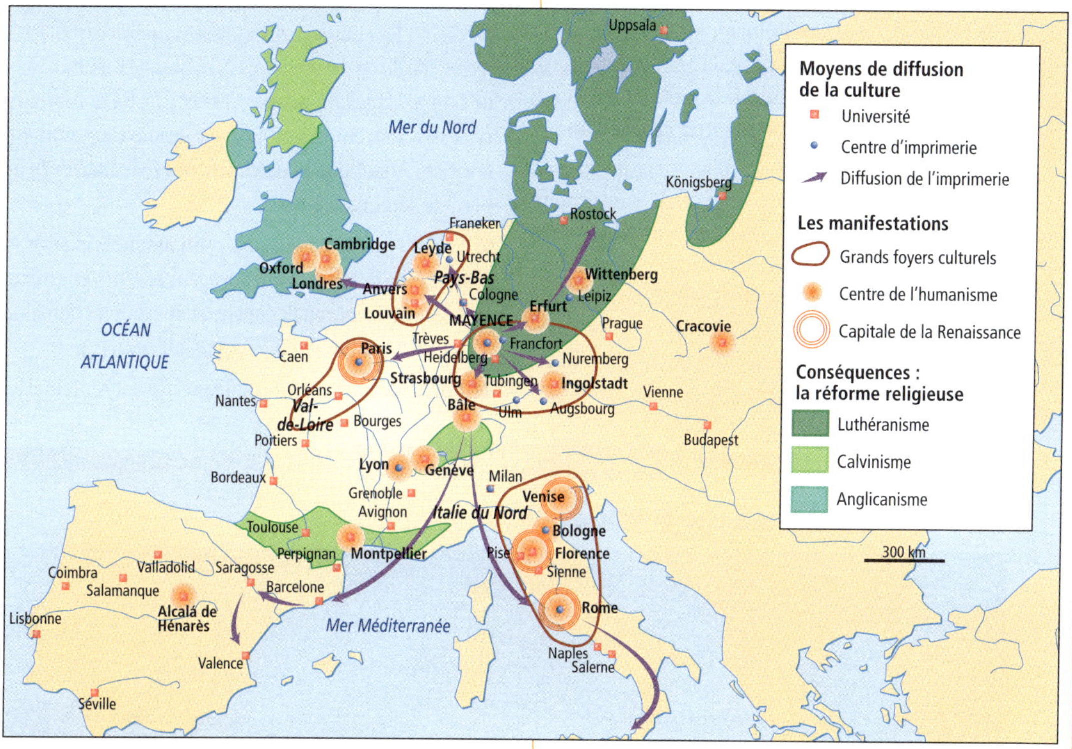

2 Mettre deux documents en relation.

Observez ces deux documents, classez les thèmes abordés par chacun, puis rédigez l'introduction et la conclusion d'un devoir qui aurait pour thème l'impact du commerce sur la société et le développement des villes à la Renaissance.

DOCUMENT 1

Le marchand, personnage important

Le développement, le bien-être et la richesse des républiques sont dus en grande partie aux marchands… Ils fournissent les pays stériles en nourriture et en matériel […] Par leurs activités, les marchands permettent aux pauvres de vivre […] et ils augmentent le trésor public. Je louerai ensuite l'état et la dignité des marchands à travers leur façon de gérer leurs biens, utilement et honorablement. Il est évident qu'un marchand économe, modéré, sûr et honnête, fait fructifier et augmente sa fortune. Ainsi, nous voyons que les marchands regorgent de biens […] de maisons riches et bien meublées […] qu'ils améliorent constamment leur condition.

▷ B. COTRUGLI, *Du commerce.*

DOCUMENT 2

Plan de Bordeaux

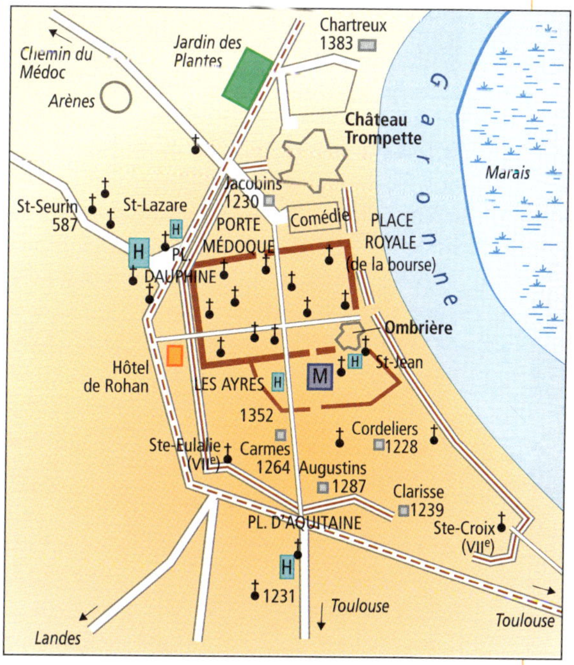

Évolution de la ville
- Enceinte fin du IIIe s.
- Enceinte vers 1220
- Enceinte début du XIVe s.
- Urbanisme du XVIIIe s. (Allées de Tourny) (1746-1755)

Présence religieuse
- Édifice religieux
- Couvent de mendiants
- 1231 Date de création du monument

Édifices civils et privés
- M Marché
- H Hôpital

À RETENIR

- **La Renaissance** s'étire sur deux siècles, de 1400 à 1600, et concerne l'Europe. Elle est marquée par de profonds bouleversements politiques, intellectuels, artistiques. C'est une période de transition entre le Moyen Âge et les Temps modernes au cours de laquelle la civilisation européenne a devancé toutes les autres civilisations.
- C'est à cette époque que se constituent les **grands royaumes centralisés** (France, Angleterre, Saint Empire romain germanique). Seule l'Italie est morcelée et très convoitée par ses voisins. La chrétienté, romaine ou byzantine, domine largement mais est toujours en lutte contre l'islam. C'est aussi l'époque où l'Europe commence à s'intéresser aux Balkans, dominés par les Turcs. Le royaume de Grenade est repris aux Arabes en 1492.
- La nouvelle donne politique favorise **le commerce, l'enrichissement des villes** et des individus (Fugger, Médicis), les industries. Cet essor a pour corollaire la recherche de terres nouvelles (Christophe Colomb, Vasco de Gama, Magellan, Jacques Cartier...). De nombreuses richesses arrivent en Europe mais le nouveau commerce favorise l'Atlantique au détriment de la Méditerranée qui perd de son importance.
- Enrichissement, nouvelles connaissances et emprise moindre de la religion encouragent savants et artistes. Des découvertes capitales ont lieu dans tous les domaines (Copernic, Servet, Vinci, Vésale, Galilée...).
- L'art redécouvre l'Antiquité grecque et romaine.

COMMENT FAIRE

► Pour analyser un élément architectural

La façade du Louvre

- **Je le situe dans le temps et dans l'espace.** Il s'agit de la façade de l'aile occidentale du palais du Louvre, à Paris, celle qui a été réalisée par Pierre Lescot à partir de 1546. C'est donc un bâtiment qui date de la deuxième Renaissance, la Renaissance française, la première étant italienne.

La vieille forteresse édifiée sous le règne de Philippe Auguste et agrandie sous Charles V fit, au début du XVIe siècle, l'objet d'une reconstruction qui ne sera achevée que sous le règne de Charles IX. À partir de François Ier le souverain s'implique dans la vie artistique et donc aussi dans cette tâche.

- **J'analyse l'élément architectural,** ici la façade. C'est une impression de perfection qui se dégage. Je note les éléments qui donnent cette impression :
  - sculpture et architecture en parfaite harmonie ;
  - la symétrie accusée par trois avant-corps à frontons curvilignes ;
  - pilastres cannelés qui accompagnent les baies en plein cintre du rez-de-chaussée ;
  - les pilastres du premier étage séparent les fenêtres dont les frontons sont alternativement curvilignes et arrondis ;
  - œils-de-bœuf, statues encastrées et disposées symétriquement ;
  - toit à la française orné sur le faîte et bordé d'acrotères.

On ne rencontre plus, comme à Chambord, un mélange d'influences. Il n'y a plus trace ici de gothique flamboyant ou d'architecture médiévale, pas d'inspiration italienne non plus, c'est bien une construction de la Renaissance française qui va ouvrir la voie au classicisme.

1 Une vue de Florence

Le dôme de la cathédrale de Florence.

a. Quelle grande famille domine Florence à partir du XIe siècle ?

b. Citez deux peintres du début du XVe siècle dont le nom est attaché à la chapelle Brancacci dans l'église des Carmes.

c. Quel architecte a réalisé le dôme de la cathédrale et l'hôpital des Innocents ?

d. Quels éléments annoncent la Renaissance artistique ?

2 L'évolution de la perception du monde

DOCUMENT 1

Carte de Beatus de Saint-Sever, milieu du XIIe siècle, B.N., Paris

DOCUMENT 2

Carte universelle de J. Cousin, 1570, musée de Dieppe.

Attention à l'orientation de la carte ! Le nord, le septentrion est situé à l'ouest. Pour analyser la carte, il faut donc songer à opérer une rotation et il est sage de faire un petit croquis rapide.

a. Quelles sont les principales évolutions ? Comment les expliquez-vous ?

b. Citez quelques navigateurs qui ont permis les progrès de la cartographie.

À RETENIR

● **La Renaissance** apparaît en Italie dès le XIIIe siècle avec l'œuvre de Giotto qui, pour la première fois, structure l'espace en profondeur et construit une véritable histoire en donnant à ses personnages des attitudes, des expressions qui traduisent les sentiments humains. Toutefois, il faut attendre le XVe siècle pour que Giotto fasse vraiment école en Flandre et en Italie (le Quattrocento). Si tous les artistes de la Renaissance veulent exprimer une idée et non une apparence, jouent avec les volumes et les surfaces, la perspective qui détermine le point de fuite, l'ombre et la lumière, il y eut cependant plusieurs écoles.

● **Les artistes flamands**, assurés d'une clientèle aisée, sont marqués par leur foi plus intérieure. Ils utilisent les techniques italiennes (perspective, dégradés de couleurs) avec originalité. Ils se servent de symboles et dépeignent l'intimité du foyer (*La Tempête* de Van Eyck, *Les Époux Arnolfini*). En fait, les influences sont réciproques entre Italiens et Flamands.

● **L'architecture italienne**, adoptée par toutes les cours d'Europe, triomphe vers 1520. Elle s'inspire de l'Antiquité (colonnes, symétrie, arcs, coupoles…). En France, où se mêlent style italien et goût français, le donjon médiéval fait place à un escalier monumental autour duquel sont organisés les différents corps de bâtiments (Blois, Chambord, Chenonceaux, le Louvre…) à l'intérieur richement meublé et décoré (marqueterie, céramique…). Mais c'est Fontainebleau qui reste le centre de la Renaissance française (maniérisme).

● **Les villes** changent d'allure, l'urbanisme redécouvre Vitruve (architecte romain du Ier siècle av. J.-C.). La place centrale est redessinée, ornée, décorée (statue équestre, fontaine…) et retrouve son rôle (pouvoir, fête…). Même les églises subissent les influences de la Renaissance.

COMMENT FAIRE

► Pour savoir replacer une peinture dans un courant artistique

Portrait — **Je décompose le tableau** — **Plans**

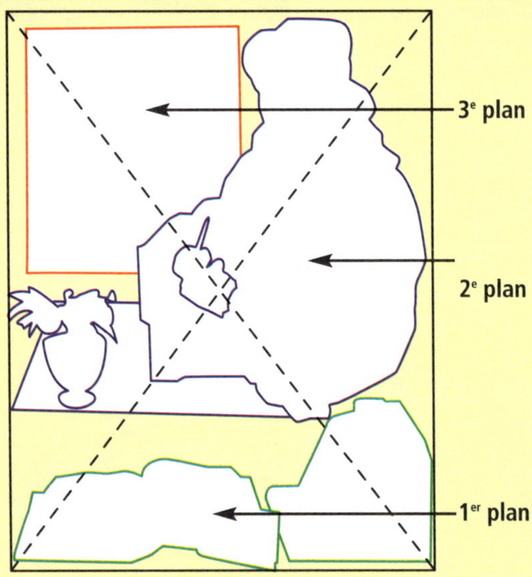

Portrait d'Érasme, Dürer, gravure sur bois, 1526, Rijksmuseum, Amsterdam.

● **Je détermine les plans.** Ici il y en a trois : au 1er plan les livres, un ouvert, les autres fermés. Au 2e plan : un bureau sur lequel se trouvent un vase, un écritoire, les mains d'Érasme en train de rédiger un texte et une feuille écrite, sans doute une lettre, la date et la signature de l'artiste. Au 3e plan : un tableau comportant deux inscriptions, une en latin et l'autre en grec, indiquant qu'il s'agit d'un « portrait vivant d'Érasme ».

● **Je trace les axes.** Leur point de rencontre, le centre du dessin, correspond aux mains d'Érasme en train d'écrire. Le point de fuite se situe au niveau des initiales A. D. placées entre l'indication de l'année 1526 et les mains. Le tableau est découpé de façon très géométrique. Le parallélisme est horizontal entre livre ouvert, bureau et cadre, vertical entre bureau, écritoire, livres ►

alors que les plis de la toge et la direction du regard obliques convergent vers les mains.

● **Je décris Érasme.** Visage grave, rides bien marquées, il a l'air sévère, concentré sur son travail d'écriture (sans doute répond-il à la lettre posée à côté de l'écritoire). Il porte la toge de l'enseignant. Il est entouré de livres, symboles de l'activité intellectuelle qui est la sienne. Érasme fut surnommé « le prince des humanistes ». Son influence fut considérable. Le texte écrit en grec et en latin rappelle la redécouverte par les humanistes des langues anciennes (toutes les publications et communications se faisaient en latin). Mais la phrase en grec signifie « la vérité est dans les Écritures », une allusion à la réflexion religieuse qui agite l'Europe à ce moment-là. Pour les humanistes, la connaissance de Dieu se trouve dans la Bible donc dans les Écritures.

● **Conclusion.** En quoi est-ce une œuvre de la Renaissance ? Premièrement il s'agit d'un portrait (banni au Moyen Âge) qui comporte des références à l'Antiquité et souligne l'activité intellectuelle du sujet. Deuxièmement, il y a une organisation géométrique du tableau, des symboles sont représentés : le vase contenant des fleurs (renouveau), les livres (connaissance), le portrait est signé et comporte un message à destination du public.
Il s'agit d'une œuvre de la Renaissance allemande Dürer, né à Nuremberg, l'un des principaux centres de la Renaissance, a été impressionné par Érasme. De ses nombreux voyages en Italie, il a ramené le goût pour le portrait.

S'EXERCER

1 Analyser ce tableau très connu de Piero della Francesca.

Il s'intitule *La Flagellation du Christ*. Réalisé en 1460, on peut le voir à Urbino à la Galerie nationale des Marches.

Après avoir indiqué le genre et le sujet de la peinture, relevez tous les éléments qui font de ce tableau une œuvre de la Renaissance.

2 La *Pietà* de Michel-Ange a été façonnée en 1500 et se trouve au Vatican.

a. Avant d'analyser ce document dans le détail, rappelez la définition d'une *pietà*.

b. Ensuite caractérisez le matériau utilisé : bronze, pierre ou terre cuite.

c. Définissez le genre : scène religieuse, historique, de la vie quotidienne ou portrait.

d. Situez l'œuvre dans le temps en précisant le courant artistique dominant. S'agit-il d'une période de transition ?

e. Analysez enfin la composition. Quelle est la forme générale ? Quels sont les différents éléments ? Le mieux est de reproduire un schéma de la sculpture sur une feuille de brouillon.

f. Et posez-vous les questions suivantes : comment a-t-elle été réalisée ? Quels détails ? Quelle décoration ? S'agit-il d'une œuvre Renaissance ?

g. Ces questions résolues, rédigez l'introduction à l'étude de cette *pietà*.

Repères (4) : 1650-1850

	1650	1675	1700	1725
Vie Politique				
France	1643 ← Louis XIV → 1715 ← Louis			
	← **Monarchie absolue** —			
	1685 : révocation édit de Nantes			
Angleterre	1649 : exécution de Charles Ier			
	← **République** de Cromwell → 1660			
	← Charles II → 1688 ← Jacques II → 1689 Marie et Guillaume III d'Orange			
	1679 : *Habeas corpus*			
	1689 : Déclaration des droits = **Monarchie parlementaire**			
Europe				
États-Unis				
Vie Intellectuelle	← Classicisme (France) — Baroque (Europe)			
Vie Sociale	1694 : banque d'Angleterre			
	1650	1675	1700	1725

1750	1775	1789 1800	1825	1850

XV ——→1774←——Louis XVI——→1792

←—**Révolution** **Empire**—→1804-1814

Louis XVIII : 1814-1824

Charles X : 1824-1830

Louis-Philippe : 1830-1848

IIe République : 1848-1852

Victoria : 1837-1901

1815 : traité de la Sainte-Alliance, soulèvement en Pologne

1820-21 : Confédération germanique

Soulèvement à Naples et Turin : 1830

Grèce et Belgique indépendantes : 1831

Soulèvement national en Italie : 1848
« Printemps des peuples »

1774←—— Guerres ——→1783
d'indépendance

1776 : États-Unis indépendants

1787 : Constitution des États-Unis

——→ ←——Romantisme——→

1748 : *L'Esprit des lois*

1830 : *Hernani*

1831 : Delacroix :
La Liberté guidant le peuple

←——Philosophie des Lumières——→

1751-1772 : rédaction de *L'Encyclopédie*

1762 : *Le Contrat social*

1774 : *Les Souffrances du jeune Werther*

Libéralisme
Socialisme

1848 : Marx :
Manifeste du parti communiste

1825 : droit syndical en Angleterre

1834 : loi des pauvres
en Angleterre

1846 : *Corn laws* abolies, forte croissance démographique,
transition démographique amorcée

1750	1775	1789 1800	1825	1850

À RETENIR

● **L'essor de l'économie**, les nouvelles techniques, le commerce ont eu des **conséquences politiques**. Jusqu'au XVIIIe siècle en Europe, c'est la monarchie absolue qui l'emporte : le roi est souverain de droit divin. Cependant, dans les États marchands d'Europe du Nord, la contestation gronde. Depuis 1688, l'Angleterre est une monarchie parlementaire. Et tout au long du XVIIIe, le Siècle des lumières, les philosophes réfléchissent sur les libertés (Voltaire), sur la notion d'égalité (Rousseau...), sur la séparation des pouvoirs (Montesquieu). En 1776, les États-Unis deviennent indépendants et se dotent d'une Constitution. Ils deviennent aussi un modèle pour nombre de Français (La Fayette).

● **La situation se dégrade en France.** L'administration du royaume est complexe. Depuis Louis XIV, la construction de Versailles et les multiples guerres ont creusé le déficit budgétaire ; l'essor du commerce a créé des inégalités entre les régions (ports favorisés) et entre les habitants (la bourgeoisie s'enrichit au détriment de la noblesse de province et de la paysannerie) ; la société d'ordres est bousculée. Les caprices du temps entraînent l'irrégularité des récoltes et des prix. La peur de la disette est constante, les industriels du textile sont victimes de la concurrence britannique, le déficit de l'État se creuse. En 1788 la situation est grave. Des cahiers de doléances sont rédigés partout. Louis XVI convoque les États généraux le 5 mai 1789. La Révolution est en marche.

COMMENT FAIRE

► Pour lire une caricature

Caricature de la fin du XVIIIe siècle, B.N, Paris.

D'abord se souvenir qu'une caricature répond à un objectif : exagérer un trait (de caractère, physique, social...). Noter la date, qui est évidemment très importante. Engager l'étude selon l'ordre suivant : présentation (introduction), analyse, explication (interprétation), discussion.

● **Introduction.** Cette caricature qui se trouve à la Bibliothèque nationale est anonyme, comme toutes les caricatures réalisées en régime absolu. Elle dénonce l'organisation sociale de la France de la fin du XVIIIe siècle.

● **L'analyse** : les trois ordres sociaux sont représentés. Le noble, reconnaissable à son chapeau et ses vêtements chamarrés, et le haut clergé sont portés par le Tiers état et plus exactement par la paysannerie qui courbe l'échine, s'appuie sur un outil pour ne pas tomber. Le Tiers état est maigre, par opposition à ses deux « passagers », et ses récoltes sont menacées : les oiseaux picorent les graines et un lapin mange un chou bien pommé.

● **L'interprétation** : à la fin du XVIIIe siècle la France connut une série de mauvaises récoltes liées à des conditions climatiques particulières (hivers rigoureux, inondation, canicule) et la disette a sévi. Noblesse et haut clergé tirent leurs revenus des impôts que paie la paysannerie (cens, champart, banalités, capitation...). C'est donc elle qui leur permet de vivre (elle les porte) mais elle n'a pas les moyens de payer et sa vie est précaire (soutenue par l'outil). Elle est lasse et espère des jours meilleurs (c'est ce qu'exprime la légende).
On note donc une restriction du sens du Tiers état.

● **La discussion** : il s'agit d'une caricature, donc d'un document qui veut frapper les esprits. Dans la réalité, la noblesse, le clergé, le Tiers état et la paysannerie sont loin d'être uniformes, ils sont même très hiérarchisés. Si le manouvrier, le journalier et le domestique vivent dans des conditions déplorables, le laboureur (le « coq du village ») est aisé. Le hobereau vit chichement alors que certains nobles de cour se sont lancés dans les affaires (malgré les interdits). Les mêmes différences existent au sein de la bourgeoisie. Mais l'essor de cette dernière est récent et, en période de crise, on a tendance à généraliser les difficultés ou les avantages.

1 **Établir un parallèle entre ces deux caricatures et la caricature précédente en répondant préalablement aux questions.**

DOCUMENT 1

Caricature de la fin du XVIIIe siècle, Bibliothèque de l'Arsenal.

a. Rappelez la définition de la corvée.

b. Que représente la femme courbée ?

c. Comment avance-t-elle ? Pourquoi ?

d. Analysez l'expression de son visage.

e. Qui porte-t-elle ?
Quelle est l'attitude des « passagères » ?

DOCUMENT 2

Gravure de 1790, musée Carnavalet, Paris.

f. Qui est porté ? Qui porte ?

g. Y a-t-il exacte correspondance avec la caricature de la page précédente ?

h. Que signifie cette caricature ?

2 **Lire attentivement les extraits de cahiers de doléances ci-dessous.**

a. De quelle nature sont les revendications ?

b. À quel autre texte vous fait penser la revendication du bailliage de Rouen ?

c. À partir de tous les documents présentés, rédigez un paragraphe dans lequel vous analyserez la situation de la France en 1789.

DOCUMENT 1

Cahier de la paroisse de Culmont près de Chaumont

Sire ! […] nous nous disons dans notre chagrin, si le bon roi le savait ! Nous sommes accablés d'impôts de toutes sortes ; nous vous avons donné jusqu'à présent une partie de notre pain et il va bientôt nous manquer si cela continue. Si vous voyiez les pauvres chaumières que nous habitons ! la pauvre nourriture que nous prenons ! Vous en seriez touché ! […] Nous payons la taille et les ecclésiastiques ne paient rien de tout cela…

DOCUMENT 2

Cahier du bailliage de Rouen

Que l'instruction* se fasse en présence d'au moins deux juges […] que le jugement soit prononcé en public […] que nul ne soit arrêté et emprisonné, excepté le cas de flagrant délit, sans un décret préalable. D'où soit l'abolition des lettres de cachet et de tous ordres arbitraires.

* D'une affaire en justice.

DOCUMENT 3

Cahier rédigé par la ville de Domme (près de Périgueux)

L'Assemblée […] ce sont des vœux qu'elle fait et non des conditions qu'elle prescrit. […]

1) Le roi et la Nation pourront également proposer des lois ; mais elles ne seront exécutées qu'après qu'elles auront été approuvées par l'un et par l'autre […]

3) Le pouvoir exécutif des lois résidera dans le roi seul […]

5) Le roi ne pourra établir un impôt sans le consentement de la Nation et ce consentement […] sera donné pour un temps limité, tout au plus jusqu'à la prochaine assemblée des états généraux […]

9) Les états généraux seront composés de députés, dont la moitié seront pris dans […] la noblesse et le clergé et l'autre moitié dans le Tiers état ; les voix s'y compteront par tête et non par ordre.

DOCUMENT 4

Cahier rédigé par le Tiers état de Briey

Le défaut* d'une Constitution assise sur des bases solides, en laissant aux ministres la liberté d'enfreindre les lois, les a portés à substituer aux lois leurs volontés passagères. De là, Sire, il a résulté que tous les pouvoirs ont été méconnus, qu'aucun corps, aucun particulier n'est resté dans les bornes de l'autorité qui lui appartenait légitimement, et que chacun cherchait à l'étendre au détriment de la liberté publique et du bonheur de la Nation.

* Absence, manque.

À RETENIR

● Les tentatives de réformes de Turgot et Necker ont échoué. La réunion des états généraux le 5 mai 1789 déçoit les députés du Tiers état qui, voulant un vote par tête, se désolidarisent et le 17 juin se déclarent Assemblée nationale. Par le serment du jeu de Paume, le 20, ils jurent de doter la France d'une Constitution. Le 27, l'Assemblée devient Assemblée nationale constituante. Le roi a perdu sa souveraineté mais fait placer des troupes autour de Paris. Le peuple réagit par la prise de la Bastille (14 juillet). La violence se généralise (« Grande Peur ») et, le 4 août, l'Assemblée vote la suppression des privilèges. L'Ancien Régime s'effondre. Le 26 août, la Déclaration des droits de l'homme et du citoyen est proclamée. La Constitution, adoptée en septembre 1791, accorde au roi un droit de veto suspensif et établit la séparation des pouvoirs.

● La justice et le système des impôts sont réformés. La constitution civile du clergé (prêtres jureurs et réfractaires) adoptée le 12 juillet 1790 réorganise l'Église de France dont les biens sont vendus comme biens nationaux (assignats). La France est réorganisée, divisée en 83 départements dirigés par des élus.

● En 1792, la guerre est lancée contre l'Autriche et la Prusse, la République proclamée le 20 septembre, le calendrier révolutionnaire institué, le suffrage universel masculin instauré. Louis XVI est condamné puis guillotiné en janvier 1793. Les souverains européens se coalisent contre la France révolutionnaire (manifeste de Brunswick). La France plonge dans la terreur de la dictature montagnarde (Hébert et Danton guillotinés) menée par Robespierre (arrêté et guillotiné le 9 Thermidor), mais le calme tarde à revenir (royalistes, néo-jacobins).

● L'armée (Hoche, Bonaparte) est de plus en plus puissante. Pour maintenir la République, Sieyès appelle Bonaparte.

COMMENT FAIRE

► Pour utiliser une chronologie

Sujet : La Ire République de 1792 à 1794

21 septembre 1792 : royauté abolie
6 novembre : victoire de Jemmapes — Autrichiens battus par Dumouriez
21 janvier 1793 : exécution de Louis XVI
24 février 1793 : levée de 300 000 hommes
10 mars 1793 : révolte en Vendée — Tribunal révolutionnaire
6 avril 1793 : création du Comité de salut public
31 mai 1793 : chute des Girondins
Juin 1793 : révoltes multiples

Convention girondine

Août à octobre 1793 : révoltes fédéralistes brisées
5 septembre 1793 : loi sur les suspects et sur les maximums. Début de la Terreur
6 septembre 1793 : contre-offensive militaire française contre les coalisés
Mars-avril 1794 : arrestation et exécution des « Enragés » et des « Indulgents »
10 juin 1794 : grande Terreur
26 juin 1794 : victoire de Fleurus
26-27 juillet (9 Thermidor) 1794 : arrestation et exécution de Robespierre et de ses amis

Convention montagnarde

Convention thermidorienne jusqu'en 1799 ; a voté la mort de Robespierre.
Victoire de Valmy le 20 septembre 1792 déterminante. 24 novembre 1793, calendrier républicain.
Enragé = Hébert, Indulgent = Danton (montagnard modéré). Montagnards siègent sur les gradins les plus élevés de l'assemblée ; ils ont pris les mesures d'exception.
Révolte en Vendée = chouannerie.
Comité de salut public : 12 membres élus chaque mois par la Convention (Saint-Just, Carnot, Couthon, Robespierre…).
Terreur : dictature exercée par le Comité de salut public de septembre 1793 à juillet 1794 : libertés suspendues. Elle a plusieurs aspects : économique (loi du maximum), judiciaire (loi des suspects), policière (Comité de sûreté générale), religieuse (déchristianisation), politique et militaire (représentants en mission).

● La chronologie qui accompagne un sujet peut être une aide précieuse, ce peut être aussi une arme redoutable. Avant de l'exploiter, il faut d'abord bien analyser le sujet. Tout ce qui est indiqué dans la chronologie n'est pas nécessairement utile au devoir, en revanche il se peut que des événements importants aient été volon- ►

tairement oubliés. À vous de le découvrir et de corriger. Peut-être encore plus qu'un autre type de sujet, le sujet avec chronologie exige de sérieuses connaissances.

- La Ire République 1792-1794 : donc il s'agit de l'an I et l'an II de la République. L'intitulé suppose une analyse de la situation intérieure et extérieure de la France, ce que m'invite à faire la chronologie. Mais elle ne comporte aucun nom. Je complète donc en utilisant une autre couleur (ici du violet) et je surligne en rouge la politique militaire, en bleu les grandes étapes de la vie politique, je les limite par une accolade et j'indique le nom de ces grandes périodes. J'ajoute la période suivante, cela m'aidera pour ma conclusion, je laisse les mesures prises en noir et je surligne en vert les difficultés intérieures.
- J'ai déterminé les grandes parties de mon devoir et les éléments à ne pas oublier.

S'EXERCER

1 Analyser l'organigramme de la Constitution de l'an III. Établit-elle une démocratie, comme le souhaitaient les philosophes ?

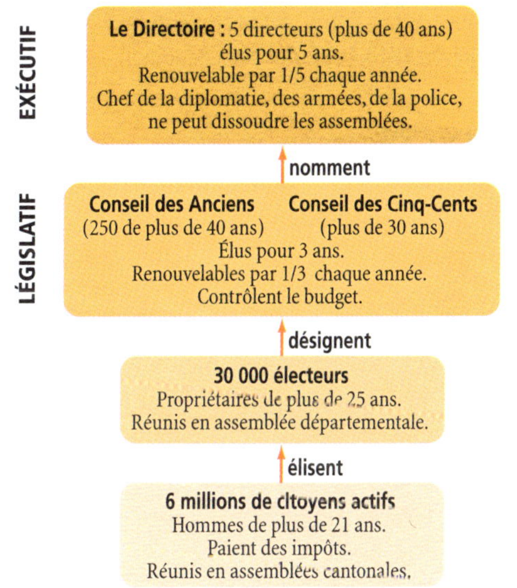

Un million de citoyens passifs (hommes qui ne paient pas d'impôts) et les femmes sont exclus de la vie politique

Préalable à cette étude : un organigramme, par des jeux de flèches et de couleurs, établit les liens qui existent entre divers éléments. Lorsqu'il s'agit d'étudier un organigramme institutionnel, il faut faire très attention à la date.

Ici, il s'agit de l'organigramme politique de la France à un moment donné de la Révolution. Le titre « la Constitution de l'an III » laisse supposer qu'il y a eu d'autres textes. Une Constitution est un texte composé d'articles qui déterminent le rôle de chaque instance, les modes d'élection, les droits et les devoirs de chacun. La République a été instituée le 20 septembre 1792, qui correspond au premier jour de l'an I.

2 Étude d'une gravure coloriée

J'ai écarté les cœurs, il a les piques, je suis capot.

B.N., Estampes, Paris.

a. Qui sont les deux personnages ?
b. À quoi les reconnaissez-vous ?
c. Datez cette gravure. Justifiez.

3 Dans la Déclaration d'indépendance des États-Unis (4 juillet 1776), on peut lire ce qui suit :

[...] Nous tenons pour évidentes par elles-mêmes les vérités suivantes : tous les hommes sont créés égaux, ils sont doués par leur Créateur de certains droits inaliénables dont la vie, la liberté et la recherche du bonheur ; les gouvernements sont établis par les hommes pour garantir ces droits...

À quel autre texte vous fait penser cet extrait ?

À RETENIR

● Sous le Directoire, le rôle politique de l'armée s'accroît. Les Républicains s'entourent de « Républiques sœurs ». La campagne d'Italie en 1796 révèle Bonaparte qui coupe la route des Indes aux Anglais en prenant l'Égypte. Après le coup d'État de 1799, il devient Premier consul pour 10 ans et est le seul à disposer du pouvoir (« sauveur de la paix » à l'intérieur et à l'extérieur). La Constitution de l'an VIII confirme les grands principes de la Révolution. La paix revenue, la Constitution de l'an XII confie « le gouvernement de la République à un empereur héréditaire ».

● Rapidement le régime devient autoritaire : centralisation (préfet), censure, police toute-puissante (Fouché puis Savary). Son autorité repose sur un ensemble très homogène de mesures (« les masses de granit ») : Code civil (1804), livret ouvrier (1803), Code pénal (1810). La stabilité économique revient (Banque de France en 1800, franc germinal en 1803, Cour des comptes en 1807). L'enseignement est conforté (Saint-Cyr, Polytechnique, École normale réorganisée, lycées, création de l'Université impériale divisée en académies). On assiste aussi à la création d'une nouvelle cour et à l'apparition d'une nouvelle « noblesse » : l'élite militaire (Légion d'honneur en 1802) et économique servie par une économie très dynamique.

● Les paix de Lunéville (1801) et Amiens (1802) mettent fin aux guerres de la Révolution. La France domine l'Europe. Mais bientôt les guerres reprennent et se multiplient, victorieuses au départ (Austerlitz, Iéna, Friedland). C'est la France des 130 départements qui n'arrive pas, cependant, à anéantir l'Angleterre. À partir de 1812 et de la désastreuse campagne de Russie, Napoléon est en difficulté. L'Europe se coalise, le traité de Paris met fin à l'Empire. L'épisode des Cent-Jours se termine par la cuisante défaite de Waterloo. Au traité de Vienne, en 1815, la France est à genoux.

COMMENT FAIRE

► Pour analyser une image

La Colonne à la gloire de Napoléon, image d'Épinal vers 1840, musée Carnavalet, Paris.

● **Une image d'Épinal est un document particulier.** En 1840, on donnait une image aux enfants qui avaient été sages. Elle n'est donc pas anodine, elle permet de faire passer des messages, c'est en quelque sorte un outil de propagande. En 1840, la France est redevenue une royauté mais, 25 ans après la chute de l'Empire et 20 ans après sa mort, Napoléon continue d'alimenter les discussions.

● **J'étudie en détail l'image.** C'est un tableau en miniature qui répond à une certaine construction, en fonction de ce que l'auteur veut démontrer. L'auteur de cette image veut glorifier Napoléon. L'image s'articule autour d'un axe central : l'obélisque, clin d'œil à la campagne d'Égypte. Six vignettes sont symétriquement réparties de part et d'autre. En haut de l'obélisque : les premières victoires de Bonaparte pendant la Révolution, au pied, Napoléon déchu, exilé à Sainte-Hélène mais debout, manteau au vent et montrant l'Angleterre du doigt. L'attitude des militaires au pied de la colonne insiste sur le fait qu'ils refusent la déchéance : deux regardent vers le haut, vers les victoires ; un les montre du doigt en regardant le sol, comme pour éviter de diriger son regard vers la vignette du déshonneur, l'autre se recueille. Entre les deux, deux vignettes relatant les exploits militaires de Napoléon en Égypte (« Du haut de ces pyramides vingt siècles d'histoire vous contemplent ») et en Autriche (sérénité affichée avant la bataille d'Austerlitz). Deux autres vignettes insistent sur l'aspect social : la rédaction du Code civil (en vigueur encore de nos jours) que dicte Napoléon et les encouragements aux blessés (« Honneur au courage malheureux »).
Les vignettes sont fixées sur le drapeau, élément important qui traduit la portée de l'œuvre de Napoléon, d'où émergent des aigles et une main de justice, symboles de l'Empire, des feuilles de laurier traduisant les victoires et des rameaux de chêne pour signifier la pérennité, la force de son action.

● En conclusion, cette image veut faire passer le message du souvenir d'un empereur en gloire.

1 Analyse d'une caricature

Relevez tous les symboles et rédigez une phrase de synthèse.

Du haut en bas ou les causes et les effets, caricature de 1814, musée Carnavalet, Paris.

2 Deux jugements sur Napoléon

DOCUMENT 1

Tu ne dévoreras plus nos enfants : nous ne voulons plus de ta conscription, de ta police, de ta censure, de tes fusillades nocturnes, de ta tyrannie. [...] Le genre humain t'accuse. Il nous demande vengeance au nom de la religion, de la morale et de la liberté. Où n'as-tu pas répandu la désolation ? [...] L'Espagnol [...], l'Illyrien [...], l'Italien [...], l'Allemand, le Russe, le Prussien dans leurs villes en cendres, te redemandent leurs fils que tu as égorgés [...] La voix du monde te déclare le plus grand coupable qui ait jamais paru sur la terre ; car ce n'est pas sur des peuples barbares et sur des Nations dégénérées que tu as versé tant de maux : c'est au milieu de la civilisation, dans un siècle de lumières que tu as voulu régner par le glaive d'Attila et les maximes de Néron.

▷ CHATEAUBRIAND, 1814.

DOCUMENT 2

Bonaparte [...] c'est une figure légendaire [...] ; c'est le Charlemagne et l'Alexandre des épopées du Moyen Âge [...] Ce héros fantastique restera le personnage réel ; [...] Bonaparte appartenait si fort à la domination absolue, qu'après avoir subi le despotisme de sa personne, il nous faut subir le despotisme de sa mémoire [...].

Bonaparte [...] est grand pour avoir créé un gouvernement régulier, un code de lois adopté en divers pays, des cours de justice, des écoles, une administration forte, active, intelligente, et sur laquelle nous vivons encore ; il est grand pour avoir ressuscité, éclairé et géré supérieurement l'Italie ; il est grand pour avoir relevé les autels, pour avoir réduit de furieux démagogues, [...] des athées voltairiens, des orateurs de carrefours, des claque-dents de tribune, de clubs et d'échafauds, pour les avoir réduits à servir sous lui.

▷ CHATEAUBRIAND, 1850.

Chateaubriand a laissé deux jugements sur l'empereur ; l'un, dans *De Buonaparte et des Bourbons*, date de 1814, l'autre est extrait des *Mémoires d'outre-tombe*, parus en 1850.

a. Établissez la fiche biographique de Chateaubriand : dates, origines sociales et géographiques, carrière politique (ces éléments permettront de comprendre l'évolution de son jugement sur Napoléon). Relevez le titre et le contenu de ses ouvrages clés. (Encyclopédies, Internet, manuels de français et de lettres vous donneront des résumés.)

b. À quel genre littéraire rattacheriez-vous le texte de 1814 ?

c. En 1814, quel portrait Chateaubriand dresse-t-il de Napoléon ? Relevez les mots les plus significatifs. À quels personnages fait-il référence ? Pourquoi ? Justifiez le titre du livre *De Buonaparte et des Bourbons*.

d. En 1850, Chateaubriand est-il aussi virulent ? Comment expliquez-vous ce changement ? Que veut-il dire en parlant du « despotisme de sa mémoire » ? Que retient-il de l'œuvre de Napoléon ?

e. Réalisez une frise de 1780 à 1815, sur laquelle vous indiquerez les grands moments de la carrière du général Bonaparte et les éléments marquants de l'œuvre de Napoléon.

À RETENIR

● Malgré la pression des ultraroyalistes, Louis XVIII conserve les acquis de la Révolution et accepte un pouvoir limité (charte de 1814). Son successeur, Charles X, durcit le régime et, après l'échec des ultras aux élections de juin-juillet 1830, décide de gouverner par ordonnances. L'opposition, qui voit dans cette décision un coup d'État, réagit immédiatement (journées révolutionnaires de juillet). Charles X contraint à l'exil est remplacé par Louis-Philippe qui élargit le droit de vote (doublement du nombre des électeurs), abolit la censure, partage l'initiative des lois avec les chambres, choisit son gouvernement dans la majorité. Mais il doit faire face à la double opposition des ultras (ou légitimistes) et des républicains. Républicains et socialistes se structurent en sociétés secrètes qui suscitent quelques insurrections vite réprimées. Louis-Philippe veut établir la stabilité politique et sociale par l'essor des classes moyennes, généralise l'enseignement primaire (1833), favorise le chemin de fer. Cependant, loin de faire l'unanimité, la monarchie de Juillet est renversée par une révolution en février 1848.

● Après trois jours d'émeutes le gouvernement provisoire constitué par des républicains (Lamartine, Arago) et des socialistes (Louis Blanc, Albert) établit la République. Des mesures sont prises (suffrage universel masculin, limitation de la journée de travail, liberté de la presse, aide aux chômeurs, abolition de l'esclavage et de la peine de mort). Mais les élections d'avril voient la victoire des conservateurs et des modérés. La fermeture des ateliers nationaux déclenche une insurrection durement réprimée.

● Le 10 décembre 1848, Louis Napoléon Bonaparte, candidat du parti de l'Ordre, remporte les élections présidentielles. Il devient prince-président. Le 2 décembre 1851, un coup d'État qui ne rencontre guère de résistance le fait empereur des Français.

COMMENT FAIRE

► Pour étudier une allégorie

La République, Armand CAMBON, 1848, musée Ingres, Montauban.

● **L'allégorie est l'expression d'une idée par une image, un objet ou un être vivant.** Ce genre d'expression fut très utilisé sous la Révolution.

Il faut donc, après avoir noté la date, « décoder » le dessin, chercher les symboles et leur signification. On procède par plan pour ne rien oublier.

● **Analyse.** Cette lithographie allégorique date de février 1848. La France vient de vivre sa troisième crise révolutionnaire en 60 ans. La monarchie n'a pu se maintenir malgré les réformes faites par Louis-Philippe. La République soulève beaucoup d'espoirs, en particulier dans le monde ouvrier des villes.

Que voit-on ? Au premier plan un lion assis et serein symbole de puissance, de force, de domination. Un serpent enroulé sur sa patte signifie le despotisme, l'infamie, mais le lion le maintient fermement. Une ruche représente le travail, des abeilles vont et viennent en toute liberté. Au deuxième plan, sur le muret un triangle indique l'égalité entre les hommes, le glaive dans la main de la femme la justice ; la poignée de main traduit la fraternité. Enfin la couronne de lauriers sur la tête de la femme symbolise la gloire, la réussite, et l'arc-en-ciel, symbole de la résurrection dans les peintures religieuses, signifie ici le début d'une ère nouvelle. Le ciel s'éclaircit. La femme au milieu représente la République. Elle porte une robe blanche symbole de la pureté, se tient très droite, regarde droit devant elle. Supportée par le lion elle tient fermement le drapeau.

● **Traduction**. Cambon voit dans la République la fin des difficultés pour les Français (ciel bleu), le début d'une ère nouvelle (arc-en-ciel). Il considère qu'elle va garantir les acquis de la Révolution : Liberté (abeilles), Égalité (triangle), Fraternité (poignée de main). Elle donnera du travail à tous (ruche) (allusion à la fermeture des ateliers nationaux). Elle prendra appui sur des valeurs morales sûres (robe blanche), ce qui lui assurera la force nécessaire, la puissance (lion). Elle s'opposera à tout régime dictatorial (serpent).

1 Analyse de la lithographie

La foire aux idées, A. Arnoux (dit Bertall), *Journal pour rire*, octobre 1848, BNF, Documentation française.

a. Expliquez le titre de la frise « La foire aux idées » et le titre que se donne Bertall.

b. Relevez les contradictions.

c. Pourquoi Louis Blanc est-il représenté perché sur une pile de livres ? Sur quelle idée repose sa politique ?

d. Pourquoi l'auteur a-t-il dessiné George Sand aux côtés de Louis Blanc ?

e. Quel est, si l'on en croit ces slogans, la principale préoccupation des Français de 1848 ?

f. La foule est-elle séduite ?

g. Dans un dictionnaire ou un livre d'histoire, cherchez qui était Pierre Leroux (aux côtés de George Sand), Fourrier (le nom est parfois écrit avec un seul *r*), Proudhon (au centre avec des lunettes). Qu'est-ce qu'un phalanstère ?

2 Le comte de Falloux, dans *Le Moniteur universel* du 30 mai 1848, juge les ateliers nationaux et justifie la réforme qu'il souhaite.

Les ateliers nationaux ne rendent à l'État qu'un produit dérisoire et hors de proportion avec ses immenses sacrifices. L'inaction n'y est plus la conséquence d'une organisation défectueuse, elle y est devenue systématiquement hostile au travail lui-même. [...] La comptabilité sommaire... l'impossibilité pour les maires de constater avec quelque certitude la situation des individus qui sollicitaient [...] les certificats d'admission, l'impossibilité même de constater l'identité des individus, ont promptement amené à une infaillible dilapidation des deniers. [...] Notre premier soin est donc de vous proposer la substitution du travail à la tâche au travail à la journée [...]. Nous avons voulu aussi que l'État pût rendre à leurs départements respectifs les ouvriers qu'un appât trompeur ou des excitations perfides attirent trop facilement à Paris. [...]

Les ateliers nationaux [...] ne sont plus aujourd'hui, au point de vue industriel, qu'une grève permanente et organisée à 170 000 francs par jour [...] Au point de vue politique, un foyer actif de fermentation menaçante ; au point de vue financier, une dilapidation quotidienne et flagrante ; au point de vue moral, l'altération la plus affligeante du caractère si glorieux et si pur du travailleur [...]

Après avoir, dans un paragraphe d'introduction, présenté Falloux et rappelé l'origine des ateliers nationaux, vous analyserez et expliquerez les reproches que Falloux fait aux ateliers nationaux. Quelle politique propose-t-il ? Quelle fut la conséquence directe de la fermeture des ateliers nationaux ?

À RETENIR

● Dès 1750, France et Angleterre connaissent les prémices d'un grand chambardement économique. À partir de 1770 et jusque vers 1840, les transformations s'accélèrent (d'où l'expression de « révolution industrielle »).

● À l'origine, il y a l'augmentation du niveau de vie au cours du XVIIIe siècle et un engouement pour les indiennes (cotonnades imprimées). Pour limiter les importations et les prix, les Anglais J. Kay, J. Hargreaves, R. Arkwright et S. Crompton mettent de nouvelles machines au point, qui travaillent dorénavant toute la chaîne du coton. Parallèlement, l'extraction du charbon ne cesse de progresser. J. Watt met au point la machine à vapeur, bientôt utilisée dans les mines, puis pour le chemin de fer, dont la longueur augmente chaque jour, et par les navires qui assurent le commerce maritime. Les moyens de transport deviennent donc plus rapides, moins coûteux (invention par l'Écossais Mc Adam de la route goudronnée).

● Les modes de production s'en trouvent bouleversés, on passe peu à peu de l'artisanat à la grande industrie qui a besoin de main-d'œuvre. De nouvelles activités apparaissent (métallurgie, sidérurgie). Les usines gardent en général une structure (et un capital) familiale (exception : Schneider au Creusot). Le travail à domicile (souvent travail d'appoint), le petit atelier, l'artisanat sont maintenus.

● Mais ces transformations bouleversent les références et créent des inégalités au sein autant de la société que des États européens et même des régions à l'intérieur d'un pays. Ceux qui, comme l'Angleterre, la France, la Belgique, l'Allemagne, ont du charbon et une bonne façade littorale, sont favorisés. La Suisse, dépourvue de l'un et de l'autre, se lance dans l'industrie du luxe et le commerce international. À l'inverse, l'Europe orientale reste à l'écart de cette première industrialisation.

COMMENT FAIRE

► Pour faire une recherche documentaire

Qu'il s'agisse de préparer un exposé ou tout autre dossier, le cours ne suffira pas et il vous faudra chercher de la documentation. Pour ce faire, il suffit de respecter quelques règles simples.

● Avant de se précipiter au CDI ou de cliquer sur Internet sans savoir ce que l'on cherche, il faut **bien cerner le sujet proposé** : cela signifie en fixer les contours dans le temps et dans l'espace – la révolution de 1848 en France n'est pas la révolution en Europe. Comme pour une composition, on réfléchit, on définit les termes du sujet et on dégage une problématique. On note ses idées, les thèmes qu'il faudra aborder.

● Une fois les thèmes définis, les noms de personnalités relevés, chercher dans son manuel pour puiser quelques idées et fixer quelques dates. Puis se rendre au CDI en regardant en premier le fichier « matières », celui qui va donner le plus de documentation, et à la bibliothèque municipale éventuellement. On part toujours de l'ouvrage le plus général comme les « classiques » dictionnaires et encyclopédies, le dictionnaire spécialisé (le Mourre), les atlas historiques, les dossiers documentaires (TDC), les revues spécialisées (*L'Histoire*) et on termine par des ouvrages très spécialisés (collection « Vie quotidienne » par exemple). On fouille dans les livres avant de se jeter sur Internet, on trouvera à coup sûr le petit plus qui valorisera le dossier.

● **Prendre des notes** à chaque lecture en n'oubliant pas de préciser titre de l'ouvrage, nom de l'auteur, date d'édition, numéro de page éventuellement dans le cas d'une citation, la cote pour le retrouver facilement au cas où... Pour ne pas se perdre dans ses notes, au recto, en style télégraphique, on note les renseignements utiles, au verso les éléments qui permettront de retrouver le texte, la carte, le graphique...

● **Classer ses fiches** en fonction du plan retenu. Noter le plan détaillé sur une feuille séparée. Ne pas oublier de numéroter les pages, élaborer une fiche de synthèse qui permettra de faire le point. Si le dossier aborde plusieurs thèmes, on prendra une chemise de couleur par thème. Cela évitera des pertes de temps inutiles et toujours énervantes.

● **Laisser décanter ses lectures** avant de se lancer dans la rédaction. Il faut prendre du recul. Le texte doit être le vôtre, même si les idées et les informations sont fournies par d'autres, la démonstration doit vous être propre. Recopier un article n'a rien d'intéressant ni de constructif.

Commenter cet ensemble documentaire.

La révolution industrielle

DOCUMENT 1

La production manufacturière par habitant dans quelques pays européens *(base 100 au Royaume-Uni en 1900)*

	1800	1830	1860
Royaume-Uni	16	25	64
Belgique	10	14	28
Suisse	10	16	26
France	9	12	20
Pays-Bas	9	9	11
États allemands	8	9	15
Empire d'Autriche	7	8	11

DOCUMENT 2

Manchester, la grande ville manufacturière des tissus, fils, coton, comme Birmingham l'est des ouvrages de fer, de cuivre et d'acier. Circonstance favorable : à 10 lieues du plus grand port d'Angleterre, Liverpool, lequel est le port de l'Europe le mieux placé pour recevoir sûrement et en peu de temps les matières premières d'Amérique. À côté, les plus grandes mines de charbon de terre pour faire marcher à bas prix ses machines. À 25 lieues l'endroit du monde où on fabrique le mieux ces machines. Trois canaux et un chemin de fer pour transporter rapidement dans toute l'Angleterre et sur tous les points du globe ses produits.

▷ Alexis de TOCQUEVILLE (1805-1859), *Voyages en Angleterre, Irlande, Suisse et Algérie.*

DOCUMENT 3

Développement des banques et des bourses

a. À mesure que les années passaient, que l'activité industrielle prenait son essor, que les sociétés se multipliaient, la nécessité des banques [...] mieux pourvues de capitaux, se faisait de plus en plus sentir...

▷ P.-B. LÉON, *Les Banques en Dauphiné au XIXe siècle.*

b. C'est comme pour les sociétés anonymes : sans elles nous n'aurions ni les chemins de fer ni aucune des énormes entreprises modernes qui ont renouvelé le monde ; car pas une fortune n'aurait suffi à les mener à bien, de même que pas un individu, ni même un groupe d'individus, n'auraient voulu en courir les risques.

▷ É. ZOLA, *L'Argent*, 1891.

c. Auguste Thyssen fonde en 1871 les forges et laminoirs de Mülheim-sur-Ruhr : 70 ouvriers y travaillent. En 1884, il achète une fonderie et une fabrique de machines voisines. En 1887, il acquiert plusieurs mines de charbon : 9 puits d'où 15 000 mineurs extraient 4 millions de tonnes de charbon par an, consommés par ses usines ou ses 818 fours à coke. Au début du XXe siècle, la fabrique de Mülheim emploie 7 000 ouvriers et 800 employés, Thyssen a construit deux ports sur le Rhin. En 1910, il fonde la banque de Mülheim.

▷ D'après V. CAMBON, *Les Derniers Progrès de l'Allemagne*, 1914.

DOCUMENT 4

Les étapes du développement industriel

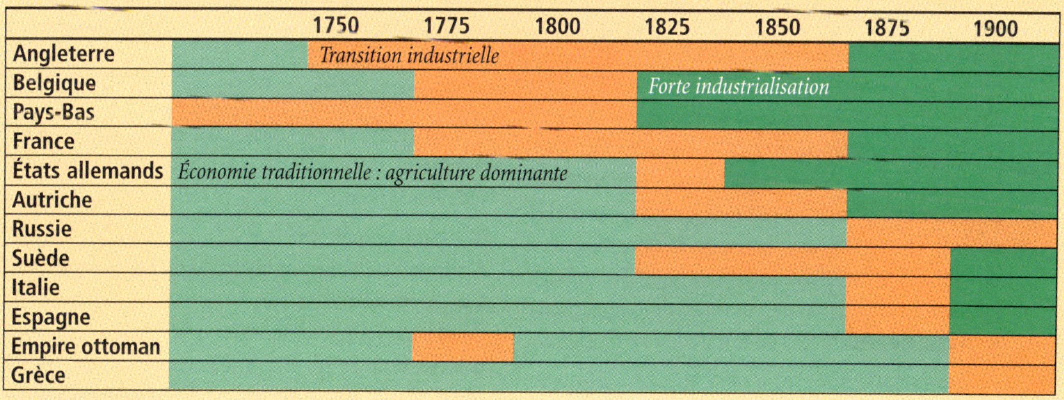

a. L'industrialisation s'est-elle faite au même rythme partout ?

b. Quelles sont les régions qui ont connu la plus forte industrialisation ? Pourquoi ?

c. Quelles nouvelle organisation des affaires apparaît ?

À RETENIR

- Les conséquences sociales de la révolution industrielle se font très rapidement sentir et sont considérables. Si l'Europe reste encore essentiellement rurale, un phénomène d'exode rural démarre et s'amplifie car l'agriculture profite des progrès techniques et des travaux des physiocrates. Les villes se développent et se structurent en quartiers, l'enseignement se généralise, la société change peu à peu. Une classe ouvrière, très hétérogène, et une classe « moyenne », très diversifiée (ingénieurs issus de Polytechnique ou de l'École centrale et employés aux fonctions administratives), se constituent. Mais la machine dévalue le travail manuel, les techniques évoluent très vite, trop vite, et le chômage sévit alors que les campagnes apparaissent comme surpeuplées. Cela a des répercussions sur les façons de vivre et de penser.
- Les ouvriers essaient de s'organiser en mutuelles mais les syndicats sont interdits. Certains patrons mènent une politique paternaliste. Une loi votée en 1830 limite en Angleterre la durée du travail des femmes et des enfants. En France une loi de 1841 interdit le travail des enfants de moins de 8 ans.
- La vie culturelle évolue (théâtre, almanachs, musées) et concerne toutes les catégories sociales. Différents courants agitent le catholicisme et le protestantisme. La science fait des progrès fulgurants (Laplace, Gauss, Carnot, Ampère…), les philosophes lancent de nouvelles idées (Comte), l'économie donne lieu à de nombreux débats (Smith, Say, Malthus, Ricardo, Mill). Les doctrines socialistes sont élaborées (Fourier, Blanc, Owen, Blanqui, Proudhon, Marx, Engels…).

COMMENT FAIRE

► Pour analyser un sujet de composition

SUJET : la révolution industrielle en Europe 1760-1850

Une composition est une démonstration. Il faut prendre le temps de la réflexion.

- **Première étape :** analyser chaque mot pour bien comprendre le sujet et éviter le hors-sujet.

Révolution : un événement qui bouleverse radicalement l'ordre existant. Un changement très rapide.

Révolution industrielle : bouleversement dans les techniques de production (nouvelle source d'énergie : le charbon). Nouveaux secteurs de production (métallurgie, sidérurgie). Nouveaux moyens de transport (chemin de fer). Ces changements provoquent des modifications dans les conditions de travail (usine), la société (classe ouvrière, classe moyenne, ingénieur, ouvrier spécialisé), l'urbanisation (quartiers et exode rural). Tout cela se déroule sur un siècle, ce qui est peu au regard de l'Histoire, d'où le mot de « révolution ».

Europe : donc limites géographiques. Mais tous les pays d'Europe sont-ils concernés ? Le sont-ils en même temps ? L'Europe de l'Ouest est en avance sur l'Europe méditerranéenne alors que l'Europe de l'Est reste très en retard. La Russie décolle 125 ans après l'Angleterre.

1760-1850 : limites temporelles. 1760 parce que, à partir de cette décennie, les découvertes s'accélèrent et sont décisives. 1850 parce que c'est la fin du programme de seconde.

- **Deuxième étape :** reformuler le sujet pour en dégager la problématique : pourquoi la Révolution industrielle ? Quelles manifestations ? Quelles conséquences ?
- **Troisième étape :** au brouillon, noter, **sans rédiger**, pêle-mêle, ses idées, les dates, le nom de personnages clés, en utilisant les signes mathématiques : des flèches seront plus « parlantes » que des mots, permettront de voir la logique du raisonnement. Surligner de couleurs différentes les idées qui concernent les causes, les manifestations, les conséquences. L'étape suivante en sera facilitée.
- **Quatrième étape :** classer ses connaissances, c'est-à-dire faire son plan. Sur une feuille de brouillon propre, détailler le plan.
- **Cinquième étape :**

Au brouillon, rédiger **in-té-gra-le-ment** l'introduction. C'est le premier contact du correcteur avec le devoir. Elle doit le « séduire », lui montrer que le sujet a été compris, lui donner envie de lire la copie. Elle analyse le sujet, dégage la problématique et annonce le plan.

La conclusion est rédigée au brouillon elle aussi. C'est le point final de la démonstration. **Ce n'est pas un résumé du devoir.** Elle répond à la problématique posée dans l'introduction, et, selon le sujet, elle peut ouvrir le débat par une phrase.

1 À propos du travail des enfants

Le ministre du Commerce s'adresse aux députés qui discutent la loi votée le 22 mars 1841

L'admission des enfants dans les fabriques dès l'âge de 8 ans est, pour les parents, un moyen de surveillance, pour les enfants un commencement d'apprentissage, pour la famille une ressource. L'habitude de l'ordre, de la discipline et du travail doit s'acquérir de bonne heure et la plupart des mains-d'œuvre industrielles exigent une dextérité, une prestesse, qui ne s'obtiennent que par une pratique assez longue et qui ne peut être commencée trop tôt.

Pour quelles raisons les enfants travaillent-ils à l'usine très jeunes? Que décide la loi de 1841?

2 Le niveau de vie des ouvriers du textile

DOCUMENT 1

Revenus annuels	
Fileurs et fileuses	600 à 900 francs
Dévideuses et manœuvres	225 à 330 francs
Enfants bobineurs	105 à 180 francs
Ouvriers du coton	219 à 309 francs

Dépenses annuelles		
Loyer pour un studio		72 à 108 francs
Nourriture pourle mari		365 francs
	la femme	274 francs
	les enfants (5 à 10 ans)	182 francs
	les enfants (– de 5ans)	140 francs

▷ D'après VILLERMÉ,
dans *Tableau de l'état physique et moral des ouvriers*, 1840.

DOCUMENT 2

Dans les autres secteurs, les salaires moyens des ouvriers étaient de 450 francs par an (30 sous par jour), celui des femmes 300 francs (20 sous par jour) et celui des enfants 165 francs (11 sous par jour). En province les loyers étaient moins élevés entre 40 et 80 francs, les frais de nourriture étaient de 255 francs pour le mari, 219 pour la femme et 164 pour l'enfant.

Qu'en déduisez-vous? Quel rapprochement établissez-vous avec les propos du ministre du Commerce?

3 La nouvelle noblesse

DOCUMENT 1

Dans* L'Éducation sentimentale *Flaubert dresse le portrait du comte Dambreuse qui se fait appeler Monsieur Dambreuse.

[...] Dès 1825, abandonnant peu à peu sa noblesse et son parti, il s'était tourné vers l'industrie ; et l'oreille dans tous les bureaux, la main dans toutes les entreprises, à l'affût des bonnes occasions [...] il avait amassé une fortune que l'on disait considérable ; de plus, il était officier de la Légion d'honneur, membre du Conseil général de l'Aube, député [...]

DOCUMENT 2

Travailler dans une usine en Avignon

Monsieur Thomas demeure dans l'ancien palais des Crillon [...] hauts et puissants seigneurs,sous Louis XIV. [...] Chez lui, on travaille vingt heures sur vingt quatre. Les gens du pays y ont renoncé, il à dû embaucher des Lyonnais, des Suisses. [...] Il les loge, les nourrit afin que ces malheureux soient toujours là sous l'œil du maître [...] Monsieur Thomas lui-même [...] travaille tous les jours. Il a sept ou huit fabriques [...] il court nuit et jour de l'une à l'autre.

▷ Selon Flora TRISTAN, *Le Tour de France, journal inédit.*

En vous appuyant sur ces documents, rédigez un paragraphe mettant en évidence les transformations de la société française.

4 L'ouvrier et la machine selon Jules Michelet

Il y avait jadis une barrière qui repoussait le paysan des villes et l'empêchait de se faire ouvrier: cette barrière était la difficulté d'entrer dans un métier, la longueur de l'apprentissage, l'esprit d'exclusion des confréries et des corporations. Aujourd'hui, de nouveaux métiers se sont créés, qui ne demandent guère d'apprentissage et reçoivent un homme quelconque. Le véritable ouvrier, c'est la machine. L'homme n'a pas besoin de beaucoup de force, ni d'adresse, il est là seulement pour surveiller, aider cet ouvrier de fer...

▷ *Le Peuple*, 1846.

L'exode rural fut une des conséquences de l'industrialisation. À partir de cet extrait, justifiez-le.

5 La révolution des transports

Les perfectionnements successifs de la machine à vapeur bouleversent le monde des transports. En 1855, se rendre de Paris à Lille demandait 20 heures si l'on prenait la diligence (donc tirée par des chevaux) et 4 h 50 si l'on osait prendre le train.Si l'on voulait traverser l'Atlantique pour se rendre aux État-Unis, il fallait compter 30 jours si l'on embarquait sur un bateau à voile et à vapeur mais seulement 14 jours si l'on montait à bord du Napoléon qui était un bateau à hélices.

Quelles furent les conséquences d'une telle « révolution » des transports ?

À RETENIR

- La Sainte-Alliance signée à Paris le 26 septembre 1815 marque une sorte de retour à l'Ancien Régime. La défaite définitive de Napoléon et le congrès de Vienne (sous l'impulsion de Metternich) ont fixé un nouvel ordre européen.
- La carte de l'Europe est sérieusement remaniée, la France retrouve ses frontières d'avant 1789. En Autriche, Russie, Prusse, Espagne, au Portugal, roi, noblesse et clergé luttent contre les idées révolutionnaires (servage en Autriche et en Russie), un régime absolu est rétabli.
- Mais, bien qu'ils utilisent volontiers la force, les monarques ne peuvent empêcher la diffusion des idées nouvelles (facilitée par l'essor urbain lié à l'industrialisation) et des sociétés secrètes (carbonari, hétairies…). Le peuple des villes soutient les écrivains, les philosophes et les savants qui défendent les idées de liberté et d'égalité. Le rôle des romantiques fut essentiel dans l'essor des mouvements nationalistes (Goethe, Schiller, Byron, Scott, Lamartine, Musset, Chopin, Delacroix…). Des soulèvements en Italie (1820-1821), Espagne (1822), Pologne (1830) sont violemment réprimés. Les mouvements nationaux s'organisent (Garibaldi et Mazzini en Italie, Kossuth en Hongrie, Léopold Ier en Belgique). La Grèce et la Belgique deviennent indépendantes en 1830. En France, la révolution de 1830 chasse Charles X et le remplace par le libéral Louis-Philippe.
- 1840 marque un tournant. L'Europe de l'Ouest, industrialisée, est confrontée à des revendications sociales. À l'est et au sud, les populations veulent se dégager des tutelles étrangères. En 1848, une crise révolutionnaire embrase l'Europe (« printemps des peuples »), la répression est terrible. Nationalistes et mouvements ouvriers sont discrédités mais tirent les leçons de leur échec. La « démocratie sociale » ne fait plus recette, le rêve de créer « les États-Unis d'Europe » (congrès de Paris en 1849) s'évanouit, Marx et Engels proposent un nouvel ordre. Les mouvements se réorganisent.

COMMENT FAIRE

► Pour construire le plan d'une composition

Sujet : les mouvements nationaux en Europe de 1815 à 1848

Il s'agit d'un sujet évolutif.

- **Analyse du sujet :** comme indiqué précédemment.
Mouvements nationaux : droit des peuples à disposer d'eux-mêmes. Nombreuses nationalités sous tutelle étrangère (Serbes, Grecs, Belges, Polonais…). Idée d'unité (Allemagne, Italie).
1815-1848 : donc du congrès de Vienne à l'insurrection généralisée du « printemps des peuples ».
- **Problématique** : les relations entre une volonté de changement et un pouvoir conservateur.
- **L'introduction** va donc s'organiser autour de ces éléments de définition, et le plan, c'est-à-dire l'organisation de la démonstration, devra répondre à la démarche suivante.
  - En 1815 le congrès de Vienne rétablit des régimes plus ou moins absolus et remanie la carte de l'Europe **(I)**.
  - Les idées de la Révolution et les romantiques favorisent de vives aspirations nationales contenues par un pouvoir absolu **(II)**.
  - En 1848 l'Europe s'embrase, c'est le « printemps des peuples » **(III)**.

Au brouillon, organiser donc clairement sa démarche et ses connaissances et ne pas oublier de noter des exemples précis. Rédiger une phrase complète pour chaque partie ; ce chapeau traduit l'idée essentielle développée et précisée au fil des sous-parties et des paragraphes secondaires. Au moment de la rédaction, il suffira d'étoffer les titres du brouillon pour qu'ils deviennent les phrases d'introduction du paragraphe. Entre deux parties ou sous-parties, ne pas oublier une phrase de transition.

- **Le plan**

(I) Le congrès de Vienne redessine la carte de l'Europe et rétablit l'absolutisme.

(a) Une nouvelle carte qui ne tient pas compte des aspirations nationales.
Pologne éclatée, Belgique sous tutelle des Pays-Bas, Italie divisée en 8 États dominés par l'Autriche, la Prusse avance ses pions dans la Ruhr, les Anglais en Méditerranée (Corfou), la France revient à ses frontières de 1789.

(b) Maintien d'un idéal révolutionnaire malgré la répression. Rêve d'unité en Allemagne (pangermanisme), en Italie (*Risorgimento*) soutenu par les romantiques mais pouvoir quasi absolu qui réprime tout mouvement et censure les publications.

(c) La révolution industrielle favorise la grogne.
Urbanisation, difficultés sociales, idée d'égalité …

(II) Les premiers soulèvements connaissent un destin variable.

►

(a) Réussite en Grèce et en Belgique.

(b) Mais échec en Pologne.

(III) La révolution généralisée : le « printemps des peuples ».

(a) Les raisons sont multiples.

(b) La crise s'exporte très rapidement.

(c) La répression est partout très violente.

● **Conclusion** : Après pratiquement un demi-siècle de contestations, de rejet de l'autoritarisme, tout est remis en place en 1848. Un échec qui laisse de graves séquelles. Les mouvements sont abasourdis mais pas anéantis. Ils vont se reconstruire.

L'Allemagne et l'Italie réussiront leur unification vingt-cinq ans plus tard.

S'EXERCER

1 La « poudrière balkanique » est une expression souvent employée.

En vous appuyant sur les textes et sur cette carte, dites si elle vous semble fondée.

Coup de pouce : *surlignez le vocabulaire qui traduit la colère, analysez sa violence. C'étaient des auteurs connus et lus à l'époque.*

DOCUMENT 1

Le poète hongrois Alexandre Petöfi appelle, en 1848, ses concitoyens à la révolte

Debout Hongrois, debout car la Patrie appelle
Voici l'instant fatal et le temps est compté
Contre la servitude ou bien la liberté
Il nous faut faire un choix et l'heure est solennelle.
Par le Dieu des Hongrois jurons, amis, jurons
Qu'en toute liberté désormais nous vivrons.
D'esclaves jusqu'ici nous avons eu la vie.

DOCUMENT 2

Jan Kollar (*La Fille de Slava*) évoque le nationalisme slave

Elle est là, devant mes yeux mouillés de larmes, cette terre, berceau jadis, aujourd'hui tombeau de mon peuple. Mais il est pire que le temps l'homme qui […] a fait peser sur ton col, ô Slave, sa verge de fer ; il est pire que les guerres sauvages, que la foudre, que le feu lorsqu'il dirige sa rage aveugle contre tes frères. […] De l'Elbe infidèle aux flots dévorants de la Baltique, la voix harmonieuse des vaillants Slaves retentissait naguère. Elle est muette aujourd'hui.[…] Rougis, jalouse Germanie, voisine de la Slavie ! Ce sont tes mains qui ont commis cet attentat. Jamais ennemi n'a fait couler autant de sang que ta main n'en a versé pour détruire le Slave. Celui là seul qui est digne de la liberté sait respecter la liberté d'autrui…

DOCUMENT 3

Les Balkans en 1850, une mosaïque de peuples

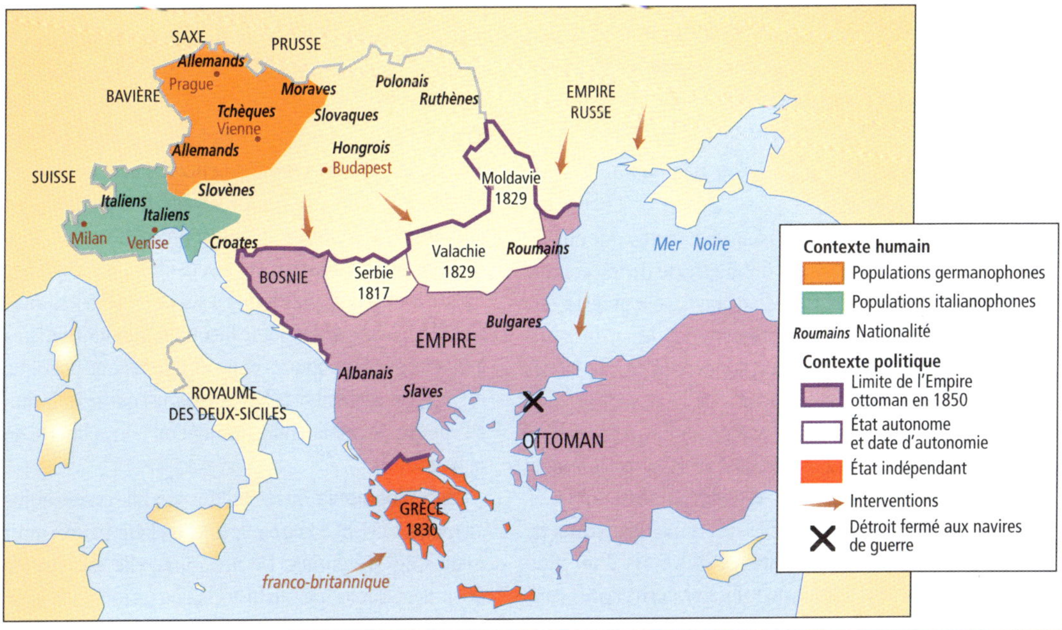

À RETENIR

Le romantisme connut son apogée entre 1820 et 1840 et a concerné toute l'Europe. Mouvement littéraire, c'est aussi un état d'esprit. Les romantiques redécouvrent le Moyen Âge et les traditions populaires. Ils s'engagent politiquement et sont fascinés par l'Orient (orientalisme).

● **Un nouvel état d'esprit :** rejet du classicisme et de la raison qui se manifeste dans le style (poésie libre), dans les sujets (culte du moi et de ses tourments – « le mal du siècle », le spleen – et non plus étude des sociétés), dans le goût pour le passé quelque peu idéalisé. Les romans dits historiques (situés au Moyen Âge) ont un franc succès, le gothique est remis à l'honneur, des ruines sont restaurées (création de l'École des chartes en 1821, de la Commission des monuments historiques en 1837). Les romantiques ont très largement contribué à la redécouverte des racines culturelles et linguistiques de chaque peuple.

● **Trois foyers romantiques dominent : Allemagne, Angleterre, France.** Venu d'Angleterre, Byron meurt en Grèce où il était venu soutenir les indépendantistes et Shelley s'exile en Italie. En Allemagne, parmi les nombreux adeptes de Goethe, pré-romantique, Heine, hostile à la Sainte-Alliance, admire la France où il se réfugie en 1830. En France malgré le maintien du classicisme, Madame de Staël fait connaître le romantisme allemand à ses compatriotes ; en 1830 la représentation d'*Hernani* consacre la victoire du romantisme. La plupart des romantiques se rallient à Louis-Philippe.

● **Les romantiques politiquement engagés.** Ils mettent leur talent au service du sentiment national (Manzoni en Italie, Mickiewicz en Pologne, Petöfi en Hongrie) et de tous les combats contre les oppressions (Pouchkine, Gogol en Russie). Ils donnent à la jeunesse européenne un idéal (liberté, indépendance) ; les idées circulent facilement (création de la *Revue des Deux Mondes* en 1829) mais la recherche de chacun dans son passé crée des réflexes identitaires qui conduiront plus tard à des mouvements xénophobes et au sentiment de supériorité (pangermanisme, panslavisme).

● **La révolution artistique :** même rejet du classicisme en peinture. On peint la vie et le mouvement, le beau et le laid, la nature ; on joue avec les couleurs, on entretient un contexte de mystère, on a recours à l'allégorie et à la métaphore (Delacroix, Rude, Girodet, Turner…). En musique, Chopin représente la Pologne « martyre », Liszt et d'autres trouvent leur inspiration dans leurs traditions.

COMMENT FAIRE

► Pour prendre en compte les éléments importants d'un document écrit et pouvoir le critiquer

● Ne pas perdre de vue qu'un document (du latin *docere* = enseigner) est une source d'informations pour qui a les connaissances nécessaires à sa lecture. Donc, contrairement à ce que croient beaucoup d'élèves, l'étude de documents écrits n'est pas le sujet le plus facile. Il faut les faire parler, donc les interroger et surtout ne pas les paraphraser. La première étape consiste à identifier la nature du document présenté.

● Quatre grandes catégories de documents peuvent vous être proposées.

• **Le document brut :** ce sont des textes qui ont un rôle précis à un moment donné (texte de loi, compte rendu de procès, registre d'état civil, acte notarié, testament, sans oublier le testament politique, discours, programme électoral). Il faut donc connaître le contexte politique, économique, social.

• **Le témoignage direct :** l'auteur a noté quelque chose qui lui semblait important sans avoir nécessairement l'intention de le publier. C'est donc un texte subjectif. on distingue cinq catégories de témoignages directs :

– **les mémoires**, en réalité les souvenirs d'un individu, homme politique ou militaire, écrits après coup et donc parfois à nuancer. Mais encore faut-il savoir qui était l'individu ;

– **le journal intime.** L'auteur n'avait pas l'intention d'être publié, il a noté ses émotions, les événements au jour le jour sans fausse pudeur, sans chercher à travestir la réalité. Ce sont des informations très précieuses ;

– **le récit de voyage** rejoint un peu le journal intime à ceci près que le voyageur avait bien l'intention de faire part de ses découvertes. C'est encore plus vrai pour la version moderne du récit de voyage, le reportage ;

– **les articles de presse.** Première précaution à prendre, noter le titre du journal et sa sensibilité politique. Le même événement politique ou social ne sera pas analysé et présenté de la même façon par des journalistes aux sensibilités politiques opposées. Le régime politique du pays est également à connaître ainsi que les lois qui, à l'époque de publication, limitent ou non la liberté de la presse ;

– **l'autobiographie,** ou récit d'une vie. Elle est de moins en moins souvent écrite par le sujet du livre, parfois mort depuis des décennies. De nos jours, elle est plus un document élaboré par un historien ou un journaliste qui ►

a réalisé un travail de recherche, un choix de documents, une analyse dont il faudra tenir compte. Souvent, elle est rédigée à partir de notes prises au cours d'entretiens. Les « grands » ont leur biographe attitré. La question de la neutralité du narrateur se pose.

• **Le témoignage indirect :** ce sont d'abord les lettres. Acte intime que l'auteur n'avait pas l'intention de laisser en témoignage à la postérité, les correspondances nous donnent pourtant des renseignements très précieux sur l'époque. Ce sont aussi les romans qui, même s'ils ne sont pas neutres par rapport aux faits, fournissent des indications le plus souvent sur la vie quotidienne.

• **Le document élaboré :** extrait d'encyclopédie, d'ouvrage spécialisé, de manuel ; dans ce cas l'auteur a au préalable fait un travail de recherche, compiler des informations, les a analysées et a rédigé son texte.

S'EXERCER

Voici quelques extraits. Les lire attentivement et compléter le tableau.

DOCUMENT 1

Flaubert est en Égypte. Le 14 décembre 1849, il écrit à sa mère

[...] À Memphis, nous avons campé au bord d'un lac, dans un bois de palmiers, près du colosse de Sésostris étendu sur le ventre dans la boue. Il ne reste rien de Memphis. Il n'y a que des palmiers, quelques troupeaux de chèvres, une belle herbe verte et çà et là quelque pauvre Arabe qui fuit à toutes jambes devant vous quand vous galopez vers lui. Je m'aperçois que les Français sont fort respectés ; nos armes et le souvenir de Napoléon y sont pour beaucoup, mais il faut dire aussi que beaucoup d'officiers de l'armée du pacha sont des Français et que les pauvres diables ne savent jamais à qui ils ont affaire...

▷ *Chères Mamans*, éd. J.-C. Lattès.

DOCUMENT 2

Louis XV s'adresse au Parlement de Paris le 3 mars 1766

C'est en ma personne seule que réside la puissance souveraine. [...] c'est de moi seul que mes cours tiennent leur existence et leur autorité [...] et l'usage n'en peut être tourné contre moi. C'est à moi seul qu'appartient le pouvoir législatif [...]. C'est par ma seule autorité que les officiers procèdent [...] à l'enregistrement, à la publication, à l'exécution de la loi [...]. L'ordre public tout entier émane de moi .[...]

DOCUMENT 3

La Constitution belge élaborée en 1831

La liberté des cultes, celle de leur exercice public, ainsi que la liberté de manifester ses opinions en toutes matières sont garanties...
L'enseignement est libre...
La presse est libre ; la censure ne pourra jamais être établie...
Tous les pouvoirs émanent de la Nation...

DOCUMENT 4

Balzac décrit Paris en 1830

[...] il est dans Paris certaines rues déshonorées, [...] des rues nobles, puis des rues simplement honnêtes, puis de jeunes rues sur la moralité desquelles le public ne s'est pas encore formé d'opinion ; puis des rues assassines, des rues plus vieilles que de vieilles douairières ne sont vieilles, des rues estimables, des rues toujours propres, des rues toujours sales, des rues ouvrières, travailleuses, mercantiles. Enfin, les rues de Paris ont des qualités humaines. [...] Il y a des rues de mauvaise compagnie [...] et des rues où vous placeriez volontiers votre séjour. [...] La rue Traversière [...] ? Il y a là de méchantes petites maisons à deux croisées, où d'étage en étage, se trouvent des vices, des crimes, de la misère. Les rues étroites [...] sont des rues assassines qui tuent impunément.

▷ BALZAC, *Histoire des Treize, Ferragus, chef des dévorants.*

DOCUMENT 5

Les sans-culottes du quartier du jardin des Plantes à Paris présentent leur programme politique le 2 septembre 1793

[...] L'assemblée générale des sans-culottes demande à la Convention qu'elle décrète :
– que les nobles ne puissent exercer aucune fonction militaire, ni posséder aucun emploi public ;
– que toutes les denrées de première nécessité soient fixées invariablement ;
– que les matières premières soient fixées de manière que les profits de l'industrie, les salaires du travail et les bénéfices du commerce, qui seront modérés par la loi, puissent mettre l'homme industrieux, le cultivateur, le commerçant à portée de se procurer [...] les choses nécessaires [...] à leur existence, (et) ... tout ce qui peut ajouter à leur jouissance ;
– que le même citoyen ne puisse avoir qu'un atelier, qu'une boutique. [...]

Doc	Nature	Date	Auteur	But	Informations, sincérité du document	Connaissances complémentaires à utiliser
1						

À RETENIR

● Plus de 6 milliards d'hommes vivent sur la planète et sont très mal répartis. 50 % des hommes sont des citadins qui vivent dans des agglomérations de plus en plus étendues. Si l'on note un certain ralentissement des migrations internationales, les migrations internes sont parfois très importantes vers les villes (PVD) ou les régions plus agréables (*Sunbelt*). Pour rééquilibrer le peuplement de l'espace, certains États mettent en place des fronts pionniers. Les inégalités de développement sont très fortes.

COMMENT FAIRE

► Pour lire et confronter différents types de cartes

● Trois types de cartes sont proposés.

La carte par points : chaque point correspond à une certaine valeur.

La carte par plages colorées : la couleur est fonction de l'intensité du phénomène cartographié.

La carte par anamorphose n'est pas une carte classique mais une construction géométrique. La « taille » du rectangle est proportionnelle à l'importance du phénomène représenté. Toutes ces cartes ont été établies en 2000 et 2003 à partir de données fournies par l'ONU.

● Analyser les cartes l'une après l'autre.

Le premier planisphère, édité en 2000, superpose deux données : la représentation numérique de la population (1 point = 500 000 hab.) et la densité de population (système de plages colorées). Quelques foyers de population difficiles (mousson, volcan) ont aussi fixé les hommes (Chine, Inde, Japon, Mexique).

Le deuxième planisphère, édité en 2000, représente l'IDH, indice de développement humain qui tient compte du TMI, du PIB, du taux d'alphabétisation, du nombre de médecins pour 10 000 habitants et de la disponibilité en eau. La carte montre qu'il est très inégal. Mais on remarque que certains pays ont un IDH faible alors qu'ils ont des richesses (Arabie Saoudite). On note qu'il n'y pas uniquement une opposition Nord-Sud. Le « Nord » d'ailleurs ne correspond pas à l'hémisphère nord, et « Nord » et « Sud » sont eux-mêmes très subdivisés. Certains États du « Nord » ont un IDH identique à celui de certains pays du « Sud »(Russie, Argentine, Chili).

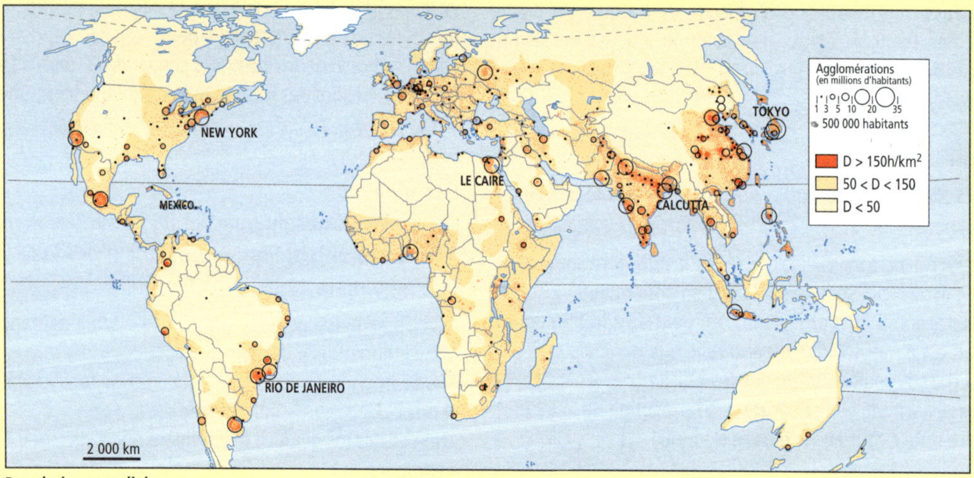

Population mondiale

se détachent : Asie, Union européenne, les façades littorales. L'hémisphère Nord est plus peuplé que l'hémisphère Sud, les mégalopoles plus nombreuses. Certains espaces sont à peu près vides : déserts, chauds ou froids, grandes chaînes de montagne. Mais des conditions naturelles

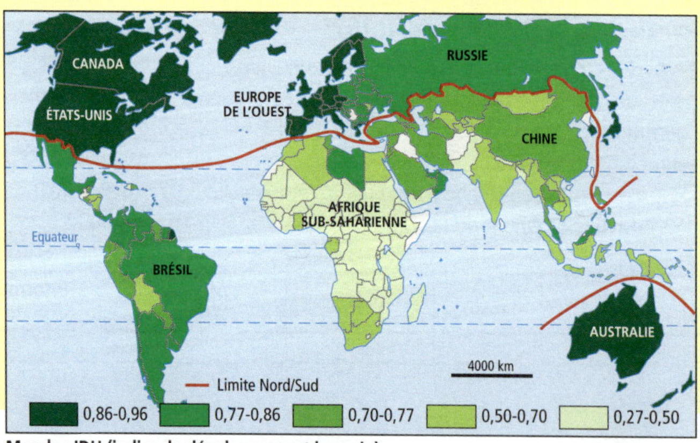

Monde : IDH (indice de développement humain)

La carte par anamorphose établie par *Le Monde diplomatique* en 2003 sur des données datant de 2001, module la carte précédente. La surface des rectangles traduit la richesse de l'État, la couleur représente la richesse de la population. On constate que la Russie a un PNB plus faible que celui de la Corée du Sud et du Brésil. Trois ensembles dominent : l'Amérique du Nord, l'Union européenne des 15 et le Japon. C'est la Triade où État et population sont riches. Certains États comme ceux de l'ancienne Europe de l'Est ont un PNB faible, mais la population dispose d'un PNB élevé. Le continent africain cumule faiblesse du PNB de l'État et de la population.

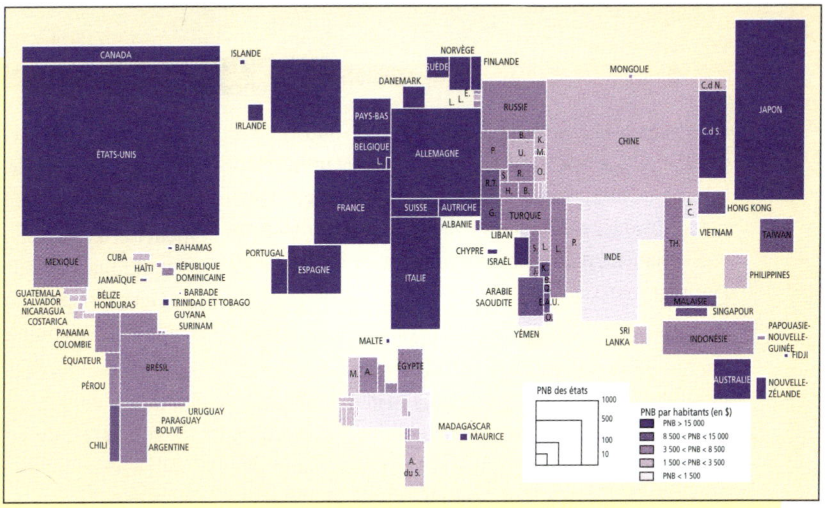

Monde : PNB par habitant

S'EXERCER

Analyser un ensemble de cartes.

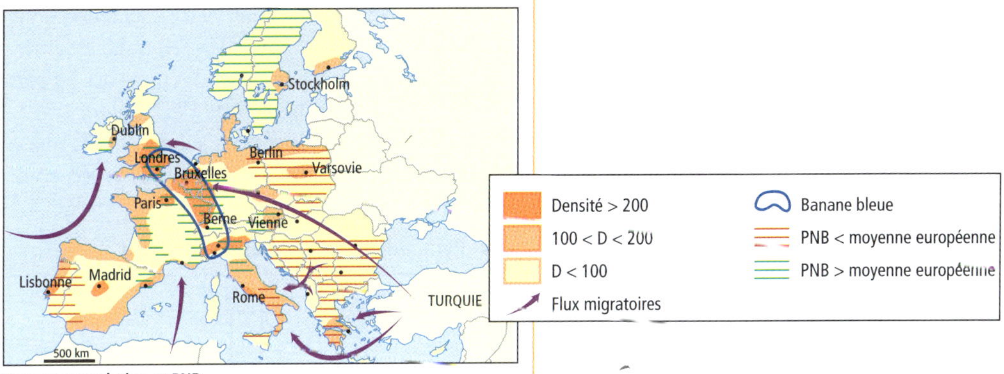

Europe : population et PNB.

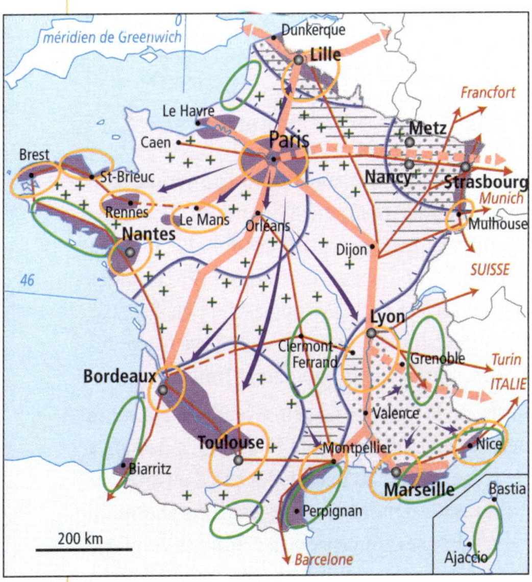

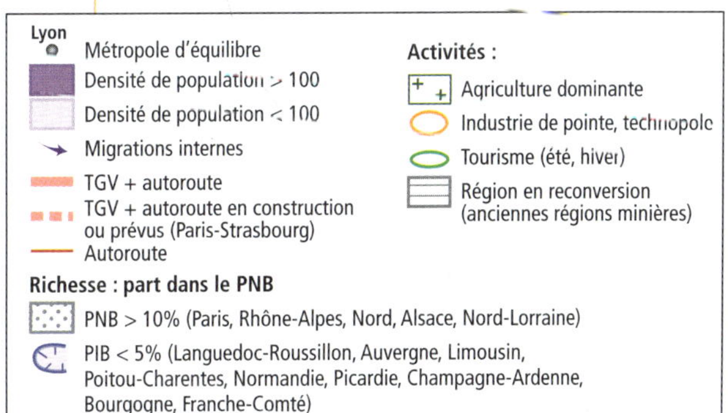

France : population et PNB.

En tenant compte des planisphères et des cartes de cette double page, rédiger une synthèse montrant et expliquant les inégalités relatives à la population.

Prêter attention à la lecture de la légende (date, source, mode de représentation, thèmes).

À RETENIR

● Plusieurs défis se posent d'ores et déjà : nourrir une population qui ne cesse d'augmenter tout en préservant les écosystèmes, produire une eau de qualité et en quantité suffisante, garantir les soins à tous, faire face au vieillissement, maîtriser l'immigration et lutter contre l'immigration clandestine.

● En ce qui concerne les flux migratoires, on remarque que l'accroissement du nombre d'États augmente la longueur des frontières qui sont de plus en plus perméables. Parfois les espaces frontaliers déterminent des régions particulières (Mexamérique). Les migrations ont des causes très diverses (persécution, travail, études, tourisme) et ne sont pas sans conséquence tant pour le pays d'accueil que pour le pays de départ.

● Des problèmes d'ordre politique se posent également : ceux de populations partagées entre plusieurs États (Touaregs, Kurdes), des communautés qui veulent leur indépendance (Tchétchènes), ce qui a parfois conduit à des conflits (ex-Yougoslavie).

● Les inégalités de développement entre États sont nombreuses et de nombreux facteurs sont en cause ; pour que les comparaisons soient valables, l'ONU a déterminé l'IDH (indice de développement humain) et l'IPH (indice de pauvreté).

COMMENT FAIRE

► Pour analyser les graphiques de base de la démographie et une pyramide des âges

● Plusieurs types de graphiques existent : la courbe montre une évolution ; l'histogramme (graphique en barres ou en bâtons) établit une comparaison entre pays, régions, époques, produits... ; le graphique circulaire permet de visualiser la part d'un élément dans un ensemble.

● La courbe de la transition démographique

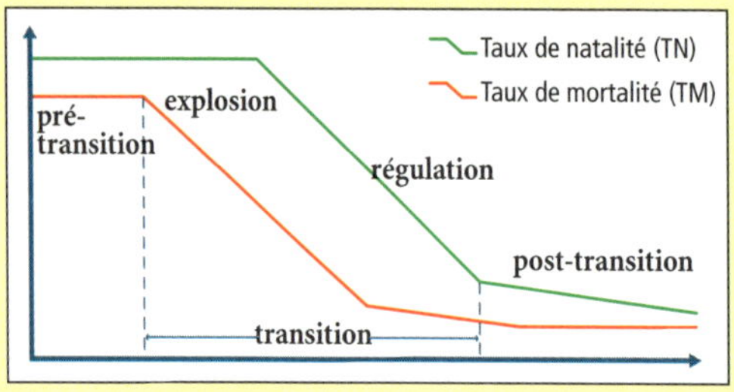

Ce graphique montre l'évolution de la démographie au fil des siècles. Il indique que toute population passe par plusieurs étapes.

• **Phase de pré-transition**

TN et TM élevés, tout particulièrement la mortalité infantile. Espérance de vie courte. Niveau de vie faible. Production agricole insuffisante, situation politique instable. Ce sont les pays les plus pauvres de la planète.

• **Phase 1 : explosion**

Progrès agricoles, stabilité politique, rendements meilleurs, niveau de vie augmente, mortalité baisse rapidement, espérance de vie augmente. Mais la natalité reste forte. Donc nombreux jeunes qui assurent une augmentation de la population mais beaucoup émigrent car les infrastructures manquent. Cas des États qui ont commencé leur transition démographique.

• **Phase 2 : régulation**

L'augmentation du niveau de vie entraîne une baisse lente de la natalité car la population est jeune. Le nombre des naissances reste donc élevé malgré une baisse du nombre d'enfants par femme. La population vieillit. Ce sont les NPI.

• **Phase post-transitionnelle**

TN et TM faibles, population vieille, espérance de vie longue. Dans certains pays TM>TN, ce qui est grave. Ce sont les vieux pays industriels et les pays les plus riches (Europe de l'Ouest, États-Unis, Japon).
À noter que certains auteurs subdivisent la phase « transition » en transition amorcée, engagée, avancée, achevée.

● Pyramide de la population française

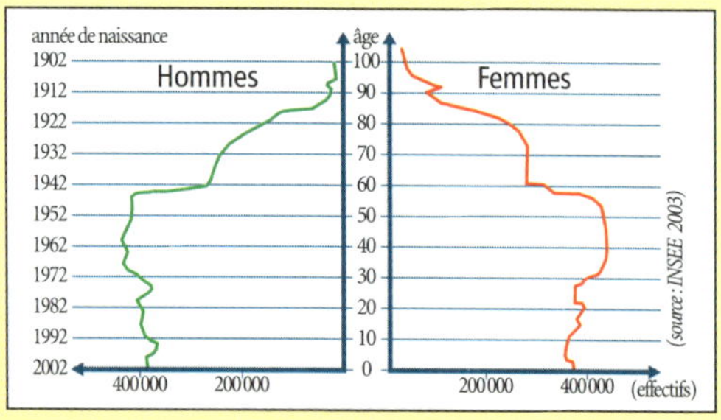

• Plus ou moins régulière, **une pyramide** traduit l'état d'une population à un moment donné. En aucun cas, elle ne montre une évolution, mais elle permet d'émettre des hypothèses et de comprendre certaines questions de société. Cette pyramide éditée en 2003 par l'INSEE, organisme qui recueille et analyse toutes les statistiques, représente la population française.

• **Sur celle de la France**, on retrouve les « creux » liés aux guerres mondiales, pendant lesquelles la natalité a baissé et la mortalité masculine augmenté, d'où un déséquilibre hommes-femmes. Pour la deuxième guerre, on note que la baisse ne commence qu'en 1941, cela s'explique par le fait qu'une politique nataliste a été mise en ►

1939 juste avant la guerre (création des allocations familiales). À partir de 1946 c'est le baby-boom. Ce sont les actifs d'aujourd'hui qui seront à la retraite dans peu de temps. La baisse de la natalité à partir de 1970 est la conséquence de l'augmentation du niveau de vie, du travail salarié des femmes et de toutes les modifications qu'a connues la société.

• La reprise de la natalité durant la décennie 1980 correspond aux mesures natalistes prises par les gouvernements de Raymond Barre en 1979 et de Laurent Fabius en 1984. Depuis l'an 2000, TN augmente. Mais à l'autre bout de la pyramide, le nombre de retraités est important, celui des personnes du quatrième âge est élevé et il ne cessera d'augmenter, ce qui pose de sérieux problèmes parmi lesquels le paiement des retraites. En 2002, il y avait moins de bébés que de personnes de 55, 40 et 30 ans. Cette pyramide montre que la France a terminé sa transition démographique. Elle est entrée dans la phase post-transitionnelle.

S'EXERCER

1 Comparer ces deux graphiques circulaires relatifs à la France.

Quelle conclusion dégagez-vous ?

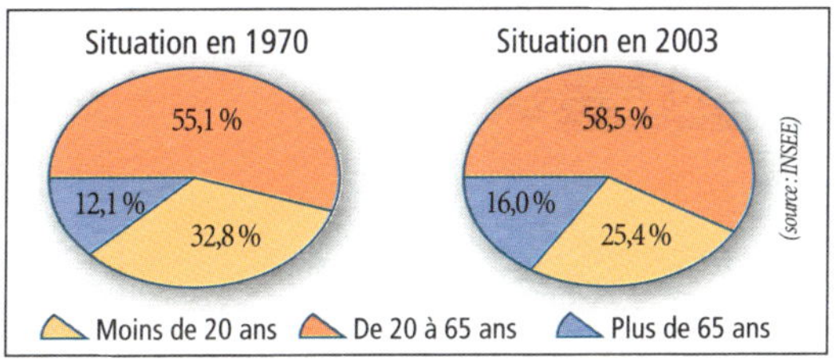

2 Planisphères et pyramides.

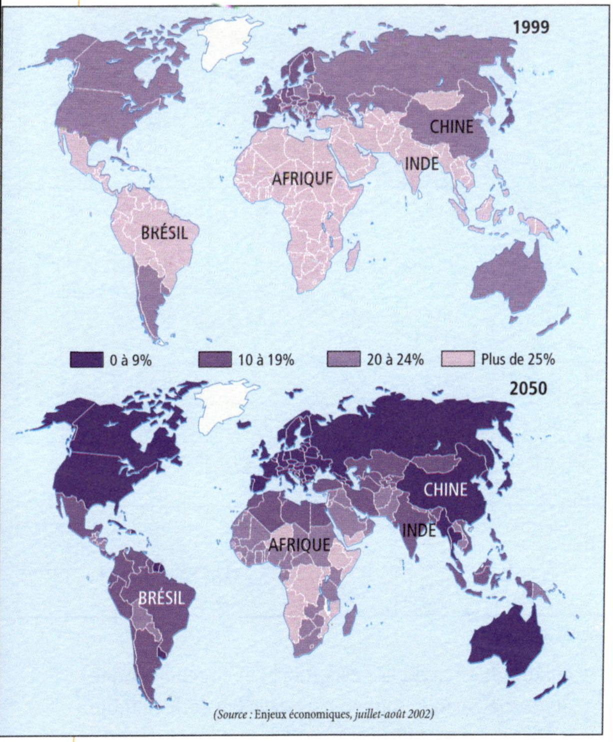

(Source : Enjeux économiques, juillet-août 2002)

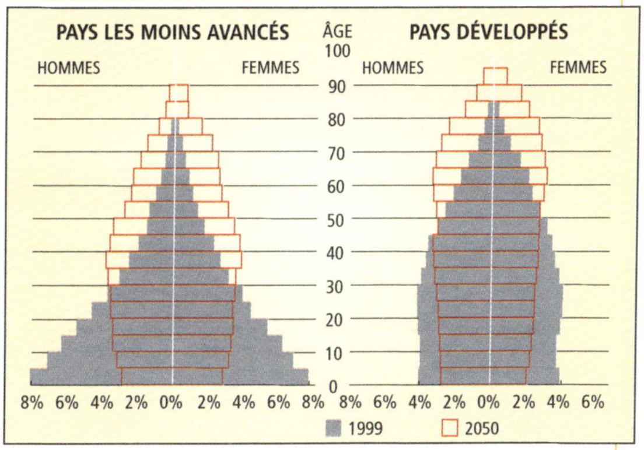

a. Que représentaient les plus de 60 ans en 1999 ? Où se trouvaient-ils essentiellement ?

b. Quelle sera leur part de la population en 2050 ? Quel grand changement dans la répartition constate-t-on ?

c. À partir des pyramides, calculer le pourcentage de population de moins de 20 ans en 1999 et en 2050 pour les PED et pour les pays développés. Calculer de la même façon le pourcentage des plus de 60 ans.

d. Rédiger un paragraphe montrant et justifiant l'évolution de la population mondiale d'ici à 2050 telle que l'on peut l'imaginer aujourd'hui.

3 Étudier des graphiques évolutifs.

Voici deux graphiques établis par la FAO, l'un concernant l'Asie, l'autre l'Afrique. En établissant une comparaison, répondre aux questions, puis rédiger une phrase de conclusion.

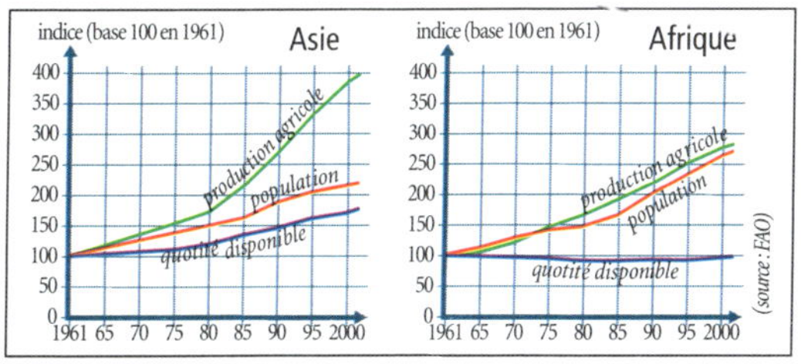

a. Comment évolue la population en Asie, en Afrique ?

b. Comment évolue la production agricole en Asie, en Afrique ?

c. Comment évolue la quotité disponible pour les populations ?

À RETENIR

● 800 millions de personnes souffrent de sous-alimentation (moins de 2500 calories par jour) essentiellement dans les pays en voie de développement. L'agriculture a pourtant connu des modifications considérables au cours des trois dernières décennies mais elle reste tributaire des conditions naturelles (climat, sol, relief), du poids des traditions (organisation économique et sociale) et les rendements sont loin d'être uniformes. Dans les PVD, 60 % de la population sont des agriculteurs qui pratiquent une agriculture traditionnelle, vivrière, aux côtés d'une agriculture commerciale de plantation, élément essentiel des exportations. Dans les pays industrialisés, l'agro-business l'emporte. Certains États très peuplés (Chine, Inde) ont opéré une « révolution verte » qui leur donne l'auto-suffisance alimentaire ; mais c'est un équilibre précaire car l'essor des villes rogne de plus en plus sur les terres cultivables et sous l'effet de l'élévation du niveau de vie, les habitudes alimentaires changent. Ailleurs, dans les contrées au climat très ingrat (Soudan, Éthiopie) ou à la situation politique particulière (Corée du Nord, Afghanistan), les famines sont chroniques ; ONU et ONG interviennent alors car elles ne peuvent faire face aux bouleversements, imposés par la mondialisation, des espaces ruraux.

● Dans beaucoup de PVD, les espaces cultivés sont surpeuplés et l'augmentation des rendements n'empêche pas la sous-alimentation car la population augmente plus vite.

● La révolution des biotechnologies est à la fois porteuse d'espoir et d'inquiétude. La FAO tente d'établir un code mondial de bonne conduite afin que la maîtrise des biotechnologies ne se fasse pas aux dépens des PVD.

COMMENT FAIRE

► Pour comparer des données statistiques

Bilan alimentaire de quelques contrées.

	Afrique en dével.		Afrique dévelop.		Asie en dével.		Asie dévelop.		France	
	1994	2002	1994	2002	1994	2002	1994	2002	1994	2002
Population (valeurs FAO 1995 et 2000),	666,533	751,672	40,930	42,66	3228,912	3473,925	130,821	133,016	52,296	58,139
évolution		+12,8%		+4%		+7%		+1,7%		+11,2%
projection 2015		1004,274		44		4153,322		134,996		62,841
(millions d'hab.)		+33%		+3%		+19%		+1,5%		+8%
Calories/habitant	2322	2394 +3,1%	2816	2956 +5%	2591	2697 +4,1%	2824	2804 –0,7%	3522	3653 +3,7%
dont : végétales	2165	2230 ↑	2438	2596 ↑	2296	2327 ↑	2224	2221 ↓	2185	2296 ↑
animales	156	164 ↑	378	360 ↓	295	370 ↑	604	583 ↓	1337	1357
Céréales : produites	89,8	97,5	15	12,8	725,8	776,4	11	8,7	53,4	69,6↑
importées	34,8	49,3	1,3	2,9	65,9	82,2	33,9	31	2,1	2,8
dont : blé produit	13,3	14	1,8	2,3	215,3	228,5	0,7	1	30,5	38,9
importé	21,3	28,7	0,7	0,7	33,4	35,2	7,8	7,7	1,3	1,8
riz produit	9,2	11,2	0,02	0,002	317,3	340,3	10	7,4	0,08	0,07
importé	3,7	5,7	0,4	0,7	0,4	11,5	2,3	7	0,3	0,4
Racines amyl	13,5	174,2	1,3	1,7	243,5	290,5	5,4	5	5,4	6,8
Légumes	34	9,8	2	2,2	321,4	563,3	14,8	13,8	7,8	8,6
Viande produite	7,7	9,8	1,4	1,6	0,6	94,1	3,6	3,6	6,2	6,6
importée	0,4	0,7	0,2	0,1	2	4,3	2	2,8	1,2	1,1
Poissons produits	5,1	6,5	0,5	0,8	49,2	72,4	7,3	5,5	0,9	0,8
importés		2,1	0,9	0,1	12,9	14,2	5,6	6,6	2	2
Lait produit	19,6	25,9	2,4	2,7	114,4	158,2	9,5	9,7	25,9	26

Établi par la FAO en 1994 et 2002, valeur en millions de tonnes (tonnages arrondis).

● Ce tableau établi par la FAO présente le bilan alimentaire, c'est-à-dire la quantité de nourriture disponible dans quelques contrées. Il indique également l'évolution de la population. Tel quel, ce tableau est difficile à lire et comparer des données brutes n'a aucun sens. Pour analyser ce tableau, il faut le « faire parler », donc le compléter en jouant avec les flèches de couleur et en calculant grossièrement l'évolution. On se rend compte alors que partout, sauf en Asie développée, le nombre de calories par habitant a augmenté mais pas dans les mêmes proportions. C'est en Afrique subsaharienne que la progression a été la plus lente. La répartition entre calories d'origine végétale et animale est très variable. En France, les calories d'origine animale repré- ►

sentent le tiers des calories, en Afrique en développement à peine 7 % et l'évolution varie. Elle a augmenté en Afrique et en Asie en développement et en France, elle a régressé en Afrique et en Asie développées. Les importations constituent une part importante du bilan alimentaire. De grandes disparités apparaissent entre les produits. Asie et Afrique développées consomment moins de céréales. Situation inverse en France où les céréales sont remises en valeur par les diététiciens.

● **Les explications** : la situation de l'Asie développée semble paradoxale. En réalité, c'est l'Asie la plus urbanisée, la ville rogne la campagne et les progrès de l'agriculture bien qu'importants sont absorbés par l'augmentation de population et donc la part de calories disponibles par habitant diminue. Ailleurs, un niveau élevé ou qui s'élève se traduit par une augmentation de la quantité de calories disponibles parce que les importations et les rendements augmentent. Mais les habitudes alimentaires et les conditions climatiques expliquent en partie les différences entre végétal et animal. Dans les régions intertropicales, la consommation de viande est moins indispensable à l'organisme que dans les contrées plus froides. Et il s'agit de moyennes. La FAO considère que, en 2004, 21 États d'Afrique sont dans une situation d'urgence alimentaire.

S'EXERCER

1 Dans son rapport du 6 juillet 2004, la FAO écrit :

« En Afrique subsaharienne [...], malgré une amélioration générale [...] des millions de personnes restent fragilisées [...]. Pour 2004, les besoins en aide alimentaire sont estimés à 2,9 millions de tonnes contre 4 millions l'an dernier.
Au Soudan [...]1,2 million de personnes ont dû fuir les zones de conflit, abandonnant leurs champs et leurs habitations. Malgré de bonnes pluies et une récolte céréalière record en 2003, les perspectives 2004 sont assombries par les troubles civils qui ont paralysé l'agriculture et les autres activités économiques.
En Somalie [...] la sécheresse des quatre années précédentes a décimé 80 % du cheptel dans certaines régions. Les problèmes sont aggravés dans le centre et au sud du fait des troubles civils.
En Ouganda les perspectives de récoltes sont assombries par des pluies capricieuses et l'insécurité dans le Nord.
En Afrique de l'Ouest, le criquet pèlerin se fait de plus en plus menaçant. Il risque de dévaster les récoltes.
En Sierra Leone, le retour au calme a incité les paysans à retourner à leurs champs.
Le Tchad a accueilli près de 200 000 réfugiés venus du Soudan. Il en résulte une hausse du prix des céréales du fait de la forte augmentation de la demande sur les stocks alimentaires locaux.
Au Burundi une embellie est prévue en 2004. Mais un virus qui attaque le manioc a provoqué une flambée des prix des tubercules et des racines. »

a. Quelles sont les principales raisons des difficultés alimentaires de l'Afrique subsaharienne.

b. La situation est-elle bloquée ?

2 Dans la région du Guangxi en Chine : une exploitation intensive et traditionnelle de l'espace.

a. Décrire l'organisation de l'espace agricole.

b. À quel régime de pluies est soumise cette région ?

3 Agriculture intégrée à l'agrobusiness : culture de soja dans le Mato Grosso.

a. Rappeler la définition de l'agrobusiness.

b. S'agit-il du même type d'agriculture que sur la photographie précédente ?

c. Relever les différences.

À RETENIR

● L'eau constitue l'essentiel de notre planète, mais les domaines climatiques sont multiples, marqués par l'inégalité et l'irrégularité des précipitations intra et inter annuelles. La continentalité aggrave le déficit hydrique, et le découpage politique fait qu'elle devient parfois source de conflits. Sa consommation ne cesse d'augmenter et elle arrive à manquer même dans les régions où la pluviométrie est importante. Sa gestion est devenue un souci majeur tant au niveau quantitatif (pour l'agriculture, l'industrie...) que qualitatif (germes pathogènes, parasites et leur cortège de maladies). Sa disponibilité est d'ailleurs devenue un des critères qui entrent dans le calcul de l'IDH.

● Aujourd'hui, les autorités s'inquiètent surtout de préserver ce capital. L'eau est prélevée en général dans les cours d'eau ou les nappes phréatiques. Mais, même en France, en été, elle arrive à manquer. Certains États ont recours aux nappes profondes et aux eaux fossiles (cas de la Libye, de l'Arabie Saoudite et des États du golfe Persique). Certains États utilisent des usines de dessalement de l'eau de mer pour avoir l'eau douce nécessaire (Arabie), d'autres dérivent des systèmes fluviaux (États-Unis, Espagne). Il faut aussi préserver la qualité de l'eau. Or elle connaît toutes sortes de dégradations : par pollution agricole (pesticides, insecticides, azote, phosphates...), rejets industriels et domestiques (eaux usées), bactériologique (pays du Tiers Monde). Il faut la traiter mais cela coûte cher.

● Plusieurs programmes ont été lancés : en Inde, en Chine en particulier pour réguler ou assainir l'eau ; programme de reboisement dans certains espaces désertiques ou en cours de désertification – les arbres, par évapotranspiration, favorisant la reprise du cycle de l'eau.

COMMENT FAIRE

► Pour lire une image satellite

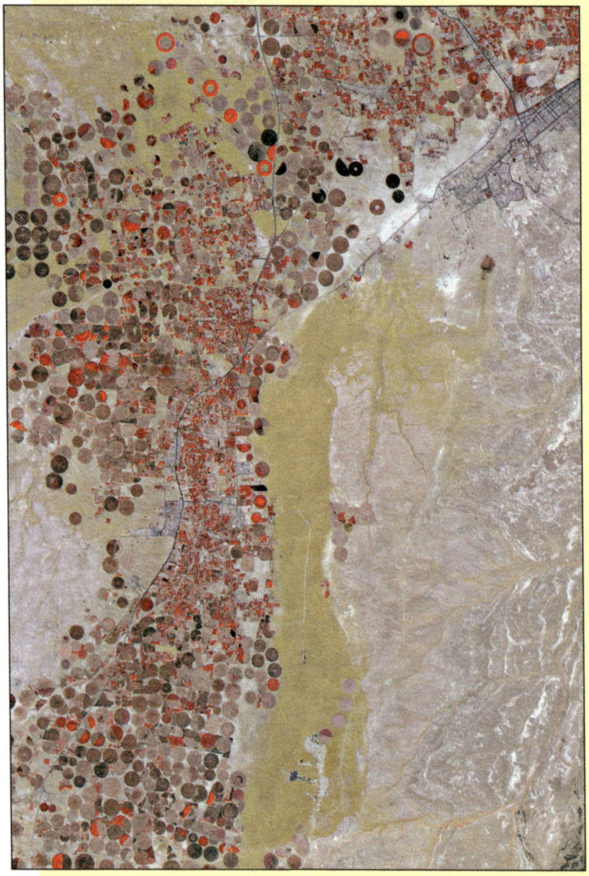

Image satellite du sud de Ryad (Arabie Saoudite).

● Une image satellite (ou satellitale) n'est pas une photographie ; c'est une composition réalisée à partir des données fournies par un satellite, Spot le plus souvent ou Landsat, qui enregistre des ondes ; les couleurs ne correspondent donc pas à la réalité. Le rouge correspond à la végétation, plus il est soutenu plus elle est dense. Un sol à nu apparaîtra bleu ou gris clair s'il s'agit de roches, ocre s'il s'agit de sable. Un espace bâti sera gris plus ou moins foncé selon la densité de l'habitat et une rivière, un étang... formeront des taches très sombres.

● **Localisation de l'image :** en Arabie Saoudite au sud de Riyad, la capitale. Donc un espace majoritairement désertique.

● **Analyse de l'image :** des cercles rouges signalent des espaces cultivés par irrigation. Le choix de la forme circulaire évite le gaspillage de l'eau. Les différences de rouges laissent supposer des cultures céréalières différentes ; des chemins permettent d'y accéder. L'habitat originel est assez groupé et au milieu des champs, sans doute donc autour des points d'eau. Aujourd'hui, il s'étale vers l'est ; le tracé visible d'oueds au nord-est prouve que l'eau ici n'est pas très loin de la surface alors qu'à l'est le désert de sable l'emporte mais semble en voie de « colonisation ».

● **Conclusion :** nous sommes dans un espace désertique mais les autorités puisent l'eau des nappes. Le rêve des autorités est depuis de nombreuses années « de faire reverdir le désert ».

1 Analyser la carte de la Tunisie.

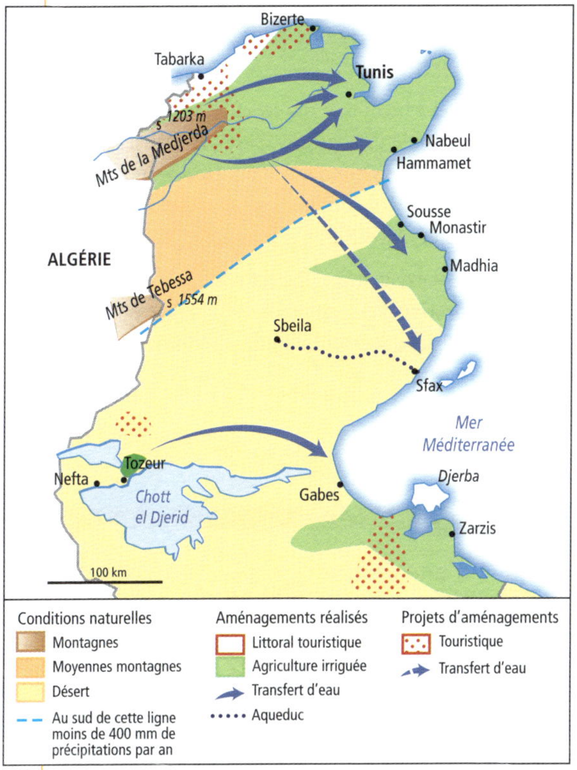

a. Inventorier, en précisant leur localisation, les espaces climatiques et les formes de relief.

b. Quelles activités la Tunisie a-t-elle développées ?

c. Comment assure-t-elle le développement de ces activités ?

d. Quels sont les projets de mise en valeur de l'espace ?

e. Quels sont les risques encourus ?

f. Rédiger une introduction et une conclusion à l'analyse de cette carte.

2 Analyser ce texte.

En 1974, Étienne Dalmasso dans Découvrir la France écrivait à propos des régions méditerranéennes : « […] *la prospérité est un fait récent sur ce littoral occupé par les hommes depuis les temps les plus reculés. Tout lui semblait contraire. La mer* […] *a des colères soudaines* […]. *Le climat n'a pas que des avantages.* […] *la sécheresse de l'été est défavorable à la végétation, l'irrégularité et la violence des précipitations peuvent provoquer des catastrophes. Le manque d'eau et les incendies de forêt sont des menaces constantes.* […] *Oubliant la médiocrité des possibilités agricoles, on découvre la valeur du climat dès lors qu'il est utilisable à des fins touristiques* ».

À quelles difficultés sont confrontées les régions méditerranéennes ? Comment ont-elles transformé un handicap en avantage ? N'y a t-il pas des risques ?

3 Croiser une carte et un texte.

DOCUMENT 1

La Jordanie a un déficit d'environ 300 millions de m³ d'eau par an, il devrait atteindre 550 millions de m³ en 2005 et risque d'opposer une contrainte radicale à la production agricole et au fonctionnement des villes. Il est actuellement compensé par des prélèvements massifs dans les nappes souterraines. Plusieurs projets sont à l'étude : pompage d'une nappe d'eau fossile au sud du pays, transfert des eaux de la mer Rouge dans la mer Morte, importation d'eau de Turquie. Projet de construction d'un barrage en commun avec la Syrie (sur le Yarmouk) auquel s'oppose Israël qui craint d'être privé des eaux de ce fleuve. Un accord lie les deux pays : en hiver, la Jordanie stocke 20 millions de m³ des eaux du Yarmouk… Israël fournit 50 millions de m³ des eaux du Jourdain.

▷ D'après *Libération*, 25 août 1999.

DOCUMENT 2

L'eau source de tension.

a. Quelles sont les sources de l'alimentation en eau ?

b. Quelle particularité présentent les cours d'eau ?

c. Quelle est la particularité du Jourdain ?

d. Quels sont les projets ? Comment les États essaient-ils de solutionner la pénurie en eau ?

e. Quelle est l'utilisation principale de l'eau ?

f. La gestion de l'eau peut-elle être à l'origine d'un conflit ?

À RETENIR

● Les risques naturels deviennent parfois des catastrophes : séismes, cyclones, tempêtes, volcans en activité ou qui se « réveillent », inondations ou au contraire sécheresse. Face à de tels phénomènes, les populations sont souvent démunies. Mais, sous l'effet de l'augmentation du nombre et de l'urbanisation, l'homme prend des risques avec la nature. Pourtant l'aspect social l'emporte aujourd'hui et la notion de risque a beaucoup et rapidement évolué puisqu'on inclut les risques épidémiologiques, industriels, technologiques... De fait, depuis 1960, le nombre de catastrophes recensées a plus que triplé mais toutes les populations ne sont pas à égalité face à ces risques : 85 % des victimes de catastrophes naturelles se trouvent dans les pays pauvres qui manquent de politique de prévention, de structures et d'infrastructures solides (bidonvilles...).

● Les populations oublient ou minimisent les risques et s'installent le long des rivières (Vaison-la-Romaine), au pied d'un volcan, le long du littoral dans les régions de mousson (Inde).

À ces risques « naturels », il convient d'ajouter à présent, les risques épidémiologiques (sida), industriels (gaz à effet de serre), environnementaux (marée noire). Les réglementations sont de plus en plus draconiennes dans les pays riches mais elles n'éliminent pas les risques.

● Bien qu'il existe toute une échelle de risques variés, la collaboration internationale est indispensable : les pluies acides, les nuages toxiques, El Niño, ne connaissent pas les frontières.

COMMENT FAIRE

► Pour lire une carte topographique avec support d'une photo

Comprendre une inondation

Bassin d'irrigation de Saint-Chamond.

Après le retrait des eaux à Lorette.

● Cette carte donne des indications précieuses sur les formes de relief, les altitudes, les formes d'occupation de l'espace. Les géographes utilisent surtout les cartes au 1/50 000 et au 1/25 000. Ces informations permettent de comprendre les inondations de décembre 2003. Précaution : retrouver et surligner le tracé des cours d'eau principaux, ici le Gier et le Dorlay, entourer les altitudes, surligner les espaces canalisés, les barrages.

● **La lecture de la carte** indique que le Gier est un cours d'eau de montagne qui a plusieurs sources à plus de 1200 m d'altitude. Il reçoit plusieurs ruisseaux, parmi lesquels le Dorlay dont la source se situe à 1100 m d'altitude, les autres sources se situant autour de 600 m. Leur dénivelé est très fort, en arrivant à La Grand Croix, on n'est plus qu'à 315 mètres d'altitude soit une trentaine de kilomètres plus loin. Les deux cours d'eau traversent d'abord des régions peu habitées et leurs berges sont bordées d'arbres. La photographie montre que certains arbres étaient en travers du lit en décembre 2003 et ont empêché les eaux de s'écouler. Puis ils abordent une région très urbanisée et industrialisée, « la vallée du Gier ». Des aménagements ont été faits sur leur cours (barrages). Le Gier est canalisé et recouvert par endroit (Saint-Chamond, Rive-de-Gier, on en « perd » le tracé sur la carte).

● **Explications** : ce sont des cours d'eau de montagne, donc à l'origine des torrents réduits à un filet d'eau en été. Nous sommes en région de climat semi-continental. Les pluies d'automne toujours violentes augmentent brutalement leur débit. Le Gier est couvert dans sa traversée de Rive-de-Gier et de Saint-Chamond mais l'eau ►

n'a plus aucun exutoire. En amont des villes, la plaine inondable n'existe plus (constructions). Résultat, lorsque les précipitations sont fortes en amont, en aval c'est l'inondation assurée. Au cours de la crue de décembre 2003, le Dorlay a par endroit modifié le tracé de son lit. Les dégâts, ainsi que le montre la photographie, ont été impressionnants.

● Notons que les Directions régionales de l'environnement établissent la cartographie des secteurs inondables dans toute la France. Un outil essentiel pour ceux qui délivrent les permis de construire et établissent les POS et les PLU, c'est la base du plan de prévention des risques (PPR). Chaque carte indique la ligne des plus hautes eaux connues et définit les zones inondables. On peut ajouter les cartes de vigilance météorologiques dressées par Météo France. Tout cela devrait éviter à l'avenir des catastrophes comme celles de Nîmes ou Vaison-la-Romaine.

S'EXERCER

1 **Voici une carte sur laquelle ont été notés quelques-uns des cyclones qui ont frappé les Caraïbes depuis 1998.**

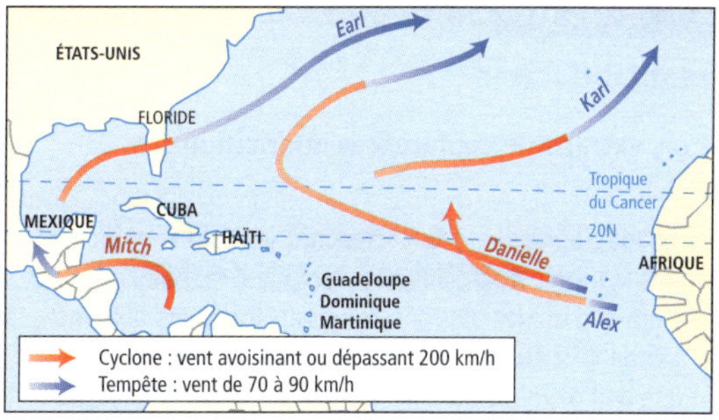

a. En une phrase ou deux, rappeler ce qu'est un cyclone tropical : définition et origine.

b. Quels sont les autres noms employés pour désigner un cyclone ?

c. Définir la trajectoire des cyclones. Dans quelles régions du globe sont-ils fréquents ?

d. Peut-on prévoir un cyclone ?

2 **L'activité volcanique.**

Explosion du Pinatubo

Le 15 juin 1991, les Philippines connurent une des plus puissantes éruptions volcaniques du XXe siècle. 10 km³ de magma ont été éjectés, des écoulements pyroclastiques (cendres + gaz chauds + blocs de pierres) ont dévalé les pentes du volcan à plus de 200 km/h, un énorme nuage de cendres de 250 km de diamètre a obscurci le ciel. Au pied du volcan les retombées de cendres et de blocs de pierre s'entassaient sur 50 cm d'épaisseur ; à 70 km de là, elles constituaient une couche de un centimètre d'épaisseur.

Explosion du Pinatubo.

a. De quel type d'éruption s'agit-il ?

b. Quelles conséquences humaines et économiques a eues cette éruption ?

3 **Au cours du mois d'octobre 2004, le Japon a connu plusieurs secousses sismiques particulièrement violentes et meurtrières.**

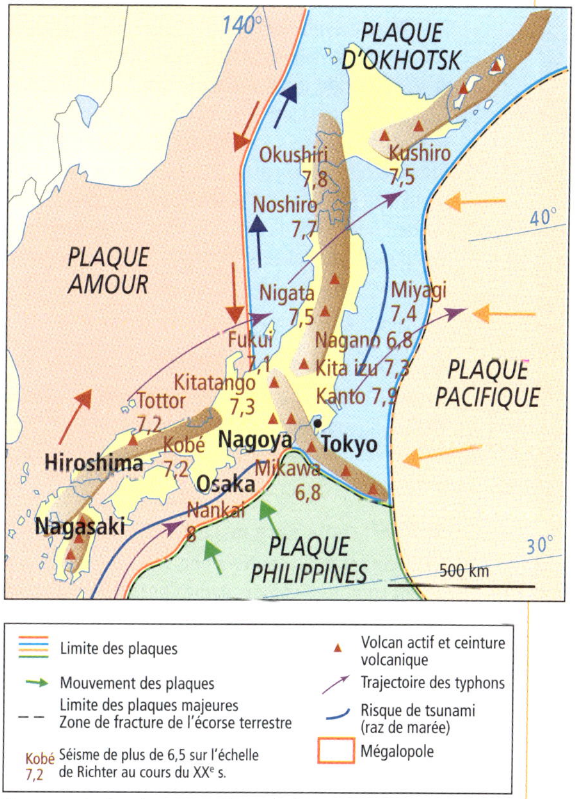

Mouvements des plaques au niveau du Japon.

a. Analyser la carte et rédiger un paragraphe expliquant ces séismes à répétition.

b. Dans un deuxième paragraphe, dégager les conséquences de cette forte activité sismique en les justifiant.

À RETENIR

● Les activités, les échanges, les déplacements de plus en plus faciles et lointains ont deux conséquences : diffuser des risques (sida, grippe asiatique, virus d'Ébola, maladie de la vache folle) ou en créer de nouveaux (émission de CO_2, de gaz à effet de serre, pollution des nappes phréatiques, marées noires…). Malgré des normes de sécurité draconiennes dans les pays industrialisés, le risque zéro n'existe pas. Mais tous ces risques ne se manifestent pas de façon identique partout, on parle d'ailleurs d'*accident* quand l'impact est localisé ou de *catastrophe* si la surface concernée est vaste et le nombre de victimes important (Tchernobyl en 1986).

● L'industrialisation et la déforestation sont souvent accusées du réchauffement de la planète. Mais les études scientifiques manquent. Cependant, l'état des connaissances et quelques catastrophes récentes font prendre conscience de la nécessité d'une gestion internationale des risques.

COMMENT FAIRE

► Pour confronter des textes et rédiger une introduction

La forêt au centre des préoccupations mondiales. Trois extraits de conférences internationales

● 1992 : conférence de Rio de Janeiro

[…] Plusieurs millions d'hectares [de forêts] disparaissent chaque année […]. En Amazonie, les colons défrichent et brûlent pour élever du bétail. En Malaisie […] on taille dans la jungle pour alimenter le marché mondial du bois. En Côte d'Ivoire, les planteurs de manioc ou de café […] ont anéanti un des plus beaux massifs forestiers d'Afrique. […] La forêt amazonienne (quelque 6 M de km²) a été … joliment et stupidement surnommée « le poumon de la terre » […] comme si ces milliers d'arbres ne produisaient que de l'oxygène alors qu'ils en consomment une quantité au moins égale par la fermentation de feuilles mortes et de bois pourri. […] La Banque mondiale précise que seulement 8 % de la surface de l'Amazonie a été détruite en 1987 et que les émissions de CO_2 par le brûlis ne représentent que 1,5 % du total mondial. Le gouverneur de l'État d'Amazonas précise : « *Nous sommes ouverts au capital étranger, aux investissements et au développement.* » […] João Branco expliquait : « *Les deux tiers de l'Amazonie sont inexploitables, les terres inondables ou escarpées… nous saurons les faire produire un jour ou l'autre.* »

▷ Denis HAUTIN-GUIRAUT, *Le Monde*, 2 juin 1992.

● 1997 : conférence de Kyoto

Un léger mieux pour les forêts tropicales, grandes régulatrices de pluies et immense réservoir de richesses biologiques et génétique. Le rythme de destruction s'est ralenti : 12 millions d'hectares par an contre 16 millions dans les années 1980. Les forêts tempérées et boréales progressent de 1,3 million d'hectares par an.

▷ *Le Monde*, 24 juin 1997.

● 2000 : conférence de La Haye

Les forêts sont au centre d'une vive polémique entre États-Unis et Europe. Les États-Unis exigent que les forêts soient comptées comme équivalant à des réductions d'émission de gaz à effet de serre. Les Européens voient là une échappatoire aux décisions de réduction [de ces émissions]. Des articles scientifiques montrent que toutes ces hypothèses reposent sur des connaissances incertaines. Un arbre se nourrit du carbone de l'air, constat biologique qui sert de base à une polémique politique… Mais peu de simulations du climat futur ont mesuré l'évolution du cycle du carbone. Les premières expériences menées au *Met Office* britannique indiquent qu'en 2050, les forêts devraient relâcher plus de carbone dans l'air qu'elles n'en absorbent…

▷ D'après Sylvestre HUET, *Libération*, 17 novembre 2000.

● Au cours de la relecture, surligner en rouge l'évolution des forêts, en vert, les raisons qui ont conduit à la déforestation, en bleu l'intérêt de surveiller les forêts, en jaune les réserves émises à propos du rôle des forêts.

● Ce travail préalable permet de mettre en évidence les arguments clés qui vont alimenter l'introduction et guider le plan du devoir.

● Une introduction possible

Nous sommes en présence d'extraits des trois conférences mondiales qui se sont tenues en 1992 à Rio de Janeiro, en 1997 à Kyoto et en 2000 à La Haye. Ils ont été publiés par les quotidiens français *Le Monde* et *Libération*. Ces conférences avaient toutes pour thème majeur la qualité de l'environnement et par conséquent l'évolution des forêts.

Face à l'évolution du climat, beaucoup d'inquiétudes se font jour. Pour développer ses activités ou construire des logements, l'homme a depuis toujours défriché des surfaces plus ou moins étendues. Aujourd'hui, les polémiques se multiplient. La déforestation est accusée d'augmenter les émissions de CO_2, de modifier le rythme des précipitations. En réalité, il semblerait que ces accusations ne reposent pas sur des fondements scientifiques solides. Certaines études tendraient même à montrer que trop de forêt nuit à la qualité de l'air et au climat. Des conférences internationales sont réunies pour essayer de résoudre les problèmes environnementaux, mais le consensus semble difficile à trouver. Alors comment évolue la forêt mondiale ? Dans quelle mesure faut-il la surveiller ? Quel rôle joue-t-elle effectivement ?

S'EXERCER

1 Analyser un texte.

La crise écologique qui sévit dans les pays de l'Est et les anciennes républiques soviétiques est inscrite dans le système et la pratique de l'État communiste dont la priorité absolue était l'industrialisation. Elle fut prévue dès les années 1930 [...]. La centralisation, aveugle aux réalités locales, et la construction de gigantesques complexes industriels furent des facteurs aggravants. Le contrôle de la pollution atmosphérique, le traitement des eaux usées... furent négligés... De grandes portions de territoire furent saccagées par une agriculture collectiviste. L'irrigation massive entraîna une irréversible dégradation des sols par érosion et salinisation

▷ *Le Monde diplomatique*, juillet 2000.

a. Rappeler la définition de : centralisation ; agriculture collectiviste.

b. Comment s'appelaient les deux types de fermes ?

c. Qui était à la tête de l'URSS au début des années 1930 ?

d. Quelles sont les raisons de la crise écologique que connaissent les anciennes républiques soviétiques ?

2 Un espace à haut risque.

Le port de Rotterdam.

Relever tous les éléments qui aggravent les risques technologiques en précisant la nature de ces risques.

3 Mettre en relation une carte et une photographie.

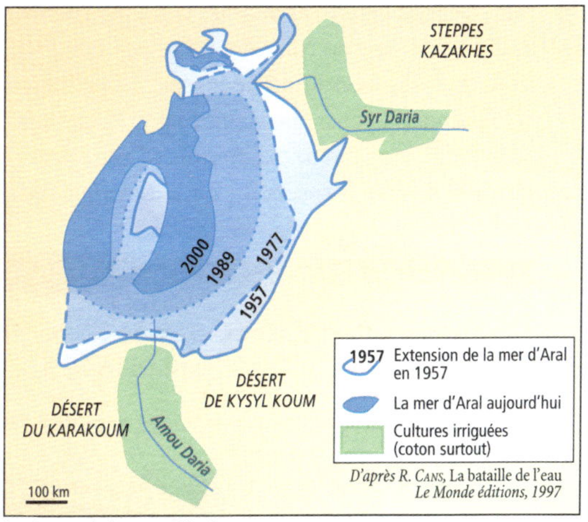

Le drame de la mer d'Aral.

Navires échoués en mer d'Aral.

a. Qu'indiquent la carte et la photographie ?

b. Quelle est l'évolution de la mer d'Aral depuis 1957 ?

c. Comment expliquer l'assèchement de cette mer ?

d. Quelles sont les conséquences de cet assèchement ?

e. S'agit-il d'une catastrophe naturelle au sens strict ?

À RETENIR

● Un habitant sur deux vit dans une ville. Mais définir la ville est très délicat. Les villes sont de plus en plus étendues, concentrent tous les pouvoirs économiques, politiques, financiers, intellectuels. Les espaces urbains sont extrêmement divers et les limites parfois bien difficiles à saisir : centre ville, banlieue, suburbanisation ou périurbanisation, ces mots n'ont pas le même sens selon qu'il s'agit d'un vieux pays ou d'un pays neuf.

● L'urbanisation s'est faite au rythme de l'histoire : au Moyen Âge (ville-foire), au XIXe siècle (ville industrielle), après 1950 (essor du tertiaire) toujours sur fond d'exode rural. Ce n'est plus le cas dans les vieux pays industrialisés où l'on note au contraire un retour vers la campagne et l'obligation de mettre en place des politiques de la ville d'une part pour que le centre historique ne soit pas abandonné et ne tombe pas en ruine, d'autre part pour repenser les grands ensembles qui ont marqué les banlieues dans les années 1950-60. Dans les PED à l'inverse, la ville se développe toujours sous l'effet d'un exode rural important. La ville se développe alors autant par mouvement migratoire que par excédent naturel et elle se trouve confrontée à des problèmes graves et divers (infrastructures sanitaires, emploi, écoles... bidonvilles).

● Toutes les villes sont structurées en quartiers ; l'homme façonne le paysage urbain et de plus en plus la ville brave les conditions naturelles, ce qui explique certaines catastrophes liées à l'origine à un phénomène naturel (inondation). Toutes sont confrontées aux mêmes problèmes de circulation, de ravitaillement en eau et en produits alimentaires, à la pollution de l'air et au bruit. « Un développement urbain durable », telle est la notion développée depuis les années 1980 : aménager la ville sans qu'elle perde son âme tout en répondant aux exigences du moment et en protégeant les populations.

COMMENT FAIRE

► Pour réaliser l'étude croisée d'une photographie aérienne et d'une carte topographique

Rédiger un paragraphe montrant les activités, l'évolution de la ville et les aménagements urbains.

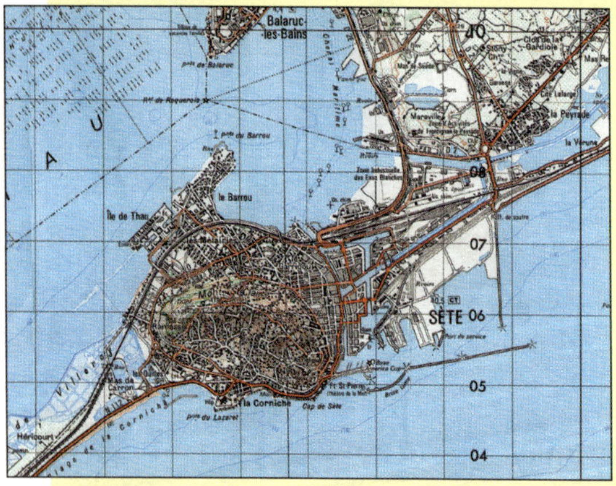

● La carte topographique et la photographie sont complémentaires. La carte précise les activités et replace la ville dans un ensemble local. La photographie aérienne permet de visualiser l'espace urbain.

● Incontestablement, la carte montre que Sète est gênée dans son expansion spatiale par la nature même du site. C'est une colline cernée par la mer Méditerranée et l'étang de Thau. Ce qui est une contrainte sur le plan urbain s'est révélé un atout : Sète bien reliée à l'autoroute A9 est devenue une station balnéaire très fréquentée ainsi qu'en témoignent l'importance du port de plaisance et la présence de la base de l'America Cup. L'élevage des huîtres et des moules dans l'étang de Thau complète la pêche. On note une zone industrielle à l'est, celle « des eaux blanches » qui concentre des activités très variées. La ville a également une activité viticole à l'ouest, ce sont les vins de sable, les Listel.

● La photographie permet de comprendre comment la municipalité a résolu les problèmes liés à une augmentation significative de population en été : elle a construit un parking sous-marin, développé les quartiers de résidences d'été, aménagé des terrains de camping. La population est partie à l'assaut du mont Saint-Clair, où se trouvent les résidences aisées, et de la pointe du Barrou et de l'île de Thau à l'habitat pavillonnaire des classes moyennes.

1 Comparer l'organisation de la ville américaine à celle de la ville française.

Ville type étatsunienne

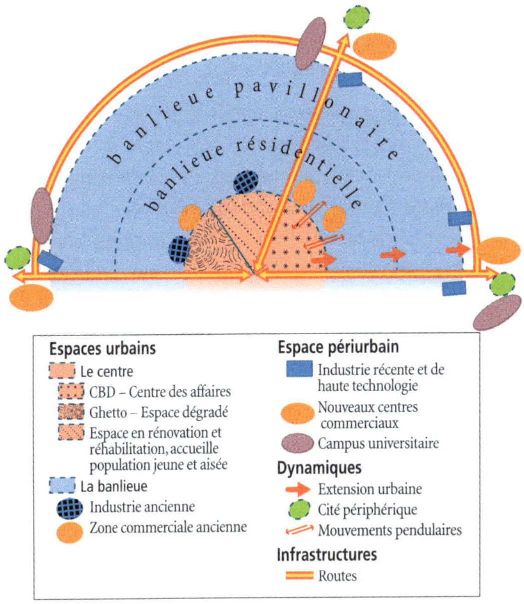

Ville type française

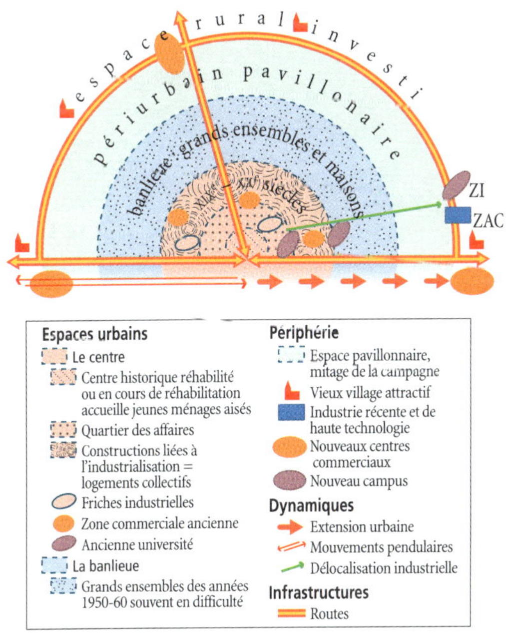

a. Dans un tableau, classer les points communs et les différences (éléments du paysage, équipements, aménagements urbains, extension spatiale).

b. Rédiger un paragraphe montrant l'évolution de la ville et les difficultés que cela engendre.

2 São Paulo : une inégale répartition de la richesse.

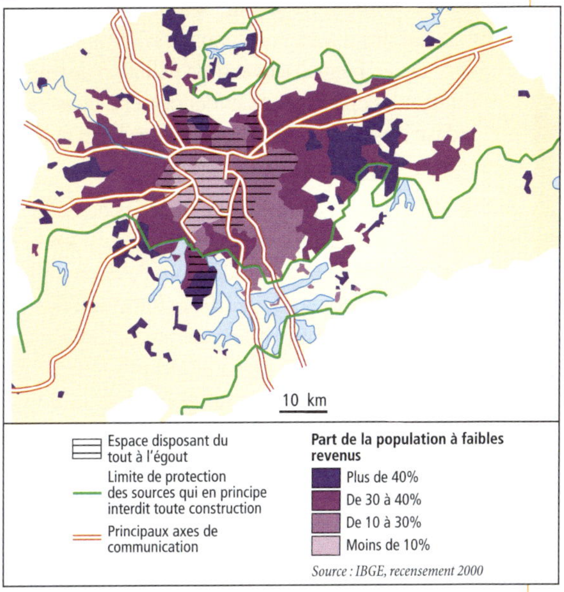

Favelas et immeubles modernes.

a. Où vivent les populations les plus pauvres ?

b. Quelle dynamique observe-t-on ?

c. Certains géographes ont écrit que « l'espace urbain de São Paulo est fragmenté ». Selon la carte et la photographie, cette affirmation semble-t-elle fondée ?

3 Rappeler la définition de :

a. agglomération.

b. mégalopole. Citer les trois mégalopoles mondiales.

c. mégapole.

d. métropole.

e. péri-urbanisation.

f. exode rural.

À RETENIR

● Au nord comme au sud, la ville ne cesse de s'étendre : banlieue, espace péri-urbain rognent les espaces ruraux. Cela entraîne une augmentation des flux de circulation, donc des embouteillages et de la pollution de l'air, sans compter les difficultés de stationnement. Dans les pays industrialisés, il y a une sorte d'uniformisation du paysage urbain entre les États.

● Dans les pays du Sud, les périphéries des villes sont occupées par les bidonvilles (*favelas, ciudad perdidas, bustees*). Dans les pays du Nord, sous l'effet des transformations de l'économie, les friches industrielles se sont développées, les centres villes désertés par les populations jeunes et aisées se sont dégradés. Des politiques de rénovation et de réhabilitation ont été engagées et on assiste à un phénomène de *gentryfication* des centres villes. Dans les pays du Sud, le centre est encore très peuplé mais les quartiers historiques (*médinas*) se taudifient.

● Les villes connaissent plusieurs sortes de pollution : de l'air, sonore, des sols et des eaux (près des friches). Se pose également le problème du ramassage et de la gestion des déchets, les risques technologiques (explosion, incendie..) et les risques naturels sont aggravés par les aménagements (inondation, glissement de terrain…).

● Pour éviter les catastrophes, l'Europe a mis au point la directive Seveso (1982 et 1996) ; en France on établit des plans de prévention des risques (PPR depuis 1995), des plans d'occupation des sols (POS) remplacés par le PLU (plan local d'urbanisme) qui imposent des périmètres non constructibles ; on peut ajouter la loi montagne de 1985 et la loi littoral de 1986. On encourage métro et tramway (électriques). À l'inverse dans les pays en développement, la ville se développe de façon anarchique et toutes les villes se heurtent à la gestion des déchets, à la nécessité d'établir un réseau d'eau potable, et au traitement des eaux usées.

COMMENT FAIRE

► Pour lire un plan d'occupation des sols

● Lorette est une localité de 4 900 habitants située à 25 km de Saint-Étienne et à 45 km de Lyon. Née de l'extraction du charbon et de la métallurgie (aujourd'hui fermées) au XIXe siècle, elle est traversée par deux cours d'eau de montagne, le Gier et le Dorlay, qui connaissent des crues fréquentes et souvent impressionnantes, une voie ferrée et l'autoroute. Celle-ci, qui relie Lyon à Clermont-Ferrand, explique l'arrivée massive ces trente dernières années de jeunes ménages travaillant à Lyon ou Saint-Étienne. Le POS tient compte de tous ces impératifs. Il conditionne l'octroi d'un permis de construire.

● La légende d'un POS paraît énigmatique. En fait, tout ce qui est coté « U » correspond aux zones urbaines, constructibles. On se rend compte que près de la voie ferrée et du Gier canalisé se trouvent les zones industrielles. L'habitat continu (immeuble collectif) se trouve en centre ville et dans ce secteur on note une ZAC (zone d'aménagement concerté), ce qui suppose un remodelage de ce centre. L'habitat individuel se trouve à la périphérie. Les espaces notés « Na » sont réservés à l'habitat, aucune industrie ne peut s'y installer. Les secteurs indiqués « N » (sauf « Na ») correspondent aux espaces naturels ou non équipés. Il s'agit d'espaces agricoles mais surtout on remarque qu'ils se situent le long du cours d'eau : c'est un espace protégé, qui permet « d'éponger » les débordements de la rivière.

● Quelques emplacements réservés apparaissent : il s'agit soit de terrains qui correspondent à une servitude (chemin pour garantir un accès à un transformateur EDF par exemple), soit de la réserve municipale, c'est-à-dire que la municipalité se réserve des terrains pour parer à des besoins précis (crèche..).

● Tout citoyen peut demander à voir le POS de la localité. Le plan d'aménagement du centre ville est lui aussi consultable dans la mesure où il modifie l'architecture urbaine.

S'EXERCER

Deux visions des villes du Sud.

Dans *Les Très Grandes Villes du monde* paru en 2000, Élisabeth Dorier-Apprill écrit que « les carences dans la répartition, la gestion et le fonctionnement des infrastructures et des services de base conditionnent la vie quotidienne des habitants démunis des grandes villes du Sud. [...] Insuffisance technique des réseaux, inadaptation de leur dimensionnement ou de leur conception à la croissance spatiale des agglomérations, au nombre des consommateurs, défaut d'entretien et vétusté... inégalités criantes de la desserte entre fractions de la ville. Les quartiers pauvres situés sur des sites peu propices aux infrastructures cumulent les carences ».

De son côté, la même année, Jean-Marie Pelt publiait *La Terre en héritage* et notait que « à Curitiba, la capitale du Parana, on ne voit pas de trottoirs jonchés d'immondices. La propreté est de mise partout. Le maire a inventé le "change vert". En échange de sacs d'ordures, les habitants des *favelas* reçoivent des denrées alimentaires. Curitiba se débarrasse ainsi peu à peu de ses déchets qui risquent de contaminer l'eau, dévalent des *favelas* à chaque orage et obstruent les ruisseaux qui sortent de leur lit et inondent l'agglomération. Pour éviter les croissance des *favelas*, la municipalité a développé les espaces verts, soigneusement entretenus [...]. Les aires boisées couvrent 30 % du territoire de la ville. L'indice vert de Curitiba est de 0,52 m² par habitant, soit trois fois le minimum chlorophyllien recommandé par l'ONU ».

Mobilier urbain, Curitiba, Brésil.

Transport saturé à Rio de Janeiro.

a. Qu'est-ce que les « infrastructures et les services » de base ?

b. Toutes les villes du Sud sont-elles en proie à des difficultés insurmontables ?

c. Quelles sont, selon Elisabeth Dorier-Apprill, les difficultés auxquelles sont confrontées les villes des pays en développement ? Quels sont les risques encourus par les populations ?

d. Comment le maire de Curitiba a-t-il amélioré les conditions de vie et d'hygiène dans sa localité ? A-t-il réussi ?

À RETENIR

● Interface entre les milieux continentaux et maritimes, les littoraux sont de plus en plus attractifs (transports maritimes, tourisme balnéaire, loisirs). Le littoral ne se limite pas à la plage, c'est aussi une bande de terre qui bénéficie des embruns maritimes. Pour satisfaire une clientèle de plus en plus diverse, toutes sortes d'aménagements ont été réalisés et sont la cause parfois de perturbations très graves dans l'équilibre d'un milieu naturellement très fragile.

● 16 % des habitants de la planète vivent à moins de 15 km de la mer. Mais l'occupation de l'espace littoral est très variable. La mondialisation de l'économie a favorisé l'industrialisation des ports d'estuaire (ZIP) surtout s'ils disposent d'un arrière-pays dynamique (Europe, nord-est des États-Unis, Japon).

● Le tourisme a favorisé les côtes sableuses et les îles tropicales et imposé des infrastructures de communication (autoroute, gare, aéroport). Les incidences sur le milieu sont nombreuses et souvent négatives (paysage dégradé, pollution de l'air et de l'eau, aggravation de l'érosion, gestion des déchets, surexploitation de l'espace, disparition d'écosystèmes, courants de surface perturbés). En France, la loi littorale de 1986 a fixé des règles en matière de construction. Dans les îles tropicales, ce sont les récifs coralliens qui sont en danger. Partout on essaie de fixer les plages menacées mais épis et brise-lames perturbent la circulation des courants de surface.

● La gestion des littoraux s'impose à présent mais elle est difficile à mettre en place car elle affecte des intérêts divergents voire contradictoires.

COMMENT FAIRE

► Pour réaliser un croquis de géographie : les littoraux, espaces attractifs

● Définir le sujet en le reformulant. Pourquoi les littoraux sont-ils attractifs ? Les raisons : activités commerciales, industrielles, touristiques.

● Définir les termes du sujet pour décider du ou des systèmes de représentation. L'adjectif « attractifs » suppose des mouvements donc l'utilisation de flèches. Le nom « espace » suppose, lui, de délimiter des secteurs donc figurés en plage ; les diverses activités supposent un figuré ponctuel.

● Choisir les figurés au brouillon pour s'assurer de la bonne lecture de la carte. N'oublier ni la légende organisée, en bas et encadrée, ni le titre, en haut et centré.

● Que le croquis accompagne une composition ou qu'il se suffise à lui-même, il doit être clair, lisible et démonstratif.

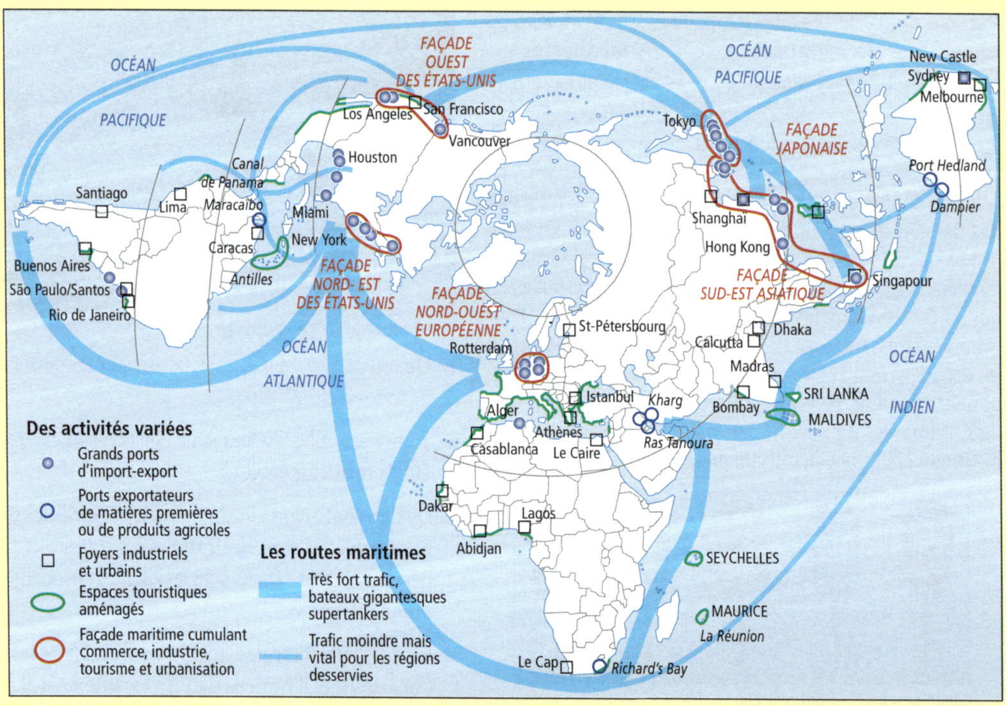

Analyse d'un ensemble documentaire.

Les littoraux : des espaces à gérer.

Rédiger une introduction, dégager les thèmes abordés et présenter une conclusion.

DOCUMENT 1

Aux Maldives

(Note : l'archipel des Maldives compte environ 1200 îles dont 68 îles aménagées pour des touristes qui viennent du monde entier. Elles sont constituées de corail et se trouvent « à fleur d'eau », l'altitude ne dépassant pas 4 mètres.)

Aujourd'hui Malé, la capitale des Maldives, se répand sur plusieurs îles naturelles ou artificielles. La plus célèbre est Hulhule, l'île-aéroport, constituée de deux îles réunies en 1968 pour rallonger la piste d'aviation. Elle a dû aussi être élargie pour construire un terminal pour hydravions et des immeubles de bureaux. C'est la seule porte d'entrée d'un flux touristique sans cesse croissant.
L'ouest de Malé, Viligili, est l'île dortoir de la capitale. Des îles très petites ont des affectations très précises… Funadhoo est couverte de réservoirs de carburant. Récemment, la croissance de l'agglomération a conduit les autorités à créer deux îles artificielles, Thilafushi, appelée l'île-poubelle parce qu'elle reçoit par bateaux les ordures ménagères de Malé et des îles-hôtels. Hulhumalé, créée en 1999 entre l'aéroport et le Club Med, doit permettre… d'installer des infrastructures portuaires et des entrepôts.

▷ D'après J.-C. GAY, « Malé, une capitale multi-insulaire », *Mappemonde*, n°59, 2000.

DOCUMENT 2

En Arabie Saoudite

Sur les rives de la mer Rouge, Djeddah a vu sa population passer de 50 000 habitants en 1950 à plus d'un million aujourd'hui. De 1971 à 1980, le nombre de voitures a été multiplié par 20, ce qui a engendré des problèmes de circulation et de stationnement. Ils ont été résolus par la construction de routes et de parkings gagnés sur le front de mer par remblayage sur des récifs (coralliens) frangeants. Ces travaux ont entraîné une destruction irréversible des récifs coralliens sur un linéaire côtier de 20 km et une dégradation très sérieuse sur 80 km. La croissance de la ville se fait vers une belle baie au milieu hydrologique favorable à la vie récifale. Elle se trouve être aujourd'hui, avec ses marinas et ses plages, la principale aire de loisirs. Les aménagements et les activités humaines ont des effets désastreux sur le milieu naturel. Le corail a été tué par la sédimentation liée aux travaux et par la pollution due à l'aboutissement d'un gros canal d'eaux usées. Il est trop tard pour envisager une parade.

▷ D'après R. PASKOFF, *Les Littoraux*, 1998.

DOCUMENT 3

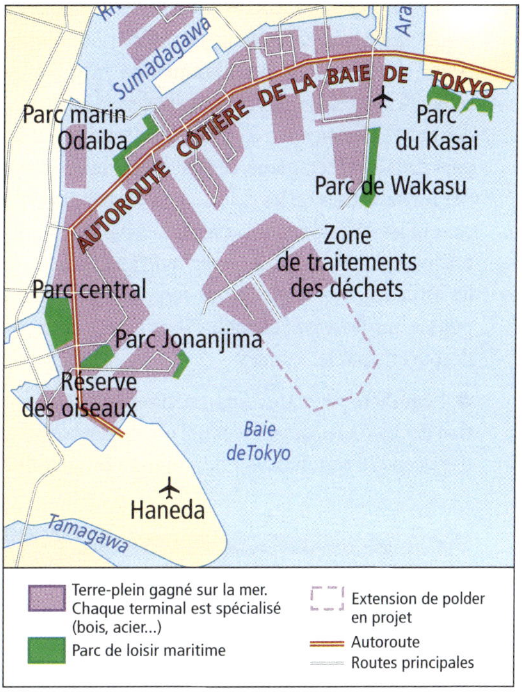

Le port de Tokyo.

DOCUMENT 4

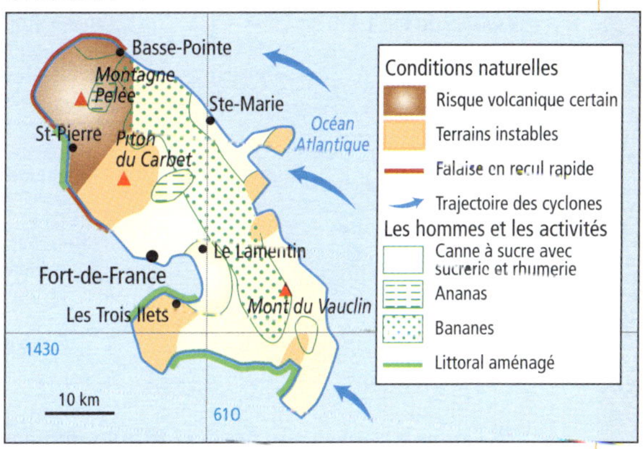

La Martinique : le milieu et les hommes.

DOCUMENT 5

Aménagement touristique à la Martinique.

À RETENIR

● Le littoral est un milieu à l'équilibre très instable. La ligne de rivage a beaucoup varié au fil des temps géologiques selon que l'on connaissait une période de glaciation (abaissement du niveau des mers) ou de réchauffement (fonte des glaciers et relèvement du niveau des mers). Certains espaces sont plus fragiles. Dans les pays de la zone tempérée, ce sont les estuaires (qui ont fixé les industries) et les deltas. Dans les pays tropicaux, ce sont les côtes de corail construites par des animaux microscopiques, les madrépores, qui s'agglutinent ; dans les estuaires, c'est la mangrove, forêt de palétuviers qui pousse sur les vases et sables tour à tour couverts et découverts par les marées.

● L'équilibre peut être rompu naturellement sous l'action des courants, des marées qui ont un double pouvoir d'érosion et d'accumulation, des vagues à l'origine de l'attaque du pied des falaises, des tempêtes. Tout cela modifie le trait de côte.

● Il peut être rompu par l'homme également : construction de ports (plaisance, commerce, pêche) qui empiètent sur le domaine maritime, mise en place d'épis ou de brise-lames pour maintenir une plage, aménagements variés (piste d'aéroport gagnée sur la mer, polder…), touristes nombreux qui piétinent une végétation sporadique aux racines courtes (qui retient les dunes), sans oublier toutes les formes de pollution des eaux : pollution côtière par les pesticides, insecticides et eaux usées, pollution par l'huile des bateaux ou le pétrole. Tout cela perturbe durablement les écosystèmes.

● Enfin certains littoraux sont menacés de submersion par suite du réchauffement climatique actuel, c'est le cas en particulier des îles tropicales.

COMMENT FAIRE

► Pour lire un organigramme

● Voici, très schématisé, un organigramme proposé par Alain Miossec dans son ouvrage *Les Littoraux, espaces de vie*, paru en 1998 chez Sedes.

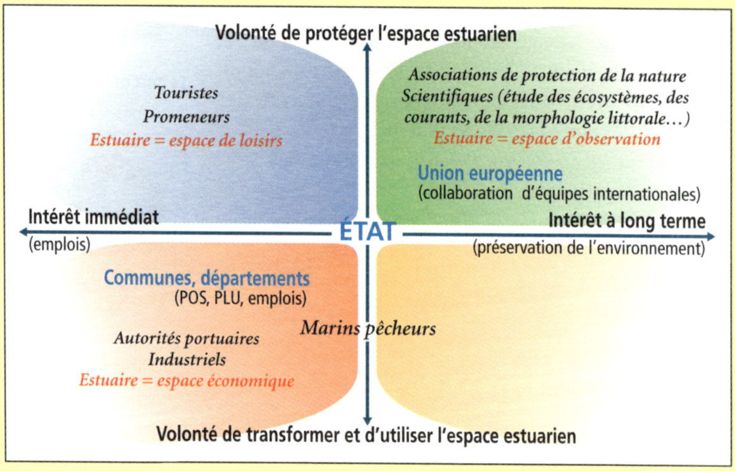

● Par un système de flèches, un organigramme permet de mettre en relation différents éléments. Cet organigramme d'Alain Miossec, souligne la diversité des acteurs intervenant dans la mise en valeur d'un estuaire et met en évidence la complexité de sa gestion. C'est un espace convoité par des acteurs aux intérêts divergents et même contradictoires, certains veulent le protéger, le laisser tel qu'il est, alors que d'autres désirent l'aménager, le transformer. Les industriels, soutenus par les acteurs institutionnels que sont les communes et les départements, cherchent l'aménagement le mieux adapté à leur activité (digue, quais…). Mais ils sont confrontés aux touristes qui eux, comme les scientifiques, recherchent une « nature sauvage ». Mais alors qu'industriels et promeneurs ne voient qu'un intérêt immédiat à l'utilisation de l'estuaire, les scientifiques, eux, ont des vues à très long terme. L'étude de l'évolution d'un courant marin, d'une plante ou d'un oiseau demande des années d'observation. Les pêcheurs sont à la croisée de toutes ces positions. L'envasement naturel de l'estuaire peut être catastrophique pour leur activité ; d'un autre côté les aménagements industriels, s'ils maintiennent un chenal et sont donc positifs, sont sources de pollutions nuisibles à la pêche. Chacun fait donc appel aux institutions départementales, régionales, à l'État et à l'Union européenne qui doivent gérer l'espace de telle sorte que tout le monde y trouve son compte. Concilier des intérêts immédiats et des intérêts à long terme n'est peut-être pas si simple.

1 Une falaise du côté de Quiberon.

Quels éléments indiquent le recul de la falaise ? Comment l'expliquer ? Quelle conséquence peut-on deviner ?

2 Comprendre le fonctionnement de l'atoll.

Formation madréporique.

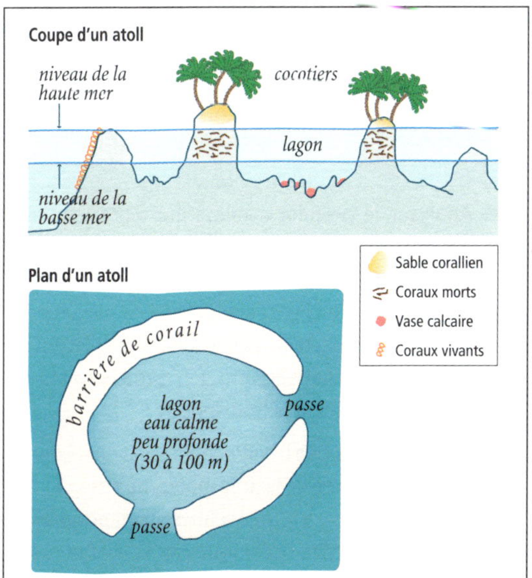

Croquis d'un atoll en coupe et en plan.

a. Rappeler ce que sont les madrépores.

b. Quelle forme prennent-ils ? À quelle partie du croquis correspond cette formation ?

c. Analyser et justifier la fragilité de cet ensemble si prisé des touristes.

3 Comparer carte et image satellite.

Image satellite de l'anse de l'Aiguillon.

Carte de La Rochelle (IGN 1/50 000).

a. Travail préalable

Observer les altitudes au nord de l'anse de l'Aiguillon. Qu'est-ce qu'une digue ? Combien y en a-t-il ? Que remarque-t-on ? Qu'en déduire ?

Sur l'image satellite, repérer et étudier l'estuaire de la Sèvre Niortaise.

Observer la pointe d'Arçay et la pointe de l'Aiguillon. Quelles conclusions dégager ?

b. Compléter le croquis et rédiger un paragraphe dans lequel sera montrée et expliquée l'évolution du littoral.

À RETENIR

● Traditionnellement, pour définir la montagne, les géographes retiennent l'altitude, les dénivellations, la verticalité mais ce n'est qu'une approche.

Ce sont des espaces qui résultent des mouvements de la Terre, ce qui explique les séismes fréquents (dus à l'accumulation des compressions ou des étirements que subit la lithosphère) et le volcanisme (Massif central, Japon, Afrique de l'Est, Italie, Amérique du Sud…). La définition de la montagne est en fait délicate et le mot est parfois un faux-ami (bouclier canadien, massif armoricain). À l'inverse, Tibet ou Altiplano andin sont des plateaux mais, vu leur altitude et leurs conditions climatiques, ils appartiennent au domaine montagnard. En France, la montagne est définie de façon administrative depuis 1961. Pour être classée en domaine montagnard, une commune doit avoir au moins 80 % de son territoire à plus de 600 m et son espace cultivé doit présenter un dénivelé supérieur à 400 m. Un espace de montagne est également caractérisé par son climat : rigoureux en hiver (la température baisse de 0,4° tous les 100 m) ; précipitations abondantes sous forme de neige ; existence de neiges permanentes quelle que soit la latitude ; gel ; vents violents ; contrastes de température entre les versants ; fort écart thermique diurne. Tout cela favorise l'étagement de la végétation dont le rôle est essentiel : c'est un obstacle au ruissellement.

● De par ces conditions physiques extrêmes, les montagnes sont des géosystèmes très fragiles soumis à toutes sortes d'agressions. Les torrents ont un fort pouvoir érosif comme les glaciers, qui entraînent des débris rocheux (moraines), et le vent. Le gel, la succession froid-chaud conduisent à la désagrégation mécanique des roches à l'origine d'éboulis et de glissements de terrain. Les avalanches et les inondations sont fréquentes et destructrices. Cette érosion naturelle est, dans les montagnes très fréquentées, aggravée par l'homme (érosion anthropique) qui déboise et augmente ainsi la destruction des versants par le ruissellement des eaux.

COMMENT FAIRE

► Pour interpréter et confronter deux schémas

Coupe de la Terre

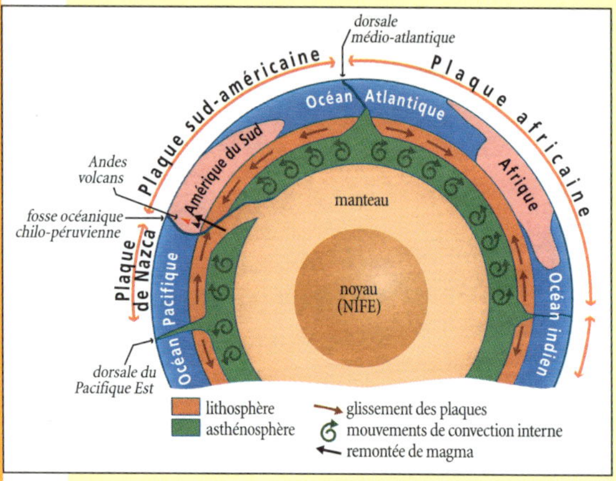

La genèse des Andes

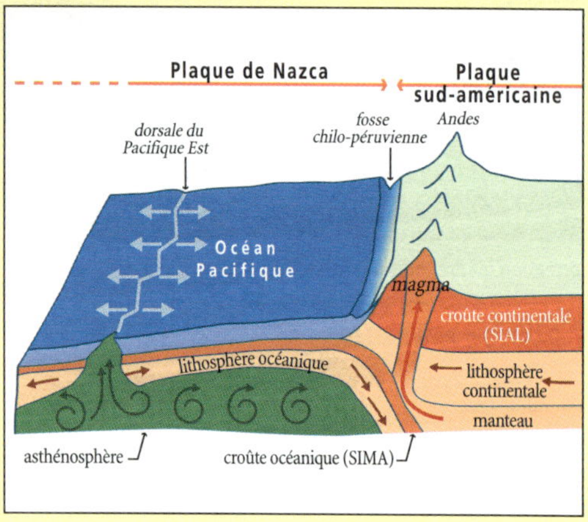

● **Rappeler les définitions :**

Lithosphère : 70 km d'épaisseur. Solide. Formée de basalte (SIMA = silice et magnésie) qui affleure au fond des océans et forme la croûte océanique. La croûte continentale plus légère (SIAL = silice et alumine) est encastrée dans la partie supérieure de la lithosphère.

Le manteau : 2800 km d'épaisseur. Couche supérieure molle, visqueuse : l'asthénosphère où la température et les pressions sont très élevées, ce qui explique les mouvements de convection lents et permanents qui s'y produisent.

Le noyau (NIFE = nickel et fer).

● **Analyser le premier schéma** qui représente une coupe de la terre. Repérer les principaux éléments. La lithosphère est découpée en plaques imbriquées les unes dans les autres. Elles comportent une partie océanique et une partie continentale. Elles se déplacent en glissant sur l'asthénosphère. Les mouvements de convection disloquent la lithosphère.

Les fosses résultent de l'éloignement de deux plaques. Lorsqu'il y a rupture de la lithosphère, un rift se forme par lequel jaillissent les laves venues du manteau. Elles constituent la croûte océanique qui se forme dans l'immense chaîne de montagne qui longe les fonds océaniques : la dorsale océanique.

● **Analyser le deuxième schéma :** il explique la formation de la cordillère des Andes, un des éléments du premier schéma. La plaque océanique, plus dense, passe sous la plaque continentale et s'enfonce dans l'asthénosphère. C'est la subduction. On remarque que l'enfoncement de la plaque de Nazca crée la fosse chilo-péruvienne et fait surgir les Andes.

● **Approfondir sa réflexion. Ce schéma est-il valable pour toutes les montagnes ?** Non, les Alpes résultent de la collision entre les plaques africaine et eurasiatique, l'Himalaya est né de la rencontre des plaques indienne et eurasiatique.

Il arrive aussi que deux plaques glissent l'une contre l'autre : on parle alors de cisaillement parce que ce phénomène favorise les fractures, les failles (San Andreas) et les séismes qui les accompagnent.

● **Quelle conclusion ?** Ces schémas nous permettent de comprendre, hormis la formation d'une montagne, les séismes et les tsunamis qui les accompagnent et mettent en évidence la fragilité des milieux.

S'EXERCER

1 La Turquie et l'Arménie connaissent très fréquemment des séismes violents.

En analysant la carte ci-contre, en expliquer les raisons et justifier ce texte paru dans le quotidien *Le Monde*, le 24 septembre 1999, soit un mois après le séisme qui a ravagé Izmit et sa région.

Certes, on connaît bien les zones à risques, explique Pascal Bernard, de l'Institut physique du globe de Paris. De ce point de vue, le tremblement de terre d'Izmit en Turquie ne nous a pas surpris. On savait que la faille était prête à rompre. Mais quand ? Tout ce que l'on pouvait dire, c'est qu'elle pouvait lâcher maintenant ou dans vingt ou trente ans.

▷ *Le Monde*, 24 septembre 1999.

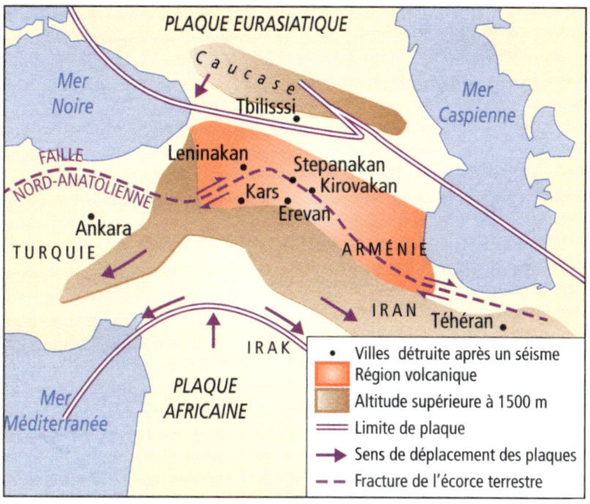

2 Un village du Népal central : un milieu difficile.

Relever les éléments qui marquent l'adaptation au milieu.

3 Glissement de terrain en Suisse.

Le village de Gondo dans le Valais a été partiellement détruit par un glissement de terrain consécutif à des pluies torrentielles en octobre 2000.

a. Quelles raisons peut-on avancer pour expliquer ce glissement de terrain ? Justifier la réponse.

b. Quelles furent les conséquences ?

À RETENIR

● Altitude, pente, dénivellation, exposition (adret-ubac), conditions climatiques font des espaces d'altitude des espaces très particuliers en général peu peuplés. Les populations montagnardes s'étaient adaptées au milieu, jouaient sur la complémentarité des altitudes, l'étagement de la végétation et des cultures et de l'exposition, ce qui leur permettait de vivre pratiquement en autarcie et de tirer profit, tout en les respectant, d'écosystèmes parmi les plus fragiles.

● Aujourd'hui, pour survivre, les montagnards développent les activités agro-pastorales spécialisées (fromage, viande en Europe, thé et café au Kenya, fleurs en Colombie…) ou parfois illégales (pavot, « or vert » d'Afghanistan ; chanvre indien au Maroc ; coca dans les Andes). La situation est cependant très différente selon la montagne considérée.

● Dans les pays industrialisés, elle a beaucoup évolué depuis le XIXe siècle. D'abord milieu producteur d'énergie où s'installaient les usines grosses consommatrices d'eau (aluminium, électrométallurgie) aujourd'hui en déclin, elle est devenue terre d'exode. Depuis une quarantaine d'années, elle connaît un renouveau : c'est un espace de loisirs de plus en plus prisé, été comme hiver.

● Dans la plupart des pays tropicaux, la montagne a toujours été un refuge car le climat y est plus agréable que dans la plaine littorale (Altiplano andin, montagnes de l'Est africain). Toutefois, en Asie, la culture du riz conduisait les populations dans les plaines. Aujourd'hui on aménage des terrasses rizicoles.

● Même les montagnes les plus hostiles (Himalaya et Andes) sont à présent fréquentées par de nombreux touristes. Cela crée des emplois et maintient les populations mais cela suppose aussi des transformations, des aménagements (routes, ponts, tunnels, logements, remonte-pentes, aérodrome…) qui ne sont pas sans risque, l'érosion étant ici à son paroxysme. Des politiques de prévention et de protection sont mises en place çà et là (parcs naturels) ; d'ailleurs 2002 avait été déclaré par l'ONU « année internationale de la montagne ». Les espaces de montagnes sont aujourd'hui divisés entre tradition et modernisation et sont à protéger.

COMMENT FAIRE

► Pour chercher les idées et élaborer le plan d'une composition

Sujet : Les espaces de montagne atouts et contraintes.

C'est la formulation la plus simple et la structure du plan d'un tel sujet ne pose aucun problème mais quelques précautions s'imposent.

● Bien analyser le sujet. Il n'y a pas de limites spatiales dans l'intitulé ; il faudra donc considérer les montagnes du monde entier (Europe, Afrique, Asie, Amérique). Qu'est-ce qu'une montagne ? Définition bien complexe en réalité. Les géographes ont pour habitude de considérer l'altitude et les dénivellations qui entraînent des modifications du climat. Oui, mais à 2 000 ou 3 000 m d'altitude des plateaux ont fixé les populations (Tibet, Altiplano andin). Ce qui était contrainte autrefois n'est-il pas devenu atout ? où ? pourquoi ? comment ? conséquences ?

● Chercher des idées. Se garder d'essayer de construire le plan d'entrée de jeu. Dans un premier temps, on procède par rubriques pour y voir clair. Sur une feuille de brouillon, on fait un tableau qui permettra de vérifier plus facilement l'état de la réflexion ; pour chaque idée avancée, on indique un exemple.

	Atouts	Contraintes
Climat	Climat plus agréable, plus frais → montagne épargnée par les maladies des plaines (malaria). Ex. : Afrique, Andes.	Oxygène raréfié. Régime et formes des précipitations : orage violent et destructeur, neige, gel. L'exposition au soleil (adret ≠ubac), ex. : France.
Pente, dénivellation	Complémentarité agricole = Production vivrière + élevage (transhumance) + forêt (Andes, Asie, Europe). Barrages → irrigation et production d'énergie (Alpes, Atlas marocain) pour les grandes villes des plaines.	Érosion très forte → éboulement, avalanche. Inondation. Volcanisme. Séisme. Communications difficiles → ponts, viaducs, tunnels nécessaires (Alpes). Aménagement de terrasses pour les cultures (Midi méditerranéen, Chine, Japon, Kenya, Andes).
Activité économique	Altitude → neige → ski (Alpes, Rocheuses, Japon) ou sports de l'extrême (Himalaya). Industries grosses consommatrices d'eau (aluminium, scierie… dans les vallées alpines). Thermalisme → sources (Vittel, Luchon, Royat…).	Maintenir l'équilibre entre l'aménagement (tourisme) et les risques (avalanches) aggravés par la déforestation. En France : loi montagne de 1985. Menaces sur environnement → création de parcs naturels pour préserver espèces animales et végétales (Colorado, Alpes…).

● Une fois cela terminé, il reste à classer, à regrouper les idées inventoriées par rubriques pour bâtir une démonstration et rédiger les paragraphes. En fait, le plan est fait : I. Les atouts – II. Les contraintes.

S'EXERCER

1 En Chine : la montagne aménagée et menacée.

Dans un paragraphe construit présenter l'espace et son occupation.

2 Val Thorens au printemps.

Bien observer cette photographie et construire un paragraphe montrant les mutations économiques de la station.

3 À 2650 m d'altitude, Quito, la capitale de l'Équateur.

Pour information, à Quito la température est régulière, (moyennes mensuelles entre 12,5 et 12,7°) comprise entre 15 et 25° dans la journée et entre –5 et +5° la nuit. À Guayaquil en bordure de mer, la température varie de 25 à 35° dans la journée et entre 5 et 15° la nuit et l'air est souvent saturé.

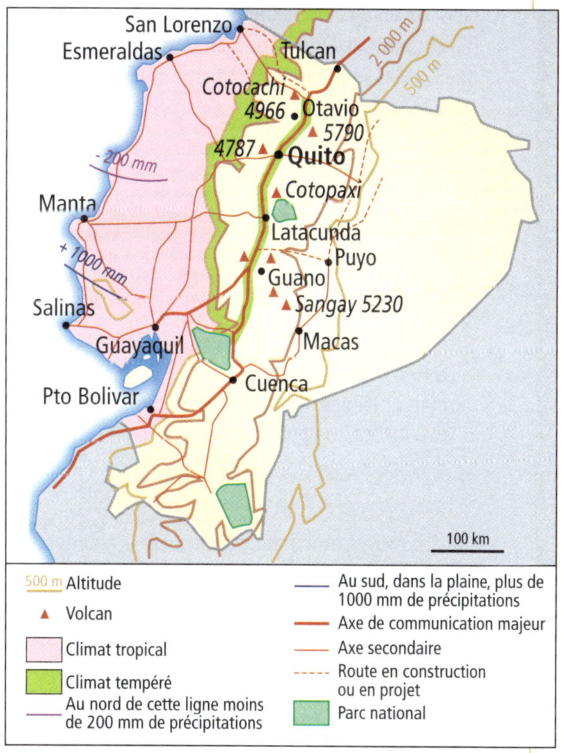

a. En s'aidant de la carte et de la photographie, justifier la situation géographique de Quito.

b. La ville semble-t-elle dynamique ? Justifier. Dans quelle direction se fait son expansion ?

HISTOIRE/GÉO

À RETENIR

Le modèle familial

- Le modèle familial dominant est celui de la **famille nucléaire.** Elle est composée du père et de la mère biologiques et de leurs enfants.

- L'INSEE définit précisément **la famille** comme un ensemble d'au moins deux personnes, constitué soit par un couple marié ou non, avec ou sans enfant(s) célibatair(es) âgé(s) de moins de 25 ans, soit par un parent sans conjoint avec au moins un enfant âgé de moins de 25 ans. Le ménage désigne l'ensemble des personnes occupant la même résidence, avec ou sans lien de parenté.

- Ce modèle n'est pas **universel** (polygamie ou famille élargie aux grands-parents, dans certaines sociétés), ni **constant.** Il est aujourd'hui remis en cause par les **progrès scientifiques** (procréation médicalement assistée) et par les **évolutions des mœurs.** Ainsi, depuis 50 ans, la natalité a baissé, tout comme le nombre de mariages. Parallèlement, le nombre de divorces a considérablement augmenté. La famille s'est **transformée** : il y a de plus en plus de couples non mariés et de naissances hors mariage ; le nombre des **familles monoparentales** (un seul parent élève les enfants) et **recomposées** (par exemple, autour d'un homme et d'une femme en couple, vivent les enfants que l'un ou l'autre ont eu avec une autre personne, plus ceux qu'ils ont ensemble) est en constante augmentation. Le PACS (pacte civil de solidarité) donne un statut légal à un couple non marié, notamment homosexuel.

Les fonctions de la famille

- La fonction première de la famille est la **reproduction,** nécessaire à la survie de l'espèce humaine.

- Elle remplit également des fonctions sociales : c'est le lieu primordial d'acquisition des normes et des valeurs du groupe social ; c'est donc dans la cellule familiale que se déroule le processus de **socialisation.**

- Enfin, la famille a des **fonctions économiques.** Si le rôle d'unité de production a perdu de son importance (il y a de moins en moins de travail indépendant effectué en famille comme pour les agriculteurs), la fonction de consommation est très importante. Ce sont en effet les ménages qui reçoivent non seulement les revenus liés à leur activité professionnelle, mais aussi les revenus de transfert versés par l'État (protection sociale).

Les relations familiales

- La formation des couples répond encore à une **homogamie sociale** : on se marie généralement avec une personne appartenant au même groupe social que le sien.

- Au sein de la famille, la **spécialisation des tâches** reste nette entre rôle masculin et rôle féminin.

COMMENT FAIRE

► Pour analyser un texte

> C'est la diversité qui domine en matière familiale. Famille nucléaire, famille élargie, famille recomposée, etc., se sont côtoyées au cours du temps et selon les sociétés, sans ordre apparent. La famille nucléaire, monogame, où mari et femme vivent toute leur vie une union stable et « sacrée », est présente dans de nombreuses sociétés et à toutes les époques.
>
> ▷ Achille Weinberg, *Sciences humaines*, hors série 3, 1995.

- Un moyen mnémotechnique utile pour analyser un texte : MAGIE, pour **M**ots inconnus – **A**uteur et origine du texte – **G**roupe d'idées : idées principales et idées secondaires – **I**dentifier les arguments.

- **Mots inconnus** : vous devez rechercher les mots que vous ne maîtrisez pas, dans votre cours ou dans un dictionnaire.

- **Auteur et origine du texte** : soyez toujours attentifs à la source, elle est pleine d'enseignements ! Dans ce document, vous pouvez en conclure que le texte provient d'une revue scientifique et qu'il est déjà ancien. Pour l'auteur, si vous ne le connaissez pas, il est inutile de s'appesantir sur lui.

- **Groupe d'idées** : idées principales et idées secondaires. Il est essentiel de repérer la ou les idées principales du texte. Ici, il y en a deux : toutes les formes de famille ont toujours existé ; la famille nucléaire est un modèle fréquent et non une invention moderne.

- **Identifier les arguments** : ce texte pose d'abord une affirmation de principe (la diversité des formes familiales). Il la développe ensuite mais relativise sa portée en insistant sur le caractère général de la famille nucléaire.

1 Analyser un tableau.

Familles...	1990	1999
... « traditionnelles »	**7083**	6474
... monoparentales	1397	1640
... recomposées	646	**708**
dont		
– dans lesquelles aucun enfant n'est du couple actuel	310	328
– dans lesquelles vivent des enfants du couple actuel et d'une précédente union	336	380
Ensemble	9126	8822

a. Transformer les données absolues en gras en pourcentage.

b. Quelle évolution peut-on observer ?

c. Quelles sont les particularités des familles recomposées ?

2 Vrai ou faux ?

a. Une famille peut être composée d'une seule personne.

b. Un ménage peut être composé de plusieurs familles.

c. Un couple sans enfant compose une famille.

d. Un ménage est toujours composé de deux personnes.

e. Deux personnes mariées ensemble vivant séparément ne forment pas une famille.

3 Le PACS en chiffres.

	15 novembre au 31 décembre 1999	2000	2001	2002
Nombre de PACS enregistrés	6140	22136	19302	25055
Dissolution de PACS	7	624	1872	3185

a. L'évolution du nombre de PACS est-elle régulière ?

b. Combien de personnes pacsées comptait-on au 31 décembre 2001 ?

4 Famille ou ménage ?

Définissez qui est famille, qui est ménage dans les exemples suivants :

a. Pierre habite chez ses parents avec sa fille en attendant de trouver un logement.

b. Frédéric habite chez les Dupont, auxquels il loue une chambre.

c. Marie et Antoine accueillent chez eux la mère d'Antoine qui n'est plus autonome.

5 Qui épouse qui, selon le groupe socioprofessionnel d'appartenance (en %. Données INSEE) ?

	Femmes agricultrices	Femmes artisans, commerçantes	Femmes cadres	Femmes professions intermédiaires	Femmes employées	Femmes ouvrières	Ensemble
Hommes agriculteurs	77,1	2,1	0,9	5,4	11,1	3,4	100
Hommes artisans, commerçants	1,2	42,7	4,2	12,7	3,3	6,2	100
Hommes cadres	0,3	3,2	30,5	35,9	28,3	1,8	100
Hommes professions intermédiaires	0,3	2,4	5,1	34,1	48,9	9,2	100
Hommes employés	0,3	2,2	2,4	16,9	68,1	10,1	100
Hommes ouvriers	0,7	1,9	**0,7**	9,0	58,3	29,4	100
Ensemble	5,5	6,8	6,2	19,3	47,4	14,8	100

a. Quel est le phénomène étudié dans ce tableau statistique ?

b. Que signifie la donnée « 0,7 » ?

6 La diversité des relations de filiation.

À vrai dire, lorsqu'on y regarde de près, en dehors du rapport physique, charnel, qui unit la mère à ses enfants (gestation, mise au monde et allaitement, du moins dans les sociétés où l'allaitement artificiel n'est pas la norme), rien n'est naturel, nécessaire, biologiquement fondé dans l'institution familiale. **Le lien biologique même qui unit la mère à ses enfants n'a pas partout et toujours pour effet que la mère ait la charge d'élever ses enfants.** Chez les Indiens Tupi Kawahib du Brésil central, où un homme peut épouser plusieurs sœurs ou une mère et les filles qu'elle a eues d'autres hommes, les enfants sont élevés par l'ensemble des coépouses sans que chacune cherche à se préoccuper plus particulièrement des siens. Chez les Mossi de Haute-Volta, les grandes familles polygynes procèdent, après le sevrage, à une répartition des enfants entre les différentes coépouses. Celles qui sont stériles ou qui ont perdu leurs enfants ont ainsi à élever des enfants qui ne sont pas les leurs, qu'elles chérissent comme les leurs et qui, avant leur entrée dans l'âge adulte, ne connaissent pas d'autre mère que leur mère nourricière : alors seulement on leur fait connaître le lien biologique qui les unit à une autre femme du père.

▷ Françoise Héritier-Augé, *Encyclopaedia Universalis*, tome 7, 1988.

a. Expliquer la phrase en gras.

b. Quelle différence peut-on faire entre mère biologique et mère nourricière ?

SES

À RETENIR

Qui compose la population active ?

● L'INSEE définit la **population active** comme : l'ensemble des personnes exerçant une **activité professionnelle rémunérée** ou **cherchant à en exercer une**. Les **chômeurs** en font donc partie, mais ceux qui n'ont pas d'emploi et n'en recherchent pas ne sont pas classés dans la population active. Sont donc considérés comme **inactifs** les élèves, les étudiants, les femmes au foyer ou les retraités.

● Cette population active est classée par **l'INSEE** dans 6 groupes d'actifs qui composent les **Professions et catégories socioprofessionnelles** (PCS) : Agriculteurs, Artisans, commerçants et chefs d'entreprise ; Cadres et professions intellectuelles supérieures ; Professions intermédiaires ; Employés ; Ouvriers. Ce classement a pour but de constituer des groupes présentant une relative homogénéité sociale.

Comment évolue la population active ?

● Jusqu'en 1980, la population active a connu une **forte croissance**, due tant à l'évolution de la **démographie** qu'à celle du **taux d'activité**. Grâce au baby-boom des années 1940-1950 puis à l'immigration des années 1960, le nombre de personnes en âge de travailler a augmenté. La hausse du taux d'activité des femmes a également joué un rôle notable. Il y a aujourd'hui une **homogénéisation** des comportements d'activité des femmes et des hommes, même si des inégalités subsistent.

● Depuis les années 1980, **l'augmentation** de la population active est **limitée**. La croissance de la population française s'est ralentie ; le **taux d'activité** des **jeunes** (prolongation des études) et des personnes **de plus de 55 ans** (départs précoces en retraite) a diminué.

L'activité professionnelle des femmes

● Un des phénomènes les plus marquants des cinquante dernières années est la **féminisation de la population active**. Ainsi, les comportements d'activité des hommes et des femmes s'homogénéisent. La maternité et l'éducation des enfants ne sont plus un obstacle à la poursuite de l'activité professionnelle, grâce aux dispositifs mis en place (crèches, aides à domicile). C'est à partir du troisième enfant que le taux d'activité fléchit. De plus, l'activité féminine est influencée par le niveau de diplôme. C'est pourquoi il y a un lien fort entre progrès de la scolarisation des femmes et hausse de leur taux d'activité.

● Pour autant, les **inégalités entre hommes et femmes** sur le marché du travail subsistent. Non seulement les femmes sont plus touchées par le chômage et l'emploi précaire que les hommes, mais en plus, à même qualification, les femmes gagnent en moyenne 25 % de moins que les hommes !

COMMENT FAIRE

▶ Pour calculer un taux de variation

● Taux de variation en % : $\frac{\text{valeur d'arrivée} - \text{valeur de départ}}{\text{valeur de départ}} \times 100$.

Par exemple :

Population active en millions

	Hommes	Femmes	Total
1975	14,2	8,7	22,9
1989	14,4	10,7	25,0
2003	14,5	12,2	26,7

Le taux de variation de la population active masculine entre 1975 et 2003 a été de $\frac{14{,}5 - 14{,}2}{14{,}2} \times 100$, soit : 2,1 %.

Le taux de variation de la population active féminine entre les mêmes périodes a été de $\frac{12{,}2 - 8{,}7}{8{,}7} \times 100$, soit : 40,2 %.

1 Les catégories socioprofessionnelles.

La définition des catégories socioprofessionnelles a pour objet de classer l'ensemble de la population en un nombre restreint de catégories présentant chacune une certaine homogénéité sociale, à savoir que les personnes appartenant à une même catégorie sont présumées être susceptibles d'entretenir des relations personnelles entre elles, d'avoir des comportements et des opinions analogues, se considérer elles-mêmes comme appartenant à une même catégorie et être considérées par les autres comme appartenant à une même catégorie.

▷ Présentation de la nomenclature des PCS, INSEE.

a. Quel est l'objectif de la classification socioprofessionnelle ?

b. Classer les personnes selon leur lieu de résidence ou leurs revenus aurait-il eu le même résultat ?

2 Comment sont construites les PCS ?

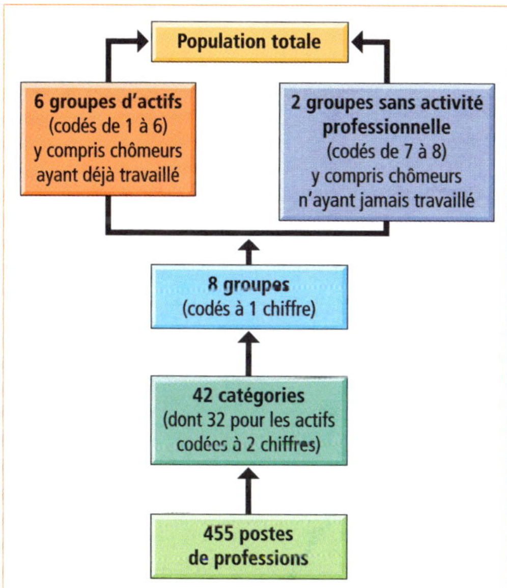

a. Combien de niveaux y a-t-il dans la nomenclature socioprofessionnelle ?

b. Décrire le cheminement des professions à la population totale.

3 Comment varie la population active ?

Population active (au sens du BIT) au 1er janvier, en millions

	Hommes	Femmes	Total
1968	13,8	7,7	21,5
1975	14,2	8,7	22,9
1982	14,4	9,9	24,3
1989	14,3	10,7	25,0
1996	14,2	11,6	25,8
2003	14,5	12,2	26,7

www.insee.fr, 2004.

a. Quel est le rapport entre la population active et la population totale ?

b. Une augmentation de la population en âge de travailler entraîne-t-elle automatiquement une augmentation de la population active ?

4 Vrai ou faux ?

a. La féminisation de la population active a commencé en 1980.

b. Les chômeurs ne font pas partie de la population active.

c. Les étudiants ne font pas partie de la population active.

d. L'immigration augmente la population active.

5 Le rapport actifs/inactifs âgés.

	observation	projections		
	2001	2011	2020	2050
Rapport actifs/inactifs de plus de 60 ans	2,2	1,8	1,5	1,1

a. Quelle est l'évolution de la structure de la population totale ?

b. Quels problèmes cette évolution peut-elle poser ?

À RETENIR

En quoi l'emploi change ?

● Les **emplois indépendants** (agriculteurs, artisans, commerçants, chefs d'entreprise) se sont beaucoup **réduits** du fait du déclin de l'agriculture et de la concentration industrielle et commerciale.

● La place des **emplois non qualifiés**, en premier lieu les ouvriers, a **diminué** au profit des employés, des professions intermédiaires et des cadres.

Quelle est la place de l'emploi salarié ?

● Le **salariat s'est généralisé** : depuis les années 1970, la proportion d'emplois non salariés a été divisée par deux. Aujourd'hui, **plus de 90 % des actifs** sont salariés.

● Le salariat désigne une **relation entre employé et employeur**, caractérisée par un lien de **subordination** du salarié à l'égard de l'employeur, le versement d'un **salaire** et le financement des **droits sociaux** (protection sociale). C'est un statut qui procure reconnaissance sociale et identité.

Vers la précarisation de l'emploi ?

● Les « **formes particulières d'emploi** » (FPE) se développent. Elles désignent des emplois salariés ne bénéficiant pas des garanties habituelles (contrat à durée indéterminée, temps plein) : intérim, contrats à durée déterminée (CDD), emplois aidés, temps partiel…

● Pour les entreprises, les FPE permettent **d'adapter** le nombre de salariés et/ou leur durée de travail à un **marché fluctuant** et incertain. C'est pourquoi la fin d'un emploi à durée déterminée (intérim ou CDD) est aujourd'hui la **première cause** d'entrée en chômage.

● Le développement de la **précarité** chez certains salariés non seulement ne leur permet pas de disposer de revenus suffisants mais limite leur intégration sociale.

COMMENT FAIRE

▶ Pour analyser un graphique

Part des emplois stables dans l'ensemble des actifs de trois ans d'ancienneté

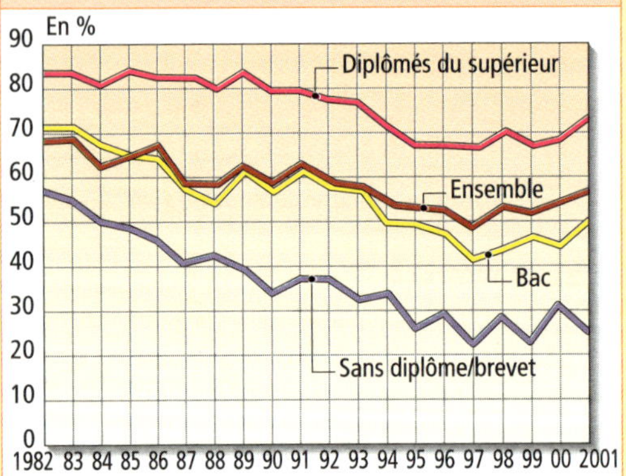

Données sociales 2002-2003, INSEE.

L'axe des abscisses est en années, l'axe des ordonnées en %.

● **Différenciez** bien la courbe « Ensemble » des autres : c'est celle-là qui donne le sens général de l'évolution.

● **Ensuite, analysez** courbe par courbe.

• Attention ! bannissez les phrases du genre « ça monte, ça descend ».

• **Évitez toute description** des courbes sans référence à ce qu'elles signifient. Par exemple, la courbe du haut concerne les diplômés du supérieur. Puisqu'elle est nettement détachée de la courbe « Ensemble », cela veut dire que les diplômés bénéficient plus d'emplois stables que l'ensemble, et évidemment plus que les « Sans diplôme », dont la courbe est nettement décrochée de l'ensemble.

● **Faites la synthèse du graphique** : l'allure générale de toutes les courbes montre une montée générale de la précarité. Toutefois, plus on est diplômé, moins on est menacé par la précarité.

1 Les emplois se transforment.

La société française d'aujourd'hui est d'abord celle du salariat. La proportion de non-salariés est passée de 20 % à moins de 10 % de la population active entre 1970 et 2000. Première explication, le déclin continu de l'emploi agricole. [...] Le salariat progresse aussi sous l'effet des transformations de la distribution. [...]

Le phénomène le plus important des trente dernières années, en termes d'effectifs, est la croissance de trois millions du nombre d'employés. Cette progression s'explique par l'essor des services et en particulier de la grande distribution. [...] C'est aussi parmi les employés que se range le personnel de service aux particuliers, les professions qui ont le plus augmenté de 1990 à 1999.

Le monde ouvrier, pour sa part, voit son poids diminuer du fait des transformations structurelles de l'industrie.

a. Citer des exemples de « personnel de service aux particuliers ».

b. Quelles sont les transformations structurelles de l'industrie ?

2 Les changements de la structure des emplois.

Répartition de la population active occupée

Professions et catégories socioprofessionnelles (PCS)	Effectifs (en milliers)		
	1982	1990	1999
Agriculteurs exploitants	1 466	1 005	627
Artisans, commerçants, chefs d'entreprise	1 815	1 752	1 525
Cadres et professions intellectuelles supérieures	1 860	2 603	3 023
Professions intermédiaires	3 784	4 464	5 318
Employés	5 502	5 899	6 655
Ouvriers	7 044	6 546	5 905
– qualifiés	3 686	3 725	3 497
– non qualifiés	3 089	2 586	2 163
– agricoles	269	236	245
Ensemble	**21 471**	**22 269**	**23 053**

INSEE, Recensements de la population.

a. Quelles sont les PCS dont la part dans l'emploi a diminué ?

b. Comment expliquer ce déclin ?

c. On compare l'évolution de la PCS Ouvriers par rapport à la PCS Employés. Que constate-t-on ?

3 Précarité et pauvreté.

La précarité de l'emploi est d'abord une situation ressentie par les salariés. Cette notion est donc très difficile à cerner par des indicateurs statistiques. Quelques chiffres illustrent cependant cette montée : la part totale des emplois à durée déterminée dans l'emploi total s'est accrue de plus de 50 % depuis 1985 en Europe. La France, où cette proportion a été multipliée par trois, se situe désormais au-dessus de la moyenne européenne. [...] Le retour en force des travailleurs pauvres constitue l'un des phénomènes les plus marquants des quinze dernières années : de plus en plus de salariés ont du mal à se loger et à se nourrir avec le fruit de leur travail.

▷ Guillaume Duval,
Alternatives économiques, hors série 58, 2003.

a. Pourquoi la précarité ne peut être appréhendée à travers des indicateurs statistiques ?

b. Quel est le paradoxe de l'expression « travailleurs pauvres » ?

4 Vrai ou faux ?

a. Aujourd'hui, les emplois sont majoritairement précaires.

b. La PCS la plus nombreuse aujourd'hui est celle des ouvriers.

c. Un emploi atypique est un emploi par intérim.

d. La PCS des agriculteurs est celle qui a le plus diminué en emplois.

e. Les contrats à durée déterminée progressent plus vite que les contrats à durée indéterminée.

5 Schéma d'implication.

Faire un schéma d'implication avec les expressions suivantes :

Augmentation de la précarité
Développement des FPE
Difficulté d'intégration sociale
Flexibilité recherchée par les entreprises
Incertitude du marché

À RETENIR

Comment définir le chômage ?

- Ne pas avoir d'emploi ne signifie pas être au chômage. Un **chômeur** doit non seulement être sans emploi, mais aussi en **rechercher un** et **être disponible** pour l'occuper.

- Les **chiffres** officiels du chômage sont donnés par des **études statistiques**. Deux définitions du chômage donnent deux mesures du chômage : le chômage au sens du **BIT** (Bureau international du travail) et le chômage au sens de **l'ANPE** (Agence nationale pour l'emploi). La différence entre les deux portes principalement sur le fait d'exercer une activité réduite (autorisée par l'ANPE et pas par le BIT).

- Au-delà de ces chiffres, il y a un « **halo du chômage** ». Il représente des personnes non recensées dans les chiffres officiels mais qui sont dans des situations proches du chômage : stagiaires en formation, personnes à activité très réduite.

Comment expliquer le chômage ?

- Il **n'y a pas une explication unique** du chômage : les économistes apportent des explications diverses et pas nécessairement contradictoires.

- Le **coût du travail excessif** dans les sociétés développées, surtout à cause des charges liées à la protection sociale, est une explication, car il entraîne des **délocalisations** vers des pays à bas coûts salariaux. Certains pays, comme la Grande-Bretagne, ont développé la **flexibilité du travail** et **la baisse des charges** afin de réduire le coût du travail.

- La **faiblesse de la croissance économique** est une autre explication, car les créations d'emplois dépendent de la croissance. Des **politiques de relance** peuvent alors être mises en œuvre. La politique économique des États-Unis, fondée sur un **déficit budgétaire** très important, a pour objectif une forte croissance créatrice d'emplois.

- Le **progrès technique** peut réduire le besoin en main-d'œuvre pour produire un même bien, grâce aux gains de productivité.

Comment remédier au chômage ?

- Les **politiques des pouvoirs publics** ne sont pas parvenues, en France, à baisser significativement le nombre des chômeurs. Même en période de forte croissance, il dépasse les 8 % de la population active.

- Les **remèdes** à apporter font l'objet de **débats**. Certains prônent plus de **flexibilité**, mettant en avant le coût du travail et les rigidités du marché du travail. D'autres optent pour une optique plus **keynésienne**, en proposant une plus grande **intervention de l'État** pour dynamiser la demande.

- En tout état de cause, les solutions préconisées impliquent de véritables **choix de société**.

COMMENT FAIRE

► Pour construire un « camembert »

Répartition des chômeurs indemnisés par tranches d'indemnités mensuelles

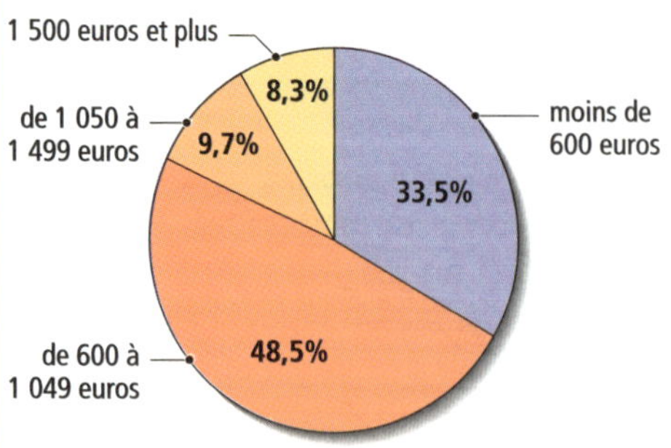

D'après Unedic, 2003.

- Les diagrammes circulaires, appelés camemberts, permettent de représenter une répartition à un moment donné. Ils sont divisés en secteurs, chacun d'entre eux occupant une place proportionnelle à sa part dans un total qui fait 100 %.

- Dans l'exemple ci-contre, cette répartition permet de saisir les principales informations d'un coup d'œil : une quasi-majorité entre 600 et 1 049 euros, et un tiers menacé par la pauvreté. Les mêmes chiffres, présentés dans un tableau, ne « parleraient » pas.

1 Analyser un tableau.

Chômage au sens du BIT (données corrigées des variations saisonnières, en fin de mois)

Taux de chômage (%)	déc. 03	nov. 04	déc. 04
Ensemble	9,9	9,9	9,9
Hommes	9,0	9,0	9,0
Femmes	11,0	11,0	10,9
moins de 25 ans	21,3	21,8	21,8
25 à 49 ans	9,1	9,1	9,0
50 ans et plus	7,5	7,3	7,2

Champ géographique : France métropolitaine. INSEE, 2005.

a. Quel enseignement peut-on tirer de la répartition des chômeurs par classe d'âge ?

b. Quel est l'intérêt de distinguer les taux de chômage masculin et féminin ?

2 La stabilisation du chômage.

Le chômage s'est stabilisé en France en 2004, avec 3 300 demandeurs d'emplois de moins sur l'année et un total de 2 444 200 personnes à la fin décembre, selon les chiffres publiées par le ministère du Travail.
Le taux de chômage est ainsi resté inchangé à 9,9 % en 2004, un niveau élevé qui fait suite à trois années consécutives de hausse. [...] Le ministre du Travail, Jean-Louis Borloo, a estimé que cette stabilisation du chômage l'an dernier constituait « un petit mieux » qu'il a jugé « encourageant » pour 2005 mais qui reste insatisfaisant. [...]
Le ministre de l'Économie, Hervé Gaymard, a réaffirmé que le chômage constituait « la question centrale » et s'est montré optimiste pour 2005. « Notre pays a beaucoup progressé cette dernière année parce qu'on crée beaucoup plus d'emplois avec la croissance », a-t-il dit en réaffirmant une nouvelle fois la prévision de croissance économique de 2,5 % retenue par le gouvernement pour 2005.

▷ *Libération. fr*, 28 janvier 2005.

a. Quelles ont été les évolutions du chômage depuis 4 ans ?

b. Pourquoi le ministre de l'Économie juge-t-il que le chômage est la question centrale ?

c. Quelle politique de lutte contre le chômage sous-tend l'analyse du ministre de l'Économie ?

3 Une application.

L'entreprise Serret fabrique des boulons d'une taille unique. La production se monte à 1 000 000 de boulons par an. Elle emploie 10 salariés, travaillant chacun 1 500 heures par an.

a. Quelle est la productivité horaire dans l'entreprise Serret ?

b. Que se passerait-il si l'entreprise Serret achetait de nouvelles machines permettant de doubler la productivité horaire ?

4 Quelle est la bonne réponse ?

1. Le nombre de chômeurs en France est compris entre :
a. entre 1 et 2 millions
b. entre 2 et 3 millions
c. entre 3 et 4 millions

2. La tranche d'âge la moins touchée par le chômage est celle des :
d. 15-29 ans
e. 30-49 ans
f. plus de 50 ans

3. Le progrès technique est :
g. une menace pour l'emploi
h. un moyen de lutte contre le chômage
i. à la fois un risque et une solution contre le chômage

4. La PCS la plus touchée par le chômage est celle des :
j. cadres et professions intellectuelles supérieures
k. agriculteurs
l. ouvriers

5 Compléter le texte ci-dessous avec les mots proposés.

active – chômage – consommation – croissance – marché – population – retraite – tendance – chômeurs

Il y a un malaise dans l'économie française : celui d'une ...... désespérément sans emploi. Pis, malgré le ralentissement de la population ......, le chômage ne cesse de croître, atteignant même un taux de 10 % en janvier 2005, un plus haut depuis février 2000. Autrement dit, en dépit de la vigueur de la ......, du rebond de l'investissement fin 2004 ou encore de l'optimisme acharné du gouvernement, la France a été incapable de freiner le rouleau compresseur du .... Dès lors, dans la mesure où la croissance va ralentir en 2005, il apparaît désormais impossible de voir le nombre de ...... baisser de 10 % cette année, comme promis par nos dirigeants. Et pour cause : si une croissance économique de 2,3 % en 2004 n'a pas empêché le taux de chômage de passer de 9,8 % à 10 %, comment une croissance de 1,8 % en 2005 pourrait inverser la ...... ?
Certes, la ...... active devrait stagner cette année. Néanmoins, comme le confirment régulièrement nos voisins allemands, moins de personnes à intégrer sur le ...... du travail et/ou plus de départs à la retraite ne sont absolument pas des gages de baisse du chômage. En effet, cette évolution favorable de la population active constitue bien souvent le moyen « idéal » pour augmenter la productivité, en ne remplaçant pas les départs à la ....

À RETENIR

Qui produit ?

● La production est **l'activité** qui permet de fabriquer des **biens** ou de fournir des **services**.

● En principe, la production est le fait d'entreprises. Elles sont définies non par leur but mais par leur activité : est entreprise tout **organisme** qui vend quelque chose, cette **vente** constituant une **activité habituelle et dominante**.

● Il y a **d'autres producteurs**. Les **administrations publiques** satisfont une partie des besoins sous la forme de **services non marchands**, c'est-à-dire que leurs bénéficiaires ne paient pas directement le prix qu'ils coûtent.

● D'autres organisations contribuent également à la production. Ce sont les **ménages** quand ils produisent contre rémunération (location d'un logement par exemple). Ce sont les **associations**, qui se différencient des entreprises capitalistes en ce qu'elles ne produisent pas dans le but de réaliser un profit.

La diversité des formes d'entreprises

● Une entreprise ne se définit pas par son **statut** : une personne peut représenter une **entreprise individuelle** (le cordonnier par exemple). Ces entreprises individuelles s'opposent aux **sociétés**, nécessairement composées de plusieurs personnes qui se réunissent dans le but de produire.

● Les **statuts juridiques** des sociétés sont multiples. Les plus courants sont la **SARL** (société à responsabilité limitée) et la **SA** (société anonyme). Au contraire de l'entreprise individuelle, le **pouvoir de décision** n'est pas concentré dans une seule personne, mais partagé entre les associés (SARL) ou les actionnaires (SA), en proportion de la part de propriété qu'ils possèdent.

● Certaines sociétés choisissent un **statut particulier** qui déconnecte le contrôle de la part de propriété : ce sont les **sociétés coopératives**. Dans les SCOP (société coopérative ouvrière de production), le pouvoir de décision appartient aux salariés selon la règle : une personne = une voix.

La diversité des tailles d'entreprises

● Plus de 90 % des entreprises emploient moins de dix salariés : ce sont les **très petites entreprises** (TPE).

● Les **petites et moyennes entreprises** (PME) emploient de 10 à 499 salariés et représentent la quasi-totalité des 10 % restants.

● Les **grandes entreprises** (au-delà de 500 salariés) ne représentent qu'1 ‰ des entreprises, mais elles emploient un tiers des salariés.

COMMENT FAIRE

► Pour construire un diagramme en barres

Répartition des entreprises, des salariés et du chiffre d'affaires en fonction de leur taille

Nombre de salariés	Nombre d'entreprises	Effectif salarié	Chiffre d'affaires
0-9	90,6	20,3	17,3
10-499	9,3	45,9	45,2
500 et +	0,1	33,8	37,5
Total	100	100	100

TEF 2002-2003, INSEE.

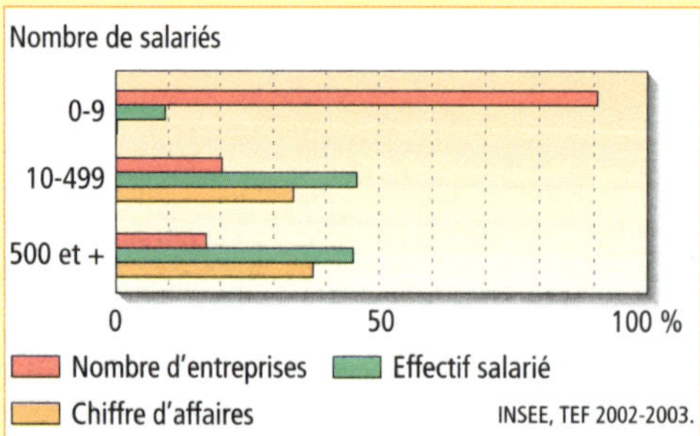

INSEE, TEF 2002-2003.

● Le diagramme en barres permet de comparer des répartitions au sein de catégories distinctes. Dans cet exemple, on peut comparer l'écrasante majorité des TPE en termes de nombre d'entreprises avec sa faible contribution au chiffre d'affaires général.

● Quelques conseils pour construire un diagramme en barres.
- Transformer les valeurs absolues en pourcentage.
- Limiter le nombre d'éléments à comparer, sinon le diagramme sera illisible.
- Voir si les barres ont meilleure apparence verticalement ou horizontalement. On obtiendra sans doute le meilleur effet avec un diagramme plus large que haut.

1 Analyser un texte.

Les ménages produisent des services quand ils emploient du personnel domestique pour s'occuper de leurs enfants, nettoyer leur logement ou préparer des repas. Par contre, quand ces activités sont effectuées par un membre du ménage, elles ne sont pas retracées dans la production.

▷ Daniel TEMAM, *L'Économie française 2000*, INSEE-Le Livre de Poche.

a. Qu'est-ce qu'un ménage ?

b. À quoi sont assimilés les ménages quand ils emploient du personnel domestique ?

c. Pourquoi les activités productives réalisées par un membre de la famille ne sont-elles pas retracées dans la production ?

2 L'évolution du nombre d'exploitations agricoles.

Années	1955	1970	1988	2000
Ensemble	2307000	1588000	1017000	664000
Dont				
< 10 hectares	1299000	702000	390000	254000
> 50 hectares	95000	131000	172000	201000

TEF 2002/2003, INSEE.

a. Comment définir une exploitation agricole ?

b. Comment a évolué le nombre d'exploitations ?

c. Comment a évolué leur taille ?

3 L'évolution du poids des entreprises publiques.

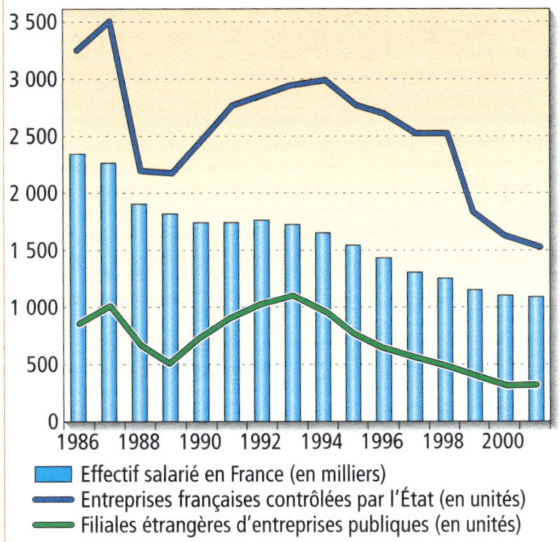

INSEE Première n° 860, juillet 2002.

a. Que signifient les données de l'année 1993 ?

b. Comment expliquer la baisse des effectifs salariés depuis 1997 ?

4 Définir.

Pour chacun des exemples, préciser s'il s'agit d'une administration publique, d'une association ou d'une entreprise.

a. La Poste

b. BNP-Paribas

c. La SNCF

d. Votre lycée

e. Votre mairie

f. Médecins sans frontières

g. Renault

h. La Sécurité sociale

5 Répartition des entreprises.

En %	Personnes physiques	Personnes morales				Ensemble total
		SARL	SA	Autres	Total	
Industries agro-alimentaires (IAA)	**61,7**	26,9	5,8	5,7	**38,3**	**100**
Industrie (hors IAA)	**35,3**	45,2	14,9	4,7	**64,7**	**100**
Construction	**61,8**	33,1	2,7	2,4	**38,2**	**100**
Commerce	**48,5**	41,0	6,2	4,3	**51,5**	**100**
Transports	**56,1**	33,7	6,3	3,9	**43,9**	**100**
Activités immobilières	**23,1**	57,7	7,9	11,3	**76,9**	**100**
Services aux entreprises	**41,3**	39,3	9,1	10,3	**58,7**	**100**
Services aux particuliers	**63,0**	31,7	2,1	3,2	**37,0**	**100**
Éducation, santé, action sociale	**89,2**	5,1	0,7	5,1	**10,8**	**100**
Total	**55,6**	**33,7**	**5,5**	**5,2**	**44,4**	**100**

Champ : entreprises de l'industrie, du commerce et des services (hors services financiers) *Annuaire statistique de la France*, INSEE, 2003.

a. À quelle forme d'entreprise correspond la colonne « Personnes physiques » ?

b. Que signifie la donnée entourée ?

c. Quel est le secteur dans lequel les personnes physiques sont les moins nombreuses ? Pourquoi ?

À RETENIR

Avec quoi produire ?

● Pour produire, il faut du **capital** et du **travail** : ce sont les **facteurs de production**. Le capital peut être **fixe** (ce sont les machines, les bâtiments de l'entreprise) ou **circulant** (ce sont les consommations intermédiaires qui sont détruites au cours du processus de production).

● C'est par la **combinaison** des facteurs de production qu'on produit des biens et services. Selon le type de production, la combinaison varie. Par exemple, dans une industrie « lourde » comme la sidérurgie, la production nécessite beaucoup de capital par rapport au travail (c'est ce qu'on appelle **l'intensité capitalistique**). En revanche, d'autres productions (comme les services aux particuliers) nécessitent peu de capital et beaucoup de travail.

● Il peut y avoir plusieurs combinaisons productives possibles. Si une entreprise fait le choix d'acheter une machine qui permet de produire avec une seule personne plutôt qu'avec 10, il y a **substitution du capital au travail**.

Qu'est-ce que la productivité ?

● Pour être compétitives, les entreprises cherchent à **diminuer les coûts unitaires** de production, c'est-à-dire à produire plus avec la même quantité de facteurs de production.

● Cette productivité peut être mesurée en effectifs employés (**productivité du travail par tête**) ou en heures de travail (**productivité du travail horaire**).

Pourquoi investir ?

● Quand l'entreprise dépense en biens ou en services qui ne sont pas détruits au cours du processus de production, elle investit. Cet **investissement** alimente le **stock de capital fixe**.

● Quand ces investissements sont destinés à remplacer des équipements qui ne sont plus performants, on parle **d'investissement de remplacement**.

● Tous les investissements hors remplacement sont destinés soit à accroître la **capacité** de production, soit à **augmenter la productivité**.

La valeur ajoutée

● La valeur ajoutée est la **véritable contribution de l'entreprise à la production**. Elle se calcule en déduisant de la production les **consommations intermédiaires** détruites au cours du processus.

● La valeur ajoutée est répartie entre **employés** (salaires), **apporteurs de capitaux** (dividendes pour actionnaires, intérêts pour prêteurs), **administrations publiques** (impôts). L'entreprise peut conserver une part de la valeur ajoutée pour financer les futurs investissements (**amortissement**, bénéfices mis en **réserve**).

COMMENT FAIRE

► Pour analyser un dessin

G. MATHIEU, paru dans *Alternatives économiques* n° 203, mai 2002.

►

● Un dessin, voire une caricature, peut être analysé en SES. Attention, il ne s'agit pas de commenter le dessin (est-il joli ? drôle ?) mais de tirer des informations utiles pour nourrir votre réflexion.
Dans cet exemple, l'effet comique est dû au fait que le producteur est seul, ayant remplacé ses employés par des machines. Ne trouvant plus de clients, il rêve de machines acheteuses…

● Ce qu'il faut dégager de ce dessin, c'est le lien entre l'offre et la demande : les salariés de l'entreprise ont certes un coût, mais leur salaire – ce coût – leur permet d'acheter la production.
Dans un travail d'analyse de documents sur la production et la valeur ajoutée, on peut, grâce à ce dessin, montrer l'interaction entre les facteurs de production et la demande globale.

S'EXERCER

1 Compléter le texte.

a. On distingue deux facteurs de production : le ……… et le ……… La combinaison ……… est l'association d'une certaine quantité de chaque facteur de ……… Si on utilise beaucoup de ……… et peu de ……… la combinaison est dite fortement capitalistique.

b. La productivité est mesurée en effectifs employés : c'est la ……… La productivité du travail horaire est mesurée ………
La valeur ajoutée est répartie entre ……… (salaires), ……… (dividendes pour actionnaires, intérêts pour prêteurs), ……… (impôts).

2 La productivité du travail.

Un constructeur automobile a deux unités de production. Toutes les deux produisent les mêmes voitures, mais dans deux pays différents.

Par an	Usine A	Usine B
Quantités produites	200 000	100 000
Nombres d'employés	250	100
Durée horaire du travail/heure	1 900	1 500

a. Calculer la productivité du travail par tête dans chaque usine.

b. Calculer la productivité horaire du travail dans chaque usine.

3 L'intensité capitalistique.

D'une activité à l'autre l'importance et le poids des outils varient : à la limite, seuls une paire de ciseaux et un rasoir sont nécessaires à un coiffeur, tandis qu'une raffinerie de pétrole ne se conçoit pas sans d'immenses installations largement automatisées. On parle de branches à forte intensité en travail, d'autres à forte intensité en capital fixe. Le capital désigne ici les outils (machines et bâtiments) utilisés dans une opération de production, mais n'inclut pas les investissements immatériels (publicité, marque, enseigne) ou financiers souvent nécessaires pour produire. Le montant du capital fixe par emploi (ou par tête) est une façon de mesurer cette intensité. […] Dans le cas des activités capitalistiques, l'énormité des mises de fonds impose soit le recours à des capitaux publics, soit une concentration très forte de manière à produire en masse afin de rentabiliser des investissements hors de prix. Au contraire, dans le cas des activités de main-d'œuvre, la faiblesse (relative) de la mise de fonds incite nombre de personnes à se mettre à leur compte : c'est le domaine de la toute petite entreprise.

▷ Denis Clerc, « Le capital par tête », *Alternatives économiques*, n° 112, 1994.

a. Citer trois entreprises à forte intensité capitalistique.

b. Citer trois types d'entreprise à forte intensité en travail.

c. Comment calcule-t-on l'intensité capitalistique ?

4 Le partage de la valeur ajoutée.

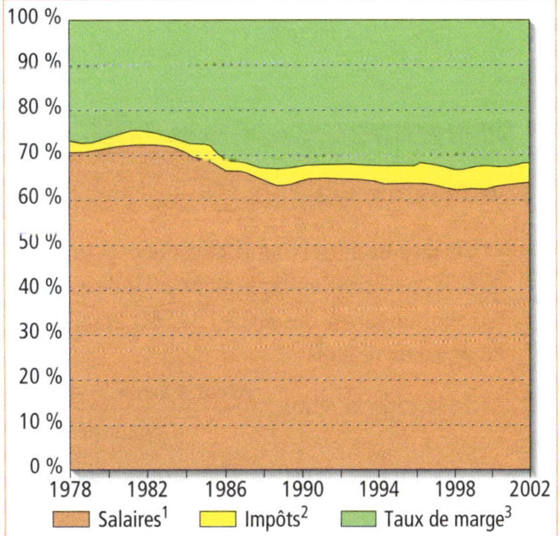

1. Cotisations sociales comprises.
2. Liés à la production nette de subventions d'exploitations.
3. Part de l'excédent brut d'exploitation dans la valeur ajoutée. L'excédent brut d'exploitation est la somme qui va permettre de payer les intérêts aux créanciers, les dividendes aux actionnaires, les impôts sur les sociétés et de constituer des réserves (bénéfices non distribués) pour investir.

a. Quelle est la part des salaires dans la valeur ajoutée en 1978 ? en 2002 ?

b. Comment a évolué la part des impôts dans le partage de la valeur ajoutée ?

c. Peut-on dire que les salaires ont baissé de 1978 à 2002 ?

SES

À RETENIR

Qu'est-ce que l'organisation scientifique du travail ?

- Le facteur de production qu'est le **travail** nécessite, pour être le plus **efficace** possible, une **organisation** du travail dans l'entreprise.

- À la fin du XIXe siècle, l'Américain Frederick **Taylor** (1856-1915) défend **l'organisation scientifique du travail (OST)** pour accroître la productivité dans les entreprises. L'OST repose sur deux principes. Le premier correspond à une **division horizontale du travail** : c'est la parcellisation du travail (une tâche d'exécution simple remplie par un ouvrier spécialisé). Le second sépare la conception et l'exécution du travail : c'est la **division verticale du travail.**

- Le constructeur automobile **Ford** perfectionne le taylorisme par la **mécanisation** et la **standardisation.** C'est désormais le rythme de la machine qui s'impose à l'ouvrier. Les pièces et les produits sont standardisés, pour permettre des économies d'échelle et accroître encore la productivité. Le fordisme introduit aussi de hauts salaires, afin de compenser la **déqualification** des travailleurs et de leur procurer un **pouvoir d'achat** suffisant pour consommer les biens et services produits.

De nouvelles formes d'organisation du travail ?

- Dès la fin des années 1960, le **taylorisme** a été **remis en cause** : déresponsabilisation des ouvriers, décalage entre tâches et qualifications, exigence toujours plus qualitative de la demande imposant une flexibilité accrue.

- Afin de remotiver leur main-d'œuvre, les entreprises ont recomposé les tâches : la rotation, l'élargissement et l'enrichissement des tâches a permis de redonner de l'intérêt au travail fourni par les salariés. C'est ce qu'on appelle le **post-taylorisme.**

- Parmi ces nouvelles organisations du travail, le **toyotisme** a été expérimenté puis adopté par de nombreuses entreprises. Il vise à donner aux salariés une **polyvalence de fonctions**, à réduire la **hiérarchie** et à profiter de l'expérience et des idées des salariés grâce aux **cercles de qualité.**

- Toute forme d'organisation du travail vise à accroître la **productivité du travail.** Or, le taylorisme garde son efficacité. On parle aujourd'hui de **néo-taylorisme** quand il y a intensification du travail et pression accrue des contraintes de marché.

COMMENT FAIRE

► Pour mesurer des variations dans le temps

- On dispose de trois outils statistiques pour mesurer la variation d'une grandeur dans le temps : le taux de variation, le coefficient multiplicateur et l'indice.

Prenons un salarié qui gagne 1 545 € par mois en 2005, alors qu'il a gagné 1 500 € par mois en 2004. Son salaire a augmenté de 45 €.

- Le taux de variation : $\frac{\text{valeur d'arrivée} - \text{valeur de départ}}{\text{valeur de départ}} \times 100$.

Soit dans notre exemple : $\frac{45}{1500} \times 100 = 3\ \%$

- Le coefficient multiplicateur : $\frac{\text{valeur d'arrivée}}{\text{valeur de départ}}$. Soit $\frac{1545}{1500} = 1{,}03$.

- L'indice : $\frac{\text{valeur d'arrivée}}{\text{valeur de départ}} \times 100$. Soit, en prenant 1 500 € pour indice 100, $\frac{1545}{1500} = 103$.

1 Les professions subissant le travail répétitif.

En %	Proportion de salariés qui doivent répéter continuellement une même série de gestes		
	1984	1991	1998
Employés postes et télécom	36	48	62
Employés libres-services	**44**	64	67
Employés hôtellerie restauration	20	46	42
Ouvriers qualifiés	35	46	51
Ouvriers non qualifiés	58	68	70

Premières synthèses, MES-DARES, 1999.

a. Que signifie la donnée en gras ?

b. Comment a évolué la condition des professions subissant le travail répétitif ?

2 L'impact de l'informatique sur l'organisation du travail.

Les systèmes informatiques et les réseaux permettent aujourd'hui de collecter et d'analyser de manière continue une grande quantité d'informations sur la façon dont les salariés s'acquittent de leurs tâches. Il ne s'agit pas seulement de mesures de quantités physiques, comme le nombre d'opérations ou le nombre de clients, mais aussi de mesures relatives au comportement. Dans les centres d'appel, par exemple, le système de supervision permet de réaliser des échantillonnages des conversations et de mesurer la fréquence de certains termes ou de certaines expressions. Il existe aussi des systèmes de reconnaissance vocale qui analysent le ton des conversations. [L'informatique] place le salarié dans une situation de contrôle et de dépendance inédite alors qu'en même temps se développe un discours sur l'autonomie et la responsabilisation dans le travail.

▷ Patricia Vendramin, « Les technologies de l'information, complices de l'intensification du travail », colloque *Organisation, intensité du travail, qualité du travail*, novembre 2002.

a. Quels étaient les effets attendus de l'informatisation sur l'organisation des entreprises ?

b. En quoi peut-on dire que la situation de contrôle et de dépendance est inédite ?

3 Vrai ou faux ?

a. Ford est l'inventeur du travail à la chaîne

b. Le taylorisme a amélioré la productivité des entreprises

c. Le toyotisme est une forme de taylorisme

d. Ford a développé les principes du taylorisme

e. Les cercles de qualité sont une invention du toyotisme

f. Le taylorisme a disparu des entreprises

g. Les contraintes de travail pèsent aussi dans le secteur des services

4 Une expérience du taylorisme.

En 1899, Taylor réorganise la Bethleem Steel Company, entreprise sidérurgique. Voici les résultats :

	Sans OST	Avec OST
Nombre d'ouvriers	500	140
Rendement par ouvrier et par jour (10 heures)	16	59
Salaire journalier d'un ouvrier	1,15 $	1,88 $

a. Calculer le taux de variation du nombre d'ouvriers.

b. Calculer l'indice de l'augmentation de la production.

c. Calculer le coefficient multiplicateur du salaire avec OST.

5 Compléter le texte suivant à l'aide des mots de cette liste.

approvisionner – assemblées – demande – flux – fordisme – fourniture – gestion – investissement – montage – produire – relation – stocks – travail – vendre

Le juste-à-temps est la ...... des produits en nombre requis, au moment adéquat à l'endroit exigé. En clair, il s'agit d'...... le montage en pièces au moment où celles-ci doivent être ...... sur la voiture. C'est une ...... de la production à l'envers, par rapport au .... Suivant les principes établis par Ford, il fallait ...... d'abord, ensuite approvisionner et enfin...... .

Le toyotisme inverse cette ...... : il faut d'abord vendre et c'est au fur et à mesure que l'on vend les voitures qu'on les produit et qu'on commande les composants nécessaires à l'assemblage. De cette manière, le ...... de production, c'est-à-dire le passage continuel de l'objet qui doit être transformé d'un stade de la production à un autre (dont la chaîne de ......, inventé par Ford en 1913, est l'archétype), est « tiré » par la demande. C'est la ...... qui fixe directement la quantité et les caractéristiques des voitures que l'on assemble. Les ...... sont alors éliminés, ce qui permet de réduire l'...... en capital mais surtout de rationaliser le ...... d'une façon radicale.

À RETENIR

La réglementation des conditions du travail

● Entre un **employeur** et un **salarié**, la relation est matérialisée par un **contrat de travail**, qui peut ne pas être écrit, par lequel le salarié se passe sous **l'autorité** ou la **subordination** de son employeur en échange d'une **rémunération**.

● Le contrat de travail doit respecter les **lois et règlements** qui régissent l'emploi de la main-d'œuvre. L'ensemble de ces lois et règlements est appelé **droit du travail**.

● Le **droit du travail** est destiné à **protéger le salarié**, qui est dans une situation de dépendance par rapport à son employeur. C'est pourquoi, notamment, il fixe des limites à la durée du travail et un plancher minimum des rémunérations des salariés.

● Un **droit conventionnel** précise ou améliore les réglementations du droit du travail. Les négociations entre patronat et salariés (les **partenaires sociaux**) débouchent sur des **accords collectifs**, au niveau des branches (ensemble des entreprises d'un même secteur professionnel) ou au niveau de l'entreprise.

Qui représente les partenaires sociaux ?

● Les **revendications** des salariés face à leur employeur sont défendues par leurs représentants, les **délégués du personnel** ou les **délégués syndicaux**. Alors que ces derniers sont **nommés** par les syndicats, les délégués du personnel sont **élus** au sein de chaque entreprise de plus de 10 salariés.

● Les syndicats de salariés traversent actuellement une **crise**. Le **taux de syndicalisation** baisse depuis trente ans et est l'un des plus faibles des pays développés, alors même qu'ils concentrent leurs adhérents dans le **secteur public**. Les trois principaux syndicats sont la **CGT**, la **CFDT** et **FO**.

● Les **syndicats d'employeurs** défendent les intérêts de leurs membres auprès du gouvernement et dans les négociations sociales. Le principal syndicat est le Mouvement des entreprises de France (**Medef**).

Les conflits du travail

● Dans le cas d'un **conflit individuel**, entre un salarié et son employeur, celui d'entre eux qui estime que le droit du travail n'a pas été respecté peut saisir le **conseil des prud'hommes**, tribunal spécialisé dans les conflits du travail.

● Les **conflits collectifs** sont plus visibles. Ils opposent salariés et entreprises sur des questions diverses (salaires, temps de travail, emploi, par exemple). Le moyen d'action le plus fréquent est la **grève**. Celle-ci est une cessation collective et concertée du travail.

COMMENT FAIRE

► Pour étudier une courbe

Taux de syndicalisation, en % des salariés

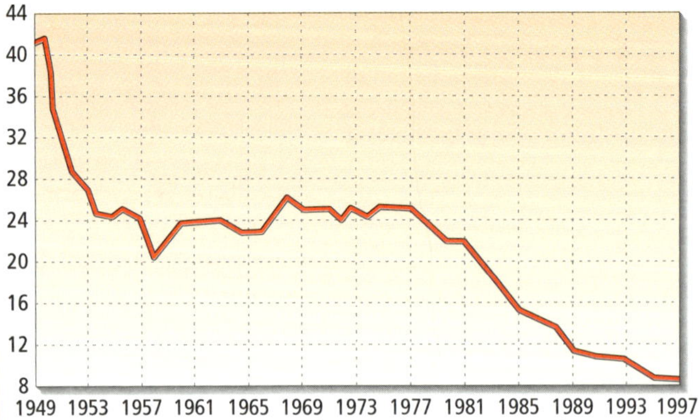

Dominique Labbé, *Syndicats et syndiqués en France depuis 1945*, L'Harmattan, 1996 et actualisation Hatier, 2005.

►

● Lisez bien tous les renseignements qui environnent la courbe : l'axe des ordonnées qui, dans l'exemple, donne l'explication du graphique (le taux de syndicalisation). Comme c'est souvent le cas, l'axe des abscisses établit une périodisation, c'est-à-dire qu'il est gradué en année. Il s'agit donc d'une analyse en termes d'évolution.

● Dire d'une courbe qu'elle « monte » ou qu'elle « descend » n'apporte rien. Efforcez-vous de construire une phrase dans laquelle le sens des abscisses et des ordonnées figure. Dans notre exemple, cela donne : « De 1949 à 1997, le taux de syndicalisation est passé de plus de 40 % à moins de 10 %. »

● Dégagez de l'analyse de la courbe des phases. Ici, on observe un effondrement du taux de syndicalisation de 1949 à 1958, une relative stabilisation de 1958 à 1977, puis une nouvelle chute depuis.

S'EXERCER

1 Évolution des motifs de conflits dans le secteur privé.

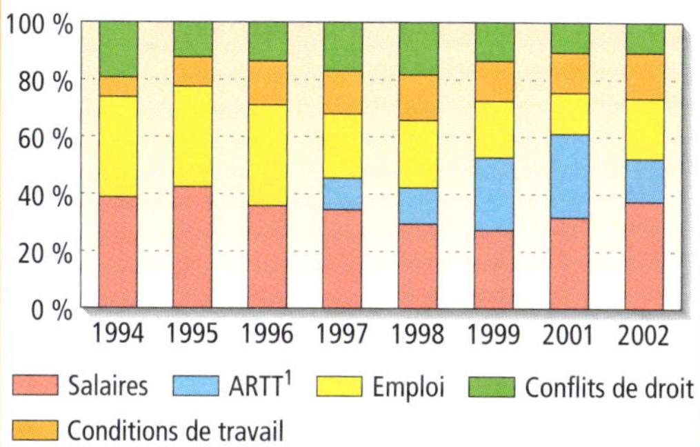

1. Aménagement et/ou réduction du temps de travail. Ce thème n'était pas identifié séparément de l'emploi avant 1997.

Champ : environ 1 000 conflits dans les entreprises du secteur privé uniquement.

Premières Informations de la DARES, MES-DARES, ministère de l'Emploi et de la Solidarité, août 2003.

a. Pourquoi les conflits portant sur l'ARTT ne commencent qu'en 1997 ?

b. Quels sont, en 1994, les deux motifs de conflit les plus fréquents ?

2 Quelle est la bonne réponse ?

1. Le taux de syndicalisation dans le secteur public est :
a. supérieur à celui du secteur privé
b. inférieur à celui du secteur privé
c. comparable à celui du secteur privé

2. Le taux de syndicalisation est proche de :
d. 10 %
e. 20 %
f. 30 %

3. Le principal motif de conflit est :
g. la réduction du temps de travail
h. l'emploi
i. les salaires

4. Les partenaires sociaux sont :
j. les syndicats de salariés
k. l'ensemble des salariés
l. les syndicats de salariés et les syndicats d'employeurs

5. Les conseils de prud'hommes jugent :
m. les litiges entre entreprises
n. les litiges entre employeurs et salariés
o. les litiges entre employeurs et syndicats

6. La grève est :
p. une cessation individuelle du travail
q. une manifestation de salariés
r. une cessation collective et concertée du travail

3 Analyser un texte.

Premier élément explicatif, le poids des changements structurels. Les grands secteurs industriels, bastions des syndicats [...], ont connu de fortes diminutions d'emplois, au profit d'activités commerciales et de services souvent peu syndiquées. Les ouvriers sont moins nombreux et ils sont remplacés par des employés ou des cadres. [...]
Les salariés sont devenus plus « utilitaristes » que par le passé vis-à-vis des syndicats : ils y font appel en cas de besoin sans s'y sentir engagés. [...]
Dernière cause de déclin, l'effacement du syndicalisme de proximité au profit d'un syndicalisme « institutionnalisé ». [...] Dans certaines entreprises, seuls les élus sont encore syndiqués et il ne leur est pas possible de mener une action au quotidien, faute de relais à la base. En négociant, les syndicats ont acquis une culture gestionnaire mais se sont éloignés des salariés.

▷ Michel Cézard et Jean-Louis Dayan, *Données sociales 1999*, INSEE.

a. Quels sont les trois causes de la désyndicalisation pointées par ce texte ?

b. Pourquoi dit-on que « les syndicats ont acquis une culture gestionnaire » ?

À RETENIR

Les revenus primaires

● La valeur ajoutée de l'économie fait l'objet d'une **répartition** en revenu. Ces revenus rémunèrent d'abord les **facteurs de production**. Ce sont les revenus du **travail** et les revenus du **capital** qui constituent des **revenus primaires**.

● Les **salaires** constituent la quasi-totalité des revenus du travail. Les **revenus du capital** proviennent d'actifs divers que possèdent les ménages : logements, fonds de commerce, actifs financiers comme les actions ou les obligations.

Les inégalités de revenu

● Les salaires sont **inégalement répartis** puisqu'ils le sont en fonction de la contribution à la valeur ajoutée et non d'une façon uniforme.

● Les inégalités de salaires peuvent être étudiées en fonction de **différents critères** : en fonction des PCS, en fonction du sexe, du diplôme, en fonction du secteur d'activité…

La redistribution

● La **répartition secondaire** consiste à retirer des revenus à certains ménages afin d'en donner plus à d'autres, en fonction des objectifs politiques que se fixe la société. C'est la **redistribution des revenus** qui s'opère par le biais des **impôts** et des **cotisations sociales**.

● Cette redistribution a pour effet de réduire les inégalités de revenus : c'est ce qu'on appelle la **redistribution verticale**.

● Après redistribution, le revenu des ménages (déduit des prélèvements et augmenté des prestations de redistribution) s'appelle le **revenu disponible**.

COMMENT FAIRE

► Pour comparer la valeur nominale à la valeur réelle

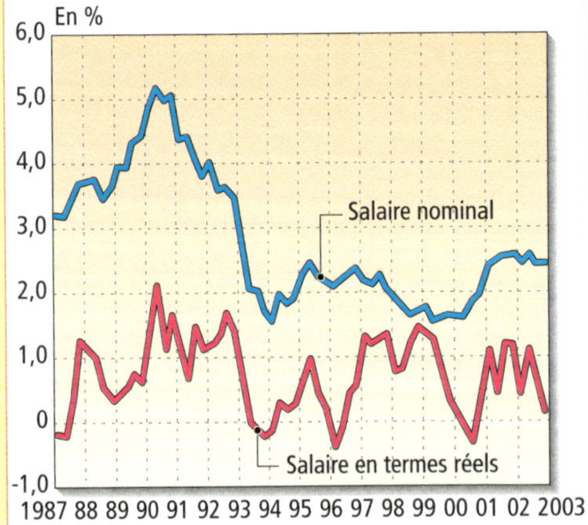

INSEE Conjoncture - informations rapides, n° 102, 1er avril 2003.

● La comparaison de valeurs à deux périodes données doit prendre en compte l'inflation. En effet, même si la hausse des prix est aujourd'hui réduite dans la zone euro, elle existe encore. Elle implique que la quantité de biens et services qu'on peut acheter à la fin d'une période est moins importante qu'au début de la période. C'est pourquoi, pour connaître la valeur réelle d'un bien, il faut neutraliser l'effet de l'inflation.

● On utilise la formule suivante :

$$\text{valeur réelle} = \frac{\text{valeur nominale}}{\text{indice des prix}} \times 100.$$

Raisonner en termes « réels » permet de mesurer l'évolution réelle d'un revenu, l'évolution de son pouvoir d'achat : un revenu peut bien augmenter de 25 %, si la hausse des prix est de 30 % sur la même période, il ne permet pas d'acheter autant !

1 Salaire brut et salaire net.

Un salarié au SMIC à temps complet gagne aujourd'hui 915 euros net par mois. Son salaire brut est de 1 154 euros et le coût du travail pour son employeur est, hors exonérations, de 1 611 euros. La différence entre le net et le brut (240 euros) correspond à la part salariale des cotisations sociales qui financent la Sécurité sociale (maladie, veuvage, vieillesse), à l'assurance-chômage et à la retraite complémentaire du régime général. La différence entre le brut et le coût du travail pour l'employeur (457 euros) correspond à la partie patronale des cotisations sociale ; elle finance à nouveau la Sécurité sociale (maladie, vieillesse, famille, accidents du travail), les prestations chômage et la retraite complémentaire du régime général.

▷ *Alternatives économiques*, n° 216, juillet-août 2003.

a. À quoi correspond la redistribution dans cet exemple ?

b. Calculer le rapport entre le coût du travail et le salaire net pour un salarié payé au SMIC.

c. Qui paie les cotisations sociales ?

2 Compléter un schéma.

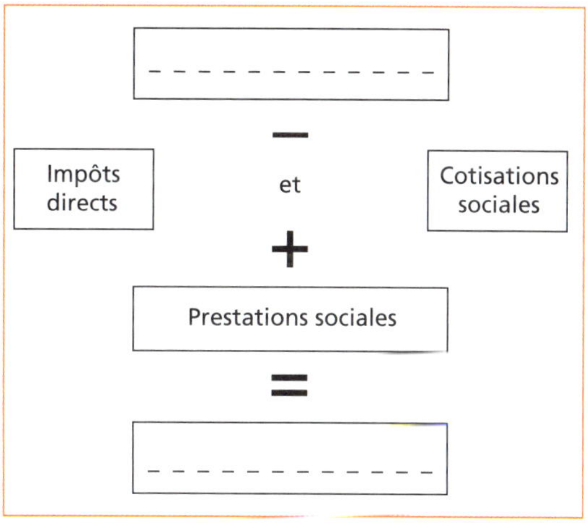

3 Euros courants, euros constants.

Évolution du salaire d'un travailleur (en francs courants et en indice) et de l'indice des prix à la consommation (base 100 en 1980) entre 1980 et 1996.

	2000	2005
Salaire mensuel en euros courants	1 500	1 580
Indice nominal du salaire (base 100 = 2000)	100	105
Indice des prix à la consommation (base 100 = 2000)	100	108

a. Calculer le salaire en euros constants.

b. Quelle est la différence entre le revenu nominal et le revenu réel dans cet exemple ?

4 Quelle est la bonne réponse ?

a. Les revenus des actions perçus par les ménages sont des revenus primaires.

b. L'allocation-logement est un revenu primaire.

c. Le loyer que vos parents paient au propriétaire est un revenu secondaire.

d. Les allocations familiales sont des revenus de transfert.

e. Le revenu disponible est net de charges sociales.

f. Les retraités ne perçoivent que des revenus de transfert.

g. Les prestations de redistribution font patie du revenu disponible.

h. Les impôts sont un outil de redistribution.

i. Les salaires sont également répartis entre les salariés.

5 Lire un graphique.

Évolution de la part des prestations sociales dans le revenu disponible des ménages

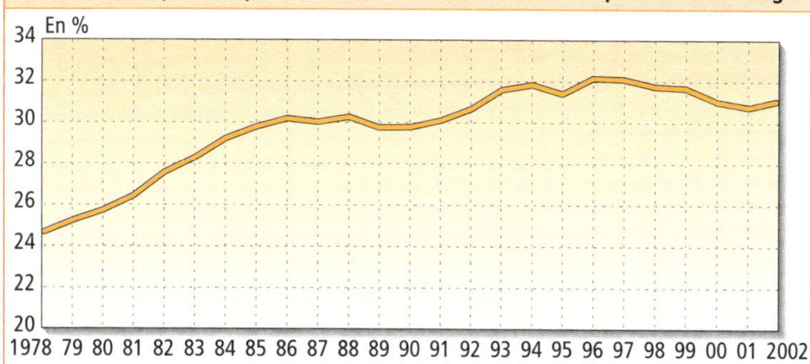

Graphique Hatier d'après les données de la comptabilité nationale 2002, INSEE, 2003.

a. Faire une phrase avec la donnée de l'année 1997.

b. Que peut-on déduire de l'allure générale de la courbe ?

c. Établir une périodisation.

À RETENIR

Pourquoi consommer ?

● Les ménages consomment afin de **satisfaire leurs besoins**. Dans les sociétés primitives, les ménages produisaient eux-mêmes ce qui était nécessaire à la satisfaction de leurs besoins : c'est **l'autoconsommation**. Grâce à **l'échange**, chacun peut échanger ce qu'il produit contre ce qu'il consomme. La **monnaie** rend possible ces échanges, alors que le troc imposait l'équivalence entre ce qui était vendu et ce qui était acheté.

● Les besoins vitaux sont ceux qui doivent être impérativement satisfaits pour pouvoir vivre : nourriture, vêtements, logement. Ce sont les **besoins primaires**. À mesure du développement des sociétés, d'autres besoins se font jour : éducation, santé, culture, loisirs…

Comment consommer ?

● Consommer implique de faire des **choix** : les **ressources**, c'est-à-dire les revenus, sont **limitées**, alors que les **besoins** sont **infinis** et que les produits ont un prix. C'est du **pouvoir d'achat** que dépend le **niveau de consommation.**

● Il faut aussi choisir entre **consommation** et **épargne**, c'est-à-dire entre consommation présente et consommation future.

Les progrès de la consommation

● Entre 1960 et 2000, la consommation en volume et par habitant a été **multipliée par 4**. Particulièrement, la **consommation collective** de **services non marchands** (santé, éducation) a connu une croissance exceptionnelle.

● Notre civilisation est caractérisée par la **consommation de masse**. Si elle permet l'accès d'un nombre très grand à la consommation, la consommation de masse comporte des **dangers** : uniformisation des produits et des comportements, développement excessif de la publicité, effets pervers comme la dégradation de l'environnement.

COMMENT FAIRE

► Pour calculer la moyenne

Part des dépenses de santé dans le PIB					
En %	**1960**	**1970**	**1980**	**1990**	**2000**
États-Unis	5,1	6,9	8,7	11,9	13,0
Japon	3,0	4,6	6,5	6,1	7,8
Allemagne	4,8	6,3	8,8	8,7	10,6
France	4,1	5,7	7,4	8,6	9,5
Italie	3,6	5,1	7,0	8,1	8,1
Royaume-Uni	3,9	4,5	5,6	6,0	7,3
Canada	5,4	7,0	7,1	9,0	9,1

OCDE, 2004.

● La moyenne permet des comparaisons entre des catégories diverses. Dans le tableau ci-contre, on peut par exemple faire la moyenne des dépenses de santé d'un pays par rapport à l'autre, ou d'une année par rapport à l'autre.

● Pour calculer une moyenne arithmétique simple, il faut additionner les chiffres globaux et les diviser par les effectifs.

Exemples : dépenses moyennes de santé, France, 1960-2000 : $4{,}1 + 5{,}7 + 7{,}4 + 8{,}6 + 9{,}5 = \frac{35{,}3}{5} = 7{,}06$.

Ou encore dépenses moyennes de santé en 1980 dans les principaux pays développés : $8{,}7 + 6{,}5 + 8{,}8 + 7{,}4 + 7{,}0 + 5{,}6 + 7{,}1 = \frac{51{,}1}{7} = 7{,}3$.

● La moyenne permet de faire des comparaisons pertinentes. Par exemple, elle permet de voir l'évolution globale des dépenses de santé entre 1960 et 2000. En revanche, la moyenne lisse les situations. Si le Canada avait baissé d'1 % sa dépense, cela n'aurait pas été visible dans la moyenne des dépenses de santé entre 1960 et 2000. La progression moyenne aurait simplement été moins forte.

S'EXERCER

1 Analyser un texte.

Les besoins humains sont nombreux : matériels et intellectuels, physiologiques et psychologiques. Ils s'accroissent et se diversifient sans cesse parce que l'homme est infini dans ses vœux, qu'il découvre sans cesse de nouveaux objectifs et de nouveaux moyens, que <u>la vie de ses semblables lui offre des motifs d'imitation et d'émulation toujours renouvelés</u>. Or, les moyens que l'homme a de satisfaire ses besoins sont limités. Il vit dans un monde de rareté. Les ressources dont il dispose sont soit insuffisantes à un moment donné, soit mal réparties dans l'espace. Même s'il jouissait de ressources abondantes, l'homme serait limité par le temps, le plus rare de tous les biens.
Faute de pouvoir tout avoir à la fois et tout faire en même temps, l'homme doit effectuer des choix. [...] Quand j'achète une paire de chaussures, je renonce à la satisfaction que m'aurait apportée la satisfaction d'un autre bien.

▷ Raymond BARRE, *Économie politique*, tome 1, PUF, 1997.

a. Pourquoi faut-il faire des choix pour satisfaire ses besoins ?
b. Expliquer le passage souligné.
c. Comment consommer plus que le financement par ses propres ressources le permet ?

2 Vrai ou faux ?

a. Les besoins sont limités.
b. Les ressources sont limitées.
c. Le revenu correspond à la consommation totale.
d. La consommation collective est payée directement par les ménages.
e. La publicité est destinée à augmenter la consommation.
f. La consommation augmente depuis les années 1960.
g. L'épargne s'ajoute au revenu.

3 Les dépenses de consommation*.

Produits alimentaires et boissons non alcoolisées	125 005
Boissons alcoolisées et tabac	28 484
Habillement et chaussures	38 974
Logement, eau, gaz, électricité	205 725
Équipement de la maison	51 385
Santé	32 312
Transport	127 272
Communications	20 970
Loisirs et culture	78 283
Éducation	5 464
Hôtels, cafés et restaurants	65 512
Autres biens et services	71 376
Total	853 763

* En millions d'euros. Hors consommation collective.
INSEE Résultats, n° 32, juillet 2004.

a. Quel est le principal poste de consommation ? Est-ce un besoin primaire ou secondaire ?
b. Quel est le pourcentage des dépenses d'éducation ? Pourquoi est-il si faible ?
c. Recenser les besoins primaires.

4 Analyser un graphique.

Taux d'épargne des ménages (en % du revenu disponible)

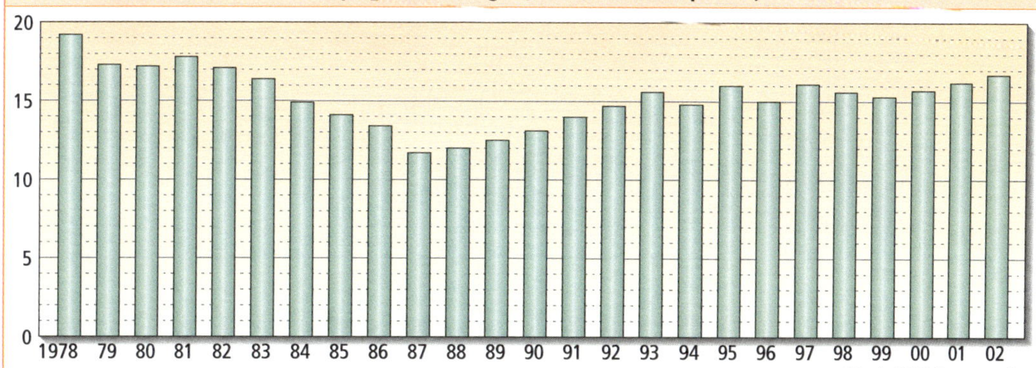

D'après INSEE, Comptes nationaux.

a. Transformer en courbe ce graphique en bâtons.
b. Pourquoi avoir fait le choix du diagramme en bâtons ?
c. Que devient la part du revenu disponible qui n'est pas épargnée ?

À RETENIR

- Les planètes appartenant au système solaire ont des températures de surface différentes.

- L'intérieur des planètes telluriques est à une température supérieure à celle de la surface (plus de 5 000°C au centre de la Terre pour une température moyenne de surface de 15°C). Il existe un flux de chaleur de l'intérieur vers la surface mais ce flux de chaleur est négligeable par rapport à l'énergie des radiations solaires reçues par la planète.

- L'énergie des radiations émises par le Soleil est la seule source d'énergie qui chauffe la surface d'une planète. L'énergie reçue par une planète est inversement proportionnelle au carré de la distance au Soleil. Si seul le facteur distance au Soleil est pris en compte, alors la température d'une planète est d'autant plus basse qu'elle est éloignée du Soleil.

- La température **moyenne** d'une planète est pratiquement constante : malgré l'énergie solaire sans cesse reçue, elle n'augmente pas. En effet, la planète réémet dans l'espace, sous forme de **rayonnement infrarouge**, une quantité d'énergie égale à celle de l'énergie solaire qu'elle a absorbée, « retenue » et qui l'a chauffée.

- Toute l'énergie solaire n'est pas absorbée par une planète : une partie est réfléchie et n'intervient donc pas dans sa température.
L'albédo désigne la fraction de l'énergie reçue réfléchie (30% = 0,30 pour la Terre) par une planète (soit le globe plus l'atmosphère lorsqu'elle existe). Pour une distance donnée au Soleil, plus l'albédo est faible, plus la température de surface est élevée.

- La Lune et la Terre sont situées à égale distance du Soleil et reçoivent, par mètre carré, la même quantité d'énergie solaire ; en outre, l'albédo de la Lune (0,07) étant inférieur à celui de la Terre (0,35), on pourrait penser que la température moyenne de la Lune est supérieure à celle de la Terre. Pourtant la température moyenne de surface de la Lune (–20° C) est inférieure à celle de la Terre (+15° C). Or la Lune, au contraire de la Terre, ne possède pas d'atmosphère. L'atmosphère intervient donc dans l'établissement de la température de surface de la Terre par un mécanisme appelé **effet de serre**.

COMMENT ÇA FONCTIONNE

► Les planètes telluriques (ou rocheuses)

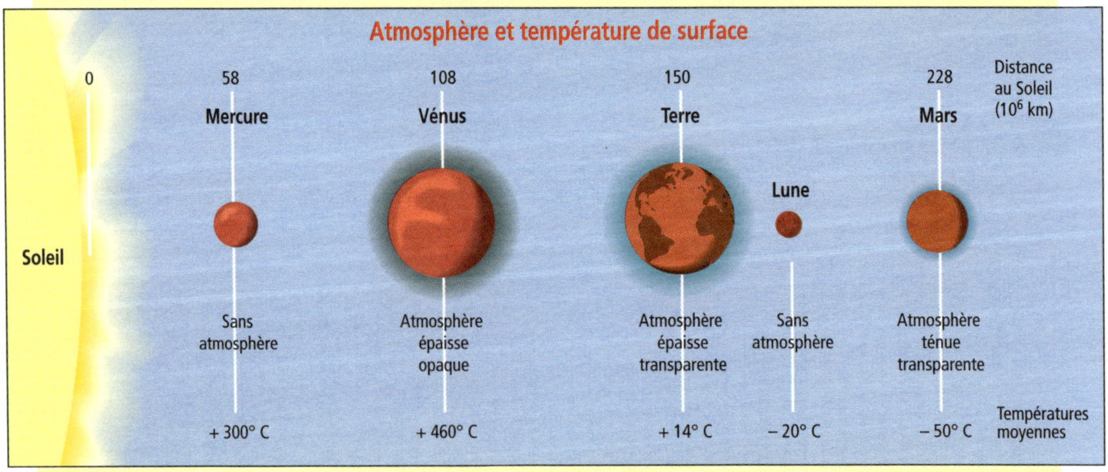

Doc. 1.

Globalement, les planètes les plus éloignées du Soleil ont la température de surface la plus faible, ceci étant lié au fait que la température d'une planète est tributaire de l'énergie solaire qu'elle reçoit.

Cependant, la distance au Soleil n'est pas le seul facteur qui conditionne la température d'une planète ainsi que le montre le fait que Vénus présente une température moyenne supérieure à celle de Mercure et que la Terre a une température plus élevée que celle de la Lune. Le deuxième facteur qui agit sur la température de surface est l'existence ou non d'une atmosphère. Le troisième facteur est l'albédo.

1 **Établir les relations existant entre les deux séries de données.**

Première série

1. Mercure ;
2. Vénus ;
3. Terre ;
4. Lune;
5. Mars.

Deuxième série

a. a une température qui dépend de la distance au Soleil;
b. a une température qui ne dépend que de la distance au Soleil et de l'albédo ;
c. émet un rayonnement infrarouge ;
d. émet autant d'énergie qu'elle en reçoit.

2 **Relever parmi ces affirmations celles qui sont correctes. Corriger celles qui sont inexactes.**

La température de la nuit, sur Terre, est plus faible que celle du jour car :

1. il n'y a plus de flux de chaleur d'origine interne ;
2. elle ne reçoit plus d'énergie solaire ;
3. elle continue à émettre un rayonnement infrarouge.

3 **Exploiter le document ci-dessous.**

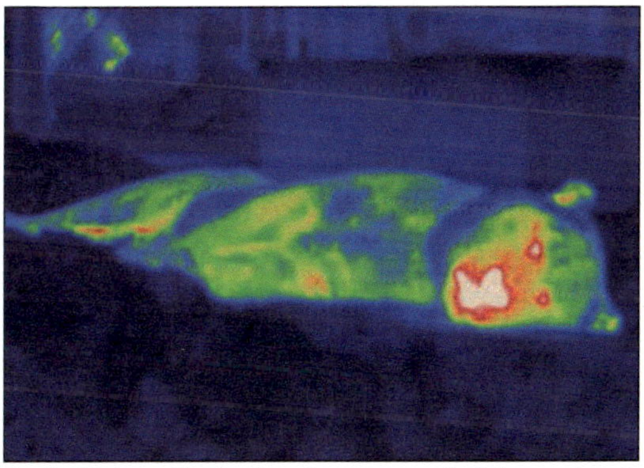

Doc. 2. – Photographie d'un lion pris avec une caméra infrarouge la nuit.

a. Comment expliquer que le lion soit visible la nuit ?

b. Obtiendrait-on une photographie identique de jour avec la même caméra ?

c. Comment expliquer qu'en un lieu ensoleillé, la température demeure constante, au voisinage de 30°C (par ex.) ? Comment expliquer qu'elle baisse durant la nuit ?

d. Les variations de la température de surface de la Lune entre le jour et la nuit ont une amplitude (de +120°C à −180°C) nettement supérieure à celles qui existent sur Terre. Quelle caractéristique de la Terre et de la Lune pourrait expliquer cette différence ?

4 **À partir des informations tirées de l'analyse du tableau suivant, trouver deux arguments montrant que la présence d'une atmosphère a pour conséquence un réchauffement de la planète.**

	Mercure	Vénus	Terre	Mars
Distance au Soleil *(10^6 km)*	58	108	150	228
Température de surface calculée en fonction de la seule distance au Soleil	+170°C	+30°C	−18°C	−60°C
Température de surface moyenne mesurée	+170°C	+460°C	+15°C	−55°C
Pression atmosphérique par rapport à celle de la Terre	0	93	1	0,007
Énergie mesurée au sol *(W/m²)*	$9{,}2 \cdot 10^3$	$2{,}6 \cdot 10^3$	$1{,}4 \cdot 10^3$	$0{,}6 \cdot 10^3$

5 **À partir de l'analyse du tableau suivant (albédo des planètes telluriques), indiquer qu'elle est la planète pour laquelle l'énergie solaire reçue contribue le plus faiblement à l'établissement de la température de surface.**

Mercure	Vénus	Terre	Lune	Mars
0,05	0,72	0,30	0,07	0,15

6 **Sachant que l'albédo de la glace est de 0,70 et celui du sol nu de 0,30, dire en quoi la fonte des glaciers peut participer à l'augmentation de la température terrestre.**

7 **On mesure l'évolution d'un corps métallique à partir du moment où on l'éclaire par une lampe halogène de forte puissance. La surface éclairée est revêtue soit d'une peinture noire soit d'une peinture blanche brillante.**

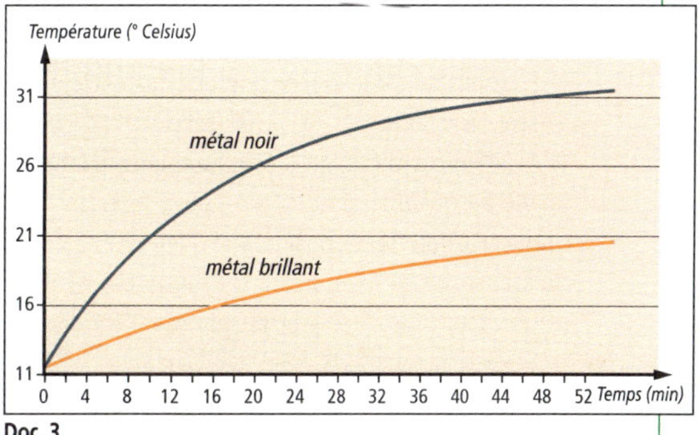

Doc. 3.

1. Comment expliquer l'élévation de température dans les deux cas ?
2. Comment expliquer l'évolution différente de la température dans les deux cas ?

À RETENIR

- 30 % de l'énergie solaire arrivant à la surface de l'atmosphère est réfléchie d'une part par l'atmosphère elle-même (26 %) et d'autre part par le sol (4 %) : ces 30 % n'interviennent donc pas dans la température de surface.
- Des 70 % restants, 20 % sont absorbés par l'atmosphère et 50 % par la surface terrestre. Ces 50 % absorbés chauffent la Terre et lui confèrent une certaine température. Puisque la température de surface est, en moyenne, constante, cela signifie qu'elle perd autant d'énergie que celle qui est absorbée.
- Comme tout corps ayant une température supérieure à celle du zéro absolu (–273° C), la Terre émet un rayonnement. Le rayonnement émis par un corps dépend de sa température. Le Soleil qui est très chaud émet un rayonnement en partie constitué de radiations visibles. La Terre, qui n'est pas très chaude (15°C), émet un rayonnement sous forme d'infrarouges non visibles.
- Les gaz de l'atmosphère, s'ils sont transparents aux radiations visibles (celles du Soleil), absorbent le rayonnement infrarouge émis par la Terre. L'atmosphère ainsi chauffée émet à son tour un rayonnement infrarouge dans l'espace mais aussi vers la Terre.
- Ce rayonnement infrarouge atmosphérique est absorbé par la surface terrestre et constitue ce qu'on appelle **l'effet de serre**.
- La Terre reçoit donc un double apport énergétique : celui du rayonnement solaire et le rayonnement infrarouge de l'atmosphère. Ce dernier (effet de serre) fait que la température de surface est environ supérieure de 30°C à ce qu'elle serait sans atmosphère, donc sans effet de serre (+ 15°C au lieu de –18°C).

COMMENT ÇA FONCTIONNE

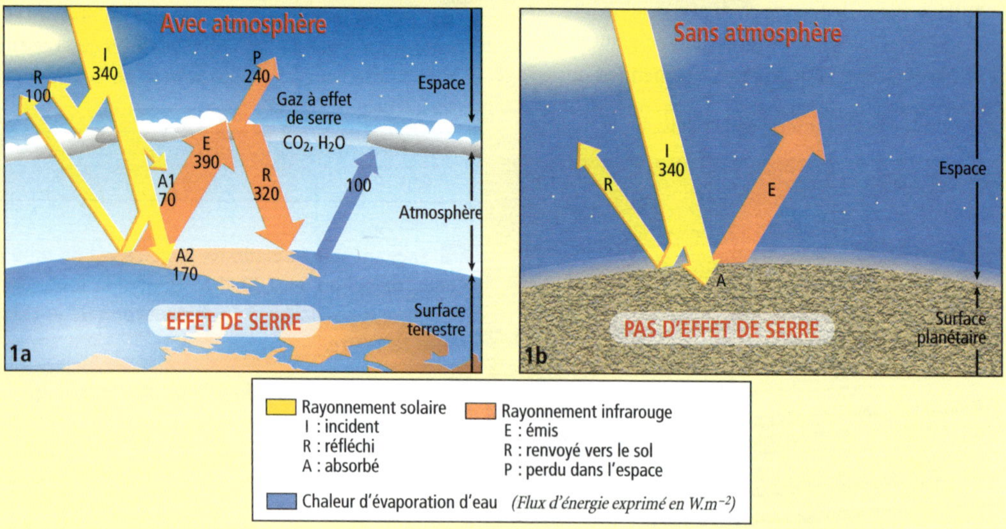

Rayonnement solaire
I : incident
R : réfléchi
A : absorbé

Rayonnement infrarouge
E : émis
R : renvoyé vers le sol
P : perdu dans l'espace

Chaleur d'évaporation d'eau *(Flux d'énergie exprimé en W.m⁻²)*

Document 1a

- L'ensemble atmosphère + globe terrestre absorbe 340 (reçus = flèche jaune I) – 100 (réfléchis = flèche jaune R) = 240 W/m² d'énergie d'origine solaire. Il émet, sous forme de rayonnement infrarouge, 240 W/m² (flèche orange P). Émettant une quantité d'énergie égale à celle qu'il absorbe, le bilan radiatif (énergétique) de l'ensemble globe terrestre + atmosphère est équilibré.
- Le globe terrestre absorbe 170 W/m² (rayonnement solaire : flèche jaune A2) plus 320 W/m² (rayonnement infrarouge de l'atmosphère : flèche orange R) soit une absorption totale de 490 W/m².
- Le globe terrestre émet un rayonnement infrarouge de 390 W/m² (flèche orange E). Le rayonnement reçu (490 W/m²) est supérieur à celui qu'il émet ; cependant il ne s'échauffe pas car il perd de la chaleur, 100 W/m² (flèche bleue), du fait de l'évaporation de l'eau (processus qui absorbe de la chaleur). Le bilan énergétique du globe terrestre est donc équilibré.

Document 1b

S'il n'y avait pas d'atmosphère, le globe terrestre absorberait plus d'énergie solaire (96% de 340 W/m², soit environ 326 W/m² au lieu de 170) mais ne recevrait plus le rayonnement infrarouge émis par l'atmosphère : il absorberait donc globalement moins d'énergie (326 au lieu de 490 W/m²) et sa température moyenne serait donc plus basse (–18 °C au lieu de 15°C).

1 **Relever parmi les affirmations celles qui sont correctes. Corriger celles qui sont inexactes.**

1. L'atmosphère...

a. réfléchit une partie du rayonnement solaire ;
b. émet un rayonnement infrarouge dans l'espace ;
c. se laisse entièrement traverser par le rayonnement infrarouge émis par la Terre ;
d. est chauffée par la condensation de la vapeur d'eau.

2. La surface terrestre...

e. réfléchit de façon uniforme une partie de l'énergie solaire qu'elle reçoit ;
f. est chauffée par l'énergie solaire qu'elle réfléchit ;
g. reçoit moins d'énergie solaire qu'en l'absence d'atmosphère ;
h. est chauffée de deux façons.

3. L'effet de serre...

i. n'est dû qu'aux activités humaines ;
j. est nocif à la vie des êtres vivants ;
k. n'existe que sur la planète Terre.

2 **Relever parmi les affirmations celles qui sont correctes. Corriger celles qui sont inexactes.**

La Terre a une température moyenne de surface plus élevée que celle de la Lune car :

a. elle reçoit plus d'énergie solaire ;
b. tout le rayonnement solaire reçu ne parvient pas à la surface de la Terre ;
c. l'albédo de la Lune est beaucoup plus élevé que celui de la Terre ;
d. la Terre reçoit deux rayonnements alors que la Lune n'en reçoit qu'un ;
e. la nuit, la surface lunaire se refroidit beaucoup plus vite que la surface terrestre.

3 **Rayonnement reçu et rayonnement émis par la Terre.**

a. Comparer les documents **2a** et **2b** et donner une explication aux différences constatées.

b. Quelle est la différence entre le rayonnement infrarouge émis par la Terre (**2c**) et le rayonnement infrarouge émis par le Soleil (**2a**) ?

c. À partir des données proposées, dire comment se comporte l'atmosphère vis-à-vis du rayonnement infrarouge du Soleil (**2b**) et du rayonnement infrarouge émis par la Terre (**2d**).

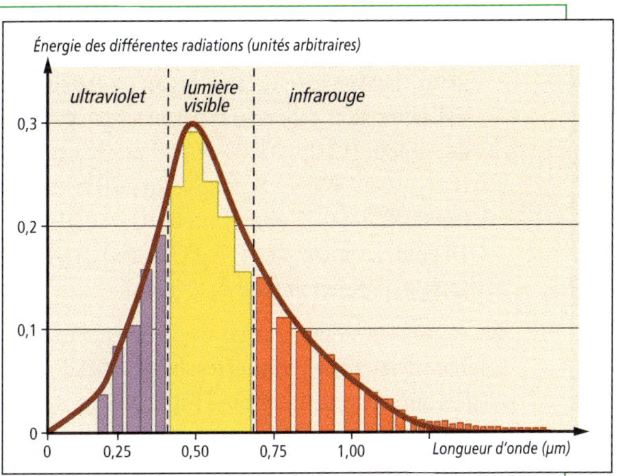

Doc. 2a – Spectre du rayonnement solaire hors atmosphère.

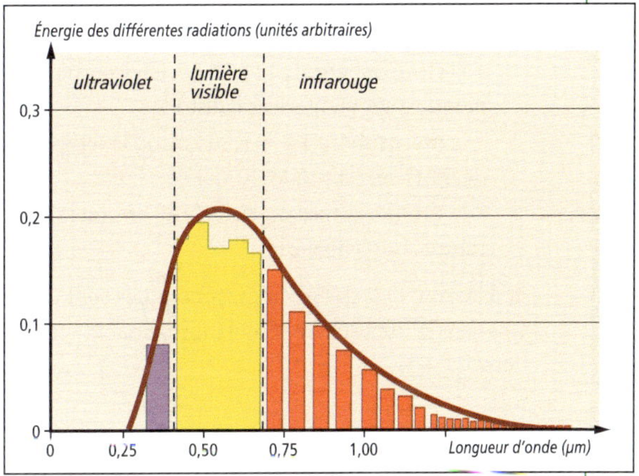

Doc. 2b – Spectre du rayonnement solaire à la surface des océans.

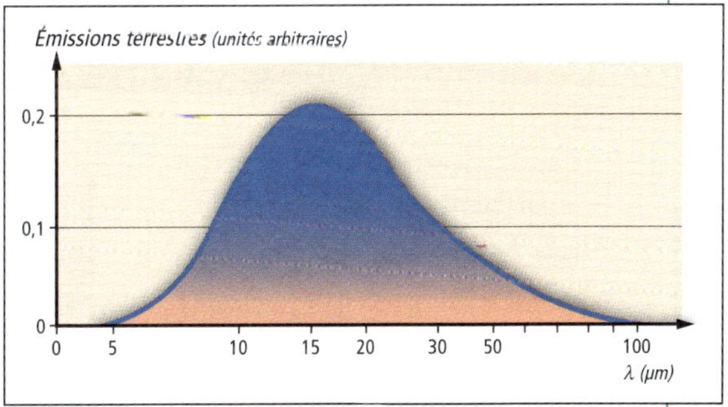

Doc. 2c – Rayonnement émis par le globe terrestre.

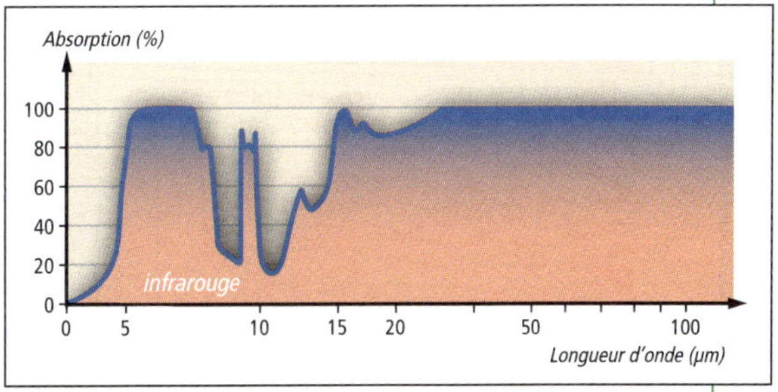

Doc. 2d – Absorption des radiations, émises par la Terre, par les gaz de l'atmosphère.

SVT

À RETENIR

- L'atmosphère est constituée d'un mélange de gaz :
  - certains en proportions importantes : diazote (N_2, 78%), dioxygène (O_2, 21%), argon (A, 0,93%) ;
  - d'autres moins abondants parmi lesquels : dioxyde de carbone (CO_2, 0,0370% = 370 ppmv), méthane (CH_4, 0,00018% = 1,8 ppmv), oxyde d'azote (N_2O, 0,000032% = 0,32 ppmv), ozone (O_3 = 0,01 ppmv à 10 ppmv), vapeur d'eau (H_2O, 0 à 4%)...

  (ppmv : part par million en volume)

- Les concentrations des gaz de l'atmosphère sont en équilibre dynamique ; celui-ci résulte de l'effet des mécanismes qui soustraient ces gaz à l'atmosphère et de ceux qui en fournissent.

- L'atmosphère est structurée verticalement :
  - la **troposphère**, de 0 à 12 km environ, où la température décroît avec l'altitude ;
  - la **stratosphère**, de 12 à 50 km environ, où la température augmente avec l'altitude ;
  - la **mésosphère**, de 50 à 80 km, où la température décroît avec l'altitude ;
  - la **thermosphère**, au-delà de 80 km, où la température croît à nouveau.

- Environ 90 % des gaz atmosphériques sont concentrés dans la troposphère et sont indispensable à la vie sur Terre.

- La présence de **dioxygène** dans l'atmosphère terrestre est originale par rapport à l'atmosphère des autres planètes. Ce dioxygène est indispensable à la respiration des êtres vivants.

- Le **diazote**, gaz inerte, est cependant utilisé par certains êtres vivants (bactéries) pour la synthèse de leurs matières organiques azotées.

- Le **dioxyde de carbone** est utilisé par les végétaux chlorophylliens au cours de la photosynthèse pour la fabrication des matières organiques.

- Le **dioxygène** et **l'azote**, qui constituent 99 % des gaz de l'atmosphère, n'absorbant pas les rayons infrarouges, ne contribuent pas à l'effet de serre.

- Les **gaz à effet de serre**, qui contribuent à maintenir sur Terre une température favorable à la vie (entre –18 et +15 °C en moyenne), sont la **vapeur d'eau**, le **dioxyde de carbone**, le **méthane**, l'**ozone** et l'**oxyde d'azote**. À concentrations égales, leur contribution à l'effet de serre est variable : ainsi, le méthane est 23 fois plus efficace que le CO_2.

- L'ozone stratosphérique joue un rôle fondamental en absorbant les UVB et les UVC, rayons ultraviolets d'origine solaire et de faible longueur d'onde, dangereux pour les êtres vivants. Elle constitue ainsi un écran protecteur indispensable à la vie sur Terre.

COMMENT ÇA FONCTIONNE

Doc. 1a : la stratification est liée au profil thermique.

Doc. 1b : les proportions relatives des différents gaz restent les mêmes sur toute l'épaisseur de l'atmosphère sauf en ce qui concerne l'ozone : elle est environ 500 fois plus concentrée dans la stratosphère que dans la troposphère (90% de l'ozone atmosphérique se trouve dans la stratosphère).

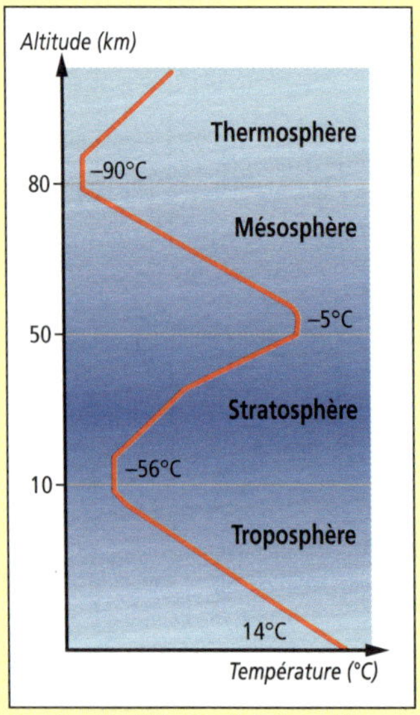

Doc. 1a – Stratification de l'atmosphère.

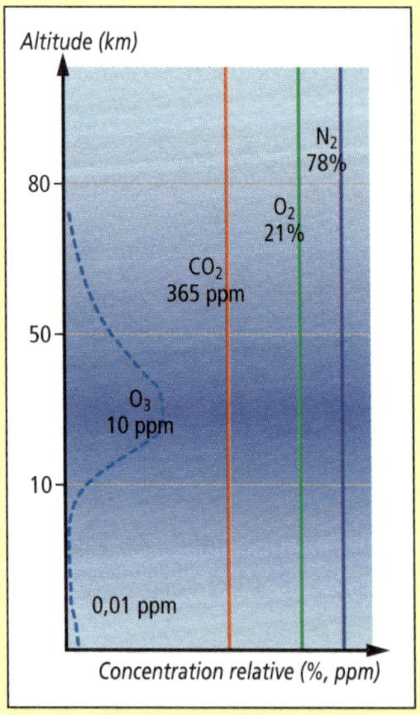

Doc. 1b – Proportions relatives des principaux gaz de l'atmophère.

1 **Relever parmi ces affirmations celles qui sont correctes. Corriger celles qui sont inexactes.**

1. La stratosphère…

a. ne contient aucun gaz à effet de serre ;
b. est la région où se trouve la concentration maximale d'ozone.
c. est une zone où l'atmosphère se refroidit constamment avec l'altitude ;
d. est la couche qui protège des rayons ultraviolets les plus nocifs.

2. La troposphère est une zone de l'atmosphère…

e. où se trouve la majeure partie de la vapeur d'eau de l'atmosphère ;
f. qui contient une quantité de molécules de chaque gaz inférieure à celle qui existe dans la stratosphère ;
g. où il n'y a pas d'ozone ;
h. qui chauffe la surface de la Terre.

2 **Exploiter les informations tirées de l'analyse du document 2 pour répondre aux questions posées.**

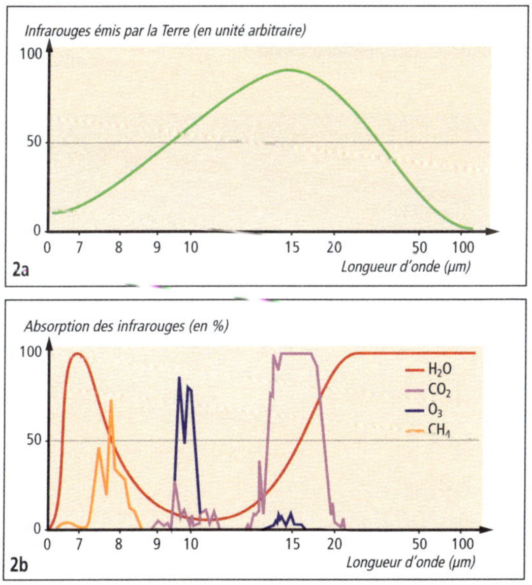

Doc. 2.

a. Par rapport au spectre d'émission des radiations infrarouges par le globe terrestre (**2a**), dire ce qui caractérise le spectre d'absorption d'infrarouge de chacun des gaz (**2b**).

b. Qu'est-ce qui fait que la majeure partie des infrarouges émis par la Terre est absorbée quelle que soit leur longueur d'onde ?

3 **Tirer du document suivant les informations permettant de répondre aux questions posées.**

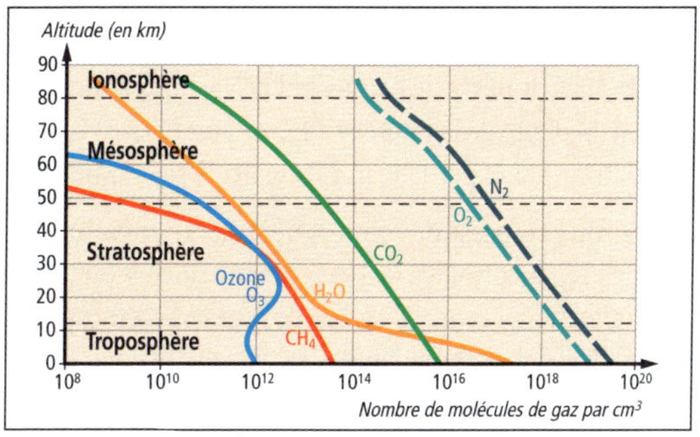

Doc. 3 – Concentration des gaz atmosphériques en fonction de l'altitude.

a. En quoi ce document confirme-t-il que la densité de l'atmosphère diminue avec l'altitude ?

b. Quel problème pose la répartition de l'ozone par rapport aux autres gaz ?

4 **a. Tirer du document suivant les informations qui rendent compte de la différence entre la température théorique (calculée) et la température mesurée pour les trois planètes concernées.**

b. Tirer de ce document les informations permettant d'expliquer que les températures diurne et nocturne sur Vénus sont très voisines.

	Vénus	Terre	Mars
Distance au Soleil *(10^6 km)*	108	150	228
Température de surface calculée	+30°C	−18°C	−60°C
Température de surface mesurée	+460°C	+15°C	−55°C
Pression atmosphérique par rapport à celle de la Terre	93	1	0,007
Composition de l'atmosphère (%)	CO_2 = 96,5 N_2 = 3,5 H_2O = 10^{-4}	CO_2 = 0,03 N_2 = 78 H_2O = 0,5 O_2 = 21	CO_2 = 95 N_2 = 5 H_2O = 0,03

5 **Relever parmi ces affirmations celles qui sont correctes. Corriger celles qui sont inexactes.**

Parmi les gaz de l'atmosphère…

a. certains contribuent au réchauffement de la planète ;
b. les plus abondants sont les gaz à effet de serre ;
c. tous se retrouvent dans les autres atmosphères planétaires ;
d. plusieurs sont prélevés ou produits par les êtres vivants.

À RETENIR

- La teneur en CO_2 de l'atmosphère résulte d'un équilibre dynamique qui, à l'échelle du million d'années, est dû aux échanges que l'atmosphère entretient avec la biosphère continentale et l'océan.
- Du CO_2 passe de l'atmosphère à la biosphère par l'intermédiaire de la photosynthèse et du CO_2 est restitué à l'atmosphère par la respiration des êtres vivants.
- Du CO_2 passe de l'atmosphère dans l'océan au niveau des régions froides des deux hémisphères (arctique et antarctique) et du CO_2 passe de l'océan à l'atmosphère au niveau des régions chaudes (tropicales et équatoriales).
- **Dans les conditions naturelles,** les échanges sont de l'ordre de 100 gigatonnes par an, aussi bien avec la biosphère qu'avec l'océan et sont équilibrés : la teneur en CO_2 de l'atmosphère est relativement constante ; depuis 10 000 ans et jusqu'à la fin du XIXe siècle elle est restée de l'ordre de 280 ppmv (part par million en volume).
- **Depuis 150 ans,** la teneur en CO_2 de l'atmosphère augmente de façon continue à cause des activités humaines : utilisation des combustibles fossiles et déforestation. La quantité de CO_2 supplémentaire libérée par les activités humaines est de l'ordre de 7 gigatonnes par an : la moitié environ passe dans l'océan et la biosphère (puits à CO_2) ; la moitié restante demeure dans l'atmosphère et contribue à l'augmentation de la teneur en CO_2, passée en 150 ans de 280 ppmv à 370 ppmv.
- **Le méthane,** autre gaz à effet de serre, a une concentration dans l'atmosphère encore faible mais qui a considérablement augmenté du fait des activités humaines (élevage, rizières…).
- Il est certain que l'augmentation de la teneur en CO_2, additionnée à celle du méthane, est responsable du réchauffement climatique constaté au cours du XXe siècle.
- Diverses estimations de l'amplitude de ce réchauffement au cours du XXIe siècle (de 2 à 7° C) ont été établies en fonction des décisions visant à réduire plus ou moins la libération du CO_2 d'origine humaine.

COMMENT ÇA FONCTIONNE

Document 1

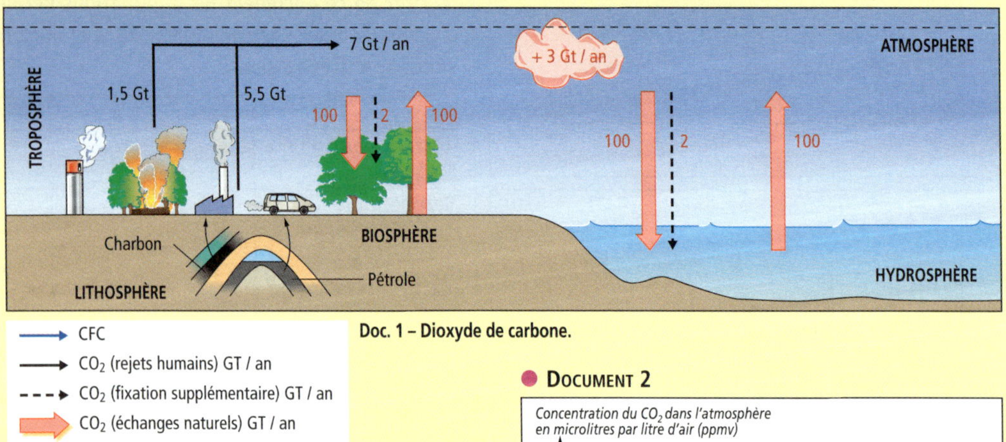

Doc. 1 – Dioxyde de carbone.

Repérer les flèches et les chiffres (rouges) relatifs aux mécanismes qui, dans les conditions naturelles, assurent un équilibre dynamique de la teneur en CO_2 de l'atmosphère.

Repérer de même l'entrée de CO_2 d'origine humaine (flèches et nombres noirs). Repérer les flèches noires pointillées qui indiquent que l'océan et la biosphère modèrent l'augmentation de la teneur en CO_2 de l'atmosphère.

Bien voir que, malgré tout, la teneur de l'atmosphère en CO_2, gaz à effet de serre, augmente sous l'action de l'homme.

Document 2

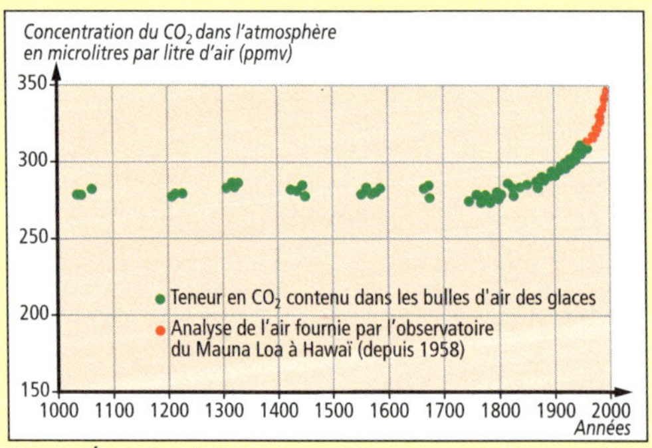

Doc. 2 – Évolution de la teneur en CO_2 au cours du dernier millénaire.

Bien repérer l'augmentation de plus en plus rapide de la teneur en CO_2 depuis 200 ans.

● DOCUMENT 3

Bien voir que la teneur en méthane suit, depuis 200 ans environ, une augmentation comparable à celle du CO_2.

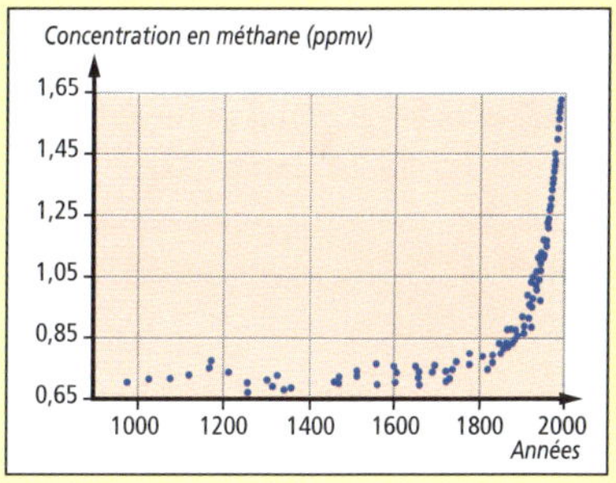

Doc. 3 – Évolution de la teneur en méthane au cours du dernier millénaire.

S'EXERCER

1 Relever parmi les affirmations celles qui sont correctes. Corriger celles qui sont inexactes.

La teneur en CO_2 de l'atmosphère, actuellement :

a. résulte d'un équilibre dynamique ;

b. diminue à cause de la photosynthèse ;

c. diminue à cause de la respiration des êtres vivants ;

d. diminue par dissolution dans l'eau des océans.

2 Exploiter les informations tirées du document 4 pour répondre aux questions posées.

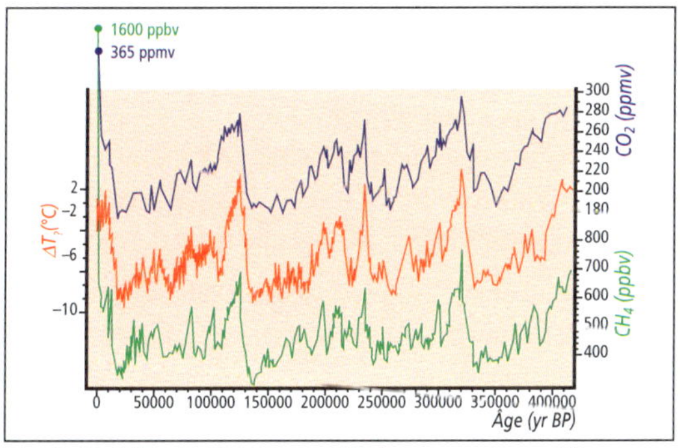

Doc. 4 – Variations de la teneur en CO_2 (ppmv = part par million en volume) et en CH_4 (ppbv = part par milliard en volume) et variations de la température moyenne (ΔT) depuis 400 000 ans.

a. Montrer qu'il y a eu des variations naturelles du CO_2 et du CH_4 atmosphérique au cours des 400 000 dernières années et qu'elles sont associées à des variations de température.

b. Repérer les variations du CO_2 et du CH_4 pouvant être rattachées aux activités humaines.

c. Comparer l'amplitude de la variation des concentrations de CO_2 et de CH_4 liées aux activités humaines par rapport à l'amplitude des variations naturelles.

d. Peut-on affirmer à partir de ce document que les variations des concentrations de CO_2 et CH_4 ont entraîné dans le passé des variations de température ?

3 Exploiter les informations tirées de l'analyse du document 5 pour répondre aux questions posées.

a. Que confirme ce document sur l'évolution globale de la concentration du CO_2 atmosphérique entre les années 1976 et 1993 ?

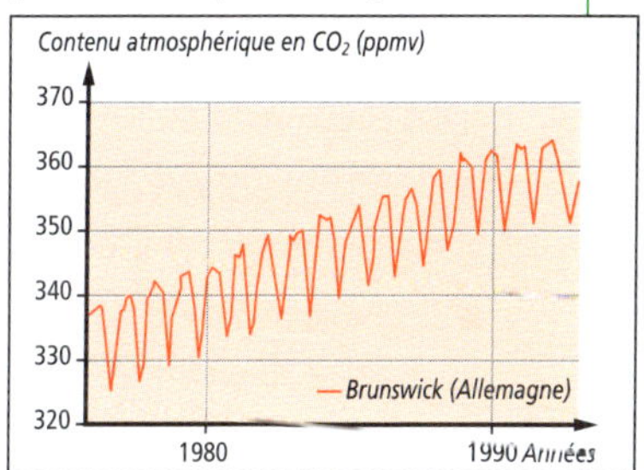

Doc. 5.

b. Quelles sont les variations du contenu en CO_2 de l'atmosphère au cours d'une année et comment peut-on les expliquer ?

4 En quoi le document 6 confirme-t-il qu'il y a bien eu réchauffement climatique durant le XXe siècle ?

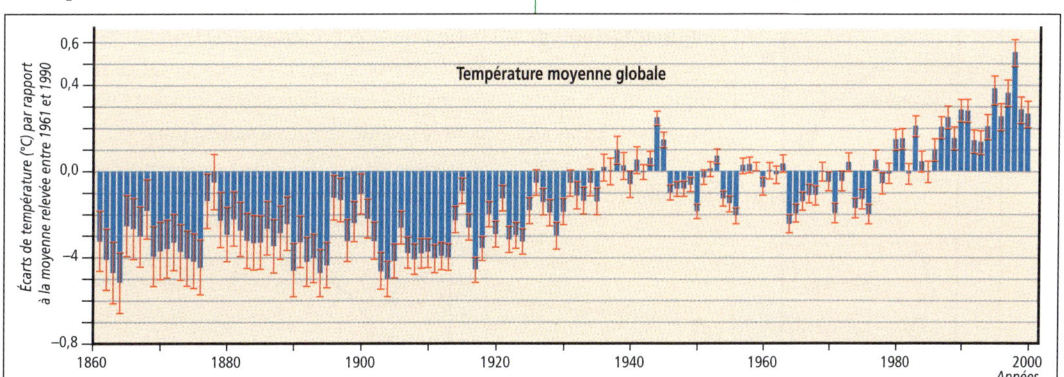

Doc. 6.

À RETENIR

● Contrairement aux autres gaz de l'atmosphère dont la concentration absolue diminue avec l'altitude, l'ozone (O_3) présente un maximum de concentration dans la **stratosphère** (25-30 km) constituant ce qu'on appelle la « **couche d'ozone** ».

● Cette couche d'ozone est due à l'origine de ce gaz dans l'atmosphère : il y a une formation continuelle d'ozone dans la stratosphère à partir des molécules de dioxygène. L'absorption des rayons ultraviolets de très courte longueur d'onde (UVC) par les molécules de dioxygène entraîne la dissociation de celles-ci (1); les deux atomes d'oxygène peuvent alors se combiner chacun à une molécule d'O_2 (2) pour produire de l'ozone :

$$(1) \quad O_2 \xrightarrow{\text{UVC}} O + O$$
$$(2) \quad O_2 + O \longrightarrow O_3$$

● L'ozone formé est à son tour soumis au rayonnement solaire et peut se dissocier sous l'action d'autres ultaviolets moins énergétiques (les UVB) pour reformer une molécule de dioxygène et un atome libre d'oxygène (3) :

$$(3) \quad O_3 \xrightarrow{\text{UVB}} O_2 + O$$

● Formation et destruction de l'ozone alternent et maintiennent, par ce processus, la concentration dans un état d'équilibre.

● Dans la **troposphère**, l'ozone, en l'absence d'activité humaine, provient de l'ozone stratosphérique.

● Le problème environnemental posé par O_3 est double :
- il y a **diminution**, en particulier au niveau de l'Antarctique, de la concentration **d'ozone stratosphérique : le « trou » d'ozone** ;
- il y a **augmentation** locale, dans les villes particulièrement, de **l'ozone troposphérique**.

● Les conséquences :
- au niveau du trou d'ozone stratosphérique, les rayons ultraviolets nocifs pour les êtres vivants (UVB et UVC) ne sont plus totalement absorbés ;
- l'ozone est un oxydant puissant et donc, dans la troposphère, dangereux pour les êtres vivants et néfaste à la croissance des végétaux.

● Les changements constatés sont liés aux activités humaines :
- les CFC (chlorofluorocarbures) à longue durée de vie, présents dans les systèmes de climatisation, réfrigération, dans les aérosols…, facilitent les réactions chimiques destructrices de l'ozone de la **stratosphère**, d'où le trou d'ozone ;
- dans la **troposphère**, l'atome d'oxygène nécessaire à la formation d'O_3 par combinaison avec O_2, est libéré par des réactions chimiques complexes faisant intervenir des gaz comme NO_2, NO… produits par les activités humaines (engrais azotés en particulier). O_3 augmente particulièrement au niveau des villes (pic d'ozone) lors des journées ensoleillées, sans vent, d'où la limitation de la circulation automobile source d'oxydes.

● L'ozone troposphérique excédentaire, dont la durée de vie est courte, ne peut gagner la stratosphère pour compenser la diminution importante (trou d'ozone).

● Par ailleurs, l'ozone est un gaz à effet de serre et son augmentation dans la troposphère contribue au réchauffement climatique.

COMMENT ÇA FONCTIONNE

● **DOCUMENT 1a : le double problème**

Ces deux évolutions bien mesurables de 1970 à 1990 de la concentration d'ozone, diminution de l'ozone stratosphérique et augmentation de l'ozone troposphérique, ont des effets nocifs pour le monde vivant, pour des raisons différentes.

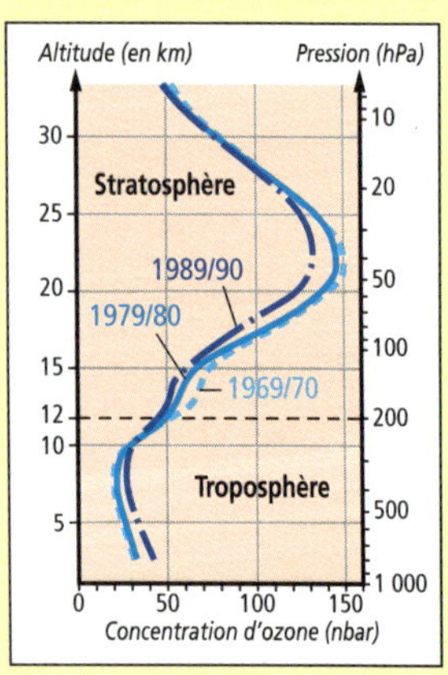

Doc. 1a.

● **DOCUMENT 1b : diminution de la couche d'ozone stratosphérique de 1970 à 1991 à différentes latitudes**

Le trou d'ozone est bien marqué en Antarctique , net dans l'hémisphère Sud et on note également une diminution de la concentration d'O_3 dans l'hémisphère Nord. Le trou d'ozone, bien que localisé surtout au-dessus de l'Antarctique, constitue donc une menace pour le monde vivant s'il se généralise.

Doc. 1b.

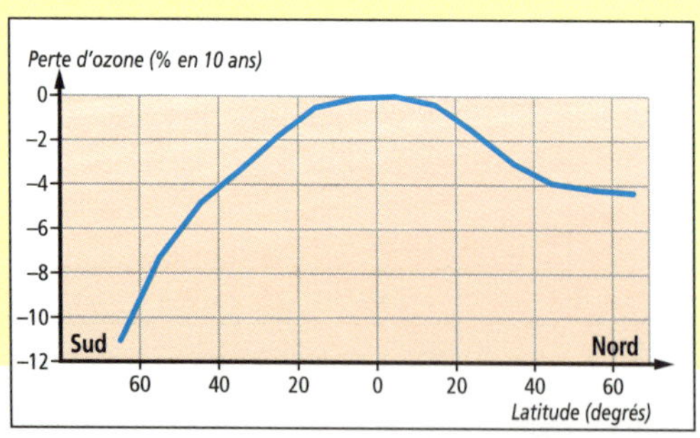

1 **Relever les propositions qui sont correctes. Corriger celles qui sont inexactes.**

L'ozone…

a. est un gaz dangereux lorsqu'on le respire ;

b. est un gaz utile à la protection des êtres vivants ;

c. arrête tous les rayons ultraviolets ;

d. a une concentration qui diminue sous l'action de l'homme, dans la troposphère ;

e. est un gaz dont la présence dans l'atmosphère est due au fait qu'il est rejeté par les océans et les êtres vivants ;

f. est un gaz dont la présence dans l'atmosphère suppose l'existence préalable de dioxygène dans l'air.

2 **En exploitant les informations tirées du document 2, relever les affirmations exactes et corriger celles qui sont fausses.**

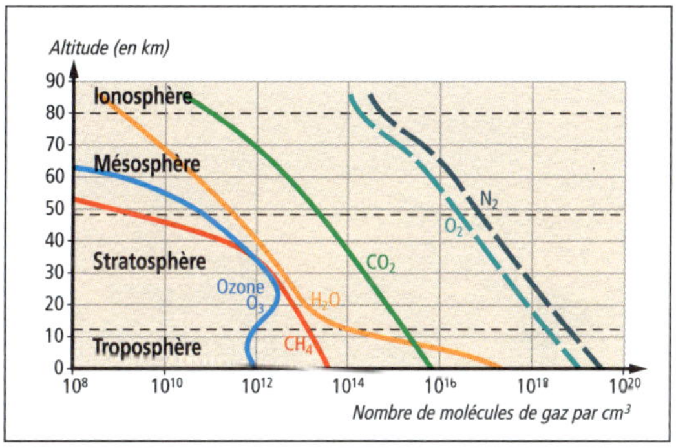

Doc. 2.

La composition de l'atmosphère en fonction de l'altitude, est telle…

a. que la concentration absolue de chaque gaz diminue avec l'altitude ;

b. qu'elle révèle l'existence de mécanismes producteurs de chacun de ces gaz dans la stratosphère ;

c. que l'on peut parler de couche d'ozone stratosphérique ;

d. qu'à 3 000 mètres d'altitude on est protégé des UV les plus dangereux ;

e. qu'elle rend compte de l'augmentation de la température au niveau de la stratosphère par rapport à la troposphère ;

f. qu'elle est en accord avec une production d'ozone dans la stratosphère.

3 **Analyser le document 3 pour répondre aux questions posées.**

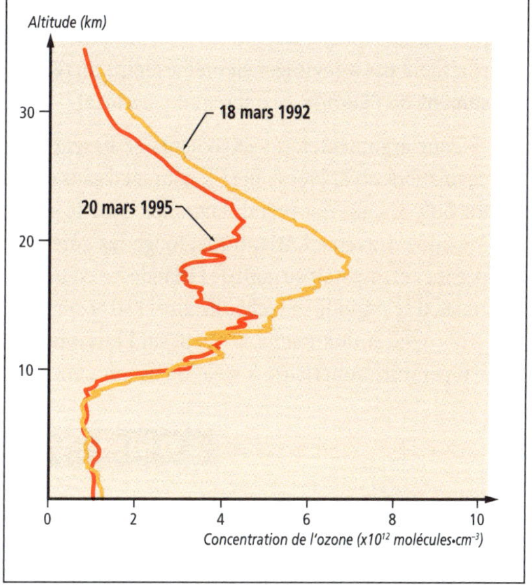

Doc. 3.

a. Définir ce que l'on entend par couche d'ozone à partir de la courbe de mars 1992.

b. Les données de mars 1992 et mars 1995 permettent-elles de parler de pollution à l'ozone ? de trou d'ozone ?

4 **À partir des conclusions tirées de l'analyse du document, montrer en quoi la pollution à l'ozone peut contribuer au réchauffement climatique.**

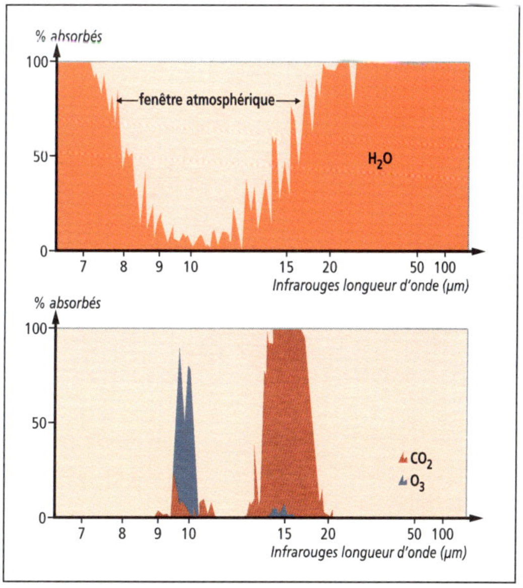

Doc. 4 – Absorption des infrarouges par les gaz à effet de serre.

À RETENIR

● L'augmentation des gaz à effet de serre et notamment du dioxyde de carbone (CO_2) et du méthane (CH_4) fait que le **réchauffement climatique global**, amorcé durant la deuxième moitié du XXe siècle, devrait s'accentuer au XXIe siècle. Cependant, certains chercheurs n'hésitent pas à envisager en même temps un **refroidissement de l'Europe**, ce qui paraît paradoxal.

● Pour argumenter, ces chercheurs se basent sur les circulations océaniques : ainsi, le courant d'eaux chaudes du Gulf Stream qui prend naissance dans le golfe du Mexique, traverse l'Atlantique, longe les côtes européennes et disparaît au nord de l'Islande. Au cours de son trajet, il se refroidit et réchauffe ainsi l'atmosphère. Les vents d'ouest, dominants, arrivant sur l'Europe ont une température supérieure à celle qu'ils auraient sans le Gulf Stream. Ainsi, celui-ci, en transférant de la chaleur de l'équateur vers le pôle Nord, réchauffe l'Europe.

● Les eaux salées refroidies ayant une densité plus grande que les eaux chaudes, elles plongent au sud du Groenland, donnant naissance à une circulation océanique d'eaux froides en profondeur.

● En cas de réchauffement climatique global, la fonte accélérée des glaces du Groenland et de la banquise arctique, en libérant de grandes quantités d'eau douce, abaisserait la salinité des eaux du Gulf Stream et donc leur densité : cela bloquerait la plongée des eaux de surface et interromprait la circulation des eaux chaudes du Gulf Stream au voisinage de l'Europe, entraînant le refroidissement local du climat.

COMMENT ÇA FONCTIONNE

► Les conséquences d'un réchauffement global sur la circulation du Gulf Stream

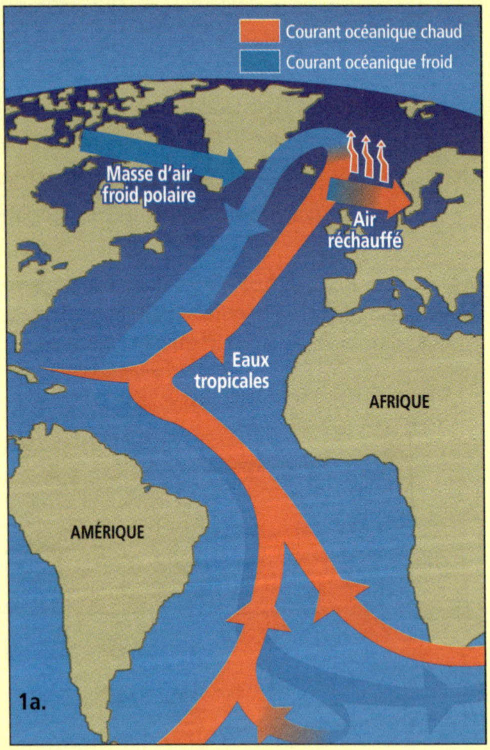

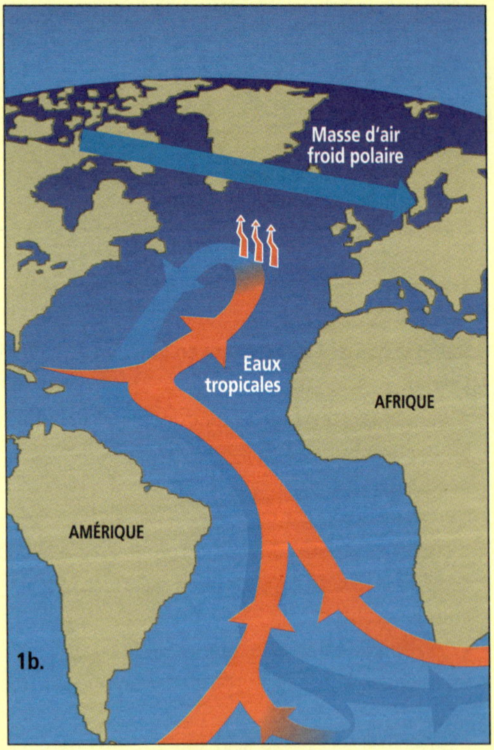

Doc. 1.

1a – La situation actuelle : le Gulf Stream plonge au nord de l'Islande après avoir réchauffé les vents d'ouest arrivant sur l'Europe.

1b – La déviation du Gulf Stream, conséquence d'un réchauffement climatique : la fonte des glaces du Groenland provoque une diminution de la densité des eaux du Gulf Stream dans cette région ; dans l'hypothèse présentée ici, la plongée de ces eaux est repoussée vers le sud de l'Europe et, les vents d'ouest n'étant plus réchauffés, la température sur l'Europe baisse.

1 **Relever les propositions exactes. Corriger celles qui sont inexactes.**

L'Europe du nord a une température qui…

a. dépend uniquement de l'énergie solaire qu'elle absorbe et de l'énergie qu'elle émet ;

b. dépend de la température des vents d'ouest qui la traversent ;

c. est influencée par le courant du Gulf Stream ;

d. est indépendante de la densité des eaux de l'Atlantique Nord à proximité du Groenland ;

e. pourrait augmenter à la suite de la fonte des glaces du Groenland ;

f. ne peut évoluer que de la même façon que la température globale de la Terre.

2 **Exploiter le document 2 ci-dessous (rayonnement solaire absorbé et rayonnement infrarouge émis par le globe terrestre en fonction de la latitude) pour répondre aux questions posées.**

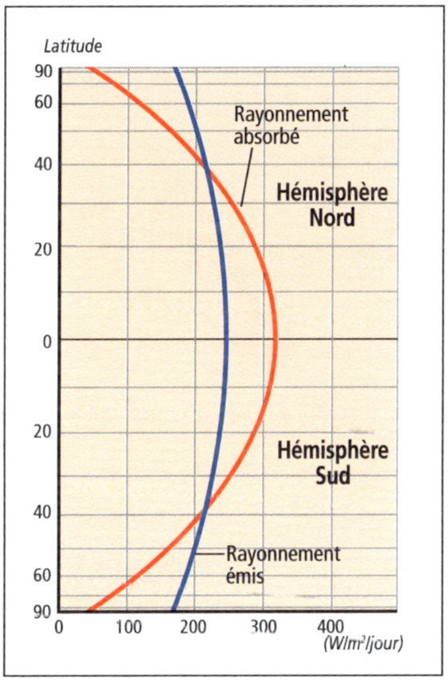

Doc. 2.

a. Quelles sont les régions où le bilan radiatif est positif ? Celles où il est négatif ?

b. Expliquer comment les régions à bilan radiatif négatif ne se refroidissent pas de façon continue.

3 **Montrer en quoi les données des documents 3a et 3b révèlent une plongée des eaux de surface vers 60°N.**

Des essais nucléaires atmosphériques ont libéré des atomes de tritium incorporés dans des molécules d'eau, qui sont finalement arrivées dans l'océan par précipitation

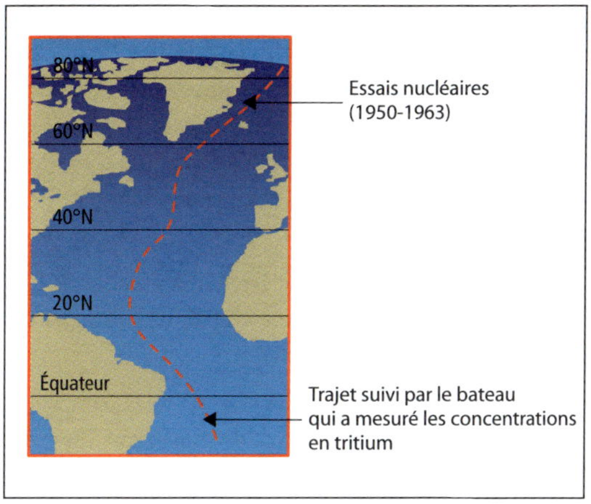

Doc. 3a.

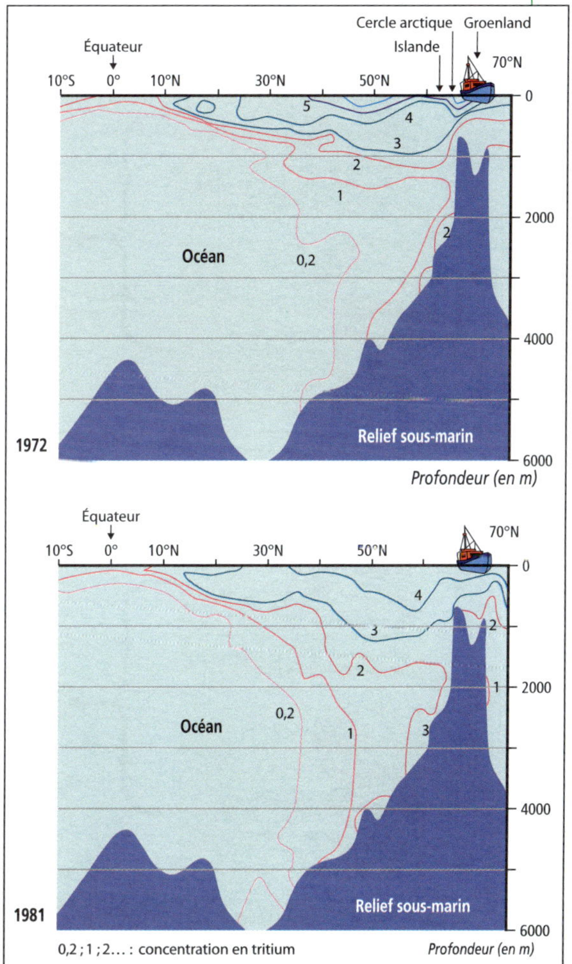

Doc. 3b – Concentration en tritium des eaux selon la profondeur pour les années 1972 et 1981.

À RETENIR

● Les nutriments organiques sont la source de l'énergie permettant les différentes activités cellulaires.

● Cette énergie, qui n'est pas directement utilisable, le devient à la suite des réactions caractéristiques de la respiration. Ces réactions sont des réactions d'oxydation ; les nutriments sont oxydés grâce au dioxygène :

$$(C_6H_{12}O_6 + 6O_2 \rightarrow 6CO_2 + 6H_2O).$$

● Toute augmentation de l'activité physique de l'organisme nécessite donc une consommation accrue de dioxygène et de nutriments.

● L'organisme possède des réserves de nutriments mais ne possède pas de réserves de dioxygène. Un exercice physique n'est donc possible que si l'organisme peut prélever davantage de dioxygène dans le milieu extérieur.

Ce prélèvement peut varier entre 0,250 L/min (au repos) et 3 à 5 L/min lors d'un effort maximal (consommation maximale d'oxygène = VO_2 max).

● À l'exercice physique est associée une augmentation de l'activité cardiaque et de la ventilation pulmonaire.

Ces modifications contribuent à prélever davantage de dioxygène dans le milieu extérieur pour être fourni aux cellules en activité.

COMMENT ÇA FONCTIONNE

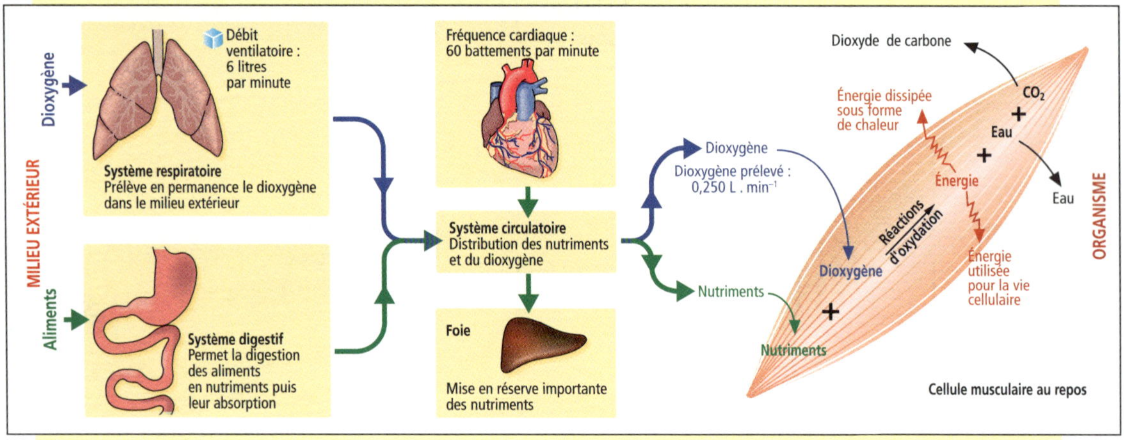

Doc. 1a – L'organisme au repos.

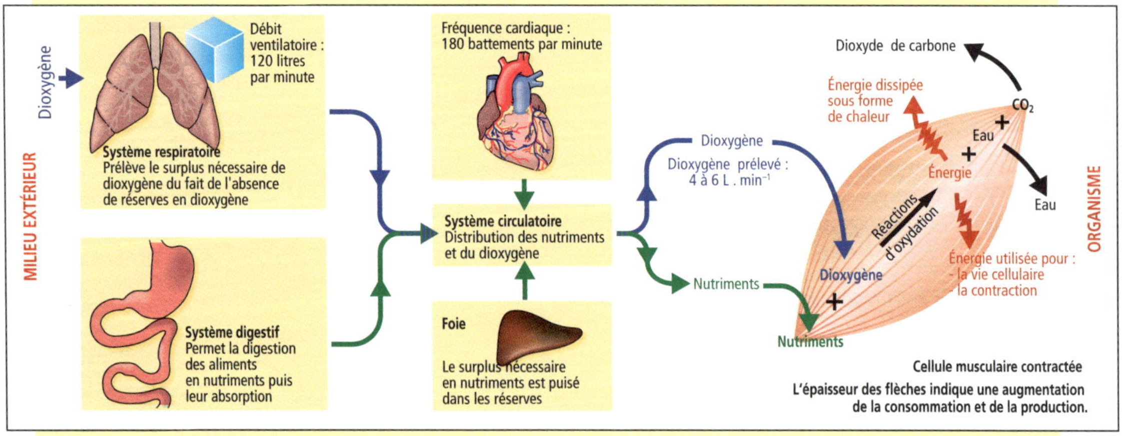

Doc. 1b – L'organisme au cours d'un effort physique.

● Noter les différences entre les deux situations (repos et exercice physique maximal) et constater l'augmentation considérable du dioxygène prélevé dans le milieu extérieur puis fourni aux organes au cours d'un effort maximal (16 à 24 fois).

● Repérer le lien avec l'augmentation du débit ventilatoire (multiplié par 20) et de la fréquence cardiaque (multipliée par 3).

● Noter que nutriments et dioxygène sont impliqués dans les réactions d'oxydation sources de l'énergie ►

utilisée en partie lors de la contraction. La grosseur des flèches traduit l'augmentation de ces réactions de la respiration au cours d'un exercice physique et donc l'énergie supplémentaire disponible pour l'activité des muscles. L'apport accru de nutriments (notamment de glucose) aux muscles est assuré grâce au foie qui, au cours d'un effort physique intense et prolongé, libère du glucose dans le sang. Les muscles utilisent aussi, au cours d'un effort, leurs réserves de nutriments.

S'EXERCER

1 Relever parmi ces affirmations celles qui sont exactes ; corriger celles qui sont inexactes.

1. Les nutriments résultant de la digestion…

a. sont constamment utilisés par les cellules de l'organisme ;

b. sont mis en réserve dans certains organes comme le foie ;

c. sont consommés en même quantité au repos et durant un effort intense car il n'est pas nécessaire de s'alimenter au cours d'un effort ;

d. sont uniquement impliqués dans la fabrication de la matière organique des cellules musculaires.

2. Le dioxygène…

e. est prélevé dans le milieu extérieur uniquement au cours d'une activité physique ;

f. est prélevé dans l'air contenu dans les poumons ;

g. est transporté par le sang ;

h. est consommé par les cellules ;

i. peut être stocké en quantités importantes dans des organes de réserve.

3. La consommation maximale de dioxygène par l'organisme en activité par rapport à la consommation au repos est…

j. multipliée par 2 au maximum ;

k. multipliée par 4 au maximum ;

l. multipliée 15 à 20 fois au maximum ;

m. est indépendante de l'intensité de l'effort.

2 Établir une correspondance entre les deux séries données.

Première série

1. glucose ;
2. fréquence cardiaque ;
3. dioxygène ;
4. consommation de dioxygène.

Deuxième série

a. est davantage consommé par les cellules musculaires au cours d'un effort ;

b. est mis en réserve dans les cellules du foie ;

c. est libéré par le foie au cours d'un effort ;

d. augmente en même temps que le débit ventilatoire ;

e. est prélevé par le sang dans l'air alvéolaire.

3 Estimer, en exploitant le document 2, la quantité de dioxygène consommé au repos complet puis la consommation maximale d'O_2 de l'individu concerné.

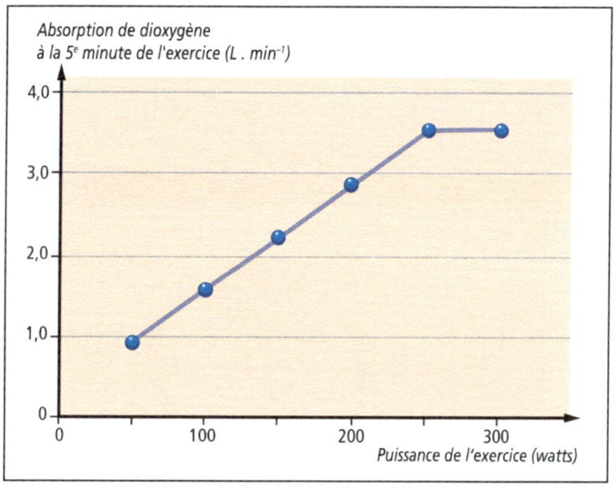

Doc. 2 – Absorption de dioxygène en fonction de la puissance de l'exercice physique.
On a mesuré chez un homme l'absorption de dioxygène à la 5e minute d'exercices musculaires de puissances différentes.

4 À partir des informations extraites du graphe et de son commentaire, établir la relation existant entre la performance et la VO_2 max. Conclure.

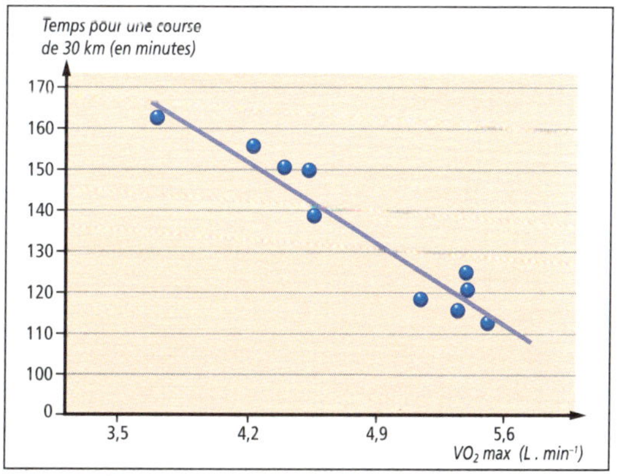

Doc. 3 – Performances obtenues chez différents athlètes ayant réalisé une course de 30 km.

L'entraînement sportif a pour but d'amener l'athlète à un niveau optimal de performance dans sa spécialité. En dehors des simples mesures de performances, on dispose, pour apprécier les progrès réalisés, d'un test physiologique, la consommation maximale d'oxygène (VO_2 max). Il s'agit de la quantité maximale de dioxygène que le sujet est capable de consommer lors d'un exercice conduisant à la limite de l'épuisement.

SVT

À RETENIR

- Le cœur est une double pompe (droite et gauche) qui assure une double circulation à sens unique, ce qui fait qu'on parle du cœur droit et du cœur gauche.
- Chaque cœur, droit ou gauche, comprend deux parties : une oreillette où le sang arrive par des veines et un ventricule d'où le sang est envoyé dans les artères.
- Dans le cœur, quatre valvules assurent la circulation en sens unique : les deux valvules auriculo-ventriculaires et les deux valvules ventriculo-artérielles.
- Le cœur droit éjecte le sang dans la circulation pulmonaire, le cœur gauche dans la circulation générale.
- Un cycle cardiaque comprend : contraction des oreillettes (systole auriculaire), contraction des ventricules (systole ventriculaire) et relâchement (diastole).
- Les cavités cardiaques se remplissent de sang au cours de la diastole générale et l'éjection du sang dans les artères s'effectue au cours de la systole ventriculaire. La systole auriculaire ne fait qu'achever le remplissage des ventricules ayant eu lieu pendant la diastole.
- L'ondée systolique (ou volume d'éjection systolique) est le volume de sang éjecté par un ventricule à chaque systole. Il est identique pour le ventricule droit (sang éjecté dans l'artère pulmonaire) et le ventricule gauche (sang éjecté dans l'artère aorte).

COMMENT ÇA FONCTIONNE

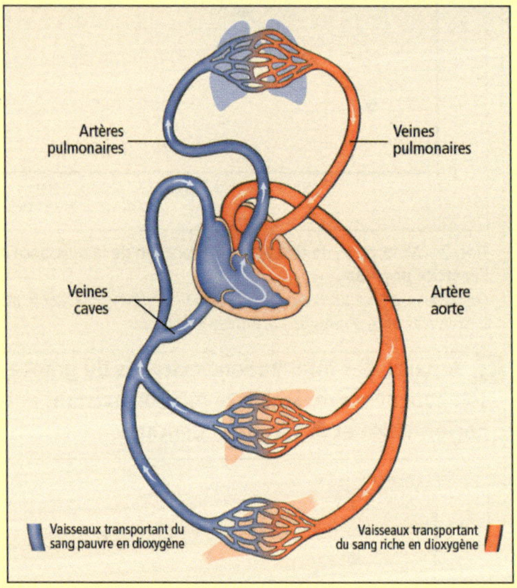

Doc. 1 – Circulation générale et pulmonaire disposées en série et irrigation des divers organes disposés en parallèle.
Le sang des veines pulmonaires est saturé de dioxygène. Il contient toujours la même quantité de dioxygène (200 $mL.L^{-1}$) aussi bien au repos qu'au cours d'un effort physique.

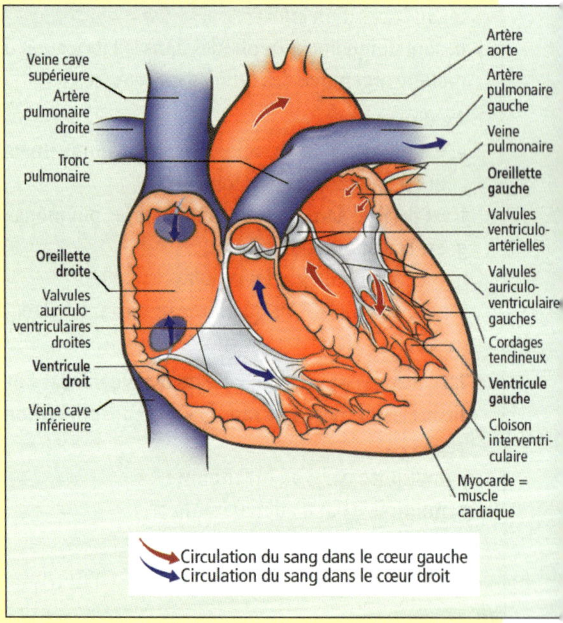

Doc. 2 – Le cœur : son organisation.

DOCUMENT 1

- Noter que les deux circulations, générale et pulmonaire, sont disposées **en série** et que l'irrigation des différents organes est assurée par des réseaux vasculaires disposés **en parallèle**.
- Noter le sens unique de la circulation du sang. Le cœur droit éjecte le sang dans la circulation pulmonaire, le cœur gauche dans la circulation générale.

Bien suivre le cheminement d'une hématie par exemple : **cœur gauche**, artère aorte, capillaires artériels d'**un organe**, capillaires veineux, veine cave, **cœur droit**, artère pulmonaire, **poumons**, veines pulmonaires, **cœur gauche**.

DOCUMENT 2

- Les flèches bleues sont relatives à la circulation du sang dans le cœur droit, les flèches rouges à la circulation du sang dans le cœur gauche. La couleur bleue indique du sang « pauvre » en dioxygène et la couleur rouge du sang « riche » en dioxygène.

Dans les deux cas, les valvules auriculo-ventriculaires empêchent le reflux du sang des ventricules vers les oreillettes lors de la contraction des ventricules. Les valvules ventriculo-artérielles empêchent le reflux du sang des artères vers les ventricules au moment du relâchement des ventricules.

1 Établir une correspondance entre les deux séries de données.

Première série

1. oreillette droite ;
2. oreillette gauche ;
3. ventricule droit ;
4. ventricule gauche ;
5. valvules auriculo-ventriculaires ;
6. valvules artérielles.

Deuxième série

a. empêche le sang de refluer des ventricules dans les oreillettes ;
b. éjecte le sang dans l'artère pulmonaire ;
c. empêche le sang de refluer des artères dans les ventricules ;
d. reçoit le sang des veines pulmonaires ;
e. éjecte le sang dans l'artère aorte ;
f. reçoit le sang des veines caves ;
g. se remplit de sang au cours de la diastole générale du cœur ;
h. achève en se contractant le remplissage des ventricules.

2 Relever parmi les affirmations celles qui sont exactes ; corriger celles qui sont inexactes.

1. Au cours de la systole ventriculaire…
a. les valvules auriculo-ventriculaires sont ouvertes ;
b. les valvules ventriculo-artérielles sont ouvertes ;
c. le sang est éjecté dans des artères ;
d. les oreillettes sont contractées ;
e. les oreillettes se remplissent de sang.

2. La circulation du sang dans l'organisme est telle que…
f. tout le sang venant des organes aboutit au cœur droit et passe ensuite dans la circulation pulmonaire ;
g. les deux circulations, pulmonaire et générale, sont en série ;
h. la distribution du sang dans la circulation générale fait que le sang passe successivement dans les différents organes.

3. La systole auriculaire est la phase au cours de laquelle…
i. s'effectue la totalité du remplissage des ventricules ;
j. les valvules artérielles sont ouvertes.

3 Analyser avec soin le document 3.

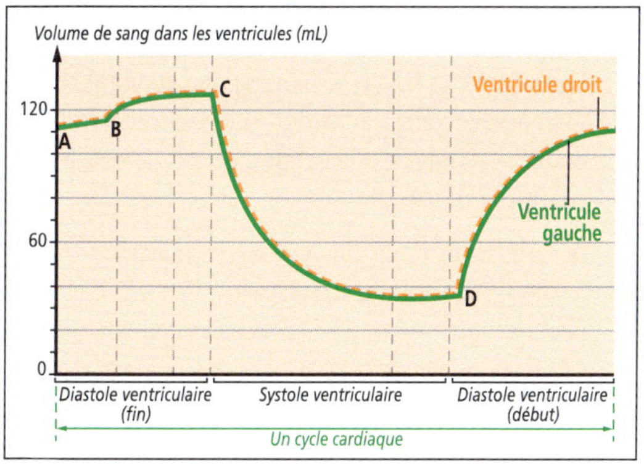

Doc. 3 – Variation du volume de sang dans les ventricules au cours d'un cycle cardiaque.
Le volume de sang éjecté à chaque cycle est le « volume d'éjection systolique ».

a. Placer sur ce schéma la systole auriculaire.
b. Calculer le volume d'éjection systolique.
c. Situer sur le schéma le moment où les valvules artérielles sont fermées et celui où elles s'ouvrent.
d. Faire le même travail pour les valvules auriculo-ventriculaires.

4 Exploiter les documents 4a et 4b.

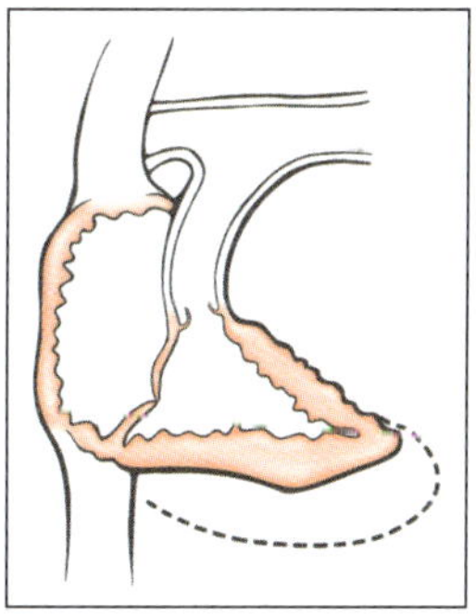

Doc. 4a – Cœur droit, représentation d'une phase du cycle cardiaque.

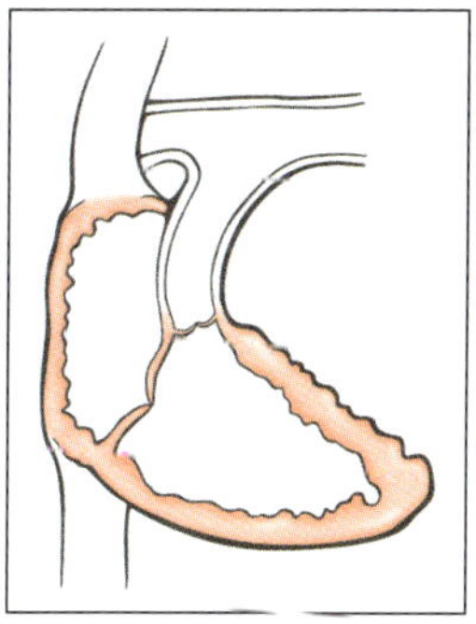

Doc. 4b – Cœur droit, représentation d'une autre phase du cycle cardiaque.

a. Reproduire les schémas et les légender en plaçant : ventricule droit (VD), oreillette droite (OD), veines caves supérieure (VCS), veines caves inférieure (VCI), valvules auriculo-ventriculaires (VAV), valvules ventriculo-artérielles (VVA), artère pulmonaire (AP).
b. Sur le schéma 4a, indiquer la phase du cycle du cœur droit représentée en précisant les arguments utilisés.
c. Le schéma 4b correspond-il à la phase de diastole ventriculaire ?

À RETENIR

● Le débit cardiaque correspond à la quantité de sang éjectée par chaque ventricule en une minute. C'est le produit de la fréquence cardiaque par le volume systolique éjecté. La fréquence correspond au nombre de battements du cœur par minute. Le volume systolique ou ondée systolique est le volume de sang éjecté à chaque contraction (systole).

● Le débit cardiaque moyen au repos est de l'ordre de 4 à 5 litres par minute (60 x 80 mL). Au cours de l'effort, il peut être multiplié de 3 à 5 fois. Cette augmentation résulte à la fois de celle de la fréquence cardiaque et de celle de l'ondée systolique. Le débit cardiaque maximal pour une personne entraînée est de l'ordre de 25 litres. Par rapport au repos, il passe donc 3 à 5 fois plus de sang dans la circulation pulmonaire et dans la circulation générale.

● La multiplication par 5 (180 x 140 mL) du débit cardiaque ne peut que multiplier par 5 le prélèvement de dioxygène au niveau des poumons et donc l'apport de dioxygène aux organes.

● Au cours de l'effort, la plus grande partie du sang éjecté par le ventricule gauche dans la circulation générale est distribuée aux muscles qui travaillent et au muscle cardiaque. Les changements de la distribution du débit cardiaque entre les différents organes font que cette quantité supplémentaire de dioxygène profite uniquement aux muscles en activité et au muscle cardiaque.

COMMENT ÇA FONCTIONNE

► La distribution du débit cardiaque au repos (Doc. 1a) et lors d'un effort physique (Doc. 1b)

● Noter l'augmentation, lors d'un effort physique, du débit cardiaque (de 5 000 à 25 000 mL.min^{-1}). Elle entraîne une augmentation de la quantité de dioxygène prélevée au niveau des poumons puisqu'en une minute, il passe 5 fois plus de sang au niveau des alvéoles pulmonaires au cours d'un effort maximal qu'au repos. Repérer les changements dans la distribution du sang entre les organes (en mL.min^{-1}) : augmentation considérable du débit pour les muscles en activité (de 1000 mL à 21 000 mL) et le muscle cardiaque (200 mL à1000 mL), diminution pour l'ensemble des autres organes (de 3 800 à 3 000 L).

● Bien voir que la disposition en série des circulations générale et pulmonaire et celle en parallèle des différents organes font que le prélèvement supplémentaire de dioxygène au niveau des poumons profite uniquement aux muscles en activité et au muscle cardiaque.

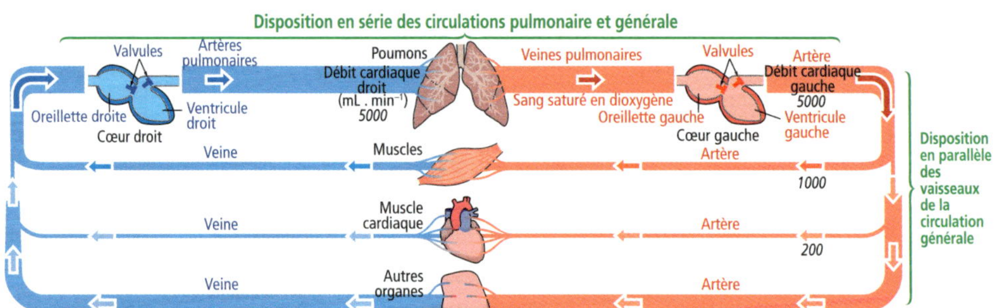

Doc. 1a – Distribution du débit cardiaque au repos.

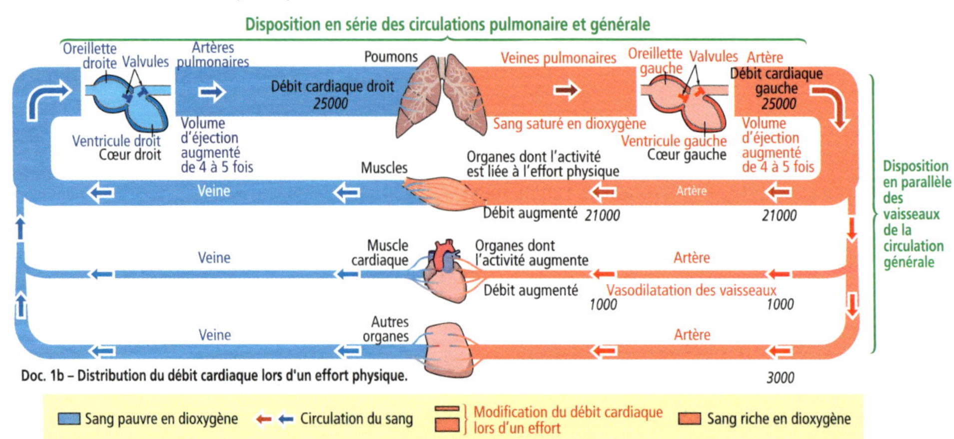

Doc. 1b – Distribution du débit cardiaque lors d'un effort physique.

1 **Relever parmi ces affirmations celles qui sont exactes ; corriger celles qui sont inexactes.**

1. Au cours d'un effort le débit cardiaque augmente car…

a. la fréquence cardiaque augmente ;

b. la fréquence cardiaque augmente et le volume d'éjection systolique diminue ;

c. la fréquence cardiaque diminue et le volume de l'ondée systolique augmente ;

d. le volume d'éjection systolique augmente.

2. Les besoins en dioxygène des cellules qui travaillent sont satisfaits car…

e. le débit du sang qui traverse les poumons en un temps donné est multiplié par 5 ;

f. la circulation pulmonaire et la circulation générale sont en série ;

g. tous les muscles, même ceux qui ne sont pas concernées par l'effort, reçoivent une quantité plus importante de sang.

2 **Extraire du graphe les arguments permettant de répondre aux questions posées.**

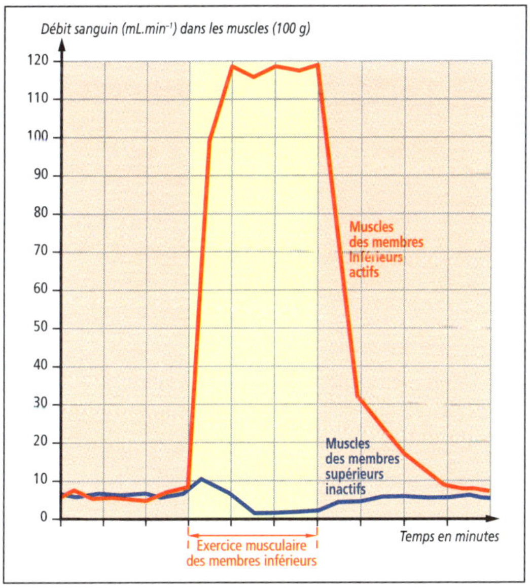

Doc. 2 – Évolution du débit sanguin dans les membres inférieurs actif, durant un exercice intense et dans les membres supérieurs inactifs au cours de cet exercice.

a. Quelle est la valeur de la variation du débit sanguin dans les muscles en activité ? dans les muscles inactifs ?

b. Le débit cardiaque étant multiplié par 5 au cours de l'effort, comment expliquer que le débit sanguin dans les muscles soit plus que quintuplé ?

c. De combien a augmenté la quantité de dioxygène apportée aux muscles actifs ?

d. À quel moment peut-on affirmer qu'il y a eu augmentation du débit cardiaque ?

3 **À partir des informations extraites du document 3 indiquer si l'individu était au repos au temps 0, à quel moment son activité a augmenté puis le moment où elle a diminué.**

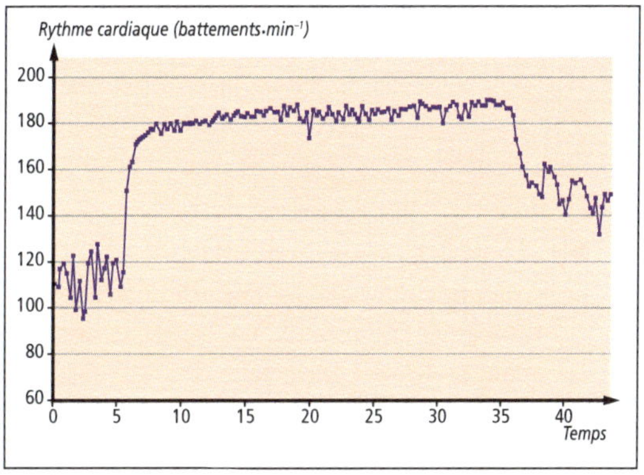

Doc. 3.

4 **Extraire des graphes ci-dessous les informations qui permettent…**

a. d'expliquer qu'il existe un débit cardiaque maximal ;

b. de déterminer le débit cardiaque maximal et d'évaluer de combien a augmenté le débit cardiaque au cours d'un effort maximal par rapport à la valeur repos.

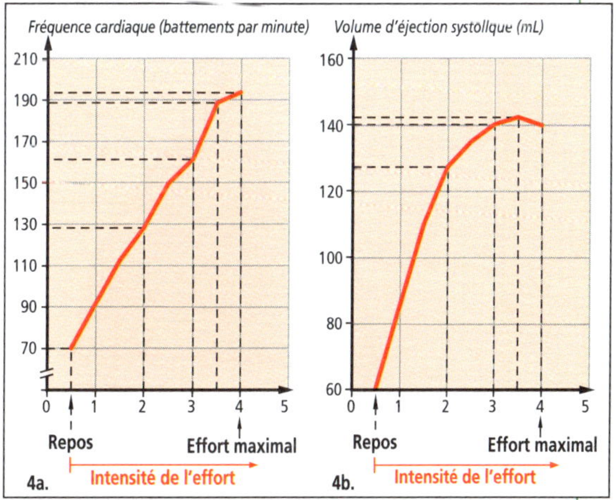

Doc. 4 – Variations de la fréquence cardiaque (4a.) et du volume de l'éjection systolique (4b.) lors d'un effort physique chez un sujet entraîné.

À RETENIR

- Au repos, les organes et en particulier les muscles ne prélèvent qu'environ 25 % du dioxygène apporté par le sang artériel. Le sang revenant aux poumons est encore relativement riche en O_2. Au niveau des alvéoles pulmonaires, le dioxygène de l'air passe dans le sang et celui-ci quitte les poumons, saturé en dioxygène.
- Lors d'un exercice, la quantité de dioxygène prélevé dans le sang par les muscles en activité augmente. En conséquence, le sang revenant aux poumons est très pauvre en dioxygène.
- Le sang qui quitte les poumons est toujours saturé en dioxygène aussi bien au cours d'un exercice qu'au repos. Il en résulte que le prélèvement de dioxygène par le sang au niveau des poumons au cours d'un exercice est plus important qu'au repos.
- La multiplication par 15 ou 20 du prélévement et donc de la consommation d'O_2 est due à deux facteurs :
  - l'augmentation du débit cardiaque donc de la quantité de sang traversant les poumons en une minute ;
  - l'augmentation de la quantité de dioxygène prélevé par le sang dans l'air alvéolaire.
- Le débit ventilatoire (exprimé en $L.min^{-1}$) correspond à la fréquence respiratoire (nombre de mouvements respiratoires par minute) multipliée par le volume d'air ventilé (volume d'air entrant ou sortant des poumons à chaque mouvement respiratoire).
- L'augmentation du débit ventilatoire au cours d'une activité physique permet de maintenir constante la teneur en dioxygène de l'air alvéolaire malgré le prélèvement accru du sang ; il en résulte que le sang quittant les poumons est toujours saturé en O_2.
- Même en fin d'expiration, il y a toujours de l'air dans les alvéoles pulmonaires de sorte que l'alimentation du sang en dioxygène est permanente.

COMMENT ÇA FONCTIONNE

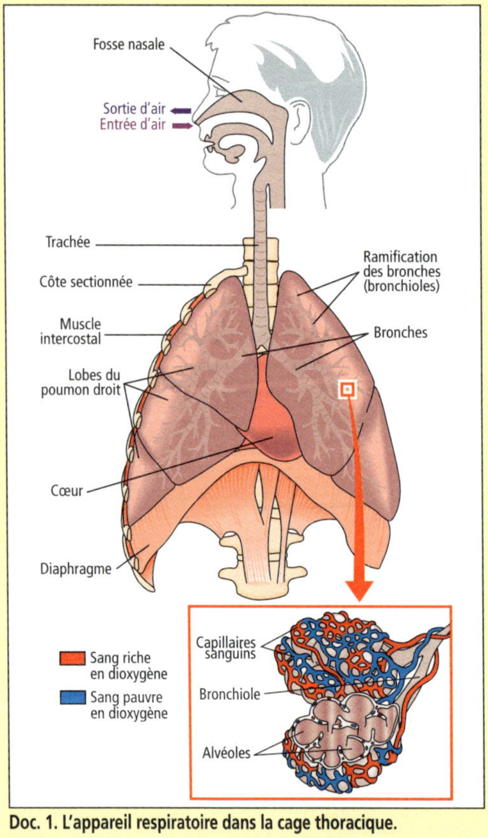

Doc. 1. L'appareil respiratoire dans la cage thoracique.

- Le document permet de retrouver le trajet de l'air inspiré dans l'appareil respiratoire : trachée, bronches, bronchioles et alvéoles pulmonaires.
- Noter que seul l'air alvéolaire participe aux échanges gazeux avec le sang appauvri en dioxygène des capillaires artériels (ramifications de l'artère pulmonaire), venu du cœur droit et représenté en bleu. Les capillaires veineux (qui se réunissent finalement pour former les veines pulmonaires) permettent au sang oxygéné (représenté en rouge) de gagner le cœur gauche.
- Se représenter un écoulement permanent du sang au niveau des alvéoles pulmonaires aussi bien au cours de l'expiration que de l'inspiration, ainsi que la présence constante d'un air alvéolaire suffisamment riche en dioxygène de sorte que les échanges gazeux alvéolaires sont permanents.
- Le document permet également de situer les muscles impliqués dans les mouvements respiratoires : muscles intercostaux et diaphragme.

1 **Relever parmi ces affirmations celles qui sont exactes ; corriger celles qui sont inexactes.**

Au cours d'exercices physiques…

a. le sang qui arrive aux poumons par les artères pulmonaires est beaucoup plus pauvre en dioxygène que celui qui y arrive au repos ;

b. l'augmentation du débit ventilatoire permet au sang qui repart des poumons de posséder une concentration plus importante en dioxygène ;

c. l'augmentation des débit ventilatoire et cardiaque fait que la quantité de dioxygène prélevée au niveau des poumons, en un temps donné, augmente ;

d. la différence entre la teneur en O_2 du sang des artères pulmonaires et celles des veines pulmonaires est plus faible qu'au repos.

2 **En exploitant le document 2, répondre aux questions posées.**

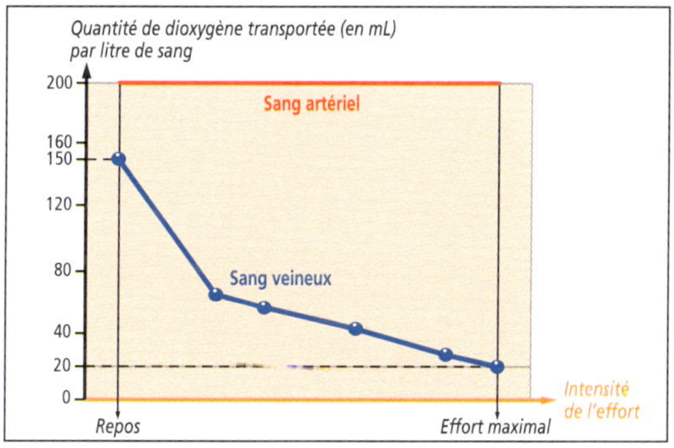

Doc. 2 Quantité de dioxygène contenue dans le sang artériel et dans le sang veineux de la circulation générale, en fonction de l'intensité de l'effort.

a. Calculer la différence entre la teneur en dioxygène du sang de l'aorte et celui des veines caves, au repos et au cours d'un exercice maximal.

b. Évaluer l'augmentation de la prise en dioxygène par rapport au repos lors d'un exercice maximal.

c. Sachant que le débit cardiaque passe de 5 L/min à 20 L/min, quelle était la consommation de dioxygène au repos et au cours d'un exercice maximal ?

3 **À partir de l'exploitation du document 3, dire :**

a. quelle capacité l'entraînement améliore-t-il ?

b. quelle est la quantité de dioxygène consommée en mL/min lors d'un exercice maximal, chez les sujets entraînés et chez les sujets non entraînés, sachant que le débit cardiaque maximal est en moyenne de 25 L/min chez les sujets entraînés, alors qu'il est en moyenne de 15 L/min chez les sujets non entraînés ?

c. Comment expliquer que les sujets non entraînés ne puissent faire un effort d'intensité équivalente à celle des sujets entraînés ?

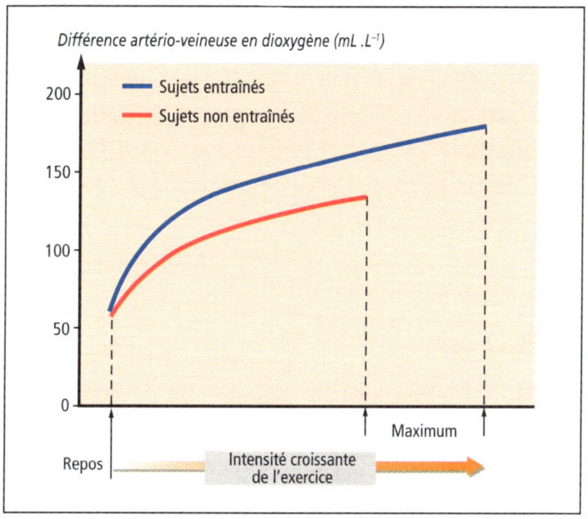

Doc. 3 – Les effets de l'exercice sur la différence artério-veineuse en dioxygène, chez les sujets entraînés et non entraînés.

La différence artério-veineuse correspond à la quantité de dioxygène contenue dans le sang artériel moins la quantité de dioxygène contenue dans le sang veineux, pour un même volume de sang.

4 **En exploitant le document 4, répondre aux questions posées.**

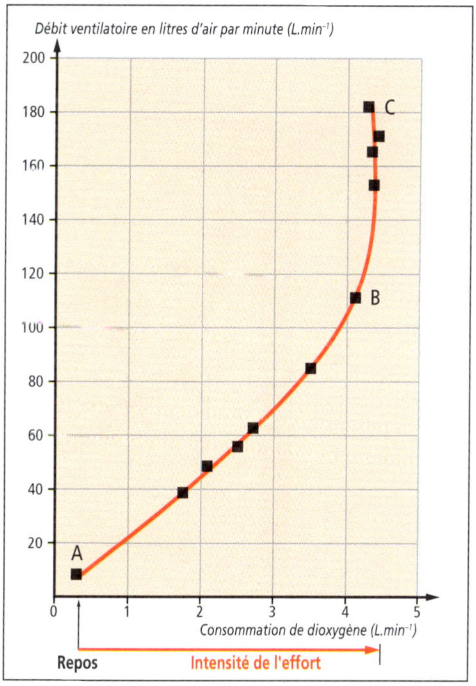

Doc. 4 – Variation du débit ventilatoire en fonction de la consommation de dioxygène.

a. Quel est l'intérêt du changement de débit ventilatoire de A à B ?

b. Le changement du débit ventilatoire entre B et C s'accompagne-t-il d'une augmentation de la consommation de dioxygène ? Proposer une explication.

À RETENIR

- Le cœur des mammifères isolé de l'organisme, donc sans aucune connexion nerveuse, continue à battre d'une façon rythmique. Pour cela, il doit, par l'intermédiaire de la circulation coronaire, être maintenu à une température de 37° C et perfusé par un liquide nutritif convenablement oxygéné. L'activité cardiaque trouve donc son origine dans un mécanisme automatique situé au sein du cœur : on parle d'automatisme cardiaque (100 battements par minute chez l'homme).
- Le cœur reçoit une double innervation.
- Les messages nerveux véhiculés par les nerfs pneumogastriques modèrent en permanence l'activité cardiaque.
- Les messages nerveux véhiculés en permanence par les nerfs sympathiques augmentent la fréquence cardiaque et la puissance des contractions.
- Au repos, l'action modératrice des nerfs pneumogastriques l'emporte sur celle, activatrice, des nerfs sympathiques. Au repos, le cœur, chez l'homme, a un rythme de 60 pulsations par minute.
- Les messages acheminés par les nerfs cardiaques résultent de l'activité de centres nerveux situés dans le bulbe rachidien.
- Le message nerveux est constitué par une succession de signaux électriques. Au cours d'un effort, il y a diminution de la fréquence des signaux acheminés par les nerfs pneumogastriques, ce qui entraîne une baisse de l'action inhibitrice qu'ils exerçaient sur le cœur. En même temps, il y a une augmentation de la fréquence des signaux acheminés par les nerfs sympathiques cardiaques, d'où une augmentation de la fréquence cardiaque due à leur action stimulatrice.

COMMENT ÇA FONCTIONNE

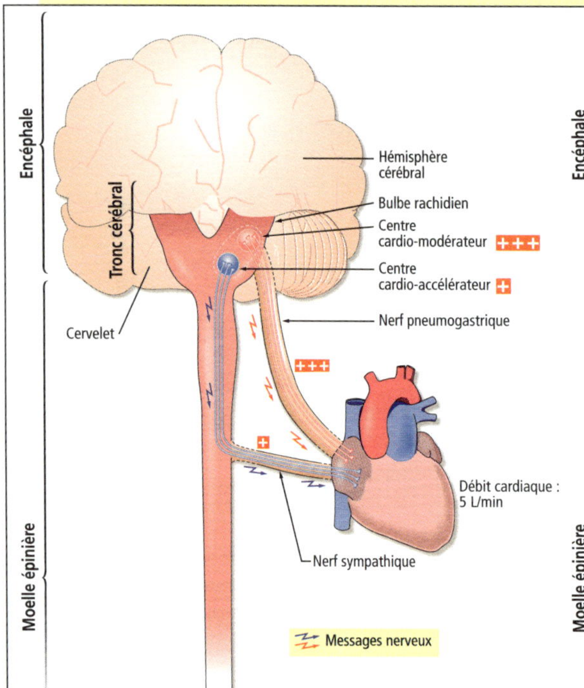

Doc. 1a – Repos.

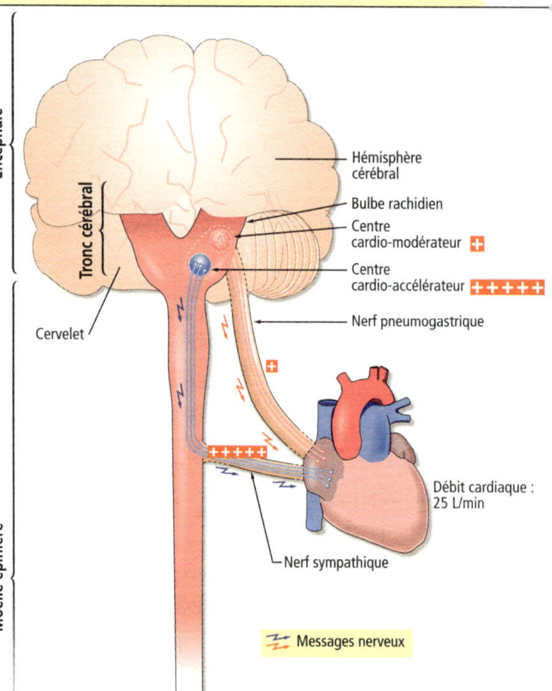

Doc. 1b – Exercice physique.

- Bien voir que l'augmentation de l'activité cardiaque au cours de l'effort résulte d'un changement dans les messages nerveux que reçoit le cœur par l'intermédiaire des nerfs pneumogastriques et sympathiques ;
  - Au repos : les messages nerveux émis par le centre cardio-modérateur et véhiculés par les nerfs pneumogastriques exercent une activité modératrice importante (+++) qui l'emporte sur les effets activateurs des messages émis par le centre cardio-accélérateur et véhiculés par les nerfs sympathiques (+).
  - Au cours de l'exercice physique : l'activité du centre cardio-modérateur et des pneumogastriques persiste mais diminue (+) ; l'activité du centre cardio-accélérateur et des nerfs sympathiques augmente (+++++) et leurs effets l'emportent sur l'action modératrice des pneumogastriques : le cœur accélère.

1 Établir une correspondance entre les deux séries de données.

Première série

1. nerf pneumogastrique ;
2. nerf sympathique ;
3. cœur.

Deuxième série

a. ralentit le cœur ;
b. est parcouru par des signaux dont la fréquence augmente au cours de l'effort ;
c. une activité autonome ;
d. est parcouru par des signaux dont la fréquence diminue au cours de l'effort ;
e. réagit aux messages reçus en modulant son activité.

2 Relever parmi ces affirmations celles qui sont exactes ; corriger celles qui sont inexactes.

La fréquence cardiaque…

a. dépend uniquement, au repos, de l'automatisme cardiaque ;
b. est augmentée au cours de l'effort car l'action des nerfs pneumogastriques est amplifiée ;
c. est augmentée pendant l'effort car le centre cardio-accélérateur bulbaire a une plus grande activité.

3 À partir des informations tirées de l'analyse du document 2 :

a. indiquer quelle est la fréquence cardiaque liée à son automatisme ;

b. montrer que, au repos, les nerfs pneumogastriques et sympathiques agissent en permanence sur le cœur et que l'action des nerfs pneumogastriques l'emporte sur celle des nerfs sympathiques.

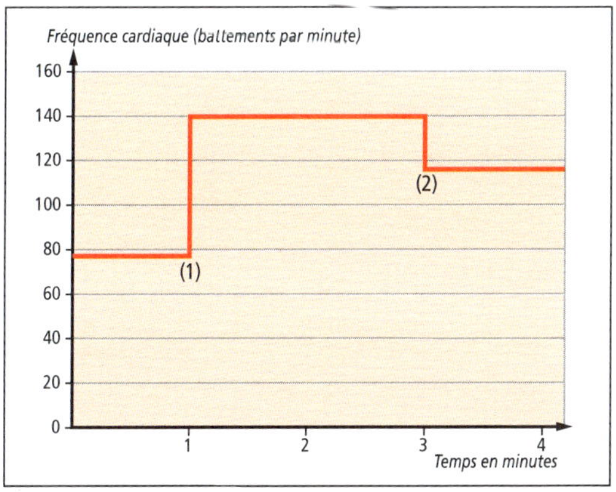

Doc. 2 – Évolution de la fréquence cardiaque chez un chien à la suite de la section des nerfs pneumogastriques (1) suivie, deux minutes plus tard, de celle des nerfs sympathiques (2).

4 Répondre aux questions en exploitant le document 3.

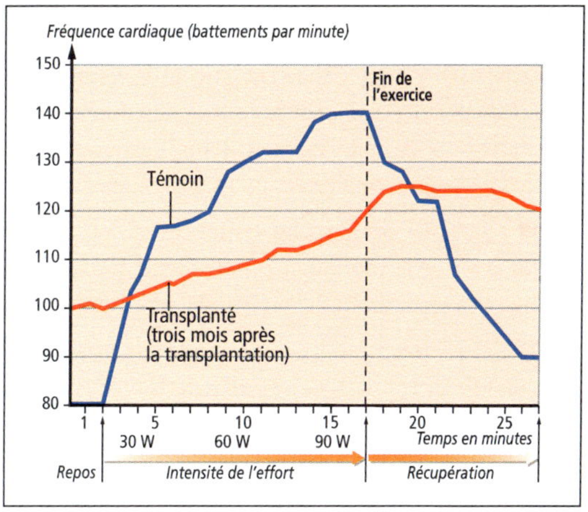

Doc. 3 – Comparaison des fréquences cardiaques chez un individu témoin sédentaire, non greffé, et chez un individu greffé du cœur, trois mois après la transplantation.
Lors d'une greffe du cœur, les connexions vasculaires sont rétablies alors que les connexions nerveuses ne le sont pas.

a. Expliquer la différence de fréquence au repos chez l'individu témoin et chez le greffé.

b. Quelle est la différence entre la fréquence cardiaque chez le témoin et chez l'individu greffé au cours d'un effort ? Proposer une explication.

c. Quel est le problème posé par l'évolution de la fréquence cardiaque au cours de l'effort chez l'individu porteur d'une greffe ?

5 À propos des nerfs cardiaques

Il n'existe pas de différence entre les signaux véhiculés par les deux types de nerfs cardiaques ; cependant, on a montré que ceux qui sont acheminés par les nerfs pneumogastriques se traduisent par la libération d'une substance chimique, l'acétylcholine, et que ceux qui sont véhiculés par les nerfs sympathiques se traduisent par la libération d'une autre substance, l'adrénaline.

Proposer une hypothèse rendant compte de l'action sur le cœur des deux types de nerfs cardiaques et indiquer le principe d'une expérience permettant de la tester.

SVT

À RETENIR

- La ventilation qui renouvelle l'air des alvéoles pulmonaires résulte des mouvements de la cage thoracique. Les poumons dépourvus de muscles sont passifs. Ils suivent, grâce à leur élasticité et aux plèvres, les mouvements de la cage thoracique. Celle-ci augmente de volume lors de l'inspiration à la suite de la contraction du muscle diaphragme et des muscles intercostaux. L'expiration résulte de la décontraction de ces mêmes muscles.
- La section des nerfs innervant ces muscles entraîne un arrêt de la ventilation. Contrairement au cœur, les muscles respiratoires n'ont pas d'activité automatique.
- Les centres nerveux responsables de la ventilation automatique spontanée siègent dans le bulbe rachidien.
- En émettant des messages nerveux vers les muscles respiratoires, ces centres nerveux déclenchent l'inspiration ; en cessant d'émettre, ils entraînent l'expiration.
- L'activité rythmique des centres respiratoires bulbaires est augmentée lors d'un effort physique, d'où augmentation du rythme respiratoire et augmentation de l'amplitude des mouvements respiratoires.
- Au cours d'un effort physique, l'activité des centres nerveux se traduit par un changement de la durée des intervalles entre deux messages successifs : les messages commandant l'inspiration sont plus rapprochés, d'où l'augmentation de la fréquence respiratoire. D'autre part, la fréquence des signaux nerveux constitutifs de chaque message augmente, ce qui entraîne une contraction plus importante des muscles respiratoires.

COMMENT ÇA FONCTIONNE

► Système nerveux innervant les muscles assurant la respiration (Doc. 1.)

Doc. 1.

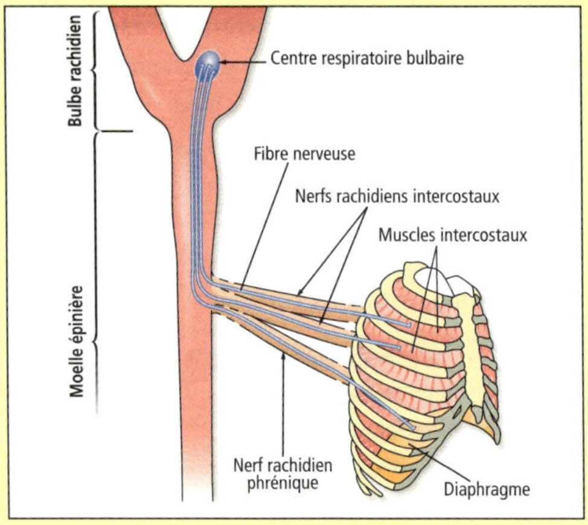

Ce schéma comporte uniquement les voies nerveuses d'un seul côté du corps. Il indique le trajet des voies et non les chaînes de cellules nerveuses mises en jeu.

► Rythme respiratoire et intensité des messages nerveux parcourant les nerfs phréniques et intercostaux (Doc. 2.)

Lors de l'effort, le débit ventilatoire augmente. Cela est lié à :

- une augmentation de la fréquence d'émission de messages nerveux par les centres respiratoires bulbaires : 3 messages nerveux en 10 secondes au repos contre 5 pour la même durée lors de l'effort. Il en résulte une augmentation de la fréquence respiratoire ;
- une augmentation de l'intensité des messages (fréquence des signaux) adressés aux muscles respiratoires : (+) au repos contre (+++) au cours de l'exercice physique. Il en résulte une contraction plus importante des muscles inspiratoires, d'où une augmentation du volume d'air entrant dans les poumons à chaque inspiration.

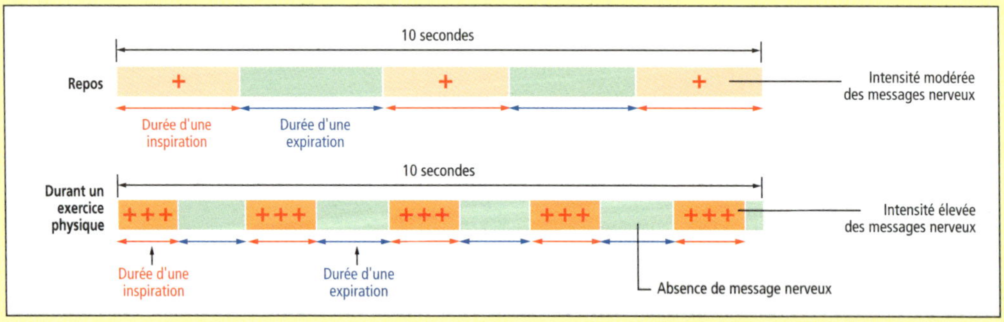

Doc. 2.

1 **Établir une correspondance entre les deux séries de données.**

Première série

1. muscle intercostal ;
2. diaphragme ;
3. bulbe rachidien ;
4. moelle épinière.

Deuxième série

a. accroît le volume de la cage thoracique au cours d'une inspiration ;
b. centre nerveux à l'origine de la rythmicité respiratoire ;
c. centre nerveux d'où partent les nerfs innervant les muscles respiratoires.

2 **Relever les affirmations exactes ; corriger celles qui sont inexactes.**

Les muscles respiratoires…

a. ont une activité automatique qui augmente au cours de l'effort ;
b. sont constamment contractés ;
c. sont stimulés de façon périodique ;
d. ont une activité rythmique qui est celle des centres bulbaires ;
e. ont une activité qui persiste après section des nerfs rachidiens qui les innervent ;
f. ont une activité d'intensité constante.

3 **Compléter le tableau proposé.**

Localisation de la section	Conséquence de la section des nerfs
Au niveau des nerfs rachidiens phréniques et intercostaux *(1)*	→ **a.**
Section de la moelle au-dessous du bulbe rachidien *(2)*	→ **b.**
Section de l'axe nerveux au-dessus du bulbe rachidien *(3)*	→ **c.**

Conséquences de sections accidentelles de nerfs et de certaines zones du système nerveux central sur la respiration.

4 **Les enregistrements a et b présentés dans le document 3 sont obtenus grâce à un dispositif Exao qui permet d'enregistrer les volumes d'air expirés et inspirés à chaque mouvement respiratoire au cours du temps.**

a. Limiter un mouvement respiratoire au repos en utilisant les lettres.
b. Indiquer une période durant laquelle les nerfs innervant le diaphragme véhiculent des messages nerveux. Indiquer une période durant laquelle ils ne sont pas parcourus par des messages.
c. Calculer la fréquence des périodes où les nerfs innervant le diaphragme conduisent des messages au repos et à l'effort.
d. Qu'est-ce qui dans ces graphiques traduit que l'intensité des messages nerveux est plus importante lors d'un exercice physique qu'au repos ?

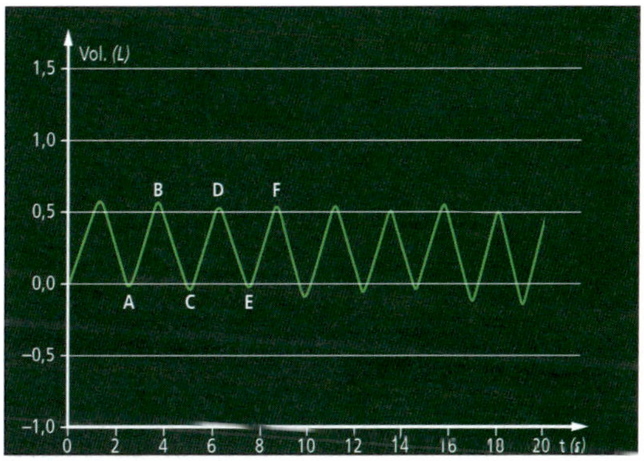

Doc. 3a – Repos.

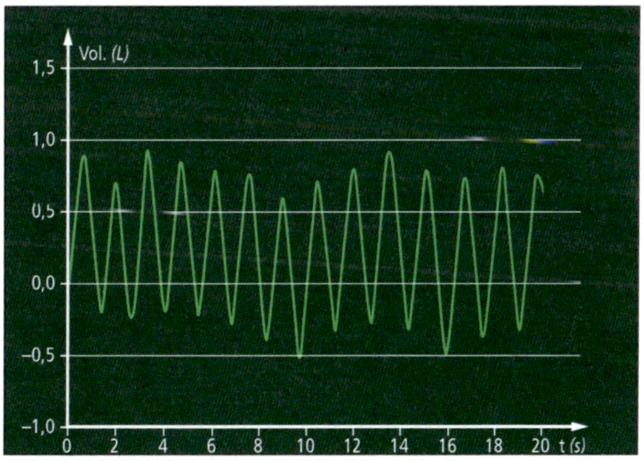

Doc. 3b – Exercice.

SVT

À RETENIR

- Par rapport au repos, l'augmentation de la fréquence cardiaque et de la puissance des contractions au cours d'un effort est due à un changement dans les messages nerveux émis par les centres nerveux bulbaires cardio-modérateur et cardio-accélérateur.
- L'accroissement de la ventilation au cours d'un effort est provoquée par un changement de l'activité du centre respiratoire bulbaire.
- Ces changements d'activité des centres bulbaires impliqués dans la modulation de l'activité cardiaque et la commande de l'activité respiratoire sont coordonnés. Cette coordination est indispensable à la réalisation de l'effort. En effet, une augmentation de la fréquence cardiaque sans changement de la ventilation (ou l'inverse) ne permettrait pas l'apport aux muscles de la quantité de dioxygène nécessaire.
- Le mécanisme qui entraîne un changement d'activité des centres bulbaires cardiaques et respiratoires fait intervenir ce que l'on nomme la commande centrale des centres cardiaques et respiratoires bulbaires située dans le cortex cérébral.
- La réalisation de l'activité physique résulte de la mise en jeux des muscles squelettiques effecteurs du mouvement, par des messages nerveux émis par le cortex moteur des hémisphères cérébraux. Simultanément, le cortex adresse des messages aux centres nerveux bulbaires, modifiant ainsi leurs activités et adaptant les systèmes cardiaque et respiratoire aux besoins de l'organisme.

COMMENT ÇA FONCTIONNE

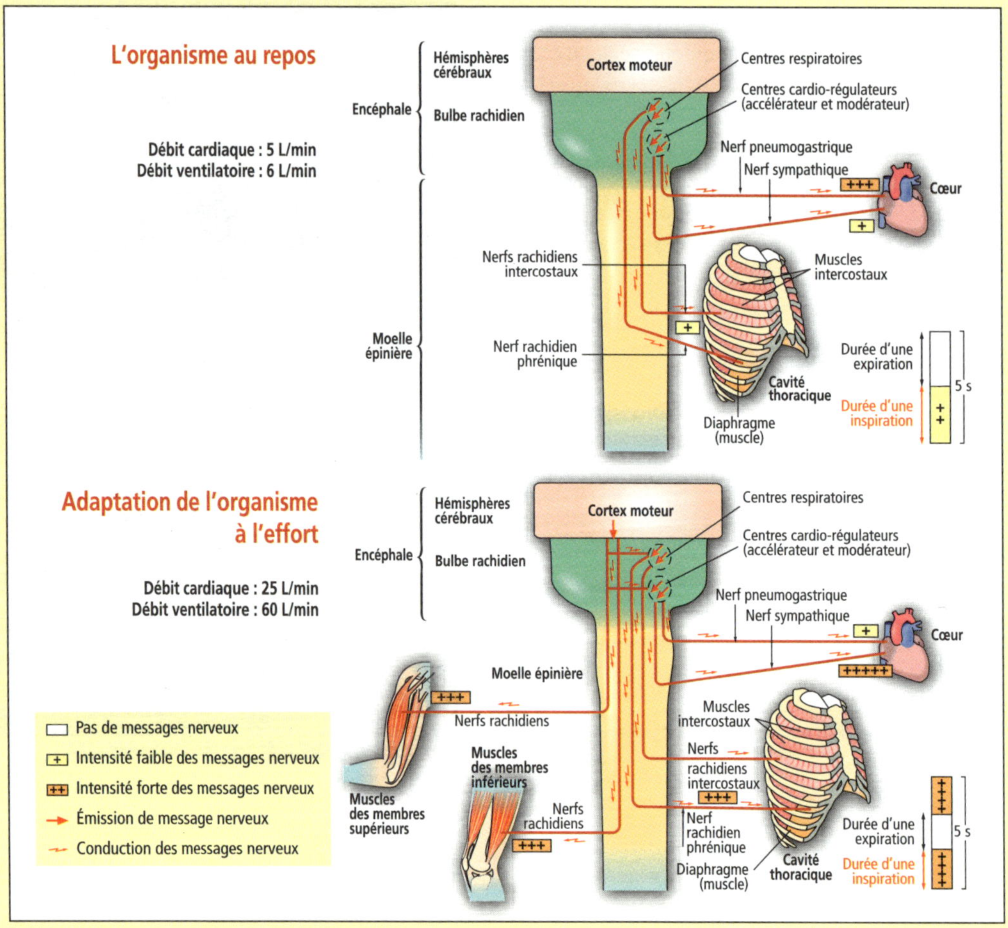

Doc. 1.

- Bien repérer que la différence entre les deux situations résulte dans l'émission de messages nerveux par le cortex moteur, au cours de l'effort. Ces messages, en atteignant les muscles des membres *via* la moelle épinière, déclenchent l'activité physique. Ils agissent aussi sur les centres nerveux bulbaires cardiaques et respiratoires en provoquant un changement de leur activité par rapport à la situation de repos : activation du centre bulbaire cardio-accélérateur, inhibition (partielle) du centre cardio-modérateur, activation du centre respiratoire.

● Ce sont donc les messages nerveux émis par le cortex cérébral moteur qui entraînent finalement un changement coordonné du débit cardiaque et du débit ventilatoire au cours de l'activité physique.

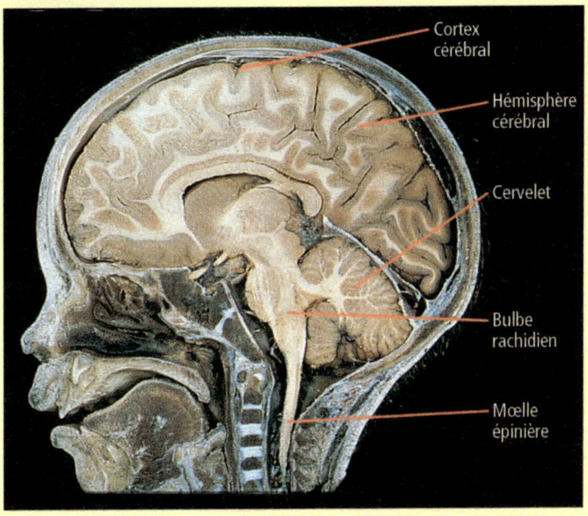

Doc. 2 – Encéphale et moelle épinière vus en coupe.

S'EXERCER

1 Relever parmi ces affirmations celles qui sont exactes ; corriger les affirmations inexactes.

Le cortex cérébral…

a. commande les muscles responsables de l'activité physique ;

b. commande l'activité des centres respiratoires ;

c. module l'activité des centres cardiaques ;

d. commande directement les muscles respiratoires au cours de l'activité physique.

2 En exploitant les informations tirées de l'analyse du document 3, répondre aux questions posées.

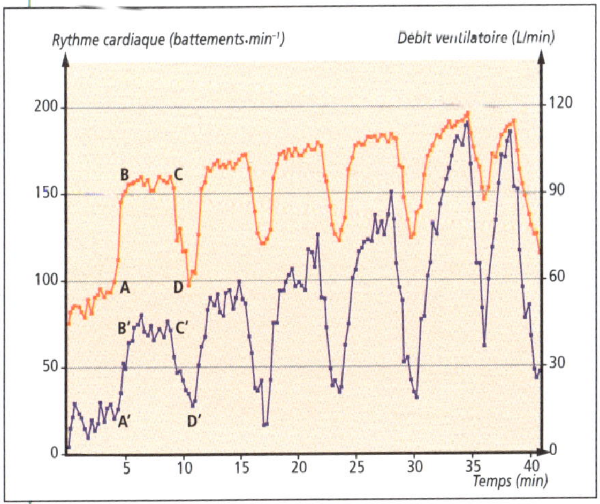

Doc. 3 – Enregistrement de la fréquence cardiaque et du débit ventilatoire d'un athlète à l'entraînement au cours de périodes d'activité d'intensité croissante séparées par des périodes de récupération.

a. Calculer l'augmentation maximale de la fréquence cardiaque et du débit ventilatoire.

b. En quoi ce document confirme-t-il que les changements d'activités cardiaque et respiratoire sont coordonnés ?

c. Comment évolue le message véhiculé par les nerfs pneumogastriques, les nerfs sympathiques, durant AB, BC, CD ?

d. Comment varie la rythmicité de l'activité des centres bulbaires respiratoires durant A'B', B'C', C'D' ?

e. À quel moment l'individu a-t-il atteint sa VO_2 max ?

3 Établir une correspondance entre les deux séries de données.

Première série

1. repos ;

2. exercice modéré ;

3. exercice intense.

Deuxième série

a. fréquence cardiaque inférieure à la fréquence automatique ;

b. les messages parcourant les nerfs pneumogastriques sont les plus faibles possible ;

c. la fréquence des messages parcourant les nerfs sympathiques est très élevée ;

d. le cortex moteur module fortement l'activité des centres respiratoires et cardiaques ;

e. la fréquence cardiaque est voisine de celle de l'automatisme ;

f. la rythmicité des centres respiratoires bulbaires est de 12 à 15 par minute ;

g. la rythmicité des centres respiratoires bulbaires est de 100 par minute ;

h. l'action des nerfs pneumogastriques est faible sans que celle des nerfs sympathiques soit très élevée.

À RETENIR

● Tous les Vertébrés présentent un plan d'organisation analogue, constitué autour d'un axe **antéro-postérieur** et d'une **polarité dorso-ventrale**.

● L'axe antéro-postérieur est défini par l'existence de trois parties : la tête, le tronc et la queue. Au niveau du squelette, caractéristique des Vertébrés, cette polarité antéro-postérieure se marque par la place du crâne situé en avant et de la colonne vertébrale constituée de vertèbres différenciées d'avant en arrière.

● La polarité dorso-ventrale est surtout marquée par la **position dorsale des centres nerveux**, moelle épinière et encéphale.

● Ces deux axes antéro-postérieur et dorso-ventral définissent la droite et la gauche de l'animal (symétrie bilatérale) et si certains organes (cœur, foie…) sont en position asymétrique, d'autres (poumons, reins…) sont disposés symétriquement.

● Au cours de leur développement, tous les Vertébrés passent par un stade embryonnaire assez semblable résultant de la mise en jeu des mêmes mécanismes.

● Toutes les caractéristiques du plan d'organisation qui leur sont **communes et exclusives** témoignent d'une parenté plus étroite entre les Vertébrés qu'avec tout autre organisme. Cela signifie qu'ils les ont héritées d'un **ancêtre commun** qui les possédait lui-même.

● À partir de cet ancêtre commun, il y a eu, au cours de leur histoire, des innovations qui sont à l'origine de la diversité actuelle des Vertébrés.

COMMENT ÇA FONCTIONNE

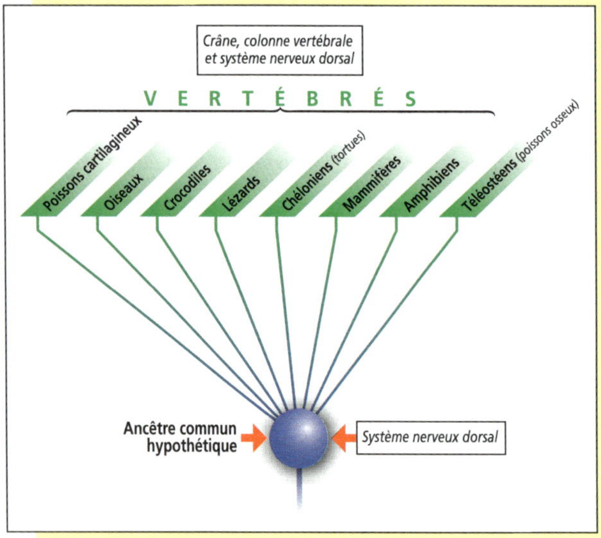

Doc. 1 – L'ancêtre commun.

► Tous les Vertébrés ont un ancêtre commun

● Ce document montre que tous les animaux vertébrés dérivent d'un ancêtre commun exclusif mais ne traduit pas les relations de parenté entre eux. Le plan d'organisation des vertébrés actuels est hérité de cet ancêtre commun.

● Chez un vertébré, on retrouve les caractéristiques communes à tous les Vertébrés et à leur ancêtre commun et des caractères qui n'existent pas chez tous les vertébrés ; par exemple, des membres de type patte et des poumons chez les Oiseaux, les Crocodiles, les Lézards, les Chéloniens, les Amphibiens et les Mammifères mais pas chez les Poissons.

► Organisation antéro-postérieure, dorso-ventrale et symétrie bilatérale des Vertébrés

● À gauche, les caractéristiques de l'organisation antéro-postérieure des Vertébrés sont dégagées sur une coupe longitudinale. À droite, c'est la symétrie bilatérale commune à tous les Vertébrés qui est dégagée sur une coupe transversale. Au centre, c'est l'organisation dorso-ventrale visible à la fois sur la coupe longitudinale et la coupe transversale qui est détaillée.

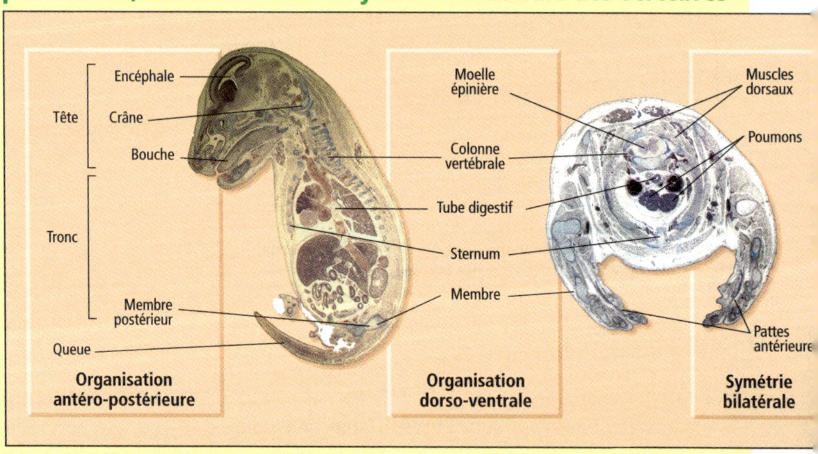

Doc. 2 – Plan d'organisation d'un vertébré.

1 **Relever parmi ces affirmations celles qui sont exactes ; corriger celles qui sont inexactes.**

L'ancêtre commun à tous les Vertébrés possédait…

a. des poumons ;
b. une organisation dorso-ventrale ;
c. une symétrie bilatérale ;
d. quatre membres de type patte avec des doigts ;
e. un système nerveux ventral.

2 **Retrouver dans le document 3 des caractéristiques que possédait l'ancêtre commun à tous les Vertébrés et d'autres caractères qu'il ne possédait pas et qui ont été acquis au cours de l'histoire des Vertébrés ayant conduit à l'espèce Lézard actuelle.**

Doc. 3.

3 **À partir des informations tirées du document 4, indiquer si cette coupe transversale a été réalisée chez un Vertébré.**

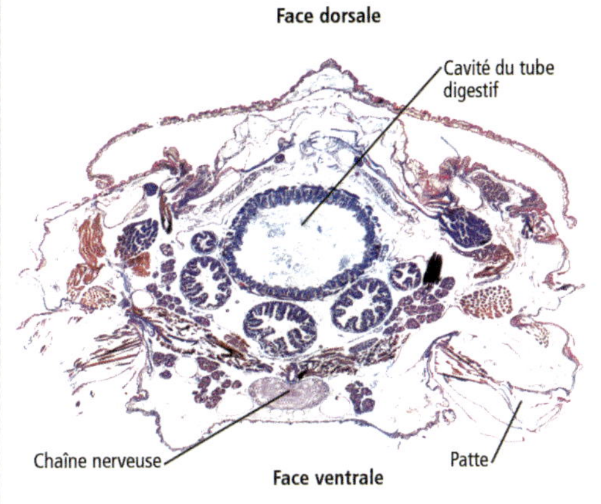

Doc. 4.

4 **Légender cette coupe.**

Indiquer ce que représente chacune des lettres en utilisant les termes proposés : *vertèbre*, *poumon*, *région dorsale*, *patte*, *œsophage*, *moelle épinière*, *région ventrale*.

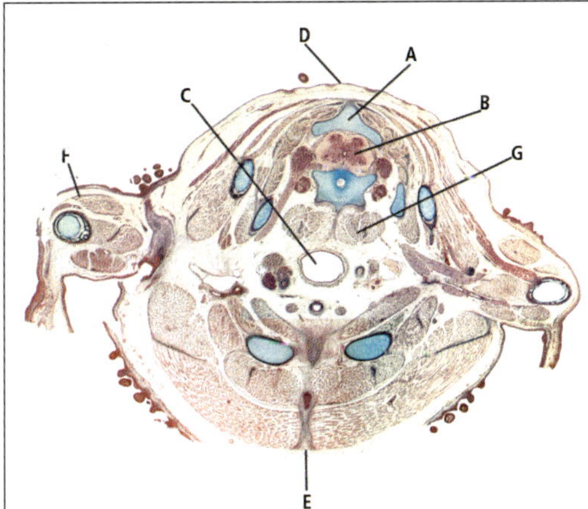

Doc. 5.

5 **Relever parmi ces affirmations celles qui sont exactes ; corriger celles qui sont inexactes.**

L'appareil digestif d'un Vertébré comprend toujours…

a. une différenciation antéro-postérieure ;
b. un tube digestif et des glantes annexes sécrétrices ;
c. un segment de tube digestif spécialisé dans l'absorption des nutriments ;
d. un organe de stockage et de malaxage des aliments.

À RETENIR

- Tous les êtres vivants ont des organes constitués de cellules.
- Certains organismes sont unicellulaires et d'autres pluricellulaires.
- La cellule est la plus petite unité du monde vivant. Elle possède les caractéristiques fondamentales de la vie : assimilation, croissance et reproduction.
- Toute cellule provient toujours de la division d'une cellule préexistante.
- À l'origine de tout être vivant existe toujours une cellule unique : la cellule œuf.
- En microscopie optique, une cellule apparaît caractérisée par une membrane plasmique délimitant un compartiment intracellulaire, le cytoplasme, dont la composition diffère de celle du milieu extracellulaire.
- Dans les cellules eucaryotes, on observe toujours un noyau, limité par une enveloppe nucléaire et renfermant les chromosomes.

Dans les cellules procaryotes (bactéries), le matériel chromosomique n'est pas séparé du cytoplasme par une enveloppe : il n'y a pas de noyau.

- Au microscope électronique, dans toutes les cellules eucaryotes, on observe des organites ; par exemple les mitochondries siège de la respiration cellulaire (absorption de dioxygène, rejet de dioxyde de carbone). Il n'y a pas d'organites dans les cellules procaryotes.

Cette remarquable similitude structurale des cellules eucaryotes laisse à penser à l'existence d'une parenté entre tous les organismes constitués de telles cellules, organismes formant ainsi l'ensemble des eucaryotes.

COMMENT ÇA FONCTIONNE

Document 1a – Cellule animale observée au microscope électronique.

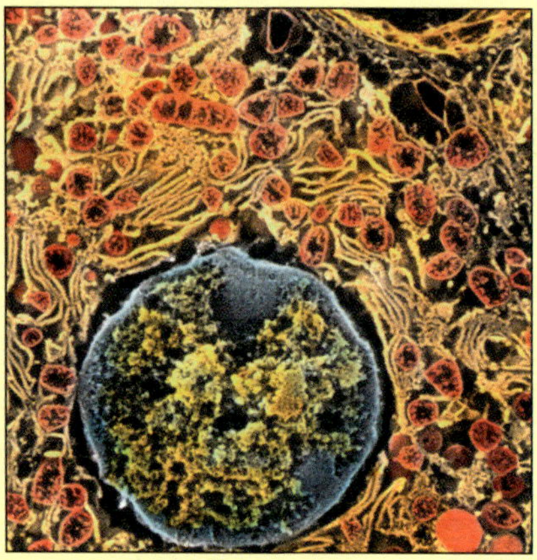

Document 1b – Cellule végétale observée au microscope électronique.

- Les deux photographies, cellule animale et cellule végétale du document 1, traduisent l'unité profonde de la structure cellulaire des Eucaryotes. Outre le noyau, bien repérer les mitochondries, organites communs aux végétaux et aux animaux. Par ailleurs, repérer en **1b** les chloroplastes, organites propres aux cellule chlorophylliennes des végétaux.

Document 2 – Tous les Eucaryotes ont un ancêtre commun exclusif.

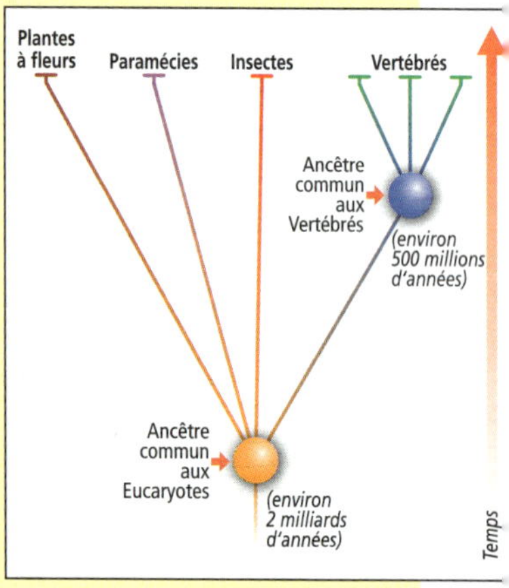

- La structure des Eucaryotes actuels est héritée de leur ancêtre commun. Cette représentation traduit le fait que, au sein des Eucaryotes, les Vertébrés sont plus étroitement apparentés entre eux qu'avec tous les autres organismes mais elle ne précise pas les relations de parenté entre Plantes à fleurs, insectes et paramécies, ni celles avec les Vertébrés ; pour cela il faudrait faire appel à d'autres caractères. C'est pour cette raison que toutes les lignées partent du même point, de l'ancêtre commun à tous les Eucaryotes. En réalité, les Insectes sont plus étroitement apparentés aux Vertébrés que ne le sont la paramécie et les Plantes à fleurs.

1 **Établir des relations entre les deux séries de données.**

Première série

1. foie ;
2. rein ;
3. os ;
4. bactérie ;
5. feuille.

Deuxième série

a. est constitué(e) par un assemblage de cellules eucaryotes ;
b. est constitué(e) de cellules limitées par une membrane plasmique ;
c. est constitué(e) d'une seule cellule ;
d. a pour origine une cellule initiale (œuf) ;
e. est formé(e) de cellules qui possèdent des mitochondries ;
f. est constitué(e) de cellules ne possédant pas de noyau.

2 **Tirer des documents 3a. et 3b. les arguments permettant de ranger chacune des cellules dans le groupe des Procaryotes ou des Eucaryotes.**

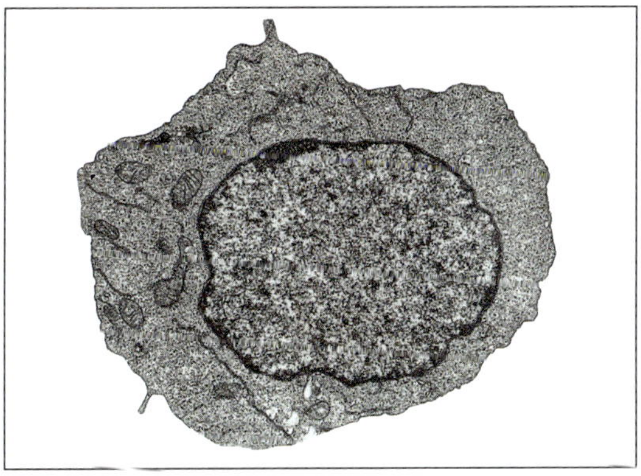

Doc. 3a.

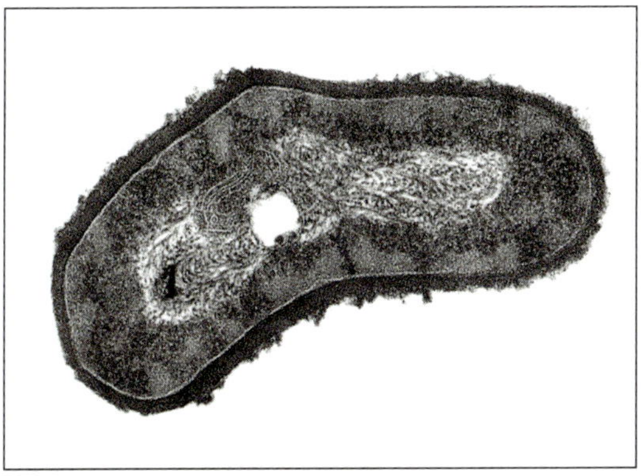

Doc. 3b.

3 **Trouver dans le document 4 une manifestation caractéristique de la vie cellulaire.**

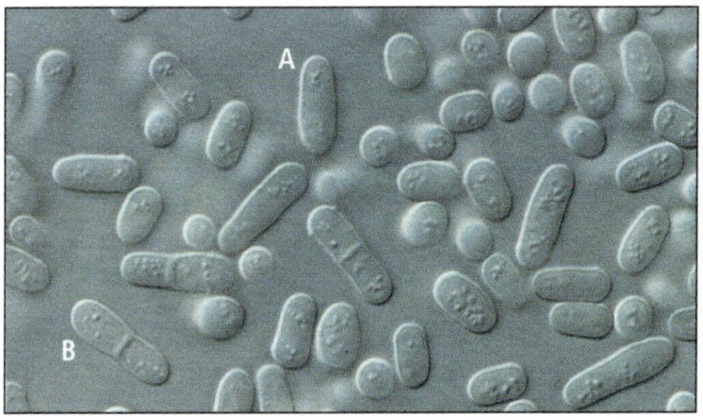

Doc. 4.

4 **En exploitant les conclusions tirées de l'étude des documents 5a et 5b :**

a. trouver un argument en faveur de l'idée qu'il s'agit de deux cellules eucaryotes ;

b. trouver un argument en faveur de l'idée d'unité structurale des cellules eucaryotes ;

c. indiquer un organite cellulaire qui n'est pas commun à toutes les cellules eucaryotes.

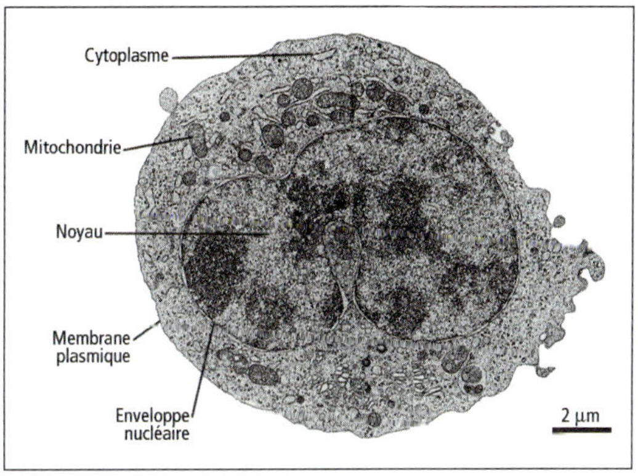

Doc. 5a – Structure d'une cellule animale.
Globule blanc observé au M.E.T. (x 20 000).

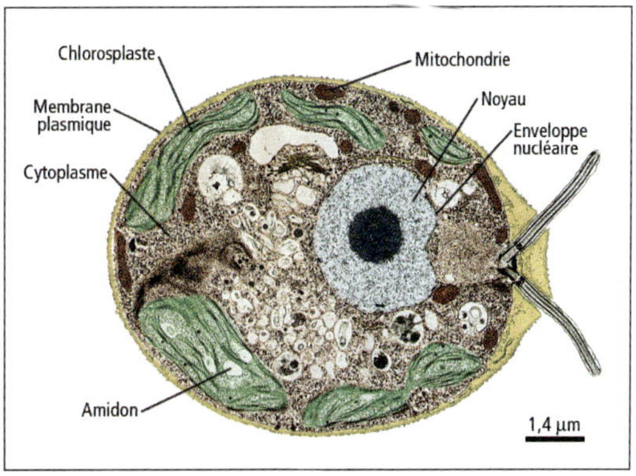

Doc. 5b – Structure d'une algue unicellulaire.
Chlamydomonas, *coloré artificiellement, observé au M.E.T. (x 7 000).*

À RETENIR

● Toutes les cellules ont une composition chimique différente de celle de leur environnement. Elles prélèvent des nutriments dans leur milieu de vie et, à partir d'eux, synthétisent leurs propres constituants organiques. **C'est la propriété d'assimilation caractéristique des cellules vivantes.**

● Les cellules chlorophylliennes ont une double originalité : structurale par la présence de chloroplastes et fonctionnelle car, à la lumière, elles sont capables de faire la synthèse de leurs constituants organiques à partir de **nutriments minéraux** : eau, ions minéraux et dioxyde de carbone ; au cours de ces synthèses, elles rejettent du dioxygène.
Elles sont autotrophes.

● **Les cellules non chlorophylliennes** ont besoin de prélever des **nutriments organiques** (acides aminés, glucose...) pour effectuer la synthèse de leurs constituants organiques. Ces nutriments organiques proviennent directement ou indirectement de la matière organique synthétisée par les cellules autotrophes chlorophylliennes.
Elles sont hétérotrophes.

● Tous les animaux sont uniquement constitués de cellules hétérotrophes.
Les végétaux possèdent souvent des cellules autotrophes (cellules des feuilles) et des cellules hétérotrophes (cellules des racines).

COMMENT ÇA FONCTIONNE

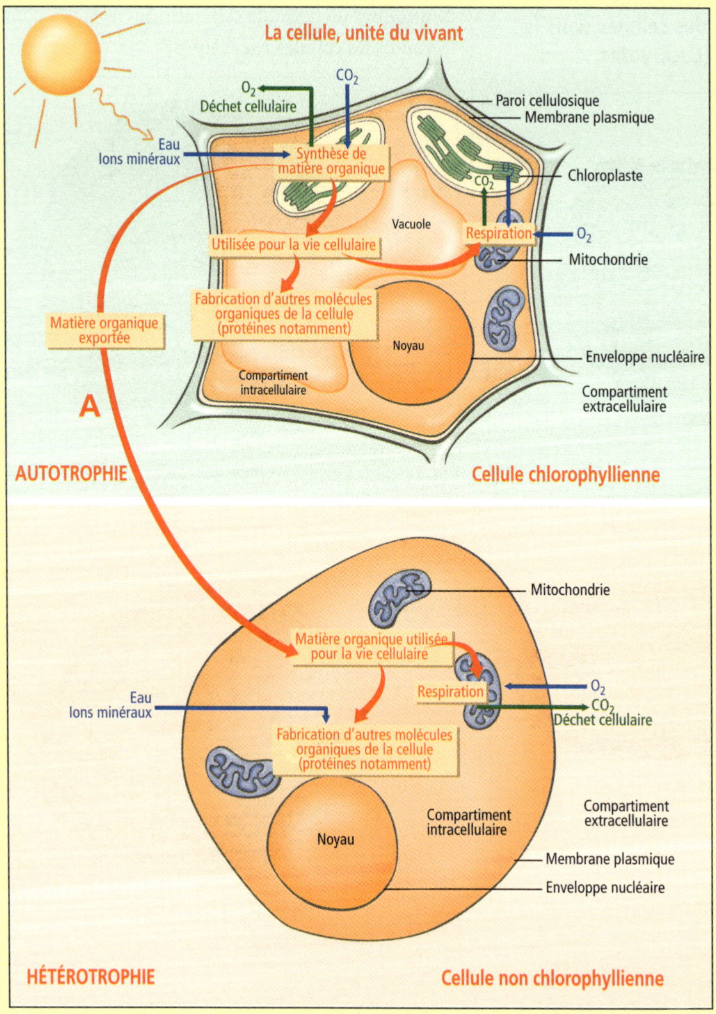

Doc. 1.

● Le document 1 montre que la nutrition des êtres vivants dépend de l'aptitude qu'ont les cellules chlorophylliennes à synthétiser leurs matières organiques à partir de matières minérales (eau, ions minéraux et dioxyde de carbone).
La flèche A traduit le fait que les cellules non chloryphylliennes des végétaux et les cellules animales utilisent, directement ou indirectement, les matières organiques fabriquées par les cellules végétales chlorophylliennes pour synthétiser leur propre matière.

● En dehors de cette différence fondamentale d'origine, les matières organiques sont utilisées de la même manière par les cellules autotrophes et hétérotrophes, notamment au cours de la respiration (au niveau des mitochondries).

1 Relever parmi ces affirmations celles qui sont exactes ; corriger celles qui sont inexactes.

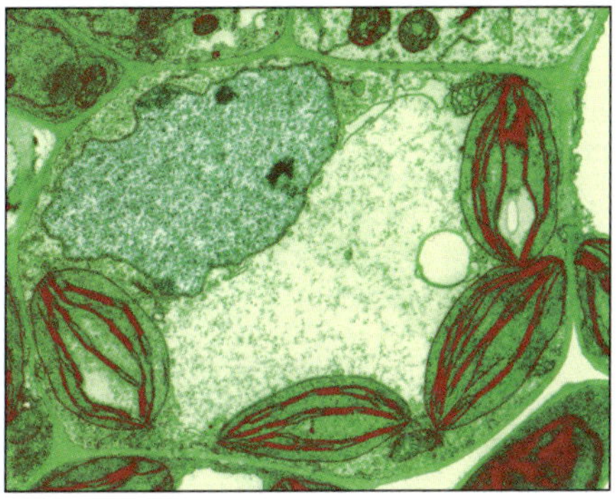

Doc. 2 – Cellule au microscope électronique.

La cellule ci-dessus est…

a. autotrophe à la lumière ;

b. autotrophe à l'obscurité ;

c. dégage de l'oxygène à l'obscurité ;

d. absorbe du dioxyde de carbone à la lumière ;

e. rejette du dioxyde de carbone à l'obscurité.

2 En exploitant les informations tirées des documents ci-dessous :

a. trouver des arguments confirmant l'idée que la cellule est l'unité constitutive des organes des êtres vivants ;

b. trouver un argument permettant de dire que ces cellules sont hétérotrophes et dépendent de l'activité de cellules du type de celle du document 2.

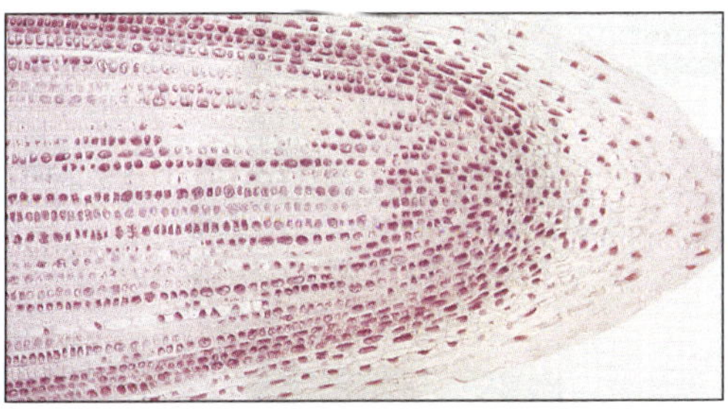

Doc. 3a – Observation microscopique de l'extrémité d'une racine (x 16).

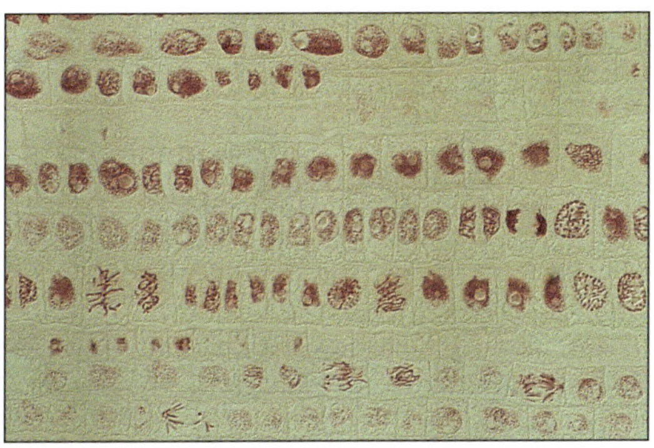

Doc. 3b – Cellule de racine (M.O. x 100).

3 Exploiter les informations tirées de l'analyse du document 4 pour répondre aux questions posées :

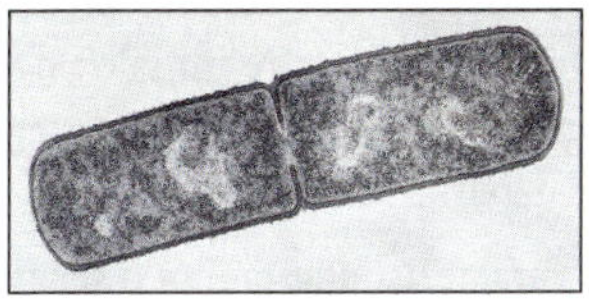

Doc. 4 – Cellule de bacille subtil en division, observée au M.E.T.

Le bacille subtil est un organisme unicellulaire qui peut être cultivé sur un milieu contenant du jus de viande. Dans des conditions optimales, il peut se diviser environ toutes les 30 minutes.

a. Quels sont les caractères du vivant exprimés par cet organisme ?

b. Cet organisme est-il eucaryote ou procaryote ?

c. Cet organisme est-il autotrophe ou hétérotrophe ?

4 Exploiter les informations tirées des documents 5a, b et c pour répondre à la question posée.

On étudie le développement des cellules de levure ou des cellules d'euglène dans trois milieux A, B et C, différents par leur composition. Les milieux de cultures sont soumis aux mêmes conditions d'éclairement.

	Milieu A	Milieu B	Milieu C
Eau distillée	1000 mL	1000 mL	1000 mL
Sels minéraux	…	3,75 g	3,75g
Protéines	…	10 g	…
Glucose	…	20 g	…

Doc.5a – Composition des trois milieux de culture.

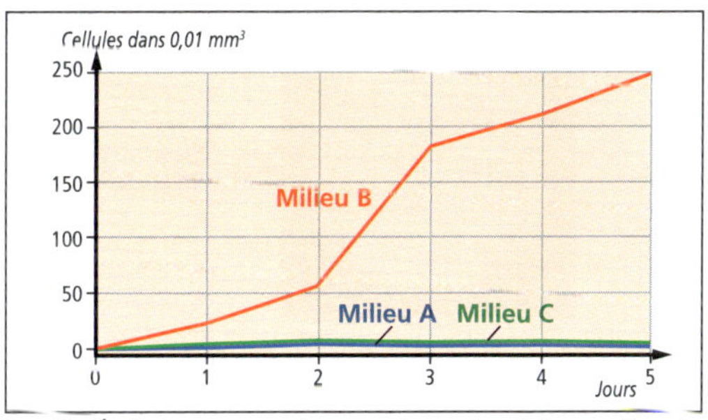

Doc.5b – Évolution au cours du temps du nombre de levures dans chacun des trois milieux.

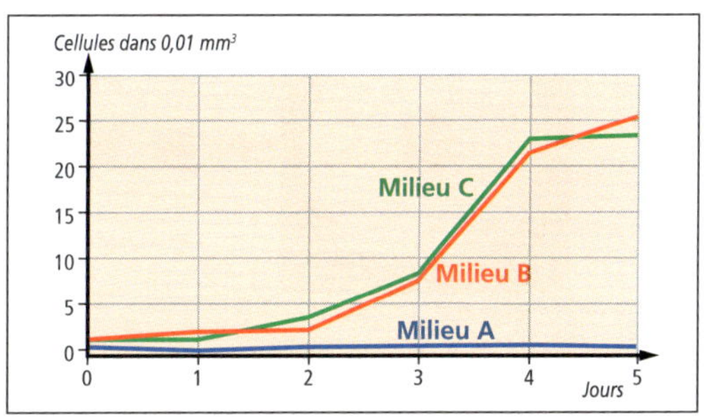

Doc.5c – Évolution au cours du temps du nombre d'euglènes dans chacun des trois milieux.

Trouver des arguments en faveur de l'idée que la levure est un organisme hétérotrophe et que l'euglène est un organisme autotrophe.

À RETENIR

- Considérons des levures appartenant à deux souches différentes. Les deux cellules issues de la division d'une cellule appartenant à l'une des souches présentent les mêmes caractéristiques que la levure initiale : il y a transmission, au cours de la division, des caractéristiques de la cellule de départ à ses cellules filles.
- Ce ne sont pas les caractéristiques qui se transmettent mais des informations génétiques qui permettent leur réalisation.
- Toutes les caractéristiques d'une cellule dépendent d'instructions dont l'ensemble constitue le **programme génétique**. C'est ce dernier qui est transmis intégralement de génération cellulaire en génération cellulaire. Chacune des instructions du programme génétique constitue un **gène**.
- Toutes les cellules appartenant à une même espèce possèdent les mêmes gènes. Les différences entre les caractères exprimés par les diverses variétés d'une même espèce sont dues au fait qu'un même gène peut exister sous des formes différentes appelées **allèles**.
- Dans une cellule eucaryote, le matériel support de l'information génétique est un constituant des **chromosomes**.
- Ces chromosomes, bien que visibles uniquement au moment de la division cellulaire, sont des structures permanentes de la cellule.
- À la suite d'une division, les cellules filles possèdent la même garniture chromosomique que la cellule mère donc les mêmes instructions génétiques.
- L'existence d'un matériel génétique n'est pas propre aux eucaryotes ; il se retrouve chez les bactéries, organismes procaryotes où il est également situé dans un chromosome unique, visible uniquement en microscopie électronique.

COMMENT ÇA FONCTIONNE

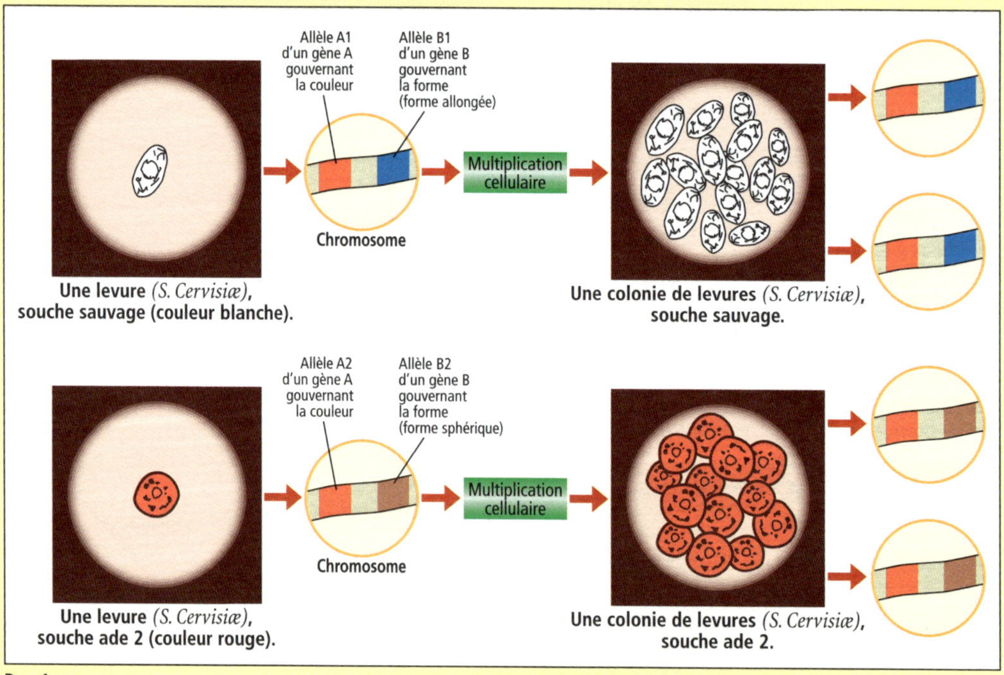

Doc. 1.

- Le document traduit la notion d'hérédité cellulaire : toutes les cellules dérivant d'une cellule initiale ont hérité des mêmes caractères ; les différences initiales entre les deux variétés se retrouvent dans toutes les cellules filles. En réalité, ce sont les informations par les chromosomes et dirigeant les caractères envisagés qui sont transmises.

1 **Dégager en exploitant le document 2 des caractères de la division cellulaire chez ces deux espèces de levure.**

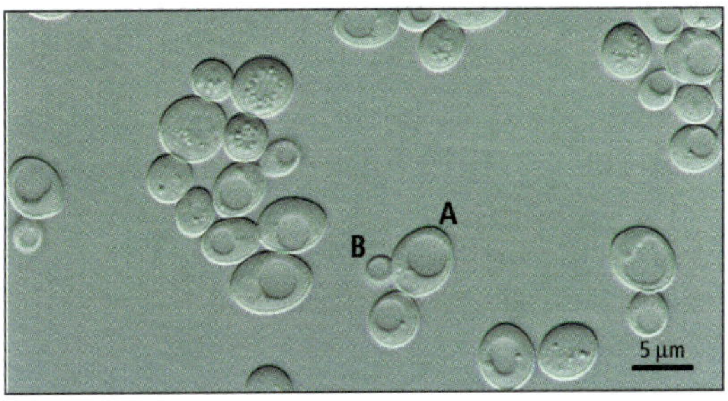

Doc. 2a – *Saccharomyces cervisiæ.*

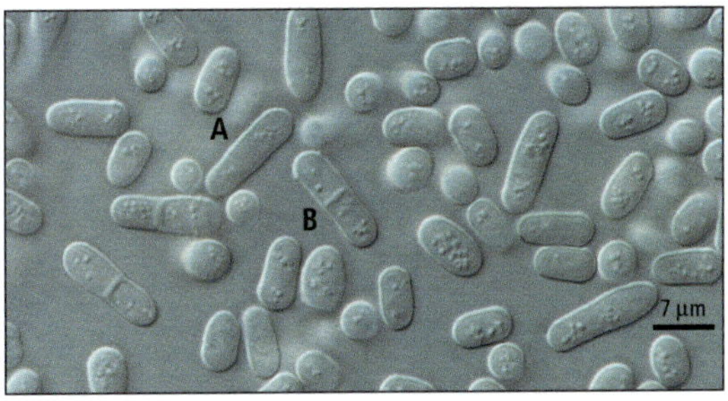

Doc. 2b – *Schizosaccharomyces pombe* (type sauvage).

2 **Montrer en exploitant les conclusions tirées de l'étude des documents 3a et 3b, que les informations génétiques qui dirigent le mode de division chez ces deux espèces sont différentes.**

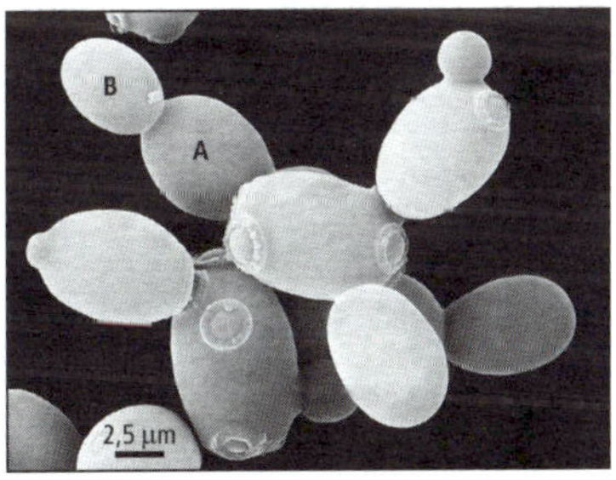

Doc. 3a – Levures (*Saccharomyces cervisiæ*) en division.

On a suivi le devenir de la levure B et, environ deux heures après, elle se comporte comme la cellule A.

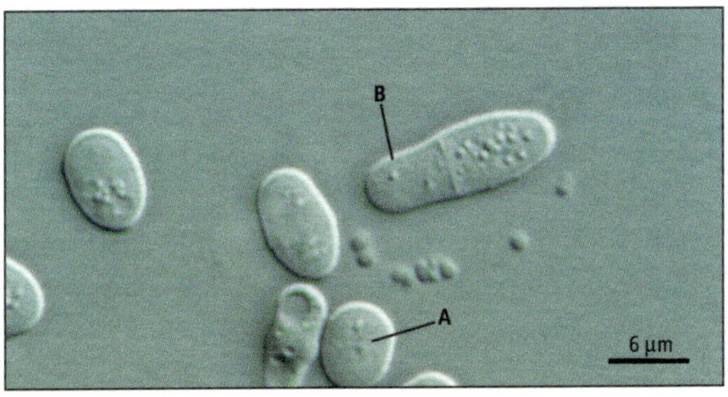

Doc. 3b – Levures (*Schizosaccharomyces pombe* [type sauvage]) en division.

La cellule A, issue d'une division, présente une heure après l'aspect de la cellule B.

3 **Dire, en exploitant le tableau ci-dessous (doc. 4), en quoi ces deux souches de levure d'une même espèce diffèrent et à quoi on peut attribuer cette différence.**

Levures de l'espèce *Schizosaccharomyces pombe*	Type *sauvage*	Type *wee*
Intervalle de temps entre deux divisions cellulaires (en minutes)	140	165
Longueur des cellules entrant en division (en µm)	14,0	8,1
Quantité de protéines par cellule entrant en division (en picogrammes)	12,1	7,3

Doc. 4.

4 **En exploitant les informations tirées du document 5 :**

a. localiser le programme dans la cellule A et dans la cellule B ;

b. en quoi le document est-il en accord avec l'idée qu'il y a transmission intégrale du programme génétique au cours de la division cellulaire ?

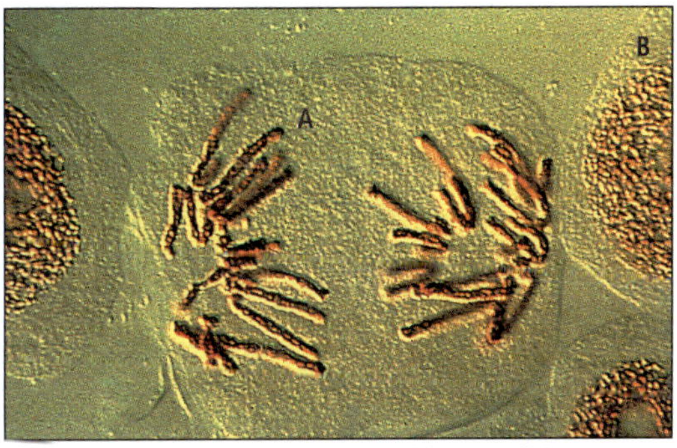

Doc. 5 – Cellule en division entourée de cellules ne se divisant pas.

5 **Dire en quoi les informations tirées de l'étude du document 6 confirment l'existence d'informations génétiques transmises héréditairement.**

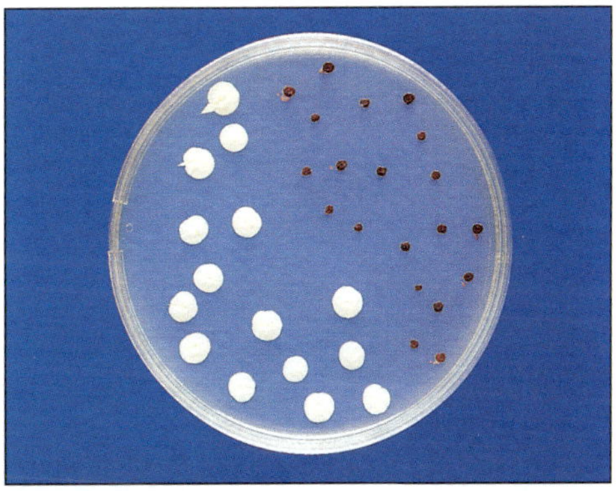

Doc. 6 – Le document montre une culture de levures de l'espèce *Saccaromyces cervisiæ*. Chaque disque, blanc ou rouge, est constitué de milliers de levures. À l'origine, on avait ensemencé avec quelques levures dispersées sur le milieu de culture.

À RETENIR

- L'ADN est le support matériel de l'information génétique chez tous les êtres vivants, eucaryotes et procaryotes.

- Une cellule acquiert des propriétés nouvelles si on parvient à y introduire un fragment d'ADN d'un organisme étranger possédant ces propriétés (transgenèse). Cela confirme l'universalité de la molécule d'ADN en tant que support de l'information génétique et conforte l'idée d'une unité du vivant.

- Il y a une molécule d'ADN par chromosome. C'est donc l'ensemble des 46 molécules d'ADN contenues dans le noyau d'une cellule humaine qui constituent le support de l'information génétique de la cellule.

- La molécule d'ADN est formée de deux brins, constitués chacun d'une chaîne de nucléotides. Les deux chaînes de nucléotides sont réunies par des liaisons entre leurs bases azotées. L'ensemble ainsi constitué forme une double hélice.

- Pour chacun des nucléotides, la base azotée peut être soit l'adénine (A), soit la thymine (T) soit la cytosine (C), soit la guanine (G). Adénine et thymine d'une part, cytosine et guanine d'autre part, ne peuvent s'associer que l'une avec l'autre. Les deux brins d'ADN sont dits complémentaires.

COMMENT ÇA FONCTIONNE

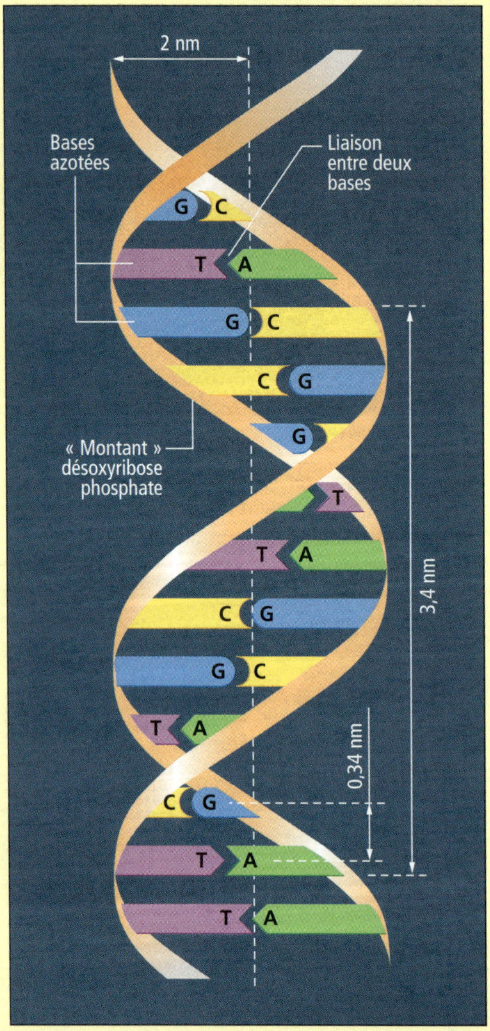

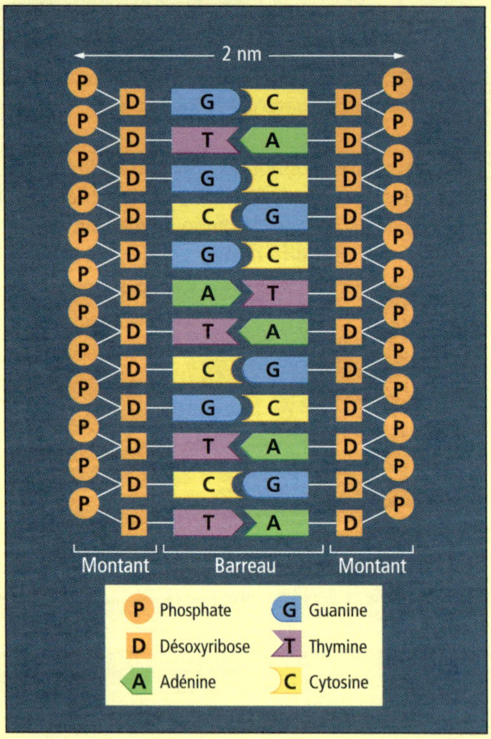

Doc. 1 – La molécule d'ADN.

Chez tous les organismes, la molécule d'ADN a la même struture, celle d'une double hélice dont les deux brins sont complémentaires.

1 Relever parmi les affirmations celles qui sont exactes ; corriger celles qui sont inexactes.

1. Toutes les cellules d'un être humain possèdent chacune…

a. une seule molécule d'ADN ;
b. 46 molécules d'ADN ;
c. 23 molécules d'ADN ;
d. plusieurs milliers de molécules d'ADN.

2. Dans une molécule d'ADN, il y a…

e. autant de thymine que de cytosine et de guanine que d'adénine ;
f. autant de thymine que de guanine et de cytosine que d'adénine ;
g. autant de thymine que d'adénine et de guanine que de cytosine ;
h. chacune des quatre bases azotées.

2 La signification de rapports entre les bases de l'ADN.

On a déterminé le nombre de bases azotées présentes dans l'ADN de différentes espèces et établi les rapports présentés dans le tableau ci-dessous :

Espèce \ Rapports	A+T / G+C	A+G / T+C
Bactérie	0,93	1,03
Levure	1,79	1,00
Ail	1,73	1,01
Blé	1,22	1,01
Oursin	1,85	1,02
Drosophile	1,51	1,01
Souris	1,42	1,04
Homme	1,52	1,03

a. Expliquer pourquoi le rapport A+G / T+C est toujours voisin de 1 quelle que soit l'espèce considérée.

b. Expliquer pourquoi les rapports A+T / G+C diffèrent sensiblement selon les espèces.

c. Construire un modèle possible d'un fragment d'ADN qui comporterait 24 nucléotides et dont le rapport A+T / C+G serait de 1,4.

3 Après lecture du texte ci-dessous et sachant qu'une molécule d'ADN de 0,5µm contient 1 500 paire de bases, calculer combien de paires de bases renferme approximativement l'ADN d'une cellule humaine.

« Même à la taille microscopique normale d'une cellule, les chromosomes sont incroyablement longs. Si l'ADN des chromosomes humains était étiré, chacun des 46 brins serait long de deux à huit centimètres. Mis bout à bout, ils atteindraient 1,80 mètre… La totalité du génome humain comporte tant de nucléotides que s'ils étaient imprimés dans un livre sous la forme de lettres, ils rempliraient plus de 500 000 pages. C'est l'équivalent de 1 000 gros livres… »

4 Expérience de transgenèse.

DOCUMENT 2A

L'insuline, hormone produite par le pancréas et utilisée dans le diabète, fut une des premières substances À être produite industriellement par des micro-organismes. Le gène humain responsable de la synthèse de l'insuline a été introduit dans le génome de bactéries qui, en se multipliant, ont donné naissance à de très nombreuses bactéries capables de synthétiser des molécules d'insuline identiques à celles de l'insuline humaine.

DOCUMENT 2B

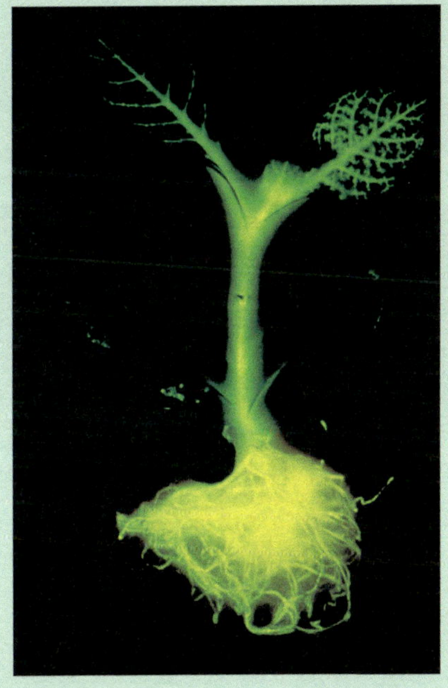

Le plan de tabac ci-dessus a été obtenu en transférant un fragment d'ADN de luciole (Insecte) dirigeant la synthèse d'une protéine permettant l'émission de signaux lumineux. Le fragment d'ADN a été introduit dans une cellule de tabac à partir de laquelle s'est développé le plant présenté.

a. Comment expliquer que le plant de tabac soit entièrement phosphorescent ?

b. En quoi ces expériences montrent-elles que chez les Eucaryotes comme chez les Procaryotes, l'ADN est le support de l'information génétique ?

À RETENIR

- Chaque chromosome renferme une seule molécule d'ADN qui est le support de milliers de gènes. **Un gène** est donc constitué par **un fragment d'ADN** de quelques centaines à quelques milliers de nucléotides.
- Chaque gène occupe un emplacement précis (*locus*) sur la molécule d'ADN et donc sur le chromosome. Les allèles d'un gène occupent la même position sur le chromosome et donc sur la molécule d'ADN.
- Chaque gène possède une séquence de nucléotides qui lui est propre.
- Du fait qu'il n'existe que quatre types de nucléotides, deux séquences d'ADN de même longueur, appartenant à deux gènes dirigeant la réalisation de deux caractères différents, présentent le même nucléotide occupant la même position dans la molécule dans environ 25 % des cas.
- Deux allèles d'un même gène possèdent une séquence de nucléotides très semblables (à plus de 99 %). Il ne diffèrent que par un ou un petit nombre de nucléotides. Cette différence est responsable de différences dans le caractère qu'ils commandent.
- Dans certains cas, une différence entre deux allèles ne se traduit pas obligatoirement par une différence dans le caractère qu'il dirige.

COMMENT ÇA FONCTIONNE

▶ Fragments d'ADN appartenant à deux gènes différents

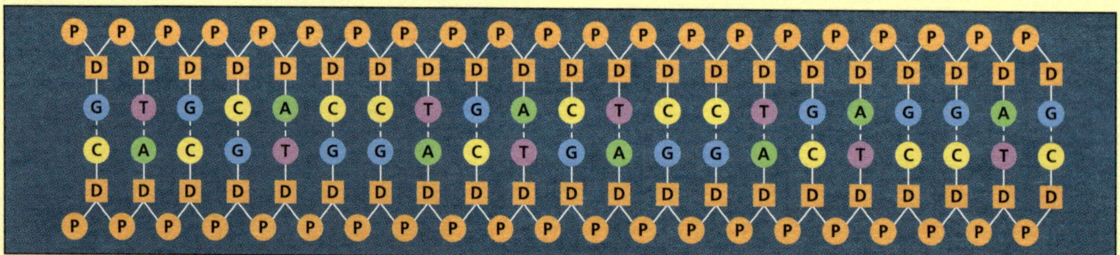

Doc. 1a – Fragment d'ADN responsable de la synthèse de la chaîne ß de l'hémoglobine.

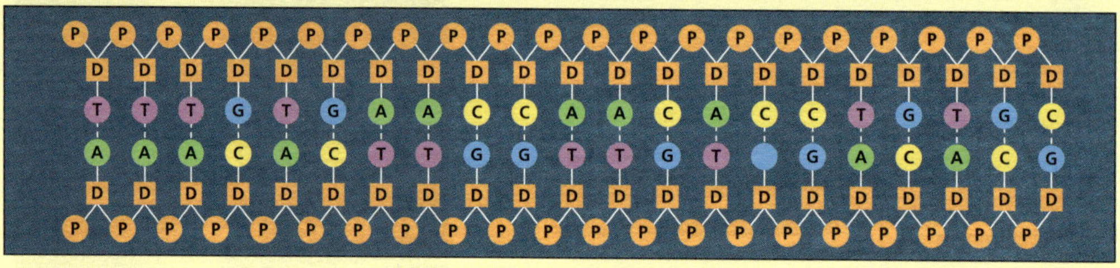

Doc. 1b – Fragment d'ADN responsable de la synthèse de la chaîne ß de l'insuline.

Les documents **1a** et **1b** montrent que deux gènes ont des séquences de nucléotides très différentes même si, à certains sites, on trouve le même nucléotide (par exemple en position 2, 13, 18…).

Dans le document 2, le gène concerné intervient dans la coloration des levures. Noter la très grande similitude des séquences de nucléotides des deux allèles : ils ne diffèrent que par une paire de nucléotides et c'est cette différence minime qui est à l'origine de la différence de couleur.

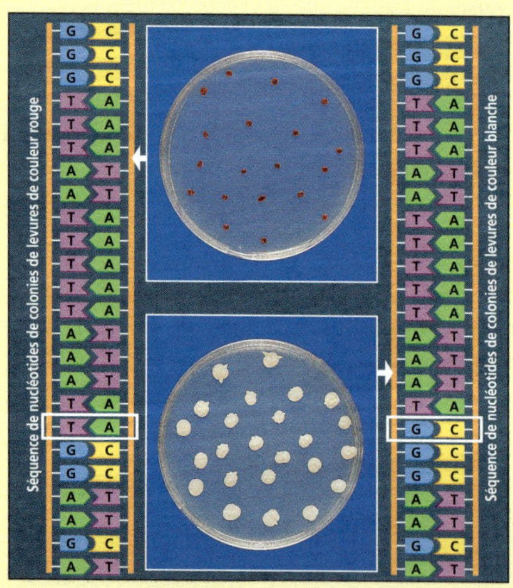

Doc. 2 – Fragments d'ADN appartenant à deux allèles du même gène.

1 Établir les relations entre les deux séries de données.

Première série

1. allèle A1 du gène A ;
2. allèle A2 du gène A ;
3. allèle B1 du gène B ;
4. allèle B2 du gène B.

Deuxième série

a. ont plus de 95 % de similitudes dans la séquence de nucléotides ;
b. sont constitués par les mêmes types de nucléotides ;
c. ont environ 25 % de similitudes ;
d. ont individuellement autant de nucléotides à thymine que de nucléotides à adénine.

2 Déterminisme génétique de la division chez trois souches de levure de la même espèce.

Espèce *Schizosaccharomyces pombe*	Type *sauvage*	Type *wee*	Type *thermo-sensible*
Intervalle de temps entre deux divisions cellulaires (en minutes)	140	165	pas de division
Longueur des cellules entrant en division (en µm)	14,0	8,1	18 à 20

Doc. 3.

Le tableau (doc. 3) précise les caractéristiques de la division chez trois souches de levure de l'espèce *Saccharomyces pombe* de souche *sauvage* (S), de souche *wee* (W) et de souche dite *thermosensible* (TS).

Le document 4 montre les séquences de nucléotides des trois allèles du gène (cdc2) impliqué dans le déclenchement de la division chez les trois souches (seules les différences avec l'allèle sauvage sont indiquées pour les souches *thermosensible* et *wee*).

On précise que seule la séquence d'un seul brin d'ADN est indiquée.

a. Relever les différences entre les trois allèles du gène impliqué dans le déclenchement de la division cellulaire.
b. Montrer que le site où se place la différence a une importance fondamentale.

3 Différences entre trois allèles du gène qui code pour la chaîne ß de l'hémoglobine.

Le document 5 permet de mettre en évidence les différences entre trois des allèles codant pour la chaîne ß de l'hémoglobine. HbA et HbA (bis) commandent la fabrication d'une hémoglobine normale ; HbS commande la fabrication d'une hémoglobine formant des fibres au sein des globules et responsable d'une maladie génétique, la drépanocytose.

• Montrer que des différences de même importance entre allèles peuvent entraîner ou non des différences sur le caractère qu'ils dirigent.

```
               120       130       140       150       160       170       180       190       200
cdc2sac-S.adn  ATCTGAGGGAGTTCCTAGCACAGCTATTCGTGAAATTTCGCTTCTTAAAGAAGTGAATGATGAGAATAATCGATCAAATTGTGTTC
cdc2sac-TS.adn ----A---------------------------------------------------------------------------------
cdc2sac-W.adn  --------------------------------------------------------------------------------A-----
```

Doc. 4 – Ex. 2.

```
                    1        10        20        30        40        50        60
Hb A nucléique      ATGGTGCACCTGACTCCTGAGGAGAAGTCTGCCGTTACTGCCCTGTGGGGCAAGGTGAACGT
Hb A nucléique (bis) --------T-----------------------------------------------------
Hb S nucléique      -------------------T------------------------------------------
```

Doc. 5 – Ex. 3.

À RETENIR

● La mutation est, chez tous les organismes unicellulaires ou pluricellulaires, un phénomène qui affecte **une** cellule : c'est un **phénomène cellulaire**.

● Une mutation est un phénomène qui entraîne la formation d'un nouvel allèle à partir d'un allèle préexistant.

● Chez un organisme pluricellulaire, les mutations peuvent affecter certains gènes d'une cellule d'un organe unique : elles sont alors dites **somatiques** et peuvent avoir des conséquences pour cet organisme (mutation de gène entraînant un cancer…). Ces mutations disparaissent à la mort de l'organisme : **elles ne sont pas transmissibles**.

● Chez un organisme pluricellulaire, les mutations peuvent affecter les cellules **germinales** (à l'origine des gamètes) et n'ont pas de conséquence pour l'individu chez qui elles ont lieu. Ces mutations **peuvent se transmettre** si le gamète qui en est porteur participe à la reproduction de l'individu. Toutes les cellules du descendant portent l'allèle muté.

● Les mutations sont rares et aléatoires. Certains facteurs de l'environnement peuvent augmenter le taux de mutations.

● En augmentant le nombre des allèles des gènes d'une espèce, les mutations germinales sont à l'origine de la diversité génétique des individus qui la composent. La variabilité des allèles de nombreux gènes entraîne l'unicité de l'individu dont la combinaison allélique est unique (excepté chez les vrais jumeaux).

COMMENT ÇA FONCTIONNE

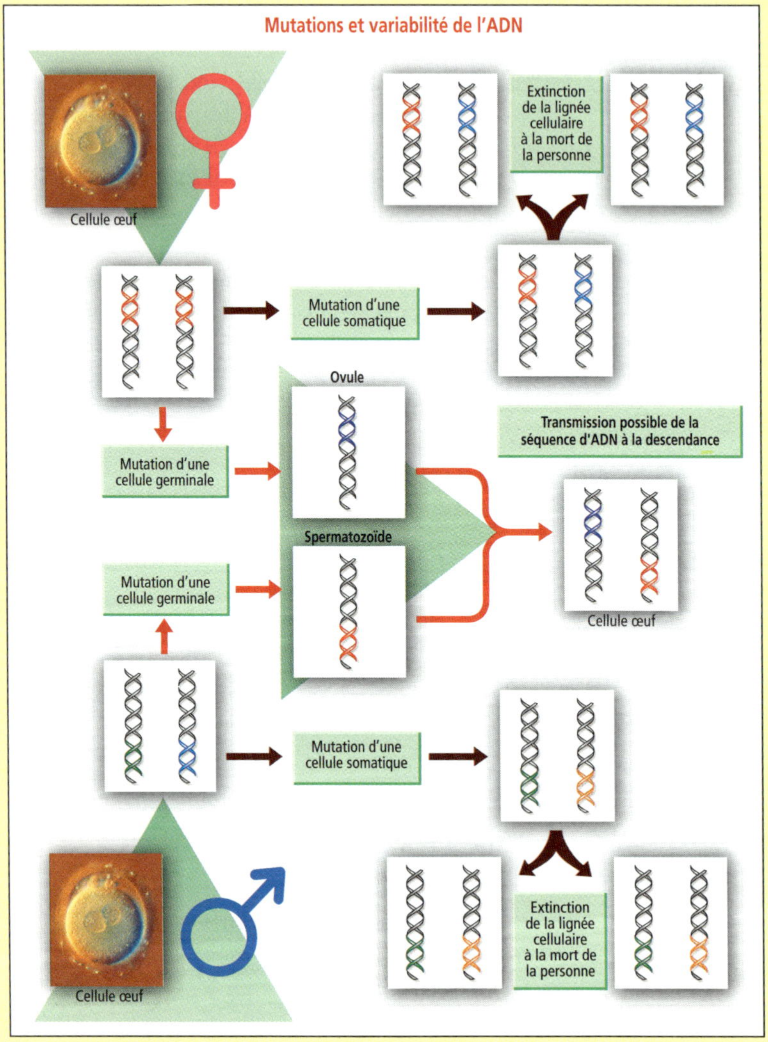

Doc. 1 – Mutations somatiques et mutations germinales.

Au cours des multiples divisions cellulaires à l'origine des milliards de cellules d'un organisme, il y a transmission intégrale de l'information génétique. Toutes les cellules d'un organisme ont les mêmes allèles des gènes.

Une mutation est un événement qui intervient avec une fréquence faible en introduisant un changement dans une cellule. Le nouvel allèle peut disparaître à la mort de l'individu (mutation somatique, flèches noires) ou se transmettre de génération en génération (mutation germinale, flèches rouges).

1 Établir les relations entre les deux séries de données.

Première série

1. allèle issu d'une mutation somatique ;
2. allèle issu d'une mutation germinale.

Deuxième série

a. peut affecter n'importe quel gène d'un organisme ;
b. peut être transmis à la génération suivante ;
c. est présent dans toutes les cellules de l'organisme ;
d. est uniquement présent dans certaines cellules de l'organisme ;
e. provient d'un phénomène qui touche une cellule de l'organisme.

2 L'origine d'un cancer de l'œsophage.

On a constaté que certains gènes dont le gène P 53 sont souvent impliqués dans la formation d'une tumeur cancéreuse. Chez un individu atteint du cancer de l'œsophage, on a déterminé les séquences des deux allèles du gène P 53 présents dans les cellules non cancéreuses (**cn**) et les cellules cancéreuses (**cc**). Le résultat est présenté dans le document 2.

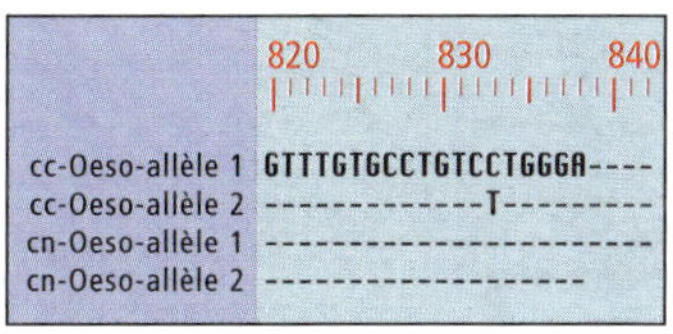

Doc. 2.

a. Quels étaient les allèles de la cellule œuf à l'origine de l'individu ?

b. S'agit-il d'une mutation somatique ou germinale ?

3 Mutation somatique ou mutation germinale ?

L'arbre généalogique (document 3) montre deux personnes II_2 et III_2 atteintes d'un cancer à un âge précoce (cancer de Li Frauméni = LiFrau). On a déterminé (document 4) la séquence des allèles P 53 dans des cellules cancéreuses (**cc**) et non cancéreuses (**cn**) de différents individus appartenant à cette famille.

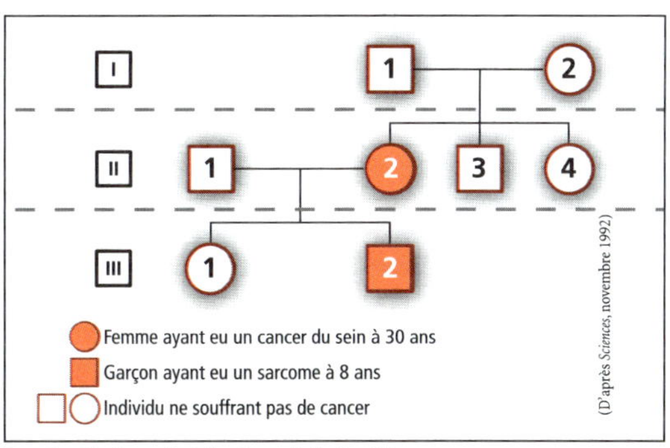

Doc. 3 – L'arbre généalogique de la famille.

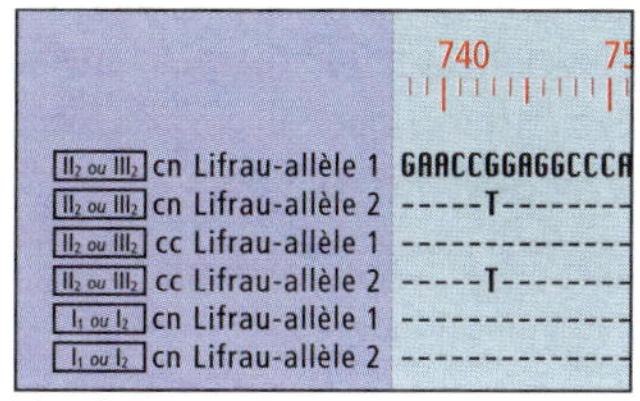

Doc. 4.

a. Proposer une explication à l'origine des allèles présentent dans les cellules cancéreuses et les cellules non cancéreuses de l'individu III_2.

b. Montrer que chez l'individu II_2, la présence de l'allèle muté ne résulte pas d'une mutation somatique.

c. Indiquer l'origine de l'allèle muté présent chez l'individu II_2.

4 Origine de cancers du foie.

L'arbre généalogique du document 5 est relatif à une famille où plusieurs individus appartenant à des générations différentes sont atteints d'un cancer du foie. Le document 6 indique le résultat du séquençage des allèles du gène P 53 de cellules cancéreuses (**cc**) et non cancéreuses (**cn**) chez quelques membres de cette famille.

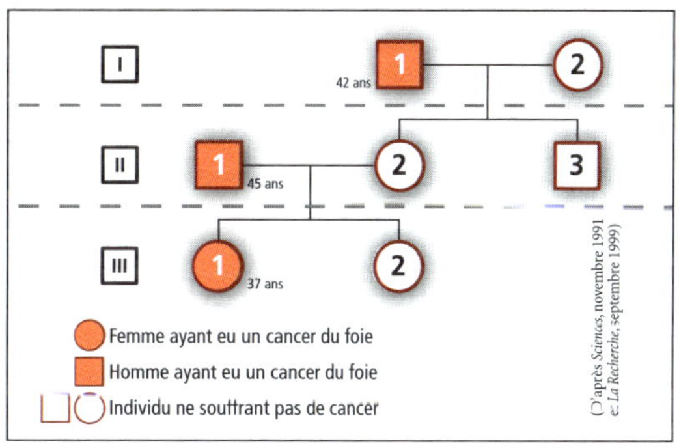

Doc. 5.

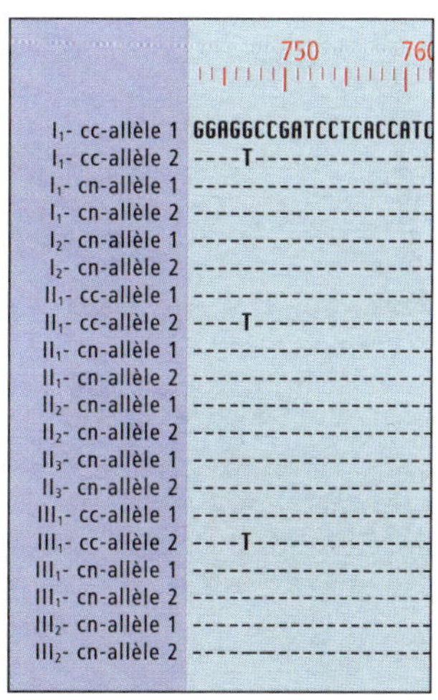

Doc. 6.

a. Montrer que le cancer, chez ces différents individus, est lié à une mutation somatique.

b. À partir des données, proposer une cause possible à l'origine du cancer affectant ces trois personnes.

À RETENIR

- Les **gènes homéotiques** sont des gènes qui, au cours du développement d'un animal, contrôlent la mise en place des caractéristiques du corps selon un axe de polarité (axe antéro-postérieur).
- Il existe des gènes homéotiques chez la plupart des animaux pluricellulaires.
- La comparaison de la séquence d'un gène homéotique d'insecte avec celle d'un gène homéotique humain montre une forte similitude (de l'ordre de 70 %) : **ces gènes sont dits homologues**.
- Des expériences de transgenèse ont montré qu'un gène homéotique de souris introduit dans un œuf de drosophile intervient au cours du développement de cet insecte de la même façon que le gène homologue de drosophile.

Ces gènes de souris et de drosophile, malgré leurs différences, apparaissent comme le même gène fondamental.

- Tous ces animaux métazoaires (Drosophile, Souris, Homme…) possèdent les mêmes gènes homéotiques, **héritage de leur ancêtre commun**.
- Les différences dans la séquence des nucléotides de ces gènes sont le résultat de mutations intervenues dans l'histoire des différentes lignées de Métazoaires, mutations qui n'ont pas modifié le rôle fondamental de ces gènes.
- Les cellules de tous les êtres vivants Eucaryotes ont en commun un grand nombre de gènes, notamment ceux qui contrôlent la division cellulaire. Cela est un héritage d'un ancêtre commun à tous ces êtres vivants.
- Procaryotes et Eucaryotes ont non seulement en commun la nature du matériel génétique (ADN), mais également des gènes qui contrôlent les aspects essentiels de la vie cellulaire.
- Tous les êtres vivants sont issus d'une longue évolution à partir des premières formes de vie apparues sur Terre et possèdent un ancêtre commun.

COMMENT ÇA FONCTIONNE

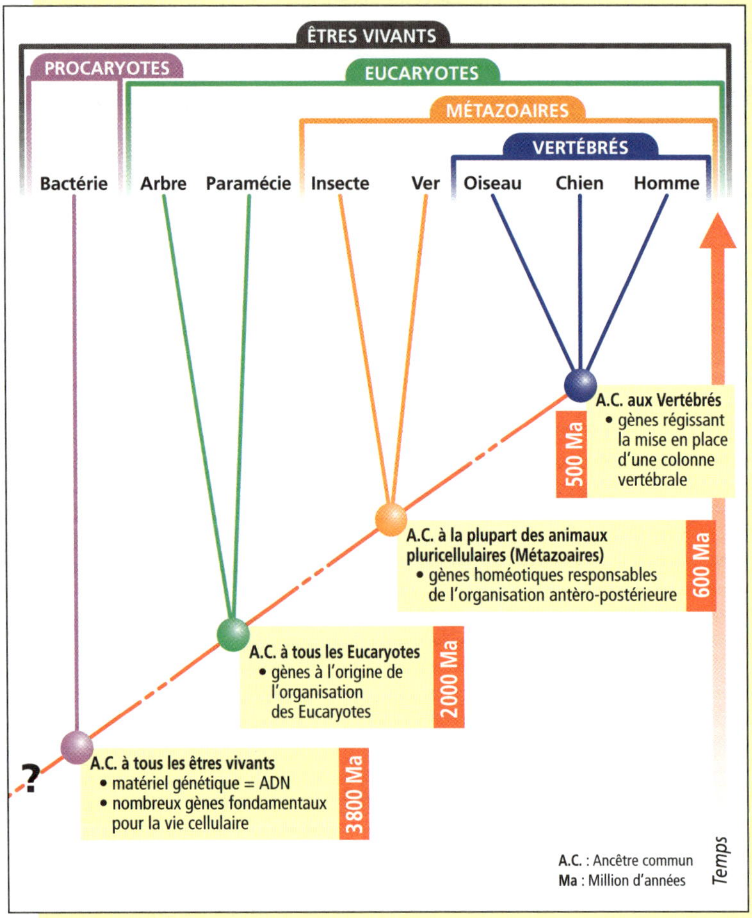

Doc. 1 – L'arbre généalogique du vivant.

Cette figure traduit à la fois l'origine commune à tous les êtres vivants (Procaryotes et Eucaryotes) mais également leur plus ou moins grande parenté. Ainsi, les Vertébrés, étroitement apparentés entre eux, ont en commun de nombreux caractères : plan d'organisation antéro-postérieur, gènes homéotiques responsables de cette organisation, gènes contrôlant la division cellulaire, matériel génétique constitué par l'ADN, gènes fondamentaux pour la vie cellulaire ; par contre, un vertébré et une bactérie sont apparentés mais de manière beaucoup plus éloignée que les vertébrés entre eux ; ils n'ont en commun que le matériel génétique (ADN) et un certains nombre de gènes fondamentaux pour la vie cellulaire.

1 Relever parmi ces affirmations celles qui sont exactes ; corriger celles qui sont fausses.

1. Les cellules du foie d'un Homme et celles d'une feuille de Chêne ont en commun…

a. une enveloppe nucléaire ;

b. une molécule d'ADN par chromosome ;

c. de nombreux gènes dits homologues, notamment ceux qui contrôlent la division cellulaire ;

d. des gènes qui dirigent les réactions chimiques de synthèse de molécules organiques à partir de molécules minérales.

2. Dans une cellule de levure (organisme unicellulaire) et dans une cellule humaine, on trouve…

e. le même nombre de gènes ;

f. les mêmes gènes homéotiques

g. des gènes présents dans les cellules d'un escargot et d'une méduse.

3. On dit que les êtres vivants actuels et fossiles dérivent tous d'un ancêtre commun car ils possèdent tous…

h. une organisation de type cellulaire ;

i. de l'ADN ;

j. des gènes homologues ;

k. une enveloppe nucléaire ;

l. de la chlorophylle.

2 Gènes homologues chez l'Homme et la levure

1. En quoi les informations tirées des documents 2a, b et c confirment-elles que l'Homme et la levure ont un même gène contrôlant l'entrée en division cellulaire ?

2. La comparaison des gènes CDC2 de l'Homme et de la Levure montre qu'ils possèdent environ 65 % de similitudes dans leurs séquences. En quoi cette donnée confirme-t-elle le fait qu'il s'agit d'un même gène ?

3. Comment expliquer les 35 % de différences entre les séquences de ces deux gènes ?

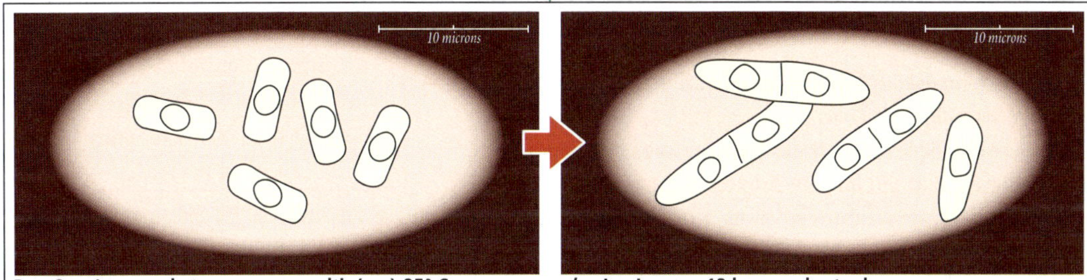

Doc. 2a – Levures de type sauvage cultivées à 25° C.

a'. – Les Levures 12 heures plus tard.

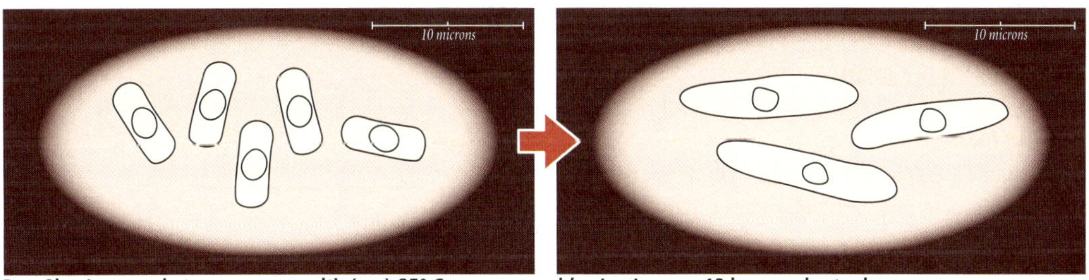

Doc. 2b – Levures de type sauvage cultivées à 25° C., leur gène CDC2 a été lésé.

b'. – Les Levures 12 heures plus tard.

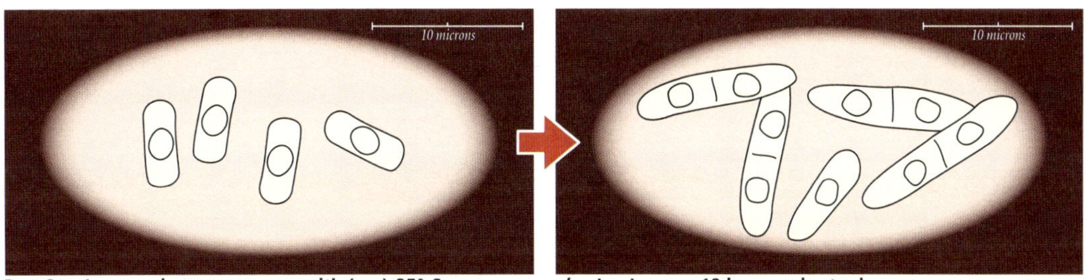

Doc. 2c – Levures de type sauvage cultivées à 25° C., dont le gène CDC2 a été lésé et dans lesquelles on a transféré le gène CDC2 humain.

c'. – Les Levures 12 heures plus tard.

À RETENIR

Analyse chimique

Le premier travail d'un chimiste en présence d'un échantillon de matière est de procéder à son **analyse chimique**. Il s'agit d'effectuer une suite de tests chimiques qui permettront d'identifier la présence de certaines **espèces chimiques**.

Espèce chimique à identifier	Réactif	Test
glucose	**liqueur de Fehling** (liquide de couleur bleue)	En présence de glucose (qui fait partie de la famille des sucres), et fortement chauffée, la liqueur de Fehling est le siège d'une réaction au cours de laquelle se forme un précipité de couleur rouge cuivre.
eau	**sulfate de cuivre anhydre** (poudre blanche)	Au contact de l'eau, le sulfate de cuivre s'hydrate et se transforme en cristaux de couleur bleue.
dioxyde de carbone	**eau de chaux** (liquide limpide et transparent)	En présence de dioxyde de carbone gazeux, l'eau de chaux blanchit du fait de la formation de particules solides de couleur blanche en suspension dans le liquide.
espèce chimique acide	**papier pH**	On compare la couleur prise par le papier pH trempé dans la solution et l'échelle de correspondance couleur-pH fournie par le fabricant. Si le pH est strictement inférieur à 7, il y a présence d'une espèce chimique acide.

Caractéristiques physiques d'une espèce chimique

Les caractéristiques physiques permettent d'identifier une espèce chimique : on dit qu'elles constituent la carte d'identité de l'espèce chimique.

● Les températures de changement d'état

Un échantillon pur (c'est-à-dire constitué d'une seule espèce chimique) possède des **températures de changement d'état** qui lui sont propres. Pour cet échantillon, la température reste constante au cours du changement d'état.

On définit la température de vaporisation t_{vap} (passage de l'état liquide à l'état gazeux) et la température de fusion t_{fus} (passage de l'état solide à l'état liquide) exprimées en degré Celsius.

● La masse volumique

La **masse volumique** d'une espèce chimique, notée ρ, est égale au rapport de la masse m de l'échantillon pur sur son volume V.

$$\rho = \frac{m}{V}$$

ρ : masse volumique en $kg.m^{-3}$;
m : masse en kg ; V : volume en m^3

Autres unités utilisées : kilogramme par litre ($kg.L^{-1}$) ; gramme par litre ($g.L^{-1}$)

● La densité

La **densité** d'une espèce chimique par rapport à une espèce de référence est définie par la relation suivante :

$$d = \frac{\text{masse d'un volume de l'espèce chimique}}{\text{masse d'un même volume de l'espèce de référence}}$$

La densité est sans unité car les deux masses sont exprimées dans la même unité : le kilogramme.

Si les espèces sont liquides, la référence est l'eau. Si les espèces sont gazeuses, la référence est l'air.

• On peut calculer la densité à l'aide des masses volumiques.

$$d = \frac{\rho(\text{espèce chimique})}{\rho(\text{espèce de référence})}$$

$\rho(\text{eau}) = 1\,000\ g.L^{-1}$;
$\rho(\text{air}) = 1{,}29\ g.L^{-1}$

● La solubilité

La **solubilité** d'une espèce chimique dans un solvant est égale à la masse maximale de l'espèce que l'on peut dissoudre dans un litre du solvant. Cette solubilité s'exprime en kilogramme par litre ($kg.L^{-1}$) ou plus fréquemment en gramme par litre ($g.L^{-1}$). Elle dépend, pour une espèce chimique donnée, du solvant et de la température.

COMMENT FAIRE

► Pour séparer et identifier les espèces chimiques constituant un mélange par chromatographie sur couche mince (CCM)

● La **chromatographie** permet de séparer les espèces chimiques présentes dans un mélange homogène. Elle est basée sur la différence des vitesses auxquelles sont entraînées les espèces chimiques du mélange par la **phase mobile** (solvant) lors de sa migration sur la plaque à chromatographie (**phase fixe**).

►

● On dépose sur une plaque à chromatographie (phase fixe) un colorant vert du commerce. On place la plaque dans une cuve contenant le solvant (phase mobile). Lors de la migration du solvant, la tache est entraînée et on constate l'apparition de deux taches : une bleue et une jaune. Le colorant vert est donc un mélange de deux espèces chimiques, l'une bleue et l'autre jaune. On identifie ces deux espèces : le bleu patenté (colorant E131) et la tartrazine (colorant E 102).

● Conclusion

Pour une même plaque de chromatographie, les hauteurs de migration de chaque espèce chimique sont caractéristiques de ces espèces. Cela permet d'identifier les constituants d'un mélange avec des espèces chimiques de référence.

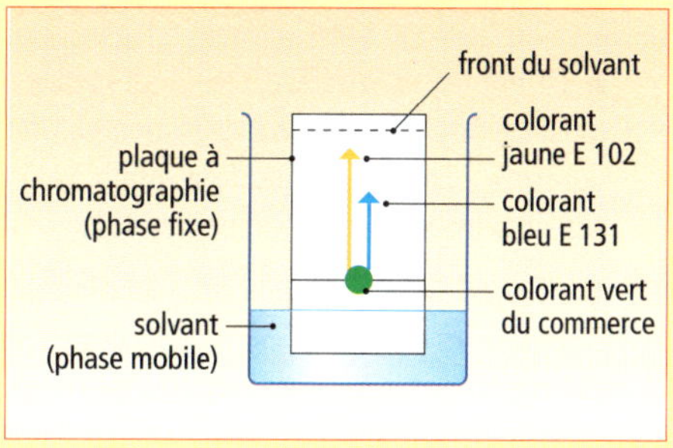

Fig. 1 Séparation par chromatographie

S'EXERCER

1 On procède à l'analyse chimique d'une boisson vendue dans le commerce.

1. Définir l'analyse chimique d'un échantillon de matière.

2. Quelques gouttes au contact du sulfate de cuivre anhydre conduisent à la formation de cristaux de couleur bleue. Quelle espèce chimique a été mise en évidence ?

3. On réalise le test à la liqueur de Fehling.

a. Quelle espèce chimique peut-on identifier avec ce test ?

b. Décrire le protocole opératoire de ce test et les résultats possibles.

4. Réaliser le schéma de l'expérience permettant d'identifier la présence éventuelle de dioxyde de carbone dissous dans la boisson.

5. Un morceau de papier pH nous indique un pH inférieur à 7 : que pouvez-vous conclure ?

2 Le butane et le propane sont deux espèces chimiques utilisées comme GPL (gaz de pétrole liquéfié) et comme gaz de camping.

Les températures de changement d'état de ces deux espèces chimiques à la pression atmosphérique sont les suivantes :

θ_{fusion}(prop.) = – 189,9 °C ; $\theta_{vaporisation}$ (prop.) = – 44,5 °C

θ_{fusion}(but.) = – 138,5 °C ; $\theta_{vaporisation}$(but.) = – 0,5 °C

1. À quelle température le propane se solidifie-t-il ?

2. À quelle température le butane se liquéfie-t-il ?

3. Quel est l'état physique du butane et du propane à une température de – 150 °C, à la pression atmosphérique ?

4. L'eau liquide a une masse volumique μ_0 égale à 1 000 g.L^{-1}. Calculer la masse volumique μ_{butane} du butane liquide en gramme par litre sachant que sa densité par rapport à l'eau est : *d*(butane) = 0,601.

5. La masse volumique μ du propane liquide est égale à 585 g.L^{-1}. Calculer le volume V en litre d'un échantillon de propane dont la masse *m* est égale à 1,2 kg.

6. Un carburant liquide est composé de 15 % en volume de propane et de 85 % en volume de butane. Calculer la masse *m* d'un échantillon de ce carburant dont le volume V est égal à 10 L.

Données : μ_{butane} = 601 g.L^{-1} ; $\mu_{propane}$ = 585 g.L^{-1}

3 On identifie les colorants présents dans un bonbon.

On dissout dans de l'eau le bonbon mis en poudre. On réalise ensuite la chromatographie de la solution obtenue.

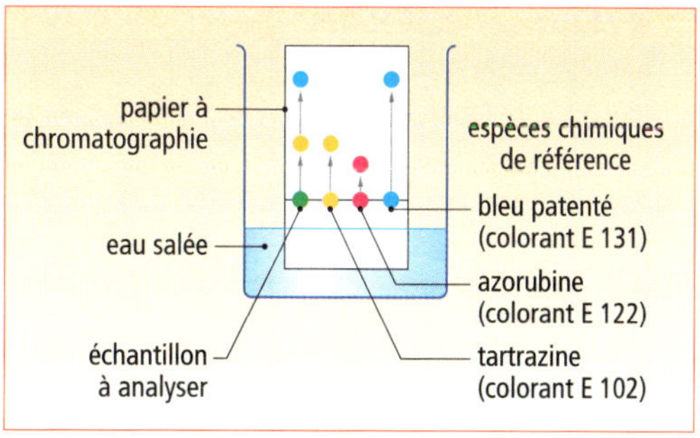

1. Rappeler les buts de la chromatographie.

2. Donner la phase mobile, la phase fixe et les espèces chimiques présentes dans le bonbon.

3. À l'aide du tableau, justifier le choix de la phase mobile.

solvant	cyclohexane	eau salée	dichlorométhane
solubilité des colorants	peu soluble	très soluble	peu soluble

SCIENCES PHYSIQUES

À RETENIR

● De nombreuses espèces chimiques telles que le menthol, responsable de l'odeur de la menthe, ou la vanilline, qui est l'espèce aromatique de la vanille, sont nécessaires aux industries de la parfumerie et de l'agroalimentaire.

● L'homme a mis au point des techniques permettant d'extraire ces espèces de leur milieu naturel. Les chimistes ont réussi à synthétiser certaines de ces espèces chimiques en laboratoire, c'est-à-dire à les fabriquer à partir d'autres espèces chimiques au cours de réactions chimiques.

Extraction d'une espèce chimique

L'espèce chimique que l'on se propose d'extraire est le limonène, responsable de l'arôme de l'orange et présente dans l'écorce de celle-ci. Cette espèce chimique est un liquide dans les conditions usuelles de température et de pression ($t = 20$ °C ; $p = 1$ bar), très volatil, qui n'est pas soluble dans l'eau mais par contre très soluble dans des solvants organiques tel le cyclohexane.

● **Extraction par solvant**

• **Étape 1 :** le mélange écorce d'orange-cyclohexane (**solvant organique**) est brassé par agitation magnétique pendant quelques heures (Fig. 1). On récupère le liquide par filtration du mélange.

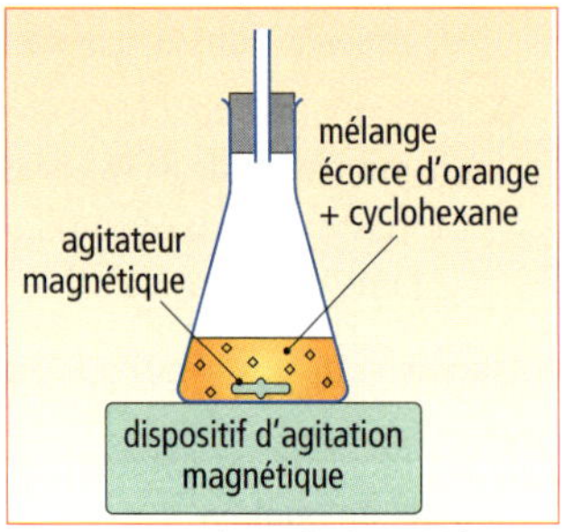

Fig. 1 Schéma du dispositif

• **Étape 2 :** on identifie l'espèce chimique extraite par une chromatographie. L'espèce étant incolore, on effectue une révélation de la plaque à chromatographie sous des rayons ultraviolets afin de visualiser les dépôts sur la plaque (Fig. 2).

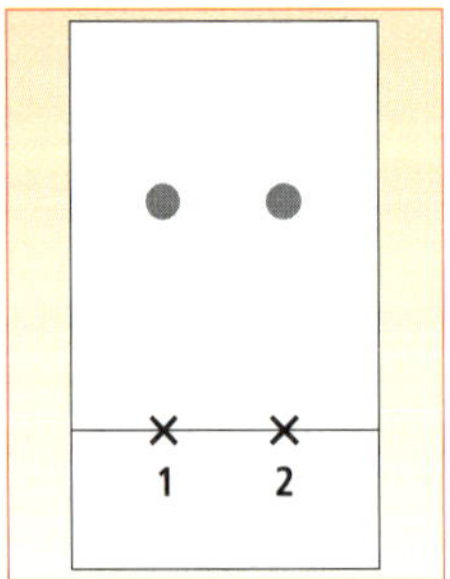

Fig. 2

Dépôt 1 : extrait du mélange
Dépôt 2 : limonène pur (référence)

Le dépôt issu du mélange est à la même hauteur que le limonène de référence : on en conclut que le limonène des écorces d'orange est passé dans le cyclohexane au cours du brassage.

● **Extraction par entraînement à la vapeur (ou hydrodistillation) d'une huile essentielle**

Le mélange d'eau et d'écorce d'orange est porté à ébullition par le chauffe-ballon (Fig. 3). La vapeur d'eau générée entraîne avec elle le limonène qui est très volatil. Dans le **condenseur à eau**, où règne une température inférieure aux températures de vaporisation des deux espèces, eau et limonène à l'état gazeux se condensent et sont récupérés : ils constituent le **distillat**.

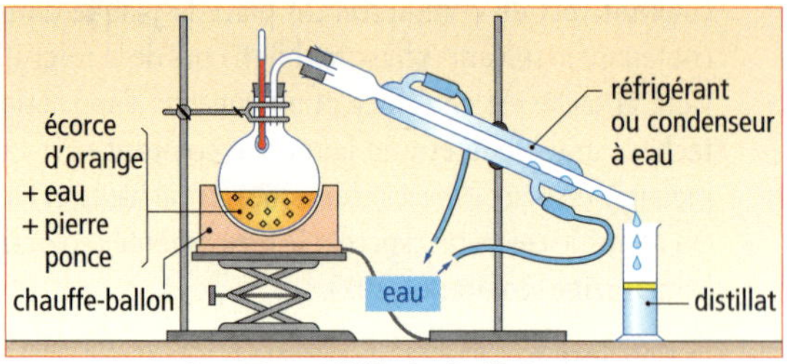

Fig. 3 Dispositif d'hydrodistillation

Les deux liquides ne sont pas **miscibles**, c'est-à-dire que leur mélange est constitué par deux phases distinctes. Le liquide dont la densité est la plus faible se retrouve dans la phase supérieure : ici il s'agit de l'huile essentielle qui contient principalement du limonène. Pour les séparer on utilise une **ampoule à décanter** (Fig. 4) : on laisse s'écouler la phase inférieure en ouvrant le robinet puis on ferme une fois cette phase évacuée.

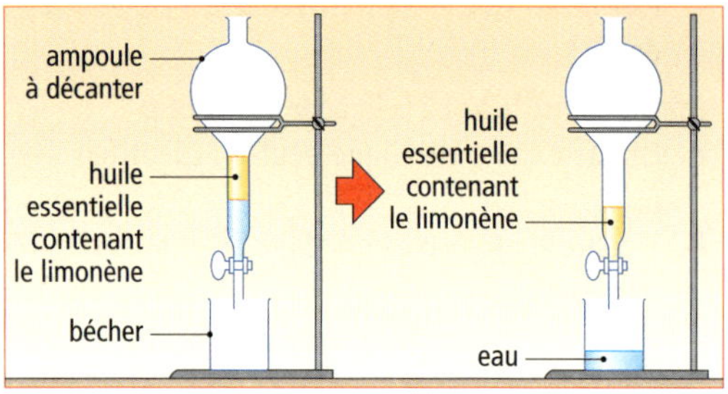

Fig. 4 Dispositif de décantation

Synthèse d'une espèce chimique

La **synthèse** d'une espèce chimique se fait au cours d'une transformation chimique. Une technique souvent utilisée en laboratoire est le **montage à reflux** (Fig. 5).

● Le chauffe-ballon augmente la température du milieu réactionnel, ce qui permet d'accélérer la transformation chimique (les synthèses sont souvent très lentes à température ambiante). Le **condenseur à eau** évite les pertes en réactifs et produits car les espèces vaporisées se condensent et retombent en goutte liquide dans le mélange réactionnel.

● On ne peut pas différencier une espèce chimique de synthèse et la même espèce chimique d'origine naturelle.

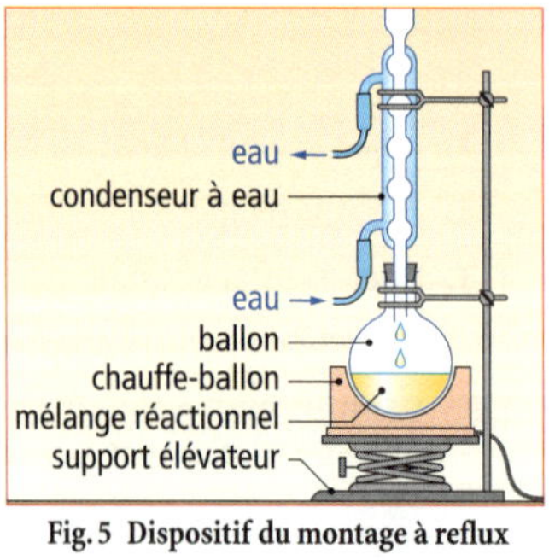

Fig. 5 Dispositif du montage à reflux

COMMENT FAIRE

► Pour extraire une espèce chimique par solvant

On peut extraire le diiode en solution dans l'eau.

● **Étape 1 :** on introduit dans une ampoule à décanter une solution aqueuse de diiode et du cyclohexane. Le cyclohexane étant de densité plus faible que l'eau, on le retrouve dans la phase supérieure.

● **Étape 2 :** on agite l'ampoule à décanter en prenant bien soin de dégazer régulièrement afin d'éviter les phénomènes de surpression ou de dépression.

● **Étape 3 :** le diiode étant plus soluble dans le cyclohexane que dans l'eau (voir chapitre 1), celui-ci passe dans la phase organique et colore celle-ci en violet.

● **Étape 4 :** on sépare les deux phases.

● **Étape 5 :** on évapore le cyclohexane et on récupère les cristaux de diiode.

S'EXERCER

1 On extrait l'huile essentielle d'orange par hydrodistillation d'écorces d'orange.

1. Légender le montage d'hydrodistillation.

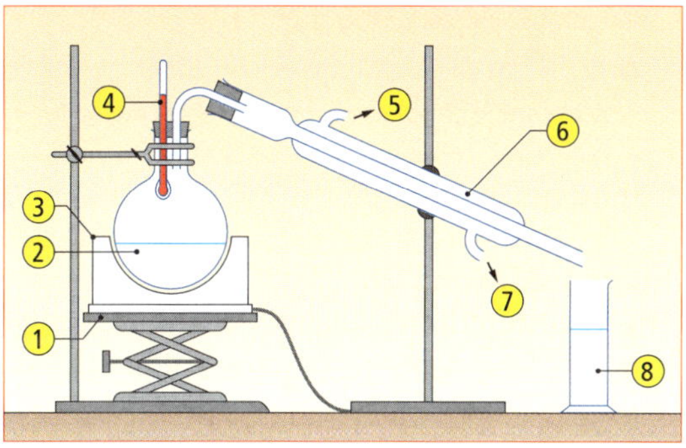

2. Quel est le rôle du condenseur à eau ?

3. Quel est le rôle de la vapeur d'eau ?

4. Le constituant principal de l'huile essentielle est le limonène dont les constantes physiques sont les suivantes :

t_{fusion} (°C)	$t_{ébullition}$ (°C)	*d* (densité par rapport à l'eau)	solubilité dans l'eau
– 95 °C	176 °C	0,842	très peu soluble

a. Justifier l'état physique de l'huile essentielle.
b. Combien de phases possède le distillat ?
c. Dans quelle phase se trouve l'huile essentielle ?

5. Pour identifier les constituants principaux de cette huile, on réalise une chromatographie (voir figure). Les dépôts L et C sont ceux du limonène et du citral, espèces chimiques de référence. Le dépôt O est celui de l'huile essentielle.

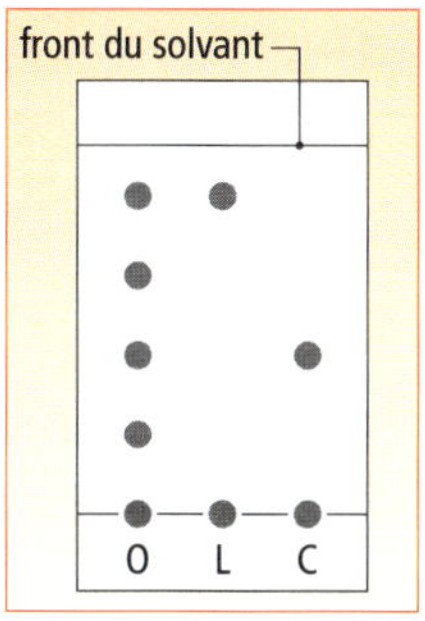

d. L'huile essentielle est-elle un mélange ?
e. Identifier deux des espèces chimiques présentes dans l'huile essentielle.

2 La vanille utilisée dans l'industrie agroalimentaire peut avoir deux origines différentes.

1. On coupe en petits morceaux une gousse de vanille naturelle. Ces morceaux sont introduits dans un récipient contenant un solvant organique, l'éthanoate d'éthyle, dans lequel la vanilline est très soluble. On réalise pendant une heure l'agitation du mélange avec un barreau aimanté.

a. Comment nomme-t-on une telle opération ?
b. Proposer une expérience permettant de vérifier que l'éthanoate d'éthyle contient bien de la vanilline à la fin de l'opération.

2. La vanilline peut être synthétisée à partir de dérivés du pétrole : c'est celle que l'on retrouve dans les sucres vanillés vendus dans le commerce.
Une autre espèce chimique de même odeur peut être synthétisée : l'éthylvanilline que l'on retrouve dans le sucre vanilliné.

c. On réalise la chromatographie de trois échantillons contenant respectivement de la vanilline extraite d'une gousse de vanille, de la vanilline de synthèse et de l'éthylvanilline (voir figure). Identifier le dépôt contenant de l'éthylvanilline.

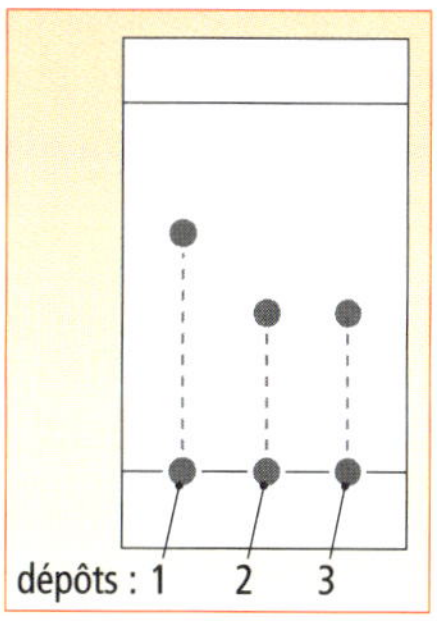

d. Peut-on différencier le dépôt contenant la vanilline naturelle de celui contenant la vanilline de synthèse ?

SCIENCES PHYSIQUES

À RETENIR

● La structure de l'atome est connue depuis le début du XXe siècle grâce aux travaux de Jean Perrin, de J.J. Thomson et surtout d'Ernest Rutherford qui a proposé un des premiers modèles de l'atome avec un noyau autour duquel se trouvaient des électrons.

● Il a fallu attendre les années 1920 pour avoir une description de l'organisation des électrons autour du noyau grâce aux travaux de Niels Bohr, père de la physique de l'infiniment petit : la mécanique quantique. Une dizaine d'années plus tard on identifia les constituants du noyau : protons et neutrons.

Le modèle de l'atome

L'**atome** est assimilable à une sphère dont le diamètre est de l'ordre de 10^{-10} m. L'atome est constitué d'un **noyau** chargé positivement (sphère de diamètre de l'ordre de 10^{-15} m), autour duquel sont localisés des **électrons**.
Les électrons sont des particules élémentaires de **charge électrique élémentaire** négative notée **–e**, qui vaut $-1{,}6\ 10^{-19}$ C (l'unité de la charge électrique est le coulomb de symbole C) et dont la masse est égale à $9{,}1\ 10^{-31}$ kg.

Le noyau de l'atome

Le noyau de l'atome est composé de deux sortes de particules : les **protons** et les **neutrons**. Ces deux particules sont appelées des **nucléons**. Les caractéristiques de ces particules sont consignées dans le tableau suivant :

	masse (kg)	charge électrique (C)
neutron	$1{,}67\ 10^{-27}$	0
proton	$1{,}67\ 10^{-27}$	$e = 1{,}6\ 10^{-19}$ C

On remarque que le neutron est électriquement neutre alors que le proton porte une charge électrique positive, égale à l'opposée de celle de l'électron.
Le nombre de protons est appelé **numéro atomique** ou nombre de charge. Il est noté Z.
Le nombre de neutrons est noté N.
Le nombre total de nucléons est noté A.
On a la relation : A = Z + N
Un noyau est symbolisé à partir du symbole de l'atome auquel on rajoute la valeur de A et de Z.
Symbole du noyau d'un atome de symbole X, de nombre de nucléons A et de numéro atomique Z : ${}^{A}_{Z}X$

Les propriétés de l'atome

● **L'atome est électriquement neutre** : la charge électrique portée par le noyau est égale à l'opposée de la charge électrique portée par l'ensemble des électrons de l'atome. En conséquence, le nombre de protons dans le noyau est égal au nombre d'électrons autour du noyau.

● L'essentiel de la masse de l'atome est concentré dans son noyau : il suffit de calculer le rapport de la masse du proton sur celle de l'électron.

$\dfrac{m(\text{proton})}{m(\text{électron})} = 1836$: la masse du proton est très grande devant celle de l'électron.

● **L'atome a une structure lacunaire**, il est essentiellement constitué de vide : il suffit de calculer le rapport du diamètre de l'atome à celui de son noyau.

$\dfrac{D(\text{atome})}{D(\text{noyau})} = 10^5$: le diamètre de l'atome est très grand devant celui du noyau.

Le cortège électronique

● Pour les atomes dont le numéro atomique est inférieur à 18, les électrons se répartissent entre trois **couches électroniques** notées K, L et M. Chaque couche peut contenir un nombre limité d'électrons :

couche	K	L	M
nombre maximal d'électrons	2	8	18

Si une couche contient un nombre d'électron égal au maximum, elle est dite saturée.

● Les règles de remplissage des couches :
– la première couche à se remplir est la couche K ;
– la couche L commence à se remplir seulement lorsque la couche K est saturée ;
– la couche M commence à se remplir seulement lorsque la couche L est saturée.

● La **structure électronique** d'un atome est notée : $(K)^x (L)^y (M)^z$ où x, y et z sont les nombres d'électrons portés par chacune des trois couches, la dernière étant appelée **couche électronique externe**.

Exemples

atome	numéro atomique	nombre d'électrons	structure électronique
hydrogène : H	1	1	$(K)^1$
hélium : He	2	2	$(K)^2$
lithium : Li	3	3	$(K)^2 (L)^1$
néon : Ne	10	10	$(K)^2 (L)^8$
magnésium : Mg	12	12	$(K)^2 (L)^8 (M)^2$

Les éléments chimiques

Un **élément chimique** est constitué par l'ensemble des atomes et des ions de l'univers possédant dans leur noyau le même nombre de protons, c'est-à-dire ayant le même numéro atomique. On lui associe un symbole :

élément	hydrogène	carbone	fluor	chlore
numéro atomique	1	6	9	17
symbole	H	C	F	Cl

Au cours d'une réaction chimique, les éléments chimiques sont conservés : on retrouve les mêmes dans les réactifs avant réaction et dans les produits après réaction.

COMMENT FAIRE

► Pour montrer la conservation des éléments chimiques au cours d'une réaction chimique

On trouve l'élément cuivre sous diverses formes : pur dans le métal cuivre (solide de couleur rouge), combiné dans l'oxyde de cuivre (poudre de couleur noire), en solution dans une solution de sulfate de cuivre (liquide de couleur bleue), sous forme de précipité d'hydroxyde de cuivre II (précipité de couleur bleue)...

Expérience 1

On chauffe une lame de cuivre à la flamme d'un bec Bunsen. On observe la formation d'un dépôt de couleur noire à la surface de la plaque.

Interprétation

Le dioxygène de l'air a réagi avec le cuivre pour former de l'oxyde de cuivre.
La réaction peut s'écrire de façon symbolique (équation-bilan) :

$$Cu + O_2 \rightarrow 2\,CuO$$

On montre ainsi que les éléments oxygène et cuivre sont conservés au cours de la réaction.

Expérience 2

On introduit dans un tube à essais contenant une solution de sulfate de cuivre (qui contient des ions cuivre II Cu^{2+}) quelques gouttes d'une solution d'hydroxyde de sodium (contenant des ions HO^-). On observe la formation d'un précipité de couleur bleue (solide en suspension dans le liquide).

Interprétation

Les ions hydroxydes ont réagi avec les ions cuivre II pour former le précipité d'hydroxyde de cuivre II.
La réaction peut s'écrire de façon symbolique (équation-bilan) : $Cu^{2+} + 2\,HO^- \rightarrow Cu(HO)_2$
Comme dans l'expérience 1, les éléments oxygène et cuivre sont conservés au cours de la réaction.

S'EXERCER

1 Déterminer la composition en protons, neutrons et électrons des atomes suivants :

atome	béryllium	carbone	sodium
symbole de l'atome	Be	C	Na
symbole du noyau	$^{8}_{4}Be$	$^{12}_{6}C$	$^{23}_{11}Na$
atome	**phosphore**	**chlore**	**cuivre**
symbole de l'atome	P	Cl	Cu
symbole du noyau	$^{31}_{15}P$	$^{35}_{17}Cl$	$^{65}_{29}Cu$

2 Donner la structure électronique des atomes suivants :

C (Z = 6) ; N (Z = 7) ; Na (Z = 11) ; Si (Z = 14) ; Cl (Z = 17) ; Ar (Z = 18)

3 Un atome d'azote N a un numéro atomique égal à 7 et un nombre de masse égal à 14.

1. Donner la composition de son noyau ainsi que le symbole de celui-ci.
2. Calculer la masse totale des électrons en gramme.
3. Calculer la masse du noyau en gramme.
4. Comparer les deux masses calculées précédemment. Quelle approximation peut-on faire pour le calcul de la masse de l'atome ?

Données :
masse d'un électron : $m_e = 9{,}1\ 10^{-31}$ kg
masse d'un nucléon : $m_n = 1{,}67\ 10^{-27}$ kg

4 La réaction entre l'oxyde de cuivre CuO et le carbone C produit un gaz qui trouble l'eau de chaux et un métal de couleur rouge.

1. Donner les éléments chimiques présents dans les réactifs de la réaction.
2. Quels sont les éléments chimiques constituant les produits de la réaction ?
3. Identifier le gaz produit en donnant son nom et sa formule.
4. Sachant que le métal formé est constitué d'un seul élément chimique, trouver cet élément.

5 Une molécule d'eau est constituée d'un atome d'oxygène O et de deux atomes d'hydrogène H.

1. Donner les répartitions électroniques de l'atome d'hydrogène et de l'atome d'oxygène.
2. Combien d'électrons possède la couche externe de l'atome d'oxygène ?
3. Calculer la masse d'une molécule d'eau en gramme.
4. Calculer le nombre de molécules d'eau contenues dans une goutte de volume V égal à $5\ 10^{-5}$ L.

Données :
Z(H) = 1 ; A(H) = 1
Z(O) = 8 ; A(O) = 16
masse d'un nucléon : $m_n = 1.67\ 10^{-27}$ kg
masse volumique de l'eau : $\mu_{eau} = 1{,}0$ kg.L^{-1}

À RETENIR

À la fin du XIXe siècle, un savant russe, Mendeleïev, entreprit de classer tous les éléments chimiques connus à cette époque. Il élabora un tableau de classification qui, compte tenu des critères qu'il avait choisis, comportait des cases vides. Il s'agissait d'éléments chimiques pas encore découverts mais dont le savant russe prévoyait déjà à l'avance les propriétés chimiques grâce à son tableau. Ces éléments furent découverts quelques années plus tard, ce qui assura une grande notoriété à la classification de Mendeleïev.
Aujourd'hui cette classification, connue sous le nom de **tableau périodique des éléments**, est utilisée pour classer tous les éléments chimiques connus à ce jour.

Les atomes isotopes

Des atomes ou des ions sont **isotopes** s'ils possèdent le même nombre de protons et des nombres de neutrons différents. Cela implique que leurs noyaux ont un numéro atomique Z commun et des nombres A différents. Les isotopes appartiennent à un même élément chimique.

Exemple

Dans la nature, le carbone ($Z = 6$) peut être du carbone 12, du carbone 13 ou 14. Les caractéristiques des noyaux associés à chacun des isotopes du carbone sont les suivantes :

isotope du carbone	numéro atomique Z	nombre A	nombre de neutrons
carbone 12	12	12	6
carbone 13	12	13	7
carbone 14	12	14	8

La classification

La **classification périodique** des éléments est composée de 18 colonnes et de 7 lignes appelées **périodes**. Au sein de la classification, les éléments chimiques sont classés par numéro atomique croissant. Une nouvelle période commence à chaque fois qu'une couche électronique commence à se remplir (Fig. 1).
En Seconde, on se limitera aux éléments chimiques de numéro atomique inférieur ou égal à 18, ce qui constitue les trois premières lignes de la classification.

Colonnes →		1	2	3	4	5	6	7	8	9	10	11	12	13	14	15	16	17	18
← Périodes	1	H (1)																	He (2)
	2	Li (3)	Be (4)											B (5)	C (6)	N (7)	O (8)	F (9)	Ne (10)
	3	Na (11)	Mg (12)											Al (13)	Si (14)	P (15)	S (16)	Cl (17)	Ar (18)
	4	K (19)	Ca (20)	Sc (21)	Ti (22)	V (23)	Cr (24)	Mn (25)	Fe (26)	Co (27)	Ni (28)	Cu (29)	Zn (30)	Ga (31)	Ge (32)	As (33)	Se (34)	Br (35)	Kr (36)

non-métaux   métaux   gaz mobiles

Fig. 1 Les quatre premières lignes de la classification
Les structures électroniques des atomes des éléments de la première colonne sont :
1re ligne : hydrogène (H) : $(K)^1$: c'est le début du remplissage de la couche K
2e ligne : lithium (Li) : $(K)^2\,(L)^1$: c'est le début du remplissage de la couche L
3e ligne : sodium (Na) : $(K)^2\,(L)^8\,(M)^1$: c'est le début du remplissage de la couche M
4e ligne : potassium (K) : $(K)^2\,(L)^8\,(M)^8\,(N)^1$: c'est le début du remplissage de la couche N

Les familles d'éléments chimiques

Tous les éléments appartenant à une même colonne constituent une **famille d'éléments chimiques**. Les éléments d'une même famille possèdent une couche électronique externe identique, c'est-à-dire que ces couches possèdent le même nombre d'électrons périphériques. Cette structure externe commune confère des propriétés chimiques analogues aux éléments d'une même famille.

Exemples

colonne	famille	premiers représentants	nombre d'électrons sur la couche externe
1	alcalins	lithium(Li), sodium (Na)	1
2	alcalino-terreux	béryllium (Be), magnésium (Mg)	2
17	halogènes	fluor (F), chlore (Cl)	7

COMMENT FAIRE

► Pour étudier une famille d'éléments chimiques

La famille des halogènes est constituée des éléments de la 17e colonne. Ses représentants sont : le fluor (F), le chlore (Cl), le brome (Br) et l'iode (I).

élément	structure électronique
fluor	$(K)^2 (L)^7$
chlore	$(K)^2 (L)^8 (M)^7$
brome	$(K)^2 (L)^8 (M)^{18} (N)^7$
iode	$(K)^2 (L)^8 (M)^{18} (N)^{18} (O)^7$

La couche électronique externe de tous les atomes possède sept électrons.

Expérience

Dans un tube à essais (voir **Fig. 1**), on rajoute à un réactif contenant un ion halogénure (chlorure : Cl^-, bromure : Br^-, iodure : I^-) quelques gouttes de nitrate d'argent (solution contenant les ions argent Ag^+).

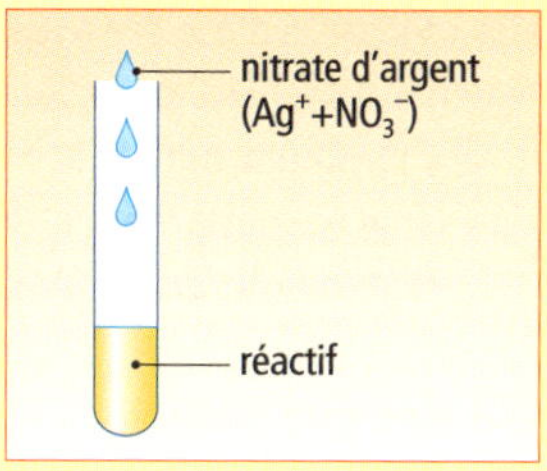

Fig. 1

réactif	observation (Fig. 2)	équation-bilan
chlorure de potassium	formation d'un précipité blanc de chlorure d'argent	$Ag^+ + Cl^- \rightarrow AgCl$
bromure de potassium	formation d'un précipité blanc de bromure d'argent	$Ag^+ + Br^- \rightarrow AgBr$
iodure de potassium	formation d'un précipité jaune d'iodure d'argent	$Ag^+ + I^- \rightarrow AgI$

Conclusion : les ions halogénures réagissent tous de la même façon avec les ions argent. Il s'agit donc d'une propriété chimique commune aux halogènes.

S'EXERCER

1 Répondre.

1. Quel est l'élément de la famille des halogènes dont la couche externe est la couche L ?
2. À quelle famille appartient l'élément chimique de numéro atomique 11 ?
3. Quelle famille correspond aux atomes dont la couche externe possède deux électrons ?

2 On considère l'élément chimique de numéro atomique 16.

1. Déterminer la structure électronique de l'atome de cet élément.
2. Trouver le nom de cet élément et la position de sa famille dans la classification périodique.
3. Quel est l'élément chimique de cette famille dont le numéro atomique est le plus petit ?

3 L'élément chimique de numéro atomique 15 est le phosphore. Le noyau d'un atome de phosphore possède 16 neutrons.

1. Trouver la période et la colonne de cet élément.
2. Quel est le nombre A du noyau de phosphore ?
3. Parmi les éléments suivants, trouver ceux qui appartiennent à la même famille que le phosphore : hydrogène H (Z = 1) ; bore B (Z = 5) ; azote N (Z = 7) ; silicium Si (Z = 14) ; chlore Cl (Z = 17) ; arsenic As (Z = 33)
4. Combien d'électrons se trouvent sur la couche externe des atomes des éléments de la famille du phosphore ?

4 Retrouver des formules de corps chimiques.

1. Le carbone C et le silicium Si appartiennent à la même famille d'éléments chimiques. On trouve l'élément carbone dans les espèces chimiques suivantes : CH_4 (méthane), CO_2 (dioxyde de carbone).
Trouver des formules d'espèces chimiques dans lesquelles on retrouve l'élément silicium.
2. Le corps simple formé à partir du fluor est le difluor F_2 et celui formé à partir du sodium est le sodium Na. Trouver les formules des corps simples formés à partir du chlore Cl (Z = 17) et du potassium K (Z = 19).

5 Retrouver des formules de corps chimiques.

1. Donner la définition de deux atomes ou ions isotopes.
2. Trouver parmi les atomes définis par leur couple (Z ; A) dans la liste suivante, ceux qui sont isotopes de l'atome de cuivre, cet atome ayant pour numéro atomique 29 et pour nombre de masse 63.
(14 ; 29) ; (3 ; 6) ; (15 ; 29) ; (26 ; 53) ; (12 ; 24) ; (29 ; 61) ; (6 ; 14) ; (28 ; 63) ; (29 ; 60) ; (30 ; 63)
3. Calculer le nombre d'atomes de cuivre contenus dans un échantillon métallique de cuivre (cuivre pur Cu) de masse égale à 3 mg. Ces atomes possèdent 63 nucléons dans leur noyau.

Donnée : masse d'un nucléon : $m_n = 1{,}67\ 10^{-27}$ kg

À RETENIR

Pourquoi les molécules d'eau des océans, les ions du sel de mer cristallisé, les molécules constituant l'air sont-ils stables depuis plusieurs milliards d'années ? À cette question, une réponse peut être apportée en s'intéressant à la structure électronique des différentes entités.

La famille des gaz nobles

● Les **gaz nobles** constituent une famille d'éléments chimiques : celle occupant la 18e colonne de la classification. Ce sont des espèces chimiques à l'état gazeux dans les conditions normales de température et de pression ($t = 0$ °C ; $p = 1$ bar). Leurs particules constitutives sont des atomes : les gaz nobles ont une structure atomique.

● Ils ont la particularité de ne pas réagir avec d'autres espèces chimiques ; ils ont une grande stabilité chimique. Étudions la répartition électronique de leurs atomes.

nom	symbole	Z	répartition électronique	nombre d'électrons périphériques
hélium	He	2	K^2	2
néon	Ne	10	K^2L^8	8
argon	Ar	18	$K^2L^8M^8$	8

L'hélium a une structure électronique en **duet** : deux électrons sur la couche externe.
Le néon et l'argon ont une structure électronique en **octet** : huit électrons sur la couche externe.
La structure électronique en duet ou en octet confère aux gaz nobles une grande stabilité chimique.

La règle du duet et de l'octet

Les atomes cèdent, captent ou mettent en commun des électrons de leur couche externe avec d'autres atomes afin d'acquérir la structure électronique stable en duet ou en octet.

Les ions monoatomiques

Un **ion monoatomique** est un atome qui a perdu ou gagné un ou plusieurs électrons.

● S'il y a gain d'électrons, l'ion est chargé négativement : c'est un **anion**.
formule générale d'un anion : Y^{n-}
Y est le symbole de l'élément chimique, n est le nombre d'électrons gagnés par l'atome.

● S'il y a perte d'électrons, l'ion est chargé positivement : c'est un **cation**.
formule générale d'un cation : X^{n+}
X est le symbole de l'élément chimique, n est le nombre d'électrons perdus par l'atome.

● La charge électrique portée par un ion peut s'exprimer en **unité de charge élémentaire** qui est égale à la valeur absolue de celle portée par l'électron. On la note + e.
Dans le système international des unités, l'unité de la charge électrique est le coulomb de symbole C. La charge élémentaire est égale à : $e = 1{,}6\ 10^{-19}$ C.

ion	symbole	charge q (unité de charge élémentaire)	charge q (C)
lithium	Li^+	q = + e	$q = 1{,}6\ 10^{-19}$ C
sodium	Na^+	q = + e	$q = 1{,}6\ 10^{-19}$ C
chlorure	Cl^-	q = – e	$q = -1{,}6\ 10^{-19}$ C
aluminium	Al^{3+}	q = + 3e	$q = 3 \times 1{,}6\ 10^{-19}$ C $= 4{,}8\ 10^{-19}$ C
oxygène	O^{2-}	q = – 2e	$q = -2 \times 1{,}6\ 10^{-19}$ C $= -3{,}2\ 10^{-19}$ C

● Déterminons la structure électronique des cinq ions précédents :

ion	symbole	numéro atomique de l'élément chimique	nombre d'électrons perdus ou gagnés	nombre total d'électrons	répartition électronique
lithium	Li^+	3	1 perdu	2	K^2
sodium	Na^+	11	1 perdu	10	K^2L^8
chlorure	Cl^-	17	1 gagné	18	$K^2L^8M^8$
aluminium	Al^{3+}	13	3 perdus	10	K^2L^8
oxygène	O^{2-}	8	2 gagnés	10	K^2L^8

Par la perte ou le gain d'électrons, les ions acquièrent une structure électronique en duet ou en octet.

COMMENT FAIRE

► Pour identifier quelques ions monoatomiques

La présence de certains ions en solution peut-être révélée grâce à des réactions chimiques particulières dans lesquelles l'ion à identifier est un des réactifs. Ces réactions sont appelées tests d'identification des ions.
Dans ces réactions, le produit de la réaction est le plus souvent un précipité : il s'agit d'un solide en suspension dans le liquide où a lieu la réaction.

Le protocole opératoire

Commentaires

La solution 1 est une solution ionique contenant l'ion à identifier.

La solution 2 est une solution ionique contenant un ion qui réagit avec l'ion à identifier : on l'appelle l'ion réactif.
Les ions présents qui ne participent pas à la réaction sont appelés ions spectateurs.

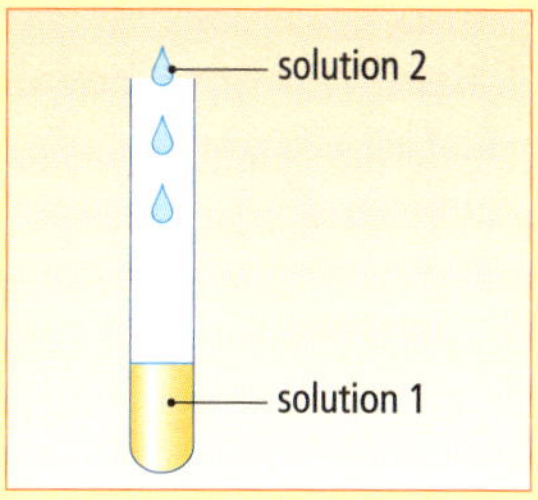

Fig. 1

Cation à identifier	Ion réactif	observations	équation-bilan
Argent Ag^+	Chlorure Cl^-	précipité blanc qui noircit à la lumière	$Ag^+ + Cl^- \rightarrow AgCl$
Cuivre II Cu^{2+}	Hydroxyde OH^-	précipité bleu	$Cu^{2+} + 2\,OH^- \rightarrow Cu(OH)_2$
Fer II Fe^{2+}	Hydroxyde OH^-	précipité vert	$Fe^{2+} + 2\,OH^- \rightarrow Fe(OH)_2$
Aluminium Al^{3+}	Hydroxyde OH^-	précipité blanc	$Al^{3+} + 3\,OH^- \rightarrow Al(OH)_3$

S'EXERCER

1 **Compléter le tableau suivant :**

formule de l'ion	Na^+	Mg^{2+}	Al^{3+}	Cl^-
symbole du noyau	${}^{23}_{11}Na$	${}^{25}_{12}Mg$	${}^{26}_{13}Al$	${}^{35}_{17}Cl$
nombre de protons				
nombre de neutrons				
nombre d'électrons				

2 **Déterminer la structure électronique des ions suivants, puis les regrouper en fonction des familles d'éléments chimiques auxquelles ils appartiennent.**

Mg^{2+} (Z = 12) ;
F^- (Z = 9) ; Be^{2+} (Z = 4) ;
Cl^- (Z = 17)

3 **La structure électronique d'un atome est $(K)^2\ (L)^8\ (M)^6$.**

1. Trouver la place de l'élément correspondant dans la classification périodique. Donner son symbole chimique et son nom.
2. Combien d'électrons possède cet atome ?
3. Donner le numéro atomique de l'élément chimique.
4. Trouver l'ion monoatomique que peut donner cet atome : donner sa formule et sa structure électronique.

4 **L'ion magnésium a pour formule : Mg^{2+}**

1. Exprimer la charge de l'ion en unité de charge élémentaire.
2. Calculer la charge en coulomb.
3. Combien d'électrons ont été perdus ou gagnés par l'atome de magnésium pour obtenir l'ion magnésium ?
4. L'oxyde de magnésium MgO est un solide ionique constitué d'ions magnésium et d'ions oxyde. Le solide étant électriquement neutre, trouver la formule de l'ion oxyde.

5 **La réaction entre les ions hydrogène H^+ et le sulfure de fer FeS produit un gaz de formule H_2S et un ion monoatomique dont la charge est égale à + 2e.**

1. En utilisant la loi de conservation des éléments chimiques au cours d'une réaction, trouver l'élément constituant cet ion.
2. Déterminer la formule de l'ion.
3. Trouver la structure électronique de l'ion H^+.
4. Le sulfure de fer est constitué d'un assemblage d'ion fer Fe^{2+} et d'ions sulfure S^{2-}. Le numéro atomique du fer est égal à 26 et celui du soufre est égal à 16.
   a. Calculer le nombre d'électrons de l'ion Fe^{2+}.
   b. Trouver le nombre d'électrons de l'ion sulfure puis déterminer sa structure électronique.
   c. Quel est l'atome de gaz noble qui possède la même structure électronique que l'ion sulfure ?

À RETENIR

Une **molécule** est un assemblage de plusieurs atomes. Ces atomes forment au sein de la molécule des liaisons chimiques qui assurent la stabilité de l'édifice moléculaire. Ces liaisons mettent en jeu les électrons des couches électroniques externes des atomes (dernière couche électronique occupée).

La liaison chimique covalente

● Une **liaison chimique covalente** simple entre deux atomes correspond à la mise en commun par chacun des atomes d'un électron périphérique (c'est-à-dire appartenant à la couche externe).

● Les deux électrons constituent la liaison chimique : ils sont localisés entre les deux atomes et appartiennent autant à l'un qu'à l'autre des atomes. Les deux atomes ainsi liés restent à une distance l'un de l'autre, qui est fixe et de l'ordre de la centaine de nanomètres.

● Deux atomes peuvent réaliser des liaisons multiples :
– une liaison double : chaque atome met en commun deux électrons périphériques ;
– une liaison triple : chaque atome met en commun trois électrons périphériques.

Les doublets électroniques

Les électrons périphériques des atomes sont groupés par paires appelées **doublets électroniques**. Il existe deux types de doublets :
– les doublets liants qui constituent les liaisons chimiques covalentes : ils sont partagés entre les atomes liés ;
– les doublets non liants : ils appartiennent à un seul atome.

Représentation de Lewis d'une molécule

Les atomes d'une molécule réalisent des liaisons covalentes (simple, double ou triple) avec d'autres atomes afin d'acquérir une structure en duet ou en octet.
La **représentation de Lewis** d'une molécule fait apparaître les atomes et les doublets liants et non liants.

● **Conventions de représentation**
– Un atome est représenté par son symbole.
– Un doublet liant est représenté par un trait entre les symboles des deux atomes liés.
– Un doublet non liant est représenté par un trait à côté du symbole de l'atome auquel il appartient.

● **Règle de construction**
Chaque atome, par les liaisons covalentes réalisées, doit acquérir une structure en octet ou en duet.

● **Illustration** : cas d'une molécule diatomique de formule AB

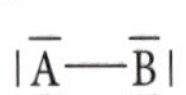
Liaison simple

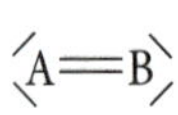
Liaison double

Liaison triple

Pour chaque atome, on détermine le nombre de liaisons possibles et le nombre de doublets non liants :

atome	Z	électrons périphériques	nombre de liaisons à réaliser	nombre de doublets non liants
H	1	1 sur K	1	0
C	6	4 sur L	4	0
N	7	5 sur L	3	1
O	8	6 sur L	2	2
Cl	17	7 sur M	1	3

● **Application**

molécule	formule	représentation de Lewis
eau	H_2O	$H-\overline{O}-H$
chlorure d'hydrogène	HCl	$H-\overline{\underline{Cl}}\vert$
dioxyde de carbone	CO_2	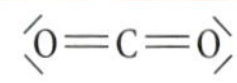
méthane	CH_4	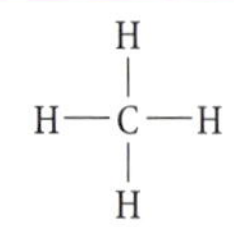
éthane	C_2H_6	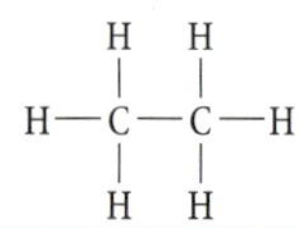
éthylène	C_2H_4	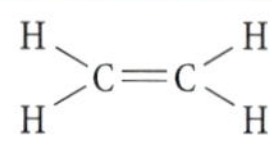

Isomérie

Deux molécules sont **isomères** si elles ont la même formule brute et des structures différentes.

Exemple : l'éthanol et le méthoxyméthane sont deux espèces chimiques différentes possédant la même formule brute C_2H_6O. Les deux molécules sont isomères.

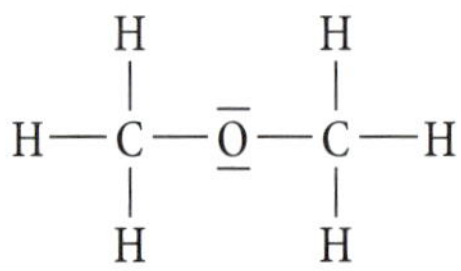
méthoxyméthane
(famille des éther-oxydes)

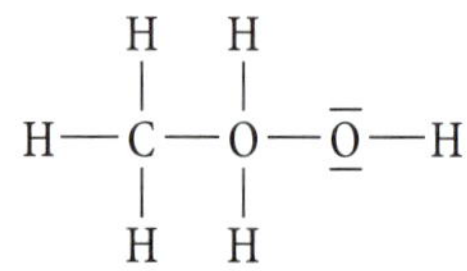
éthanol
(famille des alcools)

Formules développées et semi-développées d'une molécule

Exemple : le méthoxyméthane

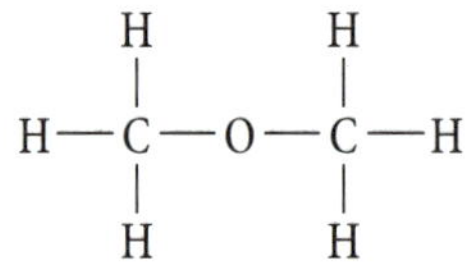
formule développée (sans les doublets (non liants)

CH_3-O-CH_3

formule semi-développée (on supprime en plus les liaisons avec les atomes d'hydrogène)

COMMENT FAIRE

► Pour représenter une molécule avec la représentation de Cram

Cette représentation permet de schématiser sur une page à deux dimensions une molécule à trois dimensions.
Représentons par exemple la molécule de méthane de formule brute CH_4 et dont le modèle moléculaire est représenté par la figure 1 :

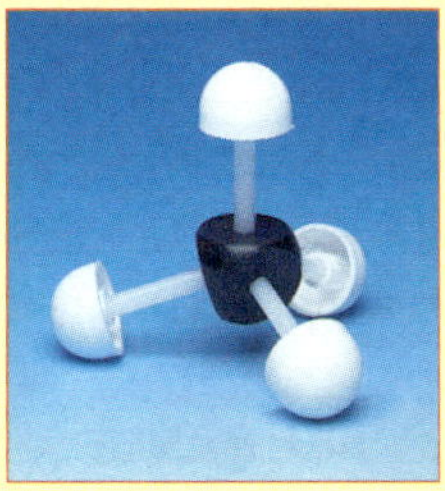

Fig. 1

La représentation de Cram, avec ses conventions, est la suivante :

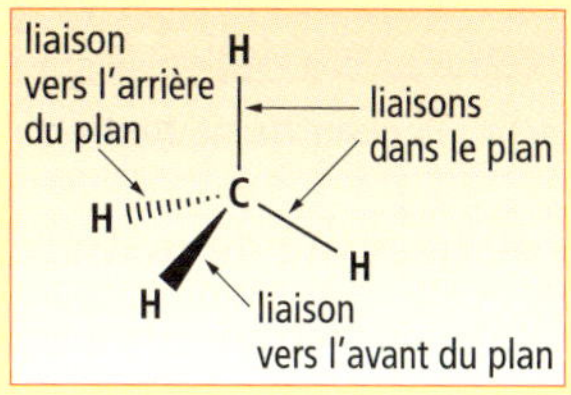

Fig. 2 Représentation de Cram

S'EXERCER

1 Formule de Lewis

1. Compléter le tableau suivant :

symbole de l'atome	H	C	O	Si	S
Z	1	6	8	14	16
structure électronique					
nombre d'électrons sur la couche externe					
nombre de liaisons à réaliser					
nombre de doublets non liants					

2. Trouver les formules de Lewis des molécules suivantes : SiH_4 ; H_2S ; C_2H_2 ; SiO_2.

2 Les différentes représentations

1. Trouver les représentations de Lewis des trois isomères de formule brute C_5H_{12}.

2. Écrire les formules développées de ces trois isomères.

3. Écrire les formules semi-développées de ces trois molécules.

3 On considère les représentations de Lewis des deux molécules suivantes :

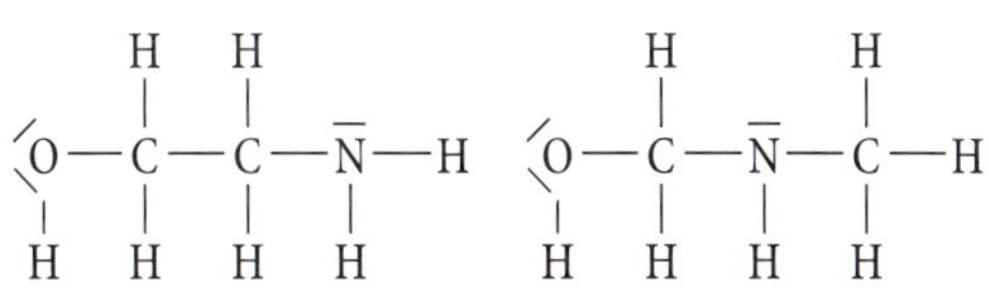

1. Trouver les formules développées, puis semi-développées et enfin brutes de ces molécules.

2. Comment qualifie-t-on ces molécules ?

3. Trouver un troisième isomère ne possédant pas de liaison entre les atomes d'azote et d'oxygène.

4 La représentation de Cram d'une molécule est la suivante :

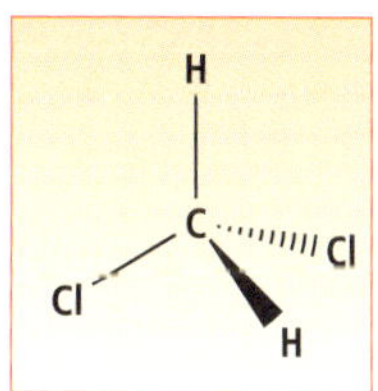

1. Indiquer pour chaque atome si la liaison est en avant, en arrière ou dans le plan de la page.

2. Trouver la représentation de Lewis de la molécule.

5 Les représentations (suite)

1. Dessiner la représentation de Cram de la molécule d'ammoniac NH_3 dont le modèle moléculaire est donné ci-dessous :

2. Trouver sa représentation de Lewis.

À RETENIR

Les échantillons de matière manipulés par le chimiste contiennent un très grand nombre de particules : plusieurs milliards de milliards. On définit une grandeur permettant de rendre compte du nombre de particules contenues dans un échantillon de matière, et adaptée à notre échelle : **la quantité de matière**.

L'unité de quantité de matière : la mole

● La **quantité de matière** n d'un échantillon est une grandeur directement proportionnelle au nombre N de particules constituant l'échantillon. L'unité de quantité de matière est la **mole** de symbole mol.

● La relation entre le nombre N de particules et le nombre n de moles est la suivante :

$$N = n \times N_A$$

n est en moles (mol). N n'a pas d'unité.
N_A est la **constante d'Avogadro** exprimée en mol^{-1}. Elle nous donne le nombre de particules présentes par mole d'échantillon : $N_A = 6{,}02\ 10^{23}\ mol^{-1}$.
Une mole de particules (atome, molécule, ion, électron…) contient un nombre de particules égal à $6{,}02\ 10^{23}$.

Relation quantité de matière - masse

● La **masse molaire** d'un atome est égale à la masse d'une mole de ces atomes. Son unité est le gramme par mole ($g.mol^{-1}$).

atome	masse molaire
hydrogène	$M_H = 1{,}0\ g.mol^{-1}$
carbone	$M_C = 12{,}0\ g.mol^{-1}$
sodium	$M_{Na} = 23{,}0\ g.mol^{-1}$
chlore	$M_{Cl} = 35{,}5\ g.mol^{-1}$

● La masse molaire d'un ion monoatomique est égale à la masse molaire de l'atome associé car on peut négliger la masse des électrons perdus ou gagnés.

Exemples : masse molaire de l'ion sodium Na^+ :
$M_{Na^+} = M_{Na} = 23{,}0\ g.mol^{-1}$
masse molaire de l'ion chlorure Cl^- :
$M_{Cl^-} = M_{Cl} = 35{,}5\ g.mol^{-1}$

● La masse molaire d'une molécule est égale à la somme des masses molaires des atomes constitutifs de la molécule.

Exemple : masse molaire du méthane CH_4 :
$M_{CH_4} = M_C + 4\ M_H = 12{,}0 + 4 \times 1{,}0 = 16{,}0\ g.mol^{-1}$

● La relation entre la masse m d'un échantillon de matière de masse molaire M et la quantité de matière n est la suivante :

$$m = n \times M$$

m : masse en gramme ; n : quantité de matière en mole ; M : masse molaire en gramme par mole

Relation quantité de matière - volume

● Le **volume molaire** d'une espèce chimique est égal au volume occupé par une mole d'entités de cette espèce chimique. Son unité est le litre par mole ($L.mol^{-1}$).

● La relation entre le volume V d'un échantillon de matière de volume molaire V_m et la quantité de matière n est égale à :

$$V = n \times V_m$$

V : volume en litre ; n : quantité de matière en mole ; V_m : volume molaire en litre par mole

Le cas particulier des gaz

Loi d'Avogadro-Ampère : des échantillons de gaz différents pris dans les mêmes conditions de température et de pression, et contenant la même quantité de matière, occupent des volumes égaux.
Conséquence importante : à température et pression fixées, le volume molaire est le même pour tous les gaz.

Exemples : $V_m = 24{,}0\ L.mol^{-1}$ ($t = 20$ °C ; $p = 1$ bar)
$V_m = 22{,}4\ L.mol^{-1}$ ($t = 0$ °C ; $p = 1$ bar)

COMMENT FAIRE

▶ Pour déterminer la quantité de matière contenue dans un échantillon

On désire déterminer la quantité d'eau $n(H_2O)$ (nombre de moles) correspondant à un échantillon d'eau pure de volume V égal à 10 mL, puis en déduire le volume molaire de l'eau liquide.

● **Verser un volume** suffisant de liquide dans un bécher.

● **Prélever à l'aide d'une pipette jaugée** le volume V de 10 mL d'eau liquide (**Fig. 1 et 2**).

▶

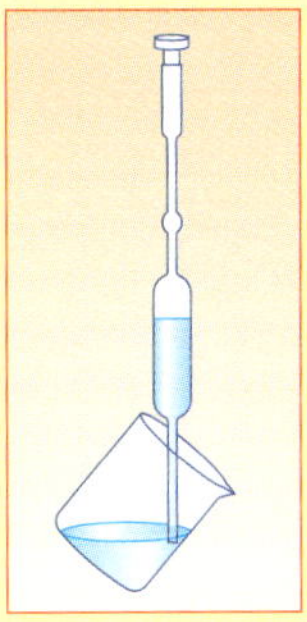

Fig. 1 Prélèvement du volume désiré

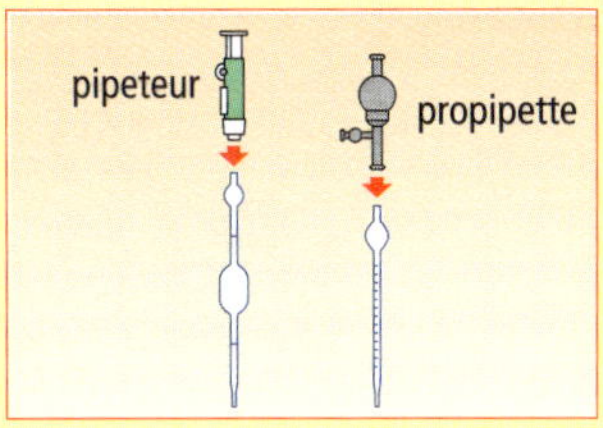

Fig. 2 Pipette jaugée ou graduée

● **Verser le volume prélevé** dans un récipient sec (bécher par exemple) préalablement pesé, et mesurer la masse $m(H_2O)$ du liquide (Fig. 3).

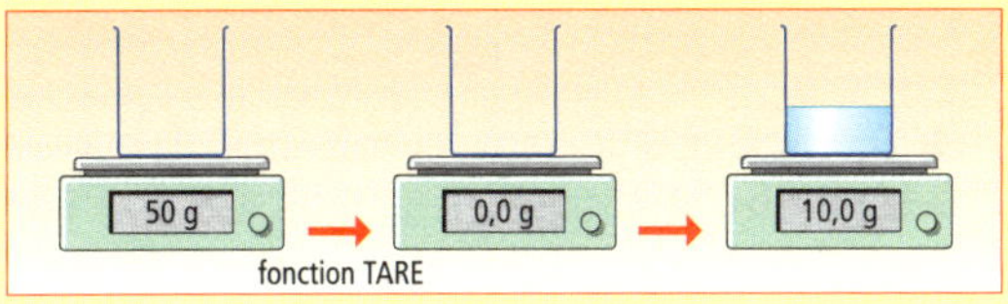

Fig. 3

La mesure nous donne : $m(H_2O) = 10{,}0$ g

● **Calculer la masse molaire** de l'eau $M(H_2O)$ (données : $M_H = 1{,}0\ g.mol^{-1}$; $M_O = 16{,}0\ g.mol^{-1}$).

$M_{H_2O} = 2\ M_H + M_O = 2 \times 1{,}0 + 16{,}0 = 18{,}0\ g.mol^{-1}$

● **Calculer la quantité de matière** $n(H_2O)$ contenue dans l'échantillon.

$$n(H_2O) = \frac{m(H_2O)}{MH_2O}$$

Application numérique : $n(H_2O) = \dfrac{10{,}0}{18{,}0} = 0{,}555$ mol

● **Calculer le volume molaire** $V_m(H_2O)$ de l'eau liquide.

$$V_m(H_2O) = \frac{V(H_2O)}{n(H_2O)}$$

Application numérique :

conversion de $V(H_2O)$: $V(H_2O) = 10{,}0\ mL = 10{,}0 \times 10^{-3}\ L$

$$V_m(H_2O) = \frac{10{,}0 \times 10^{-3}}{0{,}555} = 18{,}0 \times 10^{-3}\ L.mol^{-1}$$
$$= 18{,}0\ mL.mol^{-1}$$

S'EXERCER

1 Calculer les masses molaires des entités chimiques suivantes :

nom	butane	ion hydrogène	ion sulfate
formule	C_4H_{10}	H^+	SO_4^{2-}
nom	**saccharose**	**sulfate de cuivre hydraté**	
formule	$C_{12}H_{22}O_{11}$	$CuSO_4, 5\ H_2O$	

Données :
$M_C = 12{,}0\ g.mol^{-1}$; $M_H = 1{,}0\ g.mol^{-1}$; $M_O = 16{,}0\ g.mol^{-1}$; $M_{Cu} = 63{,}5\ g.mol^{-1}$; $M_S = 32{,}1\ g.mol^{-1}$

2 Sachant que 120,0 g de carbone C représentent 10,0 moles de carbone, calculer :

1. la masse molaire du carbone,
2. le nombre d'atomes de carbone contenus dans l'échantillon,
3. la masse d'un atome de carbone.

3 Un récipient contient du dioxyde de carbone gazeux sous une pression égale à 1 bar et une température égale à 20 °C. Son volume est égal à 10,0 L.

1. Calculer le nombre de moles dans l'échantillon.
2. Quel devrait être le volume du récipient si le dioxyde de carbone était porté à une température de 150 °C ?
3. Calculer le volume molaire à 0 °C et pour une pression de 1 bar sachant que dans ces conditions l'échantillon de dioxyde de carbone occupe un volume égal à 9,35 L.

Données :
volume molaire à $t = 20$ °C et $p = 1$ bar : $V_m = 24{,}0\ l.mol^{-1}$
volume molaire à $t = 50$ °C et $p = 1$ bar : $V_m = 35{,}0\ L.mol^{-1}$

4 Un échantillon gazeux de dichloroéthane de formule $C_2H_4Cl_2$ a une masse m égale à $3{,}0\ 10^{-2}$ kg.

La densité d par rapport à l'eau du dichloroéthane liquide est égale à 1,24.

La masse volumique μ_0 de l'eau liquide est égale à $1\,000\ g.L^{-1}$.

1. Calculer le nombre de moles contenues dans l'échantillon.
2. Calculer le volume occupé par l'échantillon gazeux.
3. On liquéfie l'échantillon de dichloroéthane.
   a. Calculer la masse volumique du dichloroéthane liquide.
   b. Calculer le volume occupé par l'échantillon liquide.
   c. Déterminer le volume molaire $V_m(C_2H_4Cl_2)$ du dichloroéthane liquide.
4. Calculer le nombre de molécules contenues dans l'échantillon.

Données :
$M_C = 12{,}0\ g.mol^{-1}$; $M_H = 1{,}0\ g.mol^{-1}$;
$M_{Cl} = 35{,}5\ g.mol^{-1}$
volume molaire des gaz : $V_m = 24\ L.mol^{-1}$

À RETENIR

Description d'une solution

On prépare une **solution** en dissolvant dans un liquide une espèce chimique. Le liquide est appelé le **solvant** et l'espèce chimique dissoute le **soluté**. Si l'eau est le solvant, la solution est une solution aqueuse.
Une espèce chimique est dite soluble dans un solvant si elle peut y être dissoute. Dans le cas contraire on dit qu'elle est insoluble.

La concentration molaire

Une solution contenant un soluté est caractérisée par son volume V et la quantité de matière n de soluté dissous exprimée en mole. On définit pour le soluté sa **concentration molaire** C dans la solution comme le rapport de la quantité de matière sur le volume de la solution.

$$C = \frac{n}{V}$$

La concentration molaire a pour unité le mole par litre ($mol.L^{-1}$).
n : quantité de matière en mole (mol) ; V : volume de la solution en litre (L)

Préparation d'une solution par dissolution

La préparation d'une solution de concentration C et de volume V s'effectue en plusieurs étapes.

- Calcul du nombre n de moles de soluté à dissoudre dans la solution :
$n = C \times V$ avec n en mole (mol), V en litre (L), C en mole par litre ($mol.L^{-1}$).

- Détermination de la masse m de soluté à utiliser pour préparer la solution.
$m = n \times M$ avec n en mole (mol), m en gramme (g), M en gramme par mole ($g.mol^{-1}$).
M est la masse molaire du soluté.

- Récupération de la masse calculée dans une capsule à l'aide d'une spatule (Fig. 1).

Fig. 1

- Dissolution du soluté dans un peu d'eau pure (Fig. 2).

Fig. 2

- Transvasement de la solution dans une fiole jaugée de volume V (Fig. 3) et ajout de l'eau jusqu'au trait de jauge (Fig. 4).

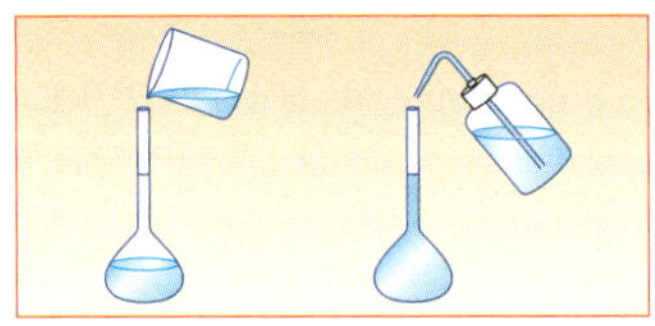
Fig. 3

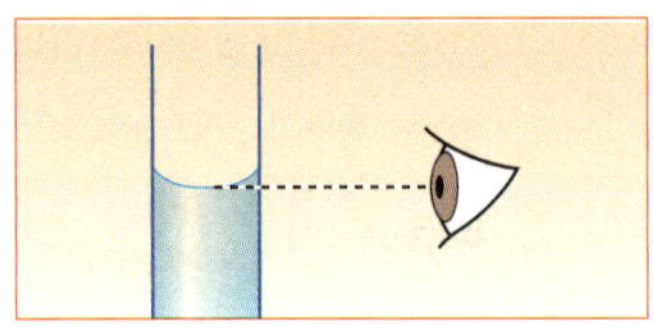
Fig. 4 : pour éviter des erreurs de parallaxe, il faut placer son œil au niveau du trait de jauge

La solubilité

La **solubilité** est égale à la concentration maximale d'un soluté dans une solution. Lorsque la concentration est égale à la solubilité, la solution est dite saturée en soluté : on ne peut plus y dissoudre une quantité supplémentaire de soluté.

Exemple : à 20 °C, la solubilité du chlorure de sodium dans l'eau est égale à 6.15 $mol.L^{-1}$.

COMMENT FAIRE

▶ Pour préparer une solution par dilution

À partir d'une solution de sulfate de cuivre (solution mère, de concentration C_0 = 0,30 $mol.L^{-1}$), on prépare une nouvelle solution (solution fille) de concentration C_1 égale à 0,18 $mol.L^{-1}$ et de volume V_1 égal à 50 mL.

- On détermine le volume V_0 de la solution mère à utiliser pour préparer la solution fille.
La quantité de matière n_0 de soluté prélevé dans la solution mère est celle que l'on retrouve dans la solution fille notée n_1.

▶

Les concentrations sont en mole par litre et les volumes en litre.

$n_0 = n_1 \qquad C_0 \times V_0 = C_1 \times V_1 \qquad V_0 = \dfrac{C_1 \times V_1}{C_0}$

Application numérique : $V_0 = 30 \times 10^{-3}$ L

● On prépare la solution fille.

Étape 1 : on prélève à l'aide d'une pipette graduée le volume V_0 de solution mère nécessaire (**Fig. 5**).

Étape 2 : on introduit le liquide prélevé dans une fiole jaugée (**Fig. 6**).

Étape 3 : on complète jusqu'au trait de jauge avec de l'eau distillée (**Fig. 7 et 8**).

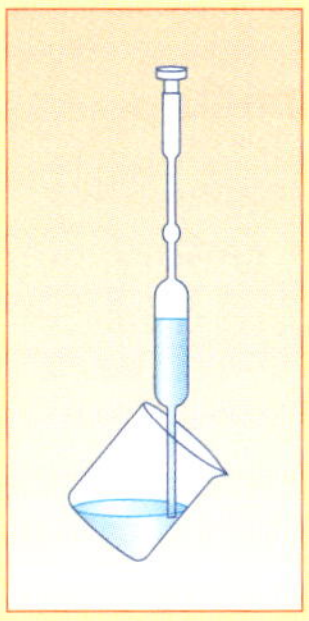

Fig. 5

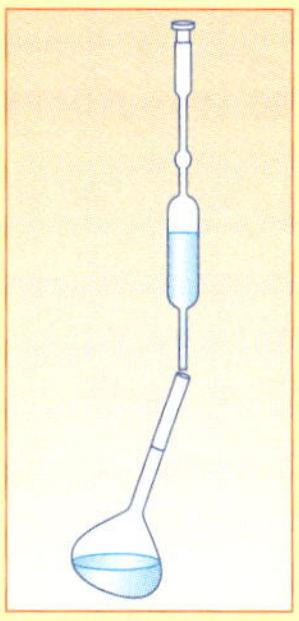

Fig. 6

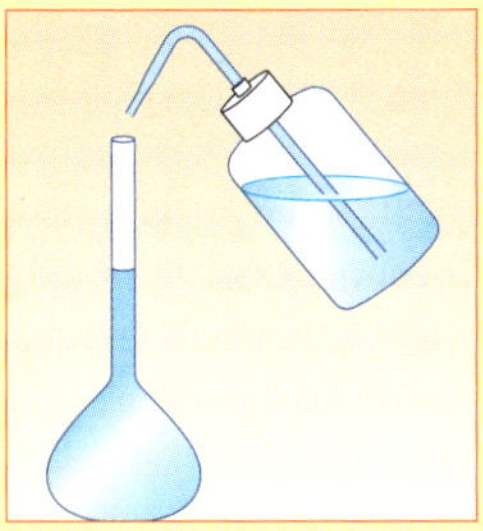

Fig. 7

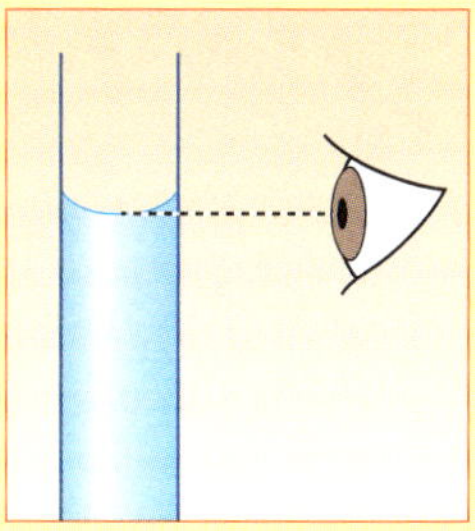

Fig. 8

S'EXERCER

1 Solutions

1. Quel est le volume V d'une solution aqueuse contenant 6,0 10^{-3} mol de soluté et de concentration C égale à 3,0 10^{-4} mol.L^{-1} ?

2. Quel est la quantité de matière de soluté d'une solution aqueuse de volume V égal à 450 mL et de concentration égale C à 2,0 10^{-2} mol.L^{-1} ?

3. On prépare une solution de dioxyde de carbone CO_2 de volume V égal à 2,5 litres par dissolution de $V_0 = 80$ L de dioxyde de carbone gazeux dans l'eau. Calculez la concentration C de la solution.

Données : volume molaire des gaz : $V_m = 24$ L.mol^{-1}

2 On se propose de préparer une solution de saccharose de volume V égal à 200 mL et de concentration C égale à 3,0 10^{-5} mol.L^{-1}. La solution se fera par dissolution de saccharose solide de formule $C_{12}H_{22}O_{11}$.

1. Calculez la masse *m* de soluté à utiliser pour préparer la solution.

2. On peut dissoudre au maximum 4,0 kg de saccharose dans 2,0 L d'eau.

a. Calculez la solubilité C_S du saccharose.

b. On laisse s'évaporer une solution de concentration C égale à 3.0 mol.L^{-1} et de volume V égal à 100 mL. À partir de quel volume V' obtiendra-t-on une solution saturée en saccharose ?

Données : $M_C = 12,0$ g.mol^{-1}
$M_O = 16,0$ g.mol^{-1} $M_H = 1,0$ g.mol^{-1}

3 L'eau de mer

1. Un échantillon d'eau de mer contient 90 grammes de chlorure de sodium pour un volume égal à 3 litres. Calculez la concentration correspondante.

2. Quelle masse de chlorure de sodium contient un litre de solution de chlorure de sodium saturée ?

3. On dissout 1 200 grammes dans trois litres d'eau. Calculez la masse de chlorure de sodium non dissous.

Données :
La solubilité du chlorure de sodium est égale à :
$C_S = 6,15$ mol.L^{-1}
$M_{Na} = 23,0$ g.mol^{-1} $M_{Cl} = 35,5$ g.mol^{-1}

4 Mélange et solutions

1. On désire préparer une solution 1 de concentration C_1 égale à 1,2 mol.L^{-1} et de volume V_1 égal à 100 mL, par dilution d'une solution 2 de concentration C_2 égale à 3,0 mol.L^{-1}.
Quel volume V_2 de la solution 2 doit-on prélever pour préparer la solution 1 ?
Décrivez le protocole expérimental de la préparation.

2. On réalise le mélange de deux solutions de CH_3Cl. Une solution 1 de volume V_1 égal à 100 mL avec une concentration C_1 égale à 3,0 mol.L^{-1} et une solution 2 de volume V_2 égal à 200 mL contenant 20,2 grammes de soluté. Calculez la concentration C du mélange.

Données : $M_C = 12,0$ g.mol^{-1}
$M_H = 1,0$ g.mol^{-1} $M_{Cl} = 35,5$ g.mol^{-1}

Les transformations chimiques

● Une **transformation chimique** a lieu lorsque des espèces chimiques initialement présentes disparaissent (les réactifs) et de nouvelles espèces chimiques apparaissent (les produits).

● Un **système chimique** est constitué par l'ensemble des espèces chimiques présentes dans le milieu réactionnel : les **réactifs** n'ayant pas encore réagi, les **produits** formés et les autres espèces chimiques présentes qui ne participent pas à la réaction.

Exemple

Transformation chimique à l'intérieur d'un tube à essais : on ajoute de la soude (qui contient des ions sodium Na^+ et des ions hydroxydes HO^-) à une solution aqueuse de sulfate de cuivre (qui contient des ions cuivre II Cu^{2+} et des ions sulfate SO_4^{2-}) (**Fig. 1**).
Tous les ions hydroxydes introduits réagissent avec les ions cuivre II pour former un précipité bleu d'hydroxyde de cuivre $Cu(OH)_2$ (**Fig. 2**).

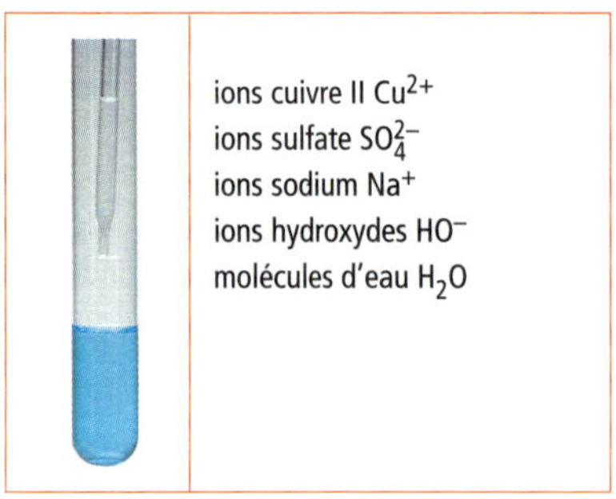

Fig. 1 Système chimique au début

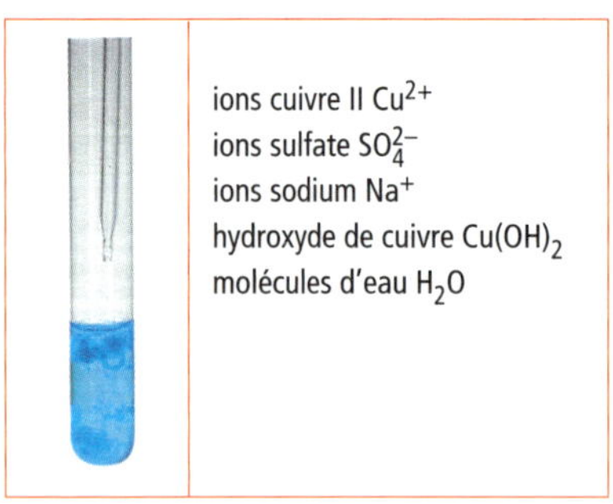

Fig. 2 Système chimique à la fin

Définition de la réaction chimique

Lorsque le système chimique se limite aux réactifs et aux produits, la transformation chimique est appelée **réaction chimique**.

Exemple : pour la transformation précédente, le système chimique se réduit à :

système chimique au début	système chimique à la fin
ions cuivre II Cu^{2+} ions hydroxydes HO^-	ions cuivre II Cu^{2+} hydroxyde de cuivre $Cu(OH)_2$

Équation-bilan

● L'**équation-bilan** indique dans quelles proportions les quantités de matière des réactifs disparaissent et les quantités de matière des produits sont formées.

● Lois de conservation au cours d'une réaction chimique :
1. les éléments chimiques sont conservés ;
2. les quantités de matière associées à chaque élément chimique sont conservées ;
3. la charge électrique totale portée par les réactifs est égale à la charge électrique totale portée par les produits.

● Les **coefficients stœchiométriques** sont les coefficients numériques placés devant les formules des réactifs et des produits. Ils indiquent dans quelles proportions les réactifs disparaissent et les produits sont formés.

● Ajuster une équation-bilan consiste à trouver les coefficients stœchiométriques qui permettent de respecter les lois de conservation.

Exemples

équation-bilan	interprétation
$2\,CuO + C \rightarrow 2\,Cu + Co_2$	deux moles d'oxyde de cuivre CuO réagissent avec une mole de carbone C pour former deux moles de cuivre Cu et une mole de dioxyde de carbone CO_2
$3\,Fe + 2\,O_2 \rightarrow Fe_3O_4$	trois moles de fer Fe réagissent avec deux moles de dioxygène O_2 pour former une mole d'oxyde de fer Fe_3O_4
$Cu^{2+} + 2\,OH^- \rightarrow Cu(OH)_2$	une mole d'ions cuivre II Cu^{2+} réagit avec deux moles d'ions hydroxydes HO^- pour former une mole d'hydroxyde de cuivre $Cu(OH)_2$

COMMENT FAIRE

► Pour étudier une réaction chimique

● Le carbone brûle dans l'air : il s'agit d'une réaction entre le carbone et le dioxygène de l'air.
Pour rendre l'expérience plus spectaculaire, on réalise la réaction dans un récipient contenant du dioxygène pur. Après l'expérience on réalise les deux tests suivants.

● **Test à l'eau de chaux**
L'eau de chaux se trouble dans le flacon. On en déduit qu'il y a du dioxyde de carbone après la réaction.

● **Test de la bûchette enflammée**
On plonge une bûchette incandescente dans le flacon. Elle s'éteint immédiatement, ce qui signifie que tout le dioxygène a disparu (dans le cas contraire le dioxygène présent aurait ravivé la flamme).
On peut alors déterminer la composition du système chimique avant et après réaction (**Fig. 3 et 4**).

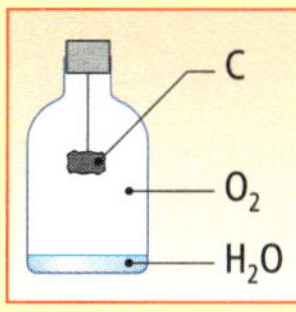

atomes de carbone C
molécules de dioxygène O_2

Fig. 3 Système chimique au début

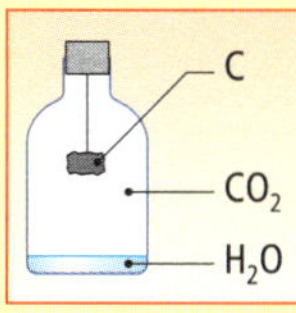

atomes de carbone C
molécules de dioxyde de carbone CO_2

Fig. 4 Système chimique à la fin

Remarque
L'eau qui se trouve au fond du flacon provient de la méthode utilisée pour remplir le flacon de dioxygène : la méthode par déplacement d'eau. On remplit initialement le flacon d'eau qui est ensuite chassée par le dioxygène insufflé dans le flacon. L'eau n'intervient pas dans la réaction chimique : on ne la comptera pas dans les états du système chimique.

S'EXERCER

1 Pour chaque cas, dire s'il s'agit d'une transformation chimique.

1. Mettre en poudre du saccharose (sucre de canne).
2. Faire bouillir de l'eau liquide.
3. Allumer une bougie.
4. Allumer une lampe électrique alimentée par le secteur
5. Réaliser la chromatographie d'un colorant
6. Brûler un papier.
7. Déboucher une canalisation à l'aide d'un déboucheur liquide à la soude.

2 Ajuster les équations-bilans suivantes.

$C_6H_{12}O_6 + O_2 \rightarrow CO_2 + H_2O$

$C_6H_6 + HNO_3 \rightarrow C_6H_3N_3O_6 + H_2O$

$FeCl_3 + MgO \rightarrow Fe_2O_3 + MgCl_2$

$Pb^{2+} + I^- \rightarrow PbI_4^{2-}$

$C_4H_{10} + O_2 \rightarrow CO_2 + H_2O$

$Fe + O_2 \rightarrow Fe_2O_3$

3 Dans son état initial, un système chimique est constitué de méthane, de dioxygène et de diazote. À l'état final on constate que le système est constitué d'eau, de dioxyde de carbone, de dioxygène en plus petite quantité et de diazote en même quantité.

1. Identifier les produits de la transformation.
2. Quels sont les réactifs pour cette transformation ?
3. Quelle espèce chimique ne participe pas à la transformation chimique ?

4 Le test à l'eau de chaux permet d'identifier la présence de dioxyde de carbone. Au contact du dioxyde de carbone, il se forme dans l'eau de chaux un précipité blanc, responsable du trouble de l'eau de chaux.

L'eau de chaux est une solution aqueuse contenant des ions calcium Ca^{2+} et des ions hydroxydes HO^-.

1. S'agit-il d'une transformation chimique ?
2. Le dioxyde de carbone lors de sa dissolution dans l'eau, produit des ions hydrogénocarbonates HCO_3^- et des ions hydrogènes H^+. Écrire l'équation bilan de la réaction de dissolution du dioxyde de carbone dans l'eau.
3. Les ions hydrogénocarbonates réagissent avec les ions hydroxydes pour former des ions carbonates CO_3^{2-} et de l'eau. Écrire l'équation-bilan de cette réaction chimique.
4. Les ions carbonates réagissent avec les ions calcium pour former un solide blanc : le carbonate de calcium de formule $CaCO_3$. Écrire l'équation-bilan de la réaction chimique.

À RETENIR

État d'un système

● L'**état d'un système** est constitué par l'ensemble des quantités de matière des produits formés et par les quantités de matières des réactifs n'ayant pas encore réagi.

● Au début de la réaction, le système est dans l'**état initial** : il est constitué des quantités de matière initiales des réactifs.

● À la fin de la réaction, le système est dans l'**état final** : il est constitué par les quantités de matière finales des produits formés et par celle du réactif n'ayant pas complètement réagi.

● Dans l'état final, un des deux réactifs a complètement réagi : c'est le **réactif limitant**.

● Dans le cas où les deux réactifs ont complètement disparu à la fin de la réaction, la réaction a été réalisée dans les **proportions stœchiométriques**.

	C +	O_2 →	CO_2
état initial	6 mol	8 mol	0 mol
état final	0 mol	2 mol	6 mol

Le carbone est le réactif limitant.

	C +	O_2 →	CO_2
état initial	0,3 mol	0,2 mol	0 mol
état final	0,1 mol	0 mol	0,2 mol

Le dioxygène est le réactif limitant.

	C +	O_2 →	CO_2
état initial	$2\ 10^{-3}$ mol	$2\ 10^{-3}$ mol	0 mol
état final	0 mol	0 mol	$2\ 10^{-3}$ mol

Carbone et dioxygène sont dans les proportions stœchiométriques.

Bilan de matière

● Effectuer un bilan de matière consiste à calculer les quantités de matière ayant disparu et celles des produits étant apparues.

● L'**avancement de la réaction** est une grandeur proportionnelle aux quantités de matière ayant disparu et à celles des produits étant apparus. Le coefficient de proportionnalité est égal au coefficient stœchiométrique associé à l'espèce chimique dans l'équation-bilan. L'avancement est noté x et a pour unité la mole.

● **Propriétés de l'avancement**
Dans l'état initial l'avancement $x = 0$ mol. Au cours de la réaction, l'avancement augmente. Dans l'état final, l'avancement atteint une valeur maximale : $x = x_{max}$.

Le tableau d'avancement

● Le **tableau d'avancement** est un outil permettant de déterminer, à partir d'un état initial connu, l'état final d'un système chimique.
Dans l'état intermédiaire (pendant la réaction) on exprime les quantités de matière de réactifs ou de produits présents en fonction de l'avancement x. Dans l'état final, l'avancement est remplacé par sa valeur maximale x_{max}.

● Calcul de l'avancement maximal : il s'agit de rechercher le réactif limitant.

1re hypothèse : A est le réactif limitant, ce qui signifie que sa quantité de matière dans l'état final est nulle.
Donc $n_A - x_{max} = 0$, et $x_{max} = n_A$

2e hypothèse : B est le réactif limitant, ce qui signifie que sa quantité de matière dans l'état final est nulle. On obtient l'équation : $n_B - 3\,x_{max} = 0$, et $x_{max} = \frac{n_B}{3}$.

● Des deux valeurs calculées, on retient la plus petite qui correspond à la valeur de l'avancement maximal. On remplace la valeur numérique trouvée dans la dernière ligne pour obtenir l'état final du système.

n_A et n_B sont les quantités de matière initiales des réactifs A et B.	avancement (mole)	A +	3B →	2 C +	D
		moles de A	moles de B	moles de C	moles de D
état initial	0	n_A	n_B	0	0
état au cours de la réaction	x	$n_A - x$	$n_B - 3x$	$2x$	x
état final	x_{max}	$n_A - x_{max}$	$n_B - 3\,x_{max}$	$2\,x_{max}$	x_{max}

COMMENT FAIRE

► Pour effectuer le bilan de matière d'une réaction chimique

● On étudie la réaction entre le diiode I_2 et les ions thiosulfates $S_2O_3^{2-}$. On verse dans une solution de diiode de volume V_0 (V_0 = 10 mL) et de concentration C_0 ($C_0 = 2{,}0\ 10^{-2}$ mol.L^{-1}), un volume V_1 de solution contenant les ions thiosulfates à la concentration C_1 ($C_1 = 4{,}0\ 10^{-2}$ mol.L^{-1}).

- **Commentaires**
  – La solution de diiode est jaune du fait de la présence en solution du diiode.
  – La solution contenant les ions thiosulfates est incolore.

- **Observations**

Volume V_1 versé	Coloration de la solution dans le bécher après ajout	Commentaires
5,0 mL	jaune	• Il reste du diiode qui n'a pas réagi • Tous les ions thiosulfates ont réagi
15,0 mL	incolore	Tout le diiode présent a réagi

- **Équation-bilan :** $2\,S_2O_3^{2-} + I_2 \rightarrow 2\,I^- + S_4O_6^{2-}$

- **Exploitation des résultats**

État initial : $n_0(I_2) = C_0 \cdot V_0$; $n_1(S_2O_3^{2-}) = C_1 \cdot V_1$

Volume V_1 versé	$n_0(I_2)$	$n_1(S_2O_3^{2-})$
5,0 mL	$2{,}0\ 10^{-4}$ mol	$2{,}0\ 10^{-4}$ mol
15,0 mL	$2{,}0\ 10^{-4}$ mol	$6{,}0\ 10^{-4}$ mol

Tableau d'avancement :

		I_2 +	$2\,S_2O_3^{2-}$ →	$2\,I^-$ +	$S_4O_6^{2-}$
état initial	0	$n_0(I_2)$	$n_1(S_2O_3^{2-})$	0	0
état au cours de la réaction	x	$n_0(I_2) - x$	$n_1(S_2O_3^{2-}) - 2x$	$2x$	x
état final	x_{max}	$n_0(I_2) - x_{max}$	$n_1(S_2O_3^{2-}) - 2\,x_{max}$	$2\,x_{max}$	x_{max}

État final :

Volume V_1 versé	Réactif limitant	x_m	$n_F(I_2)$	$n_F(S_2O_3^{2-})$	$n_F(I^-)$	$n_F(S_4O_6^{2-})$
5,0 mL	ion thiosulfate	$1{,}0\ 10^{-4}$ mol	$1{,}0\ 10^{-4}$ mol	0	$2{,}0\ 10^{-4}$ mol	$1{,}0\ 10^{-4}$ mol
15,0 mL	diiode	$2{,}0\ 10^{-4}$ mol	0	$2{,}0\ 10^{-4}$ mol	$4{,}0\ 10^{-4}$ mol	$2{,}0\ 10^{-4}$ mol

Les états finaux calculés sont en accord avec les observations qui ont été faites.

S'EXERCER

1 La réaction entre les ions plomb et les ions iodure est la suivante :

$$Pb^{2+} + 4\,I^- \rightarrow PbI_4^{2-}$$

On fait réagir 0,30 mole d'ions plomb avec 0,60 mole d'ions iodure.

1. Dresser un tableau d'avancement.

2. Trouver le réactif limitant.

3. Déterminer l'état final.

Données :
$M_C = 12{,}0\ g.mol^{-1}$
$M_H = 1{,}0\ g.mol^{-1}$
$M_O = 16{,}0\ g.mol^{-1}$
Volume molaire des gaz : $V_m = 24\ L.mol^{-1}$

2 On réalise la réaction de combustion du butane (gaz) dans le dioxygène (gaz).

Les produits de la réaction sont du dioxyde de carbone (gaz) et de l'eau (liquide).
L'équation-bilan est la suivante :

$$2\,C_4H_{10} + 13\,O_2 \rightarrow 8\,CO_2 + 10\,H_2O$$

1. L'état initial du système est le suivant :
$n_0(C_4H_{10}) = 0{,}80$ mol et $n_0(O_2) = 3{,}50$ mol.

a. Déterminer l'état final du système

b. Calculer la masse d'eau formée et le volume de dioxyde de carbone dégagé au cours de la transformation.

2. L'état initial du système est le suivant :
$n_0(C_4H_{10}) = 4{,}0\ 10^{-3}$ mol et $n_0(O_2) = 2{,}6\ 10^{-2}$ mol.

c. Déterminer l'état final du système.

d. Calculer la masse de butane consommé et le volume de dioxygène nécessaire à la transformation.

3 Un morceau de fer de 5,58 g est introduit dans 100 mL d'une solution contenant des ions hydrogène H^+ de concentration égale à 4,0 mol.L^{-1}. La réaction a pour équation-bilan :

$$Fe + 2\,H^+ \rightarrow Fe^{2+} + H_2$$

1. Déterminer l'état final du système.

2. Trouver la masse de fer qui permettrait de réaliser la réaction dans les proportions stœchiométriques avec la même solution.

3. Déterminer l'état final du système pour la réaction réalisée dans les conditions de la question précédente **(2)**.

Données : $M_{Fe} = 55{,}8\ g.mol^{-1}$

À RETENIR

Exprimer une grandeur issue de la mesure

La notation scientifique

Un nombre exprimé en **notation scientifique** s'écrit de la façon suivante : $N = A \cdot 10^n$.
$1 \leqslant A < 10$; n est un **entier relatif**.

Les chiffres significatifs

Il s'agit du nombre de chiffres utilisés pour écrire le coefficient A en notation scientifique.

notation décimale	notation scientifique	nombre de chiffres significatifs
124,500	$1{,}24500\ 10^2$	6
0,0002560	$2{,}560\ 10^{-4}$	4
0,002	$2\ 10^{-3}$	1

Le chiffre zéro est significatif quand il est placé à droite du nombre : on doit le conserver en notation scientifique.

Précision d'une mesure

Une mesure est d'autant plus précise que la grandeur mesurée possède un plus grand nombre de chiffres significatifs.

instrument	longueur mesurée (cm)	précision de la mesure	nombre de chiffres significatifs
mètre-ruban	6	centimètre	1
double décimètre	6,0	dixième de centimètre	2
pied à coulisse	6,04	centième de centimètre	3
palmer	6,039	millième de centimètre	4

Ordre de grandeur

L'**ordre de grandeur** d'un nombre est égal à la puissance de dix la plus proche du nombre.

- Si le coefficient A est strictement inférieur à cinq, il faut arrondir à la puissance de dix inférieure.
- Si le coefficient A est supérieur ou égal à cinq, on arrondit à la puissance de dix supérieure.

nombre	notation scientifique	ordre de grandeur
124000	$1{,}24000\ 10^5$	10^5
8546	$8{,}546\ 10^3$	10^4
0,0352	$3{,}52\ 10^{-2}$	10^{-2}
0,00050	$5{,}0\ 10^{-4}$	10^{-3}

Multiples et sous-multiples d'une unité (le mètre)

préfixe	facteur multiplicatif	symbole
nano	10^{-9}	n
micro	10^{-6}	µ
milli	10^{-3}	m
kilo	10^{3}	k
méga	10^{6}	M
giga	10^{9}	G

nom	règle de conversion	symbole
nanomètre	1 nm = 10^{-9} m 1 m = 10^{9} nm	nm
micromètre	1 µm = 10^{-6} m 1 m = 10^{6} µm	µm
millimètre	1 mm = 10^{-3} m 1 m = 10^{3} mm	mm
kilomètre	1 km = 10^{3} m 1 m = 10^{-3} km	km
mégamètre	1 Mm = 10^{6} m 1 m = 10^{-6} Mm	Mm
gigamètre	1 Gm = 10^{9} m 1 m = 10^{-9} Gm	Gm

Exprimer une grandeur issue d'un calcul

Le résultat d'une opération entre nombres issus de mesures expérimentales doit avoir une précision égale à la plus petite des précisions des nombres engagés dans l'opération.

opération	calcul	résultat
multiplication	3,01 × 2,0	6,0
division	8,088 : 4	2
addition	3,0 + 2,02	5,0
soustraction	8,1 – 4	4

La structure à grande échelle

Le système solaire est constitué d'une étoile (le Soleil) autour de laquelle gravitent neuf planètes (dont la Terre). L'étendue spatiale du système est de l'ordre de 10^{10} km. Ce système appartient à une galaxie (la Voie lactée) qui est un regroupement de plusieurs milliards d'étoiles, dont l'extension est estimée à 10^{18} km. Les galaxies elles-mêmes se regroupent en amas de galaxies.
L'espace constituant l'univers est essentiellement constitué de vide (absence de matière).
À grande échelle, la structure de l'univers est **lacunaire.**

La structure à petite échelle

La matière universelle est constituée de petits grains de matière appelés atomes. Ces atomes sont assimilables à des sphères de diamètre de l'ordre de 10^{-10} m. À l'intérieur de chaque atome, on trouve un noyau sphérique dont l'ordre de grandeur du diamètre est de 10^{-15} m, très petit devant les dimensions de l'atome. Autour du noyau, sont localisés quelques électrons de taille inférieure au noyau.
L'atome est donc essentiellement constitué de vide : **à petite échelle,** la structure de l'univers est **lacunaire.**

COMMENT FAIRE

► Pour mesurer l'épaisseur d'un cheveu

● Le phénomène de **diffraction** survient lorsque la lumière rencontre des orifices ou des obstacles dont la dimension est de l'ordre de la centaine de micromètres. La lumière émise par un laser, interceptant un fil, donne alors sur un écran disposé derrière une série de taches lumineuses constituant une figure de diffraction (**Fig. 1 et 2**).

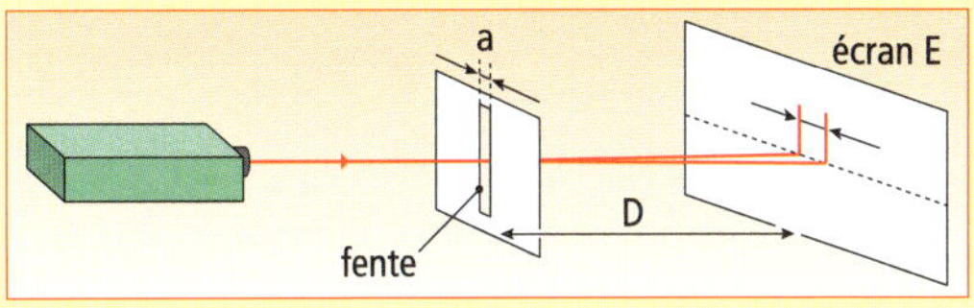

Fig. 1 Dispositif expérimental

Fig. 2 Figure de diffraction

La largeur de la tache centrale est, pour un dispositif expérimental donné, caractéristique du diamètre du fil (**Fig. 2**).

● Pour différents fils de diamètre D connus, on mesure la largeur L de la tache centrale. On trace une courbe d'étalonnage : il s'agit de la largeur L en fonction du diamètre du fil (**Fig. 3**).

On interpose sur le trajet de la lumière un cheveu de diamètre inconnu. On mesure la largeur de la tache centrale L_0. On reporte cette valeur sur la courbe d'étalonnage et on en déduit la valeur du diamètre correspondant D_0 qui est égal à celui du cheveu (**Fig. 3**).

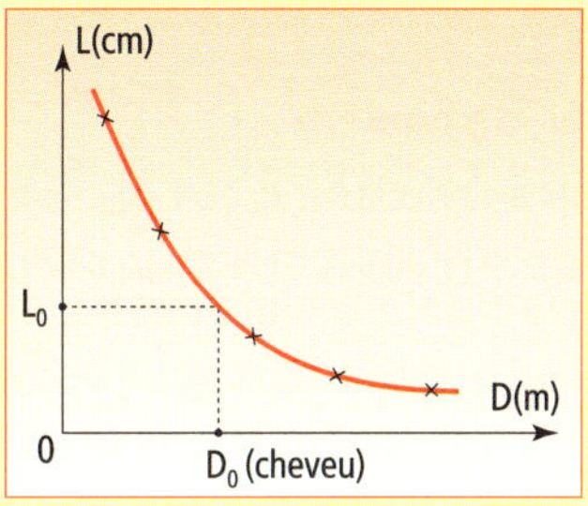

Fig. 3

S'EXERCER

1 **Compléter le tableau suivant puis donner l'ordre de grandeur en mètre et le nombre de chiffres significatifs.**

Notation décimale en mètre	Notation scientifique en mètre	Expression dans une autre unité
635 050		Mm
0,00000000990		nm
	$6{,}010\ 10^3$	km
		19,05 μm

2 **Voici les mesures du rayon de la planète Mercure effectuées par quelques équipes d'astronomes :**

Équipe	Rayon en mètre
1	$R1 = 4{,}8\ 10^6$ m
2	$R2 = 4{,}88\ 10^6$ m
3	$R3 = 4{,}880\ 10^6$ m

1. Combien de chiffres significatifs possède chaque valeur du rayon de Mercure ?

2. Quelle est la mesure la plus précise ?

3. Calculer la surface de Mercure (assimilable à une sphère) pour chacune des valeurs du rayon. On donne la formule permettant de calculer la surface S d'une sphère en fonction de son rayon R : $S = 4\pi R^2$

3 **Une sonde spatiale est lancée depuis la Terre en direction d'Uranus. La vitesse moyenne de la sonde au cours du voyage est égale à 29,8 km.s^{-1}.**

1. Calculer la valeur d'une année en secondes sachant qu'une année contient 365,25 jours.

2. Calculer la distance parcourue en kilomètres sachant que la sonde met cinq ans pour parvenir jusqu'à Uranus.

3. Quel temps en seconde mettra cette sonde pour parvenir à Pluton qui est distante de la Terre de $5{,}75\ 10^{12}$ m ?

4 **On considère un atome de chlore Cl. Celui-ci possède 35 nucléons dans son noyau et 17 électrons localisés autour du noyau.**

1. Calculer la masse du noyau m_N de l'atome de chlore.

2. Calculer la masse totale m_{te} des électrons.

3. Calculer la masse M_a de l'atome de chlore. Que peut-on remarquer ?

4. Quelle est la masse d'un ion chlorure Cl^- ?

Données :
masse d'un nucléon : $m_n = 1{,}67\ 10^{-27}$ kg
masse d'un électron : $m_e = 9{,}1\ 10^{-31}$ kg

SCIENCES PHYSIQUES

À RETENIR

La propagation de la lumière

● Dans un milieu transparent, homogène et isotrope, la lumière se propage en ligne droite.

● La vitesse de la lumière dans le vide est numériquement égale à : $c = 2{,}99792458\ 10^8\ \text{m.s}^{-1}$. Une valeur approchée souvent utilisée est : $c = 3{,}00\ 10^8\ \text{m.s}^{-1}$.
Aucun objet ou phénomène dans l'univers ne peut se déplacer à une vitesse supérieure à celle de la lumière dans le vide.

Rappel : la vitesse est égale au rapport distance d parcourue sur le temps Δt mis pour la parcourir.

$$c = \frac{d}{\Delta t}$$

avec c en mètre par seconde (m.s^{-1}), d en mètre (m) et Δt en seconde (s).

L'année de lumière

● **L'année de lumière** (a.l.) est égale à la distance parcourue par la lumière pendant une année. Cette unité de distance est particulièrement adaptée pour exprimer les distances qui nous séparent des étoiles.

● Correspondance mètre-année de lumière :

$$1\ \text{a.l.} = 9{,}46\ 10^{15}\ \text{m}$$

● Plus une étoile est éloignée et plus la lumière qui nous parvient aujourd'hui a été émise il y a longtemps dans le passé. En astronomie, voir loin, c'est voir dans le passé.

Exemples

objet céleste	distance (m)	distance (a.l.)	durée de la propagation de la lumière (en année)
étoile Proxima du Centaure	$4{,}1\ 10^{16}$	4,3	4,3
étoile de la constellation du Cygne	$9{,}5\ 10^{16}$	10	10

Mesure de la distance Terre-Lune : méthode par écho laser

On envoie une impulsion laser depuis la Terre en direction de la Lune. La lumière est réfléchie par des miroirs disposés à la surface de la Lune (Fig. 1). On mesure l'intervalle de temps Δt entre l'émission et la réception sur Terre du signal, ce qui correspond à un aller-retour entre la Terre et la Lune.

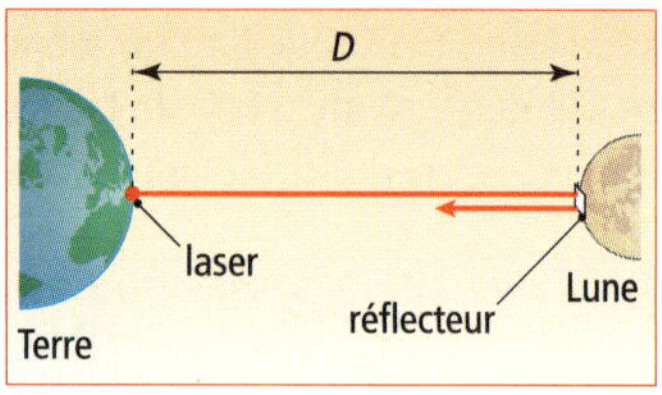

Fig. 1

La distance D entre les surfaces de la Terre et de la Lune se calcule par la formule suivante :

$$D = \frac{c \times \Delta t}{2}$$

avec c (vitesse de la lumière) en mètre par seconde (m.s^{-1}), D en mètre (m) et Δt en seconde (s).

Mesure de la distance des étoiles proches

La **parallaxe** p d'une étoile est égale à la moitié de l'angle entre deux visées effectuées à six mois d'intervalle (Fig. 2). Cette parallaxe peut être mesurée par les astronomes.

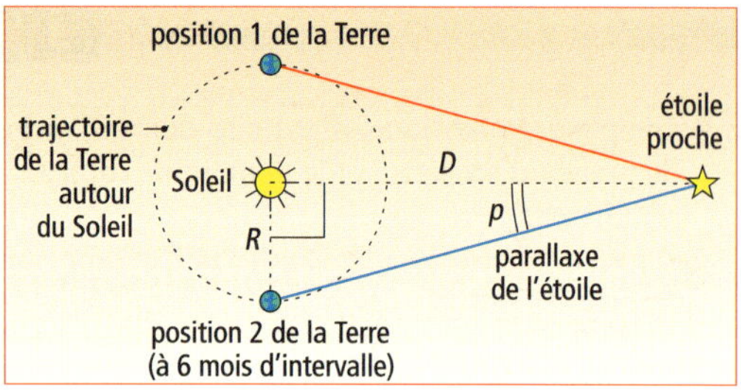

Fig. 2

La formule de la tangente dans le triangle rectangle permet de calculer la distance D qui sépare l'étoile du Soleil (Fig. 2) :

$$D = \frac{R}{\tan(p)}$$

R est la distance Terre-Soleil en mètre : $R = 1{,}50\ 10^{11}$ m ;
p est la parallaxe exprimée en degrés ;
D est en mètre.

COMMENT FAIRE

► Pour mesurer la hauteur d'un arbre par la méthode de la visée

Effectuer une **visée** consiste à aligner plusieurs repères avec son œil. L'instrument de mesure est le viseur qui permet de déterminer la hauteur H inconnue d'un objet.

Situé à une distance D connue de l'objet (monument, arbre), l'observateur aligne le viseur et l'objet (Fig. 3).

►

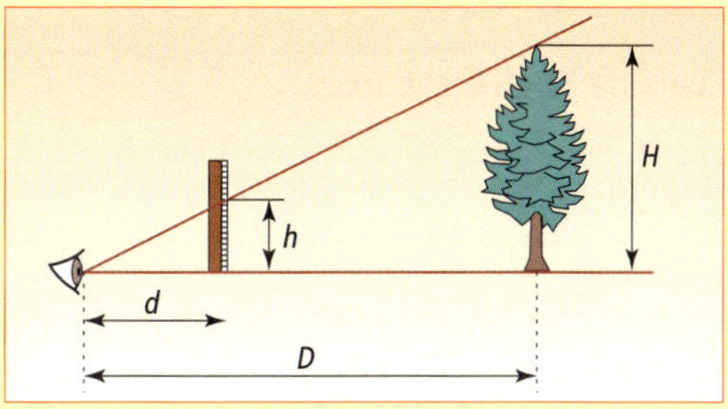

Fig. 3

Les paramètres de la visée connus sont :

- la hauteur h du viseur.
- la distance d entre l'œil de l'observateur et le viseur.

Le théorème de Thalès permet de calculer la hauteur H de l'objet :

$$H = \frac{D \times h}{d}$$

Toutes les distances sont exprimées en mètre (m).

S'EXERCER

1 Une étoile de la Voie lactée est située à une distance d égale à 5,03 10^{15} km du Soleil.

1. Calculez le temps en seconde mis par la lumière pour nous parvenir de l'étoile.

2. Calculer la distance d en année de lumière.

2 Un touriste pointe un viseur dans la direction d'un monument. Les paramètres du viseur sont les suivants :

Hauteur du viseur : $h = 16$ mm
Distance œil-viseur : $d = 18$ cm
Calculer la hauteur H du monument en mètre sachant que le touriste se trouve à D = 0,80 km du monument.

3 La parallaxe *p* d'une étoile a été mesurée : *p* = 0,45 " (secondes d'arc)

Calculer sa distance D au Soleil en kilomètres puis en année lumière.

Données :
Distance Soleil-Terre : R = 1,50 10^8 km
Correspondance degré-seconde d'arc : 1° = 3600 "

4 Une sonde spatiale est en orbite autour de la planète Jupiter.

Un ingénieur de la NASA envoie vers la sonde un ordre qui est transporté à la vitesse de la lumière. Dès la réception du message, la sonde envoie un message retour en direction de la Terre lui aussi transporté à la vitesse de la lumière.
On suppose que la distance entre la Terre et Jupiter est la plus courte possible.

1. Quel intervalle de temps en seconde s'est écoulé entre l'émission du message sur Terre et la réception du message retour sur Terre si l'on ne tient pas compte du temps mis par la sonde pour répondre au message ?

2. Pourra-t-on un jour réduire cet intervalle de temps ?

Données :
Distance Soleil-Jupiter : $d_{S\text{-}J} = 5{,}20$ UA
Distance Soleil-Terre : $d_{S\text{-}T} = 1{,}00$ UA
Unité astronomique (UA) : 1 UA = 1,50 10^8 km

5 On envoie une impulsion laser depuis un laboratoire terrestre en direction de la Lune. Le faisceau laser se réfléchit sur un miroir placé à la surface de la Lune. On mesure le temps entre l'émission et la réception de l'impulsion laser : $\Delta t = 2{,}5645$ s.

1. Calculer la distance entre la surface de la Terre et celle de la Lune.

2. En déduire la distance entre le centre de la Terre et celui de la Lune.

Données :
rayon de la Terre : $R_T = 6.38\ 10^3$ km
rayon de la Lune : $R_L = 1.74\ 10^3$ km

6 Un géomètre vise un immeuble depuis une distance D égale à 50 m. Il voit l'édifice sous un angle α égal à 20°.

1. Calculer la hauteur H de l'immeuble.

2. Un autre géomètre vise le même immeuble. Il voit l'édifice sous un angle α égal à 15°. Calculer la distance entre le géomètre et l'immeuble.

7 La foudre frappe un arbre en pleine campagne. Un paysan voit l'éclair (phénomène lumineux accompagnant la foudre) depuis sa ferme distante de 3 km de l'arbre.

1. Sachant que la vitesse de la lumière dans l'air est égale à celle dans le vide, calculer le temps mis par la lumière pour parvenir jusqu'au paysan.

2. Peut-on considérer que dans ces conditions, la propagation de la lumière est instantanée ?

À RETENIR

Le phénomène de réfraction de la lumière

- À la traversée de deux milieux transparents, la lumière change de direction de propagation (Fig. 1) : c'est le phénomène de **réfraction** de la lumière.

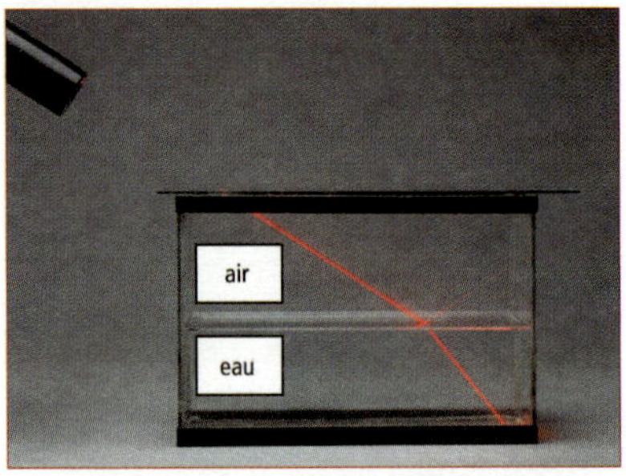

Fig. 1

Indice de réfraction d'un milieu transparent

- À chaque milieu transparent est attachée une grandeur appelée **indice de réfraction** du milieu, défini par la relation suivante :

$$n = \frac{c}{v}$$

c est la vitesse de la lumière dans le vide ($m.s^{-1}$) ; v est la vitesse de la lumière dans le milieu transparent ($m.s^{-1}$) ; n est l'indice de réfraction (sans unité).

- La vitesse de la lumière dans le vide étant toujours supérieure à celle dans un milieu transparent, l'indice du milieu est toujours supérieur à 1.

Exemples

milieu	indice	vitesse ($m.s^{-1}$)
vide	1,000	$3{,}00\ 10^8$
air	1,000	$3{,}00\ 10^8$
eau	1,33	$2{,}26\ 10^8$
diamant	2,43	$1{,}23\ 10^8$

Lois de Snell-Descartes

Le phénomène de réfraction obéit aux deux **lois de Snell-Descartes**.

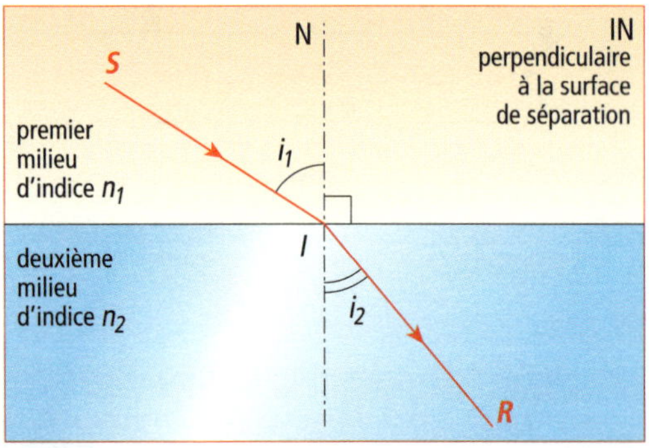

Fig. 2

- **Première loi**

Le rayon réfracté R est contenu dans le plan d'incidence qui est le plan défini par la perpendiculaire à la surface de séparation entre les deux milieux et le rayon incident S (Fig. 2).

- **Deuxième loi**

$$n_1 \sin(i_1) = n_2 \sin(i_2)$$

n_1 : indice du milieu 1

n_2 : indice du milieu 2

i_1 : angle d'incidence (angle entre le rayon incident S dans le milieu 1 et la perpendiculaire)

i_2 : angle de réfraction (angle entre le rayon réfracté R dans le milieu 2 et la perpendiculaire)

COMMENT FAIRE

► Pour faire l'étude expérimentale de la réfraction

- On réalise un étroit faisceau de lumière qui est dirigé sur la face plane d'un bloc de verre. On peut mesurer l'angle d'incidence et celui de réfraction grâce à une échelle circulaire graduée en degrés (Fig. 3).
- On réalise pour différents angles d'incidence la mesure de l'angle de réfraction.
- On trace le graphique du sinus de l'angle de réfraction en fonction du sinus de l'angle d'incidence : il s'agit d'une portion de droite passant par l'origine : cela démontre la proportionnalité entre les deux sinus (Fig. 4).

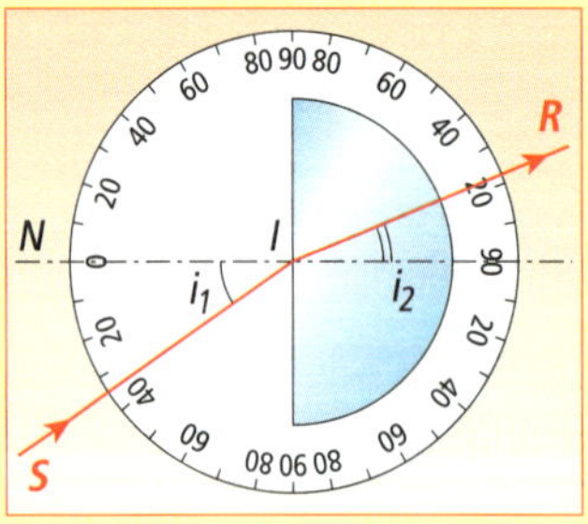

Fig. 3

►

● Le coefficient directeur A de la droite permet de déterminer l'indice du matériau transparent constituant le bloc.
D'après la 2ᵉ loi de Snell-Descartes : $\sin(i_2) = (n_1/n_2)\sin(i_1) = A\sin(i_1)$

On en déduit par identification : $n_2 = (n_1/A)$

avec n_1 indice de l'air (qui vaut un).

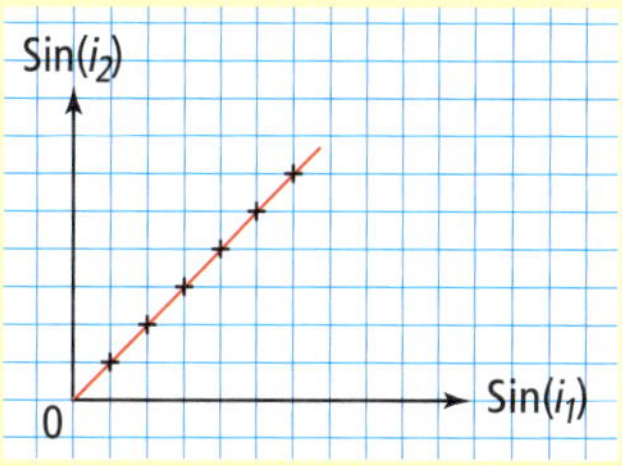

Fig. 4

S'EXERCER

1 La vitesse de la lumière

1. Calculer la vitesse de la lumière dans l'eau puis dans le verre.
2. Quel temps mettra la lumière pour parcourir une distance de 10 km dans l'eau ?
3. Quelle distance aura parcourue la lumière dans le verre au bout d'une seconde ?

Données :
n(eau) = 1,33 n(verre) = 1,50

2 Un rayon de lumière arrive sur la surface de séparation entre l'eau dans lequel il se propage et le verre avec un angle d'incidence *i*.

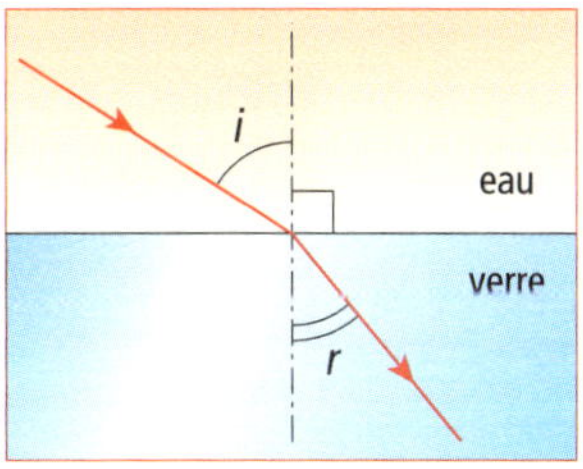

1. Calculer l'angle de réfraction si i est égal à 20°.
2. Calculer l'angle de réfraction si i est égal à 0°. Qu'observe-t-on dans un tel cas ?
3. Pour quelle valeur de l'angle d'incidence obtiendra-t-on un angle de réfraction maximal ?
4. Calculer l'angle de réfraction maximal.

Données :
n(eau) = 1,33 n(verre) = 1,50

3 À l'aide du dispositif expérimental du comment faire, on réalise la mesure de l'angle de réfraction pour différents angles d'incidence.

angle d'incidence (degré)	0	20	30	40	50
angle de réfraction (degré)	0	13	19	25	30

1. Tracer sur une feuille de papier millimétré la courbe du sinus de l'angle de réfraction en fonction du sinus de l'angle d'incidence.
2. Trouver le coefficient directeur de la droite.
3. En utilisant la deuxième loi de Snell-Descartes, calculer l'indice du matériau transparent, sachant que l'indice de l'air est pris égal à un (n_1 = 1,00).

4 Un rayon de lumière arrive sur la surface de séparation entre l'air (d'indice n_1 = 1.000) dans lequel il se propage et le verre d'un prisme (d'indice n_2), avec un angle d'incidence i = 30°.

1. L'angle de réfraction r dans le verre étant égal à 18° pour une radiation monochromatique, calculer l'indice n_2 du verre.
2. Calculer la vitesse v de la lumière dans le verre (en prenant comme indice du verre : n = 1,620).
3. L'indice de réfraction du verre du prisme dépend de la longueur d'onde de la radiation :
*n_2 = 1,680 pour une radiation bleue de longueur d'onde 470 nm
*n_2 = 1,596 pour une radiation rouge de longueur d'onde 740 nm

a. Calculer les angles de réfraction r_{rouge} et r_{bleu} des deux radiations pour un angle d'incidence i = 35,0°.
b. À l'aide du résultat précédent, expliquer pourquoi un prisme peut disperser la lumière blanche.
c. Trouver qui de la radiation rouge ou bleue est la plus déviée. Justifier le choix.
d. Terminer la légende du schéma suivant en rajoutant dans chaque cadre les couleurs (rouge et bleu) des radiations frappant l'écran après la traversée du prisme. Justifier la réponse.

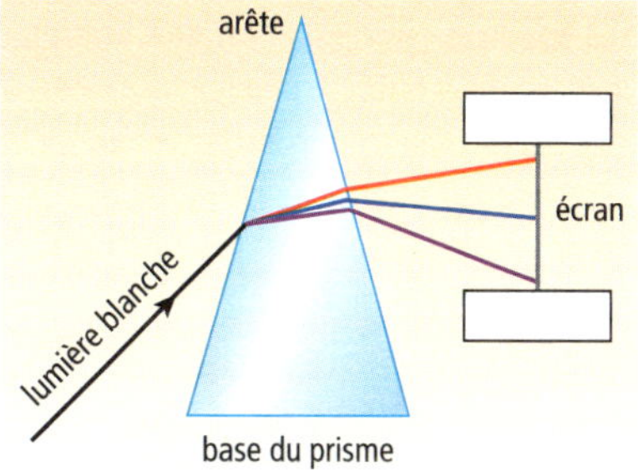

Données :
vitesse de la lumière dans le vide : $c = 3,00\ 10^8\ m.s^{-1}$

SCIENCES PHYSIQUES

À RETENIR

Décomposition de la lumière

- Un **prisme** permet de disperser la lumière blanche : celle-ci est décomposée en toute ses composantes colorées (Fig. 1).

La figure colorée obtenue sur un écran s'appelle **spectre** de la lumière (Fig. 2).

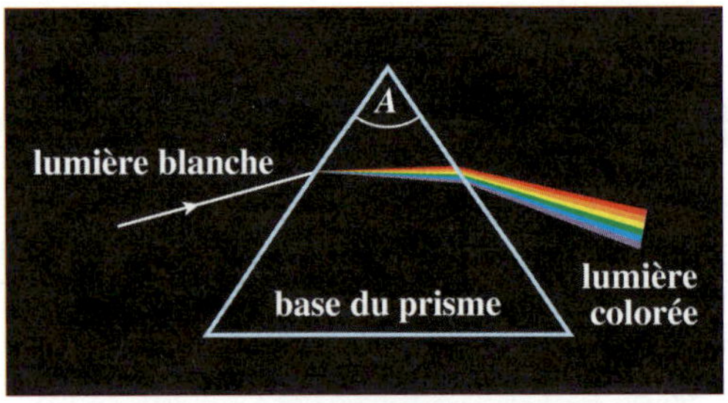

Fig. 1

Fig. 2

- Chaque composante colorée de la lumière blanche est appelée **radiation**.

Une lumière **monochromatique** est constituée d'une seule radiation.

Une lumière **polychromatique** est constituée de plusieurs radiations.

- Une radiation est caractérisée par la donnée d'une grandeur exprimée en mètre : la **longueur d'onde**.
  - Dans le vide, les longueurs d'onde des radiations de la lumière blanche sont comprises entre 400 nm (radiation violette) et 800 nm (radiation rouge).
  - Les longueurs d'onde supérieures à 800 nm correspondent au rayonnement infrarouge (IR).
  - Les longueurs d'onde inférieures à 400 nm correspondent au rayonnement ultraviolet (UV).

Émission de lumière

Les spectres continus d'origine thermique

Le spectre de la lumière émise par un corps solide ou liquide porté à haute température est un spectre continu qui est d'autant plus riche en radiations bleues que la température de la source est grande (Fig. 3).

température de la source	spectre	couleur de la lumière émise
t = 1 000 °C		rouge
t = 2 000 °C		blanche

Fig. 3

Les spectres de raies

Un gaz sous faible pression et porté à haute température possède un spectre avec quelques raies lumineuses correspondant aux radiations émises par la source (figure 4).

Ces radiations sont caractéristiques des atomes ou des ions présents dans le gaz.

source	spectre
lampe à vapeur de mercure	
lampe à vapeur de sodium	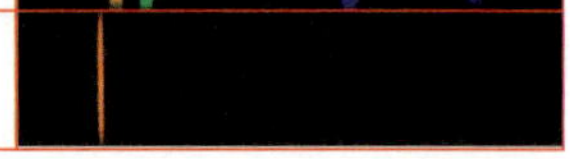

Fig. 4

Absorption de la lumière

- Le spectre d'une lumière blanche ayant traversé un gaz possède des raies noires sur un fond coloré.

Ces raies correspondent aux radiations absorbées par certains atomes ou ions présents dans le gaz et le fond coloré correspond aux radiations qui n'ont pas été absorbées (Fig. 5).

élément chimique contenu dans le gaz	spectre de raies d'absorption
mercure	
sodium	

Fig. 5

- En comparant les spectres d'émission et d'absorption des gaz, on en déduit qu'un atome ou un ion est uniquement capable d'absorber les radiations qu'il peut émettre.

- Le spectre d'une lumière blanche ayant traversé une solution colorée est constitué de bandes noires sur un fond coloré : c'est un spectre de bandes.

Les bandes noires correspondent à des plages de radiations absorbées par la solution et le fond coloré correspond aux radiations qui ont été transmises sans absorption. Les bandes caractérisent des molécules ou des ions présents dans la solution (Fig. 6).

solution	couleur	spectre de bandes	ion
permanganate de potassium	violette		ion permanganate
sulfate de cuivre	bleue		ion cuivre

Fig. 6

COMMENT FAIRE

► Pour analyser la lumière provenant des étoiles

L'analyse de la lumière provenant d'une étoile nous permet de déterminer la température de sa surface et la composition chimique de son atmosphère.

● Le spectre de la lumière solaire (**Fig. 7**) présente une émission continue principalement entre 400 nm et 700 nm.

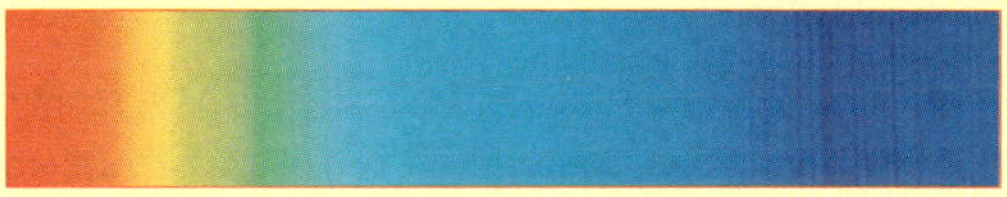

Fig. 7

Il apparaît également des raies noires qui correspondent à des radiations absorbées : le Soleil possède une couche externe gazeuse contenant des atomes et des ions. Ces raies sont caractéristiques des entités chimiques et, en les comparant à celles produites en laboratoire, on peut identifier les éléments chimiques présents dans l'atmosphère solaire.

● En analysant le fond continu du spectre d'une étoile, on peut déterminer la température de surface d'une étoile. L'étendue de ce spectre est d'autant plus grande du côté des radiations bleues que la température est élevée (**Fig. 8**).

Spectre d'émission continu	Température à la surface de l'étoile
	De 1 000 °C à 2 000 °C
	De 2 000 °C à 9 000 °C

Fig. 8

En conséquence les étoiles émettant une lumière rouge ont une température de surface inférieure à celle émettant une lumière bleue (**Fig. 9**).

Fig. 9

S'EXERCER

1 **Indiquer si les longueurs d'onde suivantes sont celles de radiations appartenant au domaine du visible, de l'infrarouge ou de l'ultraviolet.**

1. 978 nm **2.** 350 nm **3.** $5{,}00\ 10^{-7}$ m
4. 30 μm **5.** $2{,}00\ 10^{-7}$ m

2 **Spectres**

1. Le spectre d'une lampe au mercure est constitué d'une série de raies lumineuses.
Quel est le type de source de lumière ?

2. Lors d'une expérience, on réalise un spectre continu entrecoupé de quelques raies noires. Comment a-t-on obtenu un tel spectre ?

3. L'expérience précédente a été réalisée avec de la vapeur de mercure portée à haute température. Que peut-on dire si on compare les raies lumineuses de la question 1 et les raies noires de la question 2 ?

3 **On réalise le spectre du filament d'une lampe à incandescence.**

1. Quel système permet de réaliser un spectre ?

2. Quel type de spectre observe-t-on ?

3. On étudie le spectre du filament à une température t_1 = 800 °C et à une température t_2 = 1 800 °C.

a. Quelles sont les différences observées au niveau de la lumière émise ?

b. Qu'observe-t-on de différent pour les deux spectres ?

4 **On réalise sur un écran le spectre de la lumière émise par le filament d'une lampe à incandescence, ayant traversé une solution colorée contenant des ions permanganates MnO_4^- et des ions potassium K^+.**

La formule de la solution est $(K^+ + MnO_4^-)$.

1. Quel type de spectre observe-t-on ?

2. Une solution de chlorure de potassium est incolore. Déduisez-en l'ion responsable de la couleur de la solution précédente.

3. On réalise la même expérience en remplaçant la solution de permanganate de potassium $(K^+ + MnO_4^-)$ par la solution de chlorure de potassium. Quel type de spectre observe-t-on ?

À RETENIR

Cadre de l'étude

En règle générale, l'étude du mouvement d'un solide est difficile si on veut décrire le mouvement de toutes les parties du solide. Nous étudierons le mouvement des systèmes suivants :

- solides de très petites dimensions, assimilables à des points matériels,
- points appartenant à des solides en mouvement,
- solides dont tous les points constitutifs ont le même mouvement.

Caractéristiques du mouvement

● La **trajectoire** d'un système entre un état initial et un état final correspond au chemin suivi dans l'espace par le système entre les deux états. Elle est matérialisée par une courbe dans un espace à trois dimensions.

type de trajectoire	mouvement associé
portion de droite	mouvement rectiligne
portion de cercle	mouvement circulaire
courbe quelconque	mouvement curviligne

● La **vitesse moyenne** v d'un système est égale au quotient de la distance d parcourue par l'intervalle de temps Δt correspondant à la durée du mouvement.

$$v = \frac{d}{\Delta t}$$

avec v en mètre par seconde ($m.s^{-1}$), d en mètre (m) et Δt en seconde (s)

● La **vitesse instantanée** $v(t)$ d'un système est égale à la vitesse du système à un instant t. En fonction de l'évolution de la vitesse instantanée au cours du temps, on peut définir différents types de mouvements.

évolution de $v(t)$	mouvement associé
$v(t)$ augmente	mouvement accéléré
$v(t)$ diminue	mouvement décéléré
$v(t)$ est constante	mouvement uniforme

La relativité du mouvement

L'étude d'un mouvement se fait toujours par rapport à un **référentiel**.

● Un référentiel est un solide de référence. On se munit d'une horloge pour marquer le temps et d'un système d'axes permettant de repérer les positions dans l'espace.

● Le **référentiel terrestre** correspond au cas où la Terre est le solide de référence (Fig. 1).

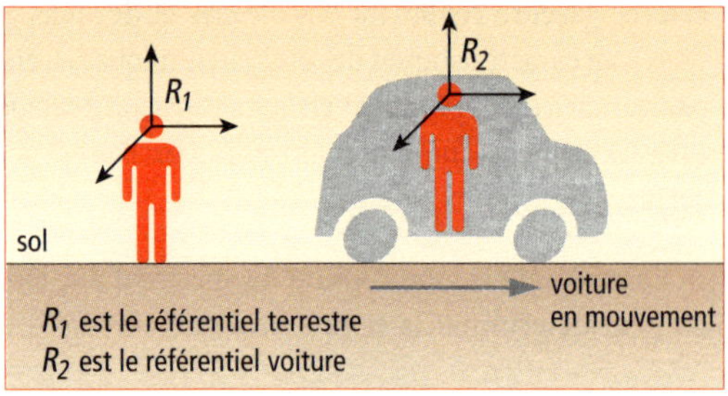

Fig. 1

- Pour deux référentiels fixes l'un par rapport à l'autre, le mouvement d'un solide est identique.
- Pour deux référentiels en mouvement l'un par rapport à l'autre, le mouvement d'un solide (trajectoire ou vitesse) est perçu différemment.

Exemple

Un voyageur dans la voiture est fixe par rapport au référentiel voiture et en mouvement rectiligne par rapport au référentiel terrestre (Fig. 1).

COMMENT FAIRE

▶ Pour étudier un mouvement à l'aide d'une chronophotographie

● La chronophotographie est une technique qui consiste à représenter les positions d'un objet en mouvement à différents instants sur une même photographie.

L'intervalle de temps entre deux positions successives est constant.

▶

● Voici la chronophotographie de la chute d'une balle dans l'air (**Fig. 2**) :

Fig. 2

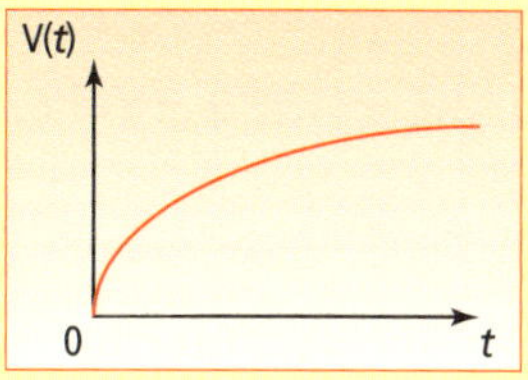

Fig. 3

Grâce à un logiciel d'acquisition des données, on peut calculer la vitesse instantanée. L'évolution de la vitesse instantanée notée V(t), de la balle au cours du temps est donnée sur la figure 3.
Les deux enregistrements permettent de définir le mouvement de la balle.

Conclusion

La trajectoire est une portion de droite et la vitesse instantanée augmente au cours du temps : c'est un mouvement rectiligne et accéléré.

S'EXERCER

1 Compléter le tableau suivant :

type de mouvement	trajectoire du solide	évolution de la vitesse au cours du temps
rectiligne accéléré		
rectiligne uniforme		
curviligne uniforme		
circulaire décéléré		

2 Référentiel terrestre

1. Une voiture se déplaçant est-elle assimilable à un référentiel terrestre ?

2. Un ascenseur qui descend est-il assimilable à un référentiel terrestre ?

3 Voici une chronophotographie d'une balle en mouvement sur un plan incliné.

Cette balle est suffisamment petite pour être assimilée à un point matériel (**Fig. 1**).
On représente à côté de la chronophotographie l'évolution de la vitesse instantanée notée V(t), de la balle au cours du temps (**Fig. 2**).
L'intervalle de temps noté Δt entre deux positions successives est égal à 0,1 s.

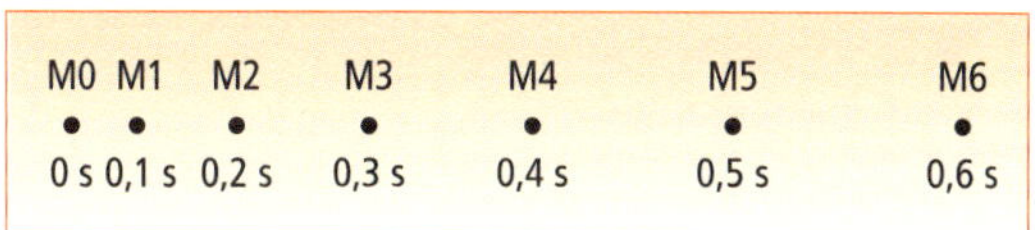

Fig. 1

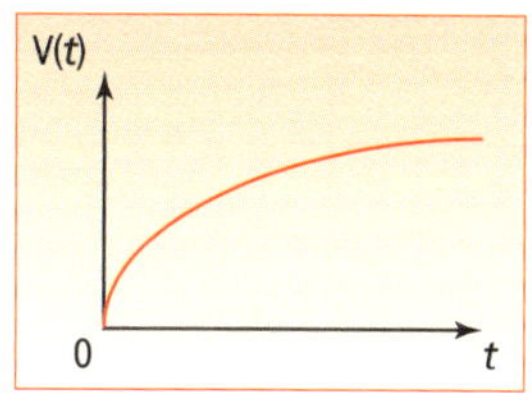

Fig. 2

1. Indiquer les caractéristiques du mouvement de la balle en vous aidant des figures 1 et 2.

2. Sans les calculer, comparer les vitesses moyennes de la balle entre M0 et M3 d'une part, et entre M3 et M6 d'autre part.
Ce résultat est-il en accord avec la réponse à la question 1 ?

4 Dans le référentiel héliocentrique (le corps de référence est le Soleil), la planète Mars met 779,94 jours pour effectuer une révolution autour du Soleil.

La trajectoire de la planète est un cercle dont le diamètre est égal à 4,54 10^8 km.
Calculer la vitesse de la planète en mètre par seconde.

5 Dans un accélérateur de particules, une particule élémentaire est astreinte à se déplacer sur une trajectoire circulaire de diamètre D égal à 3,00 10^{-1} kilomètres.

Cette particule effectue cinq tours complets en 47,1 µs.
Calculer la vitesse de cette particule en mètre par seconde puis en kilomètre par heure.

À RETENIR

Les forces

● Une **force** est une action exercée sur un solide qui est caractérisée par :
- son point d'application,
- sa direction,
- son sens,
- son intensité qui s'exprime en **newton** (N).

● Une force est représentée par un segment fléché appelé vecteur force (Fig. 1).

Exemple de forces (Fig. 1)

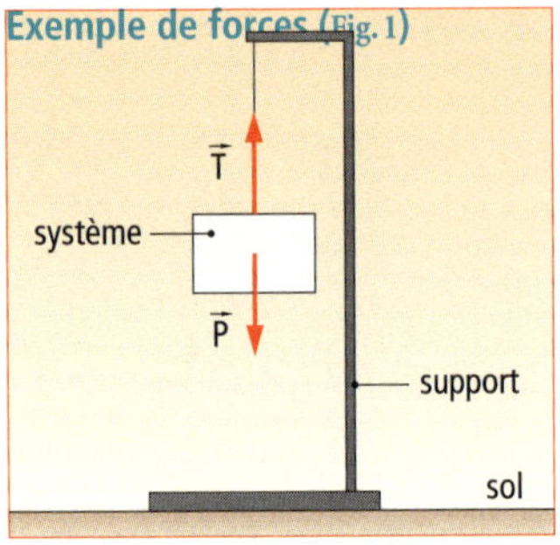

Fig. 1

vecteur force	nom
$\vec{P}$	poids du système
$\vec{T}$	tension exercée par le fil

Les effets d'une force

● Une force appliquée à un système peut avoir différents effets :
- mettre en mouvement le système initialement au repos,
- modifier le mouvement d'un système (trajectoire et/ou vitesse instantanée),
- mettre au repos un système en mouvement,
- déformer un système.

● Les trois premiers effets dépendent de la masse du système : pour une intensité de force fixée, l'effet est d'autant plus faible que la masse du système est grande.

Le principe d'inertie

● **Énoncé du principe**

Tout système sur lequel aucune force s'exerce, ou dont toutes les forces appliquées se compensent, persiste dans son état de repos ou de mouvement rectiligne uniforme.

● **Conditions d'application du principe**

Ce principe est uniquement valable dans certains référentiels qui sont qualifiés de galiléens. La Terre, pour les mouvements de petites durées, est un **référentiel galiléen**.

Étude de la chute libre d'un corps

● On lâche depuis une hauteur h une bille. La vitesse initiale de la bille (à l'instant $t = 0$ s), est nulle : $v = 0$ m.s^{-1}.

On représente sur la figure 2 les positions successives du centre de la bille au cours de la chute.

Le mouvement observé dans le référentiel terrestre est rectiligne et accéléré.

Les deux forces agissant sur la bille sont : le poids de la bille et la force de frottement de l'air.

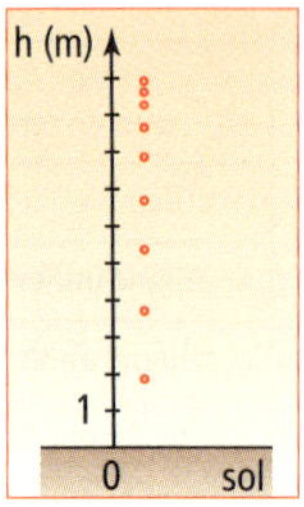

Fig. 2

● D'après le **principe de l'inertie**, on en déduit que les deux forces ne se compensent pas.

COMMENT FAIRE

► Pour étudier le mouvement d'un mobile sur une table à coussin d'air

Une table à coussin d'air est un dispositif comprenant un plan horizontal sur lequel se déplace un mobile autoporteur (Fig. 3).

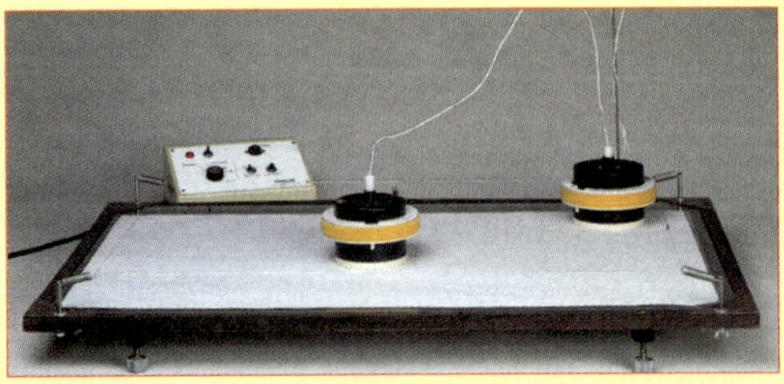

Fig. 3

On enregistre le mouvement du centre d'inertie (point particulier) d'un mobile autoporteur, lancé sur la table à coussin d'air (Fig. 4).

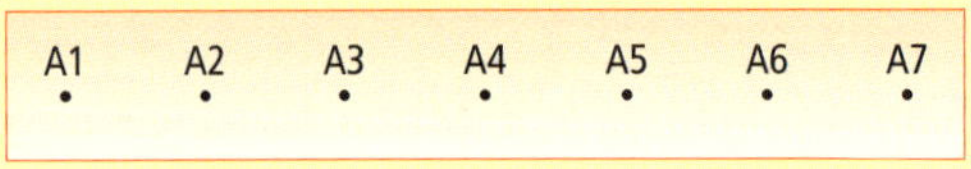

Fig. 4

● Le mouvement du centre d'inertie du mobile est rectiligne uniforme.

►

● Les forces appliquées sur le mobile sont le poids de ce dernier et la réaction du support (force exercée par la table à coussin d'air).

Conclusion

D'après le principe de l'inertie, ces deux forces se compensent exactement lorsque le mobile se déplace librement sur la table en position horizontale (Fig. 5).

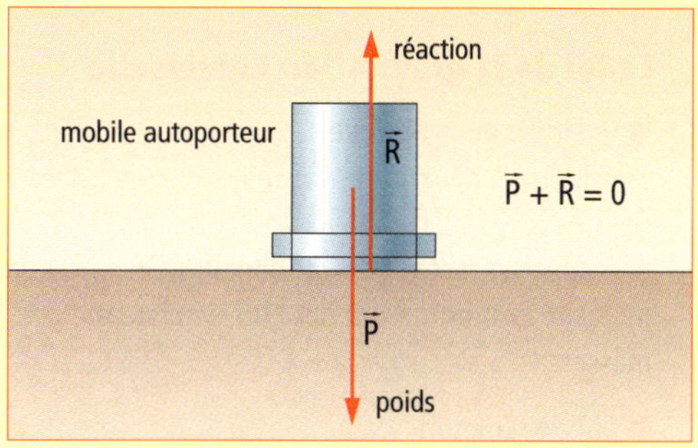

Fig. 5

S'EXERCER

1 **On enregistre le mouvement du centre d'inertie (point particulier) d'un mobile autoporteur, lancé sur une table à coussin d'air qui n'exerce aucun frottement.**

L'intervalle de temps entre deux positions est égal à 120 ms. L'étude se fait dans le référentiel terrestre supposé galiléen.

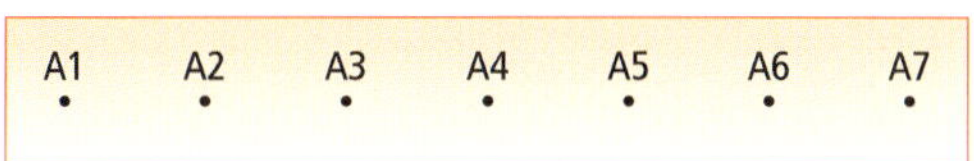

1. Quel est le type de mouvement du centre d'inertie sur la table ?
2. Calculer la vitesse du mobile autoporteur en mètre par seconde sachant que la distance entre A1 et A7 est égale à 10,0 cm.
3. Identifier toutes les forces appliquées au système.
4. Donner l'expression de la résultante des forces notée $\overrightarrow{R_{forces}}$ appliquées au système « mobile autoporteur », égale à la somme vectorielle de toutes les forces appliquées au système.
5. Quelle doit-être la valeur de la résultante des forces notée $\overrightarrow{R_{forces}}$ appliquées au système « mobile autoporteur » ? Justifier la réponse.

2 **Le mouvement du centre de la Terre autour du Soleil (dans le référentiel héliocentrique considéré comme étant galiléen) possède les caractéristiques suivantes.**

- Trajectoire circulaire de diamètre D égal à 3,00 10^8 km.
- Mouvement uniforme.
- Un tour complet est effectué en 365,25 jours.

1. Calculer la vitesse du centre de la Terre en mètre par seconde puis en kilomètre par heure.
2. Les forces appliquées sur la Terre se compensent-elles ? Justifier la réponse.

3 **Lors de la chute libre d'une balle, la vitesse instantanée a pour expression :**

$v(t) = 10 \times t$ avec v en mètre par seconde et t en seconde

1. Calculer la vitesse au bout de 0,5 s, puis de 1,5 s.
2. Comment évolue la vitesse au cours du temps ?
3. Les forces appliquées sur la balle se compensent-elles ?
4. La hauteur de chute h (distance parcourue par la balle au cours de sa chute) est égale à :
   $h(t) = 5 \times t^2$ avec h en mètre et t en seconde
   Calculer la hauteur depuis laquelle a été lancée la balle sachant que la durée totale de la chute est égale à 2,5 s.

4 **On enregistre la vitesse instantanée d'une bille en chute dans un récipient contenant de la glycérine (liquide visqueux). On obtient le tableau de mesure suivant :**

t(s)	0,0	0,1	0,2	0,3	0,4	0,5	0,6	0,7	0,8	0,9	1,0
v (m.s^{-1})	0,0	1,0	2,0	3,0	3,5	3,8	3,9	4,0	4,0	4,0	4,0

L'instant initial correspond au moment du lâcher de la bille. La trajectoire de la bille est une portion de droite.

1. Quel est le type de mouvement de la bille à l'instant $t = 0,4$ s ?
2. Quel est le type de mouvement de la bille à l'instant $t = 0,9$ s ?
3. Les forces appliquées sur la bille sont : son poids, la poussée d'Archimède et la force de frottement du liquide.

a. Les forces appliquées se compensent-elles à l'instant $t = 0,4$ s ?

b. À partir de quel instant les forces appliquées se compensent-elles ?

À RETENIR

La loi de la gravitation universelle

● **Position du problème**

Considérons deux corps de masses respectives m_1 et m_2. Ces corps exercent l'un sur l'autre des forces attractives appelées **forces gravitationnelles.** Ces forces ont une intensité commune qui dépend de chacune des deux masses.

● **Loi de Newton**

Dans le cas où les corps sont sphériques, avec une répartition sphérique des masses, l'intensité F a pour expression :

$$F = G \times \frac{m_1 \times m_2}{d^2}$$

F est en **newton** (N).
G est la **constante de la gravitation universelle** : $G = 6{,}67\ 10^{-11}$ SI (unité du système international). m_1 et m_2 sont les masses des deux corps en kilogramme (kg). d est la distance entre les centres des deux corps en mètre (m).

Illustration

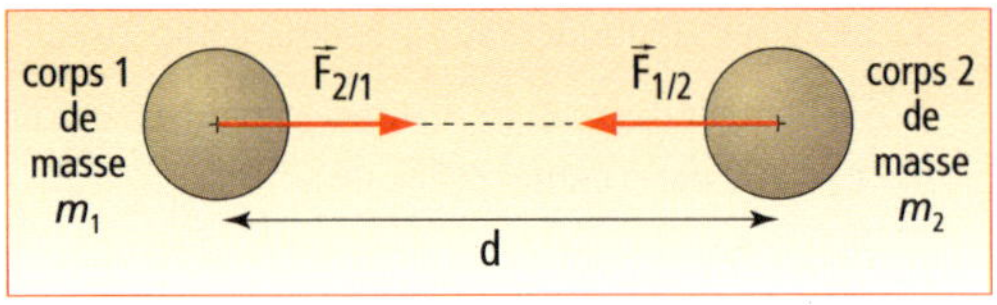

Fig. 1

$\vec{F}_{1/2}$ est la force gravitationnelle exercée par le corps 1 sur le corps 2.

$\vec{F}_{2/1}$ est la force gravitationnelle exercée par le corps 2 sur le corps 1.

Les 2 forces sont opposées : $\vec{F}_{1/2} = -\vec{F}_{2/1}$.

La pesanteur

● Le **poids** d'un objet de masse m est égal à :

$$P = m \times g$$

L'intensité du poids P a pour unité le newton (N).
m est la masse en kilogramme (kg).
g est l'intensité de la pesanteur en newton par kilogramme ($N.kg^{-1}$).
Valeur moyenne de $g = 9{,}8\ N.kg^{-1}$.

● Le poids d'un objet à la surface de la Terre peut être assimilé à la force gravitationnelle exercée par la Terre sur l'objet.

$$P = F_{T/O} = G \times \frac{m \times M_T}{{R_T}^2}$$

m est la masse de l'objet en kilogramme.
M_T est la masse de la Terre en kilogramme :
$M_T = 5{,}98\ 10^{24}$ kg.
R_T est le rayon de la Terre en mètre :
$R_T = 6{,}38\ 10^6$ m.

● Expression de l'intensité de la pesanteur :

$$g = G \times \frac{M_T}{{R_T}^2} = 9{,}80\ N.kg^{-1}$$

Mouvement de la Lune autour de la Terre

● L'étude de ce mouvement se fait dans le **référentiel géocentrique** : le solide de référence est la Terre privée de son mouvement de rotation autour de l'axe des pôles (Fig. 2). On le considère comme étant galiléen.

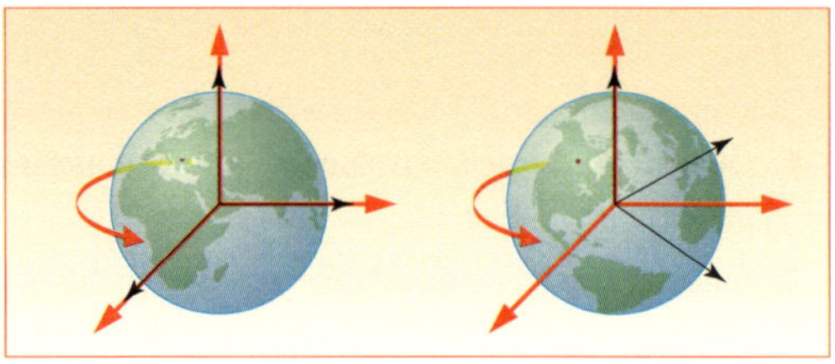

Fig. 2

● **Application du principe de l'inertie**

Le mouvement de la Lune dans le référentiel géocentrique est circulaire uniforme (Fig. 3).

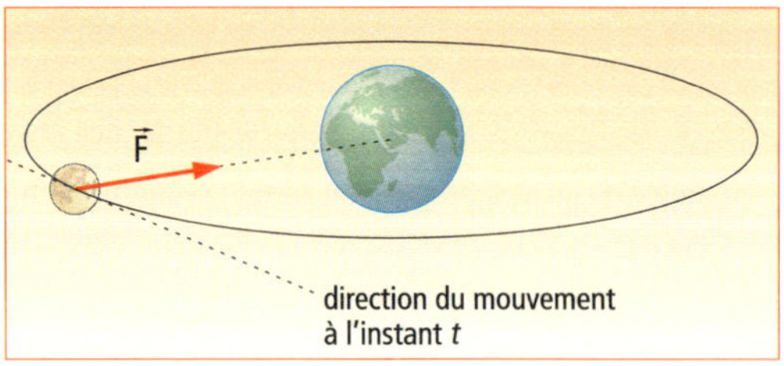

Fig. 3

D'après le principe de l'inertie, le mouvement n'étant pas rectiligne uniforme, la Lune est soumise à au moins une force qui n'est pas compensée : c'est la force d'attraction gravitationnelle de la Terre.

COMMENT FAIRE

► Pour étudier le lancement d'un projectile

● On lance un projectile depuis la surface de la Terre. Les caractéristiques du lancement sont au nombre de deux : la valeur de la vitesse instantanée V_0 à l'instant initial et l'angle α fait par la direction du lancer avec l'horizontale, appelé angle de tir.

● La trajectoire du projectile est une courbe particulière appelée parabole. On note H la hauteur maximale atteinte par le projectile au cours de sa trajectoire, et D la distance entre le point d'impact sur le sol et le point de lancement (**Fig. 4**).
Grâce à un logiciel de simulation, on peut étudier l'influence sur H et D des deux paramètres V_0 et α.

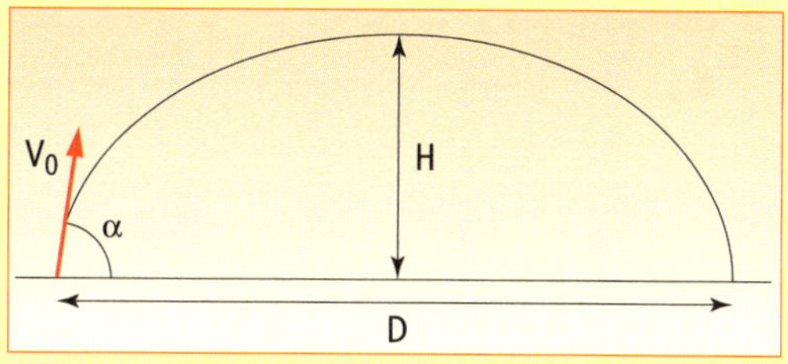

Fig. 4

● **Influence de la vitesse initiale sur la trajectoire parabolique (Fig. 5).**

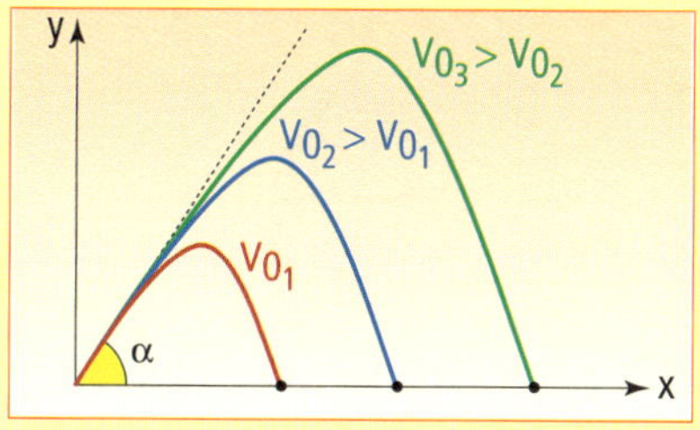

Fig. 5

Conclusion
La hauteur H et la distance D sont des fonctions croissantes de la vitesse initiale V_0.

● **Influence de l'angle de tir sur la trajectoire parabolique (Fig. 6).**

Conclusion
La hauteur H est une fonction croissante de l'angle de tir.
La distance D est maximale lorsque l'angle de tir vaut 45°.

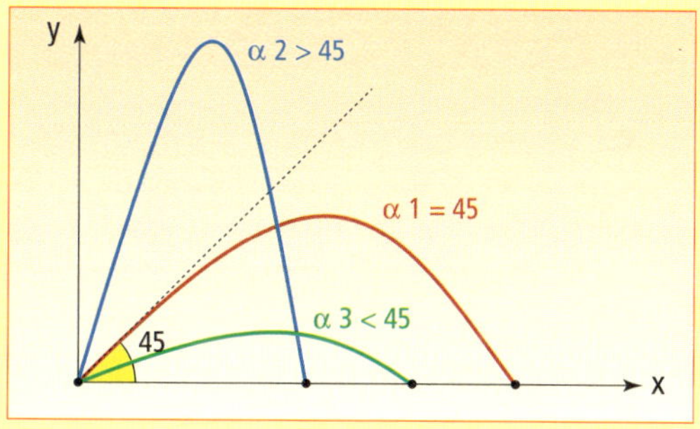

Fig. 6

S'EXERCER

1 Vrai ou faux ?

1. Le poids d'un objet est le même au niveau de la mer ou au sommet d'une montagne.
2. La masse d'un objet ne dépend pas du lieu où il se trouve sur la Terre.
3. La masse d'un astronaute est différente sur la Terre et sur la Lune.
4. Le poids d'un astronaute dépend de la planète où il se trouve.

2 La trajectoire du centre de la Lune autour de la Terre est un cercle de rayon égal à R_0.

1. Calculer la force gravitationnelle exercée par la Terre sur la Lune.
2. Calculer la force gravitationnelle exercée par la Lune sur la Terre.
3. Représenter ces deux forces sur un schéma.

Données :
$M_T = 5{,}98\ 10^{24}$ kg $M_L = 7{,}34\ 10^{22}$ kg
$R_0 = 3{,}84\ 10^5$ km : rayon de la Terre
$G = 6{,}67\ 10^{-11}$ (unités SI)

3 Poids et masse

1. Calculer la masse d'un objet dont le poids terrestre est égal à 980 N.
2. Comment varie le poids en fonction de la hauteur du sol ? Justifier la réponse.
3. Quel est le poids sur la Terre d'un objet dont le poids lunaire est égal à 500 N ?

Données :
$g_T = 9{,}8$ N.kg^{-1} $g_L = 1{,}6$ N.kg^{-1}

4 Gravitation

1. Calculez le poids d'un système de masse m égale à 50 kg, à la surface de la Terre.
2. Calculez l'intensité de la force de gravitation exercée sur ce même objet. Que remarque-t-on ?
3. Calculez le rayon R d'une planète de même masse que la Terre, sur laquelle le poids du système serait égal au dixième de son poids terrestre.

Données :
$M_T = 5{,}98\ 10^{24}$ kg $R_T = 6{,}38\ 10^3$ km
$g_T = 9{,}8$ N.kg^{-1} $G = 6{,}67\ 10^{-11}$ (unités SI)

À RETENIR

Les phénomènes astronomiques périodiques

● La rotation de la Terre autour de l'axe des pôles est responsable de l'alternance du jour et de la nuit (**Fig. 1**). Le jour solaire est la durée séparant deux passages successifs du Soleil à sa position la plus haute.

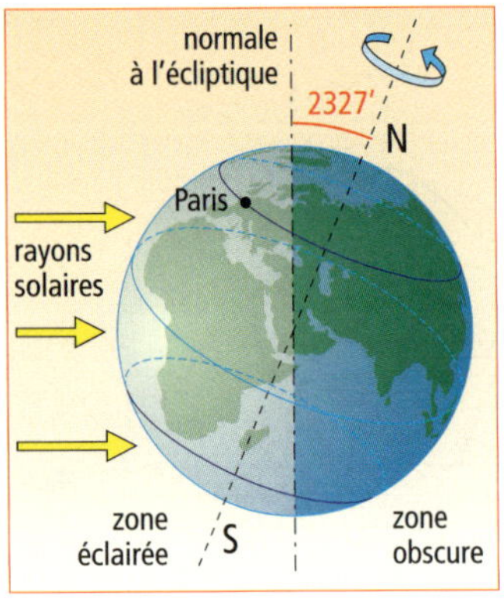

Fig. 1

● L'alternance des saisons est due à la rotation de la Terre autour du Soleil et à l'inclinaison de son axe des pôles sur le plan de sa trajectoire appelé écliptique (**Fig. 2**). La durée d'un tour complet est égale à l'année solaire.

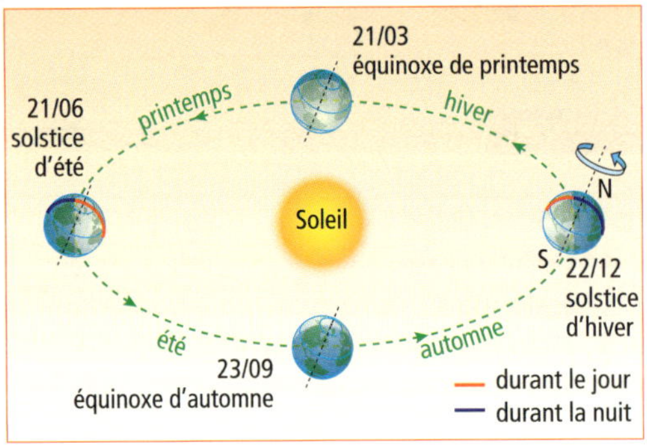

Fig. 2

● La rotation de la Lune autour de la Terre est responsable des phases de la Lune (**Fig. 3**). La lunaison, qui correspond à un tour complet autour de la Terre, est égale à 29,5 jours.

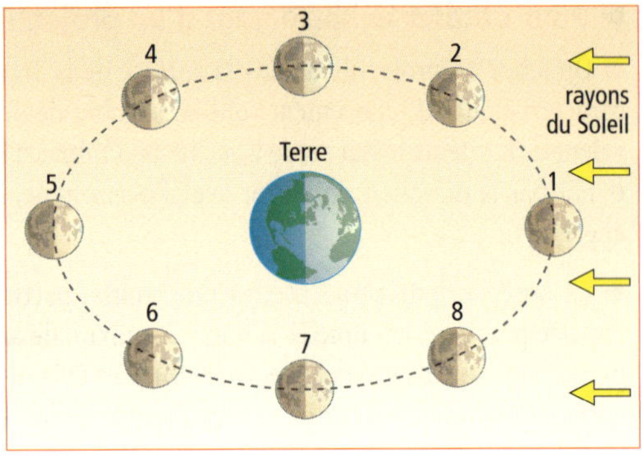

Fig. 3

Caractéristiques d'un phénomène périodique

● Il se répète identique à lui-même à intervalles de temps réguliers, appelés **période** et exprimés en seconde (s).

● La fréquence est égale au nombre de périodes contenues dans une seconde. Elle est égale à l'inverse de la période. Son unité est le hertz (Hz).

$$F = \frac{1}{T}$$

La fréquence F est en hertz et la période T est en seconde(s).

Mesure du temps

● **Sabliers et clepsydres**

La mesure du temps se fait à partir d'un écoulement régulier de sable ou d'eau (**Fig. 4**).

Fig. 4 clepsydre sablier

● **Cadran solaire et gnomon**

Le parcours régulier de l'ombre d'un stylet sur un cadran permet de mesurer le temps (**Fig. 5**).

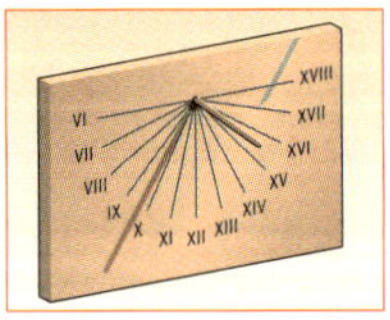

Fig. 5

● **Horloges mécaniques**

Les aiguilles marquant le temps sur un cadran sont entraînées par un mouvement régulier de balancier.

COMMENT FAIRE

► Pour mesurer la période d'un pendule pesant

Un pendule pesant est constitué d'un fil assez long (de longueur connue notée L), fixé à un support à l'une de ces extrémités et à une bille de petite dimension (de masse connue notée m) à l'autre (**Fig. 7**).

Sur une courte durée, le mouvement du pendule est périodique : la durée d'un aller-retour (appelé oscillation) est constante.

►

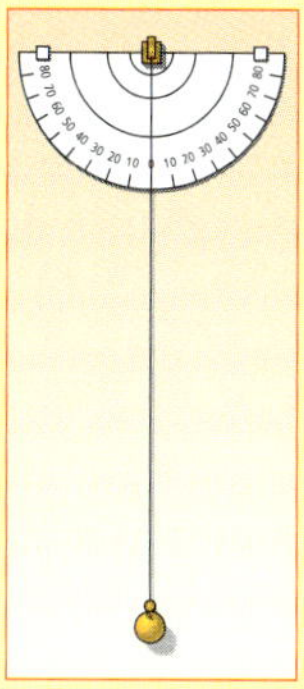

Fig. 7

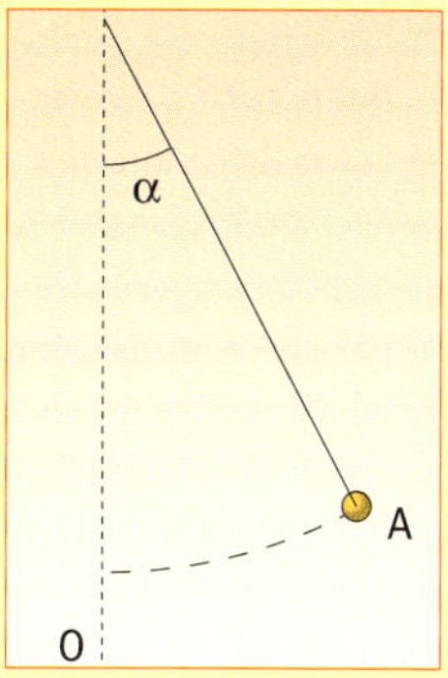

Fig. 8

Détermination de la période

1. Écarter la bille de sa position de repos. On repère l'angle α de lâcher de la bille (Fig. 8).
2. On lâche la bille sans vitesse initiale et on mesure avec un chronomètre l'intervalle de temps Δt correspondant à 10 oscillations.
3. Pour calculer la période T, on divise la durée mesurée par le nombre d'oscillations.

$$T = \frac{\Delta t}{10}$$

Conclusions

- La période ne dépend pas de la valeur de α pour des angles petits (inférieur ou égal à 10°).
- La période ne dépend pas de la masse de la bille.
- La période varie comme la racine carrée de la longueur du fil : $T = k \times \sqrt{L}$, k étant une constante.

S'EXERCER

1 On réalise un pendule simple avec un fil de longueur L égale à 50,0 cm et une bille de masse égale à 100 g.

La formule de la période d'un pendule est la suivante :

$T = 2\Pi\sqrt{\frac{L}{g}}$ avec T en seconde, L en mètre et $g = 9{,}80$ N.kg^{-1}

1. Calculer la période du pendule à l'aide de la formule.

2. Pour mesurer par l'expérience cette période on dispose d'un chronomètre. On écarte le pendule de sa position d'équilibre et on le lâche. On le laisse osciller pendant un certain nombre d'aller retour et on mesure l'intervalle de temps correspondant.

a. On mesure cet intervalle pour 10 oscillations et on obtient : $\Delta t = 14{,}6$ s.
Calculer la période T.

b. L'erreur absolue sur la mesure de la période T est égale à : $\Delta T = 0{,}06$ s.
La valeur réelle de T est comprise dans l'intervalle :
$T_{mini} < T_{réel} < T_{maxi}$
Avec : $T_{mini} = T - \Delta T$
$T_{maxi} = T + \Delta T$
Trouver l'encadrement de la période.

c. Le résultat précédent permet-il de rendre compatible la valeur issue de la mesure et celle calculée à partir de la formule ?

2 On réalise deux oscillateurs.

Oscillateur 1 : pendule simple avec un fil de longueur L et une bille de masse *m*.

Oscillateur 2 : ressort vertical accroché à un support et au bout duquel on suspend une bille de masse *m*.
On mesure la période des oscillations pour les deux systèmes en faisant varier la masse de la bille.

Oscillateur 1 :

***m* (g)**	50	100	150	200
T (s)	0,55	0,54	0,55	0,55

Oscillateur 2 :

***m* (g)**	50	100	150	200
T (s)	0,55	0,77	0,95	1,1

1. Pour lequel des deux oscillateurs la période dépend de la masse ?

2. Les périodes des deux oscillateurs ont pour formules :

(1) $T = 2\Pi\sqrt{\frac{m}{k}}$ et (2) $T = 2\Pi\sqrt{\frac{L}{g}}$

Attribuer à chacun des oscillateurs la bonne formule de sa période.

3. Calculer la période de l'oscillateur 2 pour les caractéristiques suivantes : $m = 0{,}100$ kg et $k = 6{,}65$ SI.

3 On mesure à l'aide d'un oscilloscope la tension aux bornes d'un générateur de tension.

On obtient l'oscillogramme suivant :

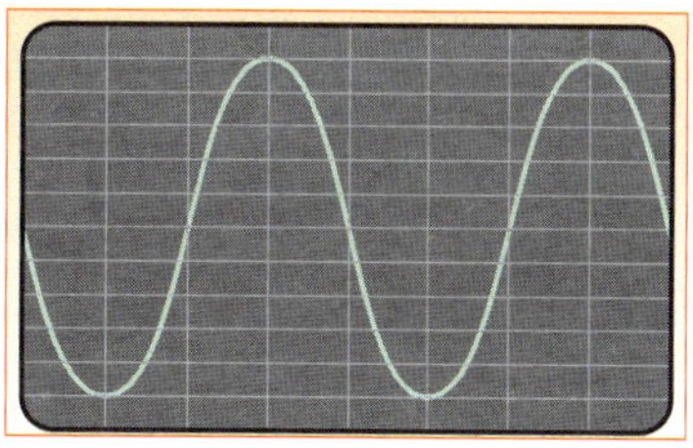

L'axe vertical est l'axe des tensions et l'axe horizontal celui du temps.

Données : durée de balayage : 50 µs/div horizontalement, une division représente 50 µs

1. La tension mesurée est-elle périodique ?

2. Mesurer à l'aide de l'oscillogramme la période T.

3. Calculer la fréquence F de la tension affichée à l'écran.

SCIENCES PHYSIQUES

À RETENIR

Description microscopique d'un gaz

● Au niveau microscopique, un gaz est un état dispersé et désordonné. Les molécules constituant le gaz sont très éloignées les unes des autres, sont en mouvement permanent, rebondissent sur les parois et s'entrechoquent (**Fig. 1**).

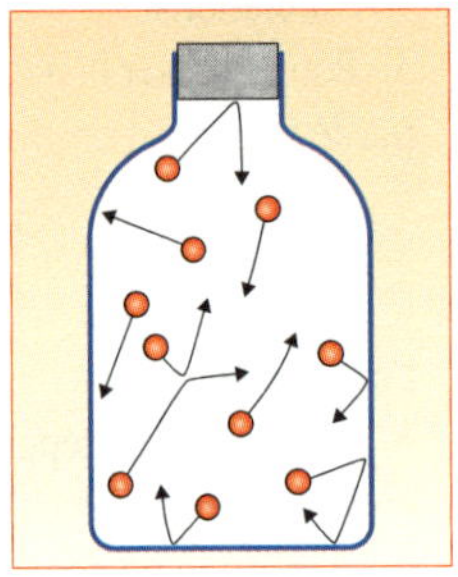

Fig. 1

Description macroscopique d'un gaz

À notre échelle (appelée échelle macroscopique), on utilise des grandeurs macroscopiques pour décrire un gaz :

- la **quantité de matière** contenue dans l'échantillon gazeux ;
- la **pression du gaz** : il s'agit de la force exercée par le gaz sur les parois du récipient par unité de surface.

Considérons un gaz exerçant une force f sur une paroi de surface s, la pression P est définie par la relation :

$$P = \frac{f}{s}$$

P en pascal (Pa) ; f en newton (N) ; s en mètre carré (m^2).

- La **température** est une grandeur directement reliée à l'agitation thermique des molécules : la température est une fonction croissante de la vitesse d'agitation des molécules du gaz.

L'unité légale de température est le kelvin (K) qui est relié à l'échelle des degrés Celsius par la relation :

$$T = t + 273{,}15$$

T en kelvin (K) ; t en degrés Celsius (°C)

Loi des gaz parfaits

● Un gaz est parfait si les molécules qui le constituent sont totalement indépendantes les unes des autres, c'est-à-dire si elles n'interagissent pas entre elles à distance.

● Pour un gaz parfait, il existe une relation entre les grandeurs macroscopiques qui définissent l'échantillon gazeux : l'équation des gaz parfaits.

$$P \times V = n \times R \times T$$

P est la pression en pascal (Pa)
V est le volume occupé par le gaz en mètre cube (m^3)
n est la quantité de matière contenue dans le gaz en mole (mol)
T est la température du gaz en kelvin (K)
R est la constante des gaz parfaits : $R = 8{,}31\ J.K^{-1}$

COMMENT FAIRE

► Pour vérifier la loi de Boyle-Mariotte

● On enferme de l'air dans une seringue, puis on mesure pour différents volumes V imposés par la seringue, la pression P (**Fig. 2**).

V (cm^3)	24,0	26,0	28,0	30,0	32,0
P (Pa)	$1{,}25\ 10^5$	$1{,}15\ 10^5$	$1{,}07\ 10^5$	$1{,}0\ 10^5$	$9{,}4\ 10^4$

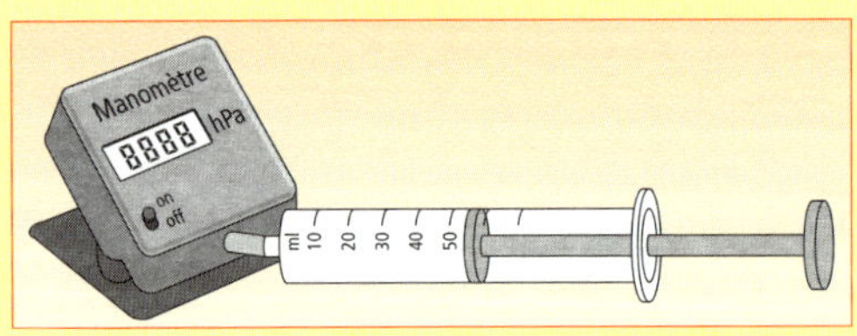

Fig. 2

La température est constante et égale à celle de la pièce : $t = 20$ °C.
La quantité de matière n_{air} contenue dans la seringue est constante au cours de l'opération.

● On montre que le produit PV est constant (aux incertitudes de mesure près) :

PV ($Pa.m^3$)	3,00	2,99	2,99	3,00	3,01

Ce résultat constitue la loi de Boyle-Mariotte : à température constante, le produit PV d'un échantillon de gaz est une constante.

● On peut déterminer, grâce à la l'équation des gaz parfaits, la quantité d'air enfermé dans la seringue.

$$n_{air} = \frac{P \times V}{R \times T}$$

$P = 1{,}0\ 10^5$ Pa ; $V = 30{,}0\ 10^{-6}\ m^3$; $T = 293{,}15$ K ; $R = 8{,}31\ J.K^{-1}$

Application numérique : $n_{air} = 1{,}2\ 10^{-3}$ mol.

1 La pression d'un gaz dans un récipient est égale à 3,00 bars.

1. Calculer la force exercée par le gaz sur une surface de 10 cm^2 du récipient.
2. Quelle doit-être la pression du gaz pour que cette force soit égale à 200 N ?

Donnée : 1 bar = 10^5 Pa

2 Un gaz parfait est enfermé dans un récipient de volume égal à 300 L.

Le gaz contient 30,0 mol et sa température est égale à 20 °C.

1. Calculer la pression du gaz.
2. On augmente la température. Comment va varier la pression du gaz sachant que le volume du récipient ne change pas ?
3. Calculer la nouvelle pression si la température atteint 60 °C.

3 Un flacon de volume 1,6 L contient du dioxyde de carbone à la température de 20 °C et à une pression égale à 1,00 bar.

1. Calculer la quantité de dioxyde de carbone.
2. Trouver le volume molaire du dioxyde de carbone.
3. Les résultats des deux précédentes questions dépendent-ils de la nature du gaz ?

Donnée : 1 bar = 10^5 Pa

4 On considère un échantillon d'air, assimilable à un gaz parfait, dans les conditions normales de température et de pression (t = 0 °C ; p = 1,00 bar), dont le volume est égal à 10 L.

1. Calculer la quantité de matière contenue dans l'échantillon.
2. Quel volume occuperait ce gaz si la température était égale à 30 °C, les autres paramètres restant constants ?
3. Calculer les volumes de diazote et de dioxygène composant cet échantillon.
4. Quelles sont les quantités de matière de dioxygène et de diazote contenues dans l'échantillon ?

Données : Constante des gaz parfaits : R = 8,314 (unités SI)
1 bar = 10^5 Pa
Composition de l'air en volume : 20 % en dioxygène, 80 % en diazote.

5 Une quantité de gaz est enfermée dans une seringue dont le volume est égal à 10 cm^3. La pression du gaz est égale à 1,00 bar et sa température vaut 25 °C.

1. Calculer la valeur de la force exercée sur une portion de la paroi par le gaz, sachant que la surface est égale à 1,0 cm^2.
2. Déterminer la quantité de matière de gaz enfermée dans la seringue.
3. On comprime le gaz en exerçant une force sur le piston de la seringue. Le nouveau volume est égal à 8,0 cm^3. La température reste la même.
   a. Calculer la nouvelle pression du gaz.
   b. Déterminer la nouvelle force pressante exercée par le gaz sur la portion de la paroi de la question 1.
   c. Comment varie la force pressante en fonction du volume de la seringue ?

6 On enferme une quantité de gaz dans un récipient de volume variable. Ce récipient est plongé dans un bain d'eau dont on peut faire varier la température. Pour différentes valeurs de la température, on mesure la pression P et le volume V du gaz.

t (°C)	10	20	30	40	50
T (K)					
P (bar)	1,0	1,0	1,0	1,0	1,0
V (cm^3)	29,0	30,0	31,0	32,0	33,0

1. Compléter la 2e ligne du tableau.
2. Calculer la quantité de matière de gaz pour t = 10 °C et t = 30 °C. Ce résultat est-il en accord avec le fait que le récipient soit fermé ?
3. Représenter graphiquement le volume V exprimé en cm^3 en fonction de la température exprimée en kelvin. Quelle courbe obtient-on ?
4. Montrer que le résultat de la question 3 peut se démontrer à partir de la loi des gaz parfaits.
5. Calculer pour les cinq mesures le produit PV. Ce résultat contredit-il la loi de Boyle Mariotte énoncée dans le « comment faire » ?

7 On considère une mole d'un gaz enfermé dans un récipient de volume V et de pression P égale à 1,013 10^5 Pa. La température est égale à 20 °C.

1. Calculer le volume occupé par le gaz, puis en déduire le volume molaire des gaz V_m exprimé en $L.mol^{-1}$.
2. Pour une température t, le volume molaire des gaz est égal à 22,4 $L.mol^{-1}$ pour une pression P égale à 1,013 10^5 Pa.
   a. À partir de la définition du volume molaire ($V_m = V/n$) et de la loi des gaz parfaits, trouver l'expression littérale du volume molaire.
   b. De quels paramètres dépend le volume molaire ?
   c. Trouver la température t exprimée en degrés Celsius, en s'aidant de la question 2a (on prendra T = t + 273).

À RETENIR

Articles définis et indéfinis

● L'article *the* est un article défini. *A* et *an* sont des articles indéfinis. Dans certains cas, l'anglais n'emploie pas d'article du tout. Pour savoir si un groupe nominal doit être précédé d'un article, il faut se poser deux questions :

Le nom représente-t-il quelque chose de **dénombrable** (que l'on peut compter : *1 hand, 2 legs,*) ou d'**indénombrable** (que l'on ne peut pas compter : *beauty, intelligence*) ?

Est-il **indéterminé** (on parle de quelque chose en général : *hands, courage*) ou **déterminé** (on précise ce dont on parle : *the courage of these people*) ?

La réponse à ces questions se résume dans le tableau ci-dessous :

Dénombrable				Indénombrable	
Indéterminé		Déterminé		Indéterminé	Déterminé
sing.	plur.	sing.	plur.		
a/an	Ø	*the*	*the*	Ø	*the*

Cas spécifiques

• On emploie obligatoirement *the* devant :
- quelque chose d'unique : **the** *Sun rises in* **the** *East* ;
- une espèce (sauf l'espèce humaine) : **the** *dog is Ø man's best friend* ;
- une institution : **the** *Press is often called the fourth estate* ;
- une invention : **the** *car was invented in the 19th century* (exception : *Ø television*) ;
- un instrument de musique : *he plays* **the** *guitar* ;
- les adjectifs substantivés (toujours au pluriel) : *he gives his money to* **the** *poor* (il donne son argent aux pauvres).

• On n'emploie pas d'article (sauf quand il y a détermination, bien sûr) devant :
- les noms propres, même précédés d'un terme générique : *Queen Elizabeth, Lake Ontario, Victoria Station* ;
- les sports et jeux : *He plays rugby and chess.*

• La **phonétique** a des conséquences sur l'emploi ou la prononciation de certains articles.
- Si le mot qui suit le déterminant commence par une consonne phonétique (y compris le [ju] de *university* et le [w] de *one*), employer *a* ou prononcer *the* : [ðə]. A university ; *the* [ðə] *university*.
- Dans les autres cas, employer *an* ou prononcer *the* : [ðɪː]. An animal ; *the* [ðɪː] *animal*.

Quantifieurs

Il servent à exprimer la quantité.

● *Much / many, (a) little / (a) few*

Ici encore, faites la différence entre indénombrables et dénombrables.

	Indénombrable	Dénombrable
beaucoup	much water	many cars
(un)peu	(a) little money	(a) few dollars

● *Some / any / no*

• **Phrases affirmatives**

Some s'emploie dans la plupart des cas : *I have some money* (= J'ai de l'argent).

Any s'emploie dans le sens de « n'importe quel » : *If you have any idea...* (= si tu as une quelconque idée / quelle qu'elle soit).

• **Phrases interrogatives**

Some implique plutôt l'attente d'une réponse positive : *will you have some more tea?* (= tu reprendras du thé ?)

Any indique qu'on n'a pas d'idée préconçue sur la réponse, ou que l'on s'attend à une réponse négative : *any more questions?* (= plus de questions ?)

• **Phrases négatives**

No ou *not any* : *I have* **no** *idea / I* **don't** *have* **any** *idea.*

COMMENT FAIRE

► Pour suggérer, faire une proposition

- ***Shall we*** *go to the movies?*
- ***Why not*** *buy tickets for next week's show?*
- ***Let's*** *go to the opera,* ***shall we?***
- ***What about*** *going to the cinema?* (et si on allait au cinéma ?)
- ***We could*** *go to a concert.*
- ***How about*** *watching a film?*
- ***What if*** *we went to the theatre?*
- ***I suggest*** *we book seats now.*
- ***If I were you I would*** *book in advance.*
- ***It's*** *(about / high)* ***time*** *we book****ed*** *the seats for next week's performance.* (Il est (grand) temps de réserver des places...). Attention à bien employer le prétérit dit « modal » après *it's time.*

S'EXERCER

1 **Déterminer si les mots en italiques seraient traduits en anglais par des mots :**
(a) dénombrables ou **(b)** indénombrables,
(c) déterminés ou **(d)** indéterminés.

1. J'aime la *musique*.
2. Qui a composé le *générique* de ce film ?
3. J'aime les *chats*.
4. L'*homme* descend du singe.
5. J'ai vu Tom hier. L'*homme* avait l'air fatigué.
6. La *beauté* de cette fleur est incomparable.
7. J'aime les *animaux*.
8. La *sérénité* n'a pas de prix.
9. Prenez encore des *gâteaux*.
10. Je n'oublierai jamais les *gâteaux* que ma mère cuisinait.
11. Tu prends du *lait* dans ton thé ?

2 **Dans le texte suivant, retrouver les déterminants qui ont été effacés (*a/an*, *the*, ou Ø).**

One night–it was on ...... twentieth of March, 1888–I was returning from ...... journey to ...... patient, when my way led me through ...... Baker Street. As I passed ...... well-remembered door, I was seized with ...... desire to see Holmes again. He was going up and down ...... room. He was at ...... work again. I rang ...... bell and was shown up to ...... chamber which before had been in part my own. With ...... inviting eye, he waved me to ...... armchair. He gave me ...... piece of thick, pink-tinted note-paper which had been lying open on ...... table. "It came by ...... last post," said he.

Adapted from *A Scandal in Bohemia*, Sir Arthur Conan Doyle.

3 **Dans les phrases suivantes, souligner les quantifieurs puis les associer à leur valeur. Traduire ensuite les phrases.**

(a) « n'importe lequel » ; **(b)** quantité positive ;
(c) phrase négative, quantité négative ; **(d)** quantité inconnue.

1. The book contained some of her favourite stories.
2. That moment was much more pleasant than any she had ever experienced.
3. Do you know any boss that might find me a job?
4. She never had any objection to his projects.

4 **Faire des suggestions en utilisant les amorces proposées.**

1. John is 18 and hasn't registered to vote yet.
"*John, it's* ......"
2. You don't know what to do this week-end, but you haven't seen your uncle for ages.
"*What* ......"
3. You want to watch a programme about American political parties tonight on T.V.
"*Let* ......"
4. You're planning your next summer holidays.
"*Why not* ......"
5. You think that your friend should buy more modern clothes.
"*If* ......"

5 **Observer et compléter.**

The British live in Great Britain, where English is the official language. In America, there is no official language, but the Americans mostly speak English too.

Avant les noms de pays, le déterminant est généralement ...... ; avant les habitants du pays, le déterminant est ......

VOCABULAIRE

La famille

to be related : *être parents*
relatives : les parents *(cousins, etc.)*
an engagement : *les fiançailles*
a wedding : *un mariage*
to marry someone : *épouser quelqu'un*
in-laws : *la belle-famille (mariage)*
a father-in-law : *un beau-père (père de l'époux)*
a step-father : *un beau-père (remariage)*
an orphan : *un orphelin*
a widow : *une veuve*
a widower : *un veuf*
a bachelor : *un célibataire*
single : *célibataire (adjectif)*
an old maid : *une vieille fille*
upbringing : *l'éducation*
to raise a child : *élever un enfant*
the native country : *le pays d'origine*
roots : *racines*
uprooted : *déraciné*
to become integrated : *s'intégrer*

À RETENIR

La place de l'adjectif

- Contrairement au français, **l'épithète précède** le nom :

I have a very [*nice*] *aunt.*

… sauf quand il est suivi de *of* :

This is a book [*full of*] *great ideas.*

- L'attribut se place, bien sûr, après le verbe :

He is [*tired*]. *I feel* [*good*].

Les adjectifs commençant par le préfixe *a-* (reste du vieil anglais *in-*) **sont toujours attributs**.

Les plus courants sont :

He's ***afraid****, she's* ***asleep****.*

• Il en est de même quand l'adjectif est attribut d'un pronom relatif (exprimé ou non).

Get me the man (who is) [*responsible*] *for this stupid decision.*

Appelez-moi la personne responsable de cette décision idiote.

- L'adjectif en **apposition** se place **après** le groupe nominal

Poor Jack, [*tired*] *and* [*dirty*], *fell asleep on the chair.*

• **Remarque** : l'adjectif se place toujours après *someone*, *somebody* ou *something*.

I've got something [*new*] *for you.*

L'ordre des adjectifs

- En anglais, l'opinion de celui qui parle passe avant les faits objectifs qui peuvent la justifier. Ce principe s'applique donc aussi aux choix de l'ordre des adjectifs.

My [*nice*] [*old*] *Granny.* (*Nice* relève du subjectif, *old* de l'objectif.)

- Dans le cas d'une succession d'adjectifs exprimant une opinion, aller du plus subjectif au moins subjectif :

My [*wonderful*], [*interesting*], [*intelligent*] *girl-friend* (*wonderful* résume tout de cette personne, qui est intéressante parce qu'elle est intelligente).

- Dans une description détaillée, respecter, selon la même logique, l'ordre suivant : taille, âge, couleur, origine, composition.

A [*large*] [*old*] [*dark*] [*English*] [*wooden*] *box.*

[*Fascinating*] [*good*] [*old*] [*English*] *grammar…*

Les degrés de comparaison

- **Rappel** : il existe deux types d'adjectifs : adjectifs **courts** (une syllabe ou deux syllabes finissant en *-y*) et adjectifs **longs** (les autres).

		Long	Court
Comparatif	supériorité	*more* + adj. + *than*	adj.*-er* + *than*
	infériorité	*less* + adj. + *than*	
	égalité	*as* + adj + *as*	
Superlatif	supériorité	*the most* + adj.	*the* + adj.*-est*
	infériorité	*the least* + adj.	

- Ne pas oublier les comparatifs et superlatifs irréguliers :

Good ⟶ *better* ⟶ *the best*
Bad ⟶ *worse* ⟶ *the worst*
Far ⟶ *farther/further* ⟶ *the farthest/ the furthest*

- L'accroissement progressif : comparatif + *and* + comparatif

She is getting [**more**] **and** [**more**] [*intelligent*].

Elle devient de plus en plus intelligente.

She is [***happier***] ***and*** [*happier*].

Elle est de plus en plus heureuse.

- L'accroissement parallèle :

The *richer* ***he is, the less generous*** *he is.*

Plus il est riche, moins il est généreux.

Les adjectifs composés

Ils sont d'un emploi très fréquent en anglais, mais on ne peut pas les construire n'importe comment. Il vaut mieux utiliser prudemment ceux qu'on a déjà rencontrés et se contenter des structures simples ci-dessous.

- Pour décrire plutôt **un aspect ou un état**, choisir entre

• Adjectif + nom + *-ed*

A kind-hearted boy (Un garçon qui a bon cœur).

A one-eyed and one-legged pirate (Un pirate borgne et unijambiste).

• Nom + participe passé

Home-made jam (De la confiture faite maison).

• Adverbe + participe passé

A well-bred boy (Un garçon bien élevé).

- Le dernier élément de l'adjectif composé sera en *-ing* pour décrire plutôt **une action**.

• Nom + forme en V-*ing* :

English-speaking people (Les anglophones).

A hard-working boy (Un garçon travailleur).

• Adjectif + forme en V-*ing*

A sad-looking child (Un enfant à l'air triste).

• Adverbe + forme en V-*ing*

This ever-laughing young child (Ce jeune enfant qui rit tout le temps).

- Autre type de construction : nom (qui joue le rôle de complément circonstanciel) + adjectif.

I'm sea-sick (J'ai le mal de mer).

COMMENT FAIRE

► Pour exprimer des choix, des intentions

- ***I am going to*** *read all these books.*
- ***I mean to / I have in mind to*** (j'ai l'intention de) *finish this tomorrow.*
- ***I expect*** (j'attends de vous de) / ***want you to*** *come.*
- *I bought this book* ***in order to / so as to*** (afin de / pour) *improve my English.*
- ***I'm planning to*** (j'envisage de) *visit Ireland next year.*
- *I bought this book is* ***for him to read*** *(it).* J'ai acheté ce livre pour qu'il le lise.
- *I'm doing all these exercises* ***so that*** (afin de) *I can practise my English.*
- ***I am not*** *obeying* (Il n'est pas question que) *these orders!*

S'EXERCER

1 Remettre les adjectifs dans le bon ordre dans les phrases suivantes.

1. When Evelyn appeared, she was wearing a/an (long ; red ; knee-length ; original) ...... dress.
2. Her aunt, a/an (old ; bad-tempered ; bossy ; English) ...... lady, made a/an (nasty ; biased) ...... remark about this dress, which made (long-legged ; blonde ; slim) ...... Evelyn look really gorgeous.

2 Mettre les adjectifs au comparatif ou au superlatif.

1. This boy is ...... (brilliant) student in the school. Everybody is jealous of him.
2. Lucy is always crying. She is ...... (sensitive) than her sister Olivia, but Olivia is ...... (selfish): she is always thinking about herself.
3. My uncle is open-minded, he is ...... (prejudiced) man I know !
4. Tom and Ann look alike: Tom is ...... (stubborn) Ann, really.

3 Reformuler les phrases suivantes en utilisant des adjectifs composés.

1. She had a dress as red as brick. ......
2. They showed a picture of their daughter, who was three months old. ......
3. It is a story which breaks the heart. ......
4. This factory is controlled by computers. ......

4 Compléter cette description de Sir Walter Raleigh (1554-1618), (personnage important de la cour d'Elisabeth Ire. Il introduisit le tabac en Angleterre et fonda la colonie américaine de Virginie.) **avec les adjectifs composés appropriés. Utiliser les informations entre parenthèses.**

1. This ...... (age) man is ...... (hair).
2. This ...... (eyes), ... (nose) and ...... (bossy look) explorer brought tobacco to Britain.
3. He's wearing a .... jacket (with a high collar and long sleeves).

VOCABULAIRE

Décrire une personne

the features : *les traits*
the skin : *la peau*
the complexion : *le teint*
tanned : *bronzé*
the weight : *le poids*
the height : *la taille*
the size : *la taille (vêtement)*
average : *moyen*
gorgeous : *magnifique*
eager : *enthousiaste*
efficient : *efficace*
reliable : *fiable*
sensible : *sensé*
sensitive : *sensible*
shy : *timide*
anxious : *inquiet*
awkward : *maladroit*
absent-minded : *distrait*
narrow-minded/open-minded : *à l'esprit étroit/large*
prejudiced/biased : *qui a des préjugés*
biased : *partial*
stubborn : *têtu*
bossy : *autoritaire*
nasty : *désagréable, méchant*
selfish : *égoïste*

ANGLAIS

À RETENIR

Le passé

Les traductions des exemples ci-dessous montrent bien qu'il n'y a **pas d'équivalent entre les temps du passé français et anglais.**

● ***Present perfect*** (*have* + participe passé)

• **Principe** : il s'agit d'un **passé indéterminé** ; ce qui compte, c'est que **l'événement** a eu lieu, et non les circonstances de cet événement.

Someone ***has taken*** *my watch!* Quelqu'un m'a pris ma montre ! (Peu importe qui, quand, comment, ou pourquoi. Ce qui compte c'est que je n'ai plus de montre.)

Have *you* ***finished*** *your work?*

• Le *present perfect* décrit, entre autres, une action commencée dans le passé et qui continue dans le présent.

I ***have known him*** *for 3 years.* Il y a 3 ans que je le connais.

I ***haven't seen him*** *since 12 o'clock.* Je ne l'ai pas vu depuis midi.

I ***have*** *just* ***seen him****.* Je viens de le voir.

• *Present perfect* en V-*ing*

On s'intéresse à la **durée** ou au **déroulement de l'action qui continue** au moment où on parle.

We ***have been*** *walk****ing for*** *3 hours.* Cela fait 3 heures (sous-entendu : longues !) qu'on marche.

● **Prétérit (*-ed*)**

• **Principe** : les **circonstances** de l'action (date, lieu...) sont importantes.

When ***did*** *he* ***phone****?* Quand a-t-il téléphoné ? (on s'intéresse à la date.)

Where ***did*** *you* ***buy*** *this coat?* Où as-tu acheté ce manteau ? (Le lieu de l'achat est important, pas seulement le fait que le manteau a été acheté.)

I saw him at 2 o'clock / 4 hours ago. Je l'ai vu à 2 heures / il y a 4 heures (on tient à préciser le moment où on l'a vu).

*We walk****ed*** *for 3 hours, from 1 to 4.* Nous marchâmes / avons marché pendant 3 heures, de 1 heure à 4 heures.

He ***left*** *the house when the fire started.* Il quitta / a quitté la maison quand l'incendie éclata / a éclaté.

(Remarque : les deux actions sont consécutives.)

• C'est le plus souvent en anglais le **temps du récit.**

● **Prétérit en V-*ing***

• On insiste sur le déroulement de l'action à un moment donné du passé.

He ***was*** *leav****ing*** *the house when the fire started.* Il était en train de sortir de la maison quand l'incendie a éclaté. (Remarquer la différence avec l'exemple précédent où les deux actions étaient consécutives.)

● ***Pluperfect***

• **Principe** : on situe une action **avant un moment passé** de référence.

He ***had*** *just* ***left*** *when the fire started.*

Il venait de partir quand l'incendie éclata.

● ***Pluperfect*** **en V-*ing***

On s'intéresse à la **durée** ou au **déroulement de l'action** qui se produisait au moment dont on parle.

We ***had been*** *walk****ing*** *for 3 hours when the fire started.*

Il marchait depuis 3 heures quand...

Le présent

● Faire la différence entre le présent simple (**action répétitive ou très rapide**) et le présent en V-*ing* (**action en cours**, que l'on peut visualiser au moment où on parle).

I ***visit*** *a museum every weekend.* Je visite un musée tous les week-ends.

*Listen! He****'s talking*** *about his family.* Écoute ! Il parle / est en train de parler de sa famille.

● **Mais...**

• La forme en V-*ing* permet d'ajouter une nuance d'irritation ou de reproche à une action habituelle.

He is ***always cutting*** *in!* Il n'arrête pas de m'interrompre !

• La forme simple peut décrire une action en cours pour insister sur sa brièveté.

I ***switch*** *off the TV: someone is ringing at the door.*

Je coupe la télé, quelqu'un sonne à la porte.

L'avenir

● **Il n'y a pas de forme grammaticale propre au futur.**

Il faut donc choisir parmi différentes formes, selon que l'on envisage l'événement comme...

• imminent :

The train ***is about to*** *start.*

Le train est sur le point de partir.

• décidé, et tellement sûr que c'est comme si c'était fait :

Tonight, I ***am*** *tak****ing*** *Jim to the theatre.* Ce soir, j'emmène Jim au théâtre.

• très sûr, mais la décision est moins personnelle :

On Monday I ***meet*** *my new manager.* Lundi, je vois / dois voir mon nouveau directeur.

• planifié ou très prévisible :

He ***is*** *not* ***going to*** *like my new dress.* Il ne va sûrement pas aimer ma nouvelle robe.

• incontournable et organisé par autrui :

My exam ***is to*** *take place next June.* Mon examen est en / programmé pour juin prochain.

• l'objet d'une certitude ou d'une décision prise sur le champ :

You will meet Jim at my birthday party. Tu rencontreras Jim lors de ma soirée d'anniversaire. (On pourrait utiliser, selon qu'on est plus ou moins certain, d'autres auxiliaires de modalité, cf. leçon 4, p. 302.)

Ann is in town? I ***shall*** */* ***will*** *invite her, then.* Anne est en ville ? Alors je vais l'inviter.

Remarque : quelle que soit la forme employée pour exprimer l'avenir, on emploie obligatoirement le présent dans une subordonnée de temps.

When/ as soon as ***it stops*** *raining we'll go for a walk.*

Dès que la pluie cessera, on fera une promenade.

COMMENT FAIRE

► Pour exprimer la cause et la conséquence

- ***As / since*** (puisque) *it is raining, I'm staying at home.*
- ***Owing to / due to*** (en raison de) *bad weather conditions, the match was cancelled.*
- ***Thanks to*** (grâce à) *her generosity we could build a hospital.*
- *There's a heat wave coming.* ***That's why*** *it's so hot.*
- *The snow* ***caused*** *all the traffic to stop.* La neige a occasionné l'arrêt de la circulation.
- *It was* ***so*** *cold* ***that*** (si… que) *the river froze.*
- *It is snowing,* ***so*** (donc) *let's stay at home.*
- *There is* ***such*** (tel / tellement) *a bright sunshine* ***that*** *I feel as if I was on holiday.*

S'EXERCER

1 Dans ces phrases adaptées des premières lignes de *The Razor's Edge* de Somerset Maugham, justifier le choix du temps.

1. *I have never begun a novel with more hesitation.*
2. *Death ends all things (…), but marriage finishes it very properly too.*
3. *Many years ago I wrote a novel called "The Moon and Sixpence".*
4. *In the present book I have attempted to do nothing of the kind. I have invented nothing.*
5. *The man I am writing about is not famous.*

a. L'auteur fait référence à ce qu'il a écrit dans le passé.
b. L'auteur fait le bilan de son expérience en tant qu'écrivain.
c. L'auteur exprime une vérité générale.
d. L'auteur se décrit comme en train d'écrire le livre.
e. L'auteur parle de son livre comme s'il était déjà écrit.

2 Parmi les marqueurs de temps proposés pour chacune des phrases suivantes, barrer ceux qui ne conviennent pas.

1. They will start performing the play *next week – last week – in two days' time.*
2. The Saxons invaded Great Britain *from now on – afterwards – in the 6th century A.D. – after the Romans.*
3. *In the 1920's – Formerly – In ten years' time – In the next century*, people didn't use to have a lot of comfort.

3 Mettre le verbe entre parenthèses à la forme qui convient.

1. Look ! This statue …… (remind) me of a museum I …… (visit) when I …… (be) in Canada a few years ago.
2. In 2002, she …… (think) of moving to Washington D.C. the following year, but she still …… (live) in New Orleans.
3. I …… (not / know) why John …… (not / make) up his mind yet.
4. Tom always …… (feel) nostalgic when he …… (remember) his youth in Ohio. He …… (not / have) much comfort, but it …… (not / matter).
5. In the fifties, I …… (travel) to India. I …… (never/ be) abroad before.

4 Que dire pour exprimer ce qui suit ?

1. Vous pensez qu'au siècle prochain, les hommes utiliseront de nouvelles sources d'énergie. Vous direz : *In the next century* ……
2. Vous avez décidé de rester à la maison ce soir. Vous direz : *Tonight* ……
3. Vous préparez vos bagages parce que votre train part à 5 heures. *My train* ……
4. Vous annoncez que dès que vous arriverez à Londres vous chercherez un emploi. ……
5. Vous avez lu dans la presse que le Premier ministre français doit venir en Grande-Bretagne le mois prochain. *The French P.M.* ……

VOCABULAIRE

Situer dans le temps

a century : *un siècle*
a decade : *une décennie*
in 10 years's time : *dans 10 ans*
the current week : *la semaine en cours*
the previous week : *la semaine précédente*
the next week : *la semaine suivante*
from now on : *à partir de maintenant*
nowadays : *de nos jours*
formely : *jadis*
A.D. (Anno Domini)/B.C. (Before Christ) : *après/avant Jésus-Christ*
in the 1950's : dans les années 1950
to occur/happen/take place : *se produire*
to date back to : *remonter à, dater de*
to follow : *suivre*
a memory/a remembrance : *un souvenir*
a souvenir : *un souvenir (de voyage)*
to remember/recall : *se souvenir*
to remind someone of something : *rappeler quelque chose à quelqu'un*
a legacy : *un héritage*
to inherit : *hériter*
an heir : *un héritier*

À RETENIR

Définition

La modalité consiste à exprimer l'état d'esprit de celui qui parle. Il utilise pour cela une série d'auxiliaires dits « modaux », qui précèdent le verbe et ont un certain nombre de points communs : ils ne sont pas suivis ni précédés de *to* ; ils ne sont jamais précédés d'un autre auxiliaire ; à la forme interrogative, il y a simplement inversion du sujet et du verbe ; ils ne prennent pas de *-s* à la troisième personne du singulier

Choix de l'auxiliaire

● L'auxiliaire est donc choisi en **fonction de ce que l'on veut exprimer**.
Je ne sais pas nager (→ incapacité) : *I can't swim.*
Puis-je partir ? (→ demande de permission) :
May I go?

● Un même auxiliaire peut exprimer plusieurs modalités
I must go (→ obligation). Il faut que je parte.
He isn't here today, he must be ill (→ certitude). Il est absent aujourd'hui, il doit être malade.

● Une même modalité peut être exprimée par plusieurs auxiliaires.
You can't / mustn't / may not go (→ interdiction). Tu n'as pas le droit de partir.

● Un auxiliaire ne pouvant être précédé d'un autre, on est parfois obligé d'avoir recours à des expressions équivalentes qui expriment la même modalité. Par exemple *must* (obligation) n'a pas de forme du passé ni du futur. On est donc obligé d'utiliser son **équivalent**, *have to* :
I had to leave just before the end of the party.
J'ai été obligé de partir avant la fin de la soirée.

● **Au passé,** quand l'auxiliaire n'a pas de forme spécifique (*he could not come*) ni d'équivalent (*he had to go*), il faut avoir recours à la structure :
[auxiliaire] + [*have*] + [participe passé].
He [*should*] [*have*] *finish*[*ed*]. Il devrait avoir fini.

Emplois

Le tableau ci-dessous récapitule les différents emplois des auxiliaires de modalité. Le symbole (x) indique que pour une modalité donnée au passé, l'auxiliaire soit être suivi de *have* + participe passé (comme dans l'exemple ci-dessus).

	Modalités								
Auxiliaires	Capacité	Incapacité	Obligation, nécessité	Absence d'obligation	Interdiction	Permission	Conseil, reproche	Certitude	Incertitude
Can	x					x	x	(x)	
Can't		x			x				(x)
Could	x					x	(x)	(x)	
Couldn't		x			x				(x)
May						x		(x)	
May not					x				(x)
Might							(x)	(x)	
Might not									(x)
Should							(x)	(x)	
Shouldn't					x		(x)		(x)
Must			x					(x)	
Mustn't					x				
Need			x						
Needn't				x					
Équivalents									
To be able to	x								
Not to be able to		x							
To have to			x						
Not to have to				x					
To be allowed to						x			
Not to be allowed to					x				

COMMENT FAIRE

► Pour exprimer différents degrés de probabilité (du plus au moins probable)

- *He's* ***bound to*** *succeed.* (il ne peut pas ne pas…)
- *He's* ***likely to*** *be working.* (il y a de fortes chances pour que…)
- *He* ***must have*** *finished.* (c'est assez certain)
- *He* ***should*** *be on his way.* (c'est ce qui devrait se produire)
- ***It looks as if*** *he's not arrived yet.* (on dirait que…)
- ***Perhaps / maybe*** *the train is late.* (c'est relativement probable)
- *He* ***can have*** *missed his train.* (c'est possible)
- *He* ***could have*** *missed his train.* (ne n'est pas impossible)
- *The bus* ***may have been*** *delayed.* (on n'en est pas sûr)
- *He* ***might*** *come to see us.* (on n'en est pas sûr du tout)
- ***I doubt whether*** *he knows the place.* (on a des doutes)
- *He* ***can't be*** *working on this project!* (c'est impossible)

S'EXERCER

1 **Dans le texte ci-dessous, souligner les expressions de la modalité puis identifier la modalité exprimée.**

1. In the past, you didn't have to be skilled to find a job easily.
2. After the 1930's, people could go on strike when something was wrong.
3. She is likely to be fired soon.
4. Applicants must provide a résumé.
5. He can't have resigned without finding an other job first!

2 **Observer l'image ci-dessous et compléter les phrases avec des auxiliaires modaux ou des formes équivalentes.**

1. The photo ...... (take) in the 21st century.
2. It ...... (be) an early twentieth-century black and white picture.
3. It ...... people ...... (work) hard at the time.
4. This ...... (be) a factory at the turn of the century.
5. This picture ...... (represent) working conditions in assembly-lines.
6. Unskilled workers ...... (find) jobs quite easily.
7. You ...... (think) twice before you resign; this was particularly true at the time!

3 **Reformuler les phrases suivantes de façon équivalente.**

1. Perhaps he will get a pay rise if he asks for it.
   ......
2. I advise you to apply for this job.
   ......
3. They don't have to dismiss him: he will resign.
   ......
4. He isn't working full-time. It is impossible.
   ......
5. They have most probably organized this demonstration in order to be better-paid.
   ......
6. Perhaps she will come to the meeting but it is very unlikely.
   ......
7. I want them to stop this strike.
   ......
8. Don't get into the chairman's office.
   ......

VOCABULAIRE

Le monde du travail

a factory: *une usine*
an assembly-line: *une chaîne d'assemblage*
a company/a firm: *une entreprise*
an employee: *un employé*
an employer: *un employeur*
the chairman: *le P.-D.G.*
to run a business: *diriger une entreprise*
the salary/wages: *le salaire*
badly/well-paid: *mal/bien payé*
a rise: *une augmentation*
skilled: *qualifié*
to work part/full-time: *travailler à temps partiel/complet*
a workaholic: *un bourreau de travail*
a résumé/a C.V.: *un C.V.*
to apply for: *poser sa candidature*
an applicant: *un candidat*
to be on the dole: *être au chômage*
unemployed/jobless: *sans emploi*
unemployment: *le chômage*
to dismiss/fire/sack: *congédier*
to resign: *démissionner*
a demonstration: *une manifestation*
to go on strike: *faire grève*

À RETENIR

La phrase simple est constituée d'un groupe nominal sujet, d'un groupe verbal et de groupes nominaux compléments éventuels.

Place des compléments

● Quand il y a plusieurs compléments, ils se placent dans l'ordre suivant :

Objet direct + Manière + Temps + Lieu

I met [*him*] [*by chance*] [*at lunch time*] [*at school*].

Je l'ai rencontré par hasard, à l'heure du déjeuner, à l'école.

En règle générale, **on ne sépare pas** le groupe verbal du C. O. D.

Place de l'adverbe

● Adverbe de fréquence

• Devant le verbe (sauf *be*), s'il n'a pas d'auxiliaire :

He ***often*** [*goes*] *out. He* [*is*] ***never*** *late.*

• Après le premier (ou unique) auxiliaire :

You [*should*] ***never*** [*have*] [*been*] *invited.*

Tu n'aurais jamais dû être invité.

● Adverbe de temps

• En règle générale, il se place en fin de proposition :

She arrived ***early****.*

• *Now, then, recently* se placent en début, milieu ou fin, selon l'importance qu'on leur donne.

[***Now***]*, I have finished.*

I met him [***then***].

I have seen her [***recently***].

• Mais *just* suit la règle des adverbes de fréquence :

He has [***just***] *finished.*

● Adverbe de manière

• À la voix active il se place en fin de proposition :

He was talking to her ***silently****.*

• À la voix passive il se place après l'auxiliaire :

He was ***quickly*** *discovered.*

● Adverbes exprimant l'appréciation, le degré

La règle est identique aux adverbes de fréquence :

He ***nearly*** *forgot to come.*

Il a failli oublier de venir.

I have ***hardly*** *understood anything.*

Je n'ai quasiment rien compris.

Attention : *hard ≠ hardly.*

He works ***hard****:* il travaille dur.

He ***hardly*** *works:* il travaille à peine.

Place des prépositions

Les prépositions introduisent le complément du verbe.

● Dans les **phrases affirmatives** elles se placent **avant** le mot qu'elles introduisent.

He's talking ***about*** [*you*].

● Dans les **phrases interrogatives** elles se placent **en fin de groupe verbal.**

[*Who is he talking*] ***to*** *so rudely?*

À qui parle-t-il si grossièrement ?

Les particules adverbiales

Elles ont pour rôle de modifier le sens des verbes et expriment un résultat ou une direction, le verbe exprimant la manière dont l'action s'accomplit.

Anglais	**Manière** *He walked* *Read*	**Résultat** *out* *on*
Français	**Résultat** Il sortit Continue	**Manière** en marchant de lire

● Place de la particule

• Elle se place avant un complément d'objet direct long :

Give me ***back*** [*that box you took yesterday*].

Rends-moi cette boîte que tu as prise hier.

• Elle se place, au choix, avant ou après un C.O.D. court :

Give ***back*** [*that box*]*! Give* [*that box*] ***back!***

• Elle se place toujours **après un pronom C.O.D.** :

Give [*it*] ***back.***

COMMENT FAIRE

► Pour choisir la préposition ou particule appropriée

Les prépositions sont reconnaissables par le fait qu'elles sont suivies d'un complément.

- *About* (+ Cpt) : autour, au sujet de
- *Above* (+ Cpt) : au-dessus
- *Across* (+ Cpt) : à travers (en surface)
- *Ahead* : vers l'avant
- *Along* (+ Cpt) : le long de
- *Around / round* (+ Cpt) : autour, environ
- *At* (+ Cpt) : chez, à (en un lieu fixe)
- *Away* : éloignement à partir d'un lieu
- *Back* : vers l'arrière
- *Below* (+ Cpt) : en dessous
- *By* (+ Cpt) : par, à côté de
- *Down* (+ Cpt) : vers le bas
- *For* (+ Cpt) : destination, but
- *Forward(s)* : vers l'avant
- *From* (+ Cpt) : de (provenance)
- *In* (+ Cpt) : dans (sans mouvement)

►

- *Into* (+ Cpt) : dans (avec mouvement)
- *Near* (+ Cpt) : près de
- *Off* (+ Cpt) : éloignement à partir d'une surface
- *On* (+ Cpt) : sur, continuation
- *Out, out of* (+ Cpt) : à / vers l'extérieur
- *Over* (+ Cpt) : au-dessus
- *Past* (+ Cpt) : au-delà, près de (mouvement)
- *Through* (+ Cpt) : à travers (dans l'épaisseur)
- *To* (+ Cpt) : vers
- *Under* (+ Cpt) : sous

S'EXERCER

1 Remettre les majuscules et la ponctuation dans le texte suivant.

When Louise opened the door she couldn't believe her eyes was this the man she had been waiting for for two hours now he said hello she didn't know what to answer do you want to come in she eventually whispered

2 Remettre dans l'ordre les mots suivants afin de faire des phrases correctes.

1. her children – she – biscuits – at 4 – usually – gives
2. never – Tom – met – have – I
3. the door – discreetly – she – opened
4. up – singing – why – you – give – did – ?
5. pyramid – discovered – new – in – been – a – recently – has – Egypt
6. you – the light – can – ? – off - switch

3 Dans les phrases suivantes, cocher celles dont le verbe est suivi d'une particule adverbiale, et non d'une préposition, puis traduire.

- ☐ He quickly walked away. ......
- ☐ She ran out of the room. ......
- ☐ You may come in. ......
- ☐ I haven't heard from him for ages. ......
- ☐ I don't appreciate her telling me off. ......
- ☐ There was a dark sky above the city. ......
- ☐ I've seen a ghost walk through the wall! ......
- ☐ Stay here, I'll go ahead. ......
- ☐ He lives at the Smiths'. ......
- ☐ Have you heard from him recently? ......
- ☐ Think it over. ......

4 Compléter les phrases suivantes avec les prépositions ou particules adverbiales qui conviennent.

He swam ...... the Channel. Il traversa la Manche à la nage.
He flew ...... the Channel. Il a traversé la Manche en avion.
He lives ...... his means. Il vit au-dessus de ses moyens.
They're dancing ...... the fire. Ils dansent autour du feu
This is an article ...... Time. C'est un article du *Time*.
Can you help me ...... the car? Peux-tu m'aider à monter ?
Did he have a coat ......? Il portait un manteau ?
Did you get ......? As-tu réussi ?
Don't answer ......! Ne réplique pas !
He walked ...... me. Il est passé à côté de moi.
He's ...... for a few days. Il est parti pour quelques jours.
I can't get her name .... Je n'arrive pas à prononcer son nom.
I was ...... at 5. J'étais debout à 5 heures.
I'm listening ...... the bell. Je guette la sonnerie.
It goes ...... well... Ça se laisse boire...
Read ...... Continue à lire.
See .... Voir ci-dessous.
Sorry, I must be .... Désolé, je dois partir.
They eat ...... gold plate. Ils mangent dans de la vaisselle d'or.
What's ...... all this? Qu'est-ce que ça cache ?
Will you stand ...... me? Tu me soutiendras ?
You won't get ...... with it. Tu ne t'en tireras pas comme ça.

VOCABULAIRE

L'environnement urbain et rural

a detached house : *une maison individuelle*
a terraced house : *une maison alignée (mitoyenne)*
a flat/an apartment : *un appartement*
a block of flats : *un immeuble*
a tower : *une tour*
a sattelite dish : *une parabole*
a neighbourhood : *un quartier*
a town-dweller : *un citadin*
the downtown : *le centre-ville*
the suburb (s) : *la banlieue*
a suburbanite : *un banlieusard*
a commuter : *un banlieusard (usager des transports en commun)*
a cross-roads : *un carrefour*
an ad : *une publicité*
to move : *déménager*
the landscape : *le paysage*
the country (side) : *la campagne*
a country person : *un rural*
a lane : *un chemin*
a meadow : *un pré, une prairie*
a bush : *un buisson*
a hedge : *une haie*
a species : *une espèce (pluriel : species)*

À RETENIR

L'anglais emploie les pronoms relatifs *who* (et son C.O.D. *whom*), *whose*, *which* et *that*, dans deux types de propositions : les relatives déterminatives et les relatives non déterminatives.

Relatives déterminatives

Elles déterminent le nom qu'elles qualifient (l'antécédent) et sont indispensables à la compréhension de la phrase.

● **Si l'antécédent est masculin ou féminin**

• Elles sont introduites par *who*, en position de sujet.
The girl **who** *lives in this house is a student at Oxford.*
La fille qui vit dans cette maison est étudiante à Oxford.

• Elles sont introduites par *whom* ou *that*, en position de complément. Le relatif déterminatif complément peut être omis.
*The man (***whom / that***) you met at my party is my father.*
L'homme que tu as rencontré à ma soirée est mon père.

• On emploie le relatif *whose* pour exprimer la possession.
Here is a man **whose** *life is an example to us all.*
Voici un homme dont la vie est un exemple pour nous tous.

● **Si l'antécédent est neutre**

• On emploie *which* ou *that*, en position de sujet ou de complément.
The house **which** *stands in front of you is mine.*
La maison qui se dresse devant vous m'appartient.
*This is the house (***which / that***) I've bought.*
Voici la maison que j'ai achetée.

• Là aussi, le relatif complément peut être omis.

• On peut aussi utiliser *what*, dans le sens de *the thing which*.
I agree with **what** *you say.*
Je suis d'accord avec ce que tu dis.

● Alternative aux relatives : on peut omettre le pronom relatif et l'auxiliaire dans le cas d'une forme en *be* + V-*ing* ou d'un passif.
There was a man (who was) sitting under the tree.
Il y avait un homme assis sous l'arbre.
All the luggage (that will be) found unattended will be destroyed.
Tous les bagages non accompagnés seront détruits.

● Emploi de *that* au lieu de *who / which*.
Après *all*, *the first*, *the only*, ou un superlatif :
*He is the most interesting man (***that***) I have ever met:*
*I agree with all (***that***) he says.*

Relatives non déterminatives

Précédées d'une virgule, elles apportent un complément d'information et ne sont pas indispensables à la compréhension de la phrase.
That girl, **who** *lives next door, is a student at Oxford.*
Cette fille, qui habite à côté, est étudiante à Oxford.

● L'antécédent est déjà déterminé.
This man, **whom** *you met at my party, is my father.*
Cet homme, que tu as rencontré à ma soirée, est mon père.

● On ne peut pas employer *that* dans une non-déterminative.

● Le relatif non déterminatif complément ne peut pas être omis.

● La relative non déterminative peut être introduite par *which*, qui reprend toute la proposition précédente.
She agreed, **which** *was quite unusual.*
Elle a été d'accord, ce qui était tout à fait inhabituel.

COMMENT FAIRE

► Pour choisir entre la construction verbe + infinitif et verbe + forme en V-*ing*

● **Après un verbe de perception**

• On insiste sur le moment où l'action se produit, ou sur son déroulement : V-*ing*.
I can hear someone singing.
I saw him talking to her as they were walking up the street.

• On insiste sur le fait que ça a eu lieu : infinitif.
I saw him jump into the river.

● **Autres verbes**

Règle générale :

• forme en V-*ing* = vous considérez ce qui s'est passé jusqu'à maintenant.
I like walking in the country. (Cela a toujours été ainsi.)
I remember seeing him yesterday.

• infinitif = vous considérez ce qui aura (ou peut avoir) lieu.
I would hate to disturb him. (Il n'a pas encore été dérangé.)
Remember to buy some bread for tomorrow.

S'EXERCER

1 Compléter avec le pronom relatif qui convient. Souligner les relatives non déterminatives.

1. The man ...... you met yesterday is a Congressman.

2. The woman ...... you are talking about is a lawyer in a famous law firm.

3. This is the guy ...... office is located in the City.

4. She wasn't chosen as a Prime Minister, ... was a surprise.

5. This senator, ... had never seen any public execution, was shocked.

6. I don't understand ...... he is talking about.

7. This is the only law ...... I have ever disobeyed.

8. She told me about a film ...... she had seen recently, ... producer is not famous.

9. Here is the most moving speech ...... I have ever heard.

10. Here is the M.P. ...... husband might become P.M. one day.

2 Traduire.

1. Le jour où il a été élu, il a remercié ses amis.

2. C'est l'amie dont je te parlais hier.

3. Ce bâtiment, qui est au cœur de Londres, est en réalité une cathédrale.

4. J'ai oublié ce que je devais te dire, ce qui est inquiétant.

5. J'ai oublié le livre que je devais prendre.

6. C'est l'ami dont les enfants vont à l'école avec les miens.

7. C'était l'époque où la vie était facile.

3 Les verbes suivants acceptent les deux constructions, *to* + BV et V-*ing*. Choisir la bonne construction en fonction du contexte donné en français.

1. Je me souviens lui avoir dit de venir.

I remember ...... him to come.

2. Je l'ai écouté jouer de la guitare toute la journée.

I listened to him ...... the guitar all day.

3. Je regrette de quitter la soirée si tôt.

I regret ...... the party so early.

4. Elle veut voter demain.

She wants ...... tomorrow.

5. J'aimerais bien aller à Londres la semaine prochaine.

I would like ...... to London next week.

6. J'ai oublié de te dire d'apporter ta carte.

I forgot ...... you to bring your card.

7. J'ai le regret de te dire que je ne viendrai pas.

I regret ...... you that I won't come.

8. J'aime marcher au clair de lune.

I like ...... in the moonlight.

9. Arrêtons-nous pour regarder la mer.

Let's stop ...... the sea.

10. Il est temps d'arrêter de regarder la mer, il se fait tard.

It's time we stopped ...... at the sea, it's getting late.

11. Monsieur le policier ! Je l'ai vu prendre mon portefeuille !

Constable! I saw him ...... my wallet.

VOCABULAIRE

Politique et institutions

the national anthem : *l'hymne national*
an M.P. (Member of Parliament) : *un député*
Mr Speaker : *le président de la Chambre des communes*
the P.M. (Prime Minister) : *le Premier ministre*
the Congress : *le Congrès américain* (= Senate + House of Representatives)
a Congressman : *un député (U.S.)*
the Inauguration : *l'investiture du Président (U.S.)*
a general election : *une élection législative*
an opinion poll : *un sondage*
a polling station : *un bureau de vote*
the ballot : *le scrutin*
the policy : *l'action politique, la ligne politique*
a bill : *un projet de loi*
a law : *une loi*
the welfare state : *l'État-providence*
a civil servant : *un fonctionnaire*
a taxpayer : *un contribuable*
a council flat : *une HLM*
the town council : *le conseil municipal*
a trial : *un procès*
to charge s.o. with sth : *inculper de*
to plead guilty : *plaider coupable*
a culprit : *un coupable*
to sentence : *condamner*

À RETENIR

Le style indirect

Lors du passage du style direct au style indirect, faire attention à la **concordance des temps** quand on rapporte des **paroles prononcées dans le passé**.

● **Le présent est remplacé par le prétérit.**
Where does she work? Où travaille-t-elle ?
→ *He wondered where she work**ed**.* Il se demanda(it) où elle travaillait.

● **Le prétérit est remplacé par le *pluperfect*.**
She worked hard. → *I said that she **had** work**ed** hard.*

● **Le *pluperfect* ne change pas de temps.**
She had worked hard. → *I said that she **had** work**ed** hard.*

● **Les auxiliaires suivent la même règle.**
Will → *would, can* → *could, may* (certitude) → *might, must* → *had to* (obligation).
She will work hard. → *He said that she **would** work hard.*
Can she work hard? → *He asked if she **could** work hard.*
She may come. → *He believed she **might** come.*
I must work harder. → *She admitted she **had to** work harder.*

● **Les marqueurs de temps doivent aussi être adaptés.**
Yesterday → *The day before.*
The following day → *The day after.*
Last week → *The week before.*
Tomorrow → *The next day.*
The next day → *The day after.*

● Ne pas oublier de **transformer tous les verbes** de la phrase.
She may come when she has finished. Elle pourra venir quand elle aura fini.
→ *He thought she **might** come when she **had** finish**ed**.*
Il pensa(it) qu'elle pourrait venir quand elle aurait fini.

● Mais il est des **cas où la règle de la concordance des temps n'a pas lieu d'être observée.**
• Si la situation décrite par les paroles qu'on rapporte est encore vraie au moment où on parle :
*(I said) he **has been** working for hours.* (J'ai dit que) ça fait des heures qu'il travaille. (Il travaille toujours au moment où on parle.)
• Avec les formes invariables construites avec une **BV** telle que *would, should, ought to, had better, might, used to, could, must* (probabilité) :
(I said) ***he used to live*** *here when he was young.* (J'ai dit qu') il vivait ici quand il était jeune.

Le passif

● Il se construit avec l'auxiliaire *be* suivi du participe passé et, éventuellement, du complément d'agent introduit par *by*.
The house was bought by a friend of mine.
La maison a été achetée par un de mes amis.

● D'un usage bien plus fréquent qu'en français, son rôle principal est de **mettre l'accent sur celui qui subit l'action.**
*Jane **was** invit**ed** by Jim* n'a pas exactement le même sens que *Jim invited Jane*. Dans le premier cas, c'est Jane qui compte le plus aux yeux de la personne qui parle.

● Le complément d'agent (introduit par *by*) n'est mentionné que s'il est important.
*A suspect **is being** question**ed**.*
On est en train d'interroger un suspect.
On juge inutile de préciser par qui. C'est d'ailleurs pour cette raison que le passif équivaut très souvent au français « on ».

● La construction passive ne doit pas séparer le verbe de la **préposition** qui peut l'accompagner à la voix active.
*He was laugh**ed** at by all the crowd.*
La foule s'est moquée de lui.

● Impossible à traduire mot à mot, le **double passif** s'emploie avec des verbes indiquant une relation d'une personne à une autre (*give, offer, tell, teach*...).
I was told *a strange story.* (est préférable à : *a strange story was told to me* et, conformément à l'usage du passif, cela met en lumière la personne concernée).
On m'a raconté une drôle d'histoire.

● Pour rapporter des faits, le **passif impersonnel** suit les mêmes verbes et mêmes règles que le style indirect et se construit de deux manières :
It was said that he was very rich.
He was said to be very rich.
On disait qu'il était très riche.

COMMENT FAIRE

► Pour exprimer un conseil ou un regret

● **Le conseil**
• *You **should** mind what you say.* Tu devrais faire attention à ce que tu dis.
• *You **ought to** be more generous with people.* Tu devrais être plus généreux avec les gens (*ought to* fait plus appel à la notion de devoir moral).
• *You **oughtn't to** be so careless.* Tu ne devrais pas être si négligent (remarquer la construction négative, propre aux auxilaires modaux ; chapitre 4, p. 302).

● **Regret, souhait, reproche**
• *I **wish** you lik**ed** my cooking.* Je regrette que tu n'aimes pas ma cuisine (ici, *liked* n'a pas de sens passé).

►

Cela s'appelle un prétérit modal. *I wish* a le même sens que *if only*... (Si seulement...).

• *I* **wish** *you* **didn't** *object to all that I say!*
J'aimerais bien que tu ne me contredises pas tout le temps !

• *You* **should have** *called me before.*
Tu aurais dû m'appeler avant.

• *You* **shouldn't have** *bought this car.*
Tu n'aurais pas dû acheter cette voiture.

• *I* **wish** *you* **had** *called me before.*
J'aurais aimé que tu m'appelles avant / Je regrette que tu ne m'aies pas appelé avant / Si seulement tu m'avais appelé avant.

• **I'd rather** *you* **hadn't** *bought this car.*
J'aurais préféré que tu n'achètes pas cette voiture.

S'EXERCER

1 Transformer ce texte au discours indirect.

1. "Have you seen Louisa recently?" Tom asked Peter.
2. "No, I haven't," Peter answered. "But I'm not surprised. I know that she had planned to spend her holidays in Greece."
3. "Do you know when she is supposed to come back?" Tom asked.
4. "I think she will be back in two or three days' time," Peter replied. "But you can call her on her cell phone if what you have to tell her is really important !"
5. He added: "She might get angry if you call her while she is sleeping on the beach."
6. And he remembered: "Last year, during her holiday in Africa, she wouldn't answer any calls."

2 Transformer les phrases suivantes au passif.

1. The police has arrested the suspect.
2. The baby-sitter is looking after John's daughters.
3. Why did they perform such an outrageous play?
4. People think 'the Mona Lisa' is the greatest masterpiece of all times.
5. Can you rehearse the play next week?

3 Traduire les phrases suivantes.

1. I was told not to say anything concerning this new advert.
2. The secretary was given a bonus.
3. Hogarth is said to be the most famous engraver of the 18th century.

4 Traduire les phrases suivantes en commençant par "I wish...".

1. J'aurais aimé que tu m'en parles avant.
2. J'aimerais être plus riche.
3. J'aimerais bien que tu ne le mentionnes plus devant moi.

5 Formuler un conseil ou un regret correspondant aux situations suivantes.

1. Tom has had a bad mark at his maths test because he hasn't worked enough.
2. Your best friend is lighting a cigarette just in front of you.
3. You have just hurt someone you like because you were tired.
4. You haven't been invited to your best friend's wedding party.

VOCABULAIRE

Les arts, la mode

a work of art: *une œuvre d'art*
a masterpiece: *un chef-d'œuvre*
an art gallery: *un musée d'art*
an oil painting: *une peinture à l'huile*
a watercolour: *une aquarelle*
an engraving: *une gravure*
a print: *une estampe*
a mural: *une peinture murale*
an architect: *un architect*
to design: *dessiner, concevoir*
a concert hall: *une salle de concert*
to perform a piece: *exécuter un morceau*
a jazz-band: *un orchestre de jazz*
drama: *le théâtre*
to perform a play: *jouer une pièce*
to rehearse: *répéter (une pièce)*
fashion: *la mode*
fashionable: *à la mode*
old-fashioned: *démodé*

À RETENIR

On a souvent besoin d'analyser les différents éléments qui constituent un mot pour en déduire ou en préciser le sens. Il existe trois manières principales de former un mot :
– ajouter un préfixe, ou un suffixe, à la racine ;
– former un mot composé.
On peut établir un classement selon la nature du mot formé ou le complément de sens qui lui est donné.

Suffixes

● Formation des noms

• *-ess* permet de passer du masculin au féminin :
God → *God***dess** ; *waiter* → *wait***ress**.

• *-hood*, *-ship*, *-dom* permettent de passer du concret à l'abstrait (d'un nom à une notion) :
child → *child***hood** ; *friend* → *friend***ship** ;
star → *star***dom** (vedettariat).

Vous constatez que plusieurs suffixes peuvent avoir la même fonction. Leur choix a été déterminé par l'usage ou l'origine étymologique et on ne peut construire des mots au hasard. Il vaut mieux utiliser prudemment ceux qu'on a déjà rencontrés.

• *-let*, *-ette*, *-y*, *-ie* servent à former le diminutif d'un nom :
Book → *booklet* ; *kitchen* → *kitchenette* ;
Mum → *Mummy* ; *girl* → *girlie*.

• *-er*, *-or*, *-ion*, *-ment*, *-ial*, *-ee*, *-ism* font passer du verbe au nom. Par exemple pour les verbes *employ*, *mediate*, *deny*, *criticize*.

*Employ***er**, *mediat***or**: *-er* ou *-or* indiquent celui qui fait l'action.

*Employ***ment**, *media***tion**, *critic***ism**, *den***ial**: *-ment*, *-ion*, *-ial* et *-ism* se réfèrent à l'action elle-même.

*Employ***ee**: *-ee* se réfère à celui à qui s'applique l'action.

• *-ness* transforme un adjectif en nom :
Happy donnera donc *happi***ness**.

● Formation des adjectifs

• *-less*, *-ful*, *-y*, *-ish*, *-like*, *-able* permettent de former un adjectif à partir d'un nom. Observez par exemple les transformations de *care*, *child*, *fashion*.

*Care***less** (*-less* correspond à la notion de « sans ») ; *care* ayant le sens de « soin, attention », *careless* veut donc dire « sans soin, négligent ».

*Care***ful** (*-ful* est le contraire de *-less*).

*Child***ish**: *-ish* apporte toujours une nuance péjorative, on pourra traduire ici par « puéril ».

*Child***like**: *-like* garde sons sens de comparaison : « comme un enfant ».

*Fashion***able**: *-able* apporte une notion de capacité.

• *-able*, *-ible*, *-ive* transforment un verbe en adjectif. Voyez les verbes *break* et *respond*.

*Break***able**, *respons***ible** : *-ible*, comme *-able*, est associé à l'idée de capacité

*Respons***ive**: *-ive* qualifie celui qui fait l'action (le sens ici est : « qui réagit bien »).

● Formation des verbes

• *-en*, *-ify*, *-ise* (ou *-ize* aux USA) transforment un adjectif en verbe.
Par exemple *white* fera *whit***en**, *simple*, *simpl***ify** et *particular*, particular**ize** (remarquer que les racines suivies de *-ify* et *-ise* sont d'origine latine, contrairement à la construction avec *-en*, d'origine anglo-saxonne).

● Formation des adverbes

• *-ly* fait un adverbe à partir d'un adjectif : *sad* donnera donc *sad***ly**.

● Une même racine peut être suivie de plus d'un suffixe : *care***lessness** (négligence), par exemple, est un nom, construit à partir de l'adjectif *careless*, lui-même construit à partir du nom *care*.

Préfixes

Bon nombre de préfixes ont une nuance définie qui modifie le sens du mot auquel ils sont associés.

• *Over-* (excès) : **over***work* (le surmenage).
• *Under-* (infériorité) : **under***fed* (sous-alimenté).
• *Un-*, *dis-* (contraire) : **un***pleasant*, **dis***like*.
• *Mis-* (erreur) : **mis***take*, **mis***guide*.
• *Out-* (dépasser) : **out***run* (distancer).
• *Fore-* (à l'avance) : **fore***see*, **fore***cast* (prévoir).
• *Back-* (retour) : **back***ground* (arrière-plan).

Noms composés

Ils sont formés de deux éléments, le premier servant à qualifier, à déterminer le second (dans les exemples ci-dessous, l'élément déterminé est souligné).
Pour bien les comprendre, il faut généralement traduire le second élément en premier :

Horse race
Course de chevaux

● Nom + Nom
Horse race, *race horse*, *teacup*.

● Nom + gérondif pour décrire une activité.
Horse riding, *shoplifting* (vol à l'étalage).

● Gérondif + nom pour décrire un objet ou un lieu destiné(s) à une certaine activité.
Dancing school, *waiting list*.

● Nom ou verbe + particule adverbiale
Passer-by (un passant), *take-off* (le décollage).

Remarque : c'est le nom déterminé qui prend la marque du pluriel : *horse races*, *passers-by*, *waiting lists* (mais quand le premier élément est *man* ou *woman*, les deux éléments sont au pluriel : *women drivers*).

● Trait d'union ou non ?
Obligatoire dans les composés de plus de deux éléments, le trait d'union a presque totalement disparu en américain et disparaît peu à peu en anglais britannique, à mesure qu'un mot composé devient d'usage courant. À la longue, les deux composants finissent parfois même par se souder pour ne faire qu'un seul mot.

COMMENT FAIRE

► Pour exprimer une condition

- *He can stay* **as long as** (tant que) *he is silent.*
- *I won't talk to him* **unless** (à moins que) *he apologizes.*
- *She'll come* **provided** (à condition que / pourvu que) / **if** *I come too.*
- **Depending** *on the weather, we may go for a walk.*
- **If** *you called me I* **would** *be happy.*
- **If** *she* **had** *called me I* **would have** *invited her.*

S'EXERCER

1 Dans les phrases suivantes, analyser la composition des mots soulignés en s'aidant des notes lexicales, puis proposer une traduction.

1. Down the avenue came <u>boastfully</u> sauntering a boy of sixteen years, although the chronic smile of an ideal <u>manhood</u> already sat upon his lips.
(Adapted from S. Crane, Maggie, *1897.)*

2. A crowd of bearded men, in <u>sad-coloured</u> clothes and grey, <u>steeple-crowned</u> hats, inter-mixed with women, some wearing hoods, and others <u>bareheaded</u>, was assembled in front of a <u>wooden</u> edifice.
(Adapted from N. Hawthorne, The Scarlett Letter, *1850.)*

boast: fanfaronnade ; *sad:* triste ; *steeple:* clocher ; *crown :* couronne ; *bare:* nu

2 Dériver les mots entre parenthèses afin de compléter les phrases suivantes.

Consumption went up last year, which everyone found quite ...... (expected) in times of financial crisis.

The Mall was ...... (beauty) decorated.

Even before she was the Queen of this ...... (king), she was famous for her ...... (soft) and her ...... (fault) ...... (judge).

No, you are wrong, you ...... (understand) what I said. Listen more ...... (care), will you?

I can't do it. I ...... (honest) think this sculpture is ...... (real)!

She was listening ...... (care), which he considered as quite rude, as she was her student.

3 Reformuler les phrases suivantes en exprimant une condition, en utilisant les amorces proposées.

1. I don't know if I will buy it. It will depend on the bargains he can offer.

I will buy ......

2. Sales are very low. Consumers don't earn enough money.

Sales will go up ......

3. I could not afford to buy this brand-new car: the car dealer refused to give a discount.

If the car dealer ......

4. If you don't go to that department store, you will not find what you are looking for.

You will not find what you are looking for ......

5. This advertising campaign hasn't boosted the sales. It is too insipid.

If this advertising campaign ......

6. She doesn't pay attention to what I say. Consequently she always makes the same mistakes.

If she ......

VOCABULAIRE

Le commerce, l'argent

trade : *commerce*
consumption : *la consommation*
a consumer : *un consommateur*
a customer : *un client*
to purchase : *acheter*
a purchase : *un achat*
to afford : *avoir les moyens de*
a bargain : *une affaire*
to bargain : *marchander*
a sale : *une vente, une solde*
on sale : *en vente*
to be worth : *valoir*
a shopkeeper : *un petit commerçant*
a department store : *un grand magasin*
a mall : *un centre commercial*
the cash desk : *la caisse*
a cashier : *un caissier*
a slot-machine : *un distributeur automatique*
a discount : *une remise*
the refund : *le remboursement*
a corporation/a firm : *une société*

À RETENIR

Pour aborder un texte écrit inconnu, il ne faut pas se bloquer sur tel ou tel mot ou passage que l'on ne comprend pas. Une approche méthodique et graduelle permet de se l'approprier et d'en comprendre au moins les grandes lignes sans recours perpétuel et fastidieux au dictionnaire. La première étape de cette approche est la compréhension globale du texte.

Observer d'abord le contexte

● **Regarder** le document avant de le lire, pour **chercher des indices** de ce qui peut aider à l'identifier.

• Généralement les références indiquées à la fin du document permettent d'en déterminer le type et de déduire ou d'anticiper son contenu. S'il s'agit d'un article de presse, on peut s'attendre à un texte informatif ; si c'est un extrait de roman, on peut supposer qu'il s'agit d'une fiction. La date permet de savoir s'il s'agit d'un texte récent ou non.

• Dans le cas d'un article de presse, le nom du journal ou du magazine peut en déterminer la nationalité et éventuellement la spécialité ou la couleur politique. Un article extrait de *New Scientist* permet de s'attendre à d'autres thèmes que ceux que traiterait *The Irish News*. *Time* est un magazine américain, *The Times* un quotidien britannique…

• Dans le cas d'un livre, ce que l'on peut savoir sur le **titre** ou **l'auteur** peut apporter des informations : on sait à quoi s'attendre devant une page d'Agatha Christie ou de Stephen King ou quand le titre est *Harry Potter*. De même les **illustrations** éventuelles autour du texte dans votre manuel peuvent vous aider.

Lire le texte

● Lors de la première lecture, **ne pas chercher à tout comprendre**, mais vérifier si le texte correspond à ce qui a été anticipé.

Une démarche systématique et efficace consiste à chercher un élément de réponse aux questions *Who?*, *What?*, *When?*, *Where?*, *How?*, *Why?*

● Lors de la deuxième lecture : chercher l'**idée principale de chaque paragraphe**, utiliser les mots de liaison (cf. chapitre 11, p. 316) pour déterminer l'**articulation logique** du texte.

Exemple

> It was a town of red brick, or of brick that would have been red if the smoke and ashes had allowed it; but as matters stood it was a town of unnatural red and black like the painted face of a savage. It was a town of machinery and tall chimneys, out of which interminable serpents of smoke trailed themselves for ever and ever. It had a black canal in it, and a river that ran purple with ill-smelling dye, and vast piles of buildings full of windows where the piston of a steam-engine worked monotonously up and down like the head of an elephant in a state of melancholy madness. It contained several large streets all very like one another, inhabited by people equally like one another, who all went in and out at the same hours, to do the same work and to whom every day was the same as yesterday and tomorrow.
>
> Charles Dickens, *Hard Times*.

Indices : Dickens est un écrivain britannique du XIXe siècle. Il s'agit donc d'un roman situé lors de la période de l'expansion industrielle en Grande-Bretagne.

Where? *A town of red brick, a black canal, a river.*

Who? *People equally like one another.*

When? *19th century (Dickens).*

What? *Smoke, machinery, tall chimneys.*

How? *Unnatural red and black, monotonously, the same hours, the same work, like the painted face of a savage, like the head of an elephant in a state of melancholy madness.*

On remarque que ce lexique est associé à la noirceur, la tristesse, l'obscurité, la monotonie.

Why? Description d'une ville industrielle.

Articulation entre les phrases ou paragraphes : *but*, *and* et phrases simplement juxtaposées.

Premières conclusions : il s'agit d'un texte descriptif extrait d'un roman du XIXe siècle, qui décrit l'aspect sinistre d'une ville industrielle. (Si on connaît les thèmes d'écriture de Charles Dickens, on peut largement anticiper cette conclusion juste à partir du nom de l'auteur.)

COMMENT FAIRE

► Pour présenter un document écrit une fois qu'on en a compris les grandes lignes

- *This is an extract from… / Here we have a passage from…*
- *… a newspaper article / a novel* (roman) */ a short story* (nouvelle) */ a play* (pièce) */ a film script / a tale* (conte)*/ an advertisement* (publicité)…
- *It is a novel* **by** *Charles Dickens.*
- *The scene takes place in…*
- *The passage is about … / deals with…*
- *The topic* (sujet, thème) *is …*
- *The author raises* (soulève) *the problem of…*
- *The novelist wants to show that…*
- *His goal* (but) *is to criticize / denounce…*
- *The main idea is to point out* (faire remarquer) *that …*

S'EXERCER

1 Déterminer, à l'aide éventuellement de recherches sur Internet, la nationalité de chacun des organes de presse ci-dessous et les sujets traités.

1. *Daily Telegraph* ......
2. *The Guardian* ......
3. *The Financial Times* ......
4. *The Washington Post* ......
5. *The Wall Street Journal* ......
6. *National Geographic* ......
7. *The Belfast Telegraph* ......
8. *The Mirror* ......
9. *The Sun* ......
10. *The International Herald Tribune* ......

2 Imaginer de quoi parlent les articles de journaux ayant les titres suivants.

1. Forever young.
2. Five years for headmistress who stole £500,000 from school.
3. Parsonage is recreated for Brontë film.
4. Runaway girl back with family after couple found in car.
5. Over 65s promised Tory Tax cuts.
6. TUC day of action over pensions.

3 Lire ce texte et repérer des éléments de réponse aux questions *Who?*, *What?*, *When? Where?*, *How?*, *Why?*

When Caroline Meeber boarded the afternoon train for Chicago, her total outfit consisted of a small trunk, a cheap imitation alligator-skin satchel, a small lunch in a paper box, and a yellow leather snap purse, containing her ticket, a scrap of paper with her sister's address in Van Buren Street, and four dollars in money. It was in August, 1889. She was eighteen years of age, bright, timid, and full of the illusions of ignorance and youth. Whatever touch of regret at parting characterised her thoughts, it was certainly not for advantages now being given up. A gush of tears at her mother's farewell kiss, a touch in her throat when the cars clacked by the flour mill where her father worked by the day, a pathetic sigh as the familiar green environs of the village passed in review, and the threads which bound her so lightly to girlhood and home were irretrievably broken.

▲ Theodore DREISER, *Sister Carrie*, 1900.

4 Répondre maintenant aux questions de compréhension globale.

1. What sort of document is it?
☐ A newspaper article ☐ An extract from a novel
☐ A poem
2. In what country does the scene take place? (Justify quoting from the text.)
3. When does this passage take place?
Time of the day: ......
Date: ......
4. How many characters are mentioned? ......
5. Give the main character's...
Surname: ......
First name: ......
Age: ......
Exact location at the beginning of the extract (and justify quoting from the text): ......
6. What is her relationship with the other characters? ......
7. Choose a possible title for this extract.
☐ First job ☐ Leaving home ☐ A family quarrel
☐ Growing old ☐ Meeting one's family

VOCABULAIRE

Commenter un texte

an extract/an excerpt : *un extrait*
a novel : *un roman*
a novelist : *un romancier*
a short story : *une nouvelle*
a fairy tale : *un conte de fées*
a play : *une pièce de théâtre*
a playwright : *un dramaturge*
a character : *un personnage*
poetry : *la poésie*
a newspaper : *un journal*
a journal : *une revue*
a tabloid : *un journal à sensation*
to be about/deal with : *traiter de*
a topic : *un sujet, un thème*
an issue : *un problème*
to sum up : *résumer*
a summary : *un résumé*
a sentence : *une phrase*
a phrase : *une expression*
a keyword : *un mot-clé*
to take place/to be set : *avoir lieu*
to depict : *dépeindre*

À RETENIR

Une fois qu'on a une vision globale du texte, on peut aborder plus facilement sa compréhension détaillée.

Tout en sachant qu'on ne peut pas comprendre sans aide tous les mots, il faut essayer d'approcher au plus près le sens des mots inconnus.

Reprenons le texte de Charles Dickens du chapitre 9.

> It was a town of red brick, or of brick that would have been red if the smoke and ashes had allowed it; but as matters stood it was a town of unnatural red and black like the painted face of a savage. It was a town of machinery and tall chimneys, out of which interminable serpents of smoke trailed themselves for ever and ever. It had a black canal in it, and a river that ran purple with ill-smelling dye, and vast piles of buildings full of windows where the piston of a steam-engine worked monotonously up and down like the head of an elephant in a state of melancholy madness. It contained several large streets all very like one another, inhabited by people equally like one another, who all went in and out at the same hours, to do the same work and to whom every day was the same as yesterday and tomorrow.

● La première étape consiste à rechercher les **mots « transparents »**, ceux qui ressemblent au français. Se méfier toutefois des faux-amis en vérifiant que le sens de chaque mot transparent est cohérent avec le sujet du texte ou du paragraphe.

• **Mots transparents du texte** : *brick*, *unnatural*, *machinery*, *chimneys*, *interminable serpents*, *canal*, *vast piles*, *purple* (pourpre), *piston*, *monotonously*, *elephant*, *melancholy*, *contained*, *equally*, *inhabited*.

On y repère des mots qui peuvent être regroupés par champs lexicaux : *machinery*, *chimneys* d'une part, *monotonously*, *melancholy* d'autre part.

• **Mais on y remarque aussi un faux-ami** : *inhabited*, qui veut dire « habité » – d'ailleurs le sens de « inhabité » serait absurde, suivi de *by people* dans la phrase *inhabited by people*…

● Essayer ensuite **d'approcher le sens des mots inconnus**, en analysant **leur environnement** ou **leur formation**.

• Déterminer leur **nature** (nom, verbe, adjectif, adverbe…) en observant celle des autres mots connus de la phrase : quand on a repéré le verbe, par exemple, on peut déterminer son sujet, ses compléments.

• Analyser leur **formation** : y a-t-il un préfixe ? un suffixe (cf. chapitre 8, p. 310) ? le mot mystérieux fait-il partie d'un mot composé ?…

• Chercher dans le voisinage des **mots** dont le sens est connu, et qui peuvent leur être associés.

• Ne pas oublier pas de faire appel au **contexte culturel** : vous avez déduit (cf. chapitre 9, p. 312) que le texte de Dickens décrivait une ville industrielle au XIXe siècle. Les champs lexicaux centrés sur l'usine, le paysage urbain industriel ont de fortes chances d'être présents. On peut donc déduire avec un peu d'astuce le sens de quelques mots un peu difficiles.

Ashes est un nom (il est sujet de *had allowed*) au pluriel, associé à *smoke*. Ce qu'il désigne donne une couleur noire à la brique rouge. On peut en déduire qu'il s'agit très probablement de cendres.

Ill-smelling dye est groupe nominal (il est en effet introduit par une préposition *with*). Le premier élément, *ill-smelling*, est un adjectif composé, épithète de *dye*. *Smell* veut dire « sentir » ; *ill* est associé au mal, à la maladie. Il a le sens de « qui sent mauvais ». *Dye* est un nom. Ce qu'il désigne colore la rivière en violet *(purple)*. Quelque chose qui sent mauvais et colore la rivière ne peut être qu'un élément polluant. Sans aller plus loin dans l'élucidation, on comprend que c'est un élément supplémentaire de la critique que fait Dickens des conséquences de l'industrialisation. Un produit qui colore la rivière d'une ville industrielle : il n'est pas inenvisageable de penser qu'il s'agit de teinture.

Steam-engine est un nom composé, sujet de *worked*. Cet objet possède un piston, c'est donc un moteur, une machine. À vapeur (*steam*) puisqu'on est au XIXe siècle.

Madness est un nom, puisqu'il est précédé de *of*. Puisqu'il se termine par le suffixe *-ness*, il est construit à partir de l'adjectif *mad* (fou). Il s'agit donc de folie.

● Cette découverte plus affinée du texte permet une analyse plus approfondie : un certain nombre de comparaisons (la fumée comparée à des serpents, la machine comparée à un éléphant fou) ou d'effets de style (répétition de *the same*) confirment bien qu'il s'agit d'une critique de la société industrielle par l'intermédiaire de la description d'une ville polluée par des teintureries, et où les habitants mènent une vie monotone et sans personnalité.

● Essayer de découvrir le sens des mots inconnus d'un texte est un peu comme une petite enquête, mais l'utilisation du dictionnaire sera peut-être nécessaire, en dernier recours. Dans ce cas, bien lire tous les sens proposés ainsi que les exemples, pour éviter les faux-sens.

COMMENT FAIRE

▶ Pour analyser un texte et dire ce qu'on en pense

C'est en effet la phase finale de l'étude d'un texte : il sera souvent demandé une opinion personnelle à son sujet.

- *The idea is original ≠ commonplace*
- *The passage falls* (se divise) *into three parts*
- *A thrilling* (passionnant) *≠ boring story*
- *The characters are hollow* (creux)
- *The writer's tone is derogatory ≠ appreciative*
- *The writer gives accurate* (précis, exact) */ irrelevant* (hors de propos)*/ objective ≠ biased arguments*
- *The plot* (intrigue) *is brilliant ≠ dull* (terne).

S'EXERCER

When Caroline Meeber boarded the afternoon train for Chicago, her total outfit consisted of a small trunk, a cheap imitation alligator-skin satchel, a small lunch in a paper box, and a yellow leather snap purse, containing her ticket, a scrap of paper with her sister's address in Van Buren Street, and four dollars in money. It was in August, 1889. She was eighteen years of age, bright, timid, and full of the illusions of ignorance and youth. Whatever touch of regret at parting characterised her thoughts, it was certainly not for advantages now being given up. A gush of tears at her mother's farewell kiss, a touch in her throat when the cars clacked by the flour mill where her father worked by the day, a pathetic sigh as the familiar green environs of the village passed in review, and the threads which bound her so lightly to girlhood and home were irretrievably broken.

▷ Theodore Dreiser, *Sister Carrie*, 1900.

1 Déduire le vocabulaire.

1. Souligner les quatre objets qu'emporte le personnage principal.
2. Qu'y a-t-il dans l'objet appelé *purse* (l. 4) ? Quel est donc le nom français de cet objet ?
3. Déduire ce que veut dire, en gros, *outfit* (l. 2).
4. Observer la composition de *girlhood* (l. 15) pour lui trouver un sens. (Ne connaissez-vous pas un mot composé de la même manière ?)
5. Dans la dernière phrase, souligner quatre mots ou expressions exprimant les sentiments du personnage principal. Qu'en déduire de son état d'esprit ?
6. Quelle est la nature de *bound* (l. 14) ? Dans le dictionnaire, quelle rubrique associée à ce mot est ici concernée ?
7. Une fois le sens de *bound* trouvé, déduire le sens de *threads* (l. 14).
8. Déduire le sens de *parting* (l. 9).

2 Detailed comprehension.

1. Is she rich or poor? Justify your answer quoting from the text.
2. Right or wrong? Justify.

a. Caroline has lived in the country so far.
☐ Right ☐ Wrong. Justification.

b. Caroline lives in Van Buren Street.
☐ Right ☐ Wrong. Justification.

c. Caroline is going to Chicago.
☐ Right ☐ Wrong. Justification.

d. She did not cry when she said 'goodbye' to her mother.
☐ Right ☐ Wrong. Justification.

e. Caroline's father is unemployed.
☐ Right ☐ Wrong. Justification.

f. Caroline is very experienced.
☐ Right ☐ Wrong. Justification.

g. This crucial moment corresponds to the end of a period of her life.
☐ Right ☐ Wrong. Justification.

VOCABULAIRE

Voyages et moyens de transport

to travel : *voyager*
a trip : *un (petit) voyage, une excursion*
a journey : *un voyage*
a package tour : *un voyage organisé*
luggage : *les bagages*
to pack one's bags : *faire ses bagages*
to get on a car, on a bus, coach, plane… : *monter en voiture, en avion…*
to board, to go on board : *monter à bord*
to be delayed : *avoir du retard*
to be accomodated : *être logé*
the railroads/railways : *les chemins de fer*
to sail : *naviguer*
a flight : *un vol*
the fare : *le prix (du ticket)*
a motorist : *un automobiliste*
a cab : *un taxi*
a coach : *un car*
to break down : *tomber en panne*
"fill it up, please" : *"le plein, S.V.P."*
hitch-hiking : *l'auto-stop*

À RETENIR

Rédiger et organiser

Le **bon agencement des paragraphes**, à l'aide de **mots de liaison** bien choisis, permet de saisir la **logique** de sa pensée et d'être mieux compris, malgré des éventuelles inexactitudes de grammaire ou de vocabulaire.

- Penser à réserver un paragraphe pour l'introduction et un pour la conclusion.
- Pour être plus clair(e), se contenter d'exprimer une **idée par paragraphe** et faire apparaître la **transition logique** entre les paragraphes à l'aide d'expressions de liaison.
- Veiller aussi à la **cohérence** des temps entre deux paragraphes : on ne passe pas du présent au passé, par exemple, sans raison.
- À l'intérieur même du paragraphe veiller à la liaison entre les phrases. Utiliser en particulier des pronoms relatifs ou personnels pour donner une continuité et éviter les répétitions.

Veiller enfin à ne pas s'écarter de l'idée directrice du paragraphe.

Application

- **Observer, par exemple, l'application de ces règles dans cet extrait d'article de journal.** L'idée directrice de chaque paragraphe est surlignée en rose et les éléments de liaison en bleu.

The news that Tony Blair will this week reinforce Britain's commitment to the fight global warming is timely. The signs of climate change have never been so striking or alarming.

After a British summer of rain and of disappearing polar ice-caps, we now have the sight of hurricane Ivan devastating the Caribbean, the third to have battered the region this summer.

Of course, climatologists are –rightly– cautious about linking this profusion of storms with manmade activities. Other explanations can still account for their appearance. But it would be a distinctly unimaginative individual who could look at Ivan's devastation and fail to see that in spite of all our sophisticated meteorology and communications, we remain vulnerable when battling against Nature at its angriest.

Some people may deny mankind's role in global warming, but scientists who have been monitoring the atmosphere for the past 15 years are convinced our indiscriminate burning of fossil fuel has raised atmospheric temperatures by one degree Celsius over the past century. A further four or five over the next 50 years is also forecast, and is expected to unleash weather of undreamt-of ferocity.

Can we rectify our behaviour? Mr Blair will no doubt say we can. More cynical commentators may disagree, for the power to halt climate change is outside our direct control.

The Prime Minister has been pressed several times by his cabinet colleagues to underline his climatological differences with the White House. Until he does, there is no prospect of America understanding its isolation on this issue, and therefore no prospect of our planet saving itself.

Adapted from *The Guardian*, Sept. 12, 2004.

COMMENT FAIRE

► Pour articuler les idées de façon logique à l'aide de mots ou expressions de liaison

- **Pour faire une énumération**
  To begin with… / To start with… / First of all…
  First(ly)… second(ly)… third(ly)…
  Next… / Then…
  Finally… / eventually… (attention, faux-ami !)
- **Pour annoncer une explication**
  For example… / for instance…
  Namely… / That is… (c'est-à-dire)
  This / that is (the reason) why…
- **Pour reformuler une idée**
  In other words,… / … or rather… (ou plutôt)
- **Pour résumer ou synthétiser**
  In a word,… / All in all,… / In short,… / In brief,…
- **Pour proposer une idée indentique à ce qui vient d'être développé**
  Similarly… / likewise… (de même)
- **Pour introduire une opposition**
  On the contrary… / Instead of (+ V-*ing*) (au lieu de)
  (*On the one hand…,*) *on the other hand…*
- **Pour renchérir**
  What's more… / Besides… / furthermore / moreover…
  (toutes ces expressions équivalent à « de plus »)
- **Pour faire une digression**
  By the way… / Incidentally… (à propos)
- **Pour conclure**
  To conclude,… / As a conclusion

S'EXERCER

1 **Dans le début d'article suivant, souligner l'information clé de chaque paragraphe puis compléter le texte en utilisant un des mots de liaison proposés.**

Then – First of all – Eventually.

Protesters throw royal security into disarray

A security review was launched last night after a campaigner dressed as Batman managed to climb the Buckingham Palace facade and held a five-hour protest beside the royal balcony.

Ministers, senior police officers and royal security officials were under pressure to explain how Jason Hatch, a member of the group Fathers4Justice, was able to penetrate palace security measures with such apparent ease.

...... Mr Hatch, 32, who claims he is denied access to two of his children, and a fellow activist, Dave Pyke, who was dressed as Batman's friend, Robin, went up the 7.5 metre (25ft) walls of the palace using a ladder after climbing over a one-metre fence yesterday afternoon.

...... , while other members of the campaign group caused a diversion at the front of the palace, the pair climbed up the ladder at a corner of the building.

......, Mr Pyke came down when he was challenged by armed officers but Mr Hatch managed to get round to the front of the building.

2 **Remettre les trois derniers paragraphes dans l'ordre en soulignant à chaque fois les indices qui vous ont aidé(e).**

1. Fathers4Justice last night decided to go ahead with more protests. Mr Hatch was spending the night at a police station in central London, while the Queen asked to be kept informed of developments.

2. The incident also has echoes of the security problem which allowed Michael Fagan to reach the Queen's bedroom in 1982.

3. The incident is a blow to the authorities, coming as it does after a series of breaches involving the royal family and at a time when the terrorist threat means security measures should be at their tightest.

Adapted from *The Guardian*, Sept. 14, 2004.

3 **Compléter ce paragraphe avec les mots de liaison correspondants.**

For example – that's why – instead of – likewise – besides.

We are all destroying our planet......., we don't pay attention to energy....... developing nuclear plants, we should develop solar energy......., we could develop windmills. But it is not a priority, ... there is more and more nuclear waste......., more and more species are endangered.

4 **Relier les phrases suivantes en utilisant le mot de liaison qui convient parmi les propositions suivantes (un mot par phrase).**

furthermore – besides - as to – on the other hand - nevertheless – instead – next.

1. I won't go to India this year......., I will discover Japan.

2. Tom felt upset. He had never lived in a town......., he didn't know anyone here in New York.

3. She has a cottage in the country......., she owns a flat in Manchester.

4. I don't like him......., I will invite him to the party if you absolutely want me to.

5. Both Tom and Lucy work downtown. Tom works in a bank in Oxford Street....... Lucy, she runs a shop in Penny Lane.

6. First I will buy an apartment in the neighbourhood. ......, I will try to find a job.

7. I am a country person and I would love to live in the countryside......., I know that there are more jobs in a city.

VOCABULAIRE

Nature et environnement

the Earth: *la Terre*
an earthquake: *un tremblement de terre*
deforestation: *la déforestation*
garbage: *les ordures*
a dump: *une déchetterie*
an oil spill: *une marée noire*
the ozone layer: *la couche d'ozone*
the greenhouse effect: *l'effet de serre*
global warming: *le réchauffement de la planète*
a heat wave: *une vague de chaleur*
drought: *la sécheresse*
barren: *aride*
lead-free: *sans plomb*
a nuclear plant: *une centrale nucléaire*
nuclear waste: *les déchets nucléaires*
the GMO: *les OGM*
to threaten: *menacer*
a threat: *une menace*
to slaughter: *massacrer*
endangered: *en danger*
to go extinct: *être en voie d'extinction*

À RETENIR

THE SCENIC ROUTE

● Comme toujours, il faut **commencer par identifier le document** : s'agit-il d'une photo ? d'un tableau ? d'une publicité ? d'un graphique ? d'une bande dessinée ? Est-ce un portrait ? un gros plan, un paysage ?… Ne pas oublier de chercher le nom de l'artiste : si on le connaît, on peut peut-être relier l'image à son œuvre.
On peut par exemple commencer la description du document ci-dessus par :
This is a cartoon strip by the American cartoonist Kurtz.

● **Décrire ensuite précisément le document,** comme si le lecteur ou l'interlocuteur ne le connaissait pas. Localiser les différents éléments, choisir les détails pertinents et les décrire.

Si le document est composé de plusieurs images (bande dessinée par exemple), on les décrit l'une après l'autre. Si l'image est accompagnée d'un texte, ne pas oublier de le commenter.
In the first frame we can see a family driving through a forest. In the background the sky looks clear. They look happy, they must be on holiday.
The second frame shows a wide-angle shot of the whole landscape. There we can see that behind the trees of the first frame there is nothing.

● **Imaginer si possible ce qui s'est passé avant et ce qui peut se passer après.**
The whole forest has been cut down, probably to feed the big factories in the background. We can imagine that one day even the first line of trees will be cut down too : the forest will definitely become a desert.

● **Chercher le contexte culturel du document.**
The car and the factories symbolize the modern industrial society we live in.

● **Expliquer le but de l'artiste,** son message, et les moyens qu'il utilise pour le transmettre.
This cartoon strip describes how man is polluting and destroying the world but is blind to the true consequences of his acts. The artist uses humour to warn us that we are destroying our planet and environment.

● **Dire enfin ce qu'on pense de l'image** : touche-t-elle ? Est-elle efficace ? Est-on d'accord avec ce que veut dire l'artiste ?
In my view this cartoon is very efficient but I am afraid that many other cartoons like this will be necessary before we realise that a change in our behaviour is urgent.

COMMENT FAIRE

► Pour exprimer une opinion, une impression

- *To my mind / in my view* (selon moi, à mon avis), *this picture is quite expressive.*
- *I have a feeling / it seems to me* (j'ai le sentiment que…, il me semble que…) *that the artist criticises modern society.*
- *I'd like to point out* (je voudrais faire remarquer) *that this is my own vision of the future.*
- *I find it interesting that the frame is divided in two symmetrical parts* (ne pas oublier le pronom *it* entre *I find* et le mot qui qualifiera l'opinion).
- *I wonder whether* (Je me demande si) *people will feel the impact of this drawing.*
- *As far as I am concerned* (en ce qui me concerne), *I couldn't agree more with the vision that the cartoonist is conveying here.*
- *I'd say / I should say that these people are going on holiday.*
- *It looks as if the artist feels quite concerned about environmental problems.*

S'EXERCER

Dans une décharge (Salvador).

1 Fill in the blanks of this introduction.

This ...... was shot ...... Larry Towell in 1998. It represents children in a ....

2 Which elements express dispair, death or pessimism?
Which elements express life and hope?

3 Description – Match the elements and their localisation, then build a paragraph out of your answers.

An overcast sky – a girl sitting on the roof of a truck – a girl leaning on a steering wheel – a girl with a puppy

In the top right-hand corner – in the background – in the foreground on thc right.

4 Tick the theme(s) which can be linked to the description of this photo :

☐ civilisation ☐ contrast ☐ decay ☐ eternity
☐ generation gap ☐ innocence ☐ ruin
☐ dire poverty ☐ the "day after" ☐ youth ☐ wealth

5 Tick the correct answers and draw conclusions.

1. Two of the girls are looking at…
☐ the photographer.
☐ the puppy.
☐ each other.

2. The puppy is looking at…
☐ his mistress. ☐ the sky. ☐ the photographer.

So it gives the impression that…

3. The puppy behaves like…
☐ a wild beast. ☐ a toy. ☐ a human being.

4. The girls are…
☐ working. ☐ playing.
☐ smiling. ☐ posing as models.

5. The lorry shells evoke…
☐ a disaster. ☐ a dump. ☐ a war.

6. The elements that convey an impression of poverty are…
☐ the lorry shells. ☐ the puppy.
☐ the girls' clothes. ☐ the background.

7. The elements that convey a feeling of softness are…
☐ the girls. ☐ the lorries. ☐ the puppy.

8. There is a contrast in this picture between…

9. The photographer aims at…

VOCABULAIRE

Décrire une image

photography : *la photographie*
a photograph : *une photo*
a snapshot : *un instantané*
a frame : *un cliché, une image (dans une B.D.)*
a painting : *un tableau*
an oil on canvas : *une peinture à l'huile*
a drawing : *un dessin*
a self-portrait : *un autoportrait*
an advert (isement) : *une publicité*
a comic strip : *une B.D.*
blurred ≠ clear : *flou ≠ net*
a close-up : *un gros plan*
a high-angle (≠ low-angle) shot : *un plan en plongée (≠ contre-plongée)*
the top left-hand corner : *le coin en haut à gauche*
the bottom right-hand corner : *le coin en bas à droite*
the layout : *la disposition*
the caption : *la légende*
a pie-chart : *un graphique circulaire, un « camembert »*

À RETENIR

La bonne compréhension de l'anglais oral ainsi que la bonne prononciation sont basées sur deux éléments : **la prononciation des sons et l'accentuation des mots.**

● L'Alphabet Phonétique International a été créé afin que chacun puisse associer un symbole visuel à chaque son. Grâce à ce système, il est possible de noter ou de connaître la prononciation de n'importe quel mot sans avoir forcément recours à un enregistrement sonore. Dans un dictionnaire anglais-français, chaque mot est associé à sa transcription phonétique, ce qui permet de savoir comment le prononcer.

Prononciation

● Par convention les symboles phonétiques s'écrivent entre crochets. Dans le tableau ci-dessous chaque symbole phonétique en rouge est associé à sa prononciation dans un mot d'usage très courant.

• **Voyelles**

[tiː] *tea*	[sɪt] *sit*	[get] *get*	[kæt] *cat*
[bluː] *blue*	[lʊk] *look*	[dɔː] *door*	[tɔp] *top*
[kɑː] *car*	[wəːd] *word*	[ə] *a*	[bʌt] *but*

• **Diphtongues** (association de deux voyelles prononcées rapidement, comme en français dans « aïe ! »)

[hɪə] *here*	[teɪk] *take*	[maɪ] *my*	[aʊt] *out*
[pʊə] *poor*	[ɛə] air	[nəʊ] no	[bɔɪ] boy

• **Triphtongues** (association de trois voyelles prononcées rapidement)

[kwaɪət] quiet [paʊə] power

• **Consonnes**

[θɪn] thin	[ðɪs] this	[ʃiː] she	[sɪŋ] sing
[dʒɔɪ] joy	[jes] yes	[kwaɪt] quite	

● Le problème est qu'il ne faut jamais se fier à l'orthographe pour déduire la prononciation d'un mot. Par exemple, la suite de lettres ***ough*** a plusieurs prononciations :
[ɪ'nʌf] dans *enough* (assez)
[ðəʊ] dans *though* (bien que)
[θruː] dans *through* (à travers)
[baʊ] dans *bough* (branche)
['bʌrə] dans *borough* (municipalité)

L'accentuation

● Elle est bien plus marquée qu'en français et la place de la syllabe accentuée obéit à des règles strictes même s'il y a quelques exceptions. Dans la transcription phonétique elle est signalée par une apostrophe qui la précède : *pho**net**ic* [fəʊ'netɪk].

● Pour les mots de deux syllabes, l'accent se place généralement :

– sur la deuxième syllabe des verbes, comme dans *create* [kriː'eɪt], *select* [sɪ'lekt], *attract* [ə'trækt], *believe* [bɪ'liːv], *inform* [ɪn'fɔːm] ;

– et sur la première syllabe des noms ou adjectifs, comme dans *Senate* ['senɪt], *private* ['praɪvɪt], *picture* ['pɪktʃə], *language* ['læŋgwɪdʒ].

Cela implique qu'un même mot peut changer d'accentuation selon sa nature, comme le montre la liste suivante.

	Verbe	Nom	Adjectif
Conflict	[kɔn'flɪkt]	['kɔnflɪkt]	
Contract	[kən'trækt]	['kɔntrækt]	
Contrast	[kən'trɑːst]	['kɔntrɑːst]	
Frequent	[frɪ'kwent]		['friːkwənt]
Object	[əb'dʒekt]	['ɔbdʒɪkt]	
Present	[prɪ'zent]	['preznt]	['preznt]
Produce	[prə'djuːs]	['prɔdjuːs]	
Record	[rɪ'kɔːd]	['rekɔːd]	
Suspect	[səs'pekt]	['sʌspekt]	['sʌspekt]

Il y a toutefois des exceptions, comme dans les verbes *listen* ['lɪsn], *travel* ['trævl], *manage* ['mænɪdʒ], *happen* ['hæpən], ou dans les noms, pronoms ou adjectifs *machine* [mə'ʃiːn], *design* [dɪ'zaɪn], *himself* [hɪm'self], *nothing* ['nʌθɪŋ], *other* ['ʌðə].

● Pour les mots de trois syllabes ou plus, l'accent se place généralement deux syllabes avant la fin.
instrument ['ɪnstrʊmənt], *intelligent* [ɪn'telɪdʒənt], *photograph* ['fəʊtəgræf], *democrat* ['deməkræt], *identify* [aɪ'dentɪfaɪ], *economy* [ɪ'kɔnəmɪ].

● Mais certaines terminaisons « pèsent » suffisamment lourd pour imposer leurs propres règles. C'est ainsi par exemple que l'accent se place généralement sur l'avant-dernière syllabe pour les mots dont les terminaisons sont en gras dans les exemples ci-dessous :
*asso**ciate*** [ə'səʊʃɪeɪt], *fluc**tuate*** ['flʌktjʊeɪt], *edu**cation*** [ˌedjʊ'keɪʃən], *econo**mic*** [ˌiːkə'nɔmɪk], *influ**ential*** [ˌɪnflʊ'enʃəl], *ambi**guous*** [æm'bɪgjʊəs], *sponta**neous*** [spɔ'teɪnɪəs], *aqua**rium*** [ə'kwɛərɪəm], *distin**guish*** [dɪs'tɪŋgwɪʃ], *aggre**ssive*** [ə'gresɪv], *depen**dent*** [dɪ'pendənt].
À quelques rares exceptions près, bien sûr, comme dans *Catholic* ['kæθəlɪk], *arithmetic* [ə'rɪθmətɪk].

● L'application de toutes ces règles fait que l'accent peut se déplacer lors de l'adjonction de suffixes. Prononcez par exemple :
photograph ['fəʊtəgræf] et *photographer* [fə'tɔgrəfə], *human* ['hjuːmən] et *humanity* [hjuː'mænɪtɪ], *history* ['hɪstərɪ] et *historic* [hɪ'stɔrɪk], *capable* ['keɪpəbl] et *capability* [ˌkeɪpə'bɪlɪtɪ], *democrat* ['deməkræt], *democracy* [dɪ'mɔkrəsɪ] et *democratic* [ˌdemɔ'krætɪk].

● Pour les mots composés, la règle est simple : on met l'accent sur le premier élément.
tea–cup ['tiːkʌp].

COMMENT FAIRE

▶ Pour dire qu'on est d'accord, pas d'accord, ou que ça nous est égal

Accord

- ***I suppose so.***
- ***I approve of*** *this decision.*
- ***I have no objection to*** *this.*
- ***I should say so.*** Je suis bien d'accord.
- ***You've got a point*** *here.* Vous marquez un point.
- ***I couldn't agree more.***
- ***Quite so!*** Tout à fait !
- ***How true!***
- ***Why not?***

Désaccord

- ***I disapprove of*** *inviting him*
- ***I object to*** *their coming.* (Observer au passage l'emploi de l'adjectif possessif devant le verbe en *-ing*.)
- ***Wouldn't it be better to*** *find something else?*
- ***How dare you*** *say that!* Comment oses-tu !
- ***Nonsense!***
- ***Rubbish!*** Mon œil !

Indifférence

- ***It doesn't matter.*** Ça n'a pas d'importance.
- ***I don't mind.*** Ça m'est égal.
- ***I couldn't care less!*** Je m'en moque totalement !

S'EXERCER

1 Entourer la syllabe accentuée des mots suivants.

a. democrat – democratize – democratization

b. real – realize – realization

c. thank – thankful – thankfulness

d. will – willing – willingly

e. electron – electronic – electronically

f. class – classify – classification

g. affect – affection – affectionate

h. courage – courageous – courageously

i. economy – economic – economical – economically

j. identity – identify – identification

2 On appelle « suffixes forts » ceux qui déplacent l'accent de mot sur la syllabe qui les précède et « suffixes faibles » ceux qui ne le déplacent pas.

a. Par exemple, le suffixe *-acy* de *democracy* est-il fort ou faible ?

b. En regardant l'exercice **1**, classer les suffixes suivants en fonction de leur catégorie.
-ify, -ize, -ly, -tion, -ic, -ful, -ness, -ous, -al, -ate.

3 Prononciation du « i »

a. Classer les mots suivants selon la prononciation de la voyelle en gras.
alive, still, ill, realize, pin, chill, fine, pine.
[ɪ] : ......   [aɪ] : ......

b. Pour ces mots, remarquer que :
« i » + consonne + voyelle est prononcé ......
« i » + 1 ou 2 consonnes est prononcé ......
Attention aux exceptions (*to live, mind*...)

4 Écrire en toutes lettres les mots ci-dessous transcrits en phonétique.

a. [aɪˈdentɪtɪ] ......
b. [kəˈmju:nɪtɪ] ......
c. [ˈsəʊʃəl] ......
d. [ˈləʊnlɪnɪs] ......
e. [ˈsku:lˌfeləʊ] ......
f. [ˈi:vnɪŋ] ......

5 Observer les phrases suivantes et la transcription phonétique de la partie en gras.

He is *going to a concert tonight.* [ˈhi: z]

I wonder how old ***he is.*** [ˈhi: ˈɪz]

I have *got three brothers.* [ˈaɪ əv]

Liz has *a beautiful garden.* [ˈlɪz ˈhæz]

On constate que :

a. quand on a affaire au verbe lexical plein *be* ou *have*, celui-ci est prononcé :
☐ de façon accentuée. ☐ sous forme réduite.

b. alors que, quand il s'agit d'« être » ou « avoir » en tant qu'auxiliaire, il est prononcé :
☐ de façon accentuée. ☐ sous forme réduite.

VOCABULAIRE

Relations sociales

a link/a bond : *un lien*
an acquaintance : *une relation*
a schoolfellow : *un camarade de classe*
a team : *une équipe*
a community : *une communauté*
a charity : *une organisation caritative*
to belong to : *appartenir à*
to be on speaking termes : *s'adresser la parole*
to take part in : *prendre part à*
to carry something out : *accomplir quelque chose*
to share : *partager*
companionable : *agréable en société*
a bore : *un raseur*
a social evening : *une soirée entre amis*
to entertain : *divertir*
to feel lonely : *se sentir seul*

À RETENIR

Le choix des mots à accentuer et de l'intonation dépend souvent de **l'intention** de celui qui parle : il peut vouloir mettre en valeur un mot qu'il considère plus important, afin d'exprimer un sentiment, une opinion.

Quels mots accentuer ?

- Ce seront en général les **mots lexicaux**, et non les mots grammaticaux.
I'm looking for the ***book*** *that I* ***put*** *on the* ***table*** *a* ***few minutes*** *ago.*

- Certains mots grammaticaux sont toutefois accentués.
• Les prépositions en fin de phrase :
What *are* ***you*** ***wait***ing ***for****?*
• Les modaux en début ou fin de phrase :
Can *I open the* ***win***dow*?*
• Les pronoms réfléchis :
I ***did*** *this* ***myself****.*

- L'accent se fait toujours en intensité et en hauteur, jamais en longueur.
Intelligent *Intelligent*
 et pas

- Selon que vous faites porter l'accent sur tel ou tel mot, une même phrase peut prendre un sens différent :
I'm *going to write to Jenny* (c'est moi qui vais écrire à Jenny).
I'm going to ***write*** *to Jenny* (je vais écrire, et non pas parler, à Jenny).
I'm going to write to ***Jenny*** (c'est à Jenny que je vais écrire).
Cette forme d'insistance, que l'on est obligé de traduire en français par l'intermédiaire d'une tournure comme « c'est… qui » ou « c'est… que », est rendue à l'écrit par une typographie spéciale : italiques, caractères gras ou soulignement.

L'intonation

L'intonation est la manière dont on « chante » la phrase, en montant ou en descendant à certains endroits. Là encore, le choix de l'intonation peut dépendre de ce que l'on veut exprimer.

- Dans la majorité des cas, on **descend régulièrement** jusqu'à la **dernière syllabe accentuée** de la phrase ou de la proposition. Là, il faut décider s'il faut **monter** ou **descendre**.

- L'intonation est **descendante** à la fin des **phrases affirmatives, impératives, ou exclamatives**.
He didn't let me ride his moped. Il ne m'a pas laissé utiliser son vélomoteur.
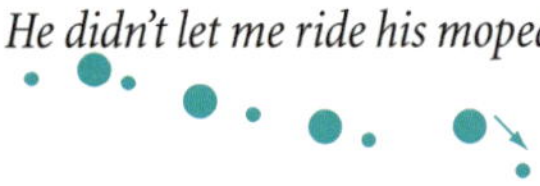

- **Elle descend** aussi à la fin des **questions impliquant une autre réponse que** ***yes / no***. Seul l'emploi d'un mot interrogatif permet de faire la différence avec une phrase affirmative.
When did he let you ride his moped?
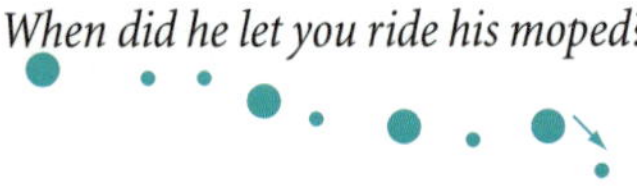

- Par contre l'**intonation est montante** à la fin des *yes / no questions* (qui attendent une **réponse par « oui » ou « non »**), ou des exclamatives qui comportent une nuance de surprise :
Did he let you ride his moped?

He didn't let me ride his moped!
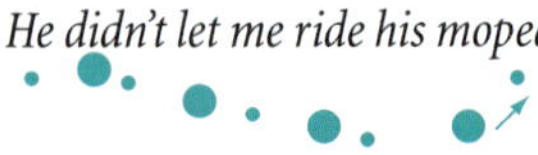

- L'intonation colore de façon très expressive les ***questions tags***.
• Elle est montante pour exprimer un ordre ou un conseil à l'impératif. *Let's watch a film, shall ↗ we?*
• Elle descend si le tag est équivalent à « n'est-ce pas ? » et exprime simplement l'attente d'un accord.
Nice weather, isn't ↘ it. Il fait beau, hein ?
• Mais elle est montante s'il exprime une interrogation.
She looks happy, doesn't ↗ she? Elle a l'air heureuse, tu ne crois pas ?
• Il en est de même pour le tag de surprise.
Si on est vraiment surpris, on monte le ton.
He's late! Oh, is ↗ he? C'est pas vrai !
Si on fait semblant d'être surpris, voire si on veut montrer de l'indifférence, l'intonation descendra.
He's late! Oh, is ↘ he? Tiens donc !

COMMENT FAIRE

▶ Pour utiliser les « tags »

Équivalent de « n'est-ce pas ? »
- *You like tea,* ***don't you****?*
- *You didn't call,* ***did you****?*

Expression de la surprise
- *"I've met the Queen."* ***"Have you?"***
- *"John won't forget."* ***"Won't he?"***

Équivalent de « moi aussi », « moi non plus »
- *"I didn't see him."* ***"Neither did I."***
- *"He should shut up."* ***"So should you."***

Équivalent de « moi si », « moi non »
- *"I enjoyed the film."* ***"I didn't."***
- *I won't come."* ***"I will."***

S'EXERCER

1 **Observer les phrases suivantes et l'intonation de fin de phrase indiquée par une flèche.**
Après avoir pratiqué l'intonation de ces phrases, compléter a. et b..

She has invited Tom, Liz, Mike… ↗

What a killjoy you are! ↘

Give me this book immediately! ↘

I don't think you should spend so much time playing on your computer. ↘

Don't touch it! ↘

She has bought a wireless telephone. ↘

a. Les ordres, les déclarations (positives et négatives) et les exclamations ont une intonation ……

b. Les phrases inachevées, les énumérations ont une intonation ……

2 **Quelle intonation de fin de phrase (↘ ou ↗) note-t-on pour les questions suivantes ?**

1. Why don't you buy a laptop computer? ……

2. Did she change the chip? ……

3. Have you got a camcorder? ……

4. Who has changed the screen configuration? ……

5. How did you do that? ……

3 **Dans les phrases suivantes, les mots en gras portent l'intonation de phrase. Faire correspondre chacune à son sens implicite.**

1. **Mrs Hutchinson** was Tom's employer…

2. Mrs Hutchinson was **Tom's** employer…

3. Mrs Hutchinson was Tom's **employer**…

4. Mrs Hutchinson **was** Tom's employer…

5. **Mrs** Hutchinson was Tom's employer…

a. …not her colleague.

b. …not Mrs Parkins.

c. …not John's.

d. …not Mr.

e. …but she is no more.

4 **Compléter les phrases avec le tag qui convient, comme indiqué parfois entre parenthèses.**

1. "I don't like jelly."—"Oh, ……?"

2. "I have never seen that film."—"……" *(moi non plus)*

3. You could have come, ……?

4. She used my cell phone, ……?

5. "Jim saw it on TV."—"……" *(pas elle)*

6. Let's have a cup of tea, ……?

7. They didn't invite us, ……?

8. Come with me, ……?

9. "I love jelly."—"……" *(moi non)*

10. "She has never been to Japan."—"……" *(moi si)*

VOCABULAIRE

Technologie et loisirs

a chip : *une puce*
a wire : *un fil métallique*
wireless : *sans fil*
a cell phone : *un téléphone mobile*
a digital camera : *un appareil photo numérique*
a camcorder : *un caméscope*
a broadcast : *une émission*
a remote control : *une télécommande*
computing : *l'informatique*
a laptop (computer) : *un (ordinateur) portable*
a keyboard : *un clavier*
a screen : *un écran*
a file : *un fichier*
a word processor : *un traitement de texte*
a computer game : *un jeu informatique*
crosswords : *les mots croisés*
to spend time + V-ing : *passer du temps à faire quelque chose*
leisure : *les loisirs*
entertainment : *le(s) divertissement(s)*

À RETENIR

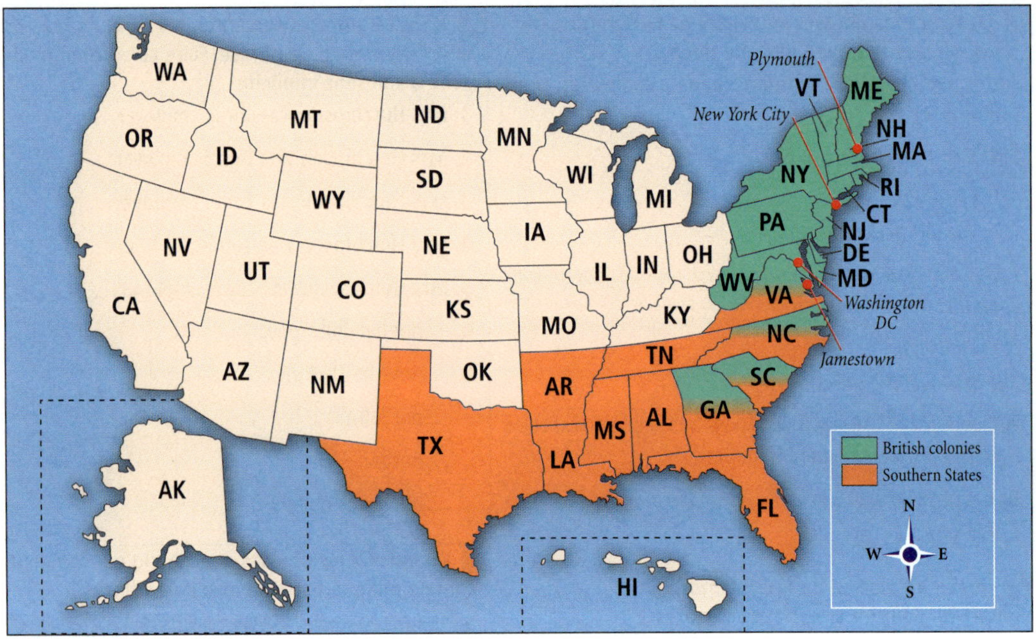

The origins

- Northern America was inhabited as early as in 10,000 BC by Native Americans (also called American Indians).
- The first Europeans who set foot on the continent were the **Vikings** around 1,000 AD. But it is mainly **Christopher Columbus** who is acknowledged as the discoverer of the continent in 1492. This discovery is at the origin of numerous European settlements.
- The first British town ever founded in North America is Jamestown, Virginia (1607). In 1620, the **Pilgrim Fathers**, who escaped Britain on board the *Mayflower* in order to find religious freedom in this "Promised Land", founded the town of **Plymouth**, Virginia. One year later, with the local Native Americans, they celebrated their survival thanking God for enabling them to survive: it was the first Thanksgiving.

A new country

The 13 British colonies (East of the Proclamation line) declared their independence from Britain on July, 4th, 1776, after conflicts with Britain over taxation and parliamentary representation. They gradually expanded westward by acquiring new territories, until 1959, when Hawaii was the 50th State to join the US.

The Civil War

- The first slaves were imported to the US from Africa as early as in the 1660s, but slavery gradually became a major political and economic issue, as free work force was necessary to sustain the South's economy.
- In 1860, 11 Southern States (in orange on the map) decided to become independent and form a confederation. The North refused this separation and it was the beginning of the **Civil War** which ended in 1865 with the victory of the North. Consequently, slavery was abolished then.

Native Americans

Except for the very early days of colonization, there had always been warfare against Native Americans, but the major territorial expansion taking place in the second half of the 19th century made conflicts even harder. This was the time of the Frontier, cow-boys and Indians, railways... Massacres took place, such as in **Wounded Knee** in 1890, and the whole war ended in the deportation of Indians into reservations.

A nation of immigrants

- The USA has always attracted immigrants, who were in search of political and religious freedom as well as economic opportunities (the Gold Rush in the 1850s). The Famine in Ireland in the 1840s and industrialisation were major causes for emigrating.
- To control the overflow of immigrants, the Americans set up immigration centres such as Ellis Island, which was open from 1892 to 1954; but in the early 20th century, the USA voted new laws to restrict immigration (quota). Now a "green card" is necessary to live in America.

S'EXERCER

1 **Regarder les documents ci-contre et compléter.**

1. The American flag has ...... stripes (the number of British colonies declaring their independence in ......) and ...... stars (the number of States at present).

2. The document now required to live in the US is ......

3. The first Thanksgiving was celebrated in ......

4. During the Civil War, the ...... was in favour of slavery, whereas the ...... was against it.

5. Independence Day is celebrated on ......

6. The capital city of the US is ......

2 **Faire correspondre les amendements à la Constitution américaine et leur contenu.**

1. First Amendment (1791)

2. Second Amendment (1791)

3. Thirteenth Amendment (1865)

4. Eighteenth Amendment (1919)

5. Nineteenth Amendment (1920)

a. Drinking alcohol is forbidden (Prohibition).

b. Freedom of speech is guaranteed.

c. Women can vote.

d. People can carry guns.

e. Slavery is abolished.

3 **Plus de la moitié des États américains tirent leur nom d'un mot indien. Retrouver certains de ces États dont voici les abréviations.**

UT: ...... OH: ......

MI: ...... IA: ......

CO: ...... IL: ......

4 **Associer les mots suivants à New York ou Washington.**

5th Avenue – the Capitol – Manhattan – the Bronx – the White House – Ellis Island – Lincoln Memorial – the Potomac – the Statue of Liberty – Broadway

1. New York City: ...... **2.** Washington DC: ......

5 **Compléter le texte avec les propositions suivantes.**

arrested – led – rights - speech - influenced - abolished – assassinated – movement - launched –black - South

Although slavery had been ...... in 1865, equality of ...... did not exist between blacks and whites, particularly in the ...... In 1955, the Civil Rights ...... was ...... after an elderly ...... lady called Rosa Parks was ...... for refusing to give her bus seat to a white man. The Movement was mostly ...... by Martin Luther King, a black clergyman, who delivered his famous "I Have a Dream" ...... in 1963, but was ...... in 1968. Other movements, such as the Black Panthers, strongly ...... by Malcolm X's ideas, also started in the 1960s.

6 **Faire correspondre le début de chaque phrase à sa fin.**

1. *A Nation of immigrants*...

2. John F. Kennedy...

3. Life at the time of the Frontier...

4. "The New Frontier" that Kennedy defined...

5. Klondike...

a. ...was characterized by a spirit of conquest, and associated with guns, cow-boys and Indians.

b. ...is a book by John F. Kennedy asserting that the Americans are all descendants of immigrants.

c. ...is the conquest of space – and the Moon.

d. ...was a Democrat president and was assassinated in 1963 in Dallas, Texas.

e. ...is famous for the Gold Rush that took place there around 1850.

If you want to know more about these topics...

http://www.usinfo.pl/aboutusa/history/colonial.htm
http://www.nyc.gov/portal/index.jsp?front_door=true
http://www.nativeamericans.com/

VOCABULAIRE

to set foot: *poser le pied*
to discover: *découvrir*
to found: *fonder*
to set up: *installer*
a settlement: *une colonie*
the pilgrim: *le pèlerin*
westward: *vers l'ouest*
the Gold Rush: *la Ruée vers l'or*
in search of: *en quête de*
to acquire: *acquérir*
to acknowledge: *reconnaître*
to sustain: *soutenir, maintenir*
slavery: *l'esclavage*
the immigrants: *les immigrés*
the overflow: *l'inondation, le trop-plein*

The invaders

- Sites such as **Stonehenge** show that Britain had always been inhabited, mostly by the Celts, until the island was invaded by Julius Caesar in 55 BC. The Romans left undeniable traces of their passage – the **Hadrian wall** separating England from Scotland, Bath…
- The Anglo-Saxons started invading the country in the 6th century and resisted the Viking raids that followed in the 9th century (the Vikings settled mostly in the North and founded, among others, the town of Dublin which is now the capital of Eire); however, they did not manage to oppose the Normans led by **William the Conqueror**, who invaded the country in 1066 after the battle of Hastings.

A troubled era

- Early British monarchy is embodied by Henry VIII (1509-1547), who founded the Church of England after the Roman Catholic Church refused his divorce, by Mary Tudor(1553-1558), known as "Bloody Mary", and by Elizabeth I (1558-1603) under whose reign William Shakespeare wrote some of the world's most famous plays.
- The middle of the 17th century was troubled by a conflict between King Charles I (1625-1649) and Parliament, which ended with the king's death, and the first and last dictatorship of the country, Oliver Cromwell's Republic (1649-1658). Monarchy was eventually restored in 1660.

The birth and fall of an empire

The 19th century, marked by the long reign of Queen Victoria (1837-1901) and often referred to as "the Victorian era", is a time of invention, territorial expansion, as well as industrialisation and poverty. The map below shows how large the empire was at the beginning of the 20th century. But this century was that of decolonisation. However, most former colonies were integrated into the Commonwealth when they became independent. It now includes 53 countries, among which the United Kingdom, Canada, Australia, Belize, India and aims at promoting peace and educational, economic development.

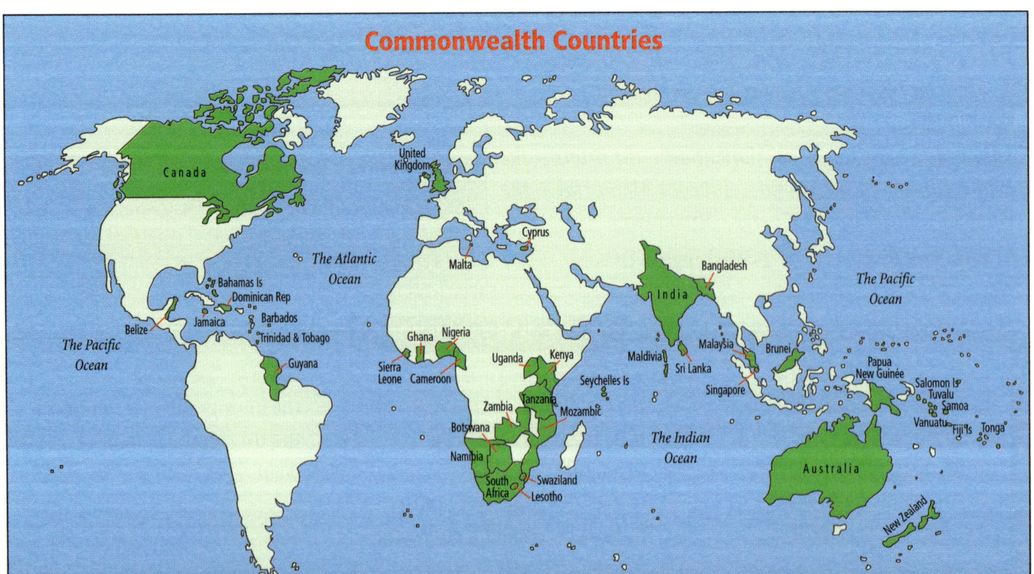

S'EXERCER

1 Regarder les documents ci-contre puis répondre aux questions.

1. How many countries are there in the Commonwealth?

2. Who founded Dublin? ......

3. What was the name of Britain's dictator in 1655? ......

4. What invader arrived in 1066? ......

5. Which Queen gave her name to the 19th century in Britain? ......

2 Compléter ce texte avec les mots proposés.

Britain - Braveheart – Eire – IRA – Ulster – Catholics - Ireland.

• Wales signed the Act of Union with England in 1536.

• Scotland was claimed by the British King during the 13th century, which gave way to a rebellion led by William Wallace (known as "......"). Scottish sovereignty came back with King Robert the Bruce. In 1707, however, it officially became part of the kingdom of Great ......

• Northern Ireland was invaded as early as in the 12th century. Several rebellions took place as the Irish, who were ......, were executed, transported or starved; gradually the population in ...... (Northern Ireland) was replaced by protestants and in 1801, ... became officially part of what was then called "the United Kingdom" until 1921, when a strong rebellion made the British government partition Ireland and give its independence to Southern Ireland. Since then, in Northern Ireland, which is still under British control, the Irish Republican Army (......), made of Catholics, still rebels to get Ulster's independence but is opposed to by the Ulster Defence Army and the British government, who want the country to remain British. Will Ulster ever join ......?

3 Assigner les dates suivantes aux événements qui leur correspondent.

a. *July, 1st, 1690* – **b.** *1845* – **c.** *March, 17th* – **d.** *January, 1922* – **e.** *Sunday, 30th, January, 1972*

1. St-Patrick, Eire's National Day.

2. Great Potato Blight and Famine in Ireland: millions of Irishmen starve or emigrate to the USA.

3. 14 men are shot during a march for the independence of Ulster on what is called "Bloody Sunday".

4. Victory of William of Orange at the Battle of the Boyne commemorated by the (Protestant) Orange Order on July 12th.

5. Eire becomes independent from the United Kingdom but 6 counties remain British (Ulster).

4 Faire correspondre les lettres de la carte avec leur appellation.

Great Britain – The British Isles – Wales – England – Eire – The United Kingdom – Scotland – Northern Ireland.

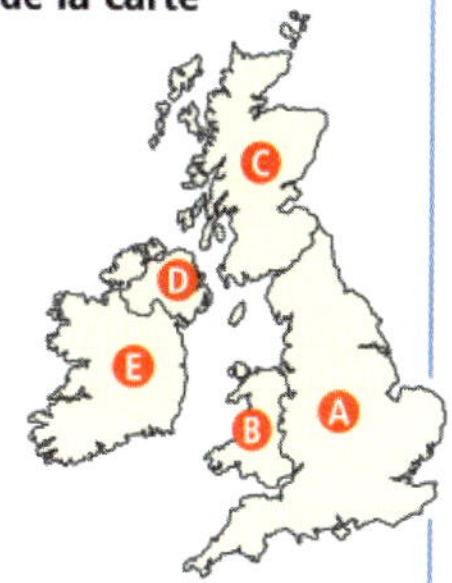

A: ...... B: ......

C: ...... D: ......

E ...... A+B+C: ......

A+B+C+D: ...... A+B+C+D+E: ......

5 Tester ses connaissances. Comment fonctionne le système politique britannique ?

1. The head of the state is
☐ a king/queen ☐ a president ☐ a Prime Minister

2. The person in charge of the executive power is
☐ the king/queen ☐ the president
☐ the Prime Minister

3. The two major political parties are
☐ the Conservatives (Tories) and the Labour Party
☐ the Republicans and the Democrats

4. The two elements of Parliament are
☐ the House of Lords and the House of Commons
☐ Congress and the Senate

5. The Houses of Parliament are located next to
☐ Big Ben ☐ Piccadilly Circus

6. The name of the Royal Residence in London is
☐ Windsor ☐ Buckingham Palace

7. The TUC is the
☐ Transunion Canada ☐ Trade Union Congress

If you want to know more about these topics...
http://www.great-britain.co.uk – http://www.britannia.com – http://www.bbc.co.uk/history/timelines/

VOCABULAIRE

former : *ancien*
embodied by : *incarné par*
to witness : *être témoin de*
to partition : *diviser*
to aim at : *viser à, avoir pour but de*
to manage to : *arriver/parvenir à*
to promote : *promouvoir*
to restore : *restaurer*
eventually : *finalement (faux ami !)*

Chapitre 1, page 3

1 **1.** La situation d'énonciation n'est pas précisée. L'énonciateur n'apparaît pas clairement dans son discours ; le récepteur non plus. Le message a été écrit dans le but de renseigner, de donner des informations, d'où l'utilisation du discours explicatif.

2. L'énonciateur est très présent (marques multiples de la 1re personne). Quelques informations manquent pour définir précisément la situation d'énonciation. On comprend que le message a pour but de prouver quelque chose (« que la peine de mort n'est ni utile ni nécessaire ») : il s'agit du discours argumentatif.

2 **1.** Discours descriptif : imparfait, adjectifs qualificatifs (« brouillées », « mouillés », « vénéneuse »...), expansions du nom (« poussée par le vent qu'on entendait hululer », « de la fenêtre sans rideaux »), comparaison (« comme l'emblème d'une lamentable reddition »).

2. Discours narratif : succession de verbes au passé simple indiquant une suite chronologique d'actions.

3. Discours argumentatif : défense d'une thèse (le roman policier est un genre qui a ses propres caractéristiques), présence du connecteur « mais ».

3 Premier paragraphe : énoncé coupé de la situation d'énonciation (aucune marque de l'émetteur ou du récepteur).
Deuxième paragraphe : énoncé ancré (« Vous voyez [...] que je suis »).
Diderot ne se contente pas d'interrompre la narration pour prendre le lecteur à témoin ; il souligne la toute-puissance de l'auteur (« il ne tiendrait qu'à moi »), et l'usage rocambolesque et artificiel qu'en font certains (« qu'il est facile de faire des contes »). L'histoire doit être prise comme telle, et non comme reflet de la réalité ; l'interruption de la narration introduit une distance ironique envers la crédulité du lecteur. Le premier paragraphe raconte une suite d'actions (discours narratif, avec notations descriptives : « C'était l'après-dînée : il faisait un temps lourd ») ; le deuxième explique les ficelles de l'écrivain (discours explicatif).

Chapitre 2, page 5

1 **a.** Point de vue externe : le narrateur observe la scène, telle une caméra posée dans un coin.

b. Point de vue interne : la scène est perçue à travers les yeux du personnage.

c. Point de vue omniscient : le narrateur connaît le passé du personnage, ses pensées ; il en sait plus que le personnage (propos sur le chat).

2 **1.** Le narrateur s'intéresse aux pensées d'Anna ; l'arrivée même de l'homme est décrite par ses yeux. Il s'agit d'une narration au point de vue interne : les pensées rapportées et le style indirect libre permettent de pénétrer l'intériorité du personnage.

2. Le narrateur n'indique les pensées d'aucun personnage. Le texte repose sur l'utilisation d'un point de vue externe : tel un observateur extérieur, le narrateur ignore beaucoup de choses et fait des hypothèses (« Rien n'a dû être tenté », « probablement »).

3 Cette scène est racontée à travers l'expérience qu'en fait Fabrice, le personnage principal. Le narrateur utilise un point de vue interne, dans le but de rendre le lecteur sensible à la lecture partielle qu'a Fabrice de l'événement : il ne s'agit pas de décrire l'ensemble de la bataille, mais de donner une image de la perception confuse qu'en a le personnage. La complicité entre le narrateur et le lecteur se manifeste par les marques de première personne employées : « Nous avouerons », et surtout « notre héros », dont l'emploi ironique est souligné par le narrateur.

4 Le texte adopte le point de vue de Sarah (point de vue interne) : toute la scène est racontée selon ses sentiments à elle.

Exemple de point de vue interne de l'homme. *Elle se précipita sur lui. Quelle audace ! voilà maintenant qu'elle se cramponnait à sa veste. Il n'avait pas l'habitude d'être ainsi harponné par des femmes en mal d'aventure...*

Exemple de point de vue externe. *La jeune fille tourne l'angle de la rue et regarde un individu qui s'approche. Il ne semble pas la reconnaître. Elle, en revanche, s'accroche à ses vêtements, et ne veut visiblement pas qu'il s'en aille. Après un temps d'hésitation, elle se met à lui parler...*

Chapitre 3, page 7

1 Le thème de chaque phrase est le même : « Jeanne », repris sous la forme « elle » dans les phrases suivantes. Il s'agit donc d'une progression à thème constant.

2 **1.** Progression à thème linéaire dans les deux premiers vers. Autre progression linéaire également dans les vers suivants (hormis les deux derniers).

2. Le texte présente une progression à thème dérivé. Le thème général (les cinq hommes présents dans la baraque) est éclaté en sous-thèmes : le colonel, le pharmacien, le voyageur ; les deux autres, Armel, Legrain.

3 Une progression à thème dérivé : « Sous les arbres », « Il passait », « sur ce large trottoir sombre et désert », sont des sous-thèmes du thème principal « le boulevard », suggéré dès la première phrase par l'expression « regarda autour d'elle ».

Une progression à thème linéaire : le propos de la 4e phrase (« des femmes attendaient ») devient le thème de la phrase suivante (« elles »).

Une progression à thème constant : le thème de la 5e phrase (« elles ») reste le même dans la dernière phrase (« elles »).

Les différentes progressions thématiques miment le déplacement du regard qui organise la description : vision générale qui englobe d'abord les différents éléments du boulevard (thème dérivé) ; glissement vers ce qui retient plus particulièrement l'attention, c'est-à-dire les femmes qui attendent (thème linéaire) ; regard arrêté enfin sur ces femmes qui vont être plus longuement décrites (thème constant).

4 Le texte présente essentiellement une progression à thème constant, à partir du nom du personnage (« Fantine », « elle »). On note une première variation vers un thème linéaire lorsqu'il est question de Tholomyès, d'abord propos, puis thème ; une deuxième variation, quand la progression à thème constant s'affine et que le mot « cœur » (plusieurs sens possibles : siège des émotions et des sentiments, ou synonyme de courage) reprend le personnage de Fantine. Toute la scène est centrée sur ce personnage.

5 Le jeune homme est désigné par les mots suivants : « jeune paysan », « il », « petit paysan », « pauvre créature ». Ce texte présente essentiellement une progression à thème constant autour du personnage de Mme de Rênal. Comme le thème est identique, les propos doivent changer pour faire avancer le texte : c'est le rôle des mots utilisés pour désigner le jeune homme, qui apportent des informations nouvelles sur la perception qu'a Mme de Rênal du jeune homme.

Chapitre 4, page 9

1 **a.** « Pendant quinze jours » : sommaire.

b. « Le lendemain » : ellipse, on passe sous silence ce qui s'est passé pendant la nuit (et il s'agit de la nuit de noce).

c. « Tout l'été » : sommaire.

2 **a.** Il s'agit d'un sommaire, qui présente une succession de verbes au passé simple ; on résume en quelques lignes des événements qui ont mis du temps à se dérouler.

b. L'expression « Deux mois s'étaient écoulés » indique qu'il y a une ellipse : on ne dit rien sur ces deux mois. Le plus-que-parfait « avait espérée » renvoie à l'époque antérieure à ces deux mois.

c. L'indication « un soir » marque la particularité de l'épisode : il s'agit d'une scène. Les verbes sont au passé simple et à l'imparfait (narration), puis au présent (dialogue).

d. L'indication « Une heure et demie plus tard » et le passage au passé simple mettent en évidence une ellipse. D'après le contexte, l'événement passé sous silence est facile à deviner : il ne s'agit pas de taire quelque chose sans importance, mais au contraire d'attirer l'attention sur ce qui est survenu. Pendant ce laps de temps, le personnage principal a fait de la femme qu'il reçoit sa maîtresse.

3 L'ellipse se manifeste par la présence de l'indicateur temporel « trois semaines après ». Le sommaire se placera juste avant, et résumera ce qui s'est passé pendant ces trois semaines, en utilisant, au choix, l'imparfait ou le passé simple.

4 **a.** Le temps principalement employé est le passé simple. On trouve également un imparfait (« il fallait »), un conditionnel présent (« elle payerait ») et un plus-que-parfait (« ils avaient restitué »). On sait, grâce à l'indication temporelle de la fin du texte, que la vie décrite dans les deux premiers paragraphes a duré dix ans.

b. Il s'agit d'un sommaire, qui présente une série de verbes au passé simple pour accélérer le rythme du récit.

c. À titre d'exemple, voici comment Maupassant introduit la fin de la nouvelle.

Or, un dimanche, comme elle était allée faire un tour aux Champs-Élysées pour se délasser des besognes de la semaine, elle aperçut tout à coup une femme qui promenait un enfant. C'était Mme Forestier, toujours jeune, toujours belle, toujours séduisante.
Mme Loisel se sentit émue. Allait-elle lui parler ? Oui, certes. Et maintenant qu'elle avait payé, elle lui dirait tout. Pourquoi pas ?
Elle s'approcha. [...]
– Tu te rappelles bien cette rivière de diamants que tu m'as prêtée pour aller à la fête du Ministère.
– Oui. Eh bien ?
– Eh bien, je l'ai perdue.
– Comment ! Puisque tu me l'as rapportée.
– Je t'en ai rapporté une autre toute pareille. Et voilà dix ans que nous la payons. Tu comprends que ça n'était pas aisé pour nous, qui n'avions rien... Enfin c'est fini, et je suis rudement contente.
Mme Forestier s'était arrêtée.
– Tu dis que tu as acheté une rivière de diamants pour remplacer la mienne ?
– Oui. Tu ne t'en étais pas aperçue, hein ! Elles étaient bien pareilles.
Et elle souriait d'une joie orgueilleuse et naïve.
Mme Forestier, fort émue, lui prit les deux mains.
– Oh ! Ma pauvre Mathilde ! Mais la mienne était fausse. Elle valait au plus cinq cents francs !...

▷ GUY DE MAUPASSANT, *La Parure et autres contes parisiens*, « La parure ».

Chapitre 5, page 11

1 Le champ lexical de la maladie (« ulcères », « corps », « sang », « consultation », « chevet », « malade », « maladie ») est utilisé pour parler des souffrances du peuple. Il sert à dénoncer l'indifférence des dirigeants devant les malheurs de la population.

2 Les mots en italique appartiennent au champ lexical de la lumière, utilisé pour dire le pouvoir du livre. Il s'agit ici d'une métaphore filée (métaphore qui se poursuit sur plusieurs phrases) qui assimile le texte à la lumière, tandis que le narrateur, tel un « moustique », est attiré par elle.

3 Le champ lexical de l'argent est particulièrement développé : « avarice », « pauvreté », « fortune », « intérêt », « matérielle », « avide », « prix ». Il est utilisé pour commenter la pingrerie particulière de l'imprimeur. L'originalité de ce champ lexical réside dans l'utilisation que le narrateur en fait pour qualifier des choses abstraites : l'intelligence est ainsi matérielle et avide.

4 Le poème développe le champ lexical du vieux : « très vieux », « vieilles gens », « vin vieux », « vieilles vieilleries », et « flétries ». La répétition du radical « vieux » sous différentes formes inverse la valeur habituelle du terme. Traditionnellement connoté de manière négative (décrépi, délabré, usé), le vieux est ici valorisé.

5 La première saison évoquée est l'automne, associé à la mélancolie, par l'utilisation des champs lexicaux du dépérissement (« atone », « monotone », « jaunissant ») et des regrets (« souvenir », « rêvant »). L'autre saison est le printemps, évoquée de manière implicite à la fin du poème. La connotation de cette saison est ici l'idée de naissance et de bonheur (champ lexical développé par « premières », « premier », et « fleurs », « parfumées », « charmant »). On découvre ici une correspondance entre le cycle des saisons et le cycle de l'amour. La magie des commencements et la nostalgie du passé sont deux thèmes déjà présents dans le titre du poème, qui signifie « jamais plus ».

Chapitre 6, page 13

1 **a.** Métonymie (l'écrivain pour le livre). **b.** Métonymie (la route pour la voiture). **c.** Métaphore filée de la chevelure en océan. **d.** Périphrase pour le soleil. **e.** Métaphore (comparé : fille ; comparant : fouine). **f.** Comparaison. **g.** Personnification (le verbe « dormir » appliqué aux étoiles).

2 **a.** Antithèse qui oppose le devoir (« père », « honneur », « noble et dure contrainte », « gloire ») à l'amour (« maîtresse », « amour », « aimable tyrannie », « plaisirs »).

b. Oxymore qui relie l'adjectif « obscure » au nom « clarté », et qui développe le champ lexical de la lumière (continué par « étoiles »).

c. Oxymore qui relie le participe présent « assourdissant » au nom « silence » ; les deux termes appartiennent au champ lexical du bruit.

d. Antithèse entre la vie et la mort, développée par une autre antithèse entre le feu (« brûle ») et l'eau (« noie »).

3 Anaphore : « Ces doux êtres » / « Ces filles » ; ou « Ils s'en vont » / « Ils vont ».

Personnification : La fièvre « maigrit » les enfants.

Parallélisme : « Jamais on ne s'arrête » / « jamais on ne joue ».

Périphrase : « Ces doux êtres pensifs » pour désigner les enfants.

Métaphore filée : l'usine qui devient « prison » et « bagne » ; la machine qui devient un « monstre », qui « mâche ».

Antithèse : « Innocents » / « dans un bagne » ; et « anges » / « dans un enfer ».

Toutes les figures contribuent à dire l'atrocité de ce que vivent les enfants, victimes émouvantes d'une terrible exploitation.

4 Parallélisme au troisième vers. Répétition avec une légère variation pour la première et la troisième strophe. Personnification du parc avec l'adjectif « solitaire ». Personnification de la nuit par le verbe « entendit ». Construction en chiasme de l'avant-dernière strophe :

Qu'il était **bleu**, **le ciel**, et **grand**, **l'espoir** !
L'espoir a fui, **vaincu**, vers **le ciel noir**.

Un premier chiasme : « bleu, le ciel », repris par « le ciel noir ». Un deuxième chiasme encadré par le premier : « grand, l'espoir », repris par « l'espoir, vaincu ».
Les deux chiasmes présentent une évolution : du positif (bleu, grand) au négatif (vaincu, noir). Les chiasmes sont donc renforcés par des antithèses.

Chapitre 7, page 15

1 **a.** Registre lyrique pour ce poème : l'énonciateur évoque ses états d'âme, ses sentiments.

b. Registre tragique pour cet extrait de théâtre : le destin des hommes est soumis à la fatalité (ici la volonté des dieux).

c. Registre didactique pour cet écrit argumentatif : le locuteur veut expliquer quelque chose.

2 Pour émouvoir le lecteur, il faut insister sur le chagrin du narrateur, et ne pas hésiter à employer des tournures exclamatives pour témoigner de la force des sentiments. L'idée présente dans la dernière phrase est alors absolument impossible à garder.

3 La scène se situe peu avant minuit (« onze heures », « Les bougies »). Le narrateur est retenu par la crainte de ne pas être cru (« l'on me prendrait pour un fou »). Aucune tentative d'explication n'est donnée à ces événements. Le passage relève donc du registre fantastique.

4 Il s'agit d'un récit qui cherche à provoquer l'amusement du lecteur. L'extrait s'inscrit dans le registre comique. Le procédé principal repose sur l'écart entre l'univers décrit (préhistorique) et le langage actuel utilisé. Ce décalage se marque par l'usage d'anachronismes (attribution à une époque de ce qui appartient à une autre).

Chapitre 8, page 17

1 Cette image a pour thème l'engagement dans l'armée des États-Unis. Les couleurs utilisées sont le bleu, le blanc, le rouge, c'est-à-dire les couleurs du drapeau américain, rappelé également par les étoiles sur le chapeau du personnage. Celui-ci, présenté selon un plan moyen (de la taille à la tête), se détache sur un fond neutre. Au milieu de l'image, il regarde le récepteur droit dans les yeux, et tend vers lui un doigt accusateur, exactement au centre du cadre, dans la continuité de la ligne verticale commencée par le chapeau et le visage. Cette image a une fonction injonctive claire : il s'agit de convaincre les civils de s'engager dans l'armée lors de la Première Guerre mondiale.

2 Le poème de Rimbaud et le tableau de Millais offrent une représentation du personnage d'Ophélie dans le calme de la mort. Rimbaud insiste sur le contraste entre la pâleur du personnage et l'obscurité du fleuve. Le motif de la chanson, présent chez Shakespeare, réapparaît. Millais choisit également de représenter Ophélie flottant sur l'eau. Les couleurs assez sombres mettent en valeur le visage pâle du personnage et les fleurs blanches utilisées pour tresser des couronnes. La bouche et les yeux sont ouverts, les paumes offertes : la mort a figé le personnage dans une pose qui n'évoque pas la sérénité de la mort, mais la surprise, l'angoisse, l'interrogation ou la douleur. Le tableau a une fonction expressive et esthétique. Il ne se contente pas d'illustrer un texte, il le réinterprète avec les moyens qui lui sont propres : le mouvement semble indiquer que le courant entraîne le personnage vers l'obscurité la plus profonde.

Chapitre 9, page 19

1 La première phrase montre le désir d'entrer directement dans le vif de l'intrigue : le texte semble s'ouvrir sur l'élément perturbateur et non sur la situation initiale censée présenter le cadre et les personnages. Le texte donne néanmoins des informations sur ces derniers : le narrateur est le personnage principal ; on apprend indirectement qu'il est « lui aussi » carabin (étudiant en médecine) ; le langage utilisé (formules populaires et syntaxe orale) nous renseigne sur son milieu social.

2 Le récit cadre est le fait d'un narrateur-témoin qui raconte à la première personne : c'est donc un double du lecteur, qui apporte une caution de véracité au récit qui va suivre. Ce récit enchâssé sera vraisemblablement lui aussi à la première personne, puisque le premier narrateur dit l'avoir écrit tel qu'il a été raconté, sans rien qui ne soit de lui.

3 Le narrateur s'adresse explicitement au lecteur, pour souligner sa toute-puissance : c'est lui qui choisit de raconter ou de ne pas raconter, de donner des informations ou de les refuser. Il traite le lecteur avec une certaine désinvolture, en répondant par des insolences aux questions que celui-ci peut raisonnablement se poser. Deux personnages sont en train de dialoguer, Jacques et son maître. L'histoire des deux personnages fonctionne déjà comme un récit enchâssé à l'intérieur du dialogue entre le narrateur et son lecteur ; Jacques à son tour raconte quelque chose au sujet de son capitaine (2e récit enchâssé), lequel racontait aussi quelque chose (3e récit enchâssé). Même si ces récits ne sont pas développés, la multiplication des instances narratives souligne l'artifice de ce procédé.

4 Le portrait du personnage est fait selon un point de vue interne : le lecteur ne sait pas que le reflet aperçu est celui de Duroy avant que lui-même ne s'en aperçoive. Notations physiques et morales sont mêlées dans le premier paragraphe. Le deuxième est centré sur des considérations psychologiques. Ce passage dresse le portrait d'un personnage pauvre, qui en a honte, qui aspire à mieux, et qui a certainement les moyens d'y arriver. On insiste sur sa vanité. Le personnage, en quête de réussite, de richesse et de reconnaissance sociale, arrivera à concrétiser ses aspirations.

5 L'incipit présente le portrait d'un nouvel élève, par la bouche d'un narrateur-témoin, qui n'interviendra plus aussi directement dans la suite du roman. Parce qu'il est présenté dès le début, on suppose qu'il s'agit d'un personnage clef (le futur époux de Madame Bovary, personnage qui donne son titre au roman). Le portrait suit l'ordre suivant : apparence générale, physionomie, habillement des épaules aux pieds. La narration à la première personne suppose un point de vue interne ; quelques notations semblent pourtant proches de l'omniscience, comme « un gars de la campagne », ou « poignets rouges habitués à être nus ».

Chapitre 10, page 21

1 La description concerne l'apparence extérieure d'une maison. L'ancrage géographique (« midi de la France ») s'accompagne de notations concrètes et péjoratives (« mal bâtie », « toit vermoulu », « vitrage vermoulu », etc.). Le mot « Ours » renvoie non seulement au caractère hargneux et désagréable du personnage, mais aussi à l'univers de l'imprimerie. La description de la maison établit une correspondance avec la mentalité de celui qui l'habite, caractérisé par sa « crasse avarice ».

2 La scène s'inscrit dans un milieu rural, où paysans (« animaux ») et notables (« messieurs en habit noir ») sont réunis. La description de cet épisode renvoie une image fidèle de la société du XIXe siècle. L'extrait relève donc du mouvement réaliste. Mais le narrateur n'est pas totalement objectif. La dernière phrase exprime un parti pris évident : le narrateur exprime un jugement sévère sur la société qui permet une telle exploitation des êtres humains.

3 Le narrateur n'apparaît pas directement. La description de la salle suit la progression du regard du personnage qui pénètre à l'intérieur, mais le point de vue adopté est omniscient. La scène s'inscrit dans un univers campagnard (« aux champs »). Les mouches qui se noient dans les verres sales, les gouttes de sueur sur le dos d'Emma, inscrivent la scène dans un quotidien prosaïque (commun, voire vulgaire), dépourvu de raffinement : le passage présente les caractéristiques du mouvement réaliste.

4 Cette conception du réalisme repose sur une opposition entre la vie et l'art : faire vrai ne veut pas dire retranscrire le vrai, la réalité. Le romancier, selon Maupassant, doit choisir certains éléments, travailler la composition, hiérarchiser les événements, pour donner l'illusion du vrai. La première et la dernière phrase sont des paradoxes (idées qui vont à l'encontre de l'opinion commune), au service de la conception de Maupassant, pour qui « réaliste » ne veut pas dire « qui recopie le réel ».

Chapitre 11, page 23

1 La description est organisée selon le point de vue des deux femmes à la fenêtre. La vision des parties de plaisir qu'elles imaginent leur fait envie. Le début du passage se caractérise par des notations objectives ; la subjectivité (qui dévalorise la scène : « satisfaction imbécile », « hurlées stupides ») qui suit peut traduire la pensée des personnages (style indirect libre), ou être le fait d'un narrateur qui prend parti, qui ne s'efface pas derrière ses personnages.

2 **1.** la nuit, le froid, l'obscurité, une voix.

2. une matinée, la chaleur, la lumière, des voix chuchotantes.

Les révoltes ouvrières à venir sont assimilées à des graines, à des pousses qui vont bientôt sortir de terre. La puissance du monde ouvrier est ainsi en germe, comme l'indique le titre. La fin du texte, porteuse d'espoirs et de combats, s'inscrit dans le registre épique. On peut en effet parler d'élan visionnaire, puisque les attentes mentionnées se réaliseront.

3 Quelle que soit la thèse défendue, on veillera à rattacher précisément arguments et exemples à l'idée directrice. Pour appuyer le point de vue choisi, on pourra avancer les idées suivantes :

– **La vocation sociale de la littérature :** événements historiques et productions littéraires sont liés (exemple : Zola) ; l'écrivain a un rôle de guide ou de révélateur à jouer (exemples : les écrivains romantiques, la littérature engagée) ; beaucoup d'écrits veulent réformer l'homme (exemples : Hugo, Bossuet).

– **La littérature sans utilité sociale :** l'art est au-dessus des contingences historiques (exemple : les parnassiens) ; l'écriture transfigure le monde, le recrée, et ne se situe pas dans le domaine de la réalité (exemple : les limites du réalisme).

Chapitre 12, page 25

1 **1.** L'extrait relève du registre fantastique (mention de l'étrangeté, de la peur ; narration à la première personne ; incertitude sur sa santé mentale).

2. Il ne s'agit pas du registre fantastique. La transformation en insecte est acceptée comme telle, par le biais d'un narrateur extérieur au récit et omniscient, qui ne met pas en doute la réalité de la métamorphose : « Ce n'était pas un rêve ».

2 La scène se situe dans un cimetière par une nuit sans lune. Le décor est parfaitement adapté au registre fantastique, et met en place une atmosphère trouble et inquiétante. L'angoisse est traduite par la répétition du mot « tombes », les phrases courtes et nominales, l'usage de phrases exclamatives et interrogatives, l'expression de l'incertitude (« confus », « innommable », « impénétrable », « mystérieuse »). La narration à la première personne permet d'insister sur la perception individuelle de la scène.

3 Les termes « charme » et « impressions » sont ambigus. La volonté du comte de faire revivre sa femme a un témoin, le domestique Raymond, qui vit également le phénomène. Le narrateur est extérieur à l'histoire, mais une confusion s'établit dans le deuxième paragraphe : on ne sait s'il s'agit des propos du narrateur ou des pensées de Raymond (style indirect libre). Cette imprécision renforce l'ambiguïté, tout comme le choix de l'italique pour le mot « *naturel* », pour qualifier ce qui est au contraire surnaturel.

4 La suite du récit doit mentionner la possibilité d'une explication rationnelle à la présence des cheveux sur la veste du narrateur ; mais elle doit laisser planer le doute : le narrateur aura du mal à trancher, et doutera toujours de ses perceptions.

Chapitre 13, page 27

1 Caractéristiques : dans cette scène de bataille (Waterloo), on insiste sur le côté grandiose de la scène, et le lexique de l'armement est très fourni.

Point de vue : rien n'échappe au regard du narrateur omniscient, qui donne une vision d'ensemble de cette scène spectaculaire.

Amplification : à la première phrase très courte en succède une très longue (quatre verbes d'action au passé simple, nombreuses expansions du nom) ; la troisième phrase montre une gradation en rythme et en intensité (« graves, menaçants, imperturbables »).

Exagération : elle est rendue par des termes hyperboliques et des expressions imagées : « formidable », « nuage de mitraille », « piétinement colossal », « immenses couleuvres d'acier », « prodige ».

2 Les effets de masse et de grossissement sont rendus par le lexique de l'immensité (« massif », « géante », « haute », « trente mètres », « mât », « colossal », « grosse et longue ») et par la gradation de l'image de l'anéantissement (« effrayante », « écartelés », « lutter », « expirait », « broyée », « engloutie », « s'émietter », « voler en poudre », « bue par la terre », « fondue »). Il s'agit d'une scène épique de la mort de l'ennemi : par métaphore, la machine est devenue une bête. Elle symbolise la victoire des humains (le bien) sur la machine assassine (le mal), « gorgée de chair humaine ».

3 Le sonnet décrit une scène de combat mythologique. Le poème insiste sur la multitude dans la première strophe, et sur la confusion dans la seconde. Les tercets sont consacrés chacun à un des camps qui s'opposent. Les procédés utilisés sont la comparaison (1re strophe), l'énumération (2e strophe) et enfin l'antithèse entre les deux dernières strophes.

4 La réécriture peut s'appuyer sur l'utilisation du présent, des adverbes, de la ponctuation et des procédés d'insistance pour transformer le texte initial en scène épique :

Le regard brûlant, les deux hommes s'avancent vers nous. Prêts à parer l'attaque, nous ralentissons, et je me prépare mentalement au choc qui va suivre. Raymond se dirige avec aplomb vers le premier, un véritable colosse. Il tente de lui parler, mais le géant l'interrompt soudainement et fait mine de lui donner un coup. Raymond tourne autour de son adversaire, le provoque du regard et, de ses poings formidables, il lui assène enfin des coups violents et répétés. En même temps, il appelle Masson et l'incite à faire de même. Obéissant, Masson frappe à son tour ; le sang gicle ! Le souffle court et la mâchoire fracturée, le type de Raymond continue à encaisser, encore et encore ! Les coups pleuvent, personne ne veut céder ! Et la scène terrible se poursuit, sans qu'aucun mot ne soit plus prononcé.

Chapitre 14, page 29

1 Maupassant, écrivain du XIXe siècle, est connu pour ses romans et ses nouvelles. « Le Horla » est une nouvelle qui relève du registre fantastique.

2 **Situer l'extrait** En publiant en 1887 le Journal d'un fou intitulé « Le Horla », Maupassant donne la pleine mesure de son talent dans l'écriture fantastique.

Reformuler la question La lecture d'une page de ce Journal permet d'explorer les enjeux de la nouvelle, et de comprendre comment la forme d'écriture choisie favorise l'exploitation du registre fantastique.

Annoncer le plan Après avoir étudié la figure du narrateur, nous nous intéresserons à la progression dramatique du récit, pour examiner dans un dernier temps la tonalité fantastique.

3 Exemple de relevé pour la première partie :
– un « je » à la fois sujet (énonciateur) et objet (ne parle que de lui) du discours : marques multiples de la première personne ;
– un « je » qui cherche à voir (lexique de la vue : « voyait », « vis », « image », « voyais », « regardais »...) ;
– un « je » impuissant : « je faillis tomber », « je n'osais », « je n'osais », « il m'échapperait ».

4 **1.** Un autoportrait honnête
2. Une entreprise humble
3. Le poids des institutions.

5 L'introduction reprendra la présentation des *Misérables*, et précisera qu'il s'agit du portrait de la Thénardier, femme terrible qui, avec son mari, a recueilli Cosette et la malmène.

Proposition de plan :

1. Un personnage terrible : Elle est forte, puissante (elle fait tout), de carrure impressionnante (énumération) : elle fait peur, c'est presque un homme (« barbe »). C'est la figure d'un ogre.

2. Un personnage ridicule : Elle est disproportionnée face à Cosette (un « éléphant »), et caricaturée. L'alliance de « donzelle » et « poissarde » contribue à rendre ridicule ce personnage de « foire ».

3. La fonction du portrait : c'est une rupture dans la narration. La généralisation du « on » a pour but d'unir narrateur et lecteurs. Il s'agit de réveiller en eux l'indignation devant le mal (l'ogre est l'opposant dans le conte), et peut-être d'indiquer que, comme souvent dans les contes, le bien sera victorieux.

Chapitre 15, page 31

1 **a.** 12 (alexandrin) / 8 (octosyllabe) / 12 / 12 / 10 (décasyllabe).

b. 4 / 4 (diérèse sur *vi/olons*) / 3 / 4 / 4 / 3.

c. Un quatrain composé d'alexandrins.

2 **a.** Je fais souvent ce rêve étrange et pénétrant : effet mélodique.

b. Tout m'afflige et me nuit et conspire à me nuire : l'assonance en –i met en valeur les termes qui disent la souffrance.

c. Jadis, si je me souviens bien, ma vie était un festin, où s'ouvraient tous les cœurs, où tous les vins coulaient: effet mélodique, renforcé par le rythme ample et régulier (nombre de syllabes dans chaque segment de la phrase: 2, 6, 7, 6, 6).

3 **a.** Métaphore travestie en comparaison. Comparé: la terre; comparant: l'orange. Le lien entre les deux est la forme (ronde) et non la couleur (bleue).

b. Métaphore filée. Comparé: « jeunesse »; comparant: « ténébreux orage, traversé par de brillants soleils ». Le lien: l'agitation sombre entrecoupée de moments de grâce.
La métaphore est la manifestation de la fonction symbolique du langage. Cette image est ainsi révélatrice de rapports cachés.

4 Tout en chan**tant** / sur le mode mi**neur** / (4 / 6)
L'amour vain**queur** / et la vie oppor**tune**, / (4 / 6)
Ils n'ont pas **l'air** / de croire à leur bon**heur** / (4 / 6)
Et leur chan**son** / se mêle au clair de **lune**. / (4 / 6)

Ce quatrain de décasyllabes présente un rythme extrêmement régulier, en accord avec la thématique de la strophe: la chanson mélancolique.

5 Le poème est composé de quatre quatrains de vers de six syllabes (hexasyllabes). Tous les vers riment à l'intérieur de chaque strophe, sauf le deuxième, isolé. (Schéma: *abaa*). L'alternance de rimes féminines et masculines est respectée. La première strophe présente deux figures importantes: un néologisme (invention d'un mot ou d'une expression) avec l'emploi d'une tournure impersonnelle pour le verbe pleurer, et une comparaison, « comme il pleut sur la ville ». L'allitération dominante est le son « p » qui imite et répercute le son de la pluie.

Chapitre 16, page 33

1 Il s'agit d'un sonnet (deux quatrains suivis de deux tercets) en décasyllabes, construit sur la figure de l'antithèse (vis/meurs; brûle/noie; chaud/froidure; molle/dure; ennuis/joie; ris/larmoie; plaisir/tourment; s'en va/dure; sèche/verdoie; douleur/hors de peine; mon désiré heur/mon premier malheur). Le bonheur, du côté de la vie, s'oppose au champ lexical de la peine, du côté de la mort. Le poème parle de l'Amour qui fait passer l'âme d'un extrême à l'autre. Le début du sonnet développe l'antithèse, tandis que les deux tercets en expliquent la signification.

2 Cette ode en octosyllabes présente des strophes de six vers (sizain). Chaque strophe débute par des rimes plates, suivies de rimes embrassées. L'alternance entre rimes féminines et masculines est respectée au sein de chaque strophe. Le poème traite du passage du temps et de la nécessité de profiter chaque jour de ce que la vie nous offre (*carpe diem*); le poète compare la beauté de la rose à celle de la jeune fille, qui comme celle de la fleur ne dure que peu de temps. Le verbe « fleuronne » est formé sur le nom « fleuron », lui-même dérivé de « fleur », et signifie orné de fleurs, et par extension de choses belles et précieuses. Le terme n'a pas survécu.

3 Le sonnet explique qu'il ne faut pas repousser les plaisirs de la vie de peur de les voir disparaître sans avoir pu en jouir. Les deux tercets introduisent une rupture: on passe de l'évocation plaisante d'un souvenir à la mention de la mort. Le dernier alexandrin présente un rythme très régulier: 2 / 4 // 2 / 4/ et les sonorités reprises concernent les sons « ai », [z], [o], [i], de manière à mettre en valeur l'injonction finale, qui apparaît par une métaphore: les roses, pour les plaisirs éphémères de la vie.

4 Étienne Jodelle prend ici le contre-pied des images et des traitements réservés habituellement à la poésie par les grandes figures de la Pléiade. L'auteur s'attaque donc à la poésie, qu'il soupçonne de mensonge: véritable masque, la poésie ne fait que déguiser la vérité. Les vers sont donc à la fois séducteurs (*vous m'appâtez*) et *traîtres*. On peut alors opposer deux conceptions de la poésie: soit particulièrement apte à exprimer une vérité, soit au contraire synonyme d'artifice et de tromperie.

Chapitre 17, page 35

1 Le poète a pour fonction de guider le peuple, qui doit l'écouter. Seul le poète sait distinguer la lumière de l'espoir et les promesses futures dans la nuit (l'ignorance et l'injustice du monde). Le poète s'adresse à tous, et il a une fonction sacrée, car il est l'interlocuteur privilégié de Dieu: c'est un prophète.

2 Le poème évoque l'automne, saison associée à la mélancolie devant la mort des choses ou des êtres. La nature reflète les sentiments de l'homme, tel un ami privilégié, comme le montre la personnification des deux derniers vers de la 3e strophe par les termes « ami », « sourire », « lèvres ».

3 Le poète s'adresse non à un individu en particulier, mais à l'homme dans son ensemble, qu'il met en garde: il ne faut pas placer l'homme au centre de l'univers et imaginer que la nature et le monde qui l'entoure ne sont que des instruments à sa disposition. Chaque parcelle de l'univers, végétale ou minérale, porte des traces de la divinité. Le sonnet multiplie les phrases exclamatives et les adresses directes, dans un souci d'expressivité, pour marquer et convaincre son destinataire.

4 Au premier plan des cadavres jonchent le sol; au second une troupe de combattants est menée par une femme tenant le drapeau français; on aperçoit derrière le gros de la foule, et enfin, au fond, des édifices émergeant de la fumée. La lumière descend du haut du tableau pour inonder la femme et le drapeau au centre. La femme est ici une allégorie de la Liberté, qui guide le peuple. Le tableau fait référence aux Trois Glorieuses, trois jours pendant lesquels le peuple se rendit maître de Paris et obtint l'abdication du roi Charles X en 1830. La question sociale, au cœur du tableau, l'inscrit dans le mouvement romantique, qui voulait réunir l'art et l'histoire.

Chapitre 18, page 37

1 Le poète est comparé à un sculpteur (« statuaire »), dont la tâche se caractérise par l'effort (« lutte ») et la rigueur; il doit travailler des matériaux nobles et ne rien entreprendre sans un besoin impérieux et une concentration intense (« repousse l'argile... quand flotte ailleurs l'esprit »). Le destinataire, sous les traits du sculpteur, est le poète; ce texte fonctionne donc comme un manifeste, puisqu'il explique concrètement la démarche de l'artiste.

2 Le contre-rejet « les tribuns » au premier vers introduit le champ lexical de l'armée (« centurions », « carnage », « soldats », « archers », « flèches », « blessures »...) ; le combat se situe dans l'Antiquité. Le premier quatrain évoque l'ouïe (« voix ») et l'odorat (« humaient », « parfums »). La forme se prête à une évocation puissante du sujet: les deux quatrains décrivent une scène de carnage, et mettent en place une atmosphère; les deux tercets recentrent la scène sur la vision grandiose et colorée de l'imperator.

3 Les rimes sont riches puisqu'elles présentent au minimum trois sons communs. Les sonorités à la rime sont reprises à l'intérieur des vers (Telles, que les **autres** **sau**teurs / **Se** consu**mai**ent en l**u**ttes v**ai**nes.). Dans cette strophe en octosyllabes, la technique des rimes devient une épreuve de l'art; le poète devient lui-même un funambule du langage, qui multiplie les acrobaties et les prouesses verbales.

4 Le paragraphe doit énoncer une idée (argument), présenter des explications, et enfin illustrer l'argument par des exemples.

5 Ce texte, publié en préface, a une visée argumentative claire et fait véritablement fonction de manifeste: il explicite les principes que revendiquent un certain nombre d'écrivains proches de l'auteur.

La thèse défendue est la suivante: la beauté, c'est-à-dire l'art, a une très haute utilité qui ne doit rien aux besoins immédiats.

Le premier paragraphe précise que si la beauté n'est pas indispensable à la vie, elle est essentielle: on ne saurait s'en passer. Dans les deuxième et troisième paragraphes, l'auteur feint d'adopter le point de vue des « utilitaires », pour mieux insister sur l'absurdité de leur théorie. La dernière partie affirme que la beauté n'a de sens que par son inutilité, et s'oppose ainsi fortement à l'image des *latrines*, évidemment du côté du besoin et de la laideur.

Chapitre 19, page 39

1 Cette ode est adressée et consacrée à une source du pays natal du poète. Par ce thème, le poète fait l'éloge de la nature. Chaque strophe commence par deux rimes plates suivies de rimes croisées, avec une alternance entre féminines et masculines. Les rimes sont généralement riches (« hautaine » /« fontaine » : trois sons communs *t-ai-ne*). L'allitération en « oi » dans la première strophe répercute en écho des mots essentiels pour définir la tâche du poète, « voix » et « ois » (entends).

2 Ce poème s'adresse directement à une partie du corps de la femme, non pour en faire l'éloge mais pour en décrire la laideur et le ridicule. Il s'agit ici d'un contre-blason, qui s'oppose à celui de la page précédente: le tétin est grand, long, lourd, le bout est noir, il bouge sans cesse, alors que le premier blason parlait d'un tétin petit, rose et immobile. Les deux textes témoignent d'un intérêt pour cette partie du corps, objet d'admiration ou de dégoût, qui présente toujours la femme sous un seul aspect: celui du désir, qu'elle inspire ou qu'elle n'inspire pas.

3 Le poème devra utiliser des procédés tels que l'apostrophe directe à l'objet décrit et l'hyperbole.

4 Le sonnet s'adresse à Hélène, désignée d'abord par la 2e personne du pluriel, puis par la 2e personne du singulier: l'intimité grandit entre la jeune femme et le poète. Le deuxième quatrain décrit le ballet par le biais d'une énumération de verbes à l'infinitif, utilisés pour dire la vivacité et la multitude des mouvements. On évoque d'abord les yeux d'Hélène, puis son pied, et enfin son corps, qui annonce la transformation finale de la jeune femme en incarnation de la « divine nature ». Cette dimension sacrée était annoncée dans le premier quatrain, où le regard d'Hélène amenait la lumière et éclairait le monde.

5 À partir du deuxième quintil (strophe de cinq vers), le locuteur s'adresse directement à l'objet de la célébration, la chevelure. Celle-ci apparaît par des substituts variés dans le texte:

– des périphrases et des métonymies: *toison*, *boucles*, *fortes tresses*;

– des métaphores: *forêt aromatique*, *houle*, *mer d'ébène*.

Ces deux dernières expressions, qui identifient la chevelure à un océan, sont développées dans la dernière strophe (métaphore filée). Toutes les métaphores reposent sur l'association de la chevelure à un certain exotisme. Cet exotisme est perçu par différents sens: l'ouïe (*la musique, le son*), la vue (la couleur sombre), mais surtout l'odorat, comme le montre l'adjectif *aromatique* et la répétition du nom *parfum*.

Chapitre 20, page 41

1 Ce poème est consacré à l'évocation d'un souvenir : il relève du registre lyrique (ou plus spécifiquement élégiaque : la plainte et le regret de quelque chose) ; le nom de l'auteur nous indique que ce poème, dont le thème majeur est la mélancolie, est à replacer dans le mouvement romantique.

2 **Problématique :** montrer comment le bonheur présent est concurrencé par le souvenir.

(Situation du texte) En publiant *Madame Bovary* en 1857, Flaubert fait scandale : on lui reprochera d'avoir donné trop de réalité à des scènes montrant l'émoi et les désirs de son héroïne. Mais l'écriture de Flaubert ne se résume pas à des ambitions réalistes, comme le montre cet extrait, où Emma assiste à un bal qui l'émerveille (elle aura l'honneur d'être la cavalière préférée d'un séduisant vicomte). **(Problématique)** L'âme romanesque d'Emma devrait se satisfaire pleinement de ce qu'elle est en train de vivre ; et pourtant le souvenir de son existence ordinaire ressurgit. **(Annonce du plan)** Après avoir étudié la manière dont s'exprime le plaisir ressenti par Emma, nous nous intéresserons à l'irruption d'une autre réalité : celle du souvenir.

3 **Introduction.** Dès 1870 Rimbaud a montré son esprit novateur dans l'exercice de la poésie : s'il maîtrise parfaitement tous les codes de la poésie classique, il sait aussi les détourner. C'est cette dernière entreprise qui semble à l'œuvre dans ce sonnet intitulé *Vénus Anadyomène* qui, sous couvert de reprendre une image antique et traditionnelle (Vénus sortant des flots), en propose une vision dégradée. Ce poème peut alors être lu comme une parodie, dans la mesure où il imite un modèle pour le tourner en dérision. C'est ce que nous montrerons en étudiant la description de la femme, puis les effets que Rimbaud tire de la forme même du sonnet.

Première partie : la description de la femme. **A.** La lourdeur des formes (tout ce qui évoque un aspect gras, large ou inélégant). **B.** Les essais de dissimulation (la femme cherche à maquiller certaines dégradations : « pommadés », « déficits », « ravaudés »). **C.** Un corps repoussant (l'odeur, l'oxymore « belle hideusement », la singularité d'un tel corps qui en fait presque un phénomène, un monstre).

Deuxième partie : l'exploitation des contraintes formelles. **A.** Le choix du sonnet (forme distinguée et représentative de la poésie française). **B.** La composition (les quatrains consacrés à l'émergence de la baignoire / les tercets qui évoquent les détails « qu'il faut voir à la loupe »). **C.** Les rejets et les contre-rejets (effets d'attente, de grossissement, de chute).

Conclusion. Le cadre traditionnel du sonnet est utilisé pour caricaturer le corps féminin ; on est très loin de la représentation classique de Vénus sortant des flots ou de la femme à sa toilette. La force de cet écrit réside autant dans la thématique choisie que dans la forme utilisée pour la traiter. Rimbaud continuera à détourner le sonnet pour traiter de thèmes scabreux, comme le montre certain poème fort célèbre consacré au dernier terme de notre texte.

Chapitre 21, page 43

1 *Le Jeu de l'amour et du hasard* : comédie – *Alexandre le Grand* : tragédie – *Ubu cocu* : farce – *Cléopâtre captive* : tragédie – *Le Dindon* : comédie – *La Farce du cuvier* : farce – *Le Malade imaginaire* : comédie – *On ne badine pas avec l'amour* : comédie – *César* : tragédie – *Le Mariage de Figaro* : comédie.

2 **1.** Tragédie (forme d'expression noble, personnage historique : César).

2. Comédie (thématique de l'amour et du mariage).

3. Farce (langage vulgaire perverti, jurons inusités).

3 Il s'agit de l'exposition, qui a pour but de présenter, par la bouche de Sganarelle, le personnage principal : Don Juan. Sganarelle, son valet, est le mieux placé pour en parler, puisqu'il connaît son maître dans l'intimité. On apprend que Don Juan est un séducteur éhonté qui n'hésite pas à contracter le mariage pour parvenir à ses fins, et qu'il se rend sans doute coupable d'autres agissements répréhensibles (« ce n'est là qu'une ébauche du personnage »). Ses conquêtes et sa moralité seront sans doute le sujet de l'intrigue.

4 Cette dernière scène de la pièce présente l'ultime étape du dénouement : Don Juan meurt, frappé par la foudre divine et englouti par la terre. Il s'agit d'un dénouement surnaturel et artificiel, annoncé par la statue qui parle. Sganarelle prend la parole en dernier, pour énoncer la morale de la pièce (« tout le monde est content ») et se lamenter sur son sort ; son intervention fait écho au début de la pièce, et contrebalance la mort tragique de Don Juan par des propos comiques (le désespoir devant ses gages envolés).

Chapitre 22, page 45

1 Il s'agit d'apartés (réflexions que les personnages s'adressent à eux-mêmes). Le parallèle établi entre les deux personnages crée un effet comique. Les répliques de George Dandin révèlent au public sa surprise et une certaine inquiétude.

2 Il s'agit d'un monologue très fameux, car Harpagon, après avoir interpellé des individus imaginaires, s'adresse à lui-même, jusqu'à se considérer comme un autre

(« Arrête »). Il s'adresse ensuite à son argent (« on m'a privé de toi »), avant de violer l'illusion théâtrale en s'adressant très explicitement au public, dont il commente les réactions (« Ils me regardent tous et se mettent à rire »). Le but de cette scène comique est de faire rire le spectateur devant la paranoïa du personnage et la transgression de la frontière entre l'intrigue fictive et la réalité de la représentation.

3 **a.** Arlequin est le valet de Dorante.

b. La domination sociale du maître se manifeste par le tutoiement, le recours à l'injure, la menace de coups et l'impatience devant les discours tenus par son valet.

c. Arlequin emploie un registre soutenu et fait preuve de calme et d'ingéniosité face aux exclamations de Dorante : usage de phrases injonctives (impératif), utilisation de connecteurs logiques structurant son discours.

d. C'est Arlequin qui conduit le dialogue : même si Dorante affirme qu'il ne veut pas l'écouter, il n'interrompt pourtant pas le dialogue.

e. Arlequin a un temps de parole plus important ; socialement inférieur, il s'assure cependant la maîtrise de l'échange, et obtient de son maître la permission de révéler son identité à sa maîtresse avant que Dorante n'apprenne la supercherie à son père.

Chapitre 23, page 47

1 Les intrigues **a** et **c** appartiennent à des tragédies.

2 La mort d'Hippolyte, très violente, est racontée par Théramène : elle ne peut avoir lieu sur scène, cela irait à l'encontre de la règle des bienséances.

3 Rodrigue est partagé entre son amour (pour Chimène) et le souci de son honneur (venger son père) ; ce dilemme est traduit par la figure de l'antithèse qui souligne l'opposition entre ces deux impératifs.
Les vers comptent un nombre pair de syllabes (de 6 à 12) ; aux rimes embrassées succèdent des rimes plates puis des rimes croisées : la tirade présente donc une extrême variation de vers et de rimes, à l'image de l'agitation désordonnée qui s'empare du personnage.
Cette scène permet d'exposer clairement le dilemme de Rodrigue sur lequel repose la pièce : en détaillant les tourments qui assaillent le personnage, elle lui donne de l'épaisseur.

4 **a.** Thisbé s'adresse au début et à la fin de sa tirade à Pyrame, notamment par des phrases injonctives. Quand elle se parle à elle-même, les phrases exclamatives ou interrogatives l'emportent, pour témoigner de son trouble devant la mort de son amant. **b.** Cette tirade s'inscrit dans le registre pathétique : l'expression de la plainte (« ô… ») et de la désolation (antithèse entre la vie et la mort, lexique de la peine) doit émouvoir le lecteur. **c.** On peut parler d'ironie tragique, puisque la mort supposée de Thisbé entraîne la mort de Pyrame, qui entraînera à son tour la mort réelle de Thisbé : même en ayant échappé au lion, la mort était inévitable. **d.** Cet extrait rappelle la mort de Roméo et Juliette qui, suite à un malentendu, se suicideront, tour à tour.

Chapitre 24, page 49

1 **a.** Comédie : critique de la vanité de la bourgeoisie.

b. Vaudeville.

c. Vaudeville, avec certainement une critique de la bureaucratie.

2 Arnolphe explique sa conception de l'épouse accomplie. Il emploie le passé simple pour expliquer comment il a fait élever une enfant selon ses principes jusqu'à ce qu'elle soit en âge de se marier. Pour Arnolphe, la femme idéale est soumise et ignorante. Il a au minimum le double de son âge, et s'apparente donc à la figure du vieillard amoureux et despotique. Le désir d'imposer sa volonté se traduit par des formules comme « ma mode », « qui tienne tout de moi », « ma politique ».

3 **a.** Orgon ne réagit pas aux informations données par Dorine, et la relance sans cesse sur Tartuffe. La communication n'est pas réelle, et les répétitions des interventions d'Orgon, en traduisant son obsession, prêtent à rire.

b. Tartuffe apparaît comme un individu attaché aux plaisirs terrestres, peu délicat vis-à-vis des malaises de son hôtesse : ce portrait n'est guère en accord avec la dévotion qui est censée le caractériser. Orgon apparaît aveuglé et totalement sous la dépendance de Tartuffe, vers qui va toute sa compassion, alors même que sa femme, fort légitimement, la réclame.

c. L'ironie de Dorine se traduit par le soin qu'elle met à recentrer le dialogue sur la maîtresse de maison (contre le désir évident d'Orgon), par son insistance à mentionner l'appétit et la bonne santé de Tartuffe, et par l'emploi par antiphrase de l'adverbe « dévotement ». Tout à son idée fixe, Orgon n'y est pas sensible, contrairement au public.

Chapitre 25, page 51

1 Les didascalies renseignent sur les gestes et les sentiments, ainsi que sur la manière dont sont prononcées certaines répliques. Lise, prise en faute, est tancée par Cyrano, qui se fait le défenseur du mari de Lise, Ragueneau. Elle est complètement dominée dans l'échange.

2 Les didascalies donnent des informations sur les gestes, la prononciation, les objets à utiliser pour jouer la scène. L'indication « montre en effet beaucoup d'élégance » repose sur une impression subjective, personnelle, et toute la difficulté consistera à la traduire par le jeu du personnage pour que le public y soit sensible. La scène donne de nombreuses précisions, et la marge de manœuvre du metteur en scène semble réduite.

3 Les indications ne sont pas très précises : les termes employés indiquent l'incertitude (« si j'en crois ce que j'ai lu ») ou l'imprécision (« soit… soit »). Dans ce commentaire, l'auteur joue avec les paradoxes (la misère révélée par des costumes somptueux) et souligne la part de créativité dont doivent faire preuve tous ceux qui participent à la mise en scène. La mise en scène, selon Genet, ne se limite pas à des gestes, des décors ou des déplacements : c'est une véritable création, qui participe à la réussite de la pièce, au même titre que le texte.

4 Le texte n'est pas figé, puisque Genet parle de le « reprendre » : la série des verbes à l'infinitif renvoie au travail du jardinier (*élaguer*) ou de la couturière (*découdre*, *repriser*). La tâche de l'auteur n'est donc pas d'un seul tenant, mais se construit aussi au regard de la mise en scène. En se réappropriant la pièce, le metteur en scène devient le partenaire privilégié de l'auteur.

Chapitre 26, page 53

1 **a.** Une affirmation à prouver.

b. Deux points de vue à confronter.

c. Une citation à discuter.

2 **a.** Les aspects comiques ont-ils pour unique but de provoquer le rire, ou poursuivent-ils un objectif plus sérieux, comme celui de réformer la société ?

b. Pourquoi peut-on dire qu'une mise en scène révèle toujours une interprétation particulière d'une pièce ?

c. Le théâtre est-il, ou non, le reflet de la réalité ?

3 **Ouverture :** « Dans le monde […] littéraire ».

Reprise de la citation : « Le dramaturge […] théâtre ».

Reformulation de la problématique : « Quelles […] littéraires ? » **Annonce du plan** : « Nous […] un texte ? »

4 L'introduction prendra soin d'amener le sujet par des considérations générales, de reprendre la citation, de formuler la problématique (citation à discuter : le terme de langage suffit-il ou non à résumer le théâtre ?) et enfin d'annoncer le plan.

La conclusion reprendra rapidement les grandes étapes de l'argumentation, avant de terminer par la réponse que vous donnez à la problématique initiale (ex. : si on ne réduit pas le mot « langage » au sens de texte, on peut dire qu'au théâtre tout est langage : on parle ainsi de langage gestuel et visuel).

5 Le sujet demande de discuter une affirmation ; la problématique pourrait être : le tragique peut-il s'exprimer ailleurs que dans la tragédie ?

Première partie : la tragédie comme lieu d'expression privilégié du registre tragique. **A.** La détermination des rôles. **B.** L'intrigue resserrée sur l'enfermement des personnages. **C.** Les effets provoqués chez le spectateur.

Deuxième partie : le registre tragique s'exprime aussi dans d'autres formes théâtrales, et dans d'autres genres que le théâtre. **A.** Le tragique dans les comédies ou autres pièces de théâtre. **B.** Le tragique dans le récit. **C.** Le tragique au service d'une argumentation.

6 Sujet 1. **Problématique :** On étudiera le plaisir que le spectateur ressent à l'exposé de la tristesse majestueuse, qui constitue un des ressorts de la tragédie classique.
Plan analytique
Première partie : La notion de tristesse majestueuse comme emblématique de la tragédie classique.
Deuxième partie : L'association de la tristesse et du plaisir.
Troisième partie : Le plaisir comme enjeu essentiel de la tragédie.

Sujet 2. **Problématique :** On peut se demander si les règles de l'écriture théâtrale et les conditions de représentation n'ont d'utilité que dans la mesure où elles amènent une réflexion sur l'homme et le pouvoir.
Plan dialectique
Première partie : Tout, au théâtre, est une réflexion sur les rapports de l'homme et du pouvoir.
Deuxième partie : Le théâtre ne se réduit pas à cette dimension.
Troisième partie : Certains genres théâtraux sont plus aptes que d'autres à l'étude des relations de l'homme au pouvoir.

Sujet 3. La citation est extraite d'un passage consacré à Molière tiré du livre intitulé *Morales du grand siècle*.
Problématique : Un auteur comique, parce qu'il veut obtenir l'approbation de son public, ne fait-il qu'une critique raisonnable et conventionnelle de la société ?
Plan analytique
Première partie : Le théâtre comique comme mise en scène des « pensées de tout le monde ».
Deuxième partie : Le théâtre comique au service d'idées novatrices et parfois dérangeantes.
Troisième partie : Le spectacle qu'est le théâtre peut exercer une action morale.

Chapitre 27, page 55

1 Les personnages discutent autour du thème suivant : le véritable amour peut-il survenir plusieurs fois dans une vie ? La thèse défendue par les hommes est que l'amour peut toucher plusieurs fois le même être ; pour les femmes, en revanche, cela ne peut arriver qu'une fois. Le connecteur « bien que » matérialise cette opposition. Les exemples ne sont pas détaillés. Le narrateur semble soutenir l'opinion masculine, puisqu'il appuie la validité de leur thèse (« cette manière de voir » n'est « pas contestable »).

2 Thème : la fidélité amoureuse. Thèse : la fidélité est à bannir, car elle est injuste (la priorité l'emporte sur la qualité), elle fait renoncer au monde (« être mort dès sa jeunesse »), elle n'est que vanité ridicule et faux honneur. Pour donner de la force à son argumentation, Don Juan procède par généralisation : « on », « nos cœurs », phrases à valeur de maximes. Son discours mime un dialogue (question / réponse), et chaque phrase est construite en trois temps (« Tu veux qu'on…, qu'on…, qu'on… » / « La belle chose de…, de…, et de… » / « la constance…, toutes…, et l'avantage… »).

3 Thème : la peine de mort.
Thèse du texte 1 : il faut maintenir et appliquer la peine de mort.
Thèse du texte 2 : une démocratie ne doit pas souffrir le maintien de la peine de mort. Le deuxième texte recourt à la généralisation et semble plus autoritaire que le premier, où l'énonciateur ne parle qu'en son nom.

4 Dans ce passage, où le narrateur évoque son expérience de soldat lors de la Première Guerre mondiale, la thèse vise à dénoncer l'atrocité de la guerre. L'essentiel du passage concerne les impressions individuelles du narrateur, mais quelques phrases au présent de vérité générale s'intercalent. Ces considérations, souvent marquées par l'emploi d'un « on » à valeur généralisante, veulent donner une résonance plus large aux propos du personnage : son expérience personnelle l'amène à découvrir des vérités qui dépassent son propre cas. Certaines constructions de phrases et certains termes relèvent d'un niveau de langue familier (*dépucelé*, *la vache*, *crétin*…). Par l'usage de ces tournures, le narrateur apparaît donc comme un personnage populaire : c'est par sa bouche et avec ses tournures familières que la réalité de la guerre peut être dite, et non par les discours patriotiques ou pompeux sur l'héroïsme et le courage que l'on entend souvent, et qui ne sont que *des mots*.

Chapitre 28, page 57

1 Thèse : il faut borner l'instruction des femmes aux emplois auxquels elle est destinée. Objection anticipée soulignée par le connecteur d'opposition « mais » : une femme curieuse trouvera cette instruction très limitée. Les arguments sont présentés dans le premier paragraphe grâce à une question, qui introduit une énumération qui se veut complète ; les liens logiques explicites (*donc*, *mais*) ou implicites (les deux-points, le point-virgule) montrent que le locuteur cherche à convaincre son lecteur par une argumentation rigoureuse.

2 L'énonciateur reproche à son destinataire sa cruauté. Il cherche à l'émouvoir, en faisant appel à sa pitié et à sa compassion. Le point-virgule annonce une énumération (lien d'addition ou de renchérissement). Le locuteur cherche donc à persuader plus qu'à convaincre, comme le montrent l'emploi de tournures interrogatives et exclamatives, le champ lexical de la souffrance (« malheureux », « souffrances », « inquiétude », « douleurs ») et celui de l'amour (« sentiments », « cœur », « amour », « sensible », « plaisir »).

3 L'émetteur cherche à convaincre son interlocuteur que la femme n'est pas l'égale de l'homme, en ce sens qu'elle n'a pas la même mission ni les mêmes qualités. Elle n'a accès ni à l'art ni à la politique. Sa fonction est de permettre à l'homme de créer, par le biais du désir qu'elle suscite en lui. Le discours est structuré par des connecteurs (« Mais », « C'est pourquoi », etc.), et repose sur un parallèle entre l'homme et la femme, souligné par le recours à l'italique. Le statut de la femme ne semble guère susceptible d'évoluer : si le discours peut sembler prudent (« généralement peu accessible », « semblent impossibles »), ces réserves sont aussitôt contredites par des affirmations sans nuance (« il y faut », « toute œuvre »).

4 Le passage a pour thème l'association de la féminité et de la passivité.

Le connecteur d'opposition *mais* souligne que cette passivité est imposée par l'environnement extérieur. Les exemples du garçon et de la fille sont séparés encore une fois par un connecteur d'opposition (*Au contraire*). L'explication concernant l'éducation de la femme est marquée par l'emploi du *on* : ce pronom renvoie aux *éducateurs* et à la *société* précédemment cités. À la multitude indivisible du *on* s'oppose alors l'unicité de *la femme*. Cet exposé se veut objectif : nulle inscription de l'énonciateur dans le texte. En renonçant à l'emploi d'un « je » ou d'un « nous » qui réunirait les femmes, c'est évidemment à l'ensemble de la population que l'auteur s'adresse.

Chapitre 29, page 59

1 Le passage fait l'éloge de Napoléon Ier. Pour donner une impression d'impartialité, le locuteur commence par énumérer toutes les qualités que le grand homme n'a pas. Pour donner de l'ampleur à son texte et magnifier la figure de Napoléon, le texte procède par énumérations, autour de la répétition de l'expression « il est grand » : les propositions, séparées par des points-virgules, apportent des arguments, qui vont en s'intensifiant (dernière proposition : « il est grand surtout pour… »). Tous ces procédés cherchent à convaincre plus qu'à persuader.

2 Cette oraison funèbre a été prononcée à l'occasion de la mort d'un membre de la famille royale. L'orateur met l'accent sur la douleur ressentie à l'annonce du décès de cette princesse encore jeune. Il s'agit d'insister sur l'union dans

CORRIGÉS

le chagrin que cette mort a provoquée : « nous », « tout », « partout », « toute la cour », « tout le peuple ». Le passage au présent (de narration) vise à rendre la scène plus vivante, l'image de la désolation plus frappante.

3 Panurge fait l'éloge des dettes, en s'appuyant sur l'argument suivant : avoir des dettes oblige le créancier à vous faciliter la vie pour espérer être remboursé, et permet donc d'emprunter encore de l'argent. On peut parler d'éloge paradoxal dans la mesure où cette louange va à l'encontre de l'opinion communément admise.

4 Le texte doit développer le champ lexical du récit policier, de manière à susciter l'intérêt et créer le suspense ; il faudra également penser à souligner le jeu des acteurs, l'originalité du scénario, le talent du réalisateur.

Chapitre 30, page 61

1 Célimène dresse le portrait de Timante qui, selon elle, cherche à faire des mystères de la moindre banalité. Célimène ridiculise le personnage pour amuser son auditoire en forçant le trait (« tout mystère », « toujours », « tout ce qu'il débite », « sans cesse », « tout à l'oreille »). En creux se dessine le portrait de Célimène, dont la verve comique révèle une certaine finesse d'esprit, en même temps qu'un penchant accusé pour la médisance.

2 La Bruyère dresse le portrait d'un type : le « pauvre », comme le montre le nom imaginaire choisi, ainsi que la dernière phrase. Syntaxiquement, les propositions s'enchaînent sans mot de liaison, uniquement par des signes de ponctuation. L'énumération, sans nuance, est proche de la caricature. Ce portrait a une visée satirique et dénonce les travers d'une société qui oblige le pauvre à adopter ce comportement.

3 L'orateur blâme ici le mauvais riche (type), c'est-à-dire le noble qui laisse mourir les pauvres à sa porte et qui n'est guidé que par l'avidité. Ce sermon fut prononcé devant le roi et sa cour, donc devant les personnes susceptibles de produire les mauvais comportements dénoncés. Bossuet veut obtenir de la noblesse qu'elle cesse d'être guidée par le désir d'abondance, afin qu'elle donne un peu à ceux qui en ont besoin. Avant de désigner les miséreux, le mot « pauvre » est employé pour qualifier les passions qui guident l'âme du mauvais riche (« pauvres impudents et insatiables ») : la misère spirituelle est ainsi soulignée. On ne peut parler de satire pour ce texte : la vocation morale du sermon ne s'appuie pas sur la dénonciation des ridicules et ne cherche pas à provoquer le rire.

4 On reproche à Jaurès d'avoir mené à leur perte toutes les causes qu'il a défendues. Le mot « capitulation », connoté très négativement (abandon, défaite), est répété six fois. Les phrases présentent des parallélismes de construction (« l'homme qui … qui » / « non seulement…mais » / « non seulement …mais » / « non seulement …mais »). La surcharge, tant dans les faits qui peuvent lui être reprochés (l'exagération trouve son point ultime dans la dernière phrase) que dans l'emploi du mot « capitulation », fait évidemment de cette présentation une caricature.

Chapitre 31, page 63

1 L'enfant est élevé comme sur un piédestal. Autour un père et une mère en silhouette et les outils de la reconstruction (truelle, fil à plomb que tient l'enfant). L'enfant nouveau est un élément de cette reconstruction. La phrase de l'affiche renvoie à l'image représentée, tandis que les mots mis en valeur par la graphie (taille, couleur), insistent sur l'interprétation à en donner : la fonction essentielle de la famille consistera à donner des enfants à la nation, cruellement éprouvée par la guerre. C'est à la conscience des femmes et des parents que s'adresse cette affiche, dont l'argumentation repose sur le contraste entre la scène représentée, traditionnelle et enfantine, et les mots qui la suivent, mentionnant un but élevé et noble.

2 Amnesty International est un organisme qui combat la violation des droits de l'homme et œuvre pour la défense de la liberté d'expression et des prisonniers politiques (incarcérés pour leurs opinions, et non pour des actes délictueux ou criminels). Cette affiche montre un homme à la mâchoire enfoncée par un marteau. Le sort infligé à l'homme exprime la censure du langage subie par les prisonniers d'opinion. L'argumentation repose sur une image choquante : le marteau, symbole d'une force anonyme et violente (la torture) qui mutile l'homme (la liberté d'expression) et sur le texte qui associe deux termes antinomiques liberté/mortelle.

3 **a.** Au premier plan, de dos et courbés les ministres, dont on voit surtout le postérieur. Derrière, le général de Gaulle, de dos mais accordant un regard à ses ministres, dans un costume rappelant les meilleurs temps de la monarchie absolue. Le décor est celui d'un palais, et un dossier abandonné traîne par terre.

b. La caricature vise des hommes (le pouvoir despotique de l'un, les courbettes et la servilité des autres) mais aussi l'institution qui permet de reproduire un système non démocratique.

c. Elle renvoie à la modification de la Constitution, qui allait permettre l'élection au suffrage universel direct du président de la République, véritable chef du gouvernement. La porte ouverte peut représenter le désir de voir le général sortir de la vie politique.

d. La caricature repose sur la comparaison avec la monarchie, et le contraste entre une attitude hautaine et une autre servile.

4 Cette affiche de propagande, éditée en France en 1943 par le gouvernement de Vichy, cherche à justifier l'idéologie raciste du nazisme.

Le cadrage. Un panonceau au premier plan explicite l'argumentation de l'affiche : *Derrière (les puissances enne-*

mies) « le Juif ». Au second plan, un rideau de drapeaux (ceux de la Grande-Bretagne, des États-Unis et de l'Union soviétique) laisse entrevoir un personnage à l'aspect déplaisant : la mine patibulaire, l'œil torve, vêtu d'un costume et d'un melon noir, une chaîne dépasse de la poche de son gilet, au bout de laquelle se trouve non pas une montre, mais l'étoile de David, signe discriminatoire utilisé contre les Juifs. Le motif de l'étoile est rappelé par deux des drapeaux.
Les couleurs. Assez sombres, elles mettent en valeur le jaune (faucille et marteau, étoile, panonceau). Les trois drapeaux sont réunis par la couleur rouge. Le noir est réservé au personnage.
Les formes. La masse de l'individu, visible par transparence derrière les drapeaux, est indistincte et légèrement exagérée : le contour du personnage est déformé et grossi, et sa masse remplit plus des deux tiers de l'image.
La lumière. Elle provient du coin supérieur droit et n'éclaire qu'une partie du personnage, dont l'essentiel reste dans l'ombre.
Les lignes de force. La masse du personnage semble écraser le spectateur. Le regard suit les plis des drapeaux pour remonter vers le visage, dont la moitié est éclairée : les traits physiques, déplaisants, disent dans l'esprit des auteurs de l'affiche l'identité du personnage autant que son étoile. Véritable ennemi de la France, le Juif tirerait les ficelles en coulisse : c'est de lui que viendraient tous les maux.

Chapitre 32, page 65

1 **a.** Le texte sera écrit en prose, et prendra la forme d'une lettre : date, lieu et signature de l'émetteur doivent apparaître, ainsi que des formules d'adresse et d'adieu ; le récepteur sera présent par des marques de deuxième personne. Plus que didactique, le registre est polémique : il s'agit d'entrer vivement dans le débat. La stratégie à adopter est celle de la persuasion.

b. Il s'agit d'un monologue : les marques de la première personne sont attendues. Le registre n'est pas indiqué : il faut choisir le plus adapté au propos. Le texte devra non seulement raconter les grandes lignes de l'intrigue, mais justifier l'écriture du texte : une composition en question/réponse pourra mimer les étapes du raisonnement.

2 Le texte doit prendre la forme d'un article : cette forme assez libre doit néanmoins présenter un titre et des intertitres. L'article rappellera les faits et présentera une opinion personnelle. Il s'agit de discréditer le poème : l'écriture s'apparentera à un pamphlet et s'inscrira dans le registre polémique. Les termes employés seront violents, la langue précise et concrète, de manière à capter l'attention et à emporter l'adhésion.

3 L'article respectera les contraintes d'écriture du genre (inscription de l'émetteur et du récepteur, composition) ; la démarche argumentative cherchera à défendre l'existence d'une littérature engagée. Le registre didactique sera utilisé pour démontrer la validité de cette thèse. Il faudra s'appuyer sur le poème mentionné dans le sujet pour y puiser des idées ou des formules caractéristiques du poète.

4 La formulation du sujet indique que le locuteur doit s'impliquer dans son discours et que l'écriture doit s'inscrire dans le registre pathétique. L'argumentation prendra appui sur le fait exposé par Voltaire, avant d'en tirer des considérations plus générales sur l'abrogation de la peine de mort. À titre d'exemple, voici comment Voltaire continue l'analyse du cas de la jeune fille exécutée, et remet en question sa culpabilité :

La seconde faute est plus criminelle : elle abandonne le fruit de sa faiblesse, et l'expose à périr.

Mais parce qu'un enfant est mort, faut-il absolument faire mourir la mère ? Elle ne l'avait pas tué ; elle se flattait que quelque passant prendrait pitié de cette créature innocente ; elle pouvait même être dans le dessein d'aller retrouver son enfant, et de lui faire donner les secours nécessaires. Ce sentiment est si naturel qu'on doit le présumer dans le cœur d'une mère. La loi est positive contre la fille dans la province dont je parle ; mais cette loi n'est-elle pas injuste, inhumaine, pernicieuse ? Injuste parce qu'elle n'a pas distingué entre celle qui tue son enfant et celle qui l'abandonne ; inhumaine, en ce qu'elle fait périr cruellement une infortunée à qui on ne peut reprocher que sa faiblesse et son empressement à cacher son malheur ; pernicieuse en ce qu'elle ravit à la société une citoyenne qui devait donner des sujets à l'État, dans une province où l'on se plaint de la dépopulation.

Chapitre 33, page 67

1 La deuxième version du premier vers de « Sensation » répond à une intention claire : briser l'expression lexicalisée (passée dans le langage courant) des « beaux soirs », et créer des effets de rythme (« soirs », « bleus », et la deuxième syllabe d'« été » sont accentués).

Sur la suggestion d'un de ses professeurs, Rimbaud aurait modifié ce vers jugé trop violent, trop animal, dans son poème intitulé « À la musique » ; les éditeurs choisissent généralement de rétablir le vers original, plus évocateur.

2 **a.** Les corrections ne concernent pas le style.

b. Si les grandes lignes de l'intrigue sont arrêtées avant l'écriture, l'écrivain est obligé de retravailler son plan original (« refaire le caractère de David ») au fur et à mesure qu'il avance .

c. Les corrections à effectuer portent non seulement sur des épisodes (« désespoir du Vieux Séchard »), mais également sur le caractère et le rayonnement des personnages, donc sur la globalité de l'œuvre (« Ève et David doivent être deux belles figures »).

3 L'incipit répond à deux nécessités : présenter le cadre du récit (un personnage dans sa maison en Normandie) et dynamiser cette présentation (le personnage jouit particulièrement de la vie qu'il mène). La différence majeure avec la première version réside dans le choix d'une narration à la première personne ; chronologiquement la deuxième version s'ouvre sur l'époque antérieure à l'irruption de la folie. Le choix du Journal montrera nettement la progression de l'angoisse. La deuxième version ne laisse pas d'emblée présager l'arrivée d'événements étranges ; le contraste entre ce bonheur initial et la suite de la nouvelle n'en sera que plus grand.

4 Pour Rilke la poésie est tout intérieure (« Entrez en vous-même ») et répond à un impératif catégorique : « Je dois ». C'est autour de ce besoin vital que s'organise alors la vie. Pour Virginia Woolf, la poésie est aussi un « devoir », mais tourné vers les autres (« voilà ce que nous attendons ») : le poète se doit de transmettre la totalité du monde et les secrets rapports qui font son harmonie.

Chapitre 34, page 69

1 Figaro a été pendant quelque temps pensionnaire d'une prison, pour avoir écrit sur « la valeur de l'argent ». C'est le besoin d'argent qui le pousse à écrire (« comme il faut dîner »). La nouvelle loi ne permet plus d'écrire sur rien, dans la mesure où n'importe quel écrit peut être considéré comme une attaque. L'antiphrase (« je puis tout imprimer librement ») souligne l'exagération de la censure. Le personnage de Beaumarchais se fait alors le défenseur de la liberté d'expression.

2 Le narrateur oppose la littérature à la banalité de son existence quotidienne. Observateur des mondes et des spectacles contenus dans les livres, le narrateur est parfois perplexe devant les situations qui ne renvoient à rien de connu dans son univers. Cela ne le décourage pas, il est fasciné par « l'éclatante vérité des choses écrites ». La littérature est synonyme de vie, alors que l'existence réelle n'est qu'un « cimetière ».

3 La thèse est présentée dans le titre : Nabokov n'appartient à personne. 1er argument : Nabokov est un classique. 2e argument : son rayonnement est international. 3e argument : c'est *Lolita* qui a déclenché le phénomène. Cet article, publié en 1967, insiste donc sur la célébrité de l'auteur ; en mentionnant la publication difficile de ce roman aux États-Unis dix ans plus tôt, le critique souligne l'évolution du contexte de réception, qui transforma un ouvrage censuré en « classique international ».

Chapitre 35, page 71

1 **a.** Genre : récit ; narration à la première personne ; dialogue avec le soldat allemand.

b. Genre : autobiographie ; narration à la première personne ; mélange entre le récit des événements passés et le présent de l'écriture.

c. Genre : fable en prose ; pas de marques de l'énonciateur ; présence d'un récit, de dialogue, et d'une morale.

2 Cet extrait de théâtre s'inscrit dans le registre comique. Les didascalies et les répliques construites autour d'un modèle question/réponse placent Henriette dans le rôle de l'élève ou de l'enfant, et René dans celui du maître ou de l'adulte. Le niveau de langue est courant et privilégie les tournures orales. La suite du texte pourra proposer des interprétations surprenantes des morales à retenir de fables comme « Le loup et l'agneau », « La cigale et la fourmi », « Le chien et le loup », de manière à souligner l'ignorance et la naïveté des personnages.

3 Ce récit policier met en scène un détective, le narrateur, qui entrecoupe son histoire de réflexions personnelles. Le langage familier, les renvois à un univers très quotidien, les réflexions humoristiques sont les procédés à utiliser dans le pastiche. Voici le début du passage original évoquant la première rencontre des personnages :

À quelques centimètres de mon visage, un pied menu, chaussé de reptile, écrasait sous son talon un mégot tombé du cendrier. La jambe gainée de nylon transparent qui allait avec le pied était une jolie jambe. Je grognai encore et lançai ma main en avant pour saisir la cheville […].

4 Travestissement du cadre : choisir le monde moderne (le bal devient une soirée en discothèque, le Prince un riche héritier habitant les beaux quartiers, etc.).

Inversion des valeurs : ce ne sont plus la bonté et la gentillesse qui sont récompensées, mais la fourberie, la vanité, le mensonge, etc.

À titre d'exemple, voici comment Jean Anouilh modernise ce conte traditionnel, dans un texte intitulé « Le Carrosse inutile » :

Le soir du grand bal, la bonne marraine,
Qui avait longtemps travaillé chez Dior,
Fit de deux chiffons une robe à traîne
D'un goût infini, toute brodée d'or.
Mais, entre sa machine à laver la vaisselle
Et son frigidaire, en son antre blanc,
La pauvre Cendrillon sanglotait de plus belle,
Dans sa belle robe, en se lamentant :
« Mes sœurs préférées ont une voiture,
Elles sont parties en quatre chevaux ;
Les taxis font grève ; avec ma coiffure
Et ma robe d'or, irai-je en métro ? »
[…]

La marraine lui fournit alors une grosse américaine, mais Cendrillon, jusqu'à minuit, tourne au volant de sa voiture sans pouvoir se garer.

Chapitre 1, page 73

1

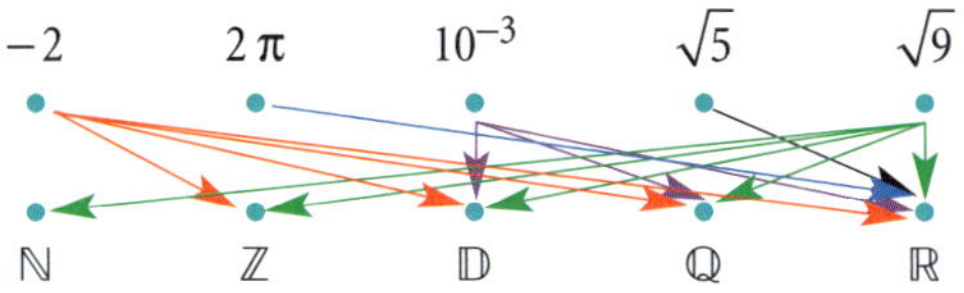

- $-2 \in \mathbb{Z}$. -2 s'écrit $-2{,}0$, donc $-2 \in \mathbb{D}$. -2 s'écrit $-\frac{2}{1}$, donc $-2 \in \mathbb{Q}$, et $-2 \in \mathbb{R}$.
- 2π ou $2 \times 3{,}141592\ldots \in \mathbb{R}$
- 10^{-3} ou $0{,}001 \in \mathbb{D}$, 10^{-3} ou $\frac{1}{10^3}$ ou $\frac{1}{1000} \in \mathbb{Q}$ et $10^{-3} \in \mathbb{R}$.
- $\sqrt{5}$ ou $2{,}236067\ldots \in \mathbb{R}$.
- $\sqrt{9} = 3$, donc $\sqrt{9} \in \mathbb{N}, \mathbb{Z}, \mathbb{D}, \mathbb{Q}$ et $\mathbb{R}$.

2

Nombre	Écriture décimale	Nature du nombre
$\frac{12}{7}$	1,7142857…	Rationnel non décimal
$\frac{21}{4}$	**5,25**	**Rationnel décimal**
10^{-2}	**0,01**	**Rationnel décimal**
5^{-1}	$\frac{1}{5} = 0{,}2$	**Rationnel décimal**
$\frac{19}{6}$	**3,16666666…**	**Rationnel non décimal**
2π	6,2831853…	Irrationnel, car 2π n'est pas le quotient de deux entiers.
$100\,\pi$	**314,15927….**	**irrationnel**
$\frac{19\pi}{8\pi}$	$\frac{19}{8} = 2{,}375$	**Rationnel décimal**

3

	rationnel	irrationnel
a. $\sqrt{32}$	❑	☒ car $\sqrt{32} = 5{,}6568542\ldots$
b. $\sqrt{144}$	☒	❑ car $\sqrt{144} = 12$ ou $\frac{12}{1}$.
c. $-\sqrt{10{,}24}$	☒	❑ car $-\sqrt{10{,}24} = -3{,}2$ ou $-\frac{32}{10}$.
d. $5 + \sqrt{2}$	❑	☒ car $5 + \sqrt{2} = 6{,}4142136\ldots$
e. $\frac{\sqrt{3}}{2}$	❑	☒ car 0,8660254….

4 $\frac{85}{23} = \mathbf{3{,}695652174\ldots}$ $\qquad \frac{1}{11} = \mathbf{0{,}09090909\ldots}$

Ces rationnels ne sont pas des décimaux, car leurs parties après virgule sont illimitées.

La partie après virgule de $\frac{85}{23}$ est illimitée et ne se répète pas. Celle de $\frac{1}{11}$ est illimitée et se répète indéfiniment avec « 09 ».

5

Expression	Valeur exacte	Valeur arrondie à 0,001 près
$16 : 3 + 5$	$\frac{16}{3}+5=\frac{16}{3}+\frac{15}{3}=\frac{31}{3}$	10,333
Aire d'un cercle de diamètre 10 cm	$\mathbf{25\pi}$	**78,540**
Hypoténuse du triangle 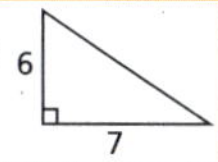	$\sqrt{85}$	**9,220**
Hauteur du triangle équilatéral 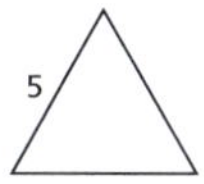	$\frac{5\sqrt{3}}{2}$	**4,330**

6

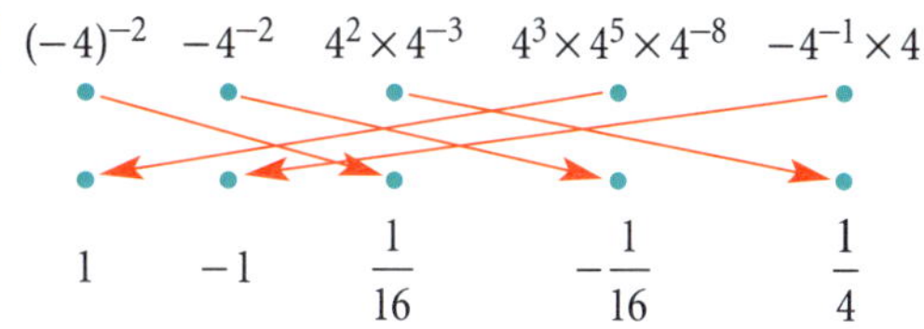

Attention : $(-4)^{-2} = \frac{1}{(-4)^2} = \frac{1}{16}$, $-4^{-2} = -\frac{1}{4^2} = -\frac{1}{16}$, $4^0 = 1$ et $4 = 4^1$.

7

	Vrai	Faux
a. $\frac{2}{\sqrt{5}}$ est égal à 0,89	❑	☒

Faux, car $2\sqrt{5}$ est à peu près égal à 0,89.
On écrit : $2\sqrt{5} \approx 0{,}89$.

	Vrai	Faux
b. $\frac{2}{\sqrt{5}}$ est égal à $\frac{2\sqrt{5}}{5}$	☒	❑
c. $\sqrt{3^2 + 4^2}$ est égal à 7	❑	☒

La réponse exacte est $\sqrt{9+16} = \sqrt{25} = 5$.

	Vrai	Faux
d. $\frac{1}{\sqrt{2}}$ est à peu près égal à 0,7	☒	❑

8

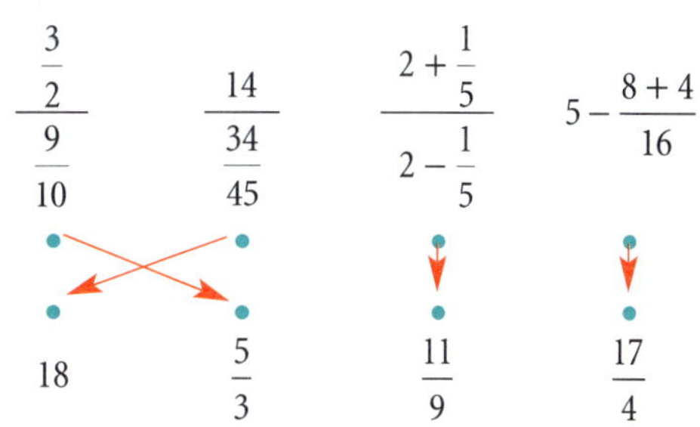

9 **1.** Le nombre b., car en notation scientifique, un nombre s'écrit sous la forme d'un produit d'une puissance de 10 et d'un nombre dont la partie entière est formée d'un seul chiffre différent de zéro. Ce chiffre peut donc être 1 ; 2 ; 3 ; 4 ; 5 ; 6 ; 7 ; 8 ou 9. Ici, c'est 5.

2. $0{,}00093 = 9{,}3 \times 10^{-4}$; $45\,897{,}62 = 4{,}589762 \times 10^{4}$; $2{,}5 \times 10^{7} = 25\,000\,000$.

3. 1×10^{14}.

4. $1\ \mu m = 10^{-6}$ m et 1 m $= 10^3$ mm, donc $1\ \mu m = 10^{-3}$ mm, d'où $\boxed{\mathbf{5\ \mu m = 5 \times 10^{-3}\ mm}}$.

Chapitre 2, page 75

1 **a.** 2 ; 4 ; 6 ; 8 ; 10 ; 12 ; 14 ; 16 ; 18 ; 20.

b. Seul le nombre 2 est premier.

2 2 et 3 sont les seuls entiers consécutifs et premiers. Pour les autres, un des deux nombres est pair, donc divisible par 2. Dans 18 et 19, 18 est pair.

3 100 ; 101 ; 102 ; 103 ; 104 ; 105 ; 106 ; 107 ; 108 ; 109 ; 110 ; 111 ; 112 ; 113 ; 114 ; 115 ; 116 ; 117 ; 118 ; 119 ; 120. 101 ; 103 ; 107 ; 109 et 113 sont premiers car chacun d'eux n'admet pas d'autres diviseurs que 1 et lui-même.

4 En listant et en supprimant les multiples de 2 ; 3 ; 5 ; 7 ; 11 et 13 (car $\sqrt{220} \approx 14{,}8$), on trouve :
200 ; 201 ; 202 ; 203 ; 204 ; 205 ; 206 ; 207 ; 208 ; <u>209</u> ; 210 ; <u>211</u> ; 212 ; <u>213</u> ; 214 ; 215 ; 216 ; 217 ; 218 ; <u>219</u> ; 220.
Les nombres premiers de cette liste sont : 209 ; 211 ; 213 et 219.

5 $4 = 2 + 2$; $6 = 3 + 3$; $8 = 3 + 5$; $10 = 5 + 5$ ou bien $10 = 3 + 7$; $12 = 5 + 7$.
$14 = 3 + 11$ ou bien $14 = 7 + 7$; $16 = 3 + 13$ ou bien $16 = 5 + 11$.
$18 = 5 + 13$ ou bien $18 = 7 + 11$; $20 = 3 + 17$ ou bien $20 = 7 + 13$.
$30 = 7 + 23$ ou bien $30 = 11 + 19$ ou bien $30 = 13 + 17$.
Remarque : cette propriété semble toujours vraie, mais à ce jour elle n'a pu être démontrée.

6 **a.** 594 et 954 **b.** <u>4</u>59 ; <u>4</u>95 ; <u>5</u>49 ; <u>5</u>94 ; <u>9</u>45 et <u>9</u>54
c. 495 et 945 **d.** 945.

7 **12 :** 1 ; 2 ; 3 ; 4 ; 6 ; 12 **64 :** 1 ; 2 ; 4 ; 8 ; 16 ; 32 ; 64.
80 : 1 ; 2 ; 4 ; 5 ; 8 ; 10 ; 16 ; 20 ; 40 ; 80.

8 **a.**

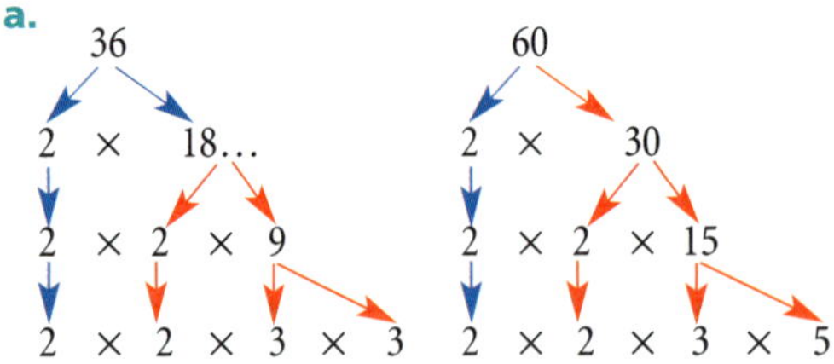

D'où : $36 = 2 \times 2 \times 3 \times 3 =$ et $60 = 2 \times 2 \times 3 \times 5$.
Sous la forme d'un produit de puissances :
$36 = 2^2 \times 3^2$ et $60 = 2^2 \times 3 \times 5$.

b. PGCD $(36 ; 60) = 2^2 \times 3 = 12$.
PPCM $(36 ; 60) = 2^2 \times 3^2 \times 5 = 180$.

c. $36 \times 60 = \underline{2\,160}$ et PGCD × PPCM $= 12 \times 180 = \underline{2\,160}$; par conséquent le produit des deux nombres est égal au produit de leur PGCD et PPCM.

d. $36a + 60 = 12(3a + 5)$, 12 étant le PGCD de 36 et 60.

e. Le PPCM de 36 et 60 est 180 ;
par conséquent $\dfrac{5}{36} + \dfrac{1}{60} = \dfrac{25+3}{180} = \dfrac{28}{180} = \boxed{\dfrac{7}{45}}$.

9

	Vrai	Faux
a. $50 = 2 \times 5^2$	☒	☐
b. $\sqrt{50} = \sqrt{2 \times 5^2} = 5\sqrt{2}$	☒	☐
c. $\sqrt{405} = \sqrt{3 \times 3 \times 3 \times 3 \times 5} = 9\sqrt{5}$	☒	☐
d. $\sqrt{4^2 \times 5^3 \times 7^2} = 4 \times 5 \times 7\sqrt{5} = 140\sqrt{5}$	☒	☐

10 **1. a.** et **b.** $\mathbf{150} = 2 \times 3 \times 5 \times 5$ ou $\mathbf{150} = 2 \times 3 \times 5^2$.
$\mathbf{504} = 2 \times 2 \times 2 \times 3 \times 3 \times 7$ ou $\mathbf{504} = 2^3 \times 3^2 \times 7$.
$\mathbf{585} = 3 \times 3 \times 5 \times 13$ ou $\mathbf{585} = 3^2 \times 5 \times 13$.

2. Après simplification, $A = \dfrac{5^2}{2^2 \times 3 \times 7} = \dfrac{25}{84}$. Nombre rationnel et non décimal, car $A = \dfrac{25}{84} = 0{,}2976190476\ldots$.

$B = \dfrac{1}{A} = \dfrac{84}{25}$. Nombre rationnel et décimal,

en effet $\dfrac{84}{25} = 3{,}36$.

$C = \dfrac{3 \times 13}{2 \times 5} = \dfrac{39}{10} = 3{,}9$. Nombre rationnel et décimal.

3. a. Faux, car PGCD $(150 ; 504 ; 585) = 3$.
b. Vrai. PPCM $(10 ; 25 ; 84) = 2^2 \times 5^2 \times 3 \times 7 = 2\,100$.

4. a. $A + B + C = \dfrac{25}{84} + \dfrac{84}{25} + \dfrac{39}{10}$
$= \dfrac{25 \times 25 + 84 \times 84 + 39 \times 210}{2100} = \boxed{\dfrac{\mathbf{15\,871}}{\mathbf{2\,100}}}$

(fraction irréductible).

b. Arrondie au millième près : $A + B + C \approx 7{,}558$.

Chapitre 3, page 77

1 **a.** $54 : 9 - 2 \times 2 = \mathbf{2}$

b. $(5 + 3 \times 2) \times \dfrac{1}{11} - (3 - 2 \times 2) = \mathbf{2}$

c. $\dfrac{15 - 24}{6 - 12} = \dfrac{\mathbf{3}}{\mathbf{2}}$ **d.** $\dfrac{48 - 8 \times 3}{8 + 2 \times 3} = \dfrac{\mathbf{12}}{\mathbf{7}}$

Voici comment grouper pour calculer mentalement :

a. $(54 : 9) - (2 \times 2) = 6 - 2 = \boxed{4}$

b. $(5 + 6) \times \dfrac{1}{11} - (3 - 4) = 1 + 1 = \boxed{2}$

c. $\dfrac{-9}{-6} = \boxed{\dfrac{3}{2}}$

d. $\dfrac{48 - 24}{8 + 6} = \dfrac{24}{14} = \boxed{\dfrac{12}{7}}$

2

	Vrai	Faux
a. $3^2 \times 5 + 5 : 2$ est égal à 25	❑	☒
b. $80 - 30 : 5 \times 10$ est égal à 20	☒	❑
c. $4^2\,(-10 + 10 \times 2)$ est égal à 0	❑	☒
d. $\frac{3}{4} - \frac{3}{4} : \left(-\frac{2}{3} + \frac{1}{3}\right)$ est égal à 0	❑	☒
e. Le produit de quinze et de la somme du carré de trois et de 35 est égal à 660	☒	❑

a. Faux, car : $(3^2 \times 5) + (5 : 2) = 45 + 2{,}5 = 47{,}5$.

b. Vrai, en effet $80 - (30 : 5 \times 10) = 80 - 60 = 20$.

c. Faux, car $4^2\,(-10 + 20) = 16 \times 10 = 160$.

d. Faux, car $\frac{3}{4} - \frac{3}{4} : \left(-\frac{1}{3}\right) = \frac{3}{4} + \frac{9}{4} = \frac{12}{4} = 3$.

e. Vrai, en effet $15 \times (3^2 + 35) = 15 \times 44 = 660$.

3

24	9	30
27	21	15
12	33	18

- **a** = PGCD (216 ; 264) = PGCD($2^3 \times 3^3 ; 2^3 \times 3 \times 11$) $= 2^3 \times 3 = 24$.
- **b** $= \frac{3^{-4}}{3^{-6}} = 3^{-4-(-6)} = 3^2 = 9$.
- **c** $= \sqrt{3^2 \times 10^2} = 3 \times 10 = 30$.
- **d** = PPCM (9 ; 27) = PPCM ($3^2 ; 3^3$) $= 3^3 = 27$.
- **e** $= \frac{3^2 \times 7 \times (10^2)^{-3}}{3 \times 10^{-6}} = 3 \times 7 = 21$.
- **f** $= 2^2 \times 3 \times 5^3 \times 10^{-2} = 4 \times 3 \times 125 \times 0{,}01 = 15$.
- **g** $= \frac{\sqrt{288}}{\sqrt{2}} = \frac{\sqrt{288}}{2} = \sqrt{144} = 12$.
- **h** = la somme du carré de 5 et du cube de 2 $= 5^2 + 2^3 = 25 + 8 = 33$.
- **i** = la moitié de l'inverse de $6^{-2} = \frac{1}{2} \times \frac{1}{6^{-2}}$ $= \frac{1}{2} \times 6^2 = 18$.

4 $A = 7 - 3x - x^2 + 2 + 4x - 2x^2 = \mathbf{-3x^2 + x + 9}$

$B = 3x^2 - 11 - 6x + 18 - x + x^2 = \mathbf{4x^2 - 7x + 7}$

$C = \frac{5}{4}x^2 - \frac{3}{8} - 4x + \frac{5}{6} - x^2 + \frac{1}{2}x$

$= (\frac{5}{4} - 1)x^2 + (-4 + \frac{1}{2})x - \frac{3}{8} + \frac{5}{6} = \frac{1}{4}x^2 - \frac{7}{2}x + \frac{11}{24}$

5 $E = (2x + \frac{1}{2})^2 = \boxed{4x^2 + 2x + \frac{1}{4}}$

$F = -(5x - 1)^2 = -(25x^2 - 10x + 1) = \boxed{-25x^2 + 10x - 1}$

$G = (4 - y)\,(y + 4) = \boxed{16 - y^2}$

$H = \left(-a - \sqrt{2}\right)^2 = \left[-(a + \sqrt{2})\right]^2$

$= \left(a + \sqrt{2}\right)^2 = a^2 + 2a\sqrt{2} + 2$

$I = (3x - 2)^2 - (5x - 1)(2x - 3) = \mathbf{9x^2 - 12x + 4 - (10x^2 - 17x + 3) = 9x^2 - 12x + 4 - 10x^2 + 17x - 3} =$ $\boxed{-x^2 + 5x + 1}$

6 **a.** Si $n = 9$, alors $n - 1 = 8$ et $n + 1 = 10$. Les trois entiers sont donc 8, 9 et 10.

b. $n^2 - (n - 1)\,(n + 1) = n^2 - (n^2 - 1) = \boxed{1}$.

c. On pose $n = 917\,850\,236$. Par conséquent $917\,850\,235 = n - 1$ et $917\,850\,237 = n + 1$. Le nombre à calculer est alors $n^2 - (n - 1)(n + 1)$, donc il est égal à $\boxed{1}$.

Les calculs dépassent la capacité de la machine. Ainsi pour la calculatrice $917\,850\,236^2 \approx 917\,850\,235 \times 917\,850\,237$ et elle affiche 0, alors que la réponse exacte est 1.

7 $A = \frac{5}{\sqrt{3}} = \boxed{\frac{5\sqrt{3}}{3}}$

$B = \frac{\sqrt{2}}{\sqrt{14}} = \frac{1}{\sqrt{7}} = \boxed{\frac{\sqrt{7}}{7}}$

$C = \frac{\sqrt{5 - 1}}{\sqrt{5}} = \frac{\sqrt{4}}{\sqrt{5}} = \frac{2}{\sqrt{5}} = \boxed{\frac{2\sqrt{5}}{5}}$

$D = \frac{1}{1 - \sqrt{2}} = \frac{1}{1 - \sqrt{2}} = \frac{1 + \sqrt{2}}{(1 - \sqrt{2})(1 + \sqrt{2})} = \frac{1 + \sqrt{2}}{1 - 2}$

$= \boxed{-1 - \sqrt{2}}$

$E = \frac{\sqrt{3} - 1}{\sqrt{3} + 1} = \frac{(\sqrt{3} - 1)^2}{(\sqrt{3} + 1)(\sqrt{3} - 1)} = \frac{3 - 2\sqrt{3} + 1}{3 - 1}$

$= \frac{4 - 2\sqrt{3}}{2} = \boxed{2 - \sqrt{3}}$

$F = \frac{5 - \sqrt{2}}{1 - \sqrt{6}} = \frac{(5 - \sqrt{2})(1 + \sqrt{6})}{(1 - \sqrt{6})(1 + \sqrt{6})}$

$= \frac{5 + 5\sqrt{6} - \sqrt{2} - \sqrt{12}}{-5} = \boxed{-1 - \sqrt{6} + \frac{\sqrt{2}}{5} + \frac{2}{5}\sqrt{3}}$

8

Forme développée et réduite	Forme factorisée	Valeur de la variable	Valeur de l'expression
$5x^2 - 30x$	$5x\,(x - 6)$	-1	35
$\mathbf{-x^2 + \frac{43}{3}x + 10}$	$\left(\frac{2}{3} + x\right)(15 - x)$	$-\frac{2}{3}$	**0**
$3x^4 + 12x^3 + 12x^2$	$\mathbf{3x^2(x + 2)^2}$	-2	**0**
$1 - 9y^2$	$\mathbf{(1 - 3y)(1 + 3y)}$	$\frac{5}{3}$	**−24**
$\mathbf{-2x^2 - \sqrt{3}x + 3}$	$-(2x - \sqrt{3})(x + \sqrt{3})$	$\frac{\sqrt{3}}{2}$	**0**
$4z^2 - \frac{9}{16}$	$\mathbf{\left(2z - \frac{3}{4}\right)\left(2z + \frac{3}{4}\right)}$	$\frac{\sqrt{2}}{2}$	$\mathbf{\frac{23}{16}}$
$\frac{9}{4}t^2 - 3t + 1$	$\mathbf{\left(\frac{3}{2}t - 1\right)^2}$	$\frac{2}{3}$	**0**
$-4x^2 + 8$	$\mathbf{-4(x - \sqrt{2})(x + \sqrt{2})}$	$-\frac{3}{4}$	$\mathbf{\frac{23}{4}}$

9 **a.** $20 - 30 : 10 = 17$ **b.** $50 : 50 + 250 \times 0 = 1$
c. $5 - 6 + 9 : 9 = 0$ **d.** $12 : 3 - 8 \times 4 = -28$

Chapitre 4, page 79

1 $4x - 3 = 6$ $-3x + 2 = -10$ $5(z+3) = 0$ $\frac{t}{6} = \frac{2}{3}$

$\frac{9}{4}$ pas de solution 4 -3

2 **a.** $x = -1$; **b.** $x = -1$; **c.** $x = -1$; **d.** $x = 2$.

3 **a.** $x < -3$ **b.** $x < -3$ **c.** $x > 3$ **d.** $x < -3$.

4

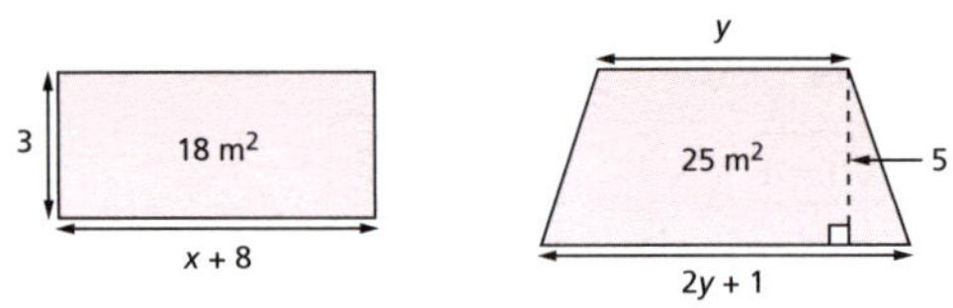

Aire du rectangle : $3(x + 8) = 18$. On trouve $\boxed{x = -2}$.

Aire du trapèze : $\frac{1}{2}(B + b) \times h$.

Soit $\frac{1}{2}[y + (2y + 1)] \times 5 = 25$.

Après simplification par 5 : $\frac{1}{2}(3y + 1) = 5$; $3y + 1 = 10$; $\boxed{y = 3}$.

5 **a.** $x = -1$, donc pas de solution.
b. $x = 0$, donc pas de solution.
c. $x > 4$, donc 5 et 6 sont les solutions de l'équation.
d. $x \geq 4$, donc 4 ; 5 et 6 sont les solutions de l'équation.
e. $x = 6$, donc 6 est la solution de l'équation.
f. $x < 6$, donc 1, 2, 3, 4 et 5 sont les solutions de l'équation.

6

	Âge actuel	Âge il y a x années
Laura	20	$20 - x$
Grand-mère	65	$65 - x$

Mise en équation
Il y a x années la grand-mère avait six fois l'âge de Laura, donc : $65 - x = 6(20 - x)$.
On trouve $x = 11$. Pour $x = 11$, $65 - 11 = 54$ et $6(20 - x) = 54$, donc l'équation est bien vérifiée.

7 **a.** $x < \frac{8}{5}$

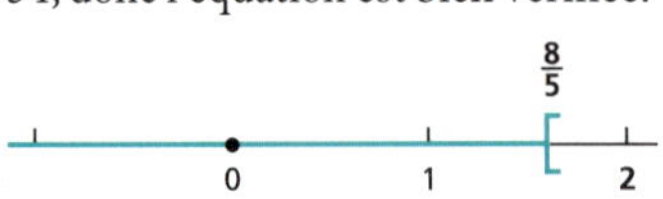

b. $x \leq -2$

c. $z \geq 4$

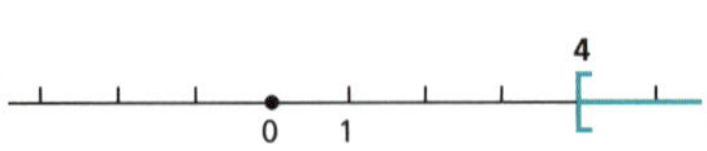

8

Équations	Équations produit nul	Solutions de l'équation
$4x^2 = 1$	$4x^2 - 1 = 0$; $(2x - 1)(2x + 1) = 0$	$x = \frac{1}{2}$ ou $x = -\frac{1}{2}$
$5(x+3) = (4x+3)(x+3)$	$2(x+3)(2x-1) = 0$	$x = -3$ ou $x = \frac{1}{2}$
$4x^3 = x$	$x(2x-1)(2x+1) = 0$	$x = 0$ ou $x = \frac{1}{2}$ ou $x = -\frac{1}{2}$
$t^2 - 2t = -1$	$(t-1)^2 = 0$	$t = 1$
$6x^2 + 9x - 2(2x+3) = 0$	$(2x+3)(3x-2) = 0$	$x = -\frac{3}{2}$ ou $x = \frac{2}{3}$
$\left(\frac{x}{2}+1\right)^2 = (x-3)^2$	$\left(\frac{-x}{2}+4\right)\left(\frac{3x}{2}-2\right) = 0$ ou $(-x+8)(3x-4) = 0$	$x = 8$ ou $x = \frac{4}{3}$
$4x^2 + 4x + 1 = (x-5)^2$	$(x+6)(3x-4) = 0$	$x = -6$ ou $x = \frac{4}{3}$

9 **1.** c **2.** b et c

1. Dans l'équation $3x - y = 11$ remplacer, y par sa valeur $x - 2$ puis résoudre. On trouve $x = \frac{9}{2}$ ou 4,5.

Remplacer, dans l'équation $y = x - 2$, x par sa valeur $\frac{9}{2}$ ou 4,5. On trouve $y = \frac{5}{2}$ ou 2,5.

Le couple solution est donc ($x = 4{,}5$; $y = 2{,}5$).

2. Dans l'équation $-2x + 3y - 4 = 0$, remplacer y par sa valeur $(-x + 1)$ et en déduire la valeur de x.

On trouve $x = -\frac{1}{5}$ ou $x = -0{,}2$.

Remplacer x par sa valeur dans l'équation $y = -x + 1$.

On trouve $y = \frac{6}{5}$ ou $y = 1{,}2$.

Le couple solution est donc ($x = -\frac{1}{5}$; $y = \frac{6}{5}$) ou bien ($x = -0{,}2$; $y = 1{,}2$).

10 **1.** Remplacer dans la deuxième équation y par sa valeur $\frac{1}{2}x + 4$, puis résoudre. On trouve $x = 0$.

Remplacer dans la première équation x par sa valeur 0, on trouve $y = 4$. Par conséquent, le couple solution du système est $\boxed{x = 0, y = 4}$.

2. La première équation du système s'écrit $2y = 2(3x - 2)$. En simplifiant par 2, on obtient $y = 3x - 2$.
Remplacer dans la deuxième équation y par $3x - 2$ et résoudre. On trouve $x = \frac{2}{3}$. Remplacer x par $\frac{2}{3}$ et calculer y dans $y = 3x - 2$, on trouve $y = 0$. Par conséquent le couple solution du système est $\boxed{x = \frac{2}{3}, y = 0}$.

Chapitre 5, page 81

1 **a.** $-\dfrac{5}{3}$ **c.** -1

b. $-\dfrac{3}{2}$ **d.** $\dfrac{4x}{7}\times\dfrac{-7}{4x}=-1$ avec $x\neq \mathbf{0}$

2 **a.** Faux, car le numérateur et le dénominateur ne sont pas sous la forme d'un produit de facteurs.

b. Faux pour la même raison qu'au a.

c. Vrai si $x \neq 5$. En effet, la fraction s'écrit alors : $\dfrac{-(x-5)}{x-5}=-1$.

Si $x = 5$, la fraction n'est pas définie, car son dénominateur est alors 0.

d. Faux, car si ($x+9\neq 0$ et $2-x\neq 0$, soit $x\neq -9$ et $x\neq 2$) alors l'expression est égale 1.

3 (**c.**) Remarquer que $\left(\dfrac{2}{3}-\dfrac{1}{6}\right)$ est un facteur commun au numérateur et qu'on peut simplifier par 2 le numérateur et le dénominateur de l'expression. Soit

$$\frac{\left(\frac{2}{3}-\frac{1}{6}\right)(36-24)}{2}=\frac{\left(\frac{4}{6}-\frac{1}{6}\right)(12)}{2}=\frac{1}{2}\times 6=\boxed{3}.$$

4 **Méthode** : écrire le numérateur sous forme d'une fraction, puis le dénominateur sous forme d'une fraction ; ensuite diviser le numérateur par le dénominateur.

a. $\dfrac{22}{39}$ **b.** $\dfrac{b+a}{b-a}$ **c.** $\dfrac{x-1}{x+1}$ **d.** $\dfrac{b+1}{b-1}$

5 **a.** Remarquer que $6x + 8 = 2(3x + 4)$ et qu'on peut simplifier par 2. On trouve $\boxed{x=\dfrac{22}{3}}$.

b. Remarquer que $x^2 - 25 = (x - 5)(x + 5)$, donc que le dénominateur commun est $(x - 5)(x + 5)$. On trouve : $x^2 + 4x + 4 = 0$, $(x + 2)^2 = 0$. Soit $\boxed{x=-2}$. Solution acceptable car pour cette valeur les dénominateurs $x - 5$ et $x + 5$ sont différents de zéro.

6 $\dfrac{7}{11}$. En effet, soit d le dénominateur de la fraction. Son numérateur est alors $d-4$.

Mise en équation : $\dfrac{d-4+20}{d-8}=9$.

Résolution de l'équation : $\dfrac{d+16}{d-8}=9$.

$9d-72=d+16$

$8d=88$; $d=11$.

La fraction demandée est donc $\dfrac{11-4}{11}$, soit $\boxed{\dfrac{7}{11}}$.

7 Soit x ce nombre. Mise en équation :

$x+\dfrac{1}{x}=2$. $x^2+1=2x$;

$x^2 - 2x + 1 = 0$; $(x - 1)^2 = 0$; $(x - 1)(x - 1) = 0$, donc $\boxed{x=1}$.

Vérifions : $1+\dfrac{1}{1}$ est bien égal à 2.

8 **1. a.** V **b.** V

2. 3 [x⁻¹] [+] 1 [EXE] [x⁻¹] [+] 2 [EXE] **Réponse 2,75**

9 **a.** $\dfrac{x}{x-1}=\dfrac{9}{x+3}$

b. $\dfrac{x+3}{x-3}-\dfrac{2}{x-1}=\dfrac{4}{(x-1)(x-3)}$

c. $\dfrac{x-2}{x+2}+\dfrac{2x+3}{x-2}=3+\dfrac{16}{x^2-4}$

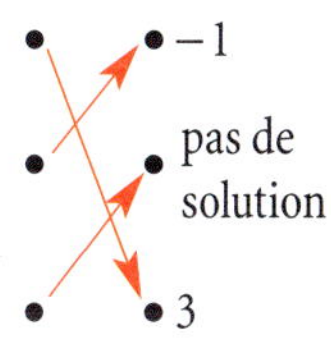

a. L'équation est définie pour $x-1\neq 0$ et $x+3\neq 0$, donc $x\neq 1$ et $x\neq -3$.

Dénominateur commun $(x - 1)(x + 3)$. D'où : $x(x + 3) = 9(x-1)$, soit $x^2-6x+9=0$, $(x-3)^2=0$, $\boxed{x=3}$.

b. L'équation est définie pour $x-3\neq 0$ et $x-1\neq 0$, donc $x\neq 3$ et $x\neq 1$.

Dénominateur commun : $(x-1)(x-3)$. D'où : $(x+3)(x-1)-2(x-3)=4$, $x^2-1=0$, $(x-1)(x+1)=0$. Un produit de facteurs est nul si l'un des facteurs est nul. D'où $x=1$ ou $x=-1$.

Or pour $x = 1$, l'équation n'est pas définie, donc $\boxed{x=-1 \text{ est la seule solution de l'équation}}$.

c. L'équation est définie pour $x+2\neq 0$ et $x-2\neq 0$, donc $x\neq -2$ et $x\neq 2$.

Dénominateur commun $x^2-4=(x-2)(x+2)$, d'où :

$(x-2)^2+(2x+3)(x+2)=3(x^2-4)+16$

$3x^2+3x+10=3x^2-12+16$

$3x+6=0$, $x=-2$.

Or pour $x=-2$, l'équation n'est pas définie, par conséquent **l'équation n'a pas de solution**.

10 **1.** Remplaçons y par sa valeur dans la deuxième équation, il vient que :

$\dfrac{x}{95-x}=\dfrac{5}{14}$; $14x=5(95-x)$; $19x=475$;

$x=\dfrac{475}{19}=25$.

D'où : $y=95-25=70$.

Pour les valeurs $x=25$ et $y=70$, le système est bien vérifié, par conséquent les solutions du système sont $\boxed{x=25 \text{ et } y=70}$.

2. Soit x le numérateur de la fraction demandée et y son dénominateur.

Mise en équations : $x + y = 95$ et $\dfrac{x}{y}=\dfrac{5}{14}$. Ce sont les équations du système de la 1re question, par conséquent $x=25$ et $y=70$.

Vérifions : on a bien $25+70=95$ et $\dfrac{25}{70}=\dfrac{5}{14}$.

La fraction demandée est donc $\dfrac{25}{70}$.

CORRIGÉS

Chapitre 6, page 83

1 $\frac{6}{71} < \frac{2}{23} < \frac{4}{41}$

2 **a.** $\frac{537\,625}{1{,}7\times 10^4} = 31{,}625$ **b.** $\frac{14\,925}{198} \approx 75{,}378$

3 **a.** $\frac{168}{312} = \frac{7}{13}$ **b.** $\frac{5145}{1890} = \frac{49}{18}$

4 **a.** $\pi \approx 3$, et le périmètre du demi-cercle est $\frac{1}{2} \times d \times \pi$.
D'où un ordre de grandeur de $p : 15 + 15 + 8 + (\frac{1}{2} \times 8 \times 3) = \boxed{50}$.

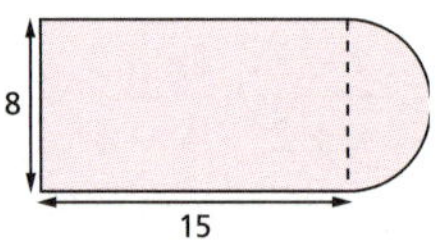

b. Valeur exacte de $p : 2 \times 15 + 8 + 4\pi = \boxed{38 + 4\pi}$.
c. $38 + 4\pi \approx 50{,}56$. Arrondi à l'unité $p = \boxed{51}$.

5 **a.** Faux. La vraie réponse est -75.
b. Faux. La vraie réponse est 12.
c. Vrai, car $\left(\frac{4}{3}\right)^{-1} = \frac{3}{4} = 0{,}75$.
d. Vrai, car $\sqrt{3+\sqrt{5}} \approx 2{,}288$.

6

Nombre à calculer	Séquence calculatrice	Valeur exacte
$\sqrt{(-10)^2}$	√ ((−) 10) x² EXE	10
$\sqrt{(-3)^4}$	√ ((−) 3) ^ 4 EXE	9
$-\sqrt{10^2}$	(−) √ 10 x² EXE	−10
-10^{-4}	(−) 10 ^ (−) 4 EXE	−0,0001
$\frac{4}{7}:\left(2-\frac{3}{5}\right)$	4 a+b/c 7 ÷ (2 − 3 a+b/c 5) EXE	$\frac{20}{49}$
$\frac{2}{3}-\frac{1}{3}\times\frac{2}{13}$	2 a+b/c 3 − 1 a+b/c 3 × 2 a+b/c 13 EXE	$\frac{8}{13}$

7 **1. a. Vrai**, car $16t^4$ est le carré de $4t^2$ et 81 est le carré de 9.
b. Vrai. En effet : $16t^4 - 81 = (4t^2)^2 - 9^2 = (4t^2 - 9)(4t^2 + 9) = (2t - 3)(2t + 3)(4t^2 + 9)$.
2. $16t^4 - 81 = 0$, donc $(2t - 3)(2t + 3)(4t^2 + 9) = 0$. Un produit de facteurs est nul est si l'un des facteurs est nul ; d'où : $t = \frac{3}{2}$ ou $t = -\frac{3}{2}$.
Remarque : $4t^2 + 9$ est toujours positif et ne s'annule pas.

8 **1.** $E = 6x^4(x^2 - 169) = 6x^4(x - 13)(x + 13)$
2. $E = 0$ pour $x = 0$, $x = 13$ ou $x = -13$.

9 **1.** $45\,000\,000 = \mathbf{4{,}5 \times 10^7}$ et $132\,000 = \mathbf{1{,}32 \times 10^5}$.
$4{,}5 \times 10^7 \times 1{,}32 \times 10^5 = 5{,}94.10^{12}$.
2. $25 \times 1{,}86 \times 10^{10} = \mathbf{4{,}65 \times 10^{11}}$ calories.

10 **1.**

Étape	Expression	Expression algébrique	Valeur numérique
1	Soit un premier nombre	a	1,85
2	Un deuxième nombre	b	0,15
3	La différence du cube du premier et du cube du second	$\mathbf{a^3 - b^3}$	**6,32825**
4	La différence du premier et du second	**a − b**	**1,7**
5	Le carré du premier plus le produit du premier par le second plus le carré du second	$\mathbf{a^2 + ab + b^2}$	**3,7225**
6	Le produit des résultats des étapes 4 et 5	$\mathbf{(a - b)(a^2 + ab + b^2)}$	**6,32825**
7	Vos calculs sont bons si les résultats des étapes 3 et 6 sont égaux		

2. $(a - b)(a^2 + ab + b^2) =$
$a^3 + a^2b + ab^2 - a^2b - ab^2 - b^3 = a^3 - b^3$.
$(a + b)(a^2 - ab + b^2) =$
$a^3 - a^2b + ab^2 + a^2b - ab^2 + b^3 = a^3 + b^3$.
3. a. $8 = 2^3$, donc $8 - b^3$ est de la forme $a^3 - b^3$ avec $a = 2$. D'après la question précédente :
$8 - b^3 = (2 - b)(4 + 2b + b^2)$.
b. De même $8 + b^3 = (2 + b)(4 - 2b + b^2)$.
c. $27 + x^3 = 3^3 + x^3 = (3 + x)(9 - 3x + x^2)$.
d. $2a^3 - 16b^3 = 2(a^3 - 8b^3) = 2[a^3 - (2b)^3] = 2(a - 2b)(a^2 + 2ab + 4b^2)$.

11 **1. a.** Pour $x = \frac{3+\sqrt{65}}{4}$, $2x^2 - 3x = 2\left(\frac{3+\sqrt{65}}{4}\right)^2 - 3\left(\frac{3+\sqrt{65}}{4}\right) = \frac{1}{8}(9 + 6\sqrt{65} + 65) - \frac{3}{4}(3 + \sqrt{65}) =$
$\frac{1}{8}(74 + 6\sqrt{65}) - \frac{3}{4}(3 + \sqrt{65}) =$
$\frac{37}{4} + \frac{3}{4}\sqrt{65} - \frac{9}{4} - \frac{3}{4}\sqrt{65} = \frac{28}{4} = \boxed{7}$.
b. À l'aide d'une calculatrice. **Méthode 1 :** utiliser la mémoire et stocker le nombre $(3 + \sqrt{65}) : 4$ dans A, puis calculer $2A^2 - 3A$.
Méthode 2 : calculer $2[(3 + \sqrt{65}) : 4]^2 - 3(3 + \sqrt{65}) : 4$.
Attention ! Les crochets sont également des parenthèses.

2. Pour $x = \frac{3-\sqrt{65}}{4}$, $2x^2 - 3x = 7$, par conséquent $\boxed{2x^2 - 3x - 7 = 0}$.

Chapitre 7, page 85

1 **a.** 5,2 **b.** $-5,2$ **c.** 6 **d.** 3 **e.** 1 **f.** 42

2 Compléter convenablement

a. $|-\mathbf{8}| = 8$ **b.** $|5-\mathbf{5}| = 0$

c. $|-\mathbf{9}| = |+\mathbf{9}| = 9$ **d.** $|-4| + (-\mathbf{4}) = 0$

e. $\sqrt{(-5)^2} + (-\mathbf{5}) = 0$ **f.** $\sqrt{(-2-4)^2} = \mathbf{6}$

3 **a.** $-|10| + 12|7-8| - (-15)$ → 17

b. $-|10| - 9 + 3(-2) + |-42|$ → 17

c. $|25-12| - 4|7-23|$ → -51

(29 n'est relié à aucune expression.)

4 **a.** V **b.** V **c.** V **d.** V **e.** V

5 **a.** V **b.** V **c.** F **d.** V. En effet, $2 < 10$ **e.** V

6 **a.** Pas de solution, car la valeur absolue d'un nombre est positive ou nulle.

b.

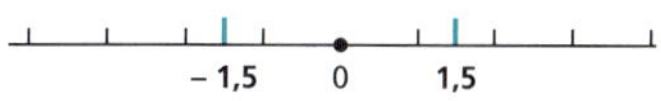

$|x| = 1,5$ ou $|x-0| = 1,5$.

Les solutions sont donc $x = -1,5$ ou $x = 1,5$.

c.

$2|x| = 6$. Divisons les deux membres par 2, il vient que $|x| = 3$.

Les solutions de l'équation sont donc $x = -3$ ou $x = 3$.

7 **1.** Graphiquement

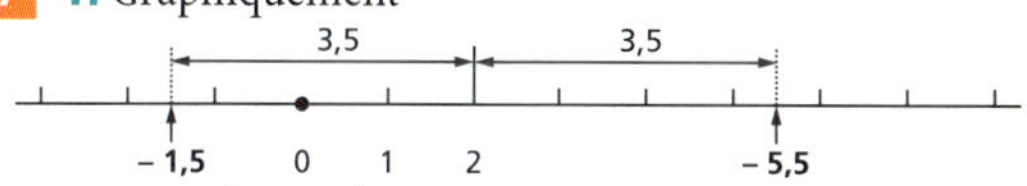

Par calcul : $|a-2| = 3,5$, donc $a - 2 = -3,5$ ou $a - 2 = 3,5$. D'où $a = -1,5$ ou $a = 5,5$.

2. a. V **b.** V **c.** V

8

Intervalle fermé	Centre de l'intervalle	Distance des bornes
$[5;9]$	7	4
$[-4;3]$	$-\frac{1}{2}$	7
$[-6;-1]$	$-\frac{7}{2}$	5

9 **1.**

Données	Ensemble	Lecture	Les nombres *x* tels que …
$A = [-3;4]$ et $B = [1;6]$	$A \cup B$	A union B	$-3 \leq x \leq 4$ **ou** $1 \leq x \leq 6$
	$A \cap B$	A inter B	$-3 \leq x \leq 4$ **et** $1 \leq x \leq 6$
$C = [1;7]$ et $D = [-2;5]$	$C \cup D$	**C union D**	$\mathbf{1 \leq x \leq 7}$ **ou** $\mathbf{-2 \leq x \leq 5}$
	$C \cap D$	**C inter D**	$\mathbf{1 \leq x \leq 7}$ **et** $\mathbf{-2 \leq x \leq 5}$

2. Voici les représentations sur une droite graduée des ensembles A, B, $A \cup B$ et $A \cap B$ d'une part ; et C, D, $C \cup D$ et $C \cap D$ d'autre part.

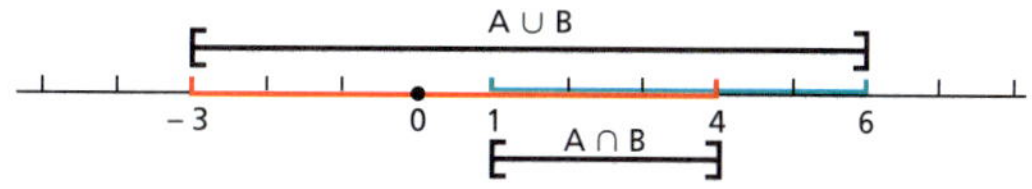

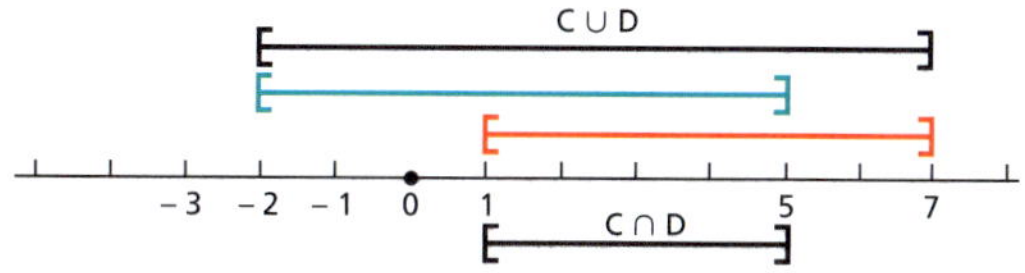

On en déduit que :

$A \cup B$ est l'ensemble des nombres x tels que : $-3 \leq x \leq 6$. On écrit : $A \cup B = \{x \text{ tels que } -3 \leq x \leq 6\}$.

De même :

$A \cap B = \{x \text{ tels que } 1 \leq x \leq 4\}$

$C \cup D = \{x \text{ tels que } -2 \leq x \leq 7\}$

$C \cap D = \{x \text{ tels que } 1 \leq x \leq 5\}$

Chapitre 8, page 87

1 **a.** $|1-4| \mathbf{=} 4-1$ **b.** $-|5-9| \mathbf{<} 4$

c. $\pi^2 - 10 \mathbf{<} |\pi^2 - 10|$ **d.** $|3\sqrt{(-5)^2} - 7| \mathbf{=} 8$

2 **a.** **Vrai.** En effet, la valeur absolue d'un produit est égale au produit des valeurs absolues.

b. **Vrai.** En effet, $-3x + 1 = -(3x-1)$ et $|-(3x-1)| = |-1| \times |3x-1| = |3x-1|$.

c. **Faux,** car $-x + 1 = -(x-1)$.

d. **Vrai.** En effet, $|-2x-1| = |-(2x+1)| = |-1| \times |2x+1| = |2x+1|$.

3 **a.** si $-2 \leq x \leq 3$, alors $-4 \leq 2x \leq 6$

b. si $12 < l < 25$, alors $6 < \frac{1}{2} l < 12,5$

c. si $2 < x < 4$, alors $\frac{1}{4} < \frac{1}{x} < 1/2$

d. si $-4 \leq y \leq 1$, alors $-1 \leq -y \leq 4$

e. si $14 < -2a < 30$, alors $-15 < a < -7$

f. si $1,73 < x < 1,74$, alors $-0,74 < 1 - x < -0,73$

4 Si $78 < \pi r^2 < 114$, alors $5 < r < 6$.

En effet, $\frac{78}{\pi} < \frac{\pi r^2}{\pi} < \frac{114}{\pi}$

$\frac{78}{\pi} < r^2 < \frac{114}{\pi}$

$\sqrt{\frac{78}{\pi}} < r < \sqrt{\frac{114}{\pi}}$

$4,99 < r < 6,02$. Soit $5 < r < 6$.

5 **1. a.** $-2 \times 10^{-1} = -2 \times 0,1 = -0,2$ et $2 \times 10^{-1} = 0,2$.

D'où : $20 - 0,2 \leq l \leq 20 + 0,2$.

$\boxed{\mathbf{19,8 \leq l \leq 20,2}}$

b. $L = 2l + 2$, donc $2 \times 19,8 + 2 \leq 2l + 2 \leq 2 \times 20,2 + 2$.

Soit $\boxed{\mathbf{41,6 \leq L \leq 42,4}}$.

c. $p = 2(L + l)$, donc $61,4 \leq L + l \leq 62,6$.

D'où : $\boxed{\mathbf{122,8 \leq p \leq 125,2}}$.

2. a. À l'unité près, 122 est une valeur approchée de p par défaut.
b. À l'unité près, 126 est une valeur approchée de p par excès.

6 **Faux.** En effet, $3{,}14 < \pi < 3{,}15$ et $0{,}99 < r < 1{,}01$ impliquent que :
(1) $\frac{4}{3} \times 3{,}14 < \frac{4}{3}\pi < \frac{4}{3} \times 3{,}15$.
(2) $0{,}99^3 < r^3 < 1{,}01^3$. En multipliant membre à membre ces deux inéquations :
$\frac{4}{3} \times 3{,}14 \times 0{,}99^3 < \frac{4}{3} \times \pi \times r^3 < \frac{4}{3} \times 3{,}15 \times 1{,}01^3$. Soit :
$4{,}062318479 < V < 4{,}327264199$, donc au millième près $\boxed{4{,}062 < V < 4{,}328}$.

7 Les solutions sont en bleu.

a.
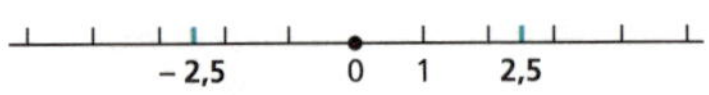

b.
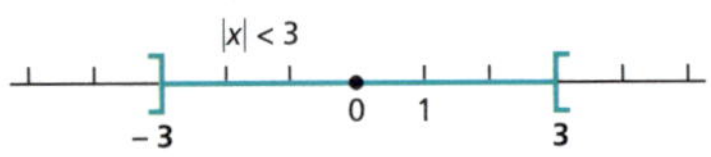

c.
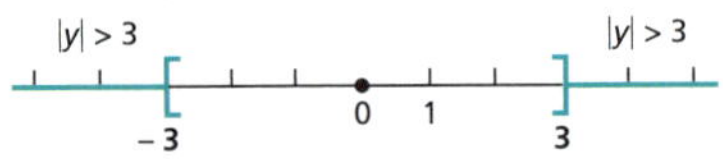

8 **a.** $|4-(x-1)| = 7$ • • $x = -16$ ou $x = 0$
b. $\left|\frac{3x-9}{2}\right| = 6$ • • $x = -2$ ou $x = 12$
c. $\left|\frac{x+8}{4}\right| = 2$ • • $x = -1$ ou $x = 7$

a. $|5-x| = 7$ équivaut à $5 - x = -7$ ou $5 - x = 7$.
Soit $x = 12$ ou $x = -2$.
b. $\frac{1}{2}\,|3x-9| = 6$, $|3x-9| = 12$
équivaut à $3x - 9 = -12$ ou $3x - 9 = 12$.
Soit $x = -1$ ou $x = 7$.
c. $\frac{1}{4}\,|x+8| = 2$, $|x+8| = 8$ équivaut à $x + 8 = -8$ ou $x + 8 = 8$. Soit $x = -16$ ou $x = 0$.

9 **a.** $|-2x+1| < 3$ • • $]-\infty, -1[\cup]4, \infty[$
b. $\left|\frac{2}{5}x - 1\right| < -\frac{1}{2}$ • • $\varnothing$ (ensemble vide), pas de solution
c. $|-4x+1| > -1$ • • $\mathbb{R}$, infinité de solutions
d. $2\,|3-2y| > 10$ • • $]-1\,;2[$

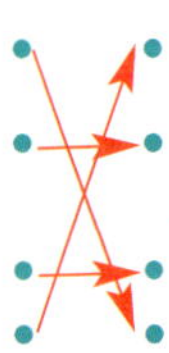

a. $|-2x+1| < 3$ pour $-3 < -2x + 1 < 3$. En ajoutant -1 aux trois membres, on obtient :
$-3 - 1 < -2x + 1 - 1 < 3 - 1$, soit $-4 < -2x < 2$.
En divisant les trois membres par -2 et en changeant le sens :
$\frac{2}{-2} < \frac{-2x}{-2} < \frac{-4}{-2}$. Donc $-1 < x < 2$ ou $S =]-1\,;2[$.
b. L'inéquation $\left|\frac{2}{5}x - 1\right| < -\frac{1}{2}$ n'a pas de solution, car une valeur absolue est toujours positive ou nulle.
c. L'inéquation $|-4x+1| > -1$ est toujours vraie, car une valeur absolue est toujours supérieure à un nombre négatif. Elle a une infinité de solutions.
d. $2\,|3-2y| > 10$ équivaut à $|3-2y| > 5$, donc à $3 - 2y < -5$ ou $3 - 2y > 5$.
$2y > 3 + 5$ ou $2y < 3 - 5$, donc $y > 4$ ou $y < -1$.
Soit $S =]-\infty, -1[\cup]4, \infty[$.

10 **1.a.** et **b.**

Intervalle	Centre de l'intervalle	Amplitude de l'intervalle	Rayon de l'intervalle
$[5\,;12]$	8,5	7	3,5
$[-12\,;-4]$	-8	8	4

À l'aide d'un intervalle	À l'aide d'une valeur absolue	À l'aide d'une distance	À l'aide d'un encadrement
$x \in [5\,;12]$	$\lvert x-8{,}5\rvert \leq 3{,}5$	$d(x\,;8{,}5) \leq 3{,}5$	$5 \leq x \leq 12$
$x \in [-12\,;-4]$	$\lvert x+8\rvert \leq 4$	$d(x, -8) \leq 4$	$-12 \leq x \leq -4$
$x \in [-3\,;9]$	$\lvert x-3\rvert \leq 6$	$d(x, -3) \leq 6$	$-3 \leq x \leq 9$

11 **1.** Conseil : faire deux graphiques.
a. $\begin{cases} |x| < 4 \text{ signifie } d(x;0) < 4 \text{ donc } -4 < x < 4 \\ |x| > 1 \quad |x| > 1 \text{ signifie } d(x;0) > 1, \text{ donc } x < -1 \text{ ou } x > 1. \end{cases}$

Graphiquement :
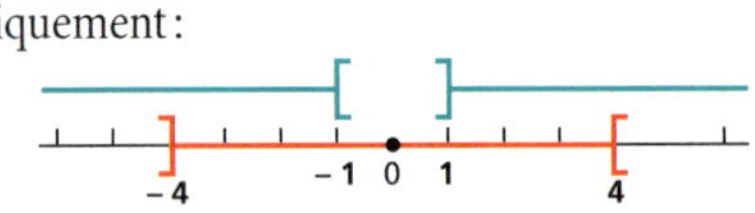

Les solutions du système sont donc
$\boxed{-4 < x < -1 \text{ ou } 1 < x < 4}$.

b. $\begin{cases} |x-2| \leq 5 \text{ donc } -5 \leq x - 2 \leq 5. \text{ Soit } -3 \leq x \leq 7. \\ |-2x+1| \geq 3 \text{ équivaut à } -2x + 1 \leq -3 \text{ ou } -2x + 1 \geq 3. \text{ Soit : } x \geq 2 \text{ ou } x \leq -1. \end{cases}$

Graphiquement :
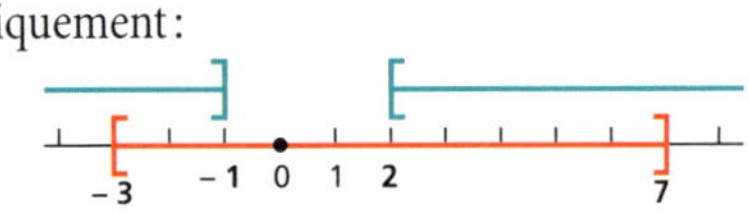

Les solutions du système sont donc $-3 \leq x \leq -1$ ou $2 \leq x \leq 7$.

Chapitre 9, page 89

1

Expression verbale	Expression mathématique
Les dépenses, d, de Sylvain sont **au moins de** 500 €.	$d \geq 500$
La vitesse, v, autorisée sur l'autoroute est **au plus de** 130 km/h.	$v \leq 130$
Le dépôt de garantie g est **au moins de** 20 € et **au plus de** 40 €.	$20 \leq g \leq 40$
a est positif ou nul et a est inférieur à b.	$0 \leq a < b$

2 $-\frac{5}{4} < \sqrt{2} - \sqrt{7} < -\frac{3}{4} < -\frac{1}{2} < 4{,}3 < \sqrt{19} < \frac{9}{2}$.

3 **a.** $0 < \frac{3}{4} < 1$, donc $\frac{3}{4} > \left(\frac{3}{4}\right)^2 > \left(\frac{3}{4}\right)^3$

b. $5 > 1$, donc $5 < 5^2 < 5^3$

c. $0 < 0{,}2 < 1$, donc $0{,}2 > 0{,}2^2 > 0{,}2^3$

d. $0 < 10^{-1} < 1$, donc $10^{-1} > (10^{-1})^2 > (10^{-1})^3$

4 **a.** si $-\frac{x}{3} \geq 0$, alors $x \leq 0$

b. si $x(x^2+1) \geq 0$, alors $x \geq 0$, car $x^2 + 1 > 0$ pour toute valeur de x.

c. si $\frac{1}{x-2} \geq 0$, alors $x > 2$. Attention la fraction est définie pour $x - 2 \neq 0, x \neq 2$.

d. si $\frac{-2}{x-4} \leq 0$, alors $x > 4$. La fraction est définie pour $x - 4 \neq 0$, donc $x \neq 4$.

5

a. $\lvert x \rvert - 10 < 0$	$x < -10$ ou $x > 10$
b. $\lvert x \rvert + 10 > 0$	$x \in \mathrm{R}$
c. $4\lvert 2x \rvert - 80 > 0$	$-10 < x < 10$
d. $-4\lvert -2x \rvert \leq 0$	pas de solution
e. $-4\lvert -2x \rvert < 0$	$x \neq 0$

Remarques : **a.** L'inéquation s'écrit : $\lvert x \rvert < 10$, donc $-10 < x < 10$.

b. L'inéquation s'écrit $\lvert x \rvert > -10$, donc toujours vraie.

c. L'inéquation s'écrit $\lvert 2x \rvert > \frac{80}{4}$ ou $\lvert x \rvert > 10$, donc $x < -10$ ou $x > 10$.

d. L'inéquation s'écrit $\lvert -2x \rvert \geq 0$, donc toujours vraie.

e. L'inéquation s'écrit $\lvert -2x \rvert > 0$, toujours vraie sauf pour $x = 0$.

6 **a.**

x	$-\infty$		-3		2		$+\infty$
$x-2$		$-$		$-$	0	$+$	
$x+3$		$-$	0	$+$		$+$	
P		$+$	0	$-$	0	$+$	

L'inéquation $(x-2)(x+3) < 0$ est vérifiée pour $-3 < x < 2$, ou bien l'ensemble des solutions de l'inéquation est $S =]-3\,;2\,[$.

b.

x	$-\infty$		-1		0		$+\infty$
$-x$		$+$		$+$	0	$-$	
$x+1$		$-$	0	$+$		$+$	
P		$-$	0	$+$	0	$-$	

L'inéquation $-x(x+1) \geq 0$ est vérifiée pour $-1 \leq x \leq 0$. Soit $S = [-1\,;0]$.

c.

x	$-\infty$		$-\frac{2}{3}$		1		$+\infty$
4		$+$		$+$	0	$+$	
$3x+2$		$-$	0	$+$		$+$	
$x-1$		$-$		$-$	0	$+$	
P		$+$	0	$-$	0	$+$	

L'inéquation $4(3x+2)(x-1) > 0$ est vérifiée pour $x < -\frac{2}{3}$ ou $x > 1$. Soit $S =]-\infty\,; -\frac{2}{3}] \cup [1\,;\infty[$.

d.

x	$-\infty$		-2		$\frac{1}{2}$		4		$+\infty$
$x+2$		$-$	0	$+$		$+$		$+$	
$x-4$		$-$		$-$		$-$	0	$+$	
$-2x+1$		$+$		$+$	0	$-$		$-$	
P		$+$	0	$-$	0	$+$	0	$-$	

L'inéquation $(x+2)(x-4)(-2x+1) \leq 0$ est vérifiée pour $-2 \leq x \leq \frac{1}{2}$ ou $x \geq 4$. Soit $S = [-2; \frac{1}{2}] \cup [\,4\,; \infty[$.

7

a. $\frac{x+4}{x+1} < 0$	$x \leq -4$ ou $x > -1$
b. $\frac{x+4}{x+1} \leq 0$	$-4 \leq x < -1$
c. $\frac{x+4}{x+1} \geq 0$	$-4 < x < -1$
d. $\frac{x^2(x+4)}{x+1} > 0$	$x < -4$ ou ($x > -1$ et $x \neq 0$)

a.

x	$-\infty$		-4		-1		$+\infty$
$x+4$		$-$	0	$+$	0	$+$	
$x+1$		$-$	0	$-$	0	$+$	
Q		$+$	0	$-$	$\Vert$	$+$	

L'inéquation $\frac{x+4}{x+1} < 0$ est vérifiée pour $-4 < x < -1$. Soit $S =]-4\,;1[$.

b. L'inéquation $\frac{x+4}{x+1} \leq 0$ est vérifiée pour $-4 \leq x < -1$. Soit $S = [-4\,;-1[$.

c. D'après le tableau, l'inéquation $\frac{x+4}{x+1} \geq 0$ est vérifiée pour $x \leq -4$ ou $x > -1$. Soit $S =]-\infty; -4] \cup]-1\,;\infty[$.

d. x^2 est toujours positif ou nul. Par conséquent l'inéquation $\frac{x^2(x+4)}{x+1} > 0$ est vérifiée pour $x <$ **-4 ou ($x > -1$ et $x \neq 0$).**
Soit $S =]-\infty\,;-4[\cup]-1\,;0[\cup]0\,;\infty[$.

8 **a.** $(2x-3)^2 \leq (x+4)^2$, donc $(2x-3)^2 - (x+4)^2 \leq 0$.
Le 1er membre est de la forme $a^2 - b^2 = (a-b)(a+b)$.
D'où : $(2x-3-x-4)(2x-3+x+4) \leq 0$.
$(x-7)(3x+1) \leq 0$. À l'aide d'un tableau, on trouve que l'inéquation est vérifiée pour $x \leq -\frac{1}{3}$ ou $x \geq 7$.
Soit $S =]-\infty; -\frac{1}{3}] \cup [7\,;\infty[$.

b. $6x - 8 = 2(3x-4)$. L'inéquation s'écrit :
$(-2x+1)(3x-4) - (x+1)\,2(3x-4) > 0$
$(3x-4)\,[(-2x+1) - 2(x+1)\,] > 0$
$(3x-4)(-4x-1) > 0$

À l'aide d'un tableau, on trouve que l'inéquation est vérifiée pour $-\frac{1}{4} < x < \frac{4}{3}$. Soit $S =]-\frac{1}{4}\,;\frac{4}{3}[$.

c. $(3x+1)^2 > 3x^2 + x$,
$(3x+1)^2 > x(3x+1)$,
$(3x+1)^2 - x(3x+1) > 0$,
$(3x+1)(3x+1-x) > 0$,
$(3x+1)(2x+1) > 0$. À l'aide d'un tableau, on trouve que l'inéquation est vérifiée pour $x < -\frac{1}{2}$ ou $x > -\frac{1}{3}$.
Soit $S =]-\infty; -\frac{1}{2}[\cup]-\frac{1}{3}\,; \infty[$.

9 **a.** L'inéquation donnée équivaut à $\frac{x}{3-x} + \frac{1}{x+1} \leq 0$, soit à $\frac{x^2+3}{(3-x)(x+1)} \leq 0$.

$x^2 + 3$ est toujours positif, donc le signe du quotient dépend de celui du dénominateur. À l'aide d'un tableau, on trouve $(3-x)(x+1) < 0$ pour $x < -1$ ou $x > 3$. L'ensemble des solutions est donc $S =]-\infty; -1[\cup]3; +\infty[$.
(Attention au dénominateur : il doit être différent de 0.)

b. L'inéquation donnée équivaut à $\frac{x-7}{2-x} - \frac{-x+4}{x-1} \geq 0$, ou à $\frac{-2x-1}{(2-x)(x-1)} \geq 0$. À l'aide d'un tableau :

x	$-\infty$		$-\frac{1}{2}$		1		2		$+\infty$
$-2x-1$		+	0	−		−		−	
$2-x$		+		+		+	0	−	
$x-1$		−		−	0	+		+	
Q		−	0	+	‖	−	‖	+	

L'inéquation donnée est vérifiée pour $-\frac{1}{2} \leq x < 1$ ou $x > 2$. L'ensemble de ses solutions est donc : $[-\frac{1}{2}\,; 1[\cup]2\,; +\infty[$.

10 **1. a. Vrai.**

b. Vrai, car l'hexagone compte 6 triangles « jaunes » et qu'autour du centre O, la somme des angles est de 360°.

2. Un polygone qui a n côtés a n angles intérieurs. Par conséquent, en degrés, la mesure d'un angle intérieur d'un polygone régulier est de :

$$\frac{180 \times n - 360}{n}.$$

L'angle intérieur du polygone mesure au moins 162° signifie que :

$\frac{180n - 360}{n} \geq 162$. Soit $\frac{180n - 360 - 162n}{n} \geq 0$.

Or $n > 0$, donc $18n - 360 \geq 0$, $18n \geq 360$; $\boxed{n \geq 20}$.

Chapitre 10, page 91

1 **1.a.**

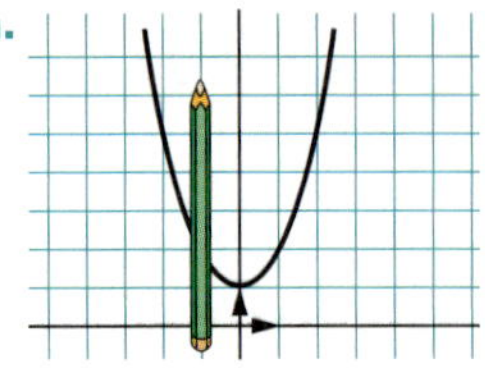

b.

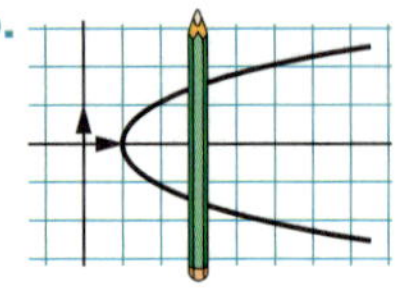

a. Oui. En glissant le crayon parallèlement à $y'y$, celui-ci rencontre la courbe en un seul point. Autrement dit, à une valeur de x correspond une image y et une seule.

b. Non, la courbe ne représente pas une fonction. En effet, le crayon rencontre la courbe en deux points. Autrement dit, à une valeur de x correspondent deux images.

2. c.

x	2	2	8
y	−4	1	5

d.

x	−3	−1	2	4
y	−2	1	1	4

c. Non, car à la valeur 2 de x correspondent deux images (et non une seule). Ces images sont −4 et 1.

d. Oui. En effet, à chaque valeur de x correspond une image et une seule.

2
- Considérer un nombre x ⟶ x
- Prendre son double et ajouter 1 ⟶ $2x + 1$
- Prendre le carré du dernier et lui retrancher 5 ⟶ $(2x+1)^2 - 5$

On obtient : $\boldsymbol{x \to (2x+1)^2 - 5}$.

3 **Faux**, car pour $x = \frac{4}{3}$, f n'est pas définie.

Il fallait dire : « considérer un nombre x différent de $\frac{4}{3}$ ».

4 **a.** $]-5\,; 3]$ **b.** $]-\infty\,; 0]$
c. $]-\infty; -1[\cup]\,4\,; \infty[$ **d.** $]-\infty; 7[\cap [2\,; \infty[= [2\,; 7[$

5 **a.** La fonction f est définie pour $9 - 4x \geq 0$, donc $4x \leq 9$ et $x \leq \frac{9}{4}$. Par conséquent, $D_f =]-\infty; \frac{9}{4}]$.

b. La fonction g est définie pour $x^2 - 1 \neq 0$, donc pour $(x-1)(x+1) \neq 0$.
Soit $x \neq 1$ et $x \neq -1$.
Par conséquent, $\mathbb{D}_g =]-\infty; -1[\cup]-1\,; 1[\cup]\,1\,; \infty[$.

c. La fonction h est définie pour $x + 3 \neq 0$, donc $x \neq -3$.
Par conséquent $\mathbb{D}_h =]-\infty; -3\,[\cup]-3\,; \infty[$.

d. La fonction t est définie pour $(x-2)(x+1) \neq 0$. Soit $x \neq 2$ et $x \neq -1$.
Par conséquent, $\mathbb{D}_t =]-\infty; -1[\cup]-1\,; 2[\cup]2\,; \infty[$.

e. Pour toute valeur de x, $x^2 + 3 > 0$, donc $\mathbb{D}_z = \mathbb{R}$.

f. La fonction r est définie pour $x + 3 > 0$,
donc $\mathbb{D}_r =]-3\,; +\infty[$.

6

x	−5	−3,5	0,5	2
$\boldsymbol{y = x^3 + x^2 - 4x + 1}$	−79	−15,625	−0,625	5

CORRIGÉS

7

x	-1	0	$2{,}5$	100
$y=\dfrac{3-x}{x^2+4}$	0,8	0,75	0,05	−0,01

8 **a. Vrai**, car pour $x=\sqrt{2}$, on a :

$$\frac{x}{2-x}=\frac{\sqrt{2}}{2-\sqrt{2}}=\frac{\sqrt{2}(2+\sqrt{2})}{(2-\sqrt{2})(2+\sqrt{2})}=\frac{2\sqrt{2}+2}{4-2}=$$
$$\frac{2(\sqrt{2}+1)}{2}=1+\sqrt{2}.$$

b. Faux. En effet, pour $x=-1$, $y=-\dfrac{10}{9}$.

c. Vrai, car pour $x=4$, $y=-4^2+12=-16+12=-4$.

9 **1.** $f(x)=25x^2-9+(10x^2+29x-21)+2(-5x^2+18x-9)$

$f(x)=25x^2+65x-48$

2. $f(x)=(5x-3)(5x+3)+(5x-3)(2x+7)-2(5x-3)(x-3)$

$f(x)=(5x-3)\,(5x+3+2x+7-2x+6)$

$f(x)=(5x-3)(5x+16)$

3. $A(0\,;-48)$; $B(-\dfrac{16}{5}\,;0)$; $D(\dfrac{3}{5}\,;0)$.

10 $f(x)=-\dfrac{1}{3}x+2$

$f(x)=\sqrt{10-x^2}$

$f(x)=-x^2+2x+1$

$f(x)=\left|1-\dfrac{2}{3}x\right|$

x	-3	$\frac{3}{2}$	6
f(x)	**3**	0	3

x	-1	$\frac{1}{2}$	**1**
f(x)	-2	$\frac{7}{4}$	2

x	-6	-3	…
f(x)	4	**3**	$-\frac{2}{3}$

x	-3	3	4
f(x)	1	**1**	‖

1. • Pour $x=6$, $\left|1-\dfrac{2}{3}\times 6\right|=3$.

• Pour $x=-1$, $(-x^2+2x+1)=-1-2+1=-2$.

• Pour $x=-6$, $(-\dfrac{1}{3}x+2)=4$.

• Pour $x=-3$, $\sqrt{10-x^2}=\sqrt{10-9}=\sqrt{1}=1$.

Chapitre 11, page 93

1 **a.** Si la fonction f est croissante sur $[2\,;3]$, alors $f(2{,}4)\geq f(2)$.

b. Si la fonction f est décroissante sur $[7\,;10]$, alors $f(8{,}5)\leq f(8)$.

c. Si la fonction f est constante sur $[-2\,;4]$, alors $f(-1)=f(3)$.

2 **a.** $-6\leq x\leq 7$, donc $\mathbb{D}_f=[-6\,;7]$.

b. $-3\leq f(x)\leq 5$, donc $f(x)\in[-3\,;5]$.

c. Pour tout $x\in\mathbb{D}_f$, $f(x)\geq -3$, donc -3 est un minimum de la fonction.

d. Pour tout $x\in\mathbb{D}_f$, $f(x)\leq 5$, donc 5 est un maximum de la fonction.

e. Sur $[-2\,;4]$ f admet un maximum relatif égal à **3** obtenu pour $x=1$.

f. Sur $[1\,;7]$ f admet un minimum relatif égal à **1** obtenu pour $x=4$.

g. $f(-1)=\mathbf{0}$ et $f(0)=\mathbf{2}$.

h.

x	-6		-4		1		4		7
$f(x)$	-1	↘	-3	↗	3	↘	1	↗	5

3 **D'après le tableau, $\mathbb{D}_f=[0\,;\infty[$**

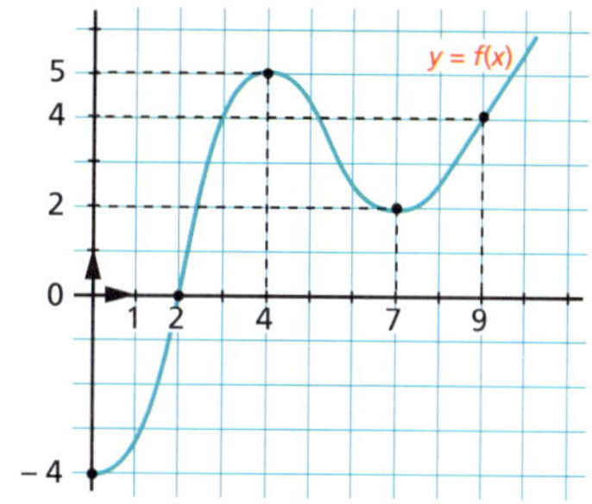

4 **a. Vrai.** En effet, pour $x\in[-5\,;5]$. $-x\in[-5\,;5]$ et $f(-x)=3(-x)^4-5(-x)^2+1=3x^4-5x^2+1=f(x)$.

b. Faux. En effet, pour $x\in[0\,;\infty[$, $-x\notin[0\,;\infty[$ et $f(-x)$ est incalculable.

c. Vrai. En effet, x et $-x$ appartiennent à $\mathbb{R}$ et $f(-x)=(-x)^3-(-x)=-x^3+x=-(x^3-x)=-f(x)$, donc la fonction f est impaire. La courbe $\mathscr{C}_f$ admet l'origine du repère comme centre de symétrie.

5 **a. Faux**, car $f(-x)$ n'existe pas. Exemple $f(2)=\dfrac{1}{2}$ mais $f(-2)$ n'existe pas selon le domaine de définition de f.

b. Faux, car $f(-x)$ n'est pas calculable d'après le domaine de définition de f. Exemple : $f(-2)=\dfrac{1}{4}$ mais $f(2)$ n'existe pas.

c. Vrai. En effet, $f(-x)=\dfrac{1}{(-x)^2+1}=\dfrac{1}{x^2+1}=f(x)$.

d. Vrai. En effet, $f(-x)=\dfrac{-x}{(-x)^2+1}=\dfrac{-x}{x^2+1}=-f(x)$.

6 **1. a.** $0{,}04<0{,}09$ et $\sqrt{0{,}04}<\sqrt{0{,}09}$.

b. $2<3$ et $\sqrt{2}<\sqrt{3}$.

2. a. Étudions le signe de $\sqrt{x_2}-\sqrt{x_1}$.

$$\sqrt{x_2}-\sqrt{x_1}=\frac{\left(\sqrt{x_2}-\sqrt{x_1}\right)\left(\sqrt{x_2}+\sqrt{x_1}\right)}{\left(\sqrt{x_2}+\sqrt{x_1}\right)}=$$
$$\frac{x_2-x_1}{\left(\sqrt{x_2}+\sqrt{x_1}\right)}$$

CORRIGÉS

Or, le numérateur $x_2 - x_1 > 0$ (par hypothèse) et le dénominateur $\sqrt{x_2} + \sqrt{x_1}$ est positif, donc $\sqrt{x_2} - \sqrt{x_1} > 0$.

Par conséquent $\sqrt{x_1} < \sqrt{x_2}$ c q f d.

b. Pour $x_1 < x_2$, on a $\sqrt{x_1} < \sqrt{x_2}$. Par définition, la fonction f est donc croissante sur son domaine de définition $[0 ; \infty[$.

c.

x	0	$+\infty$
$f(x) = \sqrt{x}$	0	↗

3.

x	0	1	2	3	4	5	9
f(x) = $\sqrt{x}$	0	1	$\sqrt{2} \approx 1{,}4$	$\sqrt{3} \approx 1{,}7$	2	$\sqrt{5} \approx 2{,}2$	3

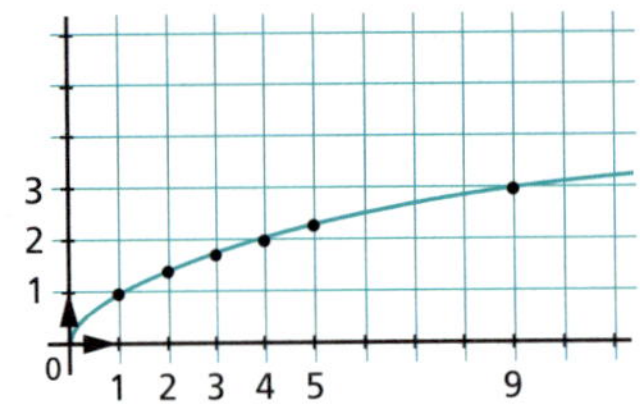

7 **1.** • $f(-2) = 2 - |4(-2)| = 2 - |-8| = 2 - (8) = -6$.

• $f(0) = 2 - 0 = 0$.

• $f\left(\frac{5}{2}\right) = 2 - \left|4 \times \frac{5}{2}\right| = 2 - 10 = -8$.

2. • $f(x) = 0$, donc $2 - |4x| = 0$, $|4x| = 2$; $4|x| = 2$; $|x| = \frac{1}{2}$, donc $x = -\frac{1}{2}$ ou $x = \frac{1}{2}$.

Les antécédents de 0 par f sont $-\frac{1}{2}$ et $\frac{1}{2}$.

• $f(x) = -8$, donc $2 - |4x| = -8$, $|4x| = 10$, $|x| = \frac{5}{2}$, donc $x = -\frac{5}{2}$ ou $x = \frac{5}{2}$.

Les antécédents de -8 par f sont $-\frac{5}{2}$ et $\frac{5}{2}$.

• $f(x) = 4$, donc $2 - |4x| = 4$, donc $|4x| = 2 - 4$, $|4x| = -2$, donc pas de solution.
4 n'a pas d'antécédent par la fonction f.

3. $f(-x) = 2 - |4(-x)| = 2 - |-4x| = 2 - |4x| = f(x)$, donc la fonction f est paire.

4. Faux. La fonction f étant paire, sa courbe devrait être symétrique par rapport à l'axe vertical. Ce qui n'est pas le cas ici.

Chapitre 12, page 95

1 $\boxed{d'}$. En effet, d' ne représente même pas une fonction, car à une valeur de x correspondent plusieurs valeurs de y (ou plusieurs images). Exemples : pour $x = 3$, on a $y = -1$, $y = 0$, $y = 2$, $y = 3$, etc.

2 **1.**

x	f(x)
1	7
2	**9**
3	**11**
4	**13**

2. a. V **b.** V **c.** V **d.** V **e.** V

3 Si f est une fonction affine de coefficient directeur a, alors $f(x_2) - f(x_1) = a(x_2 - x_1)$. D'où :

a. $f(3\,001) - f(3\,000) = 3(3\,001 - 3\,000) = 3$

b. $f(4\,999) - f(5\,000) = 3(4\,999 - 5\,000) = -3$

c. $f(10^3) - f(10^3 - 5) = 3[10^3 - (10^3 - 5)] = 15$

4 **1.** $f(b) = -2b + 3$; $f(a) = -2a + 3$; $\frac{f(b) - f(a)}{b - a} = \frac{-2(b-a)}{b-a} = \boxed{-2}$.

2. Coefficient directeur de la droite (AB) :

$\frac{f(b) - f(a)}{b - a} = \frac{3 - 4}{2 - (-1)} = \boxed{-\frac{1}{3}}$.

3. L'équation de (AB) est de la forme $y = -\frac{1}{3}x + b$. Pour trouver b, remplaçons x et y par les coordonnées de A ou de B, on trouve $b = \frac{11}{3}$. Par conséquent, la fonction affine g est définie par $g(x) = -\frac{1}{3}x + \frac{11}{3}$.

5 **1.** $400 = v \times t$, d'où : $t = \frac{400}{v}$.

2.

V (km/h)	60	80	100	120
***t* (h et min)**	**6 h 40**	**5 h**	**4 h**	**3 h 20**

6 **1. a.** Faux. En effet, $f(-x) = (-x - 1)^4 = [-(x + 1)]^4 = (x + 1)^4 \neq f(x)$.

b. Vrai, car $(x - 1)^4 \geq 0$.

c. Vrai, car $(x - 1)^4$ est supérieure ou égale à 0.

2.

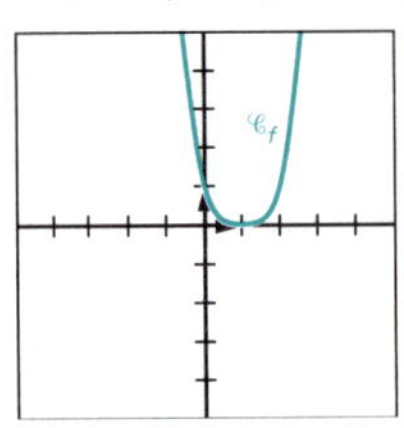

3.

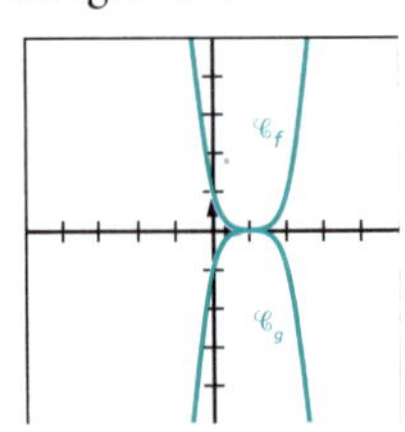

On remarque que les courbes $\mathscr{C}_f$ et $\mathscr{C}_g$ sont symétriques par rapport à l'axe horizontal. En effet pour une même valeur de x, $g(x) = -f(x)$.

7 **a.**

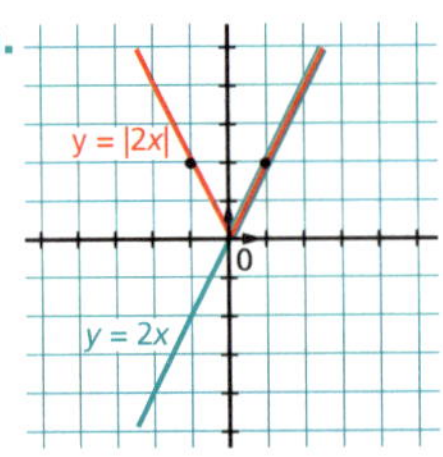

b.

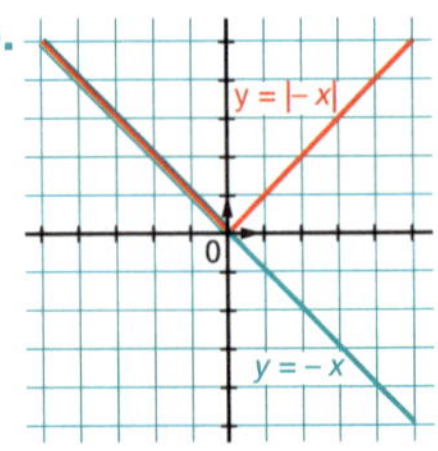

CORRIGÉS

$$g(x)=|2x|=\begin{cases}2x \text{ si } x\geq 0\\-2x \text{ si } x<0\end{cases}$$

$t(x)=|-x|=|-1|\times|x|$
$=|x|$
$t(x)=x$ si $x\geq 0$ et
$t(x)=-x$ si $x<0$.

8 **1. a.** Le périmètre d'un cercle est égal au diamètre $\times \pi$. D'où $f: x \to \pi x$ ou $f(x)=\pi x$ avec $x \geq 0$.

b. f n'est pas une fonction linéaire, car son domaine de définition n'est pas $\mathbb{R}$ Le diamètre, x, est positif ou nul.

2. $g: x \to \pi \times \left(\dfrac{x}{2}\right)^2$. Soit $g(x)=\dfrac{1}{4}\pi x^2$ avec $x \geq 0$.

3. Tracer $Y1=\pi x$ et $Y2=\dfrac{1}{4}\pi x^2$. Les représentations de f et g sont uniquement pour $x\geq 0$, donc dans le premier quadrant du repère.

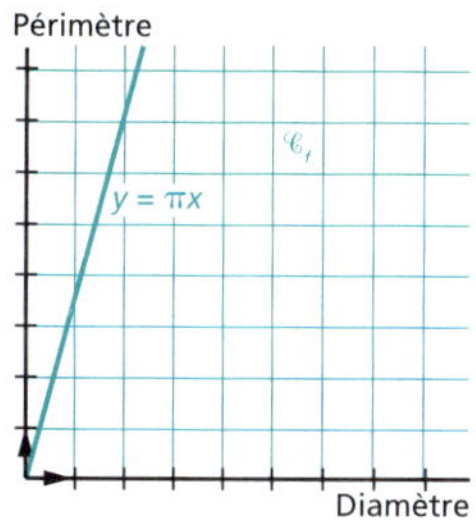

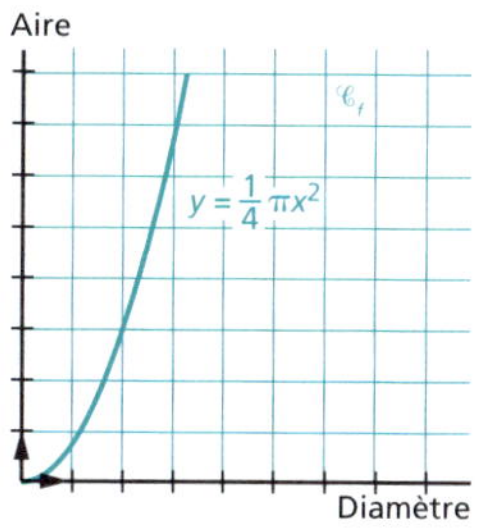

9 **1.** Xmin $=-5$ Ymin $=-5$
Xmax $=5$ Ymax $=5$.
Xscl $=1$ Yscl $=1$.

3. a. Vrai, en effet :
$f(x)-(-4)=x^2-2x-3+4=x^2-2x+1$
$=(x-1)^2$, donc $f(x)-(-4)\geq 0$.

b. Vrai, en effet : $f(x)+4\geq 0$, donc $f(x)\geq -4$.

c. Vrai. Pour tout x réel, $f(x)\geq -4$, donc -4 est un minimum de la fonction.

10 **1. a.** Vrai, car le numérateur $(x-2)^2$ est toujours positif ou nul, et le dénominateur x^2+2 est strictement positif.

b. Vrai. En effet, étudions le signe de $\dfrac{(x-2)^2}{x^2+2}-3$.

$$\frac{(x-2)^2}{x^2+2}-3=\frac{(x^2-4x+4)-3x^2-6}{x^2+2}$$
$$=\frac{-2x^2-4x-2}{x^2+2}$$
$$=\frac{-2(x^2+2x+1)}{x^2+2}$$
$$=\frac{-2(x+1)^2}{x^2+2}\leq 0.$$ Donc $\dfrac{(x-2)^2}{x^2+2}$ est toujours inférieure ou égale à 3.

2.

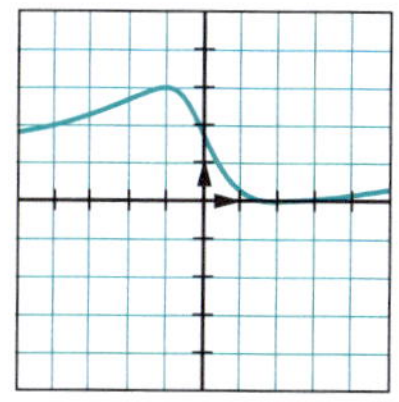

On constate que la courbe passe par un maximum égal à 3 pour $x=-1$ et qu'elle passe par un minimum égal à 0 pour $x=2$.

Vérification par calcul :
D'après le 1. b. $f(x)\leq 3$.

$f(x)=3$ pour $\dfrac{-2(x+1)^2}{x^2+2}=0$, donc $x=-1$.

Et d'après le **1. a.** $f(x)\geq 0$. $f(x)=0$ pour $\dfrac{(x-2)^2}{x^2+2}=0$, donc pour $x=2$.

Chapitre 13, page 97

1 **1.** $f(0)=\mathbf{4}$; $f(4)=\mathbf{0}$; $f(8)=\mathbf{4}$
$g(-8)=\mathbf{8}$; $g(-4)=\mathbf{0}$; $g(0)=\mathbf{8}$

2. f est représentée par la courbe $y=|-x+4|$ (courbe de droite).
g est représentée par la courbe $y=|-2x-8|$ (courbe de gauche).

2 **a.** $f(x)=\begin{cases}-(x-5), \text{si } x<5\\x-5, \text{si } x\geq 5\end{cases}$

b. • Si $x-5\geq 0$, $x\geq 5$, alors $f(x)=x-5$.
Points particuliers : $(5;0)$ et $(6;1)$.
• Si $x-5<0$, $x<5$, alors $f(x)=-x+5$.
Points particuliers : $(5;0)$ et $(0;5)$.

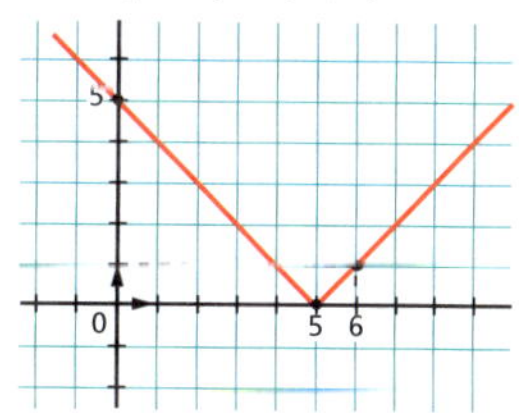

3 **1.**

Point	Abscisse	Ordonnée
B	1	**6**
C	2	**3**
D	**1,5**	4
E	**4**	1,5
F	0,5	**12**
G	**12**	0,5

2. $y=\dfrac{k}{x}$, donc $xy=k$ mais $xy=3\times 2=6$, donc $k=6$.

$f: x \mapsto \dfrac{6}{x}$.

La fonction f est définie sur $\mathbb{R}^*$.

Tableau de variations :

x	$-\infty$	0	$+\infty$
$\dfrac{6}{x}$	↗	‖	↗

Points particuliers : voir tableau de la question 1.

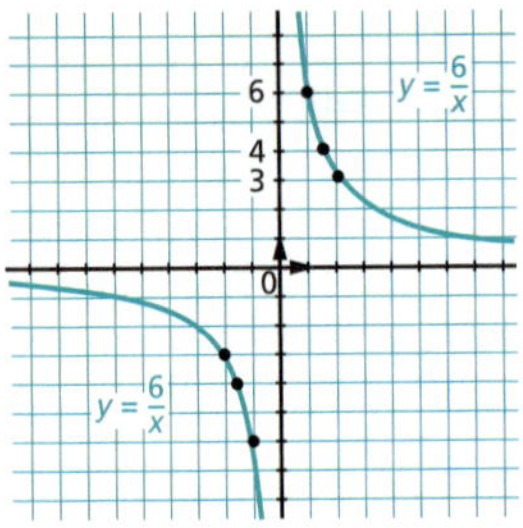

4 **1.** Vrai.

2. Faux, car la fonction f n'est pas définie pour $x = 2$.
Cette droite est dite asymptote à la courbe.

3. Faux, car une courbe ne rencontre jamais son asymptote. Ici pour $x = 4$, $y = 0$, donc la courbe rencontre la droite d'équation $x = 4$.

5 **1.** • $D_f = \mathbb{R}^*$.
D'après le cours, la courbe est une hyperbole de centre O, en effet la fonction f est impaire.
Tableau de variations de f :

x	$-\infty$		0		$+\infty$
$-\frac{2}{x}$		↘	‖	↘	

Points particuliers : $(1\,;-2)$; $(2\,;-1)$; …

• $D_g = \mathbb{R}$. D'après le cours, la courbe est une parabole de sommet $(-1\,;0)$ et d'axe de symétrie la droite d'équation $x = -1$.
Tableau de variations de g :

x	$-\infty$		-1		$+\infty$
$(x+1)^2$		↘	0	↗	

Points particuliers : $(0\,; 1)$; $(1\,; 4)$; …

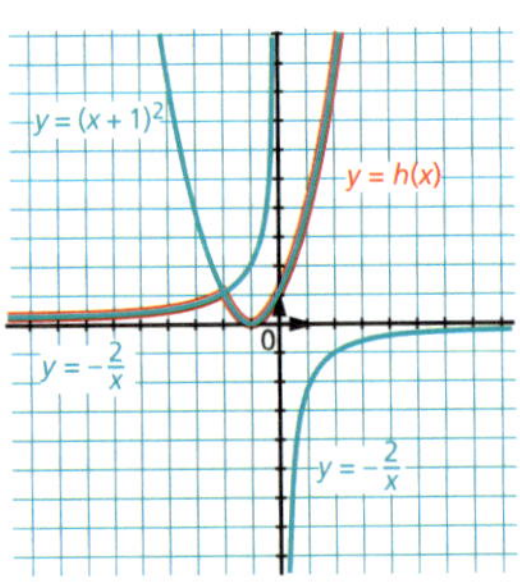

6 **1.**

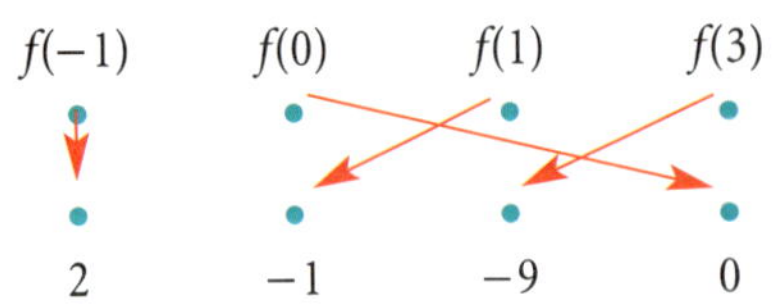

$f(-1) = -2(-1) = 2$; $f(0) = -2 \times 0 = 0$; $f(1) = -1^2 = -1$ et $f(3) = -3^2 = -9$.

2.

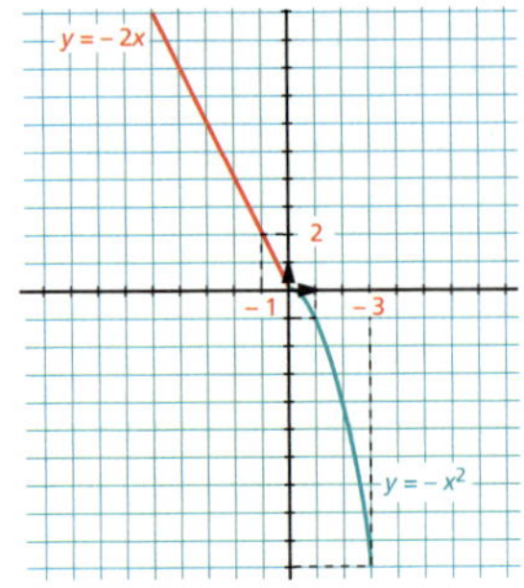

La courbe de f est formée de la demi-droite d'origine $O(0\,;0)$ et d'équation $y = -2x$, pour $x \leq 0$, et de la moitié de la parabole d'équation $y = -x^2$ relative à $x > 0$.

7 **1. a.** Vrai. En effet, la courbe A passe par un maximum ($x = 4$, $y = 4$), donc pour $x = 4$, on a $y = 4$.
D'où : $4 = -\frac{1}{4}(4^2) + m \times 4$; $4m = 8$ et $\boxed{m = 2}$.

b. Faux. En effet, la droite B passe par le point ($x = 8$; $y = 0$), donc pour $x = 8$, on a $y = 0$. D'où : $0 = a \times 8 - 16$; $8a = 16$ et $\boxed{a = 2}$.

2. Calcul de b : la droite C passe par le point ($x = 16$; $y = 0$), donc pour $x = 16$, on a $y = 0$. D'où : $0 = -2 \times 16 + b$; $\boxed{b = 32}$.

Calcul de c : la courbe D passe par le point ($x = 24$; $y = 0$), donc pour $x = 24$, on a $y = 0$.

D'où : $0 = -\frac{1}{4}(24^2) + 10 \times 24 + c$
$0 = -144 + 240 + c$
$\boxed{c = -96}$

3.
$$f(x) = \begin{cases} -\frac{1}{4}x^2 + 2x, & \text{si } 0 \leq x \leq 8 \\ 2x - 16, & \text{si } 8 < x \leq 12 \\ -2x + 32, & \text{si } 12 < x \leq 16 \\ -\frac{1}{4}x^2 + 10x - 96 ; & \text{si } 16 < x \leq 24 \end{cases}$$

Chapitre 14, page 99

1 **a.** Tracer les droites d'équations $y = -2x + 1$ et $y = -1$.
La solution de l'équation est l'abscisse 1 du point d'intersection I.

b. Tracer les droites d'équations $y = \frac{1}{2}x + 4$ et $y = -x + 1$.
La solution de l'équation est l'abscisse -2 du point d'intersection J.

a.

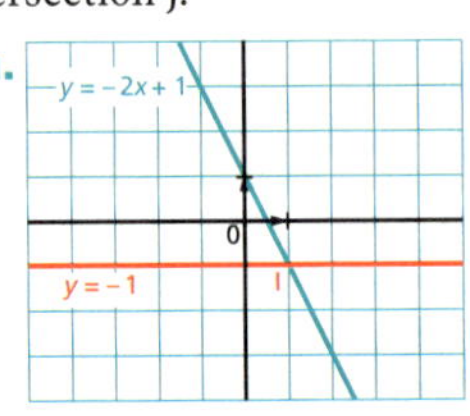

b.

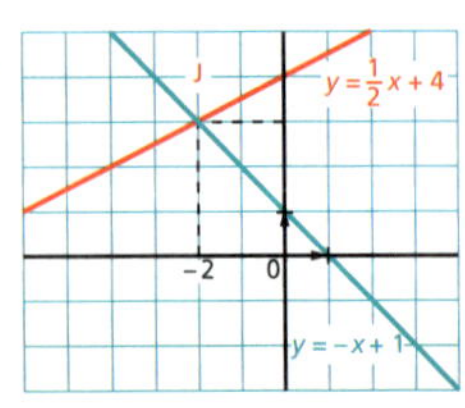

2 Tracer les droites d_1 et d_2 d'équations $y = 3x + 4$ et $y = -2$. Lire l'abscisse -2 du point d'intersection I. La droite d_1 est au-dessus de d_2 pour $x > -2$.

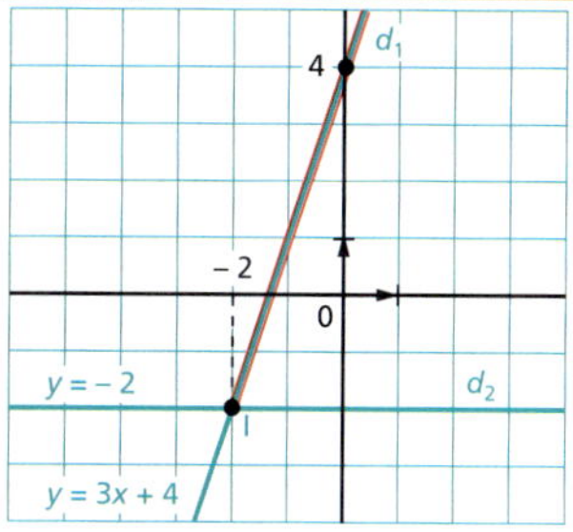

3 **1.** $x = 2$; $x = 4$; $y = 1$ et $y = 5$.

2. $\begin{cases} 2 \leq x \leq 4 \\ 1 \leq y \leq 5 \end{cases}$

4 Faux, car les sommets du triangle ont pour coordonnées : $(-1 ; 2)$; $(2 ; 5)$; $\underline{(3 ; -1)}$

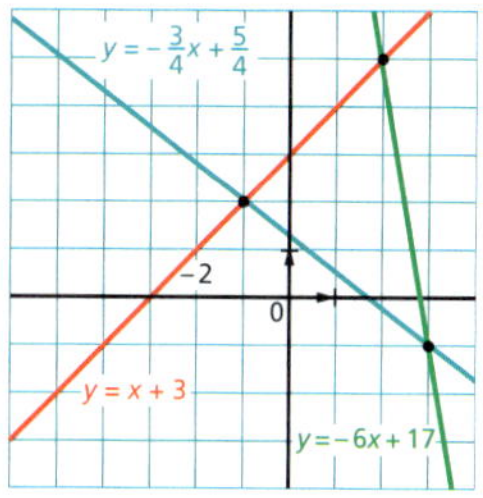

5 **1. a.** si $0 \leq x \leq 1$ alors : $x^2 \leq x \leq \sqrt{x}$

b. si $x > 1$ alors $\sqrt{x} < x < x^2$.

2. a. $\sqrt{0,1} > 0,1^2$.

b. $\sqrt{1,1} < 1,1 < 1,1^2$.

6 **a.** Tracer d_1 d'équation $y = -x + 4$ et d_2 d'équation $y = \dfrac{3}{4}x + \dfrac{9}{4}$.

1 est l'abscisse du point d'intersection. d_1 est en-dessous de d_2 pour $x \geq 1$.

Résultat vérifié par le calcul.

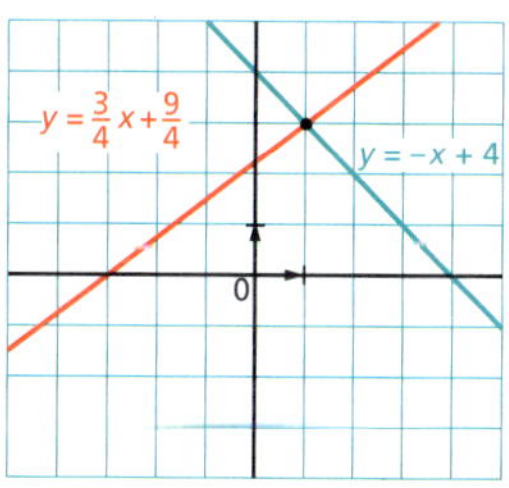

b. Tracer la parabole $y = x^2$ et la droite d d'équation $y = 4$. -2 et 2 sont les abscisses des points d'intersection. La parabole est en dessous de d pour $-2 \leq x \leq 2$.

Vérification par calcul :

$x^2 \leq 4$, $x^2 - 4 \leq 0$,

$(x - 2)(x + 2) \leq 0$.

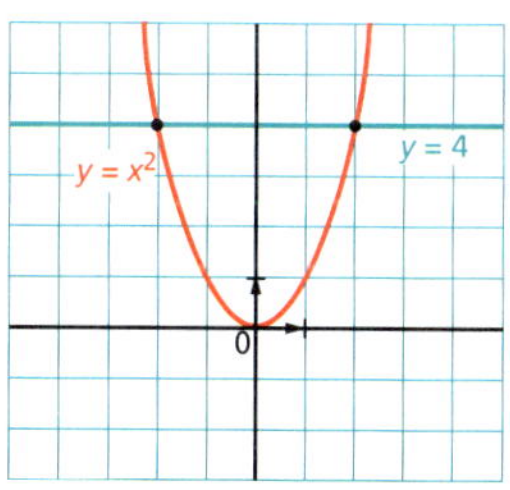

À l'aide d'un tableau de signes, on trouvera que l'ensemble des solutions est $S = [-2 ; 2]$.

c. Tracer à l'aide d'une calculatrice la courbe d'équation $y = (x^2 - 1)(x - 3)$. Cette courbe coupe l'axe des abscisses aux points d'abscisse -1 ; 1 et 3. Elle est au-dessus de l'axe pour $-1 \leq x \leq 1$ ou $x \geq 3$.

Vérification par calcul :

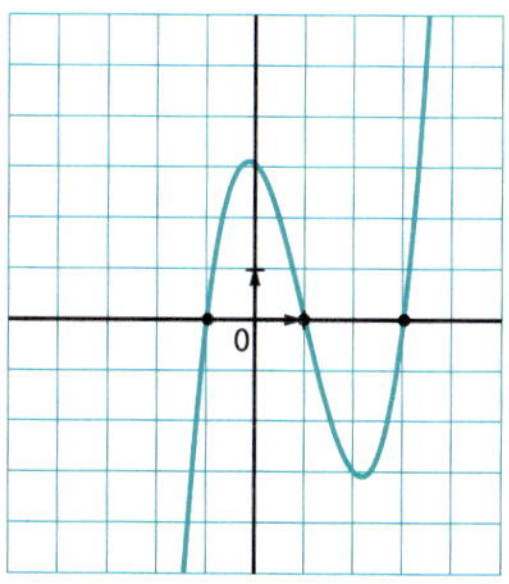

$(x^2 - 1)(x - 3) =$

$(x - 1)(x + 1)(x - 3)$

À l'aide d'un tableau de signes, on trouvera que l'ensemble des solutions de l'inéquation $(x - 1)(x + 1)(x - 3) \geq 0$ est $S = [-1 ; 1] \cup [3 ; +\infty[$.

7 **1.** La droite en pointillés a pour équation $x = 1$.
Or pour $x = 1$ l'équation n'est même pas définie.

2.

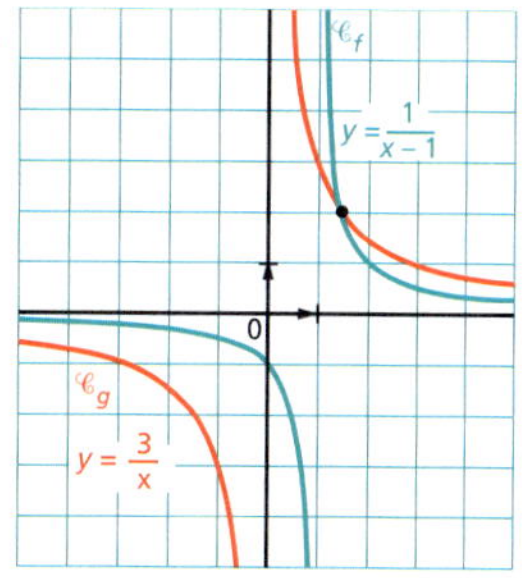

3. Le point d'intersection de $\mathscr{C}_f$ et $\mathscr{C}_g$ a pour abscisse $x = \dfrac{3}{2}$. La courbe $\mathscr{C}_f$ est en-dessous de $\mathscr{C}_g$ pour $0 < x < 1$ ou $x > \dfrac{3}{2}$.

Par calcul :

$\dfrac{1}{x-1} < \dfrac{3}{x}$; $\dfrac{1}{x-1} - \dfrac{3}{x} < 0$; $\dfrac{x - 3x + 3}{x(x-1)} < 0$; $\dfrac{-2x + 3}{x(x-1)} < 0$.

x	$-\infty$		0		1		$\frac{3}{2}$		$+\infty$
$-2x + 3$		+		+		+	0	−	
x		−	0	+		+		+	
$x - 1$		−		−	0	+		+	
Q		+	‖	−	‖	+	0	−	

D'après le tableau $S =]0 ; 1[\cup]3/2 ; \infty[$.

8 **1.** $V(x) = x \times x \times (4 - x) = x^2(4 - x) = -x^3 + 4x^2$.

D_f : $x \geq 0$ et $4 - x \geq 0$, donc $x \geq 0$ et $x \leq 4$.
D'où : $0 \leq x \leq 4$. Soit $D_f = [0 ; 4]$.

2.

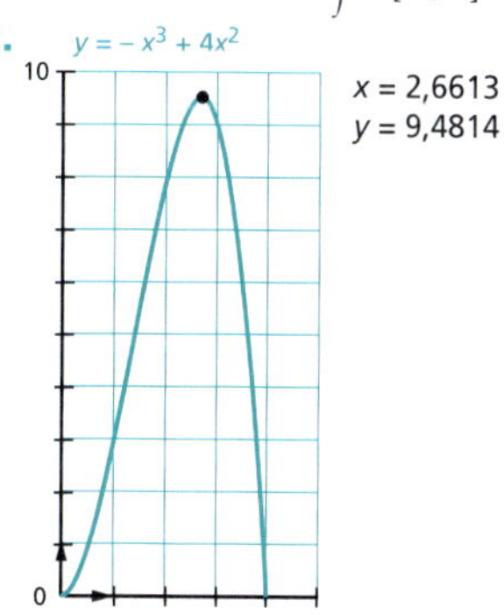

3. Utiliser la touche TRACE. Déplacer le curseur sur la courbe jusqu'au sommet. Les valeurs affichées dépendent de la calculatrice utilisée, toutefois elles se rapprochent de :

X = 2,58 Y = 9,45

X = 2,66 Y = $\underline{9,48}$

X = 2,69 Y = 9,47.

CORRIGÉS

On en déduit que le volume maximum est 9,48, obtenu pour $x \approx 2,66$.
Les dimensions de la boîte sont alors : $2,66 \times 2,66 \times 1,34$.

Chapitre 15, page 101

1 **a.** 30.

b. 33, car dans l'ordre croissant la série s'écrit : 12 ; 17 ; <u>33</u> ; 44 ; 44.

c. 44.

2 Dans l'ordre croissant :
5, 6, 10, **10**, **11**, 11, 11, 12
Moyenne : 9,5. Médiane : $(10 + 11) : 2 = 10,5$. Mode : 11.

3 La série est de la forme .?., 45 , .?. où la somme des trois nombres est $3 \times 46 = 138$. $138 - 45 = 93$, donc la somme des deux autres nombres à trouver est 93. D'où les séries : 30, 45, 63 ou 10, 45, 83 ou 33, 45, 60, etc.

4 **d.**

5 **a.** 28.

Heures de lecture	0	1	2	3	4	5
Effectifs de lycéens	5	6	6	5	4	2
Effectifs cumulés	5	11	17	22	26	28

b. <u>Moyenne</u> : $(0 \times 5 + 1 \times 6 + 2 \times 6 + 3 \times 5 + 4 \times 4 + 5 \times 2) : 28 = 59 : 28 \approx \boxed{2,11}$.

<u>Médiane</u> : moyenne des 14ᵉ et 15ᵉ valeurs de la série écrite dans l'ordre, ou bien le nombre d'heures de l'effectif cumulé du tableau, 17, donc $\boxed{2\text{ h}}$. Les <u>modes</u> sont les mêmes, $\boxed{1}$ et $\boxed{2}$.

c. La tendance centrale est d'environ 2 h, donnée par la moyenne, la médiane et un mode.

6 **1.** L'effectif total est de 30.

Fréquence en % = fréquence × 100. D'où le tableau :

Heures de lecture	0	1	2	3	4	5	6	7
Effectif lycéens	5	6	6	5	4	2	1	1
Fréquence	0,167	0,2	0,2	0,167	0,133	0,067	0,033	0,033
Fréquence en %	16,7	20	20	16,7	13,3	6,7	3,3	3,3

2. $16,7 + 20 + 20 + 16,7 + 13,3 + 6,7 + 3,3 + 3,3 = 100$, donc la somme des fréquences en % est bien égale à 100.

3. Deux modes : 1 h et 2 h. Ils correspondent aux secteurs circulaires de plus grande mesure en pourcentage.

La médiane est de 2 h. Elle correspond au secteur circulaire relatif à 50 % défini par le diamètre AB.

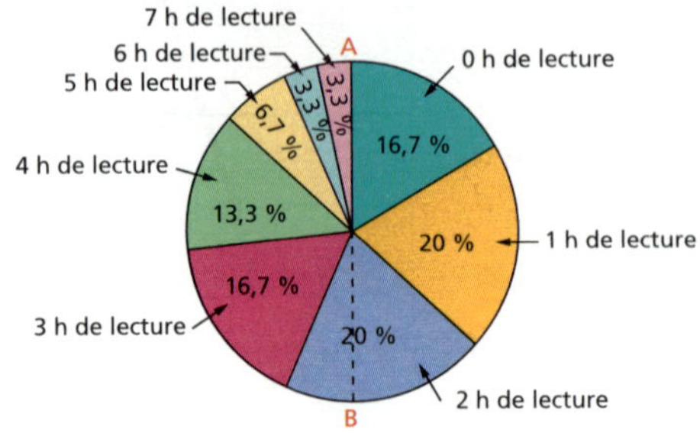

7 **a.** La série a deux modes : 1 h et 2 h. Elles correspondent au plus grand effectif 6.

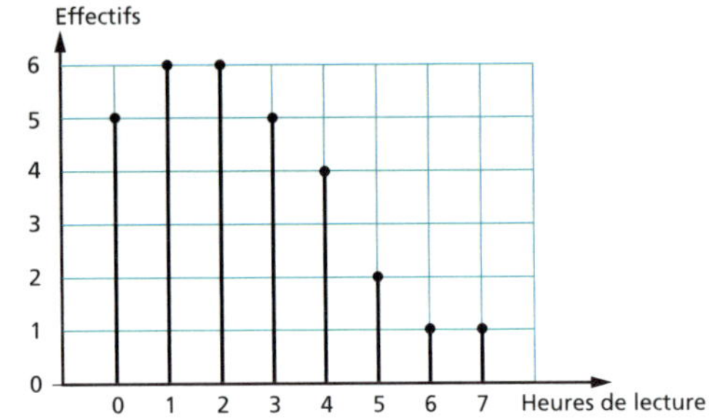

b. La médiane de la série correspond à l'abscisse du point I du polygone d'ordonnée 15. À l'unité près, la médiane est 2 h.

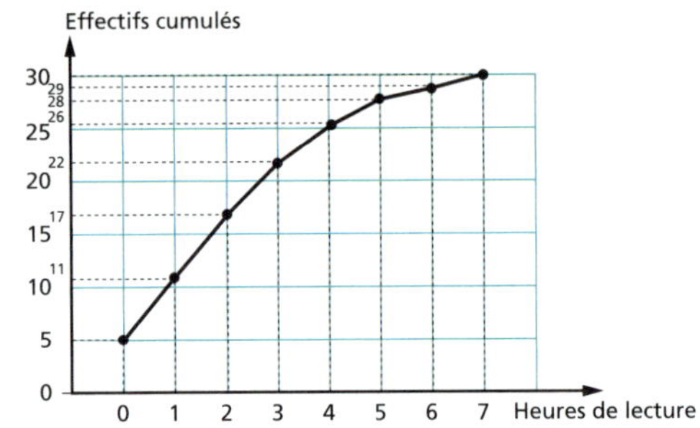

Valeur exacte de la médiane :
A(1 ; 11) et B(2 ; 17), d'où l'équation de (AB) : $y = 6x + 5$.

Pour $y = 15$, on trouve $6x = 10$ et $x = \frac{5}{3}$.

La médiane est donc $\frac{5}{3}$ h ou 1 h 40 min.

Chapitre 16, page 103

1 Dans l'ordre croissant des prix, la série s'écrit : 3,20 ; 3,60 ; 3,99 ; 4,50 ; 5,10.

a. $5,10 - 3,20 = 1,90$. 1,90 est l'étendue de la série.

b. $(3,20 + 3,60 + 3,99 + 4,50 + 5,10) : 5 \approx 4,08$.
En euros, 4,08 est le prix moyen d'un kg.

c. La médiane est la valeur « milieu » de la série ordonnée, c'est donc 3,99.

d. La série n'a pas de mode.

2 **1.** En m, taille totale des 3 hommes : $1{,}76 \times 3 = 5{,}28$.
Celle des 5 femmes : $1{,}62 \times 5 = 8{,}1$.
En m, taille moyenne du groupe : $(5{,}28 + 8{,}1) : 8 = 1{,}6725$.
Soit $\boxed{1{,}67 \text{ arrondie au cm près}}$.

2. 1,62 ; 1,62 ; 1,62 ; <u>1,62 ; 1,62</u> ; 1,76 ; 1,76 ; 1,76
En m, la taille médiane est $(1{,}62 + 1{,}62) : 2 = \boxed{1{,}62}$.

3 **1.**

Masses (kg)	Effectif	Fréquence	Fréquence en %
[390 ; 410[	2	$\frac{2}{20} = 0{,}10$	**10**
[410 ; 430[	5	**0,25**	**25**
[430 ; 450[	5	**0,25**	**25**
[450 ; 470[	6	**0,30**	**30**
[470 ; 490]	2	**0,10**	**10**

$400 \times 0{,}10 + 420 \times 0{,}25 + 440 \times 0{,}25 + 460 \times 0{,}30 + 480 \times 0{,}10 = \boxed{441}$.

2.a.

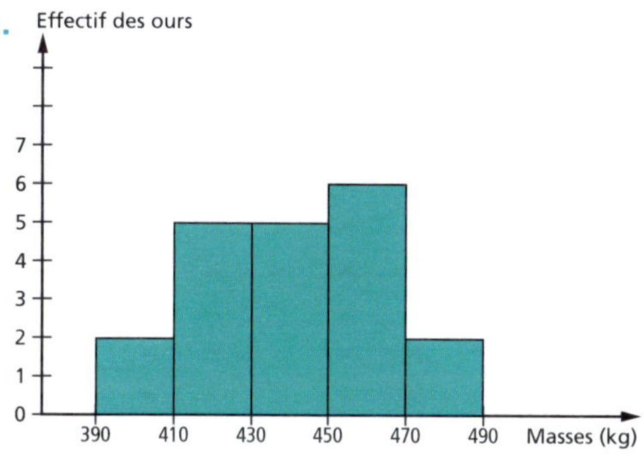

b. Vrai. D'après le tableau et les fréquences cumulés :
25 % + 25 % + 30 % + 10 % = 90 %.

4 **a.** Sur l'axe des abscisses, on lit les masses des ours, centres des classes du tableau.

b. Les effectifs cumulés d'ours.

c. $y_B = 7$; $y_C = 12$; $y_D = 18$ et $y_E = 20$.

d. La médiane correspond à l'abscisse de l'effectif cumulé $\frac{1}{2} \times 20 = 10$, donc la médiane est de 437.
Le premier quartile correspond à l'abscisse de l'effectif cumulé $\frac{1}{4} \times 20$, donc à 5. On lit 421.
Le 2e quartile n'est autre que la médiane, donc 437.
Le 3e quartile correspond à l'abscisse de l'effectif cumulé $\frac{3}{4} \times 20$, donc à 15. On lit 456.

5 **1.** Ordre croissant : 2 ; 4 ; 4 ; 5 ; 7 ; 7 ; 8 ; 9. $\boxed{\overline{x} = 5{,}75}$.

2. Nouvelle série : 4 ; 4 ; 5 ; 7 ; 7 ; 8 . D'où : $\boxed{\overline{x_1} = 5{,}83}$.

3.a. Nouvelle série dans l'ordre croissant : 7 ; 9 ; 9 ; 10 ; 12 ; 12 ; 13 ; 14. D'où : $\boxed{\overline{x_2} = 10{,}75}$.

b. Vrai.

4.c. Nouvelle série dans l'ordre croissant : 5 ; 9 ; 9 ; 11 ; 15 ; 15 ; 17 ; 19. D'où : $\boxed{\overline{x_3} = 12{,}5}$.

d. Vrai.

5. $x_1' = 10 \times x_1 - 1$.
Ainsi $49 = 10 \times 5 - 1, 69 = 10 \times 7 - 1$, etc.
Par conséquent : $\overline{x}' = 10\overline{x} - 1 = 10 \times 5{,}75 - 1$,
donc $\boxed{\overline{x}' = 56{,}5}$.

6 • Le mode est 7, donc le nombre le plus fréquent est 7, donc $\boxed{x = 7}$.

• La moyenne est 6,75, donc $(8 + 11 + 5 + y + 9 + 1)/6 = 6{,}75$, d'où $\boxed{y = 6{,}5}$.

• La médiane est 2, on a donc dans l'ordre croissant la forme : …. ;…. ; 2 ; 4 ; 7.
L'étendue étant de 10, le plus petit nombre est a tel que $7 - a = 10$, d'où $\boxed{a = -3}$. La moyenne étant de 1,6 on a $(-3 + ? + 2 + 4 + 7) : 5 = 1{,}6$
soit $10 + ? = 8$, donc $\boxed{? = -2}$.
Par conséquent $\boxed{t = -3 \text{ et } z = -2}$ ou $\boxed{t = -2 \text{ et } z = -3}$.
Voici le tableau complété. Les séries de valeurs sont dans l'ordre croissant.

Série de valeurs	Étendue	Mode	Moyenne	Médiane
5 ; 7 ; 7 ; 8 ; 9	**4**	7	**7,2**	**7**
1 ; 5 ; 6,5 ; 8 ; 9 ; 11	**10**	**Pas de mode**	6,75	**(6,5 + 8) : 2 = 7,25**
– 3 ; – 2 ; 2 ; 4 ; 7	10	**Pas de mode**	1,6	2

Chapitre 17, page 105

1 **1.c.** 0,517 **2.g.** car $\overline{x}' = 1\,000\,x = 517$

2 **a.** $1{,}62 - 1{,}15 = \boxed{0{,}47}$. Voici les informations lues sur une calculatrice et leurs interprétations :

b. $\boxed{\text{Me} = 1{,}22}$ €, la médiane est la valeur du 7e prix.

c. $\boxed{\text{Mod} = 1{,}22}$ €, c'est le prix le plus fréquent.

d. $\overline{x} = 1{,}34$ €, arrondi au centième près.

3 **1.**

Nombre de lettres d'un mot	2	3	4	5	6	7	8
Effectif	3	**3**	**4**	**1**	**7**	**0**	**2**

2.a. L'effectif total n des mots. n **= 20.**

b. La médiane Med de la série. Med = **4,5**. Autrement dit, 10 mots ont un nombre de lettres inférieur ou égal à 4 et 10 mots ont un nombre de lettres supérieur ou égal à 5.

c. Le nombre de lettres moyen $\overline{x}$ d'un mot. $\overline{x}$ **= 4,7.**

d. Le mode Mod de la série. **Mod = 6.** Autrement dit, les mots les plus fréquents sont à 6 lettres. Ils correspondent à l'effectif 7 du tableau.

4 **a.** Faux, car la somme des fréquences est égale à 1.
Par conséquent : $x = 1 - (0{,}1 + 0{,}3 + 0{,}15 + 0{,}1) = 0{,}35$.

b. Vrai. En effet, 0,35 = 35 %.

c. Vrai. En effet, $\overline{x} = 0{,}1 \times 14 + 0{,}3 \times 15 + 0{,}35 \times 16 + 0{,}15 \times 17 + 0{,}1 \times 18 = 15{,}85$.

d. Vrai. En effet, d'après la propriété de linéarité, si tous les âges augmentent de 2, alors la moyenne augmente de 2.

e. Vrai, car 18 – 14 = 4.

f. Faux. Le mode de la série est l'âge qui apparaît le plus, donc 16.

5 **1.a.** la somme $\sum x$ des salaires de l'entreprise.
$\boldsymbol{\sum x = 40\,720}$

b. Le salaire moyen $\overline{x}$ d'un employé. $\boldsymbol{\overline{x} = 2\,036}$.

2.a. Après licenciement, le salaire moyen en euros est d'environ $2\,036 - 40 \approx 1\,996$, et l'effectif total est de 19. La masse salariale est donc de $1996 \times 19 \approx 37\,924$.
$40\,720 - 37\,924 \approx 2\,796$. Le salaire du licencié était donc de **2 800 €**.

b. À l'aide d'un tableau de proportionnalité :

Salaire moyen avant licenciement (€)	2 036	100
Diminution (€)	40	***x*** **?**

$x = \dfrac{40 \times 100}{2\,036} \approx 1{,}96$. À l'unité près, cette diminution en pourcentage est de 2 %.

6 **1.** Un intervalle d'amplitude 10 kg.

2.a. La masse totale $\sum x$ des élèves. **1 560**

b. Le poids moyen $\overline{x}$ d'un élève. **60**

c. La médiane Med de la série des masses. **55**

3.a. Faux, car $\dfrac{4}{22} \approx 0{,}18$, donc 18 % des élèves pèsent plus de 70 kg et non 20 %.

b. Vrai car $\overline{x}' = (1\,560 - 95) : 25 = 58{,}6$.

7 **Calcul de *x* et *y*.**
On a d'une part : $x + y + 6 + 8 + 3 = 25$, donc $x + y = 8$, et d'autre part, $1{,}58x + 1{,}62y + 1{,}66 \times 6 + 1{,}70 \times 8 + 1{,}74 \times 3 = 1{,}6648 \times 25$
Soit $1{,}58x + 1{,}62y = 12{,}84$
x et y sont donc les solutions du système

$$\begin{cases} x + y = 8 \\ 1{,}58x + 1{,}62y = 12{,}84. \end{cases}$$ On trouve $x = 3$ et $y = 5$.

Chapitre 18, page 107

1 **a.** Vrai.

b. Vrai.

c. Vrai.

d. Faux, car $-6 \leq -5{,}25 < -5$ et la partie entière de $-5{,}25$ est -6.

2 Les réponses varient, mais c'est une liste d'entiers x tels que $1 \leq x \leq 6$. Exemple : 6, 1, 4 ; 5 ; 4 ; 1 ; 3 ; 5 ; 6 ; 1.

3 **1.** La face 1 est apparue 7 fois, donc sa fréquence est de $\dfrac{7}{35}$. La fréquence de la face 2 est $\dfrac{5}{35}$, face 3 : $\dfrac{6}{35}$, face 4 : $\dfrac{8}{35}$, face 5 : $\dfrac{4}{35}$ et face 6 : $\dfrac{5}{35}$.

2. $\dfrac{1}{6}$. En effet, la somme des fréquences est $\dfrac{7}{35} + \ldots + \dfrac{5}{35} = \dfrac{35}{35} = 1$ et l'effectif des fréquences est 6, donc la moyenne des fréquences est $\dfrac{1}{6}$.

4 **1.**

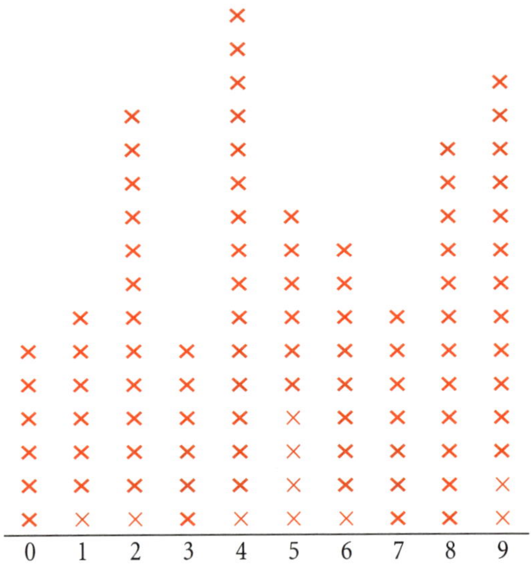

2.

Chiffres	0	1	2	3	4	5	6	7	8	9
Effectif	6	**7**	**13**	**6**	**16**	**10**	**9**	**7**	**12**	**14**
Fréquence	0,06	**0,07**	**0,13**	**0,06**	**0,16**	**0,10**	**0,09**	**0,07**	0,12	**0,14**

5 **1.a.**

Face de la pièce de monnaie	P	F
Effectif	56	44
Fréquence	0,56	0,44

b.

Face de la pièce de monnaie	P	F
Fréquence	0,48	0,52

2.

Face de la pièce de monnaie	P	F
Effectif	248	252
Fréquence	**0,496**	**0,504**

6 **1.** 18 tours.

2. 31 tours.

3.a. Le 5 est apparu 9 fois aux 40 premiers tours. Sa fréquence est donc $\frac{9}{40} = 0{,}225$.

b. Sa fréquence en % est de 22,5.

Le 5 est apparu 10 fois en 100 tours. Sa fréquence est donc de $\frac{10}{100} = 0{,}1$ et sa fréquence en % est de 10 %.

Interprétation : le 5 est apparu 9 fois en 40 tours et une seule fois en 60 tours ! L'expérience relève bien de la chance et du hasard.

La fréquence 10 % paraît plus proche de ce que l'on attend car, ayant dix chiffres et dix secteurs de même mesure, en un tour on a une chance sur 10 (ou 10 %) pour que la flèche s'arrête sur le secteur 5.

22,5 % est loin de ce qu'on aurait pu penser, mais c'est bien le jeu du hasard !

Chapitre 19, page 109

1 $\frac{x}{1} = \cos 50°$, $x = \cos 50°$, $\boxed{x \approx 0{,}6}$.

$\frac{y}{1} = \sin 50°$, $y = \sin 50°$, $\boxed{y \approx 0{,}8}$.

$\frac{z}{1} = \tan 68°$, $z = \tan 68°$, $\boxed{z \approx 2{,}5}$.

2 $\sin x = \frac{13}{20}$. D'où $\boxed{x \approx 40{,}5°}$.

$\tan y = \frac{28}{50}$. D'où : $\boxed{y \approx 29{,}2°}$.

$\tan z = \frac{50}{28}$. D'où : $\boxed{z \approx 60{,}8°}$.

3 Le triangle est rectangle semi-équilatéral, par conséquent $y - 2 \times 2{,}5 = \boxed{5}$.

$x = \frac{5\sqrt{3}}{2} \approx \boxed{4{,}3}$.

$\boxed{z - 4}$, car le triangle est rectangle isocèle et,

$t = 4\sqrt{2} \approx \boxed{5{,}7}$.

4 Soit OH la hauteur du triangle AOB isocèle en O.

$\widehat{AOH} = 65°$ et $\sin \widehat{AOH} = \frac{x}{2} : 5$.

D'où : $\frac{x}{2} = 5 \times \sin 65°$, $x = 10 \times \sin 65°$, $\boxed{x \approx 9{,}1}$.

$z = 180° - 140°$; $\boxed{z = 40°}$.

$\tan z = \frac{y}{3}$, $y = 3 \times \tan 40°$, $\boxed{y \approx 2{,}5}$.

5 $\tan 44{,}3° = \frac{x}{300}$, $x = 300 \times \tan 44{,}3$.

En mètres, $\boxed{x \approx 292{,}8}$.

$\tan 46{,}8° = \frac{(x+y)}{300}$,

$x + y = 300 \times \tan 46{,}8° \approx 319{,}5$. La mesure y de l'antenne est d'environ $\boxed{26{,}7 \text{ m}}$.

6 (TA) et (TB) sont tangentes au cercle, par conséquent $\widehat{OAT} = \widehat{OBT} = 90°$, et la droite (OT) est axe de symétrie de la figure. Dans le triangle OAT rectangle en A,

$\cos \widehat{ATO} = \frac{AT}{x}$.

Soit : $\cos 25° = \frac{8}{x}$ et $x = 8/\cos 25°$, d'où : $\boxed{x \approx 8{,}8}$.

Le triangle BAT est isocèle en T, donc $\widehat{BAT} = \widehat{ABT} = (180° - 50°) : 2 = 65°$. Soit $\boxed{a = 65°}$.

$\widehat{OBT} = 90°$ (rayon perpendiculaire à la tangente), donc $b = 90° - 65° = \boxed{25°}$.

7

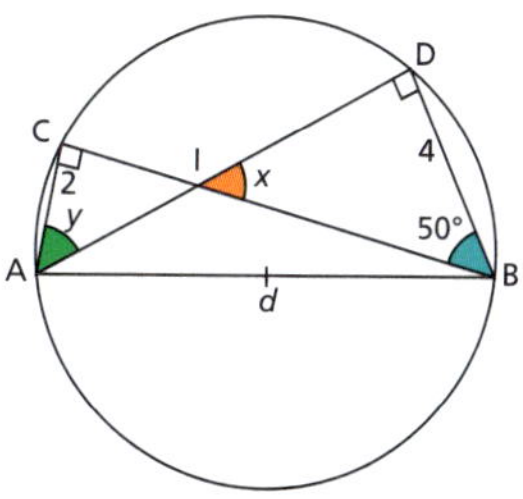

Le triangle ADB est inscrit dans un demi-cercle, donc $\widehat{ADB} = 90°$. Le triangle IDB est rectangle en D et $\widehat{IBD} = 50°$, donc $\widehat{BID} = \boxed{x = 40°}$.

$\widehat{CAD} = \widehat{CBD} = 50°$ (angles inscrits interceptant le même arc CD), donc $\boxed{y = 50°}$.

Dans le triangle ACI rectangle en C, $\cos 50° = \frac{2}{AI}$,

ou $AI = \frac{2}{\cos 50°} \approx 3{,}1$.

Dans le triangle IDB rectangle en D, $\tan 50° = \frac{ID}{4}$,

ou $ID = 4 \times \tan 50° \approx 4{,}8$.

$AD - AI + ID \approx 3{,}1 + 4{,}8 = 7{,}9$.

Dans le triangle ABD rectangle en D,

$AB^2 = AD^2 + BD^2 = 7{,}9^2 + 4^2$. Soit $AB = \boxed{d \approx 8{,}9 \text{ cm}}$

8 Le triangle ABC est rectangle en A, car la médiane AM vaut la moitié du côté BC auquel elle est relative. Par conséquent $\widehat{BAC} = 90°$ et $\widehat{BAM} = 56°$. Le triangle ABM est isocèle en M, donc $\widehat{ABM} = \boxed{b = 56°}$.

Dans le triangle ABC rectangle en A, $\tan b = \frac{x}{4}$,

ou $x = 4 \times \tan 56°$. Soit $\boxed{x \approx 5{,}9}$.

Le triangle BDC est rectangle en D et DM est sa médiane relative à l'hypoténuse, par conséquent $y = DM = \frac{1}{2}BC$.

Mais $BC = \frac{4}{\cos 56°}$, donc $BC \approx 7{,}2$ et $\boxed{y \approx 3{,}6}$.

Chapitre 20, page 111

1 **a.**

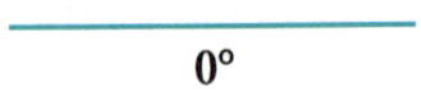

b.

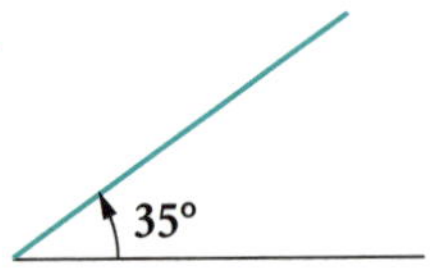

c.

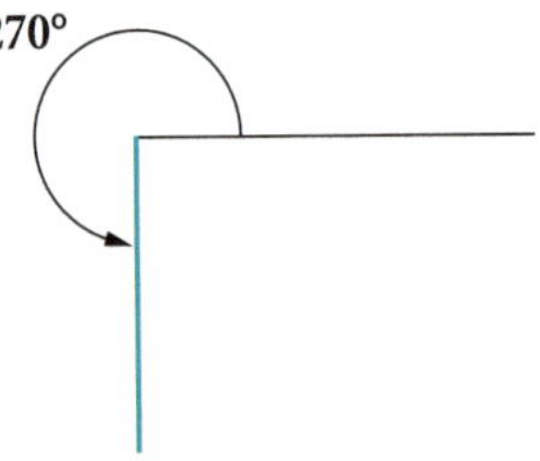

d.

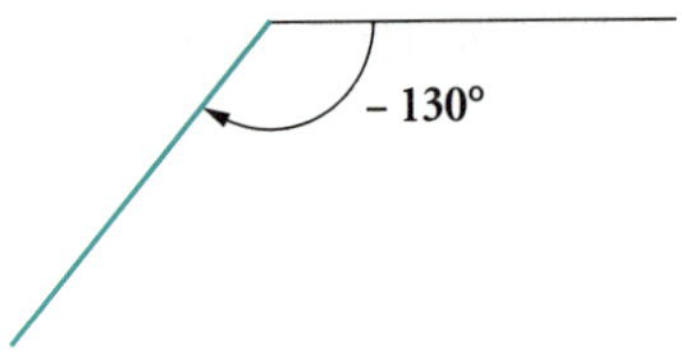

2 **a.** Vrai **b.** Faux **c.** Vrai **d.** Vrai **e.** Vrai **f.** Vrai

3 **1.**

degré	180°	15°	75°	120°	150°
radian	π	$\frac{\pi}{12}$	$\frac{5\pi}{12}$	$\frac{2\pi}{3}$	$\frac{5\pi}{6}$

2. Vrai : 1 radian ≈ 57°.

4 **1.**

***x* en degrés**	0	30	**45**	60	**90**
***x* en radian**	0	$\frac{\pi}{6}$	$\frac{\pi}{4}$	$\frac{\pi}{3}$	$\frac{\pi}{2}$
sin *x*	**0**	$\frac{1}{2}$	$\frac{\sqrt{2}}{2}$	$\frac{\sqrt{3}}{2}$	**0**
cos *x*	**1**	$\frac{\sqrt{3}}{2}$	$\frac{\sqrt{2}}{2}$	$\frac{1}{2}$	**1**

2.a. $\sin(2\pi + \frac{\pi}{6}) = \sin\frac{\pi}{6} = \frac{1}{2}$

b. $\cos(2\pi + \frac{\pi}{4}) = \cos\frac{\pi}{4} = \frac{\sqrt{2}}{2}$

c. $\sin(360° + 60°) = \sin 60° = \frac{\sqrt{3}}{2}$

d. $\cos(720° + 30°) = \cos 30° = \frac{\sqrt{3}}{2}$

e. $\tan\frac{\pi}{4} = 1$ **f.** $\tan(2\pi + \frac{\pi}{6}) = \tan\frac{\pi}{6} = \frac{\sqrt{3}}{3}$

5 L'ordonnée de B est $\mathbf{\sin\frac{\pi}{3} = \frac{\sqrt{3}}{2}}$ et non $\frac{\sqrt{2}}{2}$.

L'ordonnée de C est $\mathbf{\sin\frac{4\pi}{3}}$ **(ou** $\mathbf{\sin\frac{-2\pi}{3}}$**)** $= -\frac{\sqrt{3}}{2}$ et non $-\frac{\sqrt{2}}{2}$.

6 **1.**

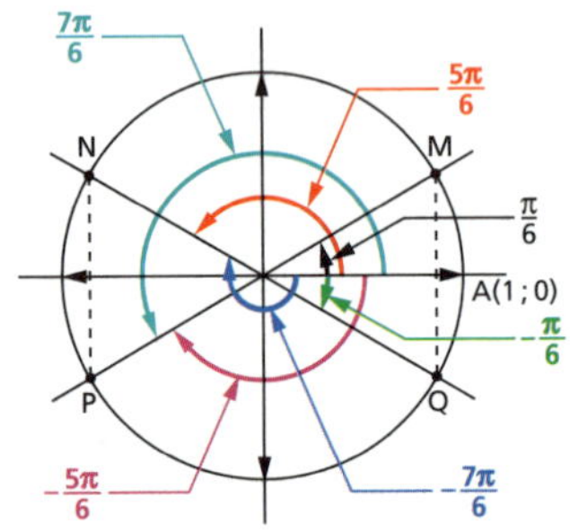

2. $M\left(\frac{\sqrt{3}}{2};\frac{1}{2}\right)$; $N\left(-\frac{\sqrt{3}}{2};\frac{1}{2}\right)$; $P\left(-\frac{\sqrt{3}}{2};-\frac{1}{2}\right)$; $Q\left(\frac{\sqrt{3}}{2};-\frac{1}{2}\right)$

Chapitre 21, page 113

1 **a.** Faux, car $\sin -\frac{\pi}{2} = -1$. **b.** Vrai. **c.** Vrai.

d. Vrai, car $\cos\frac{5\pi}{4} = \cos(\pi + \frac{\pi}{4}) = -\cos\frac{\pi}{4} = -\frac{\sqrt{2}}{2}$.

e. Vrai, car $\sin\frac{9\pi}{4} = \sin(2\pi + \frac{\pi}{4}) = \sin\frac{\pi}{4} = \frac{\sqrt{2}}{2}$.

2

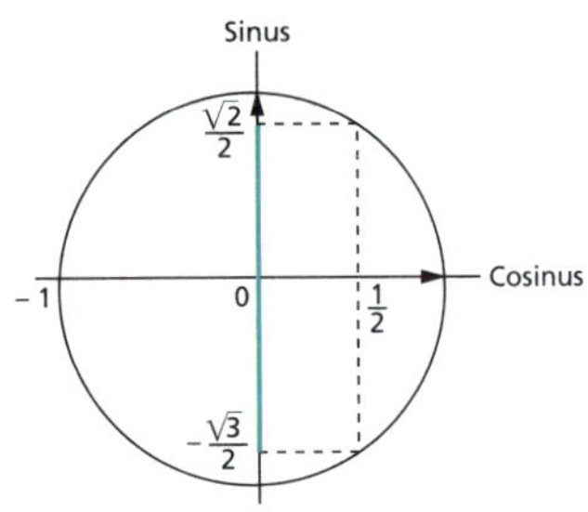

a. si $\cos x = \frac{1}{2}$, alors $x = \mathbf{\frac{\pi}{3}}$ ou $x = -\mathbf{\frac{\pi}{3}}$

b. si $\sin x = \frac{\sqrt{2}}{2}$, alors $x = \mathbf{\frac{\pi}{4}}$ ou $x = \mathbf{\frac{3\pi}{4}}$

c. si $\sin x = -\frac{\sqrt{3}}{2}$, alors $x = -\mathbf{\frac{\pi}{3}}$ ou $x = -\mathbf{\frac{2\pi}{3}}$

d. si $\cos x = -1$, alors $x = \boldsymbol{\pi}$ ou $x = \boldsymbol{-\pi}$

3

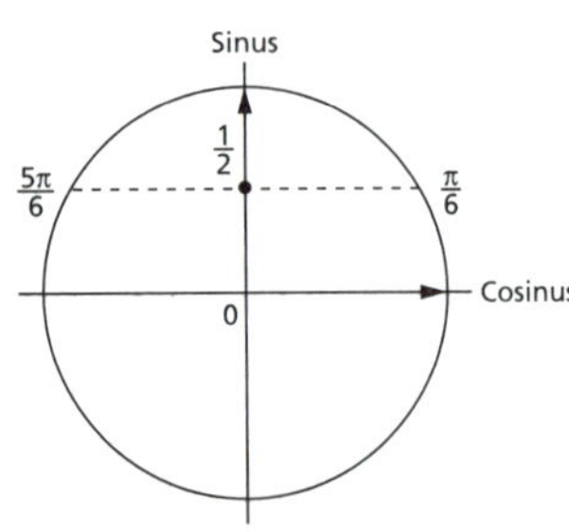

CORRIGÉS

Dans $[0\,;2\pi]$:

a. $\sin x = \dfrac{1}{2}$ pour $x = \dfrac{\pi}{6}$ ou $x = \dfrac{5\pi}{6}$.

b. $\sin x > \dfrac{1}{2}$ pour $\dfrac{\pi}{6} < x < \dfrac{5\pi}{6}$.

c. $\sin x < \dfrac{1}{2}$ pour $0 < x < \dfrac{\pi}{6}$ ou $\dfrac{5\pi}{6} < x < 2\pi$.

4

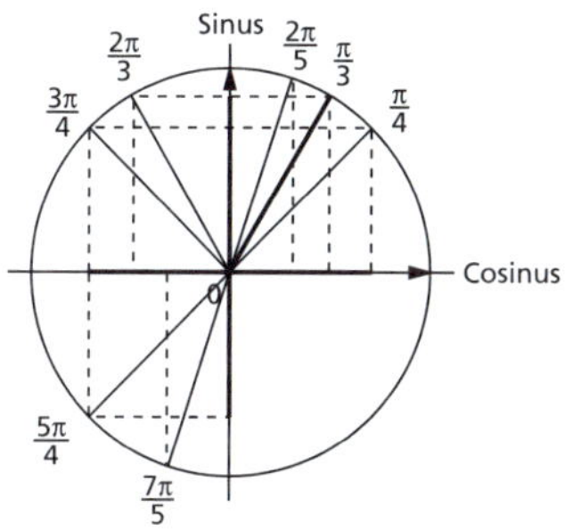

a. $\dfrac{\pi}{4}$ et $\pi + \dfrac{\pi}{4}$ diffèrent de π, leurs sinus sont opposés.

b. $\dfrac{\pi}{4}$ et $\dfrac{3\pi}{4}$ sont supplémentaires, ils ont même sinus.

c. $\dfrac{\pi}{3}$ et $\dfrac{2\pi}{3}$ sont supplémentaires, donc leurs cosinus sont opposés.

d. $\dfrac{2\pi}{5}$ et $\dfrac{7\pi}{5}$ $\left(\text{ou } \pi + \dfrac{2\pi}{5}\right)$ diffèrent de π, donc leurs cosinus sont opposés.

5 **a.** Faux. En effet, $\sin 2 \times \dfrac{\pi}{4} = \sin \dfrac{\pi}{2} = 1$,

et $2 \sin \dfrac{\pi}{4} = 2 \times \dfrac{\sqrt{2}}{2} = \sqrt{2}$.

b. Faux. En effet, $\cos 3 \times \dfrac{\pi}{6} = \cos \dfrac{\pi}{2} = 0$, et, $3\cos \dfrac{\pi}{6} = \dfrac{3\sqrt{3}}{2}$

c. Vrai, car $\sin x \leq 1$ et $\cos x \leq 1$.

d. Faux. Le produit est négatif, en effet $\cos \dfrac{2\pi}{3} = -\dfrac{1}{2}$ et $\sin \dfrac{2\pi}{3} = \dfrac{\sqrt{3}}{2}$.

6 **1.** $\sin^2 x + \cos^2 x = 1$, $\cos^2 x = 1 - \dfrac{9}{25} = \dfrac{16}{25}$.

Par conséquent, $\cos x = -\dfrac{4}{5}$ ou $\cos = \dfrac{4}{5}$.

2.a. $0 \leq x \leq \pi$. À l'aide de la touche $\boxed{\cos^{-1}}$:

$\boxed{\text{à 0,1 près par excès } x = 36{,}9° \text{ ou } x = 143{,}1°}$.

b. En radian et à 0,1 près par excès : $\boxed{x = 0{,}6 \text{ ou } x = 2{,}5}$.

7 **1.**

x	0	$\frac{\pi}{6}$	$\frac{\pi}{4}$	1	$\frac{\pi}{3}$	$\frac{\pi}{2}$
y = sin x	0	0,50	0,71	0,84	0,87	1

x	2	$\frac{2\pi}{3}$	$\frac{3\pi}{4}$	$\frac{5\pi}{6}$	3	π
y = sin x	0,91	0,87	0,71	0,50	0,14	0

x	$\frac{7\pi}{6}$	$\frac{5\pi}{4}$	4	$\frac{4\pi}{3}$	$\frac{3\pi}{2}$
y = sin x	– 0,50	– 0,71	– 0,76	– 0,87	– 1

x	$\frac{5\pi}{3}$	$\frac{7\pi}{4}$	$\frac{11\pi}{6}$	6	2π
y = sin x	0,87	– 0,71	– 0,50	– 0,28	0

2.

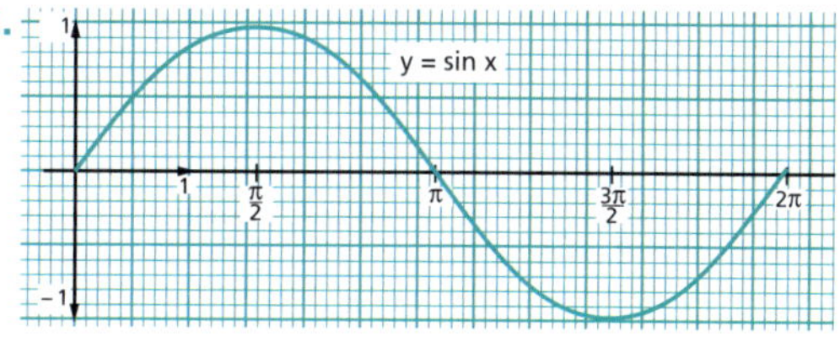

8 **1.**

x	0	$\frac{\pi}{6}$	$\frac{\pi}{4}$	1	$\frac{\pi}{3}$	$\frac{\pi}{2}$
y = cos x	1	0,87	0,71	0,54	0,5	0

x	2	$\frac{2\pi}{3}$	$\frac{3\pi}{4}$	$\frac{5\pi}{6}$	3	π
y = cos x	– 0,42	– 0,5	– 0,71	– 0,87	– 0,99	– 1

x	$\frac{7\pi}{6}$	$\frac{5\pi}{4}$	4	$\frac{4\pi}{3}$	$\frac{3\pi}{2}$
y = cos x	– 0,87	– 0,71	– 0,65	– 0,5	0

x	$\frac{5\pi}{3}$	$\frac{7\pi}{4}$	$\frac{11\pi}{6}$	6	2π
y = cos x	– 0,5	0,71	– 0,87	0,96	1

2.

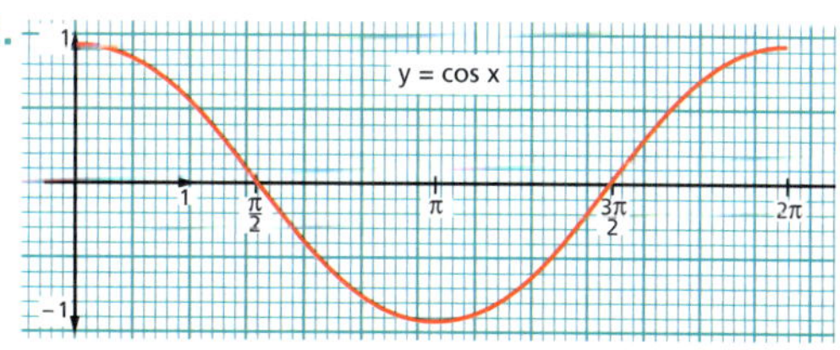

3.

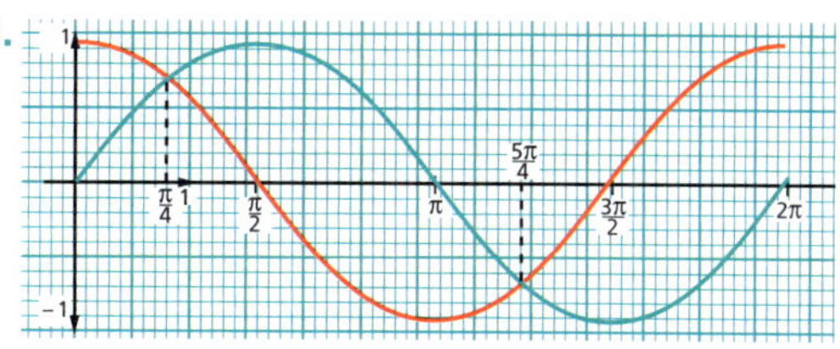

Sur $[0, 2\pi]$, les solutions de l'équation $\cos x = \sin x$ correspondent aux abscisses des points d'intersection des deux courbes d'équations $y = \cos x$ et $y = \sin x$ sur cet intervalle. Soit $x = \dfrac{\pi}{4}$ ou $x = \dfrac{5\pi}{4}$.

Chapitre 22, pages 114 et 115

Points alignés

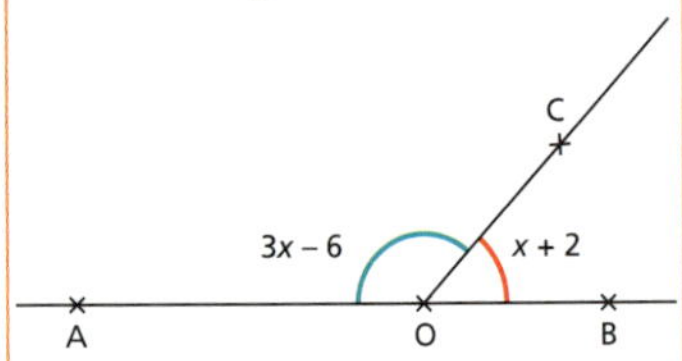

Si les points A, O et B sont alignés, alors $x = 46°$.

Droites parallèles

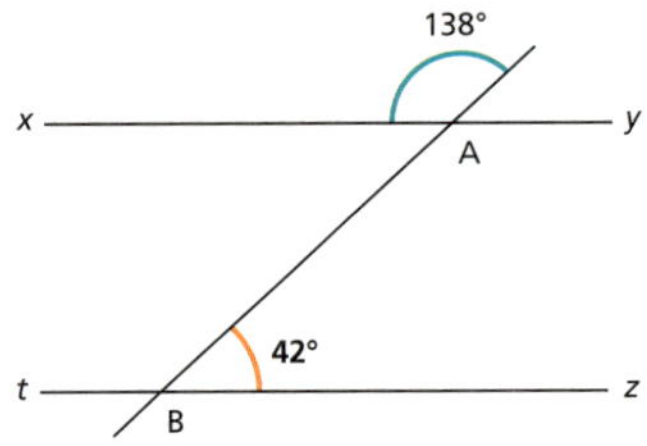

Donnée : (xy) // (tz)

$\widehat{ABz} = 42°$.

Parallélogramme

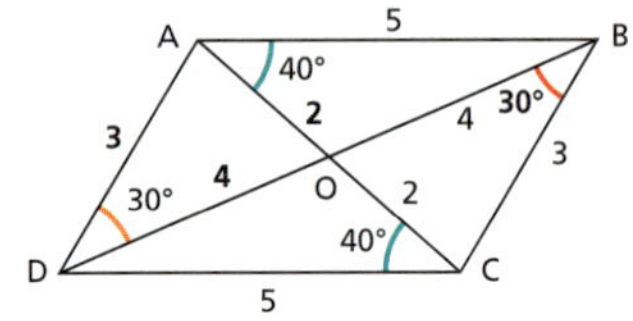

ABCD est un parallélogramme.

OA = 2. ; OD = 4,

$\widehat{DBC} = 30°$; $\widehat{ACD} = 40°$

AD = 3 ; AB = 5

Angles d'un triangle

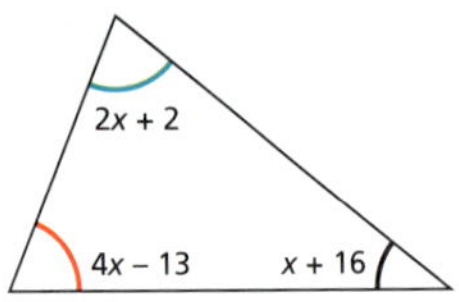

$x = 25°$.

Réciproque de Pythagore

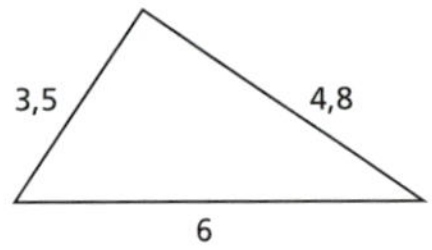

Le triangle est-il rectangle ?

❑ Oui ❑ Non

Non, car $3{,}5^2 + 4{,}8^2 = 35{,}29$ et $6^2 = 36$.

Calcul d'aire

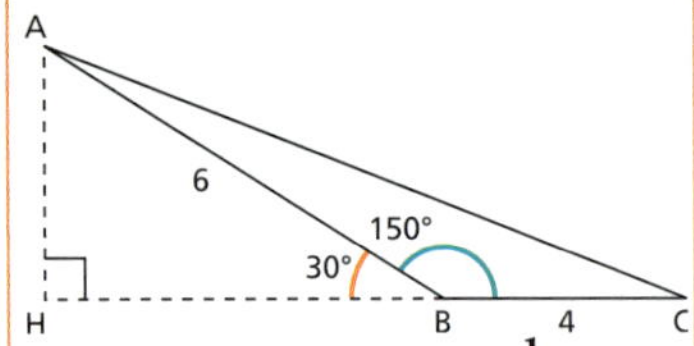

$AH = AB \times \sin 30° = 6 \times \frac{1}{2} = 3$.

Donc, $\mathscr{A}_{ABC} = \frac{1}{2} \times 4 \times 3 = 6$.

Théorème de Thalès

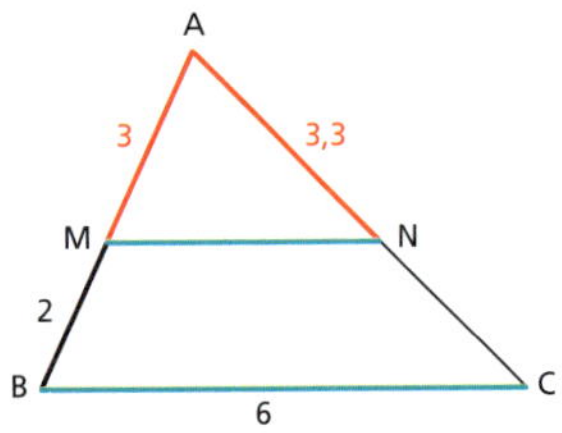

Si (MN) // (BC),

alors **MN = 3,6**

et **AC = 5,5**

Théorème de Thalès

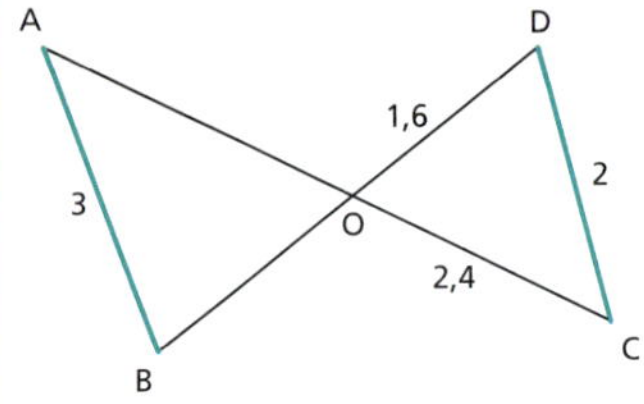

Si (AB) // (CD),

alors **OA = 3,6**

et **OB = 2,4**

Réciproque de Thalès

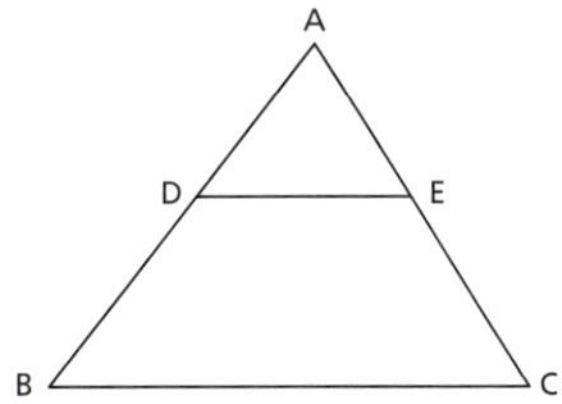

❑ Oui. En effet les rapports $\frac{5}{12}$ et $\frac{4}{9{,}6}$ sont égaux.

Droites remarquables

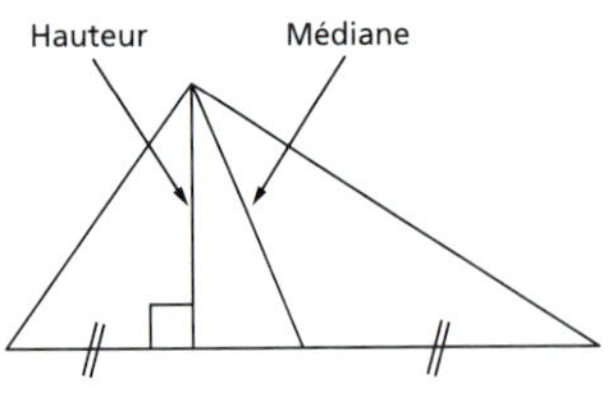

L'orthocentre est le point de rencontre des **hauteurs** d'un triangle. Le centre de gravité est celui de ses **médianes**.

Cercle inscrit. Cercle circonscrit

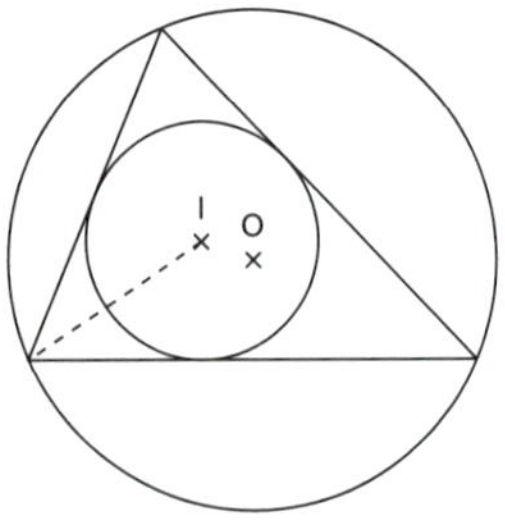

I est le point de rencontre des **bissectrices** du triangle . O est le point de rencontre de ses **médiatrices**.

Angles inscrits. Angle au centre

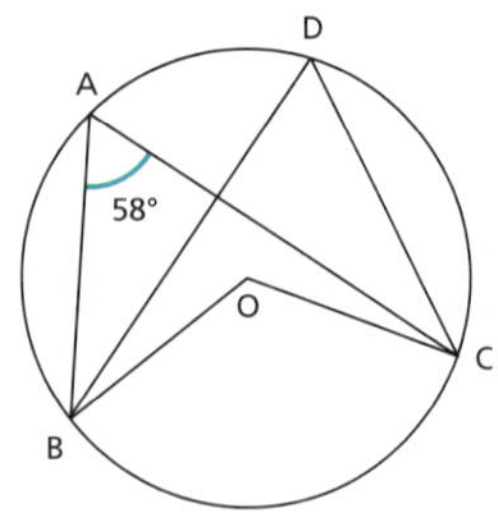

Si $\widehat{BAC} = 58°$,

alors **$\widehat{BDC} = 58°$**

et **$\widehat{BOC} = 2 \times 58° = 116°$.**

1

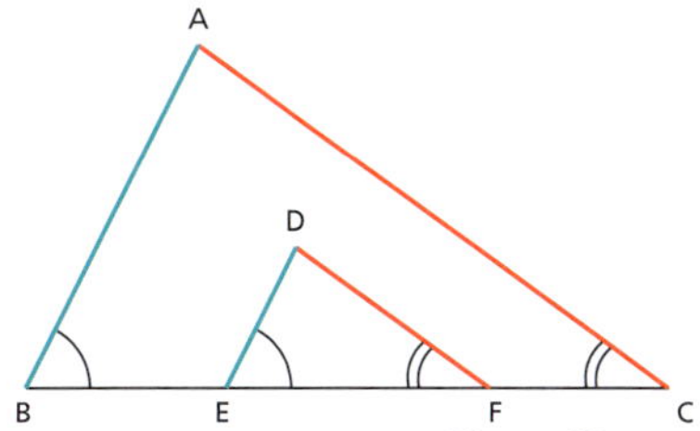

(DE) // (AB) et (BE) sécante, donc $\widehat{ABC} = \widehat{DEF}$ comme correspondants.
De même $\widehat{ACB} = \widehat{DFE}$.
Dans les triangles ABC et DEF, $\widehat{BAC} = 180° - (\widehat{ABC} + \widehat{ACB})$ et $\widehat{EDF} = 180° - (\widehat{DEF} + \widehat{DFE})$,
par conséquent : $\widehat{BAC} = \widehat{EDF}$.

2

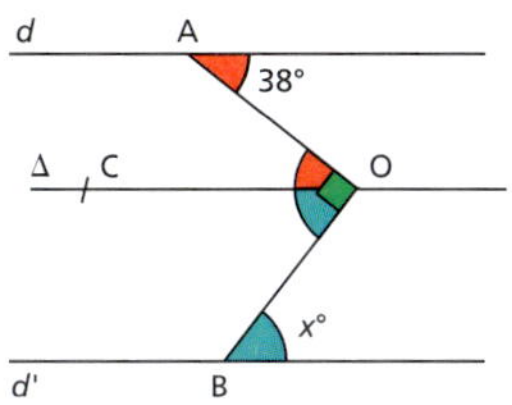

Traçons de O la parallèle, Δ, à d et d' et soit C un point de Δ.
$\widehat{AOC} = 38°$ comme alternes-internes
et $x = \widehat{COB}$ comme alternes-internes.
Mais $\widehat{AOC} + \widehat{COB} = \widehat{AOB} = 90°$, donc $38° + x = 90°$,
d'où $x = 90° - 38° = 52°$.

3 **1.** $\mathcal{A}_{ABC} = \dfrac{1}{2}\, a \times b$ et $\mathcal{A}_{ABC} = \dfrac{1}{2}\, c \times h$.

2. $\dfrac{1}{2}\, a \times b = \dfrac{1}{2}\, c \times h$, d'où : $a \times b = c \times h$.

3. D'après le théorème de Pythagore : $a^2 = c^2 - b^2 = 50^2 - 30^2 = 1\,600$, d'où $\boxed{a = 40}$.
$a \times b = c \times h$, donc $40 \times 30 = 50 \times h$; d'où $\boxed{h = 24}$.

4 **1.** AC = 4,5 , car $\dfrac{AD}{AB} = \dfrac{AE}{AC}$

2.a. Vrai, car $\dfrac{DE}{BC} = \dfrac{AD}{AB} = \dfrac{5}{6}$

b. Vrai. En effet le périmètre du triangle ADE =
$AD + DE + EA = \dfrac{5}{6}\, AB + \dfrac{5}{6}\, BC + \dfrac{5}{6}\, CA =$
$\dfrac{5}{6}\,(AB + BC + CA) = \dfrac{5}{6} \times 18 = 15$.

5 **1.** (AB) // (DC) et les triangles OAB et OCD sont en situation de Thalès : $\dfrac{OA}{OD} = \dfrac{AB}{CD} = \boxed{\dfrac{1}{3}}$.

2.a. Vrai, car $\dfrac{OA}{OD} = \dfrac{1}{3}$, donc OD = 3OA.

b. Vrai, car AD = AO + OD = 4AO, donc $\dfrac{AO}{AD} = \dfrac{AO}{4AO} = \dfrac{1}{4}$.

c. Faux, car les triangles AOH et ADC sont en situation de Thalès, donc $\dfrac{AO}{AD} = \dfrac{OH}{DC} = \dfrac{1}{4}$. Soit $OH = \dfrac{DC}{4} = \dfrac{18}{4} = 4{,}5$.

6 **1.** Le triangle MHT est rectangle semi-équilatéral, d'où : $MH = \dfrac{1}{2}\, MT = 6\sqrt{3}$ et $TH = TM \times \dfrac{\sqrt{3}}{2} = 18$.

L'aire du triangle MTS est donc $\dfrac{1}{2} \times MH \times TS =$
$\dfrac{1}{2} \times 6\sqrt{3} \times 24 = 72\sqrt{3}$.

2. Dans le triangle MHS rectangle en H, $\tan \widehat{S} = \dfrac{MH}{HS} = \dfrac{6\sqrt{3}}{6} = \sqrt{3}$, donc $\widehat{S} = 60°$. Le triangle TMS est donc rectangle en M et l'angle $\widehat{TMS}$ est droit.

7 **1.** Dans le quadrilatère OAIC, la somme des angles est de 360°. $\widehat{OAI} = \widehat{OCI} = 90°$, donc $\widehat{AOC} = 180° - \widehat{AIC}$, mais $\widehat{AIC} = 60°$ (opposés par le sommet), donc $\boxed{\widehat{AOC} = 120°}$.
De même $\boxed{\widehat{BO'D} = 120°}$.

2. • [IO) est bissectrice de $\widehat{AIC}$ et [IO') est bissectrice de $\widehat{BID}$ (propriété des tangentes issues d'un même point à un cercle), donc $\widehat{OIC} + \widehat{CIB} + \widehat{BIO'} = 30° + 120° + 30° = 180°$.
Les points O, I et O' sont donc alignés.
• Le triangle OAI est semi-équilatéral, donc OI = 2OA = 6. De même O'I = 2O'B = 10. D'où $\boxed{OO' = 16}$.

3. • IA = IC et IB = ID (propriété des tangentes issues d'un même point à un cercle), d'où : IA + IB = IC + ID et $\boxed{AB = CD}$.

• $IA = IO \times \dfrac{\sqrt{3}}{2} = 3\sqrt{3}$ et $IB = IO' \times \dfrac{\sqrt{3}}{2} = 5\sqrt{3}$. D'où :
$AB - 3\sqrt{3} + 5\sqrt{3} = \boxed{8\sqrt{3}}$.

4. IA = IC et IB = ID, donc, $\dfrac{IA}{IB} = \dfrac{IC}{ID}$.
D'après la réciproque du théorème de Thalès, les droites (AC) et (BD) sont parallèles.

8 $\widehat{AOB} = \dfrac{360°}{8} = 45°$ et $\widehat{AOH} = 22{,}5°$. Dans le triangle rectangle OHA, $\tan 22{,}5° = \dfrac{25}{OH}$. D'où, en cm, $OH = \dfrac{25}{\tan 22{,}5°}$

En cm², aire $OAB = \dfrac{1}{2} \times 50 \times \left(\dfrac{25}{\tan 22{,}5°}\right) = \dfrac{625}{\tan 22{,}5°}$

En cm², aire de l'octogone : $\dfrac{8 \times 625}{\tan 22{,}5°} \approx 12\,071$.

En m² et à 0,01 près par défaut, l'aire de l'octogone est de $\boxed{1{,}20}$.

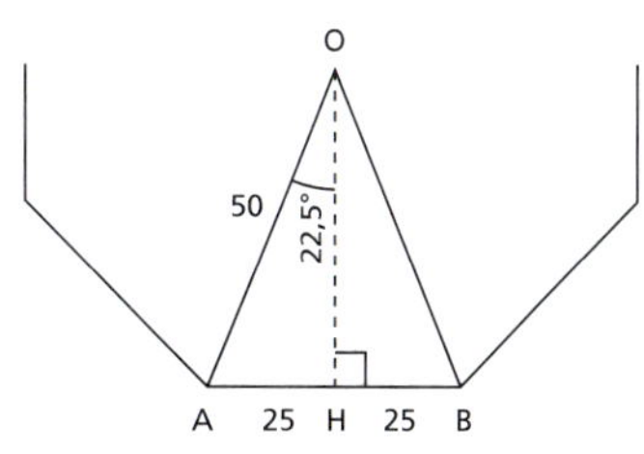

Chapitre 23, page 117

1 **1.** T_1 et T_2 sont isométriques, car ils ont un côté égal adjacent à deux angles respectivement égaux.

2. T_1 et T_2 sont isométriques. T_1 et T_3 sont semblables car ils ont deux angles respectivement égaux, donc T_2 et T_3 sont semblables.

3.a. Vrai. AC = LN, car dans les triangles isométriques T_1 et T_2, ils sont opposés à deux angles égaux.

b. Faux, car $\frac{IJ}{AB} = \frac{IK}{AC}$.

2 **1.** T_1 et T_3 sont isométriques, car ils ont un angle égal, droit, compris entre deux côtés respectivement égaux.

2. • T_2 et T_1 ont : $\frac{3}{4,5} = \frac{30}{45} = \frac{2}{3}$ et $\frac{4}{6} = \frac{2}{3}$. Ayant un angle égal, droit, compris entre deux côtés respectivement proportionnels, ils sont semblables. $\frac{2}{3}$ est le rapport de similitude.

• T_1 et T_3 sont isométriques et T_2 est semblable à T_1, par conséquent T_2 et T_3 sont semblables.

3. Le rapport de similitude de T_2 et T_1 est $\frac{4}{6} = \frac{2}{3}$. Celui de T_1 et T_2 est $\frac{6}{4} = \frac{3}{2}$.

4.a. Vrai. **b.** Vrai, car $\left(\frac{2}{3}\right)^2 = \frac{4}{9}$

3 **a.** Vrai, car ils ont deux angles respectivement égaux.

b. Faux. Contre-exemple : les triangles (70° ; 70° ; 40°) et (50° ; 50° ; 80°) sont isocèles et pas semblables.

c. Vrai, car $\frac{5,4}{8,1} = \frac{7,2}{10,8} = \frac{8,5}{12,75} = \frac{2}{3}$. T_1 et T_2 sont semblables, car ils ont les trois côtés respectivement proportionnels.

4 **a.** Vrai, car T_1 et T_2 ont les trois côtés respectivement égaux.

b. Vrai, car T_2 et T_3 ont les côtés respectivement proportionnels et de rapport 2.

c. Vrai. Dans T_1, la hauteur relative à la base $= \sqrt{5^2 - 4^2} = 3$ et l'aire de $T_1 = \frac{1}{2} \times 8 \times 3 = 12$.

d. Vrai, soit d'après le théorème de Pythagore, soit d'après le rapport de similitude de T_1 et T_3.

e. Faux, car aire de T_3 est égale à $\left(\frac{1}{2}\right)^2$ aire de T_1.
Soit (aire T_3) = 3.

5 Si k est le rapport de similitude de T_1 et T_2, alors $k^2 = \frac{9}{4}$ et $k = \frac{3}{2}$, car $k > 0$. D'où : $\frac{5x-6}{2x+4} = \frac{3}{2}$. Soit $2(5x-6) = 3(2x+4)$ et $x = 6$. Par conséquent, périmètre de T_1 = $\boxed{24 \text{ cm}}$ et périmètre de T_2 = $\boxed{16 \text{ cm}}$.

6 **1.** $\widehat{AID} = \widehat{BIC}$ (opposés par le sommet) et $\widehat{DAI} = \widehat{ICB}$ (angles inscrits interceptant le même arc BD).
Les triangles IAD et IBC sont semblables car ils ont deux angles respectivement égaux.

2. $\left.\begin{matrix}IAD\\ICB\end{matrix}\right\}$ $\frac{IA}{IC} = \frac{ID}{IB}$. D'où : IA × IB = IC × ID.

7 **1.** Les triangles TAD et TBC ont $\widehat{T}$ en commun et $\widehat{D} = \widehat{B}$ (angles inscrits interceptant le même arc $\overset{\frown}{AC}$). Ayant deux angles respectivement égaux, ils sont semblables.

2. $\left.\begin{matrix}TAD\\TCB\end{matrix}\right\}$ $\frac{TA}{TC} = \frac{TD}{TB}$. D'où : TA × TB = TC × TD.

8 **1.** Considérons les triangles TAB et TAC, ils ont $\widehat{T}$ en commun et $\widehat{TAB} = \widehat{ACB}$ (angles inscrits interceptant le même arc AB). Ayant deux angles respectivement égaux, ils sont semblables. Par conséquent :

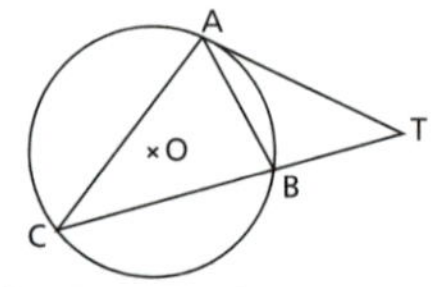

$\left.\begin{matrix}TAB\\TCA\end{matrix}\right\}$ $\frac{TA}{TC} = \frac{TB}{TA}$. D'où : $TA^2 = TB \times TC$.

2. $TA^2 = TB \times TC = 4,5 \times 18 = 81$. $\boxed{TA = 9}$

9 **1.** $\widehat{AMB} = 90°$ (inscrit dans un demi-cercle).
Les triangles ABT et AMI ont : $\widehat{ABT} = \widehat{AMI} = 90°$ et $\widehat{TAB} = \widehat{MAI}$ ((AT) bissectrice de $\widehat{MAB}$).
Ayant deux angles respectivement égaux, ils sont semblables.

2. $\left.\begin{matrix}ABT\\AMI\end{matrix}\right\}$ $\frac{AB}{AM} = \frac{AT}{AI}$, d'où : AB × AI = AM × AT.

Chapitre 24, page 119

1 **1.**

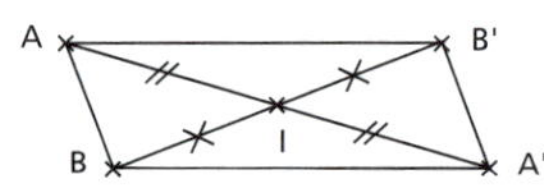

I est le milieu de [AA'] et de [BB'], donc ABA'B' est un parallélogramme ; par conséquent **a.** Vrai et **b.** Vrai.

2 **1.** La rotation conserve les longueurs et les angles, donc l'image de A est D, l'image de B est E et celle de C est F.

2. L'image de A est D, donc le centre de rotation, O, est tel que OA = OD. Par conséquent, O appartient à la médiatrice de [AD]. De même O appartient aux médiatrices de [BE] et [CF], donc les trois médiatrices sont concourantes au centre de rotation, O.

3 **1.** Dans le triangle équilatéral OAB, la hauteur BH est égale à $\frac{OA\sqrt{3}}{2} = 2\sqrt{3}$, donc $B(2\ ;\ 2\sqrt{3})$.

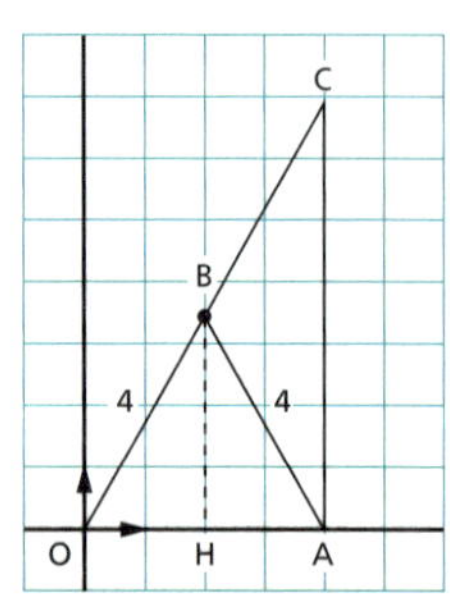

2.a. C est l'image de B par la translation de vecteur $\overrightarrow{OB}$, donc $\overrightarrow{BC} = \overrightarrow{OB}$; par conséquent les points O, B et C sont alignés et OB = BC.
Dans le triangle OAC, B est le milieu de [OC] et la médiane AB vaut la moitié du côté OC auquel elle est relative, donc le triangle OAC est rectangle en A.

b. Dans le triangle OAC, (BH) est la droite des milieux, donc $AC = 2 \times BH = 4\sqrt{3}$. D'où C $(4 ; 4\sqrt{3})$.

4

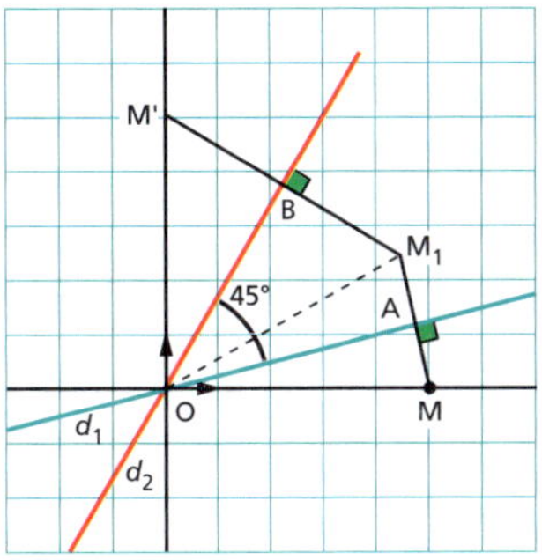

1. $\widehat{MOM'} = \widehat{MOM_1} + \widehat{M_1OM'}$
$= 2\,\widehat{AOM_1} + 2\,\widehat{M_1OB}$ (par symétrie)
$= 2(\widehat{AOM_1} + \widehat{M_1OB})$
$= 2\,\widehat{AOB} = 2 \times 45° = 90°$.

2. $\widehat{MOM'} = 90°$, donc M' ∈ (Oy), et OM' = OM par symétrie, par conséquent M'(0 ; 5).

5 **a.** si M(0 ; 5), alors M' (−5 ; 0)
b. si M(−5 ; 0), alors M' (0 ; −5)
c. si M(0 ; −5), alors M' (5 ; 0)
d. si M(5 ; −5), alors M' (5 ; 5).

6 **1.** Considérons la symétrie par rapport à O. L'image de A est C car OA = OC, et l'image de D est B car OD = OB, donc l'image du côté [AD] est le côté [CB]. E est un point de [AD], donc son symétrique est un point de [CB] aligné avec E et O. Par conséquent, F est le symétrique de E par rapport à O.

2. Considérons la symétrie de centre O. L'image de A est C, l'image de B est D, l'image de F est E et l'image de O est O. Par conséquent l'image du quadrilatère ABFO est le quadrilatère CDEO. La symétrie conserve les aires, par conséquent les quadrilatères ABFO et CDEO ont même aire.

7 **1.** IA = IR, donc A et R sont symétriques par rapport à I. Les droites parallèles (PS) et (TR) qui passent par ces deux points sont donc symétriques par rapport à I. L'image d'un point de (RT) est un point de (PS) aligné avec I. D'où S est l'image de T dans la symétrie de centre I.
L'image de I est I, l'image de T est S et l'image de R est A, donc les triangles ITR et ISA sont symétriques par rapport à I.

2. $\mathcal{A}_{STP} = \mathcal{A}_{SIA} + \mathcal{A}_{AITP}$; mais $\mathcal{A}_{SIA} = \mathcal{A}_{IRT}$ (par symétrie), donc $\mathcal{A}_{STP} = \mathcal{A}_{IRT} + \mathcal{A}_{AITP} = \mathcal{A}_{TRAP}$.

8

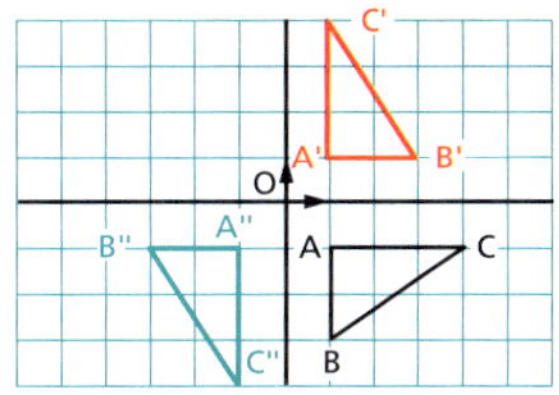

1. A(1 ; −1) ; B(1 ; −3) ; C(4 ; −1).
2. A'(1 ; 1) ; B'(3 ; 1) ; C'(1 ; 4).
3. A''(−1 ; −1) ; B''(−3 ; −1) ; C''(−1 ; −4).
4. Les coordonnées de A', B', C' et de A'', B'', C'' sont opposées, donc A', B', C' et A'', B'', C'' sont symétriques par rapport à O. Par conséquent les triangles A'B'C' et A''B''C'' sont symétriques par rapport à O.

9 **1.** Vrai

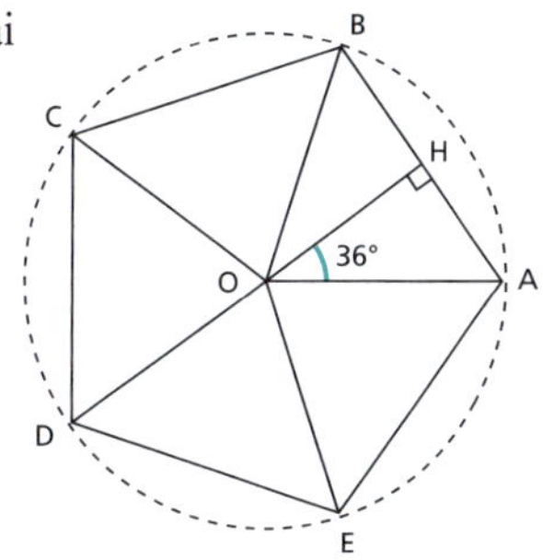

2. Par rotation : OA = OB = OC = OD = OE = OF et $\widehat{AOB} = \widehat{BOC} = \widehat{COD} = \widehat{DOE} = \widehat{EOF} = 72°$.
D'où : $\widehat{AOF} = 5 \times 72° = 360°$, donc les points A et F sont confondus.

3. A, B, C, D et E sont les sommets d'un pentagone régulier. OH étant la hauteur du triangle isocèle AOB,
OH = OA × cos 36° = 5 × cos 36°.
Mais AB = 2 × AH = 2 × (OA × sin36°) = 10 sin 36°.
Par conséquent en cm^2 :

aire OAB $= \frac{1}{2} \times (10 \times \sin 36°) \times (5 \cos 36°)$
$= 25 \sin 36° \times \cos 36°$. D'où :
aire ABCDE $= 5 \times 25 \times \sin 36° \times \cos 36°$
= 59,44 arrondie à 0,01 près.

10 **1.** I et J sont symétriques par rapport à (AB), par conséquent (AB) est médiatrice de [IJ] et MI = MJ. De même, (AC) est médiatrice de [IK] et NI = NK.

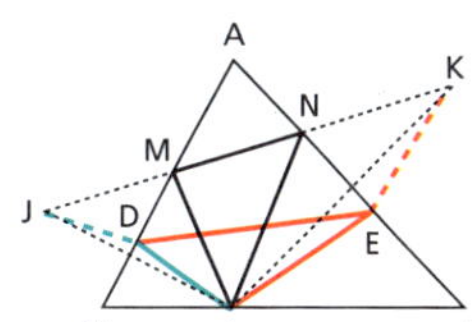

$\mathcal{P}_{IMN} = IM + MN + NI$, donc
$\mathcal{P}_{IMN} = JM + MN + NK = JK$.

2. D est un point de la médiatrice de [IJ], donc DI = DJ. De même EI = EK.
$\mathcal{P}_{IDE} = ID + DE + EI$, donc $\mathcal{P}_{IDE} = JD + DE + EK$. Or JK < JD + DE + EK (distance la plus courte qui sépare deux points), donc $\mathcal{P}_{IMN} < \mathcal{P}_{IDE}$.

Chapitre 25, page 121

1 $\vec{e}$ est le vecteur intrus, car il n'a pas la même direction que les autres.

2 **a.** Oui **b.** Oui **c.** Non, car le vecteur $\vec{c}$ n'est pas égal aux autres, il leur est opposé.

3 Tous les vecteurs ont même norme sauf $\vec{a}$. **$\vec{a}$ est le vecteur intrus.**

4 **a.** Vrai **b.** Vrai **c.** Faux, car si IA = IB, alors I appartient à la médiatrice du segment [AB]. I n'est pas nécessairement le milieu de [AB].
d. Vrai, car IA = IB et A, I et B sont alignés.
e. Vrai, car AI = IB et A, I et B sont alignés.

5 **a.** Vrai. **b.** Faux, car $\vec{u}$ et $-\vec{u}$ ont même norme, donc 5.
c. Vrai, car $\|\overrightarrow{OA}\|$ n'est autre que OA.
d. Faux. **e.** Vrai, car $\vec{u}$ et $\vec{v}$ ont alors même direction.

6 **a.**

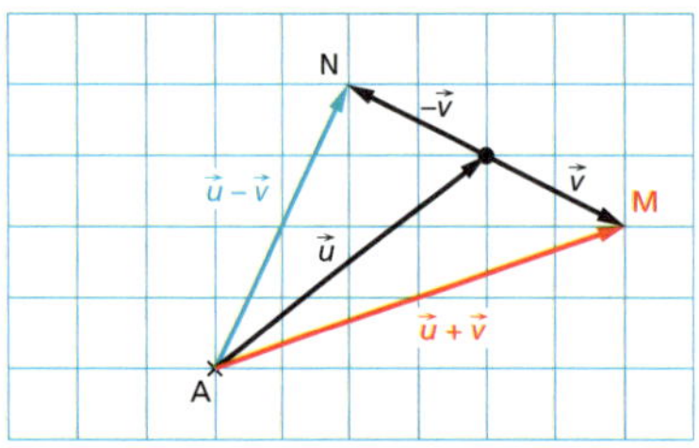

b.

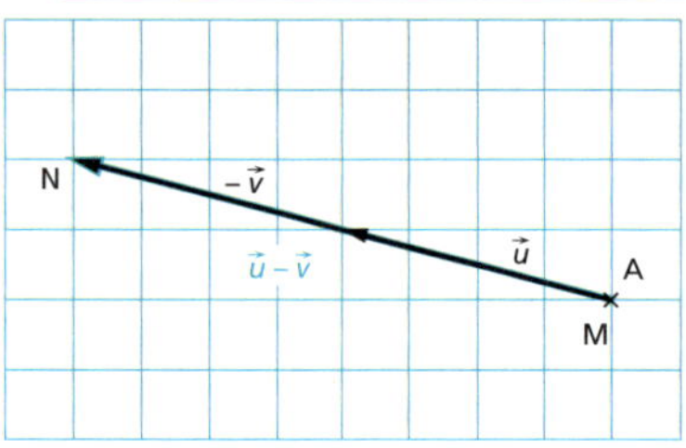

b. $\vec{u} = -\vec{v}$, donc $\vec{u} + \vec{v} = \vec{0}$, par conséquent $\overrightarrow{AM} = \vec{0}$ et les points A et M sont confondus. Dans ce cas, $\overrightarrow{AN} = \vec{u} - \vec{v} = \overrightarrow{2u}$.

7

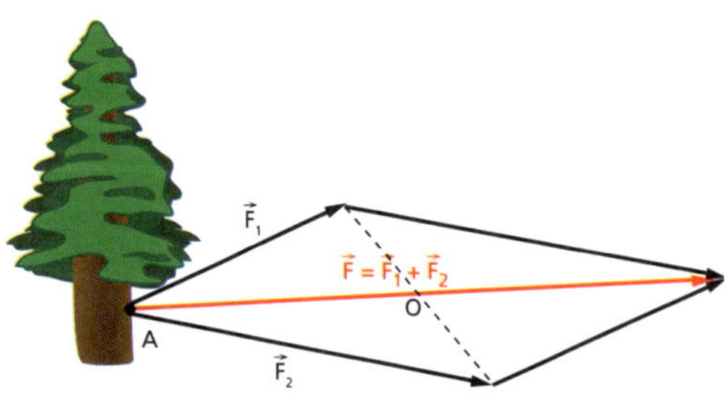

1. $\vec{F} = \vec{F}_1 + \vec{F}_2$. $\vec{F}$ est représentée par la diagonale du parallélogramme construit sur $\vec{F}_1$ et $\vec{F}_2$.

2. Si $\|\vec{F}_1\| = \|\vec{F}_2\|$, alors le parallélogramme est un losange car il a les côtés de même longueur. $\widehat{A} = 60°$, donc $AO = \|\vec{F}_1\| \times \dfrac{\sqrt{3}}{2}$ (hauteur d'un triangle équilatéral), et $\|\vec{F}\| = 2 \times AO = \boxed{\sqrt{3} \times \|\vec{F}_1\|}$.

8

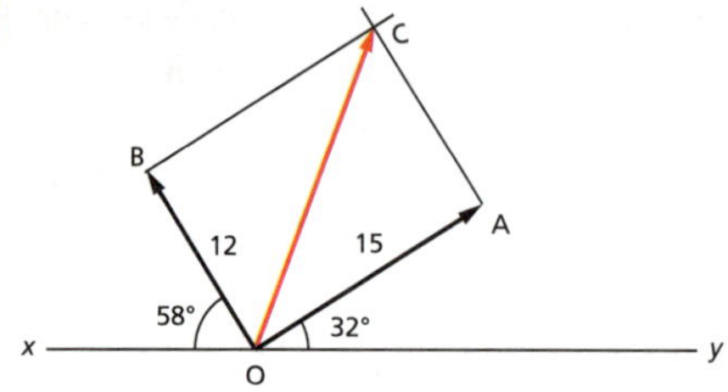

• Par définition, $\overrightarrow{OC}$ est la diagonale du parallélogramme construit sur $\overrightarrow{OA}$ et $\overrightarrow{OB}$, mais $\widehat{AOB} = 180° - (32° + 58°) = 90°$. OC est donc la diagonale du rectangle OACB.
• Dans le triangle rectangle OAC, $\|\overrightarrow{OC}\| = OC$
$= \sqrt{(15^2 + 12^2)} \approx 19{,}2$
• $\tan \widehat{AOC} = \dfrac{12}{15} = 0{,}8$. D'où : $\widehat{AOC} \approx 38{,}7°$ et $\widehat{COy} \approx 70{,}7°$.

9 **1.** D'après la relation de Chasles : $\overrightarrow{MN} = \overrightarrow{MA} + \overrightarrow{AN}$.
Or $\overrightarrow{MA} = \dfrac{1}{2}\overrightarrow{BA}$ et $\overrightarrow{AN} = \dfrac{1}{2}\overrightarrow{AC}$, donc : $\overrightarrow{MN} = \dfrac{1}{2}\overrightarrow{BA} + \dfrac{1}{2}\overrightarrow{AC}$
$= \dfrac{1}{2}(\overrightarrow{BA} + \overrightarrow{AC}) = \dfrac{1}{2}\overrightarrow{BC}$.
$\overrightarrow{MN} = \dfrac{1}{2}\overrightarrow{BC}$ signifie que les vecteurs $\overrightarrow{MN}$ et $\overrightarrow{BC}$ sont colinéaires, donc que (MN) est parallèle à (BC).
2. Soit I' le milieu de [BC]. M est le milieu de [AB] et I' est le milieu de [BC], donc d'après la question précédente $\overrightarrow{MI'} = \dfrac{1}{2}\overrightarrow{AC}$; mais par hypothèse $\overrightarrow{MI} = \dfrac{1}{2}\overrightarrow{AC}$, donc $\overrightarrow{MI'} = \overrightarrow{MI}$; par conséquent les points I et I' sont confondus et le point I est le milieu de [BC].

chapitre 26, page 123

1 $\overrightarrow{AB}(-5\,;2)$ ou bien $\overrightarrow{AB} = -5\vec{i} + 2\vec{j}$.

2

Vecteur	Origine du vecteur	Extrémité du vecteur	Abscisse du vecteur	Ordonnée du vecteur
$\overrightarrow{AB}$	A(5 ; 2)	B(0 ; 6)	**−5**	**4**
$\overrightarrow{CD}$	C(−4 ; 0)	D(−3 ; 2)	**1**	**2**
$\overrightarrow{EF}$	**E(−1 ; −2)**	F(3 ; −5)	4	−3
$\overrightarrow{GH}$	G(2 ; 7)	**H(−7 ; 8)**	−9	1

3 **a.** $\overrightarrow{AB}\,(-2;-3)$ **b.** $\overrightarrow{CD}\,(6;2)$
c. $\overrightarrow{EF}\,(-2;-5)$ **d.** $\overrightarrow{GO}\,(4;2)$
e. $\overrightarrow{IJ}\,(4\,;0)$ **f.** $\overrightarrow{KL}\,(0\,;-4)$

4 **a.** Faux. **b.** Vrai, car $\|\vec{u}\| = \|\vec{v}\| = \sqrt{5}$
c. Faux, car $\|\vec{u}\| = \sqrt{4^2 + (-3)^2} = 5$.
d. Vrai. $\overrightarrow{BA}$ est l'opposé de $\overrightarrow{AB}$.

5

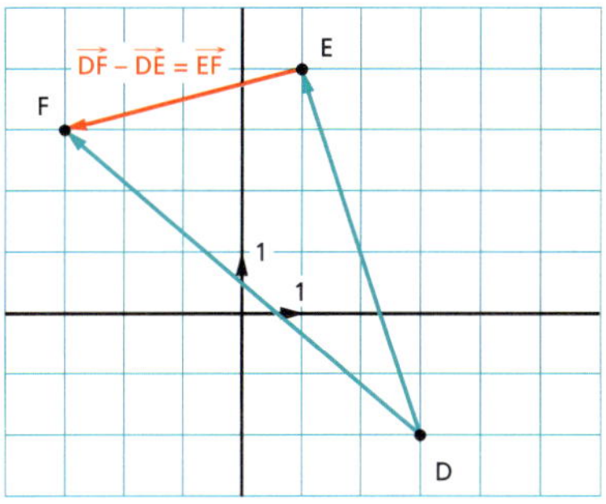

1. $-\overrightarrow{DE}=\overrightarrow{ED}$, d'où : $\overrightarrow{DF}-\overrightarrow{DE}=\overrightarrow{DF}+\overrightarrow{ED}=\overrightarrow{EF}$

2. Vérification par calcul :
$\overrightarrow{DF}\,(-3-3\,;3+2)$, donc $\overrightarrow{DF}(-6\,;5)$. De même $\overrightarrow{DE}(1-3\,;$ $4+2)$ ou $\overrightarrow{DE}(-2\,;6)$.
Par conséquent $\overrightarrow{DF}-\overrightarrow{DE}\,(-6+2\,;5-6)$, soit $\underline{(-4\,;-1)}$. Mais $\overrightarrow{EF}(-3-1\,;3-4)$ ou $\overrightarrow{EF}\underline{(-4\,;-1)}$, donc $\overrightarrow{DF}-\overrightarrow{DE}$ est bien égal à $\overrightarrow{EF}$.

6 **1.** • D'après la relation de Chasles :
$(\overrightarrow{AB}+\overrightarrow{BC})+\overrightarrow{CA}=\overrightarrow{AC}+\overrightarrow{CA}=\overrightarrow{AA}=\vec{0}$

• **Par calcul** : $\overrightarrow{AB}(7\,;2)$, $\overrightarrow{BC}(-3\,;4)$ et $\overrightarrow{CA}(-4\,;-6)$. D'où le vecteur somme $(\overrightarrow{AB}+\overrightarrow{BC})+\overrightarrow{CA}$ a pour coordonnées $(7-3-4\,;2+4-6)=(0\,;0)$.
Par conséquent $(\overrightarrow{AB}+\overrightarrow{BC})+\overrightarrow{CA}=\vec{0}$.

2. On a déjà démontré que $(\overrightarrow{AB}+\overrightarrow{BC})+\overrightarrow{CA}=\overrightarrow{AA}=\vec{0}$.
Considérons $\overrightarrow{AB}+(\overrightarrow{BC}+\overrightarrow{CA})$. D'après la relation de Chasles, elle est égale à $\overrightarrow{AB}+\overrightarrow{BA}=\overrightarrow{AA}=\vec{0}$.
D'où $(\overrightarrow{AB}+\overrightarrow{BC})+\overrightarrow{CA}=\overrightarrow{AB}+(\overrightarrow{BC}+\overrightarrow{CA})$.
On dit que l'addition des vecteurs est associative.

3. $\overrightarrow{AB}(7\,;2)$, donc $AB^2=7^2+2^2=53$ et $AB=\sqrt{53}$.
$\overrightarrow{BC}\,(-3\,;4)$, donc $BC^2=(-3)^2+4^2=25$ et $BC=5$.
$\overrightarrow{CA}(-4\,;-6)$, donc $CA^2=(-4)^2+(-6)^2=50$ et $CA=\sqrt{50}$ $=\sqrt{25\times 2}=5\sqrt{2}$.

D'où : $\boxed{AB+BC+CA=5+\sqrt{53}+5\sqrt{2}}$.

Remarque : cet exercice montre que la somme des vecteurs est différente de la somme des longueurs !

7 **1. a.** $\overrightarrow{DA}+\overrightarrow{AB}=\overrightarrow{DB}$ **b.** $\overrightarrow{BD}+\overrightarrow{DC}=\overrightarrow{BC}$
c. $\overrightarrow{AD}-\overrightarrow{CD}=\overrightarrow{AC}$

2. $A(0\,;0)$; $B(1\,;0)$; $C(1\,;1)$; $D(0\,;1)$

3. $\overrightarrow{AB}=\vec{i}$ $\overrightarrow{AD}=\vec{j}$ $\overrightarrow{BC}=\vec{j}$
$\overrightarrow{DC}=\vec{i}$ $\overrightarrow{CD}=-\vec{i}$ $\overrightarrow{AC}=\vec{i}+\vec{j}$

4. Par définition $\overrightarrow{AB}+\overrightarrow{AD}=\overrightarrow{AC}$, mais $\overrightarrow{AC}=2\overrightarrow{AI}$, donc $\overrightarrow{AB}+\overrightarrow{AD}=2\overrightarrow{AI}$.

Coordonnées de I : $2\overrightarrow{AI}=\overrightarrow{AC}$, donc $\overrightarrow{AI}=\dfrac{1}{2}\overrightarrow{AC}$.

D'où : $\begin{cases} x_I-x_A=\dfrac{1}{2}(x_C-x_A)\\ y_I-y_A=\dfrac{1}{2}(y_C-y_A)\end{cases}$; $\begin{cases} x_I-0=\dfrac{1}{2}(x_C-0)\\ y_I-0=\dfrac{1}{2}(y_C-0)\end{cases}$

$\begin{cases} x_C=1\\ y_C=1\end{cases}$ donc $\begin{cases} x_I=\dfrac{1}{2}\\ y_I=\dfrac{1}{2}\end{cases}$ ou $I(\dfrac{1}{2}\,;\dfrac{1}{2})$.

8

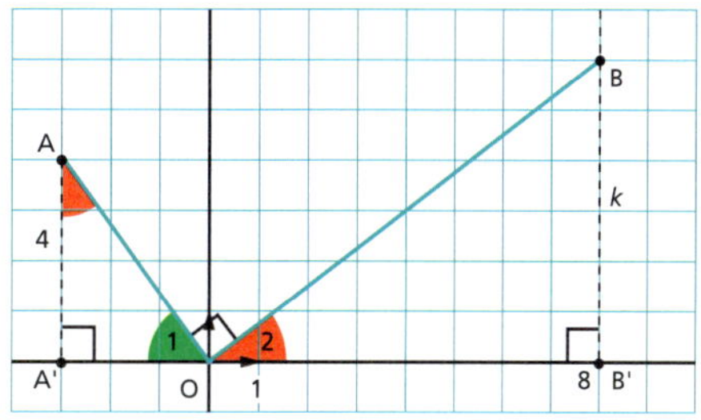

1. Le triangle OAA' est rectangle en A', donc $\hat{O}_1+\hat{A}=90°$.
$(OA)\perp(OB)$ implique $\hat{O}_1+\hat{O}_2=90°$, donc $\hat{O}_2=\hat{A}$.
Dans le triangle rectangle OAA', $\tan\hat{A}=\dfrac{3}{4}$, donc $\tan\hat{O}_2=\dfrac{3}{4}$.
Mais dans le triangle OBB' rectangle en B', $\tan\hat{O}_2=\dfrac{k}{8}$,
donc $\dfrac{k}{8}=\dfrac{3}{4}$, d'où $\boxed{k=6}$.

2. $A(-3\,;4)$ et $B(8\,;6)$, donc $\overrightarrow{AB}\,(8+3\,;6-4)$.
Soit $\boxed{\overrightarrow{AB}\,(11\,;2)}$ et $\|\overrightarrow{AB}\|^2=11^2+2^2=125$.

D'où : $\boxed{\|\overrightarrow{AB}\|=\sqrt{125}=\sqrt{5\times 25}=5\sqrt{5}}$.

Chapitre 27, page 125

1 **a.** Faux. En effet, l'extrémité de l'un n'est pas origine de l'autre.
b. Faux. En effet, $\vec{u}$ et $\vec{v}$ n'ont pas la même direction.
c. Faux, car $\vec{u}$ et $\vec{v}$ ne sont pas colinéaires. Mais on a : $\|\vec{v}\|=2\|\vec{u}\|=8$
d. Vrai. En effet, son origine et son extrémité sont confondues.
e. Faux. En effet, $\vec{w}=\vec{0}$. Il n'existe aucun nombre k tel que $\vec{u}=k\times\vec{w}$.

2 **a.** -6. En effet : $(-4)(-6)=3\times 8$.

3

Vecteur	Coordonnées	Vecteur	Coordonnées
$1\vec{u}$	$(-3\,;2)$	$-1\vec{u}$	$(3\,;-2)$
$0\vec{u}$	$(0\,;0)$	$0\vec{v}$	$(0\,;0)$
$2\vec{u}+3\vec{u}$	$(-15\,;10)$	$5\vec{u}$	$(-15\,;10)$
$2(3\times\vec{u})$	$(-18\,;12)$	$(2\times 3)\vec{u}$	$(-18\,;12)$
$2(\vec{u}+\vec{v})$	$(-4\,;14)$	$2\vec{u}+2\vec{v}$	$(-4\,;14)$
$-(\vec{u}+\vec{v})$	$(2\,;-7)$	$-\vec{u}-\vec{v}$	$(2\,;-7)$

4 **1.** $\overrightarrow{DC} = 3\overrightarrow{AM}$, donc les vecteurs $\overrightarrow{DC}$ et $\overrightarrow{AM}$ sont colinéaires, par conséquent (DC) // (AM). Mais par hypothèse (AD) // (BC), donc le quadrilatère ABCD est un parallélogramme, car il a les côtés opposés parallèles.

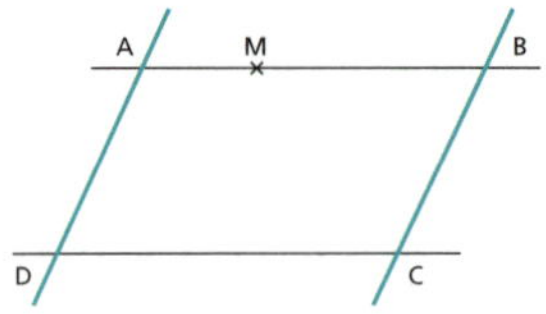

2. Dans un parallélogramme les diagonales se coupent en leur milieu. I est le milieu de [BD], donc I est le milieu de [AC] et $\overrightarrow{AC} = \mathbf{2}\overrightarrow{\mathbf{AI}}$.

5 **1.**

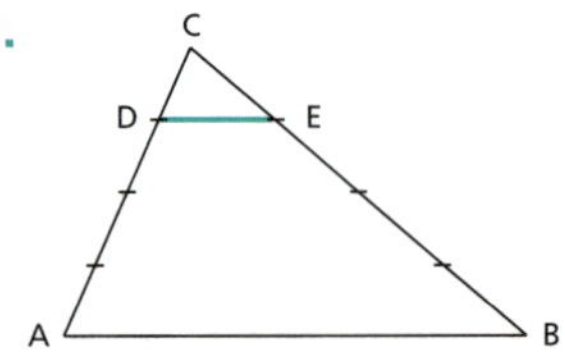

2. Montrer que (AB) // (DE) et que AB = 4DE revient à démontrer que $\overrightarrow{AB} = 4\overrightarrow{DE}$.

D'après la relation de Chasles :

$\overrightarrow{AB} = \overrightarrow{AC} + \overrightarrow{CB}$.

$\overrightarrow{AB} = (\overrightarrow{AD} + \overrightarrow{DC}) + (\overrightarrow{CE} + \overrightarrow{EB})$, mais $\overrightarrow{AD} = 3\overrightarrow{DC}$ et $\overrightarrow{EB} = 3\overrightarrow{CE}$, par conséquent :

$\overrightarrow{AB} = (3\overrightarrow{DC} + \overrightarrow{DC}) + (\overrightarrow{CE} + 3\overrightarrow{CE})$

$\overrightarrow{AB} = 4\overrightarrow{DC} + 4\overrightarrow{CE}$

$\overrightarrow{AB} = 4(\overrightarrow{DC} + \overrightarrow{CE})$

$\overrightarrow{AB} = 4\overrightarrow{DE}$. Les vecteurs $\overrightarrow{AB}$ et $\overrightarrow{DE}$ sont colinéaires, par conséquent (AB) // (DE) et AB = 4DE.

6

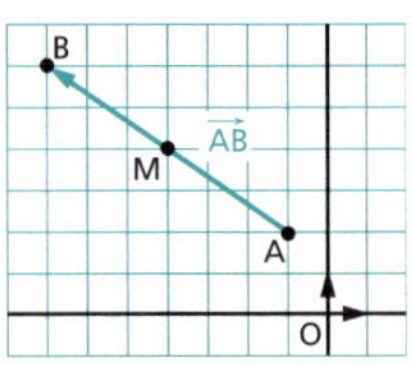

1. $\overrightarrow{AB}\,(\mathbf{-6\,;4})$

2. $\overrightarrow{AM} = \dfrac{1}{2}\overrightarrow{AB}$, donc $\overrightarrow{AM}(\mathbf{-3\,;2})$

3. $B(\mathbf{-7\,;6})$, $M(\mathbf{-4\,;4})$.

7 **1.** $\overrightarrow{CA} = -\dfrac{2}{3}\overrightarrow{AB}$.

2. $\overrightarrow{AM} = \dfrac{1}{2}\overrightarrow{AD}$.

3. D'après la relation de Chasles :

$\overrightarrow{CM} = \overrightarrow{CA} + \overrightarrow{AM} = -\dfrac{2}{3}\overrightarrow{AB} + \dfrac{1}{2}\overrightarrow{AD}$

8 D'après la relation de Chasles, $\overrightarrow{MC} = \overrightarrow{MA} + \overrightarrow{AC}$. Or, $\overrightarrow{MA} = \overrightarrow{DM}$ et $\overrightarrow{AC} = -2\overrightarrow{BC}$, donc $\underline{\overrightarrow{MC} = \overrightarrow{DM} - 2\overrightarrow{BC}}$.

9

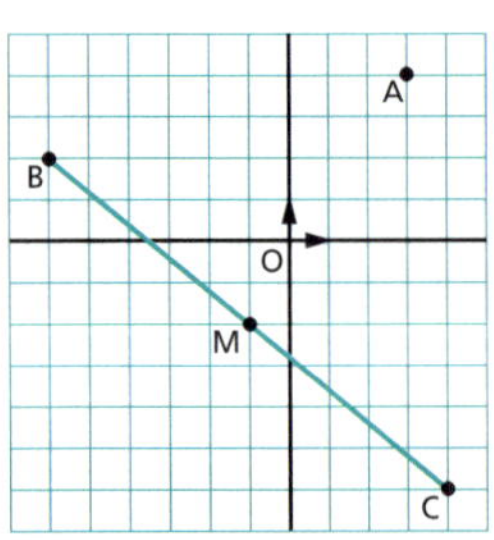

1. c.

2. e.

3. i.

4. j.

10 **1.** $\overrightarrow{AD}(-4+6\,;6-0)$, donc $\overrightarrow{AD}(2\,;6)$.

$\overrightarrow{DC}(-3+4\,;9-6)$, donc $\overrightarrow{DC}(1\,;3)$ et $2\overrightarrow{DC}(2\,;6)$. Par conséquent, $\overrightarrow{AD} = 2\overrightarrow{DC}$.

$\overrightarrow{AD}$ et $\overrightarrow{DC}$ sont colinéaires, donc (AD) // (DC).

Les points A, C et D sont donc alignés.

2. $\overrightarrow{EB}(6-x_E\,;3-y_E)$ et $\overrightarrow{CE}(x_E+3\,;y_E-9)$.

$\overrightarrow{EB} = 2\overrightarrow{CE}$, donc $\begin{cases} 6-x_E = 2(x_E+3) \\ 3-y_E = 2(y_E-9) \end{cases}$

$\begin{cases} x_E = 0 \\ y_E = 7 \end{cases}$ ou $E(0\,;7)$.

3. $\overrightarrow{AB}(6+6\,;3-0)$, soit $\overrightarrow{AB}(12\,;3)$.

$\overrightarrow{DE}(0+4\,;7-6)$, soit $\overrightarrow{DE}(4\,;1)$ et $3\overrightarrow{DE}(3\times4\,;3\times1)$ ou $3\overrightarrow{DE}(12\,;3)$.

Par conséquent $\overrightarrow{AB} = 3\overrightarrow{DE}$.

Les vecteurs $\overrightarrow{AB}$ et $\overrightarrow{DE}$ sont colinéaires, par conséquent (AB) // (DE).

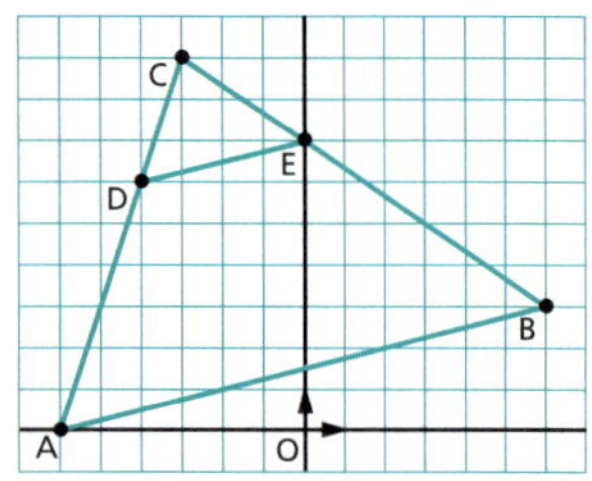

Chapitre 28, page 127

1 **a.** Non, car pour $x = 1$ et $y = 2$ l'égalité n'est pas vérifiée.

b. Oui.

c. Non, car pour $y = 2$ l'égalité n'est pas vérifiée.

2 **a.** A(2 ; 2) ; B(5 ; 5)
b. A(−4 ; 3) ; B(−4 ; 7)
c. A(−4 ; 4) ; B(1 ; −1)
d. A(5 ; 0) ; B(−2 ; 0)
e. A(0 ; 3) ; B(0 ; 6)

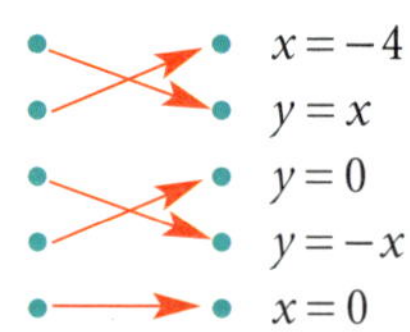

3 **a.** $-\dfrac{1}{3}$ est la pente de Δ.

En effet, $3y = -x - 1$ et $y = -\dfrac{1}{3}x - \dfrac{1}{3}$

b. $-\dfrac{3}{5}$ est la pente de Δ.

c. La pente de Δ n'est pas définie. En effet $x = 3$ s'écrit $1x + 0y = 3$; $0y = -x + 3$ divisé par 0 n'est pas définie.

d. La pente de Δ est 0. En effet, $y = 4$ s'écrit $0x + 1y = 4$; $y = -0x + 4$.

4 **a.** Oui.

b. Oui. En effet l'équation de d s'écrit $2x - 3y = 5$ et $\vec{u}\,(3\,;2)$ est un vecteur directeur de d.

c. Non. En effet l'équation de d s'écrit $2x + 5y = -3$ et $\vec{v}(-5\,;2)$ en est un vecteur directeur.

d. Oui. En effet, d a pour équation $x = -4$, donc d a pour vecteur directeur $\vec{j}$; mais $\vec{u} = 2\vec{j}$, donc $\vec{u}$ est également un vecteur directeur de d.

5 $\overrightarrow{TR}\,(-3-1\,;-5-7)$ ou $\overrightarrow{TR}\,(-4;-12)$.
$\overrightarrow{HI}\,(0+6\,;-2+20)$ ou $\overrightarrow{HI}\,(6;18)$.
$-4\times 18 = \underline{-72}$ et $6(-12) = \underline{-72}$, donc les vecteurs $\overrightarrow{TR}$ et $\overrightarrow{HI}$ sont colinéaires; par conséquent, les droites d_1 et d_2 sont parallèles.

6 **b.** En effet, $\dfrac{y_B - y_A}{x_B - x_A} = -4$, donc $\dfrac{6-3}{x-4} = -4$.
$-4(x-4) = 3\,; -4x = -13\,; x = \dfrac{13}{4}$.

7

a. A(2 ; −3), B(3 ; 4)		$-\dfrac{4}{5}$
b. C(4 ; 5), D(−1 ; 9)		$-\dfrac{5}{4}$
c. E(−2 ; 6), F(10 ; 0)		7
d. G(−15 ; 8), H$(-9\,;\dfrac{1}{2})$		$-\dfrac{1}{2}$

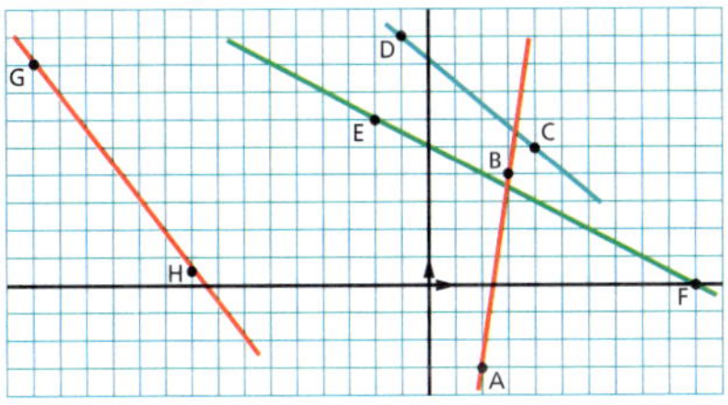

8 **1.** Les points A, B et M sont alignés, donc les vecteurs $\overrightarrow{AB}$ et $\overrightarrow{AM}$ sont colinéaires.
$\overrightarrow{AB}\,(4; 2)$ et $\overrightarrow{AM}\,(x+3\,; y+4)$, d'où $4(y+4) = 2(x+3)$, soit : $\boxed{y = \dfrac{x}{2} - \dfrac{5}{2}}$.

2. $C(x; 3) \in (AB)$, donc $3 = \dfrac{x}{2} - \dfrac{5}{2}$, $\boxed{x = 11}$.

3. $D(-2\,; y) \in (AB)$, donc $y = -\dfrac{2}{2} - \dfrac{5}{2}$, $\boxed{y = -\dfrac{7}{2}}$.

9 **1.** Non, car $-3\,(1) + 2(-2) = -3 - 4 = -7$ et non 7.

2. Points particuliers de d : M(0 ; 3,5) et N(−3 ; −1).

3. $\vec{u}(-2\,; -3)$, ou bien $\vec{v}(2\,; 3)$, est un vecteur directeur de d.
$M(x,y) \in \Delta$ si et seulement si $\overrightarrow{AM}$ et $\vec{v}$ sont colinéaires. $\overrightarrow{AM}\,(x-1\,; y+2)$ et $\vec{v}(2\,;3)$, donc $3(x-1) = 2(y+2)$, soit :

Δ : $\boxed{3x - 2y = 7}$.

4. $C(\dfrac{7}{3}\,; 0)$ et $D(0\,; -\dfrac{7}{2})$.

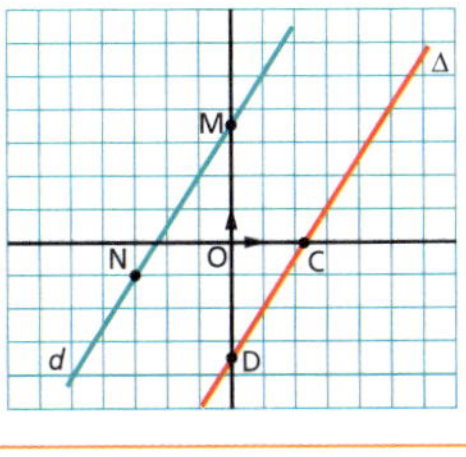

10

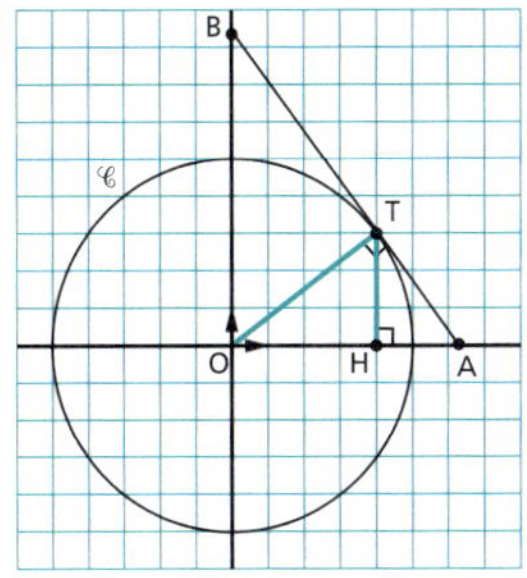

1. $OT^2 = OH^2 + HT^2 = 4^2 + 3^2 = 25$, $OT = 5$, donc T appartient au cercle $\mathscr{C}$ de centre O et de rayon 5.

2. Le rayon OT est perpendiculaire à la tangente (AB) au point de tangence T.
Dans le triangle OAT rectangle en T, $\sin \widehat{A} = \dfrac{OT}{OA}$. Dans le triangle OHT rectangle en H, $\cos \widehat{TOH} = \dfrac{OH}{OT}$. Mais $\widehat{TAO}$ et $\widehat{TOH}$ sont complémentaires, donc $\sin \widehat{A} = \cos \widehat{TOH}$.
D'où : $\dfrac{OT}{OA} = \dfrac{OH}{OT}$ et $\boxed{OT^2 = OH \times OA}$.

3. $OH \times OA = 25$ et $OH = 4$, par conséquent $OA = \dfrac{25}{4}$.
Soit $\boxed{A(\dfrac{25}{4}\,; 0)}$.
$M(x; y)$ appartient à la droite (TA) si et seulement si les vecteurs $\overrightarrow{AM}$ et $\overrightarrow{AT}$ sont colinéaires. Or, $\overrightarrow{AM}(x - \dfrac{25}{4}\,; y-0)$ et $\overrightarrow{AT}(4 - \dfrac{25}{4}\,; 3-0)$, ou $\overrightarrow{AM}(x - \dfrac{25}{4}\,; y)$ et $\overrightarrow{AT}(-\dfrac{9}{4}\,; 3)$, donc $3(x - \dfrac{25}{4}) = -\dfrac{9}{4}y$. Après simplification, on trouve $\boxed{4x + 3y = 25}$. C'est l'équation de la tangente (TA).

Pour $x = 0$, $y = \dfrac{25}{3}$, donc $\boxed{B(0\,; \dfrac{25}{3})}$.

Vérification par la propriété de Thalès :
Dans le triangle OAB, (TH) // (OB), par conséquent les triangles AOB et AHT sont en situation de Thalès. D'où :
$\dfrac{AO}{AH} = \dfrac{OB}{HT}$, $\dfrac{25}{4} : \dfrac{9}{4} = OB : 3$
$\dfrac{25}{9} = \dfrac{OB}{3}$. Soit $OB = \dfrac{25}{3}$, ou $\boxed{B(0\,; \dfrac{25}{3})}$.

Chapitre 29, page 131

1 **a.** $\begin{cases} x + 2y = 5 \\ x - 2y = -3 \end{cases}$ $\text{dét} = 1(-2) - 1(2) = -4$

b. $\begin{cases} x - 3y = -14 \\ x + y = -2 \end{cases}$ $\text{dét} = 1 \times 1 - 1(-3) = 4$

2 **a.** Le système s'écrit : $\begin{cases} x + y = 3 \\ -x - y = 5 \end{cases}$

en additionnant membre à membre, on obtient $0x + 0y = 8$, donc le système n'a aucune solution. (Remarquer que le déterminant du système est égal $1(-1) - (-1) \times 1 = 0$ et que les deux équations représentent deux droites parallèles.)

b. Le système s'écrit : $\begin{cases} 3x + y = 2 \\ 6x + 2y = 4 \end{cases}$

En simplifiant la deuxième équation par 2, on obtient :

$$\begin{cases} 3x + y = 2 \\ 3x + y = 2 \end{cases}$$

En soustrayant membre à membre, on obtient $0x + 0y = 0$, le système a donc une infinité de solutions. (Remarquer que le déterminant du système est égal à $3 \times 1 - 3 \times 1 = 0$ et que les deux équations représentent la même droite.)

3 **a.** Le couple $(x = -3 ; y = 2)$, coordonnées du point d'intersection I, est la solution du système.

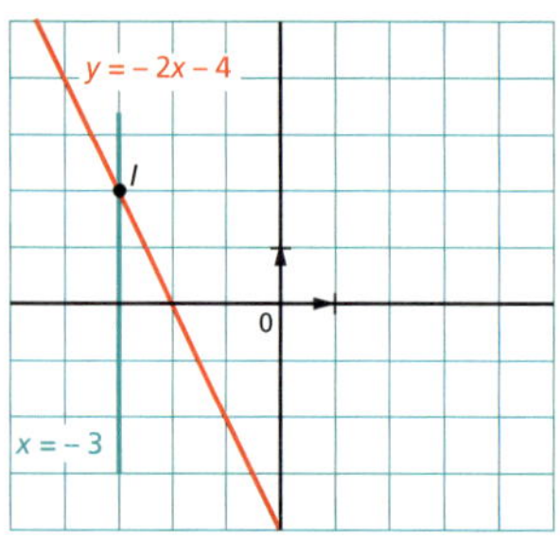

b. Le couple $(x = 2 ; y = -2)$, coordonnées du point d'intersection J, est la solution du système.

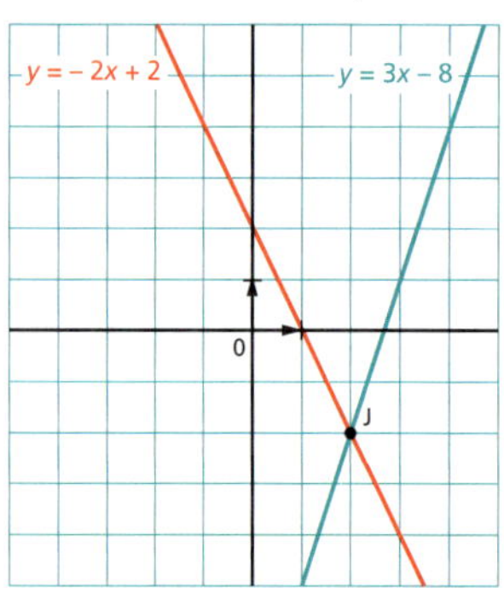

4 **a.** Éliminer y en multipliant la première équation par -5 et en additionnant membre à membre. Le couple solution du système est $(x = -1 ; y = 2)$.

b. Éliminer y en multipliant la première équation par -2, la deuxième par 5, et en additionnant membre à membre. Le couple solution du système est $(x = 46 / 19 ; y = 31 / 19)$.

5 **a.** Remplacer y par sa valeur $-x + 6$ dans la deuxième équation, puis résoudre. Le couple solution est $(x = 4 ; y = 2)$.

b. La première équation s'écrit : $y = -5x + 7$. Remplacer y par cette valeur dans la deuxième équation, puis résoudre. Le couple solution est $(x = 2 ; y = -3)$.

6 **1.** Multiplier la première équation par 3 et la deuxième par 2, puis additionner membre à membre, vous obtenez $y = 1\,821$.
Remplacer y par sa valeur dans la première équation, vous obtenez $x = 1\,769$. Napoléon (1 769 ; 1 821).
2. c. 35 ans. En effet, $1804 - 1769 = 35$.

7 Soit, en euros, x la somme placée à 5 % et y la somme placée à 4 %.
x et y sont les solutions du système :

$$\begin{cases} x + y = 18\,900 \\ \frac{5}{100} \times x = \frac{4}{100} \times y \end{cases} \qquad \begin{cases} x + y = 18\,900 \\ 5x = 4y \end{cases}$$

Soit : $\begin{cases} x + y = 18\,900 \\ 5x - 4y = 0 \end{cases}$

On trouve $x = 8\,400$ et $y = 10\,500$.
Ces réponses vérifient bien le système, donc les sommes placées sont 8 400 € à 5 % et 10 500 € à 4 %.

8 **1.** Déterminant du système :
$1 \times 4 - (-2)(-2) = 4 - 4 = 0$.
Donc le système a, selon les valeurs de m, soit une infinité de solutions soit aucune solution.
a. Pour $m = -12$, les deux équations sont équivalentes, le système a alors une infinité de solutions. Dans ce cas, les droites représentatives des deux équations sont confondues.
2. d. Le système n'a aucune solution pour $m \neq -12$. Dans ce cas, les droites représentatives des deux équations sont parallèles.

9 **1. a.** Un produit de facteurs est nul si l'un des facteurs est nul. Donc les solutions de l'équation produit sont les coordonnées des points de la droite d_1 d'équation $2x + y - 1 = 0$, ou les coordonnées des points de la droite d_2 d'équation $\frac{x}{2} - y - 4 = 0$.

Soit $d_1 : 2x + y = 1$ et $d_2 : \frac{x}{2} - y = 4$.

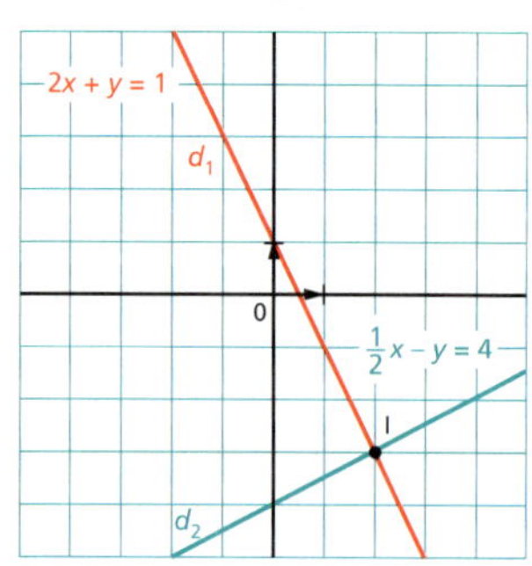

b. Soit I le point d'intersection de d_1 et d_2. Les coordonnées de I vérifient les deux équations. Donc, les solutions du système sont $\boxed{(x = 2 ; y = -3)}$.

2. Les trois droites sont concourantes si la droite d'équation $mx + \frac{y}{3} = 1$ passe par I, donc si les coordonnées de I vérifient l'équation, d'où :

$m \times 2 + \dfrac{(-3)}{3} = 1$, soit $\boxed{m = 1}$.

10 **a.** Soit, en km, x la distance AI et y la distance BI.

$\dfrac{x}{40}$ est la durée pour parcourir la distance AI et $\dfrac{x}{60}$ celle pour parcourir BI. x et y vérifient le système :

$$\begin{cases} x + y = 200 \\ \dfrac{x}{40} = \dfrac{y}{60} + 1 \end{cases} \quad \begin{cases} x + y = 200 \\ 3x = 2y + 120 \end{cases} \quad \begin{cases} 2x + 2y = 400 \\ 3x - 2y = 120 \end{cases}$$

$5x = 520$; $x = 104$. D'où : $y = 200 - 104 = 96$.

Par conséquent, $\boxed{\text{AI} = 104 \text{ km et BI} = 96 \text{ km}}$.

b. $\dfrac{104}{40} = 2{,}6 \text{ h} = 2 \text{ h } \dfrac{6}{10} \text{ h} = 2 \text{ h } \dfrac{6}{10} \times 60 = 2 \text{ h } 36 \text{ min}$.

Ils se sont donc croisés à $\boxed{8 \text{ h} + 2 \text{ h } 36 \text{ min}}$ $= \boxed{10 \text{ h } 36 \text{ min}}$.

Chapitre 30, page 131

1 **a.** Prisme droit dont la base est un hexagone régulier.

b. Pyramide régulière à base hexagonale.

2 Le dessin jaune est l'intrus. Il ne correspond pas au patron d'un cube.

3 **1. c.** $3 \times 3 \times 3 = 27$.

2. e. 108. En effet, le nombre total de faces est $6 \times 27 = 162$. Le nombre total de faces non collées est $9 \times 6 = 54$. $162 - 54 = 108$. 108 est le nombre de faces collées.

4 $\dfrac{v}{V} = \dfrac{\frac{4}{3}\pi r^3}{\frac{4}{3}\pi R^3} = \dfrac{r^3}{R^3} = (\dfrac{r}{R})^3 \approx (\dfrac{1738}{6376})^3 \approx 0{,}02$

$= \dfrac{2}{100} = 2\ \%$.

Donc le volume de la Lune est environ 2 % de celui de la Terre.

5 **a.** En cm^2, l'aire latérale est de $30 \times (6 \times 20) = 3\,600$.

b. Aire d'une base en cm^2 :

$6 \times (20 \times 20 \times \dfrac{\sqrt{3}}{2}) = 1\,200\sqrt{3}$. Aire totale en cm^2 :

$3\,600 + 2 \times 1\,200\sqrt{3} = 3\,600 + 2\,400\sqrt{3} \approx 7\,757$.

c. En cm^3, $V = 1\,200\sqrt{3} \times 30 = 36\,000\sqrt{3} \approx 6\,235$.

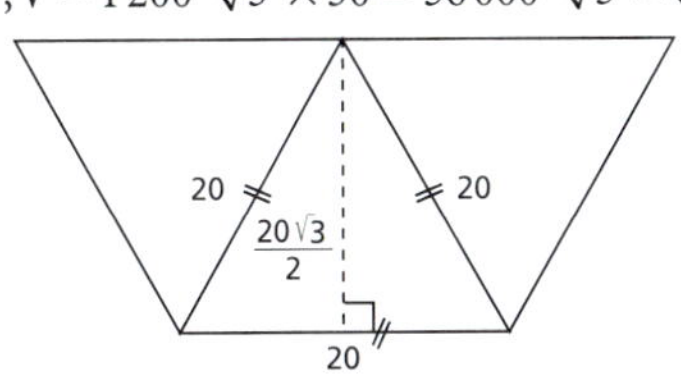

6 La tente a la forme d'un prisme droit à base triangulaire.

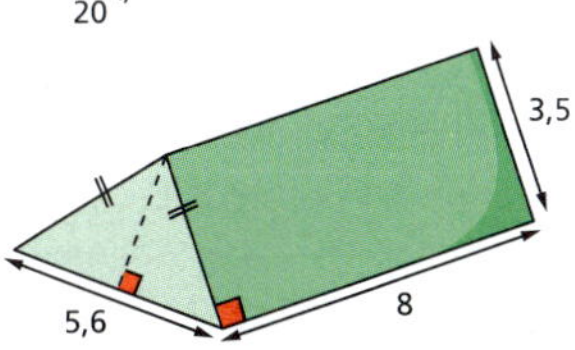

a. Hauteur en m de la face triangulaire :

$\sqrt{3{,}5^2 - 2{,}8^2} = 2{,}1$.

Aire en m^2 de la face triangulaire : $\dfrac{1}{2} \times 5{,}6 \times 2{,}1 = 5{,}88$.

Aire totale en m^2 : $2(5{,}88) + 2(8 \times 3{,}5) + (8 \times 5{,}6) = 112{,}56$.

b. En m^3, $V = B \times h = 5{,}88 \times 8 = 47{,}04$.

7 **1.** $V = \dfrac{1}{3} \times B \times h$, donc $\dfrac{500\sqrt{2}}{3} = \dfrac{1}{3} \times B \times 5\sqrt{2}$,

d'où : $\boxed{B = 100 \text{ cm}^2}$ et $a = \sqrt{100}$, $\boxed{a = 10 \text{ cm}}$.

2. a. $V' = 2 \times V = \boxed{\dfrac{1\,000\sqrt{2}}{3} \text{ cm}^3} \approx \boxed{471{,}40 \text{ cm}^3}$.

b. $A = 8 \times \text{aire d'une face} = 8 \times (\dfrac{1}{2} \times 10 \times \dfrac{10\sqrt{3}}{2}) \text{ cm}^2$ $= \boxed{200\sqrt{3} \text{ cm}^2} \approx \boxed{346{,}41 \text{ cm}^2}$.

8 **1. a.** 38 cm.

2. e. $5\sqrt{3}$ cm^2.

Chapitre 31, page 133

1 **a.** Faux, car un plan est illimité.

b. Vrai, par définition deux droites concourantes déterminent un plan.

c. Vrai, par définition deux droites parallèles déterminent un plan.

2 La surface S n'est pas un plan, car en joignant deux points quelconques A et B de S, la droite (AB) n'est pas entièrement dans S.

3 **1.** Points colinéaires ou alignés : B, M et S, …

2. Points coplanaires, ou points dans un même plan : A, B, C et N, …

3. Trois points non colinéaires, ou trois points non alignés : A, B et C, …

4. Droites non sécantes ou pas dans un même plan : (AB) et (CS), …

4 **a.** Vrai, car d_1, d_2 et d_3 se rencontrent en un même point.

b. Faux. Contre-exemple : d_1 et d_2 sont dans un même plan et se coupent en O. d_3 perce le plan en O.

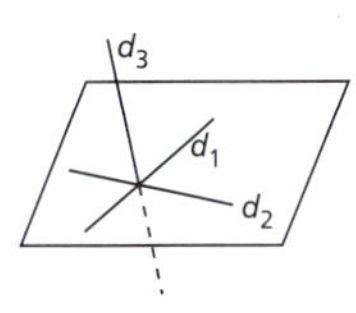

c. Vrai. Exemple :

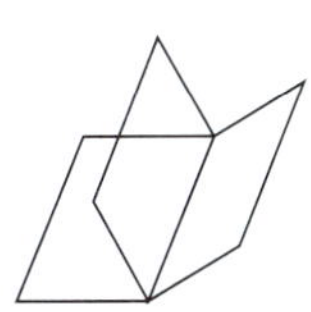

d. Vrai. Exemple :

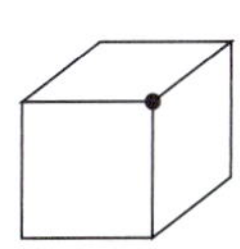

les trois faces d'un cube se rencontrent en un sommet.

5 **a.** Vrai. S'ils sont alignés, ils sont dans un ou plusieurs plans. S'ils ne sont pas alignés, ils sont dans un même plan.

b. Faux, car trois points quelconques sont dans un même plan, mais si le quatrième point n'est pas dans ce plan, alors les quatre points ne sont pas coplanaires.
Exemple :

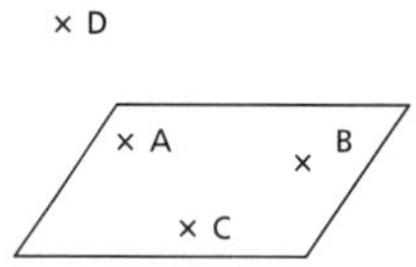

c. Vrai, par définition.

d. Faux. Exemple : (AB) et (DH) ne se rencontrent pas et ne sont pas parallèles. (AB) et (DH) ne sont pas dans un même plan.

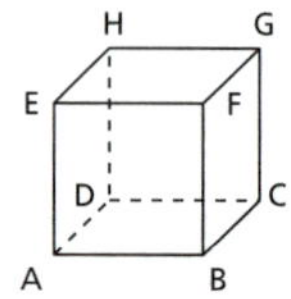

6 0 point d'intersection :

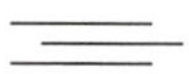

3 droites parallèles

1 point d'intersection :

3 droites concourantes en un même point

2 points d'intersection :

2 droites parallèles et une sécante

3 points d'intersection :

3 droites concourantes deux à deux

7 **1.** La figure **b.** est exacte. En effet, les plans (ABCD) et (EFGH) sont parallèles, leurs intersections avec le troisième plan IPQR sont deux droites parallèles, donc (IP) // (QR). De même les intersections avec les faces parallèles (ABFE) et (DCGH) sont parallèles, donc (IR) // (PQ).

2. IPQR est un parallélogramme, car il a les côtés opposés parallèles.

8 $V = B \times h$. Les cylindres C_1 et C_2 ont le même volume, car ils ont la même aire de base B et la même hauteur h. Cette hauteur est la distance des deux droites parallèles Δ et Δ'.

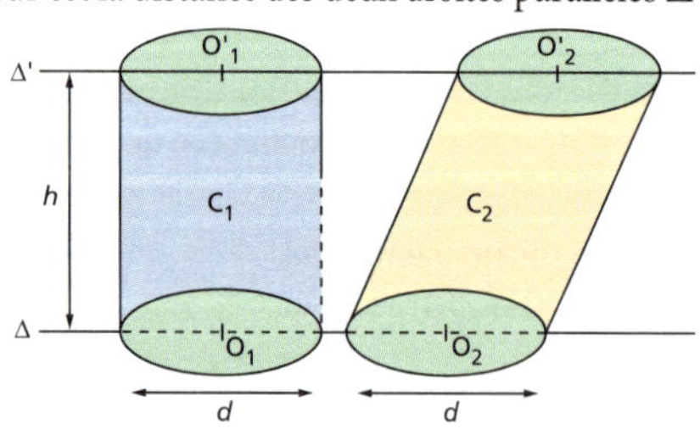

9

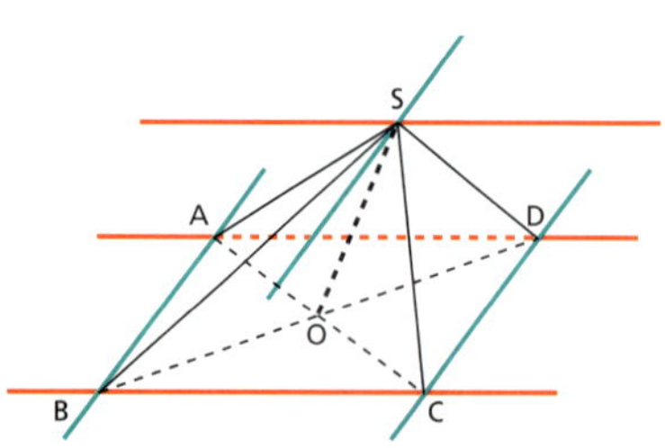

1. a. Le sommet S.

b. L'intersection des faces SAB et SCD est une droite qui passe par S et parallèle aux côtés AB et CD. En effet, les plans SAB et SCD passent par les deux droites parallèles AB et CD, leur intersection est donc une troisième droite parallèle à ces deux droites.

c. L'intersection des plans SBC et SDA est une droite qui passe par S et parallèle à (BC) et (AD).

d. (AC) et (BD) se rencontrent au centre O du parallélogramme, donc (SO) est l'intersection des plans (SAC) et (SBD).

2. $V = \frac{1}{3} \times B \times h$, ou $3V = B \times h$, soit $h = \frac{3V}{B}$.

$\frac{3 \times 36}{15} = 7{,}2$. Donc, $\boxed{h = 7{,}2 \text{ cm}}$.

10

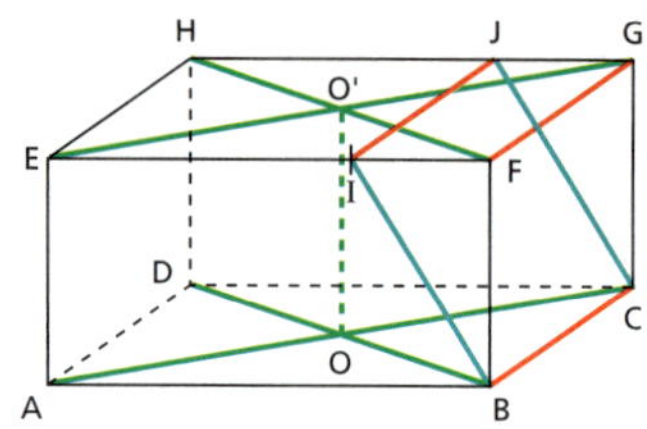

1. (AB) et (DH) ne se rencontrent pas. Elles ne sont pas parallèles, car elles ne sont pas dans un même plan.

2. (IBC) ∩ (ABFE) = (BI) ; (IBC) ∩ (EFGH) = (IJ) avec (IJ) // (BC).
(IBC) ∩ (DCGH) = (CJ) avec (CJ) // (BI).
Remarque : BIJC est un parallélogramme, car il a les côtés opposés parallèles (intersections d'un plan avec deux plans parallèles).

3. Soit O l'intersection des diagonales AC et BD. O appartient aux deux plans ACGE et BDHF.
Soit O' l'intersection des diagonales EG et FH. O' appartient aux deux plans ACGE et BDHF.
Par conséquent l'intersection des plans diagonaux ACGE et BDHF est la droite (OO') passant par les centres des bases ABCD et EFGH.

Chapitre 32, page 135

1 **a.** Faux, car une droite est perpendiculaire à un plan si elle est perpendiculaire à deux droites du plan.

b. Faux. d // Δ dans le seul cas où d et Δ sont également dans un même plan.

c. Faux dans l'espace. Vrai en géométrie plane.

d. Faux. Pour être parallèles, d_1 et d_2 devraient également être dans un même plan.

2 **1.** (AB) et (MI) sont deux droites sécantes en I, elles sont donc coplanaires. Elles définissent le plan (AMB).

2. D'après les données, la droite (AB) est orthogonale au plan P, donc (AB) est orthogonale à toutes les droites de ce plan, en particulier à (MI). D'où : (AB) ⊥ (MI).

3. Dans le plan (AMB), (MI) est perpendiculaire à (AB) au milieu du segment [AB], donc la droite (MI) est médiatrice du segment [AB], par conséquent MA = MB et le point M est équidistant des extrémités A et B du segment [AB].

3

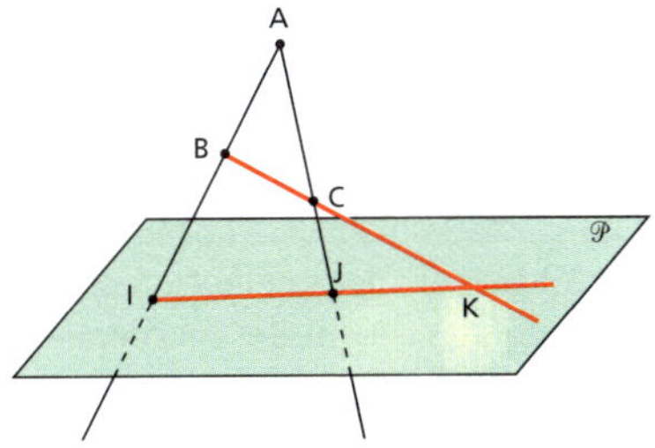

1. Les points A, B et C déterminent le plan (ABC). L'intersection de deux plans est une droite, donc l'intersection des plans (ABC) et 𝒫 est la droite (IJ).
(BC) est une droite du plan (ABC), son intersection avec le plan 𝒫 est donc un point, K, situé sur (BC) et sur (IJ).
Les points I, J et K sont alignés.

2. Si (BC) est parallèle au plan 𝒫, alors le plan (ABC) qui passe par (BC) coupe le plan 𝒫 selon une droite parallèle à (BC). D'où (IJ) // (BC).

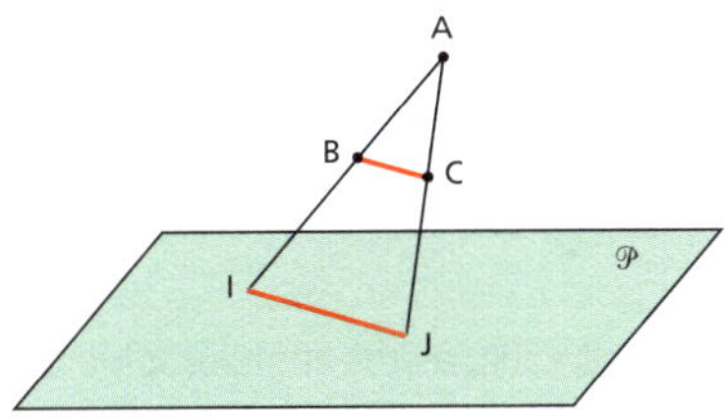

4 **a.** Vrai. En effet, (AE) est perpendiculaire au plan ABCD, donc à toutes les droites de ce plan, en particulier à (BD).

b. Vrai. En effet, les diagonales d'un carré sont perpendiculaires.

c. Vrai. En effet, (BD) ⊥ (AC) et (BD) ⊥ (AE), donc (BD) ⊥ (AEC).

d. Vrai. En effet, (BD) ⊥ (AEC), donc (BD) est orthogonale à toutes les droites du plan, en particulier à (EC).

5 **1.** SABCD pyramide régulière signifie que la base ABCD est un polygone régulier (ici c'est un carré), que les faces sont des triangles isocèles et que la hauteur de la pyramide est SO, O étant le centre de la base.

2. Soit SH la hauteur d'une face. On a $\dfrac{\text{SH}}{4} = \tan 75°$,

d'où $\text{SH} = 4 \times \tan 75° \approx 14{,}93$.

Aire du triangle isocèle SBC = $\dfrac{1}{2} \times 8 \times \text{SH} = 4\text{SH}$. Et l'aire latérale de la pyramide = $4 \times 4 \times \text{SH} = 16\ \text{SH} = 16 \times 4 \times \tan 75° \approx 238{,}85$. D'où, à 0,01 près $\mathscr{A} = 238{,}85\ \text{cm}^2$.

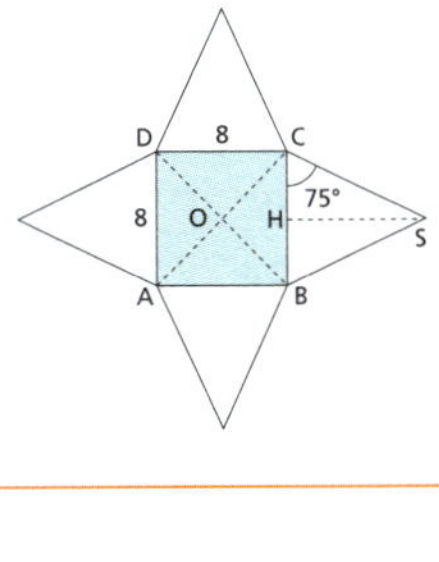

3. SO est la hauteur de la pyramide. Le triangle SOH est rectangle en O, car SO est perpendiculaire à toutes les droites de la base ABCD.
D'après le théorème de Pythagore : $\text{SO}^2 = \text{SH}^2 - \text{OH}^2 \simeq 14{,}93^2 - 4^2$.

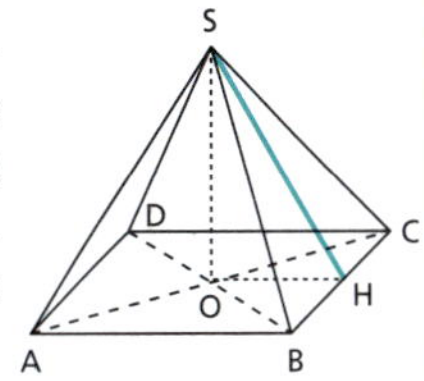

$\text{SO} \approx 14{,}38$ cm. D'où $V = \dfrac{1}{3} \times B \times h \approx \dfrac{1}{3} \times 64 \times 14{,}38 \approx 306{,}77$.

À 0,01 près $\boxed{V = 306{,}77\text{cm}^3}$.

6 **1.** HA est la diagonale du carré ADHE, donc $\text{HA} = a\sqrt{2}$.
De même $\text{AC} = a\sqrt{2}$ et $\text{HC} = a\sqrt{2}$. Le triangle HAC est donc équilatéral.

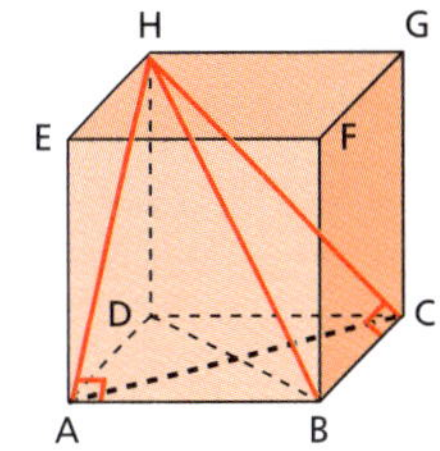

2. A_1 = aire DAC + aire HDA + aire HDC + aire HAC

$$A_1 = \frac{1}{2}a^2 + \frac{1}{2}a^2 + \frac{1}{2}a^2 + \frac{1}{2}\left(a\sqrt{2} \times a\sqrt{2} \times \frac{\sqrt{3}}{2}\right)$$

$$A_1 = \frac{3}{2}a^2 + \frac{1}{2}a^2\sqrt{3}$$

$$\boxed{A_1 = \frac{1}{2}a^2\left(3 + \sqrt{3}\right)}.$$

$$V_1 = \frac{1}{3} \times B \times h = \frac{1}{3} \times \left(\frac{1}{2} \times a^2\right) \times a,\ V_1 = \frac{1}{6}a^3.$$

3. (AB) ⊥ (ADHE), donc (AB) est perpendiculaire à toutes les droites du plan, en particulier à (AH). Le triangle HAB est donc rectangle en A.

4. A_2 = aire ABCD + aire HDA + aire HDC + aire HAB + aire HBC

$$A_2 = a^2 + \frac{1}{2}a^2 + \frac{1}{2}a^2 + \left(\frac{1}{2} \times a \times a\sqrt{2}\right) + \left(\frac{1}{2} \times a \times a\sqrt{2}\right)$$

$$A_2 = 2\,a^2 + a^2\sqrt{2},$$

$$\boxed{A_2 = a^2\left(2 + \sqrt{2}\right)}.$$

$$V_2 = \frac{1}{3} \times B \times h = \frac{1}{3} \times a^2 \times a,\ \boxed{V_2 = \frac{1}{3}a^3}.$$

7

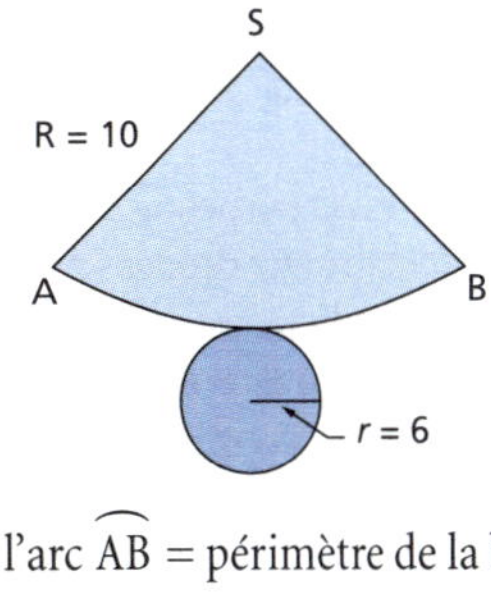

a. Longueur de l'arc $\overset{\frown}{AB}$ = périmètre de la base = $2\pi r = 12\pi$.

D'après le tableau de proportionnalité:

Longueur d'un arc circulaire	$2\pi R$	12π
Aire du secteur	πR^2	A?

D'où: $\mathcal{A} = \dfrac{12\pi \times \pi R^2}{2\pi R} = 6\pi R = 60\pi$.

Pour $\pi = 3{,}14$, $\boxed{\mathcal{A} = 188{,}4 \text{ cm}^2}$.

b. $V = \dfrac{1}{3} \times \pi r^2 \times h = 12\,\pi h$. Or, d'après le théorème de Pythagore $h^2 = SA^2 - r^2 = 100 - 36 = 64$,

d'où $h = \sqrt{64} = 8$. Donc, $V = 12\,\pi h = 12\,\pi \times 8 = 96\,\pi$.

Soit $\boxed{V = 301{,}44 \text{ cm}^3}$.

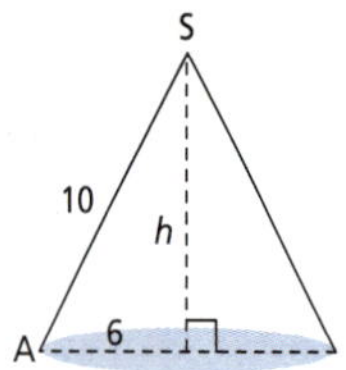

8

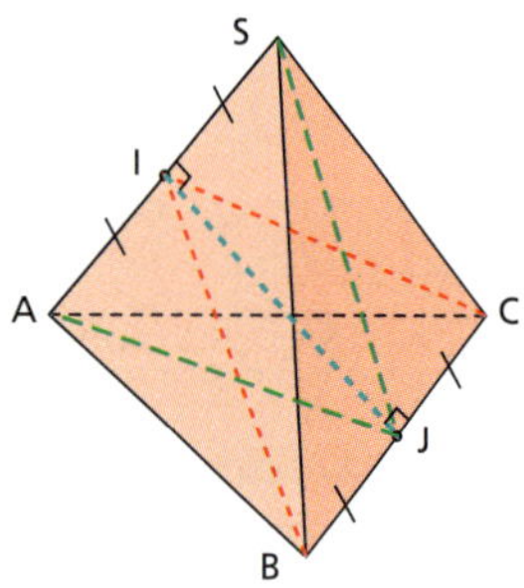

1. «Tétraèdre régulier» signifie tétraèdre dont les arêtes ont même longueur, donc que les quatre faces sont des triangles équilatéraux.

2. • I est le milieu de [SA], donc dans le triangle équilatéral BAS, (BI) $\perp$ (SA).
• De même dans le triangle équilatéral SAC, (CI) $\perp$ (SA).
• La droite (SA) est perpendiculaire à (IB) et à (IC), donc (SA) est perpendiculaire au plan IBC, car elle est perpendiculaire à deux droites concourantes de ce plan.
• (SA) est perpendiculaire au plan (IBC), donc elle est orthogonale à toutes les droites de ce plan; en particulier à la droite (BC).

3. • I et J sont deux points du plan (IBC), donc (IJ) est une droite du plan (IBC), mais (SA) est perpendiculaire au plan (IBC), donc (SA) $\perp$ (IJ).
• De même l'arête BC est perpendiculaire au plan (ASJ), car elle est perpendiculaire aux droites (AJ) et (SJ) de ce plan, donc (BC) est perpendiculaire à la droite (IJ) de ce plan.
Remarque: IB = IC (hauteurs de triangles équilatéraux de même côté). (IJ) $\perp$ (BC) comme hauteur relative à la base du triangle isocèle IBC.
• (IJ) $\perp$ (SA) et (IJ) $\perp$ (BC), donc (IJ) est une perpendiculaire commune à (SA) et (BC).

HISTOIRE

Chapitre 1, page 139

1 **Liturgie** : attention, le mot a plusieurs sens : un sens religieux, le plus commun aujourd'hui, pour désigner l'ordre selon lequel se déroulent les cérémonies et les prières. Chez les Grecs, et c'est le sens qui nous intéresse ici, il désignait le service public dont l'exécution était confiée aux habitants les plus riches (équiper les trières, organiser les spectacles publics…) pendant un an.
Chorège : à Athènes, il s'agissait du citoyen qui devait (à ses frais) organiser les chœurs des concours musicaux et dramatiques.
Gymnasiarque : chef de gymnase c'est-à-dire d'établissement d'éducation.
Prostate : qui est placé devant, donc qui doit donner l'exemple.
Trière : (on dit aussi trirème) vaisseau de guerre qui comportait trois rangées superposées de rameurs.
Être riche : c'est avoir des obligations nombreuses et variées : avoir une vie sociale très active, être généreux, être un vrai chef dans tous les domaines, s'impliquer dans la vie politique et militaire, agir pour l'ensemble de la cité, fût-ce aux dépens de ses intérêts particuliers.

2 **a.** La femme est très effacée. Éternelle mineure, elle n'a aucun pouvoir. Mariée jeune sans son consentement elle est choisie sur des critères sociaux.
b. Le gynécée.

3 **Pythagore** : 580-500, maths et philosophie mais il n'a rien écrit. Sa doctrine a été exposée par ses disciples.
Thalès : 640-548 ; philosophie et maths.
Strabon : –58 à + 25 ; géographie
Archimède : 287-212 ; maths et physique.
Hérodote : 486-420 ; histoire.
Hippocrate : 460-337 ; médecine.

4 **Socrate** : philosophe, fils d'un sculpteur et d'une sage-femme. Maître à penser de Platon et Xénophon, il refusait l'enseignement dogmatique, obligeait ses élèves à découvrir la vérité par le jeu des questions (l'ironie) qui les conduisait à saisir leurs contradictions (dialectique). Pour lui, la réflexion doit être centrée sur l'homme et sa conduite. Il fut condamné à boire de la ciguë. Ce sont les *Dialogues* de Platon qui nous permettent de connaître sa philosophie.
Platon : disciple de Socrate qu'il fait parler dans ses *Dialogues*. Sa philosophie repose sur la dialectique. La vérité, objet de la science, se trouve dans les idées. L'idée suprême étant celle du bien.
Épicure : philosophe pour qui le plaisir d'apprendre et la pratique de la vertu sont le « souverain bien ».
Xénophon : historien, philosophe, il fut aussi général, se distingua pendant la guerre du Péloponnèse, dirigea la retraite des Dix Mille, fut banni par ses concitoyens. Auteur des *Helléniques*, de l'*Économique*, de l'*Équitation*, il fut l'élève de Socrate.

Chapitre 2, page 141

1 **a.** Nous sommes en présence de deux documents concernant la vie de Paul. L'un, un ivoire, date du IVe siècle et se trouve à Florence au Musée national du Bargello, l'autre est un texte rédigé d'après les Actes des Apôtres, un des livres du Nouveau Testament, écrit en grec par Luc vers 63 et qui retrace l'histoire du christianisme depuis l'Ascension du Christ en 33 jusqu'à l'arrivée de Paul à Rome en 63. Ces deux documents donnent des indications sur la foi et la force de persuasion de Paul, mais l'un, le texte, est contemporain de Paul, et l'autre, l'ivoire, a été réalisé longtemps après sa mort.
b. Voie du christianisme.
c. Éléments de l'ivoire de haut en bas : Paul enseigne, donc il discourt, il essaie de faire passer son message.
Paul n'est pas atteint par la morsure de la vipère ; il secoue sa main pour la jeter dans les flammes.
Paul guérit des malades par simple apposition des mains.
Trois éléments que l'on retrouve dans le texte.
d. Oui, Juifs et Grecs d'Asie se sont convertis au christianisme.

2 **a.** Le christianisme s'est développé « par noyaux » d'abord très localisés. Puis l'extension s'est faite autour de ces centres à partir du IVe siècle. L'essor s'explique par le fait que l'édit de Milan en 313 accorde la liberté religieuse, reconnaît toutes les religions, y compris le catholicisme. Cette liberté est confirmée par l'édit signé par l'empereur Théodose en 392.
b. À la fin du IVe siècle, le culte païen qui reposait sur des sacrifices est interdit par l'empereur Théodose. La mise en place du catholicisme fut longue et difficile. Il n'a pas conquis toute l'Europe : en Grande-Bretagne il n'existe que ponctuellement et il est absent en Europe du Nord.

Chapitre 3, page 143

1 **1.** Innocent III, pape de 1198 à 1216, lutta contre Philippe Auguste et Jean sans Terre, prit l'initiative de la 4e croisade et de l'expédition contre les Albigeois. Il imposa sa tutelle à Frédéric II , réunit le 4e concile du Latran qui marqua le consentement de l'Occident à la chrétienté.
Frédéric Ier dit Barberousse régna de 1152 à 1190, fit de nombreuses expéditions contre l'Italie, détruisit Milan mais fut défait à Legnano et dut reconnaître les prétentions des villes lombardes alliées à la papauté.
2. Ignominie : extrême déshonneur.
3. Comparaisons : le pape et le soleil, la royauté et la lune. Revendication commune : le pouvoir vient de Dieu.

2 Le texte intégrera les informations suivantes. Trois espaces religieux inégaux : islam le plus répandu.
Contacts belliqueux : conquêtes des Almoravides et des Turcs. Reconquista espagnole.
Contacts commerciaux : échanges nombreux de produits de valeur. De grandes routes commerciales relient les principaux ports et pratique du cabotage.

Chapitre 4, page 145

1 Entre le début et la fin du XIIe siècle, les États latins ont subi de profondes mutations. Certains royaumes ont disparu (Jérusalem, Édesse), d'autres ont été très sérieusement amputés (Tripoli, Antioche), l'Empire byzantin perd ses territoires. Dans le même temps la petite Arménie est fondée sur des terres byzantines et musulmanes, le royaume de Chypre naît sur des terres byzantines et l'espace politique musulman s'étale. Les Croisés ont dû abandonner une grande partie de leurs forteresses. Il ne leur en reste plus que trois : le krak des Chevaliers, Margat et Montfort. À part le royaume de Chypre qui se maintient jusqu'en 1489 et la petite Arménie qui disparaît en 1375, les autres royaumes disparaissent à la fin du XIIIe siècle.

2 Pluralité intellectuelle (doc. 1 : « lumière », doc. 3 : « polyglotte »), religieuse (doc. 1 et 2).
Échanges commerciaux (doc. 4).
Oui et non. Non parce que dans beaucoup de lieux les communautés restent séparées. Oui, parce qu'ailleurs les populations se mélangent, se marient et parfois se convertissent (doc. 3 : « nous voilà transformés en Orientaux »).

Chapitre 5, page 149

1 Plusieurs informations se dégagent de la carte :
Il y a quatre foyers importants d'humanisme et de Renaissance mais trois des quatre capitales se trouvent en Italie (Rome, Venise, Florence), l'autre étant Paris (action importante de François Ier). Si les universités et centres d'imprimerie sont dispersés sur l'ensemble de l'Europe de l'Ouest et en Italie, le point de départ de diffusion de l'imprimerie fut l'Allemagne, plus précisément Mayence.
La réforme religieuse (Luther et Calvin) a concerné deux des quatre espaces (les Pays-Bas et l'Allemagne). Le sud-ouest de la France et la Suisse, peu concernées par la Renaissance malgré l'ancienneté de leurs universités, adoptent le calvinisme alors que le roi d'Angleterre, Henri VIII, pour des raisons de convenance personnelle, impose une religion différente.

2 Un texte et une carte qui permettent de mesurer l'importance du commerce dans le développement des cités et l'enrichissement de la population.
Bordeaux (dont Montaigne fut le maire) fut une cité médiévale enfermée dans ses remparts jusqu'au XVIIIe siècle. Le château Trompette avait été élevé par Louis XI qui voulait surveiller la ville, anglaise jusqu'en 1452. Tête de pont de l'Angleterre, Bordeaux doit sa prospérité, au début, aux exportations de vin vers l'Angleterre puis vers les Amériques et l'Europe du Nord. Entre le castrum gallo-romain et l'enceinte du XIVe, la ville a multiplié sa surface par cinq. Les ordres mendiants étaient attirés par la richesse de la ville. De nouveaux quartiers apparaissent, une université est créée au milieu du XVe siècle.

Chapitre 6, page 151

1 **a.** Les Médicis et surtout Laurent le Magnifique.
b. Masaccio et Masolino.
c. Brunelleschi.
d. Éléments typiques de la Renaissance italienne : dôme, coupoles, proportions mathématiques qui rappellent les grands principes de l'Antiquité.

2 **a.** La carte de Beatus présente le monde en un seul bloc. À ce moment-là, on ne connaissait que deux chaînes de montagnes : les Alpes et les Pyrénées, un fleuve : le Danube et une mer : la Méditerranée. Au XIIe siècle, les échanges, hormis dans le bassin méditerranéen, sont essentiellement terrestres.
b. En 1570, Christophe Colomb, Magellan, Vasco de Gama, Jacques Cartier ont sillonné les mers du monde et découvert de nouveaux territoires. Les connaissances et les techniques permettent alors de dresser des cartes plus précises. Cette carte se rapproche des planisphères dont nous disposons aujourd'hui.

Chapitre 7, page 153

1 Peinture religieuse qui date de 1460 et représente la flagellation de Jésus ordonnée par le gouverneur romain de Palestine Ponce Pilate.
Deux plans : au 1er plan, à droite, trois personnages ne semblent pas concernés par la scène qui se déroule en arrière-plan à gauche.
Décor et architecture rappellent l'Antiquité (colonne corinthienne), pilastre.
L'utilisation de la perspective donne de la profondeur au tableau et le regard est attiré par le second plan et Jésus.
Les personnages sont réalistes (posture, regard, taille, mouvement des vêtements).

2 **a.** Une *pietà* est le nom italien donné à des toiles peintes, des miniatures ou des sculptures représentant une Vierge de pitié. La Vierge est représentée assise, tenant le corps du Christ mort sur ses genoux le Vendredi saint entre la descente de la Croix et la mise au tombeau. Les *pietà* sont symbole de deuil et de douleur maternelle. La première date de 1320.
Sculpture en ronde bosse = sculpture en plein relief. Les objets sont représentés dans leurs trois dimensions et sont détachés du fond. On peut en faire le tour.
Statue = sculpture en ronde-bosse qui représente une personne en pied (assise ou à cheval, dans ce cas on parle de statue équestre) ou un animal. En général, elle est placée sur un socle. Les statues des époques romanes et gothiques sont souvent surmontées d'un baldaquin.
Bas-relief = sculpture dont les formes se détachent peu ou pas du fond, on ne peut en faire le tour. On trouve des bas-reliefs pour toutes les époques. Ils ont moins souffert du temps que les sculptures en ronde bosse et les statues.
b. La *pietà* réalisée par Michel-Ange en 1500 et que l'on peut voir dans la cathédrale Saint-Pierre de Rome est une statue en marbre, sans doute la plus connue de toutes les *pietà* réalisées.
c. Il s'agit d'une scène religieuse encore dans la tradition médiévale, puisqu'elle représente la Vierge tenant le corps du Christ après la descente de la Croix.
d. Nous sommes en 1500, l'influence médiévale est encore nette mais on perçoit aussi l'influence de l'Antiquité qui marque d'abord la Renaissance italienne.
e. et **f.** L'ensemble a une forme pyramidale ; la Vierge regarde le corps de son fils inanimé. L'œuvre est très travaillée mais reste sobre et majestueuse. Les drapés donnent à la statue une touche antique.

Chapitre 8, page 157

1 **a.** Corvée : journée de travail gratuit due au seigneur sous l'Ancien Régime.
b. Les femmes du tiers état et plus précisément une « fermière », dit la légende.
c. Courbée en s'appuyant sur un bâton trop grand pour elle et plutôt flexible mais on dirait qu'elle essaie de se redresser.
d. Traits tirés, regard qui supplie et traduit la souffrance.
e. Une religieuse et une noble. La religieuse regarde au loin, l'ignore, la noble la réprimande. Que peut-elle lui reprocher ? Peut-être de lui faire perdre l'équilibre parce qu'elle s'est redressée pour demander grâce (pied arc-bouté et elle s'agrippe à la religieuse) ou de ne pas aller assez vite.
f. et **h.** Le tiers état triomphant : la caricature date de 1790. En 1790, une Assemblée constituante a été mise en place, les privilèges abolis, la Déclaration des droits de l'homme et du citoyen promulguée. C'est donc la victoire du tiers état.
g. Non. Les femmes n'avaient guère de droits au XVIIIe. Les religieuses, à part les mères abbesses issues de la haute noblesse, vivaient chichement, enfermées dans leur couvent lorsqu'elles ne travaillaient pas dans un hôpital. C'était le mari qui gérait les finances du couple. La femme était soumise à son mari, s'occupait de la maison et de ses enfants. En fait, les femmes ne « portaient » rien. Mais elles subissaient les difficultés de la vie et, de ce fait, souhaitaient autant que les hommes, que les choses changent.

2 **a.** Nature des revendications :
Financière : diminution des impôts (doc.1) , impôts plus équitables (doc. 1), impôt nouveau voté (doc. 1 et 3).
Politique : une Constitution pour déterminer clairement les droits et devoirs de chacun (doc. 2 et 4) ; que les lois soient votées (doc. 3), une refonte de la composition de l'Assemblée (doc. 3 et 4), que chaque élu vote en son âme et conscience (doc. 4), séparation des pouvoirs (doc. 2 et 4).
Sociale : un niveau de vie plus décent (doc. 1), la liberté (doc. 2), l'égalité (doc. 1).
Judiciaire : justice égalitaire, arrestation justifiée (doc. 2)
b. Le doc. 2 rappelle l'*Habeas corpus* voté en Angleterre en 1679.

c. Les dysfonctionnements politiques qui ont conduit à une situation qui n'est plus ni comprise ni maîtrisée. Pourtant le roi est apprécié (doc. 1).
L'exemple de l'Angleterre et les écrits des philosophes contribuent au développement de nouvelles aspirations.
L'absolutisme est sérieusement mis à mal. Les cahiers de doléances traduisent une liberté de ton et d'action impensable cinquante ans plus tôt. L'origine géographique variée de ces cahiers indiquent que c'est tout le royaume qui est las.

Chapitre 9, page 159

1 Cet organigramme indique que, comme l'avait souhaité Montesquieu, il y a séparation nette des pouvoirs. On note que le pouvoir législatif est composé de deux chambres, ce qui était une des questions posées dès le 31 août 1789 mais n'avait pas été retenue dans la première Constitution. Ce texte rédigé par les Thermidoriens après la chute de Robespierre, fut promulgué le 22 avril 1795 adopté en septembre. Il fonde le Directoire.
Il prouve la volonté des auteurs de « terminer la Révolution » en mettant en place une République censitaire et en empêchant tout retour de la dictature (cinq codirecteurs) ; mais il maintient aussi l'instabilité politique puisque chaque année un directeur et le tiers des députés sont renouvelés.
Il n'institue pas la démocratie, dans la mesure où seuls les propriétaires et les hommes qui paient des impôts peuvent être électeurs. C'est la République « des meilleurs », ceux qui sont le plus intéressés au maintien des lois. Les femmes, malgré toutes les tentatives d'Olympe de Gouges en particulier, ne participent pas à la vie politique.

2 **a.** Le roi et un sans-culotte.
b. Le sans-culotte est reconnaissable à son pantalon gris et à son bonnet phrygien.
c. 1792 après l'arrestation du roi à Varennes. Le sans-culotte représente le peuple parisien. Dans son jeu il n'a que des piques, comme les insurgés (jeu de mot sur « piques »). Le roi a écarté les « cœurs » de son jeu, en partant en catimini il a perdu ses fidèles, ceux qui croyaient en lui et l'aimaient. Il n'a donc plus rien pour se défendre, il est « capot », comme le joueur de belote qui n'a plus d'atouts dans son jeu.

3 Cet extrait fait penser à La Déclaration des droits de l'homme et du citoyen adoptée en France le 26 août 1789 soit 13 ans après le texte fondateur des États-Unis. À noter une différence importante : la référence à Dieu et à la Création qui n'existe pas dans le texte français.

Chapitre 10, page 161

1 Napoléon fait le grand écart entre Madrid à gauche et Moscou à droite, ses deux plus gros échecs militaires. Au fond, le château de Fontainebleau. Il est perché sur des échasses qui se brisent. Tous les attributs de l'empereur tombent : chapeau, sceptre, globe symbolisant sa politique de conquêtes. Il essaie de se maintenir en équilibre. Mais tout tombe et il semble parti pour plonger tête la première. C'est l'image de la fragilité, de « l'usurpateur », de celui qui s'est cru au-dessus de tout. La caricature date de 1814, Napoléon dut abdiquer le 6 avril et partir en exil sur l'île d'Elbe.

2 **a.** Né en 1768 à Saint-Malo, Chateaubriand était noble (vicomte). Il parcourut l'Amérique et revint en France au moment de la Révolution mais partit en exil en Angleterre en 1792. Il revient en France en 1800. Admirateur de Bonaparte, il n'admet pas l'assassinat du duc d'Enghien et se détourne de Napoléon. Sous la Restauration il fut ambassadeur de France à Londres, puis ministre des affaires étrangères (1822-24) mais s'oppose à Charles X. Depuis le début du siècle il est connu pour ses talents d'écrivain (le Génie du christianisme paraît en 1802). Il a exercé une très forte influence sur le mouvement romantique. Parmi ses œuvres on peut retenir *René*, *Atala*, *Itinéraire de Paris à Jérusalem*, *Mémoires d'outre-tombe*, *Le Génie du christianisme*, *Les Martyrs*…
b. Pamphlet.
c. C'est un portrait désobligeant qui présente Napoléon sous les traits de quelqu'un d'inhumain. Le vocabulaire le plus significatif : dévoreras (verbe employé pour les animaux), tyrannie, vengeance, désolation, égorgés.
Il le compare à Attila et Néron : selon la légende là où passait Attila l'herbe ne repoussait pas. Deux personnages particulièrement sanguinaires. Analogie avec les multiples guerres menées par l'empereur. Buonaparte était le nom d'origine de Napoléon, fils d'un noble italien. Il y a du mépris de la part de Chateaubriand qui, à ce moment-là, soutient la royauté.
d. Non, le jugement de l'écrivain a changé. Chateaubriand est mort en 1848 mais ses *Mémoires d'Outre Tombe* ont été écrites entre 1809 et 1841 et n'ont été publiées qu'après sa mort. Chateaubriand a un jugement beaucoup plus modéré à la fin de sa vie ce qui peut s'expliquer.
En 1814 c'était le désastre de la campagne de Russie et une économie en difficulté qui entraînaient un rejet. En 1850, on mesure plus sereinement l'importance de son œuvre d'autant qu'en 1830 la France a connu une nouvelle crise révolutionnaire. L'administration napoléonienne a été adoptée par de nombreux pays y compris par ceux qui ont exécré la France. « Despotisme de sa mémoire » parce que son nom est accolé à plusieurs éléments (code Napoléon, franc Napoléon…).
e. Ses grands faits marquants sont d'avoir mis fin à la Révolution, restauré la religion, rétabli la paix intérieure, d'avoir fait de la France une grande Nation copiée à l'extérieur.
Sur la frise doivent figurer les événements suivants : 1793 : se fait remarquer à Toulon – 1794 : campagne d'Italie comme général de brigade – 1796 : obtient le

commandement de l'armée d'Italie. Victoires de Lodi, Arcole, Rivoli – 1797 : représente la France au Congrès de Rastatt – 1798–99 : campagne d'Égypte, la flotte est détruite à Aboukir – 18 brumaire an VIII : coup d'État, est nommé premier consul – 1800 : vainqueur à Marengo – 1801 : signe le concordat avec Pie VII – 1802 : nommé consul à vie – 1804 : fait promulguer le Code civil – 1805 : victoire d'Austerlitz – 1806 : victoire d'Iéna – 1807 : victoire de Friedland – 1809 : victoire de Wagram – 1812 : campagne de Russie – 1813 : défaite de Liepzig – 6 avril 1814 : il abdique – 1815 : meurt à Sainte-Hélène.

Chapitre 11, page 163

1 **a.** Une foire = un vaste marché où chacun crie pour vanter et vendre sa marchandise. Les idées par définition ne se vendent pas mais s'échangent. Bertall se dit « professeur » donc enseignant de « prothèse » donc d'élément que l'on ajoute pour pallier une défaillance (prothèse de hanche), comique = drôle. En général, une prothèse n'a rien de bien amusant. Donc un titre très lourd de sens qui dénigre le monde politique.
b. « À bas la propriété » ≠ « Vive la propriété ».
c. Parce qu'il était petit. – Le social.
d. C'était une femme, écrivain connu, à la vie assez libre, une sorte de symbole donc pour les socialistes.
e. La propriété.
f. Non, au premier rang, un monsieur hilare tourne le dos à ceux qui soutiennent bruyamment leur chef de file.
g. **Pierre Leroux** mourut en 1871. C'était un socialiste, adepte des idées de Saint-Simon. Il fut député.
Charles Fourier à la fois philosophe et économiste, est l'auteur d'un véritable système (le fouriérisme) qui prévoit l'association des individus dans un phalanstère, seul capable selon lui d'assurer travail et bien-être à chacun.
Pierre-Joseph Proudhon, théoricien socialiste, avait imaginé une société et une économie « mutuellistes ». Il affirmait que « la propriété c'est le vol ». Pour lui, seul le travail est productif, les bénéfices perçus par un propriétaire sont « un droit d'aubaine » qu'il aurait voulu supprimer en développant le crédit.
Un phalanstère (famille du mot phalange) est une association dans laquelle les adhérents vivent en communauté, exercent une activité qu'ils ont choisie librement.

2 Ateliers nationaux créés par Louis Blanc en février 1848 pour embaucher les chômeurs. Le droit au travail a été reconnu, la journée de travail réduite à 10 h (11 h en province). Mais beaucoup se méfient du droit au travail.
Reproches : coûtent cher, favorisent l'exode, foyer de contestation, ne fournissent pas de travail et encouragent la paresse.
Proposition : revoir l'organisation du travail pour une rémunération plus juste, développer la province pour qu'elle garde ses jeunes.

Chapitre 12, page 165

a. Non.
b. L'Angleterre a connu une industrialisation plus rapide qui s'est traduite très vite dans les rendements multipliés par quatre en cent ans(doc. 1). Mais ce sont les Pays-Bas qui ont commencé en premier. Les États méditerranéens sont en retard. Cas particulier de la Turquie qui a connu les prémices de l'industrialisation à la fin du XVIIIe siècle mais ne les a pas transformée.
c. Les concentrations se multiplient et se généralisent, les banques jouent un rôle de plus en plus essentiel (doc. 3).

Chapitre 13, page 167

1 Les enfants apportent un complément de ressources à la famille, apprennent la discipline et sont surveillés. En outre ils constituent une main-d'œuvre très adroite. La loi de 1841 interdit le travail à l'usine pour les enfants de moins de 8 ans.

2 Pas d'égalité de salaire selon les sexes ni les régions. Ouvriers du textile mieux payés que les autres. Salaire des enfants nécessaire : dépenses moyennes pour une famille de deux enfants : au minimum 1 033 francs à Paris et 842 en province sans compter l'achat de vêtements et toutes les autres dépenses que la nourriture.

3 Sous l'Ancien Régime, en France contrairement à l'Angleterre, les nobles n'avaient pas le droit de travailler. Si certains nobles ont refusé de s'investir dans la révolution industrielle, d'autres ont fait fortune et ont continué de jouer un rôle social important.

4 L'industrie n'est pas l'artisanat. Elle a besoin de main-d'œuvre, de manœuvres, de gros bras, pas d'artistes. Donc pas besoin d'un long apprentissage, de faire le tour de France et de réaliser un chef-d'œuvre pour être embauché, la grande industrie est accessible à tous et assure un revenu.

5 La révolution de la machine à vapeur a favorisé les transports, plus rapides, plus sûrs. Par voie de conséquence, c'est toute la production industrielle et le commerce qui ont été dynamisés.

Chapitre 14, page 169

1 L'Empire d'Autriche est une vraie mosaïque de peuples qui n'ont guère de points communs. La mer Noire intéresse autant les Russes qui manquent de débouchés maritimes que les Autrichiens. Les deux Empires cherchent donc à dominer les États riverains. Or, parmi tous ces peuples, certains ont un passé très riche (Slaves, Hongrois, Moldaves…) et ne supportent plus le joug autrichien ou ottoman, d'autant que d'autres ont obtenu une certaine

autonomie, voire leur indépendance (Grèce). Les écrivains savent émouvoir les peuples, le vocabulaire utilisé par Kollar est très violent, guerrier, c'est un vocabulaire de révolte. Petöfi est plus modéré dans ses propos, plus romantique mais tout aussi persuasif.
Une poudrière est un endroit dangereux, où l'on stocke armes et munitions ce qui demande prudence et vigilance de tous les instants. En cas d'incident c'est l'embrasement et l'explosion assurée. L'empire d'Autriche et l'Europe balkanique dans son ensemble sont tout aussi instables. Les risques de conflit entre deux ethnies, mais aussi entre Autrichiens, Russes et Ottomans sont réels. Si une telle situation se produisait c'est toute l'Europe balkanique qui « exploserait » (notons que les accrochages seront nombreux entre 1850 et 1914 et que les empires d'Autriche et Ottoman ne survivront pas à la première guerre mondiale). L'expression imagée de la « poudrière des Balkans » est donc tout à fait justifiée

Chapitre 15, page 175

Doc. 1 – Nature : Lettre, donc texte intime non destiné à la publication – **Date :** 1849 – **Auteur :** Flaubert, romancier – **But :** Rassurer sa mère âgée – **Informations, sincérité du doc. :** Géographiques : paysage autour de Memphis. Historiques : civilisation égyptienne en périls poids de l'épopée napoléonienne. Texte simple et sincère utile à l'historien – **Connaissances complémentaires à utiliser :** Égypte convoitée. Lutte Napoléon-Grande-Bretagne. Campagne d'Égypte.

Doc. 2 – Nature : Discours au Parlement, donc texte à caractère politique qui s'adresse à un public restreint – **Date :** 1766 – **Auteur :** Louis XV roi de France – **But :** Rappeler les pouvoirs du roi – **Informations, sincérité du doc. :** Le régime est encore, officiellement, absolu. Texte mise en garde, traduit une angoisse certaine du roi (répétition de « moi ») – **Connaissances complémentaires à utiliser :** Le pouvoir royal est de plus en plus contesté (difficultés financières, mauvaises récoltes, rôle des philosophes).

Doc. 3 – Nature : Constitution belge, donc texte officiel destiné à l'ensemble de la population – **Date :** 1831 – **Auteur :** Pouvoir en place, une royauté – **But :** Fixer les droits et les devoirs des gouvernants et des gouvernés – **Informations, sincérité du doc. :** Mise en place d'une démocratie. – **Connaissances complémentaires à utiliser :** La Belgique a acquis son indépendance en 1830.

Doc. 4 – Nature : Roman, donc texte destiné à être publié – **Date :** 1830 – **Auteur :** Balzac, romancier – **But :** Décrire la vie à une époque où les changements économiques et sociaux sont très importants. Frapper l'opinion – **Informations, sincérité du doc. :** Description de Paris. Indique les étapes de l'évolution et de la structuration de la ville. Trois thèmes : insécurité, insalubrité, attractivité de la ville. Texte sincère mais subjectif, utile malgré tout aux historiens, sociologues, urbanistes – **Connaissances complémentaires à utiliser :** Balzac bien connu pour son souci de la description précise. Épidémie de choléra en 1832. Paris n'est pas un cas particulier. Sous Napoléon III, Haussmann restructurera la ville.

Doc. 5 – Nature : Programme politique, donc portée limitée dans le temps, revendications précises d'un groupe défini – **Date :** Septembre 1793 – **Auteur :** Sans-culottes = révolutionnaires – **But :** Dénoncer l'organisation sociale. Établir l'égalité et la justice entre les citoyens – **Informations, sincérité du doc. :** Les inégalités et les difficultés de la vie quotidienne vues par un groupe de Parisiens. Texte à replacer dans un contexte plus large – **Connaissances complémentaires à utiliser :** La Révolution bat son plein. C'est la Ire République, le roi a été guillotiné, les jacobins sont tombés, depuis le mois de juin les révoltes secouent le pays.

GÉOGRAPHIE

Chapitre 16, page 173

Nous travaillons à 3 échelles différentes : le monde, un continent et un pays ce qui nous permet de constater que les inégalités existent à toutes les échelles et dans tous les domaines : répartition des hommes et des richesses.
En Europe, les espaces les plus riches et les plus peuplés sont à l'ouest et plus précisément dans la partie centrale, ce que l'on appelle traditionnellement « la banane bleue ».
En Europe de l'Est, les anciennes républiques communistes accusent un retard considérable : manque d'infrastructures, usines dépassées, agriculture archaïque.
La banane bleue correspond à la mégalopole de Londres à Milan. C'est là que l'on trouve les centres de commandement de l'U.E. (Bruxelles, Luxembourg, Strasbourg), le tertiaire supérieur et les industries de pointe.
Les immigrants viennent de l'ancienne Europe de l'Est mais aussi de Turquie (en Allemagne), d'Afrique (en France), d'Asie (au Royaume-Uni). Les Européens de l'Est sont attirés par un niveau de vie meilleur. Turcs, Africains et Asiatiques ont des liens particuliers avec l'Allemagne, la France et le Royaume-Uni (anciennes colonies) et ils fuient des conditions de vie particulièrement difficiles.
Globalement l'Europe est riche, mais les écarts sont importants d'un pays à l'autre.
La carte de France ajoute un autre système de représentation : celui des flux matérialisé par des flèches.
Lille, Nancy-Metz, Strasbourg, Lyon, Marseille, Toulouse, Bordeaux, Rennes occupent une position stratégique : frontière (Lille, Strasbourg), carrefour (Lyon, Marseille, Bordeaux), historique (Metz-Nancy, Toulouse, Rennes). Ce sont des villes de commandement qui offrent activités

secondaires et tertiaires, un bon réseau de communication. Elles sont toutes à la périphérie du pays. Ce sont des ponts avec le reste du monde.
Les anciennes régions industrielles, aujourd'hui en reconversion, sont les plus peuplées. Les littoraux et surtout le littoral méditerranéen sont très attractifs (phénomène de « 3S »). Autres régions attractives : région parisienne et d'industries de pointe.
Régions au plus fort PNB : Île-de-France (Paris), le grand Sud-Est (Lyon, Marseille, Nice, Grenoble), le Nord (Lille) et l'Alsace et Nord Lorraine (Strasbourg et Nancy). Régions en retrait : le Languedoc-Roussillon (malgré Montpellier) et les régions essentiellement agricoles et peu peuplées.
Les régions les moins peuplées sont les montagnes essentiellement mais aussi les régions agricoles, soit parce qu'il s'agit d'agriculture industrielle, très mécanisée soit parce qu'il s'agit d'agriculture traditionnelle peu attractive.
Les façades littorales, les capitales, les vallées et les régions industrielles sont partout très peuplées et plus riches. Les pays industrialisés ont un IDH élevé. Lorsque la population est aisée, elle favorise l'instruction des enfants y compris des filles. Instruites, les femmes ont une activité salariée, ce qui améliore les revenus du ménage.
Un pays dont la population est pauvre n'est pas obligatoirement un pays pauvre. L'Afrique est probablement le continent le plus riche mais les richesses ne sont ni exploitées ni mises en valeur, ce qui explique, à l'exception de l'Afrique du Sud, un IDH faible. À l'inverse, l'Amérique du Nord ou l'Europe de l'Ouest ont une population globalement riche.

Chapitre 17, page 175

1 Le nombre des moins de 20 ans a diminué de 7,4 % en 30 ans alors que les plus de 65 ans ont augmenté de 4 %. C'est la preuve de conditions de vie satisfaisantes qui favorisent une augmentation de l'espérance de vie. Mais on constate qu'il manquera 7 % d'actifs pour payer les retraites puisque ce sont les cotisations payées par les actifs qui assurent le financement des retraites. Des mesures s'imposent.

2 **a.** 10 % de la population mondiale en 1999 essentiellement en Europe de l'Ouest, Japon et dans une moindre mesure Amérique du Nord, Australie, Argentine, Russie, Chine.
b. 20 % en 2050 répartis sur toute la planète. Les pays « vieux » en 1999 auront encore plus de personnes âgées. L'Afrique, dont à peine 1 % de la population avait atteint 60 ans en 1999, comptera entre 10 et 19 % de plus de 60 ans.
c. Moins de 20 ans en 1999 dans les PED : environ 52 % et environ 30 % en 2050. Dans les pays développés : environ 30 % en 1999 et environ.
Plus de 60 ans : en 1999 dans les PED environ 10 % et environ 30 % en 2050. Dans les pays développés : en 1999 environ 22 %, en 2050 environ 38 %.
25 % en 2050.
d. Planisphères et pyramides montrent que la population vieillit partout dans le monde. Les PVD ont engagé et certain, bien avancé leur transition démographique. Cela se ressent sur la base de la pyramide qui se resserre entre 1999 et 2050. Pyramides des PVD et des pays développés tendent à se rapprocher. La baisse de la natalité et l'augmentation de l'espérance de vie sont à mettre en relation avec une élévation généralisée du niveau de vie. Mais les inégalités restent fortes. L'Afrique sera encore en retard. Toutefois, cette analyse n'est valable qu'aujourd'hui. Pour établir la situation démographique en 2050, on s'est placé dans la situation actuelle, économique, sanitaire, politique. D'ici 2050, beaucoup de choses évolueront. Dans les années 1960 les démographes prédisaient 12 milliards d'individus en 2000. Il y en a à peine la moitié !

3 Ces deux graphiques considèrent 3 paramètres : l'évolution de la population, de la production agricole et de la quotité de production. Ils suivent l'évolution sur 40 ans entre 1961 et 2000. Le choix de 1961 correspond à un tournant historique. À cette date la quasi-totalité des États d'Afrique et d'Asie ont acquis leur indépendance. Par ailleurs, ils ne considèrent pas des données brutes, des valeurs absolues difficilement comparables mais des indices, 1961 correspondant à l'indice 100.
On constate que pour les deux continents l'augmentation de population est nette. Cependant, elle est plus importante en Afrique. Chine et Inde ont effectivement engagé des politiques de limitation des naissances dès les années 1960. L'Asie double sa population quand l'Afrique la multiplie par 2,5. Si les deux continents voient une augmentation de leur production agricole, l'écart est net. L'Asie la multiplie par 4, l'Afrique par 2,5 ; sans doute faut-il voir là la conséquence des révolutions vertes menées en Inde et en Chine.
Il en résulte que si, en Asie, de façon générale, la production agricole couvre les besoins de la population, ce n'est pas le cas en Afrique. Mais ces graphiques considèrent les continents dans leur ensemble. Or, on sait que les inégalités sont très grandes d'un État à l'autre (en Afrique des États connaissent des famines chroniques). Malgré tout, ils nous permettent de mesurer le retard de l'Afrique.

Chapitre 18, page 177

1 **a.** Pluies irrégulières ; troubles et guerres déplaçant les populations qui abandonnent la terre ; insectes (criquet) et virus ; arrivée massive de réfugiés qui contribue à l'augmentation des prix et perturbe l'équilibre des stocks alimentaires.
b. Non. Des améliorations sont notées ici et là, la demande est moins forte en 2004 (1 Mt). Lorsque le calme est rétabli, les paysans reviennent sur leurs terres.

2 **a.** Au premier plan, on remarque une rizière encaissée mais relativement vaste et qui occupe tout le terrain plat et facilement irrigable. Une parcelle en eau est repiquée en riz. Nous sommes ici dans une vallée large et encaissée, marquée par les inondations régulières et la terre est riche (l'eau dépose des limons ce qui explique l'importance de la végétation). Les parcelles sont moyennes.

Cette agriculture intensive est destinée à la consommation locale. La main d'œuvre nombreuse utilise toutefois des techniques ancestrales.
b. La région connaît les pluies de mousson.

3 **a.** Agrobusiness : complexe qui intègre toutes les activités liées à l'agriculture, de la production des semences à la commercialisation des produits transformés.
b. Non, les deux photographies montrent des techniques agricoles bien différentes. Ici il s'agit de stocker les récoltes de champs immenses travaillés par une batterie de machines très modernes. Ces installations de type industriel s'élèvent au milieu des terres cultivées pour gagner en efficacité et en rapidité d'exploitation de la récolte.
b. En Chine il s'agit d'une agriculture certes intensive, mais locale et qui profite de la moindre terre disponible. Au Brésil c'est une agriculture de type industriel, liée à l'exportation et où l'agriculteur travaille pour une entreprise, le plus souvent étrangère.

Chapitre 19, page 179

1 **a.** Le désert occupe une grande partie du sud du pays et est marqué par quelques oasis. Au nord et le long du littoral, il s'agit d'un climat de type méditerranéen. Le Nord intérieur, montagneux, est plus frais et assure le ravitaillement en eau du pays.
b. L'agriculture irriguée (agrumes principalement) et le tourisme.
c. Par transfert de l'eau des espaces de montagne peu habités vers les espaces gros consommateurs.
d. Essor du tourisme au nord-est, au sud en direction de la Libye et dans le désert au nord de l'oasis de Tozeur.
e. Le risque d'épuisement des réserves en eau et l'essor du tourisme, très rentable, qui menace l'agriculture irriguée exportatrice mais moins lucrative.
f. La Tunisie est un État méditerranéen, à la longue façade maritime. Elle a dans un premier temps développé une riche agriculture irriguée exportatrice. Puis elle a joué la carte du tourisme haut de gamme. Des stations ont été créées *ex-nihilo* (port El Kantaoui, Djerba) et sont très grosses consommatrices d'eau douce. Pour l'instant, la Tunisie semble avoir trouvé un équilibre entre ses ressources et sa consommation.
En conclusion, le développement du tourisme en direction du désert va obliger la Tunisie à pomper dans les eaux fossiles. Or, contrairement aux eaux des nappes phréatiques, elles ne sont pas renouvelables. En outre, les exigences du tourisme détournent une partie de l'eau utilisée par l'agriculture et déjà, faute de pouvoir être irriguées, un certain nombre de plantations connaissent de sérieuses difficultés.

2 **a.** Les cours d'eau et les eaux profondes
b. Ils sont partiellement intermittents. Ce sont des ouadis.
c. Il sert de frontière.
d. Des barrages et des transferts d'eau. Une politique commune de la gestion de l'eau est mis en place.
e. L'agriculture et les villes.
f. Oui, dans la mesure où elle est rare, conditionne la vie de ces pays et coule dans plusieurs États. Un barrage décidé par un pays peut anéantir complètement le pays voisin.

Chapitre 20, page 181

1 **a.** Un cyclone tropical est une tempête très violente qui prend naissance au-dessus des eaux tropicales chaudes autour d'un centre de basses pressions. Les vents s'enroulent autour de ce centre et s'élèvent (air chaud). Pour qu'un cyclone se forme il faut que la température de l'eau soit au moins de 26°. Quand il est formé, les courants atmosphériques l'entraînent vers l'ouest tant qu'il reste dans les basses latitudes. Quand il arrive aux latitudes moyennes, il oblique vers l'est. Il heurte alors des eaux et un continent plus froids, il devient tempête et meurt.
b. Hurricanes, typhons.
c. Ils prennent naissance aux basses latitudes vers 15°N près des côtes africaines, avancent vers le golfe du Mexique et repartent vers l'Atlantique. Certains sont restés loin des côtes. Ils affectent les régions tropicales, et plus précisément les façades Est des continents.
d. Oui et non. Les services de météorologie disposent de satellites, d'avions de reconnaissance, de radars qui leur permettent de prévoir la formation d'un cyclone. Mais ils ne peuvent déterminer l'endroit exact, le moment exact et l'intensité du cyclone en formation que 24 ou 48 heures avant qu'il ne fasse des ravages, ce qui permet malgré tout d'avertir les populations.

2 **a.** Le Punaubo est de type explosif.
b. Villes et villages recouverts par les cendres chaudes sur plusieurs centimètres, récoltes détruites, infrastructures qui n'ont pas résisté, vie paralysée, air irrespirable pendant plusieurs jours jusqu'à 70 km du volcan.

3 **a.** Le Japon est pris « en sandwich » entre quatre plaques : Pacifique (l'une des 5 plus importantes du globe), Philippines, Okhotsk et la plaque Amour qui interfèrent 3 par 3. La moitié nord du pays repose sur la plaque d'Okhotsk coincée entre la plaque Amour le long de laquelle elle glisse vers le sud, vers la plaque Philippines et la plaque Pacifique qui la pousse vers la plaque Amour. La grande île centrale de Honshu est la plus exposée. Elle subit en effet différents mouvements contradictoires. La plaque Pacifique pousse la plaque des Philippines et l'oblige à s'incurver dans le sud, dans la partie la plus peuplée du Japon où elle est en conflit avec la plaque d'Okhotsk qui est poussée vers le nord. La plaque Philippines, avance vers la plaque Amour, pousse les îles de Kyushu, Shikoku et le sud de Honshu prises en sandwich entre les mouvements opposés des plaques Amour et Philippines. L'on constate d'ailleurs que nord et sud du pays ont une disposition différente, latitudinale pour l'un, longitudinale pour l'autre. Le pays s'étire du 30° au 45°N mais est partout très étroit. Les tremblements de terre affectent également les espaces maritimes.
b. Les mouvements de convection provoquent la remontée des parties les plus chaudes et favorisent les éruptions volcaniques. Les volcans, actifs, marquent le paysage japonais selon une direction S.W/N.E. Leur disposition

suit les espaces de compression des plaques. Les séismes sont souvent accompagnés de raz de marée, les tsunamis qui font autant de dégâts que les séismes. Ils s'expliquent par les mouvements des plaques qui affectent autant les reliefs sous-marins que les reliefs continentaux et dérèglent la circulation des courants. Le sud du Japon est également concerné par les typhons dévastateurs. Le Japon a lui tout seul est un concentré des risques naturels majeurs. Les constructions parasismiques sont la règle et dès leur plus jeune âge, les Japonais apprennent à réagir.

Chapitre 21, page 183

1 **a.** Centralisation : c'est l'État qui décide de tout.
Agriculture collectiviste : le décret de novembre 1917 avait confisqué les propriétés privées et redistribué les terres aux paysans qui les exploitaient collectivement. Staline avait renforcé cette politique en renonçant à la NEP.
b. Kolkhoze = ferme collective et sovkhoze = ferme expérimentale d'État.
c. Staline depuis 1927 jusqu'à sa mort en 1953.
d. Les raisons : tout était décidé depuis Moscou, sans tenir compte de l'identité des régions, de leurs forces et de leurs faiblesses. Dans le cadre de la planification de l'économie, Staline a fait construire de gigantesques combinats, d'énormes barrages, a fait exploiter massivement les ressources en charbon et en pétrole et a engagé une exploitation désordonnée de la taïga sans s'inquiéter des risques que tout cela représentait. Il a favorisé l'agriculture dans des régions au climat très ingrat (Turkestan) en développant l'irrigation ; il a ainsi contribué à la désorganisation des réseaux fluviaux, à la désertification et à l'appauvrissement de régions (disparition progressive de la mer d'Aral) dont les sols ne sont plus cultivables à présent.

2 Énorme concentration d'usines, d'entrepôts, importance des infrastructures (routes, voies ferrées), tout cela favorise des risques d'explosion, d'incendie, d'accident, de pollution de la mer et de l'air.

3 **a.** La carte et la photographie donnent des informations complémentaires : la carte explique l'évolution et ses raisons, la photographie montre les conséquences.
b. La carte montre que la mer d'Aral « rétrécit » inexorablement. Sa surface a diminué de moitié en 50 ans et le niveau de l'eau abaissé de 16 mètres.
c. Cette évolution est liée aux barrages construits sur l'Amou Daria et le Syr Daria, deux cours d'eau puissants qui descendent de l'Himalaya. Ces barrages retiennent l'eau qui ne va plus à la mer et donc ne l'alimente plus. De plus, des canaux d'irrigation ont dévié l'eau vers les champs de coton et les espaces d'agriculture irriguée.
d. Les conséquences sont très nettes sur la photographie. Des bateaux ont été piégés, n'ont pas pu repartir. L'activité maritime et commerciale a donc été affectée. Plus grave, le sol est blanc. Ce sont les sels qui, sous l'effet de la chaleur, remontent par capillarité à la surface, se déposent en couche et empêchent toute activité agricole. La population s'en va. La désertification progresse.
e. Donc, nous sommes ici en présence d'une catastrophe écologique qui aujourd'hui devient naturelle. La disparition de la mer d'Aral assèche l'atmosphère et favorise la désertification. Mais cela est le résultat de l'action de l'homme.

Chapitre 22 page 185

1 **a.**

	États-Unis	**France**
Éléments du paysage urbain		
Centre historique	Absent	Oui
Quartier des affaires	Au centre (CBD)	De plus en plus délocalisé en périphérie
Quartiers d'habitation	Organisation concentrique et répartition sociale	Organisation temporelle : quartier du XIXe et début XXe siècles, grands ensembles des années 1950-60, banlieue pavillonnaire des classes moyennes
En réhabilitation	Espace entre CBD et espace des classes moyennes	Banlieues de grands ensembles et centres villes
Friches industrielles	En centre ville	En banlieue
Équipements, aménagements		
Universités	Campus à l'extérieur de la ville	Constructions nouvelles en périphérie mais maintien des anciennes facultés en ville
Zone commerciale récente	En périphérie	En périphérie
Zones industrielles récentes	À la périphérie	Délocalisées vers la périphérie
Extension spatiale	Oui	Oui, mitage de la campagne

b. Si l'organisation de l'espace urbain français et états-unien présente quelques points communs, elle montre aussi un certain nombre de différences liées essentiellement à l'Histoire. Contrairement à la France qui a une histoire deux fois millénaire, les États-Unis sont un État jeune d'à peine 250 ans. Ils ne peuvent donc avoir de cœur historique comme la ville française longtemps enfermée dans ses remparts. Nées à la fin du XVIIIe et surtout au XIXe siècle, et disposant d'un vaste espace, les villes américaines ont immédiatement spécialisé les quartiers, installé les bureaux au centre (le CBD), les industries et universités à la périphérie. Cependant, aujourd'hui, les deux types de ville doivent faire face à la dégradation du centre fui par les classes moyennes et aisées et plus ou moins ghettoïsé et squatté. Elles se sont donc lancées dans de vastes programmes de réhabilitation. Autre point commun, elles s'étirent de plus en plus et absorbent la campagne avoisinante, ce qui allonge les temps de déplacement du domicile au bureau, aggrave les problèmes de circulation et de stationnement, favorise la pollution de l'air et n'est pas sans répercussion sur la santé des habitants.

2 **a.** À la périphérie.
b. Extension spatiale de la pauvreté. Les populations pauvres dépassent les limites de la ville et s'installent près des espaces insalubres.
c. Oui. La carte montre, et la photo le confirme, une zonation de l'espace. Le centre ville, aisé, est limité par un boulevard circulaire. La pauvreté augmente vers l'est et vers l'ouest. Actuellement on assiste à un mitage de la campagne par les plus démunis. La photographie souligne cette opposition entre deux mondes. La favela au premier plan s'étale jusqu'au pied des immeubles cossus témoins de l'intense activité de la ville.

3 **a.** La ville et le territoire urbanisé qui l'entoure.
b. Ensemble d'agglomérations qui s'étire sur des centaines de kilomètres. Elles sont liées par de multiples échanges. La Mégalopolis américaine de Boston à Washington, la mégalopole japonaise de Tokyo à Fukuoka et la mégalopole européenne de Londres à Milan.
c. Agglomération de plusieurs millions d'habitants. L'ONU retient le seuil de 8 millions. En 2000 selon l'ONU, les 5 premières mégalopoles étaient Tokyo (27,5 M/hab.), Mexico (18,1 M/hab.), São Paulo (17,5 M/hab.), New York (16,6 M/hab.), Bombay (15,5 M/hab.).
d. Ville qui exerce son influence sur un territoire étendu (métropole régionale, nationale).
e. Urbanisation de la périphérie des villes. L'espace urbain s'étend au détriment de la campagne.
f. Départ des campagnes vers les villes.

Chapitre 23, page 187

a. Infrastructures : ravitaillement en eau, assainissement, ramassage et traitement des déchets, voiries, transport, éclairage public, gaz, électricité.
b. Non, pas toutes ;
c. Pour E. Dorrier, les villes en développement sont surtout victimes d'un manque ou d'une inadaptation des infrastructures. Elles encourent essentiellement des risques sanitaires.
d. Le maire de Curitiba a pris des mesures simples mais efficaces. Il a responsabilisé les populations, leur a distribué de la nourriture en échange de leur collaboration. Il n'a cependant pas complètement réussi semble-t-il puisque J.-M. Pelt écrit : « se débarrasse peu à peu », cela veut dire que le processus est enclenché mais non terminé. Mais il est sur la bonne voie puisque l'air est assaini grâce à l'importance des espaces verts.

Chapitre 24, page 189

Introduction possible. Cet ensemble documentaire est constitué de documents divers (textes, cartes, photographies) relativement récents, le plus anciens datant de 1998. Ils émanent de géographes (R. Paskoff, J.-C. Gay) ou d'organismes de tourisme. Les littoraux accueillent de plus en plus d'hommes et d'activités, ce qui impose des aménagements, voire des transformations de l'espace (doc. 1, 2 et 3). Or, construire une île artificielle ou poldériser un espace littoral, comme cela se fait aux Maldives ou au Japon, n'est pas sans conséquences sur un milieu par essence très fragile. De façon générale, les îles, comme la Martinique ou les Maldives cumulent atouts et handicaps (doc. 1 et 4). Pour certains littoraux il semblerait que l'exploitation intempestive des dernières décennies ait entraîné des dégâts irréversibles (doc. 2). Peut-être plus qu'ailleurs le problème de la gestion de l'espace se pose pour les littoraux.
Les thèmes abordés. Aménagements pour le tourisme et les activités industrielles (doc. 1, 2, 3, 4), la fragilité des espaces littoraux (doc.1, 2, 4 et 5), les conséquences (doc. 2).
Conclusion. La mondialisation a favorisé les façades littorales, entraînant ainsi un vaste mouvement d'urbanisation. Certains États, comme le Japon, pallient le manque de place en installant les zones industrielles sur des polders. Le trait de côte de la baie de Tokyo évolue très rapidement. Pour accueillir toujours plus de touristes les îles se dotent d'aéroports internationaux gros consommateurs d'espace. Mais si le tourisme a permis de développer l'économie locale, les infrastructures et le surplus de population menacent particulièrement ces espaces très fragiles. Le réchauffement de la planète est une menace supplémentaire pour eux, un certain nombre d'espaces littoraux risquant d'être submergés. Une gestion stricte s'impose.

Chapitre 25, page 191

1 Deux éléments essentiels indiquent le recul de la falaise.

D'abord les restes du trait de côte qui apparaissent sous forme de rochers affleurant au premier plan de la photo. Ils permettent d'imaginer qu'une bonne partie de l'anse sur la droite était auparavant un élément de la côte qui s'est effondrée.
Ensuite ce sont les nombreux blocs de roches au pied de la falaise : des roches qui se sont détachées de la falaise et la verticalité de la paroi le confirme.
Cette situation est due à l'action des marées et des vagues qui sapent régulièrement le pied de la falaise calcaire.
À cela il faut ajouter l'érosion par les pluies qui fragilisent la roche, la fissurent. Le pied de la falaise étant excavé par l'action de la mer, le sommet, qui n'a plus d'assise finit par s'effondrer.
Les conséquences sont multiples mais surtout humaines.

2 **a.** Madrépores : animaux microscopiques à squelette blanchâtre qui vivent en colonies innombrables, soudés les uns aux autres. Mais il arrive qu'ils s'agglutinent sur la coquille de ceux qui sont morts. Au fil du temps, ils édifient des masses rocheuses qui parviennent au ras des flots, constituant des récifs. Les madrépores ne peuvent vivre et se développer que dans une eau chaude, 18° minimum, claire, très salée. Comme ils ne peuvent survivre à une profondeur supérieure à 30 m, on ne les trouve que le long des côtes (récifs frangeants) ou au large si la plateforme continentale est peu profonde (récifs barrières).
b. La photo correspond à la dune corallienne de la coupe. Elle a la forme d'un champignon.
c. Fragilité liée à sa forme (les vagues agressent le pied mettant l'équilibre de l'édifice en difficulté), mais aussi à l'activité touristique : les bateaux à moteur perturbent le calme du lagon.

3 **a.** Altitudes très basses moins de 5 mètres.
Une digue : sorte de mur édifié pour empêcher les eaux marines de recouvrir le continent. Huit digues ont été construites en l'espace de 100 ans, Elles épousent le tracé du littoral et prouvent qu'il a subi des modifications. Il y a eu ensablement.
b. La pointe d'Arçay et la pointe de l'Aiguillon avancent progressivement dans la mer. C'est très net pour la pointe d'Arçay sur l'image satellite. Le liseré blanc au tracé irrégulier montre que les courants amènent et déposent des sédiments. Le colmatage progressif se voit sur la carte topographique : quelques étangs sont emprisonnés. Les fleuves ont de plus en plus de mal à atteindre la mer. La Sèvre Niortaise avance son embouchure et son chenal d'accès à la mer est de plus en plus étroit. L'anse de l'Aiguillon est en train de se colmater.

Chapitre 26, page 193

1 Plusieurs éléments se conjuguent pour fragiliser la région :
– l'avancée des plaques africaine et eurasiatique l'une vers l'autre qui « compresse » le Caucase et favorise le volcanisme par remontée du magma ;
– le phénomène de cisaillement le long de la faille nord-anatolienne qui provoque des ruptures, des fractures de la lithosphère et par suite des séismes. La Turquie en a connu plusieurs très meurtriers au cours de ces 15 dernières années ;
– on note un phénomène de divergence dans l'espace compris entre les deux plaques qui incurve la faille nord-anatolienne.
Espace particulièrement fragilisé donc.
Les propos tenus par P. Bertrand sont valables pour n'importe quel région du globe. Izmit se trouve à l'ouest de la Turquie, sur les bords de la mer de Marmara. Les sismologues et les géophysiciens de l'Institut de géophysique du globe étudient tous les mouvements de la terre, les sismographes enregistrent toutes les secousses, même celles que l'homme ne ressent pas. Toutes les 30 secondes un séisme est enregistré. Ils peuvent donc repérer une accélération des mouvements, une « colère » souterraine, suivre par conséquent la fragilisation d'une faille, d'une fracture mais pour l'instant, ils ne peuvent déterminer la date de la rupture et donc le séisme. On sait que le séisme a lieu lorsque la tension liée aux compressions ou aux étirements devient supérieure à la résistance des roches. C'est alors que la lithosphère est déchirée très brutalement. La déchirure provoque des ondes de choc que le sismographe enregistre mais on ne sait pas encore prévoir cette déchirure.

2 Le village est bâti au milieu de son terroir, l'habitat est concentré à mi-pente, exposé au soleil et protégé des vents froids par la montagne. Les rues étroites retiennent la chaleur. On remarque une complémentarité des activités : cultures en terrasses en bas et autour des maisons, alpage en hauteur et forêt qui a plusieurs fonctions – c'est à la fois une protection contre les éboulements et le ruissellement des eaux de pluie, une source de produits alimentaires (fruits, animaux) et une source de matière première (bois).

3 **a.** Deux raisons essentielles expliquent ce glissement de terrain. Vu le bouillonnement du cours d'eau au premier plan, la région a dû connaître des pluies diluviennes qui ont fragilisé un terrain saturé et rendu instable par la déforestation. Le glissement de terrain semble en effet avoir emprunté un couloir déboisé (peut-être piste de ski en hiver ?). L'espace forestier, à droite, a été épargné.
b. Les conséquences sont graves. Les maisons situées le long de ce glissement ont été emportées et sont complètement disloquées. Au premier plan, des maisons ont été ensevelies. Le village est coupé en deux. La route qui le longeait est barrée par la terre et les ruines des maisons. Il est fort probable qu'à ces dégâts matériels, il faille ajouter des pertes humaines.

Chapitre 27, page 195

1 La photo a été prise en été. En arrière plan, la terre est sèche. La présence des arbres indique un sol de bonne qualité. Les terrasses indiquent, elles, une longue tradition d'occupation des versants. Les agriculteurs travaillent un sol riche fait de limon qui retient l'humidité, la végétation en témoigne. Manifestement l'homme a déboisé pour conquérir des terres agricoles. Le village est bâti en hauteur, sur le versant ensoleillé. Les maisons sont basses. La vigueur des formes suppose un ruissellement intense au moment de la saison des pluies.

2 Incontestablement la station de Val Thorens a subi de grands changements: remonte-pente, court de tennis, piscine traduisent l'importance de l'activité touristique en toute saison. Mais la station a su conserver les activités traditionnelles de la montagne (élevage). Cela se retrouve dans le paysage. Des pans de forêt ont été abattus et les prairies, piste de ski en hiver, retrouvent leur vocation d'alpage en été.

3 **a. Raisons géographiques:** la plaine littorale a un climat tropical avec deux saisons. Les pluies tombent de décembre à juin. Le Nord est plus sec que le Sud (moins de 200 mm au nord, plus de 1 000 dans la région de Guayaquil). Région peu agréable pour l'homme et difficile à cultiver. Les infrastructures de communication sont rares. Les plateaux au climat tempéré par l'altitude (températures moyennes entre 9 et 18°) connaissent des pluies de printemps favorables à l'agriculture et sont dominés par des volcans. Les diverses éruptions ont déposé des cendres qui constituent des terres « violettes » particulièrement fertiles et favorables aux cultures. Ce qui explique que les cultures vivrières, l'élevage et les grandes plantations se soient développées. La ville est dominée par le volcan Pinchicha, les températures diurnes sont agréables, les nuits sont fraîches. La grande majorité des villes sont bâties dans la partie centrale de la Cordillère.

Raisons historiques: le territoire a connu plusieurs invasions, la montagne était un refuge.

b. La ville semble dynamique. On remarque une progression de l'habitat sur les flancs de la montagne, l'air est plus pur en altitude qu'en centre ville à cause du phénomène d'inversion de température qui emprisonne les fumées dans la « cuvette ».

SES

Chapitre 1, page 197

1 **a.** 7 083/9 126 × 100 = 77,6 %. 708/8 822 × 100 = 8 %.

b. Un effritement des familles « traditionnelles ».

c. Une relative stabilité de la répartition entre familles recomposées avec enfant du nouveau couple et sans.

2 **a.** F. **b.** V. **c.** V. **d.** F. **e.** V.

3 **a.** Non. Après un engouement ou un rattrapage à sa création, le nombre de pacs a reculé en 2001. Sa progression en 2002 peut être interprétée comme une entrée de cette institution dans les mœurs sociales. **b.** 19 302.

4 **a.** Famille. **b.** Ménage. **c.** Famille.

5 **1.** C'est le phénomène de l'homogamie sociale: on se marie en règle générale avec une personne qui appartient au même groupe social que le sien. Dans ce tableau, c'est particulièrement le groupe socioprofessionnel qui est pris en compte, car c'est un facteur essentiel du positionnement social de chacun.

2. Elle signifie que seulement 0,7 % des femmes cadres ont un mari ouvrier. Ce qui montre un très haut niveau de reproduction sociale.

6 **1.** Le modèle dominant de nos sociétés est fondé sur une relation dans laquelle le partage des rôles au sein de la famille réserve la sphère privée à la responsabilité de la mère, dans une famille nucléaire composée d'un père, d'une mère et de ses enfants. D'autres types de société, au contraire, négligent le lien biologique dans le cas, il est vrai particulier, de plusieurs épouses pour un même homme.

2. La mère biologique est celle qui conçoit et met au monde un enfant. La mère nourricière est celle qui l'élève et le nourrit. C'est le cas des mères d'enfants adoptés ou des enfants confiés, dans leur jeune âge, à une autre femme que leur mère biologique.

Chapitre 2, page 199

1 **a.** Trouver un classement de la population active qui regroupe des gens semblables dans leurs activités de consommateur et de producteur.

b. Non, un tel classement aurait pu avoir des points communs, mais un médecin de campagne se considérera différent d'un agriculteur, même s'ils ont le même revenu ou s'ils habitent le même lieu. Il se considérera en revanche proche socialement d'un avocat, même s'il habite une très grande ville ou s'il gagne beaucoup plus que lui !

2 **a.** 5. **b.** Les professions sont rassemblées en 42 catégories. Pour pouvoir étudier les évolutions globales, ces catégories sont elles-mêmes rassemblées en groupes présentant une homogénéité socioprofessionnelle (nature du travail, statut…). Six groupes sont isolés, ceux qui représentent les actifs. Deux groupes d'inactifs existent : celui des retraités et celui des gens qui n'ont jamais travaillé.

3 **a.** La population active n'est qu'un élément de la population totale.

b. Non. Un autre élément est le taux d'activité. Si les personnes en âge de travailler choisissent de faire des études, ou de ne pas travailler (comme les femmes au foyer), il peut ne pas y avoir d'augmentation de la population active.

4 **a.** F. **b.** F. **c.** V. **d.** V.

5 **a.** La proportion entre actifs et inactifs de plus de 60 ans sera divisée par deux dans les cinquante années à venir.

b. Les actifs finançant les retraites des inactifs âgés, l'effort contributif des actifs va être de plus en plus élevé (d'où la réforme des retraites de 2003).

Chapitre 3, page 201

1 **a.** Ce sont les aides à domicile (pour les personnes âgées), les femmes de ménage, les assistantes maternelles.

b. Parmi les principales causes, on peut citer les progrès de l'automatisation (machines-outils, qui demandent moins de main-d'œuvre), la régression de certains secteurs (mines de charbon, sidérurgie), les délocalisations des industries coûteuses en main-d'œuvre vers des pays moins chers.

2 **a.** Agriculteurs exploitants, artisans, commerçants, chefs d'entreprise, ouvriers.

b. Montée du salariat, transformation des structures économiques.

c. Le déclin des ouvriers n'est que partiellement compensé par la montée des employés. Il y a une baisse générale des emplois peu ou pas qualifiés.

3 **a.** La précarité est quelque chose de ressenti par ceux qui la subissent. Les statistiques ne peuvent faire la différence entre une *star* intermittent du spectacle et une caissière de supermarché en CDD à temps partiel. D'autre part, des salariés, même bénéficiant d'emplois stables, peuvent se ressentir comme précaires si le monde du travail autour d'eux est précaire.

b. En principe, c'est pour ne pas être pauvre qu'on travaille. Depuis les années 1980, disposer d'un travail ne suffit plus pour éviter la pauvreté.

4 **a.** F. **b.** F. **c.** F. **d.** V. **e.** V.

5 Incertitude du marché → Flexibilité recherchée par les entreprises → Développement des FPE → Augmentation de la précarité → Difficulté d'intégration sociale.

Chapitre 4, page 203

1 **a.** Plus on avance en âge, moins la menace du chômage pèse. **b.** Cela permet de voir que les femmes sont plus fragiles que les hommes devant le chômage.

2 **a.** Baisse pendant 3 ans, puis stabilisation.

b. Un chômage qui touche une personne sur dix, outre la difficulté des destinées individuelles, a des conséquences économiques (moindre pouvoir d'achat global) et sociales (frein à l'intégration sociale).

c. Une politique de relance, puisque c'est selon lui la croissance qui crée de l'emploi. Faut-il encore pouvoir mener une telle politique, difficile dans l'Union européenne.

3 **a.** $10 \times 1\,500 = 15\,000$.

$1\,000\,000/15\,000 = 66{,}7$ boulons/heure.

b. La production serait multipliée par deux, si le marché pouvait acheter deux fois plus de boulons. Sinon, l'entreprise pourrait décider de licencier 5 des 10 salariés.

4 **1.** b. **2.** f. **3.** i. **4.** l.

5 Les mots manquants sont, dans l'ordre, les suivants : *croissance, active, consommation, chômage, chômeurs, tendance, population, marché, retraite.*

Chapitre 5, page 205

1 **a.** C'est l'ensemble des occupants d'un même logement ordinaire à titre de résidence principale, qu'ils aient ou non des liens de parenté. Un ménage peut ne comprendre qu'une seule personne.

b. À des entreprises.

c. Par convention, sont écartées les activités productives qui ne donnent pas lieu à paiement, car elles sont quasi impossibles à évaluer.

2 **a.** C'est une entreprise. Elle peut revêtir divers statuts, de l'entreprise individuelle à la société.

b. Profond bouleversement, le nombre d'exploitations ayant été divisé par plus de trois.

c. La diminution du nombre absolu a été partiellement compensé par une concentration plus grande, puisque le nombre des très petites exploitations a fortement diminué, alors que celui des grandes exploitations a plus que doublé.

3 **a.** Relative stabilité de l'effectif salarié malgré un développement du nombre d'entreprises.

b. Par la privatisation d'entreprises publiques, comme on le vérifie par la diminution du nombre de ces entreprises.

4 **a.** Adm. **b.** Entr. **c.** Entr. **d.** Adm. **e.** Adm. **f.** Ass. **g.** Entr. **h.** Adm.

5 **a.** Aux entreprises individuelles comme, par exemple, la majorité des agriculteurs, les artisans, les commerçants.

b. Elle signifie que 5,5 % des sociétés ont adopté le statut de société anonyme (SA).

c. Le secteur des activités immobilières. C'est un secteur dans lequel les besoins en capitaux, les garanties et l'organisation privilégient les sociétés plutôt que les entreprises individuelles.

Chapitre 6, page 207

1 **a.** capital, travail, productive, production, capital, travail. **b.** productivité du travail par tête – en heures de travail. **c.** employés – apporteurs de capitaux – administrations publiques.

2 **a.** Usine A : 200 000/250 = 800.
Usine B : 100 000/100 = 1 000.
b. Usine A : 200 000/(250 × 1 900) = 0,44.
Usine B : 100 000/(1 500 × 100) = 0,66.

3 **a.** Total, Areva, PSA.
b. un coiffeur, une exploitation agricole traditionnelle, une entreprise de services aux particuliers.
c. rapport K/L, K étant le stock de capital fixe, L la quantité de travail utilisée.

4 **a.** 70 % et 64 %. **b.** Elle a augmenté à partir de 1988.
c. Non, car le graphique montre une évolution relative (en %) et pas en valeur absolue.

Chapitre 7, page 209

1 **a.** Sur 100 employés dans les libres-services, 44 % doivent accomplir continuellement une même série de gestes.
b. Elle s'est détériorée : par exemple, pour les employés des postes et des télécommunications, alors qu'un tiers environ des employés étaient soumis, en 1984, au travail répétitif, la proportion est passée, en 1998, aux deux tiers !

2 **a.** Un allégement des tâches répétitives et fastidieuses et un travail plus intéressant. **b.** L'informatique permet un contrôle dans la qualité même du travail, et pas seulement la quantité, comme auparavant.

3 **a.** F. **b.** V. **c.** F. **d.** V. **e.** V. **f.** F. **g.** V.

4 **a.** 140 – 500/500 × 100 = – 72 %.
b. 59/16 × 100 = 368,75. **c.** 1,88/1,25 = 1,5.

5 Les mots manquants sont, dans l'ordre, les suivants : *fourniture, approvisionner, assemblées, gestion, fordisme, produire, vendre, relation, flux, montage, demande, stocks, investissement, travail.*

Chapitre 8, page 211

1 **a.** Parce que la loi sur l'aménagement et la réduction du temps de travail (les « 35 heures ») a été votée en 1997.
b. Les salaires et l'emploi.

2 **1.** a. **2.** d. **3.** g. **4.** l. **5.** n. **6.** r.

3 **a.** Le poids des changements structurels, l'utilitarisme des salariés vis-à-vis de leurs syndicats, l'institutionnalisation des syndicats. **b.** En s'intégrant dans la négociation collective, les syndicats ne peuvent plus rejeter en bloc le système, mais négocier des compromis.

Chapitre 9, page 213

1 **a.** Tout ce qui n'est pas directement versé au salarié est de la redistribution. Attention, la part importante de rémunération versée à la protection sociale peut être analysée comme un revenu indirect (car grâce à ces cotisations, le salarié bénéficie de revenus de remplacement en cas de maladie, de chômage, de départ à la retraite).
b. 1 611 – 1 154 = 457. 457/1 154 × 100 = 39,6 %.
Les cotisations sociales (part salariale plus part patronale) représentent près de 40 % du salaire net perçu par le salarié.
c. L'employeur comme le salarié. Mais, au final, il faut que la valeur ajoutée par un salarié soit supérieure à l'ensemble du coût de son travail, autrement il n'est pas « rentable ».

2 Revenu primaire – Impôts directs – cotisations sociales + prestations sociales = revenu disponible.

3 **a.** valeur nominale/indice des prix × 100 = valeur réelle. Soit : 1 580/108 × 100 = 1 463 euros.
b. En euros constants, le salaire a baissé, car la hausse des prix a été supérieure à l'augmentation de salaire. Ainsi, un salaire qui a nominalement augmenté peut réellement avoir baissé.

4 **a.** V **b.** F. **c.** F. **d.** V. **e.** V. **f.** F. **g.** V. **h.** V. **i.** F

5 **a.** En 1997, les prestations sociales représentaient 32 % du revenu disponible des ménages. **b.** La part des prestations sociales a tendance à augmenter. **c.** Phase de croissance rapide jusqu'à 1987, modérée de 1987 à 1994, stabilisation relative ensuite.

Chapitre 10, page 215

1 **a.** Parce que, alors que les besoins sont illimités, les ressources disponibles pour les satisfaire sont limitées.
b. En société, la consommation des autres donne envie de s'offrir la même consommation (imitation) et d'obtenir plus de ressources pour consommer plus ou mieux qu'eux (émulation).
c. En s'endettant, c'est-à-dire en sacrifiant des ressources futures pour une consommation immédiate.

2 **a.** F. **b.** V. **c.** F. **d.** F. **e.** V. **f.** V. **g.** F.

3 **a.** Logement, eau, gaz, électricité. Le poste correspond à un besoin primaire. **b.** 5 464/853 763 × 100 = 0,64. La majeure partie de ces dépenses est socialisée (collective).
c. Produits alimentaires et boissons non alcoolisées. Habillement et chaussures. Logement, eau, gaz, électricité.

4 **a.** Il faut grader les mêmes axes des abscisses et des ordonnées ; en ne prenant que les valeurs numériques, les repérer par des points sur le graphique et les relier par un trait.
b. Parce qu'il permet de mieux rendre compte d'un effet « stock » : c'est une part de son revenu qu'on épargne.
c. Elle est consommée.

Chapitre 1, page 217

1 **a.** 1, 2, 3, 4 et 5 ; **b.** 1 et 4 ; **c.** 1, 2, 3, 4 et 5 ; **d.** 1, 2, 3, 4 et 5.

2 **1.** Faux : le flux de chaleur interne est indépendant de l'alternance nuit/jour et de plus la température de surface n'est que très faiblement dépendante de ce flux.
2. Vrai ; **3.** Vrai.
Note : 2 et 3 sont exacts mais c'est l'association des conditions 2 et 3 (absence d'énergie solaire la nuit et rayonnement infrarouge permanent) qui explique la baisse de température durant la nuit.

3 **a.** Puisque l'animal est visible sur la photographie, c'est qu'il émet un rayonnement infrarouge.
b. Oui, car le jour ils émettent également un rayonnement infrarouge.
c. En ce lieu, l'énergie émise par rayonnement infrarouge est égale à l'énergie solaire absorbée ; la nuit, seul le rayonnement infrarouge persiste d'où la baisse de température.
d. Il existe une atmosphère sur la Terre et pas sur la Lune. Par suite de la présence de cette atmosphère, la quantité d'énergie perdue par la Terre est très inférieure à celle perdue par la Lune.

4 Vénus est plus éloignée du Soleil que Mercure or, sa température de surface moyenne est supérieure à celle de Mercure (460°C contre 170°C) et elle possède une atmosphère contrairement à Mercure.
Vénus, la Terre et Mars ont une température mesurée supérieure à la température calculée alors que c'est la même pour Mercure. Or, Vénus, la Terre et Mars possèdent une atmosphère, contrairement à Mercure. De plus, l'écart entre température calculée et température mesurée est d'autant plus grand que l'atmosphère est dense (430°C pour Vénus contre 33°C pour la Terre et 5°C pour Mars).

5 Vénus est la planète ayant l'albédo le plus élevé : c'est donc elle qui réfléchit le plus l'énergie solaire reçue. Puisque cette énergie réfléchie ne contribue pas à chauffer la planète, c'est donc Vénus pour laquelle l'énergie solaire reçue contribue le plus faiblement à l'établissement de la température de surface.

6 La fonte des glaces libère le sol nu ; l'albédo de celui-ci étant inférieur à celui de la glace, ces surfaces dénudées vont absorber davantage d'énergie solaire que la glace qui les recouvrait, ce qui peut contribuer à l'élévation de la température moyenne de la Terre.

7 **1.** Dans les deux cas, la température du bloc métallique augmente : cela est lié à l'absorption par la surface du rayonnement émis par l'halogène.
2. La température du métal noir s'élève beaucoup plus que celle du métal blanc (33°C contre 20°C environ). Cela est lié au fait que la surface blanche réfléchit beaucoup plus le rayonnement que la surface noire et absorbe donc moins d'énergie : l'albédo de la surface blanche est plus élevé que celui de la surface noire.

Chapitre 2, page 219

1 **1. a.** Vrai ; **b.** Vrai ; **c.** Faux : l'atmosphère absorbe une grande partie du rayonnement infrarouge émis par la Terre ; **d.** Vrai.
2. e. Faux : la surface terrestre non uniforme ne réfléchit pas en tout point l'énergie reçue (il y a des différences d'albédo entre les différents endroits du globe : glaciers, déserts, océans…) ; **f.** Faux : seule l'énergie absorbée par la surface terrestre chauffe la planète ; **g.** Vrai : du fait de l'apport énergétique dû à l'effet de serre ; **h.** Vrai : par le rayonnement solaire et par le rayonnement infrarouge atmosphérique.
3. i. Faux : phénomène naturel dû à la présence d'une atmosphère ; **j.** Faux : il crée des conditions de température favorables à la vie ; **k.** Faux : il existe sur les autres planètes possédant une atmosphère (notamment sur Vénus où il est particulièrement important).

2 **a.** Faux : la distance au Soleil est la même ; **b.** Vrai : (contrairement à la Lune qui n'a pas d'atmosphère) ; mais ce n'est pas la cause explicative ; **c.** Faux : il est plus faible ; **d.** Vrai : c'est la principale raison : la Lune ne recevant pas de rayonnement infrarouge par effet de serre ; **e.** Vrai.

3 **a.** On constate :
– qu'une grande partie des rayons ultraviolets hors atmosphère, ceux de faibles longueur d'onde, ne se retrouvent pas au niveau des océans : ils ont donc été absorbés par l'atmosphère ;
– qu'une partie du rayonnement visible est également absorbé dans toutes les longueurs d'onde.
b. Les rayons infrarouges émis par le Soleil sont de longueur d'onde inférieure à celle des rayons infrarouges émis par la Terre (entre 0,7 et 4 µm pour les infrarouges solaires contre 5 à 100 µm pour les infrarouges terrestres).
Le rayonnement infrarouge solaire reçu à la surface des océans est le même que celui qui existe hors atmosphère : donc l'atmosphère n'absorbe pas ces rayons de longueur d'onde comprise entre 0,7 et 4 µm (documents 2a et 2b).
c. Les rayons infrarouges émis par la Terre, de longueur d'onde supérieure à 5µm, sont presque totalement absorbés par l'atmosphère (documents 2c et 2d).

Chapitre 3, page 221

1 **1. a.** Faux : la stratosphère contient les mêmes gaz que la troposphère et l'ozone y est plus concentré mais la faible densité des gaz fait que sa participation à l'effet de serre est minime ; **b.** Vrai ; **c.** Faux : c'est l'inverse ; la température augmente avec l'altitude ; **d.** Vrai : car l'ozone qui arrête les rayons ultraviolets y est très concentré.
2. e. Vrai ; **f.** Faux (l'ozone mis à part) ; **g.** Faux : il existe de l'ozone dans la troposphère. En effet il y a formation d'ozone dans la troposphère même si elle se forme essentiellement dans la stratosphère ; **h.** Vrai : c'est là que se

trouve concentrée la majeure partie des gaz atmosphériques et notamment ceux à effet de serre.

2 **a.** H_2O absorbe 100 % des rayons infrarouges dont la longueur d'onde est comprise entre 4 µm et 8 µm et au-delà de 20 µm ; par contre elle absorbe très peu ce rayonnement pour les longueurs d'onde comprises entre 8 et 20 µm.
Les autres gaz ont des spectres d'absorption beaucoup plus étroits :
– CO_2 absorbe faiblement les infrarouges entre 9 et 10 µm et, de façon plus importante, entre 13 et 20 µm ;
– CH_4 absorbe essentiellement entre 7 et 8,5 µm ;
– O_3 absorbe essentiellement entre 9 et 10µm et faiblement entre 14 et 15 µm.
b. Du fait des domaines d'absorption complémentaires des différents gaz à effet de serre, le rayonnement infrarouge émis par la Terre entre 5 et 100µm est en très grande partie absorbé par l'atmosphère.

3 Le nombre de molécules de gaz par cm^3 diminue avec l'altitude sauf pour l'ozone.
Contrairement aux autres gaz, l'ozone présente un maximum de concentration vers 20-25 km d'altitude. Le problème posé est celui de l'origine de ce pic d'ozone dans la stratosphère qui ne peut s'expliquer que par une production d'O_3 dans cette région.

4 **a.** La différence de température entre température calculée et température mesurée est :
– très élevée pour Vénus (430° C) ;
– moyenne pour la Terre (33° C) ;
– faible pour Mars (5° C).
La valeur réelle est toujours supérieure à la valeur calculée sans atmosphère.
L'atmosphère de Vénus est à la fois dense et constituée à 96,5 % par du CO_2, gaz à effet de serre : l'effet de serre est donc très élevé sur Vénus.
Pour la Terre, l'effet de serre est moins important car la pression atmosphérique est plus faible et le pourcentage de gaz à effet de serre est très faible par rapport à Vénus.
Pour Mars, la différence est encore plus faible bien que la proportion de gaz à effet de serre soit importante (95 %), la concentration de ces gaz étant très faible.
b. La densité de l'atmosphère est telle que l'énergie solaire reçue à la surface de Vénus est très faible et que la température est essentiellement due à l'effet de serre. La nuit, la baisse de température liée à l'arrêt de l'apport d'énergie solaire est négligeable d'où une température nocturne pratiquement égale à celle du jour.

5 **a.** Vrai : gaz à effet de serre ; **b.** Faux : ce sont ceux qui se trouvent en plus faibles quantités ; **c.** Faux : si on trouve du dioxyde de carbone, on ne trouve jamais de dioxygène ; **d.** Vrai : CO_2, O_2, CH_4 (méthane).

Chapitre 4, page 223

1 **a.** Vrai ; **b.** Faux : la teneur en CO_2 ne diminue pas actuellement ; elle est même en augmentation bien que la photosynthèse végétale prélève du CO_2 dans l'atmosphère (prélèvement compensé par la respiration des êtres vivants) ; **c.** Faux : elle ne diminue pas et de plus la respiration enrichit l'atmosphère en CO_2 ; **d.** Faux : bien qu'effectivement la dissolution du CO_2 atmosphérique dans l'océan prélève du CO_2.

2 Il y a 120 000 ans la teneur en CO_2 était de 280 ppmv ;
Il y a 70 000 ans elle était de 200 ppmv ;
Il y a 10 000 ans elle était à nouveau de 280 ppmv.
Des variations de cette ampleur se retrouvent à plusieurs reprises depuis 400 000 ans par cycles de 100 000 ans environ ; la teneur maximale en CO_2 étant dans tous les cas de 280 ppmv et la teneur minimale de 200.
De même, il y a 120 000 ans la teneur en CH_4 était d'environ de 700 ppbv et il y a 20 000 ans de l'ordre de 400 ppbv.
De telles variations se répètent depuis 400 000 ans par cycle dont la durée est d'environ 100 000 ans.
À ces périodes, les activités humaines ne modifiant pas l'atmosphère, il s'agit donc bien de variations naturelles.
Ces variations de l'atmosphère en CO_2 et CH_4 sont associées à des variations cycliques de température : aux périodes froides (glaciaires) correspondent de faibles teneurs en CO_2 et CH_4.
Alors qu'aux périodes plus chaudes (interglaciaires), comme la période actuelle, les teneurs en ces deux gaz étaient élevées.
Il y a donc corrélation entre les variations naturelles du climat et les teneurs de l'atmosphère en CO_2 et CH_4.
Très récemment, la teneur en CO_2 est passée de 280 ppmv à 365 ppmv et celle du CH_4 de 700 à 1600 ppbv, valeurs jamais atteintes jusqu'alors et sans doute liées aux activités humaines.
Pour le CO_2, la variation naturelle est de 80 ppmv et ici la variation liée aux activités humaines est également de cet ordre-là mais le passage de 200 à 280 s'effectue en quelques milliers d'années dans un cycle naturel alors que le passage de 280 à 360 s'effectue en une centaine d'années sous l'action des activités humaines ; il en est de même pour le méthane.
La vitesse de changement de composition de l'atmosphère est beaucoup plus élevée (au moins dix fois) que les plus rapides des changements naturels.
Corrélation ne signifie pas relation de cause à effet ; il est donc impossible d'affirmer que les variations des teneurs en CO_2 et CH_4 sont à l'origine des variations de température bien que ces deux gaz, étant des gaz à effet de serre, aient pu y contribuer.

3 **a.** Ce document indique que les valeurs minimales et maximales annuelles de la teneur en CO_2 sont en continuelle augmentation. Cela confirme l'augmentation récente de la teneur en CO_2.
Chaque cycle correspond à une année. Chaque année la teneur en CO_2 présente une valeur minimale et une valeur maximale. La valeur minimale correspond à l'été, période durant laquelle les échanges gazeux photosynthétiques des végétaux verts (absorption de CO_2, rejet d'O_2) l'emporte sur les échanges gazeux respiratoires

(rejet de CO_2, absorption d'O_2) de l'ensemble des êtres vivants, d'où la teneur minimale en CO_2.

b. L'hiver, par suite de la chute des feuilles et la disparition des plantes annuelles, les échanges gazeux photosynthétiques deviennent inférieurs aux échanges gazeux respiratoires d'où l'augmentation annuelle de la teneur en CO_2.

4 Avant 1960 (sauf entre 1938 et 1945), toutes les températures mesurées sont inférieures à la température moyenne relevée entre 1961 et 1990. À partir de 1990 elles sont toutes supérieures à cette moyenne. Donc la deuxième moitié du XXe siècle a été plus chaude que la période fin XIXe – première moitié du XXe, et ce réchauffement s'est accentué à partir de 1990.

Chapitre 5, page 225

1 **a.** Vrai ; **b.** Vrai : car il préserve du rayonnement UV ; **c.** Faux : n'arrête pas les UVA (absorbe les UVC et les UVB) ; **d.** Faux ; **e.** Faux : il résulte de réactions photochimiques (stratosphère) ou chimiques (troposphère) ; **f.** Vrai.

2 **a.** Vrai (mis à part l'ozone) ; **b.** Faux : uniquement pour O_3 ; **c.** Vrai ; **d.** Vrai : on est encore bien en dessous de la couche d'ozone située dans la stratosphère ; **e.** Vrai : l'ozone de la stratosphère, par sa capacité d'absorption des UV, échauffe la stratosphère d'où sa température supérieure à celle de la troposphère ; **f.** Vrai.

3 La concentration de l'ozone en mars 1992 augmente rapidement dans la stratosphère (10 km) pour atteindre son maximum vers 20 km ; vers 30 km, elle retrouve sa valeur, identique à celle de la troposphère. C'est cette zone entre 10 et 30 km qui constitue la couche d'ozone.
On ne peut parler de pollution puisqu'on ne note pas de changement au niveau de la troposphère.
On peut par contre parler de trou d'ozone car, en mars 1995, la densité de la couche d'ozone a diminué de moitié par rapport à mars 1992.

4 L'ozone, comme l'eau ou le dioxyde de carbone, absorbe les rayons infrarouges émis par la Terre dans une gamme où les autres gaz n'absorbent pas ou peu. Par là, l'augmentation de sa concentration dans la troposphère peut augmenter l'absorption des infrarouges par la troposphère et provoquer l'augmentation de l'effet de serre et ainsi contribuer au réchauffement climatique.

Chapitre 6, page 227

1 **a.** Faux : elle dépend aussi de l'énergie qu'elle reçoit par l'intermédiaire des circulations océaniques et atmosphériques ; **b.** Vrai ; **c.** Vrai ; **d.** Faux : cette densité des eaux de l'Atlantique Nord à proximité du Groenland conditionne la circulation océanique et donc l'amplitude de la remontée des eaux chaudes vers le nord ; **e.** Faux : ce serait une diminution de la densité des eaux océaniques entraînant un ralentissement de la circulation océanique et donc une diminution de l'importance de la remontée d'eau chaude vers le nord ; **f.** Faux : car le réchauffement climatique global, en ralentissant indirectement la circulation océanique, pourrait avoir des conséquences inverses sur le climat de l'Europe du Nord.

2 **a.** Le bilan est positif lorsque le rayonnement absorbé l'emporte sur le rayonnement infrarouge émis, donc entre 40° de latitude Nord et 40° de latitude Sud.
Il est négatif aux latitudes plus extrêmes.
b. Les régions à bilan radioactif négatif ne se refroidissent pas car il y a un transfert de chaleur des régions à bilan radiatif positif vers les régions à bilan radiatif négatif par l'intermédiaire des circulations océaniques et atmosphériques.

3 Le document met en évidence la plongée des eaux au voisinage de l'Islande et leur déplacement Nord-Sud en profondeur. Un grand volume d'eau de mer, présent à la surface de l'océan lors des essais nucléaires, fut ainsi marqué par les pluies tritiées.
De 1963 à 1972 : de l'eau tritiée a diffusé en profondeur. Toutes les eaux viennent de la surface : on constate que l'eau tritiée se retrouve à quelques centaines de mètres de profondeur entre 0 et 30° Nord (maximum 1 500 m pour l'eau de concentration 0,2 à 30° nord) alors que cette même eau se trouve à grande profondeur (5 000 m) à des latitudes de 50 à 60° Nord.
La présence de cette eau tritiée à une telle profondeur ne peut s'expliquer par une simple diffusion mais elle traduit une plongée des eaux marquées localisée vers 60° de latitude Nord.
En 1981 : le document confirme la réalité et la localisation de la plongée des eaux ; ainsi, la ligne 2, à la latitude de 30°, se trouvait environ à 800 m en 1972 et se situe à la même profondeur en 1981. Par contre, cette même ligne matérialisant la concentration 2 était à 1 100 m en 1972 et se retrouve à 1 800 m environ, pour les latitudes de 50-60° Nord.

Chapitre 7, page 229

1 **1. a.** Vrai ; **b.** Vrai ; **c.** Faux : la consommation est beaucoup plus élevée au cours de l'effort ; **d.** Faux : les nutriments issus de la digestion sont également dégradés au cours des réactions d'oxydation des cellules musculaires comme de toutes les cellules.
2. e. Faux : est constamment prélevé dans le milieu extérieur car il n'existe pas de réserves de dioxygène ; **f.** Vrai ; **g.** Vrai ; **h.** Vrai ; **i.** Faux : il n'existe pas de véritables organes de réserve de dioxygène.
3. j. Faux ; **k.** Faux ; **l.** Vrai ; **m.** Faux : la consommation maximale de dioxygène ne peut être évaluée qu'au cours d'un effort maximal.

2 **1.** a, b et c ; **2.** d ; **3.** a et e ; **4.** d.

3 On voit que la consommation de dioxygène est proportionnelle à l'intensité de l'effort au moins jusqu'à une intensité de 250 W. Pour retrouver la consommation d'O_2 au repos complet, il faut prolonger la droite jusqu'à l'axe

des ordonnées soit une consommation de l'ordre de 0,25 L/mn.
La consommation maximale d'O_2 correspond à une intensité de l'effort de 250 W et elle est de 3,5 L/mn.
Soit, du repos complet à l'effort maximal, une multiplication par 14 de la consommation de dioxygène.

4 Le temps nécessaire pour parcourir 30 km est corrélé à la consommation maximale d'O_2 : il est d'autant plus réduit que la consommation maximale d'O_2 est élevée. Cette corrélation inverse traduit une relation de cause à effet : l'organisme est capable d'un effort d'autant plus intense que sa capacité à prélever du dioxygène est grande. En effet, le dioxygène est nécessaire à l'utilisation de matières organiques, source d'énergie pour la contraction des muscles.

Chapitre 8, page 231

1 **1.** f, g et h ; **2.** d, g et h ; **3.** b et g ; **4.** e et g ; **5.** a ; **6.** c.

2 **1. a.** Faux : elles sont fermées, empêchant le reflux du sang dans les oreillettes ; **b.** Vrai ; **c.** Vrai ; **d.** Faux ; **e.** Vrai.
2. f. Vrai ; **g.** Vrai ; **h.** Faux : la distribution du sang dans les différents organes s'effectue en parallèle et non en série.
3. i. Faux : la plus grande partie du remplissage s'effectue durant la diastole générale du cœur ; **j.** Faux.

3 **a.** BC correspond à la systole auriculaire car terminant le remplissage du ventricule.
b. Le volume d'éjection systolique est de :
125 – 40 = 85 mL.
c. Les valvules artérielles sont fermées en D et s'ouvrent en C durant l'éjection du sang.
d. Les valvules auriculo-ventriculaires se ferment en C et s'ouvrent en D.

4 **a.** Voir ci-dessous.

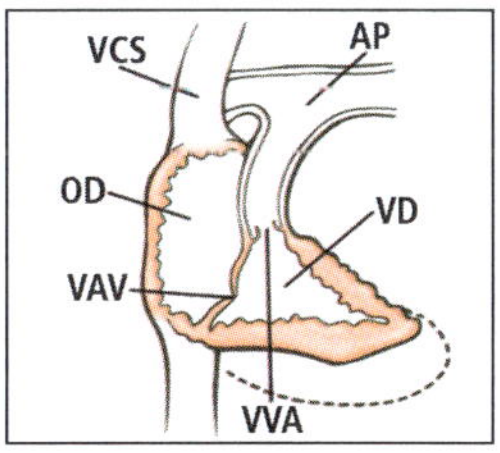

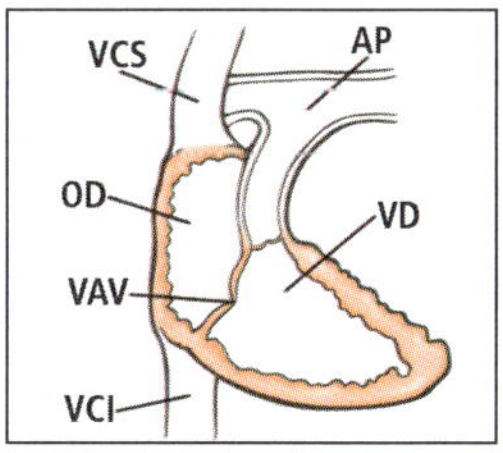

b. Sur le schéma 4a, les valvules auriculo-ventriculaires sont fermées alors que les valvules artérielles sont ouvertes ; le ventricule droit est contracté : il s'agit donc d'une systole ventriculaire (vers la fin car le volume ventriculaire est très réduit).
c. Les valvules artérielles et auriculo-ventriculaires étant fermées et le volume du ventricule étant maximal, il s'agit du tout début de la systole ventriculaire, avant que la pression du sang dans le ventricule dépasse celle du sang dans l'artère pulmonaire.

Chapitre 9, page 233

1 **1. a.** Vrai ; **b.** Faux : la fréquence cardiaque augmente et le volume d'éjection systolique augmente ; **c.** Faux : voir **b.** ; **d.** Vrai.
2. e. Vrai : si on considère un effort maximal réalisé par une personne dont le débit cardiaque est multiplié par 5 au cours de cet effort ; **f.** Vrai : car grâce à cette disposition en série, tout le dioxygène prélevé au niveau des poumons est distribué aux organes ; **g.** Faux : seuls les muscles contribuant à l'effort ont le débit sanguin qui les traverse qui augmente.

2 **a.** Dans les muscles au repos le débit sanguin est de l'ordre de 7 mL/mn et lors de l'activité il atteint 120 mL/mn ; il est donc multiplié 17 fois environ.
b. Par contre dans les muscles non concernés, le débit sanguin tombe à 1 ou 2 mL/min ; il est donc réduit 4 à 5 fois.
c. Le débit cardiaque étant multiplié par 5, s'il n'y avait pas de changement dans l'importance de l'irrigation des organes de la circulation générale, le débit sanguin des muscles actifs devrait être multiplié par 5 ; or il est multiplié par 17 : cela signifie qu'il y a un changement dans la distribution du sang au bénéfice des organes actifs.
d. Au cours d'un effort, le sang qui arrive aux organes est saturé en dioxygène et donc la quantité de dioxygène apportée aux muscles en activité est multipliée par 17. (Attention : apporté ne signifie pas prélevé.)

3 Le rythme cardiaque étant de 115 battements par minute alors qu'au repos il est en général de l'ordre de 60, on peut penser que l'individu effectue un effort modéré au temps 0.
Au temps 5 min, la fréquence cardiaque passe de 115 à 180 ce qui indique que l'intensité de l'effort a considérablement augmenté. Cet effort intense se prolonge jusqu'à la 35e minute puisque la fréquence se maintient à 180 battements par minute. Puis l'intensité de l'effort diminue et la fréquence cardiaque baisse.

4 **a.** On voit que lorsque l'effort devient très intense, la fréquence cardiaque augmente peu et de plus il y a une baisse du volume d'éjection systolique. Les deux phénomènes se compensent, ce qui fait qu'il n'y a plus d'augmentation du débit cardiaque.
b. À la 4e minute où l'effort est maximal, la fréquence cardiaque est la plus élevée : 194/min.
Le volume d'éjection systolique est maximum à 3 min 30 avant l'effort maximal et il est égal à 142 mL ; au moment de l'effort maximal (4e minute) il est de 140 mL.
Le débit cardiaque à 3 min 30 est de 190 x 142 = 27 L et à la 4e minute il est de 194 x 140 = 27,16 L.
Le débit cardiaque de cette personne est donc de l'ordre de 27,2 L/min.
Au repos, le débit cardiaque était de 70 x 60 = 4,2 L/mn ; le débit cardiaque maximum est donc environ 6,5 fois supérieur à ce qu'il est au repos.

Chapitre 10, page 235

1 **1. a.** Vrai ; **b.** Faux : le sang qui quitte les poumons, au repos comme durant un exercice, est toujours saturé en dioxygène ; **c.** Vrai ; **d.** Faux : elle est plus importante car au cours d'un exercice, beaucoup d'O_2 est utilisé par les muscles actifs.

2 **a.** Le sang de l'aorte est du sang artériel, celui des veines caves, du sang veineux.
Au repos, la différence est de 250 –150 = 50mL/L. Au cours d'un effort maximal elle est de 200 –20 = 180mL/L.
b. Pour un volume donné de sang, l'augmentation de la prise d'O_2 est de 180 : 50 = 3,6.
c. En l'absence de réserves d'O_2, le prélèvement correspond à la consommation, soit : au repos : 5x50 = 250 mL/min ; au cours d'un exercice maximal : 20x180 = 3 600 mL/min

3 **a.** Quelle que soit l'intensité de l'effort, la différence artério-veineuse est plus importante chez un sujet entraîné que chez un sujet non entraîné. De plus, chez les sujets entraînés, la différence artério-veineuse peut augmenter davantage. Cela signifie que le capacité de prélèvement d'O_2 du sang par les muscles augmente avec l'entraînement. **b.** La quantité de dioxygène consommée est égale au débit cardiaque multiplié par la différence artério-veineuse. Chez un sujet non entraîné, la quantité de dioxygène consommé à l'exercice maximum est : 15L/min x 130mL/L = 1950 mL/min.
Chez un sujet entraîné elle est de :
25 L/min x 180 mL/L = 4 500 mL/min.
Ces résultats montrent que les muscles des sujets entraînés consomment 2 550 mL/min de plus que ceux des sujets non entraînés, lors d'un exercice maximum. Ces résultats confirment la réponse à la question **a.**
c. La capacité à faire un effort intense étant liée à celle de prélèvement et de consommation de dioxygène, le sujet non entraîné qui a une VO_2 max inférieure à celle du sujet entraîné ne peut fournir un effort aussi intense.

4 **a.** De A à B, le débit ventilatoire passe de 8 L/min à 116 L/min, ce qui permet de maintenir la teneur en dioxygène de l'air alvéolaire à une valeur constante de sorte que le sang qui quitte les poumons est toujours saturé en O_2.
b. De B à C, le débit ventilatoire augmente sans augmentation de la consommation de dioxygène. Le prélèvement d'O_2 dépend du débit cardiaque ; lorsque celui-ci atteint son maximum, le prélèvement d'O_2 ne peut plus augmenter quel que soit le débit ventilatoire.

Chapitre 11, page 237

1 **1.** a et d ; **2.** b ; **3.** c et e.

2 **a.** Faux : même au repos le cœur reçoit des messages nerveux et sa fréquence est inférieure à celle de l'automatisme cardiaque par suite de l'action prépondérante des nerfs pneumogastriques ; **b.** Faux : est augmentée au cours de l'effort car l'action des nerfs pneumogastriques diminue et celle des nerfs sympathiques augmente ; **c.** Vrai.

3 **a.** Cette fréquence est celle du cœur lorsque les nerfs sympathiques et parasympathiques sont sectionnés (2) ; elle est de 118. Après section des nerfs pneumogastriques elle atteint 140, ce qui indique que les nerfs pneumogastriques ralentissent le cœur en permanence. Après section des sympathiques, elle passe de 140 à 118 ce qui montre que les nerfs sympathiques sont, en permanence, accélérateurs du cœur. **b.** Puisque, au repos, la fréquence cardiaque est de 80 ; donc inférieure à celle de l'automatisme, l'action modératrice des nerfs pneumogastriques l'emporte sur l'action accélératrice des nerfs sympathiques.

4 **a.** La fréquence du cœur du greffé, au repos, est supérieure à celle du témoin. Le cœur greffé n'a plus d'innervation, sa fréquence au repos est donc celle de son automatisme. Chez le témoin, le cœur, au repos, est ralenti par l'action modératrice permanente des nerfs pneumogastriques. **b.** Au cours d'un effort, la fréquence cardiaque du témoin devient nettement supérieure à celle du greffé. En effet, chez le témoin l'action modératrice du pneumogastrique diminue alors que l'action accélératrice du sympathique augmente ; cela ne peut se produire chez le greffé dont le cœur est dépourvu d'innervation. **c.** On constate malgré tout une augmentation du rythme cardiaque chez le greffé ; le problème posé est donc d'en déterminer la cause. L'action nerveuse étant nulle, cela ne peut être dû qu'à des substances (hormones) véhiculées par le sang et agissant sur le cœur (adrénaline).

5 Puisque les signaux sont identiques, l'action des nerfs sur le cœur ne peut être directe. On peut penser que ce sont les substances libérées par les nerfs au niveau du cœur qui modulent son activité. Donc, l'acétylcholine a une action modératrice et l'adrénaline une action accélératrice.
Si cela est vrai, en perfusant un cœur avec une solution d'adrénaline, il doit accélérer et inversement, il doit ralentir lors de la perfusion d'une solution d'acétylcholine.

Chapitre 12, page 239

1 **1.** a ; **2.** a ; **3.** b ; **4.** c.

2 **a.** Faux : contrairement au cœur, les muscles respiratoires n'ont pas d'activité automatique ; **b.** Faux : les muscles respiratoires sont relâchés au moment de l'expiration ; **c.** Vrai ; **d.** Vrai ; **e.** Faux : car ils n'ont pas d'automatisme ; **f.** Faux : l'amplitude des contractions varie en fonction de l'intensité des messages qu'ils reçoivent.

3 **a.** Arrêt des mouvements cardiaques. **b.** Arrêt des mouvements ventilatoires. **c.** Mouvements ventilatoires rythmiques conservés.

4 **a.** ABC correspond à un mouvement respiratoire ; AB : inspiration ; BC : expiration.
b. Les messages nerveux provoquant la contraction du diaphragme, muscle inspiratoire, ont une activité durant

la phase AB de l'inspiration et n'ont plus d'activité durant l'expiration BC.
c. 9 en 20 secondes au repos soit 27 par minute ;
14 en 20 secondes au cours de l'effort soit 42 par minute. Lors de l'effort, le volume d'air inspiré est de 1 L ; il est le double du volume inspiré au repos (0,5 L).
d. Cela signifie que les muscles inspiratoires (diaphragme et intercostaux) se contractent davantage et donc qu'ils reçoivent des messages nerveux plus intenses.

Chapitre 13, page 241

1 **a.** Vrai ; **b.** Faux : il module l'activité des centres respiratoires mais ces derniers sont automatiques ; **c.** Vrai ; **d.** Faux : ces muscles sont mis en jeu par les centres respiratoires bulbaires sur lesquels agissent les messages émis par le cortex moteur.

2 **a.** La fréquence cardiaque au repos est de l'ordre de 70 et atteint 190 au temps t = 35 minutes.
b. À chaque augmentation de la fréquence cardiaque correspond une augmentation du débit ventilatoire.
c. AB : augmentation de la fréquence cardiaque : diminution de l'activité des nerfs pneumogastriques et augmentation de celle des nerfs sympathiques.
BC : la fréquence cardiaque reste constante : l'activité des nerfs pneumogastriques demeure faible, et celle des sympathiques, constamment élevée.
CD : diminution de la fréquence cardiaque : sans retour à la valeur de repos : essentiellement il y a diminution de l'activité des nerfs sympathiques sans grand changement de celle des pneumogastriques.
d. Le débit ventilatoire augmente en A'B' ce qui est dû en partie à l'augmentation de la fréquence de la ventilation donc à l'augmentation du rythme de fonctionnement des centes bulbaires.
B'C' : le rythme des centres bulbaires demeure constant et élevé ; C'D' : le rythme des centres bulbaires diminue.
e. La VO_2 max dépend fondamentalement du débit cardiaque donc sa consommation maximale de dioxygène est atteinte lorsque la fréquence cardiaque est maximale soit vers la 35e minute où la fréquence cardiaque est de 190 battements par minute.

3 **1.** a et f ; **2.** e et h ; **3.** b, c, d et g.

Chapitre 14, page 243

1 **a.** Faux : les poissons ont des branchies ; **b.** Vrai ; **c.** Vrai ; **d.** Faux : les poissons ont des nageoires ; **e.** Faux : le système nerveux est dorsal.

2 – Caractères de l'ancêtre commun à tous les Vertébrés et visibles chez le Lézard : organisation antéro-postérieure, symétrie bilatérale, système nerveux dorsal avec moelle épinière et encéphale.
– Caractères apparus au cours de l'histoire des Vertébrés ayant conduit au Lézard : acquisition de membres de type patte avec des doigts.

3 La chaîne nerveuse est en position ventrale alors que les centres nerveux des Vertébrés sont dorsaux donc cette coupe ne peut être celle d'un vertébré. Ce qui est confirmé par l'absence de colonne vertébrale.

4 A : vertèbre (colonne vertébrale) ; B : moelle épinière ; C : œsophage ; D : région dorsale ; E : région ventrale ; F : patte (membre) ; G : poumons.

5 Toutes les affirmations sont vraies.

Chapitre 15, page 245

1 **1.** a, b, d et e ; **2.** a, b, d et e ; **3.** a, b, d et e ; **4.** c, d.

2 En **3a.**, on reconnaît : une enveloppe nucléaire séparant cytoplasme et noyau ; dans le cytoplasme des organites cellulaires en particulier des mitochondries. Il s'agit donc d'une cellule eucaryote.
En **3b.**, on note : l'absence d'enveloppe nucléaire ; l'absence d'organites cytoplasmiques. Il s'agit donc d'une cellule procaryote (bactérie).

3 Toute cellule provient d'une cellule préexistante. Le document montre en A une cellule unique et en B deux cellules encore séparées par une cloison provenant de la division d'une cellule unique initiale. La reproduction est une propriété du vivant.

4 Dans les deux cas on distingue un noyau limité par une enveloppe nucléaire ; en dehors du noyau, on y reconnait des organites comme, en particulier, des mitochondries ; les chloroplastes sont des organites qu'on ne trouve que dans des cellules eucaryotes végétales.

Chapitre 16, page 247

1 **a.** Vrai : elle possède des chloroplastes ; **b.** Faux : la lumière est indispensable à la synthèse des matières organiques par les cellules chlorophylliennes ; **c.** Faux : les cellules chlorophylliennes rejettent du CO_2 à l'obscurité et du O_2 à la lumière ; **d.** Vrai ; **e.** Vrai : un des aspects de la respiration cellulaire.

2 **a.** Les documents ne montrent que de petites cases à l'intérieur desquelles on distingue un noyau. Il s'agit donc d'un ensemble de cellules constitutives de l'extrémité de la racine.
Remarque : on reconnaît des chromosomes qui ne sont visibles qu'au moment de la division cellulaire.
b. Ces cellules sont des cellules de racine, organe non chlorophyllien ; elles sont donc hétérotrophes et leur survie dépend de l'activité des cellules chlorophylliennes qui synthétisent des matières organiques à partir de matières minérales ; ces matières organiques sont ensuite exportées jusqu'aux cellules de la racine qui les utilisent pour leur croissance.

3 **a.** Les caractères du vivant visibles ici sont : la structure cellulaire ; la division cellulaire (toute cellule provient d'une cellule préexistante).

b. Ce bacille n'a pas d'organites cellulaires, ni d'enveloppe nucléaire : c'est un procaryote.
c. Cet organisme se développe dans un milieu contenant du jus de viande donc des matières organiques. On peut penser qu'il a besoin de celles-ci pour synthétiser ses propres matières organiques : il est donc hétérotrophe.

4 Dans le milieu B, les levures se multiplient ; il y a donc augmentation globale de masse : les levures synthétisent leurs matières organiques.
Dans le milieu C, les levures ne se multiplient pas. Or, le milieu C diffère du milieu B uniquement par l'absence de matières organiques ; celles-ci sont donc indispensables à la production de leurs propres matières organiques : les levures sont hétérotrophes.
En revanche, pour les Euglènes, le milieu C permet la multiplication comme le milieu B : leur développement ne nécessite pas de matières organiques : elles sont autotrophes.
À noter que les Euglènes ne se développent pas dans le milieu A ; la synthèse de matières organiques nécessite donc la présence de sels minéraux.

Chapitre 17, page 249

1 Document **2a.** : on distingue une petite levure B reliée à une plus grosse levure A ; elle apparaît comme un bourgeon formé à partir de la cellule A : c'est un processus de division cellulaire par bourgeonnement.
Document **2b.** : la cellule A unique est allongée. La cellule B paraît formée par deux cellules A unies entre elles : il s'agit donc du résultat d'une division qui s'achève par la mise en place d'une cloison séparant deux cellules filles. Il s'agit d'une division par scission transversale.

2 La cellule B est née par bourgeonnement de la cellule A et se reproduit elle-même par bourgeonnement. Ce mode de reproduction est donc héréditaire. Le même raisonnement permet de dire que la division par scission transversale caractéristique de la souche *S. pombe* est donc héréditaire.
Bien que vivant dans les mêmes conditions de milieu les levures *S. cervisiae* et *S. pombe* se reproduisent différemment en fonction de leur programme génétique.

3 Les cellules de type sauvage doivent atteindre la taille de 14 µ pour pouvoir se diviser ainsi que les cellules qui en descendent.
Les cellules de type wee se divisent dès qu'elles atteignent une taille de 8,1 µ ainsi que leurs descendantes.
Ces deux souches diffèrent donc par la taille nécessaire pour entrer en division. Cela étant vrai pour toutes les levures appartenant à une souche, il s'agit d'une différence héréditaire.
Remarque : le rythme des divisions (140 min ou 165 min) semble également héréditaire.

4 **a.** Le programme génétique se trouve localisé dans le matériel de chaque lot de chromosomes de la cellule en division et il se trouve dans le noyau de la cellule B qui n'est pas en division.

b. Si on compare les deux lots de chromosomes de la cellule en division, on constate qu'ils sont identiques et chaque cellule fille recevra l'intégralité du programme génétique.

5 La couleur des colonies blanches est due au fait que les milliers de levures qui les constituent ne produisent pas de pigment rouge.
La couleur des colonies rouges est due au fait que chaque levure constitutive de la colonie produit un pigment rouge.
Ces deux souches de levures diffèrent par leur capacité à fabriquer le pigment rouge.
Comme à l'origine de chaque colonie, blanche ou rouge, il n'y avait qu'une seule levure, cela signifie que cette capacité à synthétiser ou non le pigment rouge a été transmise de génération cellulaire en génération cellulaire.

Chapitre 18, page 251

1 **1.** a, b, c et d : il n'y a qu'une seule molécule d'ADN par chromosome ; en conséquence, chez l'Homme, le nombre de molécules d'ADN est égal au nombre de chromosomes soit 46 : seule l'affirmation **b.** est exacte.
2. Seule l'affirmation **g.** est exacte.

2 **a.** Les deux brins sont complémentaires et un nucléotide à adénine d'un brin ne peut s'associer qu'avec un nucléotide à thymine de l'autre brin. Il en est de même pour un nucléotide à guanine qui ne peut s'associer qu'à un nucléotide à cytosine.
b. Les rapports A+G/T+C diffèrent selon les espèces car le nombre de nucléotides à thymine, à adénine, à guanine et cytosine diffère d'une espèce à l'autre.
c. A = T et C = G donc : A+T/C+G = 2A/2G (ou 2T/2G) = 1,4. Donc, A (ouT) = 1,4 C (ou G)
A+T+G+C = 2A+2C = 24
A = 12-C donc 1,4C = 12-C et 1,4C + C = 12
soit C (1,4+ 1) = 12 et C = 12/2,4 = 5
On en déduit : C = G = 5 et A = T = 7.
Par exemple : TAGTACATGGTC
ATCATGTACCAG

3 Si une molécule longue de 0,5 µm contient 1500 paires de bases, 1µm contient 3 000 paires de bases, soit pour l'ensemble de l'ADN d'une cellule humaine : 1 800 000 x 3 000 = 5,4 milliards de paires de bases.

4 **a.** Le plant de tabac s'est formé par multiplication de la cellule initiale ; puisqu'il est entièrement phosphorescent, cela signifie que toutes les cellules qui le constituent possèdent l'information génétique nécessaire à la fabrication de la substance responsable : cela est dû au fait que l'information génétique se transmet intégralement de génération cellulaire en génération cellulaire.
L'information contenue dans le fragment d'ADN de luciole a été exploitée par les cellules du plant de tabac qui ont fabriqué une substance de Luciole.

b. De même les bactéries ayant incorporé le fragment d'ADN humain fabriquent de l'insuline humaine comme les cellules du pancréas. Elles exploitent donc l'information de la même façon que les cellules du pancréas.

Dans les deux cas, le fragment d'ADN étranger fait acquérir de nouvelles propriétés aux cellules qui le reçoivent : il est donc le support des informations nécessaire à la synthèse d'insuline ou de la substance fluorescente.

Chapitre 19, page 253

1 1 et 2 ou 3 et 4 : **a.** ; 1 ou 2 ou 3 ou 4 : **b.** ; 1 et 3 ou 1 et 4 ou 2 et 3 ou 2 et 4 : **c.** ; 1, 2, 3 et 4 : **d.**

2 **a.** L'allèle TS diffère de l'allèle S par la substitution en position 124 d'un nucléotide à guanine par un nucléotide à adénine, soit au niveau de la molécule d'ADN de la paire GC par la paire AT.
L'allèle W diffère de l'allèle sauvage S par la substitution en position 200 d'un nucléotide à guanine par un nucléotide à adénine.
Ces différences entre les allèles sont responsables des différences dans le comportement des levures.
b. Par rapport au type sauvage, la même substitution (G remplacé par A) a des conséquences très différentes suivant sa localisation : pour la souche W (en position 200) la substitution entraîne une entrée en division pour une taille inférieure à celle de la souche sauvage ; pour la souche TS (en position 124) elle bloque l'entrée en division.

3 HbA (bis) et HbS ne diffèrent de HbA que par une seule substitution, la guanine remplacée par la thymine :
– en position 9 pour HbA (bis),
– en position 20 pour HbS.
Alors que pour HbA bis, la substitution n'a aucun effet sur l'hémoglobine synthétisée, elle entraîne la synthèse d'une hémoglobine anormale pour HBS.

Chapitre 20, page 255

1 **1.** a, d et e ; **2.** a, b, c (du descendant) et e.

2 **a.** Pour tous les gènes, dont P53, les cellules non cancéreuses possèdent les mêmes allèles (cn/cn) que la cellule œuf à l'origine de l'individu.
L'allèle cc2 dans les cellules cancéreuses est donc un allèle muté.
b. La mutation touchant des cellules n'appartenant pas à la lignée germinale est une mutation somatique. Elle est intervenue dans une cellule de l'œsophage et a fait que cette cellule s'est multipliée de façon anarchique pour former une tumeur.

3 **a.** Ce sont les mêmes allèles qui se trouvent dans les cellules cancéreuses et non cancéreuses de l'individu III_2 et par conséquent, ils se trouvaient dans la cellule œuf à l'origine de l'individu.
Ils ont donc obligatoirement été apportés par un des gamètes parentaux : l'ovule de la mère II_2 elle-même porteuse de l'allèle muté.
b. Puisque II_2 possède l'allèle muté dans toute ses cellules c'est qu'elle l'a hérité de l'un de ses parents I_1 ou I_2 : il ne s'agit donc pas d'une mutation somatique ayant affecté une cellule de II_2.
c. Les parents de II_2, I_1 et I_2 ne possèdent pas l'allèle muté dans leurs cellules. La mutation est donc intervenue lors de la formation des gamètes de I_1 ou I_2 : c'est donc, à l'origine, une mutation germinale.
La présence de cet allèle prédispose la cellule qui le possède à devenir cancéreuse.

4 **a.** En considérant les imndividus atteints d'un cancer du foie (II_1 ou III_1), on constate que seules les cellules cancéreuses possèdent l'allèle muté : il s'agit donc d'une mutation somatique.
b. Il ne s'agit pas d'un cancer d'origine héréditaire mais de mutations somatiques affectant le gène P53 apparues dans trois générations. Cela suggère un facteur d'environnement régional commun, favorisant cette mutation du gène P53.

Chapitre 21, page 257

1 **1. a.** Vrai ; **b.** Vrai ; **c.** Vrai ; **d.** Faux : seules les cellules chlorophylliennes des feuilles, étant autotrophes, possèdent les gènes dirigeant ces réactions.
2. e. Faux ; **f.** Faux : les gènes homéotiques sont caractéristiques des animaux pluricellulaires (Métazoaires) ; **g.** Vrai.
3. h. Vrai ; **i.** Vrai ; **j.** Vrai ; **k.** Faux : seuls les eucaryotes en possède une ; **l.** Faux : seuls les végétaux verts possèdent de la chlorophylle.

2 **1.** Chez la Levure, le gène CDC2 est indispensable au déroulement de la division cellulaire (**2a.** et **2b.**). Le gène CDC2 humain joue le même rôle puisqu'en **2c.**, les levures se divisent à nouveau.
2. Si deux gènes n'ont aucune parenté, le pourcentage maximum de similitude est de 25 % ; en effet il existe 4 types de nucléotides donc une chance sur 4 que le même nucléotide se trouve au même emplacement (site). 65 % étant très nettement supérieur à 25 %, cela indique une forte parenté entre les deux gènes.
3. L'Homme et la Levure ont hérité de leur gène CDC2 d'un ancêtre commun très éloigné dans le temps.
Dans les deux branches, l'une conduisant à la Levure actuelle et l'autre à l'Homme actuel, le gène CDC2 a été transmis de génération en génération mais en subissant des mutations, différentes suivant la lignée considérée, d'où les 35% de différences. Celles-ci n'ont toutefois pas eu de conséquence sur la fonction du gène (intervention dans la division cellulaire).

Chapitre 1, page 259

1 **1.** L'analyse chimique consiste à identifier par des tests chimiques les espèces chimiques présentes dans l'échantillon.

2. Il s'agit de l'eau.

3a. On peut identifier le glucose.

3b. Dans un tube à essais, on réalise un mélange de liqueur de Fehling et de glucose. On chauffe fortement le mélange. Si le test est positif, il apparaît un précipité de couleur rouge brique. S'il est négatif, il ne se passe rien.

4.

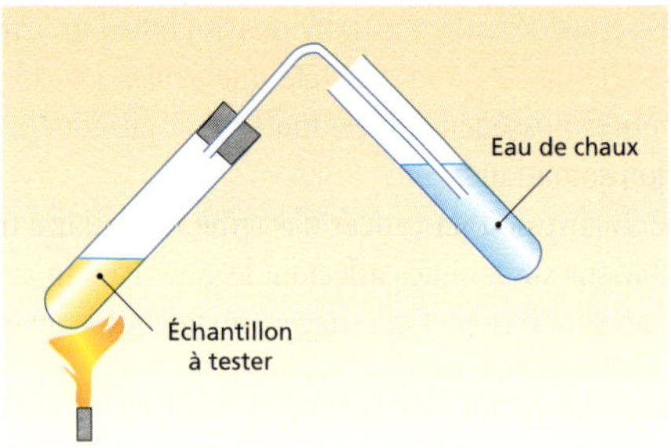

5. L'échantillon contient des espèces chimiques acides.

2 **1.** La température de solidification étant égale à la température de fusion :

$\theta_{solidification}(\text{propane}) = \theta_{fusion}(\text{propane}) - 189{,}9\ °C$

2. La température de liquéfaction étant égale à la température de vaporisation :

$\theta_{liquéfaction}(\text{butane}) = \theta_{vaporisation}(\text{butane}) = -0{,}5\ °C$

3. Le butane est à l'état solide car – 150 °C est strictement inférieur à la température de fusion (– 138,5 °C).
Le propane est à l'état liquide car – 150 °C est compris entre la température de fusion (– 189,9 °C) et la température de vaporisation (– 0,5 °C).

4. On utilise la formule : $d(\text{butane}) = \dfrac{\mu(\text{butane})}{\mu_0}$ qui devient : $\mu(\text{butane}) = d(\text{butane}) \times \mu_0$

$\mu_0 = 1\,000\ g.L^{-1}$ $\quad d(\text{butane}) = 0{,}601$

application numérique : $\mu(\text{butane}) = 601\ g.L^{-1}$

5. On utilise la formule : $\mu = \dfrac{m}{V}$ qui devient $V = \dfrac{m}{\mu}$

$\mu = 585\ g.L^{-1}$ $\quad m = 1{,}2\ kg = 1{,}2\ 10^3\ g$

application numérique : V = 2,1 L

6. Les volumes occupés respectivement par le butane et le propane sont égaux à :

$V_{butane} = 0{,}85 \times V = 8{,}5\ L$ et $V_{propane} = 0{,}15 \times V = 1{,}5\ L$

Les masses respectives sont égales à :

$m_{butane} = \mu_{butane} \times V_{butane} = 5{,}1\ 10^3\ g$

et $m_{propane} = \mu_{propane} \times V_{propane} = 8{,}8\ 10^2\ g$

La masse totale de l'échantillon est égale à :

$m = m_{butane} + m_{propane}$

application numérique : $m = 6{,}0\ 10^3\ g$

3 **1.** La chromatographie permet de séparer puis d'identifier des espèces chimiques présentes dans un mélange homogène.

2. La phase mobile est constituée par l'eau salée et la phase fixe est constituée par le papier à chromatographie. Par identification avec les espèces chimiques de référence, les espèces chimiques présentes dans le bonbon sont la tartrazine et le bleu patenté.

3. Les espèces chimiques à séparer doivent être solubles dans le liquide utilisé comme phase mobile. D'après le tableau, seule l'eau salée peut convenir pour dissoudre les colorants.

Chapitre 2, page 261

1 **1.** 1 : chauffe-ballon ; 2 : mélange eau-écorce d'orange ; 3 : ballon ; 4 : thermomètre ; 5 : sortie d'eau froide ; 6 : condenseur ou réfrigérant ; 7 : entrée d'eau froide ; 8 : distillat

2. Le condenseur permet de liquéfier les vapeurs formées.

3. La vapeur d'eau entraîne avec elle les espèces chimiques à extraire de l'écorce d'orange.

4a. L'huile essentielle est récupérée à la température du laboratoire (environ 20 °C). Cette température étant comprise entre les températures de fusion et d'ébullition du limonène, on en déduit que l'huile essentielle est liquide.

4b. Le distillat possède deux phases car le limonène et l'eau sont très peu solubles.

4c. La densité du limonène étant plus petite que celle de l'eau (qui est égale à 1), la phase supérieure est constituée du limonène.

5d. Oui, car du dépôt initial, on arrive à extraire plusieurs espèces chimiques.

5e. Par identification avec les espèces chimiques de référence, on reconnaît la présence de citral et de limonène.

2 **1a.** Il s'agit d'une extraction par solvant.

1b. On peut réaliser une chromatographie sur couche mince, avec une phase mobile et une phase fixe appropriées.

2c. La vanilline naturelle ou synthétisée constitue la même espèce chimique : elles sont identiques. En conséquence, leurs dépôts arrivent nécessairement à la même hauteur : ce sont les dépôts 2 et 3.

En conséquence le dépôt d'éthylvanilline est le 1.

2d. Non, car il s'agit de la même espèce chimique.

Chapitre 3, page 263

1 Le nombre de protons est égal au numéro atomique Z. Le nombre de neutrons est égal à : N = A – Z

L'atome étant électriquement neutre, le nombre d'électrons est égal au nombre de protons.

atome	béryllium	carbone	sodium	phosphore	chlore	cuivre
protons	4	6	11	15	17	29
neutrons	4	6	12	16	18	36
électrons	4	6	11	15	17	29

2 Donner la structure électronique des atomes suivants : C (Z = 6) : $(K)^2\ (L)^4$; N (Z = 7) : $(K)^2\ (L)^5$; Na (Z = 11) : $(K)^2\ (L)^8\ (M)^1$;
Si (Z = 14) : $(K)^2\ (L)^8\ (M)^4$; Cl (Z = 17) : $(K)^2\ (L)^8\ (M)^7$; Ar (Z = 18) : $(K)^2\ (L)^8\ (M)^8$

3 **1.** Le noyau possède 7 protons et 7 neutrons. Son symbole : $^{14}_{7}N$

2. Le nombre d'électrons est égal à celui des protons : $m(\text{électrons}) = Z \times m_e = 6{,}37\ 10^{-30}$ kg

3. Le nombre de nucléons est égal au nombre de masse A : $m(\text{noyau}) = A \times m_n = 2{,}34\ 10^{-26}$ kg

4. Le rapport des deux masses est égal à :
$m(\text{noyau})/m(\text{électrons}) = 3{,}67\ 10^3$
Ce rapport est très grand : on peut donc négliger la masse des électrons devant celle du noyau dans le calcul de la masse de l'atome.

4 **1.** On trouve les éléments cuivre, oxygène et carbone.

2. D'après la loi de conservation des éléments chimiques au cours d'une réaction, on doit retrouver les mêmes éléments que dans les réactifs : cuivre, oxygène et carbone.

3. Le gaz est du dioxyde de carbone de formule CO_2.

4. Cet élément est nécessairement le cuivre, donc le métal de couleur rouge est du cuivre de formule Cu.

5 **1.** O (Z(O) = 8) : $(K)^2\ (L)^6$; H (Z(H) = 1) : $(K)^1$

2. L'atome d'oxygène possède 6 électrons sur sa couche externe.

3. La masse des électrons étant négligeable (voir exercice 3, question 4), la masse de la molécule est égale à la somme des masses des noyaux de chacun des atomes :

$m(H_2O) = 2 \times A(H) \times m_n + A(O) \times m_n = 3{,}01\ 10^{-26}$ kg

4. On calcule d'abord la masse d'une goutte d'eau avec la formule de la masse volumique :
$m(\text{goutte}) = \mu_{eau} \times V$
$\mu_{eau} = 1{,}0$ kg.L^{-1}
$V = 5\ 10^{-5}$ L
$m(\text{goutte}) = 5\ 10^{-5}$ kg
On calcule le nombre N de molécules d'eau :
$N = m(\text{goutte})/m(H_2O) = 2\ 10^{21}$ molécules (on garde un seul C.S car V en possède un seul)

Chapitre 4, page 265

1 **1.** Il s'agit du fluor (F).

2. La famille des alcalins.

3. La famille des alcalino-terreux.

2 **1.** $(K)^2\ (L)^8\ (M)^6$

2. Il s'agit de l'élément soufre (S) qui appartient à la famille occupant la 16e colonne.

3. Il s'agit de l'élément oxygène.

3 **1.** 3e période et 15e colonne

2. A = Z + N = 31

3. azote N (Z = 7) ; arsenic As (Z = 33)

4. La structure électronique est : $(K)^2\ (L)^6$ pour l'azote et $(K)^2\ (L)^8\ (M)^6$ pour le phosphore. Ces atomes possèdent 6 électrons sur leur couche externe.

4 **1.** Le silicium ayant des propriétés chimiques semblables à celles du carbone, on doit le retrouver engagé dans le même type de composé à savoir : SiH_4 et SiO_2.

2. Le chlore appartient à la même famille que le fluor, il doit donc donner le même type de corps simple : Cl_2.
Le potassium appartient à la même famille que le sodium, il doit donc donner le même type de corps simple : K.

5 **1.** Deux atomes ou ions isotopes possèdent le même nombre de protons et un nombre différent de neutrons dans leur noyau.

2. (29 ; 61) ; (29 ; 60)

3. On calcule la masse d'un atome de cuivre en négligeant celle des électrons : $m(Cu) = A \times m_n = 1{,}05\ 10^{-25}$ kg
On calcule le nombre d'atomes de cuivre dans l'échantillon :
$N(Cu) = m(\text{échantillon})/m(Cu)$ avec $m(\text{échantillon}) = 3$ mg $= 3\ 10^{-6}$ kg
$N(Cu) = 3\ 10^{19}$ atomes

Chapitre 5, page 267

formule de l'ion	Na^+	Mg^{2+}	Al^{3+}	Cl^-
symbole du noyau	$^{23}_{11}Na$	$^{25}_{12}Mg$	$^{26}_{13}Al$	$^{35}_{17}Cl$
nombre de protons	11	12	13	17
nombre de neutrons	12	13	13	18
nombre d'électrons	10	10	10	18

Pour un anion : nombre d'électrons – nombre d'électrons dans l'atome + nombre d'électrons gagnés

Pour un cation : nombre d'électrons = nombre d'électrons dans l'atome – nombre d'électrons perdus

Rappel : nombre d'électrons dans l'atome = nombre de protons dans le noyau de l'atome

2 Mg^{2+} (Z = 12) : l'ion possède 10 électrons : $(K)^2\ (L)^8$;
F^- (Z = 9) : l'ion possède 10 électrons : $(K)^2\ (L)^8$;
Be^{2+} (Z = 4) : l'ion possède 2 électrons : $(K)^2$;
Cl^- (Z = 17) : l'ion possède 18 électrons : $(K)^2\ (L)^8\ (M)^8$
Mg^{2+} et Be^{2+} : famille des alcalino-terreux
F^- et Cl^- : famille des halogènes

3 **1.** 3e période et 16e colonne. C'est le soufre S.

2. Nombre total d'électrons = 2 + 8 + 6 = 16

3. Le nombre total d'électrons dans l'atome est égal au nombre de protons donc : Z = 16

4. Pour acquérir une structure en octet l'atome doit gagner 2 électrons : $(K)^2\ (L)^8\ (M)^8$
La formule de l'ion est donc S^{2-}.

4 L'ion magnésium a pour formule : Mg^{2+}

1. $q = 2 \times e$

2. $q = 2 \times 1{,}602\ 10^{-19} = 3{,}204\ 10^{-19}$ C

3. 2 électrons ont été perdus

4. La charge électrique portée par les ions oxydes doit exactement compenser celle portée par les ions magnésium. La formule de l'ion oxyde est donc : O^{2-}.

5 Parmi les réactifs on a les éléments H, Fe et S. D'après la loi de conservation des éléments, on trouve ces mêmes éléments parmi les produits. En conséquence l'ion monoatomique est constitué de l'élément Fe. La charge étant égale à 2e, cet ion correspond à une perte de deux électrons par rapport à l'atome. On en déduit la formule de l'ion : Fe^{2+}.

1. Il s'agit de l'élément fer Fe.

2. Fe^{2+}.

3. L'ion H^+ ne possède pas d'électrons : $(K)^0$.

4a. L'ion Fe^{2+} possède 24 électrons.

4b. L'ion sulfure possède 18 électrons. Structure : $(K)^2\ (L)^8\ (M)^8$.

4c. Il s'agit de l'argon (Z = 18).

Chapitre 6, page 269

1 **1.** Compléter le tableau suivant :

symbole de l'atome	H	C	O	Si	S
Z	1	6	8	14	16
structure électronique	$(K)^1$	$(K)^2\ (L)^4$	$(K)^2\ (L)^6$	$(K)^2\ (L)^8\ (M)^4$	$(K)^2\ (L)^8\ (M)^6$
nombre d'électrons sur la couche externe	1	4	6	4	6
nombre de liaisons à réaliser	1	4	2	4	2
nombre de doublets non liants	0	0	2	0	2

2.

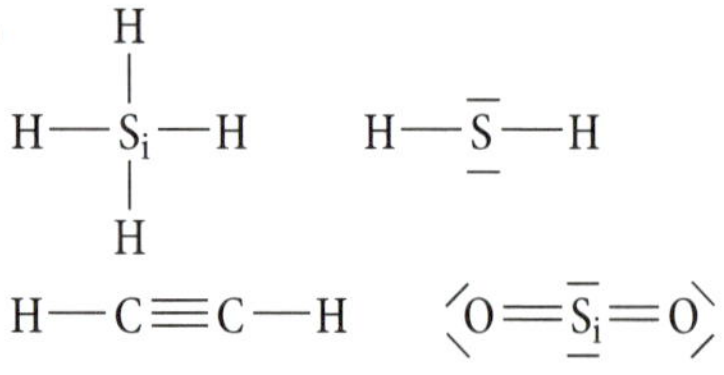

2 **1.**

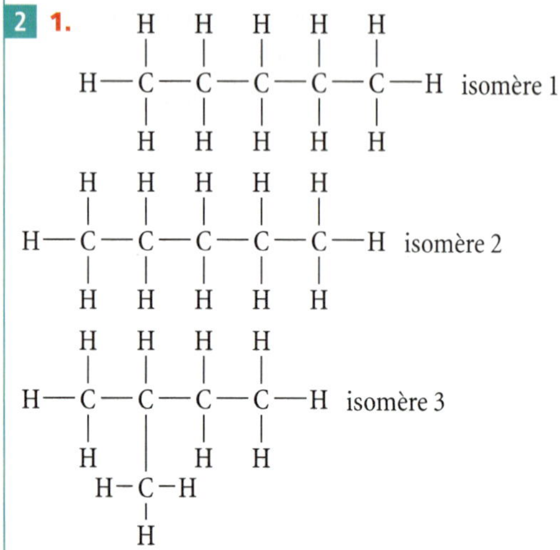

2. Les formules développées sont identiques aux formules de Lewis car aucun atome ne possède de doublets non liants.

3. isomère 1 $CH_3—CH_2—CH_2—CH_2—CH_3$

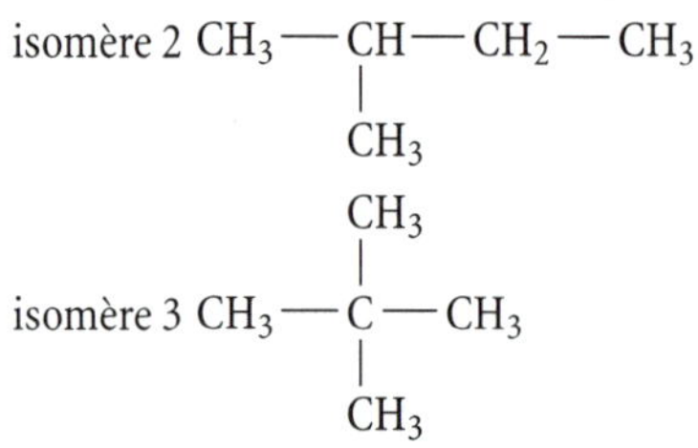

3 **1.**

formules développées :

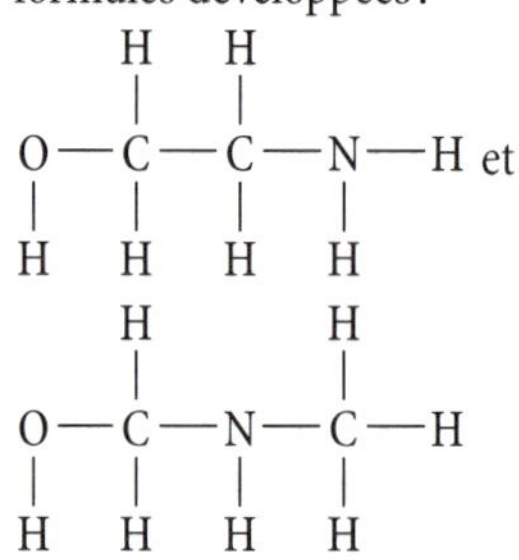

formules semi-développées :

$HO—CH_2—CH_2—NH_2$ et

$HO—CH_2—NH—CH_3$

formules brutes : C_2H_7ON pour les deux molécules

2. Ce sont des molécules isomères.

3.

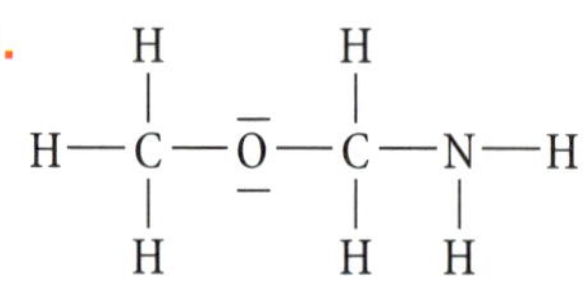

4 **1.** Les liaisons C—H et C—Cl en trait simple sont dans le plan.
La liaison C—Cl en pointillé est en arrière, la liaison C—H en trait plein épais est en avant.

2.

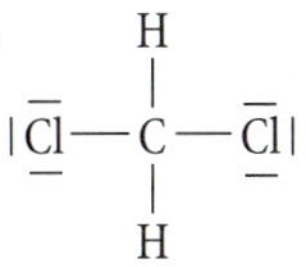

5 **1.**

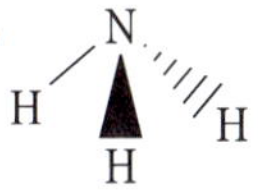

2.

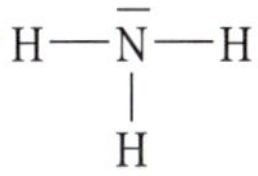

Chapitre 7, page 271

1 $M(C_4H_{10}) = 4 \times M_C + 10 \times M_H = 58{,}0\ g.mol^{-1}$

$M(H^+) = M_H = 1.0\ g.mol^{-1}$

$M(SO_4^{2-}) = M_S + 4 \times M_O = 96{,}1\ g.mol^{-1}$

$M(C_{12}H_{22}O_{11}) = 12 \times M_C + 22 \times M_H + 11 \times M_O = 342{,}0\ g.mol^{-1}$

$M(CuSO_4, 5\ H_2O) = M_{Cu} + M_S + 4 \times M_O + 10 \times M_H + 5 \times M_O = 249{,}6\ g.mol^{-1}$

2 **1.** $M_C = m/n = 12{,}0\ g.mol^{-1}$

2. $N = n \times NA = 6{,}02\ 10^{24}$ atomes

3. $m(C) = m/N = 1{,}99\ 10^{-23}\ g$

3 **1.** $n = V/V_m(20\ °C) = 4{,}17\ 10^{-1}$ mol

2. $V = n \times V_m(150\ °C) = 14{,}6$ L

3. $V_m(0\ °C) = V/n = 22{,}4\ L.mol^{-1}$

4 **1.** On calcule la masse molaire du dichloroéthane :
$M = 2 \times M_C + 4 \times M_H + 2 \times M_{Cl} = 99{,}0\ g.mol^{-1}$

On calcule le nombre de moles : $m = 3{,}0\ 10^{-2}$ kg = 30 g puis $n = m/M = 0{,}30$ mol

2. $V(gaz) = n \times V_m = 7{,}2$ L

3a. Pour calculer la masse volumique du dichloroéthane, on utilise la formule de la densité :

$d = \mu_{dichloroéthane}/\mu_0$, soit : $\mu_{dichloroéthane} = d \times \mu_0 = 1{,}24\ 10^3\ g.L^{-1}$

3b. On utilise la formule de la masse volumique :
$V(liq) = m/\mu_{dichloroéthane} = 2{,}4\ 10^{-2}$ L

3c. $V_m(C_2H_4Cl_2) = V(liq)/n = 8{,}0\ 10^{-2}\ L.mol^{-1}$

4. $N = n \times N_A = 1{,}8\ 10^{23}$ molécules

Chapitre 8, page 273

1 **1.** $V = n/C = 20$ L

2. $n = C \times V = 9{,}0\ 10^{-3}$ mol

3. La quantité de dioxyde de carbone est égale à :
$n = V_0/V_m = 3{,}3$ mol
Calcul de la concentration : $C = n/V = 1{,}3\ mol.L^{-1}$

2 **1.** On calcule la quantité de saccharose :
$n = C \times V = 6{,}0\ 10^{-6}$ mol
Calcul de la masse molaire :
$M = 12 \times M_C + 22 \times M_H + 11 \times M_O = 342{,}0\ g.mol^{-1}$
Calcul de la masse de soluté : $m = n \times M = 2{,}1\ 10^{-3}$ g

2a. On calcule la quantité maximale de saccharose :
$n_S = m/M = 11{,}7$ mol (M a été calculée en **1.**)
Calcul de la solubilité : $C_S = n_S/V = 5{,}9\ mol.L^{-1}$

2b. On calcule la quantité de matière : $n = C \times V = 0{,}30$ mol
Calcul de V' (la concentration de la solution saturée est alors égale à C_S) : $V' = n/C_S = 5{,}1\ 10^{-2}$ L

3 **1.** Calcul de la masse molaire :
$M_{NaCl} = M_{Na} + M_{Cl} = 58{,}5\ g.mol^{-1}$
Calcul de la quantité de matière : $n = m/M = 1{,}5$ mol
On calcule la concentration : $C = n/V = 0{,}5\ mol.L^{-1}$

2. Calcul de la quantité de matière : $n_S = C_S \times V = 6{,}15$ mol
Calcul de la masse : $m_S = n_S \times M = 360$ g

3. Calculons la masse correspondant à 3 litres de solution saturée :
$m'_S = 3 \times m_S = 1{,}08\ 10^3$ g (m_S est calculée en **2.**)
La masse de chlorure de sodium non dissout est égale à :
$m' = m - m'_S = 1\ 200 - 1{,}08\ 10^3 = 120$ g

4 **1.** La quantité de soluté à prélever de la solution 2 est égale à : $n_2 = C_2 \times V_2$
La quantité de soluté dans solution 1 est égale à :
$n_1 = C_1 \times V_1$
Ces deux quantités sont égales donc : $n_1 = n_2$ soit le volume V_2 à prélever : $V_2 = (n_1 \times C_1)/C_2 = 4\ 0\ 10^{-2}$ L
Préparation de la solution :
Étape 1 : on prélève à l'aide d'une pipette graduée le volume V_2 de solution mère nécessaire.
Étape 2 : on introduit le liquide prélevé dans une fiole jaugée de volume V_1.
Étape 3 : on complète jusqu'au trait de jauge avec de l'eau distillée.

2. Calculons les quantités de matière présentes dans les deux solutions :
$n_1 = C_1 \times V_1 = 0{,}30$ mol
$n_2 = m_2/M$ avec $M = M_C + 3 \times M_H + M_{Cl} = 50{,}5\ g.mol^{-1}$
$n_2 = 0{,}40$ mol
Calculons la concentration du mélange :
$C = (n_1 + n_2)/(V_1 + V_2) = 2{,}3\ mol.L^{-1}$

Chapitre 9, page 275

1 Au cours d'une transformation chimique il y a disparition d'espèces chimiques et formation de nouvelles.

1. non

2. non (c'est un changement d'état liquide → vapeur)

3. oui (on réalise la combustion d'une espèce chimique : l'acide stéarique qui se transforme en dioxyde de carbone, en carbone et en eau essentiellement)

4. non

5. non (on sépare uniquement des espèces chimiques)

6. oui (on réalise la combustion d'une espèce chimique : la cellulose qui se transforme en dioxyde de carbone, en carbone et en eau essentiellement)

7. oui (la soude réagit avec les matières organiques responsables du bouchon)

2 $C_6H_{12}O_6 + 6\,O_2 \rightarrow 6\,CO_2 + 6\,H_2O$

$C_6H_6 + 3\,HNO_3 \rightarrow C_0H_3N_3O_6 + 3\,H_2O$

$2\,FeCl_3 + 3\,MgO \rightarrow Fe_2O_3 + 3\,MgCl_2$

$Pb^{2+} + 4\,I^- \rightarrow PbI_4^{2-}$

$2\,C_4H_{10} + 13\,O_2 \rightarrow 8\,CO_2 + 10\,H_2O$

$4\,Fe + 3\,O_2 \rightarrow 2\,Fe_2O_3$

3 **1.** Produits de la transformation : eau et dioxyde de carbone (elles n'étaient pas présentes dans l'état initial)

2. Réactifs : méthane et dioxygène (leurs quantités ont diminué dans l'état final)

3. Le diazote, car sa quantité ne varie pas.

4 **1.** oui

2. $CO_2 + H_2O \rightarrow H^+ + HCO_3^-$

3. $HCO_3^- + HO^- \rightarrow CO_3^{2-} + H_2O$

4. $Ca^{2+} + CO_3^{2-} \rightarrow CaCO_3$

Chapitre 10, page 277

1 **1.** Tableau d'avancement :

		Pb^{2+} +	$4\,I^-$ →	PbI_4^{2-}
état initial	0	0,30	0,60	0
état au cours de la réaction	x	$0{,}30 - x$	$0{,}60 - 4x$	x
état final	x_{max}	$0{,}30 - x_{max}$	$0{,}60 - 4x_{max}$	x_{max}

2. Si les ions plomb sont limitants, $x_{max} = 0{,}30$ mol
Si les ions iodures sont limitants, $x_{max} = 0{,}15$ mol
On choisit la valeur la plus petite : $x_{max} = 0{,}15$ mol ; les ions iodures sont donc limitants.

3. État final :

		Pb^{2+}	$4\,I^-$	PbI_4^{2-}
état final	$x_{max} = 0{,}15$ mol	0,15 mol	0 mol	0,15 mol

2 **1a.** Tableau d'avancement :

		$2\,C_4H_{10}$ +	$13\,O_2$ →	$8\,CO_2$ +	$10\,H_2O$
état initial	0	0,80 mol	3,50 mol	0	0
état au cours de la réaction	x	$0{,}80 - 2x$	$3{,}50 - 13x$	$8x$	$10x$
état final	x_{max}	$0{,}80 - 2x_{max}$	$3{,}50 - 13x_{max}$	$8x_{max}$	$10x_{max}$

Si le butane C_4H_{10} est limitant, $x_{max} = 0{,}40$ mol
Si le dioxygène O_2 est limitant, $x_{max} = 0{,}27$ mol
On choisit la valeur la plus petite : $x_{max} = 0{,}27$ mol ; le dioxygène O_2 est donc limitant.

État final :

		C_4H_{10}	O_2	CO_2	H_2O
état final	$x_{max} = 0{,}27$ mol	0,26 mol	0 mol	2,2 mol	2,7 mol

1b. $m(H_2O) = n(H_2O) \times M(H_2O)$ avec $M(H_2O) = 2 \times M_H + M_O = 18{,}0$ g.mol^{-1} et $n(H_2O) = 2{,}7$ mol
donc : $m(H_2O) = 49$ g
$V(CO_2) = n(CO_2) \times V_m = 53$ L

2c. Tableau d'avancement :

		$2\,C_4H_{10}$ +	$13\,O_2$ →	$8\,CO_2$ +	$10\,H_2O$
état initial	0	$4{,}0\ 10^{-3}$ mol	$2{,}6\ 10^{-2}$ mol	0	0
état au cours de la réaction	x	$4{,}0\ 10^{-3} - 2x$	$2{,}6\ 10^{-2} - 13x$	$8x$	$10x$
état final	x_{max}	$4{,}0\ 10^{-3} - 2x_{max}$	$2{,}6\ 10^{-2} - 13x_{max}$	$8x_{max}$	$10x_{max}$

Si le butane C_4H_{10} est limitant, $x_{max} = 2{,}0\ 10^{-3}$ mol
Si le dioxygène O_2 est limitant, $x_{max} = 2{,}0\ 10^{-3}$ mol
Les deux valeurs de x_{max} sont égales : $x_{max} = 2{,}0\ 10^{-3}$ mol ; les deux réactifs sont dans les proportions stœchiométriques. État final :

		C_4H_{10}	O_2	CO_2	H_2O
état final	$x_{max} = 2{,}0\ 10^{-3}$ mol	0 mol	0 mol	$1{,}6\ 10^{-2}$ mol	$2{,}0\ 10^{-2}$ mol

2d. $m(C_4H_{10}) = n_0(C_4H_{10}) \times M(C_4H_{10})$ avec $M(C_4H_{10}) = 10 \times M_H + 4 \times M_C = 58{,}0$ g.mol^{-1} et $n_0(C_4H_{10}) = 4{,}0\ 10^{-3}$ mol
donc : $m(C_4H_{10}) = 0{,}23$ g
$V(O_2) = n_0(O_2) \times V_m = 6{,}2\ 10^{-1}$ mol

3 **1.** Déterminons l'état initial du système :
$n_0(Fe) = m/MFe = 0{,}100$ mol
$n_0(H^+) = C(H^+) \times V = 0{,}40$ mol
Tableau d'avancement :

		Fe +	$2\,H^+$ →	Fe^{2+} +	H_2
état initial	0	0,100 mol	0,40 mol	0	0
état au cours de la réaction	x	$0{,}100 - x$	$0{,}40 - 2x$	x	x
état final	x_{max}	$0{,}100 - x_{max}$	$0{,}40 - 2x_{max}$	x_{max}	x_{max}

Si le fer Fe est limitant, $x_{max} = 0{,}100$ mol
Si les ions hydrogène sont limitants, $x_{max} = 0{,}20$ mol
On choisit la valeur la plus petite : $x_{max} = 0{,}100$ mol ; le fer est donc limitant. État final :

		Fe	H^+	Fe^{2+}	H_2
état final	$x_{max} = 0{,}100$ mol	0 mol	0,20 mol	0,10 mol	0,10 mol

2. D'après l'équation bilan, les deux réactifs doivent vérifier les proportions suivantes :
$n_0(Fe)/1 = n_0(H^+)/2$ avec $n_0(H^+) = 0{,}40$ mol
on en déduit que : $n_0(Fe) = 0{,}20$ mol
$m_0(Fe) = n_0(Fe) \times M_{Fe} = 11$ g

3. On calcule l'avancement final qui est commun aux deux réactifs : x_{max} = 0,20 mol. État final :

		Fe	H^+	Fe^{2+}	H_2
état final	x_{max} = 0,20 mol	0 mol	0 mol	0,20 mol	0,20 mol

Chapitre 11, page 279

1

Notation décimale en mètre	Notation scientifique en mètre	Expression dans une autre unité	Ordre de grandeur en mètre	nombre de chiffres signifi-catifs
635 050	6,35050 10^5	6,35050 10^{-1} Mm	10^6	6
0,00000000990	9,90 10^{-9}	9,90 nm	10^{-8}	3
6010	6,010 10^3	6,010 km	10^4	4
0,00001905	1,905 10^{-5}	19,05 µm	10^{-5}	4

2 **1.**

équipe	chiffres significatifs
1	2
2	3
3	4

2. La mesure la plus précise est celle de R3 car une mesure est d'autant plus précise que le nombre de chiffres significatifs est grand.

3. La surface calculée doit comporter un nombre de chiffres significatifs égal à celui du rayon R.

équipe	surface en mètre carré
1	S1 = 2,9 10^{14} m^2
2	S2 = 2,99 10^{14} m^2
3	S3 = 2,993 10^{14} m^2

Remarque sur la règle des chiffres significatifs : un nombre entier ou un nombre tel que π possède un nombre infini de chiffres significatifs ; on ne doit donc pas en tenir compte quand on recherche le nombre de chiffres significatifs d'un résultat numérique issu d'une multiplication ou d'une division.

3 **1.** Dans un jour il y a 24 heures et dans une heure il y a 3 600 secondes.
1 an = 365,25 × 24 × 3 600 = 3,1558 10^7 s

2. $d = v \times \Delta t$
avec Δt = 5 ans = 5 × 3,1558 10^7 = 1,1578 10^8 s
application numérique : d = 4,70 10^9 km

3. $\Delta t = d/v$
avec d = 5,75 10^{12} m et v = 29,8 km.s^{-1} = 2,98 10^4 m.s^{-1}
application numérique : Δt = 1,93 10^8 s

4 **1.** La masse du noyau m_N est égale à la somme des masses des nucléons :
$m_N = 35 \times m_n$
application numérique : m_N = 5,85 10^{-26} kg

2. $m_{te} = 17 \times m_e$
application numérique : m_{te} = 1,5 10^{-29} kg

3. $M_a = m_N + m_{te}$ = (5,85 + 0,0015) × 10^{-26}
application numérique : M_a = 5,85 10^{-26} kg
La masse totale des électrons étant petite vis-à-vis de celle du noyau, la masse de l'atome est quasiment égale à celle de son noyau.

4. L'électron gagné a une masse négligeable devant celle du noyau. La masse de l'ion est égale à celle de l'atome :
M_{Cl^-} = 5,85 10^{-26} kg

Chapitre 12, page 281

1 **1.** $\Delta t = d/c$
avec d = 5,03 10^{15} km = 5,03 10^{18} m et c = 3,00 10^8 m.s^{-1}
application numérique : Δt = 1,68 10^{10} s

2. $d_{al} = d/9{,}46\ 10^{15}$ avec d exprimée en mètres (voir question précédente)
application numérique : d_{al} = 532 al

2 On utilise le théorème de Thalès : H = (D × h)/d avec :
h = 16 mm = 1,6 10^{-2} m
d = 18 cm = 1,8 10^{-1} m
D = 0,80 km = 8,0 10^2 m
application numérique : H = 71 m

3 D = R/tan (p)
avec : R = 1,50 10^8 km et p = 0,45'' = (0,45/3 600)°
application numérique : D = 6,88 10^{13} km
D_{al} = D/9,46 10^{15} avec D exprimée en mètres.
D = 6,88 10^{16} m
application numérique : D_{al} = 7,27 al

4 **1.** $\Delta t = (2 \times d_{T-J})/c$
avec : c = 3,00 10^8 m.s^{-1}
d_{T-J} est la distance Terre-Jupiter, elle est égale à la différence entre les distances Soleil-Jupiter et Soleil-Terre :
$d_{T-J} = d_{S-J} - d_{S-T}$ = 4,20 UA = 6,30 10^8 km = 6,30 10^{11} m
application numérique : Δt = 4,20 10^3 s

2. Non, car la vitesse de la lumière dans le vide est une vitesse qui ne peut pas être dépassée.

5 **1.** d_{T-L} = (Δt × c) / 2 = 3,85 10^8 m
2. d = $R_T + R_L + d_{T-L}$ = 3,93 10^8 m

6 **1.** Formule trigonométrique dans le triangle rectangle :
H = tan (α) × D = 18 m

2. Formule trigonométrique dans le triangle rectangle :
D' = H/tan (α)= 67 m

7 **1.** Δt = d/c = 1,00 10^{-5} s

2. Δt calculé est très faible : la propagation peut être considérée comme étant instantanée.

Chapitre 13, page 283

1 **1.** v(eau) = c/n(eau)
application numérique : v(eau) = 2,26 10^8 m.s^{-1}

v(verre) = c/n(verre)
application numérique : v(verre) = 2,00 10^8 m.s^{-1}

2. $\Delta t = d/v$(eau) avec d = 10 km = 1,0 10^4 m
application numérique : Δt = 4,4 10^{-5} s

3. $d = v$(verre) $\times \Delta t$ avec Δt = 1 s
application numérique : d = 2 10^8 m

2 **1.** Deuxième loi de Snell-Descartes :
sin(r) = (n(eau) × sin(i))/n(verre)
application numérique : r = 18°

2. Deuxième loi de Snell-Descartes :
sin(r) = (n(eau) × sin(i))/n(verre)
application numérique : r = 0°
Le rayon de lumière n'est pas dévié lors de la traversée de la surface de séparation eau-verre.

3. D'après la 2e loi de Snell-Descartes, sin(r) augmente lorsque sin(i) augmente. On en déduit que r augmente lorsque i augmente. L'angle de réfraction r sera donc maximal lorsque l'angle d'incidence i sera maximal, c'est-à-dire lorsque i = 90°.

4. Deuxième loi de Snell-Descartes : sin(r_{max}) = (n(eau) × sin(90))/n(verre)
application numérique : r_{max} = 62°

3 **1.** On réalise le tableau suivant :

sin(*i*)	0	0,34	0,50	0,64	0,77
sin(*r*)	0	0,22	0,33	0,42	0,50

On trace la courbe en portant sin(i) en abscisse (axe horizontal) et sin(r) en ordonnée (axe vertical). Il faut bien entendu se fixer une échelle pour le tracé.
Échelle proposée :
abscisse : 1 cm (sur le graphique) équivaut à 0,05
ordonnée : 1 cm (sur le graphique) équivaut à 0,05

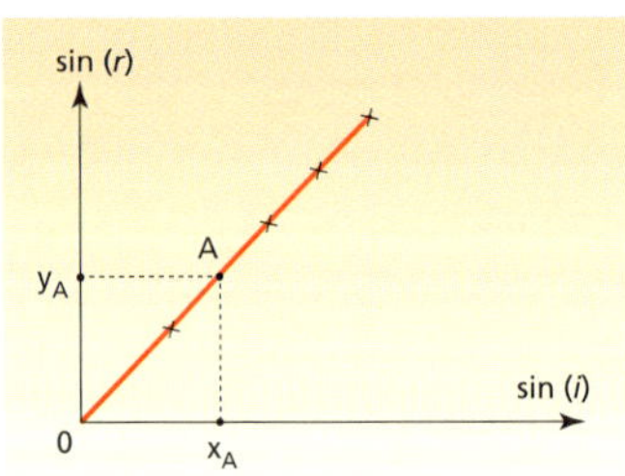

2. La courbe tracée est une portion de droite passant par l'origine. Le coefficient directeur noté α se calcule en relevant les coordonnées (x_A ; y_A) d'un point de la droite tracée et celle de l'origine O du repère ($x_0 = 0$; $y_0 = 0$).
$\alpha = (y_A - y_0)/(x_A - x_0) = 0{,}65$

3. D'après la question 2 : sin(r) = a × sin(i) = 0,65 × sin(i) : on la note relation (1).

D'après la 2e loi de Snell-Descartes : n_1 × sin(i) = n_2 × sin(r) soit sin(r) = (n_1 × sin(i))/n_2 = (n_1/n_2) × sin(i)
On obtient donc la relation (2) : sin(r) = (n_1/n_2) × sin(i)
Par identification entre les relations (1) et (2) : α = (n_1/n_2)
donc : $n_2 = (n_1/\alpha)$ avec α = 0,65 et n_1 = 1,00
application numérique : n_2 = 1,5

4 **1.** Deuxième loi de Snell-Descartes : n_2= (n_1 × sin(i))/sin (r) = 1,618

2. v(verre)= c/n = 1,85 10^8 m.s^{-1}

3a. Deuxième loi de Descartes : sin (r) = (n_1 × sin(i))/n_2
r_{rouge} = 21° ; r_{bleu} = 20°

3b. L'angle de réfraction dépend de la longueur d'onde de la radiation : les différentes radiations ne suivent plus le même chemin après réfraction. Le prisme permet donc de séparer par réfraction les différentes radiations : le prisme disperse la lumière.

3c. La déviation du faisceau est égale à : $i - r$
Donc la radiation bleue est la plus déviée car ($i - r_{bleu}$)=15° supérieure à ($i - r_{rouge}$) = 14° (en utilisant les résultats de la question **3a.**).

3d. Rouge en haut car la moins déviée et bleue en bas car la plus déviée.

Chapitre 14, page 285

1 Méthode : convertir toutes les longueurs d'onde en nanomètre (nm) et les comparer à l'échelle suivante :

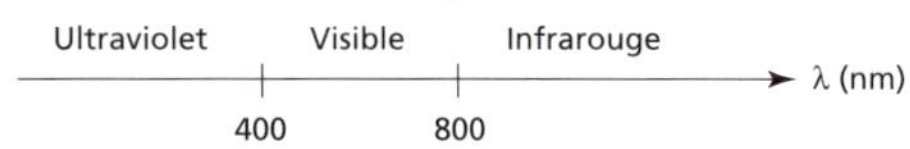

λ	**λ(nm)**	**domaine**
1. 978 nm	978	infrarouge
2. 350 nm	350	ultraviolet
3. 5,00 10^{-7} m	500	visible
4. 30 mm	3,0 10^4	infrarouge
5. 2,00 10^{-7} m	200	ultraviolet

2 **1.** C'est un gaz sous faible pression.

2. On fait passer une lumière blanche produite par une source solide (lampe à incandescence par exemple) à travers un gaz contenant des ions ou des atomes. On réalise le spectre de la lumière ayant traversé le gaz.

3. Les raies noires et lumineuses sont superposables car un atome ou un ion peut uniquement émettre les radiations qu'il est capable d'absorber.

3 **1.** Un système dispersif tel que le prisme.

2. Un spectre lumineux continu.

3a. Pour t_1 = 800 °C, la lumière émise est de couleur rouge.
Pour t_2 = 1 800 °C, la lumière émise est de couleur blanche.

3b. Pour t_2 = 1 800 °C, le spectre est plus étendu dans le domaine des courtes longueurs d'onde (c'est-à-dire des radiations bleues et violettes) que celui obtenu pour t_1 = 800 °C.

4 **1.** Un spectre lumineux continu entrecoupé de bandes sombres.

2. D'après l'énoncé, ni les ions potassium, ni les ions chlorures ne sont responsables d'une coloration car la solution qui les contient est incolore. On en déduit que dans la solution de permanganate de potassium, ce sont les ions permanganates qui sont responsables de la coloration.

3. Aucune radiation lumineuse n'étant absorbée par la solution incolore, le spectre obtenu est un spectre lumineux continu.

Chapitre 15, page 287

1 Compléter le tableau suivant :

type de mouvement	trajectoire du solide	évolution de la vitesse au cours du temps
rectiligne accéléré	portion de droite	elle augmente
rectiligne uniforme	portion de droite	elle reste constante
curviligne uniforme	courbe	elle reste constante
circulaire décéléré	portion de cercle	elle diminue

2 **1.** Non, car elle n'est pas fixe par rapport à la Terre.

2. Non, car il n'est pas fixe par rapport à la Terre.

3 **1.** La trajectoire est une portion de droite (d'après la figure 1) et la vitesse instantanée augmente au cours du temps (d'après la figure 2) : c'est donc un mouvement rectiligne accéléré.

2. Pour un même intervalle de temps (égal à 0,3 s) la distance parcourue M0M3 est inférieure à la distance M3M6. La vitesse moyenne entre M0 et M3 est donc inférieure à celle entre M3 et M6. Ce résultat est en accord avec la réponse à la question 1.

4 $v = d/\Delta t$ avec $d = \pi \times D_{T-S}$
$D_{T-S} = 4{,}54\ 10^8$ km $= 4{,}54\ 10^{11}$ m
$\Delta t = 779{,}94$ j $= 6{,}7387\ 10^7$ s
application numérique : $v = 2{,}12\ 10^4$ m.s^{-1}

5 $v = d/\Delta t$ avec $d = 5 \times \pi \times D$ (car 5 tours sont parcourus)
$D = 3{,}00\ 10^{-1}$ km $= 3{,}00\ 10^2$ m
$\Delta t = 47{,}1$ ms $= 4{,}71\ 10^{-5}$ s
application numérique :
$v = 1{,}00\ 10^8$ m.s^{-1} $= 3{,}60\ 10^8$ km.h^{-1}

Chapitre 16, page 289

1 **1.** C'est un mouvement rectiligne uniforme.

2. Entre A1 et A7, il s'est écoulé un temps égal à : $\Delta t = 6 \times 120 = 720$ ms $= 7{,}20\ 10^{-1}$ s
v = distance (A1 A7)/Δt avec distance (A1 A7) $= 10$ cm $= 1{,}0\ 10^{-1}$ m
application numérique : $v = 0{,}14$ m.s^{-1}

3. Le poids du mobile et la réaction du support sans frottement.

4. Résultante des forces : $\overrightarrow{R_{forces}} = \vec{P} + \vec{R}$

5. $\overrightarrow{R_{forces}} = \vec{0}$ car d'après le principe de l'inertie, si un système est animé d'un mouvement rectiligne uniforme, les forces appliquées au système se compensent.

2 **1.** $v = d/\Delta t$ avec :
$d = \pi \times D = 9{,}42 \times 10^8$ km $= 9{,}42\ 10^{11}$ m
$\Delta t = 365{,}25$ j $= 3{,}1558\ 10^7$ s
application numérique :
$v = 2{,}99\ 10^4$ m.s^{-1} $= 1{,}08\ 10^5$ km.h^{-1}

2. Le mouvement étant circulaire, on en déduit d'après le principe de l'inertie que les forces appliquées ne se compensent pas. La force non compensée est celle exercée par le Soleil sur la Terre.

3 **1.** $v(0{,}5) = 5$ m.s^{-1} et $v(1{,}5) = 15$ m.s^{-1}

2. La vitesse augmente au cours du temps.

3. Le mouvement étant accéléré, on en déduit d'après le principe de l'inertie que les forces appliquées ne se compensent pas.

4. $h(t) = 5 \times t_2$ avec $t = 2{,}5$ s
application numérique : $h = 31$ m

4 **1.** C'est un mouvement rectiligne accéléré.

2. C'est un mouvement rectiligne uniforme.

3a. Non car le mouvement est accéléré et d'après le principe de l'inertie, seul un système animé d'un mouvement rectiligne uniforme ou au repos est tel que les forces appliquées au système se compensent.

3b. Les forces se compensent à partir du moment où le système est animé d'un mouvement rectiligne uniforme (principe de l'inertie) c'est-à-dire ici à partir de 0,7s.

Chapitre 17, page 291

1 **1.** Faux, car le poids qui s'assimile à la force gravitationnelle exercée par la Terre dépend de la distance entre l'objet et le centre de la Terre.

2. Vrai

3. Faux, elle reste la même.

4. Vrai, car l'intensité de la pesanteur dépend de la planète.

2 La trajectoire du centre de la Lune autour de la Terre est un cercle de rayon égal à R_0.

1. $F_{T/L} = (G \times M_T \times M_L)/d_{TL}^{\ 2}$
avec $d_{TL} = R_0 = 3{,}84\ 10^5$ km $= 3{,}84\ 10^8$ m
application numérique : $F_{T/L} = 1{,}99\ 10^{20}$ N

2. La force gravitationnelle exercée par la Lune sur la Terre a même intensité que celle exercée par la Terre sur la Lune.
application numérique : $F_{L/T} = 1{,}99\ 10^{20}$ N

3. Ces deux forces sont représentées par des vecteurs opposés.

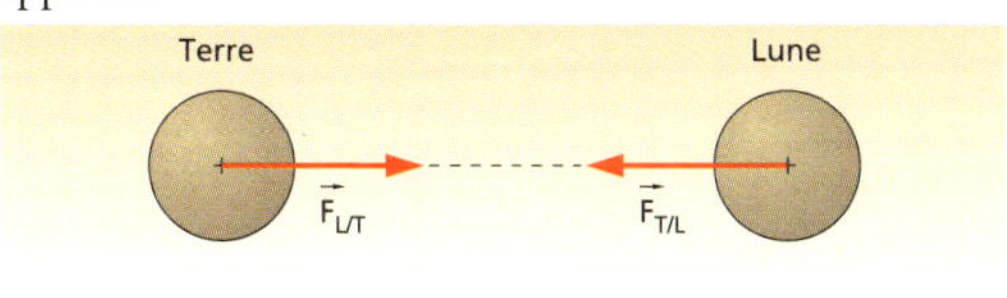

3 **1.** $m = P_T/g_T$ avec $P_T = 980$ N et $g_T = 9{,}8$ N.kg^{-1}
application numérique : $m = 1{,}0\ 10^2$ kg

2. Le poids diminue lorsque la hauteur augmente car on s'éloigne du centre de la Terre, ce qui entraîne une diminution de la force gravitationnelle exercée par la Terre (qui est égale au poids).

3. $P_T = m \times g_T$ et $m = P_L/g_L$
On remplace m dans la 1re relation : $P_T = (P_L \times g_T)/g_L$
application numérique : $P_T = 3{,}1\ 10^3$ N

4 **1.** $P_T = m \times g_T$
application numérique : $P_T = 4{,}9\ 10^2$ N

2. $F_{T/O} = (G \times M_T \times m)/R_T^2$
avec $R_T = 6{,}38\ 10^3$ km $= 6{,}38\ 10^6$ m : la distance entre le centre de la Terre et l'objet est égale au rayon terrestre R_T car l'objet est posé sur le sol.
$M_T = 5{,}98\ 10^{24}$ kg $m = 50$ kg
application numérique : $F_{T/O} = 4{,}9\ 10^2$ N
On remarque que la force gravitationnelle exercée par la Terre sur l'objet est égale au poids terrestre de cet objet.

3. $P_{planète} = P_T/10$: c'est la relation (1)
Les poids étant égaux aux forces gravitationnelles exercées par la Terre et la planète :
$P_{planète} = (G \times M_{planète} \times m)/R^2$
et $P_T/10 = (G \times M_T \times m)/R_T^2$
La relation (1) peut se réécrire :
$(G \times M_{planète} \times m)/R^2 = (G \times M_T \times m)/(10 \times R_T^2)$
Compte tenu que $M_{planète} = M_T$, les simplifications amènent à la relation suivante :
$1/R^2 = 1/(10 \times R_T^2)$ soit : $R^2 = 10 \times R_T^2$
$R = (10)^{1/2} \times R_T$
application numérique : $R = 2{,}02\ 10^4$ km

Chapitre 18, page 293

1 **1.** $L = 50{,}0$ cm $= 5{,}00\ 10^{-1}$ m et $g = 9{,}80$ N.kg^{-1}
application numérique : T = 1,42 s

2a. $T = \Delta t/10 = 1{,}46$ s.

2b. $T_{mini} = 1{,}46 - 0{,}06 = 1{,}40$ s
$T_{maxi} = 1{,}46 + 0{,}06 = 1{,}52$ s
encadrement de la période : $1{,}40 \text{ s} < T_{mesuré} < 1{,}52$ s

2c. La valeur calculée à partir de la formule est comprise dans l'encadrement de la valeur de la période issue de la mesure. On en déduit que la valeur issue de la mesure est compatible à celle calculée à partir de la formule.

2 **1.** La période de l'oscillateur 2 dépend de la masse.

2. La formule (1) dépend de la masse m, ce qui n'est pas le cas de la formule (2).
On en déduit que la formule (1) correspond à l'oscillateur 2 et la formule (2) correspond à l'oscillateur (1).

3. Pour l'oscillateur 2 : $T = 2\pi\sqrt{\frac{m}{k}}$ avec $m = 0{,}100$ kg et $k = 6{,}65$ N.m^{-1}.
application numérique : T = 0,77 s

3 **1.** Oui, car elle se reproduit identique à elle-même à intervalles de temps réguliers.

2. On mesure le nombre de divisions entre 2 maximums successifs : $n = 4$ divisions
On multiplie le nombre de divisions par la durée de balayage :
$T = n \times 50 = 4 \times 50 = 200$ µs

3. $F = 1/T$ avec $T = 200$ ms $= 2{,}00\ 10^{-4}$ s
application numérique : $F = 5{,}00\ 10^3$ Hz

Chapitre 19, page 295

1 **1.** $F = P \times S$ avec $P = 3{,}00$ bar $= 3{,}00\ 10^5$ Pa
et $S = 10$ cm^2 $= 1{,}0\ 10^{-3}$ m^2
application numérique : $F = 3{,}0\ 10^2$ N

2. $P = F/S$ avec $F = 200$ N et $S = 10$ cm^2 $= 1{,}0\ 10^{-3}$ m^2
application numérique : $P = 2{,}0\ 10^5$ Pa

2 **1.** Loi des gaz parfaits : $P = (n \times R \times T)/V$
avec : $n = 30{,}0$ mol ; R = 8,314 USI ; T = 20 + 273 = 293 K ;
V = 300 L = 0,300 m^3
application numérique : $P = 2{,}43\ 10^5$ Pa

2. La pression doit augmenter.

3. Loi des gaz parfaits : $P = (n \times R \times T)/V$
avec : $n = 30{,}0$ mol ; R = 8,314 USI ; T = 60 + 273 = 333 K ;
V = 300 L = 0,300 m^3
application numérique : $P = 2{,}77\ 10^5$ Pa : la valeur trouvée est bien supérieure à celle de la question 1.

3 **1.** Loi des gaz parfaits : $n = (V \times P)/(R \times T)$
avec : P = 1,00 bar = $1{,}00\ 10^5$ Pa ; R = 8,314 USI ;
T = 20 + 273 = 293 K ; V = 1,6 L = $1{,}6\ 10^{-3}$ m^3
application numérique : $n = 6{,}6\ 10^{-2}$ mol

2. $V_m = V/n$ avec V = 1,6 L et $n = 6{,}6\ 10^{-2}$ mol
application numérique : $V_m = 24$ L.mol^{-1}

3. D'après la loi d'Avogadro-Ampère (voir cours de chimie), les résultats des deux questions précédentes ne dépendent pas de la nature du gaz.

4 **1.** Loi des gaz parfaits : $n = (V \times P)/(R \times T)$
avec : P = 1,00 bar = $1{,}00\ 10^5$ Pa ; R = 8,314 USI ;
T = 0 + 273 = 273 K ; V = 10 L = $1{,}0\ 10^{-2}$ m^3
application numérique : $n = 4{,}4\ 10^{-1}$ mol

2. Loi des gaz parfaits : $V = (n \times R \times T)/P$
avec : T = 30 + 273 = 303 K (autres paramètres identiques à la question 1)
application numérique : $V = 1{,}1\ 10^{-2}$ m^3

3. V(diazote) = $0{,}80 \times V = 8{,}0$ L
V(dioxygène) = $0{,}20 \times V = 2{,}0$ L

4. On applique la loi des gaz parfaits comme si les volumes des deux gaz étaient indépendants l'un de l'autre :
n(diazote) = (V(diazote) × P)/(R × T)
n(dioxygène) = (V(dioxygène) × P)/(R × T)
avec : P = 1,00 bar = $1{,}00\ 10^5$ Pa ; R = 8,314 USI ;
T = 0 + 273 = 273 K ;

$V(\text{diazote}) = 8{,}0\ L = 8{,}0\ 10^{-3}\ m^3$
$V(\text{dioxygène}) = 2{,}0\ L = 2{,}0\ 10^{-3}\ m^3$
application numérique :
$n(\text{diazote}) = 3{,}5\ 10^{-1}$ mol
$n(\text{dioxygène}) = 8{,}8\ 10^{-2}$ mol

5 **1.** $F = P \times S$ avec $P = 1{,}00$ bar $= 1{,}00\ 10^5$ Pa et $S = 1{,}0\ cm^2 = 1{,}0\ 10^{-4}\ m^2$
application numérique : $F = 1{,}0\ 10^1$ N

2. Loi des gaz parfaits : $n = (V \times P)/(R \times T)$
avec : $P = 1{,}00$ bar $= 1{,}00\ 10^5$ Pa ; $R = 8{,}314$ USI ; $T = 25 + 273 = 298$ K ; $V = 10\ cm^3 = 1{,}0\ 10^{-5}\ m^3$
application numérique : $n = 4{,}0\ 10^{-4}$ mol

3a. Loi des gaz parfaits : $P = (n \times R \times T)/V$
avec : $n = 4{,}0\ 10^{-4}$ mol ; $R = 8{,}314$ USI ; $T = 298$ K ;
$V = 8{,}0\ cm^3 = 8{,}0\ 10^{-6}\ m^3$
application numérique : $P = 1{,}24\ 10^5$ Pa

3b. $F = P \times S$ avec $P = 1{,}24\ 10^5$ Pa et $S = 1{,}0\ cm^2 = 1{,}0\ 10^{-4}\ m^2$
application numérique : $F = 1{,}2\ 10^1$ N

3c. Elle augmente.

6 **1.**

t (°C)	10	20	30	40	50
T (K)	283	293	303	313	323

2. Pour les deux températures : loi des gaz parfaits :
$n = (V \times P)/(R \times T)$
avec : $P = 1{,}0$ bar $= 1{,}00\ 10^5$ Pa ; $R = 8{,}314$ USI ;
$T = 10 + 273 = 283$ K et $V = 29{,}0\ cm^3 = 2{,}90\ 10^{-5}\ m^3$
$T = 30 + 273 = 303$ K et $V = 31{,}0\ cm^3 = 3{,}10\ 10^{-5}\ m^3$
application numérique : dans les deux cas on obtient le même résultat : $n = 1{,}23\ 10^{-3}$ mol
La quantité de matière reste la même car le récipient est fermé.

3. On obtient une portion de droite passant par l'origine.

4. Loi des gaz parfaits : $V = (n \times R/P) \times T$
n, R et P étant constants, on montre que V et T sont proportionnelles, la représentation graphique de V en fonction de T est donc une portion de droite passant par l'origine.

5.

t (°C)	10	20	30	40	50
PV (Pa.m³)	2,9	3,0	3,1	3,2	3,3

Ce résultat ne contredit pas la loi car cette loi ne s'applique que si la température est constante, ce qui n'est pas le cas ici.

7 **1.** Loi des gaz parfaits : $V = (n \times R \times T)/P$
avec : $P = 1{,}013\ 10^5$ Pa ; $R = 8{,}314$ USI ;
$T = 20 + 273 = 293$ K ; $n = 1{,}0$ mol
application numérique : $V = 2{,}4\ 10^{-2}\ m^3$
Ce volume est égal à celui occupé par une mole, c'est donc le volume molaire : $V_m = 24\ L.mol^{-1}$

2a. $V_m = V/n$ avec $V = (n \times R \times T)/P$ donc $V_m = (R \times T)/P$

2b. De la température et de la pression.

2c. $T = (V_m \times P)/R$ avec $V_m = 2{,}24\ 10^{-2}\ m^3.mol^{-1}$
application numérique : $T = 273$ K soit $t = T - 273 = 0$ °C

ANGLAIS

Chapitre 1, page 297

1 **1.** bd, **2.** ac, **3.** ad, **4.** ad, **5.** ac, **6.** bc, **7.** ad, **8.** bd, **9.** ad, **10.** ac, **11.** bd.

2 **1.** One night –it was on **the** twentieth of March *(il s'agit d'une date, d'un jour déterminé)*, 1888– I was returning from **a** journey *(dénombrable singulier, non déterminé : Watson n'a pas encore parlé de cette visite)* to **a** patient *(on ne précise pas quel patient)*, when my way led me through **Ø** Baker Street *(comme tous les noms de rue, avenue, route. Mais on pourrait dire The London Road s'il s'agissait de la route qui mène à Londres)*. As I passed **the** well-remembered door *(ne n'est pas n'importe quelle porte : c'est celle de S. Holmes, dont il se souvient bien)*, I was seized with **a** desire *(on aurait aussi pu mettre* the*)* to see Holmes again. He was going up and down **the** room *(pas n'importe quelle pièce : le salon de son appartement)*. He was at **Ø** work *(work est indénombrable. Il n'y a rien dans le contexte qui le détermine comme une activité particulière)* again. I rang **the** bell *(la détermination est sous-entendue : la cloche de l'appartement)* and was shown up to **the** chamber *(la détermination est indiquée par la relative qui suit, mais cette détermination aurait pu être atténuée en utilisant* a*)* which before had been in part my own. With **an** inviting eye, he waved me to **an** armchair (the *aurait fait supposer qu'il n'y avait qu'un fauteuil)*. He gave me **a** piece of thick, pink-tinted note-paper *(ce morceau de papier n'a pas été mentionné auparavant, il n'est pas déterminé)* which had been lying open on **the** table. "It came by **the** last post," said he.

3 **1. b.** *quantité positive…* The book contained some of her favourite stories. *Le livre contenait quelques-unes de ses histoires préférées.*
2. a. *quantité inconnue…* That moment was much more pleasant than any she had ever experienced. *Ce moment était bien plus agréable qu'aucun de ceux qu'elle avait jamais connus.*
3. a. *« n'importe lequel »…* Do you know any boss that might find me a job? *Connais-tu un quelconque patron qui pourrait me trouver un emploi ?*
4. c. *phrase négative, quantité négative…* She never had any objection to his projects. *Elle n'avait jamais la moindre objection à ses projets.*

4 Pour chaque phrase, on pouvait envisager d'autres solutions que celles qui étaient suggérées
1. "John, it's time you registered to vote." *Remarquez l'emploi du prétérit après l'expression* it's time. *Ce prétérit n'exprime pas un passé. Il s'appelle « prétérit modal ».*
Autre solution pour la même situation :
"If I were you I would register to vote."
2. "What about visiting Uncle Jerry?"
Autre solution possible : "Why not visit Uncle Jerry?"
3. "Let's watch that programme about American political parties."
Ou encore : "Shall we watch that programme about American political parties?"
4. "Why not drive across the USA?"
Why not *est toujours suivi de l'infinitif sans* to.
Autre possibilité : "How about driving across the USA?"

5. "If I were you I would buy more modern clothes."
Ou pourquoi pas : "It's high time you bought more modern clothes."

5 **1.** *Avant les noms de pays, le déterminant est généralement* **Ø** *; devant les habitants du pays, le déterminant est* **the**. *En ce qui concerne les noms de pays, il y a une exception à cette règle : les noms dérivés à partir de noms communs :* The United States *(sous-entendu of America),* the Netherlands *(les Pays-Bas), car s'applique dans ce cas la loi des dénombrables déterminés).*

Chapitre 2, page 299

1 **1.** When Evelyn appeared, she was wearing **an original long knee-length red** dress.
Original *est le plus subjectif, on le met donc en premier. Doivent venir ensuite la taille et la couleur.*
2. Her aunt, **a bad-tempered bossy old** *(ici, deux adjectifs subjectifs avant deux adjectifs objectifs.* Bad-tempered *passe avant : elle est de mauvaise humeur parce qu'elle est autoritaire)* lady, made **a nasty biased** remark *(deux adjectifs subjectifs. La remarque est méchante parce que partiale)* about this dress, which made **slim, long-legged, blonde** Evelyn look really gorgeous.

2 **1.** This boy is **the most brilliant** student in the school.
2. Lucy is **more sensitive** than her sister Olivia, but Olivia is **more selfish**.
3. My uncle is open-minded, he is **the least prejudiced** man I know!
4. Tom and Ann look alike: Tom is **as stubborn as** Ann, really.

3 **1.** She had a **brick-red** dress.
2. They showed a picture of their **three-month-old** daughter. (*On ne mettra pas de pluriel à* month *: ce mot fait partie d'un adjectif, et les adjectifs sont invariables...)*
3. It is a **heart-breaking** story.
4. This factory is **computer-controlled**.

4 **1.** This **middle-aged** man is **dark-haired**.
2. This **dark-eyed, long-nosed** and **bossy-looking** explorer brought tobacco to Britain.
3. He's wearing a **high-collared, long-sleeved** jacket.

Chapitre 3, page 301

1 **1. b.** I have never begun a novel with more hesitation. *L'auteur fait le bilan de son expérience en tant qu'écrivain, ce qui implique un lien entre le présent et le passé, donc le* present perfect.
2. c. Death ends all things (...), but marriage finishes it very properly too. *L'auteur exprime une vérité générale et éternelle, ce qui implique le présent simple.*
3. a. Many years ago I wrote a novel called "The Moon and Sixpence". *L'auteur fait référence à ce qu'il a écrit dans le passé. Comme l'événement est daté, même approximativement (*many years ago*), le prétérit s'impose.*
4. e. In the present book I have attempted to do nothing of the kind. I have invented nothing. *L'auteur parle de son livre comme s'il était déjà écrit. C'est, là aussi, une sorte de bilan.*
5. d. The man I am writing about is not famous. *L'auteur se décrit comme en train d'écrire le livre. L'action se déroule au moment où il parle. On peut le visualiser en train d'écrire.*

2 **1.** They will start performing the play next week – ~~last week~~ – in two days' time. Last week *se réfère à un passé.*
2. The Saxons invaded Great Britain ~~from now on~~ *(à partir de maintenant)* – afterwards – in the 6th century A.D. – after the Romans.
3. In the 1920's – Formerly – ~~In ten years' time~~ – ~~In the next century~~ *(ces deux expressions se réfèrent à l'avenir),* people didn't use to have a lot of comfort.

3 **1.** Look! This statue **reminds** *(on est dans le présent, puisqu'on demande de regarder, mais* remind *n'a pas de forme en* -ing *: ce n'est pas une action proprement dite)* me of a museum I **visited** when I **was** in Canada a few years ago. *(*Ago *implique une date, donc le prétérit.)*
2. In 2002, she **thought** *(l'action est datée)* of moving to Washington D.C. the following year, but **she still lives / is still living** in New Orleans.
3. I **don't know** why John **hasn't made** up his mind yet. *C'est ici une sorte de bilan, de constatation que l'action n'a pas eu lieu, d'où le* present perfect.
4. Tom always **feels** nostalgic when he **remembers** his youth in Ohio. He **did not have** much comfort, but it **did not matter**. *Les deux derniers verbes sont au prétérit : l'action est implicitement datée : quand il était jeune.*
5. In the fifties, I **travelled** to India. I **had never been** abroad before. *La deuxième action est située avant la première, qui est datée, d'où le* pluperfect.

4 **1.** In the next century men will use new energy resources
2. I'm staying home tonight.
3. My train leaves at 5 o'clock.
4. As soon as I arrive in London I'll look for a job.
5. The French P.M. is to come to Britain next month.

Chapitre 4, page 303

1 **1.** In the past, you didn't have to be skilled to find a job easily. *Absence de nécessité dans le passé.*
2. After the 1930's, people could go on strike when something was wrong. *Permission. Il s'agit ici de l'obtention du droit de grève.*
3. She is likely to be fired soon. *Très forte probabilité.*
4. Applicants must provide a résumé. *Obligation, puisqu'il s'agit d'un règlement.*
5. He can't have resigned without finding an other job first! *Certitude : on est sûr qu'il n'a pas démissionné, parce qu'on considère que c'est impossible.*

2 **1.** The photo **can't have been taken** in the 21st century. *On en est certain, parce qu'on considère que c'est impossible, quand on regarde, par exemple, comment sont habillés les ouvriers.*
2. It **must be** an early twentieth-century black and white picture. *Forte certitude.*
3. It **looks as if** people **worked** hard at the time.
4. This **must / can / could / may / might be** a factory at the turn of the century. *Ici le choix de l'auxiliaire dépend de la certitude que l'on a de l'époque où a été prise la photo.*
5. This picture **is likely to represent** working conditions in assembly-lines. *Forte probabilité. Mais les autres auxi-*

liaires (must / can / could / may / might) *sont possibles aussi, selon qu'on est plus ou moins certain.*
6. Unskilled workers **could find** jobs quite easily. *Possibilité.*
7. You **should think** twice before you resign; this was particularly true at the time! *Conseil. On aurait pu dire aussi* have to *: nécessité, obligation.* Have to *plutôt que* must, *car cette obligation n'est pas imposée par celui qui parle, mais par la situation.*

3 **1.** He **may** get a pay rise if he asks for it. *Probabilité relativement forte.*
2. **You should** apply for this job. *Conseil.*
3. They **needn't** dismiss him: he will resign. *Absence d'obligation.*
4. He **can't be** working full-time. It is impossible. *On est certain que c'est impossible…*
5. They **must have** organiz**ed** this demonstration in order to be better-paid. *Forte certitude par rapport à un événement passé.*
6. She **might** come to the meeting.
7. They **must** stop this strike.
8. You **mustn't** get into the chairman's office.

Chapitre 5, page 305

1 When Louise opened the door she couldn't believe her eyes. **W**as this the man she had been waiting for for two hours now ? He said hello. **S**he didn't know what to answer. **"D**o you want to come in?**"**, she eventually whispered. *Il pourrait éventuellement y avoir une virgule après* door, *mais l'anglais utilise beaucoup moins la virgule que le français, quand il ne s'agit pas d'une énumération.*

2 **1.** She usually gives her children biscuits at 4.
2. I have never met Tom.
3. She opened the door discreetly *ou* she discreetly opened the door
4. Why did you give up singing?
5. A new pyramid has recently been discovered in Egypt. (Recently *se place après le premier auxiliaire.)*
6. Can you switch off the light? *ou* Can you switch the light off?

3 Les phrases qui ne sont pas cochées contiennent donc des prépositions.
☒ He quickly walked away. *Il s'est éloigné à grands pas.*
☐ She ran out of the room. *Elle quitta la pièce en courant.*
☒ You may come in. *Tu peux entrer.*
☐ I haven't heard from him for ages. *Je n'ai pas de ses nouvelles depuis une éternité.*
☒ I don't appreciate her telling me off. *Je n'apprécie pas qu'elle me réprimande.*
☐ There was a dark sky above the city. *Un ciel sombre surplombait la ville.*
☐ I've seen a ghost walk through the wall! *J'ai vu un fantôme qui traversait le mur !*
☒ Stay here, I'll go ahead. *Reste ici, je passe devant.*
☐ He lives at the Smiths'. *Il vit chez les Smith.*
☐ Have you heard from him recently? *Il t'a donné de ses nouvelles récemment ?*
☒ Think it over. *Réfléchis-y.*

4 He swam **across** the Channel. – He flew **over** the Channel. – He lives **above** his means. – They're dancing **around** the fire. – This is an article **from** Time. – Can you help me **into** the car? – Did he have a coat **on**? – Did you get **through**? *(la réussite implique de traverser des obstacles, des épreuves…)* – Don't answer **back**! – He walked **past** me. – He's **away** for a few days. – I can't get her name **out**. – I was **up** at 5. – I'm listening **for** the bell. *(différent de* listening to *!)* – It goes **down** well. – Read **on**. – See **below**. – Sorry, I must be **off**. *(On aurait pu penser à* away, *mais c'est* off *qui est couramment utilisé dans cette expression.)* – They eat **off** gold plate. *(*In *voudrait dire qu'ils sont assis dans les assiettes !)* – What's **behind** all this? – Will you stand **by** me? – You won't get **away** with it.

Chapitre 6, page 307

1 **1.** The man **whom / Ø / that** you met yesterday is a Congressman. *Le relatif est complément du verbe* met**, *il peut donc être omis.***
2. The woman **whom / Ø / that** you are talking about is a lawyer in a famous law firm.
3. This is the guy **whose** office is located in the City.
Dans les phrases 2 et 3 ci-dessus, le relatif est traduit par « dont », mais le sens est différent.
4. She wasn't chosen as a Prime Minister, **which** was a surprise.
5. This senator, **who** had never seen any public execution, was shocked.
Les deux relatives ci-dessus sont non déterminatives.
6. I don't understand **what** he is talking about.
7. This is the only law **that / Ø** I have ever disobeyed. *On peut ne pas employer de relatif, puisque celui-ci- est complément de* disobey, *mais* that *est le seul autorisé, à cause de la présence de* only.
8. She told me about a film **which / that / Ø** she had seen recently, **whose** producer (the producer **of which**) is not famous.
9. Here is the most moving speech **that / Ø** I have ever heard.
10. Here is the M.P. **whose** husband might become P.M. one day.
Les relatives des phrases 4, 5 et 8 (seconde relative) devaient être soulignées.

2 **1.** The day **when** he was elected, he thanked his friends. *Attention ! « où » ne se traduit pas forcément par* where *! Ici, l'antécédent réfère à un moment, pas à un lieu.*
2. This is the friend **whom / Ø** I told you about yesterday. *Bien veiller à ne pas oublier la préposition, qu'on ne sépare pas du verbe. Bien sûr, « dont » ne se traduit par* whose *que quand on exprime une possession, ce qui n'est pas le cas ici.*
3. Actually, this building, **which** is in the heart of London, is a cathedral. *Pourrait-on mettre* that *? Non, bien sûr, il s'agit d'une relative non déterminative.*
4. I forgot **what** I had to tell you, **which** is worrying.
5. I have forgotten the book **that / which / Ø** I had to take
6. This is the friend **whose** children go to school with mine.

7. It was the time (*ou mieux :* Those where the days) **when** life was easy.

3 **1.** I remember **telling** him to come. *C'est une action qui a eu lieu.*
2. I listened to him **playing** the guitar all day. *On précise par la forme en -ing que l'action a duré.*
3. I regret **leaving** the party so early.
4. She wants **to vote** tomorrow.
5. I would like **to go** to London next week.
6. I forgot **to tell** you to bring your card. *Même si la phrase est au passé, c'est une action qui devait avoir lieu – et pas qui avait eu lieu – qui a été oubliée, d'où l'infinitif.*
7. I regret **to tell** you that I won't come.
8. I like **walking** in the moonlight.
9. Let's stop **to watch** the sea.
10. It's time we stopped **looking** at the sea, it's getting late.
11. Constable! I saw him **take** my wallet.

Chapitre 7, page 309

1 **1.** 1. Tom asked Peter **if he had seen** Louisa recently.
2. Peter answered that **he hadn't. He added that** he **wasn't surprised** and that he **knew** that she **had planned** to spend her holidays in Greece. *Autre possibilité, au style indirect libre, qui transforme simplement les formes verbales et permet ainsi une expression moins lourde :* Peter answered that **he hadn't**. He **wasn't surprised**: he **knew** that she **had planned** to spend her holidays in Greece.
3. Tom asked **if he knew** when she **was** supposed to come back.
4. Peter replied that he **thought** she **would** be back in two or three days' time, but Tom **could** call her on her cell phone if what he **had** to tell her **was** really important.
5. He added that she **might** get angry if Tom *(attention à ne pas se tromper en mentionnant le sujet du verbe)* call**ed** her while she **was** sleeping on the beach.
6. And he remembered that **the year before**, during her holiday in Africa, she **wouldn't** answer any calls.

2 **1.** The suspect **has been arrested**. *Inutile d'ajouter* by the police, *le sens est évident.*
2. John's daughters **are being looked after** by the babysitter. *Ici, le complément d'agent est nécessaire pour préciser qui s'occupe des enfants.*
3. Why **was** such an outrageous play **performed**?
4. 'The Mona Lisa' **is thought to be** the greatest masterpiece of all times. *Ou encore, bien que plus lourd,* **It is thought that** 'The Mona Lisa' is the greatest masterpiece of all times.
5. **Can** the play **be rehearsed** next week?

3 **1.** On m'a dit de ne rien dire de cette nouvelle publicité.
2. On a donné une prime à la secrétaire / La secrétaire a reçu une prime.
3. On dit qu'Hogarth est le graveur le plus célèbre du XVIIIe siècle.

4 *Remarquer que* I wish, *dans ce sens, est suivi d'un prétérit ou d'un* pluperfect. *Ces temps ne désignent pas une action passée. On les appelle respectivement «prétérit modal» et «*pluperfect *modal». Pour ne pas se tromper dans la construction, imaginer qu'à la place de* I wish *il y a* if only.
1. **I wish** you **had told** me about it before.
2. **I wish I was/were** richer. *Bien souvent, on utilise le prétérit modal* were *au lieu de* was I.
3. **I wish you did not mention** him to me any more.

5 **1.** You should have worked more.
2. I wish you did not smoke just in front of me.
3. I wish I had not hurt you.
4. I wish he/she had invited me to his/her wedding party!

Chapitre 8, page 311

1 **1.** Boastfully: Boast *(Nom: fanfaronnade)* + -ful *(qui transforme un nom en adjectif : fanfaron)* + -ly *(qui transforme un adjectif en nom) :* ***en fanfaronnant.***
Manhood: Man *(Nom: homme)* + -hood *(qui transforme un nom en nom)*: ***la virilité.***
2. Sad-coloured: Sad *(Adjectif: triste)* - colour *(Nom: couleur)* + -ed *(qui transforme un nom en adjectif, particulièrement pour les adjectifs composés)*: ***aux couleurs tristes***. Steeple-crowned: steeple *(Nom: clocher)* - crown *(Nom: couronne)* + -ed *(qui transforme un nom en adjectif, particulièrement pour les adjectifs composés)*: ***des chapeaux hauts et pointus*** *(comme des clochers)*. Bareheaded: Bare *(Adjectif: nu)* + head *(Nom : tête)* + -ed *(qui transforme un nom en adjectif)*: ***tête nue***. Wooden: Wood *(Nom: bois)* + -en *(qui transforme un nom en adjectif, particulièrement pour désigner les matériaux)*: ***en bois.***

2 Consumption went up last year, which everyone found quite **unexpected** *(il faut un adjectif ayant un sens negatif)* in times of financial crisis.
The Mall was **beautifully** (ici, un adverbe) decorated.
Even before she was the Queen of this **kingdom**, she was famous for her **softness** and her **faultless** *(suffixe privatif: le jugement est sans faute, puisqu'on vante les qualités de la reine)* **judgement**.
No, you are wrong, you **misunderstood** what I said. Listen more **carefully** *(un adverbe)*, will you?
I can't do it. I **honestly** think this sculpture is **unrealisable**! *(à lier au début de la phrase, du point de vue du sens :* realisable *serait en contradiction avec* I can't do it.*)*
She was listening **carelessly**, which he considered as quite rude, as she was her student. *(*Carefully *n'irait pas à cause de l'adjectif* rude.*)*

3 **1.** I will buy it **provided he offers me good bargains.**
2. Sales will go up **provided consumers earn more money**.
3. If the car dealer **had given me a discount, I would have been able to afford** (**/ would / could have afforded**) this brand-new car.
4. You will not find what you are looking for **unless you go to that department store**.
5. If this advertising campaign **wasn't so insipid, it would have boosted the sales**.
6. If she paid (more) attention to what **I say**, she wouldn't always make the same mistakes.

Chapitre 9, page 313

1 **1.** The Daily Telegraph… *Quotidien généraliste* (daily) *conservateur britannique.*
2. The Guardian… *Quotidien généraliste britannique. Orientation politique : centre gauche.*
3. The Financial Times… *Quotidien britannique spécialisé dans l'actualité économique et financière.*
4. The Washington Post… *Quotidien généraliste, américain, orienté politiquement vers le parti démocratique.*
5. The Wall Street Journal… *Quotidien américain spécialisé dans l'actualité économique et financière (Wall Street est le quartier financier de Manhattan).*
6. National Geographic… *Mensuel américain consacré à la découverte de notre planète.*
7. The Belfast Telegraph… *Quotidien irlandais unioniste (cf. chapitre 17) et modéré traitant de l'actualité irlandaise, britannique et internationale.*
8. The Mirror… *Quotidien britannique, orientation politique à gauche.*
9. The Sun… *Tabloïde quotidien, de style* gutter press *(presse de caniveau, presse à scandale).*
10. The International Herald Tribune… *Quotidien généraliste américain.*

2 **1.** Forever young. *Thème lié à la jeunesse éternelle. Peut-être un article sur la chirurgie esthétique, qui permet de rester jeune d'apparence ; ou sur une star qui malgré son âge donne toujours le sentiment d'être dans le vent. Ce titre d'article peut aussi faire référence à la fois à un film et à une chanson connus.*
2. Five years for headmistress who stole £500,000 from school. *Ce titre est très précis puisqu'il indique qu'il parle d'un chef d'établissement ayant volé ou détourné £500 000 sur son lieu d'exercice. Les 5 années font référence à sa peine de prison. Il s'agit donc d'un fait divers.*
3. Parsonage is recreated for Brontë film. *Ici un petit bagage culturel est nécessaire afin d'identifier « Brontë » comme l'une des trois sœurs Brontë, femmes écrivains au XIXe siècle en Angleterre (Yorkshire). Leur père étant recteur, ou pasteur (en anglais «* parson *»), elles vivaient donc dans le «* parsonage *». Un film ou une série télévisée va visiblement leur être dédié, qui a nécessité la re-création de leur lieu de vie de l'époque.*
4. Runaway girl back with family after couple found in car. *Il est question d'une fille qui s'était enfuie – visiblement lors d'une fugue –, qui retrouve sa famille, après avoir été retrouvée par un couple dans une voiture. Le couple a peut-être reconnu la jeune fille suite aux avis de recherche lancés tandis qu'elle était en ville ; ou peut-être a-t-elle eu un accident et est-elle tombée en panne…*
5. Over 65s promised Tory Tax cuts. *Pour bien comprendre le titre, il faut connaître le mot* Tory, *qui désigne le parti conservateur en Grande-Bretagne. Il s'agit d'une promesse des conservateurs de réduire les impôts des personnes âgées de plus de soixante-cinq ans.*
6. TUC day of action over pensions. *Nous sommes ici dans la rubrique économique et sociale : le* Trade Union Congress *(union syndicale britannique) a lancé une journée de manifestation contre le projet gouvernemental de repousser l'âge de la retraite.*

3 When Caroline Meeber (*question* **who**) boarded the afternoon (**when**) train for Chicago (**where**), her total outfit consisted of (**what**) a small trunk, a cheap imitation alligator-skin satchel, a small lunch in a paper box, and a yellow leather snap purse, containing her ticket, a scrap of paper with her sister's address in Van Buren Street, and four dollars in money. It was in August, 1889 (**when**). She was eighteen years of age (**how old**), bright, timid, and full of the illusions of ignorance and youth. Whatever touch of regret at parting characterised her thoughts, it was certainly not for advantages now being given up. A gush of tears (**how/what**) at her mother's farewell kiss, a touch in her throat (**how/what**) when the cars clacked by the flour mill where her father worked by the day, a pathetic sigh (**how/what**) as the familiar green environs of the village passed in review, and the threads which bound her so lightly to girlhood and home were irretrievably broken.
Aucune indication concernant **why**, *hormis le fait qu'elle a 18 ans, ce qui peut impliquer un départ pour mener sa propre vie.*

4 **1.** An extract from a novel.
2. It takes place in the USA: She takes the "train for Chicago".
3. Time of the day: in the afternoon ; date: August, 1889.
4. How many characters are mentioned? 4 (Caroline, her mother, her father, and her sister who lives in Chicago).
5. Give the main character's… Surname: Meeber ; first name: Caroline ; age: 18 years old ; exact location at the beginning of the extract: she is in a railway station ("boarded the afternoon train…").
6. They are close relatives: her parents and her sister.
7. Choose a possible title for this extract.
Leaving home *(par élimination : il n'est pas question d'un emploi, ni d'une querelle de famille puisqu'ils ont apparemment du chagrin à se quitter, ni d'une rencontre familiale puisqu'au contraire il y a séparation).* Growing old *pourrait aussi être acceptable, puisqu'à 18 ans ce départ ressemble à un départ pour une vie indépendante.*

Chapitre 10, page 315

1 **1.** *Il fallait souligner :* a (small) trunk – a (cheap imitation alligator-skin) satchel – a (small) lunch (in a paper box) – a (yellow leather snap) purse.
2. *Le contenu de la* purse *est :* a train ticket, a scrap of paper with an address, and $4. *En français, on dira : « porte-monnaie ».*
3. "Outfit" (l. 2): *c'est l'ensemble de ce qu'elle emporte avec elle : équipement, bagages.*
4. "Girlhood" (l. 15) : Girl *(nom : fille)* + -hood *(suffixe transformant un nom en autre nom) : on peut penser à* childhood, *l'enfance, construit de la même manière. Il s'agit donc de son état d'être fille, son enfance de fille. Plus tard, on pourra parler de* adulthood, *de* womanhood.
5. (A gush of) tears, a touch in her throat, a pathetic sigh, irretrievably broken.
Tous ces groupes de mots expriment un sentiment de grande tristesse (matérialisé dans les larmes, la gorge nouée…) associée à la rupture de la vie avec les parents. Ce départ n'est peut-être pas choisi…

6. "Bound" (l. 14) *est un verbe (puisque placé après le pronom relatif* which, *dont l'antécédent est* the threads, *et ayant* her *comme complément), au prétérit comme tous les autres verbes de cette narration. On en déduit que c'est un verbe irrégulier, puisqu'il ne prend pas -ed au prétérit! (*bind, bound, bound *(re)lier) et c'est à la rubrique* bind *(relier) qu'il faudra chercher.*

7. *Qu'est-ce qui peut servir à relier deux choses ? Un fil, une corde, une ficelle… Ce qui la reliait de manière si ténue à son statut de jeune fille et à son foyer était irrémédiablement brisé.* Thread *: fil.*

8. "Parting" (l. 9): *le départ, la séparation (cf.* departure*).*

4 **1.** She is poor: she leaves with few objects and only $4.

2. **a.** Right: "the familiar green environs of the village".

b. Wrong: it's "her sister's address".

c. Right: "the train for Chicago".

d. Wrong: "a gush of tears".

e. Wrong: "the flour mill where her father worked by the day".

f. Wrong: "the illusions of ignorance and youth".

g. Right: " the threads … were irretrievably broken".

Chapitre 11, page 317

1 A security review was launched last night after a campaigner dressed as Batman managed to climb the Buckingham Palace facade and held a five-hour protest beside the royal balcony.

Ministers, senior police officers and royal security officials were under pressure to explain how Jason Hatch, a member of the group Fathers4Justice, was able to penetrate palace security measures with such apparent ease.

First of all Mr Hatch, 32, who claims he is denied access to two of his children, and a fellow activist, Dave Pyke, who was dressed as Batman's friend, Robin, went up the 7.5 metre (25ft) walls of the palace using a ladder after climbing over a one-metre fence yesterday afternoon.

Then, while other members of the campaign group caused a diversion at the front of the palace, the pair climbed up the ladder at a corner of the building.

Eventually Mr Pyke came down when he was challenged by armed officers but Mr Hatch managed to get round to the front of the building.

Ordre logique ici, la narration suivant l'ordre chronologique. Tout d'abord ils ont escaladé l'enceinte de Buckingham, puis la façade, et enfin l'un d'eux a contourné le bâtiment.

2 3. The incident *(qui* ***fait directement suite a l'anecdote narrée précédemment****)* is a blow […].

2. The incident also *(rappel de l'incident, avec* also, *« aussi », qui montre que l'on tire de l'événement une deuxième conclusion)* has echoes of the security problem […].

1. Fathers4Justice last night decided to go ahead with more protests *(perspectives d'avenir du mouvement Fathers4justice qui milite en faveur des droits des pères lors des divorces, en guise dme conclusion).* […], while the Queen asked to be kept informed of developments *(là encore, ouverture de l'article sur l'avenir).*

3 We are all destroying our planet. **For example** *(exemple donné pour illustrer le problème global environnemental),* we don't pay attention to energy. **Instead of** *(seul compatible avec* -ing*)* developing nuclear plants, we should develop solar energy. **Likewise** *(parallèle établi entre le solaire et les éoliennes),* we could develop windmills. But it is not a priority, **that's why** *(explication)* there is more and more nuclear waste. **Besides** *(conclusion et déviation sur un autre sujet),* more and more species are endangered.

4 *Il faut bien analyser la situation pour trouver le lien logique.*

1. I won't go to India this year. **Instead**, I will discover Japan.

2. Tom felt upset. He had never lived in a town. **Furthermore / On the other hand**, he didn't know anyone here in New York.

3. She has a cottage in the country. **Besides**, she owns a flat in Manchester.

4. I don't like him. **Nevertheless** I will invite him to the party if you absolutely want me to.

5. Both Tom and Lucy work downtown. Tom works in a bank in Oxford Street. **As to** Lucy, she runs a shop in Penny Lane.

6. First I will buy an apartment in the neighbourhood. **Next** I will try to find a job.

7. I am a country person and I would love to live in the countryside. **On the other hand / Furthermore**, I know that there are more jobs in a city.

Chapitre 12, page 319

1 This **photograph** was shot **by** Larry Towell in 1998. It represents children in a **dump**.

2 **Despair:** the lorry shells, the ground, the dump, the girls' clothes, the cloudy sky.

Life: the smiling girls, the puppy.

3 In the background, there is an overcast sky.

In the foreground, a girl is walking holding a puppy in her arms.

In the top left-hand corner, a girl is sitting on the roof of a truck, while an other girl is leaning on a steering wheel.

4 contrast, decay, innocence, ruin, dire poverty

5 **1.** the photographer.

2. the photographer.

So it gives the impression that they are posing for the photographer, as if they were models.

3. a toy.

4. playing, smiling.

5. a dump

6. the lorry shells, the girls' clothes.

7. the girls, the puppy.

8. There is a contrast between the smiling girls, who seem to be enjoying themselves and play innocently, and the dump where they are playing. Their environment evokes sadness, misery, whereas they look happy.

9. The photographer aims at showing that even in developing countries where people live in terrible conditions, children can manage to have fun and take some pleasure in playing with what they find, even if their playground is a dump and their toy is a puppy.

Chapitre 13, page 321

1 **a.** **de**mocrat – de**mo**cratize – democrati**za**tion
b. **real** – **re**alize – reali**za**tion
c. **thank** – **thank**ful – **thank**fulness
d. **will** – **will**ing – **will**ingly
e. **e**lectron – elec**tro**nic - elec**tro**nically
f. **class** – **class**ify – classifi**ca**tion
g. af**fect** – af**fec**tion – af**fec**tionate
h. **cou**rage – cou**ra**geous – cou**ra**geously
i. e**co**nomy – eco**no**mic – eco**no**mical – eco**no**mically
j. i**den**tity – i**den**tify – identifi**ca**tion

2 **a.** -acy *est fort puisqu'il a déplacé l'accent de* democrat *sur la deuxième syllabe.*
b. *Sont forts :* -ify, -ize, -tion, -ic, -ous.
Sont faibles : -ly, -ful, -ness, -al, -ate.

3 **a.** [ɪ]: still, ill, pin, chill. [aɪ] : alive, realize, fine, pine.
b. « i » + consonne + voyelle est prononcé [aɪ]. « i » + consonne ou « i » + deux consonnes est prononcé [ɪ].

4 **a.** [aɪˈdentɪtɪ]: identity. **b.** [kəˈmjuːnɪtɪ]: community.
c. [ˈsəʊʃəl]: social. **d.** [ˈləʊnlɪnɪs]: loneliness.
e. [ˈskuːlˌfeləʊ]: schoolfellow. **f.** [ˈiːvnɪŋ]: evening.

5 *Quand on a affaire au verbe lexical plein* be *ou* have, *celui-ci est prononcé* **de façon accentuée** *alors que quand il s'agit d'« être » ou « avoir » en tant qu'auxiliaire, il est prononcé* **sous forme réduite**.

Chapitre 14, page 323

1 **a.** Les ordres, les déclarations (positives et négatives) et les exclamations ont une intonation **descendante**.
b. Les phrases inachevées, les énumérations ont une intonation **montante**.

2 **1.** Why don't you buy a laptop computer? ↘
2 Did she change the chip? ↗
3. Have you got a camcorder? ↗
4. Who has changed the screen configuration? ↘
5. How did you do that? ↘

3 **1.** – b. ; **2.** – c. ; **3.** – a. ; **4.** – e. ; **5.** – d.

4 **1.** "I don't like jelly." "Oh, **don't you?**"
2. "I have never seen that film." "**Neither have I / I haven't either.**"
3. You could have come, **couldn't you?**
4. She used my cell phone, **didn't she?**
5. "Jim saw it on TV." "**She didn't.**" *(pas elle.)*
6. Let's have a cup of tea, **shall we?**
7. They didn't invite us, **did they?**
8. Come with me, **will you?**
9. "I love jelly." "**I don't.**"
10. "She has never been to Japan." "**I have.**"

Chapitre 15, page 325

1 **1.** 13 – 1776 – 50 **2.** the green card **3.** 1621 **4.** South – North **5.** July, 4th **6.** Washington DC.

2 **1.** – b. ; **2.** – d. ; **3.** – e. ; **4.** – a. ; **5.** – c.

3 **UT:** Utah (from the "Ute" tribe in Navajo) – **OH:** Ohio ("good river" in Iroquois) – **MI:** Minnesota ("cloudy river" in Sioux) – **IA:** Iowa ("beautiful land") – **CO:** Connecticut ("long river place" in Algonquin) – **IL:** Illinois ("men/warriors" in Algonquin).

4 **1.** New York City: 5th Avenue *(l'avenue la plus huppée de la ville)*, Manhattan, the Bronx, Ellis Island, the Statue of Liberty, Broadway *(le quartier des théâtres)*.
2. Washington DC: the Capitol, the White House, Lincoln Memorial *(où M.-L. King a fait son discours* "I have a dream"*)*, the Potomac *(la rivière qui y coule)*.

5 abolished ; rights ; South ; Movement ; launched ; black ; arrested ; led ; speech ; assassinated ; influenced.

6 **1.** – b. ; **2.** – d. ; **3.** – a. ; **4.** – c. ; **5.** – e.

Chapitre 16, page 327

1 **1.** 53 **2.** The Vikings **3.** Oliver Cromwell **4.** William the Conqueror (the Normans) **5.** Queen Victoria.

2 Braveheart – Britain – Catholics – Ulster – Ireland – IRA – Eire *(faites la différence entre* « Ireland »*, qui sous-entend les deux Irlande, l'île,* « Eire »*, qui désigne la République d'Irlande, indépendante, au Sud, et* « Ulster »*, l'Irlande du Nord, qui fait partie du Royaume Uni)*.

3 **1.** – c. ; **2.** – b. ; **3.** – e. ; **4.** – a. ; **5.** – d.

4 **A:** England ; **B:** Wales ; **C:** Scotland ; **D:** Northern Ireland ; **E:** Eire ; **A + B + C:** Great Britain ; **A + B + C + D:** the United Kingdom ; **A + B + C + D + E:** the British Isles.

5 **1.** The head of the state is the king/queen.
2. The person in charge of the executive power is the Prime Minister *(en fait, le roi ou la reine n'a aucun pouvoir ! Lors de la session parlementaire, elle lit un discours de politique générale qui a été écrit… par le Premier ministre !)*.
3. The two major political parties are the Conservatives (Tories) and the Labour Party (the Republicans and the Democrats are American !).
4. The two elements of the Parliament are the House of Lords and the House of Commons (Congress and the Senate are American too!). *En fait, la Chambre des Lords ne peut s'opposer que deux fois à une même loi proposée par la Chambre des communes.*
5. The Houses of Parliament are located next to Big Ben.
6. The name of the British monarch's castle in London is Buckingham Palace.
7. The TUC is the Trade Union Congress *(qui réunit régulièrement les syndicats britanniques)*.

Index

Table des crédits

Crédits

3 Leo Malet, *Fièvre au Marais*, © Fleuve noir, 1955. – **3** Kracauer, *Le Roman policier*, 1971 ; © Payot, 1981, pour la traduction française – **7** Prévert, *Paroles*, © Gallimard, 1949 – **10, 19, 55** Louis-Ferdinand Celine, *Voyage au bout de la nuit*, © Gallimard – **11, 69** Jean-Paul Sartre, *Les Mots*, © Gallimard, 1964 – **15** Roy Lewis, *Pouquoi j'ai mangé mon père*, 1960 ; © Actes Sud, 1990, pour la traduction française – **17, 27** Albert Camus, *L'Étranger* © Gallimard – **25** Kafka, *La Métamorphose*, 1916 ; © Flammarion pour la traduction française – **31** Eluard, *Capitale de la douleur*, © Gallimard, 1926 – **43** Alfred Jarry, *Ubu roi*, © Mercure de France – **51** Jean Genet, *Les Paravents*, © Gallimard – Jean Genet, *Lettres à Roger Blin*, © Gallimard – **54** Jean-Paul Sartre, *Qu'est-ce que la littérature*, © Gallimard – **57** Simone de Beauvoir, *Le Deuxième Sexe*, © Gallimard – **67** Rainer Maria Rilke, *Lettres à un jeune poète*, © Grasset 1937.

Crédits photos

16 © Plantu – **17hg** photo © Alain Gesgon/CIRIP – **19bd** photo © akg-images/Erich Lessing – **35bd** photo © akg-images – **50** photo © agence Bernand – **62** Musée Victor Hugo/photo © akg-images – **63hg** photo © Alain Gesgon/CIRIP – **63bg** Amnesty International, photo © Alain Gesgon/CIRIP – **63hd** © Moisan/ADAGP – **63bd** photo © Alain Gesgon/CIRIP – **141** photo © akg-images/Nimatallah – **145** BN/photo © akg-images – **148** photo © akg-images/Erich Lessing – **150** photo © akg-images/Erich Lessing – **150h** photo © Bridgeman Art Library – **150bg** photo © akg-images – **150bd** photo © RMN/ © Bulloz – **152** photo © akg-images – **153hg** photo © akg-images/Rabatti - Domingie – **153bd** photo © Bridgeman Art Library – **156/157** photo © RMN/© Bulloz – **159** photo © L'hoir/Archives Hatier – **160** photo © Bridgeman Art Library/Archives Charmet – **161** Photo © Photothèque des Musées de la Ville de Paris – **162** photo © RMN – **163** photo © coll. Dixmier/Kharbine-Tapabor – **177** © François Perri/REA – **177** photo © Marta Nascimento/REA – **178** © planet observer/Hoa-Qui – **180** DR – **181** photo © Philippe Bourseiller/Hoa-Qui – **183g** photo © J.-P. Lescourret/Explorer/Hoa-Qui – **183d** photo © Franck Charel/Hoa-Qui – **184g** IGN 2001 autorisation n° 80-1064 – **184d** photo © Gauthier Fleuri – **185** photo © Sean Sprague/AGE fotostock/Hoa-Qui – **186** photo © Frederic Hanoteau/Archives Hatier – **187gb** photo © Zoran Milich/AGE fotostock/Hoa-Qui – **187d** photo © J.-P. Lescouret/Explorer/Hoa-Qui – **189** photo © Philippe Body/Hoa-Qui – **191hg** photo © R. Mattes/ Explorer/Hoa-Qui – **191mg** photo © Robert Tixador/Top – **191hd** photo © planet observer/Hoa-Qui – **191bd** IGN 2005, autorisation n° 80-5040 – **193bg** photo © Leo et Mandy Dickinson/Nature PL/Jacana/Hoa-Qui – **193bd** AFP photo/Police Valais – **195hg** photo © Jacques Brun/Explorer/Hoa-Qui – **195bg** photo © F. Oddoux/OT Val Thorens – **195hd** photo © J.-P. Deya/Hoa-Qui – **210** photo © G. Mathieu – **217** photo © BSIP/Ted Kinsman – **241** photo © CNRI – **242** photo © Henri Gabriel Dupuy/Sandrine Heusser. Ens Lyon – **243g** photo © F. Hannoteau/Coll. Service ENS Biologie animale Paris VI – **243hd** photo © O. Roberts/S.P.L./Comos – **243bd** Henri Gabriel Dupuy/Sandrine Heusser. Ens Lyon – **244hg** photo © Professors P. Motta et T. Naguro/S.P.L../Cosmos – **244bd** photo © Newcomb et Wergin/BPS – **245mg** photo © Institut Pasteur Photothèque – **245bg** photo © INRA Photothèque – **245hd** photo © H. Conge – **245md** photo © *Atlas de Biologie cellulaire* de J.-C. Roland, A. et D. Szöllösi, J.-C. Callen © Dunod Paris, 1999 – **245bd** photo © W. Dentler/BPS/Fotogram-Stone Image – **247hg** Photo © CMEABG/UCBL1/ISM – **247mg/bg** photo © H. Conge – **247hd** Institut Pasteur Photothèque – **249hg (2a-b)** photo © H. Conge – **249mb(3a)** photo © Roche/Archives Hatier – **249bg** photo © H. Conge – **249md** photo © Pr. Giménez-Martin/CNRI – **249bd** photo © F. Hanoteau/Sordalab, Villeneuve-sur-Auvers – **251** photo © Keith Wood/Promega Corporation – **252b** photo © F. Hanoteau/Sordalab, Villeneuve-sur-Auvers – **254** photo © Lennart Nilsson, in *Naître*, Ed. Hachette – **269, 274, 282, 284** (7 ph.), **285** (3 ph.), **288** photo © J. Riby/Archives Hatier – **287** photo © M. Hans/Archives Hatier – **303** photo © Collection Kharbine-Tapobor – **318** © Kurtz DR – **319** photo © Larry Towell/Agence Magnum.

Conception graphique : Repères communication/Anne Gallet
Réalisation : STDI/Studio Frank Dubiez
Cartographie : Nathalie Cottrel-Bierling
Infographie : Piolet/Dubiez/L. Blondel - Coredoc

Achevé d'imprimer par Clerc s.a.s. à Saint-Amand-Montrond - France
Dépôt légal - Avril 2006

Formules de chimie et de physique

Masse volumique

$$\rho = \frac{m}{V}$$

ρ en $kg \cdot m^{-3}$
m en kg
V en m^3

Densité

$$d = \frac{\rho}{\rho_{eau}}$$

d sans unité
ρ en $kg \cdot m^{-3}$
ρ_{eau} en $kg \cdot m^{-3}$

Nucléons d'un atome

$$A = Z + N$$

A : nucléons
Z : protons
N : neutrons

Quantité de matière

$$n = \frac{m}{M}$$

n en mol
m en g
M en $g \cdot mol^{-1}$

Quantité de matière (surtout pour les gaz)

$$n = \frac{V}{V_m}$$

n en mol
V en L
V_m en $L \cdot mol^{-1}$

Concentration molaire

$$c = \frac{n}{V}$$

c en $mol \cdot L^{-1}$
n en mol
V en L

Loi de Descartes

$$n_1 \sin i_1 = n_2 \sin i_2$$

n_1 : indice du milieu 1
n_2 : indice du milieu 2
i_1 : angle d'incidence
i_2 : angle de réfraction

Indice de réfraction

$$n = \frac{c}{v}$$

n sans unité
v en $m \cdot s^{-1}$
$c = 3{,}00 \cdot 10^8\ m \cdot s^{-1}$

Vitesse

$$v = \frac{d}{t}$$

v en $m \cdot s^{-1}$
d en m
t en s

Poids

$$P = mg$$

P en N
m en kg
g en $N \cdot kg^{-1}$

Loi de gravitation

$$F = G \times \frac{mm'}{d^2}$$

F en N — d en m
m en kg — m' en kg
$G = 6{,}67 \cdot 10^{-11}\ N \cdot m^2 \cdot kg^{-2}$

Fréquence-Période

$$f = \frac{1}{T}$$

f en Hz
T en s

Force pressante

$$F = pS$$

F en N
p en Pa
S en m^2

Gaz parfait

$$pV = nRT$$

p en Pa — V en m^3
n en mol — T en K
$R = 8{,}31\ J \cdot mol^{-1} \cdot K^{-1}$